lonely plane

Marokko

Jessica Lee, Brett Atkinson, Paul Clammer, Virginia Maxwell,
Lorna Parkes & Regis St. Louis

REISEPLANUNG

NEJJARINE-BRUNNEN, FÈS
S. 311

MAROKKANISCHE KÜCHE
S. 469

REISEZIELE IN MAROKKO

Inhalt

GEWÜRZE & KRÄUTER IN MARRAKESCH S. 47

Willkommen in Marokko

Marokko ist das Tor zu Afrika und ein Land von atemberaubender Vielfalt. Es wartet mit herrlichen Gebirgszügen, uralten Städten, endlos scheinenden Wüsten und einer warmherzigen Gastfreundschaft auf.

Berge & Wüsten

Dieses Land ist wie gemacht für Traveller: Marokko strotzt vor herrlichen Landschaften, die so farbenfroh und vielfältig sind wie die Teppiche lokaler Kooperativen. Die Bergregionen – nicht nur der berühmte Hohe Atlas, sondern auch das Rifgebirge und die sonnenverwöhnten Hänge, über die man zu Wüstenoasen gelangt – sind atemberaubend. In der klaren Luft funkeln die Sterne am Nachthimmel, und vom Tizi'n'Test-Pass blickt man auf Wolkenbänke. In den tieferen Lagen warten schroffe Küsten, Wasserfälle, bewaldete Hügel mit Höhlen – und die weite Wüste.

Alte Medinas

Marokkos Städte gehören zu den aufregendsten des Kontinents. Wer sich hier unters Volk mischt, wird Teil einer jahrhundertealten Nomaden- und Händlertradition, deren Herzschlag auch heute noch in der verwinkelten Medina von Fès und dem bunten Treiben des Djemaa el-Fna in Marrakesch zu spüren ist. In den steinigen Wüsten sind die Medinas durch Kasbahs, an der Küste durch dicke Mauern geschützt. Eine Reise nach Marokko führt aber keineswegs nur in die Vergangenheit: In Städten wie Casablanca, Rabat und Tanger verbinden glanzvolle Neubauten den Blick nach vorne mit der Huldigung der Wurzeln des Landes.

Aktivitäten

Um Marokko kennenzulernen, sind keine großen Anstrengungen nötig: Einfach in ein Café setzen, frischen Minztee bestellen und das Leben an sich vorbeiziehen lassen – auch wenn es so vieles gibt, was vielleicht noch auf dem Reiseplan steht: z. B. der höchste Berg Nordafrikas, ein Couscous-Kurs, Kamelreiten in der Wüste, Shopping in einem der Suks, das Durchstreifen einer Medina oder Schwitzen in einem Hamam. Wer eine Pause braucht, kann sich in einen Riad zurückziehen, auf Terrassen mit Panoramablick entspannen und dabei wunderbar gewürzte Tajines genießen.

Traditionelles Leben

Marokko ist ein geschichtsträchtiges Land, das im Laufe der Jahrhunderte seine Bindungen zu Subsahara-Afrika, Europa und dem weiteren Nahen Osten zu einer Einheit verwoben hat. Die Bevölkerung, ob Berber oder Araber, verbindet eine starke nationale Identität, doch zunehmend webt die junge Generation das Muster der Landes neu, wobei sie seine besten Traditionen einbezieht – vom Dorf bis zur Großstadt, vom Ruf zum Gebet, vom Minarett bis zu den Beats des lokalen HipHop. Marokko heißt Traveller auf der Suche nach vielfältigen Abenteuern und Erfahrungen willkommen.

Warum ich Marokko liebe

Paul Clammer, Autor

In den rund 20 Jahren, in denen ich Marokko schon bereise – während meines Studiums als Backpacker, dann als Reiseleiter und als Reiseschriftsteller, bis hin zu jenem Tag, an dem ich den Schlüssel zu meinem Haus in einer Medina bekam – war es immer der erste Minztee, der mich wissen ließ: Du bist angekommen. Der Aufguss und die silbernen Teekannen sind Teil der Zeremonie – genau wie die hohen Gläser, die frischen Blätter und die Süße, die überall sonst zu viel wäre. Einst war dieser Geschmack für mich etwas Neues, ein Aufbruch. Heute sagt er mir, dass ich wieder in dem Land bin, das ich liebe. Es gibt wohl nichts Marokkanischeres.

Mehr Infos über unsere Autoren gibt's auf S. 555

Erg Chebbi (S. 159)

Marokko

Höhenstufen
10 000 m
3 000 m
2 500 m
2 000 m
1 500 m
1 000 m
0
KANARISCHE INSELN (SPANIEN)
Tarfaya
Umstrittene Grenze
Tindouf
Al-Mahbas
Erg Iguidi
Laâyoune
Smara
Bou Craa
Boujdour
ATLANTIK
25°N
15°W
Galtat-Zemmour
Bir Mogrein
WEST-SAHARA
Dakhla
Bir Anzarane
Wendekreis
Imlili
Mijek
MAURETANIEN
Aoussard
Zouérat
Aghoninit
Bir-Gandouz
Tichla
Sahara
Guegarat
Nouâdhibou
La Gouéra
Atar
20°N
0 200 km
Westsahara
35°N
Mohammedia
Casablanca
Azemmour
El-Jadida
Settat
Oued Oum er Rbia
Oualidia
Safi
Ben Guérir
Casablanca
Faszinierende Art-déco-Architektur bewundern (S. 167)
Marrakesch
Ins bunte Treiben des Djemaa el-Fna eintauchen (S. 46)
Essaouira
Auf den Mauern der kreativen Hafenstadt spazieren (S. 223)
Taghazout
In Taghazout die perfekte Welle erwischen (S. 395)
Taroudannt
Das rötliche Bollwerk der Medina umrunden (S. 397)
Sidi Ifni
Stimmungsvoller Art-déco-Stil an der Küste (S. 423)
Marrakesch
Essaouira
Ourika-Tal
Asni
Tizi n'Test
Jbel Toubkal
Jbel Siroua
Taghazout
Agadir
Inezgane
Taroudannt
Tioute
Taliouine
ANTI-ATLAS
30°N
Jbel L'Kest
Mirleft
Tiznit
Tafraoute
Tata
Legzira Plage
Sidi Ifni
Akka
Bouizakarne
Goulimime
Cap Drâa
Tadalt
Assa
Tan Tan
Tiglite
Oued Drâa
KANARISCHE INSELN (SPANIEN)
s. Detailplan Westsahara
Tarfaya
ATLANTIK
Umstrittene Grenze
Tindouf
Erg Iguidi
Laâyoune
Al-Mahbas

0
400 km
SPANIEN
Málaga
Mittelmeer
Cádiz
Algeciras
Gibraltar
Jbel Musa
Tanger
Ceuta (Spanien)
Tétouan
Martil
Asilah
Chefchaouen
Die blaue Medina im Rifgebirge bestaunen (S. 271)
Mers el-Kebir
Oran
Mostaganem
Mascara
Sidi bel Abbès
Saida
Tlemcen
Melilla (Spanien)
Al-Hoceima
Nador
Ras el-Mar
Saïdia
Berkane
Ahfir
Oujda
Larache
Ketama
Targuist
Jbel Tidiquin
Ouezzane
Souk el-Arba du Rharb
Taourirt
Volubilis
Römische Mosaike, Bogen und Olivenpressen (S. 359)
Kenitra
Sidi Kacem
Moulay Yacoub
Taza
Guercif
Aïn-Benimathar
Volubilis
Moulay Idriss
Fez
Jbel Tazzeka
Sefrou
Meknès
Khémisset
Fès
Die verwinkelte mittelalterliche Medina erkunden (S. 310)
Ifrane
Azrou
Tendrara
Missour
Khouribga
Oued-Zem
Khenifra
Midelt
Ain Sefra
Bouarfa
ALGERIEN
Jbel Ayachi
Kasba-Tadla
Beni Mellal
Afourer
Imilchil
Figuig
Beni Ounif
Bin el-Oudane
Azilal
HOHER ATLAS
Oued Ziz
Demnate
Béchar
Moulay-Idriss
Die weißgetünchte Pilgerstätte besuchen (S. 363)
Tinerhir
Erfoud
Tafilalt
Vallée des Roses
Boulmalne du Dadès
Rissani
Merzouga
Erg Chebbi
Taghith
Skoura
Taouz
Ouarzazate
Grand Erg Occidental
Tazzarine
Agdz
Zagora
Drâatal
Hoher Atlas
Großartige Gipfel und Berberdörfer (S. 87)
M'Hamid
Erg Chigaga
Erg Er-Raoui
Timimoun
Tabelbala
Gourara
Hamada du Drâa
Drâatal
Kasbahs und Oasen entdecken (S. 125)
Tinfouchy
Erg Chigaga
Auf einem Kamel in die Dünen der Sahara reiten (S. 133)
Adrar
Antiatlas
Den Gebirgszug aus Granit erwandern (S. 405)
Tafraoute
Das Zentrum für Aktivitäten im Tal der Ammeln (S. 405)

Marokkos Top 17

1

Straßentheater auf dem Jemaa el Fna

1 Ein Zirkus ist nichts im Vergleich zu dem ausgelassenen *halqa* (Straßentheater) auf Marrakeschs wichtigstem Platz (S. 50). Tagsüber trifft man Astrologen, Schlangenbeschwörer, Akrobaten sowie „Zahnärzte" mit Gläsern voller gezogener Beißerchen und ab Sonnenuntergang öffnen hier rund 100 Imbissstände. „Ich habe Jamie Oliver das Kochen beigebracht", prahlt ein Mann, und ein Mitarbeiter an Stand 1 kichert: „Wir sind die Nummer eins, im wahrsten Sinne." Nach dem Abendessen gibt's Jamsessions, bei denen das Publikum gern mitmachen darf. Gnaoua-Musiker

Medina von Fès

2 Die Altstadt von Fès (S. 312) ist das ultimative Labyrinth. Wer sie richtig erleben will, muss sich kopfüber hineinstürzen und darf keine Angst haben, sich zu verirren – notfalls lässt man sich vom Menschenstrom zu den größeren Straßen zurücktragen oder bezahlt einen kleinen Jungen, damit er einem den Weg weist. Dafür lockt ein Abenteuertrip in eine mittelalterliche Welt voller versteckter Plätze, wuchtiger Türen und bunter Suks. Ruhig auch mal nach oben schauen, um Stuckverzierungen, prachtvoll geschnitztes Zedernholz und arabische Kalligrafieschnörkel zu würdigen, während unter den Füßen farbenprächtige Mosaike liegen. Aussicht auf die Medina von der *medersa* Bou Inania aus

TIM GERARD BARKER/GETTY IMAGES ©

SABINO PARENTE/500PX ©

Hoher Atlas

3 Zu Füßen des Jbel Aroudane (3359 m) liegt das Tal Zaouiat Ahansal (S. 92), das Chamonix des östlichen Atlas, mit langen Steilwänden, schwindelnden Felsvorsprüngen und engen Schluchten. Seit 2013 die Zufahrtsstraße asphaltiert wurde, lockt die Naturkulisse immer mehr Besucher an. Ein Traumziel für Rafter und Kajakfahrer, die hier durch teils 2,5 m breite Durchlässe dahinschießen. Kletterer und Wanderer dürfen sich dank dramatischer Landschaft und anspruchsvoller Routen auf unglaubliche Panoramen und Wildnisfeeling freuen.

Medina von Chefchaouen

4 Die steilen Gässchen der Medina von Chefchaouen (S. 272) ziehen sich den Berghang hinauf, gesäumt von einem Gewirr roter Dächer und schmiedeeiserner Balkone voller Geranien. Ihre blau getünchten Wände machen die Stadt zu einem Traummotiv für Fotografen. In den Cafés am Hauptplatz, den die stattliche rote Kasbah dominiert, kann man stundenlang beim Minztee die Passanten beobachten. Oder man spaziert den Uferweg entlang oder besucht die spanische Moschee auf dem Hügel.

3

4

PSYNOVEC/SHUTTERSTOCK ©

MIKADUN/SHUTTERSTOCK ©

Das Leben in den Palmeraies

5 Die Palmhaine *(palmeraies)* von Figuig (S. 153), Ziztal, Tinejdad, Tinerhir und Skoura sind mit ihren Gemeindebrunnen und *khettara* (Bewässerungskanälen) der historische Lebensnerv des marokkanischen Südens und spielen nach wie vor eine wichtige Rolle im Oasenleben. Die Felder und Obstgärten im Schatten der grünen Palmwedel liefern eine erstaunlich reiche Ernte: Gerste, Tomaten, Minze, Granatäpfel, Aprikosen, Feigen und Mandeln ernähren die Einheimischen seit Generationen. Palmenhain von Skoura (S. 137)

Der Kashbah-Weg im Drâatal

6 Heute erlauben Straßen entlang der alten Karawanenrouten von Mali nach Marrakesch eine zügige, sichere Reise. Jenseits der felsigen Schluchten, die man vom Auto erspäht, liegt das Drâatal (S. 125). Die Palmen und Burgen aus Lehmziegeln in Tamegroute, Zagora, Timidarte und Agdz müssen früheren Reisenden nach Monaten in der Sahara wie Fata Morganen erschienen sein. In den Befestigungsanlagen, wo die Karawanen einst einkehrten, übernachten nun Traveller, die mit der Erkenntnis aufwachen, dass Geschwindigkeit überbewertet wird. Agdz (S. 125)

Tafraoute

7 Der Hauptort des Antiatlas Tafraoute (S. 405) ist ein Gewirr von rosa Häusern und Marktstraßen in außergewöhnlicher Umgebung. *Palmeraies* und Berberdörfer sind charakteristisch für das Tal der Ammeln. Die Berge ringsum sorgen zweimal täglich für eine herrliche ocker- bis bernsteinfarbene Lightshow. Obwohl die Region viel zu bieten hat, steckt der Tourismus noch in den Kinderschuhen. Aber gerade deshalb bietet sich das Tal als Startpunkt für Mountainbiketouren oder Ausflüge zu prähistorischen Felszeichnungen und der modernen Felskunst eines Belgiers an.

PATRICE SCHWARZ/500PX ©

Surfen

8 Surfen kann man überall entlang der Atlantikküste. Die besten Wellen bietet Taghazout (S. 395; Bild oben links). Zwischen den typischen Cafés und Telefonläden der Stadt stößt man auf jede Menge Surfgeschäfte sowie Einheimische und Reisende, die beim Wachsen ihrer Bretter von den nahen Stränden schwärmen. Zwei weitere gute Anlaufstellen am selben Küstenabschnitt sind Tamraght und Sidi Kaouki zwischen Agadir und Essaouira. Weiter südlich liegt Mirleft, Marokkos neuestes Surferparadies, das alljährlich eine Longboard-Meisterschaft ausrichtet.

Trekking im Antiatlas

9 Der Antiatlas (S. 405) ist eine Gebirgskette aus sonnengebleichtem Granitgestein und im Vergleich zum Hohen Atlas noch relativ unberührt. Als größte Attraktion für Wanderer gilt das Quarzmassiv Jbel L'Kest, der „Amethystberg", am Ende des Tals der Ammeln. Rund um den Jbel Aklim gibt es noch mehr Bauerndörfer, verfallene Kasbahs und Berber mit Schafsherden zu entdecken. Die Landschaft bietet genug Abwechslung für mehrere Trekkingtouren, von palmenbestandenen Schluchten bis zum Vulkan Jbel Siroua.

Sidi Ifni

10 Pssst, nicht weitersagen: Die ehemals spanische Stadt am Meer (S. 423) ist nur einen Kamelritt von der Sahara entfernt und genauso herrlich verfallen, windumspielt und bezaubernd wie das viel bekanntere Essaouira. Man kann am Legzira Plage spazieren und die blauweißen Häuschen in versteckten Gassen in einem der verrücktesten Treffs des südlichen Marokkos bewundern. Am besten ist ein Besuch dieser Art-déco-Relikte – die eher an Kuba als an Casa erinnern – bei Sonnenuntergang, wenn sich die Palmen in der erfrischenden Atlantikbrise wiegen.

Essaouira

11 Stetig umweht eine Atlantikbrise die alten Stadtmauern und die weiße Medina von Essaouira (S. 223), einer der charmantesten Orte Marokkos. Die noblen Riads, der kleine Hafen, in dem frische Meeresfrüchte entladen werden, und eine Atmosphäre, die traditionelles Kunsthandwerk und moderne Wassersportaktivitäten problemlos miteinander in Einklang bringt, haben den Küstenabschnitt zunehmend bekannt gemacht. Jimi Hendrix war ein Fan – wie jeder Einwohner Besuchern bestätigen wird, die bald selbst zu einem werden.

Sakralmusik-Festival in Fès

12 Mit Hauskonzerten in mosaikgeschmückten Riads, Musik-Nachmittagen im Batha-Museum, Sufi-Nächten im Garten eines Paschas und großen Auftritten zwischen den zinkengekrönten Mauern des Bab al Makina kann dieses Festival (S. 323) auch nach 20 Jahren noch bezaubern. Es gründet sich auf der Liebe zur Musik, die Harmonie zwischen Kultur und Religion stiftet, und man hört hier Musik aus aller Welt: von mongolischen Fiedeln über Sufi-Qawwali bis zu irischen Klageliedern. Qawwali-Sänger des Ensembles Faiz Ali Faiz

Moulay-Idriss

13 Das Städtchen (S. 363) ist nach dem am höchsten verehrten Heiligen Marokkos benannt, denn es hütet sein Mausoleum und gehört zu den wichtigsten Pilgerzielen des Landes. Es erstreckt sich über zwei Hügel. Von beiden hat man einen tollen Blick über grüne Dächer auf die idyllische Landschaft der Umgebung. Besonders hübsch ist das Panorama im Abendlicht. Über der Stadt erhebt sich das einzige zylindrische Minarett von Marokko. Die Olivenhaine zu seinen Füßen produzieren ein äußerst aromatisches Öl.

Volubilis

14 Der Berberkönig Juba II., Gemahl der Tochter von Antonius und Kleopatra, wurde von den Römern als Herrscher in Volubilis (S. 359) eingesetzt. Die Agrarstadt produzierte Olivenöl, Weizen und Wein für die römische Armee. Heute blicken Besucher von den Stufen der Basilika weit über die fruchtbaren Felder von Jubas Reich. Die Welterbestätte hat kaum Hinweisschilder, dafür aber eine Menge Storchennester auf ihren Säulen, einige umwerfende Mosaike und ein brandneues Museum.

13

14

VIXIT/SHUTTERSTOCK ©

JOHN COPLAND/SHUTTERSTOCK ©

Taroudannt

15 Das Handelszentrum des Soustals (S. 397) bietet außer dem Blick auf den Hohen Atlas und den Antiatlas auch Medina und Suks ohne die typischen Großstadtgauner. Tagesausflügler aus Agadir werden den Ort sicher mögen. Die Festungswälle aus rotem Lehm sind einzigartig – ihre Farbe verändert sich je nach Tageszeit. Man kann die Mauern zu Fuß, auf dem Rad oder in einer Pferdekutsche umrunden (7,5 km) und durch eines der Tore in die Altstadt zurückkehren. Wenn das Abendrot verblasst und das Farbschauspiel vorbei ist, locken einige gute Restaurants.

Kamelritt durch die Sahara

16 Wer sich ausgemalt hat, hoch zu Kamel in den Sonnenuntergang zu reiten, hat sich das vermutlich nicht ganz so wackelig vorgestellt. Keine Sorge, niemand sieht besonders elegant aus, wenn er einen gesattelten Höcker erklimmt. Doch selbst wer vom Kamelreiten weiche Knie bekommt, wird abends instinktiv den Weg auf die Dünenkämme finden. Die Sterne haben noch nie heller gefunkelt. Kein Wunder, denn im Erg Chigaga (S. 133) gibt es keinen Stromanschluss und die nächste Straßenlaterne ist mehrere Tagesritte entfernt.

Meknès

17 In Marokko gibt es vier alte Kaiserstädte: Rabat ist die Hauptstadt, Marrakesch bietet alles, was sich Reisende wünschen, Fès ist für seine Medina bekannt und Meknès ... nun ja, Meknès (S. 342) wird von vielen übersehen. Dabei bietet sie großartige Architektur, von den Kornspeichern von Heri es-Souani bis zur Toranlage Bab Mansour und dem Moulay-Ismail-Mausoleum (wird derzeit restauriert). Place el-Hedim ist ein Mini-Jemaa el Fna aber ohne den touristischen Aspekt, und es ist nicht weit zu den römischen Ruinen bei Volubilis. Zellij-Mosaike am Bab Mansour (S. 345)

Gut zu wissen

Weitere Infos gibt's im Abschnitt „Praktische Informationen" (S. 503)

Währung
Dirham (Dh)

Sprachen
Marokkanisches Arabisch (Darija), Bersprachen (Amazigh), Französisch

Visa
Für Aufenthalte von bis zu 90 Tagen Länge ist kein Visum erforderlich.

Geld
Geldautomaten gibt es fast überall. Kreditkarten werden in den meisten Mittel- und Spitzenklassehotels sowie in Top-Restaurants akzeptiert.

Handys
Mit GSM-Handys ist Roaming möglich. Wer ein Mobiltelefon ohne SIM-Lock hat, kann mit einer marokkanischen SIM-Karte Geld sparen.

Zeit
MEZ –1 Std.

Reisezeit

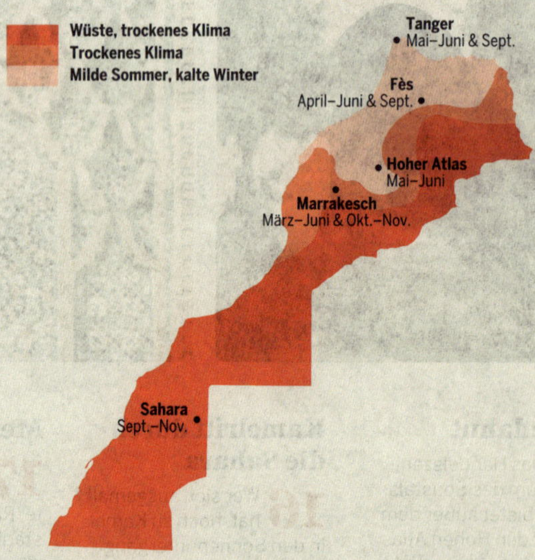

Hauptsaison
(Nov.–März)

➡ Der Frühling und der Herbst sind die beliebtesten Reisezeiten.

➡ Unterkünfte sind am teuersten.

➡ Marrakesch und der Süden sind um Weihnachten und Neujahr herum gut besucht, im Norden kann es kühl und feucht sein.

Zwischensaison
(April & Okt.)

➡ In der Sahara bringt der Frühling Sandstürme mit, und im Norden regnet es ausdauernd; sonst ist es überall angenehm.

➡ Die Unterkunftspreise und die Auslastung schnellen um Ostern herum nach oben.

Nebensaison
(Mai–Sept.)

➡ Preisnachlässe in den Unterkünften und Suks.

➡ Der Inlandstourismus treibt die Preise an den Küsten; da ist Zwischensaison.

➡ Zwischen 2018 und 2020 beginnt der Ramadan zwischen Ende April und Ende Mai. Eid al-Adha ist rund um den August.

Infos im Internet

The View from Fez (http://riadzany.blogspot.com) News und Meinungen.

Visit Morocco (www.visitmorocco.com) Website des marokkanischen Tourismusamt.

Maroc Mama (http://marocmama.com) Essen und Reisen.

Al-Bab (www.al-bab.com/maroc) Nützliche Links.

Morocco World News (www.moroccoworldnews.com) Marokkanisches News-Portal.

Lonely Planet (www.lonelyplanet.de) Infos, Hotelbuchungen, Forum und mehr.

Wichtige Telefonnummern

Die vierstellige Ortsvorwahl muss immer mitgewählt werden, selbst wenn man sich in derselben Stadt befindet.

Krankenwagen	✆15
Feuerwehr	✆15
Polizei (Stadt)	✆19
Polizei (außerhalb der Städte)	✆177

Wechselkurse

Eurozone	1 €	10,80 Dh
	10 Dh	0,91 €
Schweiz	1 SFr	9,89 Dh
	10 Dh	0,99 SFr

Aktuelle Wechselkurse sind unter www.xe.com abrufbar.

Tagesbudget

Günstig – weniger als 500 Dh

- Einfaches DZ (mit Gemeinschaftsbad): ab 50 Dh
- Suppe oder Sandwich: 4–30 Dh
- 4-stündige Lokalbusfahrt: 60 Dh

Mittelteuer – 500–1400 Dh

- Eintritt zu Sehenswürdigkeiten: 10–50 Dh
- Hotel-Zi.: 400–800 Dh
- Abendessen: 70–150 Dh

Teuer – mehr als 1400 Dh

- Mietwagen: 300 Dh
- Tagestour: 300 Dh
- DZ in einem Stadt-*riad*: ab 1000 Dh

Öffnungszeiten

In Marokko gelten ähnliche Öffnungszeiten wie in Europa, aber manche Geschäfte bleiben am Freitag, dem Hauptgebetstag der Muslime, ganz geschlossen oder schließen früher. Die Öffnungszeiten können variieren.

Banken Mo–Fr 8.30–18.30 Uhr

Bars 16 Uhr–open end

Regierungsbüros Mo–Fr 8.30–18.30 Uhr

Post Mo–Fr 8.30–16.30 Uhr

Restaurants 12–15 & 19–22 Uhr (Cafés öffnen im Allgemeinen früher und schließen später)

Geschäfte Mo–Sa 9–12.30 & 14.30–20 Uhr (mittags oft länger geschl. wegen des Gebets)

Öffnungs- und Betriebszeiten können während des Ramadan deutlich verkürzt sein.

Ankunft am ...

Flughafen Mohammed V - Nouasseur (Casablanca) Züge zur Station Casa Voyageurs (43 Dh, 35 Min.) fahren zwischen 6 und 22 Uhr stündlich und noch einmal um 23.45 Uhr; Taxifahrten ins Zentrum Casablancas kosten 300 bis 350 Dh (45 Min.).

Fährterminal Tanger Med Shuttle-Busse fahren stündlich ins Zentrum Tangers (25 Dh, 45 Min.).

Flughafen Marrakesch-Menara (Marrakesch) Busse ins Zentrum von Marrakesch (30 Dh) fahren alle 20 Minuten; Taxifahrten ins Zentrum kosten mit dem *petit taxi/grand taxi* 70/100 Dh (nachts zzgl. 50 %); private Hoteltransfers in die Stadt schlagen mit etwa 200 Dh zu Buche.

Flughafen Fes-Saiss (Fès) Fürs Taxi ins Zentrum von Fès/in die Medina zahlt man 200 Dh.

Unterwegs vor Ort

Öffentliche Verkehrsmittel sind in Marokko recht günstig, meist schnell und effizient.

Zug Nicht zu teuer, gutes Netz und regelmäßige Verbindungen zwischen größeren Städten; keine Strecken im Süden und an der Mittelmeerküste.

Auto Prima, um im eigenen Tempo unterwegs zu sein und in abgelegenen Gegenden. Vermieter gibt es in jeder Stadt. Rechts fahren; Vorsicht vor marokkanischen Kamikazefahrern.

Bus Billiger und langsamer als Züge; es gibt moderne Reisebusse, aber auch alte Klapperkisten. Gut für Ziele ohne Bahnhof.

Taxi *Grands taxis* (Mercedes) fahren auf festen Routen zwischen benachbarten Städten. Billig, aber beengt.

Mehr zu **Verkehrsmittel & -wegen** s. S. 522

Wie wär's mit …

Medinas

Wer in einer Medina aus dem Gewimmel der Käufer und Händler tritt und innehält, der wird für einen Moment das Wesen Marokkos erleben. Die uralten, überfüllten Viertel mit ihren gewundenen Gassen und Sackgassen, Gewürzbergen, Händlern und Teetrinkern überfluten die Sinne und bieten eine kräftige Portion des berühmten mystischen Zaubers dieses Landes.

Fès Größte mittelalterliche islamische Stadt; hier werden Waren noch immer mit Esel und Maultier transportiert. (S. 312)

Marrakesch Ausgelassene Einwohner streifen innerhalb der Mauern zwischen Suks (Märkten), Palästen und dem Jemaa el Fna durch die Medina. (S. 50)

Tanger Die perfekte Begrüßung in Nordafrika für alle Traveller, die mit der Fähre anreisen. (S. 239)

Chefchaouen Wer es weniger turbulent mag, kann kleinere Altstädte wie diese blau-weiße Medina besuchen. (S. 272)

Kunst & Kultur

Marokko wartet mit vielfältigen Angeboten von Gnaoua (bluesartige Musik befreiter Sklaven) über moderne Kunst des Maghreb bis hin zu erstklassigem Kunsthandwerk auf.

Taroudannt In den Suks wird Silberschmuck der Chleuh verkauft, der von Sahara-Stämmen und jüdischen Silberschmieden beeinflusst ist. (S. 402)

Sakralmusik-Festival in Fès Auf dem wichtigsten Musikfest des Landes kann man viele internationale Künstler, aber auch einige kleine Konzerte der *tariqas* (Sufi-Bruderschaften) erleben. (S. 323)

Marrakesch In den Suks kann man shoppen und Kunstsammler steuern die hippen Galerien in Guèliz an. (S. 81)

Teppiche In Orten wie Ouarzazate (S. 124) und Tafraoute (S. 408) gibt es Kooperativen sowie private und staatliche Geschäfte, in denen der Souvenirkauf relativ entspannt abläuft.

Tanger Das American Legation Museum widmet sich Paul Bowles, William Burroughs und den Schriftstellern der Beat-Generation. (S. 240)

Abseits der üblichen Pfade

Kleine Städte und malerische Dörfer laden dazu ein, sich bei einem Minztee zu entspannen und dabei Einheimische kennenzulernen.

Afella-Ighir Eine wenig befahrene Straße führt in die beiden Oasendörfer; in Tiwadou lädt eine *auberge* (Herberge) mit Dorfmuseum zu einer Übernachtung ein. (S. 414)

Agdz Zwischen den Palmenhainen und den Lehmziegel-Kasbahs von Agdz kann man den Ausblick auf das Drâatal genießen. (S. 125)

Imilchil Das Dorf im Mittleren Atlas ist für seinen Heiratsmarkt berühmt, doch die Fahrt hierher lohnt sich auch zu jeder anderen Zeit. (S. 148)

Tarfaya Im Zeltpool unweit eines Schiffswracks kann man baden und das Leben in der Westsahara beobachten. (S. 431)

Rund um Essaouira Nach einem Besuch der quirligen Medina geht's auf der Surferroute gen Süden nach Sidi Kaouki (S. 235) und Taghazout. (S. 395)

Bhalil Malerisches Bergdorf aus dem 4. Jh., das für seine Höhlenwohnungen bekannt ist. (S. 342)

Gaumenkitzel

Marokkos kulinarische Abenteuer reichen von Couscousrollen bis zur Kamel-Tajine.

Fès Bei einer kulinarischen Tour durch die Stadt kann man sein

Open: Frau in Berbertracht
Unten: Eingang von Rissani

eigenes Couscous rollen und die öffentlichen Brotöfen besuchen. (S. 321)

Wüstenessen In M'hamids Sahara-Refugien lernt man Rezepte der Sahrauis und das Geheimnis eines traditionellen Couscous kennen. (S. 134)

Marrakesch Im Suk Zutaten kaufen und das Kochergebnis dann in einer Riad-Küche verspeisen. (S. 67)

Meeresfrüchte In den Häfen von Al-Hoceima (S. 287) und Essaouira (S. 230) kommt das Abendessen frisch vom Boot.

Taliouine Safran- und Arganölhersteller zeigen Besuchern, wie Tajine gemacht wird. (S. 403)

Demnate Die kulinarische Berber-Hochburg in der Nähe von Marrakesch bietet Mandeln, Olivenöl und Wildblumenhonig. (S. 87)

Architektur

Marokkos Bauwerke spiegeln die lange Geschichte des Landes als kultureller Schmelztiegel wider.

Ali-ben-Youssef-Medersa Die prächtige Koranschule aus dem 14. Jh. in Marrakesch hat fünffarbige *zellij*-Mosaikwände und Stuckbogengänge. (S. 54)

Art déco An der Atlantikküste gibt es prächtige Art-déco-Architektur, besonders in Casablanca (S. 169) und in Sidi Ifni. (S. 423)

Kairaouine-Moschee und Universität In dem 1200 Jahre alten Komplex in Fès befindet sich die älteste Universität der Welt und eine der größten Moscheen Afrikas. (S. 313)

Rabat Die Hauptstadt blickt mit ihrem Almohad-Tour-de-Hassan-Minarett auf ihre Vergangenheit und mit dem von Zaha Hadid entworfenen Grand Théatre de Rabat in die Zukunft. (S. 185)

Rissani Auf einer Rundtour kann man eine *zawiya* (Schrein), die Ruinen eines Sahara-Handelspostens und mehrere *ksour* (befestigte Siedlungen bzw. Burgen) besuchen. (S. 156)

Berberkultur

Marokkos stolze indigene Bewohner sorgen für unvergessliche Eindrücke. Sie tragen eine Menge zur Atmosphäre Marrakeschs und des Atlasgebirges bei.

Regionale Trachten Die Trachten der Frauen, beispielsweise die Hüte der Rifkabylen, zeigen die lokale Zugehörigkeit. (S. 51)

Demnate Hier erwarten den Besucher vielfältige kulturelle Eindrücke, bestes Olivenöl und das „Romeo und Julia" der Berber. (S. 87)

Heiratsmarkt in Imilchil Heiratswillige Berber schauen sich in diesem Dorf im Mittleren Atlas um. (S. 148)

Maison Tiskiwin Marrakeschs Museum der Transsahara-Kultur verdeutlicht die Bindungen der Berber zum übrigen Nordafrika. (S. 60)

Al-Hoceima Inoffizielle Hauptstadt der nordmarokkanischen Berber am Meer. (S. 285)

Strände

Die marokkanische Küste erstreckt sich vom Mittelmeer bis zur Sahara und bietet zwischen ihren Buchten, Felsen und Häfen Strände für jeden Geschmack. Einige sind ideal für Familienspaß, andere noch unerschlossen und bis auf vereinzelte Surfer und Zugvögel völlig unberührt.

Marabouts Strand Umgeben von wilden Felsformationen ist dies der dramatischste Atlantikstrand Mirlefts. (S. 421)

Agadir Der lange, gewundene und saubere Strand wird Familien mit kleinen Kindern begeistern. (S. 386)

Yellich Das Mittelmeerdorf bietet einen schönen Strand mit einer Insel, die zu Fuß erreichbar ist. (S. 291)

Tanger Plage Robinson liegt am nordwestlichsten Punkt der afrikanischen Atlantikküste. (S. 256)

Wüsten

Die marokkanische Sahara gehört zu den sichersten und stimmungsvollsten Orten Afrikas, um die weite Wüste kennenzulernen. In ihren Dünen und der harschen *hammada* (Steinwüste) begegnet man blau gekleideten Berbern, die ein nomadisches Leben führen.

Erg Chebbi Die klassische Saharalandschaft lässt sich per Kamel, Geländewagen oder Sandboard erkunden. (S. 159)

Figuig Absolut besuchenswerte Bilderbuchoase im Osten mit *palmeraies*, *ksour* und Ausblicken bis nach Algerien. (S. 153)

Erg Chigaga In Mhamid kann man einen „Blauen Mann" anheuern, der einem die gewaltigen Dünen zeigt. (S. 133)

Drâatal Einst zogen die Karawanen nach Timbuktu durch das einsame Tal; heute können Besucher auf Kamelen durch Palmenoasen reiten. (S. 125)

Berge

Der Hohe Atlas mit seinen Berberdörfern am Fuß schneebedeckter Gipfel ist eines der imposantesten Gebirge der Welt. Auch die anderen Berge lohnen einen Besuch – zum Klettern, Wandern, um dem Rummel zu entfliehen oder das Landleben zu entdecken.

Jbel Toubkal Der höchste Gipfel Nordafrikas verspricht tolle Aussichten. (S. 108)

Tal der Ammeln Hier nächtigen Gäste in traditionellen Dorfhäusern zwischen *palmeraies* und dem rosig-goldenen Antiatlas. (S. 410)

Mittlerer Atlas Der sanftere Norden des Atlasgebirges ist idealer Ausgangspunkt für Tagestouren durch bewaldete Berglandschaften. (S. 369)

Jbel el-Kelaâ Dieser Berg im Rifgebirge ist in einer Tageswanderung von der blauen Stadt Chefchaouen aus zu ersteigen. (S. 271)

Östlicher Atlas Kahle, marsrote Berge überragen die Schluchten des Ziztals und das Heiratsmarktdorf Imilchil. (S. 152)

Monat für Monat

TOP-EVENTS

Festival der Sakralmusik in Fès, Juni

Volkskunstfest, Juli

Heiratsmarkt, September

Marathon des Sables, März

Trekking im Rifgebirge, April

Januar

Winter auf Marokkanisch: Im Norden ist es nass und Schnee macht viele Gebirgszüge für Wanderer und Autofahrer unpassierbar. Marrakesch und der Süden ziehen nun die Besucher an, vor allem um Neujahr.

Marrakesch-Marathon

Einmal im Jahr geht es auf dem Jemaa el Fna sportlich zu, wenn 5000 Läufer die Ziellinie überqueren. Die Strecke verläuft entlang der Stadtmauer und durch Alleen mit Palmen, Orangen- und Olivenbäumen. (S. 69)

Februar

Der Winter hält an – und damit auch das ungemütliche Wetter. An trockeneren, milderen Orten wie Marrakesch und Agadir lässt es sich aber gut aushalten. Abgesehen von Durch- und Städtereisenden kommen nur wenige Besucher nach Marokko.

Sidi-ben-Aïssa-moussem

Eines der größten *moussems* (Feste) des Landes findet im Mausoleum für Sufi-Heilige vor den Mauern der Medina in Meknès statt. Vorführungen von Glasessern, Schlangenbissen und dem Stechen ritueller Körperpiercings sind nicht mehr erlaubt, *fantasias* (Reiterspiele samt Musketensalven), Jahrmarktattraktionen und Sing- und Tanzdarbietungen schon.

Marrakesch Biennale

Die Biennale findet in den geradzahligen Jahren statt und widmet sich der anspruchsvollen Kunst sowie der Popkultur. Von öffentlichen Kunstdarstellungen bis hin zu Installationen ist alles geboten. (S. 69)

März

Mit dem Frühlingsbeginn erwacht das Land. In den Bergen setzt Tauwetter ein, Wildblumen, Mandel- und Kirschbäume blühen. Winde fegen bis Ende April über die Wüste und das Soustal hinweg.

Mandelblütenfest

Wenn die Gegend um Tafraoute in voller Blüte steht, wird mit diesem wunderbaren Fest im Antiatlas die Ernte gefeiert und damit eine langjährige Tradition in Marokkos Mandelhauptstadt fortgesetzt. Zu diesem Anlass gibt's lokale Folklore mit Gesang-, Tanz- und Theateraufführungen sowie Geschichtenerzählern. (S. 407)

Marathon des Sables

Der Marathon in der Sahara startet und endet in Ouarzazate, Marokkos Filmhauptstadt, und kann es in Sachen Epik durchaus mit einem Streifen aus „Ouallywood" aufnehmen. Der mörderische Sechs-Tage-Lauf findet im März oder April statt und führt 243 km durch die Wüste. Wasser wird bereitgestellt. (S. 121)

April

Marokko grünt und blüht und die Temperaturen sind verlässlich warm. Die

Besucherzahl ist hoch, besonders rund um Ostern, wenn die Preise in die Höhe schießen.

Festival der Sufi-Kultur

Auf dem Kulturfestival in Fès locken Filme und Vorträge sowie Konzerte mit Sufi-Musikern aus der ganzen Welt. Als Kulisse dient der andalusisch gestaltete Garten des Batha-Museums, das in einem Sommerpalais aus dem 19. Jh. untergebracht ist. (S. 324)

Jazzablanca

Seit mehr als einem Jahrzehnt bringt Casablancas populäres Jazzfestival (derzeit) im April die besten lokalen und internationalen Künstler auf die Bühne. (S. 173)

Trekking im Rifgebirge

Nach dem feuchten Winter im Norden und vor dem unerbittlich heißen Sommer kann man im Rifgebirge herrliche Wandertouren unternehmen. Die schönste Landschaft bieten der Talassemtane-Nationalpark mit der Felsformation Pont de Dieu sowie der näher am Mittelmeer gelegene Al-Hoceima-Nationalpark.

Mai

Mit dem Ende der Touristensaison fallen die Preise in den Hotels und Suks, wobei die größte Sommerhitze erst noch bevorsteht. Die tägliche Durchschnittstemperatur in Marrakesch liegt bei etwa 28 °C. Jetzt sind die Bedingungen für Trekkingtouren in den Bergen ideal.

Mawazine

Dieses beliebte und kostenlose Musikfestival in Rabat wächst Jahr für Jahr und zieht große Namen aus der arabischen, afrikanischen und westlichen Welt an. Elton John, Afrobeat und libanesische Diven – das Angebot ist bunt. (S. 190)

Ländliche Festivals

Beim Festival du Desert in Er-Rachidia treten Künstler aus der Sahara wie die Gnaoua-Band Les Pigeons du Sable auf. Im Dadèstal putzt sich Kelaâ M'Gouna für das alljährliche Fest zur Rosenernte heraus. (S. 152)

Juni

Der Sommer nimmt nun so richtig Fahrt auf, doch auf den Gipfeln im Hohen Atlas liegt noch immer Schnee. Als Reiseziele bieten sich vor allem der Norden und die Küste an. Zum Festival der Sakralmusik in Fès ist die Nachfrage nach Unterkünften groß.

Kirschfest

Mitte Juni erwacht das verschlafene Sefrou anlässlich Marokkos ältesten Stadtfests zum Leben und feiert die Kirschernte mit traditioneller Musik, Kunstausstellungen, Umzügen, *fantasias* sowie Sportveranstaltungen. Krönender Abschluss ist die Wahl der Kirschkönigin. (S. 341)

Festival der Sakralmusik in Fès

Fès' erfolgreiches Weltmusikfestival hat schon vielen eine Bühne geboten, von Youssou N'Dour bis Björk. Als ebenso eindrucksvoll gelten die Konzerte marokkanischer *tariqas* (Sufi-Orden). Zum Programm gehören Ausstellungen, Filme und Gesprächsrunden. Findet wahrscheinlich im Mai statt, hängt aber vom Ramadan ab. (S. 323)

Gnaoua & Weltmusikfestival

Ende Juni wird in Essaouira dieses Event mit jeder Menge Leidenschaft und Konzerten internationaler, nationaler und lokaler Künstler sowie Kunstausstellungen gefeiert. Es bietet eine tolle Gelegenheit, bluesartige Gnaoua-Musik zu hören, die von befreiten Sklaven entwickelt wurde. (S. 227)

Juli

Auf den Bergen schmilzt der Schnee, selbst im Hohen Atlas herrscht Gluthitze und der Ramadan ist bei durchschnittlich 30 °C besonders strapaziös. Am angenehmsten ist es an den Stränden, die im Norden allerdings von Besuchern wimmeln.

Asilah-Festival

Mit diesem dreiwöchigen Kulturfest bietet Asilah rund 200 000 Besuchern tolle Kunstshows, Workshops, Konzerte und Ausstellungen. Zeitgleich findet auf einem dreitägigen Event rund um Pferde eine *fantasia* statt. (S. 209)

Festival der Volkskultur

Das Straßentheaterfest ist genauso bunt, wie man es von einer derartigen Veranstaltung in Marrakesch erwartet, und zeigt Highlights der traditionellen und zeitgenößischen Kultur des Landes. Während des Eröffnungsumzugs mit über 500 Künstlern geht's auf dem Jemaa el Fna noch lebendiger zu als sonst. (S. 69)

August

Affenhitze mit Durchschnittstemperaturen von 40 °C in Marrakesch, im Landesinneren auch darüber. An den südlichen Atlantikstränden kann man dem Besucheransturm entgehen.

Moussems

Während Marokkos längstem *moussem* füllen sich die Straßen von Moulay-Idriss mit *fantasias,* Märkten und Musik; fünf Pilgerfahrten hierher entsprechen einer nach Mekka. Weitere *moussems* werden in Setti Fatma, südöstlich von Marrakesch, und in Ouarzazate veranstaltet. (S. 363)

September

Der Herbst ist eine gute Zeit für Reisen nach Marokko. An den Stränden halten sich kaum einheimische Urlauber auf und die Wüste ist mit Dattelpalmen und sanften Brisen ein angenehmer Ort. Im August/September beeinträchtigt Eid al-Adha (das islamische Opferfest) Verkehr und Öffnungszeiten der Geschäfte.

Heiratsmarkt

Bei dem berühmten dreitägigen Fest in Imilchil im Mittleren Atlas suchen Berber nach einem Partner fürs Leben und werfen sich mit Baumwollumhängen, weißen Dschellabas (fließenden Gewändern) sowie kunstvollem Schmuck in Schale.

Religiöse Feste

Beim Hamdouchi Moussem tanzen religiöse Bruderschaften vor den beiden *zawiyas* (Schreinen) von Demnate um die Wette, während es beim Moulay-Idriss-*moussem* in Fès einen Umzug mit Musik und Rosenwasser durch die Medina gibt und sich anlässlich des *moussems* in Sidi Yahia Ben Younes samt *fantasia* Tausende Pilger auf den Weg in Richtung Osten machen. (S. 87)

TANJAzz

Das Jazzfestival in Tanger lockt immer mehr internationale und heimische Musiker an und ist die Gelegenheit, Marokkos Musikszene von ihrer kosmopolitischen Seite zu erleben. (S. 243)

Oktober

Der Oktober ist ebenfalls ein beliebter Reisemonat. Nördlich des Mittleren Atlas setzen die Regenfälle ein.

Nuits Sonores Tanger

Mit diesem modernen Elektromusikfestival beweist Tanger erneut, dass es mit der Zeit geht. (S. 243)

Rallye Toulouse Saint-Louis

Von Ende September bis Anfang Oktober erinnert die Veranstaltung in Tarfaya an den französischen Kurierdienst, der hier einst einen Stopp einlegte, und dessen bekanntesten Piloten, den Schriftsteller Antoine de Saint-Exupéry. Flugzeuge überqueren die Stadt auf ihrem Weg von Toulouse in Frankreich nach Saint-Louis im Senegal. (S.432)

November

In Marrakesch und weiter südlich herrscht Trubel, denn nun stehen Wüstentouren und Wanderausflüge auf dem Plan. Zudem streifen Vogelbeobachter durch die Sumpfgebiete und man trifft manch einen Traveller auf der Durchreise nach Mauretanien.

Erntefeste

Rund um den Immouzzer-des-Ida-Outanane-Wasserfall in den Ausläufern des Hohen Atlas schütteln Dorfbewohner Oliven von den Bäumen. In Taliouine wird die Safranernte gefeiert und man entdeckt Einheimische beim Blumenpflücken.

Dezember

Gegen Monatsende sorgen jede Menge Weihnachtsurlauber für Betriebsamkeit. Schnee macht die Pässe des Hohen Atlas unpassierbar, aber Skifahrer freuen sich über die weiße Decke.

Internationales Filmfestival in Marrakesch

Bei dem einwöchigen Festival lassen sich große Stars von Hollywood bis Bollywood sehen. Krönender Abschluss sind diverse Preisverleihungen, bei denen sämtliche Genres eine Chance auf eine Auszeichnung haben. (S. 69)

Reiserouten

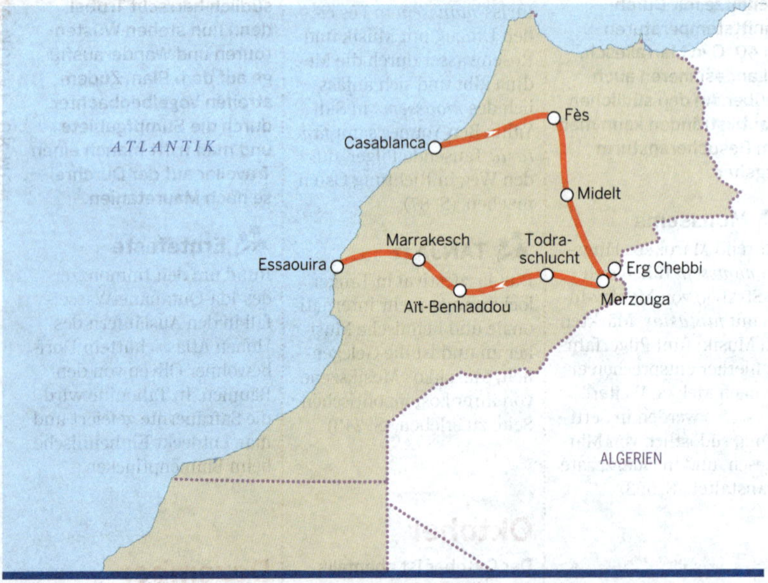

2 WOCHEN

Marokkos Highlights

Marokko ist ein großes Land, aber dennoch lässt sich in zwei Wochen so einiges erkunden, darunter Höhepunkte wie Königsstädte, die Berge und die Wüste.

Startpunkt ist Marokkos Wirtschaftszentrum **Casablanca** mit einem Besuch der Moschee Hassan II. Per Zug geht's weiter nach **Fès** mit der uralten, aber blühenden Medina.

Dann führt die Reise durch den Mittleren Atlas. Unterwegs bietet **Midelt** einen ersten Eindruck von der staunenswerten marokkanischen Kasbah-Architektur. Auch die verlassene Minenstadt Aouli, inmitten einer hübschen Schlucht, ist einen Besuch wert. Weiter geht's nach **Merzouga**, Marokkos Tor zur Sahara, hier kann man sich aufs Kamel schwingen und nachts im grandiosen Sandmeer **Erg Chebbi** unterm Sternenzelt träumen.

Im Schatten des Hohen Atlas zieht man gen Südwesten zur **Todraschlucht** und einer Tageswanderung zwischen Felswänden und *palmeraies* (Palmhainen), bevor es über Ouarzazate nach **Aït-Benhaddou** mit seiner märchenhaften Kasbah aus dem 11. Jh. geht.

Auf dem Weg zum Atlantik sollte man in **Marrakesch** in einem Riad nächtigen und den einen oder anderen Sonnenuntergang auf dem Jemaa el Fna genießen. Zum Abschluss lockt **Essaouira** mit seiner Medina am Meer und seinem Fischerhafen.

3 WOCHEN Unterwegs im Süden

Diese abwechslungsreiche Route führt tief in den Süden zu unberührten Berg- und Wüstenregionen fernab der Menschenmassen.

Von **Agadir** aus geht's direkt in das kleine, atmosphärische **Tafraoute** mit seinen üppigen *palmeraies* und rosafarbenen Häusern. Der Ort liegt mitten im wunderschönen **Tal der Ammeln**, das zu ein paar Tageswanderungen einlädt, z. B. auf den **Jbel L'Kest**. Darüber hinaus kann man mit einem Mietmotorrad vorbei an Felsformationen und -gravuren zu den surrealen **Pierres Bleues** (bekannt als bemalte Felsen) fahren und anschließend die weiter südlich gelegenen **Aït-Mansour-Schluchten** ansteuern. Als Zwischenstation bietet sich die Afella-Ighir-Oase an. **Tiwadou** eignet sich als Ausgangspunkt für Trekkingtouren und für den Besuch der Felsformationen von **Ukas**.

Nach diesem Vorgeschmack auf Marokkos Natur im entlegenen Süden geht's zurück nach Tafraoute und von dort Richtung Osten durch den Antiatlas bis zur gewaltigen Sahara. Den letzten Halt vor dem Jbel Bani und den vielen *hammadas* (Steinwüsten) markiert **Tata**, eine gute Basis, um die Oasen, Kasbahs, *agadirs* (befestigte Kornkammern) und wunderbaren Felsmalereien an Orten wie **Akka** zu erkunden. Anschließend führt die staubige Route weiter Richtung Osten zu den goldgelben Dünen des **Erg Chigaga**, die abgelegener und weniger gut besucht sind als jene von Merzouga. Vom nahe gelegenen Mhamid schaukelt man dann auf einem Kamel ins **Drâatal** mit seinen zahlreichen Kasbahs.

Am oberen Ende des Tals geht es wieder in die Berge. In der Filmstadt **Ouarzazate** diente die steinige Wüstenlandschaft schon als Ersatzkulisse für Tibet, Rom, Somalia und Ägypten. Vor Ort mietet man entweder ein Mountainbike, Motorrad, Pferd, Esel oder Dromedar und reist über die Safranhauptstadt **Taliouine** Richtung Küste. Hier oder in **Taroudannt**, einer relaxten Stadt mit roten Mauern und einem Hauch von Marrakesch, lohnt sich eine Wanderung durch eine der Gebirgslandschaften wie das **Tichka-Plateau**. Die Suks und Plätze in Taroudannt laden zur Entspannung ein; zudem ist die Nähe zu Agadirs Flughafen praktisch.

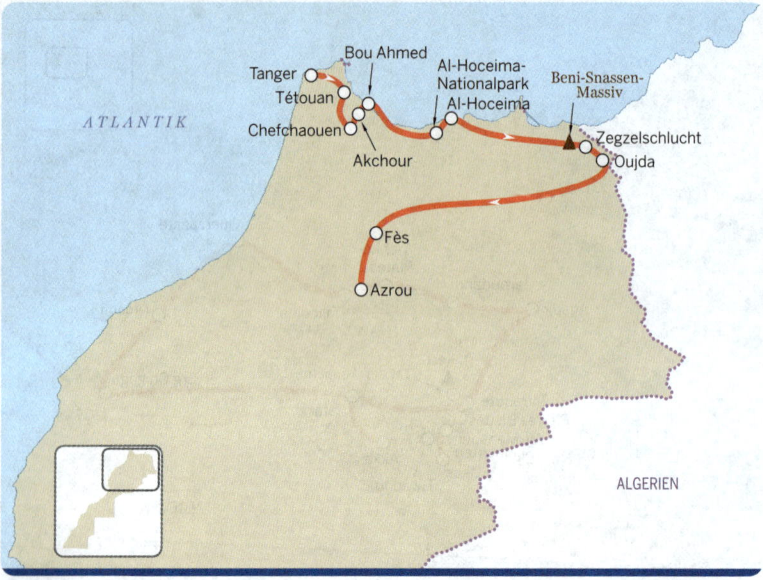

3 WOCHEN

Mittelmeer & Berge

Im Norden hat die Regierung viel in die touristische Entwicklung der Mittelmeerküste und des Rifs investiert, und die Region ist bei den Marokkanern inzwischen beliebt. Die Entdeckung durch Traveller aus anderen Ländern lässt allerdings noch auf sich warten.

Ausgangspunkt ist **Tanger**, das man von Spanien aus mit der Fähre erreicht. Mitte des 20. Jhs. gehörten zu den Besuchern der legendären Hafenstadt Waffenschmuggler ebenso wie Beatnik-Literaten. Nach einigen Tagen voller Geschichte, Nachtleben und Restaurants reist man landeinwärts nach **Tétouan**. Die Hauptstadt des ehemaligen Spanisch-Marokko besticht durch ihre bildschöne arabische Medina und andalusische Architektur. Im nahe gelegenen **Chefchaouen** mit der bezaubernden blauen Altstadt zeigen sich die spanischen Einflüsse weniger deutlich. Hier kann man herrliche Sonnenuntergänge genießen, den lauten Rufen zum Gebet lauschen und Wanderungen unternehmen, z. B. einen fünftägigen Ausflug über **Akchour** nach **Bou Ahmed**, einem Fischerdorf im Oued-Bouchia-Tal.

Anschließend geht's gen Osten an der Küste entlang zum modernen Badeort **Al-Hoceima**, dem Tor zu den trockenen Schluchten und Kalksteinfelsen des **Al-Hoceima-Nationalparks**. Am besten besucht man das Naturschutzgebiet im Rahmen einer Trekkingtour oder bucht einen Mountainbiketrip inklusive Übernachtung bei einer Berberfamilie. Richtung algerische Grenze lockt das fruchtbare **Beni-Snassen-Massiv**, eine grüne Gegend weit entfernt vom klassischen Image Marokkos. Mit einem herrlichen Blick auf die Berge wartet das Schwimmbad im Ort auf, außerdem lohnt sich eine Übernachtung in einem 300 Jahre alten Landhaus. Wer in der **Zegzelschlucht** eine Kumquat pflückt und verspeist, wird verstehen, warum die Römer diese kleine Zitrusfrucht so schätzten.

In **Oujda** hat die Zivilisation einen wieder. Mit dem Zug geht's in die Königsstadt **Fès**, wo Sightseeing in der Medina und Entspannung in einem Riad angesagt sind. Falls einem der Sinn nach ländlichen Gefilden steht, macht man einen Ausflug in das Berberstädtchen **Azrou** und erkundet die Zedernwälder des Mittleren Atlas.

6 WOCHEN Highlights & verborgene Schätze

In sechs Wochen kann man wirklich tief in Marokko eintauchen: Neben den Top-Zielen bleibt ausreichend Zeit, auch verstecktere Kleinode zu erkunden und das Land zu genießen – ohne dabei auf ausgetretenen Pfaden zu wandeln oder sich hetzen zu müssen.

Die Tour beginnt mit einer Fährüberfahrt von Spanien nach **Tanger** mit seiner europäisch geprägten Medina. Von hier aus geht's weiter ins **Rifgebirge**. Europas Einfluss zeigt sich auch in **Chefchaouens** hellblauer, andalusisch angehauchter Medina. Die Königsstädte **Fès** und **Meknès** weiter im Süden wirken wesentlich marokkanischer. Nach ein paar Tagen auf farbenfrohen Märkten und in verschlungenen Gassen reist man durch den **Mittleren Atlas** ins **Ziztal**. Nun sind es nur noch ein paar (staubige) Stunden bis zum **Erg Chebbi** mit seinen archaisch schönen Wanderdünen, die sich auf einem Kamel oder Sandbrett erkunden lassen.

Die Sahara im Rücken steuert man die **Todraschlucht** im Hohen Atlas an. Dort wandert man zwischen engen Felswänden umher und fährt in einem Marktlieferwagen durch winzige Dörfer tiefer in die Berge hinein. Das hübsche **Imilchil** ist vor allem für seinen Hochzeitsmarkt im September bekannt. Dann reist man durch den Hohen Atlas bergab Richtung Südwesten nach **Demnate**, einem Zentrum der Berberkultur und -gastronomie. Dahinter wartet schon **Marrakesch** mit Riads, Shoppingmöglichkeiten in der Medina und dem quirligen Jemaa el Fna. Anschließend locken **Essaouira**, ein Künstlertreff an der wilden Westküste, und das lebhafte **Taghazout**, Marokkos erste Adresse für Surfer. Über die N10 erreicht man **Taroudannt**, die bezauberndste Marktstadt des Soustals.

Einsame Straßen führen durch unwirtliche Berge nach **Tata**, wo einem blau gewandete Guides die Wüste zeigen. Danach geht's an Oasen, *palmeraies*, Kasbahs, *agadirs* und Felsmalereien vorbei wieder in Richtung Atlantik. In Küstennähe lockt **Tiznit** mit einem tollen Schmuck-Suk.

Westwärts liegen **Mirleft** mit seinen rosa-blauen Bogen und **Sidi Ifni**, eine Ansammlung von Art-déco-Relikten, umgeben von Küstenwanderwegen. Zum Abschluss der Reise erkundet man das herrlich abgelegene **Tarfaya** am Rand der Westsahara.

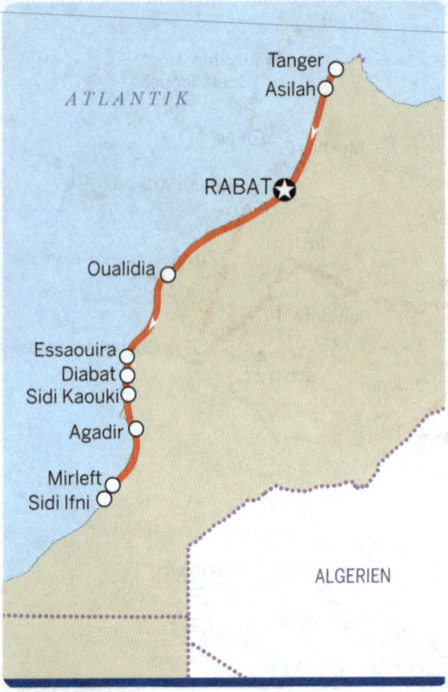

3 WOCHEN Abenteuer am Atlantik

Marokkos Atlantikküste reicht vom geschäftigen Norden bis zu den ruhigeren Küstenstreifen des Südens. Es ist eine Landschaft, in der die Städte Kliffformationen, Sandstränden und Fischereihäfen weichen. Von Spanien geht's mit der Fähre nach **Tanger**. Diese Stadt ist Marokko pur und zugleich ein dekadenter Außenposten Europas. Per Zug erreicht man das Künstlerstädtchen **Asilah** mit all seinem weiß getünchten Charme sowie **Rabat** mit seiner Kolonialarchitektur und den palmengesäumten Boulevards. Durch Casablancas Vorstädte führt die Route an der Küste entlang nach **Oualidia**, das an Saint-Tropez erinnert, mit einer sichelförmigen Lagune. Weiter südlich liegt das bei Hippies einst so beliebte **Essaouira**. Wegen der Bohème-Atmosphäre und der restaurierten Riads bleiben viele Traveller länger als geplant. Nach einem Stopp bei einem der Grillfischstände folgt man den Spuren von Jimi Hendrix sowie denen heutiger Surfer zu den Stränden von **Diabat** und **Sidi Kaouki**. Nach weiteren Surfspots stößt man auf den familienfreundlichen Badeort **Agadir**. **Mirleft**, mit Stränden und Boutique-Unterkünften, und das von spanischen Art-déco-Bauwerken geprägte **Sidi Ifni** sind jedoch malerischer.

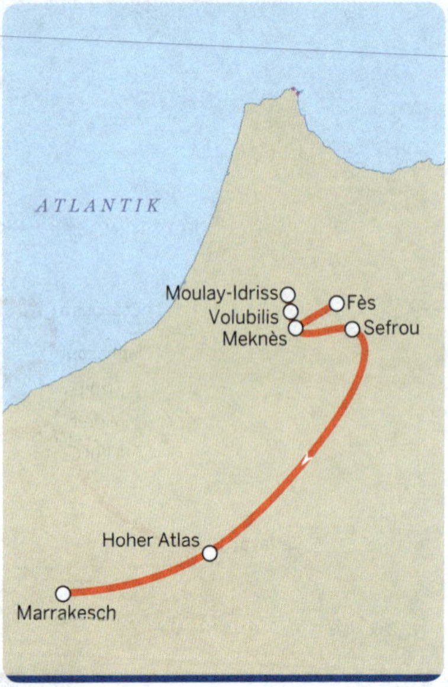

10 TAGE Königsstädte & Atlas

Die kurze Route ermöglicht das Beste, was Marokko zu bieten hat, innerhalb weniger Tage zu besuchen – seine alten Städte und Medinas und das mächtige Atlasgebirge. Los geht's mit zwei Städten, die einst von Dynastien regiert wurden. **Fès** verspricht eine Prise exotisches Maghreb-Flair; in seiner Medina koexistiert das moderne Marokko mit seiner farbigen Vergangenheit. Das nahe gelegene **Meknès** wird von vielen Reisenden kaum beachtet, ist aber mit seinen Spuren glorreicher Zeiten unter Sultan Moulay Ismail durchaus lohnend. Ein Umweg Richtung Norden führt nach **Volubilis**, einer antiken Stätte, die von der Schaffenskraft während des römischen Imperiums zeugt, sowie nach **Moulay-Idriss**, mit dem Mausoleum des Gründers der ersten Königsdynastie von Marokko – ein wunderbarer Gegenpol zur städtischen Aufgeregtheit. Anschließend geht's nach Süden, in den Mittleren Atlas. Dort lohnt sich ein Halt im Berberort **Sefrou** mit seiner hübschen Medina. Von hier geht es querfeldein über Beni Mellal an den Ausläufern des **Hohen Atlas** entlang zur Ikone des modernen Marokko: **Marrakesch**. Die Stadt bezaubert mit bunten Suks, Straßenkünstlern und prachtvoller Architektur.

Reiseplanung

Outdoor-Aktivitäten

Marokkos abwechslungsreiche Landschaft lädt neben dem Wandern zu vielen Outdoor-Aktivitäten ein. Hobbyornithologen, Radfahrer, Kletterer und Reiter kommen voll auf ihre Kosten. Und ob man nun Ski fährt, surft oder auf einem Kamel unterwegs ist – zwischendurch gibt es immer wieder die marokkanische Kultur und Gastfreundschaft zu genießen.

Kameltouren

Eine Kameltour durch die Sahara zählt zu den eindrucksvollsten Unternehmungen in Marokko, egal, ob man einen Ausflug mit nur einer Übernachtung oder eine längere Wüstensafari bucht.

Zu den besten Gebieten für einen solchen Trip gehören der Erg Chebbi bei Merzouga, der Erg Chigaga nahe Mhamid und Zagora sowie die Gegend hinter den leichter zugänglichen Dünen von Tinfou.

Außerhalb der Herbst- (Sept. & Okt.) und Wintermonate (Nov.–Anfang März) sind Kameltouren nicht wirklich empfehlenswert, da es in der Wüste unerträglich heiß werden kann und im Frühjahr zudem heftige Sandstürme drohen.

Die Preise liegen bei mindestens 300 Dh pro Person und Tag, variieren aber je nach Gruppengröße, Tourlänge und Verhandlungsgeschick.

Der Veranstalter organisiert das Nachtlager, zu dem oft ein Programm mit Berbermusik und *mechoui* (Lamm vom Grill) gehört. Bei kürzeren Ausflügen wird manchmal auch ein festes Camp angesteuert.

Organisation einer Kameltour

Wer nicht unter Zeitdruck steht, organisiert einen Guide und die Verpflegung am

Top-Spots für Aktivurlauber

Berge

In den Bergen kann man die unterschiedlichsten Dinge wie Klettern, Bergsteigen oder Skifahren unternehmen und Wildtiere (z. Bsp. Berberaffen, -schafe und -leoparden) beobachten. Rafting, Trekking und Mountainbiketouren sind weitere Möglichkeiten.

Wüste

Auf dem Wüstenprogramm stehen Kameltouren, nächtliche Dünenwanderungen, Sandboarding sowie das Beobachten von Vögeln und Wildtieren wie Saharagrasmücken und dem Löffelhund – und die anschließende Übernachtung im Berberzelt.

Küste

Am Strand locken Aktivitäten wie Surfen, Windsurfen, Kitesurfen, Kajak- und Kanufahren. Außerdem gibt's hier jede Menge Meereslebewesen und Vögel, etwa den vom Aussterben bedrohten Waldrapp.

besten direkt vor Ort. Davon profitiert die lokale Bevölkerung; außerdem trägt man so dazu bei, dass junge Männer nicht ihrer Heimat den Rücken kehren, um sich in den Touristenzentren einen Job zu suchen.

Als einfachster Ausgangspunkt für eine Wüstentour gilt Mhamid, wobei das Angebot in Zagora und Merzouga größer ist. Am besten lässt man sich von anderen Travellern ein paar Tipps geben.

Unkomplizierter und schneller geht das Ganze, wenn man den Ausflug im Voraus organisiert, entweder bei einem internationalen Anbieter oder einem regionalen Veranstalter in Ouarzazate oder Marrakesch.

Klettern

Klettern wird in Marokko immer beliebter. Es gibt hier ein paar phantastische Routen; allerdings sollte man schon reichlich Erfahrung haben und seine komplette Ausrüstung selbst mitbringen.

Im Antiatlas und im Hohen Atlas reichen die Möglichkeiten vom Bouldern bis zu äußerst anspruchsvollen Routen, die nur für sehr erfahrene Bergsteiger geeignet sind.

Die Dadès- und die Todraschlucht sind ausgezeichnete Klettergebiete.

Des Clarks *Mountaineering in the Moroccan High Atlas – Walks, Climbs & Scrambles Over 3000 m* (2011), ein handliches Taschenbuch mit Plastikhülle, zahlreichen Karten, Fotos und praktischen Informationen, beschreibt rund 50 Routen und 30 Gipfel und hat das Zeug zum Klassiker. *Morocco Rock* (www.moroccorock.com) ist ein weiterer ausgezeichneter Führer mit besonders guten Informationen zu Touren im Antiatlas. Die Autoren unterhalten eine rege Facebook-Community.

Die Fédération royale marocaine de ski et montage (www.frmsm.ma) hat Listen von Routen. Ein guter lokaler Veranstalter von Klettertouren ist **Climb Morocco** (http://climbmorocco.com).

Mountainbiken

Obwohl man auch mit herkömmlichen Straßenrädern Touren in Marokko unternehmen kann, stehen einem mit Mountainbikes mehr Möglichkeiten offen.

Wer gut trainiert ist, sollte das ausgedehnte Netz von *pistes* (unbefestigten Wegen) und Fußpfaden im Hohen Atlas nutzen. Weitere ausgezeichnete Routen erstrecken sich im Antiatlas, auf dem Jbel-Saghro-Plateau und im Drâatal.

Viele Reisebüros, Hotels und Geschäfte haben einen Mountainbikeverleih, z. B. in Tafraoute; für ausgedehnte Trips sind die Räder aber meist nicht geeignet. Wenn man ernsthaft Rad fahren möchte, sollte man sich an einen Anbieter von Abenteuertouren wenden.

Die folgenden Veranstalter bieten Mountainbiketouren in Marokko an:

Biking Morocco (www.mountain-bike-morocco.com)

Freeride Morocco (www.freeridemorocco.com)

Saddle Skedaddle (www.skedaddle.co.uk)

Rafting & Kajakfahren

Rafting und Kajakfahren stecken in Marokko zwar noch in den Kinderschuhen, aber wer sich trotzdem für diese Sportarten entscheidet und eine Tour im Hohen Atlas unweit von Bin el Ouidane unternimmt, wird eine atemberaubende Landschaft erleben. Der Veranstalter **Water By Nature** (www.waterbynature.com) bietet Rafting-Ausflüge in Marokko an.

Reiten

Südmarokko wartet mit besonders guten Reitmöglichkeiten auf, beispielsweise an Stränden wie dem von Dabat, in Hügeln, Bergen, Tälern, Schluchten und der Wüste.

Reisebüros, die sich auf geführte Touren spezialisiert haben:

Club Farah (www.clubfarah.com) Nahe Mèknes.

Unicorn Trails (www.unicorntrails.com)

Skifahren

Die Skisaison dauert von November bis April, allerdings sind die marokkanischen Skianlagen nicht im besten Zustand. Weitere Informationen, einschließlich der örtlichen Skiclubs, erhält man von der Fédération royale marocaine de ski et montage (www.frmsm.ma).

Abfahrtski

Das beliebte Skigebiet Oukaïmeden 70 km südlich von Marrakesch wartet mit dem höchsten Skilift Nordafrikas auf. Hier kann man auch die nötige Ausrüstung leihen. Andere Skigebiete liegen verstreut im Mittleren Atlas, insbesondere Mischliffen bei Fès. Sie bieten allerdings nicht immer eine ausreichende Schneedecke. Es gibt hier und da Ausrüstungen zu leihen, aber keine Skilifts.

Tourenski

Ski randonnée wird immer beliebter, vor allem von Ende Dezember bis Februar, wenn das Aït-Bou-Goumez-Tal hervorragende Bedingungen bietet.

Surfen, Windsurfen & Kitesurfen

Die Tausende von Kilometern lange Küstenlinie macht Marokko zu einem tollen, wenn auch unterschätzten Ziel für Surfer, Windsurfer und Kitesurfer. Wer sich für diese Sportarten interessiert, kann vor Ort die Ausrüstung leihen sowie Unterricht und spezielle Urlaubsangebote buchen.

Nord- & Zentralmarokko

Mehdiya Plage nördlich von Rabat hat eine starke Strömung, wartet aber mit verlässlichen Wellen auf. Richtung Süden kann man auch an der Plage des Nations und der Temara Plage gut surfen. Beide liegen weniger als 20 km von Rabat entfernt. Sidi Bouzid und die Strände rund um El Jadida bieten ebenfalls gute Bedingungen.

Oualidia ist beliebt bei Surfern, Windsurfern und Kitesurfern. Die Gegend rund um Lalla Fatna auf dem Weg nach Safi verfügt über die wahrscheinlich besten Wellen des Landes und hat mit seinen spektakulären Right Handers – einige der längsten dieses Planeten – bereits große Namen der Szene angezogen.

Südmarokko

Essaouira wird zwar vereinzelt von Surfern angesteuert, doch die „Windstadt Afrikas" eignet sich besser zum Wind- und Kitesurfen. Das nahe gelegene Sidi Kaouki ist ein Geheimtipp für alle drei Sportarten.

In der Gegend rund um Taghazout nahe Agadir erstrecken sich einige der besten Surfstrände des Landes, es gibt dort auch eine auf Surfer eingestellte Infrastruktur.

Weitere interessante Gebiete in Südmarokko sind Agadir, Aglou Plage, Mirleft und Sidi Ifni.

Vogelbeobachtung

Marokko ist ein Paradies für Vogelbeobachter. In den diversen Ökosystemen ist eine erstaunliche Artenvielfalt beheimatet, vor allem in den Feuchtgebieten an der Küste.

Es gibt im Land etwa 460 Arten, darunter viele Zugvögel, die hier im Frühling und Herbst Station machen, wenn sie zwischen dem Süden Afrikas und ihren Brutgebieten in Skandinavien, Grönland sowie Nordrussland pendeln. Andere Arten kommen nach Marokko, um dem harten nordeuropäischen Winter zu entfliehen. Die Lagune im Merja-Zerga-Nationalpark (S. 202) bei Moulay-Bousselham ist der beste Ort des Landes, um Zugvögel zu beobachten.

Eine schöne Zeit für Hobbyornithologen sind die Monate März bis Mai: Bei angenehmem Wetter kann man dann zahlreiche unterschiedliche Vögel beobachten. Auch im Winter ist in den Feuchtgebieten und Lagunen sehr viel los.

Führer & Touren

Zusätzlich zu ortsansässigen Führern bieten noch folgende Veranstalter Vogelbeobachtungstouren in Marokko an:

Birdfinders (www.birdfinders.co.uk)

Naturetrek (www.naturetrek.co.uk)

Wild Insights (www.wildinsights.co.uk)

Reiseplanung

Trekking

Marokko besitzt einige der schönsten Gebirgslandschaften der Welt und ist ein ganzjähriges Trekkingziel. Im Sommer lockt der Jbel Toubkal, der höchste Gipfel Nordafrikas. Im Winter, wenn durch Schneefälle der Hohe Atlas gesperrt ist, kann man stattdessen den Jbel Saghro erklimmen. Und für die übrigen Jahreszeiten ist das Rifgebirge ein ideales Trekkingrevier.

Trekking-Regionen

Hoher Atlas

Im Hohen Atlas kann man den höchsten Berg Nordafrikas, den Jebel Toubkal, bezwingen und auf dem Toubkal-Rundweg Berbern begegnen.

Jenseits der Menschenmengen locken die spektakulären Täler und schönen Dörfer des entlegenen M'Goun-Massivs.

Jbel Saghro

Im Südosten erstrecken sich einige der wildesten und erstaunlichsten Landschaften Marokkos, die sich wunderbar für Winterwanderungen eignen.

Das Rif

Wer etwas leichtere Routen bevorzugt, kann eine Trekkingtour durch die wenig besuchten Zedernwälder des Talassemtane-Nationalparks nahe Chefchaouen unternehmen.

Antiatlas

Auf dem Weg zum Amethystberg Jbel L'Kest sollte man einige der 26 Dörfer im Tal der Ammeln besuchen.

Im Schatten des vulkanischen Jbel Siroua sind anspruchsvolle Touren durch malerische abgelegene Dörfer und gewaltige Schluchten möglich.

Bevor es losgeht

Wo wandern?

Toubkal-Gipfel & -Rundweg

Die Trekkingtour in Marokko ist eine Besteigung des Jbel Toubkal, des höchsten Gipfels von Nordafrika (4167 m). Die zweitägige Wanderung startet von Imlil bei Marrakesch. Wer eine längere Tour unternehmen will, kann Maultiere für eine Toubkal-Rundwanderung von bis zu zehn Tagen Dauer mieten.

M'Goun-Überquerung

Trotz ihres einschüchternden Rufs ist die viertägige Tour für fast jedes Fitnessniveau geeignet. Die Landschaft ist vielfältig und spektakulär, von trockenen Schluchten bis zu grünen Tälern. Allerdings kann man sich beim Überspringen oder Durchwaten seichter Wasserläufe nasse Füsse holen.

Rifgebirge

Das niedrigste Gebirge Marokkos ist ideal für Frühlingswanderungen. Dann sind die Eichenwälder am grünsten und ein Teppich aus Wildblumen bedeckt die Hänge. Trekkingtouren durch den Talassemtane Nationalpark führen an Berberdörfern vorbei zur bizarren Felsformation der Gottesbrücke.

Trekking-Gebiete

Jbel Sarhro

Die Tour von fünf bis sechs Tagen Dauer schlängelt sich vom Hohen Atlas bis zum Dadèstal. Die Überquerung des Jbel Saghro beeindruckt mit Landschaft von karger Schönheit und ist eine ausgezeichnete Alternative für den Winter, wenn andere Gebirgswege durch Schnee versperrt sind.

Antiatlas

Der Antiatlas ist die Region, in der Marokkos Gebirgslandschaft in die Sahara übergeht. In den wenig besuchten Bergen können erfahrene Bergwanderer innerhalb einer Woche den vulkanischen Gipfel des Jbel Siroua bezwingen, oder fünf Tage durch das Tal der Ammeln zum Jbel L'Kest wandern.

Karten

Es gibt für Marokko topografische Karten in den Maßstäben 1:100000 und 1:50000. Da Letztere aber nicht überall verkauft werden, halten sich Traveller, die große Gebiete erwandern wollen, am besten an Ausgaben im Maßstab 1:100000. Karten in diesem Maßstab, die vom sowjetischen Militär angefertigt wurden, sind zwar kyrillisch beschriftet, gehören aber zum topografisch exaktesten Kartenmaterial, das zu Marokko zu bekommen ist.

Eine gute Anlaufstelle für Karten ist die **Direction de la Cartographie** (☎0660 10 26 83; www.ancfcc.gov.ma; cnr Aves My Youssef & My Hassan I) in Rabat, die alle hier angebotenen Pläne online auflistet.

Karten und Kopien sind auch in anderen Buchhandlungen in Marokko erhältlich. Außerdem wird man an den Ständen rund um den Djemaa el-Fna (S. 50) in Marrakesch und kurz vor Beginn der Trekkingrouten auf den Atlas fündig.

Im Übrigen kann man Karten, beispielsweise von West Col Productions, u.a. für

INTERNATIONALE ANBIETER VON REISEHANDBÜCHERN & KARTEN

Au Vieux Campeur (www.au-vieux-campeur.fr) Französischer Spezialist für Landkarten.

Melbourne Map Centre (www.melbmap.com.au) Bei Australiens größtem Anbieter von Landkarten findet man ein halbes Dutzend Karten von Marokko.

Omnimap (www.omnimap.com) Hat eine hervorragende Auswahl an Landkarten, darunter auch die von West Col und des sowjetischen Militärs, einige sind auch digital verfügbar.

Stanford's (☎020-7836 1321; www.stanfords.co.uk; 12-14 Long Acre, WC2; ⏲Mo–Sa 9–20, So 11.30–18 Uhr; ⊖Leicester Sq oder Covent Garden) Verkauft z. B. Karten über das Jebel-Toubkal-Gebiet von Editorial Piolet im Maßstab 1:40 000 und über den Atlas von West Col im Maßstab 1:160 000, die auf Karten des sowjetischen Militärs basieren.

Uni Bayreuth, Lehrstuhl für Stadtgeografie und Geografie des ländlichen Raums (www.stadtgeo.uni-bayreuth.de) Hier kann man Kartenmaterial zu verschiedenen Regionen bestellen.

Toubkal und das M'Goun-Massiv, manchmal auch über Websites wie Amazon (www.amazon.de oder amazon.com) bestellen, und manchmal findet man auch gute Angebote für gebrauchte Karten.

Bücher

Trailblazers *Moroccan Atlas – the Trekking Guide* von Alan Palmer ist ein unverzichtbarer Führer für alle Trekker, die Hochatlas, Jbel Sahro und das Bergmassiv des M'goun ernsthaft angehen wollen.

Eine lohnende Lektüre ist auch Hamish Browns atmosphärisches *The Mountains Look on Marrakech*, in dem der Autor von seiner 96-tägigen Wandertour erzählt.

Das marokkanische Fremdenverkehrsamt (Office National Marocain du Tourisme, ONMT) gibt eine hilfreiche Broschüre mit dem Titel *Morocco: Mountain and Desert Tourism* (2005) heraus. Obwohl sie nicht einfach zu erhalten ist und nicht mehr alle Kontaktdaten aktuell sind, bietet sie doch eine gute Einführung zum Thema Trekking in Marokko. Normalerweise liegt sie in den Zweigstellen des ONMT im Ausland, in Marrakesch und anderen Großstädten sowie in Imlils *bureau des guides* (Guide-Agentur) aus.

Kleidung & Ausrüstung

Zu jeder Jahreszeit erforderlich sind robuste, gut eingetragene Wanderschuhe. Außerdem benötigt man wasser- und winddichte Oberbekleidung. Da das Wetter erstaunlich schnell umschlagen kann, sind andererseits auch Sonnenhut, Sonnenbrille und Sonnencreme mit hohem Lichtschutzfaktor unentbehrlich.

Im Sommer (Juni–August) sind leichte, weite Baumwollhosen und langärmelige Shirts ein Muss. Da die Nächte selbst in tieferen Lagen immer noch kalt sein können, sollte man auch einen Fleece- oder Wollpulli dabeihaben.

Für Trekkingtouren im Winter (November–März) immer warme Kleidung einpacken; im Hohen Atlas gehören auch Wollmütze und Handschuhe dazu. Überall im Land kann es sehr kalt sein.

Schlafsäcke

Ob Zelt oder Haus: Im Hohen Atlas und am Jbel Saghro ist der Allwetterschlafsack von September bis Anfang April ein absolutes Muss, da die Temperaturen locker auf -10 °C fallen können.

Doch auch in tiefer gelegenen Gebirgsregionen ist selbst im Hochsommer ein Schlafsack sinnvoll, der bis zu einer Temperatur von 0 °C warm hält. Dann fehlt nur noch eine dicke Isomatte oder eine dünne Schaumstoffmatratze (bei den Bergführern erhältlich) für den extrem steinigen Boden.

Kochen

Viele *gîtes* (Hostels) bieten ihren Gästen Kochmöglichkeiten, aber gerade für Camper kann die Mitnahme eines Kochers sehr sinnvoll sein. Ideal sind Mehrstoffkocher, die von Flugbenzin bis zu Diesel alles verbrennen.

Brennspiritus ist nicht so leicht zu bekommen, Petroleum dagegen immer. Einweg-Butangaskartuschen gehen natürlich auch, sind in puncto Umwelt aber eher problematisch. Im Allgemeinen kennen sich die Guides mit der Thematik gut aus.

Zelte

Die wichtigste Entscheidung bei der Tourplanung ist die Frage: Zelten oder nicht? Ein gutes Zelt lässt beim Trekking jede Menge Möglichkeiten offen, außerdem kann man damit den Massen entfliehen.

Leihzelte werden von vielen Reiseveranstaltern sowie einigen Bergführern und an zentralen Startpunkten angeboten.

Wer die Ausrüstung nicht die ganze Zeit mitschleppen möchte, kann stattdessen in einem der Dörfer übernachten.

Sonstige Ausrüstung

Eine Reiseapotheke mit den wichtigsten Medikamenten sowie Wasserreinigungstabletten bzw. mechanische Reiniger sollte jeder parat haben, der nach Marokko kommt. Wenn das Wasser nicht direkt aus der Quelle stammt, muss es vor dem Trinken behandelt werden.

Wer zwischen November und Mai in Höhenlagen über 3000 m unterwegs ist bzw. im Winter Bergwanderungen unternimmt, benötigt Dinge wie Klettereisen, Eispickel und Schneeschaufeln (wird alles vor Ort verliehen).

Reisende, die Trekking mit Sightseeing verbinden wollen, können vor der Wanderung überflüssiges Gepäck einlagern – das ist in fast allen Hotels möglich (gelegentlich gegen eine kleine Gebühr). In den Gepäckaufbewahrungen der Bahnhöfe in größeren Städten sind die Sachen ebenfalls sicher.

Guides

Unabhängig von individuellen Wandererfahrungen und Fähigkeiten im Kartenlesen sollten immer qualifizierte Führer angeheuert werden – und wenn auch nur, um als Übersetzer zu fungieren: Denn die eigenen Taschelhit-Kenntnisse dürften sich ja meist in Grenzen halten. Zudem schrecken offizielle Guides die *faux guides* (inoffizielle Guides) ab, handeln gute Preise aus und erweitern den kulturellen Horizont der Tourteilnehmer durch ihr Wissen immens.

Gute Führer kennen die jeweilige Region und deren Einwohner ganz genau; dadurch wird man unweigerlich zum Tee oder Essen eingeladen und lernt das Berberleben viel intensiver kennen.

Bei Problemen können ortskundige Führer außerdem am schnellsten Hilfe holen. Jedes Jahr kommen Ausländer in den marokkanischen Bergen ums Leben, sei es durch heftige Unwetter, Steinschläge oder unglückliches Ausrutschen. In Begleitung eines Guides sind die Überlebenschancen zweifellos höher. Wie groß das eigene Selbstvertrauen auch sein mag: Wanderer sollten niemals auf eigene Faust durchs Gebirge marschieren.

Einen Guide auswählen

Manchmal ist es gar nicht so einfach, den richtigen Guide zu finden. Großspurige englischsprachige *faux guides* aus Marrakesch sind keinesfalls ein adäquater Ersatz für Einheimische, die das Terrain ihrer Heimat wie ihre Westentasche kennen.

Alle offiziellen Guides besitzen Lichtbildausweise. Sie sollten von der Fédération Royale Marocaine de Ski et de Montagne oder der Association Nationale des Guides et Accompagnateurs en Montagne du Maroc als *guides de montagne* (Bergführer) autorisiert sein. Das garantiert nämlich, dass die betreffende Person eine mindestens sechsmonatige Ausbildung am Centre de Formation aux Métiers de Montagne absolviert hat. Diese Bergführerschule ist in Tabant (Aït-Bougomez-Tal) ansässig.

Accompagnateurs (Begleiter) haben lediglich einwöchige Schulungen hinter sich und sind für die Leitung von Bergtouren nicht versichert. Auch *guides de tourisme* (Touristenführer) mangelt es für diese Aufgabe an der nötigen Qualifikation.

Autorisierte Bergführer können ihren Status immer mit einem Ausweis belegen. Zu ihrer Ausbildung gehört auch die Erste Hilfe; bei unbeständigem Wetter oder in Notfällen sind sie unendlich viel hilfreicher als billigere Führer ohne Erfahrung. Wenn ein Guide seinen Ausweis mit dem Foto nur widerwillig zeigen will, hat er vielleicht keinen oder er ist abgelaufen (er muss alle drei Jahre aufgefrischt werden).

Manche *guides de montagne* absolvieren ein Zusatztraining in Felsenklettern, Canyoning und Bergsteigen. Alle Führer sprechen Französisch und einige Englisch, Spanisch oder Deutsch. Inzwischen haben sich übrigens auch ein paar junge marokkanische Frauen unter die vorher ausschließlich männlichen Guides gemischt – und sind sehr gefragt.

Einen Guide buchen

In Marokko arbeiten mehr als 400 zugelassene Bergführer, von denen viele über die *bureaux des guides* in Imlil, Setti Fatma, Chefchaouen und Maroc Profond in Tabant (Aït-Bougomez-Tal) vermittelt werden.

Bei Redaktionsschluss lag der Mindestlohn für einen offiziellen Bergführer bei 350 Dh am Tag (pro Gruppe, nicht pro Person); der Preis kann aber je nach Jahreszeit und Region variieren. Essen und Unterkunft sind nicht inklusive.

Die Guides schlafen in den Berghütten und *gîtes* meist umsonst, für ihre Verpflegung muss aber nicht selten der Gast zahlen. Wer nur in eine Richtung wandern will, bezahlt dem Führer auch den Rückweg.

Alle Kosten werden vor der Tour ausgehandelt, außer dem Trinkgeld von etwa 10 % – dieses wird am Ende fällig, wenn alles gut gelaufen ist.

Organisiert der Guide (statt eines Veranstalters) die Tour selbst, müssen alle Einzelheiten vorher geklärt werden: Start- und Endpunkte der Tagesetappen; wie viele Leute in die Zelte passen (die Guides haben in der Regel ein Zelt oder einen Schlafsack dabei); wie viele Maultiere gemietet werden; wer das Kochen übernimmt (bei vielen Teilnehmern besteht der Guide vielleicht auf einen Koch, der ca. 100 Dh pro Tag kostet); wer was essen möchte und wie die Wasserversorgung sowie die Aufteilung von Essen und Ausrüstung innerhalb der Gruppe geregelt sind.

Maultiere

Maultiere (gelegentlich auch Esel) sind in Marokko beliebte Helfer, um Güter durch die Berge zu transportieren. Jeder Traveller kann sich problemlos eines mieten.

Das ist vor allem dann sinnvoll, wenn man größere Vorräte dabeihat oder mit einer großen Gruppe reist, denn so ein Tier trägt locker das Gepäck von vier Leuten. Über den Daumen gepeilt schafft es bis zu 120 kg. Wenn der Weg zu steil oder strapaziös ist, pocht der Maultiertreiber u. U. auf eine geringere Traglast, weil er natürlich das Wohl seines „Goldesels" im Sinn hat (auch wenn Marokkaner selten ein sentimentales Verhältnis zu ihren Packtieren haben).

Ein paar Routen sind für Maultiere zwar ungeeignet, doch in diesem Fall können sie oft Umwege nehmen. Wenn auf den hohen Pässen Schnee liegt, sind Träger die bessere Alternative (sie schleppen bis zu 18 kg). Ein Maultier samt Treiber kostet ungefähr 100 Dh am Tag.

Wie die Bergführer wollen auch die Maultiertreiber bei Touren in nur eine Richtung die Kosten für die Rückreise erstattet bekommen.

Unterwegs

Unterkunft

Wer keine Lust hat zu campen, kann oftmals in *refuges* oder in einer Dorfunterkunft wie *gîtes d'étape* oder *chez l'habitant* (bei jemandem zu Hause) übernachten. In diesem Fall sollte man sich allerdings nicht wundern, wenn auf dem Boden nicht mal eine Matratze liegt, schon gar nicht in abgeschiedenen Gebieten. In Orten wie Imlil warten aber viele Zimmer mit richtigen Betten auf.

Der Großteil der Trekkingunterkünfte im Hohen und Mittleren Atlas sind *gîtes*. Im Rifgebirge und im kaum besuchten Antiatlas bilden diese Bleiben jedoch die Ausnahme; dort finden Wanderer häufig einen Schlafplatz bei Einheimischen oder zelten stattdessen.

Gîtes d'Étape

Gîtes bieten wirklich nur das Nötigste, oft nicht mehr als eine Schaumstoffmatratze in einem leeren Zimmer bzw. auf einer Dachterrasse oder einem Balkon. Bäder und Toiletten gibt's in einfachster Ausführung, die besseren verfügen aber über eine Warmwasserdusche. Wenn der Eigentümer vorher Bescheid weiß, kann er vielleicht eine Tajine auf den Tisch zaubern.

Bei Redaktionsschluss betrug der Standardpreis 50 Dh pro Person und Nacht, das kann sich aber je nach Jahreszeit und Gegend ändern. Essen kostet extra (ca. 30–50 Dh/Pers.), ebenso heißes Wasser (ca. 10–15 Dh/Duschgang).

Bei gehobenem Standard nehmen privat geführte *gîtes* bis zu 200 Dh pro Person für Halbpension, Zimmer in einer luxuriösen Kasbah kosten in Imlil bis zu 280 Dh.

Refuges

Der CAF unterhält *refuges* (Berghütten) in Imlil, Oukaïmeden, Tazaghart, Tacheddirt und Toubkal. Offiziell sollten alle Besucher ihre Unterkunft im Voraus über die Oukaïmeden-Hütte buchen, es reicht aber meist auch noch, vor Ort in Oukaïmeden oder Imlil nach freien Plätzen in den anderen Hütten der Toubkal-Region zu fragen. Achtung: Im Juli und August platzen die Unterkünfte jedoch häufig aus allen Nähten.

Am wenigsten für ein Bett zahlen Mitglieder des CAF und HI. Mitglieder anderer angeschlossener und anerkannter alpiner Organisationen sowie Kinder unter 16 Jahren können sich ebenfalls über Preisnachlässe freuen.

Essen

Im ländlichen Marokko ist die Auswahl an Trockenproviant mager. Sie beschränkt sich auf Milchpulver, Trockenfrüchte, Tütensuppen, Fischkonserven, Kekse und Datteln. Die Supermärkte größerer Siedlungen und Städte haben ein wesentlich breiteres Sortiment, sodass sich der Speiseplan etwas abwechslungsreicher gestalten lässt, wenn man ein Maultier dabeihat.

In einigen Bergdörfern bekommt man eventuell Brot, Eier, Gemüse und Grundnahrungsmittel wie Tee oder Dosenthunfisch, sollte sich aber besser nicht darauf verlassen. Mancherorts bereiten nach Vorbestellung vor allem *gîtes* und *refuges* richtige Mahlzeiten zu (ca. 30–50 Dh/Pers.). Noch einmal: Man darf sich nie auf das örtliche Angebot als einzige Nahrungsmittelquelle verlassen, sofern im Vorfeld nicht entsprechende Vereinbarungen getroffen wurden.

Außerdem ist es immer ratsam, Bares in der nächsten größeren Stadt umzutauschen und stets genug kleine Scheine in der Tasche zu haben. Falls einem das Geld in der Landeswährung unerwartet ausgeht, helfen eventuell Euroscheine weiter.

Verkehrsmittel

Die Ausgangspunkte vieler Wander- und Trekkingrouten sind mit öffentlichen Verkehrsmitteln kaum oder gar nicht zu erreichen. Es lohnt sich, bei der Kalkulation die Kosten für die Miete eines *grand taxi* zu berücksichtigen.

Verantwortungsbewusstes Trekking

Marokko wird gerade erst als Wanderregion entdeckt, aber viele Gebiete sind noch sehr abgelegen und deshalb sehr anfällig gegenüber den kulturellen und umweltspezifischen Auswirkungen des Tourismus. Auch wenn viele Traveller von der Warmherzigkeit und Gastfreundschaft des Berbervolkes tief bewegt sind, erhöhen steigende Besucherzahlen den Druck auf die Einheimischen. Deshalb sollten sich Besucher unbedingt respektvoll und verantwortungsbewusst verhalten.

TREKKINGBÜCHER

- *Great Atlas Traverse* von Michael Peyron. Das zweibändige Werk des britischen Autors mit Wohnsitz in Marokko ist der ultimative Trekkingführer durch den Atlas, aber nicht unbedingt für Gelegenheitswanderer geeignet.
- *The Atlas Mountains: A Walking and Trekking Guide* von Karl Smith. Der Reiseführer ist beim Wanderspezialisten Cicerone erschienen. Er liefert Routenbeschreibungen und Informationen zu Themen wie Skitouren, hat allerdings nicht nur positive Kritiken bekommen.
- *Mountaineering in the Moroccan High Atlas – walks, climbs and scrambles over 3000 m* von Des Clark. Der auch bei Cicerone erschienene hervorragende Führer im Handbuchformat mit Plastikschutzumschlag beschreibt rund 50 Routen und 30 Gipfel. Viele Karten, Fotos und praktische Informationen.
- *Trekking in the Moroccan Atlas* von Richard Knight. 43 Karten und Informationen von nachhaltigen Wandertouren bis hin zu Sprachtipps, aber gemischte Kritiken. Wohl das beste Werk für unerfahrene Wanderer – und auch das dickste.

TREKKING-GLOSSAR

Schon ein paar Brocken einer fremden Sprache können Travellern unerwartete Erfahrungen ermöglichen. Diese Begriffe können beim Trekking hilfreich sein. (A) steht für Arabisch, (B) für Berbersprachen. Noch mehr nützliche Ausdrücke gibt's ab S. 543.

adfel (B) – Schnee
adrar (B) – Berg (plural *idraren*)
afella (B) – Gipfel
agdal (B) – Weide (auch *aougdal*)
aghbalu (B) – Wasserquelle
ain (A) – Wasserquelle
aman (B) – Wasser
anzar (B) – Regen
argaz (B) – Mann
asserdoun (B) – Maultier
assif (B) – Wasserlauf, Fluss
azaghar (B) – Ebene, Plateau (auch *izwghar*)
azib (B) – saisonaler Unterstand für Schäfer
brhel (A) – Maultier
châba (B) – Schlucht
iferd (B) – See
ifri (B) – Höhle
jbel (A) – Berg oder Hügel
kerkour (B) – Steinhaufen
taddart (B) – Haus
talat (B) – ausgetrocknete/r Schlucht oder Wasserlauf
tamada (B) – See
tigm (B) – Haus
tizi (B) – Bergpass

Interkulturelle Tipps

Kleidung

Angemessene Kleidung ist wichtig, das gilt vor allem bei einem Besuch der abgeschiedenen lebenden und überaus konservativen Bergvölker. In den Dörfern sollte man zugeknöpfte Hemden oder T-Shirts und keine ärmellosen Tops tragen, denn die werden als Unterwäsche angesehen. Kurze Hosen sind völlig tabu, sowohl für Männer als auch für Frauen.

Die Bedeutung des Dresscodes in den Dörfern kann gar nicht oft genug betont werden (jeder genervte und peinlich berührte Bergführer wird das bestätigen). Und egal, wie man die konservative Haltung findet: Respekt vor Traditionen zahlt sich aus, nicht zuletzt durch Kontakte, Gastfreundschaft und Hilfe.

Gastfreundschaft

Einladungen zum Tee oder Essen sind in den Bergen üblich. Wer einen im Dorf bekannten und beliebten Bergführer dabeihat, wird sogar noch herzlicher aufgenommen.

Dafür erwartet keiner eine Gegenleistung, aber die Leute hier bauen gerade so viel an, dass es für sie selbst reicht; große Vorräte legt niemand an, und in entlegenen Dörfern gibt's vielleicht keine anderen Möglichkeiten, sich zu versorgen. Schon ein bisschen chinesischer Gunpowder-Tee (der mit kugelig gerollten Blättern wie Schießpulver aussieht) oder Zucker (am liebsten Zuckerhüte) zaubern den Gastgebern ein Lächeln ins Gesicht. Über Trockenobst freuen sie sich auch, ebenso wie über alles, was aus fremden Ländern kommt.

Deshalb sollten Traveller beim Proviantkauf für sich selbst und die Guides besser großzügig kalkulieren.

Medizin

In abgeschiedenen Gegenden fragen einen die Einwohner oft nach Dingen wie Desinfektionsmitteln, Bandagen, Schmerzmitteln oder Cremes für trockene Haut (ein Problem vieler Kinder). Wenn man den Leuten derartige Dinge überlässt, sollte der Guide ihnen genau erklären, wie die unterschiedlichen Mittel anzuwenden sind.

Umwelttipps

Müll

Sämtlicher Abfall muss wieder eingepackt werden und darf nicht vergraben oder verbrannt werden (bei uns übliche Verpackungen verbrennen sowieso nicht richtig). Auch darauf achten, dass der Guide nicht einfach den ganzen Müll nimmt und über eine Klippe schmeißt.

Plastikflaschen sind in Marokko inzwischen ein großes Problem, weil ihre Entsorgung immer schwieriger wird. Stattdessen sollte man entsprechend aufbereitetes Quellwasser trinken.

Beseitigung der Exkremente

Die Verunreinigung von Wasserquellen sollte grundsätzlich vermieden werden. Wo es eine Toilette gibt, kann sie auch genutzt werden; gibt es keine, vergräbt man seine Hinterlassenschaften. Ein kleines, etwa 15 cm tiefes Loch, mindestens 60 m von einem Wasserlauf entfernt, sollte reichen. Der Abstand zum Wasser ist sehr wichtig, denn viele Wanderrouten folgen Flüssen und Bächen. Ein leichter Spaten gehört mit ins Gepäck, weil das Graben im trockenen Atlasgebirge ansonsten schwierig wird. Bei Schnee natürlich bis ins Erdreich graben, sonst liegt nach der Schneeschmelze alles wieder offen da.

Toilettenpapier sparsam einsetzen und nach Möglichkeit verbrennen oder mit vergraben. Die Exkremente mit Erde und einem Stein bedecken.

Waschen

Keine Waschmittel oder Zahnpasta an oder in der Nähe von Wasserläufen benutzen, auch nicht, wenn sie biologisch abbaubar sind. Waschen kann man sich mit biologisch abbaubarer Seife, aber mindestens 50 m vom nächsten Fluss entfernt. Das benutzte Wasser muss weiträumig verteilt werden, damit der Boden es komplett filtern kann, bevor es wieder in den Wasserlauf gelangt. Kochgeschirr wird auch ohne Reinigungsmittel mit Bürste, Sand oder Schnee sauber. Auch hier ist eine Distanz von 50 m zum Fluss oder Bach wichtig.

Camping

Die Flora in großen Höhen ist sehr sensibel, deshalb sollte man beim Campen immer auf die Umwelt achten und keine Pflanzen um das Zelt herum ausreißen oder kaputtmachen. Zudem sollte man genug Futter (Gerste) für alle Lasttiere mitbringen.

Schonend kochen

Es ist nicht sinnvoll, am offenen Feuer zu kochen. Der Bedarf an Feuerholz hat bereits zur großflächigen Entwaldung Marokkos beigetragen. Ideal sind leichte Mehrstoff- oder Petroleumkocher, die nicht mit Butangas aus Einwegbehältern betrieben werden. Falls man doch ein Feuer macht, muss man es unbedingt komplett löschen.

Erosion

Erosion ist vor allem in großen Höhen eine Gefahr für die Berghänge. Man sollte also nicht die Wege verlassen oder Abkürzungen nehmen, nur um sich die Serpentinen zu sparen. Jeder neu gebahnte Trampelpfad den Hang hinunter wird spätestens beim nächsten starken Regen zu einem Wasserlauf und verursacht Bodenverlust sowie tiefe Einschnitte.

Reiseplanung

Mit Kindern reisen

Marokko beflügelt die Phantasie eines jeden Kindes. Die Suks von Marrakesch und Fès faszinieren mit einer Flut von Sinneseindrücken; Nächte am Lagerfeuer oder Kamelritte am Strand bleiben unvergessliche Urlaubserlebnisse. Und am Ende eines heißen Tages verspricht der Hotelpool willkommene Abkühlung.

Die besten Regionen für Kinder

Marrakesch

Groß und Klein können sich in Pools, Parks, Kutschen oder auf dem Kamelrücken vergnügen, und auf dem Jemaa el Fna herrscht immer Volksfeststimmung.

Atlantikküste

Die Atlantikküste bietet jede Menge Strände, Wasser- und Windsport. Spannende Abwechslung versprechen Städte wie Essaouira, wo es Festungsmauern und die Medina zu erkunden gibt.

Drâatal

Nach Besichtigung von Ouarzazates Filmstudios und der Kasbah lockt ein Kamelritt.

Rabat

Hier zeigt sich Marokko von seiner ruhigeren Seite: Suks, Ruinen, Parks, der Strand, ein Vergnügungspark und Ponyritte.

Mittlerer Atlas

Bergkulisse, Wasserfälle, Waldspaziergänge und weniger nervenaufreibende Bergpässe als im Hohen Atlas. Als Ausgangsbasis eignen sich z. B. Azrou oder Fès.

Marokko für Kinder

Marokko eignet sich perfekt für Eltern, die einst abenteuerliche Reiseziele bevorzugt haben und sich nun trotz des Nachwuchses nicht mit einem Pauschalurlaub begnügen möchten. Im Vergleich mit Asien ist Marokko recht schnell zu erreichen, so dauert ein Flug von Frankfurt nach Marrakesch nur etwa vier Stunden. Nach der Ankunft wird man feststellen, dass sich durch Kinder viele Türen in diesem familienorientierten Land öffnen.

Begegnungen mit Einheimischen

Marrokaner lieben Kinder so sehr, dass man die Kleinsten unter ihnen am besten in die Babytrage setzt, wenn sie von den vielen Bussis, Umarmungen, Geschenken und der allgemeinen Begeisterung genug haben. Großfamilien sind hier die Regel, deshalb helfen Kinder das Eis zu brechen und erleichtern den Kontakt mit Einheimischen, die Familien gegenüber ein freundliches, hilfsbereites und beschützendes Verhalten an den Tag legen.

Auf dem Land winken einem manchmal Frauen mit Kindern auf dem Arm von ihrer Haustür aus zu. Solche Momente haben einen großen Vorteil: Bevor die Kleinen mit Stereotypen über Afrika und den

Nahen Osten konfrontiert werden, behalten sie Marokko sehr wahrscheinlich aufgrund der Wärme und Herzlichkeit der Menschen in Erinnerung.

Das bedeutet zwar nicht, dass Eltern bei Händlern in den Suks eine Sonderbehandlung genießen, aber immerhin heißen selbst die mürrischsten Ladenbesitzer westliche Mütter mit ihren Kindern willkommen, da sie ihrem Geschäft ein liberales, familienfreundliches Image verleihen. Die Kids in Teppichläden herumtoben zu lassen, kann übrigens beim Feilschen helfen!

Eingewöhnungsphase

Kinder benötigen im Allgemeinen etwa einen Tag, um sich an die ungewohnte Umgebung zu gewöhnen. Doch es gibt auch eine Menge Bekanntes und Unterhaltsames, das ihre Neugier weckt. Auf dem Land sind es die einfachen Dinge wie Bienenstöcke und Pflanzen, die Kinder faszinieren. Spezielle Kinderspielplätze in Parks oder öffentlichen Anlagen sind dagegen sehr selten.

Großzügige Zeitplanung

Für einen schönen Familienurlaub muss man genug Zeit für die anfängliche Akklimatisierung und das entspannte Spaßprogramm am Ende einplanen. Ein zu straffer Plan hat nur müde, quengelnde Kinder zur Folge. Entfernungen sind – wegen Faktoren wie schlechten Straßenverhältnissen – trügerisch, und falls die Kinder krank werden, ist ein Notfallplan vonnöten. Die Tatsache, dass Eltern ihren Urlaub aufgrund der Kinder entschleunigen müssen – in der heißesten Tageszeit zwischen 12 und 16 Uhr ist z. B. eine Pause angesagt –, bringt sie gleichzeitig dem marokkanischen Lebensstil und Rhythmus näher.

Auswärts essen

Mögen die Kinder weder Kartoffeln noch Brot, wird es schwierig, ihnen die marokkanische Küche schmackhaft zu machen. In diesem Fall kann man auf westliches Essen wie Pasta, Pizza oder Pommes zurückgreifen. Kinderhochstühle sind nicht in allen Restaurants verfügbar, auch wenn das Personal Kinder generell sehr entgegenkommend behandelt.

Bei der Wahl der Speisen ist Vorsicht angesagt. Von Salaten sollte man die Finger lassen und sich stattdessen an dampfende Tajines, Couscous, Omelettes oder Suppen wie *harira* (Linsensuppe) halten. Das köstliche Obst und Gemüse von Märkten muss gewaschen oder geschält werden. Marokkanische Donuts sind eine süßklebrige Leckerei.

Sauberes bzw. in Flaschen abgefülltes Wasser verhindert Magenprobleme. Milch in pasteurisierter Form und als Pulver bekommt man fast überall, aber wer spezielle Lebensmittel benötigt, sollte sie aus der Heimat mitbringen.

Highlights

Tierische Begegnungen

Wandern im Hohen Atlas Zu einem Wanderweg im Hohen Atlas wie dem in Imlil reisen und eine geführte Tagestour mit Maultieren buchen. (S. 106)

Kamelreiten in Essaouira Kamel- oder Pferderitte entlang der Strände rund um Essaouira oder in die Dünen im Drâatal und in Merzouga – beide in der Sahara – unternehmen. (S. 223)

Calèche-Fahrt in Marrakesch Mit der *calèche* (Pferdekutsche) an den Befestigungsmauern von Städten wie Marrakesch, Meknès oder Taroudannt entlangfahren. (S. 85)

Nasses Vergnügen

Wassersport in Essaouira Kindgerechte Wind- und Wassersportaktivitäten rund um Essaouira (S. 226) oder am Strand von Agadir (S. 386) erleben.

Die Lagune von Oualidia In sicheren, ruhigen Gewässern und am langen Sandstrand Spaß haben. (S. 218)

Parque Marítimo del Mediterráneo Ceutas kreativer Wasserpark lockt mit Pools, Restaurants und Cafés. (S. 260)

Jnan Sbil in Fès Die vielen Brunnen dieser schattigen Gartenanlage (S. 317) sorgen für Abkühlung inmitten grüner Umgebung.

Spiel & Spaß

Erkundungen in Marrakesch Den Jardin Majorelle (S. 62) mit seiner botanischen Sammlung und den Jemaa el Fna (S. 50) besuchen; letzterer unterhält Kinder u. a. mit einem Flaschen-Angel-Spiel.

Action in Ouarzazate Die Atlas Film Corporation Studios (S. 119) in Ouarzazate warten mit Kulissen und Requisiten bekannter Filme auf, die in der Gegend gedreht wurden.

Küchenspaß in Fès Kochkurse im Café Clock (S. 332) eignen sich für Kinder nahezu aller Altersstufen: Herstellung von Gewürzmischungen, Teig kneten und Brot zum öffentlichen Ofen bringen. Kefta-Tajine lässt sich gefahrlos (also ohne Messer) zubereiten. In Marrakesch gibt's ebenfalls ein Café Clock, das bei Familien beliebt ist.

Reiseplanung

Wer gründlich sucht, findet in Marokko fast alles, was kleine Kinder brauchen. Beim Kofferpacken sind die unterschiedlichen Klimabedingungen vor Ort zu berücksichtigen. In den Bergen ist wegen eventueller Niederschläge Regenkleidung notwendig.

Weitere Infos und Tipps gibt's im Lonely Planet Band *Travel with Children*.

Unterkunft

Manche Unterkünfte sind familienfreundlicher als andere, deshalb sollte man sich vor der Reservierung entsprechend informieren.

In vielen Hotels muss man für Kinder unter zwei Jahren ebenso wie bei Fluglinien nichts bezahlen. Zwei- bis Zwölfjährige, die mit ihren Eltern in einem Zimmer übernachten, erhalten meist 50 % Rabatt. Anständige Toiletten und Bäder gibt's erst ab der Mittelklassekategorie.

Verkehrsmittel

Nordmarokko verfügt über ein gutes Schienennetz und der Zug ist das wohl einfachste und angenehmste Fortbewegungsmittel. Kinder können die Beine ausstrecken, außerdem eignen sich die ausklappbaren Tische zum Malen oder Spielen. Traveller mit Kindern bekommen Preisnachlässe.

Fahrten in *grands taxis* (Sammeltaxis) und Bussen können recht beengend sein, denn Kinder werden als eine Art lebendes Gepäck angesehen, das auf dem Schoß der Eltern transportiert wird. Die Sicherheitsstandards in Bussen und Sammeltaxis sind niedrig, und viele Straßen haben Schlaglöcher.

Ein Auto als Fortbewegungsmittel lohnt das Extrageld, egal ob für ein Taxi in Marrakesch oder für einen Geländewagen zum Ausflug in die Berge, wobei man die Kindersitze selbst mitbringen sollte (Achtung: Viele Taxis verfügen nicht über die zur Fixierung notwendigen Gurte). Autovermietungen haben meist keine Kindersitze im Angebot, zudem sind sie in Marokko in der Regel teurer als in Europa.

Gesundheit & Hygiene

Desinfektionsmittel für die Hände ist unverzichtbar, da Kinder alles anfassen. Einwegwindeln erhält man überall. Wer mit Kindern unterwegs ist, sollte wissen, wie man kleine Wehwehchen behandelt und wann man einen Arzt aufsuchen sollte.

Routineimpfungen müssen rechtzeitig aufgefrischt werden. Darüber hinaus sollten Eltern sich früh im Vorfeld über Reiseimpfungen informieren, da manche sich nicht für Kinder unter einem Jahr eignen.

Magenprobleme stellen immer ein Risiko dar, deshalb ist beim Essen Vorsicht angesagt. Erbricht sich das Kind oder hat es Durchfall, müssen die verlorene Flüssigkeit und Salze ersetzt werden. WHO-Trinklösungen, die mit sterilem Wasser eingenommen werden, können nützlich sein; am besten fragt man einfach seinen Arzt. Reisende sollten darauf gefasst sein, in Lokalen am Straßenrand und in billigeren Hotels eher Hocktoiletten als den bei uns gebräuchlichen Typus vorzufinden.

In der brütenden Hitze muss man sich gegen Sonnenbrand, Hitzeschläge und Dehydrierung schützen. Sonnencreme mit hohem Lichtschutzfaktor gehört unbedingt ins Gepäck. Reisen ins Landesinnere sind im Hochsommer zu vermeiden.

Kinder sollten sich wegen des Ansteckungsrisikos mit Tollwut und anderen Krankheiten von Hunden und Säugetieren fernhalten. Bei Kamelritten in der Wüste oder Eseln und Maultieren an Orten wie der Medina von Fès besteht allerdings kaum ein Risiko.

Marokko im Überblick

Marrakesch & Zentralmarokko

Architektur
Wüste
Trekking

Steinerne Wunder

In der Medina von Marrakesch führen schmale Gassen zu üppigen Palästen, Gräbern und religiösen Denkmälern, geschmückt mit Marmor, Fliesen und wabenförmigen *muqarnas* (Gewölbe aus Stalaktiten-Stuck); über den Tälern des Hohen Atlas und den alten Karawanenrouten thronen Kasbahs aus rotem Lehm sowie *ksour* (befestigte Siedlungen).

Wüstenwinde

Die Tage der großen Karawanen gen Timbuktu sind vorüber, aber auch heute noch lässt sich das große Sandmeer der Sahara auf dem Rücken eines Kamels erleben. Übernachtet wird in einem Berberlager unterm Sternenzelt.

Der Hohe Atlas

Der Hohe Atlas ist ein Traum für Wanderer und Bergsteiger – ob für einen Nachmittag, eine Woche oder weil dort mit dem Mt. Toubkal der höchste Gipfel Nordafrikas erklommen werden kann.

S. 46

Atlantikküste

Strände
Architektur
Outdoor-Aktivitäten

Meer erleben

Am Rand dieser Region liegen einerseits der Paradise Beach unweit von Asilah, andererseits der Sidi Kaouki mit tollen Surf- und Windsurfoptionen. Dazwischen erstrecken sich Témara Plage und der Strand von Haouzia bei Rabat und Casablanca sowie das entspannte Oualidia mit seiner Lagune. Auch der Strand von Moulay-Bousselham ist toll.

Medinas & Maurisches

Die befestigten Küstenstädte Essaouira und El-Jadida beeindrucken besonders. In Larache gibt es Spuren der spanisch-maurischen Herrscher zu entdecken, in der Medina von Asilah Wandgemälde zu bewundern. Maurische Prachtbauten warten in Rabat und Casablanca (das die drittgrößte Moschee der Welt besitzt).

Vogelbeobachtung

Strände und Feuchtgebiete laden vor allem rund um Moulay-Bousselham zur Vogelbeobachtung ein, z.B. in der Merja Zerga (Blaue Lagune). Der Lac de Sidi Bourhaba ist einer der letzten Lebensräume der Marmelente.

S. 165

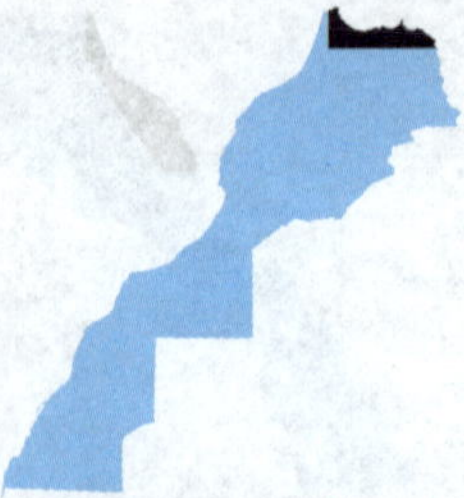

Mittelmeerküste & Rifgebirge

Küste
Natur
Berge

Strände
Die Mittelmeerküste erstreckt sich von den Stränden bei Tanger Richtung Osten. Zu den Highlights gehören Oued Laou, Cala Iris, Al-Hoceima und Saïdia, die im Vergleich zu den europäischen Mittelmeerstränden sehr ruhig sind.

Nationalparks
Die schönsten Küstenabschnitte und Berge der Region: Der Talassemtane-Nationalpark umfasst grüne Berge, winzige Dörfer, ein Ökologiemuseum und die Felsformation der Gottesbrücke. Der Al-Hoceima-Nationalpark wartet mit Tafelbergen, trockenen Schluchten, Thuja-Wäldern und Steilküste auf.

Trekking im Rif
Im Talassemtane-Nationalpark kann man herrlich wandern, denn die Routen des Rifgebirges sind im Vergleich zum Hohen Atlas kaum begangen. Von Chefchaouen führen mehrtägige Treks durch Zedern-, Korkeichen- und Tannenwälder.

S. 236

Fès, Meknès & Mittlerer Atlas

Suks
Geschichte
Essen

Kunsthandwerk
Die Medina von Fès beherbergt den Henna Souq, den kürzlich wieder instandgesetzten Färber-Suk und einen Tischler-Suk, der für Hochzeitsthrone bekannt ist. In Meknès gibt's Stoffe, Schmuck, Teppiche und Stickereien, im Mittleren Atlas Berberteppiche.

Minarette & Mosaike
Die Medina von Fès ist überaus beeindruckend. Meknès blickt auf eine glorreiche Vergangenheit zurück. Ganz in der Nähe liegen Volubilis, einst römischer Außenposten, und Moulay-Idriss, das seinem Namensvetter aus dem 8. Jh. geweiht ist. Über der Oasenstadt Figuig thront ein Minarett aus dem 11. Jh.

Straßenküche
Die *Fassi*-Küche von Fès wird in ganz Marokko gerühmt, und der Mittlere Atlas ist Marokkos Kornkammer. Zu den heimischen Leckereien gehören Sefrou-Kirschen, die Olivenöle von Moulay-Idriss und Weine aus Meknés.

S. 308

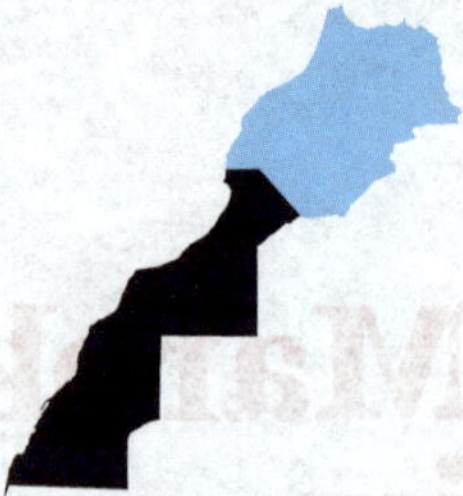

Südmarokko & Westsahara

Abseits ausgetretener Pfade
Oasen
Aktivitäten

Küstenträume
Unterwegs Richtung Sahara locken abgelegene Küstenstädte mit leeren Stränden, darunter Mirleft mit seinen Cafés und Boutique-Unterkünften, der verblasste Jugendstilort Sidi Ifni und Tarfaya samt seinen Überbleibseln aus der spanischen Kolonialzeit.

Palmeraies
Am Fuße der Felswände in den Aït-Mansour-Schluchten und im Tal der Ammeln wachsen zahlreiche Palmen. Palmen säumen auch die gewundene Straße durchs Vallée du Paradis und spenden Reisenden rund um Tata sowie Tighmert Schatten.

Sport & Spaß
Taghazout ist Marokkos bester Surfstrand und Agadir verspricht jede Menge Badevergnügen. In Mirleft und Sidi Ifni locken Wind- und Wassersport. Der Antiatlas im Inland ist ein tolles Revier für Mountainbiker und Wanderer, während sich Tata für Wüstentouren anbietet.

S. 382

Reiseziele in Marokko

Marrakesch & Zentralmarokko

مراكش ووسط المغرب

Inhalt ➡

Gut essen

- Amal Center (S. 77)
- Al Fassia (S. 79)
- Douyria (S. 123)
- Chez Pierre (S. 146)
- Dar Anika (S. 77)

Schön übernachten

- Riad Azoulay (S. 72)
- L'Ma Lodge (S. 138)
- Tizouit (S. 89)
- Maison Merzouga (S. 160)
- Riad Bledna (S. 73)
- Riad Dar Sofian (S. 131)

Auf nach Marrakesch & Zentralmarokko

Marrakesch ist für die meisten Besucher der erste Vorgeschmack von Marokko – und wahrlich ein vielversprechender! Irgendwo zwischen dem Trubel des Suks, den überwältigenden Monumenten und dem hundertsten Mal, dass man sich in den Gassen der Medina verirrt, wird man der großen Stadt des Maghreb verfallen. Und wenn man dann seinen Weg aus der Altstadt herausgefunden hat, erweist sich Marrakesch als das Sprungbrett zu einigen der hinreißendsten Landschaften Marokkos vor der Kulisse des Atlasgebirges.

Im Hohen Atlas kann man über zerklüftete Gipfel zu winzigen Berberdörfern ziehen oder im üppigen Dadès-Tal durch Obsthaine wandern und vom Wind geformte Felsformationen bestaunen. Danach erkundet man das Drâa-Tal mit seinen Palmen und verfallenen Lehmziegel-Kasbahs, bevor man schließlich weiter Richtung Sahara zieht und auf einer Sanddüne sitzend die Stille des Sonnenaufgangs genießt.

Reisezeit

Marrakesh

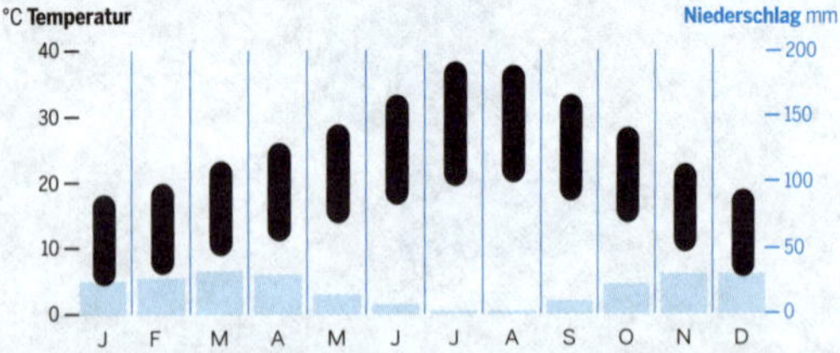

März–April Auf den Bergen taut es, die Wildblumen blühen. Während der Osterferien machen die Preise in Marrakesch einen ordentlichen Satz nach oben.

Mai–Jun. Ideal für Wanderungen im Hohen Atlas.

Okt.–Nov. Dünen-Abenteuer winken – die schönste Zeit in der Wüste mit leichten Brisen.

MARRAKESCH مراكش

1323 005 EW.

In Marrakesch werden alle Sinne überwältigt: Die von rosa Wällen aus *pisé* (gestampfter Erde) eingefasste Medina präsentiert sich als ein sehenswertes Gewirr aus wimmelnden Suks, auf denen geschlachtete Schafe an Haken neben glitzernden Lampen hängen und krumme, mit ockerfarbenem Staub bedeckte Gassen scheinbar ins Nirgendwo führen. Das Herz in dieses Labyrinth ist der große Platz Jemaa el Fna, auf dem jeden Abend ausgelassenes Treiben herrscht, wenn Musikanten, Akrobaten und Slapstick-Truppen der Altstadt einheizen.

Aufgebaut, zerstört und geplündert und dann wieder aufgebaut – auch fast 1000 Jahre nach ihrer Gründung entwickelt sich Marokkos „Rote Stadt" immer weiter. Heute existiert die Kultur der Karawansereien und der kunsthandwerklichen Traditionen Seit an Seit mit einer zeitgenössischen Kunstszene, die farbenfrohe Festivals und kreative Design-Ideen hervorbringt. Schicke Boutiquen liegen in den Suks gleich neben Basarständen und die Händler von einst sind längst Touristengruppen gewichen, die den Prunk und Flitter der Paläste und Stadthäuser bestaunen, in denen in früheren Jahrhunderten die winzige Elite lebte.

Ein schnelles Wachstum bringt aber auch Probleme mit sich. Die Überfüllung, die Luftverschmutzung und die ausufernde Verstädterung sind schädlich für die Umwelt, zudem hat die Wirtschaftskrise zuletzt die Anfälligkeit einer sich hauptsächlich auf den Tourismus stützenden Wirtschaft erwiesen. Die Dynamik dieser Stadt mit ihrer unbändigen Energie wird aber sicher dabei helfen, dass Marrakesch einen Weg in eine gute Zukunft finden wird.

Mehr als irgendwo sonst in Marokko verbinden sich in Marrakesch Tradition und Moderne. Marrakesch verwundert, verwirrt und verzaubert, sofern man sich darauf einlässt: also einfach in die fransenbesetzten *babouches* (Lederpantoffeln) schlüpfen und ins Getümmel eintauchen!

Geschichte

Die Sanhadscha-Berber begründeten im 11. Jh. die Dynastie der Almoraviden, überrannten den Süden Marokkos und vernichteten auf dem Weg nach Norden alle ihre Gegner. Sie schlugen ihr Lager auf einem einsamen Landstrich auf, der zu Marrakesch werden sollte.

Der Almoravidenherrscher Yusuf ibn Taschfin und seine kluge Frau Zainab erkannten das strategische Potenzial des Ortes und legten im Jahr 1062 Schutzwälle um das Feldlager an. Die Almoraviden legten die *khettara*, ein unterirdisches Bewässerungssystem, an und führten die charakteristische rötliche Lehmziegelarchitektur ein.

Im Alter von fast 80 Jahren unternahm Yusuf ibn Taschfin erfolgreiche Feldzüge nach Norden, mit denen er die Almoravidenherrschaft über Andalusien etablierte. Marrakesch, einst nur ein Flecken unfruchtbare Erde, wurde zum Operationszentrum eines Reichs, das sich bis vor die Tore Barcelonas erstreckte.

Den Ansturm der Almohadenkrieger im Jahr 1147 überstanden in der Stadt nur das Bewässerungssystem und die Koubba Ba'adiyn. Der Almohadenherrscher Yaqub al-Mansur gestaltete Marrakesch neu und ließ eine befestigte Kasbah, prächtige Gärten, *qissariat* (überdachte Märkte), die neue Koutoubia-Moschee und das triumphale Torgebäude des Bab Agnaou errichten. Doch nur gut 120 Jahre später, 1269, verloren die Almohaden ihr Machtzentrum an die Mereniden, die sich dem Ausbau von Meknès und ihrer neuen Hauptstadt Fès zuwandten.

Nachdem Marrakesch unter der Herrschaft der Mereniden nur eine Nebenrolle gespielt hatte, machten die Saadier die Stadt wieder zu ihrer Hauptstadt. Am Schnittpunkt der lukrativen Routen des Zuckerhandels gelegen, blühte Marrakesch auf. 1558 wurden ein Handelszentrum für Christen und ein geschütztes *mellah* (jüdisches Ghetto) eingerichtet. Ahmad al-Mansur ad-Dahbi („der Siegreiche und Goldene") pflasterte den Badi-Palast mit Gold und ließ auch die Gräberanlage seiner Dynastie, die Saadier-Gräber, prächtig verzieren.

Im 17. Jh. brach die Herrschaft der Saadier zusammen. Das entstandene Vakuum füllten die Alawiden. Ihr Sultan Mulai Ismail zog Meknès gegenüber Marrakesch vor und verlegte seinen Regierungssitz dorthin – nicht ohne vorher den Badi-Palast geplündert zu haben. Seiner Rolle als Hauptstadt beraubt, erlebte Marrakesch nun eine Wildwest-Zeit, in der wichtige Personen um Macht und Einfluss stritten. Während diejenigen, die sich durchzusetzen vermochten, verschwenderische Riads erbauten, lebte der größte Teil der Bevölkerung in überfüllten *fondouqs* (Herbergen) von der Hand in den Mund.

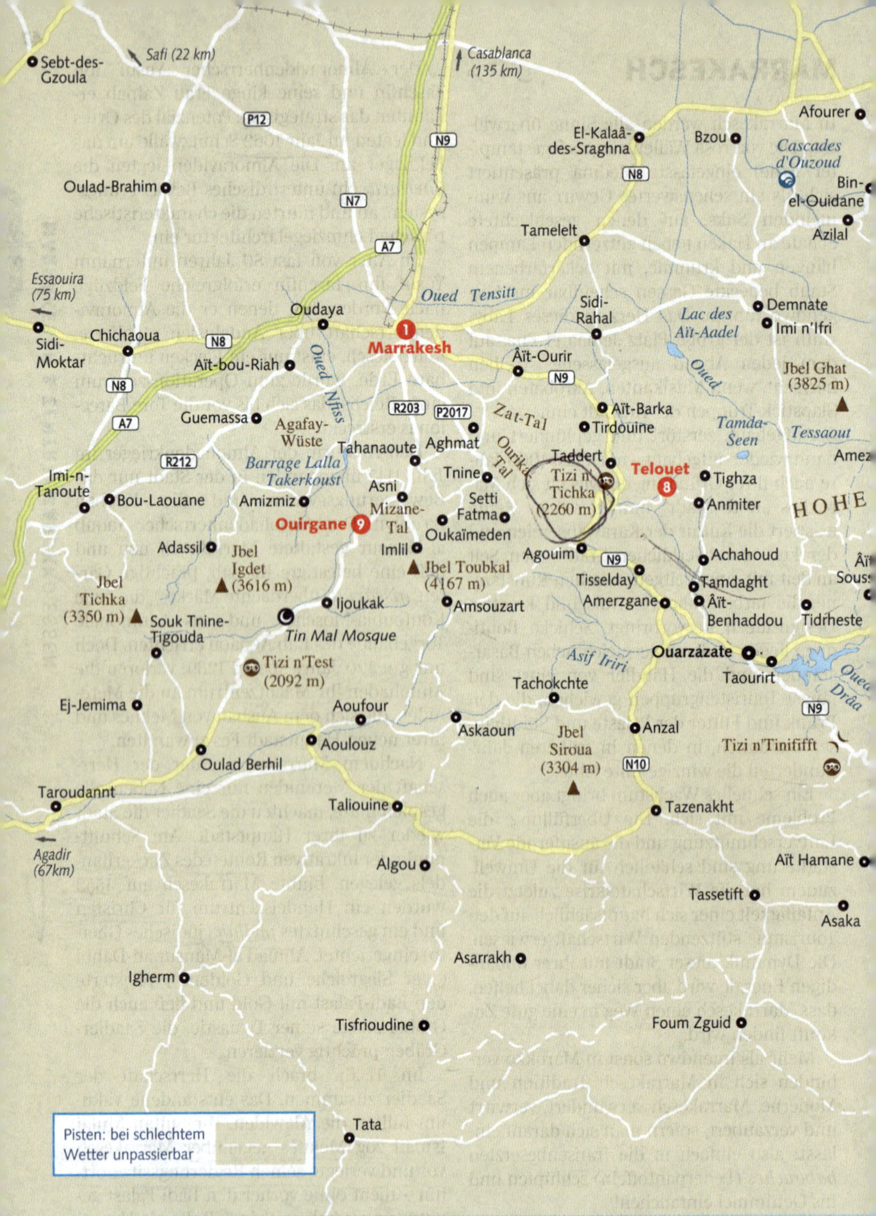

Highlights

1 Marrakesch (S. 50) Vom turbulenten Treiben auf dem Jemaa el Fna überwältigt werden und dann ohne Stadtplan ziellos durch die Gassen der Medina schlendern

2 Aït-Bougomez-Tal (S. 95) Durch Marokkos hinreißendes Shangri-la wandern

3 Dadèstal (S. 144) In das Tal mit seinen altertümlichen Dörfern und zerfallenen Kasbahs klettern, die von bizarr verwitterten Felsen gesäumt werden

4 Erg Chigaga (S. 133) In den Dünenwellen dieser Sandwüste die wilde Schönheit der Sahara und ihrer Sternennächte erleben

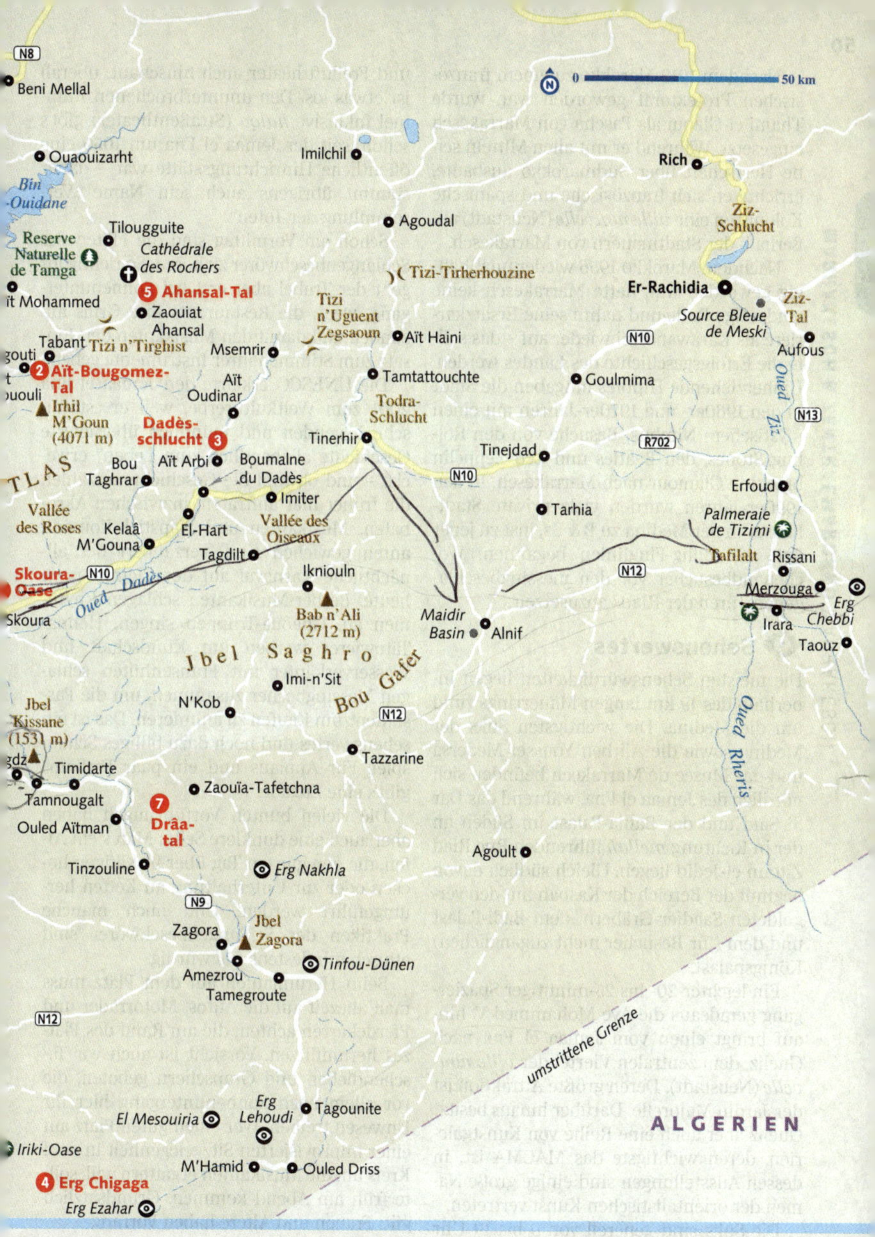

5 Ahansal-Tal (S. 92) Abseits ausgetretener Pfade wandern, raften oder klettern

6 Skoura-Oase (S. 136) In dieser von der UNESCO geschützten Oase unter wogenden Palmen spazieren gehen

7 Drâatal (S. 125) Den Spuren der uralten Karawanenstraße folgen und zerfallende *ksour* und Kasbahs bewundern

8 El-Glaoui-Kasbah (S. 116) Im historischen Telouet bewegte Geschichte und meisterliche Baukunst kennenlernen

9 Ouirgane (S. 86) Mit Wochenendurlaubern aus Marrakesch zu Mittag essen und in einem ländlichen Hotel übernachten

Nachdem 1912 Marokko zu einem französischen Protektorat geworden war, wurde Thami el-Glaoui als Pascha von Marrakesch eingesetzt. Während er mit allen Mitteln seine Herrschaft über Südmarokko ausbaute, errichteten sich französische und spanische Kolonisten eine *ville nouvelle* (Neustadt) außerhalb der Stadtmauern von Marrakesch.

Nachdem Marokko 1956 wieder unabhängig geworden war, hatte Marrakesch keine eindeutige Rolle und nahm seine Ersatzkarriere als Karawanserei wieder auf – das sollte die Erfolgsgeschichte des Landes werden. Umherziehende Hippies umgaben die Stadt in den 1960er- und 1970er-Jahren mit einen mystischem Nimbus, Besuche von den Rolling Stones, den Beatles und Led Zeppelin brachten Glamour nach Marrakesch. In den 1990er-Jahren wurden viele private Stadthäuser in der Medina zu B & Bs, just zu jener Zeit, als Billig-Fluglinien begannen, Wochenendbesucher vor den messingbeschlagenen Türen der Riads abzusetzen.

Sehenswertes

Die meisten Sehenswürdigkeiten liegen innerhalb des 19 km langen Mauerrings rund um die Medina. Die wichtigsten Suks der Medina sowie die Ali ben Youssef Medersa und das Musée de Marrakech befinden sich nördlich des Jemaa el Fna, während das Dar Si Said und der Bahia-Palast im Süden an der in Richtung *mellah* führenden Rue Riad Zitoun el-Jedid liegen. Gleich südlich davon beginnt der Bereich der Kasbah mit den vergoldeten Saadier-Gräbern, dem Badi-Palast und dem (für Besucher nicht zugänglichen) Königspalast.

Ein leichter 20- bis 25-minütiger Spaziergang geradeaus die Ave Mohammed V. hinauf bringt einen vom Jemaa el Fna nach Guéliz, dem zentralen Viertel der *ville nouvelle* (Neustadt). Deren größte Attraktion ist der Jardin Majorelle. Darüber hinaus besitzt Guéliz aber auch eine Reihe von Kunstgalerien, deren wichtigste das MACMA ist; in dessen Ausstellungen sind einige große Namen der orientalistischen Kunst vertreten.

Die Suks sind generell von 9 bis 19 Uhr geöffnet, viele Stände bleiben allerdings nach dem Freitagsgebet geschlossen.

Medina

★ Jemaa el Fna PLATZ

(Karte S. 56; abseits der Pl de Foucald) GRATIS Wo immer man auf Marrakeschs größtem Platz und Freilufttheater auch hinschaut, überall ist etwas los. Den ununterbrochenen Rummel inklusive *halqa* (Straßentheater) gibt's schon, seit der Jemaa el Fna um 1050 eine öffentliche Hinrichtungsstätte war – daher stammt übrigens auch sein Name „Versammlung der Toten"

Schon am Vormittag sind die Flöten der Schlangenbeschwörer zu hören. So richtig los geht der Trubel aber erst bei Sonnenuntergang, wenn die Restaurants ihre Grills anzünden und damit den Musikanten den Einsatz zum Stimmen ihrer Instrumente geben.

Die UNESCO erklärte den Jemaa el Fna 2001 zum Weltkulturerbe, weil er „städtische Legenden und mündlich überlieferte Geschichte allabendlich zum Leben" erwecke – und obwohl die Geschichtenerzähler, die früher hier auftraten, inzwischen Akrobaten, Musikanten und Slapstick-Komödianten gewichen sind, verzaubert der allnächtliche Karneval auf dem Jemaa noch heute. Berber-Musikanten schlagen Rhythmen an, Gnaoua-Truppen singen, Henna-Tätowierer werben um Kundschaft und Wasserverkäufer mit Fransenhüten schlagen Messingbecher zusammen, um die Passanten zum Kaufen zu animieren. Das ist ein sehenswertes und noch dazu billiges Schauspiel. Für Applaus und ein paar Dirhams gibt's eine Zugabe.

Die vielen bunten Vorführungen haben aber auch eine dunklere Seite: Man sieht Affen, die den ganzen Tag über in Käfigen hocken oder zur Unterhaltung an Ketten herumgeführt werden. Und auch manche Praktiken der Schlangenbeschwörer sind ethisch mindestens fragwürdig.

Beim Herumlaufen auf dem Platz muss man allezeit auf die Autos, Motorräder und Pferdekarren achten, die am Rand des Platzes herumflitzen. Vorsicht ist auch vor Taschendieben und Grapschern geboten, die vor allem nach Sonnenuntergang hier ihr Unwesen treiben. Wer einen guten Platz auf einer improvisierten Sitzgelegenheit in dem Kreis um die Musikanten ergattern will, sollte früh am Abend kommen. Grundsätzlich gilt: Frauen und Ältere haben Vorrang

★ Koutoubia-Moschee MOSCHEE

(Karte S. 52; Ecke Rue el-Koutoubia & Ave Mohammed V.; ⏲ für Nicht-Muslime geschl.) Fünfmal am Tag übertönt die Stimme des Muezzins den Lärm auf dem Jemaa, wenn er vom Minarett der Koutoubia-Moschee die Muslime zum Gebet ruft. Ausgrabungen bestätigten hier eine alte Legende: Die ursprüngliche, von

NICHT VERSÄUMEN

PRIVATMUSEEN IN DER MEDINA

In den verschlungenen *derbs* (Gassen) der Medina gibt's eine Reihe neu eröffneter Privatmuseen, die einen Einblick in die Kultur und Geschichte Marrakeschs gewähren. Hier drei, die wir besonders empfehlen:

Le Jardin Secret (☎0524 39 00 40; www.lejardinsecretmarrakech.com; 121 Rue Mouassine; Erw./Kind 50 Dh/frei, Turm 30/20 Dh; ⏲10.30–19 Uhr) Man sollte sich eine Pause von den Suks gönnen, um diesen traditionellen Medina-Garten zu genießen, der für das 21. Jh. wiederbelebt wurde. Das historische Riad gehörte einst U-Bihi, einem mächtigen *caid* (Stammesführer), den Sultan Mohammed IV. vergiften ließ. Zu dem palastartigen Gelände zählen ein exotischer und ein traditionell maurischer Garten, die über ein restauriertes originales unterirdisches Bewässerungssystem *(khettara)* versorgt werden, außerdem ein Pavillon mit Ausstellungen über die Geschichte des Riads (samt einer faszinierenden Doku über seine Restaurierung), ein Café und ein Turm mit Ausblick über die Medina.

Heritage Museum (Musée du Patrimoine; www.heritagemuseummarrakech.com; 25 Zinkat Rahba; 30 Dh; ⏲9–17 Uhr) Die Familie Alouani Bibi hat die Türen dieses alten Riads geöffnet, um ihre bunt zusammengewürfelte, faszinierende Sammlung marokkanischer Artefakte der Öffentlichkeit zugänglich zu machen. Von römischen Amphoren bis zu Kostümen und Schmuck der Berber zeigen die – allesamt Englisch und Französisch erläuterten – Exponate den ganzen Reichtum der marokkanischen Kultur und Geschichte. In dem geruhsamen Café auf dem Dach kann man sich vom Suk-Trubel erholen.

Musée Boucharouite (☎0524 38 38 87; Derb El Cadi; Erw./Kind 40 Dh /frei; ⏲Mo–Sa 9.30–18 Uhr, Aug. geschl.) Berber-*boucharouites*, Flickenteppiche aus recycelten Stoffen, sind die armen Verwandten der berühmten, wie Edelsteine funkelnden marokkanischen Teppiche. Die schön zusammengestellte Galerie in einem Riad aus dem 18. Jh. widmet sich dieser weniger bekannten Kunsthandwerksform. Das Museum ist das Werk des eifrigen Sammlers Patrick de Maillard, der neben den *boucharouites* in den Ausstellungsräumen noch allerlei anderes volkstümliches marokkanisches Kunsthandwerk zeigt, von landwirtschaftlichen Geräten bis hin zu bemalten Türen. Auf der Terrasse im Obergeschoss werden Erfrischungen serviert.

almoravidischen Architekten erbaute Moschee war nicht genau nach Mekka ausgerichtet; deswegen rissen die strenggläubigen Almohaden das Gebäude ein und ersetzten es durch ein neues. Als die heutige Moschee unter Sultan Yaqub al-Mansur im 12. Jh. fertiggestellt wurde, befand sich drum herum ein Suk mit rund 100 Buchhändlern (*kutubiyyin),* nach dem die Moschee benannt ist).

Die Koutoubia-Moschee dient zwar einem spirituellen Zweck, doch das Minarett ist auch ein Bezugspunkt für die internationale Architektur. Der 70 m hohe Turm aus dem 12. Jh. war nämlich das architektonische Vorbild für die Giralda in Sevilla und den Hassanturm in Rabat, darüber hinaus ist er mit seinen muschelförmigen Schlusssteinen, den gezackten Zinnen und den mathematisch gefälligen Proportionen ein monumentales Paradebeispiel der maurischen Ornamentik. Ursprünglich war das Minarett mit dem für Marrakesch typischen rosafarbenen Putz ummantelt, doch bei seiner Restaurierung in den 1990er-Jahren beschlossen Experten, die freigelegten Steine zu erhalten.

Musée de Mouassine MUSEUM

(Karte S. 56; ☎0524 38 57 21; www.museedemouassine.com; 5 Derb el Hammam; 30 Dh; ⏲9.30–19 Uhr) Bei seiner Häuserjagd in der Medina stieß Patrick Menac'h auf einen historischen Schatz von großer kultureller Bedeutung. Unter dem weißen Verputz einer *douiria* (Gästewohnung) im ersten Stock eines bescheidenen Riad tauchte ein Juwel saadischer Wohnarchitektur von etwa 1560 auf. In den Zimmern im Erdgeschoss des Riad ist eine kleine Sammlung von Berber-Artefakten ausgestellt, aber die sorgsam restaurierten Interieurs der Wohnzimmer im Obergeschoss mit ihren fein verzierten Simsen und bemalten Schnitzereien sind das eigentliche Highlight dieses bezaubernden Museums.

Die anderen bedeutenden Denkmäler jener Zeit, als die Saadier dynamisch Marra-

Marrakesch

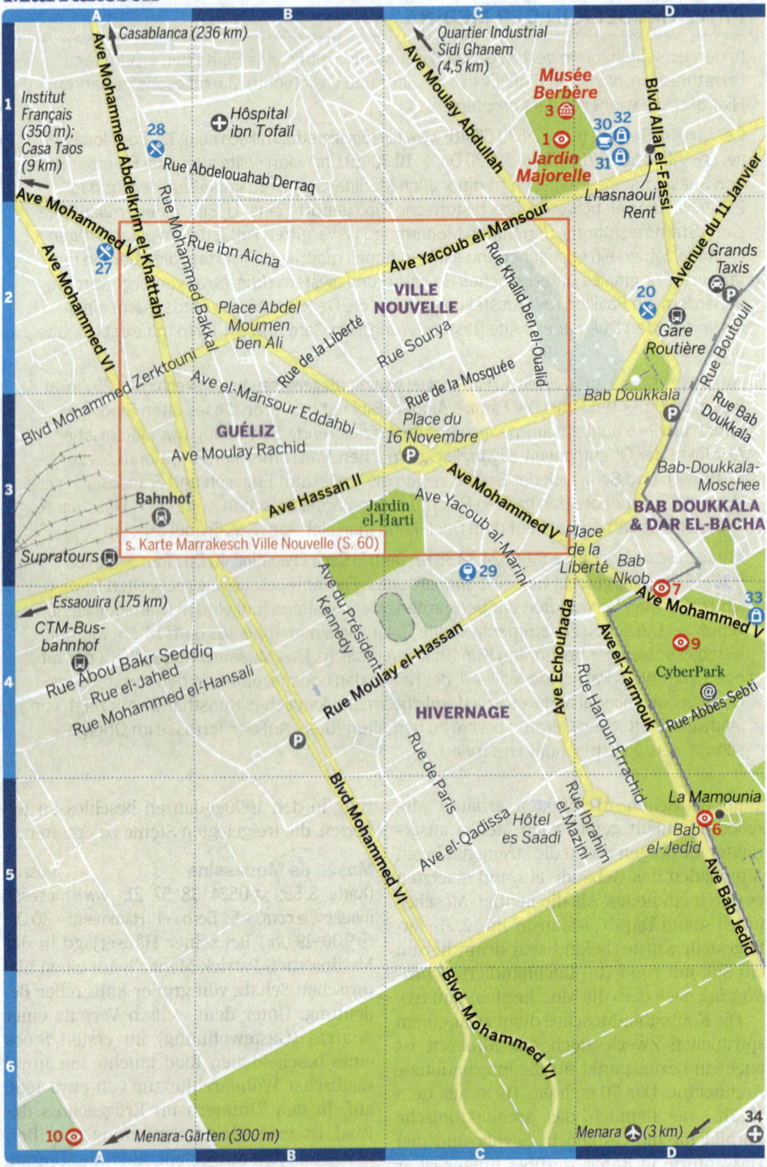

kesch zur Hauptstadt ihres Reichs ausbauten, sind alle imposant – die Moscheen in Mouassine, das Bab Doukkala, Ben-Youssef und Sidi Bel-Abbes. Aber dieses Schmuckstück einer *douiria* im Obergeschoss wurde von einer *chorfa* (adligen) Familie gebaut, nachdem die Saadier die in Mouassine ansässigen Juden vertrieben und in das *mellah* umgesiedelt hatten.

Die restaurierte *douiria* ist ein wichtiges Beispiel der Wohnarchitektur dieser Epoche und illustriert die damalige Bewirtungskultur. Reisemüde Gäste dürften beim Eintritt in den Hauptsalon über die Farbensinfonie

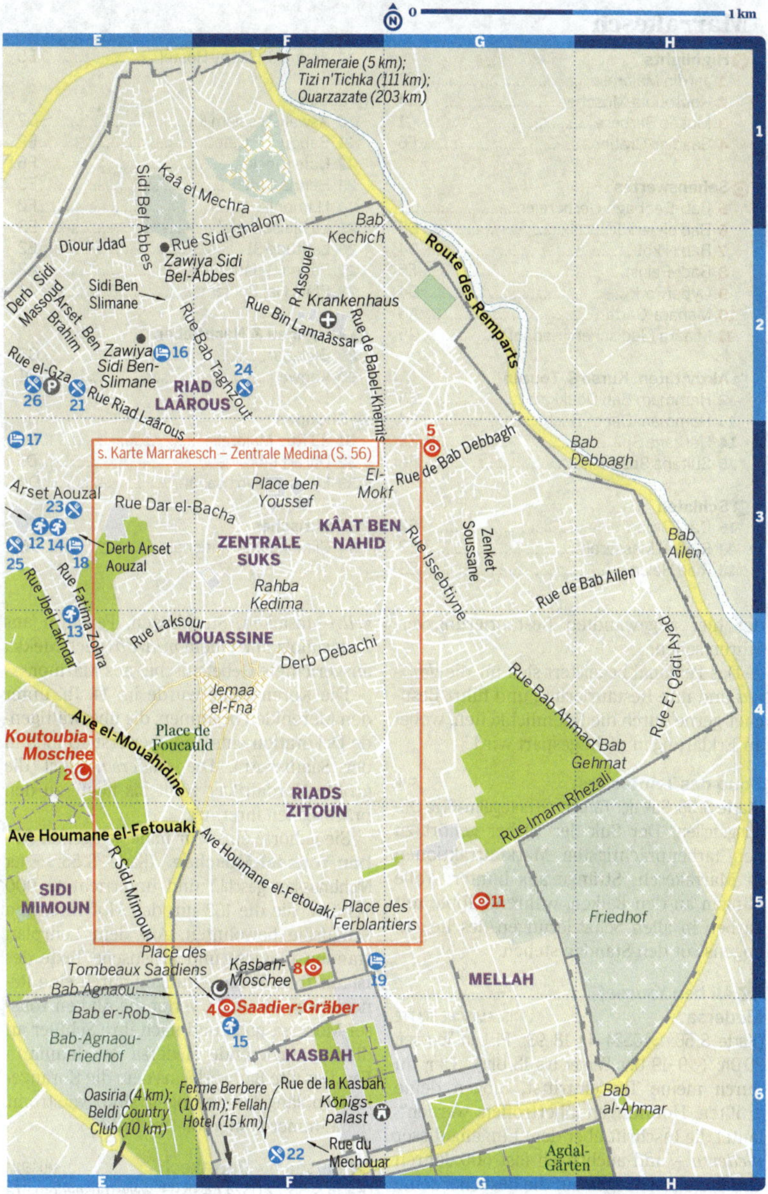

gestaunt haben: Safrangelbe, blaugrüne und aprikosenfarbene Blumen und Vögel schmücken Wände eines „vertikalen Gartens", während die Schlafzimmer mit kufischen Inschriften auf himmelblauem Grund und Pompejanisch-roten Leisten prunken. Man ist versucht zu glauben, dass die lebhaft leuchtenden Farben das Werk des 24-köpfigen Restauratorenteams sind. Doch weit gefehlt: Diese Dekoration ist absolut original – die Leuchtkraft der Farben blieb unter den Putzschichten jahrhundertelang erhalten. Im Vorzimmer kann man außerdem ein kurzes, aber faszinierendes Video zu einigen

Marrakesch

Highlights
1 Jardin Majorelle C1
2 Koutoubia-Moschee E4
3 Musée Berbère C1
4 Saadier-Gräber F6

Sehenswertes
5 Bab-Debbagh-Gerbereien G3
6 Bab el-Jedid D5
7 Bab N'kob D4
8 Badi-Palast F5
9 CyberPark D4
10 Menara-Gärten A6
11 Miaâra (Jüdischer Friedhof) G5

Aktivitäten, Kurse & Touren
12 Hammam Bab Doukkala E3
13 Hammam Dar el-Bacha E4
14 Heritage Spa E3
15 Sultana Spa F6

Schlafen
16 Dar Zaman E2
17 Riad Al Massarah E3
18 Riad Helen E3
19 Young & Happy Hostel F5

Essen
20 Aswak Assalam D2
21 Babouche Café E2
22 Cafe Clock F6
23 Henna Cafe E3
24 I Limoni F2
25 La Maison Arabe E3
26 Latitude 31 .... E2
27 Panna Gelato A2
28 Plats Haj Boujemaa A1

Ausgehen & Nachtleben
29 Djelabar C3
30 Kaowa D1

Shoppen
31 33 Rue Majorelle D1
32 Darart Librairie D1
33 Ensemble Artisanal D4

Praktisches
34 Clinique Internationale D6

der hier angewandten Restaurierungsverfahren sehen.

Das Personal begeistert sich für die *douiria* und ihre Restaurierung und führt Besucher gerne durch die Räumlichkeiten, wobei an Erklärungen nicht gespart wird.

Souq des Teinturiers SUK
(Karte S. 56, Suk der Färber; unregelmäßige Öffnungszeiten) Der Suk der Färber gehört zu den farbenprächtigsten Marktattraktionen in Marrakesch: Stränge aus bunter Wolle hängen an den Balken, während Töpfe mit Farben in allen Schattierungen des Regenbogens vor den Ständen stehen.

★ Ali ben Youssef Medersa ISLAMISCHE STÄTTE
(Karte S. 56; 0524 44 18 93; Pl ben Youssef; 20 Dh; 9–19 Uhr, Winter bis 18 Uhr) „Der du durch meine Tür eintrittst, mögen deine größten Hoffnungen übertroffen werden", lautet die Inschrift über dem Eingang dieser *medersa* – und auch nach fast 600 Jahren entfaltet dieser Segen auf die Besucher seine magische Wirkung. Im Eingangsbereich richtet sich der Blick nach oben zu den geschnitzten Kuppeln aus Atlaszedernholz und den Balkonen mit *maschrabiyya* (dekorativen Holzgittern), während der Innenhof mit einer überwältigenden Fülle spanisch-maurischer Verzierungen prunkt, darunter Mauersockeln mit fünffarbigen *zellij*-Mosaiken, Stuckbögen, Fenstern aus Zedernholz und einem *mihrab* (nach Mekka ausgerichtete Gebetsnische) aus Marmor.

Die Koranschule wurde im 14. Jh. unter den Mereniden begonnen, die überwältigende Dekoration entstand aber erst ab 1565 in der Saadier-Ära. Die *medersa*, einst die größte Nordafrikas, zählt bis heute zu den prächtigsten ihrer Art.

Sie gehörte einst zur nahe gelegenen **Ali-ben-Youssef-Moschee** (Karte S. 56; für Nichtmuslime geschl.) und unterrichtete 900 Schüler, die die 132 um den Hof verteilten Schlafsäle bewohnten. Auf dem Lehrplan standen religiöse und juristische Texte des Islam. Trotz Verbesserungen durch eine Renovierung im 19. Jh. verlor die Ali ben Youssef Medersa nach und nach ihre Schüler an die konkurrierende Medersa Bou Inania in Fès. Das alte Bauwerk, aus dem die Korangelehrten längst ausgezogen sind, verströmt noch immer kontemplative Ruhe.

★ Musée de Marrakech MUSEUM
(Karte S. 56; 0524 44 18 93; www.museedemarrakech.ma; Pl ben Youssef; Erw./Kind 50 Dh/frei; 9–19 Uhr, Okt.–März bis 18 Uhr) Das Musée de Marrakech zeigt eine Sammlung marokkanischer Kunstformen in den üppigen Gemächern des Mnebhi-Palasts. Der zentrale Innenhof mit seinen vielen Zedernholzbögen, Buntglasfenstern, fein bemalten Türen und

verschwenderischen *zellij*-Mosaiken bildet das eigentliche Highlight, doch sollte man sich die Ausstellung feiner Keramiken aus Fès im Hauptsaal nicht entgehen lassen. Der Bereich rund um die Palastküche und auch der Hamam sind hingegen weit schlichter ausgestaltet.

Der Palast war einst der Wohnsitz von Mehdi Mnebhi, dem Verteidigungsminister in den unruhigen Jahren der Herrschaft von Sultan Abd al-Aziz (1894–1908). Während der Minister auf Reisen war, um von Königin Victoria einen Orden verliehen zu bekommen, verhandelten Großbritannien, Frankreich und Spanien über die Kolonisierung Nordafrikas; gleichzeitig riss sich der autokratische Pascha Glaoui den Palast unter den Nagel. Nachdem Marokko seine Unabhängigkeit wiedererlangt hatte, wurde das Gebäude vom Staat beschlagnahmt und in ihm Marrakeschs erste Mädchenschule untergebracht. Nach einer sorgsamen Restaurierung durch die Omar-Benjelloun-Stiftung wurde der Palast schließlich 1997 der Öffentlichkeit als Museum zugänglich gemacht.

Koubba Ba'adiyn HISTORISCHES GEBÄUDE
(Karte S. 56; Pl ben Youssef) Die Almohaden zerstörten fast alles, was ihre almoravidischen Vorgänger in Marrakesch erbaut hatten, übersahen aber diesen kleinen, anmutigen *koubba* (Schrein) aus dem 12. Jh., der vermutlich für rituelle Waschungen diente. Das architektonische Relikt gegenüber der Ali-ben-Youssef-Moschee (S. 54) verdeutlicht, was die spanisch-maurische Architektur den Almoraviden verdankt: Hufeisenbögen, Rippengewölbe, verschlungene Arabesken und gewölbte Kuppeln über einen mit Zinnen bekränzten rechteckigen Unterbau. Das Gebäude kann nicht besichtigt werden, es ist aber möglich, durch das Gitter einen Blick auf die architektonischen Details zu erhaschen.

Dar Bellarj GALERIE
(Karte S. 56; ☎ 0524 44 45 55; www.darbellarj.org; 9–7 Toualate Zaouiate Lahdar; ⏲ Mo–Sa 9.30–12.30 & 14–17.30 Uhr) GRATIS Geistige Höhenflüge sind im Dar Bellarj Programm: Das ehemalige „Storchenkrankenhaus" (*bellarj* ist das arabische Wort für Storch) ist heute Marrakeschs führendes Kulturzentrum. Jedes Jahr legt die gemeinnützige Dar-Bellarj-Stiftung ein Programmthema fest, dessen Bandbreite von Film über Frauentextilien bis zu Geschichtenerzählen reicht. Regelmäßige Höhepunkte sind kalligrafische Vorführungen, Vernissagen, Kunsthandwerksausstellungen und Workshops. Der Eintritt ist meist frei (mit Ausnahme einiger Events).

INSIDERWISSEN

HISTORISCHE KARAWANSEREIEN

Von schwer beladenen Kamelkarawanen, die einst aus der Wüste kamen, bis hin zu den Teppichläden und Souvenirständen von heute – Marrakesch war und ist in erster Linie eine prächtige Stadt der Karawansereien. Seit dem Mittelalter boten *fondouqs* (Kaufmannsherbergen) im Erdgeschoss Stallungen und Werkstätten und in den Obergeschossen Zimmer für reisende Kaufleute, die durch die Wüste zogen. Als die Händlergemeinschaften stabiler und wohlhabender wurden, ging der Bedarf nach solchen *fondouqs* allerdings zurück.

Heute sind nur noch 140 *fondouqs* in der Medina erhalten, von denen viele zu Werkstätten für Kunsthandwerker umgebaut wurden. Die Häuser sind in unterschiedlichem Ausmaß verfallen, viele zeigen aber noch Reste feiner Holzschnitzereien und sogar von Stuckarbeiten. Es lohnt sich, mal die Nase hineinzustecken, um die verfallene Pracht zu bewundern. Die besten finden sich an der Rue Dar el-Bacha und der Rue Mouassine. Wir empfehlen besonders die folgenden beiden:

Fondouq el-Amir (Rue Dar el-Bacha) Dieser gut erhaltene *fondouq* war einst das Standquartier der Kaufleute, die Geschäfte in der Stadt tätigen wollten. Heute füllen kleine Werkstätten und Läden von Kunsthandwerkern die Räume am Hof. Besonders bemerkenswert sind die ockerfarbenen geometrischen Verzierungen mit Rauten, Sechsecken und Sternen, die die Steinbögen im Inneren schmücken.

Fondouq Kharbouch (Rue Dar el-Bacha) Der Innenhof dieses *fondouq* ist heute zwar von allerlei Werkstätten ausgefüllt und zwischen den Fenstern baumeln Stromkabel umher, doch die anmutige Geräumigkeit und die schönen Proportionen der alten Kaufmannsherberge sind noch gut erkennbar. Die oberen Balkone schmiegen sich an Holzdecken an, die heute von schlicht weiß verputzten Pfeilern getragen werden.

Marrakesch – Zentrale Medina

Im Ramadan veranstaltet die Stiftung auch Abendkonzerte im Innenhof.

★ **Maison de la Photographie** MUSEUM
(Karte S. 56; ☎0524 38 57 21; www.maisondelaphotographie.ma; 46 Souq el-Fassi; Erw./Kind 40 Dh/frei; ⊙9.30–19 Uhr) Als der Pariser Patrick Menac'h und der aus Marrakesch stammende Hamid Mergani entdeckten, dass sie beide alte marokkanische Fotografien sammelten, beschlossen sie, ein Museum zu eröffnen, um die Aufnahmen im ursprünglichen Kontext zu zeigen. Gemeinsam „repatriierten" sie 4500 Fotos, 2000

Marrakesch – Zentrale Medina

Highlights
1 Ali ben Youssef Medersa ... C1
2 Bahia-Palast ... D6
3 Dar Si Said ... D5
4 Jemaa el-Fna ... B4
5 Maison de la Photographie ... D1
6 Musée de Marrakech ... C1

Sehenswertes
7 Ali-ben-Youssef-Moschee ... C1
8 Dar Bellarj ... C1
9 Fondouq el-Amir ... B1
10 Fondouq Kharbouch ... B1
11 Heritage Museum ... C3
12 Koubba Ba'adiyn ... C1
13 Koubba der Fatima Zohra ... A4
14 Le Jardin Secret ... B2
15 Maison Tiskiwin ... D5
16 Mouassine-Brunnen ... B2
17 Musée Boucharouite ... C2
18 Musée de Mouassine ... B2
19 Souq des Teinturiers ... B2

Aktivitäten, Kurse & Touren
20 Hammam Mouassine ... B2
21 Le Bain Bleu ... B3
22 Marrakech Roues ... B5
23 Morocco Adventure & Rafting ... B5
24 Souk Cuisine ... C3

Schlafen
25 Dar Attajmil ... A3
26 Dar Housnia ... D1
27 Equity Point Hostel ... B2
28 Hôtel Cecil ... B4
29 Hotel du Trésor ... B4
30 Hotel Essaouira ... C4
31 Hôtel Sherazade ... C4
32 Jnane Mogador ... C4
33 Le Gallia ... B5
34 Marhbabikoum ... D5
35 Riad Azoulay ... D6
36 Riad Elkarti ... C3
37 Riad Le J ... B2
38 Riad L'Orangeraie ... B2
39 Riad Tizwa ... A1
40 Riad UP ... D4
41 Tchaikana ... D2

Essen
42 Beats Burger ... B1
43 Café des Épices ... C2
44 Dar Anika ... C6
45 Jemaa El-Fna, Essensstände ... B4
46 El Bahja ... B4
47 Fox Art Food ... C5
48 Hadj Mustapha ... C3
49 Kui-Zin ... B1
50 Le Jardin ... B1
51 Le Tobsil ... A3
52 Marrakech Henna Art Cafe ... C4
53 Mechoui Alley ... C3
54 Naima ... C2
55 Naranj ... C4
56 Nomad ... C3
57 Oscar Progrès ... B5
58 Pâtisserie des Princes ... B4
59 PepeNero ... D4
60 Roti d'Or ... C3
61 Souk Kafé ... B1
62 Un Déjeuner à Marrakech ... C4

Ausgehen & Nachtleben
63 Café Arabe ... B2
64 Dar Cherifa ... B2
65 Kosybar ... D6
66 Maison de la Photographie Terrace ... D1
67 Riad Yima ... C3

Shoppen
68 Al Kawtar ... B1
69 Al Nour ... A3
70 Anamil ... C2
Arganino ... (siehe 77)
71 Assouss Cooperative d'Argane ... B2
72 Creations Pneumatiques ... C6
73 Dar Chrifa Lamrania ... C1
74 Fondouq Namas ... C2
La Maison Bahira ... (siehe 77)
75 Max & Jan ... B1
76 Naturom ... C5
77 Souk Cherifa ... B1
78 Souq Ableuh ... B3
79 Souq Haddadine ... C2

Glasnegative und 80 Dokumente aus der Zeit zwischen 1870 und 1950; die für die Ausstellung ausgewählten Arbeiten füllen drei Etagen und sind nach Region und Sujet sortiert. Dazu gehört auch ein seltener, in Farbe gedrehter Dokumentarfilm über Marokko aus dem Jahr 1957. Zu sehen sind überwiegend neue Abzüge von Originalnegativen; die Abzüge kann man auch kaufen.

Nach dem Rundgang kann man auf der Dachterrasse einen Kaffee oder Tee trinken.

Wer das Ourika-Tal besucht, sollte sich dort das zweite Projekt der beiden Galeristen, das Ecomusée Berbère (S. 103), nicht entgehen lassen.

Bab-Debbagh-Gerbereien GEBIET

(Karte S. 52; Rue de Bab Debbagh; ⏲ Sa–Do) Der stechende Geruch kündet an, dass man sich Marrakeschs Gerberviertel nähert. Ledergerbereien liegen zu beiden Seiten der Rue de Bab Debbagh – und in der Regel liegen an beiden Enden Schlepper auf der Lauer, die

Die Medina von Marrakesch

HALBTAGESTOUR DURCH DIE MEDINA

Dieser Bummel zu den Schätzen der Medina beginnt am **1 Dar Si Said**, einem Beispiel für die zurückhaltende Eleganz des 19. Jhs. Richtung Norden gelangt man durch die Rue Riad Zitoun el-Jedid zum **2 Jemaa el Fna**, von wo aus das berühmte **3 Koutoubia-Minarett** zu sehen ist. Durch das Gewusel der Motorroller und Schlangenbeschwörer bahnt man sich dann den Weg zur Pl Bab Fteuh in der Nordwestecke. Rechts befindet sich der Bab Fteuh Funduq, wo in schmalen Werkstätten Schmuck und Tabletts gefertigt werden.

Weiter geht's nach Norden auf der Rue el-Mouassine, vorbei an der Mouassine-Moschee und dann beim monumentalen **4 Mouassine-Brunnen** durch eine kleine *derb* (Gasse) zum glanzvollen **5 Musée de Mouassine** mit seiner fein restaurierten *douiria* (Gästewohnung) aus der Saadier-Ära und interessanten Ausstellungen in den Gemächern im Erdgeschoss. Danach setzt man den Spaziergang Richtung Norden fort.

An der nächsten, von einem Bogen überwölbten Kreuzung mit der Rue Dar el-Bacha erblickt man prächtige, mit Höfen versehene **6 fondouqs** (Kaufmannsherbergen). Einige datieren bis ins 16. Jh. zurück; in den meisten befinden sich heute Ateliers von Kunsthandwerkern. Zu Mittag essen kann man ein paar Schritte weiter nördlich in dem ruhigen, schattigen Hof des **7 Le Jardin**.

Gestärkt geht's nun vom Le Jardin nach rechts und hinter einem kleinen Bogen wieder rechts in die Rue Amesfah, die an weiteren *fondouqs* und der Ben-Youssef-Moschee vorbeiführt. Bald ist die **8 Ali ben Youssef Medersa** ausgeschildert: Die einst prächtigste Koranschule Nordafrikas ist im spanisch-maurischen Stil mit *zellij*-Mosaiken und Stuckarbeiten verziert. Den Abschluss des Rundgangs bildet das **9 Maison de la Photographie** mit alten Fotos der Medina und einem spektakulären Blick auf den Sonnenuntergang vom Dach.

Fondouqs
Die mittelalterlichen Karawansereien boten Händlern, die durch die Wüste von Suk zu Suk zogen, Unterkunft und Stallungen. Von den 140, die es heute noch in der Medina gibt, wurden viele inzwischen in Ateliers von Kunsthandwerkern umgewandelt.

Mouassine-Brunnen
Der Brunnen, Mitte des 16. Jhs. von Abdallah el Ghalib erbaut, ist einer von ursprünglich 80 in der Medina. Der Bau eines Brunnens galt als fromme Tat, versorgte er doch Mensch und Tier mit Wasser.

LONELY PLANET/GETTY IMAGES ©

MAURIZIO DE MATTEI/SHUTTERSTOCK ©

Koutoubia-Minarett
Der aus dem 12. Jh. stammende, 70 m hohe Turm ist das architektonische Vorbild der Giralda in Sevilla und ein monumentales Musterbuch maurischer Ornamentik mit Hufeisenbögen, Zinnen und mathematisch ausgetüftelten Proportionen.

Le Jardin
Dieser beliebte Treff in der Medina ist eine echte Stadtoase. Die saftigen Grüntöne passen herrlich zum Baldachin aus Palmen und Bananenstauden, der dem Riad-Hof aus dem 17. Jh. Schatten spendet. Selbst an trällernden Singvögeln mangelt es nicht.

Maison de la Photographie
Diese Galerie in einem Riad zeigt faszinierende Arbeiten von 1870 bis 1960: den Jemaa el Fna 1907, die Ali ben Youssef Medersa 1920 mitsamt Schülern sowie einen seltenen, 1957 in Marokko aufgenommenen Dokumentarfilm.

SAIKO3P/SHUTTERSTOCK ©

Ali ben Youssef Medersa
Zu ihren Blütezeiten beherbergte die Koranschule in ihren 132 Schlafsälen 900 Schüler – die sich ein Bad teilten. Oben zeigt ein 3 m² großes Zimmer mit Schlafmatte und Lesepult, wie die Koranschüler lebten.

BYVALET/SHUTTERSTOCK ©

Musée de Mouassine
Der zentrale Raum der restaurierten *douiria* ist mit Stuck in buntem *testir* überzogen, den „Spinnweben des Propheten" (geometrische Muster, die von einem Stern in der Mitte ausgehen).

Jemaa el Fna
P. T. Barnum flunkerte, als er seinen Zirkus die „größte Show auf Erden" nannte, denn dieser Titel gebührt ganz klar dem Jemaa el Fna, und zwar seitdem der Platz ab ca. 1050 für öffentliche Hinrichtungen benutzt wurde.

Dar Si Said
Im Hochzeitsgemach im Obergeschoss übertrafen Si Saids Kunsthandwerker sich selbst. Prächtig-fröhliche Blumenornamente zieren die Wände, die Musikantenlogen und die Decke.

Marrakesch – Ville Nouvelle

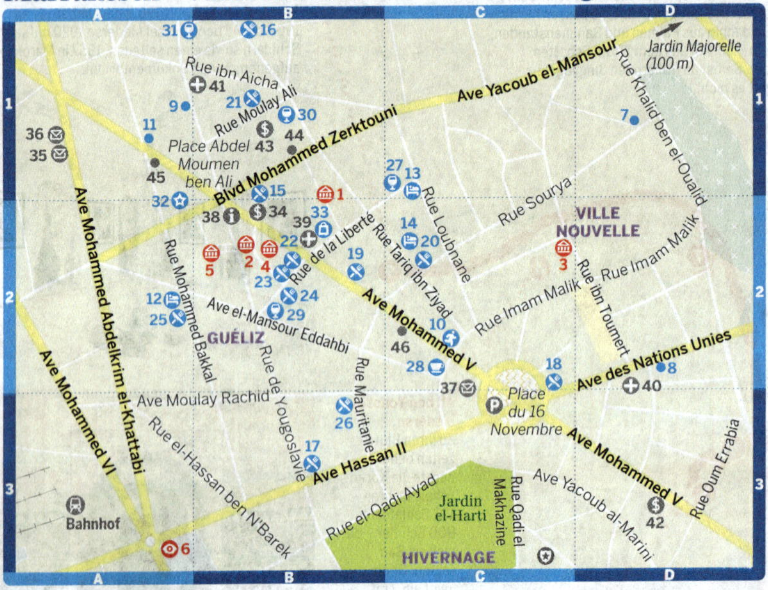

einen gegen ein Trinkgeld durch das Gelände führen. Die beste Zeit für einen Besuch ist der Vormittag: Dann kann man dabei zuschauen, wie die Gerber Tierhäute in Leder in vielen bunten Farben verwandeln. Diese Arbeit ist hart, schmutzig und – da chemische Farbstoffe die natürlichen verdrängt haben – auch gesundheitsgefährdend.

Ebenfalls gegen ein Trinkgeld kann man in der Regel einen Blick von oben auf das Viertel werfen, und zwar aus einem der Häuser in der Nähe des Bab Debbagh. Die Aussicht lohnt sich sicher, man muss aber wissen, dass viele der „Häuser" in Wirklichkeit Lederwarengeschäfte sind und die Schlepper einen gehörig unter Druck zu setzen verstehen. Da hilft nur, standhaft zu bleiben.

Zawiya Sidi Bel-Abbes SCHREIN

(Karte S. 52; Rue Sidi Ghalom; ⏲ für Nichtmuslime geschl.) Diese schön restaurierte *zawiya*, das Mausoleum eines *marabout* (heiligen Mannes), ist die wichtigste in Marrakesch. Das gegenwärtige Gebäude stammt aus der Ära der Saadier und ehrt den berühmten Sufi Abu al-Abbas as-Sabti oder Sidi Bel-Abbes, der 1205 hier bestattet wurde. Nichtmuslime haben keinen Zugang zum Sakralbereich, können aber durch die gewölbten Arkaden gehen, die feinen Stuckverzierungen an beiden Toren bewundern und vom Hof aus das Minarett, den Brunnen und den aufwendig dekorierten Eingang zum eigentlichen Schrein bewundern.

★ Dar Si Said MUSEUM

(Karte S. 56; ☎ 0524 38 95 64; Derb Si Said; Erw./Kind 10/3 Dh; ⏲ Mi–Mo 9–16.45 Uhr) Die frühere Residenz von Si Said, einem jüngeren Bruder des Großwesirs Bou Ahmed, ist heute eine Hommage an marokkanische *mâalems* (Kunsthandwerksmeister): Das **Museum der marokkanischen Kunst** zeigt mit geometrischen Schnitzereien bedeckte Holztüren aus Speicherburgen der Berber, Ledertaschen der Tuareg, Keramiken, Stickereien, Teppiche, Waffen und Berberschmuck. Das Highlight des Besuchs bildet ein Hochzeitssaal, der wahrscheinlich von Kunsthandwerkern aus Fès spektakulär ausgemalt und mit einer Kuppel versehen wurde; er wird von mit Blumenmalereien verzierten Musikantenbalkonen flankiert.

Maison Tiskiwin MUSEUM

(Karte S. 56; ☎ 0524 38 91 92; www.tiskiwin.com; 8 rue de la Bahia; Erw./Kind 20/10 Dh; ⏲ 9.30–12.30 & 14.30–18 Uhr) Mit der hier ausgestellten privaten Kunstsammlung des niederländischen Anthropologen Bert Flint kann man virtuell nach Timbuktu reisen. Jeder Raum präsentiert eine Karawanenstation auf der

Marrakesch – Ville Nouvelle

Sehenswertes
1 David Bloch Gallery ... B1
2 Galerie Noir sur Blanc ... B2
3 Galerie Rê ... C2
4 Gallery 127 ... B2
5 MACMA ... B2
6 Théâtre Royal ... A3

Aktivitäten, Kurse & Touren
7 Centre for Language and Culture ... D1
8 Creative Interactions ... D2
9 Inside Morocco Travel ... A1
10 Marrakech Bike Action ... C2
11 Mountain Voyage ... A1

Schlafen
12 Blue Sea Le Printemps ... A2
13 Hôtel du Pacha ... C1
14 Hôtel Toulousain ... C2

Essen
15 Al Fassia ... B1
16 Amal Center ... B1
17 Azar ... B3
18 Café 16 ... C2
19 Carrefour ... B2
20 Catanzaro ... C2
21 Chez Mado ... B1
22 Loft ... B2
23 Mamma Mia ... B2
24 Patisserie al-Jawda ... B2
25 Pâtisserie Amandine ... A2
26 Snack al-Bahriya ... B3

Ausgehen & Nachtleben
27 68 Bar à Vin ... C1
Café du Livre ... (siehe 14)
28 Grand Café de la Poste ... C2
29 Kechmara ... B2
30 L'auberge Espagnole ... B1
31 Pointbar ... A1

Unterhaltung
32 Le Colisée ... A2

Shoppen
33 Atika ... B2

Praktisches
34 BCMI Bank ... B2
35 DHL ... A1
36 FedEx ... A1
37 Hauptpost ... C2
38 Office National Marocain du Tourisme ... B2
39 Pharmacie Centrale ... B2
40 Pharmacie de l'Unité ... D2
41 Polyclinique du Sud ... B1
42 Société Générale ... D3
43 Voyages Schwartz ... B1

Transport
44 KAT ... B1
45 La Plaza Car ... A1
46 Royal Air Maroc ... C2

Route von der Sahara bis nach Marrakesch mit Erzeugnissen der Ureinwohner, die von Kamelsatteln der Tuareg bis zu Teppichen aus dem Hohen Atlas reichen. Die englischen Begleittexte sind oft eher skurril als erklärend, doch die Exponate bieten faszinierende Einblicke in die Vergangenheit der Stadt als Handelsposten.

★ **Bahia-Palast** PALAST
(Karte S. 56; ☎0524 38 95 64; Rue Riad Zitoun el-Jedid; Erw./Kind 10/3 Dh; ⏲9–16.30 Uhr) Hier sieht man, was sich schaffen lässt, wenn einem 14 Jahre lang die besten Kunsthandwerker Marokkos zur Verfügung stehen.

Die Gemächer des **kleinen** und des **großen Riad** prunken mit aufwendigen Intarsien und *zouak*-Decken (aus bemaltem Holz). Der riesige, fröhlich in Blau und Gelb strahlende **große Hof** führt zum **Ehrensaal** mit einer spektakulären Decke aus Zedernholz.

Noch prächtigere Ausstattung zeigt der **Harem** mit originalen Wandbespannungen aus gewebter Seide, Buntglasfenstern und Decken, die mit Rosensträußen bemalt sind.

Die vom Boden bis zur Decke reichende Dekoration wurde von dem zum Großwesir aufgestiegenen ehemaligen Sklaven Si Moussa in den 1860er-Jahren in Auftrag gegeben und 1894 bis 1900 unter seinem Sohn, dem Großwesir Abu „Bou" Ahmed, noch prachtvoller überarbeitet. 1908 beschlagnahmte der Stammesführer Thami El-Glaoui den Palast als den passenden Rahmen, um seine französischen Gäste zu empfangen – und diese waren von der Pracht so beeindruckt, dass sie ihren Gastgeber 1911 hinauswarfen und den Palast als Sitz des Generalresidenten des französischen Protektorats beanspruchten.

Heute ist zwar nur ein Teil des 8 ha großen und 150 Zimmer umfassenden Palastgeländes für die Öffentlichkeit zugänglich, aber es gibt noch genügend Pomp und Prunk zu sehen. Während man den ruhigen und großen, mit weißem Carrara-Marmor ausgelegten Hof bewundert, sollte man nicht vergessen, dass hier Menschen stundenlang in glühender Sonne ausharrten, um von Bou Ahmed Gnade zu erflehen. Bou Ahmeds vier Frauen und 24 Konkubinen lebten alle in den kleinen Gemächern des üppig dekorierten Harems.

Badi-Palast HISTORISCHE STÄTTE

(Karte S. 52; Pl des Ferblantiers; Erw./Kind 10/3 Dh, Koutoubia-Minbar zus. 10 Dh; ⌚9–17 Uhr) Als Sultan Ahmad al-Mansur im 16. Jh. den Badi-Palast mit Gold, Türkisen und Kristallen pflastern ließ, spottete sein Hofnarr: „Das wird eine schöne Ruine geben." Der Mann sollte recht behalten, denn gerade einmal 75 Jahre später wurden die Einrichtung und die Dekorationen fortgeschafft und das Gebäude dem Verfall preisgegeben. Der riesige Hof der Palastruine mit seinen vier abgesenkten Gartenpartien und Spiegelteichen vermittelt einen Abglanz von der einstigen Herrlichkeit. Und der Ausblick von den Stampflehm-Wällen, auf denen Störche nisten, ist wirklich prachtvoll.

Das Gebäude gleich westlich des Khaysuran-Pavillons beherbergt einen Mimbar (Gebetskanzel) aus der Koutoubia-Moschee, der im 12. Jh. von Künstlern aus Córdoba geschaffen wurde.

Der gesamte Komplex des Badi-Palasts wurde wegen eines lang überfälligen und ehrgeizigen Restaurierungsprojekts für die Öffentlichkeit gesperrt. In absehbarer Zeit könnten immer noch der Komplex oder einzelne Bereiche nur eingeschränkt oder gar nicht zugänglich sein.

Den Palast erreicht man über die Pl des Ferblantiers; rechts geht's dann an den Wällen entlang zum Eingang.

Salat-al-Azama-Synagoge SYNAGOGE

(Karte S. 56; Derb Manchoura; 10 Dh; ⌚So–Do 9–17, Fr 9–13 Uhr, an jüdischen Feiertagen geschl.) Die Synagoge im *mellah*, dem jüdischen Viertel, wird immer noch von Marrakeschs kleiner jüdischer Gemeinde genutzt. Eine unscheinbare Tür führt in einen hübschen blau-weißen Hof; die Synagoge liegt rechter Hand. In dem schlicht gestalteten Gottesdienstbereich sind die *zellij*-Mosaiken mit dem Motiv des Davidssterns bemerkenswert. In den Räumen des Erdgeschosses rund um den Hof finden sich Ausstellungen zum Leben der marokkanischen Juden.

Jüdischer Friedhof Miaâra FRIEDHOF

(Karte S. 52; Rue el-Miaâra; Eintritt gegen Spende 10 Dh; ⌚So–Do 9–17, Fr 8–13 Uhr, an jüdischen Feiertagen geschl.) Der außerordentlich hilfsbereite Pförtner dieses großen ummauerten Friedhofs lässt gerne Besucher herein, die den Toten ihre Aufwartung machen wollen. Auf die weiß getünchten Grabmäler werden nach jüdischem Brauch zum Andenken Steine gelegt.

Für die Spende zur Pflege des Friedhofs erhält man auch einen Plan des *mellah*. Es ist also sinnvoll, den Friedhof zu besuchen, ehe man in die Nebenstraßen des jüdischen Viertels eintaucht.

★ **Saadiergräber** HISTORISCHE STÄTTE

(Karte S. 52; rue de la Kasbah; Erw./Kind 10/3 Dh; ⌚9–16.45 Uhr) Wer behauptet, man könne nichts mit ins Jenseits nehmen, hat die Saadiergräber in der Nähe der Kasbah-Moschee noch nicht gesehen. Sultan Ahmed al-Mansur ed-Dahbi scheute bei seiner Ruhestätte keine Kosten: Er importierte italienischen Carrara-Marmor und ließ wabenförmige *muqarnas* (Stalaktiten-Stuck) mit reinem Gold verzieren, um aus dem **Raum der zwölf Säulen** ein angemessen prächtiges Mausoleum zu machen.

Selbst im Tod bevorzugte Al-Mansur noch seine Günstlinge und ließ die Alphamännchen unter den Prinzen in seiner Nähe im **Saal der drei Nischen** bestatten, während etwa 170 Kanzler und Frauen auf das Gartengrundstück verbannt wurden. Einige jüdische Berater, die sein Vertrauen genossen, verdienten sich zudem einen Ehrenplatz und waren dem Herzen des Herrschers im wahrsten Sinne des Wortes näher als dessen Frauen oder Söhne. Das mit geschnitzten, verwitterten Segnungen geschmückte Grab von Al-Mansurs Mutter, das von streunenden Katzen aufmerksam bewacht wird, stellt jedoch alle anderen Gräber in den Schatten.

Al-Mansur starb 1603 prunkvoll, doch nur wenige Jahrzehnte später ließ der Alawidensultan Moulay Ismail die Saadiergräber zumauern, um seine Vorgänger aus den Augen und damit aus dem Sinn zu bekommen. Die Gräber waren lediglich durch einen kleinen Durchgang in der Kasbah-Moschee zu erreichen und wurden vergessen, bis man sie 1917 bei Luftaufnahmen wiederentdeckte.

Ville Nouvelle

★ **Jardin Majorelle** GARTEN

(Karte S. 52; ☎0524 31 30 47; www.jardinmajorelle.com; Ecke Ave Yacoub el-Mansour & Moulay Abdullah; Erw./Kind 70 Dh/frei; ⌚8–18 Uhr, Okt.–April bis 17.30 Uhr) Andere Gäste bringen Blumen mit, Yves Saint Laurent aber schenkte Marrakesch, der Stadt, die ihn 1964 aufnahm, gleich den Jardin Majorelle. Saint Laurent und sein Partner Pierre Bergé kauften die früh dasein, viele Leute

neonblaue Villa und den dazugehörigen Garten, um die Vision des ursprünglichen Besitzers, des Landschaftsmalers Jacques Majorelle, zu bewahren und den Park auch weiterhin der Öffentlichkeit zugänglich zu machen. Dank des Botanikers Abderrazak Benchaâbane aus Marrakesch bleibt die bewusstseinserweiternde Wüstenlandschaft mit 300 Pflanzenarten aus fünf Kontinenten, mit deren Anlage Majorelle 1924 begonnen hatte, auch weiterhin erhalten.

Auch wer sich nicht für Pflanzen interessiert, sollte herkommen und sich zumindest Majorelles Art-déco-Atelier anschauen. Hier residiert das **Musée Berbère** (Erw./Kind 30 Dh/frei; ⌚8–18 Uhr, Okt.–April bis 17.30 Uhr), das anhand von rund 600 Artefakten das reiche Spektrum der marokkanischen Berberstämme veranschaulicht. Die Sammlung des Museums, das zu den besten im Land gehört, umfasst Holz-, Leder- und Metallarbeiten, Textilien, Musikinstrumente, Amulette und eine Ausstellung traditioneller Kostüme aus den verschiedenen Regionen. Den Höhepunkt bildet die achteckige verspiegelte, pechschwarze Kammer, in der die prachtvolle Sammlung von filigranem emailliertem Schmuck ausgestellt ist, der unter einem sternenbedeckten Wüsten-Nachthimmel in die Unendlichkeit ausstrahlt.

Am Ausgang des Museums gelangt man in die zugehörige Boutique mit schönen Bildbänden und teuren Souvenirs wie blauen Majorelle-Pantoffeln, Parfüms und Kissen mit dem Markenemblem YSL.

Ende 2017 soll auf dem Gartengelände ein weiteres, Yves Saint Laurent gewidmetes Museum eröffnet werden.

Musee d'Art et de Culture de Marrakech (MACMA) GALERIE

(Karte S. 60; ✆ 0524 44 83 26; 61 Passage Ghandouri, Rue de Yougoslavie; Erw./Student 40/20 Dh; ⌚Mo–Sa 10–19 Uhr) Die charmante, Anfang 2016 eröffnete Galerie ist zwar klein, hat aber die großen Namen der orientalistischen Malerei zu bieten. Zu den europäischen Künstlern des 19. und 20. Jhs., die dem Zauber der marokkanischen Landschaften und Menschen verfielen, zählen Henri Le Riche, Edy Legrand, Roger Marcel Limouse und natürlich Jacques Majorelle, Namensgeber des berühmten Gartens (S. 62).

Menara-Garten GARTEN

(Karte S. 52; Ave de la Menara, Hivernage; Garten frei, Picknickpavillon 20 Dh; ⌚9–17 Uhr) Eine Legende erzählt von einem Sultan, der seine Gäste beim Abendessen verführte und sie dann in die schimmernden Teiche stieß, um sie zu ertränken. Ein unerwünschtes Bad scheint heute das Letzte zu sein, woran die knutschenden Pärchen in den königlichen Olivenhainen oder die Familien denken, die in dem herrschaftlichen Pavillon aus dem 19. Jh. picknicken. Die weitläufigen Olivenhaine selbst sind nicht besonders aufregend, aber an klaren Tagen kann man einen Kamelritt unternehmen und schöne Fotos von dem Pavillon und dem spiegelnden Teich vor der Kulisse des Atlasgebirges machen.

Aktivitäten

Öffentliche Hamams

Ein authentisches marokkanisches Wellness-Erlebnis versprechen die öffentlichen Hamams. Der Eintritt kostet rund 10 Dh, die (optionale) Massage 50 bis 100 Dh. Alle öffentlichen Hamams sind nach Geschlechtern getrennt bzw. haben unterschiedliche Öffnungszeiten für Weiblein und Männlein. Am besten holt man Empfehlungen von Einheimischen ein; in einigen wenigen Hamams sind Nichtmuslime nicht willkommen.

Alles Erforderliche bringt man selber mit: Badetuch, Badelatschen, eine Plastikmatte und Unterhose zum Wechseln (eine muss man anbehalten). Man kann auch seine eigene schwarze Seife und einen *kese* (Frottierhandschuh) mitbringen – beides bekommt man an etlichen Ständen überall in der Stadt.

Hammam Mouassine HAMAM

(Karte S. 56; Derb el-Hammam; Hammam & Peeling 100 Dh; ⌚5–24 Uhr) Ein richtiger öffentlicher Hamam, der für Traveller geeignet ist, die ein authentisches Hamam-Erlebnis suchen: Der 1562 eröffnete Hammam Mouassine hat charmantes, professionelles Personal, das einen wäscht und mit Marokkos berühmter Lavaerde *(gommage)* abschrubbt, bis man blitzsauber ist. Wie in anderen öffentlichen Hamams kann man sich aber auch selbst pflegen und nur den Eintritt (10 Dh) bezahlen.

Männer betreten den Hamam durch den markierten Torbogen an der Ostseite des Mouassine-Brunnens. Der Eingang für Frauen befindet sich in der ausgeschilderten Gasse westlich vom Brunnen.

Hammam Dar el-Bacha HAMAM

(Karte S. 52; 20 rue Fatima Zohra; 10 Dh; ⌚Männer 7–13 Uhr, Frauen 13–21 Uhr) Der größte traditionelle Hamam der Stadt mit einer riesigen Kuppeldecke samt sternenförmigen Lüf-

MARRAKESCH MIT KINDER

Marrakesch liebt Kinder – und Kinder bewundern Marrakesch: Sie stehen staunend vor den märchenhaften Szenen der Suks: Da verkaufen Kräuterhändler Mixturen à la *Harry Potter* und winzige Läden sind vollgestopft mit paillettenbesetzten Aschenbrödel-Pantoffeln. Und erst der Jemaa el Fna mit seinem lärmenden, die Sinne verwirrendem Schauspiel!

Der Schlüssel für einen entspannten Urlaub in Marrakesch ist eine kinderfreundliche Unterkunft. Dabei gilt zu beachten: Die Tauchbecken und steilen Stufen in den Riads sind nicht wirklich kindersicher! Außerdem hallt in den Höfen der Riads der Lärm. In den meisten Riads lieben die Inhaber und das Personal aber Babys und stellen Kinderbetten und -stühle bereit. Auf Anfrage werden auch besondere Gerichte für den Nachwuchs zubereitet.

Kostenlose Unterhaltung

Marrakeschs Museen sind nur ein schwacher Ersatz für das muntere Schauspiel in den Suks und auf dem Jemaa el Fna (S. 50).

➡ Am frühen Vormittag ist es in den Suks ruhiger; es gibt weniger Gedränge und man hat bessere Sicht auf die arbeitenden Handwerker.

➡ Der frühe Abend (18–20 Uhr) ist die beste Zeit, um die Musikanten und Tanztruppen auf dem Jemaa zu sehen und in Kontakt mit marokkanischen Familien zu kommen, die dann dort eine Runde drehen.

Marrakeschs Kultur entdecken

Man sollte die Kids dazu animieren, etwas tiefer in Marrakeschs Kultur einzutauchen.

➡ Eine gute Vorbereitung auf die Suks ist der „Kech Download" von Cafe Clock (S. 75), ein 90-minütiger Crashkurs zu Marokkos Kultur, der auch ein paar Redewendungen vermittelt.

➡ Familienfreundliche Aktivitäten wie eine aufgabenreiche Schnitzeljagd durch die Medina oder Henna-Kunstworkshops veranstaltet Creative Interactions (S. 67).

Alternative Stadttouren

Pferdekutschen Wenn den Kindern die Beine wehtun und es die Eltern im Rücken zwickt, sollte man es halten wie die Einheimischen: einfach am Jemaa el Fna in eine Kutsche steigen und eine Rundfahrt unternehmen.

tungsöffnungen. Für Frauen ist dies die Nummer eins unter den öffentlichen Hamams, da ihnen die begehrten Zeiten am Nachmittag und Abend vorbehalten sind.

Hammam Bab Doukkala HAMAM
(Karte S. 52; rue Bab Doukkala; 10 Dh; ⌚ Frauen 12–19 Uhr, Männer ab 20 Uhr) Der historische Hamam in der südöstlichen Ecke der Bab-Doukkala-Moschee stammt aus dem 17. Jh. und hat beheizte Fußböden aus *tadelakt* (polierter Kalkputz). Bei den Männern ist die Atmosphäre absolut entspannt.

Private Hammams

Heritage Spa HAMAM
(Karte S. 52; ☎ 0524 38 43 33; www.heritagespa marrakech.com; 40 Derb Arset Aouzal; Hamam & Peeling ab 290 Dh; ⌚ 10–20 Uhr) Die Authentizität eines öffentlichen Hamams sucht man hier vergebens, dafür verwöhnt diese private Wellnessoase ihre Gäste mit einem tiefenreinigenden Meersalz-Peeling (300 Dh) oder einer entgiftenden Abreibung mit schwarzer Seife und Bitterorange (290 Dh). Nach der Prozedur können sich gestresste Traveller mit einer pflegenden Massage mit essenziellen Ölen (ab 450 Dh) verwöhnen lassen.

Le Bain Bleu HAMAM
(Karte S. 56; ☎ 0524 38 38 04; www.lebainbleu.com; 32 Derb Chorfa Lakbir; Hammam & Peeling 200 Dh, mit Massage ab 600 Dh; ⌚ 10–23 Uhr) Ein erstklassiges Wellness-Erlebnis. Von der Rue el-Mouassine folgt man der Ausschilderung zum Dar Cherifa bis zur Derb Chorfa Lakbir, wo dieses Riad mit Wellness-Hamam ruhige Innenhöfe, schicke unterirdische Dampfräume und professionelle Anwendungen verspricht. Es gibt auch Hamam-Pauschalangebote für Paare, Gesichtsbehandlungen, Maniküre und Pediküre.

Sultana Spa HAMMAM
(Karte S. 56; ☎ 0524 38 80 08; www.lasultanamarra kech.com; Rue de la Kasbah; Hamam & Peeling

Dromedarreiten Draußen in der *palmeraie* (Palmenhain) warten Dromedare auf dem Parkplatz des Café le Palmier d'Or. Ein geführter Ritt von 15 bis 30 Minuten sollte zwischen 50 und 70 Dh kosten, man muss den Preis aber aushandeln.

Reiten Professionelle Reitstunden und Ausritte in die *palmeraie* und ins Atlasgebirge bietet der Reiterhof Les Cavaliers de L'Atlas (s. unten).

Radfahren Marrakesch oder das umliegende Atlasgebirge kann man bei einer familienfreundlichen Radtour mit AXS (s. unten) erkunden.

Stadtflucht

Beldi Country Club (S. 66) Das 15 ha große, ländliche Refugium wurde mit Blick auf Familien gestaltet: Es gibt einen Pool für Kinder und allerlei Aktivitäten für die Kleinen, von Brotbacken bis Reiten.

Terres d'Amanar (☎ 0524 43 81 03; www.terresdamanar.com; Douar Akli, Tahanaoute; Aktivitäten ab 100 Dh; 👪) Die spannenden Aktivitäten sind eine gute Abwechslung zu den Streifzügen durch die Suks. In dem Outdoor-Center 36 km südlich von Marrakesch kann man mountainbiken und reiten, außerdem gibt's Seilrutschen und einen Abenteuerparcours durch den Wald.

Oasiria (☎ 0524 38 04 38; www.oasiria.com; Rte d'Amizmiz, km 4; Erw./Kind 210/130 Dh; ⏲ 10–18 Uhr; 👪) Neun Pools, eine wilde Wasserrutsche und eine Piratenlagune sorgen dafür, dass man nicht unter der Hitze leidet.

Gut zu wissen

Eintritt Kinder unter zwölf Jahren erhalten in den meisten Museen von Marrakesch ermäßigten Eintritt.

Probleme Kinderwagen sind in der Medina unpraktisch, Wickelräume für Babys gibt es kaum und die Restaurants machen beim Speiseangebot kaum Extrawürste.

Einkaufstipp Windeln, Babynahrung und andere Bedarfsartikel bekommt man im Carrefour (S. 82) in Guéliz.

400 Dh) Das opulente, ganz mit Marmor verkleidete Spa in der Nähe der Saadiergräber bietet alles vom schlichten Hamam-Besuch bis zu Verwöhnmassagen (600–1400 Dh), Zimt-*gommage* oder Gesichtsbehandlungen mit Argan- und Kaktusfeigenöl.

Radfahren

★ AXS RADFAHREN
(☎ 0524 40 02 07; www.argansports.com; Rue Fatima al Fihria; halbtägige Stadttour ab 350 Dh; 👪) Bei einer klassischen Stadtrundfahrt entdeckt man Marrakeschs Sehenswürdigkeiten mit dem Drahtesel. Oder man probiert bei der New Night Tasting Tour die Straßenstände durch. Ein kleines Abenteuer wartet hingegen bei einer Mountainbiketour im Atlasgebirge oder eine Straßenrundfahrt nach Essaouira. Der Veranstalter hat hochwertige Giant-Rennräder, Mountainbikes und Fahrräder für Kinder; Schutzhelme werden gestellt. Wer lieber alleine radelt, kann auch ein Fahrrad für ein- oder mehrtägige Touren mieten.

Marrakech Bike Action RADFAHREN
(Karte S. 60; ☎ 0661 24 01 45; www.marrakechbikeaction.com; 1. Stock, 212 Ave Mohammed V.; Stadt- oder palmeraie-Tour 250 Dh) Der Veranstalter organisiert Rundfahrten durch die Stadt und die *palmeraie* (Palmenhain), Mountainbike-Tagestouren sowie längere Ausflüge ins Atlasgebirge. Für Traveller, die Zweifel haben, ob sie mit der Gruppe mithalten können, gibt's auch E-Mountainbikes.

Reiten

Les Cavaliers de L'Atlas REITEN
(☎ 0611 81 68 06; www.lescavaliersdelatlas.com; Rte de Casablanca; halber/ganzer Tag 50/90 €) Die leidenschaftliche Reiterin Sophie Chauvat betreibt diesen professionellen Reiterhof mit arabischen, angloarabischen und Berberpferden sowie Welsh- und Shetland-Ponys. Im Angebot ist alles von halbtägigen

MODERNE KUNST IN MARRAKESCH

Während der Kunstmarkt für Touristen immer noch auf Bilder von Haremsdamen, Männern mit Musketen und auf andere orientalistische Klischees setzt, findet man in den folgenden Galerien originelle Kunst.

Musée Farid Belkahia (☎0524 32 89 59; abseits der Rte de Fez; Erw./Kind 50/30 Dh; ⏲10–19 Uhr) Farid Belkahia (1934–2014) war eine der bekanntesten Persönlichkeiten der marokkanischen Kunst des 20. Jhs. Das Museum in der früheren Villa des Künstlers zeigt eine Auswahl seiner Werke, darunter auch einige der Multimedia-Arbeiten, für die er berühmt war.

Man findet das Museum, indem man vom Musée de la Palmeraie der Ausschilderung folgt.

Galerie Rê (☎0524 43 22 58; www.galeriere.com; Résidence Al Andalous III, Ecke Rue de la Mosquée & Ibn Toumert; ⏲Mo–Sa 10–13 & 15–20 Uhr) Man überquert die Ave Mohammed V. und geht die Rue ibn Toumert hinunter, um in der Galerie Ré die nächste Generation der Stars der Kunstszene kennenzulernen. Beachten sollte man Amina Benbouchtas hieroglyphisch-minimalistischen Gemälde, Mauoal Bouchaïbs von Petroglyphen inspirierte Radierungen, die von Künstlern der Galerie illustrierten Gedichtbände und die stets vollen und fantastischen Vernissagen.

David Bloch Gallery (☎0524 45 75 95; www.davidblochgallery.com; 8 bis Rue des Vieux Marrakchis; ⏲Di–Sa 10.30–13.30 & 15.30–19.30, Mo 15.30–19.30 Uhr) Bei den Wechselausstellungen wandeln Künstler von beiden Seiten des Mittelmeers auf dem schmalen Grat zwischen traditioneller Kalligrafie und urbanem Graffiti. Außerdem kann man hier die Werke aufstrebender abstrakter Künstler begutachten.

Galerie Noir sur Blanc (☎0524 42 24 16; www.galerienoirsurblanc.com; 1. OG, 48 Rue de Yougoslavie; ⏲Mo 15–19, Di–Sa 10–13 & 15–19 Uhr) Diese Galerie zeigt Werke bekannter marokkanischer Talente, ergänzt durch Wechselausstellungen mit einem Schwerpunkt auf marokkanischen Künstlern.

Gallery 127 (☎0524 43 26 67; www.galerienathalielocatelli.com; 2. OG, 127 Ave Mohammed V; ⏲Di–Sa 14–19 Uhr) Die lohnende Galerie ist aufgemacht, als läge sie in Chelsea: Sie hat ein schummriges, einst prächtiges Treppenhaus und einen Ausstellungssaal im Industrieschick mit den obligatorischen unverputzten Backstein- und Betonwänden. Gezeigt werden neue und klassische Arbeiten internationaler Fotografen (überwiegend aus dem Mittelmeerraum). Die Ausstellungen reichen von einfacher Reisefotografie bis hin zu interpretativeren Werken.

Musée de la Palmeraie (☎0661 09 53 52; abseits der Rte de Fez; Erw./Kind 40 Dh/frei; ⏲9–18 Uhr) Das in einem Komplex aus Lehmziegelbauten untergebrachte Museum zeigt eine Sammlung moderner marokkanischer Kunst, darunter Kalligrafien, Fotografien, Gemälde und Skulpturen. Nicht alle Werke sind wirklich überzeugend. Dafür aber garantieren der andalusische und der Kakteengarten vor dem Museum eine erholsame Zuflucht vor der Hektik der Stadt.

Ausritten durch die *palmeraie* bis zu erlebnisreichen mehrtägigen Reittreks im Atlasgebirge.

Alle Ausrüstung wird gestellt, darunter Reitkappen, Mini-Chaps und Schutzwesten für Kinder.

Der Hof liegt fünf Minuten nördlich von Marrakesch gleich abseits der Rte de Casablanca (N9) und ist an der Straße gut ausgeschildert. Wer richtige Reiterferien erleben will, mietet sich in der zugehörigen Pension **Dar Guerris** (DZ/Suite inkl. Frühstück 90/150 €) ein.

Schwimmen

★**Beldi Country Club** SCHWIMMEN

(Karte S. 52; ☎0524 38 39 50; www.beldicountryclub.com; Rte de Barrage 'Cherifa', bei Km 6; Pool-Tageskarte Erw./Kind 200/100 Dh, inkl. Mittagessen 370/250 Dh; 👪) Im nur 6 km südlich vom Stadtzentrum gelegenen BCC fühlt man sich weltenweit entfernt vom Staub und Getümmel der Medina. Der Duft von 15 000 Rosen durchzieht Dominique Leymaries schickes Ökoparadies mit Pools, Spa, Hamam, Tennisplätzen und viel Spaß für Familien.

Riad Bledna SCHWIMMEN
(☎ 0661 18 20 90; www.riadbledna.com; abseits der Rte de Ouarzazate, bei Km 19, 31°35'46.8"N 7°52'28.5"W; inkl. Mittagessen & Transport 25 €/Pers.) Das Refugium in einem 1,5 ha großen Biogarten liegt in einer ruhigen Vorstadt östlich des Stadtzentrums von Marrakesch. Die Tageskarte bietet ein ausgezeichnetes Preis-Leistungs-Verhältnis: Inbegriffen sind die Nutzung des mit Sauerstoff aufbereiteten Pools, ein schmackhaftes, hausgemachtes Mittagessen und der Hin- und Rücktransport vom/zum Jemaa el Fna.

Ferme Berbère SCHWIMMEN
(Karte S. 52; ☎ 0661 92 09 41; www.fermeberbere.com; Rte d'Ourika, bei Km 9; Poolzugang & Mittagessen 165 Dh, inkl. Hamam 450 Dh;) Es gibt nichts Besseres, als in diesem rustikalen, von Lehmziegelmauern eingefassten Refugium fern der Hektik der Medina einen Nachmittag lang auf einer Sonnenliege zu faulenzen. Für Familien gibt's gute Angebote (Poolzugang inkl. Mittagessen für 2 Erw. & 2 Kinder, Familien-Hamam & Eselreiten für Kinder 750 Dh).

Die Anlage liegt 9 km südlich der Stadt an der Rte d'Ourika.

Kurse

Das Cafe Clock (S. 75) organisiert ein faszinierendes Kursangebot, von Oud-Unterricht über Kalligrafie- bis zu Sprachkursen.

Viele Riads in der Medina organisieren Kurse mit ihren Chefköchen. Sehr zu empfehlende Kochkurse gibt's auch im Amal Center (S. 77).

★ **Ateliers d'Ailleurs** KUNST
(☎ 0672 81 20 46; www.ateliersdailleurs.com; Workshops 35–69 €) Diese Ateliers arbeiten mit einem Netz ausgewählter Kunsthandwerker mit robusten Betrieben für Töpferei, Tadelakt, Holzarbeiten, *zellij*-Mosaike, Stickerei u. v. a. und vermitteln so einen einmaligen Einblick in traditionelle Kunsthandwerkstechniken. Während der zwei- bis fünfstündigen Workshops werkelt man Seit an Seit mit Handwerkern, die traditionelle Materialien verwenden. Es bleibt einem genug Zeit, mehrere Techniken auszuprobieren und eigene Objekte zu fertigen.

Souk Cuisine KOCHEN
(Karte S. 56; ☎ 0673 80 49 55; www.soukcuisine.com; Zniquat Rahba, 5 Derb Tahtah; Kurs inkl. Mahlzeit & Wein 50 €) Hier kann man kochen lernen wie ein *dada* (Chefkoch): Im Suk werden zunächst mit der niederländischen Gastgeberin Gemma van de Burgt die Zutaten eingekauft, dann arbeitet man neben zwei marokkanischen *dadas* an der Zubereitung eines Vier-Gänge-Mittagsmenüs, das man anschließend genießt. Die Kurse (auch mit ausschließlich vegetarischen Speisen) haben zwei bis zwölf Teilnehmer.

Bled Al Fassia KOCHEN
(☎ 0661 43 34 26; www.bledalfassia.com; Rte de Ouarzazate, km 9; 600 Dh/Pers.) Die Geheimnisse der Chefköche des Restaurants Al Fassia (S. 79) erfährt man in dieser makellosen Luxusvilla-Küche am Stadtrand von Marrakesch. Im Preis inbegriffen ist der Transport vom/zum Stadtzentrum. Mindestens zwei Teilnehmer.

Study Arabic in Marrakech SPRACHKURS
(☎ 0672 86 90 36; www.studyarabicmarrakech.com; abseits der Rte de Casablanca; Einzel-/Gruppenunterricht 100/70 Dh pro Std.; ⏱ Mo–Fr 9–13 & 15–19 Uhr) Hier gibt es Schnupperkurse für Traveller, die ein wenig Darija (marokkanisches Arabisch) aufschnappen wollen. Auch längerer Sprachunterricht in Darija und modernem Standard-Arabisch sowie Privatunterricht sind möglich.

Creative Interactions SPRACHKURS
(Karte S. 60; ☎ 0524 42 16 87; www.creative-interactions.com; Apt. 47, Immeuble El Khalil Bldg, Ave des Nations Unies; Einzel-/Gruppenunterricht 1½ Std. 40/35 €, 3 Std. 65/60 €) Das Unternehmen veranstaltet Kurse in marokkanischem Arabisch für Kurzzeit-Teilnehmer. Die lustigen, freundlichen Workshops ermöglichen selbst Travellern, die nur sehr kurz im Land sind, die nötigsten Grundbegriffe zu erlernen – sehr zu empfehlen, wenn man etwas tiefer in die Kultur der Stadt eintauchen will. Bei den dreistündigen Kursen sind eine Koch-Vorführung und ein Mittagessen mit dabei.

Darüber hinaus werden auch vierwöchige Arabisch-Intensivkurse angeboten.

Centre de Langue and Culture SPRACHE
(Karte S. 60; ☎ 0524 44 76 91; www.clcmorocco.org; abseits rue Sourya, Guéliz) Amerikanische und marokkanische Lehrer mit jahrelanger Erfahrung bieten Sommersprachkurse mit Privatunterkünften. Der Unterricht ist intensiv und basiert im Arabischunterricht auf dem Communicative Language Learning (CLL), einer Technik, die in Marokko nur von dieser Schule angewendet wird.

INSIDERWISSEN

DIE ALLGEGENWÄRTIGE TAGESTOUR INS OURIKA-TAL

Alle Reisebüros vor Ort preisen Tagestouren ins Ourika-Tal an. Diese Trips bieten zwar eine schnelle Kostprobe des ländlichen Marokko, sind aber nicht für jedermann zu empfehlen. Man muss auf eine lange Fahrt mit wenigen Stopps und Massenandrang in Setti Fatma gefasst sein. Der typische Trip beginnt mit einem Halt an einem Aussichtspunkt (mit einem optionalen, sehr kurzen Kamelritt), gefolgt von einem Shopping-Halt bei einem Arganölhersteller. Von dort geht's weiter nach Setti Fatma zu einer Wanderung – meist im großen Pulk – zu den Wasserfällen (bei der Guides ungeübte Wanderer die Felsen hinaufziehen). Danach gibt es dann noch ein Mittagessen.

Geführte Touren

Führungen durch die Medina sind hilfreich bei der Erkundung spezieller Sehenswürdigkeiten in ein oder zwei Stunden. Nur sollte niemand erwarten, dadurch Schnäppchen im Suk zu bekommen: Die Führer erhalten bei jedem Kauf Provision. Hotels, Riads und Reisebüros vermitteln Führer, offizielle Stadtführer können direkt in der Touristeninformation gebucht werden (halb-/ganztags 250/400 Dh).

★ Tawada Trekking WANDERN
(☎ 0618 24 44 31; www.tawadatrekking.com; Hay Ezzaitoun) Wandertouren in das Atlasgebirge, Rafting-Ausflüge und kulturelle Touren sind die Spezialität des kleinen, professionellen Veranstalters, der von Hafida H'doubane, einer der ersten Marokkanerinnen mit Bergführerlizenz, geleitet wird. Das Unternehmen organisiert auch Geländewagentouren in die Atlasregion und weiter hinaus in die Wüste.

Morocco Adventure & Rafting RAFTING
(Karte S. 56; ☎ 0661 77 52 51; www.rafting.ma; Rue Beni Marine; halbtägiger Rafting-Ausflug 95 €) Mit einem Team aus marokkanischen und internationalen Guides, die alle mindestens fünf Jahre Berufserfahrung haben, veranstaltet dieses lokale Unternehmen schon seit mehr als zwölf Jahren Rafting-Ausflüge (Feb.–Mai) in den Atlas. Die Angebote reichen von halbtägigen Wildwasserfahrten im Ourika-Tal bis hin zu dreitägigen oder gar einwöchigen Exkursionen ins Ahansel-Tal.

Auch Stadtführungen durch Marrakesch, Wüsten- oder Atlastreks werden veranstaltet. Immer im April gibt's auf dem Stausee Bin el-Ouidane eine saisonale Kajak-Schule für Anfänger und Kajaktouren für erfahrene Paddler. Die Zahl der Teilnehmer ist jeweils auf zwölf bis 16 Personen begrenzt.

Inside Morocco Travel TOUR
(Karte S. 60; ☎ 0524 43 00 20; www.insidemorocco travel.com; 4. Stock, 29 Rue de Yougoslavie; ⏱ 8.30–16.30 Uhr) Der mehrsprachige Mohamed Nour und sein Team veranstalten maßgeschneiderte Abenteuertouren durch Marokko, vor allem Wanderungen in den Hohen Atlas sowie kombinierte Wanderungen und Geländewagenfahrten in die Wüste bzw. in die Berge. Der Tagesausflug in die Agafay-Wüste, nach Lalla Takerkoust und zum Wandern rund um das Bergdorf Imlil (ab 60 €/Pers.) lohnt sich besonders dann, wenn man wenig Zeit hat.

Mountain Voyage TOUR
(Karte S. 60; ☎ 0524 42 19 96; www.mountain-voyage.com; 2. Stock, Immeuble El Batoul, 5 Ave Mohammed V.; ⏱ Mo–Sa 9–12.30 & 15.30–19 Uhr) Das britische Unternehmen mit Sitz in Marrakesch hat lizenzierte, Englisch sprechende Guides. Es veranstaltet maßgeschneiderte Stadtführungen durch Marrakesch, nachhaltig durchgeführte Ausflüge in den Mittleren Atlas sowie Exkursionen in den Hohen Atlas mit Unterkunft auf dem unternehmenseigenen Anwesen der Kasbah du Toubkal.

Marrakech Food Tours ESSEN, TRINKEN
(www.marrakechfoodtours.com; 65 US$; ⏱ Sa–Do 13 & 18 Uhr) Die Anbieter Youssef und Amanda nehmen Gruppen (max. 6 Pers.) mit auf eine Wirbelwind-Tour zu den Aromen von Marrakesch. Man mampft sich seinen Weg durch die Medina, taucht in die Suks ein, um *tanjia* (langsam gegarten Eintopf), typisches Straßenessen und Avocado-Milchshakes zu probieren. Ein guter Appetit kann nicht schaden!

Desir du Maroc TOUREN
(☎ 0661 16 35 85; www.desirdumaroc.com) Abdelhay Sadouk hat 30 Jahre Erfahrung darin, Besuchern die marokkanische Kultur nahezubringen. Er leitet Geschichts- und Kulturführungen zu Marrakeschs weniger bekannten Stätten sowie an die Küste, in die Wüste und in die Berge.

Feste & Events

Marrakesh Marathon SPORT

(www.marathon-marrakech.com; Teilnahmegebühr Halbmarathon/Marathon 50/70 €; ⏲ Jan.) Bei dem jährlichen Marathon wird gerannt, als wären Teppichverkäufer hinter den Läufern her –und zwar vom Jemaa zur *palmeraie* und wieder zurück.

Marrakech Biennale KUNST

(www.marrakechbiennale.org; ⏲ Feb.–Mai) Das große dreisprachige Festival (auf Arabisch, Französisch und Englisch) will durch künstlerischen Austausch den Dialog der Kulturen fördern und lädt dazu marokkanische und internationale Künstler ein, literarische Werke, bildende Kunst, Architekturentwürfe und digitale Arbeiten überall in der Stadt zu präsentieren. Die Biennale findet immer in Jahren mit gerader Jahreszahl statt.

Marrakech Festival of Popular Arts THEATER

(⏲ Juli) Das Einzige, was heißer ist als Marrakesch im Juli, ist dieses unorganisierte Volksfest. Berbermusiker, -tänzer und -straßenkünstler aus dem ganzen Land strömen nach Marrakesch und begeistern die Massen.

Oasis Festival MUSIK

(www.oasisfest.com; ⏲ Sept.) Beim Oasis Festival treffen Marokkos beste Electronica-Talente mit DJs aus Europa zu einem Musikfest mit deutlich marokkanischem Einschlag zusammen. Am Nachmittag stehen Schwimmen, der Suk, Yoga und Henna-Kunst auf dem Programm; abends legen dann DJs auf. 2016 fand das Festival im Hotel Source 10 km außerhalb der Stadt statt. Vom Zentrum fuhr ein Shuttle.

Karten gibt's auf der Website und müssen unbedingt vorab reserviert werden.

MadJazz MUSIK

(www.madjazz-festival.com; ⏲ Mai) Marrakesch erfindet jeden Abend neue Sounds mit Gnaoua-Kastagnetten, Jazz-Riffs und Jimi-Hendrix-Gitarrenlicks.

Marrakesh International Film Festival FILM

(www.festivalmarrakech.info/en; ⏲ Dez.) Stars von Hollywood bis Bollywood schreiten über den roten Berberteppich bei diesem einwöchigen Festival, dessen Höhepunkt absolut unvorhersehbare Preisverleihungen sind. Zu diesem Anlass werden auch Filme auf dem Jemaa el Fna gezeigt.

Schlafen

Marrakeschs Übernachtungsangebot reicht von den abgefahrensten Absteigen bis zu den glitzernden Palästen aus einem orientalistischen Hollywood-Märchen. Man hat die Wahl zwischen authentischen Riads mitten in der Medina, günstigen Gästehäusern am Jemaa, Budget- und Businesshotels in der Ville Nouvelle und Villen in der *palmeraie* mit Pools unter wogenden Palmen.

Bei Riads in der Medina sollte man unbedingt vorab buchen, weil das Zimmerangebot begrenzt ist.

Marrakesch hat die höchsten Zimmerpreise in ganz Marokko. Viele Budgethotels haben ganzjährig stabile Preise, jedoch sind in der Nebensaison und bei längeren Aufenthalten Rabatte verhandelbar. Manche Riads erhöhen ihre Preise nur während der Winter- und Osterferien, andere staffeln sie ja nach Haupt- und Nebensaison.

Medina

★ **Le Gallia** HOTEL €

(Karte S. 56; ☎0524 44 59 13; www.hotellegallia.com; 30 Rue de la Recette; EZ/DZ/3BZ mit Frühstück 350/550/850 Dh; ❄📶) Der turbulente Jemaa el Fna liegt zwar gleich um die Ecke, aber das Gallia hat sich die Ruhe und die Anmut früherer Zeiten bewahrt. Die komfortablen, pieksauberen Zimmer sind alle mit Klimaanlage, Heizung und verlässlicher Warmwasserversorgung ausgestattet und liegen rund um einen Hof, der mit farbenfrohen *beldi-Fliesen* und schattenspendenden Orangenbäumen geschmückt ist. Die französische Familie Galland führt seit 1929 das Haus, das oft voller Stammgäste ist.

Die Preise sind häufig günstiger als offiziell angegeben.

★ **Equity Point Hostel** HOSTEL €

(Karte S. 56; Riad Amazigh; ☎0524 44 07 93; www.equity-point.com; 80 Derb el-Hammam, Mouassine; B im 8-/6-/4-Bett-Schlafsaal inkl. Frühstück 13/16/20 €; ❄📶🏊) Es gibt einen Pool im Hof, fantastische, mit *Zellij*-Mosaiken geschmückte *bhous* (Nischen), Messinglaternen und geschnitzte Zedernholztüren – aber alles zu Preisen, die sonst in Riads nicht üblich sind. Das labyrinthische alte Hofhaus wurde zu einem Boutique-Hostel mit Bar, Restaurant, vielen mit Kissen ausgestatteten Sitzbereichen und – teils gemischten, teils Frauen vorbehaltenen – Schlafsälen umgewandelt. Diese haben jeweils Schließfächer, eine Klimaanlage und ein angeschlossenes Bad.

Hotel du Trésor RIAD €
(☎ 0524 37 51 13; www.hotel-du-tresor.com; 77 Derb Sidi Bouloukat; EZ/DZ mit Frühstück 37–42/50–90 €;) Dieses Riad mit klasse Preis-Leistungs-Verhältnis punktet mit launigem Rock-and-Roll-Style, von den modernen Panton Chairs am Tauchbecken bis zu den netten Zimmern voller buntem Krimskrams. Hinter den bemalten Türen hängen Wände mit alten Spiegeln, die aus dem La Mamounia geborgen wurden. Und über den mit rotem Samt gepolsterten Betten baumeln Kristallleuchter. In der Blue Suite gibt's gar eine Badewanne, einen mit Goldmosaiken verzierten Kamin und eine Terrasse.

Jnane Mogador RIAD €
(Karte S. 56; ☎ 0524 42 63 24; www.jnanemogador.com; 116 Derb Sidi Bouloukat; EZ/DZ/3BZ 360/480/580 Dh;) Das aus dem 19. Jh. stammende Riad mit kleinen, zauberhaft traditionell dekorierten Zimmern liegt erstklassig Lage gleich abseits der Rue Riad Zitoun el-Kedim. Im Haus, das von dem Eigentümer Mohammed mit entspannter Gastlichkeit geführt wird, gibt's einen Hamam, einen Teesalon und eine zweigeschossige Dachterrasse. Die ruhigen, luftigen Zimmer in den oberen Etagen sind die beste Wahl. Das Frühstück kostet 40 Dh extra.

Riad Elkarti RIAD €
(Karte S. 56; ☎ 0610 31 32 18; www.facebook.com/riadelkarti/; 8 Derb Tahta; DZ 25–35 €;) Die Unterkunft des jungen Designers Ahmed Abidine bietet Marrakesch-typischen Riad-Chic zu günstigen Preisen. Die fünf niedlichen Zimmer sind mit *tadelakt* in warmen Farbtönen verputzt und liegen um einen weißen Hof mit Verzierungen in Majorelle-Blau. Die freundliche, entspannte Herberge hat einen künstlerischen Einschlag und viel mehr Stil, als man angesichts des Zimmerpreises erwarten würde.

Young & Happy Hostel HOSTEL €
(Karte S. 52; ☎ 0524 38 33 88; www.youngandhappymarrakech.com; 113 Rue de Berrima; B im 2-/6-/8-Bett-Schlafsaal inkl. Frühstück 105/95/85 Dh;) Der Name ist zwar etwas daneben, sonst aber ist das gemütliche Hostel ein Volltreffer. Gepflegte, ordentliche Schlafsäle mit bunt bemalten Stockbetten und Schließfächern, moderne und saubere Gemeinschaftsbäder und ein äußerst hilfsbereites Personal.

Hôtel Sherazade INN €
(Karte S. 56; ☎ 0524 42 93 05; www.hotelsherazade.com; 3 Derb Djemaa; EZ 220–550 Dh, DZ 270–550 Dh, Suite 690 Dh, EZ/DZ ohne Bad 180/230;) In der Pension kommt man schnell miteinander ins Gespräch. Das Haus wird von einer marokkanisch-deutschen Familie geführt und bietet 23 Zimmer (18 mit Klimaanlage), sonnige Terrassen sowie einen ent-

DIE RIADS VON MARRAKESCH

Paris hat seine Kathedralen, New York seine Wolkenkratzer – und Marrakesch seine Riads. Diese spektakulären Atriumvillen aus Lehmziegeln sind in der quirligen Medina Oasen der Ruhe. Wer durch die alten, mit Messingnieten gespickten Tore tritt, hört wenig später nur noch Vogelgesang, das Klirren von Eiswürfeln in Drinks und die eigenen Gedanken – und schlagartig wird einem Marrakeschs Balance der Extreme bewusst.

Im Laufe des letzten Jahrzehnts wurden Hunderte dieser historischen Familienhäuser verkauft und in Pensionen umgewandelt, meist von Europäern. Die besten von ihnen sind nicht nur Wunder der traditionellen Handwerkskunst Marrakeschs, der dank der Pensionen neues Leben eingehaucht wurde, sondern sorgen auch für unvergessliche Erlebnisse marokkanischer Gastfreundschaft. Gäste erhalten einen Einblick in die lokale Kultur und den Wandel der sozialen Bräuche, genießen hausgemachtes Essen und haben die besten Möglichkeiten, zu relaxen und dabei in die Kultur einzutauchen. Ein Aufenthalt in einem Riad ist nicht nur eine Übernachtung in einer noblen Unterkunft – hinter diesen genieteten Toren wird man lernen, Marrakesch zu verstehen.

Hip Marrakech (www.hipmarrakech.com) Spezialist für Riad-Unterkünfte mit einer guten Auswahl.

Marrakech Riads (www.marrakech-riads.com) Vermittelt neun Riads in der Medina.

Marrakech Medina (www.marrakech-medina.com) Lokale Buchungsagentur für Riads.

spannenden Innenhof mit plätscherndem Brunnen. Die Terrassenzimmer sind ein Schnäppchen; allerdings sollten Gäste mit leichtem Schlaf Ohrstöpsel mitbringen, um nicht vom Ruf des Muezzins und der Unruhe während der Frühstückszeit (50 Dh extra) geweckt zu werden, oder besser nach einem Zimmer im hinteren, mit Efeu bewachsenen Innenhof fragen.

Hôtel Cecil HOTEL €
(Karte S. 56; ☎ 0524 44 22 03; www.djemaaelfnahotelcecil.org; Rue Sidi Bouloukat; EZ/DZ/3BZ mit Frühstück 286/340/440 Dh, DZ/3BZ ohne Bad 240/340 Dh; ❄ 📶) Das Cecil verteilt sich um zwei Innenhöfe, die von dicken rosa Pfeilern und gemütlichen Sofas umrahmt werden, und liegt nur wenige Minuten vom Jemaa el Fna entfernt. Die Zimmer mit Bad sind dank Klimaanlage und bunt bemalter Möbel komfortabler als jene mit Gemeinschaftsbad (Dusche und WC befinden sich auf der jeweiligen Etage). Gefrühstückt wird auf der Dachterrasse in einem Berberzelt.

Hotel Essaouira HOTEL €
(Karte S. 56; ☎ 0524 44 38 05; 3 Derb Sidi Bouloukat; EZ/DZ ohne Bad 70/100 Dh, Zi. mit Bad 380–480 Dh) Kein Luxus, aber das Hotel in der Medina bietet schlicht die billigste Unterkunft vor Ort. Die 28 Zimmer besitzen immer noch einige hübsche Fliesen, die Gemeinschaftsbäder sind recht sauber und von der Dachterrasse blickt man beim Frühstück (20 Dh) auf die Koutoubia.

★ Riad Le J RIAD €€
(Karte S. 56; ☎ 0524 39 17 87; www.riadlej.com; 67 Derb el-Hammam; Zi. mit Frühstück 75–105 €; ❄ 📶) Was kommt wohl bei einer Kreuzung zwischen italienischem Möbeldesign und Handwerkskunst aus Marrakesch heraus? Eine wirklich coole Bleibe, in der Art-déco-Mamounia-Spiegel auf als Kunstwerke präsentierte, aufgehängte Seidenkaftane und *zouak*-Decken (bemalte Holzdecken) auf Retro-Leuchter treffen. Es gibt nur vier, nach Gewürzen – Minze, Safran, Pfeffer und Zimt – benannte Zimmer. Der Empfang ist freundlich und aufmerksam.

Tchaikana RIAD €€
(Karte S. 56; ☎ 0524 38 51 50; www.tchaikana.com; 25 Derb el Ferrane, Azbest; Zi./Suite mit Frühstück 90–100/150 €; ❄ 📶) Die kahle, krumme *derb* (Gasse), die zu diesem Riad führt, lässt einen nicht vermuten, was einen hinter der Eingangstür erwartet. Eines der Zimmer prunkt beispielsweise mit einem Bett aus Zeltpfosten der Tuareg und über das ganze Anwesen sind kunstvoll afrikanische Artefakte verteilt. Das Tchaikana ist Marrakeschs Luxusbleibe für Traveller mit dem Geist eines Nomaden. Beim üppigen Frühstück, das der Englisch sprechende belgische Inhaber Jean-François serviert, plant man seine Streifzüge durch die Suks und bei der Happy Hour Öko-Abenteuer in der Sahara.

Riad Tizwa RIAD €€
(Karte S. 56; www.riadtizwa.com; 26 Derb Gueraba, Dar el-Bacha; Zi. mit Frühstück 75–140 €; ❄ 📶) Die Brüder Bee bringen aus ihrem ursprünglichen Anwesen in Fès nun mit diesem intimen Refugium ihren typischen Stil auch nach Marrakesch. Bunte Farben hauchen den sechs idyllischen Zimmern, die noch viel originalen Stuck und dekorative, antike Fliesen besitzen, moderne Frische ein. Die Betten sind so bequem, dass man gar nicht aufstehen möchte.

Dar Attajmil RIAD €€
(Karte S. 56; ☎ 0524 42 69 66; www.darattajmil.com; 23 Rue Laksour; Zi. mit Frühstück 90–110 €; ❄ @ 📶) In dem entspannten, eleganten Riad mit zartrosa *tadelakt*-Wänden, gemütlichen Wohnzimmern und einem von Bananenbäumen beschatteten Hof bieten Lucrezia und ihr aufmerksames Personal den Gästen einen herzlichen Empfang und einen warmen Hamam auf dem Dach. Die vier Zimmer haben Holzdecken und üppig-weiche Möbel. Es gibt marokkanisch-italienisches Abendessen, einen Babysitter-Service, Kochkurse und Ausflüge nach Essaouira.

Dar Zaman RIAD €€
(Karte S. 52; ☎ 0524 37 66 12; www.darzaman.com; 29 Derb Bouelilou, Sidi Ben Slimane; Zi. mit Frühstück 95–105 €; ❄ 📶) Was dem Dar Zaman an Größe fehlt, wird durch Herzlichkeit und Zuvorkommenheit von Peter, Hassan, Karima und Yassine wettgemacht. Abendessen werden schnell zu geselligen Stunden, bei denen die Gäste Tipps zu Ausflügen oder Hamams austauschen und keiner Lust zu haben scheint, sich in sein gemütliches, stilvolles Zimmer zurückzuziehen.

Riad UP RIAD €€
(Karte S. 56; ☎ 0665 36 79 36; www.riadup.com; Derb Boutouil 41, Kennaria; DZ 65–80 €, Suite 90 €; ✈ ❄ 📶 ≋) Hier trifft mallorkinischer Chic auf die Lebensart der Medina. Elsa Bauza überwachte alle Details bei der Renovierung ihres Riads. Der hübsche zentrale Innenhof blieb erhalten, auf dem Patio wurde ein

Tauchbecken installiert und das Wohnzimmer erhielt einen schönen *tadelakt*-Kamin. In den Zimmern wurde der elegante Zuschnitt freigelegt, um ruhige, minimalistische Räume zu schaffen, die eine Doppelseite in einer Architekturzeitschrift verdienen.

Riad Helen RIAD €€
(Karte S. 52; ☎ 0524 37 86 11; www.riadhelen.com; 138 Derb Arset Aouzal; Zi. mit Frühstück 65–75 €; ❄📶) Das idyllische *dar* (kleine Haus) an der abgefahrenen Derb Arset Aouzal, deren Mauern mit Wandmalereien bedeckt sind, gehört Maxime und Mario. Die beiden vermieten fünf Riad-Zimmer, deren Preis-Leistungs-Verhältnis stadtweit zu den besten zählt. Die Anlage ist luftig und gefällt mit weißen Leisten, blaugrünen Fensterläden und Glastüren. Die Zimmer im Obergeschoss sind recht groß, lichtdurchflutet und in Pastelltönen gestaltet.

Marhbabikoum RIAD €€
(Karte S. 56; ☎ 0524 37 52 04; www.marhbabikoum.com; 43 Derb Lahbib Magni; EZ/DZ/4BZ mit Frühstück 55/90/115 €; 🚭❄📶) Der Name bedeutet „Willkommen" – und willkommen fühlt man sich gleich beim Eintreten. Khalil und Véronique führen ein heiteres, familiäres Riad, in dem man ganz selbstverständlich zum Tee, zu einem Schwatz, einem Kartenspiel oder einer marokkanischen Jam-Session eingeladen wird. Die Zimmer sind so gemütlich und farbenfroh wie die Stimmung in dem Riad.

★ **Riad L'Orangeraie** RIAD €€€
(Karte S. 56; ☎ 0661 23 87 89; www.riadorangeraie.com; 61 Rue Sidi el-Yamani; Zi./Suite mit Frühstück 140–150/180 €; ❄📶🏊) Das Riad bietet Substanz und Stil. Von den marokkanischen Süßigkeiten und den frischen Blumen in den Zimmern bis zu dem erstklassigen, freundlichen Service sorgen Inhaber Cyril und Manager Ismail dafür, dass die feineren Details genau stimmen. Zu den großzügigen Zimmern gehören Bäder mit perfekt gestalteten *tadelakt*-Wänden und Massageduschen (die besten von Marrakesch). Der Hof punktet mit gemütlichen Sitznischen und großem Pool.

Fünf Angestellten, die sich um die sieben Zimmer kümmern, ausgezeichnetes Frühstück, verwöhnende Hamam-Anwendungen, Babysitter-Service und Concierge-Dienst, der einem hilft, das meiste aus seinem Aufenthalt herauszuholen – das Riad L'Orangeraie ist wirklich die beste Fünf-Sterne-Boutique-Unterkunft vor Ort.

★ **Riad Azoulay** RIAD €€€
(Karte S. 56; ☎ 0524 38 37 29; www.riad-azoulay.com; 3 Derb Jamaa Kebir; DZ 100–130 €, Suite ab 170 € jeweils mit Frühstück; 🚭❄📶🏊) Das 300 Jahre alte Stadthauses gehörte einst der Familie Azoulay, die als Ratgeber der Sultane fungierten. Dessen Restaurierung war für den Besitzer Sandro eine Herzensangelegenheit. Entstanden ist ein zwangloses Luxus-Refugium, in dem originale Zedernholzdecken und Stuckdekor eine gelungene Verbindung mit moderner Kunst, alten Holzmöbeln und reich gemusterten Kelims eingehen.

Spitzenservice! Die Küche verbindet marokkanische und italienische Einflüsse zu frischen, mediterranen Gerichten, der private Hamam bietet entspannende Wellness-Anwendungen und das Tauchbecken im zentralen Innenhof bietet ideale Erholung nach einem langen Tag in den Gassen der Medina.

Riad Al Massarah RIAD €€€
(Karte S. 52; ☎ 0524 38 32 06; www.riadalmassarah.com; 26 Derb Jedid; DZ mit Frühstück 1150–1950 Dh; ❄📶🏊) 🍃 Ein echtes Wohlfühlrefugium: Die britisch-französischen Eigentümer Michel und Michael haben diesen historischen Riad umgestaltet, um Komfort und Sonnenlicht zu maximieren und den Verbrauch von Strom und Wasser zu minimieren – so setzen sie das Wohl der Gäste *und* des Planeten an die erste Stelle. Jedes Zimmer ist unterschiedlich mit originalen Kunstwerken, handgewebten Textilien und *tadelakt*-Kaminen ausgestaltet. Das lokale Engagement und die Nachhaltigkeit haben dem Riad die Goldmedaille von Travelife eingebracht.

Kinder unter zwölf Jahren sind unerwünscht.

Dar Housnia RIAD €€€
(Karte S. 56; ☎ 0524 37 66 97; www.dar-housnia.com; 2 Derb Lalla Azzouna, Kâat Benahid; Zi. mit Frühstück 135–165 €, Douiria für 4 Pers. 340 €; 📶🏊) Tradition und Moderne verbinden sich nahtlos in Eveline Donnez' dezent-stilvollem *dar*, dessen durchdachter Luxus das Wohlfühlen der Gäste über glamourösen Firlefanz stellt. Wendeltreppen bringen einem zu einem Hamam, einer Dachterrasse mit Liegen und einem lauschigen Hof mit großzügigem Tauchbecken. Die geräumigen Zimmer sind mit Wandkunst geschmückt. Und die zugehörigen Bäder besitzen *tadelakt*-Wände.

Für Gruppen oder Familien ist die in sich abgeschlossene *douiria* (Gästewohnung) des Riads mit eigenem Wohnzimmer und Terrasse eine prima Option.

Ville Nouvelle

Hôtel Toulousain PENSION €

(Karte S. 60; ☎ 0524 43 00 33; www.hoteltoulousain.ma; 44 Rue Tariq ibn Ziyad; EZ/DZ mit Frühstück Neubau 300/400 Dh, Altbau 250/300 Dh, ohne Bad 150/220 Dh; P 📶) Das lässige Hotel rund um einen schattigen Hof wird von einer freundlichen marokkanisch-amerikanischen Familie geführt und hat eine erstklassige Lage in Guéliz. Es gibt sehr unterschiedliche Zimmer (mit verwirrender Bezeichnung) – am besten sind die neuen Zimmer „im traditionellen Stil" mit beigefarbenen *tadelakt*-Wänden und Buntglasdetails. Die älteren Zimmer sind mit klassischen blauen *beldi*-Fliesen ausgestattet.

In den Zimmern im Obergeschoss wird es im Hochzimmer drückend heiß. Tragbare Ventilatoren (bzw. im Winter Heizgeräte) werden auf Nachfrage ausgehändigt.

Hôtel du Pacha HOTEL €

(Karte S. 60; ☎ 0524 43 13 27; www.hotelpacha.net; 33 Rue de la Liberté; EZ/DZ 330/420 Dh; ❄ 📶) Mit seinen hohen französischen Fenstern, von denen aus man eine Brise und den Tratsch der Nachbarschaft genießen kann, würde sich dieses abgelebte koloniale Hotel prima als Schauplatz für einen Roman eignen. Die Zimmer im Erdgeschoss sind mit Marmorwaschbecken und dunklem Holz ausgestattet, während rot gestreifte Bettwäsche und Vorhänge in den netten Zimmern im Obergeschoss Farbakzente setzen. Der schattige stuckverzierte Eingang, der versteckte Innenhof und die Clubsessel im Salon sorgen für Film-Noir-Atmosphäre.

Blue Sea Le Printemps HOTEL €€

(Karte S. 60; ☎ 0524 43 29 92; www.blueseahotels.com; 19 Ave el-Mansour Eddahbi; DZ 600 Dh, Suite ab 1500 Dh, jeweils mit Frühstück; P ⊖ ❄ 📶 ≋) Das von der spanischen Hotelgruppe Blue Sea betriebene 140-Zimmer-Hotel ist eine tolle Alternative zu Marrakeschs langweiligen Megahotels. Das Hotel ist gut geeignet für Familien und Traveller, die auf gute Einrichtungen Wert legen. Auf der Website gibt's bei Sonderangeboten die Zimmer oft zum halben Preis.

Palmeraie & Außenbezirke

Wem die Medina zu hektisch ist, der kann in einer Villa in der *palmeraie* oder am Stadtrand relaxen. Hat man dann wieder Sehnsucht nach der turbulenten Stadt, sind es nur 15 bis 20 Autominuten zurück ins Epizentrum der Action. Ein Taxi in die Stadt ist die bequemste Lösung, allerdings wird das etwas teurer (150–250 Dh), weil man oft auch die Anfahrt aus der Stadt bezahlen muss.

★ **Riad Bledna** PENSION €€

(☎ 0661 18 20 90; www.riadbledna.com; abseits der Rte de Ouarzazate, bei Km 19, N 31°35'46.8, W 7°52'28.5; DZ mit Frühstück 70 €; P ≋) 🍃 In der Gartenvilla der marokkanisch-britischen Familie Nour werden Besucher verwöhnt wie Ehrengäste. In dem friedlichen und anheimelnden Refugium vergisst man im Nu die Hektik der Medina. Die fünf Zimmer warten mit zimtbraunen *tadelakt*-Wänden und traditionellen *tataoui*-Decken auf, es gibt einen gefilterten Pool und köstliche Gerichte mit Zutaten aus dem eigenen, 2,6 ha großen Bio-Garten.

Auf Wunsch organisieren die Gastgeber die Abholung vom Flughafen, einen Medina-Shuttleservice, Babysitter, Trips in die Wüste, Ökotouren in die Berge und Workshops für marokkanisches Kunsthandwerk.

Die Unterkunft liegt 19 km östlich von Marrakesch und ist von der Rte de Ouarzazate ausgeschildert. Von der Abzweigung fährt man noch 2,5 km bis zu dem Haus.

Jnane Tamsna RESORT €€€

(☎ 0524 32 94 23; www.jnane.com; Douar Abiad, Palmeraie; DZ mit Frühstück 195–395 €; ❄ 📶 ≋) 🍃 In Meryanne Loum-Martins Oase trifft Nachhaltigkeit auf Stil. Ehemann und Ethnobotaniker Gary Martin hat den Garten gestaltet, durch den sich Wege zu Swimmingpools, Tennisplätzen und den großen, mit Antiquitäten, Kunst und marokkanischen Textilien ausstaffierten Zimmern schlängeln. Das Resort ist ein zweites Zuhause für wählerische Jetsetter – hier darf man Bio-Cuisine, Ausflüge nach Marrakesch und faule Tage auf dem schönen, abgeschlossenen und von Palmen gesäumten 3,6-ha-Gelände erwarten.

Das Resort liegt 15 Minuten nordwestlich von Marrakesch in Douar Abiad abseits des Circuit de la Palmeraie. Die Fahrt in die Medina und zurück lässt sich vereinbaren.

Wer sich die Anlage nur anschauen will, kann im Jnane Tamsna für 400 Dh pro Person zu Mittag essen und den Pool benutzen.

Casa Taos PENSION €€€

(Karte S. 52; ☎ 0661 20 04 14; www.casataos.net; Rte de Targa, km 8; Zi. mit Frühstück 175–235 €; P ❄ 📶 ≋) Hicham und Familie bieten jede Menge Gastlichkeit in der farbenfrohen, idyllischen Villa. Die Zimmer verbinden modernes und traditionelles marokkanisches Design mit Art déco. Man schüttelt den Staub der Medina ab, ruht an dem großen Pool unter wogenden Palmen und lässt sich von innovativen mediterranen Menüs mit Zutaten aus dem Bio-Garten verwöhnen.

Für 350 Dh können auch Nichtgäste das tolle Ambiente, ein Mittagessen und den Pool genießen. Reservierung obligatorisch.

Al Fassia Aguedal BOUTIQUEHOTEL €€€
(☎0524 38 38 39; www.alfassia.com; 9 bis Rte de l'Ourika, bei Km 2, Zone Aguedal; DZ/Suite mit Frühstück 1500–1800/2250 Dh;) Wer ein relaxtes Ambiente an einem Standort sucht, der näher bei der Medina liegt als die Luxusherbergen der *palmeraie*, ist in diesem Boutiquehotel genau richtig. Es bietet geräumige, lichtdurchflutete Zimmer mit traditionellen Details und dazu alle modernen Einrichtungen: ein Spa, einen Pool, ein Restaurant und einen friedlichen Garten voller Blumen. Die Inhaber betreiben auch das alteingesessene Restaurant Al Fassia (S. 79) in Guéliz.

Essen

Mit einer Menge neuer Restaurants sowohl in der Medina als auch in der Ville Nouvelle hat sich Marrakeschs kulinarische Szene deutlich verbessert. Da die Einheimischen aber nicht oft auswärts essen gehen, sind die meisten Restaurants der Medina ganz auf Touristen ausgerichtet. So ist Essengehen immer noch ein wenig Glückssache. Im Mittelklasseviertel Guéliz gibt's in den Restaurants mit marokkanischer oder internationaler Küche mehr Lokalkolorit.

Medina

Hadj Mustapha MAROKKANISCH €
(Karte S. 56; Souq Ablueh, Ostseite; Tanjia mit Brot & Oliven 70 Dh; 12–20 Uhr) Mehrere Stände im Souq Ablueh bieten *tanjia* aus mit Papier versiegelten Schmortöpfen an, aber besonders berühmt ist dieser „Junggesellen-Eintopf" von Hadj Mustapha. Der Stand ist ziemlich abgewetzt, aber die Sitzplätze sind schlicht und sauber. Am besten benutzt man das Brot, um die mit Salz und Kreuzkümmel bestreute *tanjia* in den Mund zu befördern, und schiebt die Oliven nach.

Essensstände auf dem Jemaa El Fna MAROKKANISCH €
(Karte S. 56; Hauptgerichte 30–50 Dh; Sonnenuntergang–1 Uhr) Grillfleisch und Tajines, so weit das Auge reicht! Dazu für Wagemutigere marokkanische Spezialitäten wie Schneckensuppe oder Schafshirn und -herzen vom Spieß. Mindestens einmal während seines Aufenthalts sollte man im Gedränge an den Imbissständen auf dem Jemaa gegessen haben. Dabei immer dorthin gehen, wo der meiste Andrang herrscht – dort gibt's das frischeste Fleisch.

Marrakech Henna Art Cafe CAFÉ €
(Karte S. 56; ☎0524 38 14 10; www.marrakechhennaartcafe.com; 35 Derb Siquya; Hauptgerichte 40 Dh; 10–21 Uhr;) Das charmante Kunstcafé ist ein gemütliches Refugium mit einem gemischten Angebot von nordafrikanischen Gerichten (zu empfehlen sind das Berber-Omelette und die Truthahn-*brochettes* mit karamellisiertem Kürbis). Auch gesunde, leckere Sandwichs sind zu haben. Wie der Name verrät, veranstaltet das Café Ausstellungen mit Künstlern aus Marrakesch und zeigt Berber-Artefakte und Wandmalereien. Außerdem kann man sich ein Henna-Tattoo machen lassen.

Roti d'Or INTERNATIONAL €
(Karte S. 56; Kennaria Dabbachi; Hauptgerichte 25–40 Dh; 10.30–21 Uhr) Das Roti d'Or ist leicht zu übersehen, aber sehr zu empfehlen, wenn man in der Medina nach einem günstigen, nicht marokkanischen Bissen sucht. Auf der Karte stehen Enchiladas, ein Tex-Mex-Burger und Falafel-Sandwichs; dazu gibt's immer einen herben Reissalat und Fritten.

Café des Épices CAFÉ €
(Karte S. 56; ☎0254 39 17 70; Pl Rahba Kedima; Sandwichs & Salate 45–60 Dh; 8–21 Uhr;) Diese Traveller-Institution hat eine erstklassige Lage auf dem Rahba Kedima. Von seinem schattigen Hocker schaut man den Henna-Künstlern und Korbverkäufern zu, während man sein Sandwich mampft und dazu einen Rote-Beete-, Ingwer- oder Apfelsaft trinkt. Uns schmeckte der Paris-Marrakesch-Burger mit Käse und Aubergine.

Henna Cafe CAFÉ, MAROKKANISCH €
(Karte S. 52; www.hennacafemarrakech.com; 93 Arset Aouzal; Hauptgerichte 40 Dh, Tattoos ab 50 Dh; 11–20 Uhr;) Tee, Kaffee, Salate, Henna-Tattoos, Darija-Kurse ... all das ist in diesem abgefahrenen Café im Angebot. Ein *nquasha* (Henna-Künstler) schmückt Hände und Füße mit komplexen Mustern. Und auf der Dachterrasse labt man sich an Falafel oder Sandwichs mit *khleer* (geräu-

chertem Lamm). Alle Gewinne gehen an bedürftige Anwohner.

Babouche Café MAROKKANISCH €
(Karte S. 52; ☎ 0675 36 94 68; Rue el-Giza; Hauptgerichte 25–55 Dh; ⏲ Mo–Sa 11.30–23.30 Uhr; 📶) Das Café hat eine lächerlich miese Lage direkt neben einem Parkplatz. Aber dieses kleine Ladenlokal mit seinem schattigen Patio und von Palmen gesäumten rotbraunen Wänden (direkt neben besagtem Parkplatz) serviert mit die schmackhaftesten Tajines in der Medina. Besonders lecker ist die *harira* (Linsensuppe; 15 Dh).

Fox Art Food CAFÉ €
(Karte S. 56; Riad Zitoun el-Kedim; Hauptgerichte 35–50 Dh; ⏲ 11–22 Uhr) Eine Künstlergruppe aus Marrakesch führt das von einer fuchsköpfigen Schaufensterpuppe bewachte abgefahrene und lustige Café und finanziert sich damit ihre Arbeit. Man setzt sich auf einen Hocker (hergestellt aus alten Kisten und recyceltem Jeansstoff) und bestellt sein Essen von der kleinen Karte, auf der Sandwichs, Salate, Burger und Tajines stehen.

Latitude 31 MEDITERRAN €€
(Karte S. 52; ☎ 0524 38 49 34; www.latitude31marrakech.com; 186 Rue el Giza; Hauptgerichte 130–210 Dh; ⏲ 18–23 Uhr; 📶) Traditionelle Cuisine zu verfeinern ist ein Vorhaben, dem gegenüber durchaus Skepsis angebracht ist. Das Latitude 31 ist dabei jedoch recht erfolgreich. Zwar gelingt nicht alles, aber die Kürbis-Crème-Brûlée als Gruß aus der Küche ist lecker und die hauseigene Version von *mrouzia* (Lamm-Tajine mit Honig, Rosinen und Mandeln) wirklich ein süß-klebrig-herzhaftes Vergnügen. Erstklassiger Service.

Souk Kafé MAROKKANISCH €€
(Karte S. 56; ☎ 0662 61 02 29; 11 Derb Sidi Abdelaziz; Hauptgerichte 90–120 Dh; ⏲ 9–21 Uhr; ❄📶) Auf der Terrasse sollte man sich einen handgefertigten Hocker unter einen Sonnenschirm ziehen und etwas verweilen – das authentisch regionale Essen lohnt es. Die marokkanischen Meze aus sechs Gemüsegerichten sind ein Mittagessen für zwei Personen, überraschend herzhaft ist das vegetarische Berber-Couscous. Das eigentliche Highlight ist aber das aromatische Marrakesch-*tanjia* mit langsam gegartem und superzartem Rindfleisch.

Cafe Clock CAFÉ €€
(Karte S. 52; ☎ 0524 37 83 67; www.cafeclock.com; 224 Derb Chtouka; Hauptgerichte 60–95 Dh; ⏲ 10–22 Uhr; 📶🖉) Der kleine Ableger des originalen Cafés aus Fès residiert in einer alten Schule, von der aus man einen Blick auf den Sonnenuntergang über der Kasbah hat. Der Kamel-Burger als Markenzeichen des Hauses und die einfallsreichen Sandwichs und Salate sind Grund genug vorbeizuschauen. Und die multikulturelle Atmosphäre wird dafür sorgen, dass man wiederkommt. Jeden Montag und Donnerstag gibt's Veranstaltungen mit traditionellem *hikayat* (Geschichtenerzählen) und sonntags Gnaoua- und Berber-Musik.

Naranj LIBANESISCH €€
(Karte S. 56; ☎ 0524 38 68 05; www.naranj.ma; 84 Rue Riad Zitoun el-Jedid; Hauptgerichte 69–119 Dh; ⏲ 11–23 Uhr; ❄) Wer Falafel von Fattoush (Salat aus geröstetem alten Brot, Tomaten, Zwiebeln und Minze) zu unterscheiden weiß, sollte schnurstracks das Naranj ansteuern. Drinnen präsentiert sich das Lokal als ein glamouröser Mix aus schrillen *khamsa*-Spiegeln (das sind traditionelle Amulette), niedrig aufgehängten Kupferlampen und gestreiften Textilien, die auch in einem Beiruter Hipster-Café nicht fehl am Platze wären. Das passt, denn die Karte konzentriert sich auf typische beliebte libanesische Gerichte und ein paar moderne Abwandlungen.

Kui-Zin INTERNATIONAL €€
(Karte S. 56; ☎ 0524 39 09 84; www.kui-zin.com; 12 Rue Amesfah; Hauptgerichte 50–90 Dh; ⏲ Di–So 11–22 Uhr; 📶🖉) Während man als Vorspeise das kostenlos gereichte frische Brot mit Oliven knabbert, wählt man aus einer Karte, die von Couscous über Tajines bis zu Hühnchen-Curry und Gemüse-Lasagne reicht (tatsächlich handelt es sich bei Letzterem um einen leckeren Karotten- und Zucchini-Auflauf mit Käse). Chefkoch Kenza legt Wert auf die perfekte Zubereitung, während Hassan alles mit einem herzlichen Lächeln serviert. Zum Abendessen gibt's auch Livemusik.

I Limoni ITALIENISCH €€
(Karte S. 52; ☎ 0524 38 30 30; 40 Rue Bab Taghzout; Hauptgerichte 80–180 Dh; ⏲ 12–23 Uhr; 🖉) Wir sind tatsächlich etwas positiv voreingenommen für Restaurants mit kitschigen Schneekugeln als Deko, doch das I Limoni serviert tatsächlich gute Pastagerichte. Man setzt sich in den von Zitronenbäumen beschatteten Hof, bestellt ein Glas Wein (ab 50 Dh) und widmet sich sättigender Kost wie Ricotta-Ravioli mit Parmesan, Zitronensaft und Minze.

ESSEN WIE EIN EINHEIMISCHER

Mechoui-Gasse (Souq Ablueh, Ostseite; Mechoui 50–70 Dh; ⌚11–14 Uhr) Kurz vor 12 Uhr beginnen die Verkäufer in dieser Kolonne von Ständen, dampfende Scheiben von *mechoui* (langsam gegartem Lamm) aufzuschneiden. Man deutet auf ein Stück, das einem zusagt, und verlangt ein *nuss* (halbes) oder *rubb* (viertel) Kilogramm. Der Koch schneidet das zarte Fleisch vom Knochen und reicht es einem mit frisch gebackenem Brot, Kreuzkümmel, Salz und Oliven.

Snack al-Bahriya (75 Ave Moulay Rachid, Ecke Rue Mauritanie; Meeresfrüchte mit Pommes 30–80 Dh; ⌚10–24 Uhr) Fish & Chips à la Marrakesch: Der ganze Abschnitt der Rue Mauritanie ist vollgepackt mit Ständen und Restaurants für Meeresfrüchte, aber das Snack al-Bahriya ist unser Favorit: Der Fisch ist frisch und die zarten Calamari sind genau richtig gebraten; sie werden mit Zitronenscheiben, Salz, Kreuzkümmel und scharfer Sauce serviert.

Plats Haj Boujemaa (65 Rue Mohammed Bakkal; Hauptgerichte 25–45 Dh; ⌚Di–So 12–22 Uhr) *Brochettes* (Grillspieße), Tajines, Pizza, Pasta und Steaks: Das unscheinbare Lokal liefert das alles, ist aber vor allem bekannt für sein perfekt gegrilltes Fleisch. Die Einheimischen drängen sich in der Mittagspause, um ein billiges, schmackhaftes Essen mit freundlichem Service zu genießen.

Oscar Progrès (20 Rue Bani Marine; Hauptgerichte 35–45 Dh; ⌚12–23 Uhr) Das hell erleuchtete Nachbarschaftslokal serviert den hungrigen Büroangestellten, die an den langen Gemeinschaftstischen anstehen, große Teller mit Couscous und heiße *brochettes* (Grillspieße). Trotz der Kantinenatmosphäre hat das Essen gute Qualität. Und der Service ist effizient und freundlich.

El Bahja (☎0524 44 13 51; 24 Rue Bani Marine; Hauptgerichte 35–45 Dh; ⌚12–23 Uhr) Der beständige Strom hungriger Werktätiger und Traveller wird hier mit sättigenden Portionen von *kefta* (Fleischbällchen) und typischen marokkanischen Gerichten versorgt – das El Bahja ist ein echter Stützpfeiler der kulinarischen Szene auf dem Jemaa el Fna. Das Essen erzeugt vielleicht keine Begeisterungsstürme, ist aber immer verlässlich gut, günstig und frisch.

Le Jardin MAROKKANISCH €€
(Karte S. 56; ☎0524 37 82 95; www.lejardin.ma; 32 Derb Sidi Abdelaziz; Hauptgerichte 80–140 Dh; 📶🌱) Der Geschäftsmann Kamal Laftimi wandelte das aus dem 17. Jh. stammende Riad im Herzen der Medina in eine ruhige Oase um, wo man nun unter einem Dach von Bananenbäumen sitzt, von Vogelgezwitscher begleitet zu Mittag isst und zuschaut, wie winzige Schildkröten über die Bodenfliesen kriechen. Das Essen ist ein wenig Roulette, aber die *brochettes* in großen Portionen und die im Ganzen gegrillten Sardinen sind immer zu empfehlen.

Un Déjeuner à Marrakech MEDITERRAN €€
(Karte S. 56; ☎0524 37 83 87; 2-4 Rue Riad Zitoun el-Jedid, Ecke Douar Graoua; Hauptgerichte 85–135 Dh; ⌚11–22 Uhr; ❄📶🌱) Das bei Mittagsgästen beliebte Lokal tischt mediterrane Gerichte von Garnelen aus Tanger bis hin zu Steaks, Mozarella-Salat und Kürbisbällchen auf. Die von Kakteen gesäumte Dachterrasse ist ideal an Frühlingstagen, wenn der Himmel blau ist und eine Brise weht.

Nomad MEDITERRAN €€
(Karte S. 56; ☎0524 38 16 09; www.nomadmarrakech.com; 1 Derb Arjan; Hauptgerichte 90–120 Dh; ⌚11–23 Uhr; 📶🌱) Die Dachterrasse des Nomad gehört zu den meistbesuchten Lokalitäten in der Medina. Auf der kleinen Karte stehen zeitgenössische Abwandlungen typisch nordafrikanischer Gerichte: kräftig gewürztes tunesisches Lamm-*brik* (Teigtasche ähnlich wie Börek), aber auch aromatische Burger. Desserts wie Apfel- oder Rote-Beete-Clafoutis oder Hibiskus-Pannacotta versprechen einen interessanten Abschluss.

Beats Burger BURGER €€
(Karte S. 56; ☎0524 39 12 13; www.beatsburger.com; 35 Souq Jeld Kemakine; Hauptgerichte 55–115 Dh; ⌚11–21 Uhr; 📶🌱) Einen Gourmet-Burgerladen hatten wir in den Suks eigentlich nicht erwartet, aber das ist ein Zeichen der Zeit. Wer für heute genug von Tajine hat, findet hier innovative Burger – mit kleinen gebratenen Kartoffelwürfeln, *harissa*-Mayonnaise und Entenbrust – oder auch gesunde Sachen wie vegane Bagel.

Naima MAROKKANISCH €€
(Karte S. 56; Derb Sidi Ishak; Gerichte 100 Dh; ⌚11–22 Uhr) Wer Couscous essen will, wie es die Marrakescher Hausfrauen zubereiten, ist im Naima goldrichtig. Man quetscht sich in den winzigen Speisesaal, bestellt Tajine oder Couscous (eine Speisekarte gibt es nicht) und macht es sich mit einem Minztee bequem, während die Frauen mit dem Kochen beginnen. Guten Appetit mitbringen: Das ist marokkanische Hausmannskost, entsprechend riesig sind die Portionen.

★ **Dar Anika** MAROKKANISCH €€€
(Karte S. 56; ☎0524 39 17 51; www.riaddaranika.com; 112 Riad Zitoun el-Kedim; Hauptgerichte 150–200 Dh; ⌚11.30–14.30 & 18.30–23 Uhr) Die kleine, von Palmen und Bougainvilleen gesäumte Terrasse ist ideal für ein romantisches Candlelight-Dinner. Die Hauptgänge geleiten einen einmal quer durch die marokkanische Küche – mit Gerichten, die oft auf den Speisekarten in der Medina fehlen. Ein süß-herzhafter Genuss ist das Hühnchen *seffa medfouna* (mit Rosinen, Mandeln und Zimtnudeln). Wagemutige bestellen (4 Std. im Voraus) das Kamel-*tanjia*.

★ **PepeNero** ITALIENISCH, MAROKKANISCH €€€
(Karte S. 56; ☎0524 38 90 67; www.pepenero-marrakech.com; 17 Derb Cherkaoui; Hauptgerichte 120–220 Dh, 3-Gänge-Mittagsmenü 190 Dh; ⌚Di–So 12.30–14.30 & 19.30–23 Uhr; 📶✍) Das in einem Teil des Riad al Moussika, Thami el Glaouis einstigen Lustschlosses, untergebrachte italienisch-marokkanische Restaurant gehört zu den besten in der Medina, nicht zuletzt wegen der frischen hausgemachten Pasta. Um das Ambiente richtig zu genießen, sollte man einen Tisch an dem von Zitronenbäumen eingefassten Teich im Hof verlangen. Reservierung erforderlich.

Le Tobsil MAROKKANISCH €€€
(Karte S. 56; ☎0524 44 40 52; 22 Derb Abdellah ben Hessaien; 5-Gänge-Menü imkl. Wein 640 Dh; ⌚Mi–Mo 19.30–23 Uhr) In dem intimen Riad nahe dem Bab Laksour genießen maximal 50 Gäste ausgiebige marokkanische Fünf-Gänge-Menüs samt Aperitif und passendem Wein, während Gnaoua-Musiker leise im Hof spielen. Die Bauchtänzerinnen sollten einen nicht von den elf Salaten, den *pastilla* (reichhaltige pikante Pasteten), den Tajines (ja, gleich mehrere) und dem Couscous, dem Minztee, den frischen Früchten und dem marokkanischen Gebäck ablenken. Reservierung erforderlich.

NICHT VERSÄUMEN

DINNER-THEATER AUF DEM JEMAA EL FNA

Wer gegen 16 Uhr auf dem Jemaa el Fna ist, kann den Köchen dabei zuschauen, wie sie mitten im Gewusel ihre Stände öffnen. Die Zutaten hier sind oft frischer als in den meisten schicken Restaurants, wo man das Fleisch und das Bratöl natürlich nicht immer überprüfen kann, bevor man sich zum Essen hinsetzt. Trotz aller Panikmache sollte man die Speisen auf dem Markt gut vertragen, wenn man sich vor dem Essen die Hände wäscht, auf das gespülte Besteck verzichtet und stattdessen das Brot zu Hilfe nimmt und nur in Flaschen abgefülltes Wasser trinkt.

Am besten sucht man sich einfach eine Bank und genießt die Show – auf dem Platz geht das Spektakel bis nach Mitternacht weiter. Berber-Bands singen Lieder neben Buden, in denen Zahnärzte falsche Zähne in Einmachgläsern anbieten. Nicht weit davon geben Clowns und Amateurboxer eine Vorstellung zum Besten. Einige Teile des abendlichen Unterhaltungsprogramms auf dem Jemaa haben sich seit 1000 Jahren kaum verändert – so gibt es immer noch Sternendeuter, Zaubertrank-Verkäufer und als Bauchtänzerinnen verkleideten Männer.

La Maison Arabe MAROKKANISCH €€€
(Karte S. 52; ☎0524 38 70 10; www.lamaisonarabe.com; 1 Derb Assehbe; Hauptgerichte 150–200 Dh; ⌚19.30–24 Uhr; 📶✍) La Maison Arabe servierte bereits Jahrzehnte vor den anderen Riads feine marokkanische Küche. Der Schwerpunkt liegt auf dem Essen und dem Service; ausgezeichnete klassisch-andalusische Musiker liefern die subtile Klangkulisse für das Festmahl mit traditioneller Tajine und Couscous. Wer den Abend richtig genießen will, schaut vor dem Mahl noch auf einen Aperitif in der Pianobar vorbei.

Ville Nouvelle

★ **Amal Center** MAROKKANISCH €
(Karte S. 60; ☎0524 44 68 96; amalnonprofit.org; Ecke Rue Allal ben Ahmad & Ibn Sina; Hauptgerichte 50–60 Dh; ⌚12–16 Uhr) 🍃 Köstliches Essen verspeisen und damit Gutes tun – hier profitiert man doppelt! Das Amal Center unter-

stützt benachteiligte marokkanische Frauen, indem es sie im Restaurantfach ausbildet. Viele marokkanische Restaurants lassen kaum etwas von der regionalen Küche erahnen, aber hier bekommt man wirklich Hausmannskost vom Feinsten. Bei unserem letzten Besuch speisten wir hier die beste Fisch-Tajine, die wir je in Marokko bekommen haben.

Die Karte wechselt täglich, enthält aber immer mindestens drei Vorspeisen, drei Hauptgerichte und drei Desserts. Freitags steht immer Couscous im Mittelpunkt. Die Preise orientieren sich an marokkanischen Geldbeuteln, daher ist die Kundschaft eine gute Mischung aus einheimischen Familien, ortsansässigen Ausländern und kundigen Touristen. Und wer erfahren will, wie die würzige Tajine gezaubert wird, kann auch einen Kochkurs besuchen.

Catanzaro ITALIENISCH €€
(Karte S. 60; ☎ 0524 43 37 31; 42 Rue Tariq ibn Ziyad; Hauptgerichte 50–120 Dh; ⏲ Mo–Sa 12–14.30 & 19.15–23 Uhr; ❄) Hier gibt's die beste Pizza in Marokko, wenn nicht in ganz Nordafrika. Das ist sicher eine sehr kühne Behauptung und vielleicht ist uns ja auch der sehr günstige Wein (ab 160 Dh/Flasche) zu Kopf gestiegen, doch die Holzofenpizza mit dünnem Boden hat uns einfach im Sturm erobert. (Unser Tipp: die neapolitanische Pizza mit Kapern, Oliven aus der Region und Atlantik-Sardellen.)

Loft INTERNATIONAL €€
(Karte S. 60; ☎ 0524 43 42 16; 18 Rue de la Liberté; Hauptgerichte 130–190 Dh; ⏲ 12–24 Uhr; ❄ 📶) Fleischfreunde aufgepasst: Von Schnecken aus dem Atlasgebirge über Lammkeule bis hin zu einer herrlichen Kalbsleber mit gehaltvoller Knoblauchsauce – das Loft ist ein Paradies für Fleischesser. In dem kleinen, von großen Wandspiegeln eingefassten Raum herrscht von Mittag bis in die späten Abendstunden viel Betrieb. Dennoch sorgt das außerordentlich engagierte Personal für schnelle Bedienung und bleibt freundlich.

Mamma Mia ITALIENISCH €€
(Karte S. 60; ☎ 0524 43 44 54; www.restaurant-mammamia.com; 18 Rue de la Liberté; Hauptgerichte 50–170 Dh; ⏲ 10–22 Uhr; ❄ 🖋) Die familienfreundliche Trattoria verdient Lob für die rauchfreie Zone. Wer einmal keine Tajine essen mag, findet hier gute und günstige Pizzas, riesige Pastagerichte und Hauptgerichte wie Kalbsschnitzel oder Steaks. Bier und Wein sind erhältlich, und hinten (im Raucherbereich) gibt's eine richtige Bar.

Chez Mado MEERESFRÜCHTE €€
(Karte S. 60; ☎ 0524 42 14 94; 22 rue Moulay Ali; Hauptgerichte 90–220 Dh; ⏲ Di–So 12–15 & 19–23.30 Uhr; ❄) Die Austern im Chez Mado, die nach den salzigen Gewässer von Oualidia duften, sind die hübschesten und prallsten in Marrakesch. Schalentiere und andere Meeresfrüchte werden täglich angeliefert und unter der Anleitung von Küchenchef Alex Chaussetier zu einem leichten Mittagsimbiss bereitet: elegante *sole meunière*, gegrillte Garnelen mit Mayonnaise, Petersfisch mit Chorizo und eine umwerfende Meeresfrüchteplatte.

Café 16 CAFÉ €€
(Karte S. 60; ☎ 0524 33 96 70; 18 Pl du 16 Novembre; Desserts 70 Dh, Sandwichs & Salate 120–140 Dh; ⏲ 9–24 Uhr) Die helle Holzeinrichtung und die Preise muten europäisch an, aber die Begrüßung ist Marrakesch pur – genauso wie die faszinierenden Eissorten, z. B. Orange-Bergamotte-Tee oder *kaab el-gazelle* (Mandelkeks). Das Lokal eignet sich prima für einen Kaffee oder ein Bier am frühen Abend oder auch für ein Stück goldene Schoko-Kaffee-Cremetorte oder Himbeermoussekuchen zum Dessert.

ZUCKERRAUSCH: SÜSSE LECKEREIEN IN MARRAKESCH

Pâtisserie Amandine (☎ 0524 44 96 12; www.amandinemarrakech.com; 177 Rue Mohamed El Beqal; Süßwaren & Desserts ab 10 Dh; ⏲ 7–21 Uhr; ❄) Hervorragendes Feingebäck und mehrfarbige Macarons.

Pâtisserie al-Jawda (☎ 0524 43 38 97; 11 Rue de la Liberté; ⏲ 8–19.30 Uhr) Süße und pikante Delikatessen mit Feigen, Orangenblütenwasser und Wüstenhonig.

Pâtisserie des Princes (☎ 0524 44 30 33; 32 Rue Bab Agnaou; ⏲ 9–21 Uhr; ❄) Die berühmteste Patisserie der Stadt hat genug *pain au chocolat* und *millefeuille* auf Lager, um alle Zahnärzte am Jemaa el Fna auf Trab zu halten.

Panna Gelato (☎ 0524 43 65 65; www.pannagelatoitaliano.it; Ecke Rue du Capitaine Arrigui & Ave Mohammed V; Tüte 20 Dh; ⏲ 7.30–22 Uhr; ❄) Ein Meister der Eiscremekunst aus Italien. Eigene Rezepturen und beste Zutaten machen das Panna zum besten Eiscafé Marokkos.

★ Al Fassia MAROKKANISCH €€€

(Karte S. 60; ☎ 0524 43 40 60; www.alfassia.com; 55 Blvd Mohammed Zerktouni; Hauptgerichte 110–175 Dh; ⏲ Mi–Mo 12–14.30 & 19.30–23 Uhr) Das seit 1987 bestehende Restaurant ist ein Stützpfeiler der gastronomischen Szene in Marrakesch und zählt immer noch zu den besten. Das Mahl beginnt mit einer kostenlosen Tafel aus zwölf Meze. Die marokkanischen Hauptgerichte, die von Kellnerinnen aufgetischt werden, zeigen dann, wie klassische Gerichte wie Hühnchen-Tajine, karamellisierter Kürbis und Lamm-Tajine mit Mandeln und Eiern zubereitet werden sollten. Reservierung erforderlich.

Azar NAHÖSTLICH €€€

(Karte S. 60; ☎ 0524 43 09 20; www.azarmarrakech.com; Rue de Yougoslavie; Hauptgerichte 95–250 Dh; ⏲ 19–24 Uhr; ❄ ✎) Das Azar wirkt wie eine Beiruter Lounge, die über den Mars nach Marrakesch teleportiert wurde. Die Einrichtung mit ihren Raumschiffssitzen und Sternmotiv an den Stuckwänden scheint aus einer anderen Welt zu kommen. Und die libanesisch inspirierten Gerichte stehen dem kaum nach. Die Meze sind das wahre Highlight, z. B. *batata harra* (gewürzte Backkartoffeln) und *chankliche* (Käse). Der gemischte Meze-Teller zum Teilen (ab 190 Dh) macht Vegetarier glücklich und hält die Rechnung in irdischen Grenzen.

Ausgehen & Nachtleben

Dar Cherifa CAFÉ

(Karte S. 56; ☎ 0524 42 64 63; 8 Derb Chorfa Lakbir; ⏲ 12–19 Uhr; 📶) Man muss klingeln, um Einlass zu finden in dieses ruhigen Saadier-Riad aus dem späten 15. Jh. In einem Hof, umrahmt von rosa Pfeilern, die ein aufwendiges Zedernholzgesims tragen, sitzen die Gäste auf ungemein bequemen gelben Sofas und trinken Tee, Säfte oder einen Safrankaffee. In den umliegenden Gemächern gibt's Kunstausstellungen und von der Terrasse oben hat man eine herrliche Aussicht.

Das Essen kann Durchschnitt sein, was angesichts des unschlagbaren Ambientes schade ist.

Kechmara BAR

(Karte S. 60; ☎ 0524 42 25 32; www.kechmara.com; 3 Rue de La Liberté; ⏲ Mo–Sa 11.30–1 Uhr; 📶) Wer mit den hippen Typen der Stadt abhängen will, ist hier richtig. Man setzt sich nach Sonnenuntergang auf seinen Saarinen-Tulpenstuhl und schaut zu, wie die hippe, junge Menge in der Bar eintrudelt. Das Lokal ist ein netter Ort für ein Mittagessen – es gibt tolle Burger. Aber erst abends, wenn die Musik loslegt, kommt der Laden zu sich selbst.

68 Bar à Vin BAR

(Karte S. 60; ☎ 0524 44 97 42; 68 Rue de la Liberté; ⏲ 19–2 Uhr) Ein gemischtes Publikum aus Marokkanern und ortsansässigen Ausländern bevölkert diese hippe, äußerst muntere kleine Weinbar, in der europäische und marokkanische Weine wie auch Bier ausgeschenkt werden. Das Personal ist freundlich und auf Draht. Wenn es einem später am Abend drinnen zu verraucht ist, kann man sich draußen auf die Bank am Patio setzen.

Pointbar BAR

(Karte S. 60; 3 Rue Abou Hayane Taouhidi; ⏲ 18 Uhr–Open End) In vielen Bars von Marrakesch kann es recht verraucht sein, weshalb die Pointbar mit ihrem offenen Vorhof und einem ausfahrbaren Dach für kältere Abende wortwörtlich eine frische Brise ist. Man setzt sich auf ein bequemes Sofa oder einen quadratischen Hocker bestellt etwas aus dem Vorspeisenmenü (210 Dh) und gönnt sich ein paar Bier.

Grand Café de la Poste CAFÉ

(Karte S. 60; ☎ 0524 43 30 38; Ecke Blvd el-Mansour Eddahbi & Rue Imam Malik; ⏲ 8–1 Uhr; 📶) Das in altem Glanz restaurierte Bistro-Wahrzeichen versprüht jede Menge koloniale Dekadenz. Das Abendessen ist teuer – am besten begnügt man sich beim Genuss des altmodischen Ambientes aus dunklem Holz und Topfpalmen einfach mit einem Kaffee, einem Darjeeling-Tee oder einem Glas Wein.

Café du Livre CAFÉ

(Karte S. 60; ☎ 0524 43 21 49; www.cafedulivre.com; 44 Rue Tariq ibn Ziyad; ⏲ Mo–Sa 10–23 Uhr; 📶) Das Barcafé ist ein relaxter Ort mit Fassbier, gemütlichen Sitzen, Bücherwänden zum Herumstöbern und Quiz-Abenden. Zur Happy Hour (Di–Sa 18–20 Uhr) gibt's mit das billigste Bier der Stadt (20–40 Dh); nach Büroschluss herrscht gute Kneipenatmosphäre.

Riad Yima TEEHAUS

(Karte S. 56; ☎ 0524 39 19 87; www.riadyima.com; 52 Derb Aarjane, Rahba Kedima; ⏲ Mo–Sa 9–18 Uhr; 📶) Der berühmte einheimische Künstler und Fotograf Hassan Hajjaj ist der Schöpfer dieser mit Kitsch vollgestopften Teestube und Galerie. Mit ironischem Augenzwinkern werden hier alle vorgefassten Vorstellungen über marokkanische Restaurants und Riads aufgegriffen: kerzenbeleuchtete Laternen, Bögen und Bauchtänzerinnen, und das alles natürlich begleitet von einem Glas traditionellen Minztee.

Kosybar BAR

(Karte S. 56; ☎ 0524 38 03 24; http://kozibar.tripod.com; 47 Pl des Ferblantiers; ⌚ 12–1 Uhr; 📶) Die Innenräume, in denen Marrakesch auf Kyoto trifft, bieten viele edle, intime Nischen. Am besten geht man aber auf die Dachterrasse mit ihren niedrigen Segeltuch-Sofas, wo die Cocktailschlürfer von Störchen beäugt werden, die ganz in der Nähe nisten. Das pappige Sushi lässt man links liegen und hält sich an die Barsnacks.

Café Arabe BAR

(Karte S. 56; ☎ 0524 42 97 28; www.cafearabe.com; 184 Rue Mouassine; ⌚ 10–24 Uhr; 📶) Hier kann man sich auf dem Dach oder neben dem beruhigenden *zellij*-Brunnen im Hof bei einem Cocktail an seinen Suk-Einkäufen ergötzen. Die Preise sind für ein so stilvolles Lokal moderat; man kann auch halbe Flaschen von ordentlichen marokkanischen Weinen bestellen, z. B. dem pfeffrigen roten Siroua S. Das Essen ist langweilig, nicht aber die Kundschaft, unter die sich Künstler und Designer mischen.

Kaowa CAFÉ

(Karte S. 52; ☎ 0524 33 00 72; 34 Rue Yves Saint Laurent; ⌚ 8–20 Uhr; 📶) Das luftige Kaowa bringt einen Hauch kalifornischer Coolness in den Jardin Majorelle. Auf der herausgeputzten Terrasse tummeln sich die Leute, um zu sehen und sich sehen zu lassen, nippen an gesunden Smoothies und verspeisen große Stücke Quiche und grüne Salate (75–90 Dh).

Bô & Zin LOUNGE

(☎ 0524 38 80 12; www.bo-zin.com; Rte de Ourika, bei Km 3,5, Zone Aguedal; ⌚ 20 Uhr–open end) Wenn man mit Marrakeschs Schönen und Reichen abhängen will, ist das genau der richtige Ort. Das schicke Lokal mit seinem Gartenbereich unter geblähten weißen Segeln ist am frühen Abend zugleich Loungebar und ein thailändisch-marokkanisches Restaurant (Hauptgerichte 175–260 Dh) und mausert sich später zu einem richtigen Club mit DJs.

L'Auberge Espagnole BAR

(Karte S. 60; Rue Moulay Ali; ⌚ 17–1 Uhr) Das L'Auberge Espagnole scheint sich nicht entscheiden zu können, ob es nun ein Restaurant, eine Tapas- oder eine Sportbar sein will, aber wen kümmert's?Der freundliche Treff mit Großbild-TVs und Sportandenken an den Wänden serviert gute spanische Tapas sowie lokale und importierte Biere.

555 Famous Club CLUB

(☎ 0678 64 39 40; www.beachclub555.com; Hotel Ushuaia Clubbing, Blvd Mohammed VI., Agdal; Grundpreis 300 Dh; ⌚ 23–5 Uhr) Die meisten Clubgänger bevorzugen das 555 mit seiner netten, nicht schmierigen Atmosphäre. Es gibt strenge Einlasskontrollen, und die DJs legen bis in die Morgenstunden House, Trance, Europop und RnB auf. Nach 1 Uhr besteht das Publikum oft aus einer guten Mischung von Einheimischen und Ausländern. Frauen haben bis 2 Uhr oft freien Eintritt.

Djelabar CLUB

(Karte S. 52; ☎ 0524 42 12 42; 2 Rue Abou Hanifa, Hivernage; ⌚ 19–3 Uhr) Ein Lounge-Club-Restaurant mit einer Cabaretshow an den Wochenenden (samt Bauchtänzerinnen) und viel Kitsch: Der umgebaute, stucklastige Hochzeitssaal aus den 1940er Jahren prunkt mit sehenswerten *zellij*-Mosaiken hinter der Bar und Wandporträts von Showgrößen wie Marilyn Monroe oder Michael Jackson, die allesamt einen Fez tragen. Das Essen sollte man links liegen lassen und spät am Abend auf einen Drink hereinschauen.

☆ Unterhaltung

Der Jemaa el Fna ist mit seiner nächtlichen Mischung aus Straßenkünstlern und Musikanten Marrakeschs größte Unterhaltungsstätte.

Eine gute Auswahl französischer und mitunter auch marokkanischer Filme zeigt das **Institut Français** (☎ 0524 44 69 30; www.if-maroc.org/marrakech; 60 Rte de Targa, Guéliz; ⌚ Mo–Sa 9–12.30 & 15–19 Uhr); die Filme laufen in französischer Sprache oder sind französisch untertitelt. In Guéliz zeigt das Kino **Le Colisée** (☎ 0524 44 88 93; Blvd Mohammed Zerktouni; Parkett/Rang 25/35 Dh) manchmal Filme mit französischen Untertiteln.

Shoppen

Medina

Die Suks der Medina sind praktisch ein Einkaufszentrum, angelegt nach einem labyrinthischen, mittelalterlichen Grundriss. Ob man seine Speisekammer mit nordafrikanischen Gewürzen bereichern oder seine Einrichtung mit einem marokkanischen Teppich verschönen will – ein Paradies für Kaufsüchtige.

Die wichtigsten Marktstraßen sind der Souq Semmarine und der Souq el-Kebir. Wenn man dort etwas sieht, was einem wirklich gefällt, kann man gleich zuschlagen – allerdings zahlt man hier höhere Preise. Die besten Schnäppchen macht man in kleineren Suks, die wie z. B. der Souq Haddadine (Suk der Schmiede) oft einem bestimmten Handwerk dienen. In der Regel kauft man hier direkt beim Produzenten ein.

Anamil KUNSTHANDWERK

(Karte S. 56; 48 Derb Sidi Ishak; ⏲ 9.30–18 Uhr) Irgendetwas Schönes wird man in dieser kleinen Schatzhöhle immer entdecken. In der extrem gut zusammengestellten Auswahl an hochwertigen Keramiken, Handtaschen aus weichem Leder und Lampen befinden sich viele Dinge, die sich prima als Geschenke eignen und die etwas schöner oder skurriler sind als das, was man anderswo in den Suks sieht.

Al Kawtar KUNSTHANDWERK

(Karte S. 56; ☎ 0524 38 56 95; www.alkawtar.org; 3 Derb Zaouia Laftihia, Rue Mouassine; ⏲ 9.30–14 & 15–18.30 Uhr) Diese gemeinnützige Fraueninitiative bildet Frauen mit Behinderungen nicht nur in der Kunst der Stickerei aus, sondern verkauft auch feine Haushaltswaren – schicke moderne Stücke aus traditioneller Nadelarbeit. Man kann hier ein schönes Tischtuch oder tolle Bettwäsche kaufen und sicher sein, dass man mit seinem Geld zugleich eine gute Sache unterstützt.

Al Nour KUNSTHANDWERK

(Karte S. 56; ☎ 0524 39 03 23; www.alnour-textiles.com; rue Laksour 57; ⏲ Sa–Mi 9–14 & 15–19 Uhr) Die elegante Kooperative wird von Frauen mit Behinderungen geführt und verkauft Haushaltswäsche mit feiner Randstickerei. Hinzu kommen fabelhafte handgenähte Tuniken, Kleider und Hemden für Männer, Frauen und Kinder, die auch umsonst abgeändert werden. Mit dem Verkaufserlös werden die Löhne, Ausbildungsprogramme und die Kinderbetreuung finanziert.

Souq Ableuh ESSEN

(Karte S. 56; Souq Ableuh) Abseits des Jemaa el Fna liegt dieser winzige Suk, der ganz im Zeichen der Olive steht. Grüne, schwarze, rotblaue oder in würziger Harissa-Paste marinierte Oliven – alles findet sich in diesem Olivenparadies.

Souq Haddadine KUNSTHANDWERK

(Karte S. 56) Im Suk der Schmiede, der voller geschäftiger Werkstätten ist, bildet das Stakkato der Hämmer die ständige Geräuschkulisse. Wer bei seinen Rundgängen Lust bekommt, sich eine der hübschen marokkanischen Lampen zuzulegen, die überall in den Suks angeboten werden, sollte hier direkt bei den Produzenten kaufen – die Lampen sind in der Regel günstiger.

Souk Cherifa DESIGN

(Karte S. 56; Souq Kchachbia; ⏲ 10–19 Uhr) Statt in den Suks ermüdend lange herumzusuchen, kann man gleich in diesen umgebauten *fondouq* gehen, in dessen Obergeschoss junge örtliche Designer ihre Waren anbieten. Abgefahrene Kissenbezüge gibt's bei **Sisi Morocco**, farbenfrohe Kaftane und aus Teppichen gefertigte Clutches bei **Khmissa**, modische bestickte Wäsche im **La Maison Bahira** (www.maisonbahira.com; ⏲ 10.30–19 Uhr) und hochwertiges Arganöl, *amlou* (Pasta aus Arganöl sowie Mandeln oder Erdnüssen) sowie Kosmetikprodukte bei **Arganino** (⏲ 10–19 Uhr).

Creations Pneumatiques KUNSTHANDWERK

(Karte S. 56; 110 Rue Riad Zitoun el-Kedim; ⏲ 10–19 Uhr) Wer Kunsthandwerk direkt bei Marrakeschs Recycling-Handwerkern kaufen will, eilt zum Riad Zitoun el-Kedim, wo Lampen, Schalen und Gürtel angeboten werden, die geschickt aus Blechdosen und Reifen gefertigt sind. Es gibt dort mehrere Läden, aber dieser – zu erkennen an dem eingerahmten Bob-Marley-Plakat – hat eine gute Auswahl von Spiegeln aus Michelin-Reifen, Schmuckkästen aus Schläuchen und coolen Männertaschen.

Assouss Cooperative d'Argane KOSMETIK, LEBENSMITTEL

(Karte S. 56; ☎ 0524 38 01 25; 94 rue Mouassine; ⏲ Sa–Do 9–13 & 15–19, Fr 9–12 Uhr) Die Marrakescher Filiale einer Argan-Kooperative außerhalb von Essaouira. Das nur aus Frauen bestehende Personal drängt einem kostenlose Proben von *amlou* (Argannuss-Butter) förmlich auf und erklärt stolz, wie die superpflegenden Kosmetiköle und Gourmet-Salatöle hergestellt werden. Der Laden liegt in der Nähe des Mouassine-Brunnens.

Fondouq Namas TEPPICHE

(Karte S. 56; Derb Sidi Ishak; ⏲ 10–19.30 Uhr) Mehrere Teppichläden bieten hier stapelweise schöne Berber-Kilims und *hanbels* (Webteppiche) in allen Preisklassen an. Es gibt auch viele Berber-Decken und Berberschmuck, wenn man etwas Kleineres mit nach Hause nehmen will. Mit einem Glas Minztee geht's ans Stöbern.

Naturom KOSMETIK

(Karte S. 56; ☎ 0673 46 02 09; 213 Rue Riad Zitoun el-Jedid; ⏲ Sa–Do 9.30–20, Fr bis 12 Uhr) Das Naturom hat viel Gutes zu bieten, nicht zuletzt ein 100%-iges Bio-Zertifikat und die Verwendung von reinen Essenzen und ätherischen Ölen (Argan-, Avocado- und Weizenkeimöl), die sicherstellen, dass alle Produkte komplett hypoallergen sind. Der eigene Heilkräutergarten sorgt dafür, dass die Herkunft aller Ausgangsstoffe nachvollziehbar ist.

Dar Chrifa Lamrania KUNST

(Karte S. 56; ☎ 0663 47 33 23; 11 Zaouit Lahdar; ⏲ 10.30–19 Uhr) Es gibt viele kleine Künstlerateliers in der Medina, aber insbesondere hier findet man viele interessante Originalgemälde lokaler Künstler. Um hinzukommen, passiert man die Medersa Ali ben Youssef und biegt links ab. Das Geschäft versteckt sich unter dem nächsten Bogengang.

Ensemble Artisanal KUNSTHANDWERK

(Karte S. 52; Ave Mohammed V.; ⏲ Mo–Sa 9.30–12.30 & 15–19 Uhr) Als Starthilfe für die Suks bietet sich dieses staatliche „Schaufenster" an, wo man echten Meistern bei der Arbeit zuschauen kann und eine Ahnung von der Vielfalt und den Preisen des hiesigen Kunsthandwerks bekommt. Die Festpreise sind höher als in den Suks, dafür kauft man stressfrei ein und die Produzenten werden direkt bezahlt.

Max & Jan MODE & ACCESSOIRES

(Karte S. 56; ☎ 0524 37 55 70; www.maxandjan.ma; 14 Rue Amesfah; ⏲ 10–19 Uhr) In dieser schrillen Boutique präsentiert sich die marokkanische Mode mit abgefahrenem Schmuck, alten Kaftanen, lässigen Sportklamotten und neu gestalteten Salwar-Hosen verrückt und inspiriert.

Ville Nouvelle

Alles Lebensnotwendige gibt's bei **Aswak Assalam** (Ave du 11 Janvier; ⏲ 9–22 Uhr), dem der Medina am nächsten gelegenen größeren Supermarkt, und im großen **Carrefour** (Eden Centre, Ave Mohammed V.; ⏲ 9–23 Uhr) im Zentrum von Guéliz. Der Laden hat eine Spirituosenabteilung und viele Dinge (darunter internationale Markenprodukte), die anderswo kaum zu finden sind.

33 Rue Majorelle MODE, ACCESSOIRES

(Karte S. 52; ☎ 0524 31 41 95; www.33ruemajorelle.com; 33 Rue Yves Saint Laurent; ⏲ 9.30–19 Uhr) Mehr als 60 Designer, überwiegend aus Marokko, sind hier vertreten. Der Mitbesitzer Yehia Abdelnour verwendet viel Zeit darauf, einheimische *maâlems* (Handwerksmeister) aufzuspüren, die den Großteil der ausgestellten Waren herstellen. Zu den jüngsten Funden zählen supercoole Clutches aus alten Polsterstoffen von den Harakat-Schwestern, seidene Pluderhosen vom Couturier Maroc'n Roll und geflochtene, poppige Armbänder von Zinab Chahine.

Sidi Ghanem DESIGN

(Karte S. 52; www.sidighanem.net; Rte de Safi; ⏲ Mo–Fr 9–18, Sa 9–12 Uhr) Im Gewerbegebiet Sidi Ghanem haben die großen Namen des modernen marokkanischen Designs ihre Werkstätten und Ausstellungsräume – man findet Keramiken, Textilien, Möbel und Mode. Das Viertel liegt 4 km außerhalb des Zentrums. Eine Taxifahrt von der Medina und zurück kostet – zu einem vorab vereinbarten Festpreis – zwischen 150 und 250 Dh.

Darart Librairie BÜCHER

(Karte S. 52; ☎ 0524 31 45 93; 79 Rue Yves Saint Laurent; ⏲ 9–18 Uhr) Dieser Buchladen verkauft Hochglanz-Bildbände über Marokko und hat eine kleine Auswahl englisch- und französischsprachiger Titel. Es gibt auch ein kleines Regal mit Reiseführern über Marokko, gute Stadtpläne und Landkarten und eine ganze Menge marokkanische Kochbücher.

Atika SCHUHE

(Karte S. 60; ☎ 0524 43 95 76; 34 rue de la Liberté; ⏲ Mo–Sa 8.30–12.30 & 15.30–20 Uhr) Die Atika-Slipper in mehr Farben, als ein Bonbonladen zu bieten hat, sind ein Muss aus Marrakesch. Einige Kunden haben sogar ihren Lieblingsschuh in zehn diversen Farben gekauft. Aber wer kann es ihnen schon verdenken für 650 bis 700 Dh pro Paar – ein Viertel des Preises für ähnliche Schuhe von Designermarken.

Praktische Informationen

GEFAHREN & ÄRGERNISSE

Schlepper und Abzocker gehören zum Medina-Erlebnis unvermeidlich dazu. Marrakeschs *Brigades Touristiques* (Touristenpolizei) ist es in den letzten Jahren gelungen, die schlimmsten Auswüchse einzudämmen; komplett beseitigt ist das Problem aber nicht. Man muss immer kühlen Kopf bewahren, um sich von Schleppern, die einen bedrängen, nicht verführen zu lassen.

Wenn man sich in der Medina verläuft, sollte man Ladenbesitzer nach dem Weg fragen – gelangweilte Jugendliche schicken Touristen gern in die falsche Richtung!

GELD

Geldautomaten gibt's in der Medina rund um den Jemaa el Fna und in der Ville Nouvelle an der Ave Mohammed V.

Sonntags geht den Automaten an der Rue Bab Agnaou (nahe dem Jemaa el Fna) und an der Rahba Kedima oft das Geld aus. Alternativen sind die Geldautomaten an der Rue Fatima Zohra nahe dem Bab Ksour sowie die in der Ville Nouvelle.

In den Suks in der Medina herrscht immer noch das Bargeld. Nur größere Läden akzeptieren Bank- oder Kreditkarten.

In vielen Mittel- und Spitzenklassehotels kann mit Euros bezahlt werden.

BCMI Bank (Karte S. 56; Ave Mohammed V.; ⌚ Mo–Fr 8–18 Uhr)

Société Générale (Karte S. 56; Ave Mohammed V.; ⌚ Mo–Fr 8–18 Uhr)

Voyages Schwartz (Karte S. 60; ☎ 0524 43 74 69; 22 Rue Moulay Ali; ⌚ Mo–Fr 8.30–12 & 14.30–18.30, Sa 8.30–12 Uhr) Repräsentant von American Express.

INFOS IM INTERNET

Lonely Planet (www.lonelyplanet.com/morocco/marrakesh) Infos zu Reisezielen, Hotelbuchungen, Travellerforum und mehr.

Marrakech Pocket (www.marrakechpocket.com) Marrakeschs monatlicher Veranstaltungsführer in französischer Sprache liegt auch in den meisten Hotels und Bars aus.

Vivre Marrakech (www.vivre-marrakech.com) Events, Neueröffnungen und Programme (alles auf Französisch). Der vierteljährlich erscheinende Guide (Französisch und Englisch) dieser Website ist in vielen Hotels und einigen Geschäften erhältlich.

INTERNETZUGANG

In den meisten Hotels und Riads sowie in vielen Cafés und Restaurants gibt's kostenloses WLAN.

Es gibt immer noch viele Internetcafés (meist 10–22 Uhr) in der Medina, vor allem nahe dem Jemaa el Fna. Sie sind an den Schildern „c@fe" zu erkennen und verlangen meist zwischen 8 und 12 Dh pro Stunde.

Cyber Café in CyberPark (www.arsatmoulayabdeslam.ma; Ave Mohammed V.; 10 Dh/Std.; ⌚ 9–18 Uhr) 15 Computer mit schnellen Verbindungen unter Oleanderbäumen.

MEDIZINISCHE VERSORGUNG

Ein Verzeichnis der Apotheken mit Nachtdienst (Pharmacie de Garde genannt) hängt an oder neben der Tür aller Apotheken. Es führt auch Apotheken auf, die tagsüber an Feiertagen geöffnet sind. Eine Liste und eine Standortkarte sind zudem auf www.syndicat-pharmaciens-marrakech.com zu finden.

Pharmacie Centrale (Karte S. 60; ☎ 0524 43 01 58; 166 bd Mohammed V; ⌚ 9–19 Uhr) Bester Ort für exzellente Beratung, persönliche Betreuung und einen zuverlässigen Vorrat an Medikamenten.

Pharmacie de l'Unité (Karte S. 60; ☎ 0524 43 59 82; av. des Nations Unies; ⌚ 8.30–23 Uhr)

Clinique Internationale (☎ 0524 36 95 95; www.clinique-internationale-marrakech.com; Bab Ighli, abseits der Av Guemassa) Das zentral gelegene Privathospital wird von in Marrakesch ansässigen Ausländern empfohlen. Es befindet sich östlich des Menara-Gartens an der Straße zum Flughafen.

Polyclinique du Sud (Karte S. 60; ☎ 0524 44 79 99; 2 Rue de Yougoslavie; ⌚ 24 Std.) Angesehene Privatklinik.

NOTFALL

Brigade Touristique (Karte S. 56; ☎ 0524 38 46 01; Rue Ouadi el-Makhazine)

Polizeihauptwache (Karte S. 56; ☎ 190; Rue Ibn Hanbal, Guéliz; ⌚ 24 Std.)

POST & TELEFON

Öffentliche Kartentelefone sind überall zu finden, vor allem nahe der Rue de Bab Agnaou in der Medina sowie in der Ave Mohammed V. in Guéliz. Telefonkarten sind an Zeitungskiosken und in *téléboutiques* erhältlich.

DHL (Karte S. 60; ☎ 0524 43 76 48; www.dhl-ma.com; 113 Ave Abdelkrim el-Khattabi; ⌚ Mo–Fr 8.30–12.30 & 14.30–18.30, Sa 8.30–12.30 Uhr) Internationaler Kurierdienst; Transportversicherung gegen Aufpreis.

FedEx (Karte S. 60; ☎ 0524 31 40 64; 113 Ave Abdelkrim el-Khattabi; ⌚ Mo–Fr 8.15–12.15 & 14.30–18.30, Sa 8.15–12.30 Uhr) Internationaler Kurierdienst.

Hauptpost (Karte S. 60; ☎ 0524 43 19 63; Place du 16 Novembre; ⌚ Mo–Fr 8–16, Sa 8.30–12 Uhr) Postlagernde Sendungen gibt's an Schalter 3; das Paketbüro liegt um die Ecke in der Ave Hassan II. Der Briefmarkenverkauf und die Wechselstube sind montags bis freitags bis 20 Uhr und samstags bis 18 Uhr geöffnet.

Postamt (Karte S. 56; Rue de Bab Agnaou; ⌚ Mo–Fr 8–12 & 15–18 Uhr) Eine günstig gelegene Filiale in der Medina.

TOURISTENINFORMATION

Office National Marocain du Tourisme (Karte S. 60; ONMT; ☎ 0524 43 61 79; Pl Abdel Moumen ben Ali, Guéliz; ⌚ Mo–Do 8.30–12 & 14.30–20, Fr 8.30–11.30 & 15–18.30 Uhr) Hier erhält man Broschüren, aber nur wenig nützliche Infos.

In den meisten Hotels und Riads bekommt man einen kostenlosen Stadtplan.

An- & Weiterreise

AUTO

Wer mit dem eigenen Auto unterwegs ist, sollte versuchen, tagsüber in Marrakesch anzukommen. Das Navigieren durch den starken chaotischen Verkehr bei Nacht ist für die meisten Erstbesucher purer Stress. Jederzeit muss man auf Motorroller, Pferdewagen, Esel, Fußgänger und auf andere Autofahrer aufpassen, die sich nur selten an die Verkehrsregeln halten.

Lokale Autovermietungen sind oft günstiger als internationale Unternehmen. Die angegebenen Preise beginnen bei etwa 350 Dh pro Tag mit Klimaanlage und unbegrenzter Kilometerzahl. Bei Geländewagen ist mit 950 bis 1300 Dh inklusive Basisversicherung zu rechnen; am teuersten sind die größten Fahrzeuge, die bis zu sieben Personen fassen. In der Nebensaison kann ein Preisnachlass von 10 bis 20 % ausgehandelt werden (Ende Okt.–Mitte Dez. & Mitte Jan.–Ende Feb.).

Ein Auto mit Fahrer kostet innerhalb von Marrakesch ab 150 Dh pro Tag zusätzlich, für Fahrten außerhalb von Marrakesch 200 Dh pro Tag.

Die internationalen Autovermieter Avis, Hertz, Europcar und Budget haben Schalter am Flughafen.

KAT (Karte S. 60; ☎ 0524 43 01 75; www.katcar-marrakech.com; 68 Blvd Mohammed Zerktouni; einfaches Auto/mit Klimaanlage 24/32 € pro Tag; ⏲ 8–21 Uhr) Freundliche Agentur, in der auch Englisch gesprochen wird.

La Plaza Car (Karte S. 60; ☎ 0524 42 18 01; www.laplazacar.com; Immeuble 141, 23 Rue Mohammed el-Beqal; ab 25 €/Tag; ⏲ Mo–Sa 8.30–12 & 14.30–18.30 Uhr)

Lhasnaoui Rent (Karte S. 52; ☎ 0524 31 24 15; www.lhasnaouirent.com; Ecke Blvd Allal el-Fassi & Ave Yacoub el-Mansour, 15 Immeuble el-Omairi; ab 25 €/Tag; ⏲ Mo–Sa 9–17 Uhr)

BUS

Der **CTM-Busbahnhof** (Karte S. 52; ☎ 0524 43 44 02; www.ctm.ma; Rue Abou Bakr Seddiq; ⏲ 6–22 Uhr) liegt rund 15 Gehminuten südwestlich vom Bahnhof. Es gibt kaum Einrichtungen, nur ein verrauchtes, rund um die Uhr geöffnetes Café mit unzuverlässigem WLAN.

Ein Taxi vom Busbahnhof zum Jemaa el Fna sollte nicht mehr als 30 Dh kosten (viele Fahrer fordern aber 50 Dh).

Supratours (Karte S. 52; ☎ 0524 43 55 25; www.oncf.ma; Ave Hassan II.) befindet sich westlich vom Bahnhof im alten Stationsgebäude. Dieser Busbahnhof hat ein Café und eine Gepäckaufbewahrung (10 Dh/Tag, geöffnet 6–22 Uhr). Die Busse haben Anschluss an ankommende und abfahrende Züge.

Der Parkplatz vor dem Supratours-Büro ist die Abfahrts- und Ankunftsstelle für die meisten internationalen Busse, darunter die **CTM-Busse** ab/nach Paris (Erw./Kind 2730/2060 Dh, 48 Std., Di & Fr).

Taxis warten auf dem Supratours-Parkplatz.

Die meisten Busse, die nicht zu CTM oder Supratours gehören, nutzen den **Gare Routière** (Karte S. 52; Busbahnhof; ☎ 0524 43 39 33; Bab Doukkala) gleich vor der Stadtmauer am Bab Doukkala, der 25 Gehminuten oder eine 5 bis 10 Dh teure Taxifahrt vom Jemaa el Fna entfernt ist. Das große Hauptgebäude wird von Buden gesäumt, in denen man die Tickets für Regional- und Fernbusse erhält. Für Busse, die frühmorgens starten, sollte man das Ticket am Vortag kaufen, da einige Buden erst später öffnen.

FLUGZEUG

Der kleine, moderne **Flughafen Marrakesch-Menara** (RAK; ☎ 0524 44 79 10; www.marrakech.airport-authority.com; ⏲ Informationsschalter 8–18 Uhr; 📶) liegt 6 km südwestlich der Stadt. Wegen der wachsenden Zahl von internationalen und Charterflügen wird er ausgebaut und erhält derzeit ein zweites Terminal.

In der Ankunftshalle befinden sich eine Wechselstube, Geldautomaten, ein Informationsschalter und Mobilfunkanbieter, die marokkanische SIM-Karten verkaufen. Die Wechselstube bleibt täglich bis nach der Ankunft des letzten Flugzeugs geöffnet.

Royal Air Maroc (Karte S. 60; RAM; ☎ 0524 43 62 05, Callcenter 0890 00 08 00; www.royalairmaroc.com; 197 Ave Mohammed V.; ⏲ 8.30–12.20 & 14.30–19 Uhr) fliegt mehrmals täglich ab/nach Casablanca (einfache Strecke ab ca. 800 Dh, 55 Min.), wo man Anschluss an Inlands- und internationale Flugverbindungen hat.

TAXI

Grands taxis (Rue Uqba bin Nafaa) und Minibusse zu Zielen im Hohen High Atlas, darunter nach Asni (30 Dh), Ouirgane (40 Dh) und Setti Fatma (40 Dh),fahren von der Rue Uqba bin Nafaa an der Mauer der Medina unweit vom Jemaa el Fna ab.

Grands taxis (abseits der Ave du 11 Janvier) zu weiter entfernten Zielen wie Agadir (150 Dh), Azilal (75 Dh), Beni Mellal (110 Dh), Demnate (70 Dh), Essaouira (90 Dh), Ouarzazate (120 Dh) und Taroudannt (110 Dh) versammeln sich auf einem Parkplatz gleich vor dem Bab Doukkala. Je nach Nachfrage können die Preise um 10 bis 20 Dh schwanken.

ZUG

Marrakeschs **Bahnhof** (Karte S. 52; ☎ 0524 44 77 68; www.oncf.ma; Ecke Ave Hassan II & Blvd Mohammed VI.) ist groß, übersichtlich und praktisch. Er verfügt über Geldautomaten, Cafés und Fast-Food-Läden.

Taxis warten direkt vor dem Bahnhof. Die Fahrt zum Jemaa el Fna macht auf dem Taxameter nur

20 Dh (nachts 30 Dh) aus; allerdings ignorieren ihn die Fahrer gerne und verlangen meistens um die 50 Dh.

Unterwegs vor Ort

Marrakesch ist dicht bebaut und eben, also gut zum Spazierengehen geeignet. Das dichte Labyrinth der Suks und Gassen in der Medina lässt sich nur zu Fuß erkunden. Das Zentrum von Guéliz ist nur 20 bis 25 Gehminuten vom Jemaa el Fna entfernt.

AUTO & MOTORRAD

Wer in der Medina wohnt, findet bewachte Parkplätze an der Rue Fatima Zohra (nahe dem Jemaa el Fna), der Rue Riad Zitoun el-Jedid (nahe dem Bahia-Palast) und der Rue Abbes Sebti (hinter der Koutoubia-Moschee). In Guéliz gibt es eine sichere Tiefgarage an der Av Mohammed V. gegenüber dem Postamt. Man zahlt tagsüber ungefähr 20 Dh und 40 Dh für 24 Stunden.

In Guéliz sind einige Straßen mit Parkautomaten ausgestattet (2 Dh/Std.). Bei Straßenparkplätzen ohne Automaten erwarten die Wächter, die ein Auge auf die Autos haben, ein Trinkgeld von 10 Dh. Dabei handelt es sich um Männer in blauen Jacken – man zahlt vor dem Weiterfahren.

Wer mutig und tollkühn ist, kann sich auch mit einem Motorroller oder Motorrad in den Verkehrsdschungel stürzen. Bikes vermietet **Marrakech Roues** (Karte S. 56; ☎ 0663 06 18 92; www.marrakech-roues.com; Imm Roux, 3 Rue Bani Marine; 50/80/160 Dh pro Std./halber/ganzer Tag; ⏲ Mo & Di 9–13 & 14–20.30, Mi, Do, Sa & So 9.30–19.30, Fr 9–12.30 & 14.30–21 Uhr).

BUS

Die Stadtbusse betreibt **Alsa** (www.alsa.ma; Fahrschein 4 Dh). Auf der Website von Alsa findet sich ein halbwegs hilfreicher Streckenplan. Die Busse zur Ville Nouvelle halten an der Pl de Foucauld vor dem Jemaa el Fna. Die Betriebszeit ist von ungefähr 6 bis 21.30 oder 22 Uhr; auf den meisten Strecken fahren die Busse alle 15 bis 20 Minuten.

Wichtige Buslinien:

Bus 1 Kasbah–Guéliz–Bab Doukkala (über Jemaa el Fna und Ave Mohammed V.)

Bus 8 & 10 Jemaa el Fna–Bahnhof

Bus 11 Bab Doukkala–Jemaa el Fna–Menara-Garten

Bus 12 Jardin Majorelle–Bab Doukkala–Hivernage

Bus 16 Jemaa el Fna–Bab Doukkala–Guéliz–nordwestliche Vorstädte

CALÈCHES

Die grünen Pferdekutschen stehen auf der Pl de Foucauld neben dem Jemaa el Fna. Sie sind ein angenehmes Fortbewegungsmittel außerhalb

CTM-Busse ab Marrakesch

ZIEL	PREIS (DH)	DAUER (STD.)	HÄUFIGKEIT (TGL.)
Agadir	120/150 regular/premium	3½–4	17
Casablanca	90/130 regular/premium	3½	15
Er-Rachidia	180	10	1
Essaouira	80	3½	2
Fés	185–190	8–9	6
Laâyoune	350	14–15½	7
Ouarzazate	90	4½	5
Tan Tan	225	9	8
Tiznit	140–150	5½	8
Zagora	155	7½	2

Supratours-Busse ab Marrakesch

ZIEL	PREIS (DH)	DAUER (STD.)	HÄUFIGKEIT (TGL.)
Agadir	110/150 regular/comfort plus	4	11
Dakhla	490	23	2
Essaouira	80/110 regular/comfort plus	3½	6
Laâyoune	350	15	6
Ouarzazate	80	4½	3
Tan Tan	205	10	7
Zagora	140	7¾	1

DAS ERSTE MAL IN MARRAKESCH

Wer das erste Mal nach Marrakesch reist und eine Unterkunft in einem Riad in der Medina oder draußen in der *palmeraie* gebucht hat, sollte sich einen privaten Transport vom Flughafen zur Unterkunft organisieren. Die meisten Riads kassieren rund 150 bis 170 Dh für den Service. Wer ein Quartier in der Medina hat, wird mit dem Taxi zu einem Treffpunkt (normalerweise am Jemaa el Fna) gebracht und dort abgeholt. Zu Fuß geht es dann bis zur Tür der Unterkunft.

der Hauptverkehrszeiten (8, 12 & 17.30–19.30 Uhr). Es gilt ein staatlich festgelegter Preis von 120 Dh pro Stunde; die Preise sind in der Kutsche angeschlagen. Eine Fahrt rund um die Stadtmauer dauert etwa 1½ Stunden.

Die Tierschutzorganisation SPANA (www.spana.org) arbeitet mit Marrakeschs Kutschern zusammen, kümmert sich um das Wohlbefinden der Tiere und unterhält Tränken entlang beliebter Kutschenrouten.

VOM/ZUM FLUGHAFEN

Der **Airport-Bus 19** (einfache Strecke/hin & zurück 30/50 Dh; ⏲6.15–21.30 Uhr) dreht alle halbe Stunde eine Schleife zwischen dem Flughafen und dem Zentrum von Marrakesch. Vom Flughafen fährt er zur Pl de Foucauld (eine Gehminute vom Jemaa el Fna entfernt) und dann auf der Ave Mohammed V. über Bab Nkob (nach Bab Doukkala hier aussteigen), Pl du 16 Novembre und Bahnhof nach Guéliz und von dort zum Flughafen zurück.

Ein *petit taxi* vom Flughafen zum Stadtzentrum von Marrakesch (6 km) sollte nicht mehr als 70 Dh kosten – man dürfte aber große Schwierigkeiten haben, einen Fahrer davon zu überzeugen. Spätabends, wenn keine anderen Verkehrsmittel mehr fahren, verlangen die Fahrer in der Regel zwischen 120 und 150 Dh.

TAXI

Der Taxameterpreis der beigefarbenen *petits taxis* (Stadttaxis) liegt zwischen 8 und 20 Dh, der Nachtzuschlag beträgt 10 Dh. Viele Fahrer erklären, der Taxameter sei kaputt, und verlangen höhere Preise. Das gilt insbesondere für wartende Taxis an Ständen mit vielen Touristen – besonders am Flughafen, am Bahnhof, am Jemaa el Fna und am Jardin Majorelle. In der Regel bekommt man ein Taxi mit Taxameter oder zumindest eines zu einem günstigeren Preis, wenn man den Fahrer von der Straße heranwinkt.

Gruppen mit mehr als drei Personen benötigen ein *grand taxi* und müssen den Preis aushandeln.

RUND UM MARRAKESCH

Ouirgane

Wenn Marrakesch 60 km weiter im Nordosten unter der Hitze stöhnt und Touristen und Tagesausflügler Ourika überschwemmen, zieht es die Einwohner Marrakeschs ins milde Ouirgane, wo sie die frische Brise des Hohen Atlas, gemütliche Wanderungen durch urtümliche Dörfer und romantische Landhotels genießen. Für alle, die auf dem Weg von oder nach Taroudannt den Tizi n'Test-Pass überqueren, ist Ouirgane ein exzellenter Zwischenstopp.

Schlafen

★ **Ouirgane Ecolodge** PENSION €€

(☎0668 76 01 65; www.ouirgane-ecolodge.com; Zi. 400–800 Dh; ❄📶🏊) Als friedliches Refugium vor der Hektik Marrakeschs ist diese umweltfreundliche Unterkunft kaum zu toppen. Die Zimmer besitzen eine freundliche Berber-Deko und die Lounge ist ein schöner Ort, um etwas zu essen oder es sich mit einem guten Buch am Feuer gemütlich zu machen. Man kann den Hamam nutzen (5 €), am Pool abhängen, ein Mountainbike ausleihen oder eine malerische Wanderung unternehmen.

Es gibt nur vier Zimmer – weit im Voraus reservieren!

★ **L'Oliveraie de Marigha** BOUTIQUEHOTEL €€€

(☎0524 48 42 81; www.oliveraie-de-marigha.com; bei Km 59 R203, Douar Marigha; DZ/Suite 900/1300 Dh; P❄📶🏊) Selbst aus Casablanca kommen Wochenendausflügler, um in diesem Olivenhain Holzofenpizza zu genießen, im Pool zu baden und dabei den Ausblick auf den Hohen Atlas zu bewundern. Die schicken Bungalows in dezenten Erdtönen stehen unter den Bäumen und sind mit Walnussmöbeln, doppelverglasten Fenstertüren und schicken Marmorbädern ausgestattet. Für Kinder ist mit einem separaten Pool, Minigolf und anderen Spielen (Tischtennis, Petanque) gesorgt.

Domaine Malika PENSION €€€

(☎0524 48 59 21; www.domainemalika.com; Rte d'Amizmiz, Douar Marigha; DZ ab 1390 Dh, Suite 1800–2100 Dh; P❄📶🏊) Diese moderne Villa mit nur sieben Zimmern ist das genaue Gegenteil der ganz nach innen gerichteten Riads in der Medina. Hier dreht sich alles um die freie Natur. Durch die deckenhohen Terrassentüren blickt man auf den Pool, dem Pfefferbäume Schatten spenden. Und aus den Zimmern im 1. Stock hat man durch die Panoramafenster und von der eigenen Terrasse die Gipfel des Hohen Atlas vor Augen. Die Einrichtung ist modern mit leichtem Vintage-Touch und einem ansprechenden Farbschema. Der Service und das Essen sind makellos. Das Haus befindet sich rund 6 km nördlich von Ouirgane.

HOHER ATLAS

Willkommen im höchsten Gebirge Nordafrikas, das bei den ansässigen Berbern „Idraren Draren" (Berg der Berge) heißt und vom Frühling bis zum Herbst ein echtes Paradies für Trekkingfans ist. Der Hohe Atlas zieht sich fast 1000 km diagonal durch Marokko, umgibt Marrakesch im Süden und Osten, von der Atlantikküste gleich nördlich von Agadir bis nach Khenifra im Nordosten. Seine gezackten Juragipfel dienen als Wetterbarriere zwischen dem milden mediterranen Klima im Norden und der sich immer mehr ausdehnenden Sahara im Süden.

Von September bis Mai fällt in den höchsten Lagen regelmäßig Schnee, was in Oukaïmeden Wintersport ermöglicht. Das ganze Jahr über strömen Flüsse nordwärts Richtung Marrakesch und bilden fruchtbare Täler – das Zat-, Ourika-, Mizane- und Ouirgane-Tal. Am herrlichsten sind die abgeschiedenen Täler im zentralen Hohen Atlas: Zaouiat Ahansal, Aït Bougomez, Aït Bououli und Aït Blel.

Die wichtigste Sprache im Hohen Atlas ist der Berberdialekt Tashelhit, in einigen Ecken wird auch Tamazight gesprochen.

Zentraler Hoher Atlas

Die Gegend östlich von Marrakesch im zentralen Hohen Atlas ist kaum besucht und erreichbar über das regionale Zentrum Demnate. Hier verbergen massive Kalksteinberge, verwitterte Canyons und ausgewaschene Schluchten (das beste Klettergebiet des Landes) fruchtbare Täler, viele davon waren bis vor ein paar Jahren für Fahrzeuge nicht zugänglich. Mehrere Berge in der Gegend sind über 4000 m hoch, so der Irhil M'Goun, der mit 4071 m der höchste Gipfel ist.

Demnate دمنات

24 000 EW.

Die einst prächtige Glaoui-Kasbah und die Lehmziegelmauern sind zerfallen, aber das faszinierende interreligiöse Erbe der Stadt ist noch lebendig. Im Zentrum der Stadt befindet sich ein *mellah* (jüdisches Viertel), dessen Eingang rund 150 m hinter dem Haupttor der Stadt auf der rechten Seite liegt. Das muntere Städtchen lohnt die Erkundung, auch wenn die meisten Traveller hier nur durchkommen, um die weiter östlich gelegene malerische Schlucht von Imi n'Ifri zu besuchen.

Die 100 Jahre alten Olivenhaine auf den Hügeln rund um Demnate erbringen Marokkos bestes Olivenöl: Mit Spuren von Mineralsalzen, goldener Farbe und einem leichten Holzaroma kann es mit den Olivenölen der Toskana mithalten. Mandeln sind ein weiteres berühmtes lokales Erzeugnis; der März ist wegen der Mandelblüte in den örtlichen Plantagen eine schöne Zeit für einen Besuch in Demnate.

Feste & Events

Hamdouchi Moussem RELIGION

(Sept.) Demnate hat zwei *zawiyas* (islamische Schreine), die dafür sorgen, dass das jährliche Hamdouchi Moussem im September doppelt so wild wird. Pilger, die jeden *zawiya* besuchen, tanzen bei einem ganztägigen Musikfest zu unterschiedlichen Rhythmen, danach gibt's verschiedene dreistündige Paraden zu den *zawiyas*. Manchmal gipfelt das *moussem* (Festival) in einem Blutritual: Dann schneiden sich die Tänzer in einem dramatischen Akt ritueller Reinigung selbst in die Kopfhaut.

Jüdisches Moussem RELIGIOUS

(Juli) Hunderte von jüdischen Familien aus Marokko, Frankreich, Israel, Kanada und den USA kommen in jedem Juli zum jüdischen *moussem*, einem einwöchigen mystischen Event, bei dem auch Wunderheilungen vorkommen sollen.

Schlafen & Essen

★ Kasbah Timdaf PENSION €€€

(0523 50 71 78; www.kasbah-timdaf.com; N 31°46.50, W 007°01.13; EZ/DZ 715/880 Dh; P)

Die anheimelnde Öko-Burg liegt 15 Minuten außerhalb von Demnate an der Straße nach Azilal. Die künstlerisch gestalteten Zimmer prunken mit altmodischen Holzöfen und schicken, mit *tadelakt* verputzten Bädern. Die aus Stein und Lehmziegeln erbaute Kasbah wirkt zwar wie ein Palast, ist aber eine echte, von Mandel- und Olivenhainen umgebene Farm. Auf der mit Weinran-

ABSTECHER

ABSEITS DES TRUBELS: DIE AGAFAY-WÜSTE

Wer nicht die Zeit hat, Bergpässe zu überqueren, kann einen Ausflug mit Übernachtung in die Agafay-Wüste unternehmen. Die raue und trockene Mondlandschaft 40 km südwestlich von Marrakesch erreicht man über die Rte d'Amizmiz. Die Wüste ist ein beliebtes Wochenendziel der Einwohner Marrakeschs, die hier reiten, die Dünen bewundern und auf dem Lalla Takerkoust, einem künstlichen Stausee, Kanu fahren. Im Frühjahr legt sich ein Teppich aus Weizen und Wildblumen über die Gegend, die aber im Sommer und Herbst einer echten Wüste gleicht.

Wüsten-Refugien sind hier Trumpf. Die Ferienanlagen sind ganz auf Entspannung ausgelegt und wollen das meiste aus der umliegenden rau-schönen Landschaft herausholen.

Ohne eigenes Auto ist es nahezu unmöglich, in die Agafay-Wüste oder auch nur in deren Nähe zu gelangen. Alle Resorts in der Gegend können aber Shuttles ab Marrakesch und wieder zurück organisieren.

Hier unsere vier Favoriten:

La Pause (☎0661 30 64 94; www.lapause-marrakech.com; Douar Lmih Laroussiéne, N 31°26.57, W 8°10.31; DZ mit VP in Safarizelt/Lodge 135/200 € pro Pers.;) In diesem Wüstenrefugium fern von Allem erlebt man die nackte, tiefe Schönheit des ländlichen Marokko. Erwachsene können hier dank fehlendem Strom und Netzabdeckung richtig abschalten. Man faulenzt in Hängematten, speist im Nomadenzelt und schläft in rustikal-schicken Bungalows, die mit Kerzenbeleuchtung, *tataoui* (Flechtwerk) an den Zimmerdecken und Berberteppichen ausgestattet sind.

Scarabeo (☎0662 80 08 23; www.scarabeo-camp.com; DZ/Suite/FZ mit HP 2055/2755/3080 Dh; ⊙Mitte Juni–Mitte Sept. geschl.) So haben die Tuareg niemals gehaust. Die weißen Zelte im Nomadenstil sind mit Teppichen und bequemen Betten ausgestattet. Sie stehen mitten in der ausgedörrten Agafay-Wüste und bieten in alle Richtungen einen weiten, bis zum Atlasgebirge reichenden Ausblick. Tagsüber kann man wandern, Kamelausritte unternehmen oder die Gegend im Geländewagen auskundschaften, nachts genießt man einfach den unvergleichlichen Sternenhimmel.

Jnane Tihihit (☎0524 38 73 52; www.riad-t.com/jnane-tihihit; Douar Makhfamane; DZ mit Frühstück ab 940 Dh; P) Hier entspannt man ganz natürlich auf einem Bio-Bauernhof mit solar beheizten und weiß getünchten Stampflehmbungalows, die unter Granatapfelbäumen stehen. Feinschmecker können sich um Safrangärten kümmern und lernen, wie man Couscous zubereitet (Gerichte rund 175 Dh), während die Kinder reiten, sich zum Strand am See aufmachen oder im chemiefreien Pool herumtollen. Das Resort befindet sich rund 45 km südwestlich von Marrakesch an der P2009.

Terre des Étoiles (☎0524 44 73 75; www.terredesetoiles.co.uk; N 31°27.50, W 08°11.65; mit HP 700–950 Dh/Pers.) In diesem friedlichen Refugium inmitten der Mondlandschaft mit schönem Ausblick bis zum Atlasgebirge ist man weltenweit entfernt vom Alltag. Man wohnt in einem von zehn geräumigen Luxuszelten, die mit bequemen Matratzen, guten Möbeln und angeschlossenem Bad ausgestattet sind. Man kann im Garten helfen, Exkursionen (Wanderungen, Kamelritte, Mountainbiketouren) unternehmen oder nachts unter dem Sternenzelt das einfache Leben genießen. Das Resort befindet sich rund 34 km südwestlich von Marrakesch abseits der R212.

ken geschmückten Terrasse genießt man eine weite Aussicht und einfallsreiche Berbergerichte mit mediterranem Einschlag (110–190 Dh).

Die Besitzer Jacqueline und Yannick organisieren auch Rad-, Wander- und Angelausflüge in die Umgebung von Demnate. Transfers von/nach Marrakesh und Ouzoud sind verfügbar.

Restaurant-Café Itranes MAROKKANISCH €
(Viertel-/ganzes Hähnchen mit Fritten oder Brot 25/75 Dh; ⊙12–23 Uhr) In dem Straßenrestaurant, rund 300 m hinter dem Stadttor linker Hand gelegen, gibt's gute Grillhähnchen.

Café-Restaurant Al Jazeera BERBERKÜCHE €€
(☎0524 45 82 39; 3-Gänge-Menü ab 130 Dh; ⊙8–20 Uhr) Man muss vorher anrufen, wenn

man hier essen will, aber die Mühe lohnt sich. Das Mahl beginnt mit pikanten saisonalen Salaten, dann folgt das berühmte feinkörnige Couscous aus Demnate mit Olivenöl und gerösteten Mandeln aus der Region. Nach dem Essen gibt's ein erfrischendes Bad im Innenhof-Pool (nur im Sommer) und einen ausgezeichneten Espresso im Garten. Das Restaurant liegt sehr nah beim *gare routière* (zentralen Busbahnhof). Man kann auch nur zum Baden kommen (20 Dh).

Shoppen

Wenn man nicht am Sonntag beim Suk in der Stadt ist, kann man Keramik in den Töpfereien kaufen, die sich nordöstlich der Stadt im Dorf Bouglou befinden – an der Moschee rechts abbiegen und 4 km durchs offene Gelände laufen.

Suk am Sonntag MARKT

Der jeden Sonntag 10 Gehminuten südlich der Stadt stattfindende Suk bietet Gelegenheit, Oliven, Olivenöle und Mandeln aus der Region zu probieren und hiesige Holzarbeiten und gelb glasierte, mit Henna bemalte Töpferwaren zu bewundern.

Miel d'Atlas ESSEN

Honig, anderswo eine Seltenheit, gibt's in den Hügeln um Demnate in Hülle und Fülle. Rechts an der Hauptstraße, die östlich aus der Stadt heraus nach Imi n'Ifri führt, befindet sich ein *hanout* (Lebensmittelladen), auf dessen Schild „Miel d'Atlas" und eine Biene prangen. An der Theke kann man den Händler bitten, einen den Honig aus der Umgebung probieren zu lassen.

Hervorragend ist der Bergkräuter- und Wildblumenhonig mit seinem würzigen Thymianaroma, während der *zriga*-Honig (eine lokale blaue Wildblume) fruchtig und fast nach Guaven schmeckt.

An- & Weiterreise

Vom Haupttor in Demnate fahren *grands taxis* nach Marrakesch (60 Dh) und Azilal (37,50 Dh).

Die Busse nach Marrakesch (40 Dh, 2 Std., 6–21 Uhr) und Azilal (30 Dh, 1 Std., 7–12 Uhr) starten am Busbahnhof (die Straße rechts vor dem Stadttor nehmen und am Kreisverkehr links abbiegen). Ins nahe gelegene Imi n'Ifri kommt man nur per Taxi (40 Dh für das ganze Taxi).

Imi n'Ifri

Nur 6 km östlich von Demnate über die R307 befindet sich die Imi n'Ifri („Höhlenmaul" in der Berbersprache), eine natürliche Travertinbrücke, die sich vor 1,8 Mio. Jahren über eine Schlucht gebildet hatte. Angeblich stellen die beiden Seiten des Übergangs einheimische Liebende dar, die von ihren Familien getrennt wurden. „Romeo und Julia von Demnate" hielten Händchen und wurden zu Stein. Man kann auf eigene Faust hinab in die Schlucht und durch den scharfkantigen Rachen hinabsteigen – die Pfade sind an der Brücke und am Postamt deutlich ausgeschildert und umfassen 300 Stufen. Aber besser ist es, einem einheimischen Führer ein kleines Trinkgeld (20 Dh) zu geben, damit er einem über einige schwierige Felsbrocken hilft und lokale Legenden erzählt.

Auf der Südseite der Schlucht befindet sich eine Quelle mit mineralsalzreichem Wasser. Bräute kommen vor ihrer Hochzeit hierher und im Sommer kann man bei Junggesellinnenabschieden der Berberfrauen Gesang, Trommel und Tamburin hören. Auf der anderen Seite der Schlucht entspringt eine Süßwasserquelle, deren Wasser Akne heilen soll, was erklärt, warum hier so viele Teenager rumhängen. Wer unter der Brücke durchgeht, befindet sich auf einmal in einer *Herr-der-Ringe*-Kulisse. Krähen schießen dort von beeindruckenden Stalaktiten herab.

Schlafen & Essen

Ein paar geschäftstüchtige Einheimische verkaufen Tee und Snacks an Plastiktischen direkt in der Schlucht. Ansonsten essen die meisten Besucher in ihren Pensionen oder in Demnate.

Gite Kasbah Imi n'Ifri PENSION €

(☎ 0662 10 51 68; thamitrek1@hotmail.com; Zi. 150 Dh/Pers., mit HP 220 Dh/Pers.) Die gute Budgetoption – ein Familienbetrieb mit schlichten Zimmern und Gemeinschaftsbädern – liegt nur ein paar Gehminuten von der Spitze der Schlucht entfernt. Die besten Zimmer sind recht luftig und bieten einen Blick in die Berge. Ganztägige geführte Wanderungen (300 Dh) sind im Angebot.

★ **Tizouit** PENSION €€

(☎ 0658 34 61 48; www.tizouit.ma; Aït Oumghar; Zi. 600–660 Dh, 3BZ 850 Dh; P 📶 ❄) Das Tizouit im Schatten blühender Gärten mit Bananen-, Granatapfel- und Olivenbäumen liegt am Hang über Demnate und offenbart, dass es mit viel Hingabe geschaffen wurde. Henri und Nadja haben mit dieser herrlichen Ökolodge ein idyllisches Refugium verwirklicht, das acht individuell gestaltete Cottages (jeweils mit eigener Terrasse), einen natürlichen Teich und üppige Gartenanlagen mit einheimischen Pflanzen umfasst.

Die Wohnbereiche und Zimmer haben ein relaxtes europäisch-folkloristisches Flair: eine Kombination aus Bastmatten, marokkanischen Antiquitäten und Textilien sowie weichen europäischen Sofas. Durch die Terrassentüren hat man sonnige Ausblicke auf die alten Olivenhaine von Demnate. Auch die Aktivitäten sind hier natürlich ganz entspannt: lange, geruhsame Spaziergänge entlang alter Bewässerungskanäle bis zur Grotte von Imi n'Ifri, bei denen einen vielleicht Charlie, der vierbeinige Assistent, begleitet, oder Wanderungen in den Dinosaurier-Fußspuren von Aït Blel.

An- & Weiterreise

Wer in einer Pension nahe Imi n'Ifri übernachtet, kommt zu Fuß zur Schlucht. Busse und *grands taxis* fahren nur bis Demnate, von wo aus man nach Imi n'Ifri ein Taxi nehmen muss (rund 40 Dh).

Cascades d'Ouzoud

Nordöstlich von Demnate, nur 167 km von Marrakesch und Welten entfernt von der Hitze der Stadt, stößt man auf die **Cascades d'Ouzoud**, eines der bei Touristen und Marokkanern beliebtesten Ziele für Tagesausflüge von Marrakesch aus. Der Oued Ouzoud fällt hier in drei Stufen 110 m tief in die Schlucht Oued el-Abid. Noch besser wird der Anblick der Wasserfälle, wenn man in die Kühle der Schlucht hinabsteigt, vorbei an den Sprühnebeln, die am späten Nachmittag in allen Regenbogenfarben leuchten, bis man die Becken am Boden erreicht. Von März bis Juni sind die Kaskaden am spektakulärsten. Junge Marokkaner zelten aber oft auch im Sommer auf den Terrassen gegenüber.

ABSEITS DER ÜBLICHEN PFADE

STRASSENTOUR: VON DEMNATE NACH AÏT BOUGOMEZ

Bei Imi n'Ifri gabelt sich die Straße; die linke Abzweigung führt ins atemberaubende Aït-Blel-Tal, das über das Aït-Bououli-Tal mit dem Aït-Bougomez-Tal verbunden ist. Im Frühling wirkt das Aït-Blel-Tal wie ein lebendes impressionistisches Gemälde, wenn die Brise durch die goldenen, mit roten Mohnblüten durchsetzten Weizenfelder fährt.

Die Straße hier ist relativ neu und das gesamte Tal wirkt noch unberührt. Die Berge haben goldene, orangefarbene und purpurrote Streifen, während auf den mit Steinen eingefassten Terrassen grüne Saaten sprießen. Folgt man der Straße von Imi n'Ifri 6 km zum Dorf **Iouaridene**, betritt man prähistorisches Gelände. In einem abgezäunten Bereich gleich links von der Straße sieht man **Dinosaurierfußspuren**, die Geologen ins Mitteljura datieren; sie sollen also rund 170 Mio. Jahre alt sein. Wenn das Tor verschlossen ist, fragt man in dem Haus in der Nähe nach dem Schlüssel. Einst zogen vierfüßige und fleischfressende Dinosaurier durch diese Gegend – da überrascht es nicht, dass Kinder aus der Umgebung gerne mal T-Rex spielen.

Vom Aït Blel geht's nur bergauf weiter, und zwar Richtung Osten über den **Tizi-n-Oubadou-Pass** (2173 m) ins Aït Bououli, Aït Bougomez und weiter. Die spektakuläre Fahrt führt durch Eichenwälder vor auffälligen Felsformationen mit vertikalen Sedimentstreifen, die in der Trias vor etwa 230 Mio. Jahren entstanden sind. Zwischen April und November braucht man einen Geländewagen und trockene Witterung, weil Gewitter und Sturzfluten oft Brücken zerstören.

Die Straße verengt sich an manchen Stellen auf eine Spur, aber sie ist durchgängig asphaltiert oder zumindest planiert. Die Dörfer an den Klippen und die jahrhundertealte Lebensweise, die einem unterwegs begegnen, lohnen die zwei Stunden, die man im Vergleich zur schnelleren Route über Aït Mohammed zusätzlich bis ins Aït-Bougomez-Tal braucht. Vor der Fahrt muss man auftanken: Die größte Ortschaft unterwegs ist Khemis Aït Blel, wo es dienstags einen Suk und ansonsten Stände gibt, die diverse Waren und gelegentlich auch mal Benzin haben.

Nahe dem Tizi-n-Oubadou-Pass bietet die **Gîte Tizi-n-Oubadou** (📱0661 44 36 02; www.gitetizinoubadou.com; EZ/DZ 170/270 Dh) einen Panoramablick über sorgsam gepflegte Terrassen mit Johannisbrot- und Mandelhainen. Die fünf Zimmer sind recht schlicht, aber gut in Schuss. Wenn man morgens vor der Abfahrt aus Demnate anruft, bekommt man vielleicht auch ein Mittagessen (60–90 Dh).

Um sich die Fälle anzusehen, geht man an den Schildern zum Riad Cascades d'Ouzoud vorbei in Richtung Hang, wo sich mehrere Wege hinabschlängeln.

Sehenswertes & Aktivitäten

Einheimische führen Besucher für ein paar Dirhams gern in die Schlucht, aber man kann auch einfach den ausgelatschten Wegen zu Aussichtspunkten und in die Schlucht hinab folgen. Unterwegs kreischen Berberaffen um Beachtung – allerdings weist ein Schild darauf hin, sie nicht zu füttern.

Unten geht es weiter am Flussbett entlang zu stilleren Badeteichen oder über den Fluss hinweg zu einem anderen Weg für längere Wanderungen. Zum malerischen Berberdorf **Tanaghmelt** führt der Weg an den unteren Teichen an einem Bauernhaus vorbei und ungefähr 1,5 km den Hang hinauf. Wer längere Wanderungen bevorzugt, folgt dem Flussverlauf bis zu den **Gramaa-Nakrouine-Höhlen** (2 Std.) und zu den **Oued el-Abid-Schluchten** (weitere 2 Std.).

Schlafen & Essen

Am Weg, der zu den Wasserfällen führt, findet sich eine wachsende Zahl billiger Pensionen. Viele Marokkaner übernachten auch auf den Zeltplätzen, die aber wegen des vielen Abfalls nicht zu empfehlen sind.

Die meisten Cafés an den Wasserfällen bieten Mahlzeiten aus Salat, Tajine, Hühnchen und Fritten (60–80 Dh).

★ **Camping Zebra** CAMPING, PENSION €
(☎0666 32 85 76; www.campingzebra.com; N 32°00.351, W 6°42.177; 2-Pers.-Zeltplatz mit/ohne Strom 105/85 Dh; Zi. mit/ohne Bad 400/250 Dh; P 📶 🐾) Nach vier Jahren unterwegs in ihrem schwarz-weiß gestreiften Geländewagen landeten Renata und Paul in Ouzoud und beschlossen, ihren eigenen Traum-Campingplatz zu schaffen. Das Resultat ist diese einladende Anlage mit Stellplätzen für Zelte, vier Gartenzimmern und einer Mini-Kasbah mit vier Zimmern und angeschlossenen Bädern.

Das Dekor ist so fröhlich wie die Gastgeber: Die Zimmer sind farbenfroh und es gibt ein mit bunten marokkanischen Textilien eingerichtetes Gemeinschafts-*khaima* (Zelt), in dem man Essen bestellen kann. Wer etwas unternehmen will, kann sich von Renata und Paul Führer aus Ouzoud vermitteln lassen. Bevor man losfährt, sollte man unbedingt erst Kontakt aufnehmen: Bei unserem letzten Besuch stand die Anlage zum Verkauf.

Hotel Chellal Ouzoud PENSION €
(☎0523 42 91 80; www.hotelchellalouzoud.com; EZ/DZ 250/350 Dh; 📶) Die schlichte Pension mit farbenfrohen Zimmern zu fairen Preisen liegt am Weg hinunter zu den Wasserfällen (ca. 400 m unterhalb der Spitze). Die Betreiber der freundlichen Bleibe verstehen etwas Englisch. Für die Gäste gibt's einen kleinen Patio.

Riad Cascadesd'Ouzoud PENSION €€
(☎0662 14 38 04; www.ouzoud.com; Zi. 450–810 Dh; ❄ 📶) Die stilvolle Lehmziegelpension ist, nur 30 m entfernt vom höchsten Punkt der Fälle, die beste Unterkunft in Ouzoud. Sie bietet diverse Aktivitäten in der Umgebung, solarbeheizte Duschen und mit Berberamuletten bemalte Zimmerdecken. Freundlich-familiäres einheimisches Personal sorgt dafür, dass man sich gleich wie zu Hause fühlt. Sechs Zimmer verfügen über Kamine, was im Winter sehr angenehm ist.

An- & Weiterreise

Von Marrakesch ist es am einfachsten, nach Azilal zu fahren, wo *grands taxis* nach Ouzoud (30/150 Dh pro Pers./Taxi) starten, sobald sie voll besetzt sind. Bis 16 Uhr sollte man den Rückweg nach Azilal angetreten haben, danach fahren nur noch wenige Taxis und die Fahrer lassen kaum mit sich verhandeln. Wer nicht die gleiche Strecke zurückfahren will, kann auch an der Ausfahrt nach Ouzoud, 22 km westlich von Azilal aussteigen, und von dort ein Taxis nehmen (rund 12 Dh).

Azilal أزيلال

29 000 EW.

Das regionale Zentrum ist für Traveller hauptsächlich ein praktischer Verkehrsknotenpunkt zwischen Demnate, den Cascades d'Ouzoud und den Tälern Zaouiat Ahansal und Aït Bougomez. Azilal ist zudem der letzte Ort in der Gegend, um sich mit Bargeld einzudecken. Auch empfiehlt es sich, hier aufzutanken. Donnerstags gibt's einen Suk.

Sehenswertes

Complexe Artisanal MARKT
(⏲Mo–Sa 9–16 Uhr) Der Markt direkt gegenüber dem Rathaus ist ein guter Ort, um sich mit den kunsthandwerklichen Traditionen der Atlasregion vertraut zu machen.

Schlafen & Essen

Hotel Ouzoud PENSION €
(☎0523 45 91 53, 0678 90 68 56; Ave Hassan II; EZ/DZ ohne Bad 70/120 Dh) Die gute und güns-

tige Pension im Stadtzentrum hat schlichte, aber nett eingerichtete Zimmer und eine kleine Lounge. Die besten Zimmer haben aufwendig gestaltete Decken und eine schöne Aussicht. Zur Zeit entstehen im Obergeschoss neue Zimmer mit Bad, Klimaanlage und Fernseher (EZ/DZ 120/200 Dh). Im Erdgeschoss gibt's ein zwangloses Restaurant.

Ajabli PENSION €
(☎0523 45 84 04; Hay Oued Edahab Rue 22; EZ/2BZ 60/120 Dh; 📶) Die Zimmer in dieser recht neuen Unterkunft einen Block von der Hauptstraße sind makellos und frisch gestrichen. Paare haben kein Glück, gibt es doch hier überwiegend keine Doppel-, sondern nur Zweibettzimmer. Alle Zimmer haben Gemeinschaftsbad.

Ibnou Ziad Restaurant MAROKKANISCH €
(Ave Hassan II.; Gerichte 40–60 Dh; ⏲11–20 Uhr) Das Lokal liegt an der Hauptstraße, gegenüber einem kleinen Platz, und ist ein guter Zwischenstopp für ein Grillhähnchen mit Fritten zum Mittagessen. Fußballfans bleiben vielleicht etwas länger, weil im Fernseher Spiele laufen.

ℹ Praktische Informationen

An der Ave Hassan II. gibt's ein paar Banken, darunter Attijariwafa neben der Polizeiwache.

Assotech (2. Stock, Ave Hassan II.; 5 Dh/Std.; ⏲Mo–Do & Sa 9–12.30 & 14.30–22, Fr 14.30–22 Uhr) Eines der letzten Internetcafés vor dem Aït Bougomez findet sich an der Hauptstraße über der Apotheke Ben Alal.

ℹ An- & Weiterreise

Täglich fahren drei Busse von Azilal nach Marrakesch (60 Dh, 3½ Std.) und Demnate (20 Dh, 1½ Std.). Um 18 Uhr fährt ein Bus über Marrakesch nach Agadir (150 Dh). Die Busse und Taxis starten derzeit von einer Haltestelle hinter der Hauptmoschee, es ist aber ein neuer Busbahnhof an der Ave Hassan II., rund 2 km westlich vom Zentrum (und damit näher nach Ouzoud), geplant.

Viele *grands taxis* fahren von Marrakesch nach Azilal (90 Dh) und, weniger häufig, von Azilal nach Demnate (35 Dh). Am Nachmittag starten Minibusse, sobald sie voll besetzt sind, von Azilal nach Zaouiat Ahansal (50 Dh, ca. 3 Std.) und nach Tabant (40 Dh, 3 Std.), der größten Ortschaft im Aït Bougomez.

Zaouiat Ahansal

Das fantastisch abgelegene, unabhängige Zaouiat Ahansal wurde im 13. Jh. vom reisenden islamischen Gelehrten Sidi Said Ahansal gegründet. Laut einer lokalen Legende erhielt er den Auftrag, eine Religionsschule an dem Ort zu errichten, wo seine Katze von seinem Maultier sprang. Glücklicherweise für Sidi Ahansal lag dieser Ort an einer wichtigen Straßenkreuzung zwischen dem zentralen Hohen Atlas und der Niederung von Marrakesch und ist mit Süßwasser und üppigem Weideland gesegnet, das von den mächtigen Nomadenstämmen Aït Abdi und Aït Atta genutzt wird.

In der Folge florierte die Region materiell und intellektuell. Bibliotheken, Religionsschulen, Heiligenhäuser und höchst dekora-

ABSTECHER

KAJAKFAHREN AM BIN EL-OUIDANE

Von Azilal ist ein Abstecher zum riesigen Staudamm Bin el-Ouidane möglich. Er liefert den größten Teil des Stroms für die Region. Aber er ist auch der Standort der zunehmend beliebten, zehntägigen Kajakschule von **Morocco Adventure & Rafting** (S. 68). Der Kurs findet einmal im Jahr zwischen April und Mai statt und beginnt mit zwei Tagen auf dem See für die Grundausbildung (Erfahrung wird nicht vorausgesetzt), anschließend geht es durch die Schlucht des Flusses Ahansal. Es folgen sieben spektakuläre Tage über Stromschnellen durch 2,5 m breite Schluchten, bevor es in einer Schleife zurück zum See geht. Unterwegs zeltet man am Fluss und beobachtet Schildkröten.

All das ist nicht nur ein toller Spaß, sondern auch eine wunderbare Art, die dramatische Cathédrale des Rochers und das Ahansal-Tal zu besichtigen. Zudem bietet sich vom Talboden aus eine völlig andere Perspektive auf die steilwandigen Felsschluchten. Gruppen sind auf zwölf Teilnehmer begrenzt und werden von zwei Führern, einem Sicherheitskajaker und einem Fotografen begleitet. Wer seinen eigenen Schlafsack nicht mitschleppen will, kann sich einen leihen. Exklusive Trips für mindestens sechs Teilnehmer können ebenfalls arrangiert werden.

Angeboten werden auch eine kürzere, dreitägige Raftingtour über den Ahansal sowie Canyoning. Letzteres erfordert aber einiges an Fitness.

tive *ighirmin* (gemeinschaftliche Kornspeicher) belegen dieses wohlhabende Kulturerbe. Selbst heute noch besuchen zahlreiche Pilger im islamischen Monat *shawaal* die Region und bringen Kleider- und Essensgeschenke für den heiligen Sidi Said Ahansal und seine Nachfahren.

Aktivitäten

Bei der Ankunft in Zaouiat Ahansal geht es über eine Brücke in Richtung eines Lehmziegel-*douar* (Dorf) auf einem steilen Hügel; dort lebte einst die gesamte 300-köpfige Gemeinde. Besucher können hier oder in den benachbarten Dörfern Amezrai oder Agoudim übernachten (dem Busfahrer Bescheid sagen, in welchem Dorf man aussteigen möchte). Das Dorf Taghia liegt weitere drei Stunden zu Fuß flussaufwärts in einem umwerfenden Kalkstein-Bergkessel. Man muss ein Maultier mieten, um es zu erreichen (120 Dh inkl. Maultiertreiber).

Seit die Asphaltstraße aus Azilal 2013 fertiggestellt wurde, beginnt Zaouiat Ahansal, sich einen Namen bei Kletterprofis und abenteuerlustigen Wanderern zu machen. Um die dramatische Landschaft und die Sehenswürdigkeiten der Region zu erkunden, empfiehlt es sich, einen lizenzierten Bergführer (300–400 Dh/Tag) zu engagieren. Die Lizenzen decken allerdings nur Wanderungen und mehrtägige Campingausflüge ab, aber nicht Klettern und Bergsteigen.

Tagoujimt n'Tsouiannt WANDERN

Mit 853 m ist der Tagoujimt n'Tsouiannt die höchste, besteigbare Felswand, die auch über Wanderungen über den passend benannten Tire-Bouchon-Pass („Korkenzieherpass") zugänglich ist. Die Wanderer müssen sich durch eine Reihe enger und gewundener Stein- und Holzschlote nach oben „schrauben", um die Spitze zu erreichen.

Weitere lohnende Wanderungen sind die Umrundung des Oujdad, der für das Tal charakteristischen massiven Felsformation, und die kurze Wanderung flussaufwärts zur „Quelle", dem eindrucksvollen Wasserfall, der den Beginn des Flusses Ahansal markiert.

Kristoffer Erickson KLETTERN

(eintägige Klettertour 375 €) Der Teilzeit-Einwohner, North-Face-Athlet und internationale Kletterführer Kristoffer Erickson kann zur Bezwingung der technisch anspruchsvollen Felswände der Region engagiert werden. In den Wintermonaten leitet Erickson auch ein- und mehrtägige Skiwanderungen zu den umliegenden Gipfeln. Man kann mit ihm über Atlas Cultural Adventures (S. 94) Kontakt aufnehmen.

NACHHALTIGER TOURISMUS

Die Bewohner von Zaouiat Ahansal sind enorm stolz auf die Naturschönheit und traditionelle Kultur ihrer Region und bemühen sich gemeinschaftlich, mit folgenden Vorschlägen Ausländern nahezubringen, ihren Besuch in der Gegend umweltverträglich und respektvoll zu gestalten:

- Jeglichen Müll und alle leeren Behälter entsorgen
- Wasseraufbereitungssysteme mitbringen statt Flaschenwasser kaufen
- Unter den Einheimischen zurückhaltende Kleidung, keine Shorts oder ärmellose Hemden tragen
- Keinen Alkohol vor oder mit Einheimischen trinken

Historische Wandertouren WANDERN

(www.atlasculturalfoundation.org; halbtägige Tour 350 Dh) Zaouiat Ahansal besitzt eine Fülle historischer und natürlicher Attraktionen: alte Wohnsitze von Heiligen, Pilgerstätten und sorgsam gepflegte Gemeindegärten. Für Touren mit Hintergrundinformationen kann ein Mitarbeiter der Atlas Cultural Foundation (S. 94) für halb- und mehrtägige Touren durch die Region und zu den hiesigen Gemeindeprojekten angeheuert werden.

Schlafen

Eine vorherige Reservierung ist für die Monate März bis Juni sowie September und Oktober ratsam.

Kasbah Amezray PENSION €

(☎0666 53 10 02; www.kasbah-amezray.com; Amezrai; B/Zi. pro Pers. mit HP 150/250 Dh;) Eine gute Option in Amezrai: Diese *gîte* (Hostel) hat zwölf gemütliche Zimmer (davon fünf mit angeschlossenem Bad) mit unverputzten Steinwänden und Holzbalkendecken. Es steht vor einem malerischen Kornspeicher, den man besichtigen kann. Die Unterkunft ist ein guter Ort, um Wanderungen, Kletter- und Geländewagentouren zu arrangieren. Es gibt Transportmöglichkeiten nach Marrakesch.

FREIWILLIGENARBEIT IN ZAOUIAT AHANSAL

Die **Atlas Cultural Foundation** (ACF; www.atlasculturalfoundation.org) ist eine registrierte gemeinnützige US-amerikanische Organisation, die sich zum Ziel gesetzt hat, benachteiligte Marokkaner, insbesondere Frauen und Kinder, dabei zu unterstützen, ihre Lebensqualität selbstbestimmt zu verbessern. Schwerpunkte der Entwicklungsprojekte sind die Erhaltung der Kultur, die Pflege von Dorf und Umwelt sowie Bildungsmaßnahmen. In Zusammenarbeit mit dem hiesigen marokkanischen Verein Amezray SMNID hat die Organisation drei historische Häuser von Heiligen und die außerordentlichen Speicherburgen restauriert, die heute zu den größten Sehenswürdigkeiten im Tal zählen.

Ein weiterer Kernbestandteil der Arbeit von der ACF sind die Programme von **Atlas Cultural Adventures** (ACA; http://atlasculturaladventures.com). Die Teilnehmer helfen bei den laufenden Projekten der ACF, arbeiten Seit an Seit mit Einheimischen zusammen und lernen das Dorfleben im ländlichen Marokko kennen. Die Programme konzentrieren sich darauf, Führungskompetenzen in den Gemeinden herauszubilden und historische Bauten zu erhalten. Es werden kleine Gemeindeprojekte sowie Workshops zur Gesundheitsfürsorge und zur nachhaltigen Landwirtschaft geplant und durchgeführt. Die Programme stehen Studenten und Individualreisenden offen und dauern von drei Tagen bis zu fünf Wochen.

Gîte Ahmed El Hansali GÎTE D'ÉTAPE €
(☎0678 53 88 82; amahdar.ahmed@gmail.com; Agoudim; B mit HP 150 Dh) Sidi Ahmed Amahdars *gîte* bietet heiße Duschen, saubere Gemeinschaftsbäder und eine lautstarke Begrüßung von den Leuten, die das Haus führen. Die Unterkunft liegt unterhalb eines restaurierten Kornspeichers rund 500 m hinter der Brücke (Mohammed zeigt einem gern das Innere des Speichers). Das Mittagessen kostet 50 Dh extra.

Gîte Tawajdat GÎTE D'ÉTAPE €
(☎0523 45 92 90; gitesaid@yahoo.fr; Taghia; B mit VP 120 Dh) Wandergruppen zieht es in die schlichte Herberge des Wanderführers Said Massaoudi und seines Sohns Mohammad. Sie bietet Matratzen auf Holzpaletten und einfache, aber leckere Mahlzeiten. Das Mittagessen kostet 50 Dh extra. Von Zaouiat Ahansal gelangt man in einer dreistündigen Wanderung zu dem Haus.

★ **Dar Ahansal** PENSION €€
(☎0678 96 25 84; www.darahansal.net; Amezrai; EZ/DZ mit HP 380/560 Dh, Kind mit HP 145 Dh, Stellplatz Zelt/Wohnmobil 50/80 Dh pro Pers.; P) Beim Abbiegen um die letzte Ecke nach Amezrai ragt das eindrucksvolle, aus dem Fels gehauene *dar* (Haus) des Bergführers Youssef Oulcadi wie gewachsen aus der rauen Gebirgslandschaft empor. Seine Terrassen sind um Aleppo-Kiefern herumgebaut und mit roten Rosen und Oleander bepflanzt. Die Zimmer sind wunderschön mit Terrakottaböden, *zellij*-Bädern und bastgerahmten Betten ausgestattet.

Der große, gemütliche Speiseraum und die große Terrasse blicken auf den aus Stampflehm errichteten und von der Atlas Cultural Foundation restaurierten Kornspeicher von Amezrai. Gleiches gilt für den Campingplatz mit eigenen Gemeinschaftsduschen, traditionellem Hamam und Waschküche.

ℹ Praktische Informationen

Youssef Oulcadi, ein lizenzierter marokkanischer Bergführer aus der Region, vermittelt Guides über seine Pension **Dar Ahansal** (S. 94). Alternativ geht man auf die Website www.randomaroc.net.

Kletterer und Wanderer sollten einen Verbandskasten mitbringen, da die kleine Klinik in Agoudim nur schlecht ausgestattet ist. Bei Notfällen schafft ein staatlicher Krankentransport die Patienten von Agoudim ins Hospital in Azilal.

ℹ An- & Weiterreise

Zaouiat Ahansal liegt 84 km südöstlich von Azilal. Von Azilal bis Aït Mohammed geht es über 25 km auf der alten Straße Richtung Aït Bougomez. An der Kreuzung unterhalb des schneebedeckten Gipfels des Azourki zweigt links die Straße Richtung Nordosten über den Tizi n'Tselli-n-Imanain (2763 m) zum Marktstädtchen Assemsouk ab. Hinter Assemsouk steigt die Straße wieder zum Tizi n'Illissi (2606 m) auf und schlängelt sich dann das Illissi-Tal hinab nach Zaouiat Ahansal.

Minivans auf der Strecke zwischen Zaouiat Ahansal und Azilal (50 Dh, 3½–4 Std., 2-mal tgl.) fahren morgens in Zaouiat Ahansal los und kehren nachmittags von Azilal zurück. *Grands taxis* gibt es nur in Azilal, sie kosten etwa 50 Dh pro Person.

Cathédrale des Rochers & Réserve Naturelle de Tamga

Ab Zaouiat Ahansal geht es weiter übers Gelände nach Norden zur Cathédrale des Rochers, der „Felsenkathedrale", und zur Réserve Naturelle de Tamga, einem weitläufigen Nationalpark aus acht verschiedenen Naturschutzgebieten. Vogelbeobachter werden daran ihre Freude haben: 107 Vogelarten, darunter seltene und bedrohte Tiere, leben hier. 3 km hinter dem Eingangsschild zum Reservat liegt ein botanischer Garten. Er zeigt die vielfältige Pflanzenwelt der Umgebung, z. B. Heilkräuter, die angeblich Rheuma heilen.

Schlafen

Es gibt mehrere schlichte Pensionen; eine neue war zuletzt im Bau.

Gîte le Cathédrale GÎTE D'ETAPE €
(☎ 0523 44 20 23, 0661 87 64 01; B/Stellplatz 100/30 Dh, B mit HP 200 Dh) Betten, Stellplätze und Mahlzeiten (50 Dh) gibt's im schlichten Gîte le Cathédrale, 2 km hinter dem Schild zur *cathédrale*. Die sechs einfachen Zimmer teilen sich die Bäder.

An- & Weiterreise

Zum Besuch der Gegend braucht man ein eigenes Auto. Die Straße kann tückisch sein und ist nach starken Regenfällen für normale Autos unpassierbar. Vor dem Aufbruch sollte man in Zaouiat Ahansal oder – aus dem Norden kommend – in Ouaouizarht aktuelle Infos einholen.

Aït-Bougomez-Tal

Einige Straßen sind zwar immer noch nur mit Maultier oder Geländewagen zu bewältigen, aber Asphaltstraßen ermöglichen erstmals Zugang zu Marokkos „glücklichem Tal" mit seinen Lehmziegeltürmen, rötlichen *ighremt* (mit Stein verstärkte Häuser) und üppig bepflanzten Terrassen. 25 *douars* verteilen sich im Tal und fügen sich nahtlos in die spektakuläre Landschaft ein. Winzige Weizen- und Gerstenfelder auf steinummauerten Terrassen sprenkeln die Felshänge. Hoch in den Bergen sind Dorfbewohner zu sehen, die Wildpflanzen zur Herstellung von Kräuterheilmitteln und natürlichen Farbstoffen sammeln. Und im breiten Schwemmlandtal werden liebevoll hektarweise Obstgärten kultiviert.

Zentrum des Y-förmigen Tals ist die *zawiya* von Sidi Moussa, die auf einem kegelförmigen Hügel hockt. Die Dörfer Imelgas und Ikhf-n-Ighir liegen nordöstlich davon, Tabant östlich und Tiknioiune und Agouti südwestlich. Tabant ist mit dem sonntäglichen Suk, der Schule und dem offiziellen Trainingszentrum für Bergführer das Herz des Tals und der Hauptverkehrsknotenpunkt.

Sehenswertes & Aktivitäten

Es gibt zwar zahlreiche Bergwanderrouten in der Region – Gipfelsammler marschieren direkt zum **Irhil M'Goun** (4068 m) –, aber in der Talsenke von Dorf zu Dorf zu schlendern, ist schlichtweg herrlich. Unterwegs lohnt ein Besuch bei einigen der 40 Vereine und Kooperativen des Tals. Dort erfährt man, wie die Berggemeinden ihre ganz eigene Art des nachhaltigen Tourismus entwickeln und für dringend benötigte Bildung zukünftiger Generationen sorgen. Ein Beispiel ist die gemeinnützige École vivante (www.ecolevivante.com), eine kostenfreie Grundschule, die zu einem internationalen Jugendbildungsprojekt gehört.

In Ifrane am obersten (nordöstlichen) Teil des Tals führt ein Pfad ostwärts nach Zaouiat Oulmzi. Von dort geht es weiter zum saisonalen **Lac Izoughar**, einer vom Nomadenstamm der Aït Atta besuchten Wasserstelle.

Verlässt man das Tal am nördlichen Ende 5 km nordöstlich von Ifrane in Richtung Azilal, überquert man den spektakulären Tizi-n'Tirghist-Pass (2626 m). In der Gegend gibt es Felszeichnungen, die nach Ansicht mancher Geologen bis zu 4000 Jahre alt sind. Man kann sich die rätselhaften Symbole, die Legenden mit uraltem Regenzauber verbinden, von einheimischen Guides zeigen lassen.

★ **Agadir Sidi Moussa** DENKMAL
Wer einen spektakulären Sonnenuntergang erleben will, folgt der Straße westlich aus Tabant hinaus bis zu dem Beginn des Weges, der hinauf zur *zawiya* des *marabout* Sidi Moussa führt. Man kann in der Nähe der École Vivante parken, von wo aus man noch 25 Minuten geradeaus den Hügel hinauf marschiert (in Richtung des Funkturms dem gewundenen Pfad zum Gipfel folgen); einen Führer braucht man nicht.

Das runde Gebäude diente auch als Kornspeicher der Gemeinde und wurde in einer Gemeinschaftsaktion restauriert. Mit seinen Steinmauern und verwitterten Türen ist es ein tolles Fotomotiv. Wenn es geöffnet ist, verlangen die Einheimischen 10 Dh Eintritt, für die es aber auch einen Tee gibt.

★ Cooperative Tiknioune GEBÄUDE
(0678 52 08 80; Tiknioune; Mo–Do & Sa 9–16 Uhr) Etwa 5 km östlich von Agouti Richtung Osten liegt das Dorf Tiknioune, ein wichtiger Stopp für Gourmetleckereien und Kontakte mit der hiesigen Kultur. Die Kooperative wurde 2005 von beherzten jungen Frauen gegründet, die sich EU-Gelder für den biologischen Anbau von Walnüssen, für das Sammeln von Wildblumenhonig und für die Herstellung ihres milden Hartkäses aus Kuhmilch beschafften, der wie eine Mischung aus Gouda und Emmentaler schmeckt.

Im Zentrum der Kooperative, in dem nun 17 Frauen in Vollzeit arbeiten, können Besucher die Produkte probieren und kaufen. Es ist ausgeschildert und liegt an einem Feldweg 50 m von der Hauptstraße.

Suk MARKT
(Tabant; So 8–14 Uhr) Der Hauptmarkt im Tal findet sonntags statt und bietet einen wunderbaren Einblick in das Talleben. Händler und Käufer treffen ab Samstagabend in Tabant ein und „parken" ihre Esel oben im Ort. Geboten wird ein unverfälschtes Erlebnis mit geschäftigen Fleischerständen und Gemüseverkäufern sowie Händlern, die von Kleidung über Teekannen und Tajines bis zu Waschbecken wirklich alles verkaufen.

Association Ighrem Atelier du Sculpture KULTURZENTRUM
(0673 75 31 63; www.theanou.com; Mo–Sa 8–18 Uhr) In dem Zentrum in Agouti können Besucher Kunsthandwerkern über die Schulter schauen, die Löffel und Schüsseln aus dem duftenden Holz umgestürzter Walnuss-, Wacholder- und Buchsbäume schnitzen. Mit den Einnahmen aus dem Verkauf forstet der Verein das Tal mit schnell wachsenden Buchsbäumen auf und pflanzt Vetiver-Gras an, das für Flechtkörbe verwendet wird.

In der Nähe (rechts vom Zentrum) verkauft derselbe Verein auch Wandteppiche, Taschen und Schmuck – eine prima Gelegenheit, fein gearbeitetes Kunsthandwerk direkt an der Quelle zu erwerben.

Schlafen & Essen

Im Tal gibt es ein ganzes Netz von *gîtes d'etape* (Hostels oder Privatunterkünften), viele davon höchstens 30 Gehminuten westlich von Tabant in den Dörfern Imelghas und Ikhf-n-Ighir. Agouti, das von Wanderern als Stützpunkt bevorzugt wird, liegt näher am Ausgangspunkt des Wanderwegs zum Ibel M'Goun. Die meisten Unterkünfte bieten Halbpension.

In Tabant gibt's einfache Cafés und Restaurants.

INSIDERWISSEN

KUNSTHANDWERK ONLINE

Die Einwohner des Aït-Bougomez-Tals sind erstaunlich einfallsreich. Dies belegt u. a. die Gründung von **Anou** (www.theanou.com), einer neuen, von Kunsthandwerkern geführten Online-Plattform, die analphabetischen Kunsthandwerkern den eigenständigen Verkauf ihrer Arbeiten ermöglicht.

Anders als Etsy oder eBay steht die Nutzung der Webseite nicht allen offen, sondern nur vor Ort anerkannten Kunsthandwerkern, die von Fachkollegen aus dem Führungsteam von Anou begutachtet wurden. Kriterien sind die Qualität der Arbeiten und der Wille der Kunsthandwerker, ihre Produktlinien zu erweitern und auszubauen.

Anou hilft den Kunsthandwerkern bei der Gestaltung einer Profilseite mit Biografien all ihrer Mitglieder, Fotos ihrer Werkstätten und Arbeitsgeräte und den GPS-Koordinaten ihrer jeweiligen Standorte. Jedes gefertigte Stück bedarf der Freigabe durch die Verwaltung von Anou, ehe es auf die Seite eingestellt wird. Damit wird sichergestellt, dass der Käufer immer genau jenes Stück erhält, das auf der Seite gezeigt wird. Nach dem Verkauf bringen die Kunsthandwerker das Objekt zur Post – und nach zwei oder drei Wochen wird dem Kunden sein neuer handgewebter Teppich, die Tasche oder Skulptur ins Haus geliefert.

Die Kundschaft besteht bislang vornehmlich aus verantwortungsbewussten Touristen, die die Gewissheit wünschen, direkt bei den Herstellern zu kaufen. Zum Zeitpunkt der Recherche waren 200 Kunsthandwerker und 35 Kooperativen und Vereinigungen auf der Seite gelistet, die längst nicht mehr nur aus dem Aït-Bougomez-Tal, sondern aus dem gesamten Land stammen.

Flilou GÎTE D'ÉTAPE €
(☎0524 34 37 98; tamsilt@menara.ma; Agouti; B/EZ/DZ mit HP 160/240/480 Dh, DZ mit Gemeinschaftsbad & HP 320 Dh; P) Die *gîte*, beim Betreten des Dorfs linker Hand, bietet saubere Schlafsäle, Doppelzimmer mit handbemalten Bettgestellen, schmackhafte Mahlzeiten und saubere, modernisierte Bäder. Eine steile Treppe führt auf die Dachterrasse mit Berberzelten und Hochzeitsdecken, in die Spiegelstücke eingearbeitet sind, die im Licht des Sonnenuntergangs magisch funkeln. Harte Matratzen, aber herzlicher Empfang.

Gîte Tawada PENSION €
(☎0654 57 49 12; www.terre-d-ame-randonnees-maroc.com; Imelghas; DZ 150 Dh, EZ/DZ mit Gemeinschaftsbad 60/100 Dh) An der Hauptstraße im Dorf Imelghas bieten Mohamed Imharkan und seine Familie einen freundlichen Empfang und sechs schlichte, aber gepflegte Zimmer (drei mit angeschlossenem Bad). Die Unterkunft ist ein tolles Standquartier für Outdoor-Aktivitäten und Mohamed ein ausgezeichneter Wanderführer. Man kann Fahrräder ausleihen (150 Dh/Tag) und Mahlzeiten bestellen (Abendessen 55 Dh, Frühstück 12 Dh).

Gîte Timit-La Maison Imazighne HOMESTAY €
(☎0673 26 04 38; gite.timit@hotmail.fr; Timit; B/d mit Frühstück 80/220 Dh) Das historische Berberhaus wirkt mit seinen familienfreundlichen Schlafsälen und bunten Doppelzimmern wie ein frischer Bergwind. Die Gastgeberfamilie lebt um den rückwärtigen Hof und organisiert auf Wunsch Vogelbeobachtungstouren, Wanderungen und botanische Exkursionen. Die Mahlzeiten nimmt man gemeinschaftlich auf Sitzkissen im Wohnzimmer unter der bemalten Decke ein.

Gîte La Montagne Au Pluriel PENSION €
(☎0661 88 24 34; www.lamontagneaupluriel.com; Agouti; EZ/DZ/3BZ/4BZ 100/160/225/280 Dh, HP 100 Dh/Pers.) Diese Herberge bietet zu unschlagbaren Preisen kleine und niedrige, aber gemütliche Zimmer, meist mit Gemeinschaftsbad. Die Familie Benali bereitet Gästen einen herzlichen Empfang und hat viele Infos zur Gegend auf Lager. Es gibt eine riesige Terrasse mit grandioser Aussicht – nachfragen, ob man dort essen darf! Die Pension liegt an der Hauptstraße durchs Dorf.

Gîte Intimou GÎTE D'ÉTAPE €
(☎0670 71 47 12; Ikhf-n-Ighir; Zi. mit HP 280 Dh/Pers.) Das Intimou hat fünf sonnige Doppel- und Dreibettzimmer und einen großen Schlafsaal. Alle teilen sich das blitzblanke, schwarz-weiß gekachelte Bad mit zwei Duschen und zwei Toiletten. Das Haus liegt am Hang links in Richtung Norden, gegenüber dem Schild der Association Ikhf-n-Ighir.

★ **Touda Ecolodge** PENSION €€
(☎0662 14 42 85; www.touda.fr; Zaouiat Oulmzi; Zi. mit HP 380–490 Dh/Pers.) Abseits der ausgetretenen Pfade liegt diese Unterkunft an einer rauen Piste im Dorf Zaouiat Oulmzi, 5 km östlich von Ifrane und dem Tizi n'Tirghist-Pass und 4 km westlich vom nur saisonal mit Wasser gefüllten Lac D'Izougharn. Die großherzige Gastfreundschaft der Berber ist überwältigend: Es gibt üppige Mahlzeiten mit Hausmannskost, spontane Musiksessions am Kamin und hinreißende Wanderungen in den Ausläufern des Jbel Azourki (3677 m).

Kinder (4–12 Jahre) zahlen den halben Preis.

Dar Si Hamou RIAD €€
(☎0667 64 48 62; www.nuancesmarocaines.com; Tabant; EZ/DZ 130/260 Dh, Zi. mit HP 250–300 Dh/Pers.) Rund um einen hübschen Gartenhof mit unverstelltem Blick über smaragdgrüne Felder bis zum schneebedeckten Gipfel des Jbel M'Goun liegt Tabants erste Design-Pension. Zurückhaltend-minimalistischer Berber-Chic bestimmt das Interieur: blütenweiße Bettbezüge über behaglichen Bettdecken, safrangelbe Schablonenmuster, ocker und rot gestreifte Wollkissen und bemalte Kommoden. Hungrige Wanderer wärmen sich an dem frei stehenden Kamin im Wohnzimmer auf.

Ecolodge Dar Itrane GASTHOF €€€
(☎0610 08 69 30; www.origins-lodge.com; Imelghas; Zi. mit HP 380–500 Dh/Pers.) Die ländlich-hippe Ökolodge befindet sich im Dorf Imelghas, 30 leichte Gehminuten westlich von Tabant. Die 18 weiß getünchten Gästezimmer sind mit handgearbeiteten Berbermöbeln und eigenen Bädern ausgestattet, die *t*adelakt*-Wände und mit Solarstrom beheizte Duschen besitzen. Lunchpakete, Guides, Esel und jede Menge Ausflüge und Aktivitäten sind verfügbar.

An- & Weiterreise

Aït Bougomez ist von Azilal südwärts über die R301 zu erreichen. In Aït Mohammed gabelt sich die Straße nach Südosten (mit Zugang ins Tal von Norden über Tizi n'Tirghist und offroad durch alte Wacholder- und Eichenwälder nach Aghbalou) und nach Südwesten, wo eine Asphaltstraße direkt nach Agouti führt.

Morgens verkehren gelegentlich Minibusse von Azilal nahe der Moschee nach Tabant (40 Dh, 3 Std.), sobald sie voll sind. Manchmal kann man auch einen Platz in einem *grand taxi* ergattern (50 Dh/Pers.) bzw. donnerstags in einem Lastwagen auf dem Weg zum Markt in Azizal mitfahren.

Aït-Bououli-Tal

Von Aït Mohammed Richtung Südwesten führt die Straße durch Hügel, an denen die geologischen Epochen dank der roten, violetten und weißen streifenförmigen Mineralablagerungen abzulesen ist. 5 km vor Agouti können Abenteurer mit Geländewagen und eisernen Nerven einen Abstecher Richtung Süden in eine steile Schlucht aus rotem Lehm ins Aït-Bououli-Tal machen. Bis vor einigen Jahren war dieser Ort sogar mit einem Maultier monatelang unerreichbar.

Sehenswertes

Sebt Aït Bououli DORF

In dem einsamen Außenposten 14 km abseits der Hauptstraße versorgen sich Wanderer im samstäglichen Suk mit Lebensmitteln für die Überquerung des M'Goun-Massivs. 2,5 km hinter Sebt Aït Bououli kann man mit etwas Mühe drei malerische Siedlungen ausmachen, die an lila- und ockerfarbene Felsen gebaut wurden. Lämmer, die auf den grünen Terrassenfeldern herumtollen, gaben dem Tal seinen Namen: Bououli bedeutet „die, die Schafe halten".

Shoppen

★Cooperative Féminine de Tissage Aït Bououli KUNSTHANDWERK

(☎0671 41 91 06; ⏲8–17 Uhr) Gleich unterhalb der drei Siedlungen von Aït Bououli liegt eine von Steinmauern umgebene lokale Vereinigung mit einem Schild, das Besuchern den Weg zur Kooperative der Teppichweberinnen weist. Sie hat 40 Mitglieder, die alle Schritte der Teppichherstellung selbst in die Hand nehmen, von der Haltung und dem Scheren der Schafe über das Kämmen und Spinnen der Schafswolle zu Garn bis zum Sammeln von Pflanzen, um das Garn in faszinierenden Mischfarben zu färben. Die Mitglieder arbeiten auch abwechselnd im Laden, also kauft man die Produkte von der Frau (oder ihrer Schwester oder Nachbarin), die sie hergestellt hat.

Sollte geschlossen sein, kommt die dynamische Leiterin Fatima auf Anruf aus dem Dorf, um den kleinen Lagerraum zu öffnen.

Überquerung des Jbel-M'Goun-Massivs

Während die Massen zum Jbel Toubkal strömen, zieht es Naturfreunde zum Bergmassiv des Jbel M'Goun, wo unberührte, prähistorische Landschaften und einige der höchsten Gipfel Marokkos eine lohnende Herausforderung für Wanderer bilden. Die Wanderung ist zudem nicht besonders schwierig und auch für Familien geeignet.

Wer im Frühjahr loszieht, sollte sich warm anziehen und sich auf nasse Füße gefasst machen – das Waten durch die Schluchten von Flüssen gehört hier zu den besonders schönen Erlebnissen. Die hier beschriebene Überquerung des Ibel-M'Goun-Massivs folgt einem Fluss bis zu seiner Quelle in den Bergen, überquert den Gebirgskamm und folgt dann einem anderen Fluss hinunter in sein Tal.

ANKUNFTSTAG

Zur Einstimmung und zur Übernachtung lohnt ein Spaziergang durch das Tal nach Agerssif zu einem Campingplatz in der Nähe einer Brücke. Ansonsten gibt es auch Unterkünfte um Tabant und direkt neben dem Beginn des Wanderwegs in Agouti.

DIE TOUR AUF EINEN BLICK

Dauer 4 Tage

Länge 57 km

Schwierigkeitsgrad mittelschwer

Start Agouti

Ziel Aït Alla

Höchster Punkt Tizi n'Rougoult (2860 m)

Unterkunft Camping und *gîtes*

Öffentliche Verkehrsmittel Ja

Kurzbeschreibung Die Wanderung führt über die nordöstlichen Hänge des M'Goun-Massivs und dann bergab ins Tal des Flusses Tessaout. Die Tour eignet sich für fast alle Wanderlustigen, selbst für den Nachwuchs. An einem Tag ist man recht lange unterwegs, dafür aber geht's durch grandiose Berglandschaften, durch von Flüssen gegrabene Schluchten und durch abgelegene Täler.

Überquerung des Jbel-M'Goun-Massivs

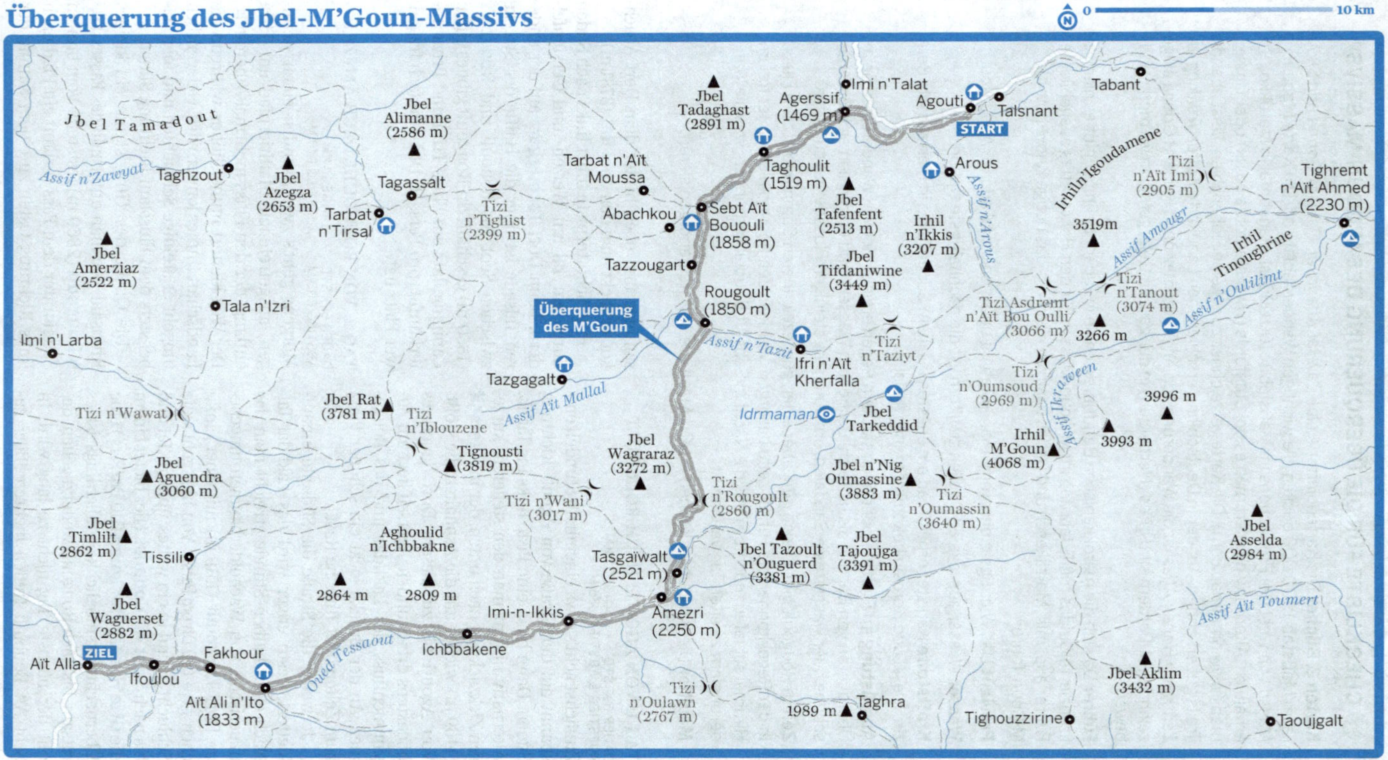

CHECKLISTE FÜR DIE ÜBERQUERUNG DES M'GOUN-MASSIVS

Karten & Bücher Die Kartenblätter *Azilal, Zawyat Ahannsal, Qalat M'Gouna* und *Skoura* im Maßstab 1:100 000 decken alle wichtigen Wandergebiete ab. Die Karte *Mgoun Massif* von West Col Productions im Maßstab 1 : 100 000 ist manchmal in Marokko erhältlich. Alternativ probiert man es bei Stanfords (www.stanfords.co.uk) oder Omnimap (www.omnimap.com). Die Karte verzeichnet zwar keine Höhenlinien, lässt aber die Trails gut erkennen. Auf der in Deutschland erschienenen Landkarte *Kultur-Trekking im Zentralen Hohen Atlas* ist die Wanderung von Aït Bougomez nach Kelaâ M'Gouna eingezeichnet; außerdem sind *gîtes* (Herbergen) in der ganzen Gebirgsregion vermerkt und bewertet.

Führer Da sich die marokkanische Bergführerschule in Tabant befindet, gibt es hier viele lizenzierte Guides mit Erfahrung im M'Goun-Massiv. Für den Hohen Atlas ausgebildete Führer aus Imlil, Marrakesch und Dadès besitzen ebenfalls das nötige Know-how für M'Goun-Touren.

Proviant Das Wichtigste bekommt man in Tabant und manchmal auch in Abachkou.

Wasser Wasser aus lokalen Quellen zu filtern, ist die nachhaltigste Option.

Kraftstoffe Kanister erhält man am ehesten in einem Supermarkt in Marrakesch. Benzin, Diesel und Kerosin bekommt man in Azilal.

Ausrüstung Im Frühjahr oder nach starkem Regen erweist sich ein Wanderstock beim Überqueren von Bächen als hilfreich. Bei hohem Wasserstand empfehlen sich Gummischuhe oder wasserfeste Sandalen, um durch die steinigen Flussbetten zu waten.

Zelt In Rougoult gibt's keine *gîte*, aber einen ausgezeichneten Campingplatz am Fluss. In der Regel können die Führer Zelte besorgen. Wer kein Zelt hat und nicht unter freiem Himmel schlafen möchte, muss die Nacht in Sebt Aït Bououli verbringen, was die Wanderung am zweiten Tag verlängert.

Maultier Die Bergführer können vor Ort Maultiere und Treiber organisieren.

TAG 1: VON AGOUTI NACH ROUGOULT

DAUER 6–7 STD. / LÄNGE 17 KM / AUFSTIEG & ABSTIEG 326 M

Zunächst geht's etwa eineinhalb Stunden entspannt auf der Straße von Agouti Richtung Süden. Dann biegt eine Piste links ins Tal ab. Alternativ nimmt man den steileren, kürzeren Zickzackweg nach unten, der in **Agerssif** (1469 m) wieder auf die Asphaltstraße stößt. Von Agouti bis zu diesem Dorf dauert es höchstens drei Stunden. Agerssif liegt am Zusammenfluss des Lakhdar und des Bougomez. An der Brücke lockt ein schöner Platz zum Zelten oder für eine Rast.

Je weiter die Straße die Südseite hinaufklettert, desto enger wird das Lakhdar-Tal. Nach einer halben Stunde erreicht man das malerische, von Wacholderbäumen umgebene Dorf **Taghoulit** (1519 m) mit einer einfachen **gîte** (60 Dh pro Pers.). Von hier geht's die Schlucht hinauf in ein weites, üppiges Tal und bis nach **Sebt Aït Bououili**. Hier bietet einem die **Gîte Hassan Benkoum** (110 Dh/Pers.) eine Übernachtungsmöglichkeit; allerdings ist es ratsam, bis nach Rougoult weiterzugehen, damit der nächste Tag nicht zu lang wird. In Sebt Aït Bououili treffen mehrere Täler zusammen und oben hinter dem Dorf Abachkou erblickt man den **Jbel Rat** (3781 m).

Eine Schotterpiste führt links nach Süden durch ein Tal mit Weizen- und Gerstenfeldern. Beim Dorf **Tazouggart** auf der anderen Talseite ist über die Hälfte der Strecke zwischen Sebt Aït Bououli und **Rougoult** (1850 m) geschafft. In Rougoult gibt es einen Campingplatz am Fluss Tifra und Privatunterkünfte (pro Pers. 50 Dh) – einfach fragen, wer Platz hat.

TAG 2: VON ROUGOULT NACH AMEZRI

DAUER 6–7 STD. / LÄNGE 14 KM / ABSTIEG 600 M / AUFSTIEG 970 M

Morgens geht's zwei Stunden einen steinigen, ausgetretenen Maultierpfad am Tifra entlang, der den Fluss mehrmals überquert. Der Weg klettert immer höher, während die Landschaft immer karger wird. Gelegentlich umgeht er steinige Schluchten und folgt dabei stets dem Flusslauf Richtung Süden.

Die Quelle des Tifra ist nur ein kleines Rinnsaal, wie man unterhalb des Passes **Tizi n'Rougoult** (2860 m) feststellt. Vom breiten Sattel unter dem Pass verläuft ein Pfad nach links Richtung Osten zu einem Kamm, der auf über 3500 m ansteigt. Geradeaus liegt der ausgetretene Rougoult-Pass, im Osten erhebt sich der Gipfel des **Irhil M'Goun** (4068 m), der nur 100 m niedriger ist als der Jbel Toubkal. Nicht weit von hier erstrecken sich auf der anderen Seite des **Flusses Tessaout** Berghänge mit großen Scharten voller rostbrauner, grüner und grauer Felsen.

Vom Rougoult-Pass ist der Maultierpfad deutlich zu sehen, der sich in den nächsten zwei Stunden langsam bergab schlängelt, bis das Dorf **Tasgaïwalt** (2521 m) erreicht ist. Neugierige Dorfkinder begleiten Wanderer manchmal auf dem einfachen 40-minütigen Weg, der rechts vom Fluss zum Dorf **Amezri** (2250 m) führt. In der **Gîte d'Étape Agnid Mohamed** (110 Dh pro Pers.) gibt's große Schlafräume – einige mit Blick auf das Tal –, eine primitive Dusche und Toiletten. Es gibt hier auch einen praktischen Zeltplatz (25 Dh).

TAG 3: VON AMEZRI NACH AÏT ALI N'ITO

DAUER 6 STD. / LÄNGE 18 KM / ABSTIEG 427 M / AUFSTIEG 150 M

Der Pfad folgt dem Tessaout und steigt ganz allmählich von 2250 m auf 1833 m ab. Das Tal wird von eindrucksvollen Felswänden flankiert, darunter die Ichbbakene-Steilwand 600 m hoch über dem Fluss.

Im Fluss gibt es nur wenige Fische; er bewässert die außergewöhnlich schönen Terrassenfelder der Aafan-Berber. Im Frühling ist die Gegend von Wildblumen und blühenden Obst- und Nussbäumen bedeckt. Der Tessaout, der von Schmelzwasserbächen aus den schneebedeckten Bergen gespeist wird, fließt hier Richtung Westen.

Wenn der Pfad über den Fluss führt, kann man meistens von Stein zu Stein springen. Im Frühling muss man manchmal auch durch das Wasser waten, etwa beim Dorf **Imi-n-Ikkis** 5 km von Amezri. Hier gibt's einen Laden (ohne Schild), der mit etwas Glück Wasser, Softdrinks, Konserven oder Plastiksandalen für die Flussüberquerung vorrätig hat.

Nach eineinhalb Stunden flussabwärts verläuft der Pfad unterhalb des größeren Dorfes **Ichbbakene** an einer steilen Felswand. Der Pfad zwängt sich nach weiteren zweieinhalb Stunden rechts vom Fluss zwischen den Stein- und Lehmhäusern von **Aït Hamza** hindurch. Eine weitere Stunde später ist das Dorf **Aït Ali n'Ito** erreicht, wo die **Gîte d'Étape Assounfou** (☎ 0668 96 82 63; Aït Ali n'Ito; inkl. HP pro Pers. 220 Dh) mit großartigen Aussichten, Strom, heißen Duschen (10 Dh) und sogar einem Hamam wartet.

TAG 4: VON AÏT ALI N'ITO NACH AÏT ALLA

DAUER 2½–3 STD. / LÄNGE 8 KM / ABSTIEG 150 M

Eine unbefestigte Straße führt am Fluss entlang mit leichten Anstiegen hinauf ins hübsche Dorf **Fakhour**, dessen Häuser am Hang kleben. Fakhour ist bekannt für seinen *agadir* (befestigten Kornspeicher), der besichtigt werden kann (10–20 Dh Trinkgeld für den Wächter).

Weniger als eine Stunde hinter Fakhour liegt das Dorf **Ifoulou** an einer Flussbiegung und Straßenkurve. Dörfler aus einem riesigen Umkreis kommen jeden Montag hierher zum Suk. Von Ifoulou führt eine asphaltierte Straße hinunter zur Brücke über den Fluss Tessaout unterhalb des Dorfs **Aït Alla**, wo die Hauptstraße zwischen Demnate und Skoura verläuft. Das kleine friedliche Bergdorf ist ein schöner Ort, um sich von den Strapazen der langen Wanderung zu erholen. Von hier aus geht es dann mit öffentlichen Verkehrsmitteln weiter nach Demnate oder Ouarzazate.

Westlicher Hoher Atlas

Der höchste Gipfel Marokkos, der Jbel Toubkal (4167 m), erhebt sich südlich von Marrakesch im Zentrum des Nationalparks Toubkal. Da der Gipfel nur zweieinhalb Stunden von Marrakesch entfernt ist, ist der Jbel Toubkal das meistbesuchte Ziel im Hohen Atlas und markiert seit langer Zeit eine Hauptstrecke Richtung Süden. Am einfachsten ist er über das Ourika- und das Mizane-Tal zu erreichen. Im sehr touristischen Ourika-Tal befindet sich der Wandererstützpunkt Setti Fatma, im Mizane-Tal das idyllische Dorf Imlil. Das Ski-Resort Oukaïmeden liegt zwischen beiden Orten.

Zat-Tal

Während Marrakesch nur 50 km nordwestlich unter der Hitze ächzt, weht in dem zauberhaften Flusstal ein angenehmer Wind durch Gerstenfelder und lässt die Pappeln rauschen.

Von Marrakesch führt die N9 Richtung Ouarzazate ins Zat-Tal, bis sie in Aït Ourir den Oued Zat überquert. Dort geht es über die Abzweigung nach Süden in Richtung des Verkehrsknotenpunktes **Tighdouine** fast am Ende des Tals. Am Straßenrand kann man sich mit leckeren Tajines stärken, ehe es ins Traumtal Zat geht: Gärten, die direkt in den Felsen angelegt wurden, Steinhäuser mit leuchtend blauen Türen und weiß umrandeten Fenstern, aus denen Familien Fremde begrüßen. Am besten genießt man das alles zu Fuß oder vom Maultier aus.

Drei- bis fünftägige Wanderungen werden von Inside Morocco Tours (S. 68) angeboten. Sie führen vom fruchtbaren Tal, dem Obst- und Gemüsegarten von Marrakesch, bis hoch zum Dorf **Talatassat**, wo es nach einem Besuch der dortigen Töpfereien weiter hoch zum **Yaggour-Plateau** aus rotem Sandstein mit seinen bedeutenden prähistorischen Felsbildern geht. Der nahe **Tizi n'Rhellis** führt ins benachbarte-Tal.

Ourika-Tal

Im Schatten der schneebedeckten Gipfel des Hohen Atlas sind die Temperaturen niedriger, weshalb in diesem blühenden Tal, etwas über 50 km südlich von Marrakesch, Städter der glühenden Sommerhitze entkommen. Besonders zauberhaft ist es, wenn von Februar bis April die Wildblumen sowie die Mandel- und Kirschbäume ihre Blütenpracht entfalten.

Leider führten die Schönheit und die leichte Erreichbarkeit Ourikas zur massiven Erschließung, was heute das Flair des Bergtals zu beeinträchtigen droht. In Oulmes säumen provisorische Cafés und Grillbuden die Flussufer. Diese sind mit wackeligen Seilbrücken miteinander verbunden, damit Tagesausflügler den Fluss trockenen Fußes überqueren können. Am Ende des Tals liegt die Sommerfrische und gut besuchte Wanderzentrale Setti Fatma.

Um die Landschaften des Hohen Atlas mit weniger Touristenbussen und Verkäufern auf Mopeds zu genießen, eignen sich das Mizane- und das Zat-Tal besser.

An- & Weiterreise

In Marrakesch starten in der Rue Uqba bin Nafaa nahe dem Bab er-Rob *grands taxis* und Minibusse häufig nach Setti Fatma (40 Dh); weniger häufig fahren Minibusse auch zu anderen Orten im Ourika-Tal (20–30 Dh). Die meisten *grands taxis* setzen Fahrgäste auf Wunsch aber überall an der Route d'Ourika ab. Ein Taxi oder einen Minibus zurück bekommt man aber am leichtesten in Setti Fatma, Tnine und Aghbalou. Die Fahrzeuge starten, wenn sie voll besetzt sind.

AGHMAT اغمات

2600 EW.

Autofahrer, die am 31 km von Marrakesch entfernten Aghmat (auch Joumâa Aghmat, Rhmat, Ghmat oder Jemaa Rhmat) vorbeirasen, lassen sich einen wichtigen Wendepunkt in der marokkanischen Geschichte entgehen. Der Ort war zwischen 828 und 1058 die Hauptstadt eines Idrisiden-Fürsten und ein wichtiger Zwischenhalt der über Sidschilmasa kommenden Kamelkarawanen aus Schwarzafrika.

Als die Almoraviden die Stadt 1058 eroberten, fiel einer ihrer führenden Köpfe im Kampf und seine reiche und kluge Witwe Zeinab an-Nafzawiyyat heiratete den Almoravidenführer Abu Bakr. Als dieser in die Sahara gerufen wurde, um einen Aufruhr niederzuschlagen, trennte er sich von Zeinab und befahl ihr, seinen Vetter Yusuf ibn Taschfin zu heiraten. Mit Zeinabs Reichtum und Rat gewann dieser die Macht, gründete die neue Hauptstadt Marrakesch und dehnte das Almoravidenreich bis vor die Tore Barcelonas aus.

Nachdem die Almoraviden nach Marrakesch gezogen waren, wurde Aghmat zu einem Verbannungsort für politische Gegner, darunter al-Mutamid, den andalusischen Dichter und ehemaligen König von Sevilla.

Sehenswertes

Eine Ahnung vom früheren Ruhm des Ortes bekommen Besucher gleich hinter dem zentralen Marktplatz der Stadt, wo freitags der Suk stattfindet.

Mausoleum HISTORISCHE STÄTTE

Al-Mutamids letzte Ruhestätte verfügt über eine Kuppel im Almoravidenstil und befindet sich in einem Garten. Von der Hauptstraße hinter dem Gemeindehaus liegt das Grab etwa 200 m links und ist dort auch ausgeschildert. 1950 kam es am Grab des Dissidenten zu einem Protest gegen die französische Besatzung, der von Pascha Glaoui gewaltsam unterdrückt wurde und die marokkanische Unabhängigkeitsbewegung nur noch stärker beflügelte.

Feste & Events

Awaln'art KULTUR

(www.awalnart.com; April) Das Straßenkunstfest mit Theater, Tanz und Kabarett ist das größte Event in Aghmat.

TNINE

4500 EW.

Tnine (oder Tnine de l'Ourika) liegt 33 km von Marrakesch entfernt hinter der Abzweigung nach Aghmat an der Rte d'Ourika und bildet wegen seiner üppigen Safranplantagen und botanischen Gärten einen lohnenden Abstecher. In Tnine befindet sich auch eines der schönsten Kulturmuseen des Ourika-Tals, das ein guter Start ist, um in die Kultur der Berber einzutauchen. Beim Suk am Montag muss man auf der Straße mit vielen Eseln rechnen.

Sehenswertes

★ Ecomusée Berbere MUSEUM

(Khalid 0610 25 67 34, Salah 0607 59 85 85; www.museeberbere.com; Douar Tafza, bei Km 37, Rte de l'Ourika, Tafza; Erw./Kind 20 Dh/frei; 9.30–19 Uhr) 4 km hinter Tnine weist ein schlichtes Schild auf den Feldweg ins Berberdorf Tafza hin: Der dortige dreistöckige Lehmziegel-*ksar,* in dem einst der örtliche *caïd* (Häuptling) residierte, ist heute ein Museum. Bei den interessanten Führungen (auf Englisch, Französisch oder Spanisch) lernt man alle Details des häuslichen Lebens kennen, von Symbolen an den Türrahmen bis hin zu silbernem Mitgiftschmuck.

Wer auf der Terrasse essen (70 Dh), die Töpferwerkstätten von Tafza besuchen oder an einer halbtägigen Exkursion teilnehmen will, die sich den Gemeindegärten, den Töpferwerkstätten und dem Dorfleben widmet, muss dies vorher telefonisch vereinbaren.

Safranerie GARTEN

(0522 48 44 76; www.safran-ourika.com; bei Km 34 Rte de l'Ourika, Tnine; Führung Erw./Kind unter 16 Jahren 20 Dh/frei; 7–17.30 Uhr) Fast alles gedeiht in der fruchtbaren Erde des Ourika-Tals, auch Safran *(Crocus sativus),* der hier aus Knollen gezogen wird, die in der Gegend von Taliouine gewonnen werden. Der Anbau von Safran verlangt große Pflege, u. a. müssen die Blüten vor der Morgendämmerung geerntet werden, damit die Pflanze ihr Aroma bewahrt. Bei den Führungen wiederholen die Angestellten lediglich das, was auf den Erklärungstafeln geschrieben steht.

Jardin Bio-Aromatique d'Ourika GARTEN

(Nectarôme; 0524 48 21 49; www.jardin-bioaromatique-ourika.com; bei Km 34 Rte de l'Ourika, Tnine; Gartenbesuch Erw./Kind 20/10 Dh, mit Führung 70 Dh; Sept.–Juli 9–19 Uhr) Gleich hinter der Brücke in Tnine weisen Schilder an der Hauptverkehrsstraße zu einem Feldweg, der zu den Biogärten eines französisch-marokkanischen Herstellers von natürlichen Pflegeprodukten fürs Bad hinweist. Diese kombinieren Kräuterheilmittel der Berber mit moderner Aromatherapie. Der Garten riecht auf jeden Fall gut – und ein Fußbad und eine Fußmassage mit ätherischen Bio-Ölen (250 Dh) ist nach einer Wanderung auch nicht zu verachten!

INSIDERWISSEN

MARKTTAGE IN DER REGION

In den Ortschaften in den Tälern um den Jbel Toubkal finden an folgenden Tagen Märkte mit Kunsthandwerk, frischem Obst und Gemüse und Eseln statt:

Montag Tnine

Dienstag Tahanaoute, Aït-Ourir

Mittwoch Tighdouine

Donnerstag El-Khemis Ouirgane

Freitag Aghmat

Samstag Asni

Sonntag Setti Fatma

Schlafen

Kasbah Jad Auberge PENSION €€

(0524 48 29 53; jadauberge@gmail.com; DZ/3 BZ/Suite 350/495/600 Dh;) Vieles spricht für diese reizende Unterkunft, schon allein die attraktiv möblierten Zimmer mit denkwürdigem Ausblick ins Tal. Eine Wendeltreppe führt aufs Dach, wo die Aussicht noch besser ist und man auf Nachfrage auch essen kann. Außerdem gibt's einen Hallenpool (ganzjährig geöffnet) und einen Hammam und man kann gute Mountainbikes mieten (200 Dh/Tag).

Kasbah Bab Ourika ÖKOLODGE €€€

(0668 74 95 47; www.kasbahbabourika.com; Tnine de l'Ourika; DZ 1650–2860 Dh, Suite 3300–7260 Dh; P) Diese Stampflehm-Kasbah mit herausragender Lage im Ourika-Tal stellt Richard Bransons bombastische Kasbah Tamadot in den Schatten. Zu dem dezenten Luxus gehören der unverstellte Ausblick auf die schneebedeckten Gipfel des Atlasgebirges, erstklassiges Essen überall und jederzeit, hervorragendes Innendesign und schlaffördernde orthopädische Matratzen. Man entspannt unter Olivenbäumen, bewundert die Aussicht, schwimmt eine Runde in dem herrlichen Pool oder verwöhnt sich im Hammam.

Praktische Informationen

Von Dezember bis März können Sturzfluten für Wanderer gefährlich werden und Teile des Ourika-Tals unzugänglich machen – 1995 löschten die Winterfluten das Dorf Oulmes nahezu aus.

Centre d'Informations Touristique Ourika (☎0668 46 55 45; ⏲Mo–Sa 8.30–19, So bis 13 Uhr) Die von einer örtlichen NGO gleich außerhalb von Tnine geführte Touristeninformation verkauft eine Karte (20 Dh) mit den Aussichtspunkten im Tal und gibt Auskunft über die aktuellen Wanderbedingungen.

AGHBALOU

8400 EW.

Eine Moschee aus rotem Stein samt Minarett ist das Wahrzeichen von Aghbalou, dem größten Dorf im Ourika-Tal. Es liegt ungefähr 47 km südwestlich von Marrakesch. Die meisten Busse halten hier; vom Ort bis nach Oulmes ist der Fluss von Cafés und Restaurants gesäumt.

Schlafen & Essen

Die Cafés am Fluss servieren Kebab und Salat (50 Dh) oder Tajines, die zwei Personen satt machen (60 Dh). Bei schönem Wetter isst man auf Teppichen, die unter den schattigen Bäumen ausgebreitet werden.

Auberge le Maquis HOTEL €€
(☎0524 48 45 31; www.le-maquis.com; km 45 Rte de l'Ourika; EZ/DZ mit Frühstück 395/630 Dh;) Die Gäste werden in diesem familiären Refugium mit elf Zimmern, das auch Start- und Zielpunkt für Rad- und Wandertouren ist, herzlich empfangen. Das Management sorgt dafür, dass das Mahl (Hauptgerichte 60–90 Dh) wie ein Essen bei Freunden wirkt. Die Kinder können sich auf einem Spielplatz austoben. Sehenswert ist im Restaurant die Sammlung von Fossilien und Mineralien, die Jean-Pierre bei Streifzügen in die Wüste zusammengetragen hat.

Das Hotel organisiert auch Wanderungen und Ausflüge, z. B. zu den Felsbildern auf dem Yaggour-Plateau (von wo man hinab ins Zat-Tal wandern kann) oder Maultier-Treks für die Kids.

Ourika Garden HOTEL €€
(☎0670 72 16 06, 0524 48 44 41; www.ourikagarden.com; km 49.5 Rte de l'Ourika; Zi. 630–840 Dh;) Gepflasterte Wege führen durch aromatische Kräutergärten über eine kleine Brücke zu dem mit einer Steinmauer umgebenen Hotel. Die Zimmer haben Kamine, Sitzecken, Holzmöbel und angeschlossene Bäder. Warmes Wasser gibt es aber nicht immer, also besser früh duschen! Beim Frühstück auf der Terrasse genießt man den Ausblick in den Hohen Atlas sowie den Honig und das Olivenöl aus der Region. In der Bar im Innenhof gibt's WLAN.

SETTI FATMA ستي فاطمة

23 400 EW.

Das Dorf schmiegt sich am südlichen Ende des Ourika-Tals, rund 24 km südlich der Abzweigung nach Oukaïmeden bei Aghbalou, in eine enge Schlucht am Fuße des Hohen Atlas. In den letzten Jahren hat es zwar einen großen Strom von Touristen erlebt, nichtsdestotrotz kann es ein malerischer Halt für ein Mittagessen am Fluss und für Wanderungen zu sieben Wasserfällen sein.

Am besten kommt man Anfang März, wenn die Kirsch- und Mandelbäume blühen. Sehenswert ist auch das viertägige *moussem* mit einem Markt und Jahrmarkt bei der *koubba* von Setti Fatma. Im Sommer wird der Ort von Besuchern aus Marrakesch überschwemmt, sodass man dann besser die herrlich unbehelligten Nachbartäler Zat und Ouirgane aufsucht.

Aktivitäten

Setti Fatma ist mit häufigen Bus- und *grands-taxis*-Verbindungen der am leichtesten erreichbare Wanderstützpunkt im Hohen Atlas. Allerdings beginnen viele der eindrucksvollsten Wanderstrecken auf der anderen Seite des Tizi-n'Tacheddirt-Passes (3230 m) in Imlil. Eine beliebte Wanderung war die Überquerung des Passes über die Dörfer Tadrart, Timichi, Tacheddirt und Ouaneskra. Mittlerweile aber bestehen zwei Drittel der Route aus einer Asphaltstraße, die Wanderer zu einem steileren, zweitägigen Aufstieg zwingt, um die Straße zu umgehen.

Weitere Wanderstrecken ab Setti Fatma führen ostwärts nach Tourcht, nordwärts nach Imi-n-Taddert, Anammer und Tiz n'Oucheg im Aït-Oucheg-Tal sowie vom Yaggour-Plateau ins Zat-Tal.

Die Wanderungen zu den Wasserfällen reichen von halbstündigen Spaziergängen bis zu anstrengenden Wanderungen am Fluss. Die selbsternannten Fremdenführer sollte man ignorieren: einfach den Wegen folgen oder einen lizenzierten Guide engagieren, der dann den Ausflug (zu Fuß oder per Muli) leitet.

Führer vermittelt das **Bureau des guides** (☎0524 42 61 13; ⏲9–17 Uhr).

Schlafen & Essen

Von Oulmes bis Setti Fatima sind beide Flussufer von Cafés und Restaurants gesäumt, die preisgünstige Tajines anbieten. Ein paar ordentliche Optionen gibt's auch direkt im Dorf Setti Fatma.

★ **Eau Bord du l'Eau** PENSION €
(☎0661 22 97 55; www.obordelo.com; d 270–400 Dh, Suite 485–550 Dh; 📶) Die muntere kleine Pension liegt versteckt unten an einer steilen, kieselgepflasterten Treppe an der Straße (links), rund 1 km vor Setti Fatma. Sie ist deshalb herrlich abgeschieden – nur das Rauschen des Flusses lenkt von Gipfelstürmerträumen ab. Dank der unbeschwerten Gastlichkeit von Martine und Poulou und der Gespräche am zentralen Kamin fühlt man sich hier ganz wie zu Hause.

Hôtel Asgaour PENSION €
(☎0524 48 52 94; Zi. mit/ohne Bad 200/150 Dh; 📶) Oben gibt's schlichte, aber saubere Zimmer mit dicken Kissen und warmen Duschen, unten ein Restaurant mit richtig sämigen Tajines (ca. 50 Dh).

Café-Restaurant Azrrabzou MAROKKANISCH €
(Menü 60 Dh; ⏱11–20 Uhr) Das Lokal in einem Mandelhain direkt am Fluss ist über eine Plankenbrücke zu erreichen (es liegt gegenüber dem Taxistand, am anderen Ufer). Es serviert ein Festpreismenü aus Salat, Tajine oder Kebab und Trinkwasser aus Flaschen.

ℹ Praktische Informationen

Bureau des Guides Gleich hinter dem Hôtel Asgaour.

Pharmacy Asgaour (⏱10–20 Uhr) Hat eine gute Auswahl an Verbandszeug, Medikamenten und Hygieneartikeln für Frauen.

Oukaïmeden اوكيمدن

Das verschlafene Bergdorf auf 2650 m Höhe im Hohen Atlas ist ein friedliches Refugium, in dem man der Hektik im 75 km weiter nördlich gelegenen Marrakesch entflieht. Es ist das ganze Jahr über ein lohnendes Ziel zum Wandern durch Täler voller Wildblumen im Frühjahr und zum Skifahren im Winter. Abseits der Outdoor-Abenteuer hat Oukaïmeden aber nicht viel zu bieten.

Aktivitäten

In der Hauptskisaison locken sieben Abfahrten vom Idiotenhügel bis zur schwarzen Piste, sechs Schlepplifte und der höchste Skilift in Afrika (3243 m). Ausrüstung, Pässe und Kurse gibt's im Ort zu günstigen Preisen. Ursprünglich dauerte die Hauptsaison von Ende Januar bis März, in den letzten Jahren lag aber bereits im März nur noch wenig bis gar kein Schnee. In diesem Fall kann man immerhin noch langlaufen.

Beim Club Alpin Français (CAF) erfährt man, wo sich die Ausgangspunkte der Wanderwege befinden.

Schlafen

CAF-Hütte HOSTEL €
(☎0524 31 90 36; B CAF-Mitglieder/Nicht-Mitglieder 90/140 Dh; 📶) Bietet beheizte Schlafsäle, ein Restaurant mit Bar, eine gut ausgestattete Küche, eine Bibliothek und WLAN, man muss aber einen eigenen Schlafsack mitbringen. Die Bäder liegen im ersten Stock, die schönsten Schlafkojen die Treppe hinauf in den Zimmern mit Kiefernholzdecke. Das Hostel kann Reisegruppen aus Marrakesch abholen (per *grand taxi* 400 Dh; per Minibus oder Geländewagen für 9–12 Pers. 700–900 Dh).

Hôtel Chez Juju HOTEL €€€
(☎0524 31 90 05; www.hotelchezjuju.com; DZ mit HP 1100–2600 Dh; 📶) Das Hotel verfügt über ein bewährtes Restaurant mit Bar sowie schlichte, alpin aufgemachte Zimmer mit angeschlossenem Bad. Die hübscheren renovierten Doppelzimmer bieten einen Ausblick in die Berge, Kiefernholztäfelung, Baumwolldecken und geblümte Vorhänge; die düsteren Zimmer hinten meidet man besser. Das Hotel hat mit die besten Mahlzeiten im Dorf (die Konkurrenz ist aber auch nicht sehr groß).

ℹ Praktische Informationen

Club Alpin Français (CAF; ☎0524 31 90 36; www.ffcam.fr)

ℹ An- & Weiterreise

Wenn man nicht mit einem Mietwagen unterwegs ist, arrangiert man den Transport am besten mit dem **CAF** (s. oben). Ansonsten kann man vom Halteplatz am Bab er-Rob in Marrakesch ein *grand taxi* chartern (400–600 Dh).

Toubkal-Nationalpark

Wer richtig klare Bergluft atmen will, sollte den höchsten Berg Nordafrikas, den schneebedeckten Jbel Toubkal (4167 m) im Herzen des Toubkal-Nationalparks, nicht verpassen. Bergwanderwege, die sich kreuz und quer über den Jbel Toubkal ziehen, beginnen in Imlil am Ende des Mizane-Tals. Auf dem Weg nach Imil bietet sich 47 km südlich von Marrakesch in Asni eine Pause an, um am Straßenrand eine Tajine zu essen und den samstäglichen Suk zu besuchen.

INSIDERWISSEN

PFLANZENKUNDE DER BERBER IM HOHEN ATLAS

Trotz der eisigen Winter und der heißen Sommer ist der Hohe Atlas äußerst fruchtbar. Überweidung, Landwirtschaft und das Sammeln von Brennholz fordern zwar ihren Tribut – ein großer Teil der einheimischen Vegetation ist verschwunden. Doch dank einer akribischen Aufforstung und ausgeklügelter Anbaumethoden, bei denen die Hügelhänge terrassiert und mit Kanälen (*targa*) bewässert werden, besitzen die Hügel nach wie vor eine artenreiche Flora.

Auf Wanderungen im Hohen Atlas kann man Folgendes sehen:

Täler Unterhalb von 2400 m erblühen unzählige Wildblumen sowie in den Plantagen die Mandel-, Kirsch- und Aprikosenbäume. Im Sommer spenden Johannisbrot-, Quitten-, Granatapfel-, Apfel- und Feigenbäume Schatten. Geschickten Bauern gelingt es, den Terrassenfeldern mehrere Ernten abzuringen: Von Oktober bis Ende Mai wächst hier Gerste, und vom Frühjahr bis zum Herbst werden Kartoffeln, Möhren, Rüben, Zwiebeln, Linsen und Bohnen angebaut. In höher gelegenen Dörfern sind Walnüsse ein wichtiges Produkt; sie werden Ende September geerntet.

Subalpine Zone (2400–3200 m) Dickichte aus zerzausten Spanischen Wacholderbäumen *(Juniperus thurifera)*, die der Wind in die seltsamsten Formen zwingt, prägen das Bild, frei gewehte Wurzeln krallen sich wie Finger in die Felsen. Zum Schutz gegen Erosion werden Aleppo-Kiefern gepflanzt; sie ersetzen die duftenden Atlas-Zedern, die für Holzarbeiten genutzt werden.

Hochlagen Über 3200 m fällt als erstes der Igelginster ins Auge, stachelige, eine Krone ausbildende Büsche, die im Frühjahr für kurze Zeit blühen. Selbst wenn man auf seinem Weg keine Pflanzen entdeckt, steigt gelegentlich ein Hauch von Lavendel, Rosmarin und wildem Thymian vom Boden auf.

ℹ An- & Weiterreise

Häufig starten regionale Busse (20 Dh, 1½ Std.) und *grands taxis* (20 Dh, 1 Std.) in Marrakesch südlich des Bab er-Rob nach Asni. Kleinbusse und gelegentlich auch Taxis fahren die Strecke zwischen Asni und Imlil (12 Dh, 17 km, 1 Std.). Die Autofahrt von Marrakesch nach Imlil dauert mindestens zweieinhalb Stunden.

Imlil إمليل

5100 EW.

Imlil ist ein beliebtes Ziel für Bergwanderer und lediglich einen fünfstündigen Marsch vom Fuß des Jbel Toubkal entfernt. Im Frühling sollte man sich das Erwachen in den blühenden Ausläufern des Hohen Atlas nicht entgehen lassen.

Aktivitäten

Imlil ist die wichtigste Basis für Wanderungen auf dem Jbel Toubkal und deswegen ganz auf Wanderer und ihre Bedürfnisse ausgerichtet. Jeden Tag geht es hier los zum Gipfel, allerdings kann der Betrieb in der Hochsaison die Fantasie vom einsamen Gipfelstürmer dämpfen. Um dem Trubel zu entkommen, bietet sich eine Wanderung nach Südwesten über den Tizi n'Mzik (2489 m) zu den wunderbaren **Cascades d'Irhoulidene** bei Azib Tamsoult an, um dann den Toubkal entweder von Westen zu besteigen (wie in Tag 6 und 7 in der Toubkal-Rundwanderung beschrieben) oder nach Westen ins unberührte **Azzadan-Tal** hinabzuwandern.

Wer ankommt, ohne vorab Arrangements getroffen zu haben, marschiert ins Bureau des guides (S. 108), erklärt dort, was er braucht und lässt sich einen Guide zu einem Festpreis (300/400 Dh pro halber/ganzer Tag) vermitteln. Die Guides sprechen mehrere Sprachen, darunter Französisch, Englisch, Deutsch und Spanisch.

Wer nur sehr wenig Zeit hat, kann einfach entlang des Maultierpfads am Westufer des Mizane in ein paar Stunden zum Dorf Aroumd (S. 108) und zurück wandern.

Mountain Travel Morocco WANDERN
(MTM; ☎ 0524 48 57 84; www.mountain-travel-morocco.com; Imlil; ⏲ Mo–Sa 9–18 Uhr) MTM wurde von vier der erfahrensten Wanderführer aus Imlil gegründet und ist das erste amtlich zugelassene private Unternehmen dieser Art im Ort, das Wanderungen aller Leistungsklassen anbietet. Die Führer sind auch in Erster Hilfe ausgebildet und haben Erfahrung im Umgang mit der Höhenkrankheit.

Um sicherzugehen, an der gewünschten Wanderung teilnehmen zu können, sollte im Voraus gebucht werden.

Bike Adventures in Morocco MOUNTAINBIKEN
(☎ 0666 23 82 00; www.bikeadventuresinmorocco.com; Imlil) Das gut ausgestattete Unternehmen des Bergführers und Radtourexperten Lahcen Jellah bietet mehrere Strecken kreuz und quer durch das Atlasgebirge an, von einer leichten viertägigen Toubkal-Rundfahrt bis zu der langen, zehntägigen Atlasüberquerung von zum Jbel M'Goun.

Schlafen

★ Authentic Toubkal PENSION €
(☎ 0672 84 51 71; www.authentictoubkallodge.com; Arghen) Die von dem jugendlichen Lahcen und seiner Familie geführte nette Unterkunft im Dorf will den Gästen mit Unterricht in der Zubereitung von Minztee und im Brotbacken sowie durch Begegnungen mit Dorfbewohnern die Kultur der Berber näherbringen. Es gibt köstliche gemeinsame Mahlzeiten und reichlich Unterhaltung (bei der man sich auch selbst ins Berberkostüm werfen kann). Die Unterkunft liegt vom Dorf aus 20 Gehminuten bergauf. Damit einen jemand empfängt, sollte man vorab anrufen.

★ Riad Atlas Toubkal PENSION €
(☎ 0524 48 57 82; www.riadatlastoubkal.com; Imlil; DZ/3BZ/Suite 300/400/600 Dh; P ❄ 📶) Diese ansprechende Pension hat acht luftige und gemütliche Zimmer mit großen Panoramafenstern und einer Aussicht, die der in der teuren Kasbah in Nichts nachsteht; drei Zimmer haben auch einen Balkon. Viele Brettspiele und Bücher sorgen für Unterhaltung. Es gibt Gastduschen für verschwitzte Wanderer, ein Restaurant mit Panoramablick und Parkplätze (20 Dh).

Imlil Lodge PENSION €
(☎ 0671 15 76 36; www.toubkalguide.com; Tamatert; DZ 250–400 Dh, FZ 600 Dh; ❄ 📶) Die von Jamal Imrehane, einem der Gründer von Mountain Travel Morocco, geleitete freundliche Pension hat eine Steinfassade und blickt von Tamatert aus über Imlil und das Mizane-Tal. Das um einen Innenhof angelegte Riad hat Zimmer mit aufwendigen Stuckdecken, Messinglampen und gestreiften Decken aus Asni. Mehrere Zimmer bieten Balkone, eines auch einen Kamin.

Dar Adrar RIAD €
(☎ 0668 76 01 65; www.daradrar.com; Achayn; EZ/DZ/3BZ mit Frühstück ab 250/300/400 Dh; 📶) Das Riad liegt in einem schattigen Hain im Dorf Achayn, das man vom Atlas Trek Shop in Imlil in steilen zehn Gehminuten den Hügel hinauf erreicht. Das Dar Adrar hat schlichte, komfortable Zimmer, einen mit Blumen bepflanzten Hof und einen Hammam (50 Dh) im Haus. Eigentümer ist der Bergführer Mohamed Aztat, ein Mitbegründer von Mountain Travel Morocco (S. 106), dem auch der Trek Shop in Imlil gehört.

Dar Ouassaggou RIAD €
(☎ 0667 49 13 52; www.guesthouseouassaggou.com; Douar Aït Soukka; DZ mit Frühstück 330–490 Dh; ❄ 📶) Ein Hain mit Walnussbäumen beschattet den Talweg, der östlich von Imlil zu dieser Pension mit acht Zimmern führt. Hier empfängt der Englisch sprechende Bergführer Houssein seine Gäste, als wären es lang verschollene Verwandte. Die gemütlichen, komfortablen Zimmer haben eigene Bäder, eines mit einer *tadelakt*-Badewanne. Die sonnige Terrasse ist entspannend nach einer Morgenwanderung. Es gibt auch Abendessen (100 Dh/Pers.).

Imlil Refuge HOSTEL €
(☎ 0661 87 37 71; http://imlilrefuge.com; B mit Frühstück 90 Dh) Die billigste Unterkunft vor Ort hat zehn schlichte, aber saubere Zimmer mit Gemeinschaftsbädern. Es gibt ein Wohnzimmer mit Kamin, eine Dachterrasse und eine Gemeinschaftsküche. Vor oder nach dem großen Aufstieg können Wanderer hier gut übernachten.

★ Douar Samra RIAD €€
(☎ 0524 48 40 34; www.douar-samra.net; Tamatert; Zi. mit HP 485–715 Dh/Pers.; 📶) Am östlichen Ende des Tals in Tamatert schlängelt sich ein Weg zwischen niedrigen Häusern aus Stampflehm hindurch – das dreistöckige ist das Douar Samra. Über grobe Steinstufen geht es zu den von Kerzen beleuchteten und mit Balkendecken versehenen Gästezimmern; eines davon ist ein Baumhaus. Es ist eine Unterkunft der Kontraste: Esel tragen das Gepäck, doch es gibt auch WLAN im Biogarten und Sundowner auf der Terrasse.

Kasbah Imlil PENSION €€
(www.kasbah-imlil.com; Zi. 20–45 €; ❄ 📶) Diese Unterkunft hat vier schön möblierte Zimmer, die hübsch mit Wandteppichen in warmen Tönen verziert sind; zwei verfügen über einen Balkon. Die entspannende Lounge prunkt mit Berberteppichen und schönen Laternen.

Riad Dar Imlil PENSION €€€
(☎ 0524 48 49 17; www.darimlil.com; DZ 800–1500 Dh;) Das Steinhaus mit 20 Zimmern brachte den Look von Marrakesch in die Berge. Die komfortablen Zimmer haben Klimaanlagen, geschnitzte Holzmöbel, schmiedeeiserne Fenster und moderne Badezimmer samt *babouches* und warmen, wollenen *djellabas* (Umhängen). Die billigeren Zimmer zum Innenhof sind ruhiger, aber auch dunkler. Man speist auf der Terrasse oder am Kamin im Salon.

Kasbah du Toubkal HISTORISCHES HOTEL €€€
(☎ 0524 48 56 11; www.kasbahdutoubkal.com; B mit Frühstück 40 €, DZ 130–250 €, Suite 340–440 €, Villa 820 €;) Die umgebaute historische Kasbah thront über Imlil auf einer Höhe von 1800 m und bietet einen tollen Ausblick in die Gebirgslandschaft. Die elf Zimmer sind von urig-niedlich bis Kasbah-cool eingerichtet. In den „Berbersalons" können sich auch Familien und Gruppen einquartieren. Es gibt einen traditionellen Hamam, Bergführer, Brettspiele und schmackhafte Gerichte (Fixpreis-Abendmenü 20 €).

In der Hauptsaison beträgt der Mindestaufenthalt zwei Nächte. Die Gemeindesteuer von 5 % hilft bei der Finanzierung von mehreren Internaten und zwei Rettungswagen.

Essen

Cafe Atlas Toubkal CAFÉ €
(Hauptgerichte 40–150 Dh; 8–24 Uhr;) Dieses gut gelegene Café in Imlil hat von Allem etwas: Pizzas, Brochettes, Kuchen und den besten Kaffee vor Ort. Von der Dachterrasse hat man einen schönen Ausblick in die Landschaft.

Patisserie La Maison des Association GEBÄCK €
(Snacks ab 4 Dh; 10–19 Uhr) Einfach der Nase folgen, um diese winzige Bäckerei hinter der Hauptstraße zu finden. Junge Berberfrauen backen hier himmlische Mandel-Biscuits und mit Honig gesüßte Gebäckstücke. Der kommunale Verein, der von der Kasbah Toubkal unterstützt wird, hilft Dorfbewohnern dabei, neue Fähigkeiten zu erlernen und zu perfektionieren.

Praktische Informationen

Bureau Des Guides (☎ 0524 48 56 26; www.bureaudesguidesimlil.com; 8–19 Uhr;) Die Touristeninformation ist nur in der Saison geöffnet. Wer ankommt, ohne vorab Arrangements getroffen zu haben, sollte sie ansteuern und seine Wünsche äußern. Guides werden zu Fixpreisen (300/400 Dh pro halber/ganzer Tag) vermittelt. Sie sprechen mehrere Sprachen, darunter Französisch, Englisch, Deutsch und Spanisch.

Es gibt Wanderkarten (80 Dh), kostenloses WLAN und eine Gepäckaufbewahrung (20 Dh).

Aroumd

Wunderbare Berbergastfreundschaft bietet das Bergdorf Armoud (auch Armed genannt) 3 km von Imlil. Man kann zwar auch die befahrbare Piste nehmen, schöner aber ist der Wanderpfad, der an einem rauschenden Bach, Steinhäusern und schattigen Obstgärten vorbeiführt.

Schlafen

Les Roches Armed/Chez Lahcen RIAD €
(☎ 0667 64 49 15; rochesarmed@yahoo.fr; B/DZ mit HP 100/200 Dh pro Pers.) Oberhalb von Aroumd können Gäste den Panoramablick auf die Berge sowie den Hofgarten genießen und sich am Kamin im Wohnzimmer unterhalten, ehe sie sich in ihre Zimmer mit Decken aus *tataoui* (geflochtenen Palmfasern) oder in die sauberen Schlafsäle zurückziehen. Die fünf Gemeinschaftsbäder sind mit warmen Duschen ausgestattet. Die herzhaften Gerichte aus dem Hohen Atlas werden auf Berbergeschirr serviert.

Gîte Le Toubkal Armed PENSION €
(Chez Hadj Omar; ☎ 0670 41 26 75; B ohne Bad 60 Dh, mit HP 200 Dh) Diese gepflegte Unterkunft hat schlicht, aber komfortabel eingerichtete Schlafsäle mit jeweils drei bis sechs Betten. Am schönsten ist der von Bäumen gesäumte Innenhof, wo man nach einer Tageswanderung prima ausspannen kann.

Dar Warawte/Chez Omar Jellah RIAD €
(☎ 0670 41 46 23; toubkal_trek@yahoo.co.uk; B mit/ohne Bad 300/100 Dh) Das komplett eingerichtete Apartment ist ideal für Familien, die gemeinsam wandern. Es befindet sich im Erdgeschoss des Wohnhauses des Englisch sprechenden Führers Omar Jellah. Hinter den Bogentüren verbergen sich ein Wohnzimmer, Schlafzimmer mit Stuckverzierungen und eine beneidenswerte Küche. Im Obergeschoss gibt es noch ein Gästezimmer mit eigenem Bad.

Aufstieg zum Jbel Toubkal

Für Nordafrikas höchsten Berg, den **Jbel Toubkal** (4167 m), braucht man keine Klettererfahrung. Den Gipfel erreicht im Sommer jeder, der einigermaßen sportlich ist. Anfang Oktober quälen sich die Teilnehmer des **Toubkal-Marathons** (www.toubkaltrail.com; ⊙ Okt.) den Berg 42 km hinauf und runter. Für Ultramarathonläufer gibt's eine zusätzliche Strecke von 106 km durch den Hohen Atlas namens **Toubkal Trail**.

Der Aufstieg vom 1740 m hoch gelegenen Imlil ist zwar technisch nicht besonders schwierig, doch das schnell umschlagende Wetter am Toubkal, die steilen Geröllhänge aus Vulkangestein und die Höhenkrankheit machen ihn dennoch zu einer Herausforderung. Wanderer sollten deshalb ausreichend Zeit für einen langsamen und beständigen Aufstieg einplanen. Wer es lieber gemütlich mag, zeltet unterwegs in Sidi Chamharouch. Die Toubkal-Besteigung kann auch mit benachbarten Gipfeln oder – sofern man sehr fit ist – mit dem Aufstieg auf den **Ouanoukrim** (4088 m) verbunden werden.

DIE TOUR AUF EINEN BLICK

Dauer 2 Tage

Länge 22 km

Schwierigkeitsgrad mittelschwer bis schwer

Start/Ziel Dorf Imlil (1740 m)

Höchster Punkt Jbel Toubkal (4167 m)

Unterkunft Camping und *refuges* (Berghütten)

Öffentliche Verkehrsmittel Ja

Kurzbeschreibung Die beliebteste Wanderung im Hohen Atlas mit atemberaubenden Aussichten. Trotz der unkomplizierten Strecke ist der Aufstieg über den felsigen Hang sehr anstrengend. Außerdem droht die Höhenkrankheit. Am besten ist die Wanderung im Sommer und im Herbst. Vor Aufbruch unbedingt die Wetterlage checken, da es selbst im Juni noch schneien kann.

TAG 1: VON IMLIL ZUR TOUBKAL REFUGE

DAUER 5–6 STD. / LÄNGE 10 KM / AUFSTIEG 1467 M

Am besten startet man schon frühmorgens in **Imlil**, denn es geht nur bergauf und gibt kaum Schatten. Zunächst nimmt man den Feldweg Richtung **Aroumd** (Armed) an der **Kasbah du Toubkal** vorbei. Hinter der Kasbah schlängelt sich der Weg steil bergauf und stößt in Aroumd wieder auf die Straße, wo allmählich hohe Berge den Weg säumen.

Hinter Aroumd geht es über die steinige Talsohle und dann auf dem gut erkennbaren Maultierpfad bergauf in Richtung eines riesigen Felsens über dem östlichen Tal des Assif Reraya bis zum Weiler und zum *marabout* von **Sidi Chamharouch** (2310 m). Links vom Pfad locken hinter dem *marabout* ein paar Wasserfälle mit Teichen und ein hervorragender, schattiger Picknickplatz unter einem Felsüberhang.

Nach der Überquerung der Brücke in Sidi Chamharouch führt die steinige Route 2 km vom Fluss weg und verläuft im Zickzack oberhalb der Talsohle. Dann wird sie flacher und folgt schließlich wieder dem Fluss. Die **Toubkal-Hütte** unterhalb der Westflanke

ℹ CHECKLISTE FÜR DEN AUFSTIEG ZUM JBEL TOUBKAL

Karten Empfehlenswert sind die gleichen Karten wie für die Toubkal-Rundtour.

Wasser Gereinigtes Wasser aus Quellen ist eine umweltfreundlichere Alternative zu Wasser in Flaschen. Zwischen Juni und Oktober sind aber kaum Quellen zu finden.

Führer Die Route ist zwar markiert, es empfiehlt sich aber, einen **Bergführer** (S. 108) für den Aufstieg zu engagieren, ganz besonders, wenn man nicht geübt ist oder die Tour zwischen Oktober und Juni bei wechselhaftem Wetter unternimmt.

Proviant Mahlzeiten und Snacks gibt's in der Toubkal- und der Mouflon-Hütte. Proviant fürs Mittagessen findet man in Imlil, außerdem gibt es eine große Auswahl an Snacks zum Mitnehmen in den Supermärkten von Marrakesch.

Maultier Für diese zweitägige Wanderung mit begrenztem Ausrüstungsbedarf brauchen die meisten erfahrenen Wanderer kein Maultier. Auf Wunsch können die Guides aber Maultiere und Treiber beschaffen.

Ausrüstung Man braucht einen Schlafsack. Ein Zelt ist verzichtbar, sofern man nicht unbedingt zelten und auf die Schutzhütten verzichten will. In diesem Fall bittet man vorher seinen Führer, ein Zelt zu besorgen.

des Jbel Toubkal ist bereits eine Stunde vor der Ankunft zu sehen.

TAG 2: DER AUFSTIEG

DAUER 9 STD. / LÄNGE 12 KM / AUFSTIEG & ABSTIEG 960 M

Auch am zweiten Tag startet man so früh wie möglich, um den Aufstieg in der prallen Sonne zu vermeiden. Unbedingt warm anziehen bzw. warme Klamotten sowie viel Wasser und ein paar Snacks mitnehmen! Wer direkt von Imlil hergewandert ist, sollte schön langsam und gleichmäßig gehen, um nicht höhenkrank zu werden. Sobald allerdings Symptome wie starke Kopfschmerzen oder Übelkeit mit Erbrechen auftreten, muss man sofort absteigen – keinesfalls am Hang hinlegen und ein Schläfchen machen!

Zwei Kare, durch Gletscher entstandene Täler, ziehen sich die Westflanke des Toubkal hinab und werden durch den von Westen nach Nordwesten verlaufenden Kamm getrennt, der vom Gipfel hinab verläuft. Das südliche Kar ist die üblichere Route und beginnt direkt links hinter der Berghütte, wo sie über den Fluss und in östlicher Richtung auf den Geröllhang zuführt.

Auf dem klar erkennbaren Weg an der linken Hangseite heißt etwas klettern, denn er überquert ein Steinfeld und steigt im Zickzackkurs hoch zum **Tizi n'Toubkal** (3940 m). Dann wendet er sich nach links (Richtung Nordosten) und folgt dem Kamm bis zum Gipfel (4167 m). Je nach Kondition und Wetter sollte man für den Aufstieg bis zu vier Stunden einplanen.

Zurück geht's auf demselben Weg, und zwar nach links, wenn die Toubkal-Hütte auftaucht. Der Abstieg zur Hütte dauert höchstens zweieinhalb Stunden. Entweder kehrt man jetzt nach Aroumd oder Imlil zurück oder verbringt eine zweite Nacht in der Hütte. Wer sich für die letztere Möglichkeit entscheidet, kann vom Gipfel auch den längeren Weg über die Ihibi-sud-Runde (Südrunde) wählen. Der Pfad führt in vier Stunden relativ gradlinig nach unten zur *refuge,* wo es zur Belohnung wohlverdiente Glückwünsche und Schokolade gibt.

Toubkal-Rundtour

Neben majestätischen Gipfeln und fantastischen Aussichten auf den Jbel Toubkal bietet diese Tour faszinierende Einblicke in das Leben der Berber in abgeschiedenen Dörfern im Hohen Atlas. Für die Route benötigt man eine Campingausrüstung; alternativ kann man auch Abstecher zu schlichten Dorfunterkünften und *refuges* unternehmen.

Die Tour ist anstrengend, ein zusätzlicher Tag zum Ausruhen sinnvoll. Auf den Toubkal geht's erst am sechsten Tag, sodass man genug Zeit hat, sich an die Höhe zu gewöhnen. Der größte Teil der Strecke verläuft oberhalb von 2000 m, mehrere Pässe liegen sogar über 3000 m.

Ideal ist die Zeit von April bis Ende Juni. Im April und Mai blühen die Wildblumen, im Juni ist es tagsüber angenehm warm. Von November bis Mai fallen die Temperaturen dagegen oft unter den Gefrierpunkt und die höher gelegenen Gipfel und Pässe sind schneebedeckt. Jetzt kann man nur in den tieferen Tälern wandern, es sei denn, man bringt Seile und Klettereisen mit.

Im Hochsommer sind die Tage lang und die Pässe schneefrei (auf dem Toubkal kann allerdings Schnee liegen). In den tieferen Tälern wird es jedoch sehr heiß und es gibt kaum Quellen und Bäche mit Wasser. Viele Wanderer sind daher im Juli und August frühmorgens bzw. am Nachmittag unterwegs.

Im Sommer besteht zudem die Gefahr von Sturzfluten infolge von Unwettern – dies sollte man bei der Auswahl eines Zeltstellplatz beachten. Im Herbst (Nov.) und späten Frühling (April od. Mai) führen die Flüsse das meiste Wasser.

TAG 1: VON IMLIL NACH TACHEDDIRT

DAUER 3½–4½ STD. / LÄNGE 9,5 KM / AUFSTIEG 560 M

Ein großer Teil der flach ansteigenden Strecke am ersten Tag folgt der Straße zwischen **Imlil** (1740 m) und dem Dorf **Ouaneskra**, 2 km westlich von Tacheddirt (2300 m). Die Straße steigt sacht nach Osten an und schlängelt sich hoch nach **Aït Souka**.

Nach einer Stunde, gleich hinter dem Bach Talat n'Aït Souka, geht es entweder auf der Piste Richtung Norden direkt zum Pass bei **Tizi n'Tamatert** (2279 m) weiter oder über den steinigen, relativ gut erkennbaren Pfad nach Osten. Dieser führt um das Dorf **Tamatert** herum, verläuft danach für weitere 15 Minuten Richtung Osten durch einen kleinen Kiefernwald und überquert eine Straße. Anschließend steigt der Weg steil in nordöstlicher Richtung bis zum Tizi n'Tamatert an. Der Aufstieg dauert etwa 30 bis 45 Minuten.

Am Pass werden in der verwitterten Bude **Bivi Thé** teure Softdrinks verkauft. Richtung Nordosten bieten sich tolle Blicke auf den **Tizi n'Eddi** (2960 m), den Pass nach Oukaïmeden, und auf den **Tizi n'Tacheddirt** (3230 m).

Am Tizi n'Tamatert trifft der Pfad wieder auf die Asphaltstraße. Von hier ist es noch ein einfacher 45-minütiger Spaziergang bis nach Ouaneskra mit wunderbaren Aussichten auf adrette Berberhäuser und üppige Terrassen in Talate n'Chaoute, Tamguist und Ouaneskra.

Kurz vor Ouaneskra teilt sich die Strecke. Der Maultierpfad nach rechts durchquert die Südseite des Tals bis zu einem idealen Zeltplatz dicht am Weg, der ganz in der Nähe des Baches **Irhzer n'Likemt** und des Ausgangspunkts für den Aufstieg am nächsten Tag liegt.

Die längere Route über **Ouaneskra** und **Tacheddirt** überquert den Tizi n'Tamatert und führt an der Nordseite des Tals entlang. In Ouaneskra gibt's drei *gîtes* und ein nettes Restaurant. Da die Wanderung am zweiten Tag lange dauert, sollte man hier nur zu Mittag essen und danach wieder aufbrechen. Das Dorf **Tacheddirt** liegt 2 km weiter über die Asphaltstraße. Dort bietet das **Tigmmi Tacheddirt** (☎ 0662 10 51 69; www.highatlaslodges.com; inkl. HP 200 Dh/Pers.) Platz für 50 Personen. Von Tacheddirt schlängelt sich der Wanderweg Richtung Süden hinauf zum Campingplatz unweit des Irhzer n'Likemt.

TAG 2: VON TACHEDDIRT NACH AZIB LIKEMT

DAUER 5–6 STD. / LÄNGE 9 KM / AUFSTIEG 1200 M / ABSTIEG 900 M

Für den zwei- bis dreistündigen Aufstieg zum **Tizi Likemt** (3550 m) bricht man am besten früh auf. Der Weg um das obere Talende herum führt relativ gemächlich nach oben. Sehr viel steiler ist die Route, die direkt hinunter zum **Assif n'Imenane** und dann am Zeltplatz vorbei nach oben verläuft. Morgens liegt dieser Weg zwar überwiegend im Schatten der Berge, doch der Aufstieg ist extrem anstrengend; das gilt vor allem für das steile Geröllfeld unterhalb des Passes.

In der Nähe des Zeltplatzes klettert ein gut erkennbarer, steiniger Pfad in der Mitte der engen Schlucht an der Ostseite des Flussbetts hinauf, das er zweimal überquert. Nach etwa 50 Minuten wendet er sich nach links Richtung Südosten hoch zum *col* (Pass). Vom Tizi Likemt blickt man auf üppige Täler und schroffe Gipfel. An klaren Tagen kann man sogar den Jbel Oukaïmeden und den Jbel Toubkal sehen.

Der steinige Pfad, der die andere Seite hinabführt (südöstlich), passiert nach 30 Minuten auf der linken Seite eine Quelle, die aber nicht immer Wasser führt, und nach einer weiteren Stunde bewässerte Weiden oberhalb von **Azib Likemt** (2650 m; ein *azib* ist eine nur im Sommer bewohnte Siedlung). Von Mai bis Oktober leben hier Einheimische, die auf den Terrassen Getreide anbauen.

Vielleicht wird einem in Azib Likemt eine Unterkunft oder ein Platz zum Zelten angeboten. Wenn nicht, kraxelt man durch die Terrassen hinunter zum **Assif Tifni**, überquert den Fluss, biegt rechts ab und wandert flussaufwärts zu einer Gruppe großer Felsen mit einem ebenen Zeltplatz nahe dem Fluss.

TAG 3: VON AZIB LIKEMT NACH AMSOUZERT

DAUER 6–6½ STD. / LÄNGE 15,2 KM / AUFSTIEG 470 M / ABSTIEG 1380 M

Diese direkte Südroute nach Amsouzert ist weniger strapaziös und führt an schönen Kammwegen entlang. Von Azib Likemt geht es auf einem ausgetretenen Pfad hinter dem Campingplatz Richtung Süden einen Berghang hinauf und in die riesige Schlucht, die durch den **Assif n'Tinzer** entstanden ist. Über dem Ostufer des Flusses windet sich der Weg oberhalb des **Tombe-Asmine-Wasserfalls** entlang und führt dann wieder zum Fluss hinab. Für etwa zwei Stunden folgt man dem Verlauf des Flusses, vorbei an fantastischen Klippen und durch große Wei-

DIE TOUR AUF EINEN BLICK

Dauer 7–10 Tage

Länge 60,2 km

Schwierigkeitsgrad mittelschwer bis schwer

Start/Ziel Dorf Imlil (1740 m)

Höchster Punkt Jbel Toubkal (4167 m)

Unterkunft Camping, *gîtes* im Dorf und *refuges* (Berghütten)

Öffentliche Verkehrsmittel Ja

Kurzbeschreibung Der von Marrakesch aus leicht erreichbare Rundweg um und auf den Jbel Toubkal führt durch eine abwechslungsreiche Landschaft von üppigen, kultivierten Tälern und Berberdörfern bis hin zu furchteinflößenden Gipfeln und kahlen Pässen. Die anstrengende Wanderung beinhaltet lange, zermürbende Kletterpartien über felsiges Gelände. Gute Kondition ist unabdingbar und ein Bergführer äußerst empfehlenswert.

den, bis ein deutlich erkennbarer Pfad das Tal zum **Tizi n'Ououraïne** (3120 m; auch Tizi n'Ouaraï) hinaufklettert. Hier genießt man herrliche Aussichten auf die Ostseite des Toubkal, den **Dôme d'Ifni** (3876 m) und das übrige zerklüftete Toubkal-Massiv.

Anschließend geht's über den Pass, wo der Weg das obere Talende durchquert und auf eine Kreuzung stößt. Richtung Südwesten führt ein Pfad den Kamm hinunter zum **Tagadirt** (nach 50 m folgt ein großartiger Aussichtspunkt nach Süden zum **Jbel Siroua**). Man wählt jedoch den Weg nach links (Südosten) und dann den Maultierpfad Richtung Süden. Dieser überquert das obere Ende eines weiteren Tals und führt an einem Bergausläufer entlang, bis er nach 90 Minuten den Kamm erreicht. Im Westen ist der **Lac d'Ifni** zu sehen. Nach weiteren 15 Minuten, kurz vor zwei spitzen Felsnasen, gabelt sich der Weg. Man nimmt die rechte Abzweigung, kraxelt langsam in Richtung Süden zu einem großen Steinhaufen hinab, wandert dann 30 Minuten Richtung Südwesten und hält sich schließlich Richtung Westen bis zum Ende des Bergvorsprungs nach **Amsouzert** (1797 m).

Das wohlhabende Dorf erstreckt sich auf beiden Seiten des Flusses. Der Ort eignet sich wunderbar für einen Ruhetag, sofern man einen einlegen will. Neben der Schule befindet sich eine Open-Air-Teestube unter einem riesigen Walnussbaum. Hier kann man eventuell auch sein **Zelt** (Amsouzert; 30 Dh) aufstellen. Alternativ übernachtet man in der **Gîte Himmi Omar** (B 60 Dh).

Im Ort gibt's kleine Läden und westlich vom Fluss ein paar Cafés. Am frühen Morgen besteht eine Transportmöglichkeit zur Straße N 10 mit Verbindungen nach Marrakesch und Ouarzazate. 3 km südlich von Amsouzert liegt noch ein Dorf, das Imlil genannt wird (nicht zu verwechseln mit dem Imlil auf der Nordseite der Bergkette, wo die

CHECKLISTE FÜR DIE TOUBKAL-RUNDTOUR

Karten Das Kartenblatt *Jebel Toubkal* im Maßstab 1 : 50 000 deckt die gesamte Toubkal-Rundtour ab und ist mit etwas Glück im **Bureau des guides** (S. 108) in Imlil erhältlich. Die vierteilige topografische Karte *Toubkal Massif Walking Map* im Maßstab 1 : 100 000 deckt ebenfalls den Rundkurs ab. Sie wird von der Division de la Cartographie (dem marokkanischen Vermessungsamt) herausgegeben und ist in deren Büro in Rabat sowie in London bei Stanfords (www.stanfords.co.uk) und in Marrakesch auf dem Jemaa el Fna im Hotel Ali erhältlich (150 Dh). Auf den staatlichen *Cartes des Randonnées dans le Massif du Toubkal* im Maßstab 1 : 100 000 sind die Wanderrouten zwar auch eingezeichnet, sie bieten aber weniger topografische Details.

Führer Lizenzierte Führer vermittelt das *Bureau des guides* in Imlil. Für das Anheuern des Führers und die gesamten Wandervorbereitungen muss man mindestens einen Tag einplanen – bei besonderen Wünschen oder in der Hauptsaison kann es aber auch länger dauern.

Maultier Die Bergführer können Maultiere und Treiber beschaffen. Wanderer sollten aber wissen, dass die Tiere Probleme haben, den Tizi n'Ouanoums westlich vom Lac d'Ifni zu überqueren; von November bis Mai können einige Gegenden gänzlich unpassierbar sein. Wenn die Maultiere lange Umwege machen müssen, könnte man gezwungen sein, die Ausrüstung und Verpflegung einen Tag lang selber zu tragen. Darüber sollte man mit dem Führer und dem Maultiertreiber vorab reden.

Proviant Grundproviant gibt's in Imlil; Studentenfutter, Tütensuppen und andere leicht zu transportierende Nahrungsmittel erhält man in den Supermärkten in Marrakesch.

Wasser Vor Ort vorhandenes Wasser zu reinigen, ist eine umweltfreundliche Alternative zu Wasser in Flaschen. Da man nicht damit rechnen kann, wirklich Wasser zu finden, sollte man jedoch genügend mitnehmen.

Ausrüstung Ein Wanderstock ist nützlich. Benzin, Diesel und Kerosin bekommt man in Marrakesch und Asni.

Zelt Der Führer kann Zelte beschaffen. Auf der Rundtour könnte das Campieren im Freien vielleicht einmal nötig sein. Man kann aber auch ein paar Umwege einplanen, um feste Unterkünfte aufzusuchen. Im Sommer kann man eventuell auch einfach unter freiem Himmel schlafen.

Toubkal: Gipfel- & Rundtour

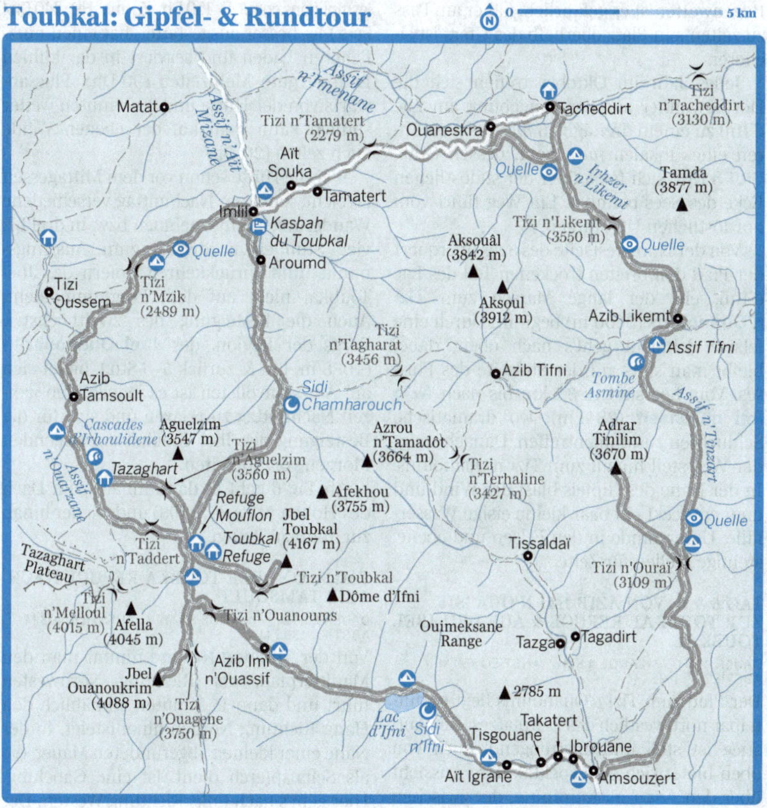

Tour begonnen hat). Mittwochs findet dort ein überaus beliebter **Suk** statt.

TAG 4: VON AMSOUZERT NACH AZIB IMI N'OUASSIF

DAUER 5½–6 STD. / LÄNGE 10,5 KM / AUFSTIEG 1100 M

Maultiere kommen zwischen November und Juni nicht weiter als bis kurz hinter den Lac d'Ifni, den größten See im Hohen Atlas. Man muss also sein Gepäck selbst nach **Azib Imi n'Ouassif**, über den **Tizi n'Ouanoums** (3600 m) und bis zur Toubkal-Hütte schleppen.

Von **Amsouzert** folgt man der ebenen, viel befahrenen Geländewagenpiste, die oberhalb der Nordseite des Flusses in Richtung Nordwesten auf den Lac d'Ifni zuführt. Unterwegs passiert man die Dörfer **Ibrouane**, **Takatert** und **Tisgouane**, bis man **Aït Igrane** mit ein paar Cafés und der **Gîte Belaïde** (Aït Igrane; 60 Dh) erreicht. Auf einem ebenen, steinigen Platz gleich hinter dem Café Toubkal liegt der **Campingplatz** (40 Dh) mit einer Kaltwasserdusche und einer Toilette.

Über die Straße verlässt man Aït Igrane und wandert am Fluss entlang in Richtung Nordwesten. Dort, wo die Piste den Fluss überquert und dann scharf nach links abbiegt, stößt man auf einen schmalen, steinigen Maultierpfad. Auf diesem geht's weiter um die Nordseite des **Lac d'Ifni** (2295 m) herum über schroffes, steiniges, karges Gelände. Zunächst steigt der Weg steil an, dann führt er jedoch wieder hinab zur nordöstlichen Ecke des einladenden grünen Sees, in dem man bedenkenlos baden kann. Bis zum See sind es etwa drei Stunden. Kurz vor dem Ufer befindet sich eine **Hütte** mit der Aufschrift „Café". Es gibt dort zwar keinen Kaffee, aber wenn jemand da ist, bekommt man immerhin Wasser, Softdrinks und mit etwas Glück auch eine Tajine.

An einem kleinen Strand am Nordufer befinden sich schattige **Unterstände aus Stein**, die manchmal voller Fliegen sind. Bei

Regenwetter ist es gefährlich, näher am Pass zu zelten, ein Platz oberhalb des Ufers ist sicherer.

Jedes Jahr im Oktober treffen sich die Dorfbewohner aus der Umgebung am Lac d'Ifni zu einem dreitägigen *moussem* zu Ehren eines lokalen *marabout,* dessen Grab, **Sidi n'Ifni**, sich hoch über der südöstlichen Ecke des Sees befindet. Ein Weg führt vom nordöstlichen Ufer hinauf.

Von der Nordwestseite des Sees überquert der Pfad den breiten trockenen Teil des Lac d'Ifni, ehe der lange Marsch zum **Tizi n'Ouanoums** (3600 m) beginnt. Durch eine felsige Schlucht geht's nach oben; dabei bleibt man stets auf der Südseite des Flusses. Vom See sind es 3,5 km bis nach **Azib Imi n'Ouassif** (2841 m), wo dramatische Schluchten zusammentreffen. Danach steigt der Weg steil hinauf zum Tizi n'Ouanoums. In der Nähe des Gipfels bläst der Wind und man entdeckt ein paar kleine eisige Wasserfälle, Unterstände in den Felsen und ebene, steinige Stellen für Zelte.

TAG 5 & 6: VON AZIB IMI N'OUASSIF ZUR TOUBKAL REFUGE & AUF DEN JBEL TOUBKAL

DAUER 4 STD. / LÄNGE 4 KM / ANSTIEG 759 M / ABSTIEG 393 M

Der Pfad zum Tizi n'Ouanoums liegt unmittelbar nordwestlich des Zeltplatzes. Der Aufstieg ist steil und anstrengend, doch von oben bietet sich eine spektakuläre Aussicht über den **Assif n'Moursaïne**, der zwischen den zerklüfteten Graten des **Adrar bou Ouzzal** und des **Ouimeksane** eingezwängt ist. Hinter dem Zeltplatz überquert der Pfad mehrmals den Fluss. Nach einer Stunde erreicht man einen steinernen Unterstand sowie eine Quelle und nach einer weiteren Stunde den Pass. Selbst im Hochsommer ist es dort oben kalt und stürmisch.

Beim Abstieg auf der anderen Seite geht's über trügerisches Geröll und bis in den Juli auch über Schnee. Von hier ist der Jbel Toubkal und im Westen der Pfad zum **Tizi n'Melloul** (3875 m) zu sehen. Nach dem Abstieg wird der Weg flacher und führt stracks nordwärts zur Toubkal Refuge (3207 m), die man ungefähr zwei Stunden nach der Überquerung des Tizi n'Ouanoums erreicht.

Die **Toubkal Refuge** (☎0661 69 54 63; www.refugedutoubkal.com; B CAF-Mitglieder/Nicht-Mitglieder ab 75/145 Dh) des CAF, die manchmal auf Karten als Neltner eingezeichnet ist, ist oft überfüllt, feucht und hat unzureichende sanitäre Anlagen. Die neuere **Refuge Mouflon** (☎0663 76 37 13; www.refuge-lesmouflons.com; B 150 Dh, Zi. mit HP 340 Dh/Pers.) ist besser ausgestattet, hat einen nützlicheren Laden und serviert in der kühlen Lounge gute Mahlzeiten (90 Dh). Flussabwärts von der Hütte und 20 Minuten weiter südlich kann man auf der ebenen Weide auch zelten (20 Dh).

Wer die Hütte schon vor dem Mittagessen erreicht, kann am Nachmittag verschiedene Wanderungen unternehmen bzw. in drei bis vier Stunden nordwärts zum Ausgangspunkt **Imlil** zurückkehren, sofern der Jbel Toubkal nicht auf dem Programm steht. Auch die Besteigung des zweithöchsten Bergs der Region, des **Jbel Ouanoukrim** (4088 m, hin & zurück 5–6 Std.), bietet sich an. Am sinnvollsten ist es jedoch, den ganzen Nachmittag zu relaxen und sich für die Besteigung des Jbel Toubkal am folgenden Morgen vorzubereiten.

An Tag 6 geht es dann hinauf zum Dach des Hohen Atlas (s. S. 108) und wieder hinab zur Toubkal Refuge.

TAG 7: VON DER TOUBKA REFUGE NACH AZIB TAMSOULT

DAUER 5 STD. / LÄNGE 8 KM / AUFSTIEG 493 M / ABSTIEG 1300 M

Von der **Toubkal Refuge** nimmt man den Maultierpfad, der Richtung Nordwesten führt und dann 15 Minuten allmählich den Hang Richtung Norden hinaufsteigt. In der Nähe einer kleinen abgerundeten Mauer, die als Schafspferch dient, ist eine Gabelung. Hier geht's nach links Richtung Westen: Der im Zickzack verlaufende Maultierpfad windet sich in zwei Stunden zum **Tizi n'Aguelzim** (3560 m) hinauf. Die Strecke ist zwar länger, aber sicherer als die Südroute beim Tizi n'Taddert, die wegen gefährlicher Bedingungen oftmals unvermittelt geschlossen wird.

Vom Tizi-n'Aguelzim-Pass genießt man ein herrliches Panorama: Im Osten liegt der Toubkal, im Nordosten das Imlil-Tal, im Nordwesten Azzadene und im Westen das Tazaghart-Plateau. Von hier schlängelt sich der Weg in 92 Haarnadelkurven fast eine Stunde lang bergab und überquert unten einen Fluss. 20 Minuten darauf nimmt man an einer Gabelung die linke Abzweigung und biegt 15 Minuten später erneut links ab. Nun führt der Pfad in zehn Minuten hinauf zur **CAF Tazaghart Refuge** (☎0667 85 27 54, Oukaïmeden 0524 31 90 36; B CAF-Mitglied/Nichtmitglied 70/145 Dh) an einem imposanten Wasserfall. Die Unterkunft hat Platz für 22 Personen, Gaslampen und eine schlichte Küche.

Wenn man nicht vorher reserviert hat, ist sie allerdings meistens geschlossen. Weil der *gardien* (Wärter) unten in Tizi Oussem wohnt, ruft man besser vorher an. Alternativ gibt man unterwegs Maultiertreibern oder Schäfern eine Nachricht mit, falls diese vielleicht bis nach Tizi Oussem kommen. Zelte kann man neben der Hütte oder auf ebenem Gelände oberhalb des Wasserfalls aufstellen.

Die Route von bzw. zur Toubkal Refuge über den **Tizi n'Melloul** (3875 m), südöstlich von der Tazaghart Refuge, ist anstrengender, bietet dafür aber Zugang zu dem südöstlich vom Pass gelegenen **Afella** (4045 m) und dem zerklüfteten Kamm Richtung Norden nach Biginoussen.

Die Route hinab nach **Azib Tamsoult** (2400 m) führt an den imposanten **Cascades d'Irhoulidene** vorbei, wo wieder mehr Pflanzen und Bäume wachsen. Fünf Minuten von den Wasserfällen entfernt erstreckt sich ein hübsches Wäldchen, das sich zum Zelten eignet. Zum Dorf sind es noch weitere zehn bis fünfzehn Minuten Richtung Norden.

TAG 8: VON AZIB TAMSOULT NACH IMLIL

DAUER 4–5 STD. / LÄNGE 7 KM / AUFSTIEG 89 M / ABSTIEG 749 M

Wenn man genügend Energiereserven hat, schafft man es bereits am siebten Tag bis Imlil (bzw. am sechsten, wenn man den Jbel Toubkal ausgelassen hat). Von den Gemüsebeeten in **Azib Tamsoult** (mit dem **Assif n'Ouarzane** unten links) ist im Norden ein Maultierpfad zu sehen, der durch ein bewaldetes Tal führt. Man erreicht diesen durch das Dorf und über den Fluss. Während man ihm folgt, muss man Abzweigungen nach links ins Tal meiden.

Der Weg führt allmählich aufwärts und Richtung Nordosten auf einen Wacholderwald zu (mit dem **Tizi Oussem** im Westen). Schließlich erreicht man den **Tizi n'Mzik** (2489 m), wo eine Schafhütte Unterschlupf bietet. Von hier geht's auf einem ausgetretenen Maultierpfad in 90 Minuten bergab nach Imlil. Nach 40 Minuten passiert man eine Quelle rechts vom Pfad. In **Imlil** schließlich warten weiche Betten und heiße Tajines.

Tizi n'Test

Die beeindruckende Straße über den **Tizi-n'Test-Pass** (2092 m), die Ende der 1920er-Jahre von den Franzosen durch die Berge gesprengt wurde, war die erste moderne Straße zwischen Marrakesch und der Souss-Ebene und wichtig für die Handelskontrolle. Ihre haarsträubenden Haarnadelkurven gehören zu den aufregendsten Panoramastrecken des Landes. Als wäre die einspurige Straße nicht schon abenteuerlich genug, kann sich auch noch das Wetter blitzschnell ändern. Bei tief hängenden Wolken und Nebel ist die Sicht auf der Passhöhe gleich null. Im Winter liegt hier außerdem oft Schnee.

Auf der Fahrt von Marrakesch nach Süden ist rechts der Straße das Dorf Tin Mal zu sehen. Die **Moschee** (empfohlenes Trinkgeld 10–20 Dh) aus der Alohadenzeit wurde 1156 zu Ehren des geistlichen Oberhaupts der Dynastie, Mohammed ibn Tumart, gebaut und ist ein kleines architektonisches Wunder. Die Moschee wird nicht mehr für Gebete genutzt, der Wächter führt Besucher daher durch die massiven Tore in die stille Gebetshalle mit ihrer filigran geschnitzten Zedernholzdecke.

Hinter Tin Mal in der Nähe des Passes kommt es vor, dass plötzlich der Nebel klarem, blauem Himmel weicht und sich gleichsam atemberaubende Flugzeugaussichten über Wolkenbänke eröffnen. An der Südseite des Passes ist der kühn in den Hang eingebettete Van der Hinweis für eine Pause im **Café Dar Issouga** (☎ 0670 10 65 21; Tagine 60–100 Dh). Der Balkon bietet hinreißende Aussichten übers Tal mit grünen Terrassen und einem Zypressenwald, der sich den Hang hinab bis nach Taroudannt ausdehnt.

DIE SÜDLICHEN OASEN

Nach Verlassen des Granitmassivs des Hohen Atlas über den Tizi-n'Tichka-Pass (2260 m) geht es über bewaldete Hänge hinab in die flache Steinlandschaft der Vorsahara Marokkos. Zypressen, Wacholder und Apfelblüten weichen rasch dornigen Akazien und Palmen, die vor Lehmziegel-Kasbahs und geheimnisvollen *ksour* plötzlich grün aufleuchten. Durch die große *hammada* (Steinwüste) ziehen sich bis zum sandigen Rand der eigentlichen Sahara die langen grünen Täler voller Dattelpalmen der südlichen Oasen hin – Drâa, Dadès und Ziz –, die einst die Karawanen auf der Strecke nach Timbuktu, Niger und in den Sudan versorgten.

Mittelpunkt der Region ist das Verwaltungszentrum Ouarzazate, von wo Exkursionen nach Süden über Drâa nach M'Hamid und zum beeindruckenden Dünenfeld Erg Chigaga oder nach Osten über Skoura durch das Dadès-Tal nach Merzouga und zum kleineren Dünenfeld Erg Chebbi möglich sind.

Tizi n'Tichka

Der Tizi-n'Tichka, der Marrakesch mit den südlichen Oasen verbindet, ist höher als der Tizi n'Test im Westen, aber leichter über die N9 zu befahren. Er wurde zur Umgehung der alten Karawanenstraße zur Drâa gebaut, die durch das Ounilla-Tal mäanderte und im 19. Jh. vom mächtigen Glaoui-Clan kontrolliert wurde.

Wer schnell in die Wüste möchte, kann es von Marrakesch in drei Stunden über den Pass schaffen. Hinter **Aït Ourir** führt die Straße bergauf durch eine malerische Landschaft mit Eichenbäumen und Walnusshainen. Hinter dem Dorf **Taddert** wird die Strecke noch steiler und der Landschaft geht – abgesehen von widerstandsfähigen Wildblumen und Kindern, die an der Straße knallig rote Drusen verkaufen – die Farbe aus. Im Winter sollte man bei der **Gendarmerie des Col du Tichka** (☎ 0524 89 06 15) nachfragen, ob der der Pass geöffnet ist.

Nach Überquerung des Passes stehen zwei Strecken nach Ouarzazate zur Wahl: Schneller geht es weiter auf der N9, schöner ist jedoch die Straße über die prachtvolle Glaoui-Kasbah (S. 116) in Telouet und durch das üppig grüne Ounilla-Tal bis nach Aït Benhaddou (S. 117). Die Abzweigung nach Telouet erscheint etwa 20 km nach dem Pass an der Südseite der Straße. Die Straße ist zwar holprig und mit Schlaglöchern übersät, aber über die gesamten 36 km bis Aït Benhaddou mit einem Pkw befahrbar. Der schlimmste Abschnitt sind die 11 km zwischen Telouet und Anmiter.

Wer nicht in Eile ist, sollte in einem der herrlichen Gasthäuser in der Gegend übernachten. Das I Rocha (S. 116) und das Dar Isselday (S. 116) sind gute Standquartiere zur Erkundung dieser Region; beide Unterkünfte liegen rund 40 km südlich des Tizi-n'Tichka-Passes.

Schlafen

Dar Isselday PENSION €

(☎ 0666 17 48 81; www.dar-isselday.com; Douar Tisselday; EZ/DZ 330/440 Dh) Auf der Aussichtsterrasse genießt man im Schatten eines Peruanischen Pfefferbaums traditionelle, von Najat mit viel Liebe zubereitete Mittagsgerichte. Die sechs komfortablen Zimmer haben *tadelakt*-Bäder. Die Brüder Kamal und Lahcen veranstalten interessante Wanderungen durch die Obstplantagen der Familie und zu nahe gelegenen Quarzminen. Das Haus liegt an der N9 von Marrakesch nach Ouarzazate, unterhalb vom I Rocha.

★ **I Rocha** PENSION €€

(☎ 0667 73 70 02; www.irocha.com; Douar Tisselday; DZ/Suite mit Frühstück 690/900 Dh;) Das Steinhaus am Steilhang über dem grünen Flusstal, an der N9 von Marrakesch nach Ouarzazate, belebt reisemüde Geister. Mit ihren Deckenbalken, dicken Teppichen und Bädern mit *beldi*-Fliesen verströmen die zehn sonnigen, cremefarbenen Zimmer lässigen Berber-Charme. Die Besitzer Ahmed und Katherine servieren fabelhafte französisch-marokkanische Gerichte mit frischen Kräutern aus dem Terrassengarten (Gerichte rund 150 Dh/Pers.).

Telouet تيلويت

Telouet nahm eine privilegierte Stellung als Geburtsort des französischen Kollaborateurs und Autokraten Pascha Glaoui ein, bis er 1953 von der marokkanischen Unabhängigkeitsbewegung vertrieben wurde. Es heißt, dass Menschen, die Jahre zuvor auf mysteriöse Weise aus ihren Dörfern verschwunden waren, benommen auf die Straßen von Telouet stolperten, als die imposanten Tore der hiesigen Glaoui-Kasbah endlich geöffnet wurden: Sie waren jahrelang im Keller des Paschas eingesperrt gewesen.

Einst gab es in dem Ort eine blühende jüdische Gemeinde, der die Glaoui-Familie den so überaus wichtigen Salzhandel anvertraut hatte. Noch immer befinden sich in der Gegend aktive Salzminen sowie das wertvolle rosafarbene Salz vom nahe gelegenen Oued Mellah (Salzfluss), das früher als Zahlungsmittel akzeptiert wurde. Nicht weit von der Kasbah entfernt liegen die Überreste eines alten Sklavendorfes. Allerdings ist die marokkanische Regierung zwiespältig, wenn es um die Heimatstadt des Glaoui-Clans geht – da Investitionen von außerhalb nur sehr spärlich fließen und die Schnellstraße die Stadt umgeht, scheint Telouet in der Vergangenheit gefangen.

Sehenswertes & Aktivitäten

★ **Glaoui-Kasbah** HISTORISCHE STÄTTE

(Eintritt 20 Dh; ⌚ 8–20 Uhr) Heute bröckelt die einstmals so prächtige Festung vor sich hin. Bester Beweis für Telouets frühere Bedeutung als Zentrum eines Trans-Sahara-Handelsimperiums sind die Empfangsräume im zweiten Stock. Mehr als 300 Handwerker arbeiteten daran, die Salons mit Stuck, *zellij* und bemalten Decken aus Zedernholz zu versehen, die Marrakeschs königlichen Bahia-Palast wie ein Gesellenstück aussehen lassen.

Baraka Community Partnerships FREIWILLIGENARBEIT
(www.barakacommunity.com) Die britische NGO Baraka Community Partnerships bietet in Kooperation mit der Tighza Village Association im abgelegenen Dorf Tighza, 16 km östlich von Telouet, Urlaub mit Freiwilligenarbeit an. Zu den aktuellen Langzeitprojekten gehören die Erneuerung von Bewässerungskanälen; größere Gruppen können bei Baumpflanzungen mithelfen.

Schlafen & Essen

Dar Aissa GÎTE D'ÉTAPE €
(0670 22 22 47; daraissa@hotmail.fr; Telouet; Zi. mit Frühstück/HP 120/200 Dh pro Pers.; @) Die schlichte, aber einladende und von einer Familie geführte Pension im Zentrum von Telouet bietet schlichte rosa und gelbe Zimmer mit Gemeinschaftsbad an, die sich rund um einen bescheidenen, mit Geranien geschmückten Innenhof verteilen. Draußen auf dem Hof finden sich Schafe und Hühner. Almodhik hat Ratschläge zu Wanderungen und anderen Aktivitäten in der Gegend auf Lager.

★ **Riad Kasbah Oliver** PENSION €€
(0677 84 04 87; www.homestaysmorocco.net; Tighza; Zi. pro Pers. Erw./Kind 6–12 Jahre 300/100 Dh) Das Haus von Mohamed El Qasemy und seiner britischen Frau Carolyn entstand mit viel Liebe und Bedacht. Es wurde von Handwerkern aus dem Dorf aus Stein und Lehm erbaut und ist eine schlichte und zudem umweltfreundliche Bleibe: Die Türen wurden in Telouet gefertigt, die Möbel recycelt und das Warmwasser für die Duschen mit Solarenergie erhitzt.

Wandertouren, Salzminenbesuche, Suk-Ausflüge und Teestunden mit Dorfbewohnern sind nur einige der Aktivitäten, die sich vereinbaren lassen. Die Abzweigung nach Tighza befindet sich 11 km östlich von Telouet; von dort sind es noch 5 km auf einer rauen Piste bis zum Dorf.

Le Lion d'Or Atlas MAROKKANISCH €
(0524 88 85 07; Gerichte 120 Dh) Auf der Terrasse mit Blick über das Tal wird Tajine mit Telouets berühmten Feigen serviert. Das Restaurant liegt 500 m von der Kasbah entfernt auf der linken Seite. Im Haus gibt's fünf schlichte Gästezimmer (ca. 250 Dh).

An- & Weiterreise

Auf der N 9 (Marrakesch–Ouarzazate) ist 20 km hinter dem Pass die Abzweigung nach Telouet ausgeschildert. Vom Bab Gehmat in Marrakesch fährt täglich ein Bus (50 Dh), der um 7 Uhr nach Marrakesch zurückkehrt. *Grands taxis* kosten rund 120 Dh pro Platz, allerdings kann man in die Verlegenheit geraten, alle sechs Sitze zahlen zu müssen (700 Dh). Von Ouarzazate aus fahren keine Busse, sondern nur Taxis (ca. 60 Dh/Platz bzw. 360 Dh/ganzes Fahrzeug).

Aït-Benhaddou آيت بن حدو

4200 EW.

Mithilfe von etwas Hollywood-Tünche wirkt das zum UNESCO-Weltkulturerbe zählende, 32 km von Ouarzazate gelegene rote Lehmziegel-*ksar* wie aus der Zeit gefallen und ähnelt immer noch seinen Tagen als Karawanserei der Almoraviden im 11. Jh. Filmfans kennen das befestigte Dorf als Kulisse aus *Lawrence von Arabien*, *Jesus von Nazareth* (für diesen Film wurde ein großer Teil der Siedlung restauriert), *Auf der Jagd nach dem Juwel vom Nil* (die ägyptischen Türme) und *Gladiator*. Eine weniger stark retuschierte Kasbah liegt 6 km weiter nördlich an der von Aït-Benhaddou ausgehenden

ABSTECHER

DAS OUNILLA-TAL

Reisende mit einem robusten Pkw oder Geländewagen, Mountainbikes oder guten Wanderschuhen können den alten Wüstenkarawanenstraßen von Telouet nach Aït Benhaddou durch das herrliche **Ounilla-Tal** folgen. Während es auf den ersten 12 km holprig und nur langsam vorangeht, verlaufen die letzten 25 km nach Tamdaght über eine gute Schotterpiste. Die faszinierende Strecke folgt dem Verlauf des Oued Mellah und führt durch **Anmiter** (deren Kasbah mit rotem Turm eine Ahnung vermittelt, wie Aït Benhaddou im Originalzustand ausgesehen haben mag) sowie Assaka, Tizgui und andere malerische Dörfer entlang der **Assaka-Schlucht**. Beim Verlassen des Ounilla-Tals Richtung Süden sind am Osthang **Dreschterrassen** aus Kalkstein zu sehen. In der Erntesaison dreschen die Dorfbewohner dort das Getreide, so wie es ihre Vorfahren schon Jahrhunderte zuvor taten.

Asphaltstraße: die Kasbah von Tamdaght, eine zerfallene Glaoui-Befestigungsanlage, auf der oben Storchennester thronen.

Auf dem Weg in die Wüste ist Âït-Benhaddou ein lohnender Abstecher für ein schmackhaftes Mittagessen und einen Spaziergang durch die engen Gassen. Vom Hôtel la Kasbah geht es an den Souvenirständen vorbei zum *ksar* auf der anderen Seite des ausgetrockneten Flussbetts des Oued Ounilla. Aber wo sind die Menschen geblieben? Die wenigen verbliebenen Einwohner verdienen sich ein paar Dirhams, indem sie in früheren Wohnhäusern Souvenirs, Teppiche und andere Waren verkaufen. Eine Familie betreibt sogar ein kleines, einräumiges „Museum" (10 Dh) mit einer staubigen Kollektion von alten Türriegeln, Schwertern, Körben und Schultertaschen (sowie einem alten Plattenspieler). Durch die gewundenen Gassen gelangt man zu einem verfallenen *agadir,* von dem aus man einen prächtigen Blick auf die umliegende *palmeraie* und die gnadenlose *hammada* hat.

Schlafen

Kasbah du Jardin HOTEL €

(☎0524 88 80 19; www.kasbahdujardin.com; Stellplatz 50–70 Dh, DZ 250–400 Dh; ❄📶🏊) Nahe dem westlichen Eingang zum Ort bietet das freundliche Hotel ordentliche, nette Zimmer rund um einen glitzernden Teich – die Zimmer oben haben die bessere Aussicht. Man kann hier auch sein Zelt aufschlagen, es gibt allerdings nur wenig Schatten.

Etoile Filante d'Or PENSION €€

(☎0524 890322; www.etoilefilantedor.com; DZ mit Frühstück ab 35 €; ❄📶) Wüstennächte im Mondschein locken die Gäste aus den 17 geräumigen Zimmern auf die Dachterrasse des Etoile, denn dann sieht das *ksar* wirklich filmreif aus. Die Zimmer haben traditionelle Details wie *tataoui*-Zimmerdecken oder Berberdecken. Die Pension besitzt ein einladendes Restaurant mit marokkanischen und europäischen Gerichten (3-Gänge-Abendmenü 100 Dh) sowie eine komplett ausgestattete Bar. Nadia, die einladende Gastgeberin, kann Kamelritte, Mountainbike-Touren und andere Ausflüge organisieren.

Dar L'Haja PENSION €€

(☎0652 03 38 25; www.elhaja-aitbenhaddou.com; EZ/DZ 350/600 Dh) Lawrence-von-Arabien-Phantasien kann man bei einer Übernachtung im *ksar* ausleben. Die Pension an den Stufen durch das alte Wehrdorf hat eine Terrasse mit herrlichem Ausblick und gepflegte, komfortabel möblierte Zimmer.

★ **Kasbah Ellouze** HISTORISCHES HOTEL €€€

(☎0524 89 04 59; www.kasbahellouze.com; Tamdaght; EZ/DZ/Suite mit HP 750/945/1365 Dh; ❄📶🏊) Das Stampflehmhaus 6 km nördlich von Âït-Benhaddou im Dorf Tamdaght verschmilzt mit der angrenzenden Kasbah und ist ein fantastisches Refugium. Die besten Zimmer, darunter die stilvollen Doppelzimmer an dem beheizten Pool, blicken auf Obstgärten (*luz* bedeutet Mandeln).

In der Küche lernen die Gäste, wie das hiesige Brot gebacken wird, und im Jazz-Salon gibt's Aperitifs und WLAN. Aquarellmalerei-Exkursion locken hinaus ins Ounilla- und Drâa-Tal.

Essen

Chez Brahim MAROKKANISCH €€

(☎0671 81 63 12; Gerichte 100 Dh; ⌚10–21 Uhr; 📶) Sicher, auch anderswo im Ort bekommt man Tajines, aber nur Brahims hatten außenpolitische Bedeutung – der Chefkoch und Besitzer hütet einen Brief von Hilary Clinton aus ihrer Zeit als First Lady der USA, in dem sie ihm für eine Mahlzeit dankt. Das Festpreismenü aus Salaten, Tajine und Dessert wird in einem Salon mit Stampflehmwänden und Blick auf das *ksar* serviert.

Die gleiche Familie vermietet auch zehn nett eingerichtete Zimmer (DZ ca. 300 Dh) mit schöner Aussicht.

Auberge Cafe-Restaurant Bilal MAROKKANISCH €

(☎0668 24 83 70; Hauptgerichte 30–60 Dh; ⌚10–21 Uhr; 📶) Wer ein Mittagessen oder einen Tee mit schöner Aussicht genießen will, schnappt sich einen Stuhl auf der Terrasse und blickt auf das gegenüberliegende Âït-Benhaddou. Auf der Karten stehen u. a. Omelettes, Couscous und Kebabs.

An- & Weiterreise

Von Ouarzazate fährt man auf der Hauptstraße 22 km Richtung Marrakesch bis zur ausgeschilderten Abzweigung, von dort sind es auf einer geteerten Straße noch einmal 9 km bis nach Âït-Benhaddou. Mit dem Rad braucht man von Ouarzazate aus drei Stunden.

Grands taxis starten vor dem Busbahnhof von Ouarzazate, sobald sie voll sind (20 Dh/Pers.), sowie von der Abzweigung (rund 5 Dh/Pers. oder 30 Dh/ganzes Fahrzeug). Morgens starten Minibusse, sobald sie voll sind, von Tamdaght nach Ouarzazate.

Ouarzazate ورزازات

62 000 EW.

Das strategisch gelegene Ouarzazate (Warsasat) hat sich weitgehend mit Verstand statt mit Schönheit behauptet Jahrhundertelang trafen hier Menschen aus dem Atlas, dem Drâa- und dem Dadèstal zusammen, um in der weitläufigen Taourirt-Kasbah Geschäfte zu machen. In den 1920er-Jahren wurde hier eine moderne Garnisonsstadt gebaut, von der aus Frankreichs Kolonialinteressen überwacht werden sollten. Nach dem Abzug der Franzosen in den 1950er-Jahren entfaltete sich in Ouarzazate nach und nach das Filmgeschäft und die „Ouallywood"-Studios erwarben sich mit ihren überzeugend exotischen Kulissen für Streifen, die angeblich in Tibet, im alten Rom, in Somalia oder in Ägypten spielen, ein gutes Renommee.

Seit König Mohammed VI. die Stadt besuchte und die Straßen reparieren ließ, hat sich Ouarzazate rasch entwickelt: Ausgedehnte neue Wohngebiete im Süden der Stadt, neue Appartement-Hotelanlagen, eine weitläufiger verkehrsfreier Platz und gut gefüllte Supermärkte entstanden. Dank der vielen Verleihagenturen für Fahrräder, Motorräder und Kamele ist es zudem ein idealer Ausgangspunkt für Touren in die Berge, die Wüste und die Schluchten.

Sehenswertes

Auf den meisten Reiserouten ist Ouarzazate eher eine Zwischenstation. Für einen einoder zweitägigen Aufenthalt lohnt es sich, ein Taxi zu mieten und einen Tagesausflug zur nahen **Oase Fint** oder zum **Barrage El Mansour Eddahbi** zu machen, einem beliebten Ort für Angler und Vogelbebachter.

Von November bis März muss man sich allerdings auf plötzlich auftretene eisige Winde vom Hohen Atlas einstellen.

★Taourirt-Kasbah MEDINA

(Karte S. 120;Ave Mohammed V.; 20 Dh; 8–18.30 Uhr) Anders als andere Glaoui-Kasbahs entging die Taourirt-Kasbah dem Verfall, weil sie als Hollywood-Kulisse (*Himmel über der Wüste, Gladiator, Prince of Persia: Der Sand der Zeit*) genutzt wurde und die Aufmerksamkeit der UNESCO errang, die kleine Innenbereiche sorgfältig restaurieren ließ. Ein Treppengewirr führt zum obersten Stockwerk mit einem Gebetsraum mit Hufeisenbögen, Spuren von Stuck und einer originalen *tataoui*-Decke.

Beim Bummel durch das Dorf innerhalb der Mauern der Kasbah findet man in den Läden in den Gassen günstiges örtliches Kunsthandwerk.

Atlas Film Corporation Studios GEBÄUDE

(0524 88 22 12, 0524 88 22 23; www.studiosatlas.com; Erw./Kind 50/35 Dh; Okt.–Feb. 8.15–17.15 Uhr, März–Sept. bis 18.45 Uhr) Das erste „Ouallywood"-Studio, von Mohammed Belghimi 1983 gegründet, zeigt Sets und Requisiten von hier gedrehten Filmen, darunter *Auf der Jagd nach dem Juwel vom Nil, Königreich der Himmel* und *Kundun*. Bei den Führungen (alle 20–40 Min.) besichtigt man einige Bühnen, Sets und Werkstätten auf dem 150 ha großen Gelände. Und wer weiß, vielleicht wird man ja von einem Talentsucher entdeckt.

Die Eintrittskarten kauft man nebenan im Hotel Oscars. Das Studio liegt 5 km westlich der Stadt an der Straße nach Marrakesch und ist mit dem grünen Lux-Bus (1 oder 2; 3 Dh), der auf der Ave Mohammed V. fährt, leicht erreichbar.

Musée de Cinema MUSEUM

(Karte S. 120; 0524 89 03 46; Ave Mohammed V.; Erw./Student 30/15 Dh; 8–18 Uhr) Das kleine staubige Filmmuseum ist in einem ehemaligen Studio untergebracht und zeigt alte Sets, Requisiten und Filmgerätschaften. Da es gleich gegenüber der Taourirt-Kasbah liegt, ist es eine bequeme Alternative, wenn ein Besuch der größeren Studios außerhalb der Stadt nicht möglich ist.

Geführte Touren

Desert Majesty TOUREN

(Karte S. 120; 0524 89 07 65; www.desertmajesty.com; 18 Pl al-Mouahidine; Mo–Sa 9–12.30 & 14–20 Uhr) Der sehr empfehlenswerte Veranstalter bietet Touren in den Hohen Atlas und in die Wüste an. Zu konkurrenzfähigen Preisen gibt's Abholungen vom Flughafen, mehrsprachige Guides aus Erfoud, Merzouga, M'Hamid und Taouz und beruhigend sichere Fahrer. Die Buchungsanfragen erledigt Felicity, die fließend Englisch, Deutsch, Französisch und Darija spricht.

Désert et Montagne TOUREN

(0524 85 49 49; www.desert-montagne.ma; Dar Daïf, Douar Talmasla) Das Unternehmen mit Sitz im Dar Daïf in Douar Talmasla wird von Marokkos erster weiblicher Bergführerin betrieben und bietet Ausflüge zu Berberfamilien in den Bergen, Wander- und Geländewa-

Ouarzazate

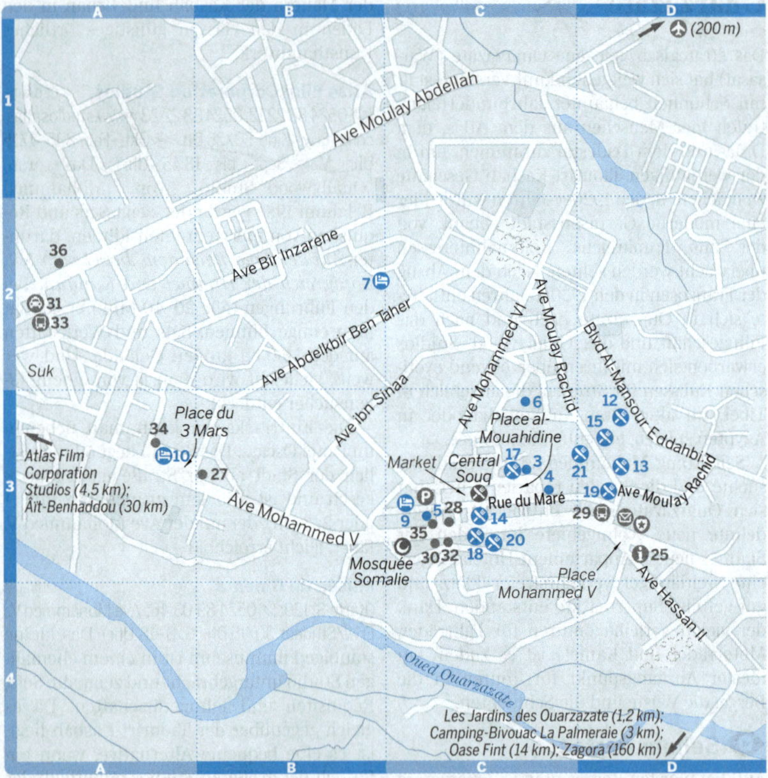

gentouren im Hohen Atlas und längere Touren auf den Karawanenrouten an. Zu finden ist es weiter nach Süden auf der N9. Nach Überquerung des Oued Ouarzazate ist es nach links ausgeschildert.

Photo Emotion TOUREN

(☎0642 98 89 47; www.rosafrei.com; 1-tägiger Workshop ab 3200 Dh/Pers., 12-tägige Tour 4360 €; ⏱Mo–Fr 10–16 Uhr) Rosa Frei, eine Schweizer Fotografin und Einwohnerin von Ouarzazate veranstaltet zwischen September und Mai maßgeschneiderte Fotografie-Workshops und Touren. Die Workshops konzentrieren sich auf Technik, Bildaufbau, Erkennen von Motiven und Lichtverhältnissen, die Touren führen ins Drâa- und ins Dadèstal, in die Wüste und zu Kasbah-Refugien.

Möglich sind aber auch kürzere Ausflüge, die zu den Filmstudios, zur Oase Fint und zum Stausee El Mansour Eddahbi führen. Die Workshops finden auf Englisch oder Deutsch statt.

Ouarzazate Unlimited TOUREN

(Karte S. 120; ☎0524 89 06 41, 0661 43 97 77; www.ouarzazate-unlimited.com; 6 Rue du Maré) Der Veranstalter bietet gut organisierte Kameltouren, Geländewagentouren in die Wüste und Führungen durch mehrere Städte an. Zu den ausgewählten Unterkünften gehören Riads, Kasbahs und Camps der mittleren und der Spitzenkategorie.

Wilderness Wheels ABENTEUERTOUREN

(Karte S. 120; ☎0524 88 81 28; www.wildernesswheels.com; 61 Hay al-Qods; Ausflüge 3 Tage/2 Nächte ab 1150 €) Das britische Unternehmen veranstaltet professionell geführte Motorradtouren. Im Preis inbegriffen sind die Übernachtungen, die komplette Ausrüstung und ein Begleitauto für die bis zu 20 Bikes. Zu den immer ausgebuchten Touren zählt die klassische fünftägige „Desert Tour".

Maroc Experience TOUREN

(Karte S. 120; ☎0524 88 33 63; www.marocexperiencetours.com; Pl al-Mouahidine; ⏱Mo–Fr 9.15–13

Ouarzazate

Highlights
1 Taourirt-Kasbah F3

Sehenswertes
2 Musée de Cinema F3

Aktivitäten, Kurse & Touren
3 Desert Majesty C3
4 Maroc Experience C3
5 Ouarzazate Unlimited C3
6 Wilderness Wheels C3

Schlafen
7 Dar Bergui B2
8 Dar Kamar E3
9 Hotel Amlal C3
10 Hotel Azoul A3
11 Le Petit Riad F1

Essen
12 Accord Majeur D3
13 Aux Delices D3
14 Chez Dimitri C3
15 Chez Nabil D3
16 Douyria F3
17 Habous C3
18 Jardin des Arômes C3
19 Restaurant 3 Thés D3
20 Supermarché C3
21 Supermarkt D3

Shoppen
22 Complexe Artisanal F3
23 Coopérative de Tissage F3
24 Horizon Artisanat E2

Praktisches
25 Délégation Régionale du Tourisme D3
26 Hôpital Bougafer E4

Transport
27 Avis B3
28 Budget C3
29 CTM-Busbahnhof D3
30 Desert Evasion C3
ESON Maroc .... (siehe 28)
31 Grands-Taxis-Haltestelle A2
32 Hertz C3
33 Hauptbusbahnhof A2
34 National A3
35 Royal Air Maroc C3
36 Supratours Al Hizam A2

& 15–19, Sa bis 13 Uhr) Das italienische Unternehmen veranstaltet eine große Palette von Touren und verkauft Flugtickets und Reisebedarf.

Feste & Events

Jeden August findet in Ouarzazate das *moussem* von Sidi Daoud statt.

Marathon des Sables SPORT
(www.marathondessables.co.uk; März–April) Der strapaziöse, sechstägige und 250 km lange Wüsten-Supermarathon wechselt jedes Jahr die Strecke. Der Streckenverlauf wird erst bekanntgegeben, wenn die Läufer in Ouarzazate eingetroffen sind.

Schlafen

Camping-Bivouac La Palmeraie CAMPING €
(0676 66 60 64; www.camping-ouarzazate.com; Douar Tajda, N 30°54.151, W 06°53.515; Stellplatz für 2 Pers. inkl. Auto/Wohnmobil 70/75 Dh, Berberzelt/DZ mit Frühstück 250/300 Dh, Strom 20 Dh; P) Man übernachtet in einem von fünf behaglichen Berberzelten oder stellt sein eigenes unter Palmen und Obstbäumen in der *palmeraie* von Ouarzazate auf. Es gibt auch Platz für 15 Wohnmobile. Die Mahlzeiten werden im knallrosa Salon unter einem hauchdünnen, zeltartigen Dach serviert. Ka-

NICHT VERSÄUMEN

LA KASBAH DES SABLES

Kaum etwas im **La Kasbah des Sables** (☎0524 88 54 28; www.lakasbahdessables.com; 195 Hay Aït Kdif; Gerichte 200–340 Dh; ⌚12–14 & 19–23 Uhr; P), das voll auf Ouarzazates Filmruhm baut, versetzt nicht in Staunen: Die 5 km lange Fahrt von Ouarzazate Richtung Westen ins alte Viertel Al Kdif ist schon ein passendes Abenteuer, um auf das Erlebnis aus Tausendundeiner Nacht vorzubereiten, das einen drinnen erwartet.

Das 900 m² große Restaurant hinter den Mauern einer alten Glaoui-Kasbah ist die Kreation von Brigitte Babolat, die hier ein außerordentliches Ensemble von Salons und Nischen voller Kunst rund um Innenhöfe geschaffen hat, in denen prächtige Messinglampen wie übergroße Christbaumkugeln baumeln. Das Zentrum bildet ein riesiges flaches Wasserbecken vor einer Wand voller bunter Lichter, das von romantischen Tischen mit Kerzenlicht umgeben ist, an denen die Gäste französisch-marokkanische Gerichte, z. B. *barbot* (Schmerlen) mit Safran oder Hähnchen mit Atlas-Morcheln genießen. Danach ruht man sich auf Kissen in Nischen aus, die mit Kunstwerken aus Ouarzazate und Marrakesch geschmückt sind. Am nächsten Morgen erscheint einem alles wie ein Traum.

nutouren und halbtägige Ausflüge zur Oase Fint werden angeboten.

Hotel Amlal HOTEL €
(Karte S. 120; ☎0524 88 40 30; www.amlalhotel.com; 24-25 Rue du Maré; Zi. 250 Dh, 3BZ/4BZ 300/400 Dh; P ❄ 📶) Die ordentliche Budgetunterkunft ist mit Fliesen im Zickzackmuster und kühlen Terrazzoböden ausgestattet. Die 28 Zimmer verfügen über Klimaanlagen, schlichte Möbel aus Holz und Schmiedeeisen, schmale Betten und nette geflieste Bäder. Das Hotel kann zwar sein Alter nicht verleugnen, aber die Lage ist ausgezeichnet, und gute Restaurants befinden sich in kurzer Gehentfernung.

★ Auberge La Terrasse des Délices PENSION €€
(☎0668 51 56 40; www.terrassedesdelices.com; Oase Fint; EZ/DZ/3BZ/4BZ 300/450/ 675/800 Dh; ❄ 🏊) Die Anreise zur Oase Fint 13 km südlich von Ouarzazate, lohnt sich, wenn man in dieser idyllischen Pension übernachten will. Rachid Azeouane, der aus der nahegelegenen Gemeinde stammt (sein Großvater war dort Dorfvorsteher), heißt die Gäste freundlich willkommen. Die angenehmen Zimmer liegen um einen Innenhof, und von der malerischen Terrasse hat man einen schönen Blick über die Oase und in den Sternenhimmel.

Rachid kann Ausflüge organisieren (Wanderungen, Vogelbeobachtungs- und Geländewagentouren). Falls man nicht über Nacht bleiben kann, kann man hier auch nur zu Mittag essen (das heiße Feigen-Tajine ist ausgezeichnet) und ein Bad im Swimmingpool nehmen.

★ Dar Bergui PENSION €€
(Karte S. 120; ☎0524 88 77 27; www.darbergui.com; Sidi Hussain Ben Nacer; EZ/DZ mit Frühstück 500/660 Dh; ❄ 📶 🏊) Die schicke Villa aus Stampflehm mit zinnenbewehrten Türmchen liegt in Gehweite der Place al-Mouahidine und ist das Heim von Jean-Michel und Martine. Die sechs Zimmer liegen rund um den Pool im Hof und sind schlicht und geschmackvoll möbliert. Das Preis-Leistungs-Verhältnis ist gut – vor allem auch dank des reichlichen Frühstücks aus Pfannkuchen, hausgemachtem Joghurt, Obst und Kuchen.

Le Petit Riad PENSION €€
(Karte S. 120; ☎0524 88 59 50; http://petitriad.com; Ave Moulay Abdellah, Hay el Wahda; Zi. mit Frühstück 750 Dh; ❄ 📶 🏊) Wer sich nach den dunklen, abgelegenen Kasbahs des Drâatals nach Licht sehnt, sollte sich ein Zimmer im Haus der Bergführerin Fatima Agoujil buchen. Die moderne Villa hat sieben geräumige Zimmer mit großen Panoramafenstern und Blick auf den blühenden Garten und die Berge des Atlas. Die Einrichtung ist prachtvoll (Kunstwerke der Familie, üppige Bettdecken, Dutzende Zierkissen) und das leckere, hausgemachte Essen authentisch.

Hotel Azoul HOTEL €€
(Karte S. 120; ☎0524 88 30 15; www.hotelazoul.com; Av Mohamed V.; EZ/DZ/Suite 340/450/ 650 Dh; ❄ 📶) Das Hotel mit gutem Preis-Leistungs-Verhältnis hat schöne, in neutralen Farben gestaltete Zimmer mit seidigen gestreiften Bettdecken, geschnitzten dunklen Holzmöbeln und dezenter Beleuchtung (sowie Extras wie elektrischen Wasserkochern, Mini-Kühlschränken und Flach-

bild-TVs). Die Zimmer nach vorn sind heller und haben kleine Balkone, bekommen aber auch mehr Lärm ab. Das Haus steht an der stark befahrenen Hauptstraße rund 13 Gehminuten westlich vom Zentrum von Ouarzazate.

Dar Kamar PENSION €€€
(Karte S. 120; ☎ 0524 88 87 33; www.darkamar.com; 45 Kasbah Taourirt; EZ 765–1020 Dh, DZ 900–1200 Dh, Suite 1360–1900 Dh, jeweils mit Frühstück; ❄ 📶) Die gemütliche Stampflehmpension in einem früheren strengen Glaoui-Gerichtsgebäude aus dem 17. Jh. hat Sinn für Humor: Umgedrehte Tajine-Deckel dienen als Waschbecken, und alte Nähmaschinen wurden zu Schreibtischen umfunktioniert. Die örtlichen Schmiede haben sich bei der Dekoration der Bäder richtig ausgetobt, aber die Duschen sind schlecht belüftet – ein guter Vorwand, um den Hamam im Haus und den Massageraum aufzusuchen.

Essen

Habous MAROKKANISCH €
(Karte S. 120; Pl al-Mouahidine; Hauptgerichte 30–70 Dh; ⏲ Restaurant 12–1 Uhr, Café 7–1 Uhr) Das Restaurant an dem munteren Platz im Zentrum von Ouarzazate ist das beliebteste der Stadt. Es umfasst eine Patisserie, ein Café und ein Restaurant und hat viele Plätze vor der Tür, von wo aus man das Leben auf dem Platz beobachten kann. Im Restaurant (dem dritten Gebäude rechts) gibt's Salate, Grillspieße, Sandwiches, Pasta und Pizzas, außerdem Steaks und Pfannengerichte zu vernünftigen Preisen.

Chez Nabil MAROKKANISCH €
(Karte S. 120; ☎ 0524 88 45 45; Ave Moulay Rachid; Hauptgerichte 45–75 Dh; ⏲ 10–22 Uhr) Mit seinen rot-weiß gemusterten Tischtüchern und dem schnellen, freundlichen Service ist das Chez Nabil bei den Einheimischen sehr beliebt. Man hat die Wahl zwischen schnellen, einfachen Burgern, Hühnchenspießen, Merguez-Bratwürsten und traditionellen Speisen wie Leber-Tajine und Couscous.

Aux Delices GEBÄCK €
(Karte S. 120; ☎ 0524 88 28 29; Ave Moulay Rachid; Gebäck ab 5 Dh; ⏲ 6–24 Uhr) Die Patisserie ist für ihre *chnek* (Vanille-Zimt-Rosinenschnecke) bekannt und kann mit den besten Bäckereien in Marrakesch mithalten.

Restaurant 3 Thés MAROKKANISCH €
(Karte S. 120; ☎ 0524 88 63 63; Ave Moulay Rachid; Hauptgerichte 25–55 Dh; ⏲ 8–22 Uhr) Schmiedeeiserne Sitzgelegenheiten auf dem Bürgersteig und die gemütliche Inneneinrichtung erinnern an ein Pariser Café, aber auf der Karte stehen Cheeseburger und leckere fleischhaltige oder vegetarische Tajines mit Feigen, Dörrpflaumen und Mandeln.

★ **Douyria** MAROKKANISCH €€
(Karte S. 120; ☎ 0524 88 42 62; www.restaurant-ouarzazate.net; 72 Ave Mohammed V.; Hauptgerichte 60–110 Dh; ⏲ 11–15 & 19–23 Uhr; ✎) Eines der besten Lokale der Stadt: Das Douyria begeistert seine Gäste mit der Dachterrasse, den mit Kerzen beleuchteten Tischen und mit Kissen ausgestatteten Sitznischen, in denen man das stimmungsvolle Ambiente bei einem Cocktail genießen kann. Es gibt sehr würziges Couscous und Tajine, und auch ungewöhnliche Optionen wie Ziegenbraten mit Arganöl oder Kamel mit Feigen; alternativ hält man sich an die gut marinierten Rindfleischspieße mit wildem Thymian.

Chez Dimitri FUSION €€
(Karte S. 120; Ave Mohammed V.; Hauptgerichte 70–120 Dh; ⏲ 12–15 & 19–22 Uhr) Dieses historische Lokal existiert schon seit 1928, als es in der gerade entstehenden Stadt Ouarzazate als Tankstelle, Restaurant und sogar als Tanzsaal diente. Die alten vergilbten Fotos an der Wand laden zum Nachdenken über die Vergangenheit ein, während man sich dem warmen Ziegenkäsesalat, der Lasagne, den Lammkoteletts und der Moussaka, der Spezialität des Hauses, widmet.

Jardin des Arômes MAROKKANISCH €€
(Karte S. 120; ☎ 0524 88 88 02; 69 Ave Mohammed V.; Hauptgerichte 100–150 Dh; ⏲ Di–So 10–14.30 & 19–22 Uhr) Von der geschäftigen Ave Mohammed V. führen Stufen hinauf zu diesem friedlichen Garten mit weißen Lederstühlen, dicken Vorhängen und einem zeltartigen Innenraum mit Blick ins Grüne. Auf die libanesischen Vorspeisen (Taboulé, Baba

PROVIANT FÜR DIE WÜSTE

Supermarché (Ave Mohammed V; ⏲ 8–22 Uhr) Hat alles, was man in der Wüste braucht: Wasser, Zahnpasta, Tütensuppen, Kekse, Wodka und Anti-Cellulite-Lotion mit Arganöl.

Supermarkt (Ave Moulay Rachid; ⏲ 8–24 Uhr) Der große Supermarkt hat importierte Nahrungsmittel aus Europa. Frisches Brot gibt's vorne links.

Ghanoush, Hummus) folgt ein herzhafter Hauptgang wie Tajine oder gebratenes Lamm mit Rosinen und Mandeln.

Accord Majeur FRANZÖSISCH, ITALIENISCH €€€
(Karte S. 120; ☎0524 88 24 73; www.restaurant-accord-majeur.com; Rue Al-Mansour Ad-Dahbi; Gerichte 200–275 Dh; ⏲Mo–Sa 11–22 Uhr) Nach einer Woche des Essens in der Wüste wird wohl jeder wie im Schlaf zu diesem französischen Bistro gegenüber dem Berbère Palace stolpern. In den gemütlichen, vom sanften, gelben Licht Dutzender Messing-Wandlampen beleuchteten Nischen servieren Aurélie und Charlie beeindruckende Speisen wie Foie gras, Räucherlachs, Rindercarpaccio, Entenconfit und sogar hausgemachtes Lakritz- und Minzeis.

Falls irgendwelche Filmstars in der Stadt sind, dürften sie hier speisen.

Le Relais Saint Exupéry FUSIONSKÜCHE €€€
(☎0524 88 77 79; www.relais-ouarzazate.com; 13 Blvd Moulay Abdellah; Hauptgerichte 90–160 Dh; ⏲11.30–14.30 & 18–22 Uhr) Das Relais serviert kreative Gerichte mit regionalen Zutaten wie Talouine-Safran und Saharasalz. Die Blätterteig-*pastilla* mit Fisch und das Dromedarfleisch in einer von Mali inspirierten Sauce mit Knoblauch, Kreuzkümmel, Ingwer und Paprika schmecken besonders gut. Es mag sonderbar erscheinen, in der Nähe des Flughafens von Ourzazate auf so abenteuerliche kulinarische Genüsse zu stoßen, doch dieser Flughafen inspirierte auch schon den Autor des *Kleinen Prinzen* und Piloten Antoine de Saint-Exupéry.

Shoppen

Horizon Artisanat KUNSTHANDWERK
(Karte S. 120; ☎0524 88 69 38; 181 Ave Annasr; ⏲9–19 Uhr) Mit Henna bemalte Töpferwaren, handbemalte Teegläser und filigrane Silberringe werden in diesem Laden zu vernünftigen Festpreisen verkauft. Mit dem Erlös wird das Horizon-Programm zur beruflichen Ausbildung und Integration von Behinderten in die Gemeinschaft unterstützt. Der Verein beschäftigt um die 2500 Leute, darunter 53 Festangestellte.

Complexe Artisanal KUNSTHANDWERK
(Karte S. 120; Ave Mohammed V.; ⏲Mo–Sa 9–12.30 & 13.30–18 Uhr) In dem großen Komplex staatlicher Läden gegenüber der Kasbah gibt's aufwändige Webteppiche, örtliche Steinskulpturen, Dolche mit Einlegearbeiten, Metalllaternen und bestickte Stoffe.

Coopérative de Tissage KUNSTHANDWERK
(Karte S. 120; Weberei-Kooperative; ☎0662 61 05 83; Ave Mohammed V.; ⏲Mo–Sa 9–18 Uhr) Im Complexe Artisanal kann man zusehen (Mo–Fr), wie Kunsthandwerkerinnen *hanbels* und bestickte Strohmatten herstellen und die Waren auch zu Festpreisen (550–1100 Dh/m²) kaufen.

Praktische Informationen

GELD

Banken mit Geldautomaten säumen das nördliche Ende der Ave Mohammed V.

INTERNETZUGANG

In der Stadt gibt es immer noch einige Internetcafés (ca. 10 Dh/Std.), darunter eines am nördlichen Ende der Ave Mohammed V. Die meisten Hotels und Pensionen bieten kostenloses WLAN.

MEDIZINISCHE VERSORGUNG

Apotheken säumen die Ave Mohammed V.; nach Geschäftsschluss hängt die Liste der Nachtapotheken im Schaufenster.

Hôpital Bougafer (Karte S. 120; ☎0524 88 24 44; Ave Mohammed V.) Öffentliches Krankenhaus östlich der Touristeninformation.

NOTFALL

Polizei (Karte S. 120; ☎19; Ave Mohammed V.)

POST & TELEFON

Hauptpost (Karte S. 120; Ave Mohammed V.; ⏲Mo–Fr 8.30–16.30 Uhr) Postdienste und ein Telefon mit Direktwahl ins Ausland.

TOURISTENINFORMATION

Délégation Régionale du Tourisme (Karte S. 120; ONMT; ☎0524 88 24 85; Ave Mohammed V.; ⏲8.30–16.30 Uhr) Hat ein paar Broschüren und nur wenig Infos. Bessere Informationen erhält man in den Hotels.

An- & Weiterreise

AUTO

Für Abstecher in die Wüste empfiehlt sich ein Mietwagen (ab 350 Dh/Tag); ein Auto mit Fahrer kostet zwischen 900 (Pkw) und 1250 Dh (Geländewagen). Es gibt Dutzende Autovermietungen in der Stadt, und die internationalen Unternehmungen wie **Avis** (Karte S. 120; ☎0524 88 80 00; www.avis.com; Ecke Ave Mohammed V. & Pl du 3 Mars), **Hertz** (Karte S. 120; ☎0524 88 20 84; www.hertz.com; 33 Ave Mohammed V.), **Budget** (Karte S. 120; ☎0524 88 42 02; www.budget.com; 28 Ave Mohammed V.; ⏲Mo–Sa 8.30–12 & 14.30–19 Uhr) und **National** (Karte S. 120; ☎0524 88 20 35; www.nationalcar.

com; Place du 3 Mars) sind alle am Flughafen vertreten. Bei ihnen sind Autos aber teurer als bei den örtlichen Anbietern. Weitere Autovermietungen:

Desert Evasion (Karte S. 120; ☎ 0524 88 86 82; www.desert-evasion.net; Imm El Ghifari, Ave Mohammed V.) Hat Geländewagen. Bezahlt wird bei Übergabe der Schlüssel.

ESON Maroc (Karte S. 120; ☎ 0666 89 08 99; www.eson-maroc.com; Ave Mohammed VI.) Verlässlich und viel billiger als die internationalen Unternehmen; hat auch Geländewagen.

BUS

Supratours betreibt Busse nach Marrakesch (80 Dh, 4½ Std., 3-mal tgl.) sowie täglich einen Bus nach Zagora (50 Dh, 3 Std.), Er-Rachidia (90 Dh, 5½ Std.) und Merzouga (140 Dh, 8 Std.).

Supratours Al Hizam (Karte S. 120; ☎ 0524 89 07 96; Ave Moulay Abdellah; ⌚ 7.30–23 Uhr) verkauft die Fahrkarten, und die Busse halten vor dem Laden.

Busse von **CTM** (Karte S. 120; ☎ 0524 88 24 27; Ave Mohammed V.; ⌚ 7–22 Uhr) fahren ebenfalls nach Marrakesch (85 Dh, 5- bis 7-mal tgl.), Agadir (140 Dh, 7½ Std., tgl.), Er-Rachidia (85 Dh, 5½ Std., tgl.) und Zagora (60 Dh, 3 Std., 2- bis 3-mal tgl.). Während örtlicher Feiertage und in Spitzenzeiten sollte man seine Tickets mindestens einen Tag im Voraus kaufen. Der CTM-Busbahnhof liegt bequem im Stadtzentrum, nahe der Post.

Der örtliche **Hauptbusbahnhof** (*gare routière*; Mahta) liegt 1 km nordwestlich vom Stadtzentrum abseits der Ave Moulay Abdellah. Von hier fahren täglich mehrere Busse nach Marrakesch (70 Dh, 4–5 Std.), Boumalne du Dadès (35 Dh), Taroudannt (80 Dh, 5 Std.), Tazenakht (25 Dh, 3 Std.), Foum Zguid (40 Dh, 4 Std.), Tata (80 Dh, 5 Std.) und über Zagora (45 Dh, 4 Std.) nach M'Hamid (75 Dh, 7 Std.).

FLUGZEUG

Der **Ouarzazate Airport** (Karte S. 120; ☎ 0522 43 58 58; www.onda.ma) liegt 2 km nördlich der Stadt. **Royal Air Maroc** (☎ 0524 88 51 02; www.royalairmaroc.com; 1 Ave Mohammed V.) bietet tägliche Direktflüge nach Casablanca. Die Flüge aus Casablanca kommen in Ouarzazate unpraktisch, nämlich kurz vor Mitternacht, an, sodass man bei Taxis den teureren Nachttarif bezahlen muss.

Während der jährlichen Hadsch und bei populären Events wie dem Marathon des Sables gibt es Sonderflüge.

TAXI

Grands taxis starten vor dem Hauptbusbahnhof nach Agdz (40 Dh), Boumalne du Dadès (65 Dh), Marrakesch (80–110 Dh), Skoura (25–30 Dh), Tinerhir (80 Dh) und Zagora (40–60 Dh).

ℹ Unterwegs vor Ort

Petits taxis fahren die Ave Mohammed V. zu einem Festpreis von 5 Dh pro Person (bei 3 Pers.). Es gibt keine Busverbindung vom Flughafen in die Stadt; die Taxifahrt kostet je nach Tageszeit zwischen 50 und 80 Dh.

DRÂATAL وادي درعة

Von Ouarzazate führt die N9 nach Südosten ins Drâatal hinab, das von einem schmalen Wasserlauf aus dem Hohen Atlas gebildet wurde, der gelegentlich triumphierend in üppigen Oasen auftaucht, besonders in dem etwa 95 km langen Abschnitt zwischen Agdz und Zagora. Die Fahrt von Agdz nach Zagora dauert drei bis vier Stunden, die schönere Strecke ist aber die der Circuits Touristiques durch die Oasen. Dahinter führt eine Straße über 96 km weiter nach M'Hamid, ein Ort 40 km vor der algerischen Grenze, wo die Straße endet und die eigentliche Wüste beginnt.

Wer nicht wieder über die N9 nach Ouarzazate zurückkehren möchte, kann von M'Hamid weiter nach Westen durch die Wüste nach Foum Zguid und dort über die N10 nach Norden über Tazenakht fahren. Mit etwas mehr Zeit ist es auch möglich, eine Rundfahrt nach Osten auf der N12 ab Tansikht (29 km südöstlich von Agdz) zum Dünenfeld Erg Chebbi bei Merzouga zu machen und dann über Todra- und die Dades-Schlucht zurück nach Ouarzazate zu fahren.

Agdz اكدز

9400 EW.

Traveller, die von Ouarzazate nach Zagora rasen, verpassen Agdz (ag-*das*), eine klassische Karawanserei-Oase mit immer noch unberührter *palmeraie*, uralten Lehmziegel-Kasbahs und einem geheimen Wüstengefängnis. Beim Näherkommen an die Stadt sind am Horizont der Tajine-förmige Jbel Kissane und Mountainbiker zu sehen, die von Agdz zum ca. 20 km entfernten, 1660 m hohen Tizi n'Tinifift fahren. Auf den Bergen scheint Schnee zu liegen, aber das ist eine optische Täuschung: Das Sonnenlicht wird von dem eingelagerten Glimmer (Katzensilber) reflektiert. Zum traditionellen Kunsthandwerk von Agdz gehören Schnitzereien, Töpferwaren und Flechtkörbe; ein paar erstklassige Stücke kann man vor den Läden in der Innenstadt und donnerstags auf dem Suk (Okt. & Nov.) entdecken.

INSIDERWISSEN

DIE BESTEN DATTELN

Beste Datteln gibt's in der Saison von September bis November in **Tinzouline**, rund 56 km südlich von Agdz. Sind auf der Straße nach Zagora Verkäufer zu sehen, deren Palmwedelkörbe von Datteln überquellen, ist es nicht mehr weit. Montags, wenn der Suk stattfindet, kann ganz schön was los sein. Dann kämpft man dicht an dicht mit Großmüttern aus der Gegend um die besten örtlichen *boufeggou*-Datteln. Und die sind wirklich prima: außen von der Wüstensonne karamellisiert, und innen zart, aromatisch und süß.

Wer nicht im Herbst kommt, muss trotzdem nicht auf Datteln verzichten. In **Timidarte** sind örtliche Datteln eine echte Slow-Food-Sensation im **Timarine Tijara** (S. 128) 18 km südlich von Agdz. Vorbei an historischen Lehmziegel-Kasbahs und durch den Garten eines traditionellen Wohnhauses geht's in eine makellose, weiß geflieste Küche, wo ein großer Kessel fröhlich vor sich hin blubbert und Dutzende Einmachgläser mit köstlicher Dattelmarmelade, für die das Timarine Tijara berühmt ist, und *tahalout* (Dattelsirup) herumstehen. „Man kann ein bisschen davon auf warmen Ziegenkäse träufeln – das bringt den nussigen, fruchtigen Geschmack unserer Datteln heraus", rät der Besitzer und Dattelgourmet-Wegbereiter Abderrahim Ouagarane.

Sehenswertes

Die Hauptattraktionen von Agdz sind von der Hauptstraße aus nicht zu sehen. Das historische Zentrum liegt östlich der N9 am Ende einer 1,5 km langen staubigen Piste und wurde daher vom Massentourismus bislang meist übersehen. Aus genau diesem Grund stehen hier auch noch ungewöhnlich viele authentische Lehmziegel-Kasbahs. Wer in Agdz übernachtet, kann morgens einen Spaziergang durch die weite *palmeraie* gleich nördlich des Dorfs unternehmen.

Kasbah des Caïd MEDINA
(30 Dh) Die 170 Jahre alte Kasbah, die einst dem *caïd* von Agdz gehörte, befindet sich heute im Besitz seiner Nachfahren. Um Einlass zu finden, wendet man sich an die Rezeption des Casbah Caïd Ali (S. 126) nebenan. In dem Lehmziegelgebäude verteilt sich ein Labyrinth von Zimmern über drei Etagen. Das Spiel von Licht und Schatten in der alten Kasbah kann Fotografen stundenlang beschäftigen, aber noch schöner ist der Blick vom Dach auf die benachbarte Oase.

Glaoui-Kasbah MEDINA
(übliches Trinkgeld 20 Dh) Alteingesessene Einwohner von Agdz berichten, wie schockiert sie waren, als sie erfuhren, dass die ummauerte Glaoui-Kasbah in Agdz als ein geheimes Internierungslager diente. Die Säuberungsaktionen, mit denen Hassan II. politische Dissidenten unterdrückte, waren der Anlass zur Errichtung derartiger Internierungslager, über die Einzelheiten erst nach 2004 durch die marokkanische Wahrheitskommission an die Öffentlichkeit gelangten. Die Kasbah liegt südlich der Piste nahe der Pension Rose du Sable und ist am Tor als 307 bezeichnet.

Wenn man den Nachbarn sieht, der ein Auge auf die Kasbah hat, kann man ihn bitten, einen hineinzulassen, damit man sich umschauen kann.

Schlafen & Essen

Cafés säumen die Pl Marché Vert im Zentrum von Agdz.

Dar Jnane PENSION €
(☎0673 18 13 14; www.darjnane-location-sud-maroc.com; Zi. 350 Dh/Pers.; ❄) Die von einem freundlichen französisch-marokkanischen Paar geführte Pension liegt rund 1 km abseits der Hauptstraße und ist gut ausgeschildert. Die drei schön eingerichteten Zimmer liegen in einem friedlichen Garten. Es gibt Mahlzeiten (Abendessen 60–90 Dh), man kann Mountainbikes ausleihen, und Lahcen und Dominique können einem malerische Wanderungen in der Gegend empfehlen.

Casbah Caïd Ali HISTORISCHES HOTEL €
(☎0524 84 36 40, 0698 90 65 50; Rue Hassan II.; DZ/3BZ/4BZ mit Frühstück 240/350/400 Dh, Matratze auf dem Dach 50 Dh, Stellplatz für 2 Pers. ca. 60 Dh; ❄📶🏊) Nachfahren des örtlichen *caïd* heißen Gäste in der teilweise restaurierten Kasbah willkommen. Die Gästezimmer um den Hof sind schlicht, erhalten aber durch die farbenfroh bemalten Decken etwas Charakter. Man kann gut unter den Palmen zelten und auch auf der Terrasse unter dem Sternenzelt übernachten.

Anfang April ist die Kasbah Gastgeber und Schauplatz eines internationalen Musikfestivals, das man sich nicht entgehen lassen sollte, wenn man gerade hier durchkommt.

Dar Amazir PENSION €€

(☎0524 84 37 93; www.daramazir.com; DZ/Suite ab 600/900 Dh; ❄📶🏊) Das angenehme Refugium auf einem ziemlich kleinen Anwesen besitzt in der Mitte einen einladenden Swimmingpool und drum herum acht hübsche Zimmer, die mit Masken aus Mali, Berber-Wandteppichen, geschnitzten Holztüren sowie schicken *tadelakt*-Bädern ausgestattet sind. Der freundliche Gastgeber begrüßt einen mit Minztee, sodass man sich gleich wie zu Hause fühlt.

Kasbah Azul PENSION €€€

(☎0524 84 39 31; www.kasbahazul; Agdz; DZ mit Frühstück 935–1265 Dh, Suite 1430–2100 Dh; P❄📶🏊) Am östlichen Ende des historischen Zentrums versteckt sich in einem Garten dieses Refugium mit sieben schön eingerichteten Zimmern und *tadelakt*-Bädern in kontrastierenden Farben: Giftgrün und Pflaumenblau; Terrakotta und Taubenblau. Die Besitzerin trägt mit ihren eigenen Collage-Lampen und Gemälden zur Einrichtung bei. Die Gäste freuen sich außerdem über das üppige Frühstück und den schlüssellochförmigen Pool.

An- & Weiterreise

Die Busse aus Ouarzazate (30–40 Dh, 1 Std.) und Zagora (40 Dh, 2 Std.) halten an der Grand Place; das CTM-Büro befindet sich an der nordöstlichen Ecke des Platzes. Von hier fahren *grands taxis* nach Ouarzazate (30–40 Dh), Zagora (40 Dh) und N'Kob (30 Dh). Die Nebenstraße N12 nach Rissani trifft 29 km östlich von Agdz auf die N9.

Tamnougalt

6 km von Agdz entfernt thront auf einem Hügel eine Starattraktion des Drâatals: ein Wehrdorf aus dem 16. Jh., das zu den ältesten noch erhaltenen Lehmziegel-*ksour* zählt.

Sehenswertes & Aktivitäten

★ Kasbah des Caïds KSAR

(Musée du Tamnougalt; 20 Dh, optionaler Führer 50 Dh) Der Weg durch das Labyrinth des *ksar* in Tamnougalt führt durch eine recht große *mellah*, taucht mit strategisch platzierten Oberlichtern und in Nischen untergebrachten Kerzen in den Untergrund ab und erreicht mit sonnigen, von Hufeisenbögen gesäumten Stallungen um einen Hof wieder die Oberfläche. Die arabischen, andalusischen, Berber- und jüdischen Motive, die fast nahtlos ineinander übergehen, kann wohl kaum ein Besucher unterscheiden – vielleicht erinnert man sich aber an Szenen aus den mit dem Oscar prämierten Filmen *Babel* und *Der englische Patient*, die hier gedreht wurden. Die Eintrittskarten erhält man im Chez Yacob (s. unten).

Abdel Jalil OUTDOOR-AKTIITÄTEN

(☎0673 61 84 00) Der mehrsprachige Guide Abdel Jalil hat ein Büro gleich vor der Kasbah des Caïds und bietet Führungen durch die Kasbah (50 Dh) sowie längere Exkursionen durch das Dorf und die *palmeraie* (100 Dh). Er kann auch viele weitere Aktivitäten organisieren und dabei helfen, Übernachtungen bei Gastfamilien, die innerhalb des *ksar* wohnen, zu vereinbaren.

Schlafen

Chez Yacob HISTORISCHES HOTEL €€

(☎0524 84 33 94; www.lavalleedudraa.com; Zi. mit HP 300 Dh/Pers.; ❄) Gleich neben Tamnougalts alter *mellah* gruppieren sich acht nette Zimmer mit Bad um einen hohen Innenhof. Oben darüber liegt eine malerische Terrasse mit Blick in die *palmeraie*. Die Festpreismenüs (90 Dh) sind so reichhaltig, dass sie

ABSTECHER

CIRCUITS TOURISTIQUES

Wer einen Geländewagen hat, sollte sich die langsamere, malerische Piste nicht entgehen lassen, die parallel zur N9 von Tamnougalt bis kurz nördlich vor Zagora verläuft. Die unbefestigte Straße windet sich an der Nordseite des Tals durch Palmenoasen, Dörfer und einen Flickenteppich von Feldern bis nach Zagora. Unterwegs bietet sich immer wieder ein schöner Ausblick auf den Fluss. Für kürzere Geländewagen-Exkursionen längs der malerischen Nordseite des Drâatals folgt man an der N9 (nahe der Afriquia-Tankstelle) gleich vor Ouled Aïtman den Schildern „Circuits touristiques". Man passiert die **Kasbah Said Arabi** und die **Tinzouline-Kasbah**. Bei Tansikht, rund 29 km vor Zagora, ist der alte Wachtturm sehenswert, der die *palmeraie* hütet, ausgeschildert als „Oasis Du Drâa".

als Mittag- und Abendessen durchgehen. Das Chez Yacob liegt 2 km von der Rte de Zagora entfernt an einem unbefestigten Weg.

★ Bab el Oued PENSION €€€

(☎0660 18 84 84; www.babelouedmaroc.com; DZ 825–935 Dh, 3BZ 1320 Dh, Suite 935–1815 Dh; P ❄) Die umweltfreundlichen Bungalows, die 6 km südlich von Agdz im Schatten von Dattelpalmen in einem ummauerten Biogarten stehen, sind lokalpatriotisch durch und durch: Die Holztüren wurden im Ort geschnitzt, die Teppiche stammen aus dem nahen Tazenakht, die Decken bestehen aus Palmenstämmen, und die glänzenden Bäder haben *tadelakt*-Verputz. Weil der Pool klein ist und die Toilettenspülung im Sparmodus läuft, sparen die Englisch und Französisch sprechenden Eigentümer genug Wasser, um 60 Pflanzenarten anzubauen, darunter Kräuter und Gemüse für die marokkanisch-mediterranen Mahlzeiten.

Auch Nicht-Gäste können, wenn sie vorher anrufen, ein leckeres Bio-Mittagessen genießen (176 Dh) und anschließend in den Hängematten bei den Goldfischteichen ein Nickerchen machen.

An- & Weiterreise

4 km hinter Agdz geht's von der Hauptstraße links ab und dann 2 km auf einer unbefestigten Straße nach Osten. Verlässliche öffentliche Verkehrsmittel fahren hier nicht.

Timidarte

In diesem Dorf westlich der N9 gibt's noch mehr Kasbahs. Die schönste stammt aus dem 17. Jh. und wurde kürzlich von der Tourismusvereinigung des Ortes in ein authentisches Gästehaus, die Kasbah Timidarte, verwandelt.

Schlafen

Kasbah Timidarte HISTORISCHES HOTEL €

(☎0668 68 00 47; www.kasbahtimidarte.com; EZ/DZ mit HP 300/460 Dh, mit Gemeinschaftsbad 260/320 Dh) Hier kann man einmal leben, wie Kasbah-Bewohner das seit Jahrhunderten tun. Die sieben Lehmziegelzimmer verteilen sich um einen zentralen Lichthof. Auf dem Fußboden liegen Palmblattmatten und Matratzen. Statt vor dem Fernseher trifft man sich unter den Sternen auf der Dachterrasse neben einem Berber-Brotbackofen. Die Unterkunft befindet sich 1 km östlich der Rte de Zagora und 15 km südlich von Agdz.

Einige Verbesserungen hat es seit dem 17. Jh. schon gegeben: Es gibt elektrisches Licht zum Lesen, und mehrere Zimmer verfügen über angeschlossene Bäder. Mitglieder der Tourismusvereinigung von Timidarte kochen begeistert für die Gäste und sind stolz auf ihre Berbergerichte nach Hausfrauenart.

Shoppen

Timarine Tijara ESSEN

(☎0661 91 32 25; ⏲nach Vereinbarung) Timidarte macht sich einen kulinarischen Namen durch Kleinproduzenten von Dattelmarmelade und Sirup – für Verkostungen und günstige Käufe (15–40 Dh) vorab anrufen!

Zagora زاكورة

36 000 EW.

Das originale Kult-Schild „Tombouctou, 52 jours" (Timbuktu, 52 Tage) mit einem Nomaden und einem grinsenden Kamel mag zwar durch ein unerklärliches staatliches Verschönerungsprogramm verschwunden sein, aber Zagoras Ruhm als Wüstenposten bleibt unsterblich. Hier begannen 1591 die Saadier ihre Expedition zur Eroberung Timbuktus und die durchziehenden Wüstenkarawanen verliehen dem abgeschiedenen Zagora einen weltoffenen Charakter. Heute ist Zagora noch immer ein Handelsposten und Treffpunkt, wenn mittwochs und sonntags der regionale Suk und ansonsten diverse lebhafte Feste stattfinden.

Sehenswertes

★ Musée des Arts et Traditions de la Valleé du Drâa MUSEUM

(☎0667 69 06 02; Kasbah de Tissergat; 25 Dh; ⏲8.30–19 Uhr) 8 km nördlich der Stadt weist unter einem spektakulären Aussichtspunkt über die *palmeraie* das Schild „Musée" auf das dreistöckige Lehmziegelgebäude hin, in dem dieses faszinierende Museum zur Wüstenkultur untergebracht ist. Im Teesalon finden sich die entscheidenden Gerätschaften für Unterhaltung in der Wüste um 1930: ein altes Amateurfunkgerät, ein Grammofon und Teegläser, die angeblich zerbrechen, wenn sie mit Gift in Berührung kommen.

Die Artefakte sind mit guten Erklärungen (Französisch und Englisch) zur ihrer Herkunft und ihrem Verwendungszweck erläutert – sehr hilfreich, um die ansonsten rätselhaften Tätowiergerätschaften, das faszinierende Gebärzimmer und die auffällig unterschiedlichen Hochzeitsgewänder von fünf Stämmen aus der Region zu verstehen. Die Museumsbetreiber führen gleich nebenan auch eine empfehlenswerte Pension.

Amezrou STADTVIERTEL

Einen Blick auf Zagoras Kultur als Wüstenknotenpunkt bietet das angrenzende Dorf Amezrou südlich der Innenstadt Zagoras auf der anderen Seite des Oued Drâa. In der historischen *mellah* integrieren Kunsthandwerker afrikanische, jüdische, muslimische und berberische Glückssymbole in ihre Arbeiten. In den 1930er-Jahren gab es schätzungsweise 400 jüdische Haushalte in Amezrou, doch in den 1960er-Jahren hatten fast alle Familien die Stadt verlassen.

Ältere Bewohner zeigen auf Wunsch gerne den Weg zur winzigen Synagoge. Die Familie im Haus gegenüber lässt Besucher in den Gebetsraum (übliches Trinkgeld 20 Dh).

Jbel Zagora BERG

Der spektakuläre Berg erhebt sich über dem Oued Drâa und bietet einen tollen Ausblick. Wer ihn bezwingen will, braucht viel Durchhaltevermögen, Wasser und Sonnenschutz und sollte frühmorgens losgehen. Hin und zurück benötigt man zu Fuß etwa drei Stunden oder 45 Minuten mit dem Auto auf einer Piste rechts hinter dem Camping de la Montagne. Auf halbem Wege passiert man die Ruine einer Almoravidenfestung (11. Jh.). Die Militäranlage auf dem Gipfel ist tabu.

Aktivitäten

Fast jeder Besucher in Zagora macht sich auf in die Sahara, viele planen ihren Trip hier. Gleichwohl ist das Tor zur Wüste, M'Hamid, noch drei Stunden Fahrt Richtung Süden entfernt – samt einem (teuren) Offroad-Abstecher zu den welligen Dünen Erg Chigaga 56 km südwestlich von M'Hamid. Bei Tourplanungen mit lokalen Anbietern sollte klar sein, wohin es gehen soll. Die nächstgelegenen Dünen ab Zagora sind Erg Nakhla (12 km nordwestlich der Stadt), Tinfou (25 km südlich neben der N9) sowie El Messouira und Erg Lihoudi (beide etwa 90 km südlich in der Nähe von M'Hamid).

Pauschalpreise für Dromedarausritte hängen vom Campingplatz und der Gruppengröße ab, bewegen sich aber zwischen 350 und 600 Dh.

Geführte Touren

Wild Morocco TOUREN

(☎0655 77 81 73; www.wildmorocco.com) Das berberisch-britsche Unternehmen von Yahya

Zagora

Zagora

Aktivitäten, Kurse & Touren
1 Caravane Desert et Montagne A2
2 Caravane du Sud B3
3 Caravane Hamada Drâa A2

Schlafen
4 Auberge Restaurant Chez Ali A2
5 Camping Oasis Palmier B2
6 Hotel la Fibule du Draa B3
7 La Petite Kasbah B3
8 Riad Dar Sofian B2
9 Riad Soleil du Monde B3
10 Villa Zagora B3

Ausgehen & Nachtleben
11 African Bar B3

Praktisches
12 Banque Populaire A2
13 BMCE A1
14 Pharmacy Zagora A2

Transport
15 Busbahnhof A1
16 CTM-Busbahnhof A2
Grands Taxis .... (siehe 15)
17 Supratours A2

aus M'Hamid und der Aussteigerin Emily zeichnet sich durch Professionalität und Leidenschaft aus. Yahya gab sein Nomadenleben auf, als die Stauung des Drâa dem ein

Ende setzte, und steckte sein enormes Wissen über die Wüste, ihre Bräuche, die Flora und Fauna in diese gut geplanten Reiserouten. Abenteurer können an drei- bis sechstägigen Wüstentrecks auf den Pfaden der Nomaden teilnehmen, Musiker bekommen von Nachbarn abgeluchste Gitarren für spontane Jam-Sessions in der Wüste und angehende Anthropologen kommen hautnah mit Familien aus dem Drâatal zusammen oder treffen sich mit Harratin-Bewohnern in M'Hamids altem *ksar* zum Tee mit Dorfklatsch.

Auch größere Exkursionen als Kombination aus Bergwanderungen, Touren zu den Schluchten und in die Wüste sowie Wüstenausflüge zum Erg Chebbi sind möglich.

Caravane Desert et Montagne OUTDOOR-AKTIVITÄTEN
(Karte S. 129; ☎ 0611 15 37 66; www.caravanedesertetmontagne.com; 112 Blvd Mohammed V.) In Zusammenarbeit mit örtlichen Nomaden bietet dieser Veranstalter Abenteuer abseits gebahnter Kamelpfade für Einzelpersonen und Kleingruppen an.

Caravane du Sud OUTDOOR-AKTIVITÄTEN
(Karte S. 129; ☎ 0524 84 75 69; www.caravanedusud.com; Amezrou; ⌚ 8–19 Uhr) 3- bis 14-tägige Kameltreks, Rundfahrten im Geländewagen und eine dreitägige Tour (hin & zurück) zum Erg Chigaga (1900 Dh). Das Unternehmen hat auch billigere Angebote ab M'Hamid. Das Büro liegt am Kreisverkehr in Amezrou.

Caravane Hamada Drâa OUTDOOR-AKTIVITÄTEN
(Karte S. 129; ☎ 0661 32 81 06; www.hamadadraa.com; Blvd Mohammed V.) Lizenzierte Englisch sprechende Guides und der einheimische Nomade Youssef M'Hidi führen Treks zu Nomadencamps.

Feste & Events

Moussem des Sufis Moulay Abdelkader Jilali RELIGIÖSES FEST
Der *moussem*, der auf den Tag des Maulid an-Nabi (Geburtstag des Propheten Mohammeds) fällt, ist das größte Fest im Drâatal. Mitglieder des Jilala-Sufiordens pilgern nach Zagora, um ihren Respekt zu erweisen. Dabei ist zu Lob und Feier manchmal auch die hypnotische Musik der *bendir* (Handtrommel) zu hören.

Schlafen

★ **Auberge Restaurant Chez Ali** GASTHOF €
(Karte S. 129; ☎ 0524 84 62 58; http://chezali.net; Ave de l'Atlas Zaouiate El Baraka; B mit Frühstück ohne Bad 70–90 Dh, mit Bad 200–300 Dh; P ❄ 📶 🏊) Die Pfauen, die um den Pool stolzieren, bleiben gleichgültig, aber davon abgesehen wird man begeistert empfangen. Die Zimmer im Obergeschoss haben Oberlichter, schlichte Kiefernholzmöbel, Bad und Klimaanlage, während die „traditionellen" Zimmer mit Gemeinschaftsbad lediglich mit Matratzen auf Teppichen ausgestattet sind. Es gibt fantastische Berber-Gerichte (100 Dh), und die Englisch sprechenden Guides Mohamed und Yusuf veranstalten Ausflüge mit Übernachtung.

La Petite Kasbah PENSION €
(Karte S. 129; ☎ 0524 84 80 43; www.hotelzagora.com; Amezrou; Zi. mit Frühstück/HP 175/275 Dh pro Pers.; P 📶) 🍃 Im La Petite Kasbah erwarten einen ein freundlicher Empfang und ein frisches Glas Minztee. Die kleine Kasbah, einst die Wohnung der Familie von Brahim Badri, vermietet jetzt fünf Zimmer rund um den mit Blumen geschmückten Hof, dazu gibt's einen Teesalon mit Sitzkissen und eine Terrasse mit Ausblick in die *palmeraie* von Amezrou.

Camping Oasis Palmier CAMPING €
(Karte S. 129; ☎ 0613 98 52 31; pixameharee@hotmail.com; Rte de Nakhla; Stellplatz Pers. 20 Dh, Berberzelt 15–30 Dh, Auto 15 Dh, Wohnmobil 30 Dh; P 📶) Der Campingplatz gleich nördlich von Amezrou bietet im Schatten von Palmen eine Mischung von Stellplätzen und Berberzelten. Es gibt ein Café, kostenloses WLAN, Warmwasserduschen (10 Dh) und Stromanschlüsse (20 Dh), und sogar frisches Brot wird vor die Haustür gebracht.

Kasbah Ziwana PENSION €€
(☎ 0667 69 06 02; www.kasbah-ziwana-zagora.com; EZ/DZ mit HP 300/600 Dh; ❄) Diese Unterkunft neben dem Musée des Arts in Tissergat, 8 km nördlich von Zagora, besteht aus einheimischen Materialien und hat hübsch eingerichtete Zimmer. Man entspannt in dem friedvollen Innenhof oder auf der Dachterrasse; der freundliche Gastgeber Mustapha, ein Wüstenführer mit langjähriger Erfahrung, ist eine Fundgrube lokalen Wissens.

Riad Soleil du Monde PENSION €€
(Karte S. 129; ☎ 0661 68 71 31; almalamzrou@yahoo.fr; DZ 330–540 Dh; P 📶 🏊) Die Pension mit vier Zimmern versteckt sich an einem schmalen, unbefestigten Weg in der Nähe von Amezrou. Die schön gestalteten Zimmer haben auffällige Lampen aus buntem Glas, Stampflehm-

wände und dekorative Friese. Der von hohen Dattelpalmen und Granatapfelbäumen gesäumte Pool ist an heißen Tagen eine Wohltat. Die freundliche Begrüßung und die idyllische Lage in der *palmeraie* tragen zum Reiz des Anwesens bei.

Villa Zagora PENSION €€

(Karte S. 129; ☎ 0524 84 60 93; www.mavillaausahara.com; Rte de Nakhla, Amezrou; DZ mit Frühstück 540–740 Dh, Suite 740–950 Dh, Berberzelt 190 Dh/Pers.; ❄📶🏊) Hell, luftig und natürlich: Das umgebaute Landhaus lässt das Leben in der Wüste leicht erscheinen. Hinter Fenstertüren locken üppige marokkanische Teppiche, hohe Decken und eine vielseitige Kunstsammlung, darunter von Zagora inspirierte abstrakte Bilder. Die Angestellten umsorgen einen wie marokkanische Verwandte, und die leckeren Mahlzeiten (rund 160 Dh) werden mit Zutaten frisch aus der Oase zubereitet.

Riad de Rêve PENSION €€

(☎ 0677 19 13 37; www.facebook.com/riaddereve; 353 Hay Moulay Rachid; EZ/DZ/Suite mit HP 370/560/1100 Dh; ❄📶) Abdesalems behaglicher Riad ist eine Alternative zur typischen Touristenunterkunft. Er bereitet leckere traditionelle Gerichte und backt diverse Brotsorten. Als einstiger Nomade und mit Arbeitserfahrung in der Schweiz ist er ein Meister der Gastlichkeit und zudem eine kenntnisreiche Quelle in Sachen Lokalgeschichte, Folklore und für die Wüste im Umland.

★ **Riad Dar Sofian** PENSION €€€

(Karte S. 129; ☎ 0524 84 73 19; www.riaddarsofian.com; rte de Nakhla, Amezrou; EZ/DZ/3BZ mit Frühstück 680/880/1100 Dh, Zelt 220 Dh; P❄📶🏊) Das Dar Sofian, eine hinreißende Wüstenoase, setzt neue Standards in Zagora. Das großartige Stampflehmgebäude wurde von einem Team aus Skoura gebaut, die Kachelarbeiten in den Innenräumen stammen von Handwerkern aus Fes. Die Einrichtung ist zeitgenössisch marokkanisch mit neuem Dreh, eine Mischung aus modernen Betten und Bädern, alten Möbeln und traditonellem Dekor.

Essen & Ausgehen

Die Hotels servieren Gästen und Nichtgästen nach vorheriger Reservierung Menüs (100–150 Dh). Das Auberge-Restaurant Chez Ali (S. 130) zeichnet sich durch Qualität und Frische aus, und Wüstenführer essen nach getaner Arbeit gern im **La Rose des Sables** (☎ 0524 84 72 74; Ave Allal Ben Abdallah; Gerichte 40–60 Dh). Cafés und *laterie* (Saftbars) ballen sich rund um die Kreuzung des Blvd Mohammed V. mit der Ave Allal Ben Abdallah; dort gibt es eine gute Auswahl einfacher Gerichte wie Brathähnchen, Tajine oder Pizza für 20 bis 35 Dh.

Picknickzutaten (aber keine Spirituosen) erhält man in dem Supermarkt am nördlichen Ende der Stadt. Eine Bäckerei befindet sich am Blvd Mohammed V.

Drinks bekommt man in der Gartenbar des **La F** (☎ 0524 84 73 18; Amezrou; EZ/DZ/3BZ mit Frühstück ab 400/540/700 Dh; P📶🏊), im **La Fibule du Drâa** (☎ 0524 84 73 18; Amezrou; EZ/DZ/3BZ mit Frühstück ab 400/540/700 Dh; P📶🏊) und in der **African Bar** (☎ 0524 84 83 88; www.riadlamane.com; Amezrou) im Riad Lamane.

Praktische Informationen

Die meisten Hotels bieten WLAN; zudem gibt's mehrere Internetcafés am Blvd Mohammed V. und in der Ave Allal Ben Abdallah (10 Dh/Std.).

Banque Populaire (Karte S. 129; Blvd Mohammed V.) Hier sollte man sich mit Bargeld eindecken, denn das ist einer der letzten Geldautomaten vor der Sahara.

BMCE (Karte S. 129; Blvd Mohammed V.) Geldautomat.

Pharmacy Zagora (Karte S. 129; ☎ 0524 84 71 95; Blvd Mohammed V.; 🕒 Mo–Fr 8.30–13 & 15–20, Sa 8.30–13 Uhr)

An- & Weiterreise

BUS

Der **CTM-Busbahnhof** (Karte S. 129; ☎ 0524 84 73 27; Blvd Mohammed V.) befindet sich am südwestlichen Ende des Blvd Mohammed V., der örtliche **Busbahnhof** neben der Moschee; von dort starten auch die *grands taxis*. **Supratours** (Karte S. 129; ☎ 0524 84 76 88; Blvd Mohammed V.), nahe der Banque Populaire, hat täglich um 6 Uhr einen Bus nach Marrakesch (135 Dh, 7½ Std.) und Ouarzazate (50 Dh, 2¾ Std.). CTM bietet einen täglichen Bus nach M'Hamid (35 Dh, 2¾ Std.) und dreimal täglich einen Bus nach Ouarzazate (55 Dh, 3 Std.), von denen zwei nach Marrakesch (135 Dh, 8½ Std.) weiterfahren.

Weitere Unternehmen, die ihren Sitz im örtlichen Busbahnhof haben, fahren mindestens einmal täglich nach Marrakesch (120 Dh) und Ouarzazate (55 Dh, 3 Std.). Dreimal pro Woche fahren Busse über N'Kob (20 Dh, 2 Std.) und Tazzarine (35 Dh, 2½ Std.) nach Rissani (100 Dh, 6 Std.). Morgens kommt ein Bus durch Zagora nach M'Hamid (35 Dh, 3 Std.) durch. Den ganzen

Tag über starten häufig Minibusse, sobald sie voll sind, nach M'Hamid (30 Dh).

FLUGZEUG

Zagoras kleiner Flugplatz liegt südwestlich der Stadt abseits der N12. Zweimal wöchentlich (Mo & Mi) fliegt Royal Air Maroc (www.royalairmaroc.com) hier von/nach Casablanca.

TAXI

Grands taxis (Karte S. 129; Blvd Mohammed V.) findet man morgens im Zentrum beim örtlichen Busbahnhof. Sie fahren u. a. nach Tamegroute (10 Dh, 20 Min.), Agdz (35 Dh, 1½ Std.), Ouarzazate (80 Dh, 3 Std.), M'Hamid (35 Dh, 1½ Std.) und N'Kob (50–60 Dh, 1½ Std.).

Tamegroute تامكروت

Gestresst? Dann ist das hier der richtige Ort: Angeblich heilt Tamegroutes Zawiya Nassiriyya Ängste und Bluthochdruck – dank des postmortalen beruhigenden Einflusses von Sidi Mohammed ben Nassir, Gründer der einflussreichen und gebildeten Nassirija-Bruderschaft aus dem 17. Jh., die berühmt für ihre Fähigkeit war, Streitigkeiten im Drâa-Tal zu schlichten. Die *zawiya* ist noch immer ein Pilgerziel für Kranke und eine Koranschule. Bücherfreunde sollten ihren Wüstentrip so planen, dass sie die Bibliothek der *zawiya* mit den illuminierten alten Texten besuchen können oder zum jährlichen *moussem* (12.–22. Nov.) kommen.

Neben Wunderheilungen ist Tamegroute auch für sein *ksar*-Labyrinth bekannt, das man mit einem einheimischen Führer oder allein erkunden kann. Samstags findet im Ort ein Suk statt.

Sehenswertes

★ Cooperative des Potiers KUNSTGALERIE

(Mo–Fr 8–18 Uhr) Oxydiertes Kupfer verleiht den hiesigen Töpferwaren die auffällige grüne Tamegroute-Glasur. Sie stammt ursprünglich von Töpfern aus Fes, die sich auf Einladung der Nassiri-Bruderschaft im Dorf niederließen. Es gibt hier noch zwei Familien, die solche irisierenden, rustikalen Schüsseln, bedruckten Fliesen und eleganten Teller herstellen. Die Kooperative liegt links am südlichen Dorfausgang.

★ Zawiya Nassiriyya MUSLIMISCHE STÄTTE

(empfohlene Spende 20 Dh; Sa–Do morgens & spätnachmittags) Nichtmuslime dürfen zwar nicht in das grün bedachte Mausoleum Sidi ben Nassirs, doch dafür steht die Bibliothek in der angrenzenden *medersa* für Koranschüler jedem offen. Neben prächtigen Koranen aus dem 13. Jh., die zum Teil auf Gazellenhaut geschrieben sind, befinden sich unter den 4000 Büchern auch antike Medizin-, Mathematik-, Algebra- und Rechtstexte. Sie werden hinter einem Bogen in der Nordwestecke des Hauptplatzes aufbewahrt.

Schlafen & Essen

Auberge-Restaurant-Camping-Jnane Dar Diafa PENSION €

(0661 34 81 49; www.jnanedar.ch; EZ/DZ 300/380 Dh, ohne Bad ab 180/220 Dh, jeweils mit Frühstück) In dem luftigen Gartenlauben-Restaurant lockt ein geruhsames Mittagessen aus selbst angebautem Gemüse. Die abgewohnten, aber charmanten Gästezimmer mit Stampflehmwänden blicken auf den Garten. Einige sind mit Klimaanlage, Moskitonetzen über den Betten und Sternenmuster an den Wänden ausgestattet.

Von Tamegroute nach M'Hamid

Die Straße von Tamegroute nach Süden verengt sich zu einer Spur (zum Zeitpunkt der Recherche wurde sie gerade verbreitert) und verläuft durch eine abschreckend trostlose Landschaft aus sonnenverbrannten Schottersteinen, bis sie bergauf und über den Tizi-Beni-Selmane-Pass führt. Im Dorf **Tagounite** auf halber Strecke gibt es Benzin und mehrere Cafés. Der Ort ist auch ein Ausgangspunkt zu den Dünen **El Mesouira** und **Erg Lihoudi** südwestlich von Tagounite.

Schlafen

★ La Dune Blanche CAMPING €€

(0667 96 64 64; www.bivouac-laduneblanche-zagora.com; N 29°56'05.53, W 005°41'28.13; pro Pers. mit HP/VP 370/450Dh) La Dune Blanche ist eine tolle Alternative zu einer Übernachtung in M'Hamid und liegt nur ein kurzes Stück in die Wüste. Die schönen Stampflehmhäuschen inmitten von Dünen, 22 km südlich von Tagounite, sind innen mit Stoff drapiert, um den Eindruck eines Zeltes zu erwecken. Jedes „Zelt" hat eine andere Farbe und ist mit komfortablen Betten mit Naturwolldecken, Teppichen und Laternen ausgestattet, die wirbelnde Muster an die Wände werfen. Von hier aus sind viele Exkursionen möglich.

Wegen des Standorts muss man im Voraus buchen. Salah holt Gäste an der Tankstelle in Tagounite mit einem Geländewagen ab.

M'Hamid محاميد

3000 EW.

Früher einmal war dies eine einsame Oase, aber heute ist M'Hamid kein Mauerblümchen mehr. Grenzspannungen zwischen Algerien (das nur 40 km weiter südlich liegt), Marokko und der Polisario isolierten den Karawanenrastplatz bis in die 1990er-Jahre, als Abkommen wieder erlaubten, Besucher zu beherbergen. Von hier ist es nicht mehr weit bis zu den Dünen und im Westen der Stadt schmiegen sich bereits einige direkt an die Gästehäuser an. Doch um die großen Dünen zu sehen, muss man mit Dromedar oder Geländewagen über die *reg* (festgetretene Felsenwüste).

Sehenswertes

In dem aus zwei Ortsteilen bestehenden M'Hamid leben fünf verschiedene ethnische Gruppen: die Haratin, die Berber, die Chorfa, die Beni M'Hamid und die legendären nomadischen „Blauen Menschen". M'Hamid Jdid, die vorzeitig gealterte Neustadt, hat eine Moschee, Café-Restaurants am Straßenrand, kleine Budgethotels und einen montags stattfindenden **Suk** (Mo 6–12 Uhr). Hier herrscht die Atmosphäre eines Grenzstädtchens, in dem harte Jungs mit *schesch* (Turban) und Sonnenbrille in verstaubten Cafés rumhängen und sich Geschichten erzählen.

Die alte **Kasbah** befindet sich in der *palmeraie*, 3 km entfernt jenseits des Oued Drâa. Lohnenswert ist auch das **Ksar Ouled Driss**, 5 km vor M'Hamid, mit einem kleinen **ethnografischen Museum** (20 Dh; verschiedene Öffnungszeiten), das traditionelle Haushaltsgegenstände in einem hübschen Lehmziegelhof ausstellt.

★ Erg Chigaga — SANDDÜNEN

Die Hauptattraktion ist der unzutreffend benannte Erg Chigaga, denn es handelt sich nicht um eine Einzeldüne *(erg)*, sondern vielmehr um ein atemberaubendes goldenes Sandmeer rund 56 km südwestlich von M'Hamid. Tatsächlich ist dies die größte Sandwüste in Marokko, die sich 40 km am Horizont entlangzieht und im Norden und Süden von Bergkämmen eingegrenzt wird. Hierher gelangt man am besten in typischer Hollywood-Manier – auf dem Rücken eines Kamels. Der Ausflug hin und zurück dauert fünf Tage bis eine Woche (ab 500–600 Dh/Tag).

> **KURZTRIP ZU DEN DÜNEN VON TINFOU**
>
> Im Vergleich zum großen **Erg Chigaga** (S. 133) von M'Hamid oder zum riesigen Sanddünenmeer in **Merzouga** (S. 160) wirkt dieser kleine Abschnitt aus nur zwei bis drei Dünen wie ein kleiner Sandkasten. Rund 8 km südlich von Tamegroute sieht man die Dünen auf der linken Seite der Straße. An manchen Tagen herrscht hier so viel Betrieb, dass man sich wie auf einem Spielplatz fühlt. Dennoch macht es großen Spaß, die großen Dünen hochzuklettern und wieder hinunterzurennen.

Mit einem Geländewagen erreicht man das Gelände in nur ein paar Stunden. Das kostet inklusive Versicherung 1000 bis 1300 Dh pro Tag zuzüglich 350 bis 500 Dh für das Camp.

In diesem Meer aus goldenen Sicheln, die bis zu 300 m hoch sind, verbergen sich in den Mulden kleine zeitweilige Camps. Im Ergebnis erlebt man hier die Wüste still und allumfassend mit spektakulärem Nachthimmel, der von dem gewaltigen Bogen der Milchstraße erleuchtet wird.

Erg Ezahar — SANDDÜNEN

Die hohe „schreiende" Düne inmitten eines Meeres kleinerer Dünen lässt bei Wind ein unheimliches Heulen ertönen. Sie liegt 65 km südwestlich von M'Hamid und ist in drei Tagen mit dem Kamel zu erreichen. Die Strecke führt an einem alten *marabout* vorbei und durch die flache Ebene Bousnaïna, wo manchmal Überreste eines längst verschwundenen Dorfes auftauchen. Es gibt hier keine festen Camps.

El Mesouiria — SANDDÜNEN

El Mesouiria, nur 8 km nordwestlich von M'Hamid, ist eine weitere Möglichkeit für einen einfachen Kameltreck mit Übernachtung. Die Dünen sind zwischen 60 und 80 m hoch, bestehen aus weißem Sand und haben ein paar vereinzelte Tamariskenbäume.

Erg Esmar — SANDDÜNEN

Diese Gruppe kleinerer Dünen nahe dem Erg Ezahar ist kaum höher als 80 m, liegt ziemlich ab vom Schuss und hat kein dauerhaftes Camp. Die Mischung aus roten und weißen Dünen bildet besonders bei Sonnenuntergang ein tolles Fotomotiv.

TOP-TIPPS: BUCHUNG VON TOUREN ZUM ERG CHIGAGA

Vorher buchen Angesichts der umfänglichen Logistik von Wüstenreisen (und der Tatsache, dass die besten Führer oft über Agenturen in Marrakesch gebucht sind) ist frühzeitiges Buchen immer besser. Es lässt zudem genug Zeit, Camp und Strecke abzuklären.

Kurze Touren zum Einstieg Wie jeder Sufi-Mystiker bestätigen mag, kann es eine aufschlussreiche und erhebende Erfahrung sein, sich allein in der Wüste zu befinden. Doch wer eine solche Isolation nicht gewöhnt ist, langweilt sich schnell.

Kamelritt oder Kameltreck Nicht alle Kamele eignen sich zum Reiten. Die meisten Dromedare werden tatsächlich zum Transport für Gepäck und Lebensmittel eingesetzt. Wer ein Kamel reiten will, sollte das gleich am Anfang sagen. Es kann auch mehr kosten, wenn zusätzliche Tiere benötigt werden.

Vor einer längeren Tour Empfehlungen einholen Der Erfolg einer Tour steht und fällt mit dem Führer (und seinen Sprachkenntnissen). So sollte man nach dem Namen des Führers fragen, mit dem man unterwegs sein wird, im Internet nach Berichten suchen und um Rückmeldungen bitten.

Erg Lehoudi SANDDÜNEN
(Dünen der Juden) Die ab M'Hamid am einfachsten erreichbaren Dünen liegen 8 km nordöstlich von M'Hamid. Typisch für die 100 m hohen Dünen des Erg Lehoudi ist der weiße Flusssand, der der Nähe zum Drâa geschuldet ist. Hierher kommen mehr Tagesausflügler. Einige der zeitweiligen Camps sind ziemlich heruntergekommen.

Aktivitäten

Viele Kameltrecks mit Übernachtung führen von M'Hamid zum Erg Lehoudi (S. 134) oder zu den kleineren Dünen El Mesouiria (S. 133), 8 km von M'Hamid entfernt. Sie sind über die *piste* abseits der Hauptstraße, 18 km vor M'Hamid, erreichbar. Ein Führer ist aber ratsam. Das Highlight ist der Kameltreck zum Erg Chigaga (S. 133). Weitere nahe gelegene Ziele in der Wüste sind der Erg Ezahar (S. 133) und die von Luftspiegelungen geprägte **Oase Iriki**. Und wer sein Faible fürs Kamelreiten entdeckt, der kann den epischen zwölftägigen Kameltrip nach **Foum Zguid** in Angriff nehmen.

Geführte Touren

Touren zu Fuß, mit dem Kamel oder Geländewagen zum Erg Chigaga werden in Marrakesch, Zagora oder M'Hamid arrangiert. Verkaufstricks sind üblich, also nicht von der Panikmache vor den *faux guide* einfangen lassen. Die Preise sind mit ca. 350 Dh pro Person und Tag für einen Kameltreck samt Übernachtung und 500 bis 600 Dh pro Tag für einen Kameltreck zum Erg Chigaga ziemlich einheitlich. Achtung: Viele Wüstentourveranstalter akzeptieren nur Barzahlung.

Die meisten Hotels können ebenfalls Ausflüge und Übernachtungen in Wüstencamps arrangieren.

★ **Sahara Services** OUTDOOR-AKTIVITÄTEN
(☎ 0661 77 67 66; www.saharaservices.info; ab 75 €/Pers.) Der bei Weitem professionellste Tourveranstalter in M'Hamid. Sahara Services bietet denkwürdige All-inclusive-Wüstentouren mit Kamel und Geländewagen, darunter auch mit Übernachtung in einem hübschen Berberzeltlager im Erg Chigaga. Dazu gehört ein gutes Essen, Musik am Lagerfeuer und der Blick in den von Sternen erleuchteten Nachthimmel, bevor man in diesem Meer der Stille in einem gemütlichen Bett in den Schlaf fällt.

Bivouac Sous Les Étoiles OUTDOOR-AKTIVITÄTEN
(☎ 0644 77 74 05; www.bivouacsouslesetoiles.org) Erfahrene und freundliche Geländewagentouren und Kameltrecks unter Führung des sympathischen Hassan und seines Teams von Einheimischen aus M'Hamid. Der Veranstalter betreibt auch diverse Wüstencamps (900–1600 Dh/Pers.).

Schlafen

Auberge Kasbah Dar Sahara PENSION €
(☎ 0667 85 33 17; http://darsaharatour.com; EZ/DZ/4BZ 150/200/400 Dh; P ᯤ) Ein großer Magnet für Budgettraveller ist diese kleine, sehr einladende Pension. Sie bietet rustikale Zimmer mit Gemeinschaftsbad, entspannende Gemeinschaftsbereiche und tolle Außenbereiche, wo man relaxen und über die friedliche Wüste nachsinnen kann. Um hierher zu gelangen, einfach durch die ganze

Stadt fahren und dann nach dem nach links weisenden Schild Ausschau halten.

Auberge la Palmeraie GASTHAUS €
(☎ 0668 72 98 51; www.aubergelapalmeraie.com; mit HP 200 Dh/Pers.) Das budgetfreundliche Camp der Brüder Laghrissi liegt auf der anderen Seite des Oued Drâa im Schatten eines Palmenhains. Es bietet schlichte Unterkünfte – eine Mischung aus traditionellen Berberzelten aus Ziegenhaar und bescheidenen Stampflehmzimmern mit Matratzen auf Teppichen. Duschen und Toiletten (Hocktoiletten) sind schlicht. Die Brüder sind erfahrene Führer und bieten preisgünstige Exkursionen an.

Am Ortseingang von M'Hamid an der Moschee links abbiegen, dann gleich hinter Hamada du Drâa.

Dar Sidi Bounou PENSION €€
(☎ 0677 29 13 10; www.darsidibounou.com; EZ/DZ mit HP 460/810 Dh, Berberzelt mit HP 350 Dh/Pers.; P 📶) Ein echter Wüstentraum: Dünen im Garten, Sand-Hamam, Jamsessions mit Sahraui-Musik und *mechoui*-Festmahlzeiten (ein ganzes Lamm am Spieß) auf sternhellen Terrassen. Gäste können sich in die Berberzelte und Lehmziegelhütten für sechs bis acht Personen zurückziehen, auf dem Dach schlafen oder sich im Haupthaus in frische Baumwolllaken einrollen.

Statt des üblichen sandigen Pools bietet das Dar Sidi Bounou diverse Wüstenerlebnis-Kurse wie Landschaftsmalerei, Kochen oder Bauchtanz. Es liegt 4 km hinter Ouled Driss.

Le Drom'Blanc GÄSTEHAUS €€
(☎ 0524 84 68 52; www.ledromblanc.com; N 29°49.054, W 005°40.681; EZ/DZ 180/400/550 Dh, Biwak/Bungalow 180/210 Dh pro Pers., jeweils mit Frühstück; P ❄ 📶) Das Gästehaus liegt recht abseits über eine scheinbar endlose holprige Piste und eignet sich bestens für Familien und Gruppen. Für Gäste gibt's Zimmer im klimatisierten Riad oder in kleinen Cottages im Garten. Die Gastgeberin Maguy ist eine hervorragende Köchin. Bei Voranmeldung bereitet sie ihr berühmtes Lamm mit Gewürzen im traditionellen Lehmofen im Garten zu.

Erg Chigaga Luxury Desert Camp CAMPEN €€€
(☎ 0656 56 33 85; www.desertcampmorocco.com; All-inclusive-Camp 2500 Dh/Pers.) Im Schatten der höchsten Düne des Erg Chigaga liegt Marokkos luxuriösestes Zeltcamp, deren Inhaber der aus M'Hamid stammende Mohammed Boulfrifi (alias Bobo) und der britische Expat Nick Garsten sind. Die 13 prachtvollen Caidal-Zelte (jedes 25 m² groß) sind mit den gesamten Boden bedeckenden Teppichen, handgearbeiteten Betten, molligen Decken, Laken aus Perkalbaumwolle und solarbetriebenen Lampen ausgestattet.

Kamelritte, geführte Wanderungen, Entspannungsbereiche mit Hängematten, Brettspiele und magische Abende mit Gnaoua-Balladen, begleitet von Ziegenhaut-Trommeln – das Erlebnis ist einfach unvergleichlich. Wer mehr Privatsphäre möchte, kann sich in einem der zwei Privatcamps (jedes mit nur 2 Zelten) einquartieren. Das Camp bietet auch drei- und mehrtägige Trecks inklusive Wildcamping an.

Westlich des Erg Chigaga

Nach Verlassen des Erg Chigaga mit dem Geländewagen geht es nordwärts über Foum Zguid nach Ouarzazate oder Marrakesch. Unterwegs durch die *sahel* und *reg* führt der Weg an der **„Oase" Iriki** unterhalb eines imposanten Plateaus zur Rechten vorbei. Von hier sind durstige Vögel und Gazellen zu sehen, die aus einem weiten See trinken. Aber noch mal genau hinsehen: Der „Iriki-See" ist in Wirklichkeit eine in der Hitze schimmernde Saline mit täuschenden Silhouetten giftiger Calitropis-Büsche.

Nach weiteren etwa 30 km trifft man auf die Asphaltstraße N12, die ab hier südwärts nach Tata und nordwärts nach **Foum Zguid** führt. Foum Zguid ist ein strategischer Militärstützpunkt, wo oft die Papiere vorgezeigt werden müssen. Im Zentrum ist eine Kreuzung mit allen Einrichtungen für wichtige Bedürfnisse: Wasser, Benzin und Kaffee sind erhältlich und es gibt ein öffentliches Telefon und Restaurants. Nach der Ausfahrt aus dem Ort an der Wache vorbei führt die Straße nach Osten zu den beiden einzigen Hotels in Foum Zguid. Die Straße ist holprig, von Lastwagen der nahen Titanminen ruiniert, aber die Landschaft ist spektakulär karg.

85 km nördlich von Foum Zguid liegt **Tazenakht**, praktisch für einen schnellen Imbiss, einen Kaffee, Benzin und ja, Teppiche. Die charakteristischen Teppiche (eine Mischung aus Web- und Florteppichen) mit ihren außergewöhnlichen Zickzackmustern und kräftiger Farbgestaltung aus Rot, Orange und Blau hängen überall in der Stadt aus. Die Zwischenhändler lassen sich in der

staatlichen **Agence de l'Artisanat** (⌚8–19 Uhr) mit Festpreisen umgehen. Sie befindet sich in einer ummauerten Anlage rechts am südlichen Ortseingang.

Noch mehr Teppiche warten 26 km nördlich im Dorf **Anzal** in der **Teppichkooperative Jemaite Tifawin** (Gesellschaft des Lichts; ☎0642 59 29 80; Anzal; ⌚Verkaufsraum Mo–Do 9–12 & 14–18 Uhr, Werkstattbesuch So 9–17 Uhr). Nach telefonischer Anmeldung eine Woche im Voraus können Besucher gern die Werkstatt besichtigen und sich erklären lassen, wie natürliches Färbemittel hergestellt und Rohwolle zu Garn gesponnen wird. Von Süden kommend geht es im Zentrum von Anzal am Schild nach Khouzama nach links zur Kooperative.

Schlafen & Essen

Ein Schild am Polizeikontrollpunkt am nördlichen Ortseingang weist Richtung Osten den Weg zu den beiden Hotels von Foum Zguid.

Maison d'Hôtes Hiba PENSION €

(☎0528 21 64 87; www.maisondhoteshiba.com; N° 30°07.549, W°006°52.411, Foum Zguid; ab 250 Dh/Pers.;) Das Restaurant der mit Naturstein verzierten Pension serviert stärkende Mahlzeiten aus Tajine, Salat und Obst auf der malerischen Terrasse oder im klimatisierten Salon. Die gemütlichen, an Grotten erinnernden Zimmer haben angeschlossene Bäder, in denen man nach der Wildnis in der Sahara eine behagliche Nacht verbringen kann.

Bab Rimal HOTEL €€

(☎0528 21 62 78; www.maroc-desert.com/hotel; N 30°07.722, W 006°52.062, Foum Zguid; EZ/DZ mit HP ab 500/740 Dh; P) Ein Komplex aus unechten Stampflehmhütten um einen großen, von Blumen gesäumten Pool. Die Standardzimmer verfügen über Podestbetten, *zellij*-Fußbodenfliesen und Tazenakht-Teppiche. Luxuriösere Suiten befinden sich in Minivillen mit Ausblick nach zwei Seiten und eigener Gartenterrasse. Hier kehren gerne Reisegruppen zum Mittagessen ein, die auf der langen Fahrt nach Süden oder Norden ein paar Stunden am Pool genießen.

Bab Sahara MAROKKANISCH €

(☎0524 84 10 70; Tazenakht; Hauptgerichte 50–90 Dh; ⌚8–23 Uhr;) Das vom Friedenscorps zertifizierte Hotel an der Hauptstraße in Tazenakht ist ein beliebter Boxenstopp für Pizza, Grillspieße und blubbernde Tajines. Es gibt hier auch einen tollen *nous-nous* (halb-halb) Kaffee, der es glatt mit dem einer italienischen Bar aufnehmen könnte.

An- & Weiterreise

Tazenakht am Kreuzweg zwischen Ouarzazate und Agadir ist eine Art Verkehrsknotenpunkt. Aber ohne eigenen Geländewagen ist die Weiterfahrt nach Foum Zguid und den Erg Chigaga unmöglich. Selbstfahrer sollten in Tazenakht auftanken, da die beiden Tankstellen weiter südlich nicht immer Benzin haben. Wer weiter östlich auf der R108 nach Westen vordringen will, braucht es mit einem normalen Pkw gar nicht erst versuchen, da die Straße besonders schlecht ist.

DADÈSTAL & DIE SCHLUCHTEN

وادي دادس والمضايق

Nomadenkreuzungen, Täler voller Rosen und zweifarbige Kasbahs: Selbst auf dem Papier fordert die Beschreibung dieser Gegend die Vorstellungskraft heraus. Das Dadèstal erstreckt sich vom gewaltigen Hohen Atlas im Norden bis zur zerklüfteten Jbel-Saghro-Gebirgskette im Süden und ist mit Oasen und Lehmziegelpalästen gesprenkelt, die der Region ihren märchenhaften Spitznamen gaben: Tal der tausend Kasbahs. Die schönsten Dinge sieht man oft nur, wenn man zu Fuß unterwegs ist, etwa an verborgenen Viehpfaden zwischen den Schluchten Dadès und Todra und auf den Nomadenrouten über den Saghro.

Asphaltstraßen von Tinerhir nach Imilchil und der Abschnitt der N8 zwischen Beni Mellal und Khenifra sowie die N13 von Er-Rachidia nordwärts nach Meknès ermöglichen es Reisenden, Ziele im Mittleren Atlas problemlos zu erreichen.

Skoura سكورة

2900 EW.

Wenn die mit Gold und Gewürzen beladenen Karawanen endlich Skoura erreichten, müssen die Kamele schon gekeucht haben. Nach einer zweimonatigen Reise durch die Sahara luden die blau gekleideten Wüstenhändler der Tuareg ihre Ware ab und Bergbewohner des Mittleren Atlas packten sie auf Maultiere, die sie nach Fès brachten. Heute dient Ouarzazate, 39 km westlich von hier, als Handelszentrum der Region, doch in Skoura gibt's nach wie vor historische Lehmziegelfestungen sowie Wüstenhändler, die sich montags und donnerstags in dem randvollen Suk drängen. Wenn die Markttage vorbei sind und die Palmen lange Schatten über die Straße werfen, scheint es niemand eilig zu haben, wieder wegzukommen.

Sehenswertes

Sich im Labyrinth der Sandpisten in der weitläufigen *palmeraie* von Skoura zurechtzufinden ist anstrengend, ein Führer (50 Dh/Std.) ist also sinnvoll. Die meisten Hotels bieten ihre eigenen Exkursionen an.

★ Palmeraie PLANTAGE

Nach wie vor prägen Lehmziegelkasbahs und riesige, unter dem Schutz der UNESCO stehende *palmeraie* Skoura, was dem Ort den Spitznamen „Oase der 1000 Palmen" verlieh. Unter diesem grünen Blätterdach liegen über 20 km sorgfältig bewirtschaftete Gartengrundstücke, die mithilfe eines ausgeklügelten, jahrhundertealten *khettara*-System aus Schleusen und Kanälen bewässert werden. Über 100 Vogelarten gedeihen hier. Es lohnt sich, in einem Stampflehmhaus zu übernachten und die *palmeraie* zu Fuß oder per Rad zu erkunden.

Kasbah Amridil MEDINA

(☎ 0524 85 23 87; mit/ohne Führer 60/10 Dh; ⏲ 8–19 Uhr) Dieses Wunder aus dem 17. Jh., das sogar auf dem marokkanischen 50-Dirham-Schein zu sehen ist, ist Marokkos begehrteste Kasbah. Das an der Hauptstraße ausgeschilderte, nur ein paar Hundert Meter entfernte Freiluftmuseum mit handgeschnitzten Türschlössern, einer Olivenpresse, Ställen und noch funktionstüchtigen Brotöfen zeigt das traditionelle Leben in der Kasbah im Laufe der Jahrhunderte.

Verwirrenderweise gibt es heute zwei separate Eingänge, und an beiden wird behauptet, hier sei die „authentische" Kasbah. Die Wahrheit ist: Die originale Kasbah ist die auf der rechten Seite; das Gebäude links kam später hinzu und ist eigentlich ein Riad mit einem Garten in der Mitte (diese Bauform stammt nicht aus dieser Region, sondern ist ein Import aus Marrakesch).

Skoura Cultural Centre KULTURZENTRUM

(☎ 0524 85 23 92; ⏲ 8.30–12 & 15.30–17 Uhr) Die unternehmerische Nichtregierungsorganisation präsentiert in diesem Kunsthandwerkszentrum am östlichen Ortsrand den örtlichen Einfallsreichtum. Hier verkaufen die Einwohner von Skoura ihre Werke aus Palmwedeln, die nachhaltig geerntet werden, ohne die Bäume zu beschädigen. Für Traveller, die die majestätische *palmeraie* in Marokko bewundern, sind die Sonnenhüte, Brotkörbe, Matten und Glaslaternen nette Andenken. Mit den Einnahmen unterstützt das Zentrum zudem den Schutz der Palmen. Es liegt 300 m nach der Skoura-Kreuzung Richtung Toundout auf der linken Seite.

Geführte Touren

Toufiq Mousaoui OUTDOOR-AKTIVITÄTEN

(☎ 0611 72 30 05; tmousaoui0@gmail.com) Einer der besten Guides in Skoura ist der junge, energiegeladene Toufiq. Er ist eine Fundgrube an Infos zur Geschichte und Kultur der Region. Er bietet eine große Auswahl an Aktivitäten an, darunter Wander- oder Radtouren durch die *palmeraie,* Mittagessen bei einer einheimischen Familie, Eselreiten (gut für Kids), traditionelles Brotbacken usw.

Nomad Attitude OUTDOOR-AKTIVITÄTEN

(☎ 0524 85 22 81; www.nomadattitude.com) Der von den Inhabern der L'Ma Lodge (S. 138) geleitete erstklassige Veranstalter hat eine große Auswahl an Ausflügen zu Zielen nah und fern. Organisiert auch Geländewagentrips, mehrtägige Trecks, Wüsten-Biwaks u. a.

Schlafen & Essen

Dies ist nur eine kleine Oase, und es gibt hier keine richtigen Restaurants. Daher bieten die Hotels Voll- oder Halbpension mit leichtem Mittagessen an. Wer nur auf der Durchreise ist, kann normalerweise ein Mittagessen buchen (je nach Anzahl der Leute), braucht aber nicht vorab zu reservieren.

Kasbah Aït Abou HISTORISCHES HOTEL €

(☎ 0524 85 22 34; Palmeraie de Skoura; mit HP 250 Dh/Pers., Stellplatz 60 Dh/Pers.; P) Hier fühlt man sich wie ein echter Würdenträger! Die 1825 vom örtlichen *caïd* erbaute Kasbah besitzt einen 25 m hohen Lehmziegelturm, der ein technisches Wunder ist. Die Zimmer im Erdgeschoss sind groß, schlicht, natürlich kühl und haben angeschlossene schiefe Badezimmer. Um den Gemüsegarten herum gibt's neuere Zimmer. Dank der einzigartigen Partnerschaft mit dem Jugendclub UCPA kann Mohammed auch Ausritte durch die *palmeraie* arrangieren.

Von der Hauptstraße aus den roten Pfeilen folgen.

Sawadi PENSION €€

(☎ 0671 57 01 54; www.sawadi.ma; Douar Tajanate; EZ/DZ mit Frühstück 60/70 €, Suite 85–120 €;

JEDE PALME BRAUCHT HILFE

Beim Spaziergang in der Skoura-Oase fallen die Füße von ganz allei[illegible]ssa-Nova-Rhythmus der stattlichen Palmen. Die Palmen stehen hier aber n[illegible]ie schön aussehen; vielmehr erfüllen sie in der Oase wichtige Aufgaben: Sie lie[illegible]tteln, spenden Schatten und sorgen für Wedel, aus denen Dachbedeckungen, Bo[illegible]beläge und Zäune geflochten werden.

Palmen gibt's reichlich in der „Oase der 1000 Palmen". Aber das ist keine Selbstverständlichkeit. Sorgen bereitet die Bayoud-Krankheit, verursacht durch einen sich schnell ausbreitenden Pilz. Die UNESCO unternimmt Schritte, um die Palmenoasen von Aït-Benhaddou bis Figuig zu schützen und hat sie zum Biosphärenreservat erklärt. Überdies pflanzt Marokko inzwischen neue Sortenzüchtungen der Dattelpalmen an, die gegen diesen Pilz nicht mehr so anfällig sein sollen.

Die majestätischen Palmen von Skoura sind noch anderen Gefahren ausgesetzt. Laut dem Leiter der Palmschutzinitiative des Kulturzentrums von Skoura (S. 137) ist die größte Bedrohung für die Palmen nicht die Bayoud-Krankheit, sondern die Armut. In Zeiten der Not, nach Ernteausfällen, versuchen manche Leute, mit dem illegalen Verkauf von Palmen den Unterhalt ihrer Familien zu sichern. Um das Problem anzugehen, hat das Kulturzentrum unlängst einen Laden für Oasenkunst ins Leben gerufen. Hier präsentieren und verkaufen die Einwohner von Skoura Erzeugnisse aus Palmwedeln aus nachhaltiger Ernte, ohne die Bäume zu beschädigen.

P❄📶🏊) 🍃 Eine Oase in der Oase! Ein 3,6 ha großer umzäunter Biogarten bildet die bukolische Kulisse für die Stampflehmbungalows und liefert zusätzlich die Zutaten für das üppige Abendessen (rund 16 €). Nach dem Besuch bei örtlichen Kunsthandwerkern oder einer Kasbah-Architekturtour kann man im dampfenden Hamam oder bei einem kühlen Weißwein am Pool relaxen.

Das Sawadi ist zugleich eine richtige Farm mit Rindern, Schafen, Kaninchen und Honigbienen. Kein Wunder, dass es in Bezug auf farmfrisches Essen unschlagbar ist. Den weißen dreieckigen Markierungen von der Straße zum Nordende der Oase folgen.

Skoura Lodge PENSION €€
(☎0668 94 35 24; www.skouralodge.com; DZ 50–60 €; 📶) Diese traditionelle Lodge gleich außerhalb von Skoura bietet Zimmer in runden afrikanischen Bungalows mit Bambusdecken, Berberteppichen, farbenprächtigen Webdecken und hübschen Bädern in *tadelakt*. Man hat hier einen schönen Blick auf das Altas-Gebirge und die *palmeraie*. Von Ouarzazate kommend liegt die Pension rund 5 km südwestlich vom Zentrum und ist an der N10 nach links ausgeschildert.

★ **L'Ma Lodge** PENSION €€€
(www.lmalodge.com; Zi./Suite 90/130 €; ⏲0666 64 79 08; ❄📶🏊) 🍃 Die prachtvoll gestaltete Lodge hat sieben lichterfüllte Zimmer, die jeweils mit Antiquitäten, eleganten Holzmöbeln und Kunst (aus Marokko, Westafrika und darüber hinaus) ausgestattet sind. Mit den Bio-Früchten aus dem Garten wird hier Marmelade gemacht, die zum Frühstück auf den Tisch kommt. Außerdem kann man im Garten in Hängematten entspannen, in den beheizten Pool springen, ein paar Runden Petanque spielen oder sich mit einer Massage verwöhnen lassen. Für die Kids gibt's einen Spielplatz.

Das Restaurant serviert exzellente, kreative vegetarische Gerichte, und die freundlichen Gastgeber sind eine Fundgrube an Informationen über die Gegend. An der N10 gleich östlich von Skoura nach der markierten Ausfahrt Ausschau halten und dann der Beschilderung folgen. Weit im Voraus reservieren!

★ **Jardins de Skoura** PENSION €€€
(☎0524 85 23 24; www.lesjardinsdeskoura.com; Palmeraie de Skoura; EZ/DZ/Suite mit Frühstück ab 75/80/130 €; ⏲im Ramadan geschl.; ❄📶🏊) 🍃 Zwangloser, romantischer Skoura-Stil: Die Gartenpension vermietet behagliche Zimmer mit Nischen in den Lehmwänden, speziell entworfenen Teppichen und hübschen Kunstwerken. Mittags wird leichter Salat und frisch gebackene Pizza mitten im blühenden Garten serviert. Danach folgt ein Nickerchen am kleinen Pool unter dem vom Haus gestellten Palmwedel-Sonnenhut.

Es mag schwerfallen, sich zu einem Eselsritt in der *palmeraie*, zum Aperitif auf dem Dach und zum französisch-marokkanischen Abendessen aufzuraffen, aber es lohnt sich!

Von der Hauptstraße aus den orangefarbenen Markierungen folgen.

Dar Lorkam PENSION €€€

(☎ 0524 85 22 40; www.dar-lorkam.com; N 31°05.57, W 06°35.03; DZ/Suite mit HP ab 800/1000 Dh; ⌚ Jan. & Juli geschl.; P ❄ 📶 🏊) Von dem Garten voller Rosen bis hin zum tollen Blick auf den Jbel M'Goun von den weinumrankten Terrassen gibt es kaum einen Grund, die lauschige Anlage zu verlassen. Die sieben gemütlichen Zimmer mit dezenten dekorativen Details liegen unter schattigen Olivenbäumen an einem kleinen, kinderfreundlichen Pool.

Die Vormittage gehen mit Spaziergängen durch die *palmeraie* und Suk-Besuchen schnell vorbei, und die Abende verbringt man am besten im purpurfarbenen Hamam. Von der Hauptstraße aus den grünen dreieckigen Markierungen folgen.

Kasbah Aït ben Moro HISTORISCHES HOTEL €€€

(☎ 0524 85 21 16; www.kasbahaitbenmoro.com; Zi. mit Frühstück 700–1000 Dh; P ❄ 📶 🏊) Die Kasbah aus dem 18. Jh. wurde stilvoll runderneuert, ist aber mit ihren originalen Deckenbalken aus Palmenholz, den stimmungsvoll beleuchteten Gängen und dem wassersparenden Kaktusgarten ihren Ursprüngen in der Wüste treu geblieben. Die drei Turmzimmer mit Gemeinschaftsbad und Blick auf die Oase sind am schönsten (nach dem Zimmer mit Kamin fragen!). Liegt an der N10, 2 km westlich von Skoura.

An- & Weiterreise

Regelmäßig, aber nicht sehr häufig fahren Busse von Ouarzazate (13 Dh, 45 Min.) und Tinerhir (40 Dh, 2 Std.) zum Zentrum von Skoura, gleich abseits der N10 am Ostende der Oase. *Grands taxis* von Ouarzazate (15 Dh) und Kelaâ M'Gouna (22 Dh) halten gleich hinter der Kreuzung.

Kelaâ M'Gouna قلعة مغونة

Diese Kleinstadt hat ihren Namen zwar vom nahe gelegenen Jbel M'Goun, aber berühmt ist sie vor allem für Rosen und Dolche. Schon 50 km hinter Skoura lugen rosafarbene Rosen durch dichte Hecken an der Straße, und im Ort selbst werden jede Menge Flaschen mit Rosenwasser verkauft. Zur Rosenernte im Mai hängen überall Rosengirlanden, vor allem während des Rosenfestes (am ersten Maiwochenende). Und auf dem Mittwochs-Suk kann man sich mit getrockneten, essbaren Rosen eindecken.

Es gibt einen Geldautomaten, Apotheken und Internetcafés an der Kreuzung im Zentrum.

Aktivitäten

Wer verweilen und bei einem Spaziergang in der Natur an den Rosen schnuppern will, fragt beim **Bureau des Guides** (☎ 0662 13 21 92, 0661 79 61 01) nach oder bucht über eines der hiesigen Hotels (rund 350 Dh/Tag) einen offiziellen Führer.

Schlafen

Kasbah Iswan PENSION €€

(☎ 0524 89 17 71; www.kasbah-iswan.com; Tazroute; mit HP 375 Dh/Pers.) Wer ein paar Tage in der komfortablen Kasbah Iswan verbringt, fühlt sich bald so zu Hause wie die Störche, die auf den Türmchen nisten. Die dunklen und friedlichen Nächte verbringt man mit freundlichen Gesprächen bei köstlichem Couscous und frittierten Sardinen, die Tage mit Lesen im blumengefüllten Hof oder mit Spaziergängen durch Rosengärten am Fluss M'Goun. Die Pension liegt 7 km nördlich von Kelaâ M'Gouna im Dorf Tazroute.

Kasbah Itran HISTORISCHES HOTEL €€

(☎ 0524 83 71 03; www.kasbahitran.com; DZ mit HP mit Gemeinschaftsbad 400 Dh, mit Bad 550–600 Dh; 📶) In umwerfender Lage oben auf einer Klippe findet man dieses Labyrinth aus Terrassen, Kaminen und einfachen, mit allem Nötigen ausgestatteten Zimmern. Von der Dachterrasse bietet sich ein atemberaubender Blick aufs üppige Tal und die Berge im Hintergrund. Die meisten Zimmer haben angeschlossene Badezimmer (3 auch Klimaanlage), harte Betten und einen schönen Blick auf den Fluss M'Goun. Liegt 2 km nordwestlich von Kelaâ M'Gouna; Kleinbusse aus dem Ort fahren auf dem Weg zum Dorf Torbis (8 Dh) hier vorbei. Das Hotel organisiert auch Wandertouren.

Shoppen

Unité de Distillation de Rose GESCHENKARTIKEL & SOUVENIRS

(☎ 0661 34 81 77; ⌚ 8–17.30 Uhr) Aus Skoura kommend, liegt diese Rosenwasser-Destillerie 500 m vor dem Ort auf der rechten Seite. Die Rosenknospen kommen direkt von den Bauern im Tal. Im angrenzenden Laden gibt's ein ganzes Sortiment an Parfümen, Cremes und Badeartikeln, darunter ungefärbtes und unbehandeltes Rosenwasser, das hier als Aftershave verwendet wird.

An- & Weiterreise

Busse fahren zwischen Ouarzazate und Tinerhir über Kelaâ, sind aber oft voll. Busse und *grands taxis* halten auch im Zentrum Kelaâs am Straßenrand. Taxis bedienen Ouarzazate (35 Dh, 1½ Std.), Skoura (20 Dh, 45 Min.), Boumalne du Dadès (10 Dh, 40 Min.) und Tinerhir (35 Dh, 1½ Std.).

Boumalne Du Dadès بومالن دادس

11 200 EW.

Die Straße gabelt sich 24 km nordöstlich von Kelaâ M'Gouna: Die Hauptstraße führt weiter über den Fluss zum Hügelstädtchen Boumalne du Dadès, während die linke Abzweigung in die atemberaubende Dadèsschlucht führt. Der Ort ist das Tor zu dieser Schlucht, aber sonst hat er nicht viel zu bieten. Am meisten ist hier mittwochs und sonntags los, wenn der Suk stattfindet.

Aktivitäten

Vallée des Oiseaux VOGELBEOBACHTUNG

(Tal der Vögel) Ein paar Kilometer östlich vom Ort, wo die *piste* nach Süden in die scheinbar unbelebte *hammada* zum Dorf Tagdilt führt, findet sich eine überraschend große Vielfalt an Vogelarten im passend benannten Vallée des Oiseaux. Ohrenlerchen, Steinschmätzer, Flughühner, Uhus und Bussarde sind nur einige der vielen Vogelarten, die man hier entdecken kann. Daneben findet sich hier eine gesunde Population an Reptilien sowie kleine Herden an Edmigazellen und Mendesantilopen.

Bureau des Guides WANDERN, RADFAHREN

(☎ 0667 59 32 92; hamou57@voila.fr; Ave Mohammed V) Hamou Aït Lhou ist ein sachkundiger örtlicher Guide, der Touren ins Vallée des Oiseaux und weiter weg zum Jbel Sarhro organisiert. Das Büro liegt an der Hauptstraße in Boumalne, etwa 500 m südlich der Kreuzung zum Dadès-Tal.

Schlafen & Essen

Kasbah Jeanne Ecolodge PENSION €€

(☎ 0667 41 56 97; EZ/DZ/2BZ/3BZ 45/55/65/70 €; ᯤ) Diese Pension im Riad-Stil mit einem Garten nach hinten hinaus bekommt viel Lob für ihre geräumigen traditionellen Zimmer mit Stampflehmwänden, Pappelholzdecken und Wacholderholztüren sowie für den warmherzigen, einladenden Inhaber, der jede Menge Tipps zur Erkundung der Gegend auf Lager hat. Das Abendessen kostet 125 Dh extra. Um herzukommen, einfach von der Ave Mohammed V der Ausschilderung nach Norden folgen.

Hôtel Almanader HOTEL €€

(☎ 0524 83 01 72; www.hotelmanader.com; Ave Mohammed V; EZ/DZ mit HP 300/450 Dh; ❄ ᯤ) Das hoch über dem Flusstal gelegene Almanader beeindruckt mit farbenprächtigen Wandgemälden und zwölf ordentlichen, eigenwilligen Zimmern mit bonbonfarbenen Stuckdecken. Vier der Zimmer haben auch Klimaanlage. Das lässige Personal serviert freundlich Espresso und Berbergerichte nach Hausmannsart (Hauptgerichte 60–70 Dh).

Xaluca Dadés HOTEL €€€

(☎ 0535 57 84 50; www.xaluca.com; EZ/DZ/Suite ab 740/900/1460 Dh; P ❄ @ ᯤ ≋) Eine Runderneuerung im schwarzafrikanischen Stil hat das Kongresszentrum aus den 1970er-Jahren in ein begehrtes Hotel verwandelt. Die 106 Gästezimmer haben Balkone mit Tuareg-Stühlen und weiche Betten mit dicken Decken und Bogolan-Tagesdecken. Selbstverständlich gibt's alle modernen Annehmlichkeiten sowie einen Hamam (100 Dh), eine Bar, Billardtische, ein Schwimmbecken auf der Panoramaterrasse, einen Whirlpool und ein lautes Fitnessstudio. Das Hotel liegt gleich nördlich des Zentrums von Boumalne du Dadès und ist an der Ave Mohammed V oben auf dem Hügel ausgeschildert.

Restaurant Oussikis MAROKKANISCH €

(Place de Souk; Hauptgerichte 40–100 Dh) In der Markthalle kann man auf der linken Seite dem Koch Fadil Faska dabei zusehen, wie er in seiner blitzblanken offenen Küche frische Zutaten aus lokalem Anbau in köstliche Tajines, blättrige *pastilla*, gute Salate (wenn's schnell gehen muss) und Grillhähnchen verwandelt.

Hôtel-Restaurant Adrar MAROKKANISCH €

(☎ 0524 83 07 65; Ave Mohammed V; Hauptgerichte 40–80 Dh; ❄) Das saubere Lokal in praktischer Nähe zum Busbahnhof serviert beliebte, sättigende Mahlzeiten aus Salat und Grillspießen sowie die örtliche Spezialität *gallia*-Tajine (mit jungem Huhn).

Praktische Informationen

An der Ave Mohammed V gibt's eine **Banque Populaire** (Ave Mohammed V), vier Apotheken und Internetzugang.

An- & Weiterreise

BUS

Supratours-Busse fahren täglich nach Ouarzazate (40 Dh, 2 Std.), Tinerhir (30 Dh, 1¼ Std.), Marrakesch (115 Dh, 6 Std.) und Merzouga (90 Dh, 6 Std.). Das Fahrkartenbüro liegt nahe der Banque Populaire; die Busse halten in der Nähe der Markthalle.

Auch preiswertere Privatbusse fahren täglich nach Ouarzazate (30 Dh), Tinerhir (10 Dh) und Marrakesch (100 Dh) sowie mehrmals am Tag nach Er-Rachidia (40 Dh).

TAXI & MINIBUS

Manchmal dauert es eine Weile, bis das *grands taxi* oder der Kleinbus voll ist und losfährt. Sie fahren nach Ouarzazate (40 Dh), Tinerhir (20 Dh) und Âït-Oudinar (in der Dadèsschlucht; 12 Dh).

Wandern zum Jbel Sarhro

Nur wenige Reisende begeben sich zum umwerfend schönen Jbel Sarhro (auch Jbel Saghro oder Djbel Sahro), da die meisten Hochebenen, Vulkangipfel und mit Palmen gesprenkelten tiefen Schluchten nur zu Fuß zu erreichen sind. Das trockene, abgeschiedene Gebiet ist die Heimat der halbnomadischen Aït Atta, legendärer Krieger, die 1933 mit ihrem Widerstand gegen die Franzosen auf dem **Jbel Bou Gafer** berühmt wurden.

Der Jbel Sarhro ist von drei Ausgangsorten zu erreichen: Kelaâ M'Gouna und Boumalne du Dadès auf der Nordseite der Bergkette und N'Kob (S. 161) auf der Südseite. Die schönsten Strecken führen durch das Herz der Bergkette zwischen Igli und Bab n'Ali.

Die hier beschriebene Rundtour hat gegenüber der klassischen Saghro-Überquerung von Nord nach Süd einen großen Vorteil: Sie beginnt und endet auf der Nordseite der Berge, sodass es problemlos zur Dadèsschlucht, nach Merzouga und zu den Dünen weitergehen kann.

Reisezeit

Während im Hohen Atlas viele Wege zwischen November und Februar unpassierbar sind, ist Saghro ein erstklassiges Winterwanderziel. Die Temperaturen können dann zwar unter den Gefrierpunkt fallen und bis 1400 m Höhe kann es schneien, doch selbst bei Schneefall sind Wanderungen für gewöhnlich möglich. Im Frühling und Herbst zeigt das Thermometer nachts selten weniger als 0 °C an. Im Sommer dagegen sorgt die sengende Hitze (über 40 °C) für versiegende Wasserquellen und selbst Skorpione suchen dann unter den Steinen Schutz vor der Sonne.

DIE TOUR AUF EINEN BLICK

Dauer 5–6 Tage

Länge 56 km

Schwierigkeitsgrad mittelschwer

Start Tagdilt

Ziel Kelaâ M'Gouna

Höchster Punkt Tizi n'Ouarg (ca. 2300 m)

Unterkunft Camping und *gîtes*/Privatunterkünfte

Öffentliche Verkehrsmittel Ja

Kurzbeschreibung Eine tolle Alternative zur klassischen Sarhro-Überquerung. Diese Tour offenbart die atemberaubende und abwechslungsreiche Schönheit der Bergkette und kann wegen der anstrengenden Aufstiege und langen Wandertage um einen Tag verlängert werden.

An- & Weiterreise

Minibusse fahren von Boumalne du Dadès nach Iknioun (28 Dh) am nördlichen Rand der Gebirgskette. Abfahrt ist gegen Mittag, Rückfahrt nach Boumalne am nächsten Morgen. Mittwochs, wenn in Iknioun der Suk stattfindet, sind möglicherweise mehr Busse unterwegs.

Tag 1: Von Tagdilt zum Assif-Ouarg-Tal

DAUER 4 STD. / LÄNGE 17 KM / AUFSTIEG 200 M

Tagdilt ist ein langweiliges Nest, aber mit seinen drei *gîtes* und einer täglichen *camionette* (Pickup) von Boumalne ein guter Ausgangspunkt. Die ersten 2½ Stunden kann man der Piste folgen – sie wird von Transportern genutzt, die die Berge nach N'Kob überqueren – oder auf den Weg ausweichen, der manchmal seitlich abgeht und dann weiter oben wieder auf die Straße stößt.

In **Imi n'Ouarg**, dem dritten Dorf oberhalb von Tagdilt, verlässt der Pfad die Straße, die zu den Minen bei Tiouit weiterführt. Der Pfad biegt rechts neben der Dorfschule mit einer marokkanischen Flagge Richtung Südwesten ab.

Danach geht's auf der rechten Seite des gewundenen Assif-Ouarg-Tals unterhalb vom Gipfel des **Jbel Kouaouch** (2592 m) weiter. Nach einer Stunde (3 km) erreicht man einen oberhalb von Terrassenfeldern gelegenen Bauernhof, wo man in einer **Privatunterkunft** (☎0661 08 23 21; 60–70 Dh/Pers.) übernachten kann. Der Sohn des Gastgebers kann als Maultiertreiber angeheuert werden, und wenn man Glück hat, bekommt man sogar eine warme Mahlzeit.

Tag 2: Vom Assif-Ouarg-Tal nach Igli

DAUER 6–7 STD. / LÄNGE 19 KM / AUFSTIEG 620 M / ABSTIEG 860 M

Diese Tagesetappe ist am eindrucksvollsten, allerdings auch am anstrengendsten. Sie beginnt mit einem 35-minütigen Anstieg in Richtung des oberen Talendes. Hier führt der Pfad nach links (in Richtung Süden). Vor einem liegt nun eine Kette von Berggipfeln; der höchste ist der Jbel Kouaouch. Jetzt geht's im Zickzackkurs über einen Bach und nach oben auf den **Jbel Kouaouch** zu. Unter einem einsamen Wacholderbaum gibt's ein schönes Plätzchen zum Verschnaufen. Je nach Kondition und Wetterlage kann es noch eine Stunde dauern, bis der Pass erreicht ist. Beim Aufstieg bieten sich schöne Aussichten zurück in Richtung Tagdilt, während auf der anderen Seite des Bergrückens der Hohe Atlas und der Jbel Sarhro zu sehen sind.

Der Pfad fällt steil ab, doch die Rundtour führt nach rechts Richtung Südwesten über die Talschulter und über einen weiteren Kamm mit Aussichten nach Süden zu den Palmen und Kasbahs von **N'Kob**. **Igli** liegt genau südlich über einige Hänge. Auf dem Weg hinab in den Ort ist der berühmte Felsen **Tête de Chameau** (Kamelkopf) zu sehen. Im Dorf gibt's eine **gîte** (60 Dh/Pers.), die aus drei niedrigen Gebäuden besteht und über eine Toilette sowie mit Holz beheizte Duschen (10 Dh) verfügt. Sie hat weder Strom noch Matten zum Schlafen, doch der freundliche *gardien* besitzt einen Laden für den Bedarf von Wanderern sowie Hufeisen für Maultiere. Wenn man ihm Mehl bringt, lässt er daraus Brot backen.

Wer einen atemberaubenden Sonnenuntergang im Gebirge erleben will, ist hier genau richtig. Auch ein Abstecher zum **Bab n'Ali**, einer der spektakulärsten Felsformationen im Saghro, ist möglich, wenn man eine zweite Nacht in Igli verbringt. Alternativ geht's weiter zum **Gîte Irhazzoun n'Imlas** (60 Dh/Pers.).

Tag 3: Von Igli nach Tajalajt

DAUER 7–7½ STD. / LÄNGE 24 KM / AUFSTIEG 350 M / ABSTIEG 400 M

Auf der rechten Seite erhebt sich beim Wandern der Gipfel des **Jbel Amlal**. Er ist den Aït Atta heilig und im August ein Pilgerziel. Die Strecke dieses Vormittags ist leichter als die am Vortag und verläuft durch breite, fel-

CHECKLISTE FÜR DEN JBEL SARHRO

Karten Die Karten *Boumalne* und *Tazzarine* im Maßstab 1:100 000 decken die gesamte Region ab. Eine detailliertere Wanderkarte mit einem historischen Überblick und Infos auf der Rückseite ist die auf Französisch in Deutschland erschienene *Randonnée culturelle dans le Djebel Sarhro* von Mohamed Aït Hamza und Herbert Popp im Maßstab 1:100 000, die in Marokko, z. B. in Hotels in Boumalne und N'Kob, erhältlich ist.

Führer Diverse ausländische Tourveranstalter organisieren preisgünstige Trips hierher, arbeiten aber oft mit örtlichen Führern. Wer selber einen lizensierten Führer anheuern will, wendet sich direkt an das *bureau des guides* in einem der drei Wanderzentren im Sarhro-Gebiet: Kelaâ M'Gouna (S. 139), Boumalne (S. 140) und N'Kob (S. 163). Für einen Führer zahlt man etwa 350 Dh pro Tag, für ein Maultier 150 Dh.

Wasser Dehydrierung kommt zu jeder Jahreszeit vor; deshalb viel Wasser mitnehmen.

Proviant Proviant besorgt man sich in Ouarzazate oder Boumalne de Dadès. In den drei Wanderstartorten im Sarhro-Gebiet gibt's Tee, Fischkonserven, Kekse und Brot. In manchen Dörfern bekommt man auch Eier, Datteln, Mandeln, Brot und Fischkonserven.

Maultier Angesichts der Mengen an Wasser, die man mitschleppen muss, lohnt sich die Investition in ein Maultier. Die Führer können Maultiere und Treiber organisieren.

Ausrüstung Schlafsack mitbringen. Ein Zelt ist nur nötig, wenn man lieber campt als in *refuges* zu übernachten.

Jbel-Sarhro-Wanderung

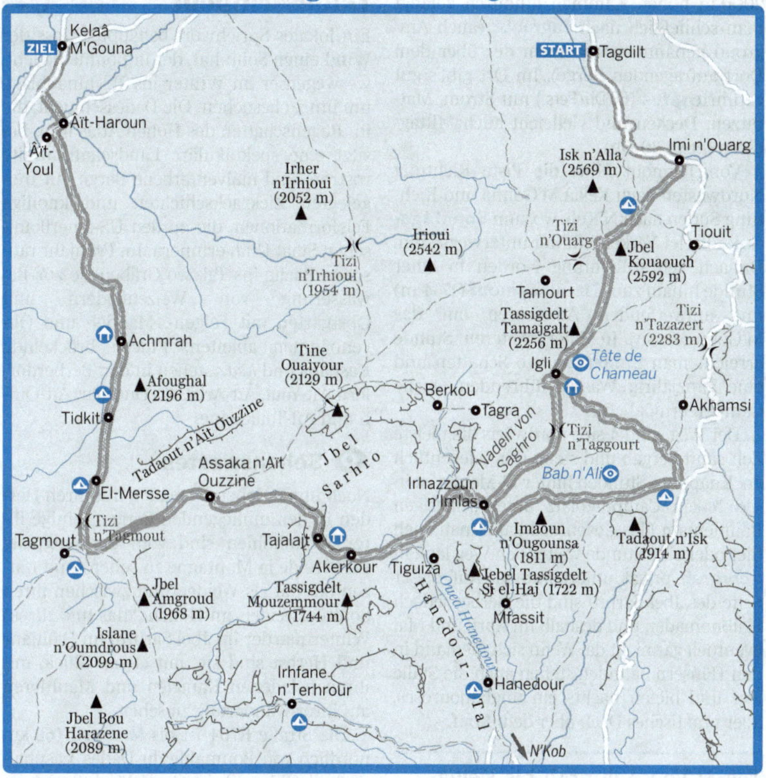

sige Täler. Nach 1½ Stunden führt der Pfad unterhalb des Dorfes **Taouginte** um einen **Friedhof der Aït Atta** herum, dessen Gräber mit Steinhaufen markiert sind. Dann geht's unterhalb der **Nadeln von Saghro** weiter, einer langen, dramatischen Klippe, die in weiteren 1½ Stunden zum Fluss Amguis abfällt. An einer wunderbar zum Zelten geeigneten Stelle zwischen Palmen und Oleander treffen mehrere Täler zusammen. Nach einer halben Stunde Richtung Süden durch das Tal erreicht man das oberhalb von sorgfältig gepflegten Feldern gelegene Dorf **Irhazzoun n'Imlas** mit einer schönen Stelle am Fluss, die sich für die Mittagspause anbietet.

Im Ort stößt der Weg auf eine Piste, die links nach N'Kob und rechts Richtung Dadès führt. Man nimmt den rechten Weg Richtung Nordwesten auf eine steile Klippe linker Hand. Der steinige Pfad führt unter die Klippe und hinauf zu einem breiter werdenden Tal. Nun windet sich die Piste um die Nordseite des **Jbel Tassigdelt Si el-Haj** (1722 m) und dann wieder Richtung Süden nach **Tiguiza** mit einem schlichten **gîte** (☎ 0671 72 80 06; 60 Dh/Pers.). Vor Tiguiza biegt eine andere Piste nach rechts (Richtung Westen) ins Dorf **Akerkour** ab, führt in ein enges Tal mit Palmen und einen Hang hinauf nach **Tajalajt**, wo man in einer **Privatunterkunft** (60 Dh/Pers.) übernachten kann und vielleicht auch einfache Mahlzeiten bekommt.

Tag 4: Von Tajalajt nach Achmrah

DAUER 8–8½ STD. / LÄNGE 26 KM / AUFSTIEG 200 M / ABSTIEG 300 M

Ab Tajalajt führt die Talpiste oberhalb von prächtigen terrassierten Palmen- und Mandelhainen entlang. In knapp 1½ Stunden erreicht man **Assaka n'Aït Ouzzine** (1584 m) mit einer zerfallenen Kasbah oberhalb des herrlichen Tals. Danach geht's aus dem Tal hinaus in eine steinige, windige Steppe.

Nach weiteren 1½ Stunden zwischen 2000 m hohen Kämmen hindurch gelangt man schließlich nach **Tagmout** (auch Amgroud genannt, nach einem der über dem Dorf aufragenden Berge). Im Ort gibt's gut geführte **gîtes** (60 Dh/Pers.) mit Strom, Matratzen, Decken und vielleicht auch Mittagessen (etwa 30 Dh).

Von Tagmout führt die Piste Richtung Nordwesten nach Kelaâ M'Gouna und Richtung Süden nach N'Kob, wo zum **Sonntags-Suk** allerlei Verkehrsmittel unterwegs sind. Danach geht's Richtung Norden in einer Stunde hinauf zum **Tizi n'Tagmout** (1754 m) mit umwerfenden Aussichten auf das M'Goun-Massiv. In einer weiteren Stunde erreicht man **El-Mersse**, wo Schatten und eine ganzjährig Wasser führenden Quelle Campen ermöglicht.

Der Weg windet sich nordwärts die meiste Zeit sanft bergab und steigt nur gelegentlich an. Knapp 1½ Stunden hinter El-Mersse ist in **Tidkit** ein Campingplatz unter schattigen Bäumen am Fluss, eventuell kann man auch hier oder eine Stunde weiter den Weg lang in **Achmrah** privat unterkommen. Auf dieser Seite des Jbel Sarhro sind die Berber jedoch Halbnomaden und deshalb im April und Mai eventuell gar nicht da. Wenn sich niemand in den Häusern befindet, stehen auch die Ställe leer und bieten nachts ein unglamouröses, aber praktisches Dach über dem Kopf.

Tag 5: Von Achmrah bis Kelaâ M'Gouna

DAUER 4 STD. / LÄNGE 14 KM / AUFSTIEG 150 M / ABSTIEG 450 M

Die schönsten Abschnitte dieser Vormittagswanderung sind der Beginn und das Ende. Nördlich von Achmrah steigt der Weg kurz an und plötzlich eröffnen sich Blicke auf den M'Goun und den Siroua. Knapp 30 Minuten später überquert man eine Piste, die zu einer Anthrazitmine führt und einfach ignoriert werden sollte. Stattdessen geht's auf einem ausgetretenen Weg in Richtung Norden, manchmal auch Nordwesten, eine Schlucht hinunter auf das Dadèstal zu. Beim Näherkommen tauchen links und rechts zwei Dörfer auf, **Âït-Youl** und **Âït-Haroun**, dazu ein Tal voller alter Kasbahs. Anschließend geht's nach Âït-Haroun, wo eine Brücke über den Fluss Dadès führt. Die Straße von Boumalne nach Kelaâ M'Gouna liegt ganz in der Nähe, aber noch lange nach der Rückkehr in die moderne Welt bleibt der halbnomadische Geist von Saghro im Herzen.

Dadèsschlucht وادي دادس

Ein lokales Sprichwort behauptet, dass der Wind einen Sohn hat, der in Boumalne lebt, weswegen er im Winter ins Tal hinabbläst, um ihn zu besuchen. Die Dadèsschlucht, die im Regenschatten des Hohen Atlas liegt, besitzt eine spektakuläre Landschaft: uralte rostrote und malvenfarbene Berge mit freigelegten Zickzackschichten und knollige Felsformationen, die an den US-amerikanischen Staat Utah erinnern. Im Frühjahr rauschen Bäche ins Tal, wo Gräben sie zur Bewässerung von Weizenfeldern und Obstgärten mit Feigen-, Mandel- und Olivenbäumen ableiten. Etliche bröckelnde Kasbahs und *ksar* stehen in den Berberdörfern Âït-Youl, Âït-Arbi, Âït-Oudinar, Âït-Oufi und Âït-Toukhsine.

Sehenswertes

Noch immer leben Nomaden mit ihren Herden in den umliegenden Bergen (einige ihrer Wohnhöhlen sind vom Campingplatz Berbère de la Montagne zu sehen) und nutzen das Tal als Weidegrund zwischen ihren Sommerweiden im Hohen Atlas und ihrem Winterquartier im Jbel Sarhro. Im Frühjahr und Herbst sind sie, mit etwas Glück, mit ihren beladenen Kamelen und Maultieren auf ihrer Wanderung zu sehen.

Die Straße R704 ist bis **Msemrir** (63 km nördlich von Boumalne du Dadès) asphaltiert, aber danach ist ein Geländewagen erforderlich – besonders für die *piste* nach Südosten in die Todraschlucht. Wer zu einer Herausforderung bereit ist, kann auch von Msemrir nordwärts über den Hohen Atlas nach Imilchil fahren. Zahlreiche Verkehrsmittel steuern samstags das Tal hinauf den Markt in Msemrir an. Sonntags gibt's zudem einen Markt in Âït-Oudinar.

Der dramatischste Schluchtenabschnitt beginnt 26 km in die Schlucht hinein, wo die Straße den Fluss überquert und in unglaublichen Haarnadelkurven hinaufsteigt (s. www.dangerousroads.org). Wenn die Straße wieder abflacht, ist ein günstiger Punkt zum Umkehren gekommen: Die schönste Schluchtenlandschaft, die ohne Geländewagen oder gute Wanderschuhe zu sehen ist, ist geschafft.

Tamlalttal — TAL

Die 18 km von Boumalne entfernten roten Felsformationen sind außergewöhnlich: Sie sehen aus wie Wachs, das in den grünen

Teppich der *palmeraie* unterhalb von Âït-Arbi zu schmelzen scheint. Wegen ihrer bizarren, vom Wind erodierten Formen werden sie hier *Les Doigts de Singes* („Affenfinger") genannt. Ein Stück weiter liegt das anschaulich benannte „Tal der Leichen", in dem Reisende verhungert und in Stein verwandelt worden sein sollen.

Âït-Youl MEDINA

Die Art-déco-Poster, die man überall in Marokko sieht und die eine rot-weiße Festung in einer felsigen Oase zeigen, übertreiben nicht: Nur 6,5 km tief in der Schlucht liegt die alte **Glaoui-Kasbah** von Âït-Youl vor dem Hintergrund grüner Mandel- und Feigenbäume. Ein paar Kilometer hinter Âït-Youl überquert die Straße einen *oued*. Das Flusstal ist ein Fußgängerschleichweg nach Kelaâ M'Gouna.

Gorge de Miguirne SCHLUCHT

(Sidi-Boubar-Schlucht) Jenseits eines kleinen Passes versteckt sich 14 km von Boumalne entfernt diese Schlucht, die sich mit der aus dem Süden kommenden Dadèsschlucht vereint. Sie eignet sich für eine nette Halbtagswanderung zwischen Quellen und Felstümpeln. In seiner Pension nach einem Führer fragen.

Association Gorge du Dadès KUNSTHANDWERK

(☎ 0677 90 96 70, 0666 39 69 49; Âït-Oudinar, Km 24; ⌚ Mo–Sa 14–17 Uhr) In der Kooperative werden geknüpfte Teppiche hergestellt, doch ihr Markenzeichen sind weiche Kelim-Decken aus ungefärbter, besonders flauschiger Lammwolle. Die Frauen benutzen chemiefreie Farbstoffe aus den Schalen hiesiger Walnüsse (Braun), Zwiebelhaut (Gelb) und Mohn (Schwarz). Ihre Erzeugnisse werden zu Festpreisen verkauft und die Weberinnen werden direkt bezahlt.

Vom Schild an der Straße folgt man den Pfeilen zum Westufer bis zu dem umgebauten Stall, in dem die Kooperative derzeit untergebracht ist.

Aktivitäten

Es gibt einen guten Wanderweg, der 28 km von Boumalne du Dadès entfernt, gleich auf der anderen Seite des Flusses beginnt und nach Nordwesten führt. Stramme Wanderer können die Strecke von der Dadèsschlucht zur Todraschlucht zu Fuß in zwei bis drei Tagen bewältigen. Die meisten Hotels in der Schlucht und in Boumalne du Dadès vermitteln Wanderführer (rund 300 Dh/Tag), arrangieren Geländewagentrips zur Todraschlucht (1500 Dh/Tag) und verleihen Fahrräder (rund 100 Dh).

ABSEITS DER ÜBLICHEN PFADE

SCHLUCHTEN SATT: VON DADÈS NACH TODRA

Die Fahrt auf der 42 km langen *piste* von der Dadèsschlucht nach Tamtattouchte in der Todraschlucht ist eine anstrengende fünfstündige Reise über kurvige Hügel und durch das mit Felsbrocken übersäte Tal Tizgui n'Ouadda. Weil auf der Strecke Sturzfluten vorkommen, sollte man sich vor Aufbruch unbedingt über den aktuellen Zustand informieren. Die Strecke beginnt 15 km nördlich von Msemrir mit einem sehr holprigen Anstieg in Tilmi bis zum 2639 m hohen **Tizi n'Uguent Zegsaoun**. Ab da geht's durch ein langes Tal wieder hinab, bis man gleich nördlich von Tamtattouchte rauskommt.

Die Tour sollte nur mit einem Geländewagen und nur im Sommer (Mai–Sept.) in Angriff genommen werden. Außerdem empfiehlt sich ein örtlicher Führer. Im Mai schlagen viele nomadische Berber mit Häusern in Âït-Haini ihre Zelte in dem Tal auf und hüten ihre Schafherden auf der Weide. Wer anhält, wird vielleicht zum Tee und zum Austausch von Geschichten ins Zelt eingeladen.

Bureau des Guides WANDERN

(0671 31 09 23; Km 3) Monyr Hammdu betreibt diese kleine Firma etwa 3 km nördlich von Boumalne und bietet eine große Auswahl an Wanderungen von eintägigen Ausflügen (rund 50 €) bis hin zu einwöchigen Exkursionen. Er spricht Englisch, Deutsch, Französisch und Niederländisch.

Schlafen

Die meisten Unterkünfte in der Schlucht liegen im Umkreis von 28 km um Boumalne du Dadès; die Kilometermarkierungen beziehen sich auf die Entfernung nach Boumalne. Viele Unterkünfte lassen Gäste für rund 30 Dh auch im Salon oder auf der Terrasse (selbst im Sommer braucht man einen Schlafsack) übernachten oder am Fluss zelten.

Chez L'Habitant Amazigh PENSION €

(☎ 0670 71 45 51; zaid.azul@hotmail.fr; Km 20, Âït-Arbi; DZ 200–300 Dh, EZ/DZ mit HP 300/

500 Dh;) Eine Übernachtung im Haus der Familie Tair ist wie eine herzliche Einführung ins Leben der Berber samt abendlichen Gesprächen über Geschichte und Kultur, gefolgt von Musik-Jams im Kreise der Familie (20–21 Uhr). Die heiter dekorierten rosafarbenen Stampflehmzimmer und die üppig eingerichteten Salons können mit dem erstklassigen Blick von der Terrasse auf den Fluss und die Felsformationen im Tal nicht mithalten.

Hier werden auch gute Touren zu Nomadencamps, verlassenen Kasbahs und faszinierenden Felsformationen arrangiert.

Le Berbère de la Montagne CAMPEN, PENSION €
(0524 83 02 28; www.berbere-montagne.com; Km 34; mit HP 250–300 Dh/Pers., Stellplatz für 2 Pers. 80 Dh;) Die freundliche Anlage mit Zelten am Fluss und dem nur ein paar Meter von der schmalsten Stelle der Schlucht entfernten Hotel bietet friedliche Unterkunft fern von Trubel und Menschenmassen. Sie hat auch eine ideale Lage für Wanderungen in die Petite Gorge und in die Hügel hinauf zu Nomadenlagern und verborgenen Höhlen voller Stalaktiten.

Die zehn hübschen Zimmer sind mit *tataoui*-Decken, Terrakottaböden und Kiefernholzbetten mit reichlich warmen Decken ausgestattet. Waschmaschine/Strom kosten zusätzlich 50/20 Dh und Führer 200 Dh pro Tag.

Auberge des Gorges du Dadès GASTHAUS €
(0524 83 02 21; www.aubergeaitoudinar.com; Km 25, Âït-Oudinar; Campen pro Pers./Zelt/Auto 10/20/20 Dh, EZ/DZ mit HP 260/200 Dh pro Pers.;) Die Herberge mit Blick auf den Fluss hat jede Menge Charakter und 30 Zimmer direkt am Ufer voller marokkanischer Motive: Lehmbauweise und Designelemente der Berber in einem Flügel, kunstvolle Stuckelemente und aufwändige Fliesen im anderen. Alle Zimmer haben ein angeschlossenes Bad und geflieste Böden, manche auch einen Balkon. Es werden auch geführte Wanderungen und Geländewagentrips angeboten.

Chez Bassou HOTEL €
(0523 44 24 02; www.chezbassou.com; Imilchil; EZ/DZ mit Frühstück ab 250/300 Dh;) Diese Bleibe mit 20 Zimmern hat eine schöne Lage in den Bergen. Die Zimmer sind klein, aber sauber und komfortabel mit adäquaten Decken für die kalten Nächte im Atlas-Gebirge. Mahlzeiten bekommt man in dem guten Restaurant auf dem Gelände.

Hotel Izlane HOTEL €
(0661 22 48 82; www.hotelizlane.com; Imilchil; EZ/DZ mit HP ab 250/400 Dh) Bietet saubere, recht preiswerte Zimmer und ordentliche Mahlzeiten. Die Angestellten sind hilfsbereit und arrangieren auch Ausflüge.

Chez Pierre GASTHAUS €€
(0524 83 02 67; www.chezpierre.org; Km 27, Âït-Ouffi; EZ/DZ/3BZ/4BZ mit Frühstück 475/620/800/900 Dh;) Direkt in die Wand der Schlucht eingelassen finden sich hier acht lichterfüllte Zimmer und ein Apartment mit geschmackvoller, minimalistischer Einrichtung, Blumenterrassen und Sonnendecks am Pool. Der rosige Sonnenuntergang über der Schlucht bildet den Auftakt für ein spektakuläres Fünfgängemenü (230 Dh) mit einfallsreichen Vorspeisen, köstlicher Ente in Rotwein-*jus* und perfekter Tarte Tatin, das neben dem behaglichen Holzofen kredenzt wird.

Die Brüder Ismael und Lahcen Sibiri führen das Gasthaus mit Stolz und Leidenschaft. Sie bieten auch geführte Tagestouren auf Englisch, Französisch und Spanisch an. Es stehen auch mehrere Apartments für sechs bis acht Personen zur Verfügung.

Maison 4 Saisons PENSION €€
(0524 83 17 55; www.chambresdhotesdades.com; Km 24, Âït-Oudinar; EZ/DZ mit HP 330/500 Dh) Frühzeitige Reservierung ist ratsam für eines der vier „saisonalen" Zimmer in Youssef Azrarags einladender Pension, wo sich Gastfreundschaft der Berber, alte französische Stilmöbel und regionales Dekor nahtlos verbinden. Alle Zimmer blicken auf den hübschen, vom Duft der Bergminzen und Eisenkrautarten erfüllten Hofgarten.

★ **Kasbah de Mimi** PENSION €€€
(0671 52 38 55; http://kasbah-mimi.webliberte.net; Km 12, Âït-Ibrine; mit HP 50 €/Pers.;) Wer sich die Mühe ersparen will, mit sagenhaften Landhäusern Freundschaft zu schließen, bucht einfach fürs Wochenende eines der vier Zimmer im Kasbah de Mimi. In dem sorgfältig restaurierten Refugium am Rand der Felsen ist alles von erlesenem Geschmack – von den mit Berber-*barakas* (Segenswünschen) bemalten Wohnzimmerwänden und den Pâté hors d'ouevres über den bis zum Talboden hinabreichenden, wassersparenden Rosengarten bis zum Flügel in der gut bestückten Bibliothek.

Die 500 m lange Auffahrt ist qualvoll, dafür wird man bei der Ankunft von Dorfkindern begrüßt.

Essen

Das beste Essen im Tal serviert das Chez Pierre (S. 146). Ansonsten gibt's noch ein paar zwanglose Lokale im Tal. Für das Kult-Foto von der Straße, die sich vom Tal hinaufschlängelt, lohnt sich eine Kaffee- oder Snackpause im **Hotel Restaurant Timzzillite** (Hauptgerichte 40–80 Dh; ⏲10–20 Uhr).

Le Jardin de Source MAROKKANISCH €
(☎0670 01 90 30; Km 11, Âït-Ibrirne; Hauptgerichte 40–100 Dh; ⏲11–21 Uhr; 📶) In dem Gartenrestaurant nahe der Mündung der Schlucht bekommt man ein schnelles Mittagessen, z. B. leckere vegetarische Gerichte, Omeletts und marinierte Truthahn-Kebabs. Es gibt hier auch mehrere preiswerte Zimmer (mit HP 250 Dh/Pers.).

An- & Weiterreise

Grands taxis und Kleinbusse fahren von Boumalne durch die Schlucht zu den Hotels in Âït-Oudinar und Âït-Ouffi (10 Dh) sowie nach Msemrir (30 Dh, 1½–2 Std.). Auf dem Rückweg einfach ein vorbeifahrendes Fahrzeug heranwinken. Man kann auch ein Taxi für einen Halbtagsausflug (250 Dh) in die Schlucht anmieten. Kleinbusse nach Msemrir sind häufig; der letzte zurück nach Boumalne startet gegen 16 Uhr.

Tinerhir تنغير

36 000 EW.

In Tinerhir (oder Tinghir) ist vor lauter Staub und Gewimmel von Charme wenig zu merken. Die umtriebige Bergbau- und Durchfahrtsstadt erlebte dank der Ernennung zur unabhängigen Provinzhauptstadt jüngst einen Erweiterungs- und Bauboom. Wer nach der 51 km langen Fahrt von Boumalne du Dadès erst mal eine Pause braucht, sollte sich zum östlichen Ortsrand aufmachen. Hier liegt eine Palmenoase mit bröckelnden Kasbahs sowie der verlassenen Medersa Ikelane aus dem 19. Jh. (auf die weiß getünchte Lehmziegelkuppel achten). Nördlich der Stadt liegt die Ruine des Ksar Asfalou, in dem Muslime und Juden einst unter demselben Dach studierten. Montags findet 2,5 km westlich des Zentrums ein riesiger Suk statt und samstags gibt's im Ort einen Viehmarkt.

Im Hôtel Tomboctou (S. 147) kann man einen Führer für die Oase buchen.

Schlafen

Kasbah Petit Nomade HISTORISCHES HOTEL €
(☎0668 49 58 38; http://kasbah-petitnomade.com; N 31°31.683, W 005°33.386, Douar Ichmarine; EZ/DZ mit HP 400/660 Dh; P ❄ 📶) 🍃 Die nördlich der Stadt gelegene restaurierte Kasbah von Lahcen und Mouna ist ein echter Fund inmitten des trostlosen Hotelangebots von Tinerhir. Die drei einfachen Zimmer in kräftigem Rot und Lila reihen sich um den Innenhof, und die Tische auf der Terrasse blicken hinaus über das Palmendickicht. Für das mit Liebe und Flair zubereitete Essen kommen frische Produkte aus umliegenden Farmen zum Einsatz.

Touren durch die *palmeraie* und zu nahen Dörfern vermitteln einen faszinierenden Einblick. Ansonsten können problemlos Wanderungen, Klettertouren und Ausritte in die Schlucht arrangiert werden. Die Unterkunft ist ca. 2 km nördlich von Tinerhir am Anfang der Schlucht im Dorf Ichmarine an der Hauptstraße ausgeschildert.

Hôtel de l'Avenir HOTEL €
(☎0672 52 13 89; 27 Rue Zaid Ouhmed; Zi. ab 160 Dh) Preiswerte, saubere Zimmer, Warmwasserduschen und eine hübsche Dachterrasse am großen Marktplatz. Nach einem Zimmer zur anderen Seite des Platzes fragen oder Ohrstöpsel mitbringen.

Hôtel Tomboctou HISTORISCHES HOTEL €€
(☎0524 83 51 91; www.hoteltomboctou.com; 126 Ave Bir Anzarane; EZ/DZ/3BZ mit Frühstück 475/550/730 Dh; ❄ 🏊) Eigenwillige, gemütliche Zimmer mit angeschlossenem Bad in einer renovierten Kasbah, die 1944 für den örtlichen *caïd* erbaut wurde. Traditionelle Kasbah-Fenster sind nur so groß wie Bullaugen, doch Pool und Bar im Innenhof sind von der Sonne erfüllt. Es gibt auf dem Gelände auch ein gutes Restaurant (Menü 130 Dh), und es werden Wanderungen durch die Oase und Radtouren organisiert.

Essen

Grillrestaurants säumen die Ave Mohammed V und die Ave Hassan II, darunter das **Café des Amis** (Ave Hassan II; Hauptgerichte 40–80 Dh; ⏲10–20 Uhr) und das **Café Central** (Ave Hassan II; Hauptgerichte 30–50 Dh; ⏲11–19 Uhr).

Chez Michelle Supermarket SUPERMARKT €
(☎0524 83 46 68; Ave Mohammed V; ⏲Sa–Do 9–21 Uhr) Eine exzellente Auswahl an Proviant für Wandertouren und Snacks. Der einzige Laden, der Alkohol verkauft.

Praktische Informationen

Banken mit Geldautomaten finden sich an der Ave Mohammed V, darunter BMCE und Crédit du Maroc. Eine Filiale der Banque Populaire liegt gegenüber der Pl Principale.

An- & Weiterreise

BUS

Die Busse starten an der Pl Principale, abseits der Ave Mohammed V. Supratours-Busse halten in Tinerhir auf dem Weg nach Boumalne du Dadès (30 Dh, 75 Min.), Ouarzazate (60 Dh, 3 Std.), Marrakesch (130 Dh, 7½ Std.) sowie in entgegengesetzter Richtung nach Er-Rachidia (40 Dh, 3 Std.), Erfoud (60 Dh, 3½ Std.) und Merzouga (85 Dh, 4½ Std.). Das Fahrkartenbüro ist rechts vom Bus-Parkplatz vor der Moschee.

Andere Busunternehmen bieten häufige Verbindungen von Tinerhir über Ouarzazate (40 Dh) nach Marrakesch (130 Dh) sowie nach Erfoud (40 Dh), Meknès (110 Dh) und Boumalne du Dadès (20 Dh).

TAXI & MINIVAN

Sammeltaxis nach Ouarzazate (60 Dh), Alnif (25 Dh) und Er-Rachidia (45–70 Dh) starten an der Pl Principale, wo auch Minivans und Pickups stehen, die in die Todraschlucht (10 Dh) und weiter nach Tamtattouchte (18 Dh) und Imilchil (40 Dh) fahren. Die *grands taxis* nach Tamtattouchte (18 Dh), Âït-Haini (20 Dh) und Imilchil (40 Dh) verkehren zwischen 9 und 13 Uhr.

Todraschlucht مضيق تودغا

Gewissermaßen zwischen Baum und Borke zu stecken ist in der Todraschlucht ein grandioses Erlebnis: Eine Verwerfung spaltet den orangefarbenen Kalkstein in eine 300 m tiefe Klamm, die an einigen Stellen gerade breit genug für einen kristallklaren Fluss und für jeweils einen Wanderer ist. Die Straße von Tinerhir führt durch grüne *palmeraies* und Berberdörfer, bis sie nach 15 km von hohen Wänden aus rosafarbenem und grauem Fels eingerahmt wird. Schon die Anfahrt ist so aufregend, als würden die Himmelstüren gerade vor einem geschloßen werden.

Die beste Zeit ist morgens, wenn die Sonne kurz die Schlucht in ein goldenes Willkommen verwandelt. Am Nachmittag verstopfen Souvenirverkäufer und Reisebusse das Zentrum, bis es plötzlich dunkel und bitterkalt wird. Durch die Schlucht hindurch und 18 km die Straße entlang geht es zum Berberdorf Tamtattouchte und nochmals 95 km weiter nach Imilchil.

Aktivitäten

Außer Tageswanderungen in und um die Schlucht bieten die vertikalen Felswände der Todra auch tolle Kletterrouten (Schwierigkeitsgrad 5–8 nach französischem System), einige davon mit Kletterhaken. Viele der Routen sind über 25 m lang, aber es gibt auch einige spektakuläre Kletterstrecken von über 300 m mit mehreren steilen Abschnitten. Klassische Langstrecken bietet der **Pillar du Couchant** nahe dem Eingang zur Schlucht; die **Petite Gorge** mit kurzen Routen ist besser für Anfänger. Nur wenige der Routen sind kartografiert, aber viele Hotels haben Logbücher mit aktuellen Informationen zu lokalen Routen. Ansonsten versorgt Aventures Verticales (S. 149) Besu-

IMILCHIL: MAROKKOS HEIRATSMARKT

Die meiste Zeit des Jahres ist Imilchil einfach nur ein schönes Berberdorf im Mittleren Atlas. Doch während des dreitägigen **Heirats-Moussem** (Imilchil; ⏲ Sept.) im September wird es von Besuchern geradezu überschwemmt. Auf dem riesigen Fest halten einheimische Berber nach Ehepartnern Ausschau. Frauen stolzieren in gestreiften Wollumhängen und mit kunstvollem Schmuck behängt herum, und Männer putzen sich mit flatternden weißen Dschellabas (Kapuzenmänteln) heraus.

Das Fest findet normalerweise in der dritten oder vierten Septemberwoche von Freitag bis Sonntag statt; die Termine sind in den Touristeninformationen im ganzen Land ausgehängt. In allen Städten Marokkos werden organisierte Touren angeboten und über die neue asphaltierte Straßen von Rich und Âït-Haini werden ganze Busladungen von Touristen nach Imilchil gekarrt, um Zeugen aufblühender Romanzen zu werden. Bei all den Gaunern, vorgeblichen Führern und Souvenirständen, die Reisende im Visier haben, ist die Zahl der Schaulustigen mittlerweile fast höher als die der jungen Liebenden – aber die voyeuristische Faszination des Geschehens lässt sich wirklich nicht leugnen.

Während des Fests werden überall in der Gegend Zelte als Unterkünfte für die Besucher aufgeschlagen. Ansonsten gibt's noch einfache Hotelzimmer im **Chez Bassou** (S. 146) und im **Hotel Izlane** (S. 146).

cher auch mit international zertifizierten Bergführern und solider Ausrüstung.

Der Rückweg vom Zentrum der Schlucht durch *palmeraies* nach Tinerhir dauert zu Fuß drei bis vier Stunden. Die raue *piste* westlich der Todra zur Dadèsschlucht kann mit einem Geländewagen oder in ein paar Tagen zu Fuß bewältigt werden. Es gibt keine Banken in der Schlucht und nur begrenzte Anschlüsse und Netzabdeckung fürs Handy; genug Bargeld mitzunehmen ist also ratsam.

Aventures Verticales KLETTERN

(☎0524 89 57 27; www.escalade-au-maroc.com; Km 14, Tizgui; 1 Std./halber/ganzer Tag 40/100/150 Dh/Pers. bei Gruppen aus 3 Pers.) In der Todraschlucht gibt's einen professionellen Klettertouranbieter mit international zertifizierten Guides, die Klettern, Bergsteigen und Wandertouren für alle Stufen anbieten. Der kleine Laden in Tizgui verleiht und verkauft auch erstklassige Ausrüstung, darunter Kletterschuhe von Rock Pillar, Petzl-Helme, Seile und Kalkpuderbeutel von Beal sowie Zelte und Schlafsäcke.

Das marokkanisch-portugiesische Unternehmen hofft, in der Schlucht eine echte Kletterszene zu etablieren, z. B. durch Gründung einer Schule für Kletterführer und das Anlegen einer Reihe von Klettersteigen (wie in den Alpen), die auch das Klettern auf eigene Faust erleichtern werden.

Auberge Cavaliers REITEN

(☎0618 53 07 90; Km 14, Âït-Baha Tizgui; 160/550 Dh pro Std./Tag) In der kleinen Pension kann man sich für Trecks und Ausritte anmelden. Für einen Treck hoch zu Ross mit Übernachtung, Führer und Verpflegung empfiehlt es sich, im Voraus zu buchen.

Schlafen & Essen

Die meisten Besucher nehmen ihre Mahlzeiten in ihren Pensionen ein. Wer sich keinen Picknickkorb packt, kann mittags am besten im Camping le Soleil (S. 150) und in den Restaurants in dem kleinen Dorf Âït-Baha Tizgui essen.

Hotel Valentine PENSION €

(☎0524 89 52 25; www.hotel-valentine.net; Km 14, Âït-Baha; EZ/DZ 200/300 Dh, mit HP 250/400 Dh; ❄📶) Im Dorf Âït-Baha Tizgui, ungefähr 800 m vor der Schlucht, heißt das Hotel Valentine seine Gäste mit durchdachtem Service und unglaublich preiswerten Zimmern willkommen. Die acht Zimmer sind

Todraschlucht

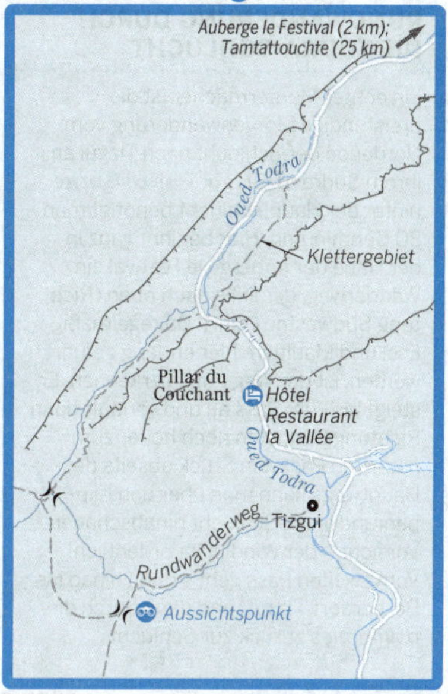

eher klein, und nur zwei haben einen Ausblick, dafür bietet sich von der Dachterrasse ein atemberaubender Panoramablick auf das Dorf, die *palmeraie* und die schroffen Berge dahinter.

Auberge Amazigh PENSION €

(☎0610 12 75 55; www.amazigh-tamtattouchte.jimdo.com; Km 34; Stellplatz 50 Dh/Pers., Zi. 150–180 Dh/Pers.; P📶) Die 17 km hinter der Schlucht im Dorf Tamtattouchte gelegene Pension hat nur vier kleine, gemütliche Zimmer mit traditionellen Stampflehmwänden und eingeritzten Berbermotiven, nützlichen Moskitonetzen und farbenfrohen Wandteppichen. Es gibt auch eine hübsche Dachterrasse.

Maison la Fleur PENSION €

(☎0670 40 43 69; www.maison-lafleur.com; Km 14, Âït-Baha Tizgui; B/DZ mit HP 150/200 Dh pro Pers.; P@📶) Die von einer ortsansässigen Japanerin namens Noriko geführte Pension ist eine Überraschung an der Hauptstraße in Âït-Baha Tizgui. Im Maison la Fleur gibt es sechs schlichte Zimmer (darunter einen Schlafsaal mit 5 Betten) in gedämpften Farben und eine herrliche offene Terrasse. Ein leichter Spaziergang führt von hier zur 700 m entfernten Schlucht. Vermutlich ist dies der einzige Ort im Atlas-Gebirge, wo Miso-Suppe auf der Speisekarte steht.

INSIDERWISSEN

RUNDWANDERUNG DURCH DIE TODRA-SCHLUCHT

Ein echter Muntermacher ist die dreistündige Morgenwanderung vom Nordende der Schlucht nach Tizgui an ihrem Südrand. Bis zur **Petite Gorge** hinter der Hauptschlucht benötigt man 30 Gehminuten. Hier beginnt ganz in der Nähe der Auberge le Festival ein Wanderweg, der links nach oben (Richtung Südwesten) führt. Da regelmäßig Esel und Maultiere hier entlang geführt werden, ist der Weg gut zu erkennen. Er steigt bis zum Pass an und verläuft dann Richtung Südosten noch höher zum nächsten Pass. Ein Stück abseits des Hauptwegs kann man über den Klippenrand in die Schlucht hinabschauen. Vorsicht – der Wind bläst ordentlich! Vom zweiten Pass geht's dann hinab ins Berberdorf **Tizgui** und dann durch die *palmeraies* zurück zur Schlucht.

Camping le Soleil CAMPEN €
(☎0524 89 51 11; Km 8; Stellplatz pro Pers./Zelt/Auto/Wohnmobil 24/23/23/28 Dh, DZ 300 Dh, DZ mit HP 440–500 Dh; P❄📶🏊) Die erste Unterkunft, die man auf dem Weg zur Schlucht erreicht, ist dieser Campingplatz mit teilweise im Schatten liegenden Stellplätzen und hübsch eingerichteten Motel-Zimmern, die sich zu einem umlaufenden Balkon öffnen. Der verführerische Pool und das gute Restaurant erhöhen noch den Reiz. Allerdings kommen mittags manchmal Reisebusse vorbei; dann wird's voll. Es werden auch Ausflüge organisiert.

★ **Auberge Le Festival** GASTHAUS €€
(☎0661 26 72 51; www.auberge-lefestival.com; Km 22; Zi. Turm/Höhle mit HP 350/500 Dh pro Pers.; P❄) 🍃 Zurück zur Natur geht's in romantisch beleuchteten Höhlenzimmern, die in den Hang gehauen und geformte *tadelakt*-Wände haben, oder in Turmzimmer mit Felswänden, Solarstrom und Blick auf die Petite Gorge. Nach den vom mehrsprachigen Besitzer arrangierten Wander- und Klettertouren (300 Dh/Std.), die man auf eigene Faust machen kann, relaxt man auf der Panoramaterrasse oder hilft dabei, im Biogarten das Gemüse fürs Abendessen zu ernten.

★ **Palmeraie Guesthouse** PENSION €€
(☎0524 89 52 09; www.palmeraieguesthouse.com; Km 7; EZ/DZ mit HP 300/500 Dh, mit Gemeinschaftsbad 200/350 Dh; ❄📶) Die herrliche Pension mitten im Palmenhain hat eine Reihe hübscher Terrassen mit blühenden Weinstöcken und attraktive Zimmer mit Berberteppichen, alten Reiseplakaten und einem Hauch von Kunst. Rachid und Doreen heißen ihre Gäste herzlich willkommen. Außerdem lässt sich von hier aus prima die *palmeraie* erkunden (einfach fragen, ob man Jack, den Esel, auf den Spaziergang mitnehmen kann).

Man kann auch längere Wanderungen zur Schlucht (eine malerische, ungefähr 7 km lange Strecke) unternehmen. Von Tinerhir kommend, gleich neben dem Schild parken und die Stufen hinunter zur Pension nehmen.

Kasbah Amazir PENSION €€
(☎0524 89 51 09; http://kasbahamazir.com; Km 10; EZ/DZ/3BZ 350/450/500 Dh, mit HP 450/600/800 Dh; P❄📶🏊) Das verlässliche Amazir trifft mit seinen hellen Zimmern (manche haben einen kleinem Balkon), der Lage am Fluss und dem freundlichen Service voll ins Schwarze. Manche Zimmer sind größer und bieten einen besseren Ausblick als andere – deshalb lässt man sich besser ein paar zeigen.

Dar Ayour PENSION €€
(☎0524 89 52 71; www.darayour.com; Km 13; EZ/DZ mit HP 350/700 Dh; P❄📶) Dank dieser warmen, künstlerisch gestalteten fünfstöckigen Bleibe, vollgestopft mit Teppichen aus dem Mittleren Atlas, Kissen mit blinkenden Spiegelchen und farbenprächtigen abstrakten Gemälden mit Berbermotiven, gibt es endlich auch in Todra einen Riad. Hier schläft man zur Melodie des vorbeirauschenden Flusses. Alle zehn Zimmer haben ein angeschlossenes Bad und einen hübschen Blick über das Tal, vier auch einen Balkon. Von der Dachterrasse bietet sich ein toller Rundumblick.

ℹ An- & Weiterreise

Die inzwischen asphaltierte Straße von Aït-Haini Richtung Norden nach Imilchil und der Abschnitt der N8 zwischen Beni Mellal und Fès sind auch für normale Pkw befahrbar. *Grands taxis* fahren von Tinerhir durch die Schlucht nach Imilchil (40 Dh, 2½ Std.). Normalerweise gibt's jeden Tag auch einen Kleinbus durch die Schlucht, mehr sogar am Mittwoch zum Donnerstagsmarkt in Aït-Haini und am Freitag zum Samstagsmarkt in Imilchil. Die Hotels wissen meist Bescheid, wann genau das nächste öffentliche Transportmittel fährt.

Tinejdad

7600 EW.

Als noch Karawanen mit Gold beladen eintrafen, kreuzten sich die Wege von fünf Berber- und Sahara-Stämmen an diesem Rastplatz (Tinejdad bedeutet „Nomade“ auf Tamazight), die in den Sources de Lalla Mimouna, natürlichen Quellen, ihren Durst stillten, in den gut befestigten *ksour* der Ferkla-Oase schliefen und in dem 1000 Jahre alten Ksar Asir, einem mittelalterlichen Handelszentrum mit einer Almoraviden-Moschee und einer großen jüdischen Gemeinde, ihre Geschäfte tätigten. Wasser, Unterkunft, Handel und *baraka* (Segen); Was sonst hätte ein Nomade noch benötigt?

Sehenswertes

Tinejdads Kultur eines Knotenpunkts an der N10 ist noch erstaunlich lebendig. Die **Lalla-Mimouna-Quellen** sind 3 km vor dem Ort auf der linken Seite (nordwärts) ausgeschildert und das grüne Band der **Ferkla-Oase** beginnt am südwestlichen Stadtrand, wo auch der hoch aufragende **Ksar Asir** zu sehen ist.

Um bei den Wüstenhändlern nach Schätzen zu suchen, sollte man sich zu den **Suks** am Sonntag und Mittwoch im Westteil der Stadt aufmachen.

★ Musée de Oasis MUSEUM

(www.elkhorbat.com/en.museum.htm; N 31°29.693, W 005°05.206; 20 Dh; ⏲ 9–19 Uhr) Das preisgekrönte Museum im restaurierten Ksar el-Khorbat spürt in 22 Räumen mit sorgfältig ausgewählten Gegenständen aus dem halbnomadischen Leben den Wanderbewegungen der Stämme nach: blankgerittene Sättel, Verträge auf Arabisch und Hebräisch auf Holztafeln, Krüge aus Tinejdad für Wasser und Butter, schwerer Silberschmuck sowie mit Intarsien verzierte Musketen und Handschellen als Schutz vor Dieben.

Interessante Beschriftungen auf Französisch, Englisch und Spanisch erklären Stammes- und Familienbeziehungen und die verzwickten architektonischen Unterschiede zwischen einem *ksar* und einer *kasbah* – sehr hilfreich beim Durchstreifen der labyrinthischen Gassen des *ksar*, in dem das Museum untergebracht ist und wo noch immer um die 80 Familien leben.

★ Musée Sources Lalla Mimoun MUSEUM

(☎ 0535 78 67 98; 50 Dh; ⏲ 8 Uhr–Sonnenuntergang; 🅿) Dieses teilweise im Freien gelegene Privatmuseum umfasst die sprudelnden magnesiumreichen Quellen von Lalla Mimouna und ist das leidenschaftliche Projekt von Zaïd Abbou aus Tinejdad. Die über 30 Jahre gesammelten Stücke – darunter landwirtschaftliche Geräte, Textilien, Töpferwaren, Bauwerkzeuge, Kalligrafie-Tafeln und bemalte Gebetsbücher – bieten einen Einblick in das Leben in der Wüste und sind in mehreren ineinander übergehenden Räumen rund um einen Hofgarten untergebracht, der mit Weisheiten aus dem Buch *Der kleine Prinz* geschmückt ist.

Wenn Zaïd vor Ort ist, führt er die Gäste gern herum – zweifellos das Highlight jedes Besuchs. Er zeigt einige alte Geräte, die mithilfe von Wasser und einer Schüssel die Zeit maßen, führt alte einfache Schlösser und Schlüssel vor und offenbart einen Teil der Magie und Geheimnisse dieses Orts.

Schlafen

Gîte-Restaurant el-Khorbat BURG €€

(☎ 0535 88 03 55; www.elkhorbat.com; Ksar el-Khorbat; EZ/DZ/3BZ mit Frühstück 475/530/625 Dh; ❄📶🏊) 🌿 Im ummauerten Garten des *ksar*, in dem im die Aït-Merghad-Nomaden im 19. Jh. regelmäßig Rast machten, kommen saisonale Gerichte wie gartenfrische Kürbissuppe und Rindfleisch-Tajine mit Datteln (80–100 Dh) auf den Tisch. Der *ksar* ist nach wie vor bewohnt, und auch Gäste können in diesem lebenden Museum übernachten.

Die zehn Zimmer mit angeschlossenem Bad, Klimaanlage und Lampenschirmen aus Tinejdad-Tonkrügen sind groß genug, um einen eigenen kleinen Stamm aus Halbnomaden zu beherbergen. Dank der hervorragenden Karten der *palmeraie* kann man prima auf eigene Faust Wanderungen unternehmen.

Shoppen

Galerie d'Art Chez Zaid KUNST & KUNSTHANDWERK

(☎ 0524 83 51 13; ⏲ 9–18 Uhr) Schaut man sich in dem umgebauten Haus eines hiesigen Kalligrafen (der auch das Musée Sources Lall Mimoun führt) ein wenig um, entdeckt man aus Tinejdad stammendes Geschirr im Hof, vom Sand verschlissene Armbänder im Salon und wundervolle, gut gearbeitete Teekannen aus Nickelsilber in der Küche. Es gibt hier auch ein Restaurant. Befindet sich in der Innenstadt von Tinejdad, 200 m nach der Shell-Tankstelle auf der rechten Seite.

Praktische Informationen

Es gibt einen Attijariwafa-Geldautomaten auf der linken Seite der Straße gegenüber dem Gemeindezentrum von Tinejdad.

An- & Weiterreise

Grands taxis fahren vom Hauptmarkt im Ortszentrum nach Goulmima (25 Dh, 45 Min.), Er-Rachidia (50 Dh, 1½ Std.) und Tinerhir (20 Dh, 1 Std.).

Goulmima كلميمة

17 000 EW.

Goulmima auf halber Strecke zwischen Tinejdad und Er-Rachidia war früher einmal ein Zentrum der Berberkultur, ist heute aber kaum mehr als ein Zwischenstopp auf dem Weg nach Osten in die Wüste (Geldautomaten und Internetcafés säumen die Hauptstraße). Tatsächlich übergehen die meisten Traveller diesen langweiligen Abschnitt der N10 und machen sich von Tinejdad über die malerischere R702 direkt auf den Weg nach Erfoud.

Wer hier übernachten will, kann sich die Hauptattraktion anschauen, der labyrinthische **Ksar Aït Goulmima**, ein ummauertes Dorf am südöstlichen Rand der Oase von Goulmima, in dem mehrere hundert Menschen leben. Ein Guide führt Besucher durch die *palmeraie* und den *ksar* zur 500 Jahre alten Moschee und zur historischen *mellah*. Um hierher zu gelangen, fährt man durch die Innenstadt und biegt am Kreisverkehr Er-Rachidia rechts ab; der *ksar* ist geradeaus ausgeschildert. Nordöstlich der Stadt (an der N10 ausgeschildert) befindet sich eine Nekropole aus vorislamischer Zeit. Dreimal pro Woche (Di, Do & Sa) findet im Ort ein Suk statt.

Sammeltaxis fahren, sobald sie voll besetzt sind, über Tinejdad nach Er-Rachidia (30 Dh) und Tinerhir (15 Dh).

ZIZTAL & DAS TAFILALET

وادي زيز وتافيلالت

Der Oued Ziz, der sich von Rich durch die überwältigenden Zizschluchten schlängelt, bringt das letzte südliche Tal des Ziz und der Tafilalt-Oasen zum Erblühen, bevor er in den rosenfarben-goldenen Dünen von Merzouga versickert. Die gewaltigen Zizschluchten, die gleich südlich des Ortes Rich im Mittleren Atlas und 30 km nördlich von Er-Rachidia beginnen, bilden durch den Tunnel du Légionnaire (von den Franzosen 1928 gebaut) einen felsigen Durchgang nach Süden. Das Tal weitet sich im Süden aus und bietet einen spektakulären Anblick: ein dichter Palmenwald zwischen gestreiften Felswänden, die aus dem Jura stammen. Es lohnt sich, hier etwas Zeit zu verbringen, um die üppige, untouristische *palmeraie* zu erkunden.

Die Hauptstadt der Provinz Er-Rachidia ist die gleichnamige Stadt Er-Rachidia, ein bequemer Zwischenstopp auf der Fahrt über die N13 Richtung Norden nach Midelt und Meknès.

Er-Rachidia الرشيدية

96 000 EW.

Als Garnison für die französische Fremdenlegion gegründet, ist die Provinzhauptstadt Er-Rachidia wegen der nahen Grenze zu Algerien noch immer ein recht großer Militärstützpunkt. Ganz wie Ouarzazate ist es eine stetig wachsende moderne Stadt, die dank großer Subventionen immer größere Wohnviertel baut. Für Reisende Richtung Norden auf der N13 nach Midelt und Meknès ist es ein bequemer Zwischenstopp.

Garnisonsstädte sind nicht gerade für Gastfreundschaft oder Kultur bekannt, aber Er-Rachidia versucht momentan, das zu ändern. Jedes Jahr im Mai treten im großen Stadttheater Künstler aus der ganzen Sahara beim **Festival du Desert** (www.festivaldudesert.ma; ⏲ Mai) auf. Markttage sind Sonntag, Dienstag und Donnerstag.

Schlafen & Essen

Trotz der regionalen Bedeutung hat Er-Rachidia nur wenige gute Hotels. Camping in Meski und an der Straße Richtung Süden nach Aufous mag daher die bessere Alternative sein.

Hôtel Errachidia HOTEL €

(☎0535 57 04 53; 31 Rue Ibn Battuta; EZ/DZ/3BZ mit Frühstück 250/300/350 Dh; ❄📶) Nicht von der Lage hinter dem Busbahnhof abschrecken lassen! Drinnen bietet das Hotel 21 schlichte, aber saubere Zimmer mit angeschlossenem Bad, die Hälfte davon mit Klimaanlage. Unten gibt's auch ein Café.

Hotel le Riad HOTEL €€€

(☎0535 79 10 06; www.hotelleriad.com; Rte de Goulmima; EZ/DZ mit Frühstück ab 600/700 Dh; P❄@📶🏊) Er-Rachidias bestes Geschäfts-

ABSEITS DER ÜBLICHEN PFADE

FIGUIG

Als der Grenztourismus noch florierte, war Figuig (fi-giig) ein beliebtes Reiseziel. Heute verirren sich jedoch nur noch wenige Urlauber hierher. Das ist wirklich schade, denn dies ist eine der schönsten Oasenstädte Marokkos: sieben traditionelle Wüstendörfer inmitten von 200 000 Dattelpalmen, die mit künstlich angelegten Brunnen bewässert werden. Früher einmal eine Wegstation für Mekka-Pilger, erwacht Figuig heute nur noch für die Dattelernte im Herbst aus dem Dornröschenschlaf.

Figuig hat eine Ober- und Unterstadt. Die Hauptstraße, der Blvd Hassan II, verläuft durch die Oberstadt (die Neustadt), wo es Geldautomaten, eine Post und einen hübschen Stadtgarten gibt.

Sehenswertes

Nach dem Figuig Hotel führt die Hauptstraße hinab in die Unterstadt. Diese Senke voller Palmen und *ksour* (Burgen aus Lehmziegeln) bildet den ältesten Teil von Figuig. Der Steilhang dient als praktische Orientierungshilfe und bietet eine großartige Aussicht auf die *palmeraie* (Palmenhain) bis hinüber nach Algerien. Den besten Blick hat man von Azrou, von wo aus ein Pfad zum Ksar Zenaga führt, sowie von der Terrasse des Figuig Hotel.

Die sieben *ksour* machen den Ort aus, und jedes verwaltet einen Bereich der *palmeraie* und deren lebenswichtige Wasserversorgung.

Viele *ksour* sind so baufällig, dass ihre raffinierte Konstruktion gut zu erkennen ist: Das Grundgerüst besteht aus Palmenstämmen, die mit Stampflehm verputzt sind, und die Decken bestehen aus Palmwedeln. Sie sind kühl, dunkel und oft gespenstisch still. Man kann sich hier leicht verirren; Kinder aus dem Dorf führen Besucher für ein paar Dirhams gern herum.

Ksar Zenaga Das größte und lohnendste der sieben *ksour* im Ort ist der Ksar Zenaga südlich des Hangs, der die Oase teilt. Mehrere Wege führen an den Bewässerungskanälen entlang durch Palmenhaine und Gärten. Unvermittelt erreicht man ein Gewirr überdachter Gassen. In diesen tunnelartigen Wegen zwischen den Häusern entdeckt man einige wunderbare alte Holztüren. Vorsicht – manchmal findet man sich plötzlich in einem Hinterhof wieder.

Ksar el-Oudahir Nahe der Oberstadt erhebt sich westlich der Hauptstraße der Ksar el-Oudahir mit einem hübschen achteckigen Minarett aus dem 11. Jh., das *sawmann al-hajaria* (steinerner Turm) genannt wird. Seine Architektur unterscheidet sich stark von der typisch marokkanischen Bauweise und erinnert eher an die Minarette von Mauretanien und der Sahelzone.

Schlafen

Auberge Oasis (☎ 0536 89 92 20; www.auberge-oasis.com; Rue Jamaa, Ksar Zenaga; EZ/DZ 100/170 Dh, mit VP 300/600 Dh; @) Dieses in einem *ksar* gelegene Familienhaus aus Lehmziegeln vermittelt einen hervorragenden Einblick in den traditionellen Alltag Figuigs. Die traditionell dekorierten Zimmer haben angeschlossene Badezimmer. Das hausgemachte Essen ist exzellent, und im Berberzelt auf dem Dach kann man wunderbar relaxen.

An- & Weiterreise

Jeweils am Tag vor der geplanten Abreise die Verbindungen überprüfen, da sich Abfahrtszeiten und Verfügbarkeit der Verkehrsmittel ändern können. Normalerweise fahren mehrere Busse pro Tag nach Oujda (rund 100 Dh, 6 Std.), darunter täglich ein CTM-Bus (100 Dh, 5½ Std.). Alle halten in Bouarfa, wo man umsteigen und weiter nach Er-Rachidia fahren kann.

Die Grenze zu Algerien ist nach wie vor geschlossen. Falls sie entgegen aller Wahrscheinlichkeit wieder geöffnet werden sollte, findet man 3 km von Figuig entfernt die marokkanische Zollstelle und 4 km weiter die algerische Stadt Béni Ounif.

hotel hat 27 weitläufige Gästesuiten mit Marmorbadewannen, einen großen Pool, ein Spa und Konferenzräume. Es ist recht teuer für ein Hotel dieser Art, besonders das Frühstück für 100 Dh. Von Goulmima kommend, liegt das Hotel rechts an der N10 am Ortseingang.

Zerda ZMP Restaurant CAFÉ €
(Ave Moulay Ali Cherif; Hauptgerichte rund 30 Dh; ⌚9–22 Uhr) An der Hauptstraße durch die Stadt, einen kurzen Spaziergang vom Busbahnhof entfernt, ist dieses quirlige, offene Lokal eine der besten Adressen für einen schnellen, preisgünstigen Happen in Form von Sandwiches, Grillfleisch und – die Spezialität des Hauses – Grillhähnchen.

Restaurant Imilchil MAROKKANISCH €
(☎0661 60 92 64; Ave Moulay Ali Cherif; Hauptgerichte rund 35 Dh; ⌚7–23 Uhr) Auf der großen Terrasse werden gute Tajines serviert, und im TV laufen Sportsendungen. Es gibt noch einen verwahrlosten Garten hinten. Liegt an der Hauptstraße, zu Fuß zehn Minuten vom Busbahnhof entfernt.

Praktische Informationen

An der Ave Mohamed V findet man Geldautomaten der Banque Populaire und der Attajariwafa sowie das Postamt.

An- & Weiterreise

BUS

Busse steuern den zentralen **Busbahnhof** (Rue M'Daghra) an. **CTM** (☎0535 57 20 24) unterhält täglich eine Busverbindung nach Marrakesch (165 Dh, 10½ Std.) und Meknès (120 Dh, 6 Std.) und einen Nachtbus nach Fès (130 Dh, 7½ Std.).

Private Busse fahren nach Ouarzazate (75 Dh, 6 Std., 3-mal tgl.), Marrakesch (150 Dh, 11 Std., 3-mal tgl.), Fès (95–110 Dh, 5-mal tgl.) und über Erfoud (20 Dh) nach Rissani (25 Dh, 2 Std., 9-mal tgl.).

FLUGZEUG

Er-Rachidias Flughafen Moulay Ali Cherif liegt etwa 4 km nordöstlich vom Zentrum. Die Royal Air Maroc (www.royalairmaroc.com) fliegt dreimal pro Woche von/nach Casablanca.

TAXI

Grands taxis starten drei Blocks nordöstlich vom Hauptbusbahnhof. Zu den Zielen gehören Erfoud (30 Dh, 1 Std.), Meknès (120 Dh, 5 Std.), Fès (130 Dh, 5 Std.), Tinerhir (60 Dh, 1½ Std.), Rissani (30 Dh, 1½ Std.) und Merzouga über Rissani (35 Dh, 1½ Std.).

Rund um Er-Rachidia

Auf der Fahrt südwärts nach Erfoud geht es 17 km südlich von Er-Rachidia an der Quelle des Oued Ziz in Meski vorbei. Ab hier führt die Straße auf ein Wüstenplateau zu einem großartigen Aussichtspunkt über die *palmeraie* von Ziz hinauf, dann hinab zum Ort Aufous, 40 km südlich von Er-Rachidia und auf halbem Weg nach Erfoud. Beeindruckende *ksour*, die aus den Palmen hervorragen, säumen die Strecke und Aufous selbst hat einige hinreißende Stampflehmhäuser sowie eine eindrucksvolle Kasbah-Ruine, aber auch Nützliches wie Benzin, Kaffee und Telefone findet man hier.

Sehenswertes

Source Bleue de Meski QUELLE
Die Quelle des Oued Ziz befindet sich in Meski, wo warmes, natürliches Quellwasser unterhalb der malerischen Ruine des **Ksar Meski** aus dem Boden sprudelt. Die französische Fremdenlegion erweiterte den Teich, fügte Stufen hinzu und machte ihn so zu einem netten Pool, der am Wochenende viel genutzt wird. Daneben befindet sich ein schattiger Campingplatz und wer flussabwärts läuft und den Fluss überquert, kann bis zum verlassenen *ksar* hochwandern und herrliche Aussichten bei Sonnenuntergang genießen. Die Quelle liegt etwa 1 km westlich der Hauptstraße und ist ausgeschildert.

Cooperative Al Ouaha KULTURZENTRUM
(⌚Di, Do & Sa 9–12 Uhr) Sieben Dattelsorten werden in der Oase Aufous angebaut, die dort alle auch probiert werden können. In der Saison Oktober und November bieten die Frauen der Kooperative eine Dattelverkostung an (20 Dh) und außerhalb der Saison am Dienstag, Donnerstag und Sonntag können Besucher nussigen *tahalout* (Dattelsirup) und natürliche Energieriegel aus Datteln probieren. Die Kooperative liegt in der Hauptstraße hinter der Dorfmoschee auf der linken Seite neben dem Gemeindehaus und ist ausgeschildert.

Schlafen

★ **Maison Zouala** PENSION €
(☎0672 14 46 33; www.zouala.com; mit HP 250–300 Dh/Pers.; 📶) Diese einladende familienbetriebene Pension ist eine Ikone des ländlichen Tourismus und hat traditionelle Zimmer mit Lehmwänden, Berber-Wandteppichen und getöpferten Lampen. Zudem

kann man von hier aus prima die *palmeraie* erkunden. Hamid hat einen Master in Geschichte; er ist eine Fundgrube an Infos über das Ziztal, seine Menschen und die Kultur und kann Gästen das Dorfleben näherbringen (z.B. Besuche in der Schule und in einer Frauenkooperative organisieren).

Wer hier nicht übernachtet, kann auf ein Mittagessen reinschauen, muss sich dafür aber telefonisch anmelden. Hier werden auch Ausflüge organisiert – von Wanderungen, Radtouren und Maultiertrips durch die Oase bis hin zu mehrtägigen Exkursionen zu anderen Dörfern samt Übernachtung unterwegs bei Einheimischen (Tour mit Übernachtung ab 400 Dh/Pers. & Tag mit Verpflegung und Unterkunft).

Liegt rund 47 km nördlich von Erfoud. Bei der Fahrt Richtung Norden auf der N13 die gekennzeichnete Ausfahrt nach links nehmen.

Camping Tissirt CAMPEN €

(☎ 0662 14 13 78; http://campingtissirtziz.free.fr; N 31°78.535, W 004°23.118; pro Pers./Auto/Zelt/Wohnmobil 15/15/15/30 Dh, Bungalow 130 Dh, mit HP 150 Dh/Pers.; 📶) Am Rand der *palmeraie*, 12 km nördlich von Aufous, bietet dieses freundliche, im Schatten von Palmen liegende Camp drei schlichte Lehmbungalows mit Gemeinschaftsbad. Außerdem gibt's Mahlzeiten mit der regionalen Spezialität *kalia* (gewürztes Rind- oder Hühnchenfleisch; 60–70 Dh) und zum Nachtisch am besten in Olivenöl gegarte Datteln (40 Dh). Duschen (10 Dh) und Strom (25 Dh) kosten extra. Es gibt auch einen Fahrradverleih.

Maison Vallée de Ziz PENSION €€

(☎ 0661 83 51 51, 0535 88 21 76; N 31°45.835, W 004°12.220; mit HP 350 Dh/Pers.; ❄📶🏊) Die nichtssagende Fassade dieses kleinen Hotels am Straßenrand kann man getrost ignorieren. Wer einfach eintritt und durchläuft, gelangt zu einer hübschen Poolterrasse mit prächtigem Blick über die wogenden Palmen und Granatapfelbäume ins Tal. Stufen führen hinab zur *palmeraie* und ermöglichen Morgen- und Abendspaziergänge. Danach kann man sich in seinem Zimmer mit Stahllaternen und Wüstentraum-Ölbildern in das riesige Bett fallen lassen.

Dies ist auch ein toller Ort für einen Zwischenstopp zum Mittagessen (80 Dh) und ein erfrischendes Bad im Pool. Mohammed und Said sind Wüstenführer, sodass auch Ausflüge in weiter entferntere Gegenden arrangiert werden können.

ℹ An- & Weiterreise

Öffentliche Busse fahren von Er-Rachidia zu einem Terminal oberhalb der Quelle Source Bleue (4 Dh, 7–21 Uhr). Alle Busse und *grands taxis* Richtung Erfoud oder Aufous können einen an der Ausfahrt absetzen. Bei der Abreise einfach an der Hauptstraße ein Sammeltaxi heranwinken.

Erfoud ارفود

24 000 EW.

Erfoud ist ein hübscher Zwischenstopp auf dem Weg von Fès oder Meknès Richtung Süden nach Merzouga. Es gibt hier *madfouna* (Berber-Calzone) aus dem Holzofen, hunderte Millionen Jahre alte Fossilien und den fotogenen alten Ksar M'Aadid, 5 km nördlich der Stadt. Auf dem Suk am Südende von Erfoud werden Datteln aus der Region und frische Produkte verkauft. Im Oktober steigt das immer beliebter werdende Dattelfest mit Tanz und Musik.

Sehenswertes

Erfoud liegt im Herzen der marokkanischen Fossilienlager, und die paläozoischen Schichten südlich der Straße zwischen Erfoud und Alnif sind ein erstklassiges Jagdrevier für Fossilienbuddler. Über Kilometer hinweg haben Berber auf der Suche nach versteinerten Trilobiten mit der Hand flache Gräben ausgehoben. Da nur wenige der Fossilienfunde unbeschädigt sind, bringen die Buddler ihre Trilobitenstücke in sogenannte „Präparier-Labore" wie das von Brahim Tahiri, wo die Einzelteile zusammengesetzt werden.

Repliken von Trilobiten gibt's aus Gips, Plastik oder Karosseriekitt; sie sind oft nur schwer von echten Fossilien zu unterscheiden.

Museum of Fossils & Minerals MUSEUM

(☎ 0535 57 68 74; www.tahirimuseum.com; Rte de Rissani; ⏲ 8–19 Uhr) GRATIS Der beste Ort für eine Einführung in die Fossilien Marokkos ist Brahim Tahiris Museum für Fossilien & Mineralien, das einzige private Fossilienmuseum in Marokko. Hier werden wissenschaftlich bedeutsame Exemplare ausgestellt und die weniger bedeutsamen im Laden verkauft. Brahims Bemühungen, auf Marokkos reiches geologisches Erbe aufmerksam zu machen, fand internationale Anerkennung, indem eine Trilobitenart nach ihm benannt wurde: der *Asteropyge tahiri*. Das Museum liegt rund 5 km von Erfoud entfernt an der Straße nach Rissani und ist leicht an den lebensgoßen Dinosaurierskelett-Nachbildungen vor dem Eingang zu erkennen.

Schlafen & Essen

Hotel Cannes HOTEL €€

(☎0535 57 86 95; www.hotelrestaurantcannes.com; 85 Ave Hassan II; EZ/DZ/3BZ 160/210/270 Dh; ❄📶) Das Cannes ist ein zentral gelegenes Hotel mit billigen, sauberen Zimmern, deren Wände mit wirbelnden, wie mit den Fingern gearbeiteten Mustern in blassen Pastelltönen gestaltet sind. Das Frühstück kostet 25 Dh extra, und im Café gibt's ganz ordentliche Mahlzeiten. Es liegt in Gehweite zum Markt, zu den Fahrkartenbüros von CTM und Supratours an der Ave Mohammed V und zur Bushaltestelle an der Place des FAR.

Kasbah Xaluca Maadid RESORT €€€

(☎0535 57 84 50; www.xaluca.com; DZ/Suite ab 900/1800 Dh; P❄📶🏊) Eine protzige Poolpartyszene wie in Musikvideos, nur mit mehr Kindern. Die Juniorsuiten sind mit Bettgestellen aus fossiliendurchsetztem Marmor und mit Lampen, die aus Mineralien gefertigt wurden, ausgestattet; die Suiten sind mit Chintz-Volants an den Himmelbetten ziemlich aufgetakelt. Wüstenreisende schätzen das Spa, Kinder zieht es eher zum Pool oder zur Minigolfanlage. Das Resort liegt 5 km vor Erfoud auf der rechten Seite.

★ **Pizzeria-Restaurant des Dunes** BERBERKÜCHE, PIZZERIA €

(☎0535 57 67 93; www.restaurantdesdunes.com; Ave Moulay Ismail; Hauptgerichte 50–70 Dh; ⏲9–22 Uhr; 📶) Hier gibt's echte Holzofenpizzas, darunter auch die Spezialität des Hauses mit Palmherzen, Oliven und Oregano. Wer mal etwas anderes probieren möchte, sollte das himmlische *madfouna* bestellen, eine goldgelb gebackene Blätterteigtasche, gefüllt mit gehackten Zwiebeln, Kräutern, Hühnchen, Rindfleisch oder Gemüse. Wenn das Wetter mitspielt, kann man hinten auf der hübschen Terrasse speisen.

Hotel-Restaurant Benhama CAFÉ €

(☎0661 82 64 57; Ave Moulay Ismail; Sandwiches 20–25 Dh; ⏲8–21 Uhr) Bietet eine Mischung aus den üblichen Tajines, Grillspießen und Couscous sowie Pizza. Das Essen wird an schicken Tischen auf dem Bürgersteig an der Hauptstraße oder drinnen im hübschen klimatisierten Lobby-Restaurant serviert.

ℹ Praktische Informationen

Banken, Internetcafés, die Post und einen Supermarkt findet man an der Ave Moulay Ismail.

ℹ An- & Weiterreise

BUS

CTM (☎0535 57 68 86; Ave Mohammed V) betreibt Nachtbusse nach Meknès (140 Dh, 7½ Std.) und Fès (150 Dh, 8½ Std.) über Er-Rachidia (30 Dh, 1¼ Std.) sowie einen Bus am frühen Morgen nach Rissani (20 Dh, 25 Min.).

Busse von Supratours und anderen Unternehmen fahren ab der Pl des FAR nach Tinerhir (70 Dh, 3½ Std., tgl.), Ouarzazate (120 Dh, 6½ Std., 3-mal tgl.), Marrakesch (190 Dh, 11 Std.), Meknès (130 Dh, 8 Std.) und Fès (140 Dh, 9 Std., 3-mal tgl.).

TAXI

Grands taxis und Taxi-Kleinbusse starten an der Pl des FAR und gegenüber der Post nach Merzouga (35 Dh, 1 Std.), Rissani (10 Dh, 20 Min.), Er-Rachidia (30 Dh, 1 Std.) und Tinerhir (65 Dh, 5 Std.).

Rissani الريصاني

21 200 EW.

In Rissani verläuft der Oued Ziz still im Sande, aber vom 14. bis zum 18. Jh. befand sich hier die berühmte Wüstenstadt Sijilmassa, wo man mit Gold und Sklaven, die mit Karawanen über die *sahel* gebracht wurden, ein Vermögen machte. Rissani war strategisch so wichtig, dass die Filali (Vorfahren der herrschenden Alawiten-Dynastie) hier in einer monumentalen Schlacht die Saadier vertrieben. Heute ist Rissani nur noch ein staubiger Schatten seiner selbst. Knapp ein Viertel der Bevölkerung lebt im *ksar* aus dem 17. Jh. und die moderne Stadt besteht aus einer einzigen Straße und einem Platz. Echos der Vergangenheit sind dennoch beim endlosen Feilschen um Vögel, Schafe und Wüstenschmuck auf den Suks am Sonntag, Dienstag und Donnerstag zu hören.

Sehenswertes & Aktivitäten

Die Ruinen von Sidschilmasa und der Circuit Touristique sind beide an der N13 westlich vom Zentrum ausgeschildert. Weitere Lehmziegel-*ksour* säumen die Straße nach Merzouga, darunter das **Dar el-Beidha** und der **Ksar Haroun**; Schilder auf der linken Seite am Ortsausgang weisen auf sie hin.

Sijilmassa HISTORISCHE STÄTTE

Kurz vor Rissani erstrecken sich die Ruinen der Hauptstadt des ersten praktisch unab-

Rissani & Merzouga

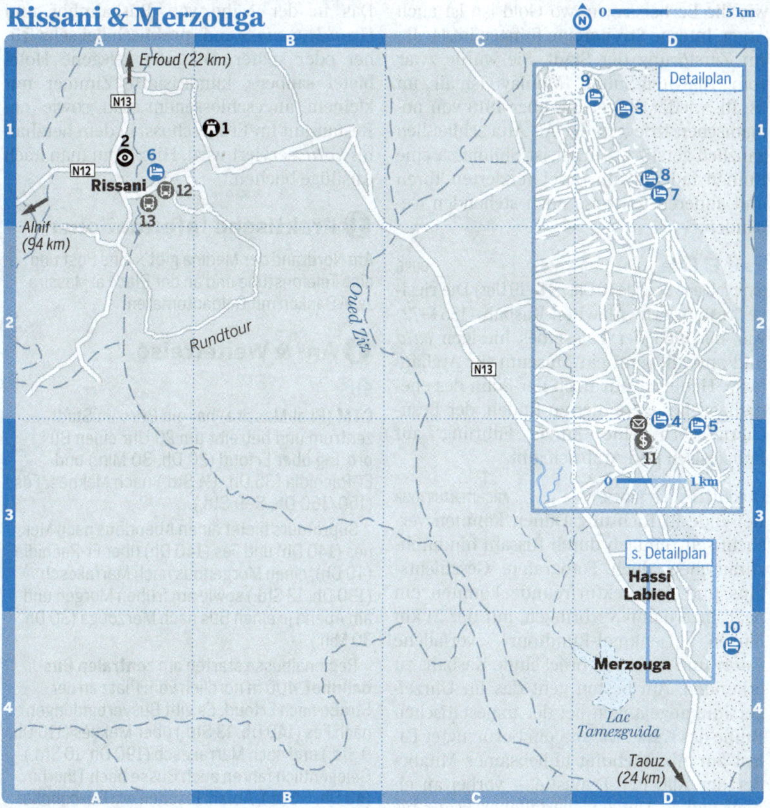

Rissani & Merzouga

Sehenswertes
- 1 Ksar El Fida B1
- 2 Sijilmassa A1

Schlafen
- 3 Auberge Camping Sahara D1
- 4 Chez Julia D3
- 5 Chez Youssef D3
- 6 Hôtel Sijilmassa A1
- 7 Kasbah Kanz Erremal D1
- 8 Kasbah Mohayut D1
- 9 Maison Merzouga D1
- 10 Riad Ali D4

Praktisches
- 11 Al Barid Bank D3

Transport
- 12 CTM A1
- Grands Taxis .... (siehe 4)
- Grands Taxis .... (siehe 6)
- 13 Regionaler Busbahnhof A1
- Supratours .... (siehe 4)

hängigen islamischen Fürstentums im Süden. Über die Gründung von Sijilmassa ist nichts Genaues bekannt, aber am Ende des 8. Jhs. war es eine Zwischenstation für den Trans-Sahara-Handel. Karawanen mit bis zu 20 000 Kamelen verließen Sijilmassa auf dem Weg zu den abgelegenen Salzminen von Taodeni und Tagahaza (im heutigen Mali) und zogen dann weiter nach Niger und Ghana. Dort bekam man damals für ein Pfund Saharasalz eine Unze afrikanischen Goldes.

Im 12. Jh. kam sudanesisches Gold, das in Sijilmassa veredelt wurde, nach Europa, wo es zu Münzen geprägt wurde. Die identische Qualität von europäischen und marokkanischen Münzen belegt die Bedeutung des Handels zwischen diesen Regionen. Aber, wie die Berber sagen, wo Gold ist, ist auch Ärger. Interne Streitereien führten im 14. Jh. zur Zerstörung der Stadt. Sie wurde zwar vom Alawiten-Sultan Moulay Ismail im 18. Jh. wieder aufgebaut, aber 1818 von nomadischen Kriegern der Aït Atta schließlich gänzlich zerstört. Seither ist Sijilmassa eine Ruinenstadt mit nur zwei verzierten Toren und anderen teilweise noch stehenden Gebäuden.

Ksar El Fida BURG

(empfohlene Spende 10 Dh; ⌚8–19 Uhr) Die riesige, restaurierte Alawiten-Kasbah (1854–72) war bis 1965 der Palast des hiesigen *caïd* und anschließend ein Museum für Archäologie. Heute ist nur noch der Sohn des ehemaligen Besitzers hier zu finden, der Besuchern gern eine kurze Führung auf Französisch und Arabisch gibt.

Circuit Touristique ARCHITEKTURTOUR

Reisende in Richtung Dünen könnten versucht sein, einfach durch Rissani hindurchzurauschen, doch Fotografen, Geschichtsfans und Architekturfreunde könnten ein paar Tage damit verbringen, auf der 21 km langen „Denkmal-Rundtour" verfallene *ksour* und kunstvoll bröckelnde Kasbahs zu erkunden. Am besten geht das im Uhrzeigersinn, angefangen bei der majestätischen Ruine des **Ksar Abbar** – ein bevorzugter Palast zur Abschiebung unliebsamer Mitglieder der Alawiten-Dynastie –, vorbei an einem halben Dutzend verfallener *ksour* bis hin zum noch immer bewohnten **Ksar Tinheras** auf einer Anhöhe mit spektakulärem Blick über das Tafilalet.

Auf dem Weg liegen auch das lohnende **Zawiya Moulay Ali Ash-Sherif** (⌚8–18 Uhr) GRATIS, ein Schrein zu Ehren des Gründers der Alawiten-Dynastie, und die Ruine des königlichen **Ksar Oulad Abdelhalim** aus dem 19. Jh. mit gewaltigen Festungsmauern.

Der Rundweg ist 1,5 km westlich von Rissani an der N13 ausgeschildert.

Schlafen

Da die Dünen nur knapp 35 km weiter südlich liegen, übernachten nur wenige Leute in Rissani und kommen stattdessen nur auf einen Tagesausflug ab Erfoud oder Merzouga vorbei.

Hôtel Sijilmassa HOTEL €

(☎0535 57 50 42; hotel-sijilmassa@menara.ma; Pl al-Massira al-Khadra; EZ/DZ mit Klimaanlage 180/230 Dh, ohne Klimaanlage 120/180 Dh; ❄📶) Das in der Nähe von Busbahnhof und *Grands-taxis*-Stand (praktisch bei sehr früher oder später Ankunft) gelegene Hotel bietet saubere, klimatisierte Zimmer mit kleinem angeschlossenem Bad sowie ein Restaurant im Erdgeschoss, in dem herzhaftes *kalia* serviert wird. Hier kann man auch Ausflüge buchen.

Praktische Informationen

Am Nordrand der Medina gibt's eine Post und eine Telefonstube und an der Place al Massira zwei Banken mit Geldautomaten.

An- & Weiterreise

BUS

CTM (Pl al-Massira) hat ein Büro im Stadtzentrum und betreibt um 20 Uhr einen Bus pro Tag über Erfoud (20 Dh, 30 Min.) und Er-Rachidia (35 Dh, 1¾ Std.) nach Meknès/Fès (150/160 Dh, 8–9 Std.).

Supratours bietet einen Abendbus nach Meknès (140 Dh) und Fès (140 Dh) über Er-Rachidia (40 Dh), einen Morgenbus nach Marrakesch (190 Dh, 12 Std.) sowie am frühen Morgen und am Abend je einen Bus nach Merzouga (30 Dh, 30 Min.).

Regionalbusse starten am **zentralen Busbahnhof**, 400 m nördlich vom Platz an der Straße nach Erfoud. Es gibt Busverbindungen nach Fès (140 Dh, 13 Std.) über Meknès (110 Dh, 9 Std.) und nach Marrakesch (190 Dh, 10 Std.). Gelegentlich fahren auch Busse nach Tinerhir (40 Dh, 6 Std.); Abfahrtszeiten am Busbahnhof checken. Sechs Busse am Tag fahren über Erfoud nach Er-Rachidia (30 Dh, 2 Std.).

TAXI

Grands taxis starten gegenüber dem Hôtel Sijilmassa häufig nach Erfoud (10 Dh), Er-Rachidia (30 Dh), Tinerhir (75 Dh), Merzouga (20 Dh) und gelegentlich nach Taouz (30 Dh).

Merzouga

Als eine reiche Familie einer armen Frau und ihrem Sohn die Gastfreundschaft verweigerte, war Gott beleidigt und begrub sie unter den Sandbergen namens Erg Chebbi. So lautet die Legende der Dünen, die sich majestätisch über die beiden Dörfer Merzouga und Hassi Labied erheben, die für viele Reisende das erfüllen, was Marokko zu sein verspricht: das Traumziel der Wüste. Doch Erg Chebbis Schönheit in Verbindung mit der leichten Erreichbarkeit von Merzouga hat ihren Preis. Asphaltstraßen von Midelt durch den Mittleren Atlas und von

Ouarzazate im Osten brachten einen Touristenboom mit sich. In der Hochsaison wirbeln Busse und Konvois aus Geländewagen gewaltige Staubwolken auf, wenn sie durch die *hammada* rasen, um rechtzeitig zu einem Kamelritt bei Sonnenuntergang anzukommen. Puristen beklagen, dass sich Hotels am Westrand der Dünen breitmachen – allerdings ist der spektakuläre Dünenblick von Zimmern und Terrassen nicht zu verachten.

Sehenswertes & Aktivitäten

Ein Ausflug nach Merzouga sieht typischerweise so aus, dass man sich kopfüber in die Wüste stürzt und in Safarizelten übernachtet. Auf dem Programm stehen Kamelritte im Sonnenuntergang, geselliges Beisammensein am Lagerfeuer mit Musik unter dem funkelnden Sternenhimmel, gefolgt von frühmorgendlichen Spaziergängen zur höchsten Düne in der Nähe, um die Sonne zu begrüßen. Um die Wüste in all ihrer himmlischen Schönheit richtig genießen zu können, muss man seine Reise aber sorgfältig planen und am besten außerhalb der Saison herkommen – also Ende November, im Januar oder im Februar, wenn es hier am ruhigsten zugeht und das Wetter am günstigsten ist.

Die meisten Hotels bieten Ausflüge in die Dünen an. Eine zweistündige Kameltour bei Sonnenauf- oder -untergang kostet zwischen 150 und 300 Dh. Eine Tour mit Übernachtung (350–700 Dh/Pers.) beinhaltet in der Regel ein Bett in einem Berberzelt, Abendessen und Frühstück. Geländewagentouren mit bis zu fünf Personen pro Fahrzeug sind teurer (bis 1200 Dh/Tag). Nicht zu empfehlen sind die lästigen Quads (Dünen-Buggys), die Dünen planieren und Einwohner und Tiere stören.

Wer ohne Führer oder Kamel in der Stadt auftaucht, muss damit rechnen, ständig beides angeboten zu bekommen. Aber bei genauer Betrachtung ist das verständlich, denn in der Wüste über die Runden zu kommen, ist sicher nicht einfach. Wer sich zu sehr unter Druck gesetzt fühlt, sollte sich zurückziehen.

★ Erg Chebbi — SANDDÜNEN

Der Erg Chebbi ist eine sich stets wandelnde Sandwüste, die sich über 28 km von Nord nach Süd erstreckt und Höhen von bis zu 160 m erreicht. Mit den großen Sandmeeren in Algerien, Libyen und Namibia kann er sich zwar nicht messen, dennoch ist diese Dünenlandschaft äußerst malerisch. Die rotgoldenen Dünen erheben sich spektakulär über eine brettflache schwarze *hammada* und leuchten in hinreißenden Schattierungen aus Orange, Rosa und Lila, wenn die Sonne untergeht.

Lac Tamezguida — VOGELBEOBACHTUNG

(Lac de Merzouga, Dayet Sriji) Am Südrand des Erg Chebbi bildet sich zwischen November und Mai saisonal der Tamezguida-See. Es ist wohl die beste Gegend in Marokko, um viele Wüstenvögel zu sehen, darunter Pharaonen-Ziegenmelker, Atlasgrasmücken, Akaziendrosslinge und Blauwangenspinte. In guten Jahren lockt der See manchmal sogar Schwärme von Flamingos und andere Wasservögel an.

Schlafen & Essen

Merzouga hat eine hervorragende Auswahl an Unterkünften von bescheidenen, familienbetriebenen Pensionen bis hin zu verschwenderischen Hotels im Kasbah-Stil. Viele Hotels sind von der asphaltierten N13 aus nicht zu sehen: Sie liegen an teilweise über 1 km langen unbefestigten Zufahrten, die von der N13 in Richtung Osten abzweigen. Da sich die Hotels über einen 5 km langen Abschnitt zwischen dem Dorf Hassi Labied im Norden und Merzouga im Süden verteilen, sollte man seine Unterkunft im Voraus buchen und die genaue Lage herausfinden. Manche Unterkünfte lassen Gäste auch auf Matratzen auf der Terrasse oder in einem Berberzelte (30–60 Dh/Pers.) nächtigen. Für Touren mit Übernachtung in einem Wüstenbiwak muss man unbedingt warme Kleidung mitbringen, denn es kann sehr kalt werden.

An Restaurants gibt's keine große Auswahl; die meisten Besucher essen in ihrer Unterkunft.

Hassi Labied

Auberge Camping Sahara — GASTHAUS, CAMPEN €

(☎ 0535 57 70 39; www.auberge-sahara-merzouga.com; N 31°08.100, W 004°01.122; DZ mit HP 200–400 Dh/Pers., Campen auf der Terrasse pro Pers./Wohnmobil 50/70 Dh; P ❄ 📶 ≋) Im südlichsten Teil des Dorfes bietet diese freundliche, von Tuareg betriebene Herberge direkt vor den Dünen 20 einfache, blitzblanke Zimmer mit angeschlossenem Bad und einen Pool. Vier Zimmer blicken auf die Dünen und drei sind klimatisiert.

FRAGEN ZU KAMELTOUREN

Bei mehr als 70 Camps in den Dünen von Erg Chebbi kommt es auf die richtige Auswahl an. Vor der Buchung einer Dromedartour sollte man dem Führer folgende Fragen stellen:

Wie groß ist Ihr Camp, und wie viele Leute werden heute Nacht dorthin geführt? Die Touren mit Übernachtung schlagen ihr Nachtlager oft nebeneinander am selben Ort auf. Wer also die romantische Vorstellung hat, allein unter den Sternen in den Dünen zu sein, muss sich einen Anbieter mit separatem Camp suchen.

Wie weit ist es bis zum Camp? Nicht jeder ist fürs Dromedarreiten geschaffen – manche werden seekrank, andere scheuern sich wund. Für längere Touren Tabletten gegen Übelkeit und Speisestärke oder Talkumpuder mitnehmen.

Spricht der Treckführer Englisch oder eine andere Sprache, die ich beherrsche? Das ist wichtig für den unwahrscheinlichen Fall, dass man in der Wüste in Not gerät, und macht peinliches Gestikulieren überflüssig, wenn man mal auf die Toilette muss.

Sind die Kamele gut ausgeruht? Bloß nicht persönlich nehmen. Übermüdete, unleidliche Kamele sind berüchtigt dafür, dass sie abrupte Bewegungen machen, plötzlich anhalten und rasselnd spucken.

★ **Maison Merzouga** PENSION €€

(☎0661 25 46 58 0535 57 72 99; www.merzouga-guesthouse.com; N 31°07.869, W 004°01.034; EZ/DZ mit HP ab 500/700 Dh, Suite mit HP 1000–2000 Dh; ❄📶🏊) Gäste werden in dieser familienbetriebenen Pension, in der die Berber-Gastfreundschaft und nicht nur die Einrichtung mit Wüstenmotiven im Mittelpunkt steht, sehr herzlich empfangen. Wollteppiche, *tadelakt*-Wände, Steinkamine und friedliche Terrassen mit Blick auf die Wüste tragen zum Reiz der Pension bei. Die Gäste können prima am Pool faulenzen, Ausflüge vereinbaren und die *palmeraie* erkunden.

Kasbah Kanz Erremal HOTEL €€

(☎0535 57 84 82; www.kanzerremal.com; N 31°07.765, W 004°00.769; DZ/3BZ/4BZ mit Frühstück 480/720/950 Dh; P❄📶🏊) Das Kanz Erremal vermeidet das rustikale Flair vieler anderer Hotels in Merzouga und setzt stattdessen auf eine dezent-stilvolle Einrichtung. Mit Kissen bestückte Sitzbänke säumen den luftigen Innenhof, und die Zimmer mit Blick auf die Wüste sind mit kühlender weißer Bettwäsche und hauchdünnen Vorhängen bestückt. Am schönsten sind die breite Terrasse mit Blick auf den Sand und der schicke Infinity-Pool mit traumhaftem Dünenblick.

Kasbah Mohayut GASTHAUS €€

(☎0666 03 91 85; www.hotelmohayut.com; EZ/DZ/Suite mit HP ab 490/620/840 Dh; P📶🏊) Hier findet jeder seine Nische – in den 18 Zimmern mit geformtem *tadelakt*, im Schatten am kleinen Pool oder auf dem Dach mit Blick auf die Sanddünen. Himmelbetten, Berberteppiche und *tataoui*-Decken tragen zum Charme der Anlage bei. Der wirkliche Renner sind jedoch die Suiten – jeweils mit Dachterrasse und tollem Blick in die Wüste.

Merzouga

Chez Julia PENSION €

(☎0535 57 31 82; www.chez-julia.com; DZ mit/ohne Klimaanlage ab 300/180 Dh; ❄📶) Die Pension hinter der Moschee im Herzen von Merzouga versprüht puren Charme: Sie hat sieben schlicht möblierte Zimmer (mit 3 Gemeinschaftsbädern) in sonnengebleichten Farben (rosa, gelb, blau) mit Stroh- und Lehmwänden, alten Kaminsimsen und weiß gefliesten Gemeinschaftsbadezimmern sowie ein möbliertes Familienapartment (400–800 Dh). Angeboten werden auch Vogelbeobachtungstouren, Musikkonzerte in der Sahara sowie Fossilienjagdausflüge und Übernachtungen in der Wüste.

Riad Ali PENSION €€

(☎0670 62 41 36; www.hotelriadali.com; N 31°05.799, W 004°00.302; EZ/DZ mit Frühstück 400/600 Dh; P❄📶🏊) Die moderne Kasbah sorgt mit elf Gästezimmern in Kobaltblau und Zitronengelb rund um einen Innenhof samt schillerndem Pool für sofortige Abhilfe von der Wüstenhitze. Im Angebot stehen auch Übernachtungstouren mit Dromedaren unter der Führung eines erfahrenen offiziellen Tourleiters aus der Gegend mit Übernachtung in Biwaks der Standard-, Spitzen- oder Luxusklasse (450–1300 Dh/Pers.; die beiden Letzteren mit angeschlossenen Duschen und Toiletten).

Die Pension hat eine praktische Lage 600 m vom Zentrum Merzougas und der Busendhaltestelle entfernt.

Chez Youssef PENSION €€

(☎0666 36 71 74; www.chezyoussef.com; Merzouga Village; DZ/3BZ mit Frühstück 330/440 Dh, EZ/DZ/3BZ mit HP 275/510/710 Dh; ❄📶) Youssef vermietet in seinem einfachen Stampflehmhaus vier Zimmer um einen winzigen Innenhof mit einer schattenspendenden Palme. Die Einrichtung mit Oasenflair ist sparsam, aber die Betten sind fest, die Laken makellos sauber und die Gerichte hausgemacht. Der Gastgeber bietet auch preiswerte Kameltrecks und Touren mit Übernachtung in einem friedlichen Camp fern aller Menschenmassen (450 Dh/Pers.) an.

★ **Ali & Sara's Desert Palace** CAMPINGPLATZ €€€

(☎0668 95 01 44; thedesertpalace@hotmail.com; mit VP 975 Dh/Pers.) Auf du und du mit Romeo, George und Casanova – nein, das sind nicht etwa Jungs, die einen hier anbaggern, sondern die getreuen Dromedare, die Gäste von Merzouga aus zu einem traumhaften Ausflug tragen. Das Ehepaar Ali und Sara hat vier Jahre lang an der Entwicklung eines Abenteuerprojektes gearbeitet, das hoch gelobt wird.

Ali, der aus einer Nomadenfamilie mit elf Brüdern stammt, kennt die Wüste wie kein anderer, und Saras Know-how sorgt für ein luxuriöses und organisiertes Camp, erstklassige Küche und wunderschön eingerichtete Zelte. Um das Camp, 8 km östlich von Merzouga, klein, persönlich und stressfrei zu halten, gibt es nur Platz für zwölf Personen. Im Preis ist alles enthalten, auch nichtalkoholische Getränke. Reservierung ist ratsam.

ℹ Praktische Informationen

Al Barid Bank (🕒Mo–Fr 8–16.15 Uhr) Diese Bank in praktischer Lage neben der Post am Ortseingang hat den einzigen Geldautomaten in Merzouga.

Post Am Ortseingang.

ℹ An- & Weiterreise

Die N13 verläuft von Rissani nach Merzouga, und die *piste* von Erfoud wird vermutlich in den nächsten paar Jahren asphaltiert. Abgesehen davon liegen die meisten Hotels in einiger Entfernung zur Straße an unbefestigten, mit Schildern markierten Zufahrten. Wer mit einem normalen Mietwagen unterwegs ist, sollte die befestigte Straße nicht verlassen, um im Gelände nicht im Sand steckenzubleiben. In Hassi Labied kann man in Minibusse aus- und einsteigen – das Hotel kann das arrangieren. In der Hauptsaison fahren zwischen 7.30 und 9.30 Uhr Minivans ab Merzouga.

Supratours hat täglich um 8 Uhr einen Bus von Merzouga nach Marrakesch (220 Dh, 12½ Std.) und um 19 Uhr einen Bus nach Fès (170 Dh, 10½ Std.). Die Bushaltestelle liegt an Merzougas Hauptstraße, gleich abseits der Straße Richtung Norden nach Rissani.

Grands taxis fahren vom Zentrum Merzougas Richtung Norden nach Rissani (15 Dh). Nach Taouz im Süden kommt man schwerer; vielleicht muss man sogar für alle sechs Sitzplätze bezahlen (100 Dh).

Taouz تاوز

In Taouz, wo die Wüste die Straße verschluckt, entdeckt man Mineralienformationen und vielleicht sogar Dinosaurierknochen. Zwischen Merzouga und Taouz liegt das Dorf Khamlia, dessen Einwohner von entflohenen Sklaven abstammen sollen. Aus diesem Grenzstädtchen stammen namhafte Gnaoua-Musiker, darunter *Les Pigeons du Sable* (Die Sandtauben). Ihre CDs sind online erhältlich; manchmal treten sie in der Gegend und auf dem Festival du Desert in Er-Rachidia auf. Mehr Infos gibt's in ihrem (an einem Transparent erkennbaren) Haus.

Die **Casa Taouz** hinter dem Dorf Taouz hat Tee und manchmal auch Essen im Angebot. Mit einem Geländewagen kann man Unterkünfte in der Wüste ansteuern, deren GPS-Koordinaten auf Schildern an der Straße angegeben sind.

VON RISSANI NACH ZAGORA

Statt über die N10 wieder über Tinerhir und Ouarzazate zurück nach Marrakesch zu fahren, ziehen abenteuerlustige Wüstenreisende die N12 vor, die durch die südlichen Ausläufer des Jbel Sarhro über Alnif, Tazzarine und N'Kob führt. Auf der Straße herrscht wenig Verkehr und kaum Tourismus und sie ist eine interessante Strecke durch bestes Fossiliengebiet zum Drâatal bis nach Tansikht, 63 km nördlich von Zagora und 98 km südlich von Ouarzazate. N'Kob mit seinen vielen Kasbahs ist der reizvollste Ort für eine Übernachtung und auch eine gute Basis für Jbel-Saghro-Wanderungen und Ausflüge.

An- & Weiterreise

Regionalbusse pendeln auf der Straße zwischen Rissani und Zagora (6 Std.) über Alnif, Tazzarine und N'Kob. Verlässlicher sind die *grands taxis* zwischen Rissani und Alnif (30 Dh), Alnif und Tazzarine (30 Dh), Alnif und Tinerhir (30 Dh) sowie Tazzarine und Ouarzazate (75 Dh).

CTM hat um 6.30 Uhr einen Bus von Tazzarine nach Marrakesch (135 Dh, 7½ Std.) über N'Kob (20 Dh, 30 Min.) und Ouarzazate (60 Dh, 3 Std.).

Alnif النيف

Ein Großteil des marokkanischen Antiatlas-Gebirges besteht aus paläozoischem Gestein, das zwischen 245 und 570 Mio. Jahre alt ist. Als die Felsablagerungen entstanden, bedeckte noch ein seichtes Meer die Region. Trilobiten krabbelten auf dem Meeresboden und große Schwärme *Orthoceras,* tintenfischähnliche Nautiloideen mit kegelförmigen Schalen, schwammen im Wasser. Als sie starben, blieben ihre Schalen im kalkhaltigen Schlamm des Maidir-Bassins zwischen Erfoud und Alnif erhalten, bis sie als die polierten Kuriositäten, Kaffeetische und dekorativen Becken auferstanden, die nun die Läden in Alnif vollstopfen.

Heute verdienen über 50 000 Marokkaner durch den Abbau von Fossilien und Mineralien und deren Export ihren Lebensunterhalt. Es ist eine harte, arbeitsintensive Tätigkeit, bei der Männer die fossilienreichen Flöze und alten Abraumhalden mit Meißeln, Pickel und Hacken bearbeiten. Die Preise richten sich nach der Seltenheit, dem Zustand und der Qualität des Präparats und können von unter 100 bis zu Zentausenden Dirham für Exemplare mit Museumsqualität reichen.

Aktivitäten

Ihmadi Trilobites Centre WANDERN
(☎0666 22 15 93; www.alnifearth.com; ⏲9–17 Uhr) Der Besitzer und Geologe Mohand Ihmadi leitet Kurzausflüge zu Fossilienlagern in der Umgebung (200 Dh für den Nachmittag). Ihmadi ist eine Fundgrube an Infos über die geologische Geschichte der Region und baut gerade in der Nähe ein neues Museum auf (das 2017 eröffnet werden soll). Aktuelles erfährt man im Laden.

Schlafen & Essen

Kasbah Meteorites HISTORISCHES HOTEL €€
(☎0661 70 26 30; www.kasbahmeteorites.com; mit HP 300 Dh/Pers.; ❄📶🏊) Die hübsche Bleibe, 13 km westlich von Alnif, hat einfache, aber komfortable und klimatisierte Zimmer und einen Pool in Übergröße. Hier steigen gern auch Reisegruppen ab.

La Gazelle du Sud MAROKKANISCH €
(☎0670 23 39 42; Hauptgerichte 40–75 Dh; ⏲8–19 Uhr; 📶) Das beliebte Mittagslokal serviert große Portionen Tajines, Grillspieße und Omeletts. Dies ist das ruhigere der zwei Hotelrestaurants, die an der Hauptkreuzung einander gegenüberliegen. Es gibt auch einfache Zimmer (DZ ab 100 Dh).

Hotel Restaurant Bougafer CAFÉ €
(☎0535 78 38 09; Alnif; Gerichte 30–60 Dh; ⏲8–22 Uhr) Das Bougafer hat ein begrenztes Angebot an Speisen (Tajine oder Brathähnchen mit Pommes), was seiner Beliebtheit zur Mittagszeit keinen Abbruch tut.

Tazzarine تازارين

Die Oase Tazzarine, ein kleiner Wüstenort, liegt im Herzen des Stammesgebiets der Aït Atta auf halber Strecke zwischen Alnif und N'Kob. Trotz jahrelanger Dürre bilden die Palmenhaine und Hennafelder einen hübschen Anblick. In dem kleinen, verstreuten Ort gibt's zwar nicht viel zu sehen, doch ein paar Kilometer südwestlich findet man die prähistorische Stätte Âït-Ouazik mit wundervollen Petroglyphen, auf denen deutlich Elefanten, Giraffen, Büffel und Antilopen zu erkennen sind. Sie entstanden etwa 5000 v. Chr., als die Gegend noch einer Savanne glich. Ebenfalls südlich von Tazzarine liegt das kleine, aber malerische Dünenfeld Foum Tizza, eine Gegend aus sandiger *sahel* mit blau-schwarzen Felsen. Die Dünen werden selten besucht und geben Reisenden die Gelegenheit, den *désert profond* (die tiefe Wüste) im Kleinen zu erleben.

Schlafen

Camping Serdrar CAMPEN €
(☎0667 23 80 22; www.camp-serdrar.com; N 30°43.318, W 005°28.547; Berberzelt mit HP 200 Dh/Pers., Zelt/Wohnmobil mit Dusche 60/60 Dh, Strom 20 Dh) Genau das Richtige für Budgettraveller ist dieser Campingplatz auf einer familienbetriebenen Palmenplantage in wundervoller Lage 11 km südlich von Tazzarine und 6 km abseits der Hauptstraße im Schatten des Jbel Rhart. Man schläft in Berberzelten oder campt unter den Palmen. Youssef führt Gäste auch zu den Fossilienlagerstätten.

Camp Nomades CAMPEN €€€
(☎0524 43 48 08; www.camps-nomades.com; Tazzarine; mit VP 1135–1900 Dh/Pers.; ⏲Mai–Sept. geschl.) Der Reisespezialist Maroc Sur Mesure mit Sitz in Marrakesch bietet Luxuscamping im Camp Nomades. Im Preis inbegriffen sind Vollpension und alle Aktivitäten (wie Wüstenwanderungen, Maultiertrecks, Dorfbesuche und Kochdemonstrationen).

N'Kob نقوب

Eines der bestgehüteten Geheimnisse Marokkos ist die Berberoase N'Kob, in der 45 Lehmziegel-*ksour* Reisende anhalten und staunen lassen. Das Städtchen hat eine staubige, quirlige Haupt- und Durchfahrtsstraße, an der man noch immer traditionelle Handwerker bei der Arbeit sieht. Am Hauptplatz am östlichen Ortsrand lässt sich auch manchmal ein Mitglied des hiesigen Kriegerstammes der Aït Atta blicken, der mit seinem Krummsäbel ins Postamt von N'Kob schreitet. Der Name N'Kob stammt von einer Höhle in der Gegend, die Aït-Atta-Nomaden einst als Unterschlupf diente. Hinter dem Ort liegen die tiefgrünen Palmen der Oase und die hoch aufragenden Berge des Jbel Sarhro.

Aktivitäten

Für Wanderer ist N'Kob ein Ausganspunkt für Trecks über den Jbel Sarhro (3 Tage). Es ist besonders praktisch für kürzere Wanderungen zu den spektakulären Felsnadeln Bab n'Ali. Möglich ist auch eine abenteuerliche Geländefahrt hoch über den Tizi n'Tazazert (2283 m), vorbei an den wirbelnden Felsformationen des Taggourt-Plateaus und wieder hinab nach Ikniouln und zum Dadestal.

Das **Bureau des Guides** (☎0667 48 75 09) an der Hauptstraße arrangiert Wanderungen in der Umgebung zur Erkundung der Kasbahs, Felsformationen und Palmenoasen von N'Kob.

Schlafen & Essen

Abgesehen von den wenigen einfachen Lokalen an der Hauptstraße gibt es kaum Essensmöglichkeiten in N'Kob. Die meisten Reisenden essen in ihrer Unterkunft.

Die wichtigste Budgetunterkunft in N'Kob, die **Auberge-Camping Ouadjou** (☎0524 83 93 14; Zi. mit HP ab 250 Dh; P ❄), war zum Zeitpunkt der Recherchen wegen Renovierungsarbeiten geschlossen. Daher vor der Ankunft telefonisch nachfragen, ob sie inzwischen wieder geöffnet ist.

Kasbah Baha Baha HISTORISCHES HOTEL €€
(☎0524 83 97 63; www.kasbahabaha.com; N'Kob; EZ/DZ/3BZ ab 380/500/690 Dh, ohne Bad 250/370/500 Dh; P ❄ 📶 ❄) Eine wunderschön restaurierte Kasbah mit großem botanischen Garten mit Berberpflanzen, selbstgebackenem Brot aus dem Holzofen, Gourmetmalzeiten am Pool (Frühstück/Abendessen ab 40/120 Dh), einem ethnografischen Museum (10 Dh) auf dem Gelände und atemberaubendem Blick auf die Oase. Es gibt drei Arten an Zimmern – von einfachen, aber netten Zimmern mit (weit entferntem) Gemeinschaftsbad bis hin zu schönen Maisonettes mit Dachterrasse – alle wurden jedoch mit traditionellen Materialien gestaltet.

Kasbah Ennakhile HISTORISCHES HOTEL €€
(☎0524 839 719; www.kasbah-nkob.com; N'Kob; EZ/DZ mit HP 400/560 Dh; ❄ 📶 ❄) Gäste sind voll des Lobes für diese freundliche, preis-

ABSEITS DER ÜBLICHEN PFADE

HINTER DEM ENDE DER STRASSE – OUZINA

Anstatt in Taouz umzukehren, kann man mit einem Geländewagen die *piste* Richtung Südwesten nehmen und zu den 30 km bzw. etwa eine Stunde entfernten Dünen bei **Ouzina** fahren, die sich über 2 km erstrecken und ein selten besuchtes Wüstenziel sind, das nur Sahara-Experten kennen. Hier befindet sich die **Kasbah Ouzina** (☎0668 98 65 00; www.kasbahouzina.com; EZ/DZ mit HP ab 500/800 Dh), eine kleine, ordentliche Herberge mit herrlich sandfreien Betten. In Ouzina wendet sich die *piste* westwärts Richtung Drâatal und erreicht nach ca. 45 km das Dorf **Mharje**. Hier kann man auf die gut planierte *piste* Richtung Norden abbiegen und nach **Alnif** fahren, wo die *piste* die asphaltierte Straße nach Zagora kreuzt. Alternativ folgt man der holprigen *piste* von Taouz westwärts ins Drâatal südlich von Zagora. So oder so dauert die Tour von Taouz nach Zagora mindestens sieben Stunden. Jede Menge Trinkwasser, Sprit, Verpflegung, Ersatzreifen, Handy und ein Führer mit Sahara-Erfahrung sind unerlässlich!

INSIDERWISSEN

SHOPPEN VOR ORT

Gegenüber der Post befindet sich **Aït Atta Chaussures**, ein Schuster, der aus Leder, Seil und gebrauchten Reifen traditionelle Sandalen (80–130 Dh) anfertigt – sie sehen recht schick aus und sind viel bequemer, als es klingt. Wenn man die Seitenstraße mit der Ausschilderung zur Kasbah Baha Baha 500 m runter und durch einen mit zerbeulten Töpfen bedeckten Durchgang geht, gelangt man zum Teekesselflicker von N'Kob, dessen Dienste beim **Sonntags-Suk** sehr gefragt sind.

werte Kasbah mit allem nötigen Komfort. Die Zimmer sind mit Steinböden, Lehmwänden und traditionellen Elementen ausgestattet (witzig ist die Dusche, bei der das Wasser aus einem Krug aus Tamegroute-Keramik fließt). Von der Terrasse und dem angrenzenden Pool aus bietet sich ein freier Blick auf die *palmeraie* und das Dickicht der Kasbah-Türme im Dorf. Das Hotel iegt an der Straße, die ortsauswärts führt, rund 800 m hinter dem Hauptplatz.

Ksar Jenna PENSION €€
(☎0524 83 97 90; www.ksarjenna.com; DZ mit Frühstück 420–460 Dh; ❄📶🏊) Das Ksar Jenna kann es durchaus mit den Riads von Marrakesch aufnehmen. Es bietet lichterfüllte Zimmer in Pastellblau, Zitronengelb und hellem Flieder, die mit geschnitzten Möbeln, Tazenakht-Teppichen, herrlich designten *zellij* und *tadelakt*-Badezimmern ausgestattet sind. Abendessen wird unter der bemalten Decke des Speiseraums serviert, Frühstück im blühenden Garten und Aperitifs oder Espresso an der Bar auf der Terrasse (es ist ein marokkanisch-italienisches Unternehmen). Liegt 2 km westlich von N'Kob.

Kasbah Imdoukal HISTORISCHES HOTEL €€
(☎0524 83 97 98; http://kasbahimdoukal.com; N'Kob; DZ/3BZ/Suite 700/900/1000 Dh, DZ ohne Klimaanlage 500 Dh; ❄📶🏊) Berberstolz trifft auf minimalistischen Chic: kunstvoll geschnitzte Betten, Amazigh-Friese auf *tadelakt*-Wänden, Maultiertouren in die Oase, gefolgt vom Faulenzen am Pool. Zum Abendessen wird *madfouna* (120–190 Dh) am Kamin des Restaurants serviert, in dem manchmal Konzerte stattfinden. Die meisten Zimmer haben eine Klimaanlage.

★ **Kasbah Hôtel Aït Omar** HOTEL €€€
(☎0524 83 99 81; www.kasbahhotel-aitomar.com; EZ/DZ mit Frühstück 50/90 €, DZ ohne Bad 30–40 €; P❄📶🏊) Das mit Zinnen versehene Dach und die absteigenden Terrassen des mit Stampflehm perfekt wieder aufgebauten Aït Omar bieten einen unvergleichlichen Blick über den Kasbah-Wald von N'Kob. Gewundene Treppen führen zu privaten Veranden mit Zitrusbäumen in Blumentöpfen, einem überkuppelten Marmor-Hamam und elf individuell eingerichteten Zimmern, die lediglich türkisfarbene *zellij*-Fliesen, edle Sofabezüge und Mosaikspiegel gemeinsam haben. Das Petite Kasbah in einem separaten Gebäude bietet schlichtere Zimmer mit Gemeinschaftsbad.

Atlantikküste

شاطئ الاطلنطي

Inhalt ➡

Gut essen

- La Table Madada (S. 231)
- Fischlokale (S. 222)
- Pâtisserie Bennis Habous (S. 176)
- Restaurant Brasserie La Bavaroise (S. 177)

Schön übernachten

- Villa Bea (S. 203)
- Jack's Apartments & Suites (S. 228)
- La Sultana (S. 218)
- Riad Meftaha (S. 192)
- L'Alcazar (S. 193)

Auf zur Atlantikküste!

An der windumtosten Atlantikküste liegen Marokkos Hauptstadt Rabat und die Wirtschaftsmetropole Casablanca. Mit ihrer maurischen Architektur und den liberalen Bewohnern scheinen beide Städte weit entfernt zu sein von den mittelalterlichen Medinas und dem konservativen Lebensstil in Städten wie Fès und Marrakesch im Landesinneren.

Doch es gibt hier nicht nur Großstädte. Diese Gegend bietet auch goldfarbene Sandstrände, Fischerdörfer, historische von den Portugiesen angelegte Häfen und befestigte Städte. Außerhalb der Städte erstreckt sich Weideland sanft abfallend bis ans Meer, und in den Feuchtgebieten tummeln sich im Herbst und im Frühjahr Unmengen von Zugvögeln.

Eingerahmt wird die Region von den Städten Asilah und Essaouira, die für ihre Medinas und Strände berühmt sind. Besucher dürfen sich auf Kunst, köstliche Meeresfrüchte und eine reiche Geschichte freuen – von den Phöniziern bis zu den Protektoraten. All dies sollte man keinesfalls verpassen!

Reisezeit

Casablanca

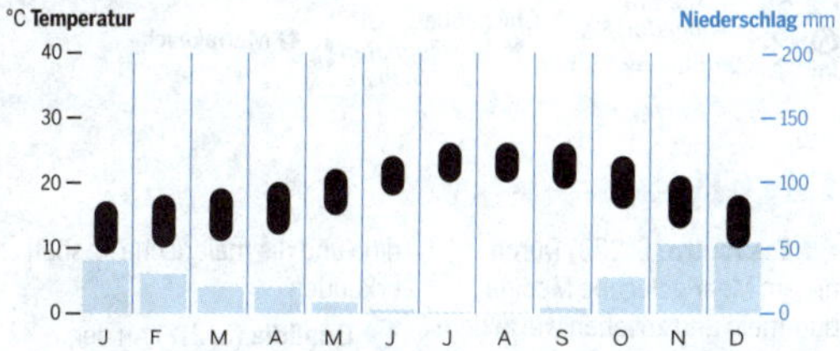

März–Mai In den Lagunen entlang der Küste sind Zugvögelschwärme zu beobachten.

Juni Weltmusikfans treffen sich auf dem weltberühmten Gnaoua-Festival in Essaouira.

Sept. Die marokkanischen Touristen haben die Strände verlassen und das Wetter ist noch immer gut.

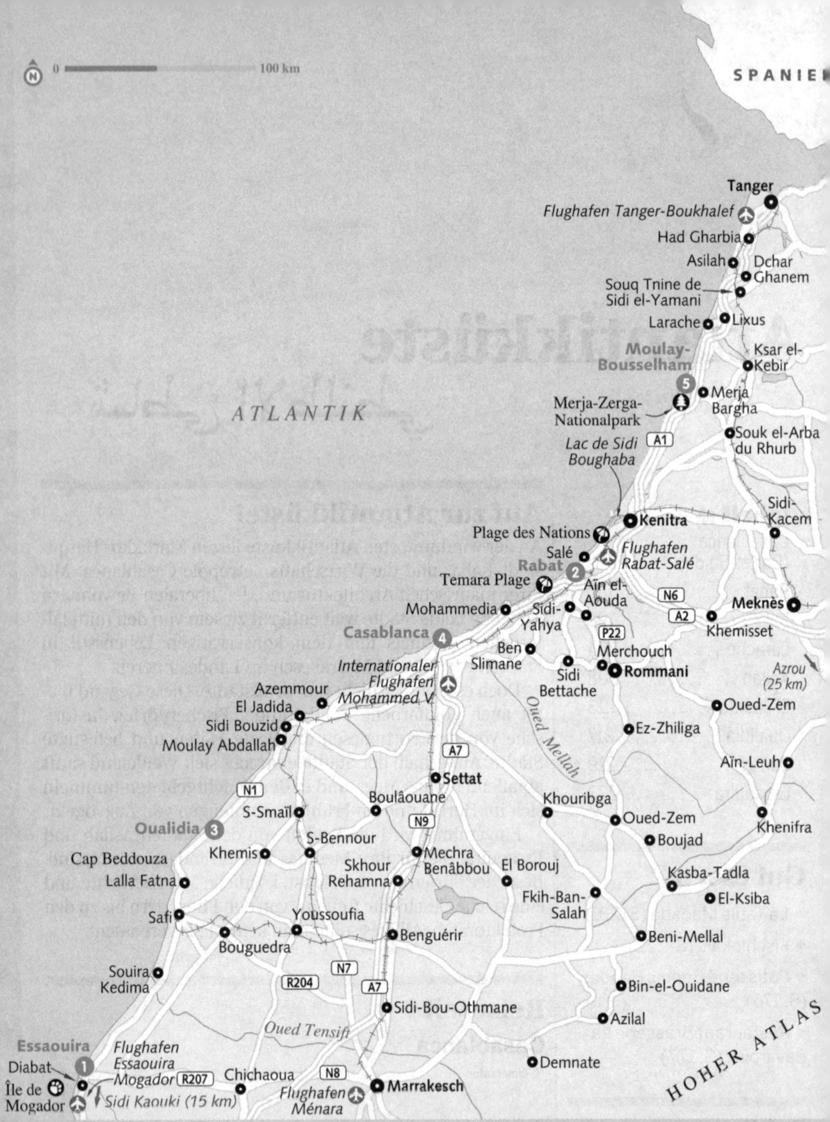

Highlights

❶ **Essaouira** (S. 223) Durch die am Meer gelegene Medina bummeln und zusehen wie in dem wuseligen Hafen traditionelle Holzboote gebaut werden

❷ **Rabat** (S. 185) Die von historischen Mauern umgebene Medina und die malerische Kasbah erkunden

❸ **Oualidia** (S. 217) An der ruhigen Lagune frische Austern genießen

❹ **Casablanca** (S. 167) Die maurischen Schätze sowie die Jugendstil- und Art-déco-Architektur dieser kosmopolitischen Stadt bewundern

❺ **Merja-Zerga-Nationalpark** (S. 202) In den Sumpfgebieten vom Boot aus seltene Zugvögel beobachten

Casablanca (Dar el Baïda)

الدار البيضاء

3,34 MIO. EW

Casablanca ist vielleicht nicht ganz so stimmungsvoll wie andere marokkanische Städte, repräsentiert aber das moderne Marokko am besten. Hier wird Geld gemacht, hier suchen junge Marokkaner ihr Glück und hier boomen Business und kreative Industrien.

Die Anzahl der aktuellen Bauprojekte ist schier unglaublich – die wichtigsten sind die an der Place Mohammed V und am Parc de la Ligue Arabe. Zu den neuen öffentlichen Gebäuden gehört u.a. das Grand Théâtre de Casablanca.

Die schönen maurischen Gebäude, die französisches Kolonialdesign und traditionellen marokkanischen Stil miteinander vereinen, kann man am besten in der Innenstadt bewundern. Wer etwas Zeit im Quartier Habous und in dem Strandvorort Âïn-Diab verbringt, kann sicher sein, in das hiesige Leben einzutauchen und festzustellen, dass dieses einstige Piratenversteck in die Zukunft blickt und dem im letzten Jahrhundert großstädtischen Leben europäischer Städte in nichts nachsteht.

Geschichte

Im 6. Jh. v. Chr. richteten die Phönizier einen kleinen Handelsposten am Standort des heutigen Nobelvorortes Anfa ein, der im 7. Jh. n. Chr. zur Regionalhauptstadt der Barghawata (Stammesverband der Berber) und 1188 von den Almohaden zerstört wurde. 70 Jahre später geriet der Ort unter die Kontrolle der Meriniden.

Im frühen 15. Jh. erkoren Piraten und zwielichtige Geschäftsleute den Hafen zu ihrem Schlupfwinkel. Ein paar Jahrzehnte später ging von Anfa eine solche Bedrohung aus, dass Lissabon 50 Schiffe und 10000 Mann mit seiner Unterwerfung beauftragte. Portugals Streitmacht hinterließ nur Ruinen. Da die Händler aber weiter unter den Raubzügen örtlicher Stämme litten, griffen die Portugiesen 1515 ein zweites Mal ein. Erst 60 Jahre später ließen sie sich dauerhaft hier nieder, errichteten Festungsanlagen und nannten den Hafen Casa Branca (Weißes Haus).

1755 gab Portugal die Kolonie auf, nachdem ein verheerendes Erdbeben Casa Brancas Mauern stark beschädigt hatte. Danach besiedelte Sultan Sidi Mohammed ben Abdullah die Stadt neu und befestigte sie, doch ihre frühere Bedeutung erlangte sie nie mehr. 1830 hatte sie nur ca. 600 Einwohner.

Mit dem europäischen Wirtschaftsboom Mitte des 18. Jhs. stieg der Bedarf an Getreide und Wolle. Marokko wurde als Lieferant interessant – schon bald versorgten die fruchtbaren Ebenen rund um Casa Branca den europäischen Markt. Mittelsmänner und Kaufleute strömten erneut in die Stadt, die von spanischen Händlern in Casablanca umbenannt wurde. Zu Beginn des 20. Jhs. sicherten sich die Franzosen die Genehmigung zum Bau eines künstlichen Hafens.

Das zunehmende Handelsaufkommen brachte der Region Wohlstand. Gleichzeitig stießen die Machenschaften und der Einfluss der Europäer auf Ablehnung. 1907 kam es zu Gewaltausbrüchen, als Europäer einen muslimischen Friedhof entweihten. Die prokolonialistischen Franzosen witterten ihre Chance und entsandten eine Streitmacht, um den Konflikt zu beenden. Schon bald traf ein französisches Kriegsschiff mit einer Kompanie Marinesoldaten ein und beschoss die Stadt. 1912 wurde diese Teil des neuen französischen Protektorats.

Sehenswertes

Casablanca ist Marokkos Wirtschaftszentrum, sodass sich die Bewohner hier mehr aufs Business als auf den Tourismus konzentrieren. Nur wenige Traveller besuchen die Stadt, die bemerkenswert wenige traditionelle Touristenattraktionen zu bieten hat. Abgesehen von der prächtigen Moschee Hassan II. besteht die hiesige Hauptattraktion im Erkunden der einzelnen Stadtviertel, z.B. das Zentrum mit der wunderschönen maurischen Architektur, das nette Quartier Habous und die vornehmen Strandvororte Anfa und Âïn-Diab.

Casa Zentrum

Es wird oft behauptet, dass Casablanca außer der Moschee keinerlei Attraktionen besitzt, aber im von den Franzosen erbauten Zentrum entdeckt man allerlei prächtige Kolonialgebäude, von denen manche gerade restauriert werden. Den besten Überblick bekommt man auf einer Erkundungstour rund um den Marché Central (S. 176).

La Fondation Abderrahman Slaoui MUSEUM
(Karte S. 170; ☎ 0522 20 62 17; www.musee-as.ma; 12 Rue du Parc; Erw./Student/Kind unter 12 Jahren 30/10 Dh/frei; ⏲ Di–Sa 10–18 Uhr; 🚌 Place Mo-

CASABLANCA IN …

… einem Tag

Los geht's mit dem Besuch der **Moschee Hassan II.** (S. 177), der bedeutendsten Sehenswürdigkeit und dem Hauptanziehungspunkt für Besucher. Danach gibt's Mittagessen im Gartenrestaurant **Sqala** (S. 177) in den Befestigungsmauern oder im **Restaurant du Port de Pêche** (S. 176) im Hafen. So gestärkt spaziert man durch die **Ancienne Médina** (s. unten) und bewundert die Architektur im Zentrum. Abends isst man dann in dem aus dem Filmklassiker bekannten **Rick's Café** (S. 176) oder fährt in den Strandvorort Âïn-Diab, um im **Basmane** (S. 180) traditionelle marokkanische Gerichte oder im schicken **Le Cabestan** (S. 180) modern zubereitete mediterrane Speisen zu genießen.

… zwei Tagen

Der nächste Tag beginnt mit einem Besuch des Quartier Habous, wo man sich im Suk einige Souvenirs und in der **Pâtisserie Bennis Habous** (S. 176) eine paar Gebäckstücke kaufen kann, die man mit einer guten Tasse Kaffee im **Cafe Imperial** (S. 180) genießt. Nachmittags bewundert man dann in der **Fondation Abderrahman Slaoui** (S. 167) die Sammlung marokkanischer ornamentaler Kunst und schaut sich in der **Villa des Arts de Casablanca** (S. 169) eine Ausstellung an. Abends speist man in dem beliebten altmodischen **Restaurant Brasserie La Bavaroise** (S. 177) und geht danach auf einen Drink ins **La Bodéga** (S. 176), wo man auch das Tanzbein schwingen kann.

hammed V) Das attraktiv gestaltete Museum hat eine bemerkenswerte Sammlung marokkanischer ornamentaler Kunst zu bieten. Die privat gegründete und betriebene Institution ist im ehemaligen Wohnhaus des Geschäftsmanns Abderrahman Slaoui beherbergt. Das Museum zeigt seine schöne Sammlung von orientalischen Reiseposter aus den 1890er- bis 1950er-Jahren, von Keramiken, Intarsienmöbeln (u.a. Stücke, die von dem damals in Marrakesch ansässigen Louis Majorelle entworfen wurden), kunstvoll mit Halbedelsteinen verziertem Berberschmuck sowie von Schmuckschachteln und Parfümflakons aus buntem Glas.

Ancienne Médina STADTVIERTEL

(Karte S. 170; 🚇 Place Nations Unies) Obwohl Casablancas Medina nichts von dem mittelalterlichen Charme vieler anderer marokkanischer Medinas hat, lohnt sich dennoch ein Bummel durch das kompakte Viertel aus dem 19. Jh. Besondere Kostbarkeiten findet man in den langweiligen Geschäften (Eisen- und Haushaltswarenläden, Apotheken und unzählige Läden mit billigen Klamotten und Schuhen) wahrscheinlich nicht, aber die verwinkelten Gassen, schattigen Plätze und gut besuchten Cafés sorgen für eine entspannte Atmosphäre. Auch ist es ein beliebter Weg, um von Casablancas Zentrum zur Moschee Hassan II. zu gelangen.

Die am meisten benutzten Eingänge sind das Bab Marrakech in der Ave Tahar El Alaoui und das Tor neben dem restaurierten Uhrenturm an der Nordwestecke der Place des Nations Unies. In den schmalen Gassen unweit dieser Tore befinden sich die meisten Geschäfte, die restliche Medina dient vorwiegend zu Wohnzwecken.

An der Nordseite der Medina gegenüber vom Hafen sind die letzten Überbleibsel von Casablancas Wehranlagen aus dem 18. Jh. zu sehen. Die als **Sqala** bekannte Bastion bietet einen weiten Blick übers Meer.

Uhrenturm HISTORISCHES BAUWERK

(Karte S. 174) Der belebteste Eingang in die Ancienne Médina ist von diesem 20 m hohen Uhrenturm geprägt, einem der markantesten Bauwerke in Casablancas Stadtzentrum. Der jetzige Turm stammt von 1993 und ist ein Nachbau des verfallenen und ca. 1950 abgerissenen Originalturms von 1911.

Church of St. John the Evangelist KIRCHE

(Karte S. 174; www.stjohnscasablanca.org; Rue des Anglais; 🚇 Place Nations Unies) Das anglikanische Gotteshaus ist das älteste noch benutzte Kirchengebäude Casablancas. Es wurde 1906 auf einem der britischen Krone gehörenden Grundstück errichtet. Moderne Gottesdienste finden sonntags um 9.30 Uhr, traditionelle Gottesdienste um 11.30 Uhr statt. Der dazugehörige **Friedhof** ist älter als die Kirche, er wurde 1864 angelegt. Die Kanzel wurde von General George Patton, dem General im Zweiten Weltkrieg, gestiftet, der im November 1942 die Landung der alliierten Truppen in Safi als Teil der Operation Torch leitete.

Place Mohammed V
PLATZ

(Karte S. 174; Ave Hassan II; 🚊 Place Mohammed V) Der von öffentlichen Gebäuden mit prächtigen maurischen Details gesäumte zentrale Platz wurde zum Zeitpunkt der Recherchen gerade saniert. Nach der Fertigstellung wird er neu gepflastert und mit einem großen Springbrunnen und vielen Palmen geschmückt sein. Gekrönt wird der Platz von dem neu errichteten Grand Théâtre de Casablanca, das von dem in Marokko geborenen Franzosen und mit dem Pritzker-Preis ausgezeichneten Architekten Christian de Portzamparc entworfen wurde. Sowohl der Platz als auch die Oper sollen Ende 2017 eingeweiht werden.

Villa des Arts de Casablanca
GALERIE

(Karte S. 170; ☎0522 29 50 87; www.fondationona.ma; 30 Blvd Brahim Roudani; ⌚Ausstellungen Di–Sa 9.30–19 Uhr; 🚊Avenue Hassan II) GRATIS Die in einer eleganten Art-déco-Villa von 1934 beherbergte Galerie in der Nähe des Parc de la Ligue Arabe wird von der gemeinnützigen Fondation ONA betrieben. In den Ausstellungen werden Werke moderner marokkanischer und internationaler Künstler gezeigt.

Parc de la Ligue Arabe
PARK

(Karte S. 170; Ave Hassan II; 🚊 Place Mohammed V, Avenue Hassan II) Zum Zeitpunkt der Recherchen wurde diese große Grünfläche gerade saniert. Die Neueröffnung ist für Dezember 2017 geplant. In dem umgestalteten Park wird es dann von Palmen gesäumte Promenaden, Wasserflächen, ein Stadion, einen Skate-Park und eine Tiefgarage geben. Die in der nordwestlichen Ecke stehende **Cathédrale du Sacré Coeur** (Blvd Rachidi; 🚊 Place Mohammed V) bleibt erhalten.

Eglise Notre Dame de Lourdes
KIRCHE

(Karte S. 170; Ecke Ave Mers Sultan & Blvd Mohammed Zerktouni; 🚊 Avenue Hassan II) Ein markantes Beispiel für europäischen Modernismus ist diese katholische Kirche von 1956 mit ihrem langgezogenen Betoneingang und den bemerkenswerten Bleiglasfenstern, die von dem renommierten französischen Künstler Gabriel Loire entworfen wurden. Die Kirche steht am Rond-point de l'Europe (alias Rond-point Mers Sultan).

Maarif

Jüdisches Museum
MUSEUM

(Karte S. 170; ☎0522 99 49 40; www.casajewishmuseum.com; 81 Rue Chasseur Jules Gros, Quartier Oasis; 50 Dh; ⌚Mo–Fr 10–17, So 11–15 Uhr; 🚊 Gare de l'Oasis) Das einzige jüdische Museum in der arabischsprachigen Welt ist in einer schönen Villa inmitten eines üppig grünen Gartens beherbergt und war früher ein jüdisches Waisenhaus. Hier werden 2000 Jahre jüdischer Geschichte in Marokko beleuchtet. Der Schwerpunkt liegt auf der Jüdischen Gemeinde Casablancas (die meisten Juden Marokkos leben in dieser Stadt). Zu der bedacht kuratierten und gut beschilderten Sammlung gehören Trachten, traditionelle Werkzeuge und rituelle Gegenstände. Fotos werden im Raum für zeitgenössische Kunst ausgestellt, in einem angrenzenden Raum befindet sich der Nachbau einer Synagoge in Larache aus den 1930er-Jahren.

Das Museum ist 1 km von der Straßenbahnhaltestelle Gare de l'Oasis entfernt. Von dort läuft man vorbei am Bahnhof die Route de l'Oasis hinunter und biegt dann rechts in die Rue Abu Dhabi ein. Die Rue Chasseur Jules Gros ist die sechste Straße auf der linken Seite. Vom Zentrum aus kostet ein Taxi 40 Dh. Achtung: die meisten Taxifahrer wissen nichts von der Existenz des Museums und benötigen genaue Anweisungen. Man sollte vor dem Besuch anrufen, um zu erfah-

DAS SICH WANDELNDE GESICHT CASABLANCAS

Anfang des 20. Jhs. beauftragte Louis Hubert Gonzalve Lyautey, der erste französische Generalresident, den französischen Architekten Henri Prost mit der Neugestaltung Casablancas als Wirtschaftszentrum des neuen Protektorats und auch als Schmuckstück der französischen Kolonien. Die breiten Boulevards und die moderne Stadtplanung haben bis in die heutige Zeit überlebt, genauso wie das reiche und einzigartige Erbe der maurischen Architektur, das französische Kolonialdesign und der traditionelle marokkanische Stil. Lyautey unterschätzte aber den Erfolg seiner eigenen Pläne und die Stadt wurde weitaus größer als vorgesehen. Am Ende des Zweiten Weltkriegs lebten 700 000 Menschen in Casablanca. Rund um die Stadt gab es rappelvolle Elendsviertel, die vor Kurzem – obwohl heiß umstritten – abgerissen wurden. Die einstigen Slumbewohner fanden in den Randbezirken vor den Toren der Stadt eine neue Bleibe.

Casablanca

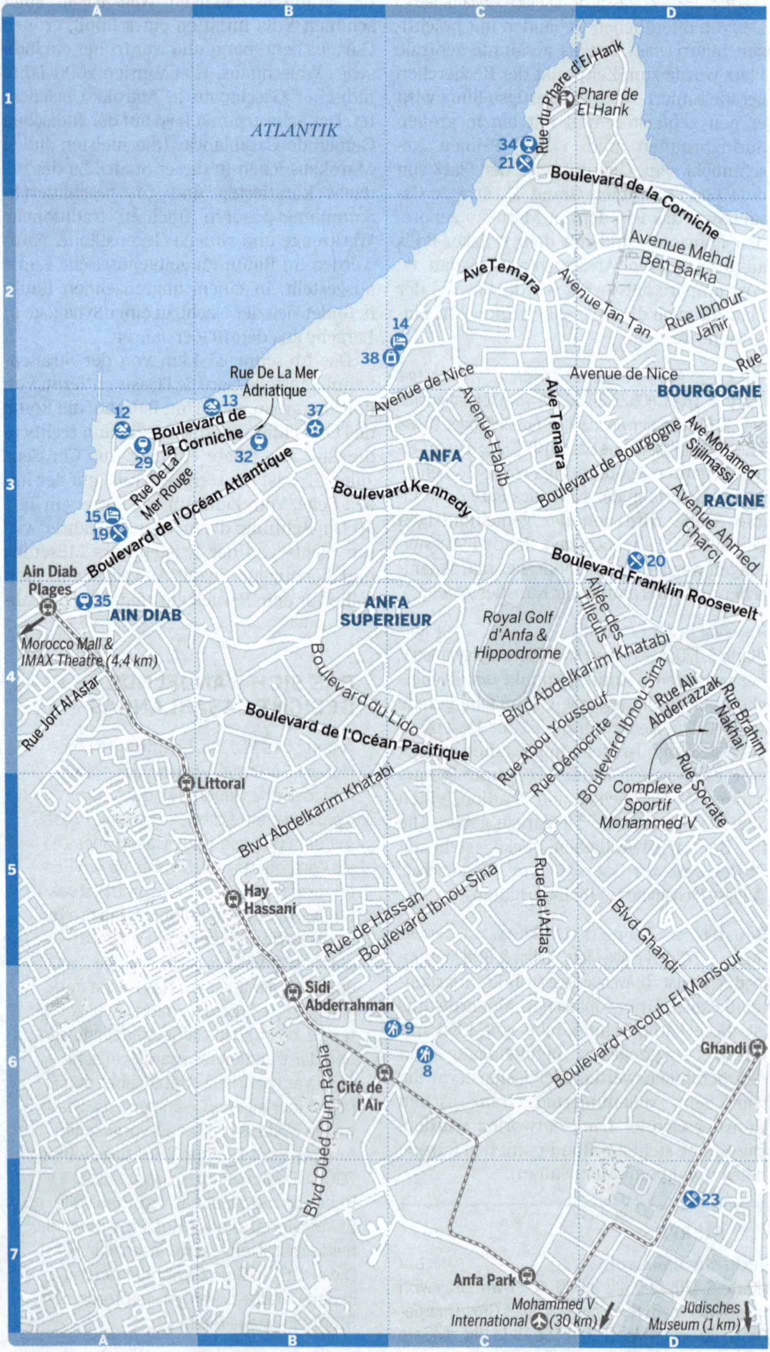

A
B
C
D
1
2
3
4
5
6
7
ATLANTIK
Rue du Phare d'El Hank
Phare de El Hank
34
21
Boulevard de la Corniche
Avenue Mehdi Ben Barka
AveTemara
Avenue Tan Tan
Rue Ibnour Jahir
Rue
14
38
Avenue de Nice
Avenue de Nice
BOURGOGNE
Rue De La Mer Adriatique
13
37
12
Boulevard de la Corniche
29
32
Rue De La Mer Rouge
Avenue Habib
Ave Temara
ANFA
Boulevard de Bourgogne
Ave Mohamed Sijilmassi
Boulevard de l'Océan Atlantique
Boulevard Kennedy
RACINE
15
19
Avenue Ahmed Charci
Ain Diab Plages
35
AIN DIAB
ANFA SUPERIEUR
20
Boulevard Franklin Roosevelt
Allée des Tilleuls
Royal Golf d'Anfa & Hippodrome
Morocco Mall & IMAX Theatre (4,4 km)
Boulevard du Lido
Blvd Abdelkarim Khatabi
Rue Jorf Al Asfar
Boulevard de l'Océan Pacifique
Rue Abou Youssouf
Boulevard Ibnou Sina
Rue Ali Abderrazzak
Rue Brahim Nakhai
Rue Démocrite
Littoral
Blvd Abdelkarim Khatabi
Complexe Sportif Mohammed V
Rue Socrate
Hay Hassani
Rue de Hassan
Boulevard Ibnou Sina
Rue de l'Atlas
Blvd Ghandi
Boulevard Yacoub El Mansour
Sidi Abderrahman
9
8
Ghandi
Cité de l'Air
Blvd Oued Oum Rabia
23
Anfa Park
Mohammed V International (30 km)
Jüdisches Museum (1 km)

0
1 km
N
E
F
G
H
1
2
3
4
5
6
7
Hafen
Moschee Hassan II.
1
Blvd Sidi M ben Abdallah
Blvd Sour Jdid
Blvd de Tiznit
Blvd d'El Hank
Blvd Ziraoui
Mohamed Meknassi
Blvd Mohammed Zerktouni
Rue Tamaâroune
Rue de Goulmina
Blvd de Bordeaux
Blvd Moulay Youssef
Blvd Maréchal Fayolle
Ave Tahar El Alaoui
Squala
27
28
ANCIENNE MÉDINA
16
Blvd des Almohades
26
24
Bahnhof Casa Port
Place du Commerce
Blvd. Houphouet Boigny
Place Oued al-Makhazine
Place Nations Unies
Marché Central
Ave Pasteur
Mohammed Diouri
Rue Karachi
Casa Voyages (1,8 km)
Blvd Ziraoui
Blvd Abdellatif Ben Kaddour
GAUTHIER
31
40
Ave Moulay Hassan I
22
18
2
Grand Théâtre Du Casablanca (im Bau)
Blvd Rachidi
44
3
43
s. Karte Casablanca Zentrum (S. 174)
Rue Khouribga
Rue Barathon
Blvd d'Anfa
30
Blvd Mohammed Zerktouni
Rue Moussa ben Nousseir
Blvd Moulay Youssef
6
Place Mohammed V
Mers Sultan Roundabout
Rue Liberté
Blvd Mohammed VI
Boulevard Al Massira Al Khadra
7
33
Parc de la Ligue Arabe
17
Rue d'Agadir
36
Ave Mers Sultan
10
Rue Hadj Amar Riffi
Blvd de la Résistance
Avenue Hassan II
MAARIF
Blvd Mohamed Abdou
11
Blvd Mohammed Zerktouni
4
Blvd Bir Anzarane
Blvd Brahim Roudani
Les Hôpitaux
HOPITAUX
Blvd Moulay Idriss I
MERS SULTAN
Parc Murdoch
PALMIER
HABOUS
5
25
39
Rue Georges Sand
Blvd Raphael
Blvd Brahim Roudani
Faculté de Médecine
Blvd Moulay Idriss I
Derb Ghallef
Blvd Anoual
Ave 2 Mars
Ave Hassan II
42
41

Casablanca

Highlights
1 Moschee Hassan II. F1

Sehenswertes
2 La Fondation Abderrahman Slaoui G3
3 Cathédrale du Sacré Coeur F3
4 Church of Notre-Dame de Lourdes G4
5 Mahakma du Pasha H5
6 Parc de la Ligue Arabe G3
7 Villa des Arts de Casablanca F4

Aktivitäten, Kurse & Touren
8 Club Alpin Français C6
9 Club Alpin Français C6
10 Hammam Ziani H4
11 Institut Français F4
12 Miami Fitness Club & Spa A3
13 Tahiti Beach Club B3

Schlafen
14 Four Seasons Hotel Casablanca C2
15 Hotel Bellerive A3
16 Hotel Central G2
17 Hôtel Le 135 .... G4
18 Le Doge F3

Essen
19 Basmane A3
20 Frédéric Cassel Haute Patisserie D3
21 Le Cabestan C1
22 Le Rouget de L'isle G3
23 Marny D7
24 Ostréa G2
25 Pâtisserie Bennis Habous H5
26 Restaurant du Port de Pêche G2
27 Rick's Café G2
28 Sqala G2

Ausgehen & Nachtleben
29 Armstrong Legend A3
Cafe Imperial .... (siehe 25)
30 Le Chester E3
31 Le Trica F3
32 Maison B B3
33 Sky 28 .... F4
34 Social Club at Le Cabestan C1
35 VIP Club A4

Unterhaltung
36 Cinéma Lynx G4
37 Megarama B3

Shoppen
38 Anfa Place C2
39 Souq Habous H5

Praktisches
40 Belgisches Konsulat F3
41 Britische Konsulat H7
42 Dar Salam Clinic G7
43 Spanisches Konsulat F3
44 US-Konsulat F3

ren, ob das Museum geöffnet ist, denn manchmal ist es aus Sicherheitsgründen geschlossen. Mittwochs ist für Studenten der Eintritt frei.

Quartier Habous (Nouvelle Médina)

Das Quartier Habous oder die Nouvelle Médina (Neue Medina) ist die idealisierte Version einer traditionellen marokkanischen Medina mit sauberen Straßen, schönen Häusern und Arkaden im maurischen Stil, ordentlich aneinandergereihten Verkaufsständen und sogar einem kleinen Park. Das Quartier wurde in den 1930er-Jahren von den Franzosen angelegt und war ein einzigartiges Experiment: Eine Medina nach westlichem Standard für die Unterbringung der Menschen, die bei der ersten großen Landflucht in den 1920er-Jahren in die Stadt kamen. Es lässt sich nicht leugnen, dass das Ganze nur eine behelfsmäßige Konstruktion war, aber dennoch wurde hier erfolgreich marokkanische Architektur mit französischen Idealen kombiniert und im Suk kann man ganz wunderbar Souvenirs kaufen.

Der **Königspalast** (für die Öffentlichkeit nicht zugänglich) liegt im Norden des Bezirks. In dem im Süden gelegenen alten **Mahakma du Pasha** (Blvd Victor Hugo) GRATIS kann man in über 60 Räumen geschnitzte Holzdecken, Stuckelemente, schmiedeeiserne Geländer und Steingutböden bewundern. Nicht durchgängig für Besucher geöffnet.

Das Quartier Habous liegt ca. 2,5 km südöstlich der Place Mohammed V.

Âïn-Diab & Anfa

Die Promenade der vornehmen Vororte am Atlantik ist gesäumt von Strandclubs, exklusiven Hotels, Restaurants, Bars und Clubs. Diese seit Langem als Amüsiermeile bekannten Stadtviertel sind dank der Shopping-Malls Morocco (S. 182) und Anfa Place (S. 182) jetzt auch zu einem beliebten Einkaufsparadies geworden.

Der Sandstrand in Âïn-Diab ist bei jungen Einheimischen beliebt, leider ist er nicht sehr sauber. Wer es sich leisten kann, sollte sich eine Tageskarte für einen der Strandclubs kaufen. Zwei der besseren Clubs sind der Miami Fitness Club & Spa (s. unten) und der Tahiti Beach Club (s. unten), die beide Pools, Sonnenliegen, Sonnenschirme und andere Annehmlichkeiten bieten.

Nach Âïn-Diab kommt man von Casablanca aus mit der Straßenbahn bis zur letzten Haltestelle. Die Fahrt vom Place Mohammed V dauert etwa 35 Minuten. Die Taxifahrt vom Stadtzentrum kostet um die 35 Dh (nachts 70 Dh).

Aktivitäten

Tahiti Beach Club SCHWIMMEN

(Karte S. 170; ☎ 0522 79 80 25; www.tahitibeachclub.ma; Blvd de la Corniche, Âïn-Diab; Erw. Mo–Fr 150–200 Dh, Sa & So 200–300 Dh, Kind tgl. 50–100 Dh; Ain Diab Plage) Der beliebteste Strandclub der Stadt hat zwei Locations. Der preiswertere und beliebtere befindet sich an der Ostseite. Er bietet drei Restaurants, zwei Pools, ein Fitnesscenter, einen Wellnessbereich, einen Kinder-Club und eine Surfschule. Im Eintrittspreis enthalten sind Liegen und Sonnenschirme.

Miami Fitness Club & Spa SCHWIMMEN

(Karte S. 170; ☎ 0522 20 67 24; www.miamifitnessclubcasa.ma; Blvd de la Corniche, Âïn-Diab; Tageskarte Erw./Kind 80/50 Dh; Mai–Sept.; Ain Diab Plage) Neben einem Fitnesscenter und einem Wellnessbereich bietet dieser Club auch noch einen *plage* (Strand) mit Basketball- und Volleyballplätzen, einen Pool und ein Restaurant. Die Miete für Sonnenhütte/Stuhl/Schirm beträgt 200/25/25 Dh.

Club Alpin Français TREKKING

(Karte S. 170; CAF; ☎ 0522 99 01 41; http://cafmaroc2011.ffcam.fr; 50 Blvd Sidi Abderrahmane, Quartier Beauséjour; Cité de l'Air) Der Club organisiert Kanu-, Trekking-, Höhlen-, Kajak- und Bergsteigertouren. Er betreibt außerdem *refuges* (Berghütten) und hat eine informative französischsprachige Website.

Hammam Ziani HAMAM

(Karte S. 170; ☎ 0522 31 96 95; 59 Rue Abou Rakrak, Quartier Alsace; 50 Dh; 7–22 Uhr; Avenue Hassan II) Das moderne Spa mit Hamam bietet ein traditionelles Dampfbad und *gommage* (Peeling) für 80 Dh sowie Massagen für 100 Dh.

Institut Français SPRACHE

(Karte S. 170; ☎ 0522 77 98 70; http://if-maroc.org; 121-123 Blvd Mohammed Zerktouni; Mo–Sa 8.30–18.30, So 10–14 Uhr; Avenue Hassan II) Kulturevents und einsemestrige Französischkurse.

Feste & Events

Anfa Festival MUSIK

(Juli) Gratis Musik- und Performance-Festival am Strand von Âïn-Diab. Geboten werden u. a. Tanz, Theater und Musik vieler Genres, der Schwerpunkt liegt auf marokkanischem *chaabi*.

Jazzablanca MUSIK

(http://jazzablanca.com; April) Einwöchiges Jazzfestival im Hippodrom von Casa-Anfa mit marokkanischen und internationalen Künstlern.

L'Boulevard Festival of Casablanca KULTUR

(www.boulevard.ma; Aux Anciens Abattoirs de Casablanca, Quartier Hay Mohammadi; Okt.) Das fünftägige Musik- und Kunstfestival in den historischen Schlachthöfen der Stadt bietet kostenlose Konzerte, Artistik und einen Kunsthandwerksmarkt.

Schlafen

Auslastung und Preise sind in Casablanca höher als anderswo in Marokko. Man sollte also rechtzeitig buchen, wenn man ein Zimmer zu einem angemessenen Preis möchte.

CASABLANCA MIT KINDERN

Casablanca ist eine riesige, schmutzige und laute Stadt, sodass viele Familien, die mit kleineren Kindern unterwegs sind, dem Chaos des Zentrums fernbleiben und ihre Zeit lieber am Strand oder im Hotel zubringen. Das **Four Seasons Hotel** (S. 175) und das **Hotel Bellerive** (S. 175) befinden sich beide am Strand von **Âïn-Diab** und haben – genau wie das **Hyatt Regency** (S. 176) im Zentrum – einen Pool. Alternativ bieten die Strandclubs in Âïn-Diab Pools, Spielplätze und Cafés mit Terrassen, auf denen man wunderbar Eiscreme schleckern kann.

Weiter westlich von Âïn-Diab befindet sich der vornehme Vorort **Anfa** mit der riesigen **Morocco Mall** (S. 182), in der sich neben Geschäften und einem Food-Court auch ein gigantisches Aquarium und ein **IMAX-Kino** (S. 182) befinden. Eine gute Wahl für Teenies.

Casablanca Zentrum

Fast alle Budgetunterkünfte sind ziemlich schlecht – vor dem Einchecken unbedingt die Sauberkeit überprüfen. Mittelklassehotels sind äußerst dünn gesät. Es gibt viele Luxushotels, in denen hauptsächlich Geschäftsreisende übernachten.

Hotel Guynemer HOTEL €

(Karte S. 174; ☎0522 27 57 64; hotelguynemer@yahoo.com; 2 Rue Mohammed Belloul; EZ/DZ inkl. Frühstück 350/450 Dh, Suite EZ/DZ inkl. Frühstück 450/650 Dh; ❄ 📶; 🚌 Place Mohammed V) Die freundliche, preisgünstige Unterkunft wurde vor Kurzem renoviert. Die Eigentümer haben aber darauf geachtet, dass die (vorwiegend aus den 1930er-Jahren stammenden) Originalteile erhalten blieben. Die Standardzimmer sind komfortabel, aber etwas klein (vor allem die Badezimmer), die Zimmer der Suiten haben eine angenehme Größe. Alle bieten Doppelglasfenster, Satelliten-TV und gute Betten. Der Parkplatz kostet 10 Dh für 24 Stunden.

Hotel Central HOTEL €

(Karte S. 192; ☎022 26 25 25; www.hotelcentralcasa.com; 20 Place Ahmed El Bidaoui, Old Medina; EZ/DZ/3BZ inkl. Frühstück 340/400/500 Dh; @) Das etwas abgelegene Hotel/Hostel am Rand der Medina befindet sich in einem schönen, aber altersschwachen Gebäude aus der Kolonialzeit. Hilfsbereites Personal. Ausschau halten nach dem großen Info-Schild und den mehrfarbigen Treppenstufen gegenüber vom Hafen. Achtung: Die Gegend ist nachts nicht besonders sicher.

Es gibt eine nette Dachterrasse mit Blick auf die Moschee Hassan II. Die besten Zimmer sind die in der obersten Etage mit Balkon. Alle anderen können etwas dunkel sein. Schwaches WLAN.

Hôtel Astrid HOTEL €

(Karte S. 174; ☎0522 27 78 03; hotelastrid@hotmail.com; 12 Rue 6 Novembre; EZ/DZ 330/440 Dh; 📶; 🚌 Place Mohammed V) Obwohl dieses Hotel renoviert werden müsste (die Armaturen

Casablanca Zentrum

Sehenswertes
1 Church of St. John the Evangelist A2
2 Uhrenturm B1
3 Place Mohammed V A4

Schlafen
4 Hôtel Astrid B4
5 Hotel du Palais B4
6 Hotel Guynemer B3
7 Hôtel les Saisons C1
8 Hôtel Maamoura C3
9 Hyatt Regency Casablanca A2

Essen
10 Al-Mounia B4
11 Dar Beida A2
12 La Bodéga D2
13 La Taverne du Dauphin C1
14 Marché Central D2
15 Restaurant Brasserie La Bavaroise D2

Ausgehen & Nachtleben
16 Café Alba B3
17 Petit Poucet C2

Unterhaltung
18 Cinéma Rialto C3
19 Complexe Culturel Sidi Belyout D2

Transport
20 Avis C1
21 Budget C2
22 Bus 10 zur Gare Routière Ouled Ziane B2
23 CTM-Busbahnhof D2
24 Petits Taxis C2
25 President Car B3

sind sehr verschlissen), ist diese Budgetunterkunft keine allzu schlechte Wahl, denn sie ist recht sauber, bietet gutes WLAN und hat zuvorkommendes Personal. Man kann hier aber nicht mit Kreditkarte bezahlen.

Hotel du Palais HOTEL €
(Karte S. 174; ☎0522 27 61 91; 68 Rue Farhat Hachad; EZ/DZ ohne Bad 150/230 Dh, DZ/3BZ mit Bad 200/280 Dh; @; Place Mohammed V) Das Palais ohne jeden Schick bietet abgenutzte, relativ saubere, aber laute Zimmer mit ordentlichen Betten. Eine warme Dusche kostet 10 Dh.

Hôtel Maamoura HOTEL €€
(Karte S. 174; ☎0522 45 29 67; www.hotelmaamoura.com; 59 Rue Ibnou Batouta; EZ/DZ/3BZ inkl. Frühstück 450/600/700 Dh; P ❄ ; Marché Central) Das preisgünstige Hotel ist bei kleinen Reisegruppen beliebt und hat zahlreiche Stammgäste. Es bietet saubere, geräumige Zimmer, gutes Frühstück und zuvorkommendes Personal. WLAN ist manchmal etwas langsam.

Hôtel les Saisons HOTEL €€
(Karte S. 174; ☎0522 49 09 01; www.hotellessaisonsmaroc.ma; 19 Rue el-Oraïbi Jilali; EZ/DZ/Suite inkl. Frühstück 950/1150/1450 Dh; ❄ ; Place Nations Unies) Kleines, gut betriebenes, modernes Hotel in der Nähe des Bahnhofs Casa Port. Hier gibt's saubere, nette Zimmer, ordentliches Frühstück und ein Hotelrestaurant mit Alkoholausschank.

Hotel Bellerive HOTEL €€
(Karte S. 170; ☎0522 79 75 04; www.hotelbellerive-casablanca.com; 38 Blvd de la Corniche, Ain Diab; EZ/DZ/3BZ/4BZ inkl. Frühstück 620/820/1120/1420 Dh; P ❄ ; Ain Diab) Strandterrasse, Pool und Garten entschädigen für die altmodischen und leicht schmuddeligen Zimmer in diesem von einer französisch sprechenden Familie betriebenen Hotel an der Corniche. Viele Zimmer haben Meerblick und somit auch den Blick auf die Terrassenbar. Da sie für jeden zugänglich ist, kann es hier recht laut werden.

★ **Hôtel Le 135** HOTEL €€€
(Karte S. 170; ☎0522 27 91 12; www.le135hotel.com; 135 Ave Hassan II; EZ/DZ/3BZ 1400/1800/1900 Dh; P ❄ ; Avenue Hassan II) Da gute Hotels der oberen Mittelklasse in Casablanca rar sind, wurde die Eröffnung (2016) dieses Hotels mit zehn Zimmern gegenüber vom Parc de la Ligue Arabe von Besuchern, die regelmäßig in die Stadt kommen, mit Applaus begrüßt. Die großen, lichtdurchfluteten Zimmer sind außergewöhnlich gut ausgestattet (Top-Betten, Satelliten-TV, Badewanne und Dusche). Das Frühstück kostet 100 Dh pro Person, der Parkplatz 35 Dh pro Nacht.

Four Seasons Hotel Casablanca HOTEL €€€
(Karte S. 170; ☎0529 07 37 00; www.fourseasons.com/casablanca/; Blvd de la Corniche, Anfa; Zi. 3250–4850 Dh, Suite 5250–80 050 Dh; P ❄) Das am Strand in Anfa gelegene, Ende 2015 eröffnete Hotel wurde von Foster + Partners entworfen und bietet Stil und Eleganz im Überfluss. Die Zimmer sind riesig und aufwendig ausgestattet. Das hoteleigene Restaurant (kein Alkohol) bietet

Meerblick und einen vorbildlichen Service. Wer keine Lust hat, am geheizten Outdoor-Pool zu relaxen, kann sich im Luxus-Spa verwöhnen lassen.

Frühstück kostet 350 Dh, das Hotel ist für sein Nachmittagsbuffet (Fr–So 16–19 Uhr) bekannt. Es kostet 200 Dh.

Le Doge BOUTIQUEHOTEL €€€

(Karte S. 170; 0522 46 78 00; www.hotelledoge.com; 9 Rue Docteur Veyre; Zi. 1640–1840 Dh, Suite 2440–2640 Dh; P ❄ 📶 🐾; Place Mohammed V) Casablancas einziges Boutiquehotel befindet sich in einer liebevoll restaurierten Art-déco-Villa in einer ruhigen Straße in der Nähe des Place Mohammed V. Die 16 Zimmer sind ganz unterschiedlich dekoriert und sehr gemütlich. Körperpflegemittel fehlen in den Bädern natürlich auch nicht. Die behagliche Bibliothek mit dem offenen Kamin ist im Winter der Renner, das Luxus-Spa ist immer beliebt. Und wo ist der Haken? Das Frühstück (180 Dh) ist sehr enttäuschend.

Hyatt Regency Casablanca HOTEL €€€

(Karte S. 174; 0522 43 12 34; https://casablanca.regency.hyatt.com; Place des Nations Unies; Zi. 2200–2600 Dh, Suite 3900–27 000 Dh; P ❄ @ 📶; Place Nations Unies) Die zentrale Lage bedeutet, dass dieses grandios geführte Hotel auch ein beliebter Treffpunkt der Bewohner Casablancas ist. Mittags essen sie im Café M, im Foyer genießen sie einen Kaffee oder einen Drink und im schicken marokkanischen Restaurant Dar Beida (S. 178) wird abends diniert. Die geräumigen Zimmer sind gemütlich und außergewöhnlich gut ausgestattet. Es gibt ein Fitnesscenter und einen Outdoor-Pool. Freundlicher, schneller Service.

Essen

Frischer Fisch und Meeresfrüchte sind Casas Spezialität. Der beste Ort für ein schnelles Essen ist die Rue Chaouia gegenüber vom Marché Central. Hier reihen sich Rotisserien, Imbissbuden und Restaurants aneinander und servieren Brathähnchen, Spieße und Sandwiches (20–30 Dh). Essen kann man hier bis ca. 2 Uhr nachts.

Casa Zentrum & Maarif

★ **Pâtisserie Bennis Habous** BÄCKEREI €

(Karte S. 170; 0522 30 30 25; 2 Rue Fkih el-Gabbas, Quartier Habous; Gebäck 5 Dh; 8–21 Uhr) Die berühmte Pâtisserie versteckt sich in einer Gasse im Suk Habous und ist unbedingt einen Besuch wert. Hier kann man zwischen vielen traditionellen maghrebinischen Gebäckstücken wählen. Wie wär's mit *cornes de gazelle* (Gazellenhörner: mit Mandelcreme und Orangenwasser gefülltes Gebäck) oder *akda aux amandes* (Mandelmakronen). Danach geht man dann ins Café Imperial in der Nähe, bestellt einen Kaffee und genießt die Leckereien.

Marché Central MARKT €

(Karte S. 174; Gerichte ab 40 Dh; 9–18 Uhr; Marché Central) Der Marché Central ist ein großartiger Ort zum Mittagessen. An den Tischen von einem Dutzend einfacher Restaurants drängen sich die Gäste, die riesige Fischplatten, gegrilltes Gemüse, Brot, Salate und Meeresfrüchtesuppen genießen. Hier wird man für wenig Geld satt und kann obendrein noch ausgezeichnet Leute beobachten.

★ **Restaurant du Port de Pêche** SEAFOOD €€

(Karte S. 170; 0522 31 85 61; Le Port de Pêche; Hauptgerichte 90–135 Dh; 12–14.30 & 19–22.30 Uhr) Mittags und abends platzt das bewährte Restaurant aus allen Nähten. Es befindet sich im Obergeschoss eines Gebäudes mitten in Casablancas Hafen und serviert die frischesten und besten Meeresfrüchte der Stadt. Der Fisch kommt gebraten oder gegrillt, nature oder nach Müllerinart auf den Tisch. Außerdem sind Austern und andere Schalentiere im Angebot. Achtung: an fast allen Tischen wird geraucht.

★ **Rick's Café** MEDITERRAN €€

(Karte S. 170; 0522 27 42 07; www.rickscafe.ma; 248 Blvd Sour Jdid, Ancienne Médina; Hauptgerichte 100–180 Dh; 12–15 & 18.30–1 Uhr) Es mag ja wie ein Klischee klingen, aber Rick's Café ist liebenswert und amüsant. Das Restaurant mit Bar wird von einem ehemaligen amerikanischen Diplomaten betrieben, bietet eine ausgezeichnete Atmosphäre und gute marokkanische und internationale Speisen. Wenn der Klavierspieler Issam eine Pause macht, tönen amerikanische Schlager aus den Lautsprechern. Die sonntags um 21.30 Uhr stattfindenden Jamsessions sind äußerst beliebt.

La Bodéga TAPAS €€

(Karte S. 174; 0522 54 18 42; www.restopro.ma/bodega/; 129 Rue Allah ben Abdellah; Tapas 45–70 Dh, Hauptgerichte 80–160 Dh; Mo–Sa 12–15, tgl. 17–2 Uhr; 📶; Marché Central) Einheimische Feierlustige jeden Alters lieben diese Mischung aus Tapasbar und Restaurant, in dem fleischlastige Gerichte und laute Musik von Salsa bis hin zu arabischem Pop (oft auch

NICHT VERSÄUMEN

MOSCHEE HASSAN II.

Der Bau dieser riesigen **Moschee** (Blvd Sidi Mohammed ben Abdallah; Führung Erw./Student/Kind 4–12 Jahre 120/60/30 Dh; ⏲ Führungen Sa–Fr 9, 10, 11, 15 & 16 Uhr, Sa–Do auch 12 Uhr), die der verstorbene König Hassan II. anlässlich seines 60. Geburtstags errichten ließ, wurde teilweise mit öffentlichen Geldern finanziert. Die Moschee thront auf einem Felsvorsprung über dem Meer und ihr 210 m hohes Minarett ist das Hauptwahrzeichen der Stadt und ein wunderbares Beispiel marokkanischen Kunsthandwerks: handgeschnitzte Stein- und Holzarbeiten, feinste Marmorböden und Intarsien, vergoldete Zedernholzdecken und exquisite *zellij* (farbenfrohe Keramikfliesen) zuhauf. Außerhalb der Gebetszeiten finden mehrsprachige Führungen durch das Innere statt, wer daran teilnehmen möchte, muss ordentlich gekleidet sein.

Die Moschee gilt nach Mekka und Medina als die drittgrößte Moschee der Welt, in ihr haben 25 000 Gläubige Platz. Der Komplex wurde von dem französischen Architekten Michel Pinseau entworfen, der Bau dauerte sechs Jahre und wurde 1993 fertiggestellt. Die dramatische Lage über dem Meer versinnbildlicht den Koranvers, in dem es heißt, dass Gottes Thron über dem Wasser errichtet wurde. Während des Gebets auf dem zentral beheizten Fußboden blicken die Gläubigen durch Glasscheiben hinunter auf den Atlantik und die sich an den Felsen brechenden Wellen, und durch das sich automatisch öffnende Dach fallen die Sonnenstrahlen hinein.

Größe und Pracht des Gebetssaals sind spektakulär. Am Bau der Moschee haben über 6000 Handwerksmeister mitgewirkt und Zedernholz aus dem Mittleren Atlas und rosafarbenen Granit aus Agadir zu aufwendigen Elementen und Mustern verarbeitet. Die Tore wurden aus Messing und Titan hergestellt. Die Reinigungsbrunnen im Untergeschoss wurden aus hiesigem Marmor gehauen und haben die Form von riesigen Lotusblüten.

Wer das Gebäude betreten möchte, muss „ordentlich und respektvoll gekleidet sein" (Knie und Oberarme müssen bedeckt sein, ein Kopftuch muss nicht sein). Die einstündigen Führungen auf Französisch, Englisch, Deutsch oder Spanisch führen durch den Gebetssaal, die Reinigungsräume im Untergeschoss und den nie benutzten Hamam.

Live) geboten werden. Rioja (spanischer Wein) fließt in Strömen und an den Wochenenden ist die Tanzfläche nach 22 Uhr rappelvoll. In der Woche flimmert Fußball auf riesigen Bildschirmen, manchmal werden auch Flamenco-Vorstellungen geboten.

Sqala MAROKKANISCH €€
(Karte S. 170; ☎0522 26 09 60; www.squala.ma; Blvd des Almohades; Frühstück 90 Dh, Hauptgerichte 75–170 Dh; ⏲ Mo 12–15 & 19–23, Mi–So 8–23 Uhr) Das nette Gartenrestaurant versteckt sich hinter den ockerfarbenen Mauern der Sqala, einer Bastion aus dem 18. Jh. am Rand der alten Medina. Es ist ein ruhiger Zufluchtsort vor dem städtischen Trubel. Hierher kommt man besonders gern zum Frühstück, es werden aber auch *briouates* (mundgerechte Blätterteigdreiecke), Tajines, *pastillas* (pikante Pasteten) und Spieße serviert. Alkohol gibt es nicht, dafür aber eine gute Auswahl an frisch gepressten Säften (22 Dh).

La Taverne du Dauphin FRANZÖSISCH €€
(Karte S. 174; ☎0522 22 12 00; www.taverne-du-dauphin.com; 115 Blvd Houphouët Boigny; Hauptgerichte 80–130 Dh; ⏲ Mo–Sa 12–23 Uhr; 🚇 Place Nations Unies) Das traditionelle Restaurant in der Nähe vom Casa Port ist eine Institution in Casablanca. Seit der Eröffnung 1958 werden hier *fruits de mer* (Meeresfrüchte) serviert. Besonders viel los ist zur Mittagszeit. Der Service ist freundlich, es gibt Raucher- und Nichtraucherbereiche. Das Dreigängemenü plus Kaffee für 120 Dh ist ein echtes Schnäppchen.

Marny CAFÉ €€
(Karte S. 170; ☎0522 25 48 10; http://marnymaroc.com/; 45 Cour des Sports, Ferme Bretonne; Frühstück 20–65 Dh, Pasta 85–115 Dh, Burger 85–95 Dh; ⏲ 7–21 Uhr; 🚇 Beauséjour) Das bei in Casablanca lebenden Ausländern beliebte Café mit Bäckerei vor dem Rugby Club im Cour des Sports und unweit des Französischen Clubs bietet einen luftigen Innenraum und einen netten Vorgarten. Brot, Gebäck und Kuchen sind die Spezialität des Hauses und sehr zu empfehlen. Kein Alkoholausschank.

★ **Restaurant Brasserie La Bavaroise** FRANZÖSISCH €€€
(☎0522 31 17 60; www.bavaroise.ma; 133 Rue Allah ben Abdellah; Hauptgerichte 160–230 Dh; ⏲ Mo–Fr

12–22.30, Sa 19–22.30 Uhr; ❄; 🚇 Marché Central) Das in einer schmuddeligen Straße hinter dem Marché Central gelegene La Bavaroise hat seit 1968 stets treue Gäste, und es gibt keine Anzeichen dafür, dass sich das ändern könnte. Spezialität ist hier Weidefleisch von Rindern aus dem Atlas, das in Form von Steaks mit Pommes frites, grünem Salat und französischen Saucen serviert wird. Weitere beliebte Speisen sind u. a. Austern aus Dakhla und himmlische Desserts.

Le Rouget de L'isle FRANZÖSISCH €€€
(Karte S. 170; ☎ 0522 29 47 40; 16 Rue Rouget de l'Isle; Hauptgerichte 170–270 Dh; ⏲ Mo–Fr 12–15, Mo–Sa 19.30–23 Uhr; 🚇 Place Mohammed V) Das vornehme Restaurant befindet sich in einer prächtigen Villa aus den 1930er-Jahren in einer von Bäumen gesäumten Straße unweit des Slaoui-Museums. Es ist für seinen schönen, nach Nachtjasmin duftenden Garten bekannt. Ein wunderbarer Ort für ein romantisches Abendessen im Sommer; in der kühleren Jahreszeit werden die modernen französischen Gerichte in dem mit Kunstwerken geschmückten Gastraum serviert.

Al-Mounia MAROKKANISCH €€€
(Karte S. 174; ☎ 0522 22 26 69; 95 Rue Prince Moulay Abdallah; Hauptgerichte 120–180 Dh; ⏲ Mo–Sa 12–15 & 19–22.30 Uhr; 🚇 Place Mohammed V) In diesem seit Langem bestehenden Lieblingsrestaurant der Einheimischen wird in einem mit *zellij* verzierten Salon oder in dem schönen Innenhof unter einem alten Pfefferbaum gespeist. Auf der Speisekarte stehen traditionelle marokkanische Gerichte (Couscous, Tajines, Spieße, *pastilla*). Leider ist das Personal manchmal etwas unfreundlich.

Ostréa SEAFOOD €€€
(Karte S. 170; ☎ 0522 44 13 90; Le Port de Pêche; Hauptgerichte 120–240 Dh; ⏲ 12–23.30 Uhr) Casablancas Restaurant der berühmten Oualidia-Austernfarm liegt mitten im Hafenkomplex. Beginnen sollte man mit Austern (nature oder gratiniert), danach sollte man dann frische Meeresfrüchte oder Fisch bestellen.

Dar Beida MAROKKANISCH €€€
(Karte S. 174; ☎ 0522 43 12 34; https://casablanca.regency.hyatt.com; Hyatt Regency Casablanca, Place des Nations Unies; Hauptgerichte 190–270 Dh; ⏲ 19–2 Uhr; ❄ 📶; 🚇 Place des Nations Unies) Aufmerksamer Service und luxuriöse Umgebung zeichnen dieses zuverlässige Restaurant im Hyatt Regency (S. 176) aus.

Stadtspaziergang
Durch das maurische Zentrum von Casablanca

START CATHÉDRALE DU SACRÉ COEUR, BLVD RACHIDI
ZIEL PLACE DU 16 NOVEMBRE
LÄNGE/DAUER 3 KM; 1 STD.

Casablancas Zentrum hat ein reiches architektonisches Erbe von Gebäuden im maurischen Stil. Der Mix aus französischem Kolonialstil und traditionell marokkanischem Design der 1920er- und 1930er-Jahre wurde stark beeinflusst durch die Art-déco- und Jugendstilbewegung mit ihren schmiedeeisernen Balkonen, abgerundeten Häuserecken sowie ihren dekorativen Fassaden und Friesen. Direkt daneben ist traditionell marokkanisches Design zu bewundern: Bögen, Kuppeln, Säulen, *mashrabiyyas* (Holzlattenverblendungen), *muqarnas* (Dekorstuck) und farbenfrohe *zellij* (Fliesen).

Leider ist aber ein Großteil der maurischen Gebäude in schlechtem Zustand. Einige wurden in den letzten Jahren abgerissen, um Platz für Bauprojekte zu schaffen. Dieser Spaziergang führt zu den schönsten Beispielen im Zentrum und zu einigen Perlen des Art-déco und Jugendstils.

Ausgangspunkt ist die nordwestliche Ecke des Parc de la Ligue Arabe mit der weißen **1 Cathédrale du Sacré Coeur** (S. 169). Mit ihren beiden Minaretten ähnelnden Türmen und dekorativen Fensteröffnungen ist sie ein sehr gutes Beispiel für die Mischung aus Art-déco, maurischem und neugotischem Stil. Von da geht's auf dem Blvd Rachidi nach Südosten zur **2 Place Mohammed V** (S. 169), die zum Zeitpunkt der Recherche saniert wurde. Ringsum stehen beeindruckende Verwaltungsgebäude. Die Südseite wird dominiert von der **3 Wilaya** (früher Polizeihauptwache, jetzt Büro des Gouverneurs) aus den 1930er-Jahren. Obwohl das Gebäude von einem modernistischen Uhrenturm gekrönt ist, weist das oberste Stockwerk gotische und islamische Details auf – eine architektonische Kuriosität.

Nicht weit von hier liegt das **4 Tribunal de Premiere Instance** (*palais de justice*, Justizgebäude) von 1925. Vorbild für den

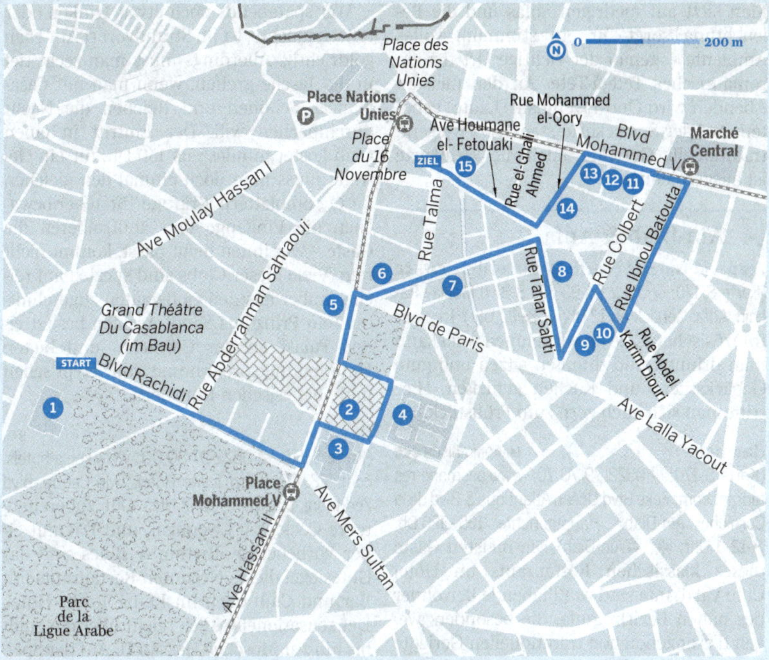

Eingang war der persische *iwan*, eine Gewölbehalle, die sich zum zentralen Innenhof der *medersa* (islamische Hochschule) einer Moschee öffnet. An der Nordseite des Platzes befindet sich Casablancas 5 **Hauptpost** (S. 183), die zwischen 1918 und 1920 errichtet wurde und mit Bögen, Steinsäulen und Jugendstilmosaiken geschmückt ist.

Auf dem Blvd de Paris ganz in der Nähe ist die 6 **Banque al-Maghrib** mit ihrer Stuckfasse und der kunstvoll verzierten Eingangstür im *mashrabiyya*-Stil. Obwohl die Form des Gebäudes ausgesprochen modern daherkommt, hat es doch viele traditionell marokkanische Details zu bieten.

Von hier geht's auf der Rue Driss Lahrizi gen Osten. Auf beiden Seiten der Straße entdeckt man tolle Fassaden. Die beeindruckendste ist die von 7 **La Princière Salon de Thé** mit der riesigen Steinkrone auf Dachhöhe.

Dann biegt man rechts in die Rue Tahar Sabti ein, die von Gebäuden aus der Kolonialzeit gesäumt ist. Am beeindruckendsten ist die Nr. 51, das Art-déco-Gebäude im Design eines Ozeandampfers, in dem sich das 8 **Hotel Amouday** befindet.

Jetzt geht man scharf nach links in die Rue Colbert und stößt auf das 9 **Hôtel Transatlantique** von 1922. Die filigranen Details um den Haupteingang sind ziemlich eindrucksvoll. Von dort geht's nach rechts in die Rue Abdul Karim Diouri zum 10 **Hotel Volubilis** mit seinen Jugendstilschildern.

Nach links geht's die Rue Ibnou Batouta rauf und dann weiter bis zur Ecke am Blvd Mohammed V. Nach links abbiegen und Ausschau halten nach einer Reihe wunderschöner Fassaden an der Südseite der Straße. Highlights sind die 11 **Post auf dem zentralen Markt** (S. 183) und das Gebäude von 12 **Le Matin/Maroc Soir**.

Am Ende dieses Häuserblocks, an der Rue Mohammed el-Qory, ist das 13 **Petit Poucet** (S. 181), ein Café mit Bar, das oft von Antoine de Saint-Exupéry, Édith Piaf und Albert Camus besucht wurde. Jetzt geht's nach links in die Rue Mohammed el-Qory und zum 14 **Cinéma Rialto** (S. 182). In der kaum veränderten Art-déco-Perle flimmert manchmal noch *Casablanca* über die Leinwand. Weiter südlich stößt man auf die Kreuzung mit der Ave Houmane el-Fetouaki. Hält man sich rechts, erreicht man die 15 **Place du 16 November** mit ihren vielen Art-déco-Gebäuden.

Mehr Infos über Casablancas architektonisches Erbe aus dem 20. Jh. gibt's unter www.casamemoire.org oder auf der Facebook-Seite „Casablanca Histoire et Architecture".

Man sitzt auf niedrigen Sofas und die Beleuchtung sorgt für ein stimmungsvolles Ambiente – genau der richtige Ort für ein romantisches Tête-à-Tête. An den meisten Abenden wird Oud-Livemusik (Laute) geboten. Auf der Speisekarte stehen vorwiegend traditionelle Gerichte, auch die Weinkarte ist ausgezeichnet.

Âïn-Diab & Anfa

Frédéric Cassel Haute Patisserie CAFÉ €€

(Karte S. 170; ☎0522 94 93 82; 8 Blvd Moulay Rachid, Anfa; Gebäck ab 12 Dh; ⏲8–22 Uhr) In dem französischen Café im vornehmen Anfa kann man drinnen und draußen sitzen und gute Gebäckstücke und Kuchen genießen. Hier trifft man sich auch gern zum Frühstück.

Basmane MAROKKANISCH €€€

(Karte S. 170; ☎0522 79 70 70; www.basmane-restaurant.com; Ecke Blvd Océan Atlantique & Blvd de la Corniche, Âïn-Diab; Hauptgerichte 165–320 Dh; ⏲12–1 Uhr; ❄; 🚊Âïn-Diab) Die meisten Gäste dieses klassischen Restaurants im Hôtel Club Val d'Anfa sind wohlhabende Bewohner des nahen Bezirks Anfa, die besonders wegen der angebotenen traditionellen Gerichte kommen. Abends ist es hier am schönsten, denn dann werden die mit *zellij* gefliesten Wände stimmungsvoll angestrahlt. Freundlicher Service. An den meisten Abenden werden Livemusik und Bauchtanz geboten.

Le Cabestan MEDITERRAN €€€

(Karte S. 170; ☎0522 39 11 90; www.le-cabestan.com; 90 Blvd de la Corniche; Hauptgerichte 140–290 Dh; ⏲12–2 Uhr) Die vor dem ultramodernen Restaurant mit Bar und Club geparkten Limousinen sind ein Zeichen dafür, dass dieses Lokal auf einer Klippe unterhalb des Phare d'El Hank (El-Hank-Leuchtturm) die schickste Location der Stadt ist. Auf der mediterranen Speisekarte stehen hauptsächlich qualitativ hochwertige Fischgerichte. Rechtzeitig reservieren und um einen Tisch auf der Terrasse oder in der Nähe des Panoramafensters bitten.

Ausgehen & Nachtleben

Im Zentrum gibt es viele Kneipen, denen es aber an Atmosphäre mangelt, zudem sind sie für Frauen (mit Ausnahme von Prostituierten) tabu. Meist sind die Bars in den größeren Hotels – vor allem im Hyatt Regency (S. 176) oder Sofitel Tour Blanche – oder den trendigen Restaurants wie Le Cabestan (s. oben) die bessere Wahl.

Wer spätabends noch etwas trinken oder tanzen möchte, ist im Strandvorort Âïn-Diab goldrichtig. Allerdings muss man recht tief in die Tasche greifen, wenn man mit Casablancas Schönen und Reichen die Nacht durchmachen will. Der Eintritt in einen Club kostet mindestens 150 Dh, für ein Getränk muss man noch einmal den gleichen Betrag hinblättern. Kräftige Türsteher bewachen die Eingänge und kontrollieren die Gäste – wer ihnen nicht passt, kommt nicht rein. Viele dieser Clubs sind speziell auf reiche Araber aus den Golfstaaten zugeschnitten (ein Prinz aus Saudi-Arabien besitzt einen Palast an der Corniche) und bieten Unterhaltungsprogramme von ägyptischen und libanesischen Künstlern.

Sky 28 BAR

(Karte S. 170; ☎0522 97 80 00; www.kenzi-hotels.com; 28. OG, Kenzi Tower Hotel, Twin Centre, Blvd Zerktouni, Maarif; ⏲15–2 Uhr) Gut zubereitete teure Cocktails, Livemusik und DJs mit einer Vorliebe für Rhythm & Blues sind das Gütesiegel dieses eleganten Restaurants mit Bar und Club oben im Kenzi Tower Hotel. Der sensationelle Blick reicht über die Stadt bis hin zur Moschee Hassan II. Auf der Speisekarte stehen u. a. Sushi (160 Dh/12 Stück), Dakhla-Austern (150 Dh/6 Stück) und Burger (160 Dh).

Café Alba CAFÉ

(Karte S. 174; ☎0522 22 71 54; 59-61 Rue Driss Lahrizi; ⏲6.30–21.30 Uhr; 🚊Marché Central) Der Hauch von kolonialer Eleganz und die frauenfreundliche Atmosphäre unterscheiden das Café Alba von den meisten anderen Cafés in der Stadt. Die besten Plätze sind vorn unter der Arkade; gutes Frühstück zu angemessenen Preisen.

Café Imperial CAFÉ

(Karte S. 170; Quartier Habous; ⏲8–22 Uhr) Dieses nette Café an einer Ecke gegenüber vom Park unter dem Mahkama du Pacha und gleich um die Ecke der berühmten Pâtisserie Bennis Habous (S. 176) profitiert vor allem von seiner Lage und der sonnigen Terrasse. Hier bekommt man ordentlichen Kaffee und Pfefferminztee.

Le Chester BAR

(Karte S. 170; ☎0522 94 12 82; www.lechester.ma; Rue Abu Faraj el Asbahani, Racine Maarif; ⏲18–1 Uhr) Die bei Wohlhabenden um die 30 beliebte Bar unweit vom Blvd d'Anfa bietet Burger, Caesar Salad und andere internationale Speisen. Hier wird hauptsächlich Bier

CASABLANCA: DER FILM

Eine Wahnsinnsleistung, ein sehnsuchtsvoller Song und ein sensationelles Drehbuch von Julius J. Epstein, Philip G. Epstein und Howard Koch machten den 1942 gedrehten Film *Casablanca* zu einem der besten, den Hollywood jemals produziert hat. Inspiriert von Murray Burnetts und Joan Allisons unproduziertem Bühnenstück *Everybody Comes to Rick's* stellten der Produzent Hal B. Wallis und der Regisseur Michael Curtiz eine brillante Besetzung und eine tolle Crew auf die Beine und drehten diesen Film in nur etwas mehr als zwei Monaten in den Warner-Bros.-Studios in Burbank, Kalifornien. In Casablanca selbst wurde keine einzige Szene aufgenommen, aber die Stadt und ihre kosmopolitischen Bewohner in Zeiten des Krieges wurden wunderbar dargestellt, und die Bilder von Rick's Café Américain, von Straßencafés und dem Suk vermittelten vielen Kinobesuchern einen ersten visuellen Eindruck vom Maghreb.

Der Film ist auch heute noch faszinierend, gleichzeitig aber ernüchternd und er regt zum Nachdenken an über Flüchtlinge und in fernen Ländern gestrandete Seelen. *Casablanca* spiegelt auch die heutige geopolitische Lage und die Misere der Flüchtlinge aus Syrien und anderen vom Krieg erschütterten Ländern wider.

Für Traveller, die das moderne Casablanca besichtigen, ist ein Besuch in Rick's Café (S. 176) mit seinem Pianisten Issam am Rand der Medina fast schon ein Muss. Auf Nachfrage sagt Issam, dass er gar nicht mehr zählen kann, wie oft er „ As Time Goes By" schon gespielt hat, er gibt aber zu, dass er es noch immer gern tut. Und wo sonst, wenn nicht hier?

getrunken, und dienstags, donnerstags und freitags legen DJs ab 19 Uhr Funk, Pop und Rhythm & Blues auf.

Le Trica BAR

(Karte S. 170; ☎ 0522 22 07 06; 5 Rue el-Moutanabi, Quartier Gauthier; ⌚ 18.30–1 Uhr) Die sich über zwei Etagen erstreckende, amerikanisch angehauchte Loungebar ist freitag- und samstagabends, wenn DJs Techno auflegen, rappelvoll. Hierher kommt man auch gern, um sich auf der großen Leinwand wichtige Fußballspiele anzusehen oder um einen Feierabenddrink zu genießen (Happy Hour ist von 18.30–21 Uhr).

Social Club im Le Cabestan CLUB, BAR

(Karte S. 170; ☎ 0522 39 11 90; www.le-cabestan.com; 90 Blvd de la Corniche; ⌚ Bar 12–2, Social Club Sa 0.00–5 Uhr) Das Le Cabestan ist samstagnachts *die* Party-Location überhaupt. Dann stehen marokkanische oder internationale DJs am Plattenteller und bringen den Dancefloor zum Kochen. Die Jungen und Schönen der Stadt arbeiten hart daran, zu sehen und gesehen zu werden. Man muss sich aufbrezeln, um am Türsteher vorbeizukommen. An den anderen Abenden tummeln sich die Gäste in der Bar im Obergeschoss mit dem tollen Rundumblick und schlürfen Cocktails.

Petit Poucet BAR

(Karte S. 174; Ecke Blvd Mohammed V & Rue Mohammed el-Qory) Ein unverwüstliches Relikt aus den 1920er-Jahren. In dieser Bar verbrachte der französische Schriftsteller und Flieger Saint-Exupéry gern seine Zeit zwischen zwei Postflügen über der Sahara. Heute ist das Petit Poucet ein heruntergekommener und wenig einladender Ort, in dem sich vor allem Stammkunden zum Betrinken treffen.

Maison B CLUB

(Karte S. 170; ☎ 0698 99 94 42; 5 Rue de la Mer Adriatique, Âïn-Diab; ⌚ 19–4 Uhr) Schicker geht's in Casa wohl kaum. Das zum Club gehörige Restaurant in der Nähe des Kinokomplexes Megarama (S. 182) serviert mediterrane und asiatische Gerichte. Ganz besonders beliebt ist das Maison B in der warmen Jahreszeit. Dann ist die Terrasse an den Wochenenden rappelvoll. Internationale DJs sind ein fester Bestandteil des Clubs, manchmal gibt's auch Live-Acts. Veranstaltungsdetails findet man auf Facebook.

Armstrong Legend CLUB

(Karte S. 170; ☎ 0522 79 77 58; 41 Blvd de la Corniche) Der kleine Club ist einer der wenigen, in denen man nach Livemusik tanzen kann. Die Bands spielen hauptsächlich Rocksongs aus den 1980er- und 1990er-Jahren.

VIP Club CLUB

(Karte S. 170; Rue des Dunes) Diese seit Langem bestehende, teure Location auf einem Hügel unweit der Straßenbahnendhaltestelle Âïn-Diab hat mehr Atmosphäre als viele andere Clubs in der Stadt. Eine große Tanzfläche fehlt natürlich auch nicht.

Unterhaltung

Les Anciens Abattoirs de Casablanca DARSTELLENDE KÜNSTE
(☎0654 80 05 39; Rue Jaafar Barmaki, Quartier Hay Mohammadi; 🚌Grand Ceinture) In dem 1922 errichteten Art-déco-Komplex befanden sich früher die ehemaligen Schlachthöfe der Stadt. Sie wurden 2008 zu einem Kulturzentrum umgebaut und sind jetzt unter dem Namen Culture Factory bekannt. Das Zentrum befindet sich unweit des Bahnhofs Casa Voyageurs und bietet Ausstellungen und Performances, Theaterstücke, Konzerte und Workshops. Programmdetails findet man auf Facebook.

Complexe Culturel Sidi Belyout THEATER
(Karte S. 174; ☎0522 31 67 58; 28 Rue Léon L'Africain; 🚌Marché Central) Das Theater bietet Platz für 200 Zuschauer. Auf dem Spielplan stehen Bühnenstücke (meist auf Arabisch) sowie gelegentlich auch Liederabende und Tanzvorstellungen.

Kinos

Sofern sie nicht als „*version originale*" gekennzeichnet sind, laufen die meisten englischsprachigen Filme auf Französisch.

Megarama KINO
(Karte S. 170; ☎0522 79 88 88; http://casablanca.megarama.ma/; Blvd de la Corniche, Âïn-Diab; Tickets 45–65 Dh; 🚌Âïn-Diab) Das vornehmste Kino der Stadt befindet sich in einem riesigen Komplex in Âïn-Diab und bietet vier komfortable Säle, die stets rappelvoll sind.

Imax Theatre KINO
(Karte S. 170; ☎0801 00 12 30; www.moroccomall.ma; Morocco Mall, Ecke Blvd de la Corniche & Blvd de l'Océan, Sidi Abderahman; Tickets 65 Dh; ⏲So–Do 10–21, Fr & Sa 10–22 Uhr) In diesem Kino in der schicken Morocco Mall werden hauptsächlich Kassenschlager aus Hollywood gezeigt.

Cinéma Rialto KINO
(Karte S. 174; ☎0522 26 26 32; Rue Mohammed el-Qory; 🚌Marché Central) Klassisches Kino aus den 1930er-Jahren mit nur einer Leinwand. Hier finden auch Konzerte statt.

Cinéma Lynx KINO
(Karte S. 170; ☎0522 22 02 29; 150 Ave Mers Sultan; 🚌Avenue Hassan II) Geräumiges, bequemes Kino mit gutem Soundsystem.

Shoppen

Casablanca ist zwar nicht gerade ein Zentrum für Kunsthandwerk, bietet aber dennoch eine gute Auswahl an traditionellen Waren aus ganz Marokko. Diese kauft man am besten im Quartier Habous südlich des Zentrums. Kunsthandwerksgeschäfte unterschiedlicher (meist schlechter) Qualität säumen auch den Blvd Houphouët Boigny am Rand der alten Medina. Hier wird vor allem Jagd auf Touristendirhams gemacht.

Souq Habous MARKT
(Karte S. 170; Quartier Habous) Shoppen gehört in Casablanca nicht zu den Highlights. Wer aber ein paar Souvenirs ergattern will, sollte den reizenden aber recht teuren Suk in den Straßen östlich des zentralen Kreisverkehrs im Quartier Habous besuchen. In den Läden werden *babouches* (Lederslipper), Dschellabas (Gewänder für Männer), Seife, Gewürze und Keramikwaren verkauft. Feilschen nicht vergessen.

Morocco Mall EINKAUFSZENTRUM
(Karte S. 170; www.moroccomall.net; Blvd de la Corniche, Anfa; ⏲So–Do 10–21, Fr & Sa 10–22 Uhr) Dieses große Einkaufszentrum in Âïn-Diab ist Marokkos mondänste Shoppingmeile und beherbergt massenhaft Geschäfte, von Läden mit internationalen Designerlabels bis hin zu einem „Suk" mit traditionellem marokkanischem Kunsthandwerk. Man sollte aber auch mal eine Shopping-Pause einlegen und das zweistöckige Take Aquarium bewundern oder sich in dem multinationalen Food-Court stärken. Sein Auto kann man für 5 Dh pro Stunde auf den dazugehörigen Parkplätzen abstellen.

Anfa Place EINKAUFSZENTRUM
(Karte S. 170; ☎0522 95 46 46; http://anfashopping.com; Blvd de la Corniche, Âïn-Diab; ⏲Mo–Fr 10–21, Sa & So 10–22 Uhr; 📶) Dieses neue Einkaufszentrum am Wasser in Âïn-Diab bietet einen Supermarkt, einen Food-Court und viele Einzelhandelsgeschäfte. Für den Parkplatz muss man bezahlen, WLAN ist gratis.

Orientierung

Die winzige Medina – der älteste Teil der Stadt – liegt im Norden in der Nähe des Hafens. Südlich der Medina liegt die Place des Nations Unies, eine große Straßenkreuzung, die das Herz der Stadt ist. Von dort gehen die Hauptstraßen Casablancas ab: die Ave des Forces Armées Royales (Ave des FAR), die Ave Moulay Hassan I, der Blvd Mohammed V und der Blvd Houphouët Boigny.

Die Ave Hassan II führt zur Place Mohammed V und ist leicht an den prächtigen Verwaltungsgebäuden im Art-déco-Stil zu erkennen. Die Bezirke Gauthier und Maarif liegen westlich bzw. südwestlich des Parc de la Ligue Arabe. Hier gibt's vornehme Wohnhäuser, Restaurants, Cafés und Einzelhandelsgeschäfte.

Im Südwesten liegt das Quartier Habous (alias Nouvelle Medina) und im Westen der Strandvorort Âïn-Diab mit seiner Corniche, an der noble Hotels, Restaurants und Nachtclubs angesiedelt sind.

Praktische Informationen

GELD

Im Zentrum von Casablanca gibt's an fast jeder Straßenecke eine Bank – die meisten mit Geldautomaten.

MEDIZINISCHE VERSORGUNG

Dar Salam Clinic (Karte S. 170; ☎0522 85 14 14; www.cliniquedarsalam.ma; 728 Blvd Modibo Keita, Tantonville; 🚊Mekka) Nahe des Jardin Horticulture; Notaufnahme rund um die Uhr.

NOTFALL

Feuerwehr/Krankenwagen	150
Polizei	190
Service d'Aide Médicale Urgente (Privater Kranken-/ Rettungswagen)	0522 25 25 25

POST

Post am Hauptmarkt (Ecke Blvd Mohammed V & Rue Chaouia; ⏲Mo–Fr 8–16, Sa 9–12 Uhr)

Hauptpost (Karte S. 174; Ecke Blvd de Paris & Ave Hassan II; ⏲Mo–Fr 8–18, Sa 8–12 Uhr)

Post in der Medina (Karte S. 170; Place Ahmed El Bidaoui; ⏲Mo–Fr 8.30–16.30 Uhr)

TOURISTENINFORMATION

Die zuverlässigste Touristeninformation sind die Hotelangestellten.

An- & Weiterreise

AUTO

In Casablanca gibt's zahlreiche Autovermieter, viele mit Niederlassungen in der Gegend um die Ave des FAR und den Blvd Mohammed V sowie am Flughafen.

Avis Flughafen (☎0522 53 90 72; Internationaler Flughafen Mohammed V; ⏲7–23 Uhr); **Stadt** (☎0522 31 24 24; 19 Ave des FAR; ⏲Mo–Sa 8–19, SO 8–12 Uhr; 🚊Place Nations Unies)

Budget Flughafen (☎0522 53 91 57; Internationaler Flughafen Mohammed V; ⏲7–22.30 Uhr); **Stadt** (☎0522 31 31 24; 5 Tours des Habous, Ave des FAR; ⏲Mo–Sa 8.30–12 & 14.30–19 Uhr, So 9–12 Uhr; 🚊Place Nations Unies)

President Car (☎0661 21 03 94, 0522 26 07 90; www.presidentcar.ma; 27 Rue el-Ghali Ahmed; 🚊Place Nations Unies)

BUS

CTM-Busbahnhof (Karte S. 174; ☎0522 54 10 10; www.ctm.ma; 23 Rue Léon L'Africain; 🚊Marché Central) In der Nähe der Ave des FAR. CTM-Busse fahren täglich ins ganze Land. Ziele sind u. a. 7-mal täglich (110 Dh, 7¼ Std.) und ein Premium-Bus (270 Dh, 6¾ Std.) nach Agadir, 4-mal täglich nach Essaouira (140 Dh, 7¼ Std.) und 7-mal täglich (85 Dh, 7¼ Std.) und ein Premium-Bus (120 Dh, 4 Std.) nach Marrakesch.

Gare Routière Ouled Ziane (Karte S. 174) Der Hauptgrund, sich auf den Weg zu diesem modernen, 4 km südöstlich des Zentrums gelegenen Busbahnhof zu machen, sind Busse, die Ziele anfahren, die nicht von CTM abgedeckt werden. Und das sind fast alle nicht zu CTM gehörenden Busse. Ein Taxi hierher kostet ca. 25 Dh. Alternativ kann man vor dem Cinema Rif in der Ave des FAR **Bus 10** nehmen.

SAT-Busbahnhof Dieser Busbahnhof liegt ebenfalls an der Rte Ouled Ziane, aber rund 1 km näher an der Stadt als der Gare Routière Ouled Ziane. SAT bietet wenige nationale Verbindungen an, hat aber einen ähnlichen Standard wie CTM und ist etwas günstiger.

FLUGZEUG

Der **Internationale Flughafen Mohammed V** (Karte S. 170; ☎0522 43 58 58; www.onda.ma) liegt 30 km südöstlich der Stadt an der Straße nach Marrakesch. Dort starten regelmäßig Flieger in die meisten Länder Westeuropas sowie nach Westafrika, Algerien, Tunesien, Ägypten, Nordamerika und in den Nahen Osten.

Fast alle Inlandsverbindungen von Royal Air Maroc (RAM) führen über Casablanca, deshalb kann man von hier viele Ziele in Marokko direkt ansteuern.

> **CASAS STRASSENNAMEN**
>
> Casablancas französische Straßennamen werden allmählich durch marokkanische Namen ersetzt. Die in den Karten und Wegbeschreibungen in diesem Buch benutzten Namen sind die, die zum Zeitpunkt der Recherche auf den Straßenschildern standen. Diese können sich in der Zwischenzeit aber geändert haben. Man darf auch nicht vergessen, dass an vielen Einheimischen, Taxifahrern inklusive, der Wechsel bis jetzt vorübergegangen ist.

ZÜGE AB CASA VOYAGEURS

ZIEL	PREIS 1. KLASSE (DH)	PREIS 2. KLASSE (DH)	DAUER (STD.)	HÄUFIGKEIT (TGL.)
Azemmour	46	33	1	7
El Jadida	53	37	1½	8
Fez	174	116	3½–4½	16
Marrakesch	148	95	3¾	9
Meknès	143	95	3½	19
Nador	275	196	10½	1-mal direkt
Oujda	322	216	10¾	2-mal direkt
Tangier	195	132	5–6½	8

TAXI

Die meisten **Grands Taxis** starten am Gare Routière Ouled Ziane (Busbahnhof) und fahren dort auch wieder hin.

Vendôme Transport Touristique (☎ 0522 27 76 19; vtt13@yahoo.com) Dieses zuverlässige Unternehmen hat eine Fahrzeugflotte (Pkws und Minivans) mit Klimaanlage und funktionierenden Sitzgurten (eine Seltenheit in marokkanischen Taxis). Die Fahrt vom Internationalen Flughafen Mohammed V ins Zentrum von Casablanca kostet 300 Dh (1–3 Pers.). Das Unternehmen kann auch Fahrten zu Zielen in ganz Marokko organisieren. Ebenfalls angeboten werden zweistündige Stadtrundfahrten (450 Dh/1 oder 2 Pers.).

ZUG

Casa hat fünf Bahnhöfe, von denen aber für die meisten Traveller nur zwei von Interesse sind.

Der Bahnhof Casa Port (Karte S. 174) liegt ein paar hundert Meter nordöstlich der Place des Nations Unies in der Nähe des Hafens. Von hier fahren Züge nach Rabat (1./2. Klasse 69/37 Dh, 70 Min., alle 30 Min.) und Kénitra (1./2. Klasse 95/51 Dh, 1¾ Std., alle 30 Min. bis 1 Std.). Die Züge zum/vom Internationalen Flughafen Mohammed V starten ebenfalls hier.

Alle Fernzüge in alle Orte Marokkos mit Ausnahme von Rabat und Kénitra fahren am **Bahnhof Casa Voyageurs** ab und kommen dort auch an. Die Straßenbahn fährt vom Bahnhof in andere Stadtteile, so auch ins Zentrum und nach Âïn-Diab.

Unterwegs vor Ort

AUTO & MOTORRAD

Parkuhren (2 Dh/Std., max. 2 Std.) müssen täglich – außer an Sonn- und Feiertagen – von 8 bis 12 Uhr und von 14 bis 19 Uhr bestückt werden. Wer nicht bezahlt, bekommt einen Strafzettel oder eine Kralle an den Reifen. In Straßen ohne Parkuhren verlangen Wächter oft ein Trinkgeld für das Aufpassen aufs Fahrzeug. Im Allgemeinen werden für diesen Dienst 5 Dh bezahlt.

BUS

Ein Busticket kostet 4 Dh, die Busse halten an festgelegten Haltestellen; Details gibt's unter http://mdinabus.ma/docs/Lignesbus.pdf. Reisende können wahrscheinlich mit der neuen Straßenbahn oder den *petits taxis* mehr anfangen als mit Bussen.

VOM/ZUM FLUGHAFEN

Zug Züge zwischen dem Internationalen Flughafen Mohammed V Airport und Casablancas Bahnhof Casa Port verkehren morgens um 4 Uhr und dann stündlich von 6 bis 22 Uhr. Der letzte Zug fährt um 23.45 Uhr (1./2. Klasse 64/43 Dh, 45 Min.). Die Züge halten in Oasis und am Bahnhof Casa Voyageurs. Wer weiter nach Rabat oder Kénitra will, muss am Bahnhof Casa Port umsteigen, wer in andere größere Orte will, steigt am Bahnhof Casa Voyageurs um. Die Züge fahren unter dem Terminal 1 ab. Der erste Zug vom Casa Port zum Flughafen fährt um 3 Uhr und dann von 5 bis 22 Uhr stündlich.

Grand Taxi Der Festpreis für die Fahrt zwischen Flughafen und Zentrum beträgt 300 Dh. Die Fahrer gehören aber zu einem inoffiziellen Kartell, sodass die Preise letztendlich viel höher sein können, z. B. nachts oder bei hoher Nachfrage. Es ist vielleicht keine schlechte Idee, bei **Vendôme Transport Touristique** (s. linke Spalte) die Abholung vom Flughafen zu organisieren, so ist man sicher, den offiziellen Preis zu bezahlen. Achtung: Einige Taxifahrer kassieren eine Provision, wenn sie ihre Fahrgäste zu bestimmten Hotels bringen. Sie sind in dieser Beziehung skrupellos – man sollte ihnen nicht glauben, wenn sie einem weißmachen wollen, dass das Hotel, das man sich ausgesucht hat, geschlossen ist.

STRASSENBAHN

➡ Die hervorragende **Casa Tramway** (www.casatramway.ma) macht Fahrten durch die Stadt zu einer einfachen und bequemen Übung.

➡ Der für Traveller nützlichste Linienabschnitt ist der vom Bahnhof Casa Voyageurs über den Marché Central und die Place des Nations

Unies zur Place Mohammed V. Es fahren auch Straßenbahnen nach Âïn-Diab (ca. 35 Min. vom Zentrum).

➜ Die Bahnen verkehren im 15-Minutentakt; erste und letzte Abfahrt von den jeweiligen Endhaltestellen um 5.30 und um 22.30 Uhr.

➜ Das Ticket für eine einfache Fahrt kostet 7 Dh und kann ohne große Umstände an den Automaten auf den Plattformen gekauft werden (es gibt auch Mehrfahrtenkarten).

TAXI

➜ Die roten ***petits taxis*** bringen einen schneller ans Ziel als Straßenbahnen oder Busse. Man hält sie auf der Straße durch Handzeichen an.

➜ Der Preis für eine kurze Strecke beginnt bei 15 Dh. Die Fahrer halten unterwegs oft an und sammeln weitere Fahrgäste auf. Da Taxameter nur selten, wenn überhaupt, angestellt werden, sollte man vor dem Einsteigen den Preis aushandeln. Nach 20 Uhr steigen die Preise um 50 %.

➜ Man muss ausreichend Kleingeld zur Hand haben und das Rückgeld auf jeden Fall zählen.

Rabat الرباط

565 000 EW.

Marokkos Regierungs- und Verwaltungshauptstadt mag es an touristischen Highlights fehlen, aber das wird durch ihren Charme wieder wettgemacht. Die von Palmen gesäumten Boulevards der Ville Nouvelle sind sauber, gepflegt und relativ wenig befahren – fast schon ein Traum nach einem Aufenthalt in Casablanca. Es gibt einen sauberen Hauptstrand, eine intakte, nette Kasbah und eine stimmungsvolle von Mauern umgebene Medina, die weit weniger touristisch ist als die anderer großer Städte. Alles in allem kann man gut ein paar Tage in Rabat verbringen.

Geschichte

Jenseits von Rabat erstrecken sich fruchtbare Ebenen landeinwärts, die bereits im 8. Jh. v. Chr. Siedler anzogen. An der Mündung des Bou Regreg errichteten Römer und Phönizier ihre Handelsposten in Sala (heute Chellah). Die römische Siedlung Sala Colonia überlebte das Weltreich um viele Jahre und wurde schließlich Sitz eines unabhängigen Berberkönigreichs. Die Zenata-Berber bauten ein *ribat* (Wehrkloster), dem die Stadt ihren Namen verdankt. Es befand sich am Standort der heutigen Kasbah. Im 10. Jh. wurde die neue Stadt Salé am nördlichen Flussufer gegründet. Ihr wachsender Wohlstand bedeutete den Niedergang Chellahs.

Nach Ankunft der Almohaden im 12. Jh. baute man das *ribat* zur Kasbah um. Diese diente als strategischer Ausgangspunkt für Kriegszüge in Spanien, wo die Dynastie erfolgreich eine neue muslimische Herrschaft über Andalusien etablierte. Unter Yacub al-Mansur (der Siegreiche) erlebte Rabat eine kurze Blütezeit als Reichshauptstadt Ribat el-Fath (Siegesfestung). Al-Mansur ließ mächtige Stadtmauern hochziehen, versah die Kasbah mit dem gewaltigen Tor Bab Oudaïas und begann mit der Errichtung der Hassan-Moschee, der größten Moschee des islamischen Westens bzw. der ganzen islamischen Welt.

1199 machte el-Mansurs Tod dem ehrgeizigen Vorhaben ein Ende – der gigantische Bau blieb unvollendet. Bald darauf versank die Stadt in Bedeutungslosigkeit. Erst im 17. Jh. sollte sich das Blatt wieder wenden.

Zusammen mit muslimischen Flüchtlingen aus Spanien hielt eine Schar von christlichen Banditen, maurischen Piraten, Freibeutern und Abenteurern Einzug. Rabat und Salé wurden zu sicheren Schlupfwinkeln von Korsaren, jenen skrupellosen Piraten, die englische Geschichtsschreiber als „Sallee Rovers" bezeichneten. Mit der Republik von Bou Regreg gründeten sie ihren eigenen Staat. Die Gier nach spanischem Gold trieb die Korsaren sogar bis zur weit entfernten US-Küste. Im südenglischen Cornwall brachten sie christliche Sklaven in ihre Gewalt. Die ersten Alawiden-Sultane versuchten, dem Plündern einen Riegel vorzuschieben. Dennoch bekam niemand die Korsaren in den Griff – bis weit ins 19. Jh. hinein kaperten sie europäische Schiffe.

Ende des 18. Jhs. war Rabat kurzzeitig die Hauptstadt von Sultan Mohammed ben Abdallah, um bald darauf erneut in der Bedeutungslosigkeit zu verschwinden. Die traditionellen Hauptstädte Fès und Marrakesch waren Schauplätze ständiger Unruhen und politischer Intrigen. So entschlossen sich die Franzosen 1912, beide „Hornissennester" aufzugeben, und verlegten ihr Machtzentrum nach Rabat, dessen Versorgung und Verteidigung wesentlich einfacher war. Seitdem ist die Küstenstadt Regierungssitz und offizielle Königsresidenz.

Sehenswertes

Rabat Zentrum

Medina STADTVIERTEL

(Karte S. 192; Medina Rabat, Bab Chellah) Als die Franzosen Anfang des 20. Jhs. hier eintrafen,

RABAT IN ...

... einem Tag

Der Tag beginnt mit einem Bummel durch Rabats **Medina** (S. 185) gefolgt von einem traditionellen Mittagssnack. Dann überquert man den Blvd Tariq al-Marsa und betritt durch das herrliche Haupttor Bab Oudaïas die **Kasbah les Oudaïas** (S. 194), die oben mit einer grandiosen Aussicht über die Flussmündung und bis hinüber nach Salé aufwartet. Weiter geht's zum Tee in das stimmungsvolle **Café Maure** (S. 196). Abends bummelt man dann wie die Einheimischen über die Ave Mohammed V und genießt ein marokkanisches Abendessen im **Le Petit Beur** (S. 194) oder **Tajine Wa Tanjia** (S. 195).

... zwei Tagen

Am zweiten Tag geht's mit der Straßenbahn nach Salé (S. 198) und in die Medina mit der **Grande Mosquée** (S. 199) und ihrer wunderschönen ***medersa*** (S. 199). Von dort spaziert man hinunter zum Fluss und lässt sich zurückrudern nach Rabat, wo man den Nachmittag am *plage* (Strand) verbringen kann. Wer will, schnappt sich ein Taxi nach **Chellah** (S. 187) und geht auf archäologische Erkundungstour. Abends genießt man die französische Küche im **Cosmopolitan** (S. 195) oder **Le Bistro du Pietri** (S. 195) in der Neustadt oder im **L'Entrecôte** (S. 195) in vornehmen Agdal.

bestand Rabat nur aus der befestigten Medina am Meer. Sie wurde im 17. Jh. mit einem regelmäßigen Grundriss angelegt, ist klein genug, um sie an einem halben Tag erkunden zu können und groß genug, um sich zu verlaufen. Die wichtigste Marktstraße ist die Rue Souika mit Geschäften für Einheimische am Westende und für Touristen im überdachten **Souq as-Sebbat** im Osten.

Die **Grande Mosquée de Rabat Medina** (unweit Rue Bab Chellah; 🚊 Bab Chellah) aus dem 14. Jh. geht ursprünglich auf das Konto der Meriniden, wurde aber im Lauf der Zeit immer wieder umgebaut. Sie bildet den Anfang des Souq as-Sebbat. Jenseits der Rue des Consuls (die ihren Namen den Diplomaten verdankt, die hier bis 1912 lebten) befindet sich die *mellah* (jüdisches Viertel), die bis zum Bab el-Bahr und zum Flussufer reicht. Wer der Rue des Consuls mit ihren vielen Schmuckläden nordwärts folgt, erreicht einen der interessanteren Bezirke der Medina mit *funduqs* (Innenhöfe) und prächtigen ehemaligen Diplomatenhäusern. Im Norden mündet die Straße in einen offenen Platz, auf dem zu Korsarenzeiten Sklavenauktionen stattfanden. Von hier geht's bergauf zur Kasbah Les Oudaïas (S. 194).

Die meisten Lokale befinden sich in der Hauptfußgängermeile der Ave Mohammed V zwischen der Straßenbahnhaltestelle Medina Rabat und der Ave Laalou, der Nordgrenze der Medina. Beliebte Fast-Food-Lokale mit Sitzplätzen auf der Straße sind u. a. Bidawai (S. 196) und Inza (S. 195). Außerdem gibt's hier eine Reihe von Straßenhändlern, die Snacks verkaufen wie *babouche* (kleine Schnecken) in einer wohl riechenden, scharfen Suppe, frisch gepressten Zuckerrohrsaft, *bisara* (eine dicke Suppe aus getrockneten dicken Bohnen), mit Sirup durchtränktes Gebäck, frisch gebackenes Brot und frisches Obst der Saison.

Museum für moderne & zeitgenössische Kunst — MUSEUM

(Musée Mohammed VI Art Moderne et Contemporain, MMVI; ☎ 0537 76 90 47; www.museemohammed6.ma; Ecke Ave Moulay Hassan & Ave Allal ben Abdallah, Ville Nouvelle; Dauerausstellung Erw./Kind 12–18 Jahre/Kind unter 12 Jahren 20/10 Dh/frei; ⏲ Mi–Mo 10–18 Uhr; 🚊 Mohammed V/Gare de Rabat) Diese Institution ähnelt eher einem Einkaufszentrum als einer Kunstgalerie. Sie wurde von dem derzeitigen König konzipiert und finanziert und 2014 eröffnet. Es ist das erste nationale Museum für moderne und zeitgenössische Kunst des Landes und zeigt internationale Wanderausstellungen berühmter Künstler sowie eine Dauerausstellung mit marokkanischen Werken aus den 1950er-Jahren bis heute. Bei vielen Ausstellungsstücken handelt es sich um dekorative farbenfrohe Werke mit vielen komplizierten Details.

Man sollte nach den Gemälden von Radia Bent El Houssein (1912–1994), Abbés Saladi (1950–1992), André Elbaz (geb. 1934), Mehdi Qotbi (geb. 1951) und Aziza Alaoui (geb. 1966) Ausschau halten. Sehenswert sind auch die Fotografien von Laila Essaydi (geb. 1965).

Archäologisches Museum MUSEUM

(Karte S. 192; 23 Rue al-Brihi Parent; Mohammed V/Gare de Rabat) Das Archäologische Museum war zum Zeitpunkt der Recherche wegen Renovierung geschlossen. Normalerweise beherbergt es eine besonders schöne Sammlung von Keramik, Statuen und Artefakten aus den römischen Siedlungen Volubilis, Lixus und Chellah. In der jüngsten Vergangenheit gingen Gerüchte herum, dass diese Sammlungs-Highlights auf andere Museen des Landes verteilt werden sollen, sodass die Enthüllung des renovierten Gebäudes und der Exponate von den Einheimischen sowohl mit Spannung als auch Angst erwartet wird.

Marokkanisches Geldmuseum MUSEUM

(Karte S. 192; Musée de Bank Al-Maghrib; 0537 21 64 72; www.bkam.ma; Ecke Ave Allal ben Abdellah & Rue Al-Qahira, Ville Nouvelle; Erw./Student 20 Dh/frei; Di–Fr 9–17.30, Sa 9–12 & 15–18, So 9–13 Uhr; Place al-Joulane) Numismatiker werden sich bei dem Besuch dieses gut kuratierten und präsentierten Museums wie im siebten Himmel fühlen. Es bietet mit seinen Zahlungsmitteln aus der römischen bis in die heutige Zeit eine unerwartet interessante Reise durch die marokkanische Geschichte. Sehenswert ist auch die Ausstellung mit Gemälden aus der Sammlung der Bank Al-Maghrib mit Werken marokkanischer und ausländischer Künstler. Freitags ist freier Eintritt.

Cathédrale Saint-Pierre KIRCHE

(Karte S. 192; Cathédrale Saint-Pierre de Rabat; www.dioceserabat.org; Place al-Joulane, Ville Nouvelle; Place al-Joulane) Die noch benutzte Kathedrale stammt von 1919, die beiden Türme im Art-déco-Stil wurden allerdings in den 1930er-Jahren hinzugefügt.

Königspalast PALAST

(Karte S. 188; Dâr-al-Makhzen, Palais Royal; Ave des Nations Unies; Nations Unies) Dieser Palast am Ende des *mechouar* (großer Paradeplatz) stammt aus 1864 und ist die Hauptresidenz der königlichen Familie. Für Besucher ist der Palast tabu.

Östlich des Zentrums

Chellah HISTORISCHE STÄTTE

(Karte S. 188; Ecke Ave Yacoub al-Mansour & Blvd Moussa ibn Nassair; Erw./Kind unter 12 Jahren 10/3 Dh; 8.30–17.30 Uhr) Die Phönizier waren die ersten, die eine Siedlung auf den Hängen oberhalb des Flusses Bou Regreg bauten. Etwa 40 n.Chr. übernahmen dann die Römer das Zepter und gaben ihr den Namen Sala Colonia. Die Überreste der Stadt liegen hier und da verstreut, vermitteln aber kaum eine Vorstellung von ihrer einstigen Größe oder Form. Sie wurde 1154 aufgegeben und bröckelte vor sich hin. Im 14. Jh. ließ der meridinische Sultan Abou al-Hassan Ali über der römischen Stadt dann eine Nekropole anlegen. Die Befestigungsmauern, die er rundherum errichten ließ, sind heute noch vorhanden.

Vom wuchtigen Haupttor (das derzeit restauriert wird) führt ein Weg hinunter zu einer Aussichtsplattform mit Blick auf die Ruinen der römischen Stadt („Site Antique"). Unterhalb dieser Ruinen befindet sich der islamische Komplex mit einem eleganten Minarett aus Steinen, Fliesen und einem Storchennest obendrauf. Es ist das letzte Überbleibsel einer einst beeindruckenden Moschee. Hinter der Moschee liegen die Ruinen des mit Steinreliefs und *zellij*-Ornamenten verzierten Grabmals von Abu al-Hasan und seiner Frau. Rechts (östlich) davon befinden sich die Gräber mehrerer Heiliger und das **Bassin aux Anguilles**. An diesem Becken finden sich Frauen ein, die auf Fruchtbarkeit und leichtes Gebären hoffen, wenn sie die in dem Becken lebenden Aale mit gekochten Eiern füttern.

Weiter unten in der Nähe des Minaretts befindet sich eine kleine *medersa* mit Säulenresten, Schülerkammern, einer *mihrab* (Gebetsnische) und einem mit Ornamenten verzierten Wasserbecken. Zum Zeitpunkt der Recherche war die Anlage wegen Restaurierungsarbeiten geschlossen. An dem Hang unterhalb der Grabstätte von Abu al-Hasan und seiner Frau kann man wunderbar auf einem schattigen von Blumen, Palmen und Bambus gesäumten Weg spazieren gehen.

An diesem stimmungsvollen Ort findet alljährlich im September das Festival Jazz au Chellah (S. 190) statt.

Le Tour Hassan HISTORISCHE STÄTTE

(Karte S. 188; Hassan-Turm; Ave Tour Hassan, Quartier Hassan; Pont Hassan II) Der 44 m hohe Turm, der hoch über die Bou-Regreg-Mündung inmitten von gut gepflegten Gärten aufragt, ist Rabats berühmtestes Wahrzeichen. Ursprünglich war er Teil des ehrgeizigen Projekts der Almohaden, die zweitgrößte Moschee der Welt (nach Samarra im Irak) zu errichten, doch leider starb der Mäzen Sultan Yacoub al-Mansour vor der Fertigstel-

Rabat

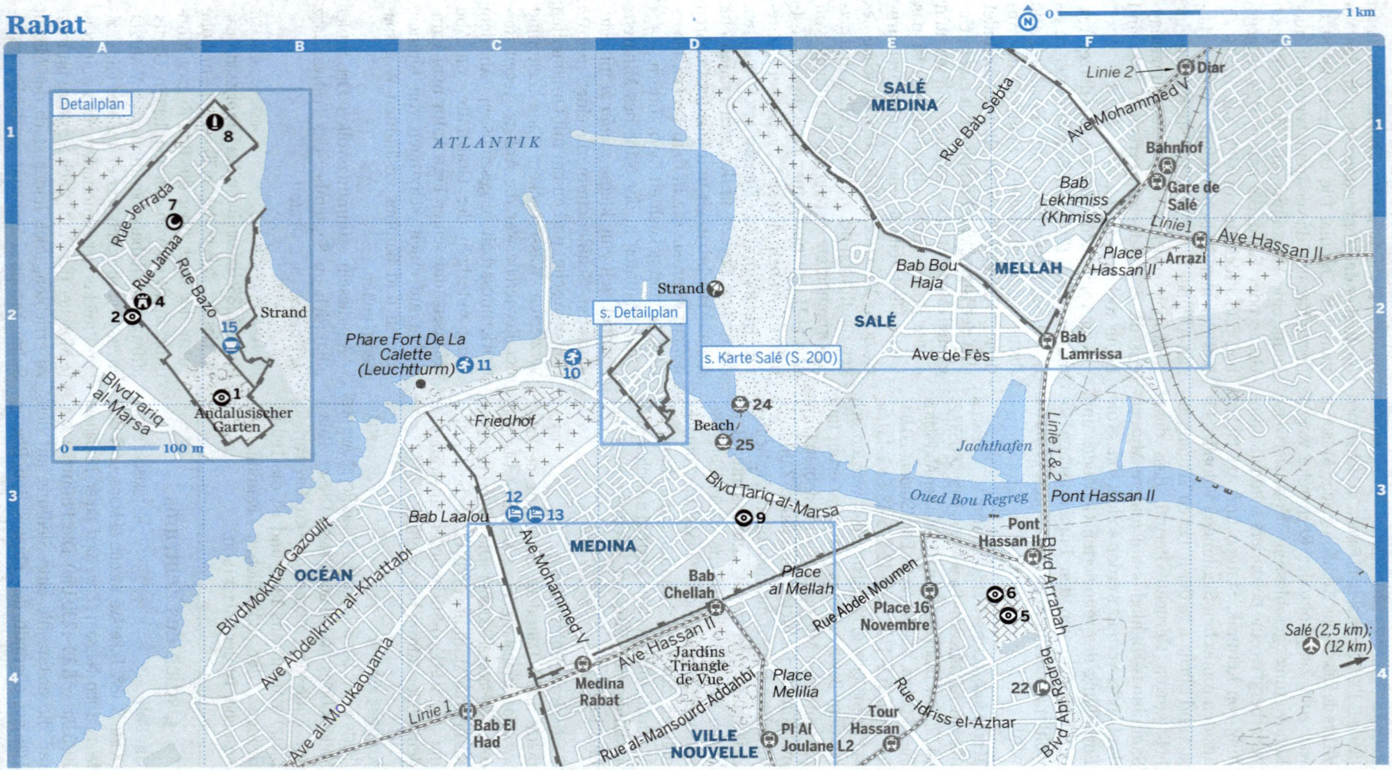
0
1 km
A
B
C
D
E
F
G
1
2
3
4
Detailplan
8
Rue Jerrada
7
Rue Jamaa
Rue Bazo
4
2
Strand
15
1
Andalusischer Garten
BlvdTariq al-Marsa
0
100 m
ATLANTIK
Phare Fort De La Calette (Leuchtturm)
11
10
s. Detailplan
Strand
Friedhof
24
Beach
25
12
13
Bab Laalou
Blvd Tariq al-Marsa
9
MEDINA
Ave Mohammed V
OCÉAN
BlvdMokhtar Gazoulit
Ave Abdelkrim al-Khattabi
Ave al-Moukaouama
Linie 1
Bab El Had
Medina Rabat
Ave Hassan II
Bab Chellah
Place al Mellah
Jardins Triangle de Vue
Rue al-Mansour-Addahbi
VILLE NOUVELLE
Place Melilia
Pl Al Joulane
L2
Rue Abdel Moumen
Place 16 Novembre
Tour Hassan
Rue Idriss el-Azhar
6
5
22
Blvd Abi Radrag
Blvd Arrabah
Pont Hassan II
Oued Bou Regreg
Pont Hassan II
Jachthafen
Linie 1 & 2
Salé (2,5 km);
(12 km)
SALÉ MEDINA
Rue Bab Sebta
Ave Mohammed V
Linie 2
Diar
Bahnhof
Gare de Salé
Bab Lekhmiss (Khmiss)
Linie1
Ave Hassan II
Place Hassan II
Arrazi
Bab Bou Haja
MELLAH
SALÉ
Bab Lamrissa
Ave de Fès
s. Karte Salé (S. 200)

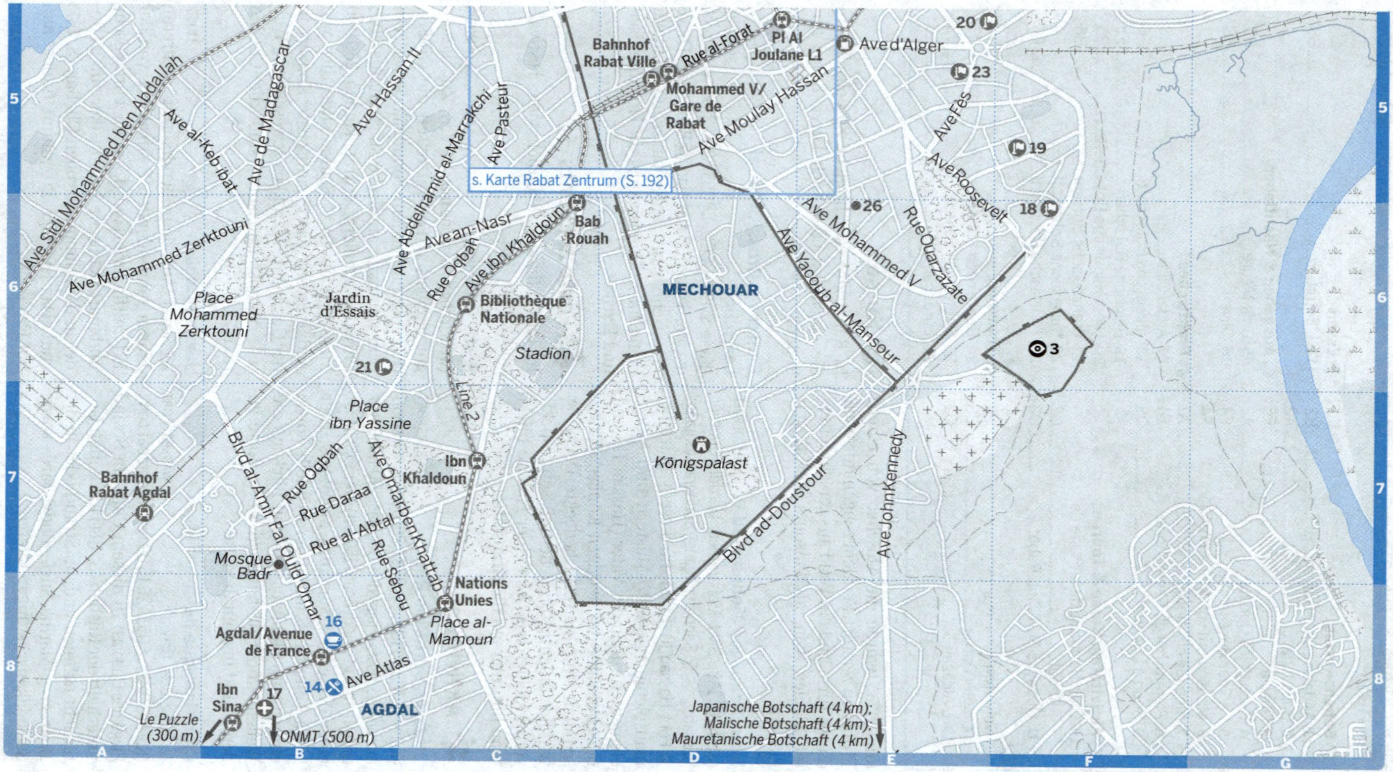
MECHOUAR
AGDAL
Königspalast
Bahnhof Rabat Ville
Mohammed V/ Gare de Rabat
Pl Al Joulane L1
Rue al-Forat
Bab Rouah
Bibliothèque Nationale
Stadion
Line 2
Ibn Khaldoun
Nations Unies
Place al-Mamoun
Jardin d'Essais
Place ibn Yassine
Place Mohammed Zerktouni
Agdal/Avenue de France
Ibn Sina
Bahnhof Rabat Agdal
Mosque Badr
s. Karte Rabat Zentrum (S. 192)
Ave Mohammed V
Ave Yacoub al-Mansour
Rue Ouarzazate
Ave Roosevelt
Ave Fes
Ave d'Alger
Ave Moulay Hassan
Ave John Kennedy
Blvd ad-Doustour
Ave Pasteur
Ave ibn Khaldoun
Ave Abdelhamid el-Marrakchi
Rue Oqbah
Ave an-Nasr
Ave Hassan II
Ave Omar ben Khattab
Rue Sebou
Rue al-Abtal
Rue Daraa
Blvd al-Amir Fal Ould Omar
Ave Atlas
Ave de Madagascar
Ave al-Keb ibat
Ave Mohammed Zerktouni
Ave Sidi Mohammed ben Abdallah
Japanische Botschaft (4 km); Malische Botschaft (4 km); Mauretanische Botschaft (4 km)
ONMT (500 m)
Le Puzzle (300 m)
3
14
16
17
18
19
20
21
23
26

Rabat

Sehenswertes

1 Andalusischer Garten B2
2 Bab Oudaïas A2
3 Chellah F6
4 Kasbah les Oudaïas A2
5 Le Tour Hassan F4
6 Mausoleum von Mohammed V. F4
7 Mosque el-Atiqa A1
8 Plateforme du Sémaphore B1
9 Souq as-Sebbat D3

Aktivitäten, Kurse & Touren

10 Club Nautique de la Plage de Rabat C2
11 Oudayas Surf Club Rabat C2

Schlafen

12 Hôtel Darna C3
13 L'Alcazar C3

Essen

14 L'Entrecôte B8

Ausgehen & Nachtleben

15 Café Maure B2
16 Oliveri B8

Praktisches

17 Agdal Clinic B8
18 Algerische Botschaft F6
19 Belgische Botschaft F5
20 Niederländische Botschaft E5
21 Französische Botschaft B6
22 Italienische Botschaft F4
23 Tunesische Botschaft E5

Transport

24 Boote nach Rabat D3
25 Boote nach Salé D3
26 Europcar E6

lung. 1755 wurde die Moschee von einem Erdbeben zerstört. Seitdem zeugen nur noch dieser Turm und ein Wald aus zerschmetterten Säulen von al-Mansours gewaltigen Plänen.

Mausoleum von Mohammed V. MAUSOLEUM
(Karte S. 188; Blvd Mohammed Lyazidi, Quartier Hassan; Sonnenaufgang–Sonnenuntergang; Pont Hassan II) GRATIS In diesem Marmormausoleum mit *zellij*-Mustern und Stuckelementen ruhen der Vater (Hassan II.) und der Großvater des heutigen Königs. Die geschnitzte, mit Blattgold bedeckte Decke ist wirklich prächtig. Besucher müssen respektvoll gekleidet sein. Von einer Galerie blickt man hinunter auf die Grabstätten.

Aktivitäten

Oudayas Surf Club Rabat WASSERSPORT
(Karte S. 188; OSCR; 0537 26 06 83; www.surfmaroc.info/oscr; Plage des Oudaïas; 90-minütiger Unterricht Surf-/Bodyboard 150 Dh) Der OSCR ist einer der ersten Surfclubs Marokkos. Hier gibt's Unterricht und Board-Verleih sowie ein schickes Clubhaus/Café mit Blick auf die Wellen. König Mohammed VI. gehörte zu den Gründungsmitgliedern.

Club Nautique de la Plage de Rabat WASSERSPORT
(Karte S. 188; 0537 26 16 09; www.cnprabat.com; Plage des Oudaïas) In diesem Club am Strand unterhalb der Kasbah (S. 194) kann man Unterricht nehmen und am Strand oder in der Bouregreg Marina Surf-, Bodyboard- sowie Seekajakausrüstungen mieten.

Kurse

In Rabat gibt es zahlreiche Sprachschulen, die einjährige oder auch kürze Kurse anbieten.

Center for Cross-Cultural Learning SPRACHE
(Karte S. 192; CCCL; 0537 20 23 65; www.cccl.ma; Ave Hassan II, Bab el-Had; Bab El Had) Diese Privatschule mit amerikanischen Wurzeln bietet kurze Intensivkurse in Hocharabisch und Darija.

Feste & Events

In Rabat finden alljährlich viele Festivals und Events statt.

Festival Mawazine MUSIK
(www.festivalmawazine.ma; Mai) Zu diesem gut etablierten Festival reisen die Großen der internationalen Popmusik sowie ein paar namhafte arabische Stars an. Als 2016 Christina Aguilera auftrat, kamen 250 000 Menschen ins OLM Souissi südöstlich von Agdal. Es soll das gigantischste Konzert in der Geschichte Marokkos gewesen sein. Weitere Veranstaltungsorte sind die Chellah (S. 187).

Jazz au Chellah MUSIK
(Sept.) Auf dem bereits seit mehreren Jahren stattfindenden Festival, das von der EU mitfinanziert wird, treten europäische und marokkanische Jazzmusiker auf. Es findet in der stimmungsvollen Chellah (S. 187) statt. Das jeweilige Programm findet man auf Facebook.

Schlafen

In der Medina gibt's jede Menge Budgetunterkünfte (darunter auch viele Absteigen) und ein paar stimmungsvolle Riads (Stadthäuser mit Innenhofgarten). In der Ville Nouvelle gibt's eine gute Auswahl an komfortablen Businesshotels.

Ville Nouvelle

Hôtel Central HOTEL €

(0537 70 73 56; hotel.central.rabat@gmail.com; 2 Rue Al-Basra; EZ/DZ 170/250 Dh, ohne Bad 120/180 Dh; ; Mohammed V/Gare de Rabat) Die glorreiche Zeit dieser Unterkunft gehört zwar schon lange der Vergangenheit an, aber dennoch ist dieses Hotel in unmittelbarer Nähe der Ave Mohammed V sauber und preiswert. Die Betten sind steinhart und WLAN gibt's nur in der Nähe der Rezeption. Die Zimmer ohne Bad sind mit einem Waschbecken ausgestattet, die mit Bad haben eine Dusche. Die Toiletten befinden sich aber außerhalb des Zimmers und müssen mit den anderen Gästen geteilt werden. Wer ein Zimmer ohne Bad hat, muss für eine warme Dusche 10 Dh hinblättern.

Hôtel Majestic HOTEL €

(Karte S. 192; 0537 72 29 97; www.hotelmajestic.ma; 121 Ave Hassan II; EZ/DZ 284/348 Dh; Medina Rabat) Leider ist dieses Hotel gegenüber vom Haupteingang der Medina bei Weitem nicht so majestätisch wie der Name vermuten lässt. Die kleinen Zimmer haben WLAN, und das ist auch schon alles, womit sich diese Unterkunft rühmen kann. Trotz der doppelt verglasten Fenster ist es manchmal recht laut in den Zimmern. Am besten entscheidet man sich gegen ein Zimmer mit Blick auf die Medina und nimmt stattdessen eines nach hinten hinaus.

★ Le Piétri Urban Hotel HOTEL €€

(Karte S. 192; 0537 70 78 20; www.lepietri.com; 4 Rue Tobrouk; EZ inkl. Frühstück 760–1020 Dh, DZ 860–1120 Dh, Suite 1300 Dh; ; Mohammed V/Gare de Rabat) Ach, hätten doch nur alle Mittelklassehotels in Marokko den Standard dieses beeindruckenden Businesshotels! Geboten werden vernünftige Preise, eine zentrale Lage, zuvorkommendes zweisprachiges Personal und 35 geräumige, helle Zimmer mit guten Betten, Satelliten-TV, Schreibtisch und Doppelglasfenstern. Außerdem gibt's ein exzellentes Restaurant, Le Bistro du Pietri (S. 195), in dem an den Wochenenden Livejazz zu hören ist.

Hôtel B & B Rabat Médina HOTEL €€

(Karte S. 192; 0537 70 30 74; www.hotelbb.ma; 2 Rue Ghandi; EZ/DZ/3BZ inkl. Frühstück 1100/1200/1240 Dh; P; Place al-Joulane) Das freundliche, moderne Hotel, in dem vorwiegend Geschäftsleute übernachten, befindet sich schräg gegenüber der Moulina-Moschee und dem Jardin Nouzhat Hassan. Die gepflegten, ansprechenden Zimmer haben Doppelglasfenster, gute Betten, Leselampen, Schreibtisch und Satelliten-TV, einige bieten auch einen Balkon mit Blick auf den Park. Das Frühstück wird in dem hellen, freundlichen Café in der Lobby serviert.

Hôtel Bélère HOTEL €€

(Karte S. 192; 0537 70 38 97; www.belere-hotels.com; 33 Ave Moulay Youssef; EZ inkl. Frühstück 950–1080 Dh, DZ 1080–1180 Dh, Suite 1240–1400 Dh; ; Mohammed V/Gare de Rabat) Das zuverlässige, aber etwas langweilige Hotel hat kleine, gemütliche Zimmer mit geschmackvollem (wenn auch unmodernem) Dekor. Das Haus bietet eine Bar und ein Restaurant und liegt günstig zum Bahnhof. Die Wohneinheiten mit Klimaanlage hätten eine Renovierung nötig. Außerdem wurde berichtet, dass das WLAN nicht immer einwandfrei funktioniert.

Hôtel Royal HOTEL €€

(Karte S. 192; 0537 72 11 71; 1 Rue Ammane; EZ/DZ 490/700 Dh; ; Medina Rabat) Die muffigen, schäbigen Zimmer dieses zentral gelegenen Hotels müssten unbedingt mal renoviert werden. Die Zimmer im 4. OG bieten den schönsten Blick auf den Park und die Stadt, sind aber – wie alle anderen Zimmer auch – ziemlich laut. Das Frühstück (55 Dh) wird in dem Restaurant im Erdgeschoss serviert.

RABAT MIT KINDERN

Außer dem überfüllten, aber kinderfreundlichen *plage* (Strand) hat die Stadt nur wenige Attraktionen für Kids zu bieten. Spaß machen könnten eine Fahrt mit der Straßenbahn und bestimmt auch die Ruderbootfahrt zwischen Rabat und Salé. Oder wie wär's mit der Erkundung der **Kasbah les Oudaïas** (S. 194), wo sich die Kleinen wie Piraten fühlen können. Auf der Plateforme du Sémaphore und im Andalusischen Garten können sie ihrer Energie freien Lauf lassen.

Rabat Zentrum

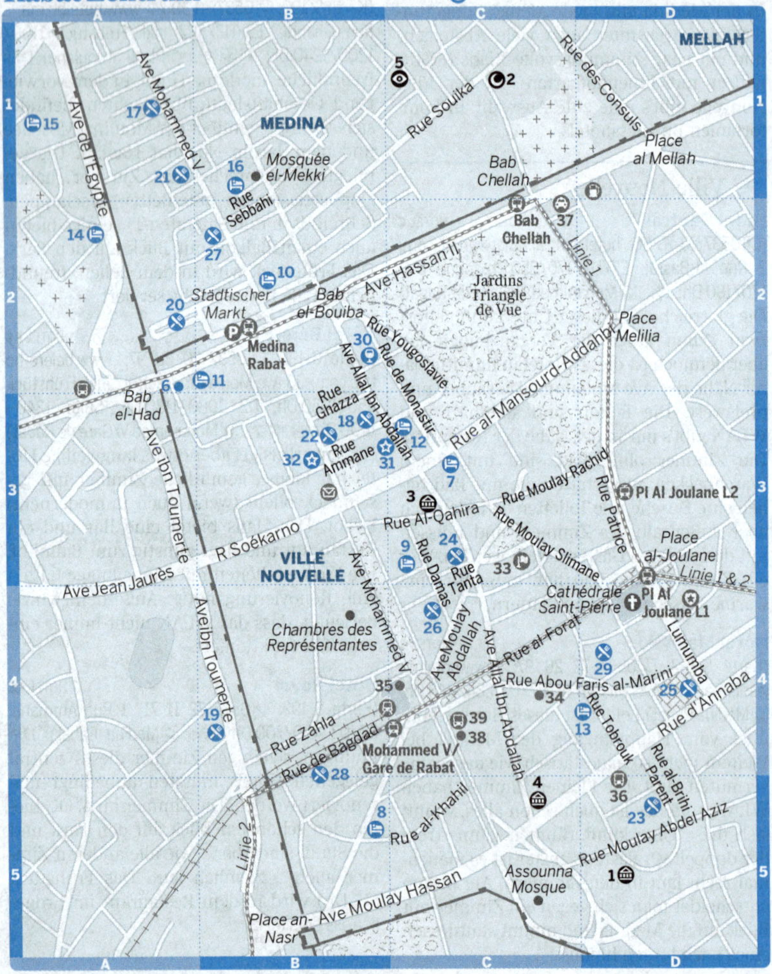

Medina

★ Riad Meftaha B&B €
(Karte S. 192; ☎ 0537 72 14 06; www.riad-meftaha.com; 15 Rue Iran, Quartier Marassa Océan; DZ/3BZ/Suite inkl. Frühstück 575/640/660 Dh; ❄ 📶; 🚊 Bab El Had, Medina Rabat) Der Betreiber Franck und seine Freundin Khadija sind freundliche, zuvorkommende Gastgeber. Ihr ruhiges Riad außerhalb von Bab Laalou ist eine ausgezeichnete Wahl. Das moderne Gebäude ist zwar nicht besonders ansprechend, aber dafür sind die Zimmer wunderschön dekoriert. Das i-Tüpfelchen ist aber zweifelsohne die Terrassensuite. Achtung: Die Doppelzimmer haben keine Klimaanlage. Alle Zimmer sind mit Satelliten-TV ausgestattet. Reichliches Frühstück.

Hôtel Dorhmi HOTEL €
(Karte S. 192; ☎ 0537 72 38 98; 313 Ave Mohammed V, Medina; EZ/DZ/3BZ 100/140/210 Dh; 📶; 🚊 Medina Rabat) Das tadellos saubere, sehr freundliche und superbillige Hotel in Familienhand (das auch unter dem Namen Doghmi bekannt ist) bietet 10 ultraeinfache Zimmer. Sie liegen im ersten Stock über der Banque Populaire und sind um einen Innenhof angeordnet. Einige von ihnen haben keine Fenster, aber alle haben Waschbecken (nur

Rabat Zentrum

Sehenswertes
1 Archäologiemuseum D5
2 Grande Mosquée de Rabat Medina C1
3 Marokkanisches Geldmuseum C3
4 Museum für moderne & zeitgenössische Kunst C5
5 Rabat Medina C1

Aktivitäten, Kurse & Touren
6 Center for Cross-Cultural Learning A2

Schlafen
7 Hôtel B&B Rabat Médina C3
8 Hôtel Bélère B5
9 Hôtel Central C3
10 Hôtel Dorhmi B2
11 Hôtel Majestic B2
12 Hôtel Royal C3
13 Le Piétri Urban Hotel D4
14 Jugendherberge A2
15 Riad Meftaha A1
16 Riad Oudaya B1

Essen
17 Bidawai A1
18 Boulangerie Pâtisserie Majestic B3
19 Cosmopolitan B4
20 Obst- & Gemüsemarkt A2
21 Inza A1
22 La Comédie B3
23 La Koutoubia D5
24 La Mamma C3
25 La Rive D4
Le Bistro du Pietri .... (siehe 13)
26 Le Petit Beur C4
27 Restaurant de la Libération B2
28 Tajine Wa Tanjia B4
29 Ty Potes D4

Ausgehen & Nachtleben
30 Amnesia B2
Cafetéria du 7ème Art .... (siehe 31)

Unterhaltung
31 Cinéma du 7ème Art B3
32 Cinéma Renaissance B3

Praktisches
33 Deutsche Botschaft C3

Transport
34 Avis C4
35 Budget C4
36 Busse nach Salé D5
37 Grands Taxis nach Casablanca, Fès, Meknès & Salé C2
38 Hertz C4
39 Stareo Airport Bus C4

kaltes Wasser). Wer warm duschen möchte, muss 10 Dh löhnen.

Hôtel Darna HOTEL €
(Karte S. 188; ☎ 0537 73 47 05; www.hoteldarna.ma; Ave Laalou, Medina; EZ/DZ/3BZ inkl. Frühstück 350/550/650 Dh; ; Medina Rabat) Die sichere, aber langweilige Unterkunft direkt im Bab Laalou am Rand der Medina bietet kleine Zimmer mit Doppelglasfenstern, bequemen Betten und Satelliten-TV. Vom Restaurant im 3. OG hat man einen schönen Blick auf die Medina. Ein Nachteil sind aber die schlechten Sanitäranlagen und der Mangel an heißem Wasser.

Jugendherberge HOSTEL €
(Karte S. 192; Auberge des Jeune Rabat; ☎ 0537 72 57 69; auberge.jeunes.rbt@hotmail.fr; 43 Rue Maressa Bab El Had, Quartier Bab El Had; B 60 Dh; ; Medina Rabat) Der Hof mit seinem ruhigen Garten ist der Hauptgrund für einen Aufenthalt in diesem Hostel im alten Stil, das sich in einem Riad in der Nähe der Bushaltestelle Bab El Had befindet. Es gibt zwei Schlafsäle mit 16 Betten für Männer und einen mit 20 Betten für Frauen. In den Sälen sind weder Klimaanlage noch Ventilatoren vorhanden. Die Gemeinschaftsbäder (4 Duschen für Männer, 3 für Frauen) sind zwar sauber, haben aber kein Warmwasser.

★ **L'Alcazar** BOUTIQUEHOTEL €€€
(Karte S. 188; ☎ 0537 73 69 06; www.lalcazar.com; 4 Impasse Ben Abdellah, abseits Ave Laalou, Medina; Zi. 1000–3500 Dh; P ; Medina Rabat) Rabats schickstes Hotel betritt man über einen königsblauen Zugang am Ende einer Sackgasse unweit des Bab Laalou. Die elegante, französisch angehauchte Version eines traditionellen Riad bietet acht extrem komfortable Zimmer, einen ansprechenden Essbereich in der Mitte und eine mehrstufige Dachterrasse mit grandiosem Blick über die Medina. Erstklassige Ausstattung, köstliches Frühstück und freundliches Personal.

Riad Oudaya RIAD €€€
(Karte S. 192; ☎ 0537 70 23 92; www.riadrabat.com; 46 Rue Sidi Fateh, Medina; EZ/DZ inkl. Frühstück 1100/1300 Dh, Suite 2/3 Pers. 1650/1920 Dh; ; Medina Rabat) Das kleine, von Franzosen betriebene Riad versteckt sich in einer Sackgasse direkt nördlich der Mosquée el-Mekki. Es ist eine stylische Oase der Ruhe im Herzen der Medina. Es gibt zwei Standardzimmer im Obergeschoss und zwei Suiten für zwei bzw. drei Personen im Erdgeschoss.

Das Abendessen wird in dem wunderschönen, offenen Innenhof serviert, es kostet 250 Dh und muss im Voraus bestellt werden.

Vorsicht: Diese Unterkunft ist genau das Richtige im Herbst oder Frühling. Im Sommer dagegen ist es in den Zimmern zu warm und im Restaurant in dem offenen Hof ist es im Winter zu kalt. Kreditkarten werden nicht akzeptiert.

Essen

Angesichts des Status als Hauptstadt lässt Rabats Restaurantszene viel zu wünschen übrig. Die besten Restaurants befinden sich in der Ville Nouvelle, in Agdal gibt's ein oder zwei ordentliche Lokale. Preiswert essen kann man in der Ave Mohammed V gleich unter dem Tor zur Medina.

Ville Nouvelle & Agdal

La Rive MAROKKANISCH €

(Karte S. 192; ☎ 0537 73 00 01; www.restaurantlariverabat.com; Place Moulay Hassan, Ville Nouvelle; Snacks ab 10 Dh; ⌚ 7.30–24 Uhr 🚌 Place al-Joulane) Das moderne, luftige La Rive ist eines von drei beliebten Cafés/Restaurants an dieser Plaza und ein nettes Plätzchen abseits vom Verkehrsgetümmel und Trubel. Alle drei Lokale haben Sitzplätze auf der Terrasse und bieten ein Festpreismenü für unter 100 Dh an.

La Comédie MAROKKANISCH €

(Karte S. 192; 269 Ave Mohammed V; Ville Nouvelle; Gebäck ab 10 Dh; ⌚ 7–22 Uhr; 🚌 Medina Rabat) In diesem beliebten Café servieren freundliche, flinke Angestellte ausgezeichneten Kaffee, gutes Gebäck und leckeren Kuchen. Man sollte sich einen Platz unter den großen Bäumen suchen und die über die Ave Mohammed V bummelnden Leute beobachten.

★ Le Petit Beur MAROKKANISCH €€

(Karte S. 192; ☎ 0537 73 13 22; 8 Rue Damas, Ville Nouvelle; Salate 45 Dh, Hauptgerichte 80–120 Dh; ⌚ Mo–Sa 11.30–14 & 19–23 Uhr; 🚌 Mohammed V/Gare de Rabat) Das kleine Restaurant ist für seine freundlichen Kellner und die frisch zubereiteten marokkanischen Gerichte bekannt. Auf der Speisekarte stehen mehrere Tagesspecials, Tajines, Spieße, *briouates* und *pastillas*. Das Festpreismenü (Salat, Spieß und Wasser) für 90 Dh bietet ein ausgezeichnetes Preis-Leistungs-Verhältnis. Zur Mittagszeit geht's relativ ruhig zu, abends sollte man lieber einen Tisch reservieren, denn dann werden die Gäste mit Lautenmusik verwöhnt.

Ty Potes FRANZÖSISCH €€

(Karte S. 192; ☎ 0537 70 79 65; http://typotes.com/; 11 Rue Ghafsa, Ville Nouvelle; Salate 60–85 Dh, Tartines 65–95 Dh; ⌚ Di–Sa 12–14.45, Do–Sa 19–23, So 11–15 Uhr; 🚌 Place al-Joulane) In der schattigen Straße hinter der Cathédrale Saint-Pierre und dem Institut Français be-

NICHT VERSÄUMEN

RABATS HISTORISCHES STADTVIERTEL

Rabats historische Festung, die **Kasbah les Oudaïas** (Rue Jamaa; 🚌 Bab Chellah), nimmt den Platz des ursprünglichen *ribat* (Festungsklosters) ein, dem die Stadt ihren Namen verdankt. Das Viertel ist vorwiegend ein Wohngebiet mit schmalen Straßen und weiß getünchten Häusern, von denen die meisten von muslimischen Flüchtlingen aus Spanien erbaut wurden. Von dem höchsten Punkt, der **Plateforme du Sémaphore** (Signalplattform; Kasbah les Oudaïas; 🚌 Bab Chellah), hat man einen tollen Blick über den Fluss und das Meer. Der schöne **Andalusische Garten** (⌚ Sonnenaufgang–Sonnenuntergang; 🚌 Bab Chellah) am Südrand ist ein beliebter Treffpunkt der Einheimischen, hier kann man wunderbar entspannen.

Der spektakulärste Eingang in die Kasbah ist durch das riesige Tor **Bab Oudaïas**, das 1195 von den Almohaden errichtet wurde. Durch die Lage gegenüber des Zentrums und direkt vor dem ursprünglichen Palast hatte das Tor eher zeremonielle als defensive Funktion. Der Torweg ist mit einer Reihe von Reliefbögen verziert. Heute ist das Tor nur hin und wieder geöffnet, sodass die meisten Besucher die Kasbah durch ein kleineres Tor in der Nähe betreten. Die Hauptstraße Rue Jamaa führt direkt zur Plateforme du Sémaphore. Etwa 200 m weiter links steht die älteste **Moschee** (Rue Jamaa, Kasbah les Oudaïas) Rabats. Sie wurde im 10. Jh. errichtet und im 18. Jh. mit Geldern eines englischen Piraten, der unter dem Namen Ahmed el Inlisi bekannt ist, restauriert. Er war einer der gefürchteten Salé-Korsaren (S. 201).

findet sich dieses bei hier lebenden Ausländern beliebte Lokal. Auf der Karte stehen süße Crêpes und pikante Galettes, Salate und *tartines* (belegte Brote). All das kann man wunderbar in dem Garten hinter dem Haus genießen. Der Sonntagsbrunch (120 Dh) ist äußerst beliebt. Hier gibt es sowohl Alkohol als auch Wurstwaren, der Service ist aber manchmal etwas barsch.

Tajine Wa Tanjia MAROKKANISCH €€

(Karte S. 192; ☎ 0537 72 97 97; 9 Rue de Baghdad, Ville Nouvelle; Tajines 65–86 Dh, *tanjias* 128–148 Dh, Couscous 55–85 Dh; ⊙ Mo–Sa 12–15 & 19–24 Uhr; ; Mohammed V/Gare de Rabat) Bodenständige marokkanische Gerichte sind die Spezialität dieses freundlichen Restaurants in der Nähe des Bahnhofs Rabat Ville. Auf der Speisekarte stehen hauptsächlich Spieße, Tajines und *tanjias* (langsam im Steintopf gegarte Eintöpfe), die nach traditionellen Rezepten zubereitet werden, freitags ist Couscous im Angebot. Abends herrscht hier eine romantische Atmosphäre, die durch Live-Lautenmusik unterstrichen wird.

Le Bistro du Pietri FRANZÖSISCH €€

(Karte S. 192; ☎ 0537 70 78 20; Le Piétri Urban Hotel, 4 Rue Tobrouk, Ville Nouvelle; Hauptgerichte 140–170 Dh; ⊙ Mo–Fr 12–15, tgl. 19–23 Uhr; ; Mohammed V/Gare de Rabat) Meistens sind Restaurants in Businesshotels ja nicht gerade der Renner, aber dieses Lokal im Le Piétri Urban Hotel (S. 191) ist wirklich eine Ausnahme. Die hauptsächlich französischen Speisen sind gut zubereitet und schmackhaft. Es gibt eine gute Weinkarte, ein Kindermenü und freitags und samstags von 21.30 bis 24 Uhr Livejazz.

La Koutoubia MAROKKANISCH €€

(Karte S. 192; ☎ 0537 70 10 75; 10 Rue Pierre Parent, Ville Nouvelle; Hauptgerichte 80 Dh; ⊙ 12–15 & 19–22.30 Uhr; Mohammed V/Gare de Rabat) Diesem bereits seit 1955 bestehenden marokkanischen Restaurant mit dazugehöriger Bar ist es gelungen, über die Jahrzehnte seine Kunden zu halten und seine traditionelle Einrichtung zu bewahren. Hier stehen marokkanische Klassiker wie Tajines, Spieße, Couscous und *pastillas* auf der Speisekarte. Der zuvorkommende Inhaber freut sich stets, wenn er seine Speisekarte ins Englische übersetzen darf.

La Mamma ITALIENISCH €€

(Karte S. 192; ☎ 0537 70 73 29; 6 Rue Tanta, Ville Nouvelle; Pasta 55–100 Dh, Pizza 55–90 Dh; ⊙ 12–15 & 19.30–24 Uhr; Place al-Joulane, Mohammed V/Gare de Rabat) Dieses Bistro serviert mit das beste italienische Essen in der Stadt. Die Tatsache, dass der Essbereich dunkel und etwas geruchsintesiv ist, wird von den Stammgästen ignoriert. Bei einigen Pastagerichten ist Schmalhans Küchenchef, aber wer eine Pizza aus dem Holzkohlenofen bestellt hat, plant wahrscheinlich gleich den nächsten Besuch.

Cosmopolitan MODERN-FRANZÖSISCH €€€

(Karte S. 192; ☎ 0537 20 00 28; http://restaurant-cosmopolitan.eresto.net/; Ecke Ave Ibn Toumert & Rue Abbou Abbas El Guerraoui; Hauptgerichte 160–250 Dh; ⊙ 12–14.30 & 19.30–22.45 Uhr; Mohammed V/Gare de Rabat) Das noble Restaurant in der Nähe des Bab Ruach befindet sich in einer stattlichen Art-déco-Villa und ist eines der wenigen Restaurants mit modern-französischer Küche. Die täglich wechselnde Speisekarte richtet sich nach dem Marktangebot, Fischgerichte stehen an erster Stelle. Gespeist wird bei schönem Wetter vorn im Hof, in den kühleren Monaten im Obergeschoss. Hervorragende Weinkarte.

L'Entrecôte FRANZÖSISCH €€€

(Karte S. 192; ☎ 0661 15 59 59; http://lentrecote.ma/; 74 Blvd al-Amir Fal Ould Omar, Agdal; Hauptgerichte 80–180 Dh; ⊙ 12–23 Uhr; Agdal/Ave de France) Auf der Speisekarte dieses altmodischen Lokals stehen französische Klassiker. Manchmal macht der Koch aber auch einen Ausflug nach Spanien. Beides ist sowohl bei Einheimischen als auch bei Touristen gleichermaßen beliebt. Serviert werden vorwiegend Steaks und Meeresfrüchte (Vegetarier sollten diesem Lokal fernbleiben). Außerdem gibt's eine preisgünstige *plat et dessert du jour* für 120 Dh.

Medina

Restaurant de la Libération MAROKKANISCH €

(Karte S. 192; 256 Ave Mohammed V; Hauptgerichte 60 Dh; ⊙ Mo–Sa 11.30–22 Uhr; Medina Rabat) Ein einfaches, preiswertes Restaurant, das für seine guten traditionellen Standardgerichte bekannt ist. Es wirkt heiter und ein kleines bisschen edler als die anderen Lokale an dieser Straße (es gibt Speisekarten aus Plastik sowie Tischdecken). Freitags locken die riesigen Portionen des frisch zubereiteten Couscous zahlreiche hungrige Gäste an.

Inza FAST FOOD €

(Karte S. 192; Ave Mohammed V, Medina; Pizza/Panini/Schawarma 15/10/12 Dh; ⊙ 10–23 Uhr; Me-

SELBSTVERSORGER

Wer sich selbst versorgen oder sich für ein Picknick eindecken will, geht am besten in die Medina.

Auf dem **Obst- und Gemüsemarkt** (Ave Hassan II; ⏲ Mo–Sa –19 Uhr; 🚊 Medina Rabat) gibt's viel frisches Obst und Gemüse sowie getrocknete Früchte und Nüsse. Was man sonst noch braucht (auch Alkohol), bekommt man an den Ständen in der Nähe oder in der Rue Souika und beim Bab el-Bouiba.

dina Rabat) Beliebtes Fast-Food-Restaurant in der belebten Ave Mohammed V mit Tischen draußen auf der Straße und quirliger Atmosphäre.

Bidawai FAST FOOD €
(Karte S. 192; Ave Mohammed V, Medina; Pizza/Schawarma/Panini 15/12/10 Dh; ⏲ Mo–Sa 10.30–23 Uhr; 🚊 Medina Rabat) Eines der beliebtesten Fast-Food-Lokale mit Sitzgelegenheiten auf der Straße.

Boulangerie Pâtisserie Majestic BÄCKEREI €
(Karte S. 192; ☎ 0537 20 71 86; Ecke Rue Ammane & Ave Allal ben Abdallah, Ville Nouvelle; Gebäck ab 10 Dh; ⏲ 7–22 Uhr; 🚊 Medina Rabat) Tolle schattige Terrasse und exzellentes Gebäck. Bei unseren letzten Besuchen waren der Service und der Kaffee aber dermaßen schlecht, dass wir diese Empfehlung nur halbherzig geben.

Ausgehen & Nachtleben

Obwohl Rabats Nachtleben viel begrenzter – und weniger ausschweifend – als in Casablanca ist, gibt es doch ein paar lohnenswerte Clubs und Bars in der Nouvelle Ville und Agdal. Der Eintritt in Clubs beträgt um die 200 Dh, in etwa den gleichen Betrag zahlt man auch für die Getränke.

Café Maure CAFÉ
(Karte S. 188; Rue Bazo, Kasbah les Oudaïas; ⏲ 9–17 Uhr; 🚊 Bab Chellah) In diesem Open-Air-Café, das sich über mehrere Terrassen oberhalb des Andalusischen Gartens ausbreitet, kann man sich entspannt zurücklehnen, den Blick über die Bucht bis nach Salé schweifen lassen und dabei Pfefferminztee und *cornes de gazelle* (8 Dh) genießen.

Cafetéria du 7ème Art CAFÉ
(Karte S. 192; Ave Allal ben Abdallah; ⏲ 9–21 Uhr; 📶; 🚊 Medina Rabat) Beliebtes Café im schattigen Garten eines Kinos, das sowohl von Studenten als auch von Berufstätigen gern besucht wird. Neben Tee, Kaffee und Eiscreme bekommt man hier auch Frühstück (18 Dh) sowie Snacks wie Pizza (ab 38 Dh) und Sandwiches (17 Dh).

Amnesia CLUB
(Karte S. 192; ☎ 0612 99 11 90; 18 Rue de Monastir, Ville Nouvelle; ⏲ 23.30–4 Uhr; 🚊 Medina Rabat) Das Amnesia ist eine Institution in Rabat (es öffnete seine Tore 1989). In dem riesigen, recht teuren und seit eh und je beliebten Club finden über 1000 Gäste Platz, dementsprechend ist auf der Tanzfläche die Hölle los. Die DJs haben eine Vorliebe für House und R&B.

Oliveri CAFÉ
(Karte S. 188; ☎ 0537 77 78 00; Ecke Ave de France & Blvd Al-Amir Fal Ould Omar; ⏲ 7–23 Uhr; 🚊 Agdal/Ave de France) Filiale eines beliebten Eis-Cafés in Agdal.

Le Puzzle BAR
(Karte S. 188; ☎ 0673 12 00 73; 79 Ave Ibn Sina, Agdal; ⏲ 17–2 Uhr; 🚊 Ibn Rochd) In der Sportsbar treten gelegentlich auch Livebands auf.

☆ Unterhaltung

Die mit den vielen ausländischen Botschaften in Rabat in Verbindung stehenden Kulturzentren bieten Musik-, Tanz-, Kunst- und Literaturevents. Die meisten Filme laufen auf Französisch, es sei denn, dass sie als *version originale* ausgewiesen werden.

Wenn das neue Grand Théâtre de Rabat, das von der verstorbenen Zaha Hadid entworfen wurde und sich derzeit noch im Bau befindet, fertig ist, wird es *die* Location für Kultur- und Unterhaltung in der Stadt sein.

Cinéma Renaissance KINO
(Karte S. 192; ☎ 0537 72 21 68; www.renaissance.ma; 360 Ave Mohammed V; Erw./Student 50/30 Dh; 🚊 Medina Rabat) Großer Kinokomplex an der Hauptstraße mit Mainstreamfilmen aus Hollywood.

Cinéma du 7ème Art KINO
(Karte S. 192; ☎ 0537 73 38 87; Ave Allal ben Abdallah; 🚊 Medina Rabat) Das Arthouse-Kino zeigt Filme aus Marokko, Nahost und Europa.

Shoppen

Die relaxten Händler machen Rabat zu einem Geheimtipp in puncto Shoppen. Hier wird man nicht zum Kaufen gedrängt, sodass man relativ ruhig durch die Medina bummeln kann. Andererseits ist der Verhandlungsspielraum aber nicht so groß. Es gibt eine recht ordentliche Auswahl an guten Kunsthandwerksgegenständen, besonders in der Medina rund um die Rue des Consuls. Hier reicht das Angebot von Schmuck, Seidenstoffen, Slippern und Keramik bis hin zu *zellij* und geschnitzten Holzmöbeln.

Praktische Informationen

GELD

Zahlreiche Banken (mit Geldautomaten) säumen die Ave Mohammed V und die Parallelstraße Ave Allal ben Abdallah.

MEDIZINISCHE VERSORGUNG

Die aktuelle Liste mit den nachts und am Wochenende gerade in der Stadt diensthabenden Apotheken hängt in französischer und arabischer Sprache in den Schaufenstern aller Apotheken aus.

Agdal Clinic (Karte S. 188; ☎ 0537 77 77 77; www.clinique-agdal.com; 6 Place Talhah, Ave Ibn Sina, Agdal; 🚊 Agdal/Avenue de France) 24-stündige Notaufnahme.

SAMU (☎ 0537 73 73 73; www.samu-rabat.org; ⏲ 24 Std.) Privater Rettungsdienst.

SOS Médecins (☎ 0537 20 2020; ⏲ 24 Std.) Bereitschaftsärzte.

NOTFALL

Polizei (Karte S. 192; Préfecture de Police; Ave Tripoli, Ville Nouvelle; 🚊 Place al-Joulane)

POST

Hauptpost (Karte S. 192; Ecke Rue Soékarno & Ave Mohammed V; ⏲ Mo–Fr 8.30–16.30 Uhr)

TOURISTENINFORMATION

Office National Marocain du Tourisme (ONMT; ☎ 0537 27 83 00; www.visitmorocco.com; Ecke Rue Oued el-Makhazine & Rue Zalaka, Agdal; ⏲ Mo–Fr 8.30–16.30 Uhr) In erster Linie für Marketing zuständig, für Traveller nur wenig hilfreich.

An- & Weiterreise

AUTO

Avis Ville Nouvelle (☎ 0537 72 18 18; www.avis.com.au; 7 Rue Abou Faris al-Marini; ⏲ Mo–Sa 8–19, So 8–12 Uhr; 🚊 Mohammed V/Gare de Rabat); **Flughafen** (☎ 0537 83 11 98; www.avis.com.au; Flughafen Rabat-Salé; ⏲ 8–24 Uhr)

Budget Ville Nouvelle (☎ 0530 20 05 20; http://locations.budget.com/ma; Bahnhof Rabat Ville, Ave Mohammed V; ⏲ Mo–Sa 8.30–12 & 14.30–19, So 9–12 Uhr; 🚊 Mohammed V/Gare de Rabat); **Flughafen** (☎ 0660 17 41 11; http://locations.budget.com/ma; Flughafen Rabat-Salé; ⏲ 7–22.30 Uhr)

Europcar Ville Nouvelle (☎ 0537 72 23 28; www.europcar.com.au; 25 Rue Patrice Lumumba, Ville Nouvelle; ⏲ tgl. 8.30–12, Mo–Sa 14.30–19 Uhr); **Flughafen** (☎ 0537 72 41 41; Flughafen Rabat-Salé; ⏲ 7–23 Uhr)

Hertz Ville Nouvelle (☎ 0537 70 73 66; http://en.hertz.ma; 467 Ave Mohammed V; ⏲ Mo–Fr 8–12 & 14–18.30, Sa 9–12 & 15–18, So 9–12 Uhr; 🚊 Mohammed V/Gare de Rabat); **Flughafen** (☎ 0537 82 97 00; http://en.hertz.ma; Flughafen Rabat-Salé; ⏲ 7–22 Uhr)

BUS

Überlandbusse fahren Rabat an. Züge sind aber vorzuziehen.

Rabat hat zwei Busbahnhöfe – den **Gare Routière Kamra** (☎ 0537 79 58 16; Blvd Hassan II/N1; 🚊 Ibn Rochd), wo die meisten Busse ankommen und abfahren, und den weniger chaotischen **CTM-Bahnhof**, 500 m südlich. Vom Busbahnhof Kamra kommt man mit Bus 30 (4 Dh) oder einem *petit taxi* (30 Dh) ins Zentrum. Ibn Rochd, die dichteste Straßenbahnhaltestelle, erreicht man nach einem 1,3 km langen Fußmarsch in Richtung Osten auf der Ave Ibn Rochd.

Einige Überlandbusse fahren durch Rabats Innenstadt und halten nicht am Busbahnhof Kamra.

Nachstehend die Orte, die nicht mit der Bahn zu erreichen sind:

Agadir 240–280 Dh, 6¾–9½ Std., 6-mal tgl.

Er-Rachidia 165–175 Dh, 8¾–9½ Std., 2-mal tgl.

Laâyoune 490 Dh, 20¾ Std., 2-mal tgl.

Tétouan 120–155 Dh, 3½–6½ Std., 5-mal tgl.

FLUGZEUG

In Anbetracht der berühmt-berüchtigten langen und chaotischen Schlangen auf Casablancas Internationalem Flughafen Mohammed V ist der Flughafen Rabat-Salé keine schlechte Alternative.

➡ Der Flughafen Rabat-Salé liegt 10 km nordöstlich der Stadt und wird von immer mehr internationalen Fluglinien angeflogen, u. a. von Ryanair, Air France, RAM, Lufthansa, KLM und Air Arabia.

➡ **Busse von Stareo** (Karte S. 192; ☎ 0530 27 87 00) verkehren von 6.30 bis 20.45 Uhr zwischen dem Flughafen und einer Haltestelle in der Ave Mohammed V, gegenüber vom Bahnhof Rabat Ville/Straßenbahnhaltestelle Mohammed V. Sie starten am Flughafen eine Stunde nach Ankunft eines jeden Flugzeugs, in umgekehrter Richtung geht's aus der Innenstadt zwei Stunden vor jedem Abflug los (der Fahrplan hängt an der Bushaltestelle aus). Fahrkarten kosten 20 Dh, die Fahrt dauert ca. 30 Minuten.

➡ Ein *grand taxi* zum Flughafen kostet tagsüber um die 150 Dh, nachts um die 200 Dh. Diese

Preise bekommt man aber nur nach längerem verhandeln.

TAXI

Grands Taxis fahren nach Casablanca, Fès, Meknès und Salé. Los geht's am Platz gegenüber vom Bab Chellah in der Nähe der Tankstelle.

ZUG

Rabat ist am bequemsten mit dem Zug zu erreichen, da der **Bahnhof Rabat Ville** (Karte S. 188; aber nicht mit dem Bahnhof Rabat Agdal westlich der Stadt verwechseln!) sich im Zentrum der Ville Nouvelle befindet, von hier kommt man zu Fuß in die Medina. Im Bahnhof gibt es einen Food-Court, WLAN sowie Filialen von Budget und Supratours.

Von 6 bis 22 Uhr fahren Züge alle 30 Minuten zwischen den Bahnhöfen Rabat Ville und Casa Port (1./2. Klasse 69/37 Dh, 70 Min., alle 30 Min.). Auf dem Bahnhof Casa Port gibt es Anschlusszüge zu Casablancas Mohammed V International Airport.

Auf allen Fernstrecken fährt neben den *trains rapides* (Schnellzügen) spätabends auch noch ein train *ordinaire* (normaler Zug). 2.-Klasse-Schnellzüge fahren die folgenden Städte an.

Fès 1./2. Klasse 127/85 Dh, 2½ Std., stündl.

Marrakesch 1./2. Klasse 195/127 Dh, 5 Std., 9-mal tgl.

Meknès 1./2. Klasse 95/69 Dh, 2 Std., stündl.

Oujda 1./2. Klasse 285/190 Dh, 9½ Std., 2-mal tgl.

Tanger 1./2. Klasse 153/101 Dh, 4 Std., 8-mal tgl.

Unterwegs vor Ort

AUTO & MOTORRAD

- Blaue Linien um Parkplätze bedeuten, dass man sich ein Ticket an einem der in der Nähe stehenden Automaten kaufen muss (2 Dh/Std.)
- Im Stadtzentrum gelten Parkbeschränkungen montags bis samstags von 8 bis 12 und 14 bis 19 Uhr. Parkuhren muss man mit 2 Dh pro Stunde füttern.
- Wenn es weder blaue Linien noch Automaten gibt, helfen einem inoffizielle Parkwächter beim Einparken und erwarten dafür ein Trinkgeld von 5 bis 10 Dh.

BUS

Die Busse sind hoffnungslos überfüllt und kaum straßentauglich. Tickets verkaufen die Fahrer im Bus, sie kosten 4 Dh.

SCHIFF/FÄHRE

Ruderboote fahren zwischen Sonnenauf- und Sonnenuntergang über die Mündung von Rabat nach Salé (2,50 Dh).

STRASSENBAHN

Mit der schicken, effizienten **Rabat-Salé-Straßenbahn** (www.tram-way.ma) kann man sich wunderbar in Rabat fortbewegen.

Linie 1 fährt auf der Ave Hassan II unweit der Medina, macht einen Schlenker vorbei am Hassan-Turm, fährt weiter zum Bab Lamrissa unweit der Medina von Salé und auf die Ave Hassan II.

Linie 2 beginnt am Madinat Al Irfane, Haltestellen sind Agdal/Avenue de France, Mohammed V/Gare de Rabat in der Ville Nouvelle, Bab Lamrissa, Salé Ville und Hay Karima.

Die Fahrt kostet 6 Dh. Tickets bekommt man an den Automaten auf den Plattformen (es gibt auch Mehrfahrtenkarten).

Die Bahnen fahren von 6 bis 22 Uhr im 2-Minutentakt.

TAXI

Blaue *petits taxis* gibt's in Hülle und Fülle. Sie sind preiswert und schnell. Eine Fahrt innerhalb des Zentrums kostet zwischen 15 und 30 Dh – man sollte versuchen, den Fahrer zum Einschalten des Taxameters zu bewegen. Ein Taxistand befindet sich in der Nähe des Eingangs zur Medina in der Ave Hassan II, ein weiterer am Bahnhof. Achtung: *petits taxis* dürfen nicht zwischen Rabat und Salé verkehren.

Larbi El Wardi (☎ 0661 71 20 17, 0603 48 43 23) ist ein freundlicher, englisch sprechender Taxifahrer mit einem neuen Fahrzeug, das mit Klimaanlage, WLAN und funktionierenden Sitzgurten ausgestattet ist. Mit ihm kann man kurze und auch lange Strecken vereinbaren.

Salé سلا

980 000 EW.

Ein neuer Wind weht kraftvoll durch Salé – Bauboom und Bevölkerungsexplosion sind in vollem Gange. Die Stadt ist jetzt größer als ihr Nachbar (Rabat) auf der anderen Seite des Oued Bou Regreg, sie ist jetzt eher Teil der Hauptstadt und nicht mehr nur eine langweilige Satellitenstadt. Mit einer effizienten modernen Straßenbahn und dem neu angelegten Jachthafen zieht das prosperierende Salé Industrie, Handel und Tourismus an. Nichtsdestoweniger konnte die Stadt sich ihren traditionellen Charme bewahren und auch die Einwohner sind noch immer deutlich konservativer eingestellt als die Rabats.

Geschichte

Im 10. Jh. ließen sich hier die ersten Siedler nieder. Die Bedeutung des Ortes wuchs, als Einwohner der älteren Siedlung Sala Colonia in die neue Stadt am anderen Flussufer umzogen. Zu dieser Zeit lieferten sich die einheimischen Stämme immer wieder kriegerische Gefechte. Im 12. Jh. brachten die Almohaden die Region unter ihre Kontrolle und machten das benachbarte Rabat zur Basis für ihre Vorstöße nach Spanien.

1260 wurde Salé von spanischen Freibeutern angegriffen. Daraufhin befestigten die Meriniden die Stadt und bauten Verteidigungsmauern sowie einen Kanal zum Bab el Mrissa, damit die Schiffe sicher in den Hafen einlaufen konnten. Die Stadt blühte auf und nahm lukrative Handelsbeziehungen zu Venedig, Genua, London sowie den Niederlanden auf.

Durch den Handel bekamen auch die Piraten Auftrieb. Im 16. Jh. profitierten Salé und Rabat von den Aktivitäten der berüchtigten Sallee-Rover-Freibeuterbanden (S. 201).

Im 19. Jh. gelang es endlich, die Seeräuber in ihre Schranken zu weisen. Rabat war zur Hauptstadt geworden, und Salé versank in der Bedeutungslosigkeit aus der sich die Stadt erst jetzt befreit hat.

Sehenswertes

Der Haupteingang in die Medina ist das Bab Bou Haja in der Nähe der Straßenbahnhaltestelle Bab Lamrissa an der Südwestmauer. Von hier geht's nach links (Richtung Norden) zu den Suks und zur Großen Moschee 500 m weiter Richtung Nordwesten auf der Rue Ras ash-Shajara (auch als Rue de la Grande Mosquée bekannt). Alternativ betritt man die Medina durch das Bab Lekhmiss (alias Khmiss) zwischen den Straßenbahnhaltestellen Bab Lamrissa und Gare de Salé und läuft dann geradeaus zu den Suks und der Moschee.

Medina von Salé STADTVIERTEL
(Karte S. 200; Bab Lamrissa) Die ummauerte Medina aus dem 13. Jh. konnte sich ihr fast mittelalterliches Flair bewahren. Sie wird regelmäßig von den Gläubigen der Stadt auf dem Weg zur Grande Mosquée (s. rechte Spalte) und den drei wichtigen Schreinen besucht. Auch Hausfrauen kommen regelmäßig hierher, um sich in den verschiedenen Suks mit frischem Obst und Gemüse sowie Gewürzen einzudecken.

➡ Medersa Abou al-Hassan HISTORISCHES GEBÄUDE
(Karte S. 200; Médersa des Mérinide; 10 Dh; 8.30–17 Uhr) Die zu der wunderschönen Grande Mosquée (s. rechte Spalte) gehörende *medersa* neben dem monumentalen Eingangstor der Moschee ist ein herausragendes Beispiel für die grandiose Architektur und ornamentale Kunst der Meriniden. Almohad Sultan Abou al-Hassan gab beide Gebäude in der ersten Hälfte des 14. Jhs. in Auftrag. Die *medersa* hat die Form eines kleinen Hofs und ist von einer Galerie umgeben, jedes freie Fleckchen ist mit prächtigen *zellij*, schönem Stuck und eleganten Zedernholzarbeiten verziert. Um die Galerie im oberen Stockwerk liegen kleine Kammern für Studenten. Wer will, kann von dort auf das Flachdach klettern und die herrliche Aussicht auf Salé und hinüber nach Rabat genießen. Der Aufpasser, der Besucher herumführt, erwartet ein kleines Trinkgeld.

➡ Grande Mosquée MOSCHEE
(Karte S. 200) Diese Moschee vom Anfang des 11. Jhs. ist die drittgrößte Marokkos. Sie weist einen Architekturmix aus dem Stil der Almoraviden und der Almohaden auf und wurde über die Jahrhunderte mehrmals umgebaut. Für Nichtmuslime ist sie nicht zugänglich.

➡ Zawiya von Sidi Abdallah Ben Hassoun ISLAMISCHER SCHREIN
(Karte S. 200; Rue Sidi Abdallah Ben Hassoun) Sidi Abdallah ibn Hassoun, Salés Schutzheiliger,

NICHT VERSÄUMEN

SUKS IN SALÉ

Man sollte sich einfach in das Gewusel der traditionellen Suks hineinstürzen.

Souq el-Ghezel (Wollmarkt; Salé Medina) Der stimmungsvolle Souq el-Ghezel liegt im Schatten großer Bäume. Er hat sich seit Jahrhunderten nicht verändert und lohnt Dienstag- und Donnerstagvormittag unbedingt den Besuch. Dann feilschen Männer und Frauen um Preis und Qualität weißer Rohwolle, die von alten Waagen an großen Dreibeinen baumelt.

Souq el-Merzouk (Salé Medina; Bab Lamrissa) In diesem Suk werden Textilien, Korbwaren und Schmuck hergestellt und verkauft. Außerdem bekommt man hier die berühmten Grasmatten, die in Moscheen benutzt werden und für die Salé berühmt ist.

Souq el-Kebir (Salé Medina; Bab Lamrissa) Auf dem Hauptsuk der Medina sind Haushaltswaren, Leder und Holz erhältlich. Der Gewürz-Suk befindet sich ganz in der Nähe.

Salé

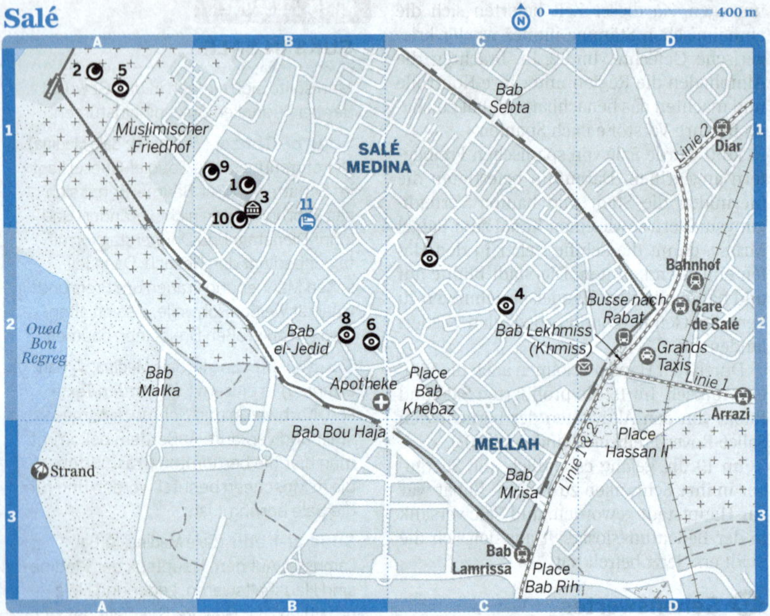

ATLANTIKKÜSTE SALÉ

Salé

Sehenswertes

Schlafen

Sufi und Lehrer lebte im 16. Jh. Er wird von den Muslimen Marokkos als Beschützer der Reisenden verehrt, etwa so wie Katholiken den hl. Christophorus verehren. Jedes Jahr findet am Mouloud-Abend (dem Geburtstag des Propheten) zu seinen Ehren eine Prozession durch die Straßen von Salé statt. Sie endet hier am *zawiya* (religiöser Schrein) hinter der Großen Moschee (S. 199), die nur von Muslimen betreten werden darf.

➡ Sklavengefängnis GEBÄUDE

(Karte S. 200; Ave Sidi Ben Achir) Das von niederträchtigen Salé-Korsaren errichtete und kürzlich restaurierte Sklavengefängnis neben dem muslimischen Friedhof war zum Zeitpunkt der Recherche noch nicht offiziell eröffnet. Der Aufseher freut sich aber, die Räumlichkeiten gegen ein Trinkgeld von 20 Dh zeigen zu dürfen.

➡ Koubba von Sidi Ben Ashir at-Taleb ISLAMISCHER SCHREIN

(Karte S. 200; Ecke Ave Sidi Ben Achir & Ave Abdelkader Al Harrati) Dieser weiße *koubba* (Schrein eines Heiligen) am Rand der Medina wurde zu Ehren eines spanischen Sufi-Anhängers und -Lehrers errichtet. Hierher kommen die Gläubigen, die hoffen, von Erblindung und anderen Leiden geheilt zu werden. Nichtmuslimen ist der Zutritt verboten.

➡ Zawiya von Sidi Ahmed Tijani ISLAMISCHER SCHREIN

(Karte S. 200) Schrein des Begründers des Tijaniyya-Sufi-Ordens aus dem 18. Jh. Nichtmuslimen ist der Zutritt untersagt.

Schlafen & Essen

Weil Salé jetzt dank der Straßenbahnanbindung leichter zu erreichen ist und dank des Erfolgs der beliebten Unterkunft Repose (S. 201), werden in der Medina immer mehr Pensionen eröffnet.

Außerdem gibt es viele kleine Cafés in den Suks sowie eine beliebte Saftbar und eine Bäckerei im Bab Bou Haja.

In Salé bekommt man so gut wie keinen Alkohol. Wer etwas Alkoholisches trinken möchte, muss in eines der Restaurants im neuen Jachthafen gehen oder nach Rabat fahren.

★ **Repose** PENSION €€
(Karte S. 200; ☎ 0537 88 29 58; www.therepose.com; 17 Zankat Talaa, Ras Chejra, Salé Medina; Suite inkl. Frühstück 450–700 Dh; ❄@🛜; 🚌 Bab Lamrissa) 🍃 Das Ehepaar Jan und Rachid hat dieses traditionelle Haus in der Medina mit viel Stil renoviert und so eine wunderbare Bleibe geschaffen. Die vier schön dekorierten Gästezimmer haben Sitzecken und ausgezeichnete Bäder. Das Frühstück wird auf der sonnendurchfluteten Dachterrasse serviert. Abends gibt's vegetarische oder vegane Dreigängemenüs (200 Dh). Ebenfalls im Angebot sind Kochkurse (400 Dh) und Arganöl-Massagen (200 Dh).

ℹ Praktische Informationen

Banken mit Geldautomaten befinden sich in der Ave 2 Mars in der Nähe des Bab Bou Haja.

Apotheke (Place Bab Khebaz)

Post (Bab Khmiss; ⌚ Mo–Fr 8–16.15, Sa 8–11.45 Uhr)

ℹ An- & Weiterreise

Schiff/Fähre Zwischen Sonnenaufgang und Sonnenuntergang fahren Boote vom Jachthafen nach Rabat. Los geht's, wenn sie voll besetzt sind (2,50 Dh).

Bus Salés Hauptbusbahnhof befindet sich 2 km östlich der Medina. Busse aus Rabat halten auch außerhalb vom Bab Lamrissa.

Straßenbahn Mit der Straßenbahn kommt man am einfachsten von Rabat nach Salé (6 Dh).

Taxi In Rabat in der Ave Hassan II gegenüber vom Bab Chellah ein ***grand taxi*** nehmen und als Ziel Bab Bou Haja oder Bab Lamrissa angeben. In Salé starten Taxis am Bab Lekhmiss und am Bab Mrisa (einfache Fahrt 4 Dh). *Petits taxis* dürfen nicht zwischen Rabat und Salé pendeln.

Zug Von und nach Rabat verkehren zwar Züge, aber die Straßenbahn oder *grands taxis* sind die bessere Wahl. Züge in Richtung Norden nach Kénitra fahren im 30-Minuten-Takt (16 Dh, 25 Min.).

Rund um Rabat & Salé

Jardins Exotiques GÄRTEN
(☎ 0537 82 27 56; www.jardinsexotiques.com; Bouknadel; Erw./Kind/4-Pers.-Fam. 20/15/50 Dh; ⌚ Herbst & Winter 9–18.30 Uhr, Frühjahr & Sommer 9–19.30 Uhr) Diese von dem französischen Gartenbaukünstler Marcel François 1951 geschaffenen Gärten wurden im Jahr 2003 zum Weltnaturerbe erklärt. Obwohl sie weder attraktiv noch besonders gepflegt sind, so kommen die Bewohner von Rabat und Salé doch immer wieder gern hierher. Die Gärten liegen ungefähr 13 km nördlich von Rabat an der Straße nach Kénitra und sind mit Bus 9 zu erreichen – los geht's am Bab Chellah in Rabat oder am Bab Lekhmiss in Salés Medina.

SALÉS PIRATENREGIERUNG: DIE SALÉ-KORSAREN

1619 erklärte eine Gruppe von Korsaren (Piraten) den alten Hafen von Salé zu einer unabhängigen Republik und schwor ihrem Anführer, dem Niederländer Jan Janszoon van Haarlem (1570–1641) Gefolgschaft, nicht aber dem Sultan. Die sogenannten Salé-Korsaren tauften ihre Republik auf den Namen Bou Regreg und bildeten eine Regierung aus 14 Piratenanführern mit Janszoon, der auch unter dem Namen Murat Reis der Jüngere bekannt ist, als Präsident und Admiral der aus 18 Schiffen bestehenden Flotte. Nach der erfolglosen Belagerung der Stadt musste sich der Sultan dem Unvermeidlichen beugen und erkannte die Republik an, indem er Janszoon 1624 zum Gouverneur erklärte.

Unter der Herrschaft der Salé-Korsaren florierte Salé zunächst. Die Piraten überwachten die Schiffswege zwischen den Kolonialhäfen am Atlantik und in Europa, kaperten Schiffe mitsamt Gold und verkauften die Schiffsbesatzung als Sklaven. Auch Liege- und andere Hafengebühren füllten die Kassen der Korsaren. Aber schon bald verschlechterte sich das politische Klima und Janszoon und die meisten seiner Anhänger verließen 1627 die Stadt.

Die Taten der Korsaren machten in ganz Europa und Amerika die Runde und hielten 1719 mit der Veröffentlichung von Daniel Defoes Roman *Robinson Crusoe* sogar Einzug in die Literatur. In diesem Roman ist Robinson Crusoe einige Zeit Gefangener der Salé-Korsaren und segelt schließlich von der Mündung des Flusses Salé aus in die Freiheit.

Zu der Anlage gehören u.a. der **Jardin Nature** mit seinen exotischen Pflanzen, die der Gartenbauer auf seinen vielen Reisen kennengelernt hat, und der **Jardin Culture**, in dessen Mittelpunkt die Gartenbauphilosophie verschiedener Kulturen steht. Außerdem gibt's hier ein Vivarium für Reptilien.

Musées Belghazi MUSEUM
(☎0537 82 21 78; http://museebelghazi.marocorietal.com; Hauptsammlung 40 Dh, Privaträume 100 Dh; ⌚je nach Verfügbarkeit des Personals von 9–17 Uhr; 🚌9 ab Rabat & Salé) Das trostlose ethnografische Museum lohnt den Besuch von Rabat aus nicht. Zu sehen ist eine staubige Sammlung von traditionellem andalusischem, jüdisch-marokkanischem und islamischem Kunsthandwerk, das von der Familie Belghazi gesammelt wurde. Für das, was geboten wird, ist der Eintrittspreis zu hoch. Das Museum liegt 17 km von Salé entfernt an der Straße nach Kénitra und ist mit Bus 9 ab dem Bab Chellah in Rabat oder dem Bab Lekhmiss in Salés Medina zu erreichen.

Zu den Ausstellungsstücken gehören Messinstrumente (einer der ersten Belghazis war Astrologe am Qarawiyin-Hof in Fès), Teppiche, Ledersandalen und -slipper, Schmuck, Werkzeuge, Töpferwaren, Stickereien und Miniaturausgaben des Korans.

Plage des Nations STRAND
Die saubere Plage des Nations erstreckt sich 17 km nördlich von Rabat. Ihre starke Brandung eignet sich gut zum Surfen, macht das Schwimmen aber gefährlich.

Um den Strand mit dem Auto zu erreichen, fährt man zunächst nach Norden bis zum Musées Dar Belghazi und nimmt dann die Straße zur Linken (Sidi Bouknadel). Der Bus 9 ab Rabat oder Salé setzt Passagiere an der Abzweigung ab; von dort aus führt ein 2 km langer Fußmarsch zum Strand, vorbei an riesigen Siedlungen mit Ferienapartements.

Lac de Sidi Boughaba SEE
Der Süßwassersee, der Teil des Lac Sidi Boughaba Parc National ist, erstreckt sich in Mehdia am Rand des Industriegebiets von Kénitra. Der See dient als Zwischenquartier für Tausende von Zugvögeln, die von Europa aus in Regionen südlich der Sahara fliegen. Besonders zwischen Oktober und März bietet er landesweit einige der besten Möglichkeiten für Vogelbeobachtungen. Um zum See zu kommen, folgt man einfach den Schildern an der Strandstraße zur Mehdiya Plage, die 300 m hinter dem Café-Restaurant Belle Vue beginnt. Zu Fuß hat man ab der Abzweigung noch 3,3 km vor sich.

An dem See wurden bereits über 200 Vogelarten gesichtet – darunter viele seltene und bedrohte Spezies –, von denen ein Großteil hier überwintert oder brütet. Es ist einer der wenigen Orte unseres Planeten, an dem man noch immer Marmelenten bewundern kann. Sie sind leicht an ihren dunklen Flecken rund um die Augen zu erkennen. Außerdem lassen sich u.a. hübsche Kapohreulen (vor allem in der Dämmerung), Kammblässhühner, Gleitaare und Flamingos blicken.

An den See kommt man auch gern zum Wandern. Gut ausgestattete (wenn auch von Müll übersäte) Wege führen über die bewaldeten Hügel rund um den See.

Témara Plage STRAND
Der wilde, rötlichgelbe Témara Plage liegt 15 km südwestlich der Stadt und ist im Sommer bei Surfern und Sonnenanbetern gleichermaßen beliebt. Aber Achtung, hier gibt es gefährliche Brandungsrückströme. Hin kommt man mit Bus 33 ab dem Bab al-Had in Rabat.

Moulay-Bousselham

مولاي بوسلهام

26 545 EW.

Die kleine Stadt Moulay-Bousselham ist im Hochsommer überlaufen von Urlaubern, im restlichen Jahr aber wunderbar ruhig. Der weitläufige Strand mit seinem goldfarbenen Sand gehört zu den schönsten an der Nordatlantikküste, hier kann Schwimmen aber aufgrund der starken Strömung und der kräftigen Brandung recht gefährlich sein. Die geschützte Lagune gehört zu den bedeutendsten Vogelhabitaten des Landes und lockt Vogelbeobachter aus aller Welt an. Wenn man ein Auto hat, kann man hier wunderbar ein paar Tage chillen.

Der Ort ist nach einem ägyptischen Heiligen aus dem 10. Jh. benannt. Das Andenken an ihn bewahrt eine der *koubbas*, die den zum Meer hin abfallenden Hang säumen und über die Flussmündung wachen. An der Hauptstraße gibt's alle wichtigen Serviceeinrichtungen wie Geldautomaten, Geschäfte, eine Apotheke, Cafés und Taxistände.

Sehenswertes

Merja-Zerga-Nationalpark NATIONALPARK
Eines der schönsten Erlebnisse an der marokkanischen Atlantikküste ist ein halbtägi-

ger Aufenthalt in der ruhigen Merja Zerga (Blaue Lagune) zusammen mit einem Vogelexperten. Der 73 km² große Merja-Zerga-Nationalpark (von dem 4 km² Wasserfläche und der Rest Sumpfland sind) zieht unzählige Zugvögel an, darunter Wildgeflügel, Watvögel und Flamingos, und machen den Park zu einem der besten Orte in Marokko, um Vögel zu beobachten. Die beste Zeit für einen Besuch sind September und Oktober sowie März und April, aber auch zu anderen Zeiten des Jahres sind hier ca. 100 Spezies anzutreffen.

Zu sehen bekommt man Reiher, Flamingos, Ibisse, Afrikanische Kapohreulen, Löffler, Regenpfeifer und Silberreiher. Zu den regelmäßigen Besuchern gehören auch Dünnschnabel- und Korallenmöwen sowie Kasarkas, Krickenten, Seeschwalben, Rohrweihen und Wanderfalken.

Die Wassertiefe der Lagune ist gezeitenabhängig und schwankt zwischen 50 cm und 4 m. 90 % des Wassers kommen aus dem Meer, 10 % sind Süßwasser aus dem Oued Dredr südlich der Lagune.

Sechs Dörfer verteilen sich rund um den See, von denen vier von der Landwirtschaft und zwei vom Fischfang leben. Viele Fischer nehmen Touristen mit auf den See und verdienen sich so ein paar Dirhams dazu. Bootsausflüge kann man problemlos unten an dem kleinen Hafen, wo die Boote festgemacht sind, arrangieren. Eine einstündige Bootsfahrt kostet ca. 100 Dh. Wer eine spezielle Vogelbeobachtungstour unternehmen möchte, sollte – wenn möglich – vorab mit Khalil Fachkhir (s. unten) oder Hassan Dalil (s. unten) Kontakt aufnehmen. Beide haben eigene Boote und sprechen Englisch.

Für leidenschaftliche Vogelfans ist vielleicht auch ein Abstecher zur Merja Khaloufa interessant. Der hübsche See erstreckt sich ca. 8 km östlich von Moulay-Bousselham. Er gehört zum Park und bietet gute Möglichkeiten zum Beobachten verschiedener Wildvögel in ihrem Winterquartier.

Aktivitäten

Hassan Dalil VOGELBEOBACHTUNG
(☎0668 43 41 10; 100 Dh/Std.) Empfehlenswerter Vogelführer.

Khalil Fachkhir VOGELBEOBACHTUNG
(☎0663 09 53 58; nidlettibou@yahoo.com; Bootsausflüge 250 Dh/90 Min.) Empfehlenswerter englisch sprechender Führer, der die Lagune und die dort lebenden Vögel außerordentlich gut kennt.

Schlafen

Die meisten Urlauber übernachten in Privatvillen (viele wohlhabende Bewohner Casablancas und Rabats haben hier Ferienhäuser). Es gibt auch zwei Campingplätze sowie ein paar Hotels und B&Bs. Die beste Lage ist am Front de Mer (Strand).

Flamants-Loisirs CAMPING €
(☎0661 89 22 14; www.flamants-loisirs.fr; Rte secondaire BP 24; Erw./Kind unter 10 Jahren 20/10 Dh, Stellplatz 60 Dh, Fahrzeug 50–80 Dh; P) Moulay-Bousselham ist ein camperfreundlicher Ort, und dieser gut geführte, schattige Campingplatz ist äußerst beliebt. Wer sich in dem riesigen Pool abkühlen will, muss pro Tag 45/35 Dh pro Erw./Kind hinblättern. Auf dem Platz gibt es außerdem ein Café, einen kleinen Laden und Bungalows (450–650 Dh). Wenn man in den Ort kommt, liegt der Platz an der (unteren) Nebenstraße mit Blick auf die Lagune (aber nicht an der Lagune).

Villa Nora B&B €€
(☎0537 43 20 71; jeanoli@yahoo.uk; Front de Mer; EZ/DZ inkl. Frühstück 300/400 Dh, mit Meerblick 400/500 Dh;) Die grandiose Behauptung, ein „Wohnzentrum mit Kultur" zu sein, mag früher auf dieses B&B zutreffend gewesen sein. Die Lage mit Blick über den Strand ist wunderbar, aber die Einrichtung (inkl. Betten) ist verschlissen und Annehmlichkeiten wie warmes Wasser sind auch nicht sicher. Trotzdem ist diese Unterkunft sauber und auf der Terrasse kann man perfekt die Seele baumeln lassen.

★ **Villa Bea** BOUTIQUEHOTEL €€€
(☎0537 43 20 87; www.vilabea.com; 41 Front de Mer; EZ inkl. Frühstück 1200–1600 Dh, DZ 1300–1800 Dh; Jan. geschl.; P) Wenn man sich erst einmal in diesem stylischen Hotel am Strand eingerichtet hat, mag man es für die restliche Zeit des hiesigen Aufenthalts kaum wieder verlassen. Und das ist absolut verständlich, denn die großen, luxuriösen Zimmer, die geräumige Lounge, der Essbereich und die spektakuläre Terrasse mit Pool sind der Stoff, aus dem die Träume sind. Drei der sieben Zimmer haben Meerblick (eines eine eigene Terrasse), alle sieben bieten hervorragende Betten.

Die mehrsprachige Inhaberin Béatrice und ihre Angestellten sind schnell und freundlich, die Villa hat einen Privatzugang zum Strand. Auf Wunsch bekommt man auch ein Dreigängemenü (250 Dh).

Essen & Ausgehen

Es gibt nur wenige Lokale, die meisten Urlauber sind Selbstversorger. Alkohol ist in den Restaurants, Geschäften und Hotels des Ortes nicht offiziell erhältlich.

Restaurant Milano MAROKKANISCH €
(Pasta 30–60 Dh, Sandwiches 30–40 Dh, Tajines 40–60 Dh; ⏲11–16 & 18–22 Uhr) Das betriebsame Lokal in der Hauptstraße unweit der Moschee ist bei Touristen beliebt. Die Einheimischen essen aber woanders. Auf der Speisekarte stehen die üblichen Sandwiches, Salate, Pastagerichte, Pizzas und Tajines. Kein Alkoholausschank.

Cafe Restaurant Izaguirra SEAFOOD €€
(☎0537 43 24 45; Rue du Port; Tajines 55–60 Dh, Fischhauptgerichte 50–200 Dh; ⏲8–22 Uhr) Das saubere, heitere Restaurant in der Nähe der in der Lagune vertäuten Fischerboote ist auf den Fang des Tages spezialisiert und als bestes Lokal der Stadt anerkannt. In den Sommermonaten werden die Gäste oben auf der blau-weißen Terrasse von freundlichen, flinken Kellnern bedient.

Cafe Restaurant Nassim CAFÉ
(⏲8–22 Uhr) Eine gute Wahl für einen Kaffee oder einen kleinen Snack (Paninis 25–30 Dh; Omeletts 10–30 Dh). Die Terrasse des belebten Cafés in der Nähe des *grand-taxi*-Stands in der Hauptstraße ist ein beliebter Treffpunkt der Einheimischen.

An- & Weiterreise

Moulay-Bousselham liegt etwa 40 km südlich von Larache. Wer von Larache mit öffentlichen Verkehrsmitteln anreisen möchte, muss einen Umweg über den kleinen Ort Souk el-Arba (*grand taxi* von Larache 40 Dh, 45 Min.) machen, von wo regelmäßig *grands taxis* (18 Dh, 45 Min.) nach Moulay-Bousselham fahren. *Grands taxis*, die zwischen Moulay-Bousselham und Kénitra verkehren, kosten 50 Dh; die Fahrt dauert 1½ Stunden.

Ein privates *grand taxi* von Larache nach Moulay-Bousselham kostet um die 250 Dh, zum Bahnhof Kénitra Medina 350 Dh. Dort hat man Anschluss nach Rabat, Casablanca, Meknès und Fès.

Larache العرائش

124 800 EW.

Wie andere Städte an diesem Küstenabschnitt ist auch Larache fast das ganze Jahr über verschlafen, wird im Sommer aber zum Leben erweckt, denn dann bevölkern marokkanische Touristen den in der Nähe gelegenen Strand Ras R'mel. Im 17. Jh. stand der Ort meist unter spanischer Herrschaft. Die Werften vor Ort bauten Schiffe für die Salé-Korsaren weiter im Süden. 1911 wurde Larache schließlich zum Haupthafen des spanischen Protektorats. Obwohl Larache sicherlich genauso malerisch ist wie der nördlich gelegene Nachbar Asilah, gibt es hier doch weit weniger Besucher und Betrieb. Hierher kommt man eher wegen des Flairs als wegen des Livestyles, auch darf man in puncto Unterkünften und Restaurants nicht allzu viel erwarten.

Sehenswertes

Die Ville Nouvelle hat eine schöne spanisch-maurische Architektur aus der Kolonialzeit zu bieten, insbesondere rund um die hübsche Place de la Libération (die frühere Plaza de España). Auch die wuselige blau-weiße Medina ist einen Besuch wert. An den Wochenenden und am frühen Abend ist der zur Fußgängerzone umgewandelte *balcón* (erhöhte Plattform) mit Blick auf den Atlantik ein beliebter Ort zum Bummeln. Nördlich des Flusses Loukos, am Ende der Stadt, befinden sich die überwucherten Ruinen des alten Lixus, der legendären Stätte des Gartens der Hesperiden.

Place de la Libération PLATZ
(Karte S. 205) Der kreisrunde Platz wurde von den Spaniern gebaut und Plaza de España genannt. Er befindet sich in der Nähe von Laraches alter Medina und ist das Zentrum der Stadt. Hier treffen sich Einheimische, um zusammen mit Freunden einen Kaffee oder Tee zu genießen. Der Platz mit seinen stattlichen spanisch-maurischen Gebäuden, zahlreichen Terrassen-Cafés, Palmen und einem Springbrunnen ist ein perfekter Ort, um Leute zu beobachten.

Die Medina betritt man durch das geflieste **Bab al-Khemis** im Osten, die beliebte Fußgängerzone *balcón* (erhöhte Plattform) liegt einen Block weiter nördlich.

Medina von Larache STADTVIERTEL
(Karte S. 205) Das Bab al-Khemis, ein schöner spanisch-maurischer Bau, dient als Eingang zu Laraches blau-weißer Medina, die sich im letzten Jahrhundert kaum verändert hat. Sie ist vorwiegend ein Wohnviertel und erstreckt sich rund um den großen, mit Kolonnaden verzierten **Zoco de la Alcaiceria**, einer *qissaria* (Markthalle), in der frisches Obst und Gemüse sowie Haushaltsgegen-

stände verkauft werden. Nördlich der *qissaria* erstreckt sich ein Labyrinth enger Gassen, die zu der in Ruinen liegenden, vermüllten Saadier-Festung (s. unten) führen. Auf dem Hügel südlich der *qissaria* befinden sich das stattliche Musikkonservatorium (s. unten) und ein schöner Aussichtspunkt (s. unten).

➡ **Galerie Lafnar** GALERIE
(Karte s. rechte Spalte; ☎ 0654 04 48 10; 58 Assadr Alaadam, Medina; ⏲ 10–13 & 17–21 Uhr) In dieser Kunstgalerie werden Arbeiten von marokkanischen und internationalen Künstlern ausgestellt. Das Gebäude selbst ist ein alter Weizen-*fondouq* (Karawanserei) am Zoco de la Alcaiceria im Herzen der Medina.

➡ **Saadier-Festung** RUINEN
(Karte s. rechte Spalte; Qebibat) Obwohl diese Festung im europäischen Stil aus dem 16. Jh. auf der Liste des Monuments et Sites Historiques Nationale du Maroc steht, liegt sie doch in Ruinen und ist total vermüllt. Sie wurde auf den Resten einer älteren Festung errichtet und steht am Rand der Medina. In der Nähe gibt's ein paar wackelige Teebuden mit Blick auf Hafen und Flussmündung.

➡ **Musikkonservatorium** GEBÄUDE
(Karte s. rechte Spalte; Conservatoire de Musique de Larache) Das mit Zinnen versehene Musikkonservatorium der Stadt ist ein schönes Beispiel spanisch-maurischer Architektur mit reich verzierten Balkonen und einem Uhrenturm im Stil eines Minaretts. Das Gebäude ist für die Öffentlichkeit nicht zugänglich.

➡ **Casbah de la Cigogne** AREAL
(Karte s. rechte Spalte; Festung der Störche) Die von den Spaniern unter Philip III. im 17. Jh. errichtete, jetzt zerfallene und für Besucher nicht zugängliche Festung steht an dem Weg zu dem idyllischen Aussichtspunkt.

➡ **Aussichtspunkt** AUSSICHTSPUNKT
(Plaza Dar El Majzen) Dieser Aussichtspunkt bietet einen schönen Blick über den Hafen und die Flussmündung. Er ist für die Einheimischen ein beliebter Treffpunkt, an dem man wunderbar relaxen kann.

Iglesia de Nuestra Senõra del Pilar KIRCHE
(Karte s. rechte Spalte; Blvd Mohammed V) Diese schöne Kirche gegenüber vom Hôtel de Ville (Rathaus), die aus den 1920er-Jahren stammt, wurde von Spaniern errichtet. Sonntagmorgens wird hier noch immer eine Messe abgehalten.

Larache

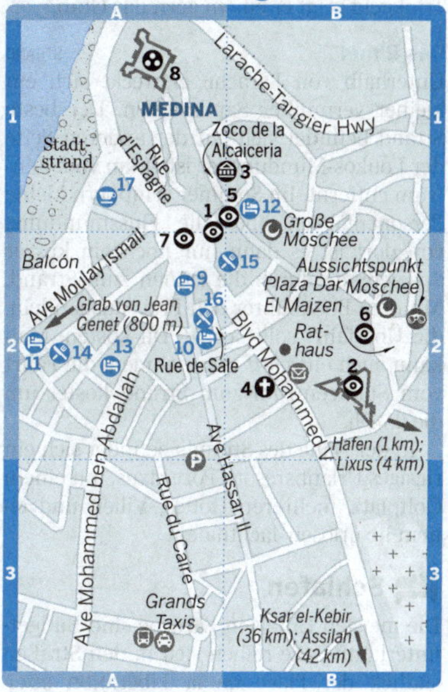

Larache

Sehenswertes
1 Bab al-Khemis A1
2 Casbah de la Cigogne B2
3 Galerie Lafnar B1
4 Iglesia de Nuestra Senõra del Pilar B2
5 Larache Medina B1
6 Musikkonservatorium B2
7 Place de la Libération A2
8 Saadier-Festung A1

Schlafen
9 Hôtel España A2
10 Hotel Hay Essalam A2
11 Hôtel Somarían A2
12 La Maison Haute B1
13 Pension Amal A2

Essen
14 Casa Ché A2
15 Restaurant Commercial B2
16 Restaurant Puerta Del Sol A2

Ausgehen & Nachtleben
17 Café Balcón Atlantico A1

Grab von Jean Genet WAHRZEICHEN
(Karte s. oben) Auf dem spanischen Friedhof im Westen der Stadt ist der französische Schriftsteller Jean Genet (1910–1986) begraben. Wenn das Tor geschlossen ist, können Besucher klingeln, um vom Verwalter hin-

eingelassen zu werden. Für ein kleines Trinkgeld zeigt er einem gern das Grab.

Ras R'mel STRAND

Unterhalb von Larache erstreckt sich ein kleiner vermüllter Sandstreifen. Der beste Strand befindet sich auf der anderen Seite der Loukos-Mündung, er ist 11 km vom Zentrum entfernt. Im Sommer schippern kleine Personenfähren über die Flussmündung, von dort ist es dann nur noch ein kurzer Spaziergang durch die Dünen zum Strand. Mit dem Bootsführer den Preis aushandeln, die Überfahrt sollte ca. 10 Dh kosten. Man kann auch ein *petit taxi* nehmen, die Fahrt vom Stadtzentrum zum Strand kostet um die 25 Dh.

In der Nähe des Strands befindet sich ein riesiges Urlaubsresort, Port Lixus, mit einem Golfplatz, mehreren Hotels, Villen und einem luxuriösen Jachthafen.

Schlafen

Die meisten Hotels in Larache sind Budgetunterkünfte. Sie reihen sich in den Straßen südlich der Place de la Libération aneinander.

Hotel Hay Essalam HOTEL €

(Karte S. 205; ☎0539 91 68 22; 9 Ave Hassan II; EZ/DZ/2BZ mit Bad 116/133/166 Dh, ohne Bad 90/116/140 Dh; ❄📶) Die beste Budgetunterkunft in Larache wird von einer freundlichen Dame betrieben. Es gibt viele verschiedene Zimmertypen, von denen einige einfache Bäder und Klimaanlage haben, andere kaum mehr als kleine, eher schmucklose Würfel sind. Die Zimmer nach vorn sind hell, aber laut. Wer einen leichten Schlaf hat, sollte sich für ein Zimmer nach hinten hinaus entscheiden. Hier kann niemand Englisch.

Hôtel España HOTEL €

(Karte S. 205; ☎0539 91 31 95; www.hotelespanalarache.com; 6 Ave Hassan II; EZ/DZ/2BZ 260/300/320 Dh; P❄@📶) Das altmodische, in einem schönen spanisch-maurischen Gebäude beherbergte Hotel ist eine sichere, nette Unterkunft. Die sauberen, gemütlichen und gepflegten Zimmer haben Satelliten-TV, harte Betten und Doppelglasfenster. Die besten Zimmer sind die nach vorne raus, sie haben einen Balkon mit Blick auf die Place de la Libération.

Pension Amal HOTEL €

(Karte S. 205; ☎0539 91 27 88; 10 Rue Abdallah ben Yassine; EZ/DZ ohne Bad 50/100 Dh) Diese spottbillige, kleine Pension unweit der zur Fußgängerzone umgewandelten Ave Mohammed Ben Abdallah bietet saubere, geflieste, aber spartanisch eingerichtete Zimmer mit Gemeinschaftsbad (wer warm duschen möchte, muss 12 Dh hinblättern).

La Maison Haute PENSION €€

(Karte S. 205; ☎0665 34 48 88; http://lamaisonhaute.free.fr; 6 Derb ben Thami, Medina; EZ/Apt. 350/600 Dh, DZ 450–500 Dh, 3BZ 550–600 Dh, alle inkl. Frühstück) Diese Unterkunft mit viel Atmosphäre, aber wenig Komfort befindet sich in einem spanisch-maurischen Haus mit Blick auf den Zoco de la Alcaiceria. Es gibt sechs Zimmer, ein Appartement für vier Personen und eine Dachterrasse mit Rundumblick über die Medina und die Flussmündung. Die Zimmer sind allerdings nicht ganz so sauber wie man es sich wünschen würde, und die Betten sind außerordentlich unbequem. Hassan, der Betreiber spricht Englisch und Französisch.

Hôtel Somarían HOTEL €€

(Karte S. 205; ☎0539 91 01 16; hotelsomarian@live.fr; 68 Ave Mohammed Zerktouni; EZ/DZ/3BZ 400/500/600 Dh; @📶) Das Somarían in einem spektakulär hässlichen Neubau gegenüber der zentralen Markthalle bietet farbenfroh dekorierte, gemütliche Zimmer mit blitzsauberen Bädern. Hier übernachten vorwiegend Geschäftsleute.

Essen & Ausgehen

In Larache Essen zu gehen macht Laune – und nicht arm: Rund um die Place de la Libération gibt's massenhaft kleine Lokale. Der spanische Einfluss ist immer noch unverkennbar, z.B. in den Restaurants mit Paella und Tortillas auf der Karte

Cafés mit Terrassen reihen sich an der Place de la Libération und gegenüber vom *balcón* aneinander. In der ganzen Stadt gibt es so gut wie keinen Alkohol.

Casa Ché SEAFOOD €

(Karte S. 205; ☎0677 83 02 00; 87 Ave Mohammed Zerktouni; Hauptgerichte 50 Dh; ⌚Mo–Sa 12–15 & 19–22 Uhr) Die Wände dieses einfachen Lokals in der Nähe der zentralen Markthalle sind mit Portraits von Che Guevara tapeziert. Aus der Küche kommen mediterrane, marokkanische und baskische Speisen. Der Schwerpunkt liegt auf Meeresfrüchten.

Restaurant Commercial MAROKKANISCH €

(Karte S. 205; Place de la Libération; Hauptgerichte 40 Dh; ⌚11–22 Uhr) In dem einfachen, nicht besonders sauberen Lokal auf dem Hauptplatz werden Unmengen Suppen, Spieße und gebratener Fisch verschlungen. Hier ist alles superbillig und die Tische unter der Kolonnade eignen sich wunderbar zum Leute beobachten.

Restaurant Puerta Del Sol MAROKKANISCH €
(Karte S. 205; ☎0539 91 36 41; 5 Rue Ahmed Chaouki; Sandwiches 20 Dh, Hauptgerichte 25–40 Dh; ⌚Mo–Sa 12–22 Uhr) Das Lokal ohne jeden Schnickschnack serviert Marokkanisches wie Tajines und Spieße und Spanisches wie Paella und Tortilla. Es befindet sind ganz in der Nähe der Place de la Libération.

Café Balcón Atlantico CAFÉ
(Karte S. 205; Ecke Rue de Casablanca & Rue Tarik Ibnou Ziad; ⌚8–23 Uhr) Das nette, lebhafte Café mit Blick über den *balcón* und auf den Atlantik bietet viele Sitzplätze draußen und guten Kaffee. Es ist der beste Ort der Stadt, um in aller Ruhe zu frühstücken oder eine Tee-/Kaffeepause einzulegen.

Praktische Informationen

Banken mit Geldautomaten gibt's am nördlichen Ende des Blvd Mohammed V.

Post (Blvd Mohammed V; ⌚Mo–Fr 8–16.15, Sa 8–11.45 Uhr)

An- & Weiterreise

Der **Busbahnhof** (Gare Routière, Estación de Autobús; Rue Ibnou Khaldoun) liegt ein paar Schritte südlich der Place de la Libération an der Ave Mohammed ben Abdallah. Die meisten der wichtigsten Ziele werden von CTM angefahren, u. a.:

Agadir 310 Dh, 12½ Std., 1-mal tgl.
Casablanca 120 Dh, 4 Std., 5-mal tgl.
Fès 90 Dh, 4¼ Std., 4-mal tgl.
Marrakesch 200 Dh, 8¾ Std., 1-mal tgl.
Tanger 35 Dh, 1½ Std., 4-mal tgl.

Grands Taxis (Karte S. 205; Rue Ibnou Khaldoun) fahren vom Busbahnhof nach Souk el-Arba (40 Dh), Tanger (35 Dh) und Kénitra (50 Dh). *Grands Taxis* nach Asilah (20 Dh) fahren normalerweise vor dem städtischen Obst- und Gemüsemarkt in der Ave Malek Ben Marhal ab .

Petits taxis nach Lixus kosten 20 Dh und nach Ras R'mel 25 Dh.

Lixus ليكسوس

Auf einem Hügel mit Blick auf die Loukos-Mündung liegen die karthagischen und römischen Ruinen von Lixus. Sie erinnern an die ältesten Siedlungen des Landes.

Außerhalb der Sommermonate kommen nur wenige Besucher hierher, im Winter leisten einem bloß der Wind und ein paar friedlich grasende Ziegen Gesellschaft. In der Nähe des Eingangs wird seit einigen Jahren ein neues Besucherzentrum gebaut, die Einheimischen haben aber wenig Zuversicht, dass es in nächster Zukunft eröffnet wird. Bis es soweit ist, ist der Eintritt frei. Der hiesige Wächter freut sich aber über ein Trinkgeld.

Da man hier nirgendwo Essbares kaufen kann, sollte man vor der Abfahrt in Larache alles für ein Picknick besorgen.

Geschichte

In der Umgebung von Lixus wurden Megalithsteine gefunden. Sie deuten auf frühe Einwohner hin, die eine Sonnengottheit verehrten und astronomische sowie mathematische Kenntnisse besaßen. Doch das ist auch schon fast alles, was über die prähistorischen Gebiete bekannt ist, bevor die Phönizier gegen 1000 v. Chr. ihre Kolonie Liks gründeten. Nach Berichten von Plinius dem Älteren stibitzte Herkules hier die goldenen Äpfel aus dem Garten der Hesperiden und erfüllte damit die vorletzte seiner zwölf Aufgaben. Wahrscheinlich handelte es sich bei den goldenen Früchten um die marokkanischen Mandarinen.

Im 6. Jh. v. Chr. rissen sich die Karthager die atlantischen Kolonien der Phönizier unter den Nagel. Lixus blieb ein Handelsvorposten, vor allem für Gold, Elfenbein und Sklaven. 42 n. Chr. wurde es dem Römischen Reich angegliedert. Salz, Oliven, Wein und *garum* (eine würzige Fischsauce) avancierten zu Exportschlagern, außerdem verdienten sich die Kaufleute eine goldene Nase mit dem Export wilder Tiere für die Amphitheater des Reiches.

Als sich die Römer aus Nordafrika zurückzogen, ging es mit der Kolonie in Lixus bald danach bergab und nach dem Zusammenbruch des Römischen Reiches im 5. Jh. n. Chr. wurde sie schließlich komplett aufgegeben. Bei den Muslimen hieß der Ort später Tuchummus.

Sehenswertes

Ruinen von Lixus ARCHÄOLOGISCHE STÄTTE
(Larache-Tanger Hwy/N1) GRATIS Das Haupttor von Lixus befindet sich an der Schnellstraße, unweit der vor der Flussmündung vorbeiführenden Straße. Von der antiken Stadt wurde nur etwa ein Viertel ausgegraben.

Was man aber von den Ruinen sieht, lässt erahnen, wie prächtig und bedeutend diese Stadt einmal war. Auch wenn die Überreste ziemlich beschädigt und überwachsen sind, der Besuch lohnt auf jeden Fall.

Wenn mehrere Wächter auf dem Gelände Dienst tun, wird sich einer von ihnen gegen ein kleines Trinkgeld wahrscheinlich gern zu einer Führung bereit erklären.

Gleich hinter dem Eingangstor befindet sich die untere Stadt mit den Überresten von *garum*-Fabriken, in denen früher Fisch gesalzen und die bei den Römern äußerst beliebte Paste hergestellt wurde. Der Pfad hinauf auf den Hügel zur Akropolis führt vorbei an einem steilen von den Römern errichteten Amphitheater. Seitlich des Amphitheaters befanden sich ursprünglich Bäder. Spuren des Mosaikfußbodens sind noch zu sehen. Einige Mosaike sind jetzt im Archäologischen Museum in Tétouan ausgestellt. Andere sollen zerstört worden sein, als der Sohn eines ehemaligen Wächters versuchte, die Mosaike auszugraben, um sie auf dem Antiquitätenschwarzmarkt zu verkaufen.

Weiter geht's den Pfad hinauf zu der überwucherten Akropolis auf der Hügelkuppel. Von dort hat man einen schönen Blick hinunter auf die Mündung des Loukos und die Salzfelder. Hier befinden sich Verwaltungsgebäude (u.a. Tempelheiligtümer) und die ehemaligen Festungsanlagen der Stadt sowie Spuren vorrömischer Bauten.

An- & Weiterreise

Lixus liegt ca. 5,5 km nördlich der Place de la Libération in Larache an der Straße nach Tanger. Ein *petit taxi* kostet pro Strecke 20 Dh. Man könnte allerdings Probleme haben, wenn man für die Rückfahrt einen Bus oder ein Taxi per Handzeichen anhalten will. Am besten vereinbart man mit einem Taxifahrer einen genauen Zeitpunkt, an dem man abgeholt werden möchte.

Asilah اصيلة

31 054 EW.

Auf den Speisekarten der meisten Restaurants in Asilah stehen Tortilla, Paella und Rioja (spanischer Wein) und das erinnert daran, dass diese kompakte Stadt lange spanisches Territorium war. Heute ist Asilah ein angenehmer Auftakt für ein Marokko-Abenteuer und bietet eine gute Auswahl an Budget- und Mittelklasseunterkünften sowie eine äußerst schöne Medina, die es zu entdecken gilt. Ganz in der Nähe gibt es außerdem viele saubere Strände zum Schwimmen und Surfen.

Die meiste Zeit des Jahres ist Asilah verschlafen, im Sommer aber verdreifacht sich die Einwohnerzahl, dann sind die Straßen und der Stadtstrand überfüllt von marokkanischen und spanischen Familien, von denen einige hier auch Ferienhäuser besitzen. Frühling und Herbst sind die besten Reisezeiten: Dann kann man das immer noch angenehme Wetter ohne Menschenmassen genießen.

Geschichte

Der kleine, aber strategisch günstig gelegene Hafen trat erstmals als karthagische Siedlung Zilis auf den Plan. Seitdem hat er eine turbulente Geschichte hinter sich. Während der Punischen Kriege standen seine Einwohner auf der Seite Karthagos. Als die Region an Rom fiel, wurde die hiesige Bevölkerung nach Spanien deportiert und durch Iberer ersetzt. Danach war Asilah auf Gedeih und Verderb mit Spanien und dessen zahlreichen Eroberungsfeldzügen verbunden.

Als die Christen im 14. und 15. Jh. die muslimischen Truppen auf der Iberischen Halbinsel besiegten, bekam Asilah die Folgen unmittelbar zu spüren. 1471 eroberten die Portugiesen den Hafen, indem sie mit 477 Schiffen und 30 000 Mann anrückten. Anschließend errichteten sie die heutigen Mauern der Medina, um ihren Handelsposten an der berühmten Goldroute durch Afrika zu sichern. Sebastian I. von Portugal brach hier 1578 zu einem verhängnisvollen Kreuzzug auf. Nach dem gewaltsamen Tod des Königs gerieten Portugal und dessen marokkanische Außenposten für lange Zeit unter spanische Herrschaft.

Moulay Ismail eroberte Asilah 1691 zurück. Wegen des andauernden Piratenproblems ließen Österreich und Spanien die Stadt im 19. Jh. von ihren Seestreitkräften beschießen. Der berühmteste örtliche Bandit war Er-Raissouli (S. 212), einer der schillerndsten Schurken des wilden Rifgebirges. Im frühen 20. Jh. agierte er von Asilah aus und galt als Geißel der europäischen Großmächte. Von 1911 bis 1965 gehörte die Stadt zum spanischen Protektorat.

Sehenswertes

Asilah hatte lange den Ruf als Kunststadt. Alles begann 1978, als mehrere marokkanische Künstler eingeladen wurden, Workshops für einheimische Kinder abzuhalten und im Rahmen des örtlichen *moussem* (Tag des Schutzheiligen) ein paar Mauern der Medina zu bemalen. Leider gibt es solche künstlerischen Veranstaltungen heute nicht mehr.

Asilahs Hauptstrand erstreckt sich nördlich der Stadt. Es ist ein breiter goldener Sandstreifen. Aufgrund der hässlichen und lauten Cafés und der wohl nie verschwindenden Müllberge ist der Strand allerdings nicht besonders ansprechend. Der **Paradise Beach** in Rmilate, 7 km südlich der Stadt, ist eine sehr viel bessere Wahl, wenn man ins kühle Nass springen will. **Sidi Mghayet**, etwa 13 km weiter südlich, ist ein bei Surfern beliebter Strand. Am in der Nähe gelegenen **Rada-Strand** befindet sich ein beliebtes Strandcafé.

Medina von Asilah STADTVIERTEL

(Karte S. 210) Asilahs Medina wird hauptsächlich zum Wohnen genutzt. Sie ist von unverwüstlichen Befestigungsmauern umgeben, die im 15. Jh. von den Portugiesen errichtet wurden. Die engen Straßen innerhalb der Mauern sind von weißen Häusern mit blauen oder grünen Ornamenten gesäumt. Viele dieser Häuser wurden von Ausländern gekauft und liebevoll restauriert. Durch die Restaurierungsarbeiten wirkt die Medina fast schon zu sauber, ist mit den winkligen Gassen, *jalousies* (hölzerne Fensterläden) und den bunten Wandbildern, die jedes Jahr beim Asilah-Festival (s. rechte Spalte) gemalt werden, aber trotzdem mehr als ein Urlaubsfoto wert.

Leider kann die Festungsanlage nur zum Teil besichtigt werden. Die Bastion im Südwesten bietet die beste Aussicht auf das Meer und ist ein beliebtes Plätzchen bei Sonnenuntergang. Von hier aus kann außerdem ein Blick auf die nahe **Koubba von Sidi Mansur** (für Nichtmuslime nicht zugänglich) und den **Mujaheddin-Friedhof** geworfen werden.

Der Südeingang zur Medina, das **Bab Homar** (Ave Hassan II), verfügt über ein königlich-portugiesisches Wappen, dem Wind und Regen bereits stark zugesetzt haben. Der Haupteingang, das **Bab al-Kasaba**, führt zur **Großen Moschee** (Medina), die Nichtmuslimen nicht zugänglich ist. Donnerstags, am Markttag von Asilah, ist in der Medina die Hölle los.

Palais de Raissouli HISTORISCHES GEBÄUDE

(Karte S. 210; Palais de Culture; Medina) Dieser Palast wurde 1909 von dem Banditen Er-Raissouli (S. 212) erbaut. Bis heute zeugt das Gebäude von dem luxuriösen Leben, das er auf dem Höhepunkt seiner Macht führte. Der wunderschön restaurierte Palast öffnet seine Tore nur während des Asilah-Festivals (s. unten). Im Gebäude gibt es einen Hauptempfangsraum mit Glasterrasse zum Meer. Hier zwang Er-Raissouli verurteilte Mörder, 30 m tief auf die Felsen in den sicheren Tod zu springen.

Centre de Hassan II Rencontres Internationales GALERIE

(Karte S. 210; ☎0539 41 70 65; http://c-assilah.com; ⏲8.30–12.30 & 14.30–17 Uhr, im Sommer bis 20 Uhr) GRATIS Diese Galerie befindet sich in einem schönen Haus gleich hinter dem Haupteingang zur Medina und zeigt wechselnde Sammlungen von Malerei und Bildhauerei aus aller Welt. Hier ist auch das Zentrum des alljährlich stattfindenden Asilah-Festivals (s. unten).

Bartholomäuskirche KIRCHE

(Karte S. 210; Ecke Ave du Prince Héritier & Ave Mohammed V) Diese Kirche wurde 1925 von spanischen Franziskanermönchen im typisch spanisch-maurischen Stil erbaut und ist eine der wenigen Kirchen in Marokko, deren Glocken zur Sonntagsmesse läuten dürfen.

Feste & Events

Asilah-Festival KULTURFEST

(www.c-assilah.com; ⏲Juli) Hauptveranstaltungsort des alljährlichen Asilah-Festivals ist das Centre de Hassan II Rencontres Internationales (Karte S. 210). Das Fest lockt Künstler, Musiker, Schausteller und Besucher an. Zu diesem Anlass finden Seminare, öffentliche Vorführungen, Konzerte und Ausstellungen statt.

Schlafen

Während der Hauptsaison (Osterwoche & Juli–Sept.) strömen Scharen von Besuchern in die Stadt, deshalb sollte man rechtzeitig reservieren.

★ **MIA Hostel** HOSTEL €

(☎0539 41 78 94; www.mia-hostels.com; 55 Lot Minza; B 120–160 Dh, DZ/2BZ 580/640 Dh, alle inkl. Frühstück; @) Den Namen verdankt dieses Hostel ihren Betreibern Mehdi, Ismael und Ali, und sie können stolz darauf sein. Die Schlafsäle und Zimmer sind mit guten Betten ausgestattet, in den Bädern fließt warmes Wasser und zu den Annehmlichkeiten gehören ein TV-Zimmer, eine Bücherbörse,

Asilah

ein Fahrrad- und Surfbrettverleih, eine Gemeinschaftsküche sowie eine Dachterrasse, auf der im Sommer gegrillt wird (50–100 Dh). Die meisten Zimmer sind klimatisiert.

Hôtel Sahara HOTEL €

(Karte s. oben; ☎0539 41 71 85; 9 Rue Tarfaya; EZ/DZ ohne Bad 90/150 Dh; 📶) Das kleine Budgethotel ist prima und bietet Zimmer rings um einen offenen Innenhof. Schmuckfliesen und Topfpflanzen zieren den Eingang und die schlichten Zimmer sind gut in Schuss gehalten (manche haben allerdings sehr kleine Fenster und erinnern an Gefängniszellen). An den strahlend sauberen Gemeinschaftstoiletten und -duschen ist absolut nichts auszusetzen. Es wird kein Englisch gesprochen.

Christina's House PENSION €€

(Karte s. oben; ☎0610 50 20 26; www.christinashouseasilah.com; 26 Rue Ibn Khatib, am Blvd 16 Nov; EZ/DZ/3BZ inkl. Frühstück 380/490/540 Dh; 📶) Hier fühlt man sich eher wie zuhause als in einem Hotel. Die freundliche Pension wird von der in Spanien geborenen Sally betrieben und bietet frisch gestrichene Zimmer mit gefliesten Fußböden und einfachen Bädern. Es gibt auch noch eine gemütliche Lounge, eine Gemeinschaftsküche und eine riesige Dachterrasse mit vielen Sitzgelegenheiten. Auf Wunsch bekommt man hier auch Essbares.

Dar Manara BOUTIQUEHOTEL €€

(Karte s. oben; ☎0539 41 69 64; www.asilah-darmanara.com; 23 Rue M'Jimma, Medina; DZ & 2BZ inkl. Frühstück 700 Dh; ❄📶) Diese Unterkunft ist eine der wenigen in der Medina. Das von Spaniern betriebene Riad wurde elegant renoviert und zu einem gemütlichen Hotel umgebaut. Die Zimmer sind klein, aber ansprechend. Zu den Gemeinschaftsbereichen gehören ein schicker Salon mit offenem Kamin und eine verlockende Dachterrasse mit traditionellen marokkanischen Sitzmöbeln.

Asilah

Sehenswertes

1 Medina von Asilah ... A3
2 Bab al-Kasaba ... B2
3 Bab Homar ... B3
4 Centre de Hassan II Rencontres Internationales ... B2
5 Bartholomäuskirche ... D2
6 Große Moschee ... A3
7 Palais de Raissouli ... A3

Schlafen

8 Christina's House ... B4
9 Dar Azaouia ... A3
10 Dar Manara ... A3
11 Hotel Patio de la Luna ... C2
12 Hôtel Sahara ... D2

Essen

13 Ali Baba ... B4
14 Casa García ... D1
15 Zentralmarkt ... D2
16 La Perle d'Asilah ... D1
17 Restaurant Dar Al Maghrebia ... C2
18 Restaurante Oceano Casa Pepe ... C2

Ausgehen & Nachtleben

19 Al-Madina ... B2
20 La Symphonie II des Douceurs ... B2

Leider ist das Personal manchmal etwas unfreundlich.

Hotel Patio de la Luna HOTEL €€
(Karte S. 210; ☎0539 41 60 74; hotelpatiodelaluna@gmail.com; 12 Place Zellaka; EZ/3BZ 300/500 Dh, DZ 400–450 Dh; 📶) Die kleine Unterkunft unter spanischer Leitung befindet sich in der Nähe des Bab al-Kasaba. Die sieben Zimmer sind minimalistisch eingerichtet, es gibt einen schattigen Hinterhof und eine windige Dachterrasse. Die schönsten Zimmer sind im 1. OG oder auf der Terrasse vorn, in denen es im Hochsommer aber aufgrund des Straßenlärms recht laut sein kann. Nur Barzahlung.

★ **Dar Azaouia** BOUTIQUEHOTEL €€€
(Karte S. 210; ☎0672 11 05 35; www.darazaouia-asilah.com; 16 Rue Moulay Driss N 6, beim Bab Homar; EZ/DZ/3BZ inkl. Frühstück 800/850/950 Dh; P 📶) Die kleine, wunderschöne Pension befindet sich in belgischer Hand. Hier vereinigen sich gekonnt marokkanische Traditionen mit modernem europäischem Stil. Das ganze Haus ist mit marokkanischen Stoffen und Kunstgegenständen geschmückt. Es gibt gute Betten, hochwertige Körperpflegemittel, eine einladende Lounge, einen Speisesaal und eine kleine Dachterrasse. Auf Bestellung gibt's auch Abendessen (270 Dh) und alkoholische Getränke. Unbedingt im Voraus buchen.

Hotel Al-Alba BOUTIQUEHOTEL €€€
(☎0613 42 91 90; www.hotelalalba.com; 35 Lot Nahil; EZ/DZ/Suite inkl. Frühstück 780/900/1020 Dh; ❄📶) Das kleine, sehr komfortable Hotel versteckt sich hinter dem Restaurant Annakhil am Rand des Zentrums. Als Hommage an die Medina ist es blau und weiß dekoriert. Das junge, mehrsprachige Personal liest den Gästen jeden Wunsch von den Augen ab. Neben kostenlosem Pfefferminztee ist der hauseigene Hamam ein ganz großes Plus (Behandlungen 275–380 Dh, auch Nichtgäste sind willkommen).

Zum Hotel gehört außerdem ein Restaurant (Dreigängemenü 140 Dh), aber leider sind die Speisen enttäuschend, kein Alkoholausschank.

Essen

Die Qualität der Restaurants lässt im Allgemeinen zu wünschen übrig, und die Preise sind hoch. Einige leicht schäbige Saftbars, Cafés und Fast-Food-Läden befinden sich entlang der Medinamauern in der Ave Hassan II. Die dortigen Fast-Food-Lokale haben Sitzplätze auf der Straße und servieren alle ähnliche Speisen, z. B. Pizza (30–55 Dh) und Tajines (40–50 Dh). Weitere preiswerte Lokale gibt's rund um den Zentralmarkt (S. 212).

★ **Restaurant Dar Al Maghrebia** MAROKKANISCH €
(Karte S. 210; ☎0633 66 23 77; 7 Rue Al Banafsaje; Hauptgerichte 45–60 Dh; ⏲12–15 & 19–22 Uhr) Die guten Preise, die schmackhaften Speisen und das stimmungsvolle Ambiente haben wirklich ein Lob verdient. In dem kleinen Restaurant an der Place Mohammed V gibt's eine gute Auswahl an Tajines, *pastillas*, Spießen, *briouats* und Couscous. Die Gerichte kommen allerdings in relativ kleinen Portionen daher. Gegessen wird in dem reizenden Speisesaal oder an einem der drei Tische auf dem Gehweg. Wie wär's statt Alkohol mit einem Fruchtcocktail (30 Dh)?

Ali Baba MAROKKANISCH €
(Karte S. 210; ☎0633 58 00 50; www.restaurantalibaba.com; Ecke Ave Abou Ferras El Hamadani & Ave Hassan II; Gerichte 20–50 Dh; ⏲12–1 Uhr) Das

DER SCHURKE ER-RAISSOULI

Bandit, Kidnapper und Aufrührer: Moulay Ahmed ben Mohammed er-Raissouli (oder Raisuni) war der legendärste Einwohner von Asilah. Er fing als kleiner Gauner im Rifgebirge an, hatte aber schon damals keine Skrupel, widerspenstige Opfer einen Kopf kürzer zu machen. Bald war er als gnadenloser Mörder bekannt und wurde in der ganzen Region gefürchtet.

International war Er-Raissouli vor allem dafür berüchtigt, dass er westliche Ausländer entführte. Gemeinsam mit seiner Bande erpresste er Lösegeld für verschiedene hohe Herrschaften, u.a. für den griechisch-amerikanischen Milliardär Ion Perdicaris. 1904 wurden für ihn 70 000 US$ gezahlt.

Mehrere Sultane versuchten, den Gesetzlosen in den Griff zu bekommen. Sie übertrugen ihm sogar diverse politische Ämter wie den Gouverneursposten von Asilah und später den von Tanger. Doch Er-Raissouli beeindruckte das wenig: Er machte weiter wie zuvor. Sein Einfluss auf die Rifstämme war enorm, darum sponserten die Spanier seine Waffen: Sie hofften, so würde in den Bergen endlich Ordnung einkehren. Aber Er-Raissouli erhob diese Waffen nur allzu oft gegen seine Förderer.

Nach dem Ersten Weltkrieg zwangen die Spanier Er-Raissouli, Asilah zu verlassen, trotzdem wütete dieser noch bis in den Januar 1925 im Hinterland des Rif. Schließlich nahm ihn der Rebell Abd al-Krim gefangen und warf ihm vor, mit den Spaniern gemeinsame Sache gemacht zu haben. Zwei Monate später starb er eines natürlichen Todes.

makellos saubere Lokal ist bei Einheimischen extrem beliebt. Aus der Küche kommen frisch zubereitete, schmackhafte *harira* (Linsensuppe), Tajines, *shwarma* (Fleischstückchen vom Spieß in einer Art Pitabrot), Pizzas und Sandwiches. Man kann die Speisen vor Ort verputzen oder auch mitnehmen.

Zentralmarkt MARKT €

(Karte S. 210; Marché Central; Ave Mohamed VI; ⌚8–20 Uhr) Auf Asilahs kleinem Zentralmarkt kann man sich mit frischem Obst und Gemüse, Fleisch, Fisch und Gewürzen eindecken. Die Restaurants vorn unter der Arkade servieren ausgezeichnete Fischgerichte zu günstigen Preisen.

Casa García SPANISCH €€

(Karte S. 210; ☎0539 41 74 65; 51 Rue Moulay Hassan ben el-Mehdi; Hauptgerichte 50–125 Dh; ⌚12–15 & 19–23 Uhr) Spanische Fischgerichte sind die Spezialität in diesem freundlichen Restaurant ein paar Straßen vom Strand entfernt. Das Essen ist eher akzeptabel als begeisternd (der Koch hat ein ganz besonderes Händchen für Knoblauch). Aber die luftige Terrasse ist ein netter Ort zum Verweilen und um abends eine Flasche Wein zu genießen.

Restaurante Oceano Casa Pepe SEAFOOD €€

(Karte S. 210; ☎0539 41 73 95; 8 Place Zellaka; Hauptgerichte 60–350 Dh; ⌚12–24 Uhr) Die Einrichtung des altmodischen spanischen Restaurants ist ziemlich nett, aber den Speisen mangelt es an Geschmack, Frische und Finesse. Die Lage direkt vor dem Haupteingang in die Medina ist recht praktisch. Wer sich entschließt, hier zu essen, sollte allerdings besser nur einfachen gebratenen Fisch bestellen. Zum Glück gibt's hier auch Alkohol.

La Perle d'Asilah FRANZÖSISCH €€€

(Karte S. 210; ☎0618 55 69 80; Ecke Rue Allal ben Abdallah & Ave Melilla; Hauptgerichte 120–250 Dh, 2-/3-Gängemenüs 160/190 Dh; ⌚12–15 & 19–22.30 Uhr) La Perle gilt als Asilahs bestes Restaurant. Die Speisekarte ist sehr gallisch angehaucht, aber es gibt auch einige spanische und asiatische Gerichte. Klassisches Ambiente. Die Zwei- und Dreigängemenüs haben ein ausgezeichnetes Preis-Leistungs-Verhältnis.

Ausgehen & Nachtleben

Das Nachtleben findet vorwiegend in spanischen Restaurants statt, es gibt keine empfehlenswerten Bars oder Clubs. Cafés gibt's rund um die Place Mohammed V an so ziemlich jeder Ecke. Die meisten sind aber Männern vorbehalten.

La Symphonie II des Douceurs CAFÉ

(Karte S. 210; 26 Place Zellaka) Ein nettes Plätzchen für einen Kaffee oder Pfefferminztee mit Tischen auf dem Bürgersteig und Blick auf das Bab al-Kasaba. Die Bedienung hat nichts dagegen, wenn man hier länger verweilt. Und das ist gut, denn hier kann man wunderbar Leute beobachten.

Al-Madina CAFÉ
(Place Abdellah Guennoun) Hauptattraktion dieses kleinen einfachen Cafés in der Medina sind die sonnigen Tische auf dem Platz vor dem El-Khamra-Turm. Ein schöner Ort, um die Seele baumeln zu lassen.

Praktische Informationen

An der Place Mohammed V und entlang der Ave 16 Novembre, südlich vom Bab Homar, gibt es viele Banken mit Geldautomaten.

Internet Alahram (Rue Al Banafsaje; 5 Dh/ Std.; 10–1 Uhr) Internetzugang, Scanner und Drucker.

Polizei (Ave Mohammed V)

Post (Ave Khalid Ibn Al Ouaud/Tanger-Rabat Rd; Mo–Fr 8–16.15, Sa 8–23.45 Uhr)

An- & Weiterreise

BUS

Der **Busbahnhof** (Gare Routière) befindet sich gegenüber der Shell-Tankstelle an der Straße Tanger–Rabat. Hier halten aber nur wenige Fernbusse. Die einzigen brauchbaren und regelmäßig verkehrenden Busse sind die des hiesigen Unternehmens Alsa nach Tanger (7 Dh) und die von Supratour nach Tétouan (35 Dh, 2¼ Std.).

TAXI

Grands Taxis nach Tanger (20 Dh) und Larache (20 Dh) starten, wenn sie voll sind, an einem Stand in der Nähe der Shell-Tankstelle an der Straße Tanger–Rabat. Ein Taxi zum Flughafen von Tanger (26 km von Asilah entfernt) kostet 250 Dh.

ZUG

Der Bahnhof befindet sich 3 km nördlich von Asilah (die Fahrt dorthin kostet im *petit taxi* 10 Dh). Zu den Reisezielen gehören:

Fès 1./2. Klasse 136/92 Dh, 4 Std., 4-mal tgl.

Marrakesch 1./2. Klasse 196/301 Dh, 9½ Std. Ein Nachtzug fährt direkt nach Marrakesch. Da er aber in Tanger startet, muss man seine Fahrkarte im Voraus besorgen.

Rabat 1./2. Klasse 130/88 Dh, 3 Std., 8-mal tgl.

Tanger 1./2. Klasse 27/16 Dh, 50 Min., 12-mal tgl.

El Jadida الجديدة

193 935 EW.

Im Juli und August verwandelt sich diese Stadt in einen bei marokkanischen Familien beliebten Ferienort. Der einzige wirkliche Grund für einen Besuch dieser Stadt ist die UNESO-Welterbestätte Cité Portugaise aus dem 16. Jh. Dafür reicht aber ein Zwischenstopp von einer oder zwei Stunden, wenn man zwischen Casablanca und anderen Städten weiter unten an der Küste unterwegs ist.

Gleich nördlich der Stadt entstand vor Kurzem an einem schönen Strandabschnitt das Ferienresort von **Mazagan** mit Golfplatz, Kasino, Spa und riesigem Hotel.

Geschichte

Die Cité (Festung) wurde von den Portugiesen 1506 an diesem Küstenabschnitt errichtet, um ihren Schiffsverkehr entlang der westafrikanischen Küste zu schützen. Die Festung erhielt den Namen Mazagan und entwickelte sich schnell zum bedeutendsten Handelsposten des Landes. Nach einer Belagerung wurde sie 1769 von Sultan Sidi Mohammed ben Abdallah erobert, allerdings sprengten die flüchtenden Portugiesen einen Großteil des Bollwerks in die Luft. Viele neue Einwohner ließen sich in der Neustadt nieder und die Zitadelle lag lange Zeit in Trümmern. Erst im 19. Jh. siedelte Sultan Abd er Rahman dort Juden aus Azemmour an. Die Stadt erhielt den arabischen Namen „El-Jadida" („die Neue").

Über den landesweiten Handel kam die große und einflussreiche jüdische Gemeinde bald zu Wohlstand. Im Gegensatz zu anderen marokkanischen Städten besaß El-Jadida jedoch keine separate *mellah*. Die Juden lebten in einer Atmosphäre der Toleranz und Offenheit direkt mit den übrigen Einwohnern zusammen. Während der Zeit des französischen Protektorats wurde der Ort zum Verwaltungszentrum und Urlaubsziel. Allerdings büßte der Hafen seine Bedeutung zugunsten von Safi und Casablanca ein.

Sehenswertes

Die Strände in und unmittelbar nördlich und südlich der Stadt sind im Juli und August rappelvoll, obwohl sie recht schmutzig sind. **Sidi Bouzid**, 5 km südwestlich, ist etwas sauberer und folglich bei Sonnenanbetern und Surfern beliebt. Hin kommt man mit Bus 2 (5 Dh) von der Place Mohammed Ben Abdallah.

Cité Portugaise HISTORISCHE STÄTTE
(Karte S. 214; Portugiesenstadt) GRATIS Die seit 2004 zum UNESCO-Welterbe gehörende Cité Portugaise war eine der ersten von den Portugiesen in Westafrika errichteten Sied-

El Jadida

El Jadida

Sehenswertes

1 Bastion de L'Ange B1
2 Bastion de St-Sébastian B1
3 Himmelfahrtskirche A1
4 Cité Portugaise A1
5 Öffentliches Backhaus B1
6 Grande Mosquée A1
7 Porte de la Mer B1
8 Citerne Portugaise A1
9 Wallanlagen B1
10 Synagoge B1

Schlafen

11 Hôtel Bordeaux A2
12 Riad Le Mazagao A2

Essen

13 Café do Mar B1
14 Restaurant du Port B2
15 Restaurant Tchikito A2
16 Restaurante La Portugaise A2

Transport

17 Regionalbus 2 nach Sidi Bouzid A2

lungen. Sie stammt aus dem frühen 16. Jh., hieß ursprünglich Mazagan und ist ein schönes Beispiel für das Militärdesign der Renaissance. Kräftige, ockerfarbene, leicht sternförmig angeordnete Festungsmauern schützen ein kompaktes Labyrinth verwinkelter Straßen, die architektonisch bemerkenswerte **Himmelfahrtskirche**, die jetzt in ein Hotel umgebaut wurde, und eine stimmungsvolle Zisterne (s. rechte Spalte).

Der Haupteingang der Cité liegt unweit der Place Mohammed ben Abdallah und führt in die Rue Mohammed Ahchemi Bahbai. Gleich links befindet sich die ehemalige Kirche und fast gleich daneben die **Grande Mosquée** (Große Moschee; Cité Portugaise) mit ihrem einzigartigen fünfeckigen Minarett.

Weiter unten an der Rue Mohammed Ahchemi Bahbai befindet sich die **Porte de la Mer** (10–17 Uhr). Sie war der ursprüngliche Zugang zum Meer, an dem Schiffe ihre Ladungen löschten und durch den die Portugiesen die Stadt für immer verließen. Hinter dem Torbogen links vom Tor steht eines der **öffentlichen Backhäuser**, in denen einheimische Frauen noch immer ihre Brote backen lassen.

Rechts von der Porte de la Mer führt eine Rampe hinauf auf die **Wallanlagen** (9–17 Uhr) GRATIS mit der **Bastion de L'Ange** GRATIS (südöstlicher Eckturm). Von hier aus hat man einen tollen Blick über das Meer, die Neustadt und den Hafen. Läuft man auf den Mauern nach links, kommt man an die **Bastion de St-Sebastian** GRATIS (nordöstlicher Eckturm) mit Blick auf die in Ruinen liegende **Synagoge**.

Citerne Portugaise GEBÄUDE

(Karte s. oben; Portugiesische Zisterne; Rue Mohammed Ahchemi Bahbai; Erw./Kind unter 12 Jahren 10/3 Dh; 9–13 & 15–18 Uhr) Inmitten all der Souvenirläden in der Hauptstraße der Cité befindet sich das gewaltige, nur durch einen einzigen Lichtschacht erhellte Zisternengewölbe. Die im 16. Jh. errichtete Zisterne ist als gruselige Kulisse für den dramatischen Aufstand in Orson Welles' Film *Othello* aus dem Jahr 1951 berühmt geworden.

Feste & Events

Festival International Jawhara KULTUR

(0523 35 52 21; www.festivaljawhara.ma; Aug.) Das in den Städten El Jadida, Azemmour und Bir Jdid stattfindende Kulturfestival bietet Sport, Theater und bildende Kunst. Der Schwerpunkt liegt aber auf Musik. Es treten bekannte marokkanische und afrikanische Künstler auf.

Schlafen

Hôtel Bordeaux HOTEL €
(Karte S. 214; ☎ 0523 37 39 21; 47 Rue Moulay Ahmed Tahiri; EZ/DZ 180/230 Dh, ohne Bad 100/160 Dh; ❄) Dieses einfache Hotel in einem traditionellen, aber langweiligen Gebäude in der Medina ist das Beste der hiesigen Budgethotels. Die sauberen und gepflegten Zimmer haben winzige Bäder und pfeifende Klimaanlagen. Hier werden keine Kreditkarten akzeptiert und niemand kann Englisch.

Riad Le Mazagao PENSION €€
(Karte S. 214; ☎ 0523 35 01 37; www.lemazagao.com; 6 Derb el-Hajjar; EZ/DZ mit Gemeinschaftsbad 330/440 Dh, DZ/FZ mit Bad 440/765 Dh, alle inkl. Frühstück; ❄) Die einladende und extrem stimmungsvolle Pension aus dem 19. Jh. befindet sich über einem Torbogen, der in die Medina führt. Die vier großen Zimmer sind mit vielen Stoffen und Originalfliesen im marokkanischen Stil dekoriert. Zwei Zimmer haben ein eigenes Bad und eine Klimaanlage, die beiden anderen teilen sich ein Bad und haben auch keine Klimaanlage. Das Frühstück wird auf der reizenden Terrasse serviert. Abendessen gibt's auf Wunsch ebenfalls (160 Dh).

★ **Dar Al Manar** B&B €€€
(☎ 0523 35 16 45; www.dar-al-manar.com; Zi. inkl. Frühstück 800–1000 Dh; ❄ @) Diese ruhige Unterkunft in der Nähe des 7 km von El Jadida entfernten Sidi-M'sbah-Leuchtturms bietet fünf geschmackvolle und geräumige Zimmer im modernen marokkanischen Stil. Die Gäste können in dem wunderschönen Garten oder unten in der Lounge relaxen und auf der Terrasse zu Abend essen (Gerichte 200–250 Dh). Der reizende und zuvorkommende Betreiber spricht Englisch und Französisch.

La Villa & Spa HOTEL €€€
(☎ 0523 34 44 23; www.lavilladavid.com; 4 Ave Moulay Abdelhafid; Zi. inkl. Frühstück 860–1160 Dh, Suite 1380 Dh; ❄ 🛜 ≋) Das von Franzosen geführte Hotel gleich nördlich der *cité* bietet gepflegte, moderne Zimmer mit guten Betten, ausgezeichneten Bädern und Satelliten-TV. Auf dem Dach gibt's eine Bar und einen Essbereich (Abendessen 300 Dh). Auf der Terrasse ganz oben kann man in einem Whirlpool (80 Dh/Std.) relaxen und in einem besonderen Raum im Erdgeschoss kann man sich massieren lassen (350 Dh/Std.). Der Hotelmanager Oussama ist ein wahrer Schatz.

Essen & Ausgehen

El Jadida mangelt es an ordentlichen Restaurants und Cafés. Wer relativ preiswert essen will, sollte sich einen Platz in einem der beliebten Bratfischrestaurants in der Ave de Suez gegenüber vom Hafen suchen. In allen diesen Restaurants bekommt man gebratenen Fisch, Salat und Brot für ca. 70 Dh.

Die Stadt hat auch ein paar schäbige Bars zu bieten, die aber für Frauen absolut tabu

ABSTECHER

DIE MONOLITHEN VON M'SOURA

Traveller können von Asilah aus eine interessante Halbtagestour zu den geheimnisumwitterten Monolithen von M'Soura unternehmen. An dieser prähistorischen Stätte ist ein großer Steinkreis (eigentlich eine Ellipse) mit etwa 175 Steinen zu sehen. Ursprünglich soll er einen Grabhügel umgeben haben. Viele Steine sind umgefallen oder zerbrochen, aber der Kreis ist nach wie vor beeindruckend. Seine mysteriöse Aura wird durch den Verfall noch verstärkt. Der höchste Stein ist 5,50 m hoch und wird *el-uted* (der Zeiger) genannt.

Der Steinkreis liegt 25 km (entlang der Straße) südöstlich von Asilah. Wer dorthin will, sollte ein robustes Fahrzeug haben. Zuerst geht's in das Dorf Souk Tnine de Sidi el-Yamani unweit der R 417, die von der Hauptstraße Tanger–Rabat nach Osten abzweigt. Im Ort links halten; dann fährt man auf einer schlechten, nicht asphaltierten Straße 6 km nach Norden bis zum Steinkreis. Die Stätte ist nicht ganz leicht zu finden, deshalb sollte man im Dorf nach dem Weg fragen oder einen Führer anheuern. Ein anderer schöner Ausflug von Asilah aus ist ein Besuch auf dem quirligen Sonntagsmarkt im Dorf **Had Gharbia** etwa 16 km nördlich der Stadt, ganz in der Nähe der Straße Richtung Tanger.

BUSSE AB EL JADIDA

ZIEL	UNTERNEHMEN	PREIS (DH)	DAUER (STD.)	HÄUFIGKEIT
Casablanca	CTM	45	2	4-mal tgl.
Essaouira	CTM	110	4½	1-mal tgl.
Marrakesch	STCR	55	4	stündl.
Rabat	STCR	50	4	12-mal tgl.
Safi	CTM	60	2½	6-mal tgl.

sind. Im Sommer verwandeln sich spät abends einige der Fischlokale mit Alkohollizenz gegenüber vom Strand und in Sidi Bouzid in Clubs, in denen sich dann ein bunt gemischtes Publikum trifft.

Café do Mar CAFÉ €
(Karte S. 214; Rue Mohammed Achchemi Bahbai, Cité Portugaise; *galettes* 30–70 Dh, Crêpes 20–35 Dh; ⏲11–19 Uhr) Das schicke Café gegenüber der Porte de la Mer hat Sitzplätze im Innenraum und auf der Dachterrasse mit schönem Blick über die Mauern der Wallanlage. Es ist ein ausgezeichnetes Plätzchen für eine Tasse Tee oder Kaffee und einen leichten Snack wie z. B. *galettes* (pikante Pfannkuchen) oder Crêpes. Es werden auch frisch gepresste Säfte, Smoothies und Eiscreme angeboten.

Restaurant La Portugaise MAROKKANISCH €
(Karte S. 214; Rue Mohammed Achchemi Bahbai; Hauptgerichte 48 Dh; ⏲12–15 & 19–23 Uhr) Auf der Speisekarte dieses Touristenrestaurants innen an den Altstadtmauern mit seinen rotkarierten Tischdecken stehen einfache marokkanische Gerichte. Kein Alkohol.

Restaurant Tchikito SEAFOOD €
(Karte S. 214; 4 Rue Mohammed Smiha; gemischte Fischplatte 50 Dh; ⏲Mo–Sa 11–16 Uhr) Das winzige Lokal ist beliebt für seinen köstlichen gebratenen Fisch mit scharfer Sauce zu günstigen Preisen.

Le Requin Bleu SEAFOOD €€
(☎0523 34 80 67; www.requinbleu.com; Hauptgerichte 85–135 Dh; ⏲12–15 & 19–23 Uhr) Le Requin Bleu mit Blick auf den Strand von Sidi Bouzid (5 km südwestlich von El Jadida) serviert ausgezeichneten Fisch. Im Sommer wird aus dem Restaurant nach der Essenszeit ein Nachtclub.

Restaurant du Port SEAFOOD €€
(Karte S. 214; ☎0523 34 25 79; Port du Jadida; Hauptgerichte 90–130 Dh; ⏲tgl. 12–15, Mo–Sa 19–22 Uhr) Dieses Restaurant am Hafen serviert im Obergeschoss Fisch und Meeresfrüchte. Es ist eines der wenigen Lokale mit Alkohollizenz, sodass die kleine Bar im Hauptspeisesaal auch ein paar zwielichtige Typen anlockt. Für Frauen, die allein unterwegs sind, ist das hier nicht wirklich empfehlenswert.

ℹ Praktische Informationen

In den Straßen rund um die Place Mohammed V gibt's zahlreiche Banken mit Geldautomaten.

Hauptpost (Place Mohammed V; ⏲Mo–Fr 8.30–16.30 Uhr)

Polizei (Ave Mohammed VI)

ℹ An- & Weiterreise

Bus Der **Busbahnhof** (Ave Mohammed V) ist zehn Gehminuten von der Medina und der *cité* entfernt.

Taxi *Grands taxis* nach Azemmour (10 Dh, 15 Min.) und Casablanca (35 Dh, 1 Std.) fahren in der Ave Mohammed V in der Nähe des Busbahnhofs ab.

Zug El Jadidas Bahnhof liegt 4 km südlich der Stadt. Von und nach Casablancas Bahnhof Casa Voyagers fahren täglich acht Züge (1./2. Klasse 53/37 Dh, 80 Min.). Ein *petit taxi* ins Zentrum kostet zwischen 15 und 20 Dh.

Bus 2 fährt von der Place Mohammed Ben Abdallah in der Nähe der *cité* nach Sidi Bouzid (4 Dh).

Azemmour أزمور

40 865 EW.

Azemmour hat über die Jahrzehnte viele marokkanische Künstler inspiriert, von denen sich einige sogar auf Dauer hier niedergelassen haben. Obwohl die Atmosphäre stark an den kosmopolitischen Kunstmarkt in Casablanca erinnert, ist das Leben in Azemmour noch immer traditionell geprägt, und der Ort mit seiner allmählich zerfallenden Medina aus dem 16. Jh. bietet viel künstlerische Inspiration. Vor dem Hintergrund aus Feldern quetschen sich die Altstadtmauern zwischen den Fluss Oud Er-Rbia (Mutter des Frühlings) und das Meer.

Die Portugiesen errichteten den Ort 1513 als einen von mehreren Handelsposten entlang der Küste. Als berühmtester Einwohner gilt der maurische Sklave Estevanico. Er war einer der ersten vier Abenteurer, die ganz Nordamerika von Florida bis zum Pazifik durchquerten.

Sehenswertes

Medina von Azemmour STADTVIERTEL

Azemmours Medina mit ihren ockerfarbenen Mauern, die ein Gewirr von schmalen, verwinkelten Gassen mit weiß getünchten Häusern und winzigen Geschäften umgeben, wurde noch nicht der Restaurierung unterzogen, durch die andere marokkanische Medinas belebt (oder heimgesucht?) wurden. Die am Ufer des Er-Rbia im 16. Jh. gegründete Medina weist noch Spuren ihres portugiesischen Erbes auf – vor allem kunstvoll verzierte Türeingänge. Die Bewohner sind seit Langem künstlerisch und kunsthandwerklich tätig – hier kann man Kunsthandwerkern bei der Arbeit an altmodischen Webstühlen über die Schulter schauen und große Wandgemälde an bröckeligen Mauern bewundern.

Beim Spaziergang durch die Medina gewinnt man einen authentischen Eindruck vom Leben der Arbeiterklasse im modernen Marokko. Man betritt die Medina durch das große Tor mit dem ungewöhnlichen, halbkreisförmigen Bogen. Von hier aus kann man die Befestigungsmauern erklimmen. Wer den Mauern folgt, stößt auf das Dar el Baroud (Pulverhaus). Von dem portugiesischen Munitionslager steht allerdings nur noch der Turm. Nördlich der Medina befindet sich die *mellah* mit einer noch vorhandenen, blau-weiß gestrichenen Synagoge. Geht man noch etwas weiter, kommt man in den Genuss eines wunderschönen Blicks über den Fluss.

Schlafen & Essen

Am Ufer des Oud Er-Rbia unterhalb der Medina gibt's ein paar Terrassen-Cafés.

Dar Nadia B&B€

(☎ 0661 31 62 42; 3 Rue Souika El Malah, Medina; Zi. inkl. Frühstück 370 Dh; Wi-Fi) Nadias Unterkunft ist ein traditionelles, liebevoll restauriertes *dar* (Häuschen) im Herzen der Medina mit hübsch dekorierten Zimmern mit Bad.

★ L'Oum Errebia BOUTIQUEHOTEL €€€

(☎ 0523 34 70 71; www.azemmour-hotel.com; 25 Impasse Chtouka, Medina; EZ/DZ/FZ inkl. Frühstück 600/800/1600 Dh, EZ/DZ mit Flussblick 900/1200 Dh; Wi-Fi, Pool) Dieses B&B mit Blick auf den Fluss befindet sich in französischer Hand und ist ein Musterbeispiel für hiesige Kunst, Antiquitäten und Kunsthandwerk. Hier vermischt sich traditionell marokkanischer Stil mit zeitgenössischem Schick. Jedes der neun Zimmer bietet aufwendig geflieste Duschen und traditionelle *tadelakt*-(Gips)-Böden und -Wände. Zwei der Zimmer bieten Blick auf den Fluss. Die Lounge mit offenem Kamin, die Dachterrasse und der kleine Pool eignen sich wunderbar zum Relaxen.

Die Mahlzeiten (250 Dh) werden am großen Gemeinschaftstisch im Speiseraum eingenommen. Im hoteleigenen Hamam werden für 200 Dh *gommage* und für 250 Dh pro Stunde Massagen angeboten.

Praktische Informationen

In der Hauptstraße Ave Allal Ben Abdallah gibt's mehrere Banken mit Geldautomaten.

An- & Weiterreise

Die Stadt liegt an der Schnellstraße Casablanca–El Jadida (N1) und an der Küstenstraße.

Es halten täglich neun Züge am Bahnhof Azemmour Halte, der 2 km vom Zentrum entfernt ist. Sie fahren nach El Jadida (1./2. Klasse 27/16 Dh, 17 Min.) und nach Casablanca (1./2. Klasse 46/33 Dh, 80 Min.).

Grands taxis/Busse (10/4 Dh) fahren nach El Jadida.

Oualidia الوالدية

Der reizende Ferienort Oualidia (Walidiya) liegt an einer herrlichen halbmondförmigen Lagune mit goldenen Sandstränden, die durch vorgelagerte Felsen vor den donnernden Wellen geschützt sind. Mit seiner guten Auswahl an Unterkünften und hervorragenden Fischrestaurants (die Stadt ist besonders für ihre Austern berühmt) ist es ein beliebtes Wochenend- und Sommerurlaubsziel für die Bewohner Marrakeschs und Casablancas. Und natürlich auch für all diejenigen, die nach den nervigen *faux guides* in Marrakeschs Medina dringend etwas Ruhe benötigen.

Außerhalb der Saison geht es hier ruhig zu, denn dann beschränken sich die Aktivitäten auf Relaxen, Surfen und den Genuss von Schalentieren. Im Frühjahr und Herbst kommen viele Vogelliebhaber hierher, um rosafarbene Flamingos, Säbelschnäbler, Stelzenläufer, Pfuhlschnepfen, Störche, Wat-

VOGELBEOBACHTUNG AN DER ATLANTIKKÜSTE

Die Atlantikküste zieht Hunderte von Zugvögelspezies an und ist bei Vogelliebhabern aus der ganzen Welt als erstklassige Region bekannt, um Vögel zu beobachten. Die wilde, stürmische Küste ist übersät von Marschland, Salzbecken und Lagunen, die Vögeln auf ihrer Reise zwischen Europa und Afrika im Frühjahr und Herbst ausreichend Schutz und viel Nahrung bieten.

Der Merja-Zerga-Nationalpark (S. 202) in der Nähe von Moulay-Bousselham nördlich von Rabat ist ebenso für seine Vogelwelt bekannt wie die Lagunen in Oualidia (S. 217) und **Sidi Moussa** südlich von Casablanca. Zu den regelmäßig hier gesichteten Spezies gehören Reiher, Flamingos, Ibisse, Kapohreulen, Löffler, Regenpfeifer, Dünnschnabel- und Korallenmöwen, Kasarkas, Krickenten, Seeschwalben, Rohrweihen, Säbelschnäbler, Stelzenläufer, Pfuhlschnepfen, Störche und Wanderfalken. An den Riffen sind oft Sturmtaucher zu sehen.

vögel, Seeschwalben, Reiher und Waldsänger in der Lagune und dem umliegenden Küstenfeuchtgebiet zu beobachten.

Die meisten Hotels und Restaurants liegen an der Zufahrtsstraße zur Stadt oder unten in der Nähe des Strandes, 1 km vom Kreisverkehr in der Ave Hassan II in der Oberstadt entfernt. In der Ave Hassan II gibt's eine Bank, eine Post und Lebensmittelläden.

Sehenswertes & Aktivitäten

Oualidia ist nach Sultan el-Oualid benannt, der die heute romantisch vor sich hin bröckelnde Kasbah 1634 auf dem Felsen über der Lagune errichten ließ. Zudem zog es den marokkanischen Hochadel hierher: So diente z. B. die prächtige Villa am Meer als Sommerpalast Mohammeds V. Sie wird heute nur noch selten genutzt.

Die sichere, ruhige Lagune eignet sich wunderbar zum **Schwimmen**, **Segeln** und **Angeln**, während man rund um den Hafendamm **windsurfen** und **surfen** kann.

Samstags kommen die Bewohner der umliegenden Dörfer in die Stadt, um auf dem traditionellen Markt ihre Waren zu verkaufen.

Dream Surf Oualidia WASSERSPORT
(☎0661 81 78 17; www.dreamsurfoualidia.com; Oualidia Plage; ⊙April–Mitte Nov.) Verleih von Surfbrettern (200 Dh/2 Std.), Bodyboards (150 Dh/2 Std.), Kiteboards (700 Dh/2 Std.) und Paddelbrettern (300 Dh/2 Std.). Hier bekommt man auch Kajaks, Quads und Motorroller.

Schlafen

In Strandnähe gibt es zahlreiche Unterkünfte, in der Oberstadt jedoch nur wenige. Die Unterkünfte am Meer sind verständlicherweise recht beliebt und sollten rechtzeitig gebucht werden, vor allem im Hochsommer.

Hotel Restaurant Thalassa HOTEL €
(Zi. 150–200 Dh) Schlichtes, preiswertes Hotel in der Oberstadt in der Nähe des Kreisverkehrs auf der Hauptstraße. Die Zimmer sind relativ sauber, die nach vorne aber laut.

Dar Beldi B&B €€
(☎0523 36 62 88; www.darbeldi.free.fr; Douar Moulay Abdessalam; EZ/DZ inkl. Frühstück 650/750 Dh; ❄📶) Der Eingang in dieses versteckt gelegene B&B liegt inmitten von Autowerkstätten. Das Dar Beldi ist weder leicht zu finden, noch besonders einladend. Aber Hartnäckigkeit zahlt sich aus, denn hinter den hohen Mauern befindet sich ein üppig grüner Garten mit fünf sauberen und schön ausgestatteten Gästezimmern drumherum. Die französischen Besitzer Pierre-Yves und Guy sind stets bester Laune und zuvorkommend. Sie organisieren mit Freuden Transportmittel und Aktivitäten.

Hôtel-Restaurant L'Initiale B&B €€
(☎0523 36 62 46; initialhotel@gmail.com; Oualidia Plage; EZ/DZ/3BZ inkl. Frühstück 450/500/600 Dh; ❄📶) Hauptsächlich Touristenrestaurant (Pizzas 55–60 Dh, Pasta 60–140 Dh). Das moderne Hotel am *plage* mit Innenräumen in warmen Orangetönen bietet sechs gemütliche Zimmer mit winzigen Balkonen. Der Lärm aus dem Restaurant kann ein Problem sein.

★**La Sultana** HOTEL €€€
(☎0524 38 80 08; www.lasultanahotels.com/oualidia; Parc à Huîtres No 3; Zi. 4400–9100 Dh; ⊙Jan. geschl.; P ❄ @ 📶 🐾) Jede der elf großen Suiten dieses luxuriösen Wellness-Hotels hat einen eigenen Whirlpool und eine Terrasse mit Blick auf die Lagune. Hier verbringen die Gäste die meiste Zeit faul am spektakulären Infinity Pool oder sie lassen sich in dem luxuriösen Spa verwöhnen, ge-

nießen Meeresfrüchte im Terrassenrestaurant (s. unten) oder schlürfen Sundowner auf dem Steg. Das üppige Frühstück kostet 180 Dh.

L'Hippocampe HOTEL €€€
(☎0523 36 61 08; hotelhippocampe@hotmail.com; Rte du Palais; Zi. 1200–1500 Dh, Suite 2600 Dh, alle inkl. Frühstück; P❄📶🏊🐾) Seltsamerweise sind die schmucken Standard- und Komfortzimmer in dieser altmodischen Unterkunft die beste Wahl. Die Suiten sind muffig und hässlich eingerichtet. Die Hauptanziehungspunkte sind der Garten voller Blumen und die wahrhaft grandiose Terrasse mit Blick über die Lagune. Es gibt eine Bar, ein ausgezeichnetes Restaurant (Hauptgerichte 80–210 Dh), einen großen, von Rasen umgebenen Pool und Zugang zu einem kleinen Privatstrand.

Essen & Ausgehen

Preiswerte Lokale findet man in der Ave Hassan II in der Oberstadt.

Das Hotel L'Hippocampe (s. oben) hat eine nette Lounge-Bar und das La Sultana (S. 218) eine absolut spektakuläre Bar auf einem Steg.

L'Araignée Gourmande SEAFOOD €€
(☎0523 36 64 47; www.araignee-gourmande.com; Oualidia Plage; 12 Austern 130 Dh, Bratfisch 100 Dh; ⏲12–23 Uhr) Das bekannteste Restaurant der Stadt ist seit ein paar Jahren vom Glück verlassen – Service und Essen sind eindeutig schlechter geworden. Es ist aber noch immer eine ordentliche Wahl, wenn man einfache Gerichte bestellt. Kein Alkoholausschank. Das dazugehörige Hotel ist nicht empfehlenswert.

La Sultana HOTEL €€€
(☎0524 38 80 08; www.lasultanahotels.com/oualidia; Parc à Huîtres No 3; Meeresfrüchteplatte 220–1000 Dh; ⏲8–22 Uhr; 📶) Auch wer nicht in diesem Luxushotel (S. 218) übernachten kann, sollte ein genüssliches Mittagessen auf der Terrasse dieses Restaurants am Rand der Lagune in Betracht ziehen. Spezialität sind hier frische Meeresfrüchte, die in High-Tech-Becken gehalten werden und direkt aus dem Becken auf den Tisch kommen. Die Austern, Muscheln, Seeigel und Seespinnen schmecken köstlich. Auch die Weinkarte kann sich sehen lassen.

Ostréa II SEAFOOD €€€
(☎0523 36 64 51; www.ostrea.ma; Parc à Huîtres; 12 Austern 180–280 Dh; ⏲11–22 Uhr) Oualidia ist für seine Austernbänke bekannt. Hier werden jährlich etwa 200 t Austern gezogen. Dieses zu einer Austernfarm gehörende Restaurant ist ein toller Ort, um ein paar dieser Muscheln zu schlürfen. Es gibt sie in drei Qualitätsstufen, wobei der Unterschied in der Größe liegt. Sie werden gegrillt mit Mandeln und au naturel angeboten. Paella und Bratfisch gibt's ebenfalls.

Die gut ausgeschilderte Zufahrtstraße zum Restaurant liegt abseits der Hauptschnellstraße am Ortseingang. Vom Kreisverkehr in der Oberstadt läuft man 15 Minuten bis zum Restaurant.

An- & Weiterreise

Grands taxis versammeln sich auf der Ave Hassan II in der Nähe des **Hotel Restaurant Thalassa** (S. 218), sie fahren nach Casablanca (90 Dh, 2½ Std.), El Jadida (50 Dh, 40 Min.) und Safi (50 Dh, 45 Min.). Die Fahrt nach Marrakesch in einem *taxi complet* (*grand taxi* als Privattaxi) kostet 800 Dh. Von der Hauptstraße ist es ein 10-minütiger Marsch hinunter zur Lagune und zum Strand. *Grands taxis* verlangen ein Extra-Trinkgeld, wenn sie ihre Fahrgäste dort unten absetzen.

Safi آسفي

308 175 EW.

Als industrielles Zentrum und geschäftiger Hafen ist Safi deutlich weniger schmuck als seine Nachbarn an der Küste. Dafür können Besucher prima Einblicke in den Alltag einer marokkanischen Stadt gewinnen. Auf dem Weg nach bzw. von Essaouira legen hier viele Touristen einen Zwischenstopp ein, um die riesige Keramikfabrik zu besuchen. Diese produziert strahlend bunte Tonwaren.

Mit ihren von Bäumen gesäumten Boulevards und den weiß getünchten Villen ist schon die Neustadt ganz hübsch. Die Gassen in der befestigten Medina sind aber noch atmosphärischer und bestens für einen Spaziergang geeignet. Häufig hat man die Sehenswürdigkeiten ganz für sich allein.

Geschichte

Safis natürlicher Hafen war bereits den Phöniziern und Römern bekannt. Im 11. Jh. wurde der Ort zu einem bedeutenden Anlaufpunkt für den Handel zwischen Marrakesch und Guinea. Auf dieser Route hat man einst Gold, Sklaven und Elfenbein quer durch die Sahara geschafft. Im 14. Jh. entwickelte sich Safi zu einem wichtigen Religions- und Kulturzentrum, nachdem die

Safi

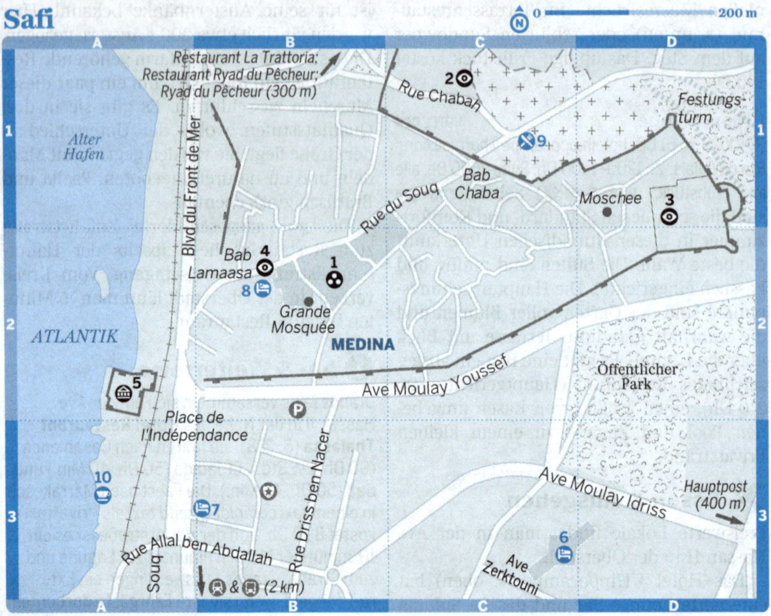

Safi

Sehenswertes
- 1 Cathédrale Portugaise B2
- 2 Colline des Potiers C1
- 3 Kechla D1
- 4 Medina B2
- 5 Qasr al-Bahr A2

Schlafen
- 6 Golden Tulip Farah C3
- 7 Riad Asfi B3
- 8 Riad le Cheval Blanc B2

Essen
- 9 Café Restaurant Du Potier C1

Ausgehen & Nachtleben
- 10 Espace Jalal Essafina A3

Shoppen
- Poterie Serghini .... (siehe 9)

Meriniden dort ein *ribat* errichtet hatten. Von 1508 bis 1541 fiel die Stadt kurzzeitig an die Portugiesen, die das gigantische Bollwerk Qasr al-Bahr errichteten und den gesamten Ort erweiterten. Allerdings zerstörten sie die meisten Gebäude wieder, als die Saadier Safi zurückeroberten.

Im 16. Jh. kam die Stadt zu Reichtum, als Kupfer- und Zuckerhandel Kaufleute und Mittelsmänner aus Europa anzogen. Mit dem Wiederaufbau von Essaouiras Hafen im 18. Jh. geriet Safi jedoch weitgehend in Vergessenheit.

Ihr Comeback feierte die Stadt im 20. Jh. Sie erhielt eine größere Fischereiflotte und riesige Sardinenfabriken, um den jährlichen Fang von 30 000 t verarbeiten zu können. Als auch noch ein großes Phosphatwerk im Süden hinzukam, wuchs Safi mit rasender Geschwindigkeit und gehört heute zu Marokkos größten Häfen.

Sehenswertes

Medina

MEDINA

(Karte s. oben) Die von Mauern umgebene mittelalterliche Medina von Safi wird durch die Hauptstraße, die Rue du Souq, in zwei Teile geteilt. Sie verläuft in nordöstlicher Richtung vom Bab Lamaasa zum Bab Chaaba und ist von Läden gesäumt. Am südlichen Ende der Straße, unten an einem kurvigen Gässchen befinden sich die Reste der Cathédrale Portugaise aus dem 16. Jh. Die **Kechla**, ein weiteres von den Portugiesen errichtetes Gebäude, steht in der Südostecke der Medina. Rund um das Bab Chaaba verkaufen unzählige Geschäfte und

Straßenhändler die berühmten Keramikartikel.

➡ **Cathédrale Portugaise** RUINEN

(Karte S. 220); Medina; Erw./Kind unter 12 Jahren 10/3 Dh) Gegenüber vom Eingang der Grande Mosquée und von der Rue du Souq deutlich ausgeschildert befinden sich die Ruinen der im manuelischen Stil (portugiesische Spätgotik) 1519 errichteten Kathedrale. Sie wurde nie fertiggestellt und ein Großteil des Gebäudes wurde nach dem Abzug der Portugiesen abgerissen. Geblieben sind nur Teile des Chors und eine Nebenkapelle.

Colline des Potiers WAHRZEICHEN

(Karte S. 220; Töpferhügel; Bab Chaaba) Die irdenen Brennöfen und Schornsteine des Hügels werden nach wie vor auf traditionelle Weise genutzt. Man kann sie gut vom Bab Chaaba am Rand der Medina aus sehen. Besucher können dort die Kooperativen abklappern und den Töpfern bei der Arbeit zusehen. Wer zu Letzteren eingeladen wird, sollte zumindest ein kleines Trinkgeld bereithalten oder ihnen ein bis zwei Gegenstände abkaufen.

Qasr al-Bahr HISTORISCHES GEBÄUDE

(Karte S. 220; Burg am Meer; 10 Dh) Die Ruinen von Safis einst beeindruckender Burg befinden sich in der Nähe des donnernden Atlantiks. Ursprünglich sollte sie die portugiesische Herrschaft stärken und dem städtischen Gouverneur als Residenz sowie dem Schutz des Hafens dienen. Im Unterschoss des **Turms** waren die Häftlinge untergebracht, bevor sie hingerichtet oder als Sklaven verkauft wurden. Die Burg befindet sich in einem beängstigenden Zustand des Zerfalls und ist bis zur seit Langem überfälligen Restaurierung für Besucher geschlossen.

Schlafen

Es gibt in Safi ein paar ordentliche Mittelklassehotels, von den Budgetunterkünften sind nur wenige sauber oder komfortabel.

Riad le Cheval Blanc B&B €€

(Karte S. 220; ☎ 0524 46 45 27; www.riad-cheval-blanc.com; 26 Derb El Kaouss, Bab Sidi Boudhab; EZ/DZ/3BZ 490/530/735 Dh; ❄ 📶) Das mehrstöckige traditionelle *dar* versteckt sind in der Medina in der Nähe des Bab Lamassa. Dieses B&B bietet mehr Charme als Komfort, ist aber aufgrund der angemessenen Preise, des hilfsbereiten Personals, der Dachterrasse mit Rundumblick, der mit viel Kunsthandwerk dekorierten Innenräume und der blitzeblanken Bäder dennoch sehr empfehlenswert. Ein großer Nachteil sind die klumpigen, kurzen Betten.

Ryad du Pêcheur HOTEL €€

(☎ 0524 61 02 91; www.ryaddupecheur.com; 1 Rue des Crêtes; EZ 500 Dh, DZ 550–700 Dh, FZ 700–1100 Dh; P ❄ 📶) Der Inhaber dieses Hotels stammt aus einer bekannten Töpferfamilie, weshalb jede zur Verfügung stehende Fläche mit farbenfrohen Fliesen geschmückt ist. Die Doppelzimmer und die großen Familiensuiten sind rund um das Restaurant im Hof angeordnet. Alle Zimmer sind sauber, aber das Dekor ist vielleicht nicht jedermanns Geschmack. Pluspunkte sind u. a. das Restaurant (S. 222), der Hamam und die Dachterrasse mit einem tollen Blick über die Werften.

Golden Tulip Farah HOTEL €€

(Karte S. 220; ☎ 0524 46 42 99; www.goldentulipfarahsafi.com; Ave Zerktouni; EZ/DZ inkl. Frühstück 690/980 Dh; P ❄ 📶 🏊) In diesem Businesshotel in einer ruhigen, grünen Wohngegend hoch oben über der Medina schläft man mit Sicherheit gut. Die großen, gemütlichen Zimmer sind in schlichten Beigetönen gehalten. Zu den Annehmlichkeiten gehören ein Pool im Freien, zwei Restaurants (ein italienisches und ein internationales), zwei Bars, ein Fitnessraum und ein Spa mit Hamam (*gommage* 90 Dh, Massage 250 Dh).

Riad Asfi HOTEL €€

(Karte S. 220; ☎ 0524 46 46 95; www.hotelriadasfi.com; 11 Place de l'Indépendance; EZ 350 Dh, DZ 450–500 Dh, alle inkl. Frühstück; 📶) Der Name verspricht mehr als das Haus hält, denn diese Unterkunft gegenüber der Qasr al-Bahr ist eher ein extrem hässliches Businesshotel als ein umgebautes traditionelles Haus. Die Zimmer sind sauber und recht behaglich. Die nach hinten raus sind allerdings nicht empfehlenswert, denn in sie kommt kein Tageslicht. Man sollte sich ein Zimmer nach vorn mit Balkon nehmen. Das Restaurant im 5. OG bietet einen sensationellen Blick.

Essen & Ausgehen

In Safi ein ordentliches Restaurant zu finden, ist eine Herausforderung. Im Folgenden sind nur die empfehlenswerten genannt. Statt sich für ein Essen in einem Restaurant zu entscheiden, ziehen es viele Besucher vor, es den Einheimischen gleichzutun und in einer der klapprigen, wenig hygienischen Buden an den Klippen unweit der Qasr al-Bahr gegrillte Sardinen (eine hiesige Spezialität) zu essen.

Wer Lust auf Alkoholisches hat, muss im Restaurant La Trattoria (s. unten) zu Abend essen oder eine der Bars oder eines der Restaurants im Golden Tulip Farah (S. 221) besuchen.

Café Restaurant Du Potier MAROKKANISCH €

(Karte S. 220; 4 Rue des Forgeronts, Bab Chaaba; Tajines 50–60 Dh, frisch gepresste Säfte 15–20 Dh; ⏲11–22 Uhr) In dem reizenden Café in einem Hof unweit der Colline des Potiers kann man neben einem gefliesten Springbrunnen unter einem Orangen- und Feigenbaum einfache marokkanische Gerichte, ein Glas Pfefferminztee oder einen frisch gepressten Saft genießen. Das Lokal mit dem angeschlossenen Keramikladen (s. rechte Spalte) gehört der Töpferfamilie Serghini. Es ist ein netter Ort, an dem man gut und gern etwas verweilen kann.

Restaurant Ryad du Pêcheur MAROKKANISCH €€

(☎0524 61 02 91; www.ryaddupecheur.com; 1 Rue des Crêtes; Pasta 50–80 Dh, Hauptgerichte 70–135 Dh; ⏲7–11.30, 12–18 & 19–23 Uhr; WLAN) Das Restaurant gegenüber vom Hafen ist in den wärmeren Monaten ein schönes Plätzchen. Hier werden in einem begrünten Hof einfache Pastagerichte, Tajines und gebratener Fisch serviert. Kein Alkoholausschank.

Restaurant La Trattoria ITALIENISCH €€

(☎0699 04 40 63; www.restaurant-latrattoria.com; 2 Rue l'Aouinate; Pizzas 50–70 Dh, Pasta 60–70 Dh, Hauptgerichte 100–150 Dh; ⏲12.30–15 & 19.30–22 Uhr) Jedes italienische Restaurant, das geriebenen Mozzarella aus dem Supermarkt für Parmesankäse ausgibt, sollte sich schämen – und das gilt besonders für dieses Lokal. Statt Pasta oder Hauptgericht sollte man besser eine mittelmäßige Pizza bestellen. Hier gibt's Alkohol – was gut ist – lockt aber alkoholisierte Geschäftsleute an – was schlecht ist. Das Lokal befindet sich am Blvd du Front de Mer, 400 m nördlich der Medina.

Espace Jalal Essafina CAFÉ

(⏲10–23 Uhr) Die Lage dieses Eiscafés an der Promenade auf den Klippen ist grandios. Von der riesigen Terrasse hat man einen wunderbaren Blick aufs Meer. Zum äußerst akzeptablen Espresso genießen die Einheimischen Crêpes (15–18 Dh) oder einen Eisbecher (10–30 Dh).

INSIDERWISSEN

SCHALENTIERE AM STRAND

Am Spätnachmittag sollte man sich auf den Weg zur Plaza neben dem Campingplatz oder an die Strandpromenade machen und frische Meeresfrüchte kaufen, die von den Fischern direkt aus den Kisten auf den Gepäckträgern ihrer Motorräder angeboten werden. Austern, Muscheln, Scheidenmuscheln und Seeigel werden so schnell geöffnet wie man sie kaum verputzen kann und mit einem Spritzer Zitrone für ca. 5 Dh pro Muschel serviert. Himmlisch.

Shoppen

Safi ist für seine Töpferwaren bekannt. Hier findet man grandiose Tonwaren (aber auch geschmacklosen Touristenramsch). Wer sich einen Eindruck vom Angebot verschaffen will, sollte auf den Colline des Potiers (S. 221) gehen.

★ Poterie Serghini KERAMIK

(Karte S. 220; ☎0661 34 69 10; www.poterieserghini.com; 4 Rue des Forgeronts, Bab Chaaba; ⏲10–19 Uhr) In diesem riesigen Laden mit Galerie in der Nähe des Bab Chaaba werden die berühmten Keramiken ausgestellt, für die die Stadt bekannt ist. Der englisch sprechende Inhaber Mehdi Serghini gehört zur siebten Generation einer berühmten Töpferfamilie und freut sich immer, wenn er Besuchern seine persönliche Keramiksammlung zeigen kann. Die verkäuflichen Keramikartikel sind preisgünstig und von hoher Qualität.

Praktische Informationen

Rund um die Place de l'Indépendance und die Place Driss ben Nacer gibt's viele Banken und Geldautomaten.

Unter www.safi-ville.com, der offiziellen Website von Safi, stehen ein paar Infos für Touristen.

Hauptpost (Ave Sidi Mohammed Ben Abdallah; ⏲Mo–Fr 8.30–16.30 Uhr)

An- & Weiterreise

Bus Der **Busbahnhof** (Ave Président Kennedy) liegt ziemlich weit südlich des Zentrums. Die meisten CTM-Busse, die in Safi halten, kommen aus anderen Orten, sodass man sich seine Fahrkarte im Voraus besorgen sollte. Zu den Zielen gehören Agadir (115 Dh, 6 Std., 3-mal tgl.), Casablanca (100 Dh, 4¾ Std., 8-mal tgl.), El Jadida (60 Dh, 2¾ Std., 6-mal tgl.) und Essaouira (55 Dh, 2 Std., 4-mal tgl.).

Taxi *Grands taxis* fahren u. a. nach Marrakesch (100 Dh, 2½ Std.) und Oualidia (50 Dh, 45 Min.). Sie starten am Parkplatz neben dem Busbahnhof.

Zug Am **Bahnhof** von Safi (Rue de R'bat) fahren täglich zwei Züge ab, einer um 5.50 Uhr und einer um 15.50 Uhr. Sie halten in Casablanca (1./2. Klasse 127/79 Dh, 4½ Std.), Rabat (203/116 Dh, 5¾ Std.) und Fès (308/195 Dh, 8¾ Std.), in Benguérir muss man umsteigen.

Unterwegs vor Ort

Ein *petit taxi* mit Taxameter entweder vom Busbahnhof oder Bahnhof ins Zentrum kostet ca. 10 Dh. Städtische Busse fahren nördlich der Place Driss ben Nacer ab.

Essaouira الصويرة

77 426 EW.

Ist es der Küstenwind – in der Berbersprache trägt er den schönen Namen *alizee* oder *taros* –, der dafür sorgt, dass Essaouira (*es-sa*-uiera oder arabisch ausgesprochen es-*su-iera*) seine traditionelle Kultur und seinen Charakter bewahren konnte? Fast das ganze Jahr über weht der Wind so stark, dass es unmöglich ist, am Strand zu relaxen. Und das bedeutet, dass die Touristenmassen im Sommer andere Orte an der Atlantikküste bevorzugen. Als „Windstadt Afrikas" lockt Essaouira zwischen April und November viele Surfer an. Die meisten Besucher kommen aber im Frühjahr und im Herbst. Sie bummeln durch die nach Gewürzen duftenden Gassen und die von Palmen gesäumten Alleen der befestigten Medina, durchstöbern die vielen Kunstgalerien und Geschäfte, relaxen in den besten Hotels des Landes und beobachten, wie in dem sehr stimmungsvollen Hafen Fischernetze geflickt und traditionelle Boote gebaut werden.

Essaouira liegt zwischen den Stammesterritorien der arabischen Chiadma (Norden) und der Haha-Berber (Süden). Außerdem wären da auch noch die Gnaoua, die ursprünglich aus südlicher gelegenen Gebieten Afrikas stammen. Zusammen mit ein paar Europäern ergibt sich so ein kunterbunter Kulturmix.

Während der Sommermonate wird der Ort von marokkanischen Touristen überrannt, die für überfüllte Strände und Unterkunftsengpässe sorgen. Im Winter heult der Wind am stärksten und lässt das Meer gegen die Stadtmauern donnern – dann kann man sich dem echten Essaouira am besten nähern.

INSIDERWISSEN

ESSAOUIRAS KUNSTSZENE

Das Licht und die Schönheit ziehen schon seit eh und je Künstler nach Essaouira, folglich hat die Stadt eine florierende Kunstszene zu bieten. Hier leben und arbeiten viele Künstler, ihre Werke verkaufen sie in mehreren Galerien. Viele dieser Künstler haben sich der naiven Malerei verschrieben – breite Pinselstriche, satte Farben und Gnaoua-Elemente. Ihre Werke werden in Galerien und Andenkenläden verkauft und können in der Medina sogar auf den Gehwegen bewundert werden.

Interessanter sind aber die hiesigen Künstler, die sich auf Kalligrafie spezialisiert haben. Einer von ihnen ist Mohammed Zouzaf, der komplexe schwarze Berberzeichen und -symbole auf Lammfell zeichnet. Erwähnenswert ist auch Mohammed Tifardine, ein international anerkannter Kalligraf, der elegante, farbenfrohe Werke mit arabischen Schriftzeichen fertigt. Beide Künstler verkaufen ihre Werke über die hiesige Galerie Espace Othello (S. 232).

Geschichte

Ein Großteil der heutigen Altstadt und der Befestigungsanlagen stammt aus dem 18. Jh. Essaouiras Geschichte begann jedoch schon lange Zeit zuvor mit den Phöniziern. Jahrhundertelang hatten Ausländer die Stadt fest im Griff. Obwohl sie schließlich von Marokkanern zurückerobert wurde, ist der fremdländische Einfluss immer noch überall zu sehen und zu spüren.

Sultan Sidi Mohammed ben Abdallah erkor Essaouira (damals bekannt als Mogador) 1764 zum Standort seiner Residenz. Von hier aus konnten seine Korsaren Angriffe gegen die rebellische Bevölkerung Agadirs starten. Er beauftragte den französischen Architekten Théodore Cornut, inmitten der Ödnis aus Sand und Wind eine brandneue Stadt anzulegen. Die Kombination aus marokkanischer und französischer Architektur gefiel dem Sultan so gut, dass er das Ganze auf den Namen Essaouira („gut geplant") taufte. Schnell entwickelte sich der Hafen zu einem lebenswichtigen Knotenpunkt für den Handel zwischen Timbuktu und Euro-

Essaouira

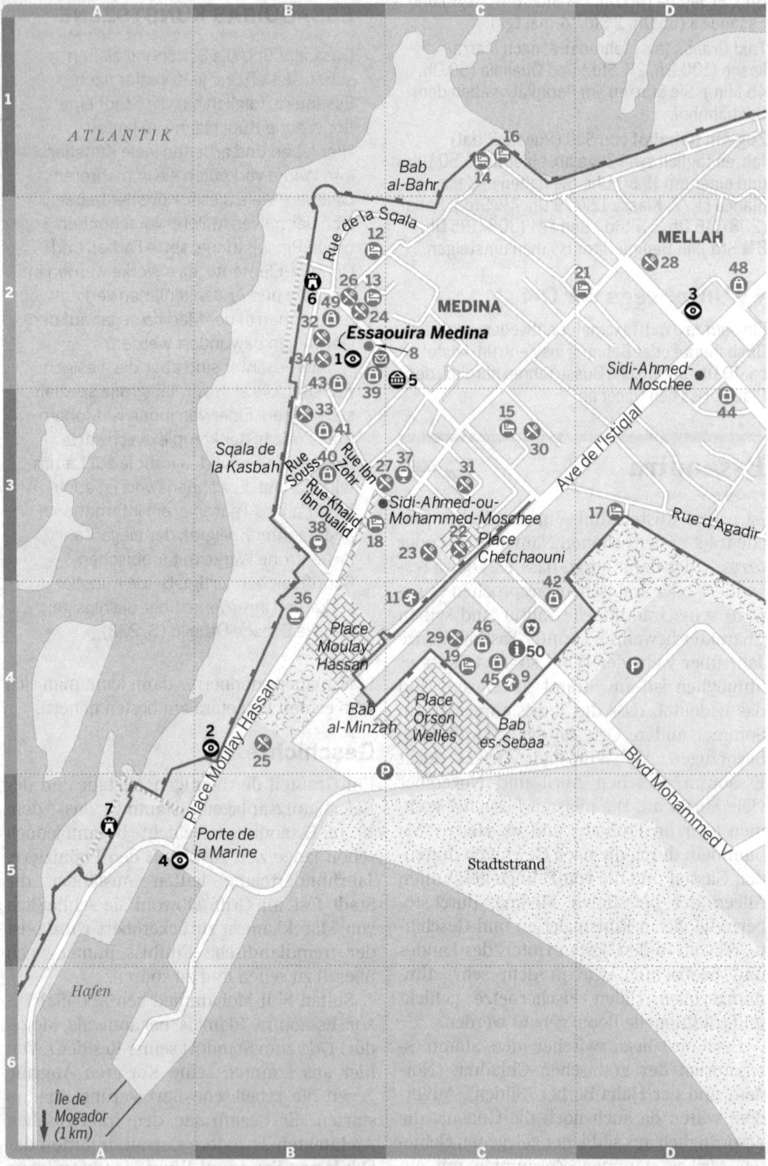

pa. Der Umschlag von Gold, Salz, Elfenbein und Straußenfedern wurde genauestens kontrolliert, dokumentiert und besteuert. Dafür war eine 2000 Mann starke Garnison von Reichssoldaten zuständig.

Zu Anfang der Protektoratszeit benannte Frankreich die Stadt in Mogador um und verlagerte den Handel nach Casablanca, Tanger und Agadir. Erst im Zuge der marokkanischen Unabhängigkeit 1956 erhielt der verschlafene Ort seinen alten Namen zurück. Seit Orson Welles hier *Othello* drehte und Essaouira zur Hippie-Hochburg wurde, zieht die Stadt Künstler, Surfer, Schriftsteller und

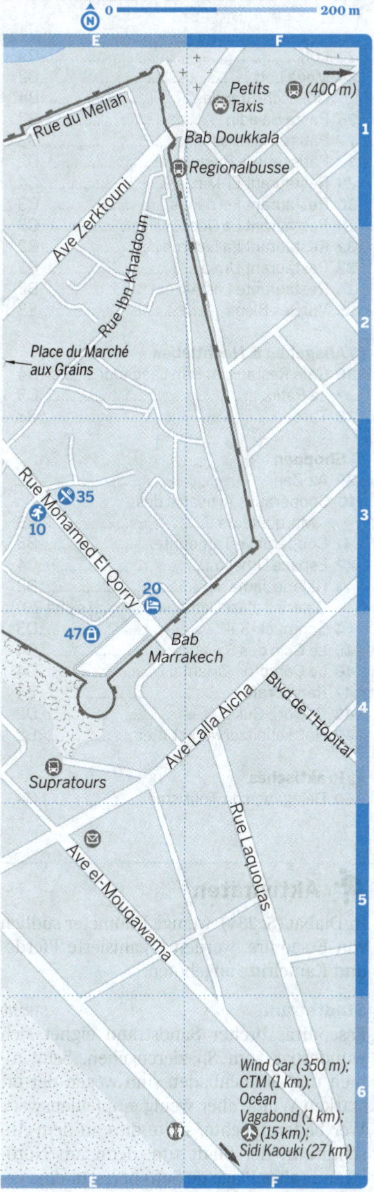

europäische Touristen an, die den Menschenmassen in Marrakesch entkommen wollen.

Sehenswertes

Was Sehenswürdigkeiten betrifft, hat Essaouira nicht viel zu bieten, es eignet sich aber wunderbar zum Bummeln. Medina, Suks, Stadtmauer, Hafen und Strand lassen sich prima bei einer gemächlichen Entdeckungstour erkunden und zwischendurch gibt's ein relaxtes Essen und eine ruhige Pfefferminztee Pause.

★ Medina von Essaouira — STADTVIERTEL

(Karte s. links) Essaouiras ummauerte Medina stammt aus dem späten 18. Jh. und wurde 2001 von der UNESCO als Weltkulturerbe anerkannt. Sie ist ein hervorragendes und gut erhaltenes Beispiel für die europäische Militärarchitektur in Nordafrika. Für Besucher ist die Medina mit ihren schmalen Gassen, Suks, Straßenverkäufern, grünen Plazas und weiß getünchten Häusern mit kunstvoll verzierten Türen ein wunderbarer Ort zum Bummeln. Die vom Atlantik umtosten Mauern der Medina erlangten durch die Anfangsszene in Orson Welles' 1951 gedrehtem Film *Othello* Berühmtheit.

➡ Sqala de la Ville — FESTUNG

(Karte s. links; Medina) Die zum Zeitpunkt der Recherche wegen Renovierung geschlossene Bastion gehört zu den Befestigungsmauern, die die Medina vor den tosenden Wellen des Atlantiks schützen. Der größte Holz-Suk der Stadt befindet sich in einer schmalen Gasse unterhalb.

➡ Sidi Mohammed Ben Abdellah Museum — MUSEUM

(Karte s. links; ☎ 0524 47 53 00; musee_amba_ess@gmail.com; Rue Laâlouj, Medina; Erw./Kind unter 12 Jahren 10/3 Dh; ⏲ Mi–Mo 8–17 Uhr) Das leicht verstaubte Museum in einem alten Riad beherbergt eine nicht besonders große Sammlung von Schmuck, Trachten, Stickereien, Holzschnitzereien und Waffen aus der Region. Besonders sehenswert ist die Sammlung von rituellen Gegenständen und Musikinstrumenten.

Hafen — HAFEN

(Karte s. links) Essaouiras Hafen ist groß, laut und stinkend, aber dennoch extrem stimmungsvoll. Hier kann man ein Durcheinander ein- und auslaufender Boote beobachten, zuschauen wie Netze geflickt, der Fang des Tages entladen und traditionelle Holzboote gebaut werden. Die hier von den Bootsbauern hergestellten Fischereiboote werden von Fischern an der ganzen marokkanischen Küste benutzt und sogar nach Frankreich geliefert, denn dank ihrer Machart sind sie besonders seetüchtig. Auch die **Fischauktion** in der Markthalle direkt vor den Toren des Hafens lohnt einen Besuch.

Essaouira

Highlights
1 Medina von Essaouira B2

Sehenswertes
2 Fischauktion B4
3 Fisch-Suk D2
4 Hafen A5
5 Sidi Mohammed Ben Abdellah Museum C2
6 Sqala de la Ville B2
7 Sqala du Port A5

Aktivitäten, Kurse & Touren
8 Alliance Franco-Marocaine B2
Ecotourisme et Randonnées .... (siehe 31)
9 Hammam Villa de l'Ô C4
L'Atelier Madada .... (siehe 19)
10 Spa Casa Lila E3
11 Villa Maroc Oriental Spa C4

Schlafen
Casa Lila & Spa .... (siehe 10)
12 Dar Adul B2
13 Dar Afram B2
14 Dar Al-Bahar C1
15 Hôtel les Matins Bleus C3
16 Hotel Ríad Mémouna C1
17 Hôtel Riad Nakhla D3
18 Jack's Apartments & Suites B3
19 Madada Mogador C4
20 Palais Heure Bleue E3
21 Riad Etoile d'Essaouira D2
Villa de l'Ô .... (siehe 9)
Villa Maroc .... (siehe 11)

Essen
22 Café Restaurant L'Horloge C3
La Table by Madada .... (siehe 19)
23 Loft C3
24 Mega Loft B2
25 Grillfisch-Stände B4
26 Pasta Baladin B2
27 Pâtisserie Driss B3
28 Pâtisserie la Bienvenue D2
29 Restaurant El-Minzah C4
30 Restaurant Ferdaous C3
31 Restaurant La Découverte C3
32 Restaurant La Licorne B2
33 Restaurant Umia B3
34 Restaurante Les Alizés B2
35 Vagues Bleus E3

Ausgehen & Nachtleben
36 Café Restaurant Bab Laachour B4
37 Le Patio C3
38 Taros B3

Shoppen
39 Az-Zahr B2
40 Coopérative Artisanal des Marqueteurs B3
41 Coopérative Tamounte B3
42 Espace Othello C4
43 Galerie Jama B2
Galeries d'Art Damgaard .... (siehe 29)
44 Schmuck-Suk D3
45 Le Coin des Saveurs C4
46 Le Comptoir Oriental C4
47 Rafia Craft E4
48 Gewürz-Suk D2
49 Holzschnitzerwerkstätten B2

Praktisches
50 Délégation du Tourisme C4

Sqala du Port — FESTUNG

(Karte S. 224; Erw./Kind unter 12 Jahren 10/3 Dh; 9–17.30 Uhr) Die Bastion am Hafen bietet einen malerischen Blick auf den Fischereihafen und die Île de Mogador. Der Blick zurück auf die ummauerte Medina mit einem Schwarm kreisender Möwen davor ist als Bild auf fast allen Broschüren abgebildet.

Île de Mogador — INSEL

Auf der nahe der Küste nach Südwesten hin gelegenen Île de Mogador stehen diverse interessante Bauwerke. Eigentlich besteht die Île de Mogador aus zwei Inseln und mehreren kleinen Eilanden und ist auch unter dem Namen Îles Purpuraires bekannt: Es handelt sich um die aus der Antike bekannte Purpurinseln. Die unbewohnten Inseln sind ein Schutzgebiet für Eleonorenfalken, die man vom Strand in Essaouira aus durchs Fernglas beobachten kann.

Aktivitäten

In Diabat (S. 234), wenige Kilometer südlich von Essaouira, werden organisierte Pferde- und Kamelritte angeboten.

Stadtstrand — STRAND

Essaouiras breiter Sandstrand eignet sich wunderbar zum Spazierengehen. Schwimmen und Sonnenbaden sind wegen der oft starken Winde aber wenig empfehlenswert. Wer baden möchte, sollte dies an dem Abschnitt in der Stadt tun, denn am Nordstrand (alias Plage de Safi) herrscht eine gefährliche Strömung.

An den Wochenenden ist Strandfußball eine beliebte Freizeitbeschäftigung, am Südteil des Strands liefern sich Kamelbesitzer einen harten Konkurrenzkampf. Wer nicht reiten will, sollte höflich, aber bestimmt ablehnen (bei Interesse ist erbarmungsloses Feilschen angesagt).

Wer einen Spaziergang machen möchte, sollte sich Richtung Süden wenden und den Fluss Ksob überqueren (bei Flut ist er unpassierbar). Dahinter laden die Ruinen von Borj el-Berod zur Besichtigung ein. Die alte Festung mit Pavillon ist teilweise von Sand bedeckt. Von hier aus kann man entweder landeinwärts zum Dorf Diabat marschieren oder dem Strand bis zu den Sanddünen von Cap Sim folgen.

Océan Vagabond WASSERSPORT
(☎ 0524 78 39 34; www.oceanvagabond.com; Essaouira Beach; ⌚ 9–18 Uhr) Zum Angebot gehören zweistündige Gruppensurfkurse (Erw./Kind 440/220 Dh) sowie Windsurf- (825/660 Dh) und Kitesurfkurse (825 Dh) an. Die Ausrüstung für alle drei Sportarten kann gemietet werden.

Der Veranstalter betreibt außerdem ein Café-Restaurant am Strand mit einer Terrasse zum Chillen. Es ist ganzjährig jeden Tag mittags geöffnet, etwas Trinken und zu Abend essen kann man aber nur von Mitte Juli bis Mitte September.

Hammam Villa de l'Ô HAMAM
(☎ 0524 47 63 75; www.villadelo.com; 3 Rue Mohamed Ben Messaoud, Medina; ⌚ nach Vereinbarung) In dem zum Boutiquehotel Villa de l'Ô (S. 230) gehörenden Spa mit dem reizenden kleinen Hamam kann man sich wunderbar verwöhnen lassen (Bad mit *gommage* 400 Dh/30 Min., Bad mit *gommage* und Arganölmassage 550 Dh/1 Std.). Im Angebot sind auch Massagen (400 Dh/Std.) und viele Schönheitsanwendungen. Unbedingt vorab reservieren.

Villa Maroc Oriental Spa HAMAM
(☎ 0524 47 61 47; www.villa-maroc.com; 10 Rue Abdullah Ben Yassine, Medina; Bad 350 Dh, Massagen ab 450 Dh) Der Hamam in der exklusiven Villa Maroc (S. 230) in der Medina beim Bab al-Minzah bietet eine Reihe von Bädern, Massagen und Schönheitsbehandlungen. Zum „Traditionellen Schönheitspaket" (600 Dh) gehören *gommage*, eine *ghassoul*-Ganzkörperpackung und eine Arganölmassage (10 Min.). Andere Schönheitsbehandlungen bestehen u.a. aus einer einstündigen Pediküre (350 Dh) und kosmetische Gesichtsbehandlungen (350 Dh). Unbedingt vorab reservieren.

Spa Casa Lila HAMAM
(Karte S. 224; ☎ 0524 47 55 45; www.riad-casalila.com; 94 Rue Mohamed El Qorry, Medina; ⌚ nach Vereinbarung) Die kleine Pension mit Hamam und Spa bietet gute, preiswerte Massagen und Schönheitsbehandlungen. Eine 90-minütige Sitzung mit 30-minütiger *gommage* und einstündiger Massage kostet 440 Dh. Unbedingt vorab reservieren.

Kurse

★ L'Atelier Madada KOCHEN
(☎ 0524 47 55 12; www.lateliermadada.com; 5 Rue Youssef el-Fassi, Medina; inkl. Mittagessen 500 Dh; ⌚ Mo–Sa 10.30–17 Uhr) Die Kochschule in einem schick restaurierten ehemaligen Mandellagerhaus gehört zu Essaouiras bestem Restaurant (S. 231). Die angebotenen Kochkurse sind für jeweils acht Teilnehmer. Vormittags wird man in die Geheimnisse von Tajines, Couscous und *pastilla* cingeweiht (500 Dh inkl. Suk-Besuch und Mittagessen), nachmittags stehen marokkanische Süßwaren auf dem Programm (220 Dh). Der Unterricht findet auf Englisch und Französisch statt.

Alliance Franco-Marocaine SPRACHE
(☎ 0524 47 61 97; http://if-maroc.org/essaouira/; Derb Lâalaouj, 9 Rue Mohammed Diouri, Medina; ⌚ Mo–Sa, Aug. geschl.) Bietet einsemestrige Französischkurse sowie regelmäßige Filmvorführungen, Ausstellung und Kulturevents.

Geführte Touren

Ecotourisme et Randonnées WANDERN
(☎ 0615 76 21 31; www.essaouira-randonnees.com; 8b Rue Houmman El Fatouaki, Medina) Im Angebot sind Wandertouren in der Umgebung von Essaouira (Halbtages-/Tagestouren 200/450 Dh), u.a. zu Arganbaumhainen, zum Wasserfall Sidi M'Bark und zum Ksob-Fluss. Der Schwerpunkt liegt auf Vogelbeobachtung. Das Büro befindet sich im Restaurant La Découverte (S. 230).

Feste & Events

Gnaoua- & Weltmusikfestival MUSIK
(www.festival-gnaoua.net; ⌚ Ende Juni) Während des renommierten viertägigen Gnaoua- & Weltmusikfestivals platzt Essaouira aus allen Nähten. Die Konzerte finden u.a. am Strand und auf der Place Moulay Hassan statt.

Festival des Andalousies Atlantiques MUSIK
(www.facebook.com/FestivalDesAndalousiesAtlantiques; ⌚ Ende Okt.) Marokkanische und internationale Künstler bieten eine grandiose Mischung aus andalusischer Musik, Kunst und Tanz.

Schlafen

Essaouira bietet ganz unterschiedliche Unterkünfte für jeden Geschmack und Geldbeutel. Die meisten befinden sich in der Medina, sodass alles Wichtige zu Fuß erreichbar ist. Im Sommer sollte man reservieren oder möglichst früh kommen, wenn man auf der Suche nach einem Zimmer ist.

★ Hôtel Riad Nakhla B&B €

(Karte S. 224; Tel./Fax 0524 47 49 40; www.riadnakhla.com; 12 Rue d'Agadir, Medina; EZ/3BZ 250/490 Dh, DZ & 2BZ 360 Dh, alle inkl. Frühstück;) Der dunkle, schäbige Eingang ist von außen nicht sehr einladend, aber innen befindet sich ein reizender Hof, um den 16 saubere, ansprechende Zimmer angeordnet sind. Alle Zimmer haben gute Betten und Satelliten-TV, einige bieten Sitzecken und ein paar andere einen schönen Blick aufs Meer. Das Frühstück wird auf der netten Dachterrasse mit Meerblick serviert. Ultrafreundliches Personal und wirklich gute Preise.

Riad Etoile d'Essaouira B&B €

(Karte S. 224; 0524 47 20 07; 2 Rue Kadissiya, an der Ave Sidi Mohammed ben Abdallah; EZ/DZ/ 3BZ inkl. Frühstück 195/270/435 Dh;) Dieses B&B im *mellah*-Viertel ist eine ausgezeichnete Budgetunterkunft. Sie ist komfortabel eingerichtet, bietet ein farbenfrohes Dekor (schöne marokkanische Stoffe) und freundliches, englisch sprechendes Personal. Das Frühstück wird auf der Terrasse serviert.

Hôtel les Matins Bleus B&B €

(Karte S. 224; 0524 78 53 63; www.les-matins-bleus.com; 22 Rue de Drâa, Medina; EZ/DZ inkl. Frühstück 285/430 Dh;) Am Ende einer leicht schmuddeligen Sackgasse versteckt sich dieses nette B&B. Es verfügt über hübsche, saubere Zimmer, die um einen zentralen Innenhof angeordnet sind. Bis auf ein Zimmer haben alle ein eigenes Bad. Da es keine Klimaanlage gibt, kann es in den Zimmern oben auf dem Dach im Sommer recht warm sein. Es gibt jeden Abend ein dreigängiges Festpreismenü (95 Dh).

Dar Afram B&B €

(Karte S. 224; 0524 78 56 57; www.darafram.com; 10 Rue Sidi Magdoul, Medina; EZ 175 Dh, DZ 350–400 Dh, 3BZ 525–575 Dh, alle inkl. Frühstück;) Dieses superfreundliche B&B hat sieben einfache Zimmer mit funkigem Charme. Da die australisch-marokkanischen Eigentümer Musiker sind, finden nach dem Abendessen (90 Dh) am Gemeinschaftstisch oft auch noch spontane Jamsessions statt. Im Sommer lieben die Gäste vor allem die BBQs auf der Dachterrasse mit ihren Sonnenliegen und Meerblick.

★ Jack's Apartments & Suites APPARTEMENT €€

(Karte S. 224; Jack's Bohemian Suites; 0524 47 55 38; www.jackapartments.com; 1 Place Moulay Hassan, Medina; Zi. 380–850 Dh, Apt. 740–1740 Dh;) Der schweizer Traveller Jack kam zum Windsurfen nach Essaouira, blieb hier, heiratete schließlich eine Marokkanerin und gründete mithilfe von befreundeten Travellern eine Ferienwohnungs- und Zimmervermittlung. Die an verschiedenen Orten in der Nähe des Bab Sqala gelegenen Appartements bieten Platz für zwei bis acht Gäste, sie sind sauber, schick und extrem gut ausgestattet. Einige bieten eine eigene Terrasse, andere haben Zugang zu einer Dachterrasse mit Meerblick.

Auch die einzeln zu mietenden, farbenfrohen Zimmer sind beeindruckend. Sie haben Zugang zu einer Gemeinschaftsküche und zu einer Dachterrasse.

Die Buchungen werden am Firmensitz an der Place Moulay Hassan bearbeitet.

JIMI HENDRIX: WAHRHEIT ODER LEGENDE?

Es gibt viele Geschichten über Jimi Hendrix in Essaouira: Dass der Musiker in den 1960er-Jahren hier mit Unterbrechungen gewohnt hat, dass ihm ein Riad gehörte, in dem Touristen heute übernachten können, oder ein Restaurant, in dem man noch immer essen kann, dass er in einer Reihe weiterer Riads übernachtet hat oder in einem Wohnwagen oder vielleicht auch in einem Zelt, dass er versuchte, die Île de Mogador zu kaufen und hier „Castles Made of Sand" komponierte oder dass er hier sogar mehrere Kinder gezeugt und sich mit Timothy Leary ein Zimmer geteilt hat.

Kurz gesagt: All diese Geschichten sind frei erfunden. Hendrix war nur einmal etwa eine Woche in Marokko, das war im Juli 1969, und in dieser Woche war er zwei oder drei Tage in Essaouira. Seine Gitarre hatte er nicht dabei. Das Album mit dem Song „Castles Made of Sand" wurde 18 Monate vor seinem Marokkobesuch herausgebracht.

ARGANÖL: MAROKKOS ÖL FÜR FEINSCHMECKER

Arganöl aus biologischem Anbau gilt als „das neue Olivenöl". Immer mehr trendige Restaurants in aller Welt verwenden es, um Salaten eine nussige Note zu verleihen. Der Arganbaum *(Argania spinosa)* mit seiner gefurchten Rinde kommt ausschließlich in diesem Teil Marokkos vor. Deshalb wurden die Arganwälder der Soussebene und der Hahaküste südlich von Essaouira zu UNESCO-Biosphärenreservaten erklärt.

Der hitzeresistente Arganbaum übersteht Temperaturen von bis zu 50 °C und dient damit als wichtige Waffe im Kampf gegen die sich ausbreitende Wüste im südlichen Marokko. Zudem ist der Arganbaum ein grundlegender regionaler Wirtschaftsfaktor, da er neben dem erwähnten Öl auch Feuerholz und Futter für Ziegen liefert. Berberfrauen ernten die Früchte im Frühling und verfüttern sie an die Tiere. Deren aggressive Verdauungssäfte zersetzen das zähe Fruchtfleisch. Die Kerne werden anschließend aus dem Dung gelesen und aufgeschlagen, bei schwacher Hitze geröstet, zerstampft und dann ausgepresst. Für einen Liter Öl sind 30 kg Kerne und 15 Stunden Handarbeit nötig, die ausschließlich von Frauen ausgeführt wird. In letzter Zeit haben sich ein paar Kooperativen entschlossen, diese Tradition etwas abzuändern. Sie lassen den „Ziegenfaktor" weg und pflücken die Früchte direkt von den Bäumen, um ein milderes Öl zu erhalten.

Von den Berbern wird Arganöl seit jeher als Heilmittel verwendet. Studien zufolge soll es den Cholesterinspiegel senken und Arteriosklerose vorbeugen. Sein intensives, süßes Nussaroma eignet sich hervorragend zum Verfeinern von Salaten, gegrilltem Gemüse oder Tajines. Die Berber vermischen das Öl mit gemahlenen Mandeln und Honig zu *amlou*, einer Köstlichkeit, die angeblich eine aphrodisische Wirkung besitzt.

Kaltgepresstes Öl aus nicht gerösteten Nüssen wird zunehmend hochwertigen Kosmetikprodukten – vor allem fürs Haar – hinzugefügt. Da das Öl einen hohen Vitamin-E-Gehalt hat, eignet es sich perfekt als Zusatz in Antifaltencremes. Auch wird es manchmal zur Behandlung von Hautausschlag benutzt.

Wer über ein eigenes Fahrzeug verfügt und in Richtung Süden fährt, sollte einen Besuch bei der 70 km von Essaouira entfernten **Coopérative Al Amal** (☎ 0662 21 78 51; http://coopamal.com; Blvd Mohammed V, Tamanar; ⏲ Mo–Fr 9–19, Sa & So 10–16 Uhr) in Erwägung ziehen. Hier werden qualitativ hochwertige Produkte aus Arganöl hergestellt und verkauft, darunter auch Nahrungsmittel und Kosmetik.

★ **Dar Al-Bahar** B&B €€
(Karte S. 224; ☎ 0524 47 68 31; www.daralbahar.com; 1 Rue Touahen; DZ & 2BZ 550–825 Dh, 3BZ 825 Dh, alle inkl. Frühstück; WLAN) Die neun supergepflegten Zimmer in diesem reizenden B&B unterhalb der Befestigungsmauern in der Nähe der Sqala de la Ville sind einfach und stylisch, haben gute Betten und kleine farbenfroh geflieste Bäder. Werke einheimischer Künstler zieren die Wände und der Blick von der Dachterrasse über das Meer ist grandios.

Hotel Riad Mémouna HOTEL €€
(Karte S. 224; ☎ 0524 78 57 53; www.riad-mimouna.com; 62 Rue d'Oujda, Medina; EZ 600–750 Dh, DZ 700–850 Dh, Suite 1100–1800 Dh, alle inkl. Frühstück; WLAN) Schon der erste Eindruck dieses Hotels mit Blick über den Atlantik, dem eleganten Foyer im maurischen Stil und dem äußerst freundlichen Personal am Eingang und an der Rezeption ist vielversprechend. Die 33 Zimmer sind sauber und gemütlich, die mit Blick aufs Meer sind den höheren Preis unbedingt wert. Das Restaurant auf der Dachterrasse und die angrenzende Sonnenterrasse bieten einen tollen Blick auf den Ozean.

Dar Adul B&B €€
(Karte S. 224; ☎ 0524 47 39 10; www.daradul.ma; 63 Rue Touahen, Medina; EZ 450 Dh, DZ 500–1000 Dh, Suite 1300 Dh, alle inkl. Frühstück; WLAN) In dem liebevoll restaurierten Haus gibt es fünf Doppelzimmer und zwei Suiten für vier Personen. Alle Zimmer sind nett eingerichtet, die meisten haben Sitzecken und die Suiten Satelliten-TV. Das Abendessen (Hauptgerichte 120–140 Dh) wird in dem Restaurant mit Alkohollizenz serviert. Von der Dachterrasse hat man einen spektakulären Blick aufs Meer und die Befestigungsmauern.

Casa Lila & Spa B&B €€
(Karte S. 224; ☎ 0524 47 55 45; www.riad-casalila.com; 94 Rue Mohamed El Qorry; Zi. 825–990 Dh, Suite 1320 Dh, alle inkl. Frühstück; Klimaanlage, WLAN) Die ausgezeichnete Lage in der Nähe des Bab Marra-

kech ist einer der vielen Pluspunkte dieses Riads. Die zehn Zimmer sind gemütlich und hübsch eingerichtet und mit original *zellij*-Fliesen, *tadelakt*-Wänden sowie bemalten Decken versehen. Der hauseigene Hamam ist preisgünstig und hat einen guten Ruf, und die kleine Dachterrasse bietet einen schönen Blick. Auf Wunsch gibt's abends ein Dreigängemenü zum Festpreis von 165 Dh.

★ Palais Heure Bleue HOTEL €€€
(Karte S. 224; ☎ 0524 78 34 34; www.heure-bleue.com; 2 Rue Ibn Batouta; DZ 1950–2460 Dh, Suite 3340–5170 Dh, alle inkl. Frühstück;) Wer Essaouiras bestes Hotel betritt, ist augenblicklich an einem Ort ausgesprochener Ruhe angekommen. Dieses noble Riad bietet unzählige Annehmlichkeiten: einen Pool auf dem Dach, ein Spa, eine Bar, ein Restaurant und ein Hauskino. Im Foyer und im wunderschönen Innenhof trifft europäischer Schick auf kolonialen Charme. Die Zimmer sind luxuriös eingerichtet und extrem komfortabel. Und auch der Service könnte nicht besser sein.

★ Madada Mogador BOUTIQUEHOTEL €€€
(Karte S. 224; ☎ 0524 47 55 12; www.madada.com; 5 Rue Youssef el-Fassi, Medina; Zi. 1250–1680 Dh, 4-Pers.-Suite 1850 Dh, alle inkl. Frühstück;) Wenn sich Boutiquehotels definieren lassen als Einrichtung mit schickem Interieur, Luxuszimmern, qualitativ hochwertigen Körperpflegemitteln und sehr gutem Service, dann fällt das Madada Mogador mit Sicherheit in diese Kategorie. Im Angebot sind sieben Zimmer – einige davon mit Meerblick – sowie eine stylische Lounge und eine spektakuläre Dachterrasse, auf der Drinks und leckere Snacks serviert werden.

Villa Maroc HOTEL €€€
(Karte S. 224; ☎ 0524 47 61 47; www.villa-maroc.com; 10 Rue Abdallah Ben Yassine; EZ/DZ inkl. Frühstück 1050/1400 Dh, Suite 1900–2100 Dh, alle inkl. Frühstück;) Ein Musterbeispiel für gediegenen Schick ist die in einem großen umgebauten Stadthaus aus dem 18. Jh. untergebrachte Villa Maroc. Luftige, weiß getünchte Zimmer, in denen handverlesene Holz- und Korbmöbel sowie Textilien dezente Akzente setzen. Von der Terrasse eröffnet sich ein grandioser Blick, und das hauseigene Spa (S. 227) ist für Wellness so bekannt wie das Restaurant im Erdgeschoss für romantisches Dinieren (Festpreismenü 450 Dh). WLAN steht nur in den Gemeinschaftsbereichen zur Verfügung.

Villa de l'Ô BOUTIQUEHOTEL €€€
(Karte S. 224; ☎ 0524 47 63 75; www.villadelo.com; 3 Rue Mohamed Ben Messaoud; Zi. 1650 Dh, Suite 2300–2900 Dh, alle inkl. Frühstück;) Dieses Riad beim Bab es-Sebaa hat dem modernistischen Minimalismus der meisten anderen Boutiquehotels den Rücken zugekehrt und bietet komfortable, geräumige Zimmer mit nur wenig glitzerndem Schnickschnack. Es gibt ein hauseigenes Restaurant, ein schönes Spa (S. 227), eine Lounge mit Kamin und eine riesige Dachterrasse mit Blick auf den Strand.

Essen

In der Rue Mohamed El Qorry, der Ave Sidi Mohammed ben Abdallah und der Ave Zerktouni reihen sich viele Imbissbuden und winzig kleine Lokale aneinander.

Pasta Baladin ITALIENISCH €
(Karte S. 224; ☎ 0642 44 81 36; www.riadbaladin.com; Bab Sqala, Medina; Antipasti 40–50 Dh, Pasta 50–70 Dh; ⏲ Di–So 12–16 & 19–23 Uhr) In diesem netten Restaurant mit Alkohollizenz sitzen die Gäste in geselligem Miteinander an Gemeinschaftstischen. Das Pastaangebot ist recht simpel gehalten: es besteht aus zehn Saucen und fünf Nudelarten, die aber perfekt sind und schnell auf den Tisch kommen. Als Dessert gibt's das Übliche: Tiramisu und Panna cotta. Logisch, dass dieses Lokal beliebt ist.

Pâtisserie la Bienvenue CAFÉ €
(Karte S. 224; ☎ 0677 16 62 41; 7 Rue Abdel Aziz El Fachtall, Medina; Corne de Gazelle 5 Dh, Kuchen 10 Dh; ⏲ 10.30–20 Uhr) Der kleine *salon de thé* serviert das beste marokkanische Gebäck und den besten französischen Kuchen der Stadt und dazu Kaffee oder Tee. Das *corne de gazelle* ist äußerst köstlich.

Vagues Bleus ITALIENISCH €
(Karte S. 224; 2 Rue Sidi Ben Abdellah; Pasta 50 Dh, Hauptgerichte 45–50 Dh; ⏲ Sa–Do 12–15 & 18.30–21 Uhr) Das winzige, blau-weiß gestrichene Lokal ist preiswert und gesellig. Aus der Küche kommen Pastagerichte (besonders empfehlenswert sind die Gnocchi) sowie vegetarische und nichtvegetarische Hauptgerichte. Hier ist alles frisch und sehr lecker.

Restaurant La Découverte MAROKKANISCH €
(Karte S. 224; ☎ 0524 47 31 58; http://essaouira-ladecouverte.com; Rue Houmman El Fatouaki, Medina; Hauptgerichte ab 50 Dh) Kleines, freundliches Restaurant mit französischer

Geschäftsleitung und französisch-marokkanischen Gerichten. Besonders gut sind die *briouates* und die cremigen Desserts.

Grillfisch-Stände SEAFOOD €
(Karte S. 224; Hafenende der Place Moulay Hassan; Fisch, Brot & Salat ab 40 Dh; ⏲ 11–22 Uhr) Hier zu essen, ist eine echte Essaouira-Erfahrung, auch wenn die immer aggressiveren Verkaufstaktiken der Standbetreiber nicht erfreulich sind. Man sucht sich an den bunten Auslagen voller frisch gefangener Fische und Meeresfrüchte das Gewünschte aus, schaut zu, wie es gebrutzelt wird und nimmt das Ergebnis zusammen mit einer großen Portion Brot und Salat in Empfang. Vorab unbedingt den Preis aushandeln.

Café Restaurant L'Horloge CAFÉ €
(Karte S. 224; Place Chefchaouni, Medina; Omeletts 15–25 Dh, Tajines 40–60 Dh; ⏲ 12–15 & 19–22 Uhr) Das beliebte Café an einem hübschen Platz am Fuß des Uhrenturms serviert auf der Terrasse ordentliche marokkanische Speisen.

Pâtisserie Driss DESSERTS €
(Karte S. 224; nahe Place Moulay Hassan, Medina; Frühstück 21–40 Dh, Gebäck ab 4 Dh; ⏲ 8.30–16.30 Uhr) Dieses Café, das es schon seit 1928 gibt, hat einen etwas versteckt liegenden Garten und viele Stammgäste. Bei unserem letzten Besuch mussten wir aber leider feststellen, dass das Gebäck fast nicht essbar war.

★ **Loft** MEDITERRAN €€
(Karte S. 224; ☎ 0524 78 44 62; 5 Rue Hajjali, Medina; Hauptgerichte 75–110 Dh; ⏲ Mi–Mo 13–16 & 18–23 Uhr;) In diesem winzigen Lokal in der Nähe der Place Moulay Hassan gibt's jeden Tag eine andere Speisekarte, abhängig davon, was die Suks an frischen, aromatischen Zutaten zu bieten haben. Die Gerichte haben zwar einen mediterranen Touch, sind aber dennoch vorwiegend marokkanisch – Tajines und Couscous sind köstlich. Funkiges Retrodesign und freundliche englisch sprechende Kellner. Alkohol gibt's hier aber nicht.

Restaurant Les Alizés MAROKKANISCH €€
(Karte S. 224; ☎ 0524 47 68 19; 26 rue de la Sqala, Medina; Menü 129 Dh; ⏲ 12–14.30 & 19–22 Uhr) Dieses beliebte Restaurant oberhalb des Hôtel Smara in einem Haus aus dem 19. Jh. wird von einem charmanten marokkanischen Paar geführt. Von den leckeren einheimischen Gerichten stechen besonders das Fisch-Couscous und die Tajine mit *boulettes de sardines* (Sardinenbällchen) hervor. Vorab reservieren.

Restaurant El-Minzah MAROKKANISCH €€
(Karte S. 224; ☎ 0524 47 53 08; 3 Ave Oqba ben Nafii; Hauptgerichte 75–130 Dh; ⏲ 12–15 & 19–23 Uhr) Das seit Langem bestehende Restaurant an den Befestigungsmauern bietet Plätze draußen auf der Terrasse und drinnen in einem Speiseraum mit Gewölbe. Auf der Speisekarte stehen marokkanische und französische Spezialitäten, außerdem gibt's zwei Festpreismenüs mit gutem Preis-Leistungs-Verhältnis: ein Dreigängemenü (110 Dh) und ein Viergänge-Seafood-Menü (290 Dh). Abends laute Livemusik.

Mega Loft INTERNATIONAL €€
(Karte S. 224; ☎ 0613 98 19 87; 49 Rue Al Yeman, Medina; Hauptgerichte 70–120 Dh; ⏲ 12–23 Uhr;) Retro-Einrichtung, leckeres Essen, Livemusik (oft Gnaoua) und tolle Stimmung sind die Kennzeichen dieses beliebten Restaurant-Cafés in der Nähe der Sqala de la Ville. Es ist ungewöhnlich, aber hier gibt's tatsächlich ein paar vegetarische und vegane Gerichte, allerdings keinen Alkohol.

Restaurant La Licorne MAROKKANISCH €€
(Karte S. 224; ☎ 0524 47 36 26; www.restaurant-lalicorne-essaouira.com; 26 Rue de la Sqala, Medina; Hauptgerichte 85–130 Dh; ⏲ Mo–Sa 19–22 Uhr) Mit seinen Holzbalken und schweren Stühlen passt dieser gemütliche Laden so gar nicht nach Essaouira. Er erinnert vielmehr an eine Jagdhütte in Europa. Hier servieren nette Kellner beliebte marokkanische und französische Gerichte.

Restaurant Ferdaous MAROKKANISCH €€
(Karte S. 224; ☎ 0524 47 36 55; 27 Rue Abdesslam Lebadi, Medina; Hauptgerichte 75 Dh, Festpreismenüs 120 Dh; ⏲ Di–So 12–15 & 19–22 Uhr) In dem seit Langem äußerst beliebten Lokal kommt traditionelle marokkanische Hausmannkost aus der Küche.

★ **La Table Madada** MEDITERRAN €€€
(Karte S. 224; ☎ 0524 47 55 12; www.latablemadada.com; 7 Rue Youssef el-Fassi, Medina; Hauptgerichte 100–220 Dh; ⏲ Fr–Mi 19–22.30 Uhr;) In Essaouiras bestem Restaurant in einem ehemaligen alten Mandellagerhaus trifft Stil auf Substanz. Die Räumlichkeiten sind eine aufregende und äußerst gelungene Mischung aus marokkanischen Traditionen und europäischer Moderne. Auf der Speisekarte stehen beliebte marokkanische Gerichte wie Tajines und *pastilla* sowie viele

Fisch- und Meeresfrüchtegerichte. Die Kellner sind freundlich, könnten aber etwas öfter lächeln.

Restaurant Umia MEDITERRAN €€€
(Karte S. 224; ☎ 0524 78 33 95; umia.essaouira@gmail.com; 22 Rue de la Sqala, Medina; ⊙ Mi–Mo 12–15 & 19–23 Uhr; 📶) Wir waren unschlüssig, ob wir etwas über diesen Newcomer in der hiesigen Restaurant-Szene schreiben sollen. Das Interieur dieses kleinen Lokals ist mondän und die Bedienung professionell, aber die Gerichte waren wenig gelungen. Sie waren übertrieben präsentiert, die Aromen harmonierten nicht und die Ausführung ließ zu wünschen übrig. Es ist eine Schande, denn die erklärte Absicht dieses Restaurants, nur marktfrische Zutaten zu verwenden, ist absolut löblich.

Diejenigen, die nicht an Gemeinschaftstischen speisen wollen, müssen dies bei der Tischreservierung angeben. Gute Weinkarte.

Ausgehen & Nachtleben

Essaouiras Nachtleben ist ausgesprochen überschaubar. Bis in die frühen Morgenstunden zu feiern, ist hier nicht möglich.

Taros BAR
(Karte S. 224; ☎ 0524 47 64 07; www.tarosessaouira.com; Pl Moulay Hassan; ⊙ 9–24 Uhr) Ein tolles Plätzchen für einen Sundowner, besonders auf der Terrasse mit Blick auf den Platz und den Hafen. Hier wird oft Livemusik geboten. Das Taros eignet sich aber auch prima für einen Nachmittagstee oder einen Drink an der Bar.

Le Patio BAR
(Karte S. 224; ☎ 0524 47 41 66; 28 Rue Moulay Rachid; ⊙ 19.30–23 Uhr) In der hippen Restaurantbar mit Kerzenschein, blutroten Möbeln und einer schwarzen Discokugel geht's temperamentvoll zu. Wer sich hier niederlässt, um etwas zu trinken, muss ein paar Tapas dazubestellen (40 Dh). Donnerstags, freitags und samstags gibt's Livemusik.

Café Restaurant Bab Laachour CAFÉ
(Karte S. 224; Place Moulay Hassan; ⊙ 12–23 Uhr) Das Café ist etwas heruntergekommen, befindet sich aber an einem der geschäftigsten Plätze der Stadt. Hier bekommt man Alkohol und von der Terrasse vorn kann man wunderbar Leute beobachten.

Shoppen

Essaouira ist berühmt für ihr Holzhandwerk, insbesondere für Gegenstände aus Thujaholz, ein dunkeloranges oder rötlich-braunes Holz mit vielen dunklen Verwachsungen. Aber Achtung: Dies ist eine bedrohte Pflanzenart. Wer Gegenstände aus Thujaholz kauft, erhöht die Nachfrage und die Wahrscheinlichkeit, dass durch illegale Abholzung die letzten vorhandenen Baumbestände noch weiter dezimiert werden.

★ **Espace Othello** KUNST & KUNSTHANDWERK
(Karte S. 224; So Art; ☎ 0524 47 69 60; 9 Rue Mohammed Layachi; ⊙ Di–So 10–13 & 15–19 Uhr) Phantastische Privatgalerie, in der Werke von etablierten Künstlern und Nachwuchskünstlern verkauft werden.

Az-Zahr HAUSHALTSWAREN
(Karte S. 224; ☎ 0524 78 43 52; az_zahr@yahoo.fr; 6 Rue Mohammed Diouri; ⊙ 14–21 Uhr) Diese Mischung aus Haushaltswarenladen und Teesalon in französischer Hand ist *trés chic* und bietet neben dem Institut Français Textilien, Keramikwaren und Kunstobjekte an.

Le Comptoir Oriental HAUSHALTSWAREN
(Karte S. 224; ☎ 0524 47 55 12; www.madada.com; 2. OG, Rue Youssef el Fassi, Medina; ⊙ 10–19 Uhr) Dieser Haushaltswarenladen in einer alten Wohnung beschreibt sich selbst als „schicker orientalischer Vintage-Basar". Im Angebot sind unzählige Möbelstücke, Textilien, Glaswaren, Keramikartikel und Kunsthandwerksgegenstände. Wer rein will, muss klingeln und die Treppe hochgehen.

Coopérative Tamounte KUNST & KUNSTHANDWERK
(Karte S. 224; ☎ 0524 78 56 11; www.tamounte-essaouira.com; 6 Rue Souss Essaouira; ⊙ 10–20 Uhr) Die ausgezeichnete Frauenkooperative verkauft Arganöllotionen und Kosmetikartikel (auch mit heilender Wirkung), Holzarbeiten und Keramiken. Der Laden liegt in einem schmuddeligen Durchgang und ist etwas schwer zu finden. Ausschau halten nach dem Schild mit der Aufschrift: „Commerce Équitable à la Coopérative Tamounte".

Le Coin des Saveurs ESSEN
(Karte S. 224; ☎ 0524 78 51 93; Rue Mohammed Ben Messaoud, Medina) Der Concept-Store verkauft qualitativ gute Lebensmittel von einheimischen Lieferanten sowie Gewürze, Marmeladen, Öle und ein paar von Kunsthandwerkern hergestellte Haushaltswaren.

Coopérative Artisanal des Marqueteurs KUNST & KUNSTHANDWERK
(Karte S. 224; ☎ 0671 73 73 99; 6 Rue Khalid ibn Oualid; ⊙ 10–21 Uhr) Diese Kooperative in ei-

ner Sackgasse unweit der Place Moulay Hassan hat eine tolle Auswahl an Holzartikeln.

Rafia Craft KUNST & KUNSTHANDWERK
(Karte S. 224; ☎ 0524 78 36 32; 82 Rue d'Agadir; ⏲ Mo–Sa 10–20 Uhr) Hier werden ungewöhnliche Schuhe und Sandalen aus den Fasern der Doumpalme entworfen und verkauft.

Galerie Jama ANTIQUITÄTEN
(Karte S. 224; ☎ 0670 01 64 29; galeriejama@gmail.com; 22 Rue Ibnou Rochd; ⏲ 10–19 Uhr) Der nette Betreiber dieses kleinen Ladens hat etwas gegen aggressive Verkaufstaktiken. Im Angebot sind verlockend schöne alte Teppiche, Kleidung, Stoffe, Keramikwaren und verschiedene Kunstobjekte.

Galeries d'Art Damgaard KUNST & KUNSTHANDWERK
(Karte S. 224; www.galeriedamgaard.com; Ave Oqba ben Nafii; ⏲ 9–13 & 15–19 Uhr) Diese Galerie ist eine der ältesten der Stadt und zeigt Arbeiten ortsansässiger Künstler.

SHOPPEN IN DEN SUKS DER MEDINA VON ESSAOUIRA

Schmuck-Suk (⏲ 10–20 Uhr) Kleiner Suk mit Schmuckläden, die ein Sortiment von schweren Berberperlen bis zu glänzendem Gold im Angebot haben.

Gewürz-Suk (⏲ 9–20 Uhr) Hierhin geht man, wenn man auf der Suche ist nach pflanzlichem Viagra, Berberlippenstift, exotischen Gewürze und *ghassoul* (Lehm, der in Gesichtsmasken benutzt wird). Hier bekommt man auch Arganöl-Produkte und *amlou* (eine Mischung aus Honig, Mandeln und Arganöl).

Fisch-Suk (an der Ave de l'Istiqlal; Fisch, Brot & Salat 30 Dh) Hier gibt's frischen Fisch, man sollte ihn aber lieber unten am Hafen kaufen.

Holzschnitzerwerkstätten (⏲ 10–21 Uhr) Essaouira ist für ihr Holzhandwerk bekannt. In den Geschäften unterhalb der Sqala de la Ville sind viele Holzgegenstände erhältlich.

Praktische Informationen

GEFAHREN & ÄRGERNISSE

Essaouira gilt größtenteils als sichere und entspannte Touristenstadt. Nach Einbruch der Dunkelheit ist in den Seitenstraßen der *mellah* dennoch Vorsicht geboten. Nördlich der Avenue Zerktouni und östlich der Avenue Sidi ben Mohammed sorgen Alkohol und illegale Drogen für Probleme.

GELD

Banken mit Geldautomaten gibt's um die Place Moulay Hassan und entlang der Ave de l'Istiqlal.

NOTFÄLLE

Polizeiwache (☎ 024 78 48 80; Rue du Caire) Gegenüber der Touristeninformation.

POST

Hauptpost (Karte S. 224; Ave el-Mouqawama; ⏲ Mo–Fr 8.30–16.15, Sa 8–12 Uhr)

Post (Rue Laâlouj; ⏲ Mo–Fr 8.30–16 Uhr)

TOURISTENINFORMATION

Die **Touristeninformation** (☎ 0524 78 35 32; www.essaouira.com; 10 Rue du Caire, Medina; ⏲ 8.30–16.30 Uhr) ist kaum hilfreich. Praktische und kulturelle Tipps gibt's unter www.essaouira.nu.

An- & Weiterreise

BUS

Der **Busbahnhof** (Karte S. 224; Ave Ghazouat) befindet sich ca. 400 m nordöstlich der Medina. Tagsüber kann man von dort problemlos zum Bab Doukkala laufen, wer aber zu später Stunde ankommt oder abreist, sollte lieber ein *petit taxi* (10 Dh) nehmen. CTM-Busse fahren am CTM-Büro ab (☎ 0522 54 10 10; Place 11 Janvier, Lotissement Azlef), das man von der Medina mit einem *petit taxi* (10 Dh) schnell erreicht.

CTM-Ziele sind u. a. Agadir (75 Dh, 2¼ Std., 3-mal tgl.), Casablanca (160 Dh, 7 Std., 4-mal tgl.) via Safi (55 Dh, 2 Std., 4-mal tgl.), El Jadida (110 Dh, 5 Std., 3-mal tgl.) und Marrakesch (80 Dh, 3½ Std., 2-mal tgl.).

Andere Busgesellschaften sind billiger und steuern die genannten Ziele häufiger an. Außerdem fahren sie nach Taroudannt (90 Dh, 6 Std.) und Tan Tan (150 Dh, 6 Std.).

Die ONCF-Tochter **Supratours** (☎ 0524 47 53 17; Bin Lassouar, abseits Ave Lalla Aicha) bietet Verbindungen zum Bahnhof von Marrakesch (70Dh, 3 Std., 5-mal tgl.) in der Nähe des Bab Marrakech, wo die Züge nach Casablanca abfahren. Außerdem fährt einmal täglich ein „comfort plus"-Bus (100). Einmal täglich geht auch ein Bus nach Agadir (70 Dh, 3¾ Std.). Besonders im Sommer sollten diese Fahrten vorher gebucht werden.

Der **Regionalbus 5** nach Diabat (5 Dh) und Sidi Kaouki (6 Dh) startet meist achtmal täglich am Blvd Moulay Youssef außerhalb des Bab Doukkala.

FLUGZEUG

Der **Aéroport de Mogador** (☎ 0524 47 67 04; www.onda.ma; Rte d'Agadir), 17 km südlich der Medina, wird von Transavia aus Paris und EasyJet aus London Luton angeflogen.

TAXI

Der Stand für *grands taxis* befindet sich unmittelbar westlich vom Busbahnhof. Preisbeispiele: Nach Sidi Kaouki (10 Dh, 15 Min.), Marrakesch (90 Dh, 2½ Std.) und Agadir (80 Dh, 2 Std.).

Unterwegs vor Ort

Zum Flughafen kommt man mit Bus 2, der an der Abzweigung zum Flughafen vorbeifährt (10 Dh, 15 Min., alle 2 Std.), oder mit den blauen *grands taxis* (160–200 Dh). Letztere eignen sich auch prima für Fahrten vom bzw. zum Busbahnhof (10 Dh), dürfen aber nicht in die Medina hinein. Wer gern läuft, aber nicht selbst schleppen möchte, kann die Dienste vieler geschäftstüchtiger Herren mit Gepäckkarren in Anspruch nehmen. Diese bringen Taschen und Koffer direkt zum Hotel (ca. 20 Dh).

Rund um Essaouira

Diabat الديابات

Das verschlafene Berberdorf Diabat, 5 km südlich von Essaouira, war früher sehr beliebt bei Marihuana rauchenden Hippies. Heute befindet sich hier eine riesige neue Anlage für Touristen, Golf de Mogador – ein Luxusresort mit zwei von Gary Player entworfenen Golfplätzen. Im Ort gibt's außerdem zwei Pferde- und Kamelreitplätze: Die Ranch de Diabat und Zouina Cheval.

Aktivitäten

Wer mehr als nur einen kurzen Ausritt auf einem Pferd oder Kamel am Strand unternehmen möchte, kann bei mehreren Anbietern Trekkingausflüge und mehrtägige Reittouren über Land oder in der Umgebung von Essaouira buchen. Maßgeschneiderte Ausritte auf Pferden können über die Ranch de Diabat (s. rechte Spalte) und Zouina Cheval (s. unten) organisiert werden.

Golf de Mogador (www.golf-mogador-essaouira.com) bietet zwei Sechs-Loch-Kurse, die für Anfänger genauso geeignet sind wie für Könner. Außerdem im Angebot sind eine Golf-Akademie und ein Clubhaus mit Restaurant.

Zouina Cheval REITEN

(☎0682 65 27 42; www.zouina-cheval.com; Diabat; 1 Std. Reiten ab 160 Dh, Tagestouren inkl. Picknick ab 600 Dh) Das Unternehmen von Najib und Sophie, die beide gut ausgebildete und erfahrene Reitlehrer sind, bietet Ausritte für jedes Niveau, auch für Kinder und Anfänger. Sie können auch längere Reittouren und Campingtouren organisieren.

Ranch de Diabat REITEN

(☎0524 47 63 82; www.ranchdediabat.com; Diabat; 30-minütiger Ritt auf Pferd/Kamel 150/250 Dh) Diese Ranch, die etwa 3 km südlich von Essaouira liegt, organisiert Pferde- und Kamelausritte sowie Quad-Touren. Ebenfalls im Angebot sind Wanderungen und vier- bis sechstägige Ausritte in die Wüste oder entlang der Küste (6065–8800 Dh).

Maison du Chameau KAMELTOUREN

(☎0658 37 60 43; www.lamaisonduchameau.fr; Douar Al Arab; Preise auf Anfrage) Auf dem Gelände dieser Pension leben acht *meharis* (weiße sudanesische Rennkamele). Es werden Ausritte, einwöchige Kamelreitkurse und kürzere Ausflüge angeboten. Übernachtet wird in einfachen, aber gemütlichen Zimmern (DZ inkl. Frühstück 1030 Dh). Außerdem gibt's für die Gäste auch noch einen Swimmingpool. Das Abendessen kostet 165 Dh. Das Maison du Chameau ist etwa 20 km von Essaouira entfernt, hinter Bouzama.

Schlafen

Auberge Tangaro BOUTIQUEHOTEL €€

(☎0524 78 47 84; www.aubergetangaro.com; Zone du Golf, Diabat; EZ/DZ 760/870 Dh, Suite 975–1520 Dh, alle inkl. Frühstück; P 📶 🏊) Das Haus aus dem Jahr 1915 steht auf einem von Blumen übersäten Grundstück in der Nähe des Golfplatzes in Diabat und bietet 19 schicke, im modern-marokkanischen Stil eingerichtete Zimmer. Zu den Annehmlichkeiten gehören ein Yoga-Studio (wahrscheinlich das einzige in oder in der Nähe von Essaouira), ein Hamam und ein ruhiger Poolbereich. Mahlzeiten werden ebenfalls angeboten.

Sofitel Essaouira Mogador Golf & Spa RESORT €€€

(☎0524 47 94 00; www.sofitel.com; Domaine Mogador; Zi. 1800–2200 Dh, Suite 2280–3800 Dh, Villa 4370–5160 Dh; P ❄ @ 📶 🏊 🐾) Das Luxusresort gehört zum Golf de Mogador und bietet eine Vielzahl von Zimmern und Suiten sowie 28 Villen mit privatem Swimmingpool. Zu den Annehmlichkeiten gehören ein luxuriöses Spa, zwei Bars (von denen in der Hochsaison eine als Club betrieben wird), vier Restaurants und ein großer Pool. Das Frühstück kostet 110 Dh.

An- & Weiterreise

Auf der Küstenstraße nach Agadir geht's von Essaouira aus 7 km in Richtung Süden. Gleich hinter der Brücke biegt man rechts ab. Außerdem fährt Bus 5 nach Diabat; er hält vor dem Bab Marrakech in Essaouira (5 Dh, alle 2 Std.).

Sidi Kaouki سيدي كاوكي

4582 EW.

Die konstant steife Brise, der wilde Strand und die guten Budgetunterkünfte haben aus Sidi Kaouki einen Hotspot für Surfer und Windsurfer gemacht. Für zart besaitete Gemüter ist das hier allerdings nichts (die Wellen sind durchschnittlich 1–3 m hoch und die Strömung kann recht gefährlich sein). Aber auch für Leute, die mit Wasser nichts am Hut haben, ist dieser Ort ein schönes Ausflugsziel von Essaouira aus.

Das große Gebäude auf dem vom Meer ausgewaschenen Felsen ist die letzte Ruhestätte des heiligen Sufi Sidi Kaouki, der für seine heilenden Fähigkeiten bekannt war. Bis heute zieht der Schrein viele Besucher an. Der ultimative Treff aller Wassersportler ist der Sidi Kaouki Surf Club mit seinem farbenfroh geschmückten Clubhaus mit Café und coolem Ambiente. Hier kann man Unterricht nehmen sowie die erforderliche Ausrüstung zum Surfen, Windsurfen und Kitesurfen mieten.

Aktivitäten

Sidi Kaouki Surf Club WASSERSPORT

(☎0672 04 40 16; www.sidi-kaouki.com) Hier kann man Surfbretter (2 Std./1 Tag 165/270 Dh) und die Ausrüstung zum Windsurfen/Windkiten (3 Tage/1570 Dh) mieten sowie Unterricht nehmen. Der Club kann auch Unterkünfte in mehreren Appartements und Pensionen im Dorf vermitteln. Infos und Preise s. Website.

MOGAsurf WASSERSPORT

(☎0618 91 04 31; www.mogasurf.com) Dieser Veranstalter mit Sitz in Essaouira vermietet in Sidi Kaouki halbtagesweise Kitesurf-Equipment (165 Dh), Surfbretter (165 Dh) und Paddelbretter (325 Dh) und bietet zweistündige Kurse in Kitesurfen (650 Dh), Surfen und Paddeln (325 Dh) an.

Schlafen & Essen

In einiger Entfernung vom Strand gibt's ein paar Pensionen, die über den Surf Club (s. linke Spalte) oder das Restaurant Al-Vent (s. unten) gebucht werden können.

Al-Vent INTERNATIONAL €€

(☎0623 83 66 15; http://sidikaoukihotel.com; Sidi Kaouki; Paella 75–150 Dh, Hauptgerichte 50–125 Dh; ⏲10–22 Uhr; ☑) In dem unter spanischer Leitung stehenden Lokal gegenüber vom Strand trifft sich die supercoole Surferszene, die gar nicht genug bekommen kann von der Paella (mit Fisch, Huhn oder Meeresfrüchten), den Burgern und Tajines. Vegetarische und vegane Speisen sind ebenfalls im Angebot. Die Betreiber vermieten im Dorf auch Backpacker-Unterkünfte.

An- & Weiterreise

Sidi Kaouki liegt etwa 25 km südlich von Essaouira. Hin kommt man mit Bus 2 oder 5 (6 Dh), los geht's alle zwei Stunden vor dem Bab Marrakech.

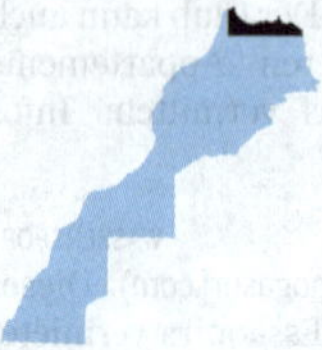

Mittelmeerküste & Rifgebirge

شاطئ البحر المتوسط ومنطقة الريف

Inhalt ➡

Gut essen

- ➡ Auberge Dardara (S. 277)
- ➡ Art et Gourmet (S. 248)
- ➡ Populaire Saveur de Poisson (S. 248)
- ➡ Blanco Riad (S. 268)

Schön übernachten

- ➡ Dar Nour (S. 244)
- ➡ Villa Josephine (S. 247)
- ➡ El Reducto (S. 266)
- ➡ Casa Hassan (S. 276)

Auf an die Mittelmeerküste & ins Rifgebirge!

Einer der bezauberndsten Teile Marokkos ist der Norden, die Region zwischen Mittelmeer und den rauen Felsen des Rifgebirges. Tanger, die Hafenstadt, die Afrika und Europa verbindet, hat ihre anrüchige Vergangenheit hinter sich gelassen und genießt ihren neuen Ruf als Marokkos moderne Riviera. Im Osten ist die Küste von hohen Klippen und sandigen Buchten geprägt; diese Gegend entwickelt sich zum neuen Lieblingsurlaubsziel der Einheimischen.

Die bezaubernde pastellblaue Medina von Chefchaouen verdient ihren Ruf als Touristenmagnet, Tétouan lockt mit der Architektur und der Küche aus Zeiten des spanischen Protektorats. Das spanische Erbe zeigt sich auch in den Enklaven Ceuta und Melilla, wo mittelalterliche Forts und modernistische architektonische Schätze auf Besucher warten.

Im Landesinneren kann man auf einer Trekkingtour durch das Rifgebirge oder einer Wanderung im wenig besuchten „Nationalpark" Beni-Snassen allem entfliehen.

Reisezeit

Tanger

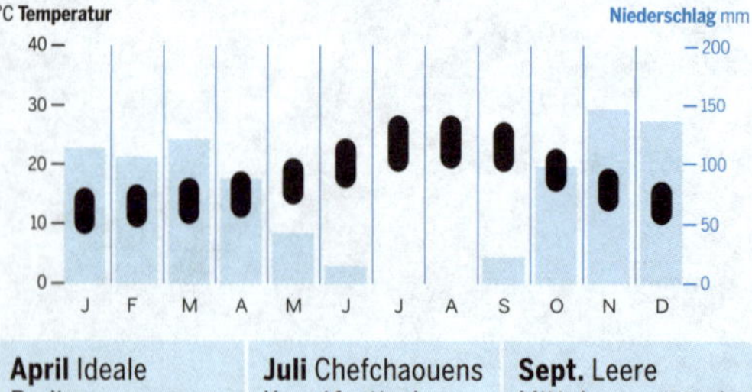

April Ideale Bedingungen, um im Rif-Gebirge zu wandern und den Nationalpark zu erkunden.

Juli Chefchaouens Kunstfestival sollte sich kein Traveller entgehen lassen.

Sept. Leere Mittelmeerstrände warten auf Besucher.

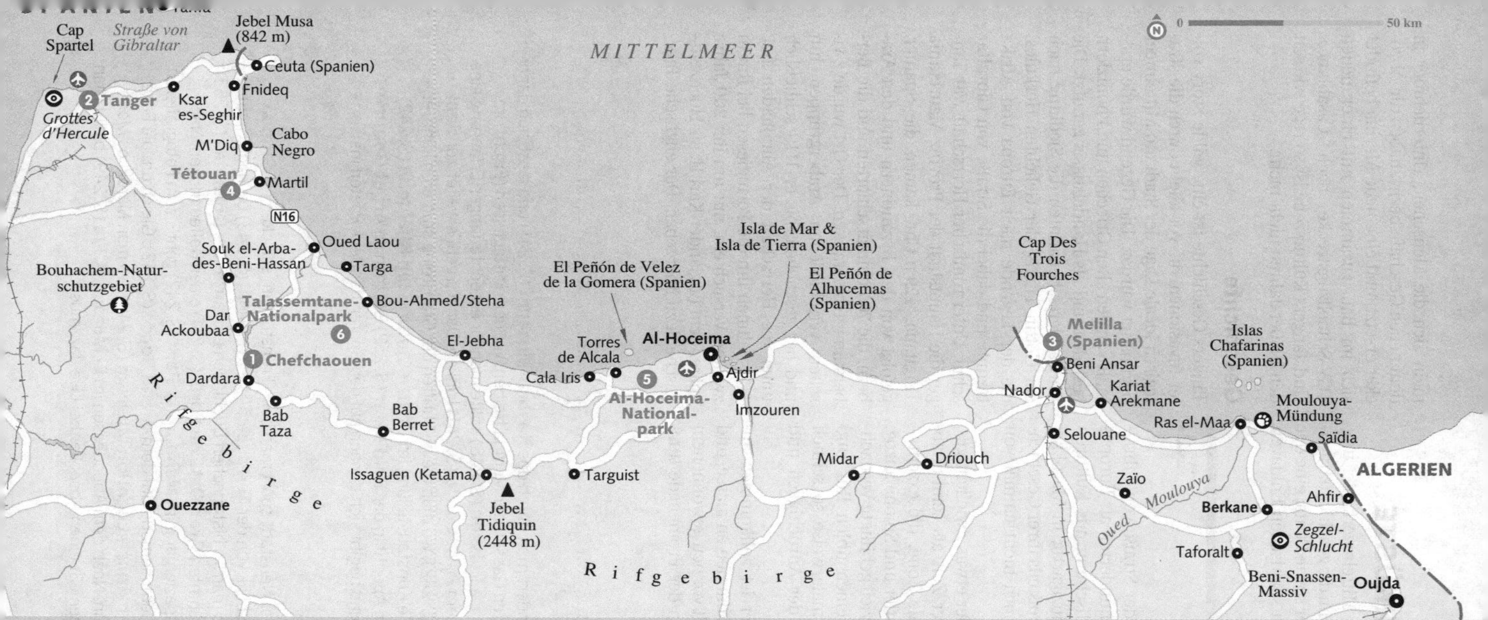

Highlights

1 **Chefchaouen** (S. 271) Sich zwischen den blau getünchten Gebäuden von einer der bezauberndsten Medinas Marokkos treiben lassen

2 **Tanger** (S. 238) Jenseits der schillernden, modernden Fassade dieser Stadt den Spuren von Künstlern – von Matisse bis zu den Beat-Poeten – folgen, die den Weg nach Hause gefunden haben

3 **Melilla** (S. 291) Die modernistischen Häuser und die eindrucksvolle mittelalterliche Festung erkunden und danach Tapas zum Mittag- oder Abendessen genießen

4 **Tétouan** (S. 263) Die Kunst- und Kolonialgeschichte in den Museen und die wunderschön restaurierte spanische Architektur in dieser Stadt an den Ausläufern des Rif-Gebirges bewundern

5 **Al-Hoceima-Nationalpark** (S. 285) In diesem zu Unrecht verkannten Nationalpark abgelegene Berge und Strände erkunden und nach Vögeln Ausschau halten

6 **Talassemtane-Nationalpark** (S. 280) Durch die Wälder und Berber-Dörfer des Rif-Gebirges wandern und dabei nach Berberaffen Ausschau halten

WESTLICHE MITTELMEERKÜSTE

Marokkos westliche Mittelmeerküste umfasst das Gebiet rund um die geschichtsträchtige Hafenstadt Tanger sowie Ceuta, eine der wenigen verbliebenen spanischen Enklaven in Nordafrika.

Tanger طنجة

950 000 EW.

Tanger, der Wächter der Straße von Gibraltar, fungiert seit Jahrhunderten als Europas Tor zu Afrika. Die Mischung aus Kulturen und Einflüssen ist einzigartig in Marokko. Doch während des Großteils ihrer Geschichte wurde die Stadt noch nicht einmal von Marokko regiert!

Tanger hat von jeher etwas Zwielichtiges, teilweise wegen seiner Zeit als semi-unabhängige Internationale Zone, die exzentrische Ausländer, Künstler und Spione anzog. Später verlieh die offiziell gebilligte Vernachlässigung der Stadt einen üblen Ruf, und Besucher flohen normalerweise so schnell wie möglich vor all der Anrüchigkeit und Gaunerei.

Das heutige Tanger ist vollkommen anders: Die Investoren kommen en masse, und die weiße Stadt strahlt vor neu gewonnenem Selbstbewusstsein. An der Promenade tummeln sich die Menschen, Unternehmer in dem neuen Geschäftsbezirk haben die Abzocker ersetzt, und eine neue Marina befindet sich im Bau, zusammen mit einer neuen TGV-Schnellzugstrecke nach Casablanca. Und Tangers Kulturszene ist so rege wie seit den 1950er-Jahren nicht mehr.

Geschichte

Tangers Geschichte ist eine wilde Story voller Invasionen, die vor allem durch die strategisch ideale Lage der Stadt am Mittelmeer begünstigt wurden. Die Gegend wurde erstmals von den alten Griechen und Phöniziern besiedelt und als Handelsbasis genutzt. Die Einwanderer benannten die Siedlung nach der Göttin Tingis, der Geliebten Herkules', die der Legende nach Europa von Afrika trennte und dabei die Straße von Gibraltar schuf. Unter römischer Herrschaft war Tanger die Hauptstadt der Provinz Mauretania Tingitana. 429 n. Chr. kamen die Spanier, gefolgt von den Byzantinern und den Arabern, die 705 einmarschierten und die Berberstämme bezwangen. Der Ort wurde zwischen verschiedenen Arabergruppen hin und her geschoben, bis er 1149 schließlich unter die Herrschaft der Almohaden fiel. 1471 nahmen ihn die Portugiesen bei ihrem zweiten Versuch ein, nur um ihn 200 Jahre später dem Engländer Karl II. als Hochzeitsgeschenk zu übergeben. Der englische Tage-

TANGER IN …

… einem Tag

Von der Kasbah wandert man durch das **Kasbah-Museum** (S. 241) und lässt sich dann durch die verwinkelten Gassen der Medina treiben. Vor dem Mittagessen (Fisch!) im **Populaire Saveur de Poisson** (S. 248) sollte man für ein echte Tanger-Erfahrung eine Tasse Minztee auf dem **Petit Socco** (S. 241) trinken. Danach geht's weiter zur **Sankt-Andreas-Kirche** (S. 242), wo man die Inschriften der Grabsteine studieren kann, ehe man sich die aktuelle Kunstaustellung im **Centre Culturel Ibn Khaldoun** (S. 242) ansieht. Nach einem Aperitif in der **Caid's Bar** (S. 252) isst man im **Art et Gourmet** (S. 248) zu Abend, und begibt sich danach auf den Spuren der Beat-Poeten ins **Tangerine** (S. 252).

… zwei Tagen

Die Lebensfreude der Neustadt spürt man beim Frühstück im schicken **La Giralda** (S. 249), wo der Ausblick von der **Terrasse des Paresseux** (S. 243) bis nach Spanien reicht. Danach kann man im historischen Buchladen **Librairie des Colonnes** (S. 253) stöbern und im berühmten **Gran Café de Paris** (S. 251) einen Kaffee trinken. Nach einem Verdauungsspaziergang im **Mendoubia-Park** (S. 242) geht's zum Fotografieren auf den Obst- und Gemüsemarkt auf dem **Grand Socco** (S. 242). Gleich um die Ecke liegt das **Tangier American Legation Museum** (S. 240), wo man Marokkos *Mona Lisa* bewundern kann. Nach dem Abendessen im **El Morocco Club** (S. 249) bleibt man gleich vor Ort und genießt einen Absacker bei Live-Jazzmusik.

TANGER IM 21. JAHRHUNDERT

Es ist noch nicht lange her, da war Tanger der Ort in Marokko, durch den man schnellstens durchreiste: ein heruntergekommener Moloch voller Schwindler, die mit den Geschichten aus der freigeistigen Vergangenheit der Stadt handelten. Diese Tage sind vorbei: Tanger hat das 21. Jh. erreicht – mit frischem Gesicht und Selbstbewusstsein.

Tangers Wiedergeburt begann im Jahr 2007, als der Hafen durch den 40 km entfernten Seehafen Tanger Med ersetzt wurde, der nun einer der belebtesten Häfen nicht nur in Afrika, sondern im gesamten Mittelmeerraum ist. Der neue Hafen hat Investoren angelockt, darunter das Hauptautowerk von Renault-Nissan. In Tanger werden nun jährlich über 200 000 Fahrzeuge hergestellt und in die EU exportiert oder auf dem hiesigen Markt verkauft. Die meisten *petits taxis* sind mittlerweile vor Ort hergestellte Dacias. Das Werk wird vollständig durch Biomasse aus der marokkanischen Olivenölindustrie betrieben – eine schöne Fusion des alten und neuen marokkanischen Knowhows.

Der nächste Schritt war das Tanger-Metropolis-Vorhaben, die Verwandlung der Küstenstraße von Tanger. Hierbei entstanden eine neue Marina (die 2017 eröffnen soll) und neue Bauvorhaben um den Hauptbahnhof, sowie neue Hotels und Einkaufszentren und ein neuer TGV-Bahnhof für den Schnellzug nach Casablanca. Darüber hinaus wurde die Medina herausgeputzt. Tanger soll im marokkanischen Tourismus wieder an vorderster Front mitspielen. Die Touristen kommen vor allem aus Marokko selbst und aus den Golfstaaten; die meisten sind Pauschalurlauber. In Bezug auf schöne Unterkünfte kann Tanger Städten wie Marrakesch (noch) nicht das Wasser reichen – jedoch sollte man das Kasbah-Gebiet im Auge behalten: Hier werden mit Sicherheit die nächsten Neubauten entstehen. Dennoch lassen Events wie das hippe Elektromusik-Festival Nuits Sonores und Einrichtungen wie der künstlerisch angehauchte digitale Technopark Tanger mit einem Optimismus in die Zukunft sehen, den die Stadt jahrzehntelang nicht hatte.

buchautor Samuel Pepys lebte hier kurzzeitig und nannte Tanger den „Auswuchs der Erde“. Unter Sultan Moulay Ismail eroberten die Marokkaner 1679 die Kontrolle über die Stadt zurück, wobei diese zum großen Teil zerstört wurde. Die Marrokaner blieben an der Macht, bis Nordafrika Mitte des 19. Jhs. wieder einmal das Interesse der europäischen Mächte weckte.

Während der Rest des Landes zwischen Frankreich und Spanien aufgeteilt wurde, wandelte man Tanger in eine Internationale Zone mit verschiedenen Bezirken um (ähnlich wie Westberlin während des Kalten Krieges). Frankreich, Spanien, England, Portugal, Schweden, Holland, Belgien, Italien und die USA erhielten ein Stück vom Kuchen. Verwaltet wurde Tanger – zumindest auf dem Papier – vom Sultan. Diese Situation dauerte von 1912 bis kurz nach der marokkanischen Unabhängigkeit 1956, bis zu dem Jahr, als die Stadt an Marokko zurückgegeben wurde. In der berühmten „Interzone“-Phase machten in Scharen herbeiströmende Ausländer die Hälfte der Bevölkerung aus. Eine wilde Alles-ist-möglich-Kultur entwickelte sich und zog sämtliche Randgruppen der Gesellschaft an: Die vielen Salonlöwen, Währungsspekulanten, Drogensüchtigen, Spione, sexuell Andersdenkenden, Exilanten und Exzentriker brachten Tanger jedoch immer mehr in Verruf.

Mit dem Ende der Interzone-Ära begann für die Stadt eine lange Zeit des Verfalls. Genau wie das wirtschaftliche Fundament zog auch die Kulturszene weiter, und Tanger wurde zu einem trostlosen Hafen, der lediglich seine Kriminalität behielt. König Hassan II. hasste die Stadt und drehte den Geldhahn zu. Daraufhin wuchs die Straßenverkäuferszene rasant und stieß Touristen regelrecht ab. Von den einst so vielen Einwanderern waren schließlich nur noch einige Tausend übrig.

Seit 1999 entstehen viele neue Bauprojekte in Tanger, allen voran der neue Seehafen (Tanger Med) und die TGV-Schnellzugstrecke nach Casablanca, die momentan gebaut wird.

Sehenswertes

Medina & Kasbah

★ Medina STADTVIERTEL

(Karte S. 244) Tangers saubere, gut beleuchtete Medina gilt als Hauptattraktion der Stadt. Sie ist ein von den Mauern einer por-

Tanger

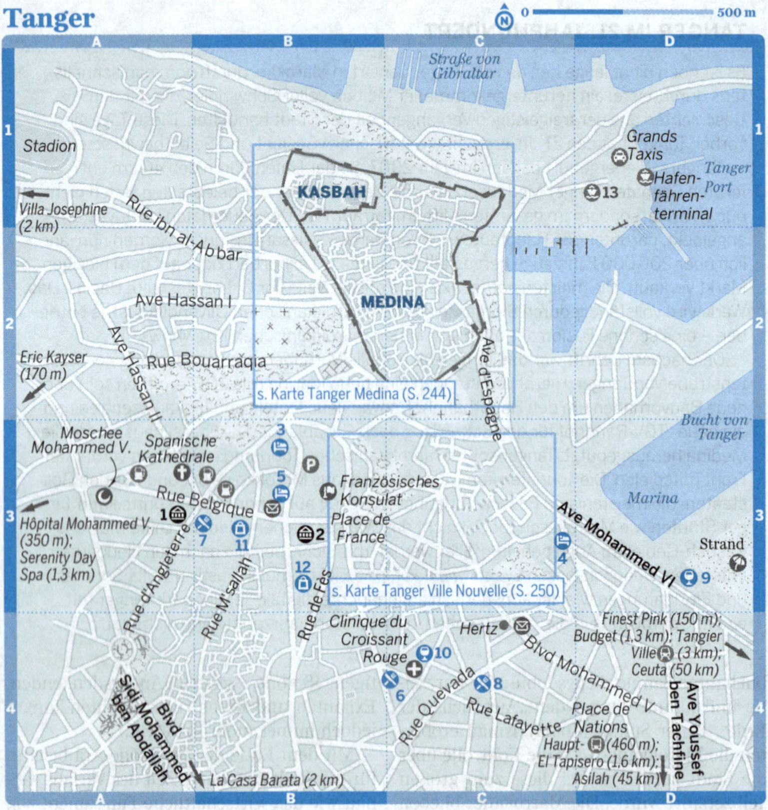

tugiesischen Festung aus dem 15. Jh. umgebenes Labyrinth aus Geschäfts- und Wohnstraßen, obwohl die meisten Gebäude eigentlich viel zu jung sind für eine marokkanische Medina. Trotzdem ist der Stadtkern voller touristischer Schätze – von Einblicken in die traditionelle Lebensweise bis zu den Juwelen der Suks.

➡ ★ Tangier American Legation Museum — MUSEUM

(Karte S. 244; ☎ 0539 93 53 17; www.legation.org; 8 Rue D'Amerique; 20 Dh, geführte Tour 50 Dh; ⏲ Mo–Fr 10–17, Sa 10–15 Uhr) **GRATIS** Dieses Museum in einem eleganten fünfstöckigen Herrenhaus muss man gesehen haben: Marokko war das erste Land, dass die noch jungen Vereinigten Staaten von Amerika im Jahr 1777 anerkannte. Dieses Gebäude war der erste amerikanische Grundbesitz in Übersee und das einzige von der amerikanischen Regierung offiziell anerkannte Nationale Historische Denkmal auf ausländischem Boden.

Das Museum beherbergt einige ungewöhnliche Exponate, z. B. einen marokkanischen Teppich mit dem Muster der amerikanischen Flagge, und einen aus dem Jahr 1839 stammenden Brief eines unglückseligen US-Konsuls, der zwei Löwen als diplomatisches Geschenk erhielt. Das Museum zeigt außerdem eine beeindruckende Ausstellung von Gemälden, die einen Überblick über die Geschichte der Stadt durch die Augen seiner Künstler gewährt, vor allem des Schotten James McBey, dessen hypnotisches Gemälde seines Dienstmädchens Zohra als marokkanische *Mona Lisa* bezeichnet wird. Hier gibt es außerdem eine kleine Buchhandlung und einen Flügel, der Paul Bowles gewidmet ist.

➡ Musée de la Fondation Lorin — MUSEUM

(Karte S. 244; ☎ 0539 93 03 06; fondationlorin@gmail.com; 44 rue Touahine; Eintritt frei, Spende erbeten; ⏲ So–Fr 11–13 & 15.30–19.30 Uhr) **GRATIS** In einem offenen zweistöckigen Saal dieser

Tanger

Sehenswertes

Schlafen

Essen

Ausgehen & Nachtleben

Shoppen

Transport

ehemaligen Synagoge werden bezaubernde Schwarz-Weiß-Fotografien von Tanger aus dem 19. und 20. Jh. gezeigt. Darüber hinaus gibt's hier ein Kindertheater, denn das Museum dient auch als Anlaufstelle für benachteiligte Kinder – was jede Menge Leben in die statische Ausstellung bringt!

➡ **Alte spanische Kirche** KIRCHE

(Karte S. 244; 51 rue as-Siaghin) Mutter Teresas Missionarinnen der Nächstenliebe – eine Handvoll Nonnen aus Indien, Frankreich und Spanien – dient die alte spanische Kirche in der Medina als Basis. Sie kümmern sich um das Schicksal von Straßenkindern, missbrauchten Kindern, misshandelten Frauen gewalttätiger Ehemänner sowie Drogen- und Alkoholabhängigen.

➡ ★ **Petit Socco** PLATZ

(Karte S. 244; Suk Dakhel) Tangers einstiger Treffpunkt für Drogendealer und Prostituierte heißt offiziell Place Suk ad-Dakhil. Mittlerweile sind die Fassaden der Gebäude frisch gestrichen und es wimmelt nur so von Touristen, doch zum Leutegucken und Minzteetrinken ist der Platz hervorragend geeignet.

➡ **Grande Mosquée** MOSCHEE

(Karte S. 244) Vom Petit Socco in der Medina führt die Rue Jemaa el-Kebir vorbei an der Grande Mosquée, in der früher einmal eine portugiesische Kirche untergebracht war.

➡ **Grab des Ibn Battuta** GRABMAL

(Karte S. 244) Dieses bescheidene Grab ist angeblich die letzte Ruhestätte von Ibn Battuta, der 1304 in Tanger geboren wurde. Er wurde zum am weitesten gereisten Mann seiner Zeit – er übertraf sogar Marco Polo. Der Gelehrte und Richter Ibn Battuta reiste durch Nordafrika und den Mittleren Osten nach Russland, Zentralasien und China und kehrte über Sri Lanka und Ostafrika zurück.

Nach kurzem Aufenthalt zu Hause durchquerte er die Sahara Richtung Westafrika, ehe er sich 1355 zur Ruhe setzte, um seine Reiseberichte niederzuschreiben. Das Grabmal ist oft verschlossen.

★ **Kasbah-Museum** MUSEUM

(Karte S. 244; ☎0539 93 20 97; Pl de la Kasbah; Erw./Kind 20/10 Dh; ⏲Mi–So 10–18 Uhr) Dieses vor Kurzem renovierte Museum befindet sich in dem ehemaligen Sultanspalast Dar el-Makhzen. Der Schwerpunkt der Ausstellung liegt auf der lokalen Geschichte, von der Vorzeit bis zum 19. Jh. Die Exponate sind gut präsentiert; Erläuterungen gibt es allerdings nur auf Arabisch und Französisch. Am besten arbeitet man sich gegen den Uhrzeigersinn um den ersten Innenhof herum vor, ehe man sich innen den Rest der Ausstellung ansieht. Danach lädt der bezaubernde andalusische Garten zu einem Spaziergang ein.

Zu den Highlights des Museums gehören das Mosaik der Venus von Volubilis, Bildhauerkunst und Kopien riesiger Landkarten. Die erste Karte zeigt Handelsrouten vom phönizischen Handel mit Metall bis zum Handel mit Elektrowaren im 21. Jh. Die zweite Karte ist eine wunderbare Darstellung der zum damaligen Zeitpunkt bekannten Welt, die 1154 in Tanger hergestellt wurde (für den Betrachter scheint die Karte falsch herum zu hängen). Das Museum befindet sich außerhalb der Medina: Man folgt ihrem Umriss den ganzen Weg bis zum westlichen Ende am höchsten Punkt der Stadt, tritt durch die Porte de la Kasbah und folgt der Straße bis zum Museum.

Ville Nouvelle

Riviera-Architektur und Kolonialatmosphäre: Der Glanz der 1930er-Jahre ist zwischen der Pl de France und dem Blvd Pasteur noch immer spürbar. Die Gegend eignet sich hervorragend für einen Spaziergang am frühen

Abend oder ein Glas Minztee in einem der vielen Straßencafés – vor allem dem ehrwürdigen Gran Café de Paris, wo man immer noch irgendwie damit rechnet, auf Truman Capote oder Jean Genet zu treffen.

★Grand Socco WAHRZEICHEN

(Karte S. 244) Vor dem winzigen Bab Fass erstreckt sich der Grand Socco (offiziell Pl du 9 Avril 1947), ein großer, abschüssiger, von Palmen gesäumter Platz mit einem Brunnen in der Mitte. Er bildet den romantischen Eingang zur Medina. Früher wurde der Kreis aus Pflastersteinen als großer Marktplatz genutzt, heute ist er Endpunkt der Taxirouten.

Den besten Überblick hat man gegenüber der großen, hellbraunen Polizeiwache vom höchsten Punkt des Platzes (auf den Stufen), der von den Einheimischen La Terrasse genannt wird. Hier oben fühlt man sich, als würde man auf eine Filmszene hinabblicken.

Vom Grand Socco sind verschiedene Sehenswürdigkeiten wie das Cinéma Rif (S. 252) zu sehen. Der hellste Stern der kulturellen Szene ist eine Kombination aus Programmkino, Café und Archiv sowie Dreh- und Angelpunkt für alles, was mit Film zu tun hat. Hier trifft sich die Stadtjugend, um die Atmosphäre zu genießen und das kostenlose WLAN zu nutzen.

Mendoubia-Park PARK

(Karte S. 244) Dieser riesige Park ist voller umherschlendernder Paare und Fußball spielender Kinder. Rund um die Grünanlage stehen elegante Kolonialgebäude – vielleicht die schönsten ihrer Art in der ganzen Stadt –, und oben auf dem zentralen Hügel befindet sich ein Monument mit Kanonen, auf dem die Unabhängigkeitsrede von Mohammed V eingraviert ist.

Sankt-Andreas-Kirche KIRCHE

(Karte S. 244; Rue d'Angleterre; Spende erbeten; ⏲Gottesdienste So 8.30 & 11 Uhr) Die Sankt-Andreas-Kirche ist eine der charmanteren Kuriositäten Tangers. Diese 1890 fertig gestellte anglikanische Kirche wurde auf Land errichtet, dass von Sultanat Hassan bereitgestellt wurde. Das Innere der Kirche ist im Fassi-Stil gestaltet, mit dem Vaterunser auf Arabisch über dem Altar. Hinter dem Altar befindet sich eine Spalte, die nach Mekka zeigt; Zitate aus dem Koran wurden hier in den Stein geritzt.

Der Friedhof lohnt einen Besuch. Der Journalist, Marokkoforscher und Prominente Tangers, Walter Harris, liegt hier begraben, zusammen mit dem Schwadronsführer Thomas Kirby Green, einem der Kriegsgefangenen, die auf der „großen Flucht" erschossen wurden. Auf dem Friedhof gibt es außerdem einen ernüchternden Abschnitt mit den Gräbern im Krieg abgeschossener Flugzeugbesatzungen, deren Grabsteine Seite an Seite aufgereiht sind. Der Friedhofswärter Yassine ist immer vor Ort und steht für eine Führung zur Verfügung.

Strand STRAND

(Karte S. 240) Der breite Stadtstrand hat sich enorm gemausert – während der turbulenten Sommermonate ist er am saubersten. Er eignet sich gut für einen Spaziergang am Meer, insbesondere entlang der Küstenstraße ab der neuen Marina. An der nahe gelegenen Atlantikküste gibt es darüber hinaus jede Menge schöne Strände.

TANGERS KUNSTSZENE ENTDECKEN

Galerie für zeitgenössische Kunst Mohamed Drissi (52 Rue d'Angleterre; ⏲Di–So 9–13 & 14–18 Uhr) Galerie für zeitgenössische Kunst im ehemaligen britischen Konsulat.

Les Insolites (☎0534 59 29 83; http://lesinsolitestanger.com; 28 Rue Khalid Ibn Oualid; ⏲Mo–Sa 11–20 Uhr) Fotogalerie mit Werken marokkanischer Künstler; hier gibt's außerdem einen Buchladen.

Galerie Conil (☎0534 37 20 54; conil.maroc@gmail.com; 7 Rue du Palmier, Petit Socco; ⏲Mo–Sa 11–20 Uhr) Diese kleine Galerie abseits des Petit Socco zeigt Werke von lokalen Mixed-Media-Künstlern und hat außerdem eine Sammlung von Büchern und Kleidung.

Galerie Delacroix (86 Rue de la Liberté; ⏲Di–So 11–13 & 16–20 Uhr) Ausstellungsfläche des Institut Français; wechselnde Ausstellungen.

Centre Culturel Ibn Khaldoun (Rue de la Liberté; ⏲10–13 & 16–20 Uhr) Ausstellungsfläche für zeitgenössische Kunst aus Tanger und der umliegenden Region.

Galerie Instituto Cervantes (Rue Belgique; ⏲Di–So 10–13 & 16–20 Uhr) zeigt Ausstellungen zeitgenössischer Künstler aus Tanger und Umgebung.

Terrasse des Paresseux ARCHITEKTUR
(Karte S. 250) Die treffend benannte Terrasse des Paresseux (Faulenzerterrasse) gewährt Ausblick auf den Hafen, Spanien und – an klaren Tagen – Gibraltar. Eine Reihe uralter Kanonen ist auf die Bucht gerichtet und wehrt symbolisch Thronräuber ab (aber nicht die Kids, die hier herumklettern).

Aktivitäten

El-Minzah Wellness SPA
(Karte S. 250; ☎ 0539 93 58 85; www.elminzah.com; 85 rue de la Liberté; Fitnessraum 200 Dh) Verwöhnung pur: Diese wunderbar luxuriöse Wellnessoase verfügt über ein Fitnessstudio mit großartiger Aussicht aufs Meer, einen Hamam, eine Sauna, einen Whirlpool sowie ein breites Angebot von Massagen und anderen therapeutischen Behandlungen.

Serenity Day Spa HAMAM
(Karte S. 240; ☎ 0539 37 28 28; serenity@serenityspa.ma; rue Adolfo Fessere, Quartier California; Hamam & Peeling 400 Dh) Männer müssen draußen bleiben! Hier kann frau der allzu dominierenden männlichen Welt Marokkos für ein paar Stunden entfliehen und sich in wunderbar luxuriöser Umgebung entspannen. Der beliebte Hamam liegt westlich der Pl de Koweit an der Straße zum Golfplatz und ist am besten per Taxi zu erreichen.

Royal Club Equestre REITEN
(☎ 0539 93 48 84; www.equestre.ma; rte de Boubana; halbe/ganze Std. 100/150 Dh; ⏲ Di–So 8–12 & 15–19 Std.) Der Royal Club Equestre liegt an der Straße nach Cap Spartel inmitten bewaldeter Hügel. Wer möchte, kann die wunderschöne Gegend hoch zu Ross erkunden. Dabei wird jeder Reiter von einem Führer begleitet, der im Preis inbegriffen ist.

Geführte Touren

Zuverlässige Guides lassen sich in den Hotels anheuern. Man zahlt normalerweise ca. 250 Dh pro Tag. Man sollte nicht vergessen, dass alle Führer, die Traveller in Geschäfte führen, eine Kommission erhalten. Mit ihnen sieht man Dinge, die man ohne ihre Hilfe nicht gefunden hätte.

In der Medina wurden einige Routen farbig markiert; die zugehörigen Schilder und Karten befinden sich an wichtigen Punkten in der ganzen Medina.

Braun Kasbah

Grün Rue Oued Aherdane von der Kasbah bis zum Petit Socco

Lila Rue Dar ed-Baroud (Meerblick!) bis zum Hôtel Continental

Gelb Südliche Medina vom Petit Socco bis zum Tangier American Legation Museum

Blau Suk Dakhel: Rundweg vom Petit Socco nach Osten

Orange Festungsmauern um die Medina, vom Grand Socco bis zur Kasbah

Feste & Events

Events und Lokalinformationen findet man im monatlich erscheinenden *Urbain Tanger* und im *Tanger Pocket*, das alle zwei Monate erscheint. Beide sind auf Französisch, liegen in den meisten Hotels aus und sind auch online verfügbar unter www.urbainmagazine.com bzw. www.tangerpocket.com.

Salon International de Tanger des Livres et des Arts LITERATURFESTIVAL
(www.if-maroc.org/tanger/spip.php?rubrique59; Institut Français, 41 Rue Hassan ibn Ouazzane; ⏲ Mai) Das einwöchige Literaturfestival lockt mit unterschiedlichen Themen eine Vielzahl Besucher an.

TANJAzz MUSIK
(www.tanjazz.org; Tanger; ⏲ Sept.) Das beliebte Festival zieht seit 17 Jahren führende Musiker der lokalen und internationalen Jazz-Szene an.

Nuits Sonores Tanger MUSIK
(www.nuits-sonores.com/tanger; ⏲ Okt.) Dieses innovative Musikfestival ist ein Ableger der Original-Events Nuits Sonores in Lyon. Der Schwerpunkt liegt auf zeitgenössischer Elektronikmusik und Kunst.

Festival du Court Métrage Méditerranéen FILM
(Internationales-mediterranes Kurzfilmfestival; www.ccm.ma; ⏲ Nov.) Einwöchiges Festival, im Rahmen dessen Kurzfilmen aus der Mittelmeerregion gezeigt werden.

Schlafen

Tangers Unterkünfte bieten etwas für jeden Geldbeutel und Anspruch, von ultrabilligen Pensionen in Hafennähe bis zu superschicken Hotels entlang der Uferpromenade. Die extrem billigen Budgetunterkünfte liegen rund um die Medina und in der Nähe des Tores zum Hafen. Es gibt auch noch eine große Auswahl von Bleiben in den Straßen rund um die Ave Mokhtar Ahardan und die Rue Magellan.

Tanger Medina

Medina

★ Melting Pot Hostel €

(Karte S. 244; ☎ 0539 33 15 08; www.meltingpothostels.com/tanger; 3 Rue Tsouli; B 130 Dh, DZ 330 Dh; 📶) Dieses helle und freundliche Hostel ist die perfekte Backpacker-Bleibe und verfügt über eine große, saubere Küche und viel Chillout-Fläche, darunter eine Dachterrasse mit fabelhafter Aussicht. Die Gemeinschaftsräume sind sauber und die Mitarbeiter sehr freundlich und hilfsbereit. Das Hostel liegt einen kurzen Spaziergang entfernt vom Petit Socco oder – falls man vom Hafen hinläuft – vom Hotel Continental.

Hôtel Mamora HOTEL €

(Karte S. 244; ☎ 0539 93 41 05; 19 Mokhtar Ahardan; EZ/DZ mit Dusche 120/180 Dh, DZ mit Bad 270/430 Dh) Unsere Leser haben den Aufenthalt in diesem Hotel unweit des Petit Socco genossen. Das Hotel bietet verschiedene Zimmer in unterschiedlichen Preiskategorien und wirkt etwas institutionell – fast wie eine alte Schule –, ist jedoch sauber, gut geführt und das Geld wert. Am schönsten sind die Zimmer mit Blick auf das grün geflieste Dach der Grande Mosquée, sofern einen der Ruf des Muezzins nicht stört. Die Straße ist auch unter ihrem alten Namen Rue des Postes bekannt.

★ Dar Nour PENSION €€

(Karte S. 244; ☎ 0662 11 27 24; www.darnour.com; 20 Rue Gourna, Kasbah; DZ/Suite inkl. Frühstück ab 720/1300 Dh; 📶) Die Zimmer in diesem mintgrün gestrichenen Gästehaus ohne Innenhof bilden ein Labyrinth aus Räumen und romantischen Salons. Sie sind mit Kunstobjekten dekoriert und randvoll mit Büchern, was eine entspannte, gemütliche Atmosphäre erzeugt. Außerdem verfügen sie über blitzblanke *tadelakt*-Bäder. Einige Räume haben auch eine private Terrasse.

Vom Dach des Hauses genießt man einen eindrucksvollen Blick über die Dächer der

Tanger Medina

Highlights
1 Grand Socco ... B4
2 Kasbah-Museum (im ehemaligen Sultanspalast) ... B1
3 Petit Socco ... C3
4 Tangier American Legation Museum ... C4

Sehenswertes
5 Galerie Conil ... C3
6 Grande Mosquée ... D3
7 Mendoubia-Park ... B3
8 Musée de la Fondation Lorin ... B4
9 Alte spanische Kirche ... C3
10 Sankt-Andreas-Kirche ... A4
11 Grab des Ibn Battuta ... B2

Schlafen
12 Dar Nour ... A2
13 Hotel Continental ... D3
14 Hotel Mamora ... C3
15 La Tangerina ... A1
16 Melting Pot Hostel ... C2
17 Nord Pinus Tanger ... B1

Essen
18 Art et Gourmet ... B4
19 Café à l'Anglaise ... A2
20 El Morocco Café ... A1
El Morocco Club ... (siehe 20)
21 Le Nabab ... C2

Ausgehen & Nachtleben
22 Café Central ... C3
Nord Pinus Tanger ... (siehe 17)
Piano Bar at El Morocco Club ... (siehe 20)

Unterhaltung
23 Cinema Rif ... B4

Shoppen
24 Bleu de Fès ... C3
25 Boutique Majid ... C3
26 DARNA, Frauengenossenschaft von Tanger ... B4
27 Las Chicas ... A1
28 Laura Wefling ... B1

Medina. Das üppige Frühstück wird auf der Terrasse serviert.

La Tangerina GÄSTEHAUS €€
(Karte S. 244; ☎ 0539 94 77 31 19; www.latangerina.com; Rue Sultan, Kasbah; DZ inkl. Frühstück 750–1650 Dh; 📶) Dieser perfekt renovierte Riad an der Spitze der Kasbah besitzt zehn individuell eingerichtete Zimmer. Darüber hinaus sind die Gastgeber sehr aufmerksam. In Licht getaucht und gesäumt von Geländern aus Tauen fühlt man sich hier wie auf einem eleganten Dampfschiff mit Berberteppichen auf dem Gipfel der Medina. Von der Dachterrasse überblickt man die alten, mit Zinnen versehenen Mauern der Kasbah; darunter trocknet an Zeitzeugen (ausgedienten Kanonen an der Küste) die Wäsche der Einwohner.

Hotel Continental HOTEL €€
(Karte S. 244; ☎ 0539 93 10 24; hcontinental@menara.ma; 36 Rue Dar el-Baroud; EZ/DZ inkl. Frühstück 795/850 Dh; P ❄ 📶) Es scheint, als sei hier seit Jahrzehnten nichts angerührt worden, was diesen verblichenen Prachtbau zu einem faszinierenden Stück Archäologie der Internationalen Zone macht. Teile des Kinofilms *Himmel über der Wüste* wurden hier gedreht. Die Zimmer kommen spartanische daher, aber viele bieten einen schönen Ausblick auf den Hafen und das Meer, wie auch die riesige Terrasse. Zum Hotel gehört ein großer Kunsthandwerksladen.

Nord Pinus Tanger PENSION €€€
(Karte S. 244; ☎ 0661 22 81 40; www.nord-pinus-tanger.com; Rue Riad Sultan, Kasbah; DZ 190 €, Junior-/Deluxe-Suite 230/290 €, alle inkl. Frühstück; ❄ 📶) Das prächtige Kasbah-Haus mit seinen gotisch anmutenden Steinsäulen und -treppen birgt entzückende Zimmer mit vielfältiger Deko und viel Komfort. Auf Bestellung werden in dem prunkvollen Speisesaal oder auf der Dachterrasse hervorragende Mahlzeiten serviert (HP 30 €). Die Bar auf der Terrasse mit Meerblick ist ein beliebter Ort für einen Aperitif.

Ville Nouvelle

Viele Hotels und Pensionen entlang der Rue Salah Eddine el-Ayoubi und der Avc d'Espagne sind kaum besser als die billigsten Unterkünfte in der Medina. Abends sollten alleinreisende Frauen diese zwielichtige Gegend besser meiden. An der Ave Mohammed VI. reihen sich ansprechende Herbergen aneinander, die Ausblicke über die Bucht von Tanger versprechen und in der Nähe der Sehenswürdigkeiten liegen. Einige dieser Hotels sind direkt im Stadtzentrum zu finden.

Hotel El-Muniria HOTEL €
(Karte S. 250; ☎ 0539 93 53 37; www.hotelelmuniria.com; 1 Rue Magellan; EZ/DZ 200/250 Dh, auf der Terrasse 250/300 Dh; 📶) Die beste Budget-

unterkunft in der Ville Nouvelle ist gerammelt voll mit Beat-Generation-Geschichte: William Burroughs lebte hier, während er *The Naked Lunch* schrieb. Bodentiefe Fenster und helle Blumenstoffe unterscheiden diese Bleibe von anderen – hier zeigt sich die Liebe zum Detail des Familienbetriebs.

Zimmer Nr. 4, ein ruhiges Eckdoppelzimmer mit viel Licht, ist ein toller Rückzugsort, genauso wie Zimmer Nr. 8 auf der Terrasse, ein ruhiges Doppelzimmer mit Hafenblick. Der Lärm aus der Le Tangerine Bar stört in einigen Zimmern.

Pension Hollanda HOTEL €

(Karte S. 240; ☎ 0539 93 78 38; 139 Rue de Hollande; EZ/DZ 250/350 Dh, Dachzi. ohne Bad 150 Dh/Pers.) Nur wenige Meter von der Pl de France versteckt sich dieses ehemalige Krankenhaus in einer ruhigen Straße. Es verfügt über weiß gekalkte Zimmer mit hohen Decken und sehr kleine Bäder. Alle Zimmer haben TV und Waschbecken, und in den Doppelzimmern gibt's auch Duschen. Heißes Wasser bekommt man nur auf Bestellung. Am günstigsten sind die Zimmer im Dachgeschoss am Ende einer versteckten Wendeltreppe.

Hotel de Paris HOTEL €

(Karte S. 250; ☎ 0539 93 18 77; www.hoteldeparis-tanger.com; 42 Blvd Pasteur; EZ/DZ mit Bad & inkl. Frühstück 450/580 Dh) Die Lobby dieses bewährten Hotels im Herzen der Neustadt strahlt eine stilvolle Alte-Welt-Atmosphäre aus. Es gibt viele verschiedene Zimmer und Preise, immer abhängig von Bad und Balkon. Alle sind sauber und (fast alle) modern, aber die mit Blick auf den Boulevard Pasteur bekommen viel Lärm ab. Das mehrsprachige Empfangspersonal ist sehr hilfsbereit.

Hotel El Djenina HOTEL €

(Karte S. 240; ☎ 0539 92 22 44; eldjenina@menara.ma; 8 Rue al-Antaki; EZ/DZ inkl. Frühstück 375/490 Dh; ❄ 📶) Das eher charakterlose Hotel in Hafennähe hat helle und moderne Zimmer. Die gemütliche Bar mit Restaurant und Blick von der Terrasse aufs Meer laden zum Verweilen ein. Nicht aufregend, aber verlässlich gut.

Hotel Rembrandt HOTEL €€

(Karte S. 250; ☎ 0539 33 33 14; www.hotelrembrandt.ma; Ave Mohammed V; EZ/DZ 700/900 Dh; ❄ 📶 🏊) Die durchschnittlichen Zimmer bilden einen deutlichen Kontrast zur stilvollen Lobby im Erdgeschoss mit ihrem eleganten Aufzug und der Wendeltreppe, die an die Ursprünge des Gebäudes in den 1950er-Jahren erinnern. Das verglaste Restaurant ist jedoch gut, und in dem ruhigen Gartencafé kann man prima relaxen. In der zugehörigen Bar gibt es eine gute Getränkeauswahl. Für die Zimmer mit Meeresblick zahlen Gäste 100 Dh extra.

MATISSE IN TANGER

Von allen Künstlern, die Zeit in Tanger verbracht haben, gehört Henri Matisse sicher zu den bekanntesten. Der französische Impressionist und Leitstern der Fauvisten im frühen 20. Jh. nannte Tanger ein „Malerparadies". Seine beiden Besuche in der Stadt (im Frühling 1912 und im darauffolgenden Winter) prägten seine Arbeit nachhaltig.

Inspiriert von dem intensiven nordafrikanischen Licht und der Farbe und Harmonie der traditionellen marokkanischen Kunst fertigte Matisse während dieser Zeit rund 20 Leinwände und Dutzende Skizzen an. In ihnen entwickelte er die Qualitäten, die sein späteres Werk auszeichnen: starke, abstrakte Linien, zweidimensionale Formen und lebendige, ausdrucksstarke (statt naturgetreue) Farben.

Seine Motive fand Matisse hauptsächlich im alltäglichen Leben der Medina. Dabei entstanden mehrere eindrucksvolle Porträts der Prostituierten Zohra und ein wunderbares Gemälde einer Frau aus dem Rif mit markanten Gesichtszügen und gespreizten Beinen vor einem tiefblauen Himmel.

Den tiefsten Eindruck hinterlassen jedoch Matisse Stadtansichten. Zu den schönsten gehören *Vue sur la Baie de Tanger* (Blick auf die Bucht von Tanger) und *La Porte de la Casbah* (Der Eingang zur Kasbah). Sind diese beiden noch in gedeckten Farben gehalten, kommt der Künstler bei *Paysage Vu d'une Fenêtre* (Blick aus dem Fenster in Tanger) so richtig in Fahrt: Das Gemälde zeigt den Blick aus seinem Zimmerfenster im Grand Hôtel Villa de France (S. 247) hinüber zum kompakten Kirchturm der Sankt-Andreas-Kirche, zur Kasbah und weiter über die Stadt. Die vorherrschende Farbe ist ein reines, leuchtendes, mediterranes Blau.

NICHT VERSÄUMEN

TANGERS BEAT-ERBE

Die Beat Generation galt als eine amerikanische Gegenkulturbewegung nach dem Zweiten Weltkrieg, die instinktives Verhalten in weltlichen Erfahrungen mit einer Suche nach tieferem Verständnis verband. In Tanger erreichte sie ihre stärkste Ausprägung. Der Schriftsteller Jack Kerouac und der Poet Allen Ginsberg verbrachten hier Zeit, um den Gründer der Bewegung, William Burroughs, zu besuchen, der im Jahr 1953 hierher zog. Die Kurzgeschichte *Interzone* aus Burroughs bekanntestem Werk *Naked Lunch* war von Tanger inspiriert und wurde hier geschrieben. Burroughs Werk nutzte die Schnitttechnik, die der vielseitig talentierten Brion Gysin erfunden hatte, der selbst einen großen Teil seines Lebens in Tanger verbrachte. Burroughs und Paul Bowles inspirierten einen Kreis von einheimischen Künstlern. Das Ergebnis war eine bunte Mischung aus hoher künstlerischer Kreativität und tiefer moralischer Verdorbenheit. Noch heute sind Spuren von Tangers berüchtigter Literaturgeschichte zu finden:

Hotel el-Muniria (S. 245) In diesem Hotel schrieb William Burroughs *Naked Lunch*. Hier quartierte er sich mit einer Riesenmenge an Schreibmaschinenbändern und Methadon ein.

Le Tangerine (S. 252) In der anrüchigen Bar, die sich mittlerweile in eine Touristen- und Hipster-Bar verwandelt hat und in der einst Ginsberg, Kerouac und andere tranken, sollte man unbedingt einen Blick auf die Fotos an der Wand werfen.

Café Central (S. 252) Burroughs Lieblingsplatz auf dem Petit Socco, auf dem er seinem zwielichtigen Treiben nachkam.

Tangier American Legation Museum (S. 240) Ein Flügel des Hauses ist Paul Bowles gewidmet; außerdem gibt es eine kleine Ausstellung über die Beat-Poeten.

Hotel Continental (S. 245) In dem Hotel wurden Szenen aus der Verfilmung von Paul Bowles Werk *Himmel über der Wüste* gedreht.

Gran Café de Paris (S. 251) Der wichtigste Salon der Literaten während der Interzone-Ära nach dem Zweiten Weltkrieg zog u. a. Tennessee Williams und Truman Capote an.

Wer mehr über die Beat-Poeten und Tangers andere Schriftsteller erfahren möchte, sollte sich Hans-Christian Kirschs *On the Road: Die Beat-Poeten* nicht entgehen lassen.

★ Villa Josephine HISTORISCHES HOTEL €€€
(Karte S. 240; ☎0539 33 45 35; www.villajosephi ne-tanger.com; Zi. 3600–7600 Dh; P 📶 ≋) Villa oder Palast? Das ist in dieser Residenz aus den 1920er-Jahren schwer zu sagen, die einst als Sommersitz für das marokkanische Königshaus und scheidende europäische Diplomaten diente. Alles an diesen zehn Zimmern wirkt opulent, von dem Originaldekor zu den modernen Annehmlichkeiten und Serviceleistungen. Alle Zimmer haben Balkone oder Terrassen mit Meerblick.

In den entzückenden Gärten und am Pool kann man wunderbar entspannen, und die holzgetäfelte Bibliothek lädt zum Aperitif ein. Wer erleben möchte, wie sich der Geldadel im alten Tanger gefühlt hat, sollte sich den Aufenthalt hier nicht entgehen lassen.

★ El-Minzah HOTEL €€€
(Karte S. 250; ☎0539 33 34 44; www.elminzahle royal.com; 85 Rue de la Liberté; DZ/Suite ab 2000/3500 Dh; ❄ 📶 ≋) Tangers nobelstes Fünf-Sterne-Hotel gilt als lokales Wahrzeichen. Das wunderschön erhaltene Gebäude aus den 1930er-Jahren hat drei ausgezeichnete Restaurants und Bars, ein Fitnessstudio, ein Wellnesscenter, hübsche Gärten und sogar einen Babysitterservice. In dem gewaltigen spanisch-maurischen Innenhof atmet man Geschichte pur.

Die Zimmer zum Hafen hin bieten eine wunderschöne Aussicht, können aber sehr lärmgeplagt sein, wenn der Wind bläst.

★ Grand Hôtel Villa de France HISTORISCHES HOTEL €€€
(Karte S. 240; Rue de la Liberté; EZ/DZ am 2000/2400 Dh, Suite ab 3000 Dh) Nur wenige Hoteladressen sind so ehrwürdig wie das vor Kurzem herrlich renovierte Grand Hôtel Villa de France. Der französische Maler Eugène Delacroix wohnte hier im Jahr 1832, gefolgt von seinem Landsmann Henri Matisse kurz vor dem Ersten Weltkrieg. Man kann noch immer die spektakuläre Aussicht

bewundern, die er im Zimmer Nr. 35 malte, das noch so erhalten ist wie seinerzeit.

Die Originaldeko in den Salons und im Speisezimmer ist wunderschön und der Service aufmerksam. Es gibt eine Klavierbar und Suiten am Pool im hinteren Teil, neben der alten Villa, die einst von den Napoleonen bewohnt wurde.

Essen

In der Medina rund um den Petit Socco (Souq Dakhel) und die angrenzende Ave Mokhtar Ahardan warten zahlreiche billige Lokale mit Grillhähnchen, Sandwiches oder Spießen auf hungrige Gäste. In der Ville Nouvelle sollte man die Straßen direkt südlich der Pl de France ansteuern, in denen man jede Menge Fast-Food-Läden, Sandwichbars und Fischtheken findet.

Für Selbstversorger sind die überdachten Märkte in der Nähe des Grand Socco die besten Adressen für frische Lebensmittel, besonders donnerstags und sonntags: Dann kommen Frauen aus dem Rifgebirge in traditionellen Strohhüten mit Bommel und bunt gestreiften Röcken in die Stadt hinunter und verkaufen ihre landwirtschaftlichen Erzeugnisse. **Casa Pepé** (☎5399 93 70 39; 39 Rue ibn Rochd; ⌚9–22.30 Uhr) ist eine von mehreren Gemischtwarenhandlungen in der Gegend.

Medina

El Morocco Café MAROKKANISCH €€
(Karte S. 244; Frühstück ca. 20 Dh, Hauptgerichte 65–85 Dh; ⌚8–21 Uhr) Versteckt an einem kleinen Platz in der Kasbah, im Schatten von Bäumen und Reben, liegt dieses entzückende Café, in dem man herrlich eine Stunde oder länger bei einem späten Frühstück, einem Saft oder Kaffee oder einem leichten Mittagessen verbringen kann. Es ist die unauffälligere Version des gestylten Schwester-Cafés El Morocco Club (S. 249).

AUF PROMISCHAU

Wer an dem Türsteher des **Hotel El-Minzah** vorbeigeht und die Treppen zum schönen andalusischen Patio hinunterschreitet, entdeckt an den Wänden Dutzende Fotos berühmter Besucher. Der Großteil dieser Aufnahmen stammt aus den 1950er- und 1960er-Jahren. Ob der weltmännische Rock Hudson, Aristoteles Onassis in einem weißen Auto, Jackie O., Winston Churchill mit seiner Zigarre, die glamouröse Rita Hayworth – alle sind hier abgebildet. Wenn man sich sattgesehen hat, kann man sich in der Caid's Bar (S. 252) einen Cocktail genehmigen und darüber nachdenken, wo man das eigene Foto hinhängen würde.

Le Nabab MAROKKANISCH €€
(Karte S. 244; ☎0661 44 22 20; 2 Rue al Kadiria; Hauptgerichte 90 Dh, Menü 175 Dh; ⌚Mo–Sa mittags & abends) Dieses herzliche Restaurant mit Alkohollizenz ist in einem hübsch restaurierten alten *funduq* (Herberge) untergebracht und punktet mit bequemen Stühlen und luftigen Stoffen. Gegessen wird rund um den großen Kamin oder in lauschigen Nischen. Auf der Karte stehen größtenteils marokkanische Gerichte.

Café à l'Anglaise MAROKKANISCH €€
(Karte S. 244; 37 Rue de la Kasbah; Hauptgerichte 90–150 Dh; ⌚10–22 Uhr) Das im Stil eines anglo-marokkanischen Flohmarktes gehaltene, schäbig-schicke Café mit seiner blauen Fassade serviert einige gute Fischgerichte und eine Auswahl von *tajines* sowie marokkanischen Salaten. Das Erdgeschoss ist gemütlich, und wem es hier zu voll wird, der kann auf die Terrasse im Obergeschoss ausweichen. Das Essen ist lecker, aber der automatische Bedienungsaufschlag von 10 % ist ein kleines bisschen dreist.

★ **Art et Gourmet** MEDITERRAN €€€
(Karte S. 244; ☎0539 37 12 51; 9 Pl du 9 Avril 1947; Mittagsmenü 160 Dh, Hauptgerichte 180 Dh; ⌚12–24 Uhr; 📶) Die Terrasse dieses Restaurants oberhalb des Grand Socco bietet den besten Ausblick der ganzen Stadt. Im Inneren des Lokals geht es formeller zu. Die Menüs stehen auf der Rückseite kleiner Gemälde, das *menu du jour* auf einer Tafel. Aus viel Fisch sowie Biogemüse und Fleisch von der Boufalah-Farm im nahe gelegenen Asilah entsteht marokkanische Fusionsküche.

Alles wird wunderschön auf Schiefertellern angerichtet und begleitet von einer guten Weinkarte. Auch der Service ist ausgezeichnet.

★ **Populaire Saveur de Poisson** SEAFOOD €€€
(Karte S. 250; ☎0539 33 63 26; 2 Escalier Waller; Menü zum Festpreis 150 Dh; ⌚13–17 & 20–23 Uhr) Ein charmantes Meeresfrüchterestaurant mit ausgezeichneten, sättigenden Menüs in rustikaler Umgebung. Der Besitzer serviert

ein viergängiges Menü aus Fischsuppe, gefolgt von einfallsreichen Kreationen aus frischem Fisch und knackigem Gemüse. Ein selbst gemachter Obstcocktail aus einem Dutzend Früchten (man sollte mal einen Blick in den Bottich im Hinterraum werfen) schließt das Ganze ab. Das hier ist nicht einfach nur ein Essen, sondern ein echtes Erlebnis.

El Morocco Club MEDITERRAN, TAPAS €€€
(Karte S. 244; contact@elmoroccoclub.ma; 1 Rue Kashla, Kasbah; Hauptgerichte 140–195 Dh, Tapas 40–90 Dh: ⏲12–22 Uhr; 🅿📶) Nach der Renovierung dieses vornehmen Baus befindet sich hier ein äußerst elegantes, stilvolles Restaurant im Ober- und eine entspannte Pianobar im Erdgeschoss. An in kräftigen Farben gehaltenen Wandflächen hängen in der gemütlichen Bar eine Reihe faszinierender Fotos. Tagsüber wird auch im Café (S. 248) unter den Bäumen serviert.

Ville Nouvelle

La Giralda CAFÉ €
(Karte S. 250; ☎0539 37 04 07; 1. Stock, 5 Blvd Pasteur; Frühstück ab 25 Dh; ⏲ 7–24 Uhr; ❄) Tangers trendbewusste junge Leute lieben das große Café mit Blick auf die Terrasse des Paresseux, der prunkvollen, ägyptisch angehauchten Deko und der mit aufwendigen Schnitzereien verzierten Decke. Die großen Fenster bieten einen tollen Blick aufs Meer. Leichte Gerichte wie Crêpes und Panini machen das Giralda zu einem idealen Ort für die Mittagspause.

Champs Élysées CAFÉ €
(Karte S. 250; 6 Av Mohammed V; Frühstück ab 25 Dh; ⏲6–22 Uhr) Ein riesiges, rundes Café mit einem gigantischen Kronleuchter in der Mitte, roten Velours-Polstermöbeln und köstlichen, klebrigen Backwaren.

Patisserie La Española PÂTISSERIE €
(Karte S. 250; 97 Rue de la Liberté; Gebäck ab 8 Dh; ⏲Winter 7–22.30 Uhr, Sommer 7–12.30 Uhr) Die verspiegelte Teestube lockt die Kunden mit hübschen Arrangements aus Kuchen und Gebäck. Hier trifft sich alles: Einheimische, Ausländer, Geschäftsleute und Verliebte.

Fast Food Brahim FAST FOOD €
(Karte S. 250; 16 Ave Mexique; Sandwiches ab 25 Dh; ⏲11–24 Uhr) Großartige, auf Bestellung zubereitete Sandwiches. Wer es eilig hat, macht mit einem halben Baguette mit *kefta* (würzigen Lammfleischbällchen) und Salat nichts falsch. Eines von mehreren Fast-food-Lokalen in der Gegend.

Mix Max FAST FOOD €
(Karte S. 250; 6 Ave Prince Héritier; Gerichte 25–50 Dh; ⏲12–2 Uhr) Ein trendiges und beliebtes Fast-Food-Lokal, das großartige Panini, *shwarma* (an einem Spieß gegartes, aufgeschnittenes und in einem Fladenbrot serviertes Fleisch) und andere schnelle Gerichte anbietet.

★ **Ana e Paolo** ITALIENISCH €€
(Karte S. 240; ☎0539 94 46 17; 77 Rue Prince Héretier; Hauptgerichte ab 85 Dh; ⏲12–15 & 19.30–23 Uhr, So geschl.) Ein echtes, familienbetriebenes italienisches Bistro mit venezianischen Beisitzern. Hier fühlt man sich wie ein Gast bei einem Sonntagsessen bei Freunden. Hier gibt es ein internationales Publikum, tischübergreifende Gespräche über das Tagesgeschehen und herzhaftes Essen, z. B. ausgezeichneten Wurstaufschnitt sowie Pizza, hausgemachte Pasta, Fleisch- und Fischgerichte.

Eric Kayser PÂTISSERIE, FRANZÖSISCH €€
(Karte S. 240; Ecke Rue des Amoureux & Rue Granada; Hauptgerichte ab 140 Dh, Tagesgericht 120 Dh; ⏲7–22.30 Uhr) Eric Kayser, einem renommierten französischen *boulanger* (Bäcker), gehört diese trendige, stylische Bäckerei mit Lokal. Es ist beliebt wegen seiner französische Küche, liegt aber etwas abseits.

Number One MAROKKANISCH, FRANZÖSISCH €€
(Karte S. 250; ☎0539 94 16 74; 1 Av Mohammed V; Hauptgerichte 85 Dh; ⏲12–23 Uhr) Rosafarbene Wände und weiße Fenster schaffen das Ambiente eines Ferienhäuschens, während die rote Beleuchtung, die Jazzmusik im Hintergrund und exotische Andenken dem renovierten Appartement ein intimes, heißblütiges Flair verleihen. Die Einheimischen, die seit rund 50 Jahren hierherkommen, loben die marokkanisch-französische Küche in den höchsten Tönen. Es wird auch Alkohol ausgeschenkt.

Otori SUSHI €€
(Karte S. 240; www.otorisushi.com; 41 Ave de la Résistance; 4 Stücke Sushi 25–50 Dh, Hauptgerichte 70–120 Dh; ⏲12–23 Uhr) In diesem dunkel verkleideten Sushi-Restaurant abseits der Ave Mohammed V kann man ein kaltes Bier oder ein Glas Wein genießen. Das Sushi wird sorgfältig zubereitet, und die Tempura sind knusprig frittiert. Das Otori gewährt eine willkommene Zuflucht vor dem Trubel.

Tanger Ville Nouvelle

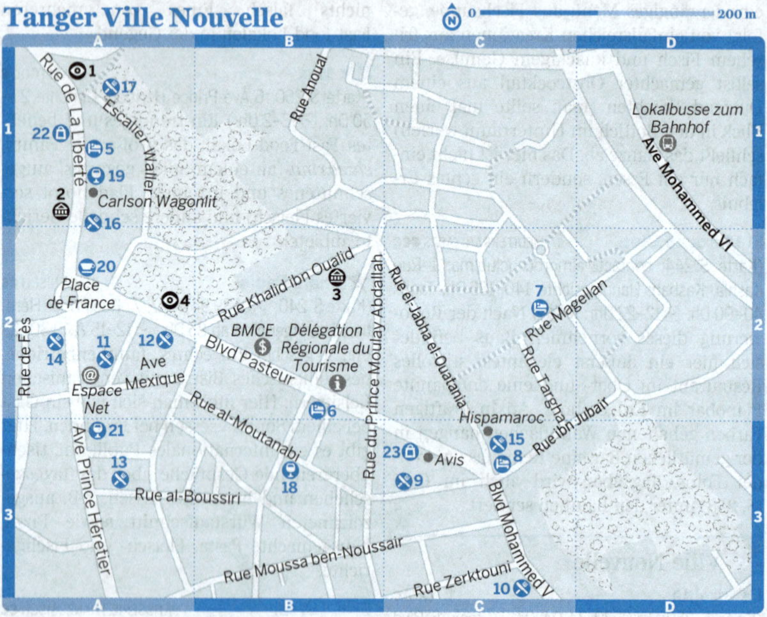

Tangier Ville Nouvelle

Sehenswertes
- 1 Centre Culturel Ibn Khaldoun A1
- 2 Galerie Delacroix A1
- 3 Les Insolites B2
- 4 Terrasse des Paresseux A2

Aktivitäten, Kurse & Touren
- El-Minzah Wellness .... (siehe 5)

Schlafen
- 5 El-Minzah A1
- 6 Hotel de Paris B2
- 7 Hotel El-Muniria C2
- 8 Hotel Rembrandt C3

Essen
- 9 Casa Pepé C3
- 10 Champs Élysées C3
- 11 Fast Food Brahim A2
- 12 La Giralda A2
- 13 Le Pagode A3
- 14 Mix Max A2
- 15 Number One C3
- 16 Patisserie La Española A1
- 17 Populaire Saveur de Poisson A1
- Restaurant el-Korsan .... (siehe 5)

Ausgehen & Nachtleben
- 18 Americain's Pub B3
- 19 Caid's Bar A1
- 20 Gran Café de Paris A2
- 21 Hole in the Wall Bar A3
- Le Tangerine .... (siehe 7)
- Number One .... (siehe 15)

Shoppen
- 22 Bazar Tindouf A1
- 23 Librairie des Colonnes C3

Le Pagode CHINESISCH €€
(Karte S. 250; ☎0539 93 80 86; Rue al-Boussiri; Hauptgerichte ab 80 Dh; ⏲Di–So 12–15 & 19–23 Uhr) Wenn man mal etwas anderes möchte als Tajine und Pasta, ist dieses ziemlich authentische asiatische Restaurant eine gute Alternative. Der elegante Essbereich mit lackierten Möbeln, weißen Tischdecken und schummriger Beleuchtung passt perfekt zur Speisekarte mit den klassischen chinesischen Gerichten.

La Fabrique FRANZÖSISCH €€€
(Karte S. 240; ☎0539 37 40 57; Résidence Salima, 7 Rue d'Angleterre; Gerichte 250–350 Dh; ⏲Mo–Sa 19.30–23.30 Uhr) Minimalistische Deko und hervorragende französische Küche lassen dieses Restaurant zum Mittelpunkt der Ausgehszene werden. Legendär ist vor allem das *tournedos (Filetsteak)*; Vegetarier haben hier allerdings nicht viel zu lachen. Der Service ist aufmerksam, die Weinkarte gut. Vorab reservieren!

PAUL BOWLES IN TANGER

Der wohl bekannteste ausländische Schriftsteller in Tanger war der Amerikaner Paul Bowles, der 1999 im Alter von 88 Jahren starb. Bowles unternahm 1931 auf Anraten von Gertrude Stein eine kurze, aber lebensverändernde Reise nach Tanger und widmete die nächsten 15 Jahre zurück in seiner Heimat dem Komponieren und der Kritik. 1938 heiratete er Jane Sydney Auer, aber die beiden waren nie ein konventionelles Paar: Er war bisexuell, sie lesbisch. Nach dem Zweiten Weltkrieg brachte Bowles seine Frau nach Tanger, wo er den Rest seines Lebens verbrachte und sich inmitten eines lebhaften, kreativen Kreises aus Künstlern wie William Burroughs und Mohammed Choukri dem Schreiben widmete. Schriftsteller, die zu Besuch in Tanger waren, von Jean Genet bis Truman Capote, besuchten Bowles allesamt .

In den 1950er-Jahren begann Bowles mit der Aufzeichnung, Übertragung und Übersetzung von Geschichten marokkanischer Autoren, insbesondere von Driss ben Hamed Charhadi (auch bekannt als Larbi Layachi) und Mohammed Mrabet. Zudem nahm Bowles als einer der Ersten marokkanische Volksmusik auf.

Bowles bekanntestes Werk ist *Himmel über der Wüste* (1949), nicht zuletzt wegen der Verfilmung durch Bernardo Bertolucci von 1990. Es ist die düstere und kraftvolle Geschichte eines unschuldigen amerikanische Paares, das sich auf einer Reise durch Marokko langsam entzweit. Zu den weiteren Werken des Autors gehören *So mag er fallen* (1952), ein in Tanger spielender Thriller, *Das Haus der Spinne*, das im Fes der 1950er-Jahre spielt, sowie zwei ausgezeichnete Sammlungen von Reiseerzählungen: *Their Heads Are Green* (1963) und *Points in Time* (1982). In verschiedenen Sammlungen wurden außerdem Bowles' Kurzgeschichten zusammengefasst.

Bowles' Werke zeichnen sich durch eine dunkle, nihilistische Unterströmung aus, die sein Schriftstellerkollege Norman Mailer in *Reklame für mich selber* (1959) wie folgt beschrieb: „Paul Bowles öffnete dem Grauen Tür und Tor. Er bereitete Mord, Drogen, der Gruppe The Death of the Square … dem Bedürfnis nach Orgien und dem Ende der Zivilisation den Weg". Im American Legation Museum (S. 240) in Tanger ist ein Flügel Bowles' Leben und Werk gewidmet.

Restaurant el-Korsan MAROKKANISCH €€€
(Karte S. 250; ☎ 0539 93 58 85; Hôtel El-Minzah, 85 Rue de la Liberté; Hauptgerichte ca. 160 Dh; ⏲ mittags & abends) Das schicke und elegante Restaurant im El-Minzah gehört zu den besten Lokalen der Stadt und ist eine kleinere, persönlichere Version der vielen Läden im royalen Stil – und das ohne Reisebusgruppen! Zu gediegener Livemusik und gelegentlich auch zu traditionellem Tanz kommen gut präsentierte marokkanische Klassiker auf den Tisch. Man muss reservieren, für mittags sogar einen Tag im Voraus. Angemessen kleiden!

Ausgehen & Nachtleben

Angesichts Tangers hedonistischer Vergangenheit ist es nicht verwunderlich, dass die Barszene in der Kultur Tangers fest verwurzelt ist. Genauso wenig überrascht es, dass Bars generell eher eine Männerdomäne sind, mit Ausnahme einiger Orte, die sich an der westlichen Welt orientieren und wo Frauen einen Drink zu sich nehmen können. In vielen Läden ist erst nach zwölf was los.

Die Clubszene erwacht besonders im Sommer zum Leben, wenn zahlreiche Europäer mit Fähren anreisen. In der Nähe der Place de France und am Strand reihen sich jede Menge Diskos aneinander, die ein breites Publikum von grauhaarigen Pärchen bis zu Sextouristen anziehen. Die Eintrittspreise sind unterschiedlich und werden manchmal auf die Getränke angerechnet. Wer bis spätnachts feiert, sollte sich vom Türsteher ein Taxi rufen lassen.

★ **Gran Café de Paris** CAFÉ
(Karte S. 250; Pl de France; ⏲ 6–22.30 Uhr) Die Schwerkraft zerrt gewaltig an den erhabenen Buchstaben des prächtigen Gran Café de Paris und erinnert an dessen Alter. Das berühmteste Kaffeehaus am Blvd Pasteur steht bereits seit 1927 an der Pl de France und diente als Kulisse für den Film *Das Bourne-Ultimatum*. Früher trafen sich hier vor allem die Literaten von Tanger.

Number One BAR
(Karte S. 250; ⏲ 11–24 Uhr) Diese kleine Bar (mit Restaurant nebenan) ist bei Tangers Ex-

pats seit Urzeiten beliebt. Hier gibt es kaltes Bier, ordentlichen Wein, Spirituosen und eine gute Tapas-Auswahl. Das Ambiente ist herrlich abgefahren – wie auch die CD-Sammlung. Der perfekte Ort für einen Drink! Frauen sind willkommen.

Caid's Bar BAR

(Karte S. 250; El-Minzah; 85 Rue de la Liberté; ⏲10–24 Uhr) El-Minzahs Wahrzeichen, ein stilvolles Überbleibsel aus den glorreichen Tagen der Internationalen Zone, ist seit Langem die angesagteste Bar der Szene. An der Wand hängen Fotos der Berühmten und Berüchtigten. Die Weinbar nebenan (Wein ab 35 Dh) ist gleichermaßen gut. Frauen sind willkommen.

Piano Bar im El Morocco Club BAR

(Karte S. 244; Pl du Tabor, Kasbah; ⏲Di–So ab 20 Uhr) Die stimmungsvolle Medina-Bar am Rand der Kasbah eignet sich hervorragend für einen Drink. Am Wochenende gibt es meist Livemusik; außerdem weht immer ein erfrischender Wind.

Nord Pinus Tanger BAR

(Karte S. 244; Rue Riad Sultan, Kasbah; ⏲11–24 Uhr) Von der Bar und Terrasse im oberen Stockwerk dieser Pension in der Kasbah hat man eine fantastische Aussicht bis nach Spanien. Die Lounge im Retroschick ist voller skurriler Stühle, marokkanischer Kissen und zeitgenössischer Fotografien. Ein toller Ort für einen lässigen Drink oder Cocktail!

Beach Club 555 CLUB

(Karte S. 240; Ave Mohammed VI.; ⏲10–3 Uhr; 📶) Am Abend verwandelt sich der Strandclub mit Pool, Pizza und Bar sowie Sportübertagungen (Eintritt 10 Dh) in eine der besten Diskotheken der Stadt. Hier kann man gemeinsamen mit den Einheimischen und tourenden DJs wild feiern und tanzen.

Le Tangerine BAR

(Karte S. 250; 1 Rue Magellan, Hotel el-Muniria; ⏲22.30–1 Uhr, Fr & Sa bis 3 Uhr) Eine Hochburg der Beat-Tage. Ins Tangerine (oder „Tanger Inn") nahm William Burroughs Kerouac und Ginsberg zum Trinken mit. Heute macht die Bar einen etwas ordentlicheren Eindruck und hat einen Hauch marokkanisches Hipster-Flair, sie eignet sich aber immer noch gut für ein Bier.

Café Central CAFÉ

(Karte S. 244; Petit Socco; ⏲6–23.30 Uhr) Das Café gegenüber vom Petit Socco ist *der* Ort zum Leutegucken in der Medina. Hier sieht man die lokale Mafia im neuesten Mercedes Benz vorfahren, sieht seltsame Exemplar der Spezies Mensch vorbeihuschen, hört das Echo der fremden Ausrufe in den Gassen und fragt sich, was im Obergeschoss passiert. Der perfekte Ort, um einen Kaffee zu trinken!

Americain's Pub BAR

(Karte S. 250; Rue al-Moutanabi; ⏲12–2 Uhr) Man darf sich vom Namen nicht in die Irre führen lassen, denn die Bar ist original wie ein Teil des Londoner U-Bahn-Systems eingerichtet. Sie verfügt über weiß geflieste Wände, eine rote Inneneinrichtung und eine viel authentischere Beschilderung, als sie die Bobbys zu schätzen wüssten. Hier kann man sich super verstecken: Es gibt keine Hausnummer, und das Telefon funktioniert auch nicht.

Regine Club CLUB

(Karte S. 240; 8 Rue al-Mansour Dahabi; ⏲Mo–Sa 22–3 Uhr) Willkommen in den 1980er-Jahren! Der Laden hat sich so lange nicht verändert, dass er mit seinen Diskokugeln und violetten Veloursofas wie ein Museum wirkt. Ab Mitternacht ist die Atmosphäre hier unschlagbar, vor allem an den Wochenenden.

Hole in the Wall Bar BAR

(Karte S. 250; Rue du Prince Heretier; ⏲11–24 Uhr) Folgt man der Rue Prince Héretier von der Terrasse des Paresseux eineinhalb Blocks hinauf, kommt man zu einer schwarzen Schwingtür im Old-Western-Style: Willkommen in der kleinsten Bar Tangers – wenn nicht gar der kleinsten der Welt! Zu trinken gibt's nur Bier (ab 20 Dh).

☆ Unterhaltung

Cinema Rif KINO

(Karte S. 244; Cinémathèque de Tanger; ☎0539 93 46 83; Grand Socco) In diesem schönen, liebevoll renovierten Art-déco-Gebäude werden alternative und Mainstream-Filme gezeigt. Die Streifen sind meist amerikanisch, marokkanisch, spanisch oder französisch (spanische und amerikanische Filme sind oft arabisch synchronisiert).

Shoppen

Medina

Boutique Majid ANTIQUITÄTEN, SCHMUCK

(Karte S. 244; ☎0539 93 88 92; Rue Les Almohades; ⏲10–19 Uhr) In dem wunderbar ausgefallenen Antiquitätenladen ist alles perfekt organisiert. Während Majid den Kunden seine erstaunliche Sammlung aus marokkanischen Türen, Schmuck, Artefakten, Kleidung, Stoffen und Teppichen zeigt, beglückt er sie mit Geschichten über die Rolling Stones und andere Koryphäen.

Laura Wefling KUNSTHANDWERK, BEKLEIDUNG
(Karte S. 244; Pl de la Kasbah; ⌚11–18 Uhr) In der Nähe des Kasbah-Museums wartet dieser hübsche Laden mit wunderbaren Einzelstücken (Kleidung, Taschen, Deko und Keramik) auf.

Bleu de Fès ANTIQUITÄTEN
(Karte S. 244; ☎0539 33 60 67; www.bleudefes.com; 16 Rue Les Almohades, Petit Socco; ⌚10–19 Uhr) Hat stapelweise Berberteppiche aus dem Mittleren und Hohen Atlasgebirge.

Ville Nouvelle

★ DARNA, Frauengenossenschaft von Tanger KUNST & JKUNSTHANDWERK
(Karte S. 244; www.darnamaroc.com) Das gelbe Gebäude gegenüber von La Terrasse ist ein kleiner Komplex mit einem günstigen Restaurant, einer Boutique mit Kunsthandwerk und Kleidung sowie einem sonnigen Innenhof. Hierher kommen viele gern, um zu Mittag zu essen oder einfach nur zu relaxen. Seit dem Jahr 2002 dient DARNA als Gemeinschaftshaus, das bedürftigen Frauen aus der Gegend hilft, z. B. solchen, die sich von den Auswirkungen einer Scheidung erholen müssen.

★ Las Chicas KUNST & KUNSTHANDWERK, KLEIDUNG
(Karte S. 244; ☎0539 37 45 10; 52 Kacem Guenoun, Porte de la Kasbah; ⌚Mo–Sa 10–19 Uhr) Der Laden gleich außerhalb der Kasbah beherbergt eine bunte Mischung von Kunst, Haushaltswaren, Kosmetik und exklusiven Designerklamotten sowie ein Café. Er bietet eine nette Abwechslung zum gewöhnlichen marokkanischen Stil und ist einen Besuch absolut wert.

Librairie des Colonnes BÜCHER
(Karte S. 250; ☎5399 93 69 55; 54 Blvd Pasteur; ⌚Mo–Sa 9.30–13 & 16–19 Uhr) Ein berühmtes Wahrzeichen mit wunderbarer Architektur und der beste Buchladen von Tanger mit einer guten Auswahl englischer Bücher. Es finden häufig Lesungen und andere Veranstaltungen statt, oft mit den Autoren selbst. Einst gingen Paul Bowles, Jean Genet, Samuel Becket und William Burroughs hier ein und aus – der Laden ist einfach eine Institution.

Ensemble Artisanat KUNST & KUNSTHANDWERK
(Karte S. 240; Ecke Rue Belgique & Rue M'sallah; ⌚Sa–Do 9–13 & 15–19 Uhr) Wer sich lokales Kunsthandwerk ansehen und die Künstler bei der Arbeit beobachten möchte, sollte das von der Regierung unterstützte Kunst- und Handwerkszentrum ansteuern. Hier wird nicht gehandelt – die Preise sind festgelegt und auch viel höher als in den Suks.

Bazar Tindouf ANTIQUITÄTEN
(Karte S. 240; 72 Rue de la Liberté; ⌚10–19 Uhr) Dieser Laden gegenüber vom El-Minzah Hotel platzt vor Antiquitäten, Glas- und Kupferwaren, Keramik, Lampen, Schmuck, Kleidung und mehr aus allen Nähten. Hier lohnt sich das Stöbern auf jeden Fall.

El Tapisero KUNST & KUNSTHANDWERK
(Karte S. 240; ☎0539 94 56 81; www.eltapisero.com; 61 Blvd Yacoub el Mansour, Charf; ⌚Mo–Do 9.30–13 & 15–19, Fr & Sa 9.30–12 Uhr) Sogar Madonna hat hier schon einen handgeknüpften Teppich gekauft. Das Personal dieses Unternehmens ist sehr kreativ und arbeitet mit einigen bedeutenden Dekorateuren aus Europa zusammen. Pro Quadratmeter ist mit einem Preis von 50 bis 250 € zu rechnen.

La Casa Barata MARKT
(Ave Abou Kacem Sebti; ⌚Do & So 9–20 Uhr) Wörtlich heißt dieser große Trödelmarkt „das billige Haus". Hier gibt es von Gemüse

TANGER MIT KINDERN

Der **M'Nar Park** (☎0539 34 38 29; www.facebook.com/pages/Mnar-Park-Piscine/485227728156690; Cap Malabata; Aquapark Erw./Kind 100/50 Dh; ⌚Pool 15. Juni–15. Sept.) ist das reinste Paradies für Kinder. Die Anlage auf den Klippen südlich des Cap Malabata bietet einen tollen Blick auf die Bucht von Tanger und verfügt über einen Wasserpark, einen elektronischen Spielepark, eine Kartbahn, einen kleinen Zug, einen Mini-Fußballplatz, Restaurants, ein Café und 38 Wohnbungalows für Familien.

In Tanger selbst und nahe dem Grand Socco bietet der Mendoubia-Park (S. 242) Wiesen zum Fußballspielen und Schaukeln, so dass sich der Nachwuchs so richtig austoben kann.

über Elektroartikel bis hin zu Teppichen alles, was man sich nur vorstellen kann; es ist also die beste Gelegenheit, wahre Schätze zu entdecken – und ein Erlebnis für sich.

Fès-Markt
(Karte S. 240) Auf diesem Markt westlich vom Stadtzentrum bekommt man importierten Käse und andere Köstlichkeiten.

Praktische Informationen

GEFAHREN & ÄRGERNISSE

Wie in jeder größeren Stadt ist es ratsam, sich stets in belebten Gegenden aufzuhalten und nachts ein Taxi zu nehmen. Frauen, die nach 22 Uhr allein unterwegs sind, werden mitunter belästigt und sollten bei Dunkelheit die Hafengegend meiden. Wer ein ernstes Problem hat und Hilfe von den Behörden braucht, wendet sich an die **Brigade Touristique** (Touristenpolizei; ☎177; Av Mohammed VI., Tanger Port).

GELD

An den Blvds Pasteur und Mohammed V finden sich zahlreiche Banken mit Geldautomaten und Wechselstuben *(bureau de change)*. Außerhalb der Öffnungszeiten wechseln auch die großen Hotels Geld.

BMCE (Karte S. 250; Blvd Pasteur; ⏲Mo–Fr 8–16 Uhr) Eine von vielen Banken in der Gegend.

Societé Générale Bank Geldautomat und -wechsel.

INTERNET

Espace Net (Karte S. 250; 16 Ave Mexique; 5 Dh/Std.; ⏲9.30–13 Uhr) Internetcafé.

MEDIZINISCHE VERSORGUNG

Hôpital Mohammed V (Karte S. 240; ☎0539 93 08 56; Ave Moulay Rachid) Dies ist ein Krankenhaus.

Clinique du Croissant Rouge (Karte S. 240; ☎0539 94 69 76, 0539 94 69 76; 6 Rue al-Mansour Dahabi) Rote-Kreuz-Klinik. An der Straße zum Flughafen.

Anegay-Apotheke (Karte S. 244; Rue as-Siaghin; ⏲Mo–Sa 8–18 Uhr) Apotheke.

ORIENTIERUNG

Tanger lässt sich in die alte, von der Stadtmauer umgebene Medina (Altstadt) und die Ville Nouvelle (Neustadt) unterteilen. Die Medina umfasst eine Kasbah (ummauerte Festung des Sultans), den historischen Treffpunkt Petit Socco (auch bekannt als Socco Chico) im Zentrum, und natürlich die Suks. Der größere Grand Socco (der jetzt offiziell Pl du 9 Avril 1947 heißt), ist ein hübscher Platz mit Springbrunnen in der Mitte. Er verbindet die beiden Teile der Stadt und ist der Eingang zur Medina – wie im Bilderbuch.

POST

Hauptpost (Karte S. 240; Ecke Rue Quevada & Av Mohammed V, ⏲Mo–Fr 8–16 Uhr) Die Ausgabestelle für postlagernde Sendungen befindet sich an der Ecke ganz rechts, die Paketpost auf der Südseite des Gebäudes.

REISEBÜROS

In diese beiden Reisebüros bekommt man Fähr- und Flugtickets.

Carlson Wagonlit (Karte S. 250; ☎0539 33 10 24; 91 Rue de la Liberté; ⏲Mo–Fr 9–13 & 15–18 Uhr).

Hispamaroc (Karte S. 250; ☎0539 93 21 78; hispamaroc@mamnet.net.ma; 2 Rue el-Jabha el-Ouatania; ⏲Mo–Fr 9–13 & 15–18 Uhr)

TOURISTENINFORMATION

Délégation Régionale du Tourisme (Karte S. 250; ☎0539 94 80 50; 29 Blvd Pasteur; ⏲Mo–Fr 9–13 & 15–18 Uhr) Leider haben es die jüngsten Investitionen in die touristische Infrastruktur nicht bis hierher geschafft. Man bekommt hier nur mündliche Auskünfte, aber nichts Gedrucktes. Im Hôtel de Paris auf der anderen Straßenseite gibt's zahlreiche Broschüren, und das Personal ist hilfsbereit.

An- und Weiterreise

Tanger ist wahrscheinlich die am besten ans Verkehrsnetz angeschlossene Stadt Marokkos: Hier gibt es einen Fährhafen, einen internationalen Flughafen, einen Zug- und einen Busbahnhof.

AUTO

Die größeren Autovermieter befinden sich am Flughafen. Folgende Anbieter haben auch Filialen in der Stadt:

Avis (Karte S. 250; ☎0539 93 46 46; www.avis.com/car-rental/location/AFR/MA/Tanger; 54 Blvd Pasteur; ⏲Mo–Sa 8–19, So 8–12 Uhr)

Budget (Karte S. 240; ☎0531 06 09 51; Bahnhof Tanger Ville; ⏲Mo–Fr 8.30–12 & 14.30–19, Sa 9–12 & 15–18, So 9–12 Uhr)

Hertz (Karte S. 240; ☎0539 32 21 65; 36 Ave Mohammed V; ⏲Mo–Fr 8–12 & 14.30–18.30, Sa 9–12 & 15–18, So 9–12 Uhr)

Ein halbwegs sicheres und günstig gelegenes **Parkhaus** (42 Rue Hollande; pro Std./Nacht/24 Std. 2/15/25 Dh) befindet sich neben dem Dawliz-Komplex.

In der Stadt gibt es mehrere Tankstellen:

BUS

Die CTM-Busse fahren vom **Hauptbusbahnhof** (*gare routière*; ☎0539 94 69 28; Pl Jamaa el-Arabia) ab, rund 2 km südlich des Zentrums nahe der syrischen Moschee. Die nicht gerade marokkanisch aussehenden Minarette sind eine gute Orientierungshilfe. Zu den Zielen gehören:

ZIEL	PREIS (DH)	DAUER (STD.)
Casablanca	150	5½
Chefchaouen	50	3
Fès	125	6
Marrakesch	250	10
Meknès	100	5
Rabat	115	4
Tétouan	25	1

Busse preiswerterer Unternehmen starten ebenfalls am Hauptbusbahnhof. Diese fahren regelmäßig in dieselben Städte wie die CTM-Busse, außerdem nach Al-Hoceima (105 Dh, 10 Std.) und Fnideq (25 Dh, 1½ Std.); Letzteres ist ein kleiner Ort 3 km entfernt von der Grenze bei Ceuta. Ein Taxi mit Zähler zum/vom Stadtzentrum kostet rund 10 Dh.

Am Hauptbusbahnhof gibt es eine **Gepäckaufbewahrung** (5–7 Dh/Stück & 24 Std.; ⌚5–1 Uhr).

FLUGZEUG

Der internationale e **Ibn-Batouta-Flughafen** (☎0539 39 37 20) liegt 15 km südwestlich des Stadtzentrums. Hier starten und landen einige Billigflieger (darunter easyJet, RyanAir und Air Arabia) sowie Iberia und Royal Air Maroc. Im Internet findet man die neuesten Anbieter und aktuellsten Flugpläne; diese ändern sich ständig.

SCHIFF/FÄHRE

Tanger hat zwei Häfen: **Tanger Port** (Karte S. 240; in der Stadt) und den neueren Tanger-Med-Fährterminal, 48 km östlich entlang der Küste.

Von Tanger Port aus fahren schnelle Katamarane von **FRS** (www.frs.es) und **Inter Shipping** (www.intershipping.es) nach Tarifa (350 Dh, 40 Min.). Täglich gibt es mehr als ein Dutzend Verbindungen; die Anbieter wechseln stündlich. Das Ticket beinhaltet auf Vorlage einen kostenlosen Bustransfer nach Algeciras (50 Min.).

Fahrkarten bekommt man an den **Ticketschaltern** der Unternehmen vor dem Fährterminal am Tanger Port, im Fährterminal selbst sowie in fast jedem Reisebüro in der Stadt. Jeder Reisende sollte unbedingt ein Ausreiseformular ausfüllen, um späteren Ärger zu vermeiden.

Von Tanger Med gehen die meisten Verbindungen nach Algeciras. Ein Shuttle-Bus (25 Dh) verlässt Tanger Med zu jeder vollen Stunde in Richtung Busbahnhof; die Fahrt dauert 45 Min.

Während der Saison (vor allem an Ostern, sowie in der letzten August- und der letzten Oktoberwoche) sollte man im Voraus buchen, das Ticket eine Stunde vor Abfahrt abholen und durch die Passkontrolle gehen. Zudem sollte man den Zeitunterschied zwischen Marokko und Spanien nicht vergessen (Marokko ist eine Stunde zurück, während des Ramadans zwei Stunden). Außerdem sollte man darauf achten, dass der Pass vor der Ankunft in Marokko auf der Fähre gestempelt wird.

TAXI

Der **Grand-Taxi**-Stand (eine Art Sammeltaxi) für Ziele außerhalb Tangers liegt gegenüber vom Hauptbusbahnhof. Zu den häufigsten Zielen gehören Tétouan (35 Dh, 1 Std., hier kann man in Richtung Chefchaouen umsteigen), Asilah (20 Dh, 30 Min.) und Larache (35 Dh, 1½ Std.). Wer nach Ceuta will, muss zuerst nach Fnideq (30 Dh, 1 Std.), 3 km von der Grenze entfernt. Es gibt keine Taxis, die direkt zur Grenze (Bab Sebta) fahren. *Grands taxis* nach Tétouan warten regelmäßig auf Züge, die am Bahnhof Tanger Ville ankommen. Wer in die Randbezirke von Tanger möchte, z. B. zu den Grottes d'Hercule oder zum Cap Malabata, geht zum **Grand-Taxi**-Stand am Grand Socco.

ZUG

Tanger Ville ist ein sehr entspannter Bahnhof, obwohl er gerade umfassend renoviert wird, um als Endbahnhof für die geplante TGV-Strecke nach Casablanca zu dienen. Züge fahren täglich nach Meknès (90 Dh), Fès (111 Dh), Rabat (101 Dh), Casablanca (132 Dh) und Marrakesch (216 Dh). Es gibt auch einen Nachtzug mit Liegewagen, den berühmten *Marrakesh Express*, für den im Voraus reserviert werden sollte (EZ 660 Dh, DZ 470 Dh/Pers., Liegewagen 370 Dh). Ein *petit taxi* zum/vom Zentrum Tangers erleichtert die Reisekasse um rund 10 Dh.

ℹ Unterwegs vor Ort

BUS

Busse sind nicht unbedingt notwendig, um sich in Tanger fortzubewegen, es gibt aber zwei ganz nützliche Verbindungen. Bus 13 fährt vom Bahnhof über die Ave Mohammed VI. zum Tanger Port, Bus 17 pendelt zwischen Bahnhof und Hauptbusbahnhof (S. 254).

VOM/ZUM FLUGHAFEN ODER VON/NACH TANGER MED

Ibn Batouta Airport Ein *grand taxi* vom Tanger Port braucht 15 Minuten und kostet 150 Dh. Wer vom Flughafen aus mit dem Bus fahren möchte, nimmt Bus 17 oder 70 zum Grand Socco, muss aber noch 2 km zur Hauptstraße laufen.

Tanger Med Ein Shuttle-Bus fährt stündlich von Tanger Med zum Hauptbusbahnhof in der Nähe vom Tanger Port (25 Dh, 45 Min.). Der Fahrer lässt einen auf Nachfrage in der Nähe des Bahnhofs aussteigen.

TAXI

Petits taxis sind an ihrer ultramarinblauen Lackierung und den gelben Streifen an der Seite zu erkennen. Sie übernehmen Standardfahrten in der Stadt. Nachts wird ein Aufschlag von 50 % fällig. In Tanger fehl es an Taxis, vor allem während der Urlaubszeit. Tipp: Es ist durchaus möglich, Taxis anzuhalten, die bereits besetzt sind, in denen aber noch ein Platz frei ist.

Cap Spartel راس سبارطيل

Nur 14 km westlich von Tanger liegt Cap Spartel, der nordwestlichste Punkt der afrikanischen Atlantikküste. Einheimische und Traveller besuchen die Gegend gern im Rahmen eines Tagesausflugs. Eine spektakuläre Autofahrt führt durch La Montagne, ein Nobelviertel mit königlichen Palästen und Villen, und über die pinienbewachsene Landspitze zum (allerdings geschlossenen) Cap-Spartel-Leuchtturm. Die südlichen Strände sind außerhalb der Saison sauber und ruhig; mit etwas Glück findet man sogar eine eigene, private Bucht zum Relaxen.

Sehenswertes

Grottes d'Hercule HÖHLE

(5 Dh; 8 Uhr–Dämmerung) Unterhalb des Cap Spartel erstreckt sich die **Plage Robinson** gen Süden. An diesem Sandstreifen kann man einen ausgedehnten Spaziergang unternehmen. 5 km weiter erreicht man die Grottes d'Hercule – Herkules' mythische Behausung – neben dem Hôtel Le Mirage. Seit den 1920er-Jahren wurde in den Höhlen das Material für Mühlsteine abgebaut, außerdem arbeiteten Prostituierte darin, und reiche Berühmtheiten aus Tanger feierten hier ihre Privatpartys.

Der oft fotografierte Blick auf den Atlantik aus den Höhlen erinnert an die Umrisse Afrikas. Gleich vor dem Eingang auf der rechten Seite kann man auf einem Kamel reiten.

Schlafen & Essen

Camping Achakkar CAMPINGPLATZ €

(0612 24 97 27; Stellplatz 25 Dh/Pers. zzgl. 25/20/45 Dh pro Zelt/Auto/Wohnwagen, Bungalow 250–550 Dh, Warmwasserdusche 20 Dh;) Dieser schattige Platz unweit der Höhlen bietet saubere Einrichtungen und warmes Wasser (Strom 30 Dh). Es gibt einen Laden für die notwendigsten Dinge und ein Café, das Frühstück (35 Dh), Panini, *shwarma* und Pasta serviert.

Le Mirage HOTEL €€€

(0539 33 33 32; www.lemirage.com; Cap Spartel; DZ ab 2600 Dh;) Gehört zu den besten Hotels in der Gegend um Tanger und thront auf den Klippen neben den Höhlen. Das Le Mirage bietet einen Blick über kilometerlange, breite Atlantikstrände. Die Bungalows sind ausgezeichnet, was man bei dem Preis auch erwarten darf; außerdem gehören ein Spa und ein Golfplatz zur Anlage.

Nichtgäste können im makellosen Restaurant (Gerichte ca. 500 Dh) schlemmen oder sich unter der Pergola einen Drink genehmigen. Von der sonnigen Terrasse sieht man die römischen Ruinen von Cotta, wo einst Fischöl verarbeitet wurde.

Cap Spartel Café & Restaurant MAROKKANISCH €

(0539 93 37 22; Cap Spartel; Frühstück 22 Dh, Panini 30 Dh; P) Das Restaurant neben dem Leuchtturm ist ein beliebtes Wochenendziel. In einem hübschen Garten mit Meerblick werden gute Säfte, süße und herzhafte Crêpes, Panini und Pizza serviert.

An- & Weiterreise

Grands taxis sind das beste Transportmittel, um von Tanger zum Cap Spartel zu kommen. Hin- und Rückfahrt kosten zusammen um die 200 Dh (inkl. Wartezeit). Die Taxis starten am Haupteingang der Sankt-Andreas-Kirche in Tanger.

Straße nach Ceuta

Die landschaftlich reizvolle Straße von Tanger nach Ceuta lohnt eine Fahrt: grüne Flickenteppiche aus Feldern, hübsche Bergstraßen, sanfte Hügel, felsige Landzungen und gute Sandstrände zeigen eine andere Seite Marokkos.

Die Straße beginnt am Cap Malabata, der Landzunge gegenüber von Tanger. Entlang der Küstenstraße liegen teure Apartments, ein Golfplatz und der große M'nar Park (S. 253), ein toller Ort für Kinder mit einem Restaurant mit Blick auf Tanger.

Weitere Häuser befinden sich erst 25 km weiter entlang der Küste in Ksar es-Seghir. Dieser kleine Fischerhafen, der von den Ruinen einer portugiesischen Festung dominiert wird, hat einen Jachthafen und einen Strand, der im Sommer beliebt ist. Direkt dahinter sieht man Tanger Med, den riesigen Container- und Fährhafen 48 km von Tanger entfernt.

Etwa 10 km weiter ragt der riesige Jbel Musa aus dem Meer empor, eine der uralten Säulen des Herkules. Die Aussicht entlang der hübschen Bergstraße ist spektakulär.

Grands taxis verkehren entlang der Straße zwischen Tanger und Fnideq, von wo aus man weiter nach Ceuta fahren kann.

Ceuta (Sebta) سبتة

84960 EW.

Ceuta ist eines der wenigen spanischen Besitztümer an der Küste Marokkos. Die Stadt liegt auf einer Halbinsel, die ins Mittelmeer hinausragt, und hält eine fantastische Architektur, interessante Museen und ausgezeichnetes Essen auf kleinstem Raum für Besucher bereit. Darüber hinaus wartet sie mit einem entspannenden Wasserpark und erfrischenden Naturpfaden auf. Bei Nacht ist der Ort dank seiner Silhouette aus kunstvoll erleuchteten Gebäuden und ausladenden Palmen besonders schön.

Wenn man von Marokko her kommt, öffnet einem Ceuta die Augen. Man passiert einen 400 m breiten Streifen Niemandsland mit planlos aufgestellten Barrikaden – Zeugnisse der Bemühungen der EU, illegale Migration nach Europa zu verhindern. Dahinter wird man geblendet von der spanischen Kultur, einer relaxten Welt aus hübschen Plätzen und leckeren Tapasbars, wo bis in die frühen Morgenstunden etwas los ist. Das Phänomen, quasi eine eigene kulturelle Insel zu sein, ist typisch für Ceuta. Es erklärt die Präsenz des spanischen Militärs, die Einwanderer, den Duty-Free-Einkaufsbereich, den zwielichtigen Grenzhandel und den Tourismus. Ceuta bietet sich als perfekter Rückzugsort für ein Wochenende an.

Geschichte

Einst war Ceuta eine Siedlung des Römischen Reiches. Deren arabischer Name Sebta leitet sich von *septem Fratres*, dem lateinischen Namen der Stadt ab. Für kurze Zeit geriet der Ort unter die Kontrolle des Byzantinischen Reiches, und 931 rissen es sich die Omajaden aus dem muslimischen Spanien unter den Nagel – davon leiten die Spanier übrigens ihren historischen Anspruch ab. In den folgenden 500 Jahren rangelten spanische Prinzen, marokkanische Sultane und portugiesische Könige um dieses Sahnestück am Nordostzipfel Afrikas. Als sich Portugal und Spanien 1580 unter einer gemeinsamen Krone zusammentaten, kehrte etwas Ruhe ein, und Ceuta ging kampflos an Spanien. Nachdem sich die beiden Länder 1640 wieder getrennt hatten, blieb die Stadt spanisch und ist es bis heute.

SPANISCH

Hallo/Auf Wiedersehen *¡Hola!/¡Adios!*

Ja/Nein *Sí/No*

Bitte/Danke *Por favor/Gracias*

Wo ist ...? *¿Dónde está ...?*

- **Hotel** *hotel*
- **Pension** *pensíon*
- **Campingplatz** *camping*

Haben Sie freie Zimmer? *¿Tiene habitaciones libres?*

- **ein Einzelzimmer** *una habitación individual*
- **ein Doppelzimmer** *una habitación doble*

Wieviel kostet das? *¿Cuánto cuesta?*

Wann fährt der/die nächste ...? *¿A qué hora sale/llega el próximo ...?*

- **Fähre** *barca*
- **Bus** *autobús*

Ich hätte gerne ein/e/n ... *Quisiera un...*

- **einfache Fahrkarte** *billete sencillo*
- **Hin- und Rückfahrkarte** *billete de ida y vuelta*
- **Bier** *cerveza*
- **Sandwich** *bocadillo*

Sehenswertes & Aktivitäten

★ **Plaza de Africa** WAHRZEICHEN

(Karte S. 258) Ceutas bezauberndes Herz ist von der gepflegten, tropischen Bepflanzung, dem Platz aus Pflastersteinen und der besten Architektur der Stadt geprägt.

Bewegt man sich im Uhrzeigersinn von dem langgezogenen, für Besucher geschlossenen militärischen Hauptquartier, der **Commandancia General**, aus voran, gelangt man zum auffälligen gelben **Santuario de Nuestra Señora de Africa** (Mo–Sa 9–13 & 17–21, So & Feiertage 9–13 & 18.30–21 Uhr); dem aus dem 19. Jh. stammende **Palacio de Asamblea** und schließlich wäre da noch die **Catedral Santa Maria de la Asuncion** (0956 51 77 71; Di–So 9–13 & 18–20 Uhr, Museum Di–Sa 10–13 Uhr) mit ihrem Museum. In der Mitte des Platzes erinnert ein Denkmal an die Soldaten, die im spanisch-marokkanischen Krieg von 1860, bei dem es um die Grenzen von Ceuta ging, ihr Leben verloren.

Ceuta

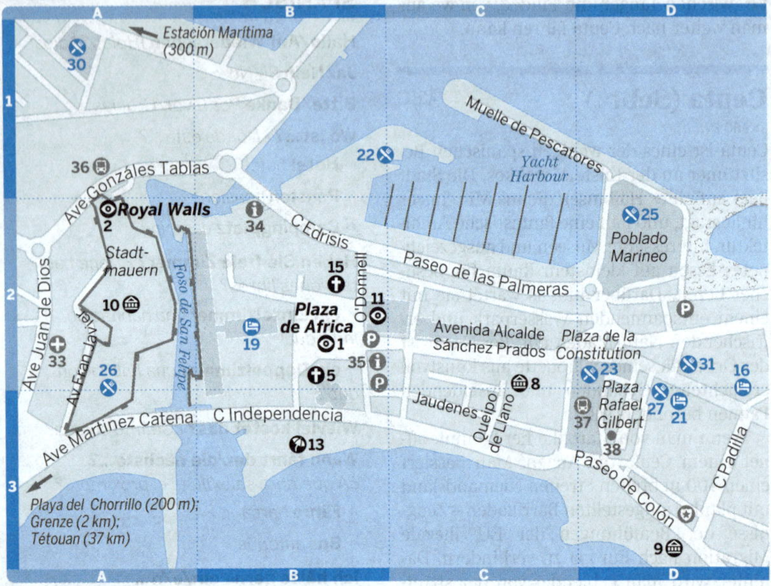

Ceuta

Highlights

1 Plaza de Africa ... B2
2 Königsmauern ... A2

Sehenswertes

3 Baños Arabes ... F2
4 Casa de Los Dragones ... E3
5 Cathedral Santa Maria de la Asuncion ... B2
6 Iglesia de San Francisco ... E3
7 Museo de Ceuta ... E3
8 Museo de la Basilica Tardorromana ... C2
9 Museo de la Legión ... D3
10 Museo de los Muralles Reales ... A2
11 Palacio de Asamblea ... B2
12 Parque Marítimo del Mediterráneo ... E2
13 Playa de la Ribera ... B3
14 Plaza de los Reyes ... E3
15 Santuario de Nuestra Señora de Africa ... B2

Schlafen

16 Hostal Central ... D2
17 Hostal Plaza Ruiz ... E3
18 Hotel Ulises ... E3
19 Parador Hotel La Muralla ... B2
20 Pensión Charito ... F2
21 Pensión La Bohemia ... D3

Essen

22 Cala Carlota ... B1
23 Zentraler Markt ... D2
24 Charlotte ... E3
25 El Refectorio ... D2
26 El Secreto de Yuste ... A2
27 Gran Muralla ... D3
28 Mesón el Bache ... E3
29 Mesón el Cortijo ... E3
30 Supersol-Supermarkt ... A1
31 Vincentino Pastelería ... D2

Ausgehen & Nachtleben

32 Dublin ... E2

Praktisches

33 Instituto Gestión Sanitario ... A2
34 Haupttouristeninformation ... B2
35 Plaza-de-Africa-Kiosk ... B2

Transport

36 Busse zur Grenze ... A1
Busse zur Grenze ... (siehe 37)
37 Lokalbusbahnhof ... D3
38 Renfe-Büro ... D3

★ **Königsmauern** ARCHITEKTUR
(Karte S. 258; Ave González Tablas; ⌚ 10–14 & 17–20 Uhr) GRATIS Die eindrucksvollste Sehenswürdigkeit der Stadt sind die mittelalterlichen Königsmauern, die auf das 5. Jh. zurückgehen. Diese großflächige, strategisch raffiniert verschachtelte Befestigungsanlage wurde liebevoll restauriert und mit Informationstafeln in mehreren Sprachen versehen.

➡ **Museo de los Muralles Reales** MUSEUM
(Karte S. 258; Ave González Tablas; ⌚ Di–Sa 11–14 & 17–21 Uhr) GRATIS Diese Galerie zeigt wechselnde Kunstausstellungen. Aus der trutzigen Architektur der Festung wurde dieses wunderschön gestaltete Museum geformt, das unabhängig von der aktuellen Ausstellung einen Besuch wert ist. Wer Glück hat, trifft hier auf den lokalen Künstler Diego Canca – seine Arbeiten muss man auf jeden Fall gesehen haben.

Museo de la Basilica Tardorromana MUSEUM
(Karte S. 258; ⌚ Mo–Sa 10–13.30 & 17–19.30, So 10–13.30 Uhr) GRATIS Dieses hervorragende unterirdische Museum wurde in die architektonischen Überreste einer uralten Basilika integriert, die in den 1980er-Jahren während Straßenarbeiten entdeckt wurde. Zu der Anlage gehört eine Brücke über offene Gräber, in denen Skelette liegen. Über die Artefakte werden viele Geschehnisse der Lokalgeschichte vermittelt. Zwar ist alles nur auf Spanisch beschrieben, aber ein Besuch lohnt sich auf jeden Fall. Der Eingang befindet sich in der Calle Queipo de Llano.

Museo de la Legión MUSEUM
(Karte S. 258; ☎ 0956 52 64 58; Paseo de Colón; Spenden erwünscht; ⌚ Mo–Sa 10–13.30 Uhr) GRATIS Dieses verblüffende Museum ist der Spanischen Legion gewidmet und wird auch von ihr unterhalten. Die Armeeeinheit wurde 1920 gegründet und spielte eine entscheidende Rolle in Francos republikanischer Armee. Hier entdeckt man zahlreiche Erinnerungsstücke, Waffen und Uniformen, natürlich alles in Glanz und Gloria dargestellt. Besucher bekommen einen faszinierenden Einblick in die militärische Kultur von Spanisch-Marokko.

Hier findet man die gebieterischen Statue des faschistischen Diktators Franco, die Erklärung, wie der Gründer der Legion, Millan Astray, sein rechtes Auge verlor und die Geschichte der Legion im Film. Es gibt geführte Touren in verschiedenen Sprachen.

Playa de la Ribera & Playa del Chorillo STRAND
(Karte S. 258) Ceutas zwei Strände sind gepflegt und günstig gelegen, der Sand allerdings ist langweilig grau.

Casa de Los Dragones ARCHITEKTUR
(Karte S. 258; Drachenhaus) Die Casa de los Dragones an der Plaza de los Reyes erscheint wie ein fantastischer, wahr gewordener Traum. Dieses ehemalige Wohnhaus ist ein außergewöhnliches Beispiel eklektischer Architektur, mit maurischen Bogen, polierten Backsteinfassaden, Mansardendächern, fabelhaften Balkonen und dem *pièce de résistance*: vier gewaltigen dunklen Drachen, die vom Dach springen. Leider ist das Haus nicht öffentlich zugänglich.

Plaza de los Reyes WAHRZEICHEN
(Karte S. 258) Ein grüner Triumphbogen (mit der Inschrift „Ein Denkmal für Koexistenz") und ein Brunnen schmücken den Platz um die gelbe **Iglesia de San Francisco** mit ihren Zwillingstürmen.

Museo de Ceuta MUSEUM
(Karte S. 258; ☎ 0956 51 73 98; 30 Paseo del Revellín; ⌚ Juni–Sept. Mo–Sa 11–14 & 18–21 Uhr) GRATIS Das in die Jahre gekommene Stadtmuseum verfügt über eine kleine Sammlung,

INSIDERWISSEN

FÜR SELBSTVERSORGER

Hier kann man sich für die Fähr- und Autofahrten eindecken:

Zentraler Markt (Mo–Sa 8–15 Uhr) Dieser riesige Markt ist der beste Ort, um frisches Fleisch und Gemüse sowie Obst einzukaufen; hier herrscht eine lebendige Atmosphäre.

Supersol-Supermarkt (Av Muelle Cañonero Dato; 9–21 Uhr) Ideal, um sich mit Grundnahrungsmitteln und Leckereien einzudecken. Es gibt eine kleinere Filiale im Stadtzentrum an der Dean Navarro Acuña.

die die Geschichte der Halbinsel vor der Zeit der Spanier erläutert (spanisch). Interessanter sind die Wechselausstellungen.

Parque Marítimo del Mediterráneo PARK
(Karte S. 258; Erw./Kind 4,80/3,70 €; Juni–Aug. 11–20 Uhr) Dieser fantasievoll konstruierte Wasserpark ist im Sommer nicht zu toppen und eignet sich perfekt für Familien. Er ist einer von mehreren Parks, die von dem Künstler und Architekten César Manrique entwickelt wurden. Manrique ließ sich von den Stadtmauern inspirieren und baute eine riesige Poolanlage ins Meer, komplett mit großer Lagune und Salzwasserpools. Das alles wird von zehn Bars, Kneipen, Restaurants Cafés und einer Disko eingerahmt.

Auf einer Insel in der Mitte befindet sich ein Kasino im Stil einer Festung (geöffnet ab 22 Uhr). Eine Ausstellung zu Manriques Arbeiten befindet sich gleich hinter dem Eingang, 50 m auf der rechten Seite.

Baños Arabes HISTORISCHES GEBÄUDE
(Karte S. 258; Calle Arrabal 16; 11.30–13.30 & 18.30–20.30 Uhr) Nur durch Zufall wurden die alten arabischen Bäder bei Bauarbeiten entdeckt. Sie liegen an einer Hauptstraße und sind eine Attraktion, die ansonsten nicht gerade in die Umgebung passt. Beide Bäder verfügen über Gewölbedecken, die ursprünglich mit Marmor verziert waren – in früheren Zeiten eine Art Hightech-Spa.

Monte Hacho LANDSCHAFT
An schönen Tagen bietet sich ein Spaziergang auf den Monte Hacho an. Karten gibt's entweder bei der Touristeninformation, oder man improvisiert und folgt der Küste. Da es von der Stadt aus bergauf geht, empfiehlt es sich, für die ersten zwei Drittel des Weges ein Taxi (15 €) zum **Mirador de San Antonio** nehmen, wo atemberaubende Ausblicke über Ceuta und weiter Richtung Norden nach Gibraltar locken.

Den Gipfel der Halbinsel krönt die massive **Fortaleza de Hacho**, eine Festung, die von den Byzantinern errichtet wurde. Da sie immer noch als aktive Militäreinrichtung dient, sind keine Besuche erlaubt. Im Uhrzeigersinn geht's nun die Hauptstraße wieder hinunter bis zum **Castillo del Desnarigado** (0956 51 17 70; Sa & So 11–14 Uhr) GRATIS.

García Aldave LANDSCHAFT
Wenn man sich alles andere angeschaut hat, durchquert man die García Aldave von Küste zu Küste entlang der N354 entweder mit dem Auto oder zu Fuß (eine Wanderkarte von der Touristeninformation ist hilfreich). Auf der Strecke befindet sich eine Reihe kreisförmiger, neumittelalterlicher Wachttürme, die für Besucher geschlossen sind. Einige davon sieht man vom ausgezeichneten **Mirador de Isabel II**, der mit tollen Ausblicken über die Landenge bis nach Monte Hacho aufwartet.

Am 1. November, dem Tag der Toten, pilgern Menschenmassen hierher, um der Verstorbenen zu gedenken.

Die Straße endet bei Benzú, einem kleinen Ort an der Nordküste, der gegenüber dem großartigen Jbel Musa auf der anderen Seite der Grenze liegt. Der Berg ist als „Tote oder Schlafende Frau" bekannt, da er aussieht wie eine Frau, die auf dem Rücken liegt. Bei einer Tasse Minztee kann man jetzt über die Sterblichkeit nachdenken.

Schlafen

Ceuta hat keine allzu große Unterkunftsauswahl. Wer erst später am Tag ankommt, sollte daher vorab reservieren. Fast alle günstigen Unterkünfte sind *pensiónes* (Pensionen), teilweise erkennbar am großen blau-weißen „CH"-Schild.

★ **Pensión La Bohemia** HOTEL €
(Karte S. 258; 0956 51 06 15; 16 Paseo del Revellín; ohne Bad 30 €/Pers.) Eine gut geführte Unterkunft über einer Einkaufsarkade. Hier übernachtet man in hellen, makellosen Zimmern, die sich um einen Innenhof gruppieren und mit Blumentöpfen, glänzenden Fliesenböden, TV, Ventilatoren sowie zahllosen Bildern von Marilyn Monroe aufwarten. In den Gemeinschaftsbädern gibt's genügend

heißes Wasser und Gemeinschaftsduschen. Einige Zimmer haben nur Innenfenster.

Pensión Charito HOSTEL €

(Karte S. 258; ☎0956 51 39 82; pcharito@terra.es; 1. Stock, 5 Calle Arrabal; 25 €/Pers.) Dank eines neuen, gut sichtbaren „CH"-Zeichens ist das grün- und cremefarbene Gebäude neben der Bar Bocatos José inzwischen recht gut zu erkennen. Das Haus ist außen zwar etwas heruntergekommen, aber das Innere ist sauber und gemütlich. Es gibt Warmwasserduschen und eine kleine, gut ausgestattete Küche. Wenn alle Zimmer belegt sind, sucht man manchmal vergeblich nach Angestellten.

Hotel Ulises HOTEL €€

(Karte S. 258; ☎0956 51 45 40; www.hotelulises.com; 5 Calle Camoens; EZ/DZ inkl. Frühstück 76/82 €;) Dieses Hotel bietet einen tollen Deal: eine hervorragende Lage, nahe gelegene Parkplätze und super Preise. Die Zimmer sind nicht riesig, aber alle mit TV und einige mit einem Balkon ausgestattet. Das Café macht sich auf dem Gehsteig breit und eignet sich perfekt, um bei Drinks und Tapas Leute zu beobachten.

Hostal Central HOTEL €€

(Karte S. 258; ☎0956 51 67 16; www.hostalesceuta.com; Paseo del Revellín; EZ/DZ 45/52 €;) Das einladende Hotel punktet vor allem mit seiner bezaubernden Lage. Alle Zimmer sind luftig und mit hübschen Kiefernmöbeln, Bädern sowie Kühlschränken ausgestattet. Die besten haben schmiedeeiserne Balkone mit Blick auf die Cafés an der Plaza.

Hostal Plaza Ruiz HOTEL €€

(Karte S. 258; ☎0956 51 67 33; www.hostalesceuta.com; 3 Plaza Ruiz; EZ/DZ 52/65 €;) Ein preiswertes, ausgezeichnet gelegenes Zwei-Sterne-Hotel mit einem hochmodernen Design. Die Zimmer sind winzig, aber makellos, alle haben Bad und Kühlschrank. In der Nebensaison werden die Preise deutlich reduziert.

Parador Hotel La Muralla HOTEL €€€

(Karte S. 258; ☎0956 51 49 40; www.parador.es/en/paradores/parador-de-ceuta; 15 Plaza de Africa; EZ/DZ ab 115/135 €;) Die Zimmer in dem geräumigen Vier-Sterne-Hotel auf der Plaza de Africa sind gemütlich, aber nicht luxuriös. Sie verfügen über einfache Holzböden, einfarbige Keramikfliesen und Balkone mit Blick auf den hübschen Palmengarten. Eine Café-Bar macht das Hotel zusätzlich attraktiv.

Essen & Ausgehen

Es gibt viele Bars und Fast-Food-Lokale beim Poblado Marinero, nahe dem Parque Marítimo del Mediterráneo.

★ **Mesón el Cortijo** TAPAS €

(Karte S. 258; ☎0956 51 19 83; 14 Calle Cervantes; Tapas ab 2 €; 13–24 Uhr) Hier treffen sich die Einwohner des Viertels zu Tapas, *cerveza* (Bier) und Herzenswärme. Man erfährt die aktuellen Fußballergebnisse und den neuesten Tratsch und kann dabei sein Spanisch aufpolieren.

Charlotte CAFÉ €

(Karte S. 258; Plaza de los Reyes; Frühstück 4 €, Tapas ab 2 €; 9–24 Uhr) Hat alles, was das Herz begehrt, egal zu welcher Tageszeit: Frühstück, ein Sandwich zum Mittagessen, Bier, Cocktails und Tapas. Die flotte, kompetente Bedingung und die Lage mitten auf dem Platz, von dem aus man perfekt Leute beobachten kann, machen das Café zu einem beliebten Treffpunkt.

Mesón el Bache TAPAS €

(Karte S. 258; ☎0956 51 66 42; Sargento Mena Algeciras; Tapas 2,50 €, Raciones ab 10 €; Mo–Sa 9–15 & 20.30–24 Uhr) Direkt unterhalb der Plaza de los Reyes mit Blick auf den Hafen verspeist man seine Tapas in einer rustikalen Jagdhütte. Die Einheimischen lieben die Bar vor allem wegen der Sportübertragungen und auch deshalb, weil man zu jedem Getränk eine kostenlose Tapa bekommt.

Vincentino Pastelería CAFÉ €

(Karte S. 258; Calle Alférez Bayton; Sandwiches 2 €, Bocadillos 2,50 €; 8–23 Uhr) Den ganzen Tag sind hier die Eiscreme, die Sandwiches, das leckere Gebäck und der hervorragende Kaffee stark gefragt. Sitzen kann man drinnen und draußen.

El Secreto de Yuste SPANISCH €

(Karte S. 258; ☎0659 67 18 14; 1 Muralles Reales; Menü 6 €; 13.30–0.45 Uhr) Wer immer schon mal hinter königlichen Mauern tafeln wollte, bekommt hier seine Chance. Auf der kurzen Speisekarte stehen Fleisch und Meeresfrüchte aus der Region – den Rest besorgt die einzigartige Atmosphäre. Gäste können auch draußen am Schlossgraben sitzen.

Gran Muralla CHINESISCH €

(Karte S. 258; ☎0956 51 76 25; Plaza de la Constitution; Hauptgerichte ab 7 €; Mo–Sa 12–16 & 19–23 Uhr) Wer genug vom einheimischen Essen hat, kann sich im Gran Muralla über chinesische Klassiker freuen. Die Tische am Fenster bieten Blick auf die Plaza und das Meer.

Cala Carlota SEAFOOD €€
(Karte S. 258; ☎ 0956 52 50 61; Real Club Nautico, Calle Edrisis; Hauptgerichte ab 8 €, Menü 15 €; ⏲ Mo–Sa 9–15 & 17–24, So 10–15 Uhr) Ein einfaches Restaurant im Club Nautico mit Blick auf den Jachthafen in erstklassiger Lage. Im Sommer bietet es Sitzgelegenheiten im Freien. Wer mit der planlosen Bedingung klarkommt, macht mit dem dreigängigen *menú del diá* (Tagesmenü) oder den ausgezeichneten Fischgerichten nichts falsch.

Den Weg kann man erheblich abkürzen, wenn man die Unterführung unter der Schnellstraße nimmt, die an der Haupttouristeninformation beginnt.

★ **El Refectorio** SPANISCH €€€
(Karte S. 258; ☎ 0956 51 38 84; www.elrefectorio.com; Poblado Marinero; Menü um die 40–55 €; ⏲ So & Mo 13–16.30 Uhr, Di–Sa 20.30–12.30 Uhr) El Refectorio ist für viele das beste Restaurant in Ceuta, und es hat auch eine gute Bar. Gegessen wird drinnen oder draußen, wobei der Balkon einen großartigen Meerblick ermöglicht. Ausgezeichnet sind hier Krustentiere, Fisch und Fleisch; auch die Weinkarte ist gut.

Dublin PUB
(Karte S. 258; Calle Delgado Serrano; ⏲ Mo–Sa 16–3 Uhr) Das Dublin ist zwar nur ein x-beliebiges Irish Pub, aber als Guinness-Fan ist man hier genau richtig. Wem die Lautstärke auf die Nerven geht, der setzt sich besser an einen Tisch im Freien. Die Kneipe liegt am Ende der Treppen, die an der Stelle beginnen, wo die Calle Delgado Serrano eine 90-Grad-Kurve macht.

ℹ Praktische Informationen

Um von außerhalb Spaniens in Ceuta anzurufen, wählt man die Vorwahl 0034. Nicht vergessen, dass es in Ceuta eine Stunde später ist als in Marokko (zwei während der Sommerzeit) und die meisten Geschäfte sonntags geschlossen haben!

> **INSIDERWISSEN**
>
> **TAPAS-VIERTEL**
>
> Die besten Tapas bekommt man in den Straßen hinter der Hauptpost und rund um die Calle Millán Astray nördlich der Calle Camoens. Neben Tapas servieren alle Lokale *raciones* (größere Tapas-Portionen) und *bocadillos* (Sandwiches).

GELD

In Ceuta zahlt man alles in Euro. An Geldautomaten mangelt es nicht. Außerhalb der Banköffnungszeiten kann man in den teureren Hotels Geld wechseln. Auf beiden Seiten der Grenze gibt's inoffizielle Geldwechsler, obwohl es eigentlich illegal ist, Dirham aus Marokko auszuführen.

MEDIZINISCHE VERSORGUNG

Instituto Gestión Sanitario (Karte S. 258; Ingesa; ☎ 0956 52 84 00; ⏲ 24 Std.) Neben der Königsmauer.

POST

Correos (Karte S. 258; 59 Calle Real; ⏲ Mo–Fr 8.30–20.30, Sa 9.30–14 Uhr) Post.

Hauptpost (Plaza de España; ⏲ Mo–Fr 8.30–20.30, Sa 9.30–14 Uhr)

REISEBÜROS

Reisebüros, die Fährtickets nach Algeciras verkaufen, säumen die Ave Muelle Cañonero Dato und den Zugang zur *estación marítima*.

TOURISTENINFORMATION

Ceutas Geschichte ist in der *ruta monumenta* dargestellt, einer Reihe von ausgezeichneten Informationsschildern auf Englisch und Spanisch, die vor den wichtigsten Gebäuden und Denkmälern stehen.

Haupttouristeninformation (Karte S. 258; ☎ 0956 20 05 60; Baluarte de los Mallorquines; ⏲ Mo–Fr 8.30–20.30, Sa & So 9–20 Uhr) Freundlich und hilfsbereit, mit guten Karten und Broschüren.

Plaza-de-Africa-Kiosk (Karte S. 258; ☎ 0956 52 81 46; ⏲ 15. Sept.–31. Mai 10–13 & 17–20 Uhr, 1. Juni–14. Sept. 10.30–13.30 & 18–21 Uhr) Ein Ableger der Haupttouristeninformation.

ℹ An- & Weiterreise

VON/NACH MAROKKO

Busse und *grands taxis* nach Ceuta halten meist bei Fnideq und nicht an der Grenze (Bab Sebta). Von hier ist es dann noch ein 1 km langer Fußmarsch, oder man nimmt ein Taxi für 5 Dh. Obwohl der Grenzübergang rund um die Uhr geöffnet ist, fahren zwischen 19 und 5 Uhr kaum öffentliche Verkehrsmittel.

Auf der marokkanischen Seite füllt man ein Ausreiseformular aus, entweder am Zollfenster – wenn man zu Fuß ist – oder am Registrierungsfenster für Fahrzeuge. Vorsicht vor Straßenhändlern, die versuchen, das gleiche (kostenlose) Formular für ein paar Dirham zu verkaufen! Fahrer eines Mietwagens müssen nachweisen, dass sie berechtigt sind, mit dem Auto das Land zu verlassen. Der 100 m breite

Grenzübergang ist unglaublich chaotisch – etliche Male wird der Ausweis verlangt, und Fußgänger müssen sich häufig in die Autoschlangen einreihen.

Von der anderen Seite aus gibt's neben der marokkanischen Grenzkontrolle einen Stand mit *grands taxis*. Sie fahren regelmäßig nach Tétouan (20 Dh, 30 Min.), von wo aus man mit anderen Transportmitteln weiterkommt. Taxis nach Chefchaouen oder Tanger sind selten zu finden, und man muss in der Regel hart verhandeln, um ein Auto zu ergattern (Chefchaouen 300 Dh, 90 Min.; Tanger 200 Dh, 1 Std.). Eine gute Alternative ist ein *grand taxi* nach Fnideq (5 Dh, 10 Min.) direkt südlich der Grenze, wo bessere Transportmöglichkeiten nach Tanger (30 Dh, 1 Std.) bestehen.

VOM/NACH SPANIEN

Die unübersehbare **Estación Marítima** (Fährterminal; Calle Muelle Cañonero Dato) liegt westlich vom Stadtzentrum. Täglich starten hier mehrere Hochgeschwindigkeitsfähren nach Algeciras. **Ticketschalter** (☎ 0956 50 62 75; ⏲ 9–21 Uhr) befinden sich gleich um die Ecke. **Baleària** (www.balearia.com), **Trasmediterranea** (www.trasmediterranea.es) und **FRS** (www.frs.es) betreiben ebenfalls Fähren nach Algeciras.

Im **Renfe-Büro** (Karte S. 258; ☎ 0956 51 13 17; 17 Plaza Rafael Gilbert; ⏲ Mo–Fr 9.30–13 & 16.30–20.30, Sa 9.30–13 Uhr) oder einem anderen Reisebüro bekommt man Zugtickets für alle europäischen Ziele. Mehrere Büros im Fährterminal verkaufen außerdem Fahrkarten von Enatcar, dem größten spanischen Busunternehmen.

ℹ Unterwegs vor Ort

Bus 7 verkehrt alle zehn Minuten von der Plaza de la Constitution direkt zur **Grenze** *(frontera)* (1 €). Wer mit der Fähre ankommt und gleich zum Grenzübergang will, kann von der **Bushaltestelle** in der Avenida González Tablaz starten (gegenüber vom Eingang zu den Festungsmauern). **Lokalbusse** halten ebenfalls in der Ave González Tablaz. Vor dem Fährterminal gibt's auch einen Taxistand.

Autofahrer dürfen ihre Fahrzeuge tagsüber nur zwei Stunden (1 €) an der Straße parken. Wer länger bleiben möchte, sollte das Auto auf dem **Parkplatz** (Calle O'Donnell; 0,50 €/Std., 4 €/12 Std.) in der Calle O'Donnell abstellen.

RIFGEBIRGE

جبال الريف

(Karte S. 289) Das Rifgebirge ist die nördlichste Bergkette Marokkos. In der Region kann man hervorragend wandern. Ausgangspunkt ist Chefchaouen, das mit seiner pastellblauen Medina bei Touristen sehr beliebt ist. Ein alternativer Ausgangspunkt im Rif ist Tétouan, wo es schöne spanische Kolonialarchitektur zu bestaunen gibt.

Tétouan تطوان

330 000 EW.

Tétouan ist ein Juwel von einer Stadt und breitet sich in atemberaubender Lage zu Füßen des Rifgebirges aus, nur wenige Kilometer vom Meer entfernt. Obwohl nur wenige ausländische Besucher hierher kommen, hat es sich eine Authentizität bewahrt, die einen Besuch lohnend macht. Die uralte Medina, eine UNESCO-Welterbestätte, sieht aus, als sei sie seit Jahrhunderten nicht verändert worden. Das angrenzende moderne Zentrum erstrahlt in Weiß: die spanischen Fassaden wurden vor Kurzem renoviert – wunderschön!

Von 1912 bis 1956 war Tétouan die Hauptstadt des spanischen Protektorats, das den größten Teil von Nordmarokko umfasste. Die langjährige Beziehung zu Andalusien hat ein hispanisch-maurisches Flair geprägt, das für Marokko einzigartig ist und sich in den weißen Gebäuden und breiten Alleen des spanischen Teils der Stadt widerspiegelt, der als *ensanche* (Erweiterung) bekannt ist.

Geschichte

Seit dem 8. Jh. diente Tétouan als Hauptkontaktpunkt zwischen Marokko und Andalusien. Im 14. Jh. errichteten die Meriniden hier eine Basis, um die rebellischen Stämme aus dem Rif zu kontrollieren und Ceuta anzugreifen. 1399 aber wurde die Stadt durch Heinrich III. von Kastilien zerstört. Nach der Reconquista (Rückeroberung Spaniens; 1492 vollendet) bauten Flüchtlinge aus Andalusien die Stadt wieder auf. Daraufhin erblühte der Ort – teils aus eigener Kraft, teils dank der aufkeimenden Piraterie.

Im 17. Jh. errichtete Moulay Ismail die Verteidigungsmauern von Tétouan. Die Handelsverbindungen mit Spanien intensivierten sich. 1860 nahmen die Spanier unter Leopoldo O'Donnell die Stadt ein, der sie weitgehend an Europa anpasste. Zwei Jahre später jedoch eroberten die Mauren sie zurück und entfernten alle Zeichen des europäischen Einflusses.

Um die Wende zum 20. Jh. besetzten spanische Truppen Tétouan drei Jahre lang mit

Tétouan

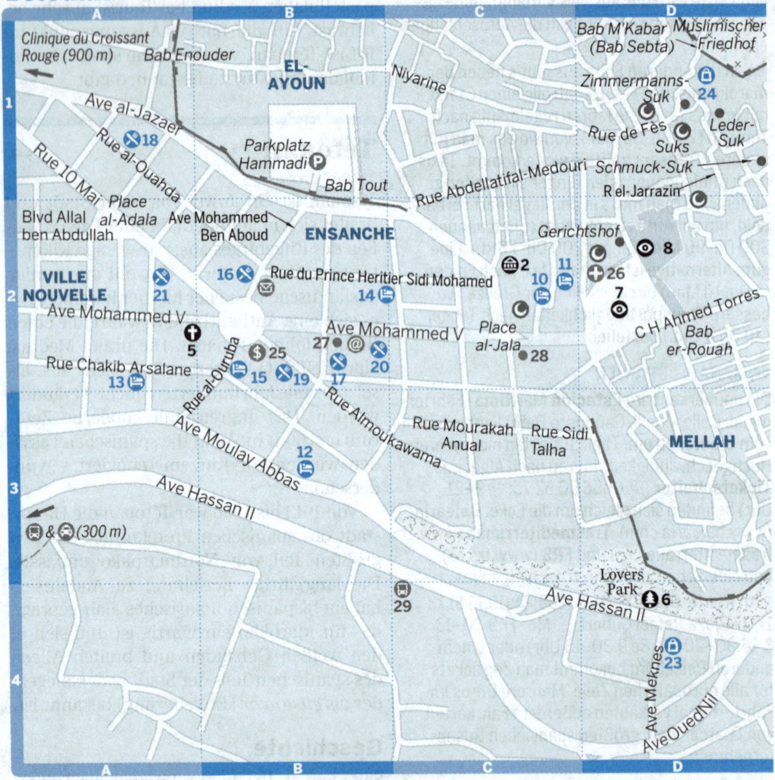

der Begründung, man müsse Ceuta vor den Stämmen aus dem Rifgebirge schützen. 1913 machten die Spanier den Ort zur Hauptstadt ihres Protektorats, das abgeschafft wurde, als Marokko 1956 seine Unabhängigkeit wiedererlangte. In letzter Zeit verhalf die andalusische Regierung der Stadt zu einem großen kulturellen Boom, indem sie mehrere Renovierungsprojekte des *ensanche* förderte.

Sehenswertes

Medina

Die weiß gekalkte Medina von Tétouan ist eine echte Zeitmaschine und dank der mopedfreien Gassen, wenigen Straßenhändler, aufmerksamen Einwohner und allgemeinen Staufreiheit sehr travellerfreundlich. Hier herrscht generell wenig Betrieb, vor allem in den großen Wohngebieten. In den Einkaufsgebieten stößt man überall auf Sehenswertes und Hörenswertes aus dem traditionellen Leben: Handwerker schmieden Messing, Seidenhändler bieten Tausende Spulen bunten Garns feil, und Bäcker füllen die öffentlichen Öfen. Es gibt spezielle Suks für **Teppiche**, **Leder** und **Schmuck**. Darüber hinaus gibt es rund 35 Moscheen, darunter die **Grande Mosquée** und die **Saïda Mosque**, beide nordöstlich der Place Hassan II. Beide sind beeindruckend, aber nur für Muslime zugänglich. Wer sich verirrt, gibt einem Einheimischen ein paar Dirham, dieser bringt einen dann überall hin.

Südlich grenzt die Medina an den hübschen **Park der Verliebten**, einen hübschen Rückzugsort. Der Eingang zur Medina liegt an der Place Hassan II, gegenüber vom Königspalast.

Ethnografisches Museum MUSEUM
(Bab el-Okla; 10 Dh; Mo–Sa 9–16 Uhr) Im wie gemalt wirkenden Osttor, dem Bab el-Okla, befindet sich das Ethnografische Museum,

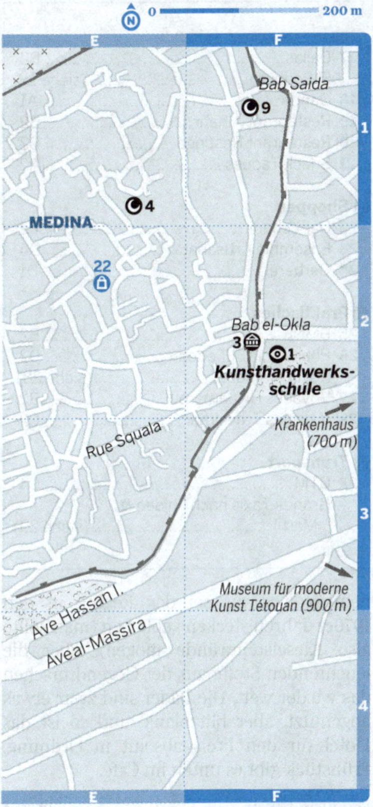

das allein wegen der Aussicht von der Terrasse auf das Rifgebirge einen Besuch wert ist (man kann den Wärter bitten, einem Zutritt zu gewähren). Aber auch der hübsche Garten mit den alten Kanonen und die Ausstellung von Hochzeitskleidern aus Seide lohnen sich.

★ Kunsthandwerksschule BEMERKENSWERTES GEBÄUDE
(☎ 0539 97 27 21; 10 Dh; ⏲ Sa–Do 8.30–14.30, Fr bis 11.30 Uhr) Außerhalb des Bab el-Okla liegt das beste Kunsthandwerkszentrum Nordmarokkos. Hier bietet sich die faszinierende Möglichkeit, den Meistern dabei zuzusehen, wie sie ihre Lehrlinge in traditionellen Künsten ausbilden, z. B. im Fertigen von dekorativen Holzarbeiten, Seidenkostümen, Gipsschnitzereien, komplizierten Mosaiken oder kunstvollen Gewehren. In einer fantastischen, zentralen Schatzkammer ist nur das Beste vom Besten ausgestellt – Besucher sollten unbedingt einen Blick auf die Decke werfen. Die Angestellten öffnen die Kammer auf Anfrage.

Auch das Gebäude an sich ist sehr interessant: Es erstreckt sich rund um einen großen Innenhof und hat fein gearbeitete Türen im Obergeschoss.

Place Hassan II WAHRZEICHEN
(Karte S. 264) Die breite, leere Place Hassan II, die aus Sicherheitsgründen meist gesperrt ist, verbindet die Medina mit dem *ensanche*. Der Platz sieht aus wie das Zuhause des Zauberers von Oz; vor der langen, flachen Fassade des **Königspalasts** stehen Wachen, und ringsum erheben sich vier etwas bizarre Säulen.

Dabei handelt es sich nicht um Minarette, wie man vielleicht vermuten könnte, sondern um Jugendstilleuchttürme, entworfen von Enrique Nieto, einem Schüler Gaudís, der in Melilla lebte. Die riesigen Verzierungen an der Mauer gegenüber stellen die Hände der Fatima dar, ein gebräuchliches Symbol, mit dem einst das Auge des Bösen abgewendet werden sollte. Es gibt hier ein paar Cafés, die sich für ein Päuschen eignen – das gilt besonders für jene im 2. Stock, die eine bessere Aussicht bieten.

Ensanche

Am besten besichtigt man diesen Stadtteil bei einem Spaziergang entlang der Ave Mohammed V von der **Place al-Jala** zur **Place Moulayel-Mehdi**. Die breite Allee ist gesäumt von weißer spanischer Kolonialarchitektur mit Art-déco-Elementen, was an Casablanca und Larache erinnert. Die Restaurierung all dessen finanzierte die andalusische Regierung. Hier finden sich Hotels, Banken und Restaurants.

Archäologiemuseum MUSEUM
(Karte S. 264; Ave al-Jazaer; 10 Dh; ⏲ Mo–Sa 10–18 Uhr) Dieses weitläufige Museum ein paar Straßen von der Place al-Jala entfernt, verfügt über eine hervorragende Sammlung von Artefakten aus den römischen Ruinen von Lixus, die man im Gebäude und im Garten bewundern kann. Sie sind auf Französisch, Spanisch und Arabisch beschriftet.

Iglesia de Bacturia KIRCHE
(Karte S. 264; Pl Moulay el-Mehdi; ⏲ Messe tgl. 19, So 11 Uhr) Diese 1926 erbaute katholische Kirche hat bis heute eine aktive Gemeinde. Dies ist wahrscheinlich der einzige Ort in Marokko, an dem jede Stunde die Kirchturmuhr schlägt.

Tétouan

Highlights
1 Kunsthandwerksschule F2

Sehenswertes
2 Archäologiemuseum C2
3 Ethnografisches Museum F2
4 Grande Mosquée E1
5 Iglesia de Bacturia A2
6 Park der Verliebten D4
7 Place Hassan II. D2
8 Königspalast D2
9 Saidi-Moschee F1

Schlafen
10 Blanco Riad C2
11 El Reducto C2
12 Hotel Panorama Vista B3
13 Hotel Paris A2
14 Hotel Regina B2
15 Pension Iberia B2

Essen
16 Birjiss B2
Blanco Riad (siehe 10)
17 Dallas B2
El Reducto (siehe 11)
18 Oahda A1
19 Restaurant Albahr B2
20 Restaurant Restinga B2
21 Snack Taouss A2

Shoppen
22 Dar Lebadi E2
23 Ensemble Artisanat D4
24 Gerberei D1

Praktisches
25 BMCE B2
26 Pharmacie El-Feddan D2
Royal Air Maroc (siehe 28)
27 Voyages Hispamaroc B2
28 Voyages Travelmar C2

Transport
29 CTM C4
Grands Taxis nach Fnideq & Martil (siehe 29)

★ Museum für moderne Kunst Tétouan

MUSEUM

(Karte S. 264; ☎ 0666 04 60 81; www.gotetouan.com/Museums.html; Ave Al Maki Al Naciri; ⌚ Mo–Sa 9–19 Uhr) GRATIS In Marokko gibt es zwei Kunstschulen, eine in Casablanca und eine hier in Tétouan. Dass hier dieses Museum steht, ist daher durchaus passend. Schon das prächtige Gebäude selbst ist einen Besuch wert: Es erinnert an eine spanische Festung und fungierte einst als Bahnhof für Züge Richtung Ceuta. Es wurde aufwendig renoviert, um den Kunstwerken im Inneren angemessenen Schutz und Licht zu bieten.

Gezeigt werden zeitgenössische marokkanische Kunst und Wechselausstellungen.

Schlafen

In Tétouan gibt es einige gute Schlafoptionen, sowohl innerhalb als auch außerhalb der Medina. Wer näher an der Küste als an den Bergen sein möchte, sollte in Martil übernachten – hierher gelangt man in 15 Minuten mit einem günstigen Taxi. M'Diq ist die elegantere Option, allerdings auch doppelt so teuer. Die Strandpromenaden sind außerhalb der Urlaubszeit von Juli bis August sehr ruhig.

Hotel Regina

HOTEL €

(Karte S. 264; ☎ 0539 96 21 13; 8 Rue Sidi Mandri; EZ/DZ 180/230 Dh; 📶) Eine der größeren Budgetunterkünfte. Anfangs kommt es einem so vor, als sei das Regina in den 1970er-Jahren stecken geblieben (man sollte also Kieselsteinwände mögen), aber die leuchtenden Stoffe aus der Gegend machen das wieder wett. Die Bäder sind zwar etwas abgenutzt, aber blitzblank, und so ist das Hotel für den Preis absolut in Ordnung. Frühstück gibt es unten im Café.

Pension Iberia

HOTEL €

(Karte S. 264; ☎ 0539 96 36 79; 5 Pl Moulay el-Mehdi; EZ/DZ ohne Bad 100/180 Dh) Eine gute Budgetoption. Die Balkone mit Fensterläden gehen auf die Pl Moulay El-Mehdi hinaus. Der Ausblick auf den Brunnen unten und die Stadt, die sich in der Ferne über den Hügeln erstreckt, sorgen für eine gewisse Romantik. Zimmer Nr. 11 ist eine gute Wahl. Die Pension ist schlecht ausgeschildert: Sie liegt oberhalb der BMCE Bank im 3. Stock des Gebäudes.

Hotel Paris

HOTEL €

(Karte S. 264; ☎ 0539 96 67 50; 31 Rue Chakib Arsalane; EZ/DZ 250/295 Dh) Die einfachen, einfallslosen Zimmer sind sauber, aber die Bäder klein. Die Flure erinnern an eine Anstalt – so ist es nicht schwer, das Gebäude wieder zu verlassen. Das Frühstück kostet 40 Dh.

★ El Reducto

PENSION €€

(Karte S. 264; ☎ 0539 96 81 20; www.riadtetouan.com; 38 Zanqat Zawiya; EZ/DZ inkl. Frühstück ab

400/550 Dh; ❄📶) Die blitzsauberen, palastartigen Zimmer in dieser Pension sind wahrlich fantastisch: große Bäder mit spanischen glasierten Fliesen (ein Zimmer hat einen Whirlpool für zwei Personen), hochwertige Möbel und schöne Bettüberwürfe aus Seide. Über die Wendeltreppe geht es hinauf auf die Dachterrasse, die spektakuläre Ausblicke bietet. Einige Zimmer liegen oberhalb des (hervorragenden) Restaurants, andere befinden sich in dem Anbau auf der anderen Straßenseite.

Die etwas weltfremde Entscheidung, Gästen keine Schlüssel zum Gebäude zu geben, bedeutet, dass man jedes Mal einen Kellner finden muss, wenn man in sein Zimmer möchte.

Hotel Panorama Vista HOTEL **€€**

(Karte S. 264; ☎ 0539 96 49 70; www.panoramavista.com; Ave Moulay Abbas; EZ/DZ inkl. Frühstück 295/395 Dh; ❄📶) Jedes Hotel, dass sich selbst „Panorama Vista" nennt, muss sich seiner Sache sehr sicher ein. Und wirklich, die Zimmer hier bieten dramatische Ausblicke auf das Rifgebirge. Die Zimmer selbst erinnern an die von Kettenhotels ohne erkennbare lokale Einflüsse, aber sie sind sauber, und alles funktioniert. Definitiv die beste Option außerhalb der Medina! Das Café im 1. Stock serviert ein gutes marokkanisch-kontinentales Frühstück.

Blanco Riad PENSION **€€€**

(Karte S. 264; ☎ 0539 70 42 02; www.blancoriad.com; 25 Rue Zawiya Kadiria; DZ inkl. Frühstück ab 550 Dh, Suite 1650 Dh; ❄📶) Das schöne Haus in der Medina wurde in der typischen Architektur Tétouans errichtet, liebevoll restauriert und mit einer Mischung aus modernen Möbeln und Antiquitäten eingerichtet. Es hat große, gemütliche Zimmer und eine Garten mit Zen-Flair. In einem der Salons befindet sich ein gutes öffentliches Restaurant; außerdem gibt es eine Boutique für Designerklamotten, die gekonnt traditionelle Stoffe aus der Region einsetzt.

Essen

Tétouan war in der Vergangenheit nicht gerade für seine Gastro-Szene berühmt, aber weil die Stadt bei Travellern immer beliebter wird, verbessert sich die Situation allmählich. Die besten Restaurants sind die in den Pensionen in der Medina. Viele verkaufen Alkohol zum Essen.

Snack Taouss FAST FOOD **€**

(Karte S. 264; ☎ 0533 23 11 58; 3 Rue 10 Mai; Hauptgerichte 25 Dh; ⏲ 11–23 Uhr) Eine kleine Snackbar, die für Burger und Pommes bekannt ist. Zudem gibt's einige syrisch beeinflusste Gerichte wie Falafel und *shwarma*. Günstige Pizzas, Salate, *harira* (Tomaten- und Linsensuppe), Tajine und vieles mehr sind

DIE CANNABISINDUSTRIE

Marokko ist der größte Cannabisproduzent der Welt; am meisten Cannabis wird im Rif angebaut. Auf beinahe 420 km² werden jährlich rund 700 t Cannabisharz produziert. Die Nachfrage in Europa ist so groß, dass die Profite Bauern dazu verleiten, von traditioneller Landwirtschaft zum Anbau von Cannabis zu wechseln (das in Marokko als *kif* bekannt ist). Die *kif*-Produktion ist das wichtigste Standbein der Wirtschaft in der Region. Alternative Einnahmequellen, beispielsweise ländlicher Tourismus, haben es angesichts eines solchen Wirtschaftsvolumens schwer, Fuß zu fassen

Der Cannabisanbau begann um Ketama im 15. Jh. Im Jahr 1912 bekamen einige Rif-Stämme von Spanien das Recht zur Anpflanzung zugesprochen. Im Jahr 1956, als Marokko die Unabhängigkeit erlangte, wurde Cannabis verboten, aber Mohammed V. duldete später den Anbau im Rif, nachdem das Verbot dort zu Konflikten geführt hatte.

Fast alle großen Ladungen marokkanischen Haschischs (eine konzentrierte Form des Marihuana) werden per Schiff nach Europa geschmuggelt, u. a. mit kleinen Schnellbooten, die nur eine Stunde nach Spanien und zurück brauchen. Die wichtigsten Startpunkte sind Martil, Oued Laou und Bou Ahmed, obwohl die größeren Häfen von Nador, Tétouan, Tanger und Larache auch benutzt werden. Dealer verstecken die Ware zudem in Lastwagen und Autos, die auf Fähren von den spanischen Enklaven Ceuta und Melilla oder von Tanger verschifft werden. Es überrascht nicht, dass die Hälfte aller Festnahmen von Dealern weltweit in Spanien stattfindet. Zwischen den Dealern und den Banden, die afrikanische Migranten nach Europa schmuggeln, herrscht eine enge Zusammenarbeit.

Cannabis ist noch immer illegal in Marokko, obwohl im Jahr 2016 mehrere Oppositionsparteien eine Legalisierung forderten.

INSIDERWISSEN

LOKALE MÄRKTE

In der Medina wird an der Straße, die in östlicher Richtung zum Bab el-Okla führt, frisches Obst und Gemüse in Hülle und Fülle verkauft. Der Hauptmarkt (Fr geschl.) gleich um die Ecke vom Park der Liebenden hat eine tolle Auswahl von frischem Fisch direkt von der Küste.

ebenfalls zu haben. Entweder isst man im kleinen Speisebereich oben (auch praktisch, wenn man auf seine Pizza wartet) oder nimmt das Essen mit.

Dallas PÂTISSERIE €
(Karte S. 264; ☎ 0533 96 60 69; 11 Rue Youssef ben Tachfine; Gebäck ab 4 Dh; ⏲ 6–22 Uhr; 📶) Das Café ist zwar nach der TV-Serie benannt, aber ansonsten hat diese keinen Einfluss auf die Pâtisserie, die bis unters Dach mit Gebäck vollgestopft ist. Einheimische Familien decken sich hier, einen Block von der Ave Mohammed V, mit Süßigkeiten ein.

Birjiss FAST FOOD €
(Karte S. 264; ☎ 0539 71 11 11; 8 Ave Mohammed Ben Aboud; Panini ab 20 Dh; ⏲ 12–23 Uhr) Individuell zubereitete Sandwiches sowie Burger, Pizzas und *shwarma* machen dieses Lokal zu einer ausgezeichneten Wahl. Man kann aus einer breiten Palette von Standard- und exotischen Zutaten wählen.

Oahda CAFÉ €
(Karte S. 264; ☎ 0533 96 67 94; 16 Rue al-Ouahda; Gebäck ab 4 Dh; ⏲ 7–21 Uhr, Fr nachmittags geschl.) Frauenfreundliches Café, das bei Einheimischen beliebt ist. Die Spezialität sind süß-klebrige Kuchen. Im oberen Stockwerk geht es etwas beengt zu.

Restaurant Albahr FAST FOOD €
(Karte S. 264; ☎ 0533 68 96 75; 21 Rue Almoukawama; Hauptgericht ab 30 Dh; ⏲ 10–22 Uhr) In diesem Fast-Food-Laden mit Deko in Chrom und Schwarz dreht sich alles um Pommes, Burger und gute Fish & Chips; dazu gibt's Salate. Freitags kommt Couscous (50 Dh) auf den Tisch.

★ Blanco Riad MAROKKANISCH €€
(Karte S. 264; ☎ 0539 70 42 02; 25 Rue Zawiya Kadiria; 3-Gänge-Menü 150 Dh; ⏲ 12–22 Uhr) Die Karte in diesem eleganten Riad ist eine Klasse besser als der Durchschnitt. Mit einigen innovativen marokkanischen Gerichten und vielen lokalen saisonalen Zutaten hebt sich das Essen hier von den Standard-Tajine-Menüs ab. Der Speisesaal bietet arabische und westliche Sitzgelegenheiten; im Sommer ist der Garten herrlich. Unbedingt im Voraus reservieren! Hier gibt es keinen Alkohol.

El Reducto MAROKKANISCH €€
(Karte S. 264; ☎ 0539 96 81 20; 38 Zanqat Zawiya; Hauptgerichte ab 80 Dh; ⏲ 12–22 Uhr) In diesem großartigen Riad werden traditionelle marokkanische (und einige spanische) Gerichte serviert. Das Haus gehörte einst einem marokkanischen Wesir und ist mit alten glasierten Fliesen aus Sevilla dekoriert. Die Nachspeisen sind besonders gut. Wer mag, bekommt Alkohol.

Restaurant Restinga MAROKKANISCH €€
(Karte S. 264; 21 Ave Mohammed V; Hauptgerichte ab 40 Dh, Bier ab 20 Dh; ⏲ 9–21 Uhr) Die Hauptattraktion in diesem bezaubernden Restaurant ist der offene Innenhof, der von riesigen Feigenbäumen beschattet wird. Darüber hinaus punktet das Restaurant mit einer der wenigen Alkohollizenzen. Hier kann man sich prima von den belebten Boulevards zurückziehen und bei einem Bier und Meeresfrüchten frisch von der Küste entspannen.

Ausgehen & Nachtleben

Entsprechend der marokkanischen Norm sind die Kneipen in Tétouan ganz in männlicher Hand. Wem nach etwas Hochprozentigem zumute ist, der steuert die dunklen, verrauchten Bars an der Rue 10 Mai nordwestlich der Pl Moulay el-Mehdi an. Für ein schlichtes Bier ist das Restinga (S. 268) das Richtige – da sind auch Frauen willkommen.

Shoppen

Holz- und Lederarbeiten gehören zu den Spezialitäten der Stadt. Letztere kauft man am besten direkt an der Quelle in der kleinen Gerberei (S. 269) im Norden der Medina.

Dar Lebadi KUNST & KUNSTHANDWERK
(Karte S. 264; ☎ 0533 97 38 56; Jenoui-Sektion; ⏲ 10–19 Uhr) Früher diente das 200 Jahre alte, sorgfältig renovierte Gebäude als Wohnsitz des Gouverneurs. Heute ist es der Einkaufspalast der Medina und ein Treffpunkt der Berberkünstler. Hier gibt es Rabati-Teppiche; das Personal ist freundlich. Allein das Bauwerk lohnt einen Besuch, aber Vorsicht: Es dauert meist Stunden, bis man sich wieder losreißen kann…

Ensemble Artisanat KUNST & KUNSTHANDWERK
(Karte S. 264; Ave Hassan II; ⌚ Mo–Sa 8–22 Uhr) In dem von der Regierung geförderten Laden geht es zu wie in einem Bienenstock: Hier bieten Teppichweber, Lederarbeiter, Juweliere und Holzarbeiter ihre Waren zu festen Preisen an.

Gerberei KUNST & KUNSTHANDWERK
(Karte S. 264; Bab M'Kabar; ⌚ Fr geschl.) Tétouan ist traditionell eine lederverarbeitende Stadt – logisch, dass es dann hier auch eine Gerberei gibt. Die ist zwar kleiner als die Gerbereien in Fès, aber dennoch interessant. In der Nähe befinden sich Ledergeschäfte.

Praktische Informationen

Entlang der Ave Mohammed V gibt's jede Menge Banken mit Geldautomaten.

BMCE (Karte S. 264; Pl Moulay el-Mehdi; ⌚ Mo–Do 8.45–16 Uhr, Fr 8.45–11, Sa 8.45–12 Uhr) Bank.

Clinique du Croissant Rouge (Karte S. 264; ☎ 0539 96 20 20; Pl al-Hammama, Quartier Scolaire) Krankenhaus.

Cyber Friends (Karte S. 264; 19 Ave Mohammed V; 5 Dh/Std.; ⌚ 9–23 Uhr) Internetcafé.

Pharmacie El-Feddan (Karte S. 264; ☎ 0539 96 80 51; Pl Hassan II; ⌚ 9–13 & 15.30–20 Uhr) Nützliche Apotheke zwischen *ensanche* und Medina.

Post (Karte S. 264; Pl Moulay el-Mehdi; ⌚ 8–16 Uhr)

Krankenhaus (Karte S. 264; ☎ 0539 97 24 30; Ave Abdelkhalek Torres) Rund 2 km außerhalb der Stadt.

Voyages Hispamaroc (Karte S. 264; Fax 0539 71 33 38; 23 Ave Mohammed V; ⌚ Mo–Fr 8.30–12.30 & 15–19 Uhr, Sa 9–12.30 Uhr) Das Unternehmen verkauft Fährtickets nach Spanien.

Voyages Travelmar (Karte S. 264; ☎ 0539 71 42 37; 5 Ave Mohammed V; ⌚ Mo–Sa 9–12 & 14.30–18.30 Uhr) Verkauft Fährtickets nach Spanien.

An- & Weiterreise

BUS

Vom modernen **Busbahnhof** (Karte S. 264; Ecke Ave 9 Avril & Ave Meknes) bestehen Verbindungen zu allen Städten im Norden. Eine Gepäckaufbewahrung (mittlere/große Tasche 6/10 Dh) gibt es ebenfalls. Lokalbusse fahren die folgenden Ziele an:

Fnideq 12 Dh, 1¼ Std.
Martil 6 Dh, 25 Min.
M'Diq 10 Dh, 1 Std.

CTM (☎ 0539 96 16 88) Hat einen eigenen Bahnhof, zu den Zielen gehören:

Fès 100 Dh, 6 Std.
Marrakesch 240 Dh, 11½ Std.
Rabat 120 Dh, 4 Std.

TAXI

Grands taxis (Sammeltaxis) fahren vom Hauptbusbahnhof nach Oued Laou (20 Dh, 30 Min.), Al-Hoceima (150 Dh, 3 Std.), Chefchaouen (35 Dh, 1 Std.) und Tanger (35 Dh, 1 Std.).

Vom CTM-Busbahnhof fahren **grands taxis** nach Fnideq (Richtung Ceuta; 20 Dh, 30 Min.) und Martil (7 Dh, 15 Min.).

Unterwegs vor Ort

Petits taxis sind kanariengelb. Eine Fahrt in der Stadt kostet rund 10 Dh.

Das eigene Auto kann man auf dem bewachten **Parkplatz** (Karte S. 264; Ave Al Jazaer; tagsüber 10 Dh/4 Std., Nacht 10 Dh) abstellen.

Rund um Tétouan

Nach Tétouan kommen nur wenige Besucher, aber im Sommer strömen Einheimische und in Europa lebende Marokkaner zu den goldenen Stränden in der Nähe. An der Küste von Fnideq bei Ceuta bis M'Diq, Cabo Negro und Martil im Süden gibt es inzwischen entlang der neuen Küstenstraßen große Golfresorts und zahlreiche Appartementhäuser für Feriengäste.

Cabo Negro & M'Diq

الراس الاسود والمضيق

Im Windschatten der Nordseite des Cabo Negro versteckt sich das überraschende Örtchen M'Diq. Aus dem ehemaligen kleinen Fischerdorf ist schnell ein elegantes Ferienresort mit einem tollen Ortseingang, einem schönen Strand, guten Hotels, dem riesigen Einkaufszentrum Port de Plaisance mit vielen Restaurants und einem Jachtclub geworden. Fast wie in Florida! Wer genug vom Trubel der Medina hat, findet hier genau den richtigen Rückzugsort. M'Diq ist nur 20 Minuten von Tétouan entfernt.

Schlafen & Essen

Es scheint, als würden sich die Unterkünfte von M'Diq auf Sommertouristen konzentrieren und das untere Ende der Preisskala eher nicht zu bedienen. Außerhalb der Sommermonate sollte man unbedingt nach Ermäßigungen fragen.

DIE KÜSTENSTRASSE VON FNIDEQ NACH MARTIL

Die Küstenstraße (Rocade) führt inzwischen von Fnideq die ganze Mittelmeerküste entlang bis zum äußersten Osten des Landes nach Saïdia. Zwischen Fnideq und Martil verläuft ein brandneuer Streckenabschnitt (die *corniche*) am wunderschönen Strand entlang. Hotels gibt es hier nur wenige, dafür aber unzählige Apartmentblocks – und noch immer kommen neue hinzu. Resorts findet man in Plage Riffiyenne und Marina Smir; eine riesige neue Ritz-Carlton-Anlage samt Golfplatz und Jachthafen ist noch im Bau.

Golden Beach Hotel HOTEL €€
(☎0539 97 50 77; www.goldenbeachhotel.com; 84 Rte de Sebta; EZ/DZ inkl. Frühstück 500/800 Dh, inkl. HP 650/1050 Dh;) Dieses Vier-Sterne-Hotel am Strand trägt seinen Namen zu Recht und ist sein Geld wert: Es ist wenig charmant, aber gut geführt, gepflegt und mit soliden Einrichtungen versehen, etwa mit einem Restaurant, einer Disko, einem Pool an der Küstenstraße und einer Klavierbar mit der passendsten Theke aller Zeiten (aus marmornen Klaviertasten).

Hotel Côte d'Or HOTEL €€
(Küstenstraße; EZ/DZ inkl. Frühstück 360/490 Dh) Eines von mehreren neuen Hotels an der Küstenstraße. Dieses hier ist recht fantasielos, mit einfachen, modernen Zimmern. Unbedingt nach einem Zimmer mit Meerblick fragen! Es gibt auch Apartments mit Platz für bis zu fünf Personen (1300 Dh). Die Lage gegenüber vom Strand ist hervorragend; im Erdgeschoss gibt es ein Café und ein Restaurant.

Café Olas SEAFOOD €
(☎0539 66 44 33; Küstenstraße; Hauptgerichte ab 65 Dh; ⏲9–13 Uhr) Dieses Wahrzeichen am Wasser ist nicht zu verfehlen: Verkleidet als Leuchtturm beherbergt es unten ein Café und oben ein Meeresfrüchterestaurant. Die Einrichtung ist schick, der Blick vom Dach erstklassig und der Weg zum frischen Fang nicht weit. Das Café liegt am Parkplatz an der Küstenstraße.

La Table du Marché SEAFOOD €€€
(☎0661 47 85 56; Port de Plaisance; ⏲20–3 Uhr) Das Lokal mit Strohdach am Ende einer Dammstraße ist asiatisch inspiriert und eine echte Überraschung. Hier zeigt Marokko ein ganz neues Gesicht. Der Laden hat sogar Filialen in St-Tropez und Marrakesch. Auf der Speisekarte stehen Meeresfrüchte in den Varianten Sushi und italienisch, serviert in schickem Ambiente.

An- & Weiterreise

Grands taxis und Busse verkehren zwischen Tétouan und Fnideq (3 km von der Grenze nach Ceuta) und fahren durch M'Diq. *Grands taxis* nach Tétouan (5 Dh, 20 Min.) starten an einem Stand in der Nähe des Hotels Narjiss an der Ave Lalla Nezha. Taxis zur Grenze (15 Dh) versammeln sich gegenüber dem Golden Beach Hotel.

Martil مرتيل

64 355 EW.

Tétouans Hafen in Martil wächst rasend schnell. Der moderne Strandort mit weitem Blick auf die Berge besteht aus einer langen Küstenstraße, die parallel zu Straßen voller Apartmenthäuser, Cafés, Eisdielen und Fast-Food-Läden verläuft. Hier gibt es außerdem einen Golfplatz und zwei kleine Einkaufszentren. Das ganze Jahr über kommen Wochenendausflügler hierher. Im Sommer ist die Hölle los, aber den Rest des Jahres ist es hier wie ausgestorben. Martil ist ein guter Ausgangspunkt, solange einen die 8 km lange Taxifahrt (10 Min.) nach Tétouan (S. 263) nicht stört.

Schlafen & Essen

Martil ist voller Apartments und Resorts, die auf einheimische Urlauber zugeschnitten sind. Sie sind in Ordnung, wenn auch ein bisschen charakterlos. Wer etwas mit mehr Charakter möchte, sollte im nahen Tétouan übernachten.

Die Küstenstraße ist der Anlaufpunkt, wenn's um Essen geht. Hier gibt es viele zum Meer hin offene Restaurants sowie Eisdielen für alle, die bei einem Spaziergang ein Eis genießen möchten. Billige Fast-Food-Läden gibt es an der Straße am Busbahnhof.

Hotel Étoile de la Mer HOTEL €
(☎0539 97 90 58; Ave Hassan II; EZ/DZ inkl. Frühstück 320/374 Dh;) Mit seinem unkonventionellen Design – der zentrale Lichthof voller Pflanzen wird von Treppen durchkreuzt – und der attraktiven Lage nur einen Block vom Strand entfernt ist dies derzeit die beste Unterkunft in Martil. Stoffe aus der Region und grüne Farbe lassen alles hell und

freundlich wirken. Die besten Zimmer haben Balkone mit Meerblick; das neu gestaltete Restaurant schenkt Alkohol aus.

Camping al-Boustane CAMPING €
(Fax 0539 68 88 22; Corniche; Camping 20 Dh/Pers., Zelt/Auto/Wohnmobil 40/20/35 Dh, Strom 25 Dh; Rezeption 7.30–12 & 19–23 Uhr;) Dieser empfehlenswerte Campingplatz liegt ungefähr einen Block vom Strand entfernt in einem malerischen Garten. Die Einrichtungen sind zwar schon etwas veraltet, aber das Fischrestaurant ist ganz passabel (Hauptgerichte ab 75 Dh). Im Sommer gibt's einen Pool. Wenn es geregnet hat, fließt das Wasser nur schwer ab. Die Abzweigung von der Küstenstraße markiert ein Brunnen.

Le Guayana MAROKKANISCH €
(Corniche; Salate 35 Dh, Pizza 45 Dh) Das Strandrestaurant serviert Säfte, gute Salate und Eis sowie Burger, Pizzas und Panini.

An- & Weiterreise

Busse nach Tetouan (5 Dh, 15 Min.) starten am Busbahnhof nahe dem Wasserturm am Südende des Strandes. Nahe der großen, neuen Moschee warten *grands taxis* nach Tétouan (7 Dh, 10 Min.).

Chefchaouen شفشاون

42 800 EW

Unter den rauen Gipfeln des Rifgebirges liegt eines der hübschesten Städtchen Marokkos: Chefchaouen, ein künstlerisches, blau gestrichenes Bergdorf, das eine Welt für sich ist. Obwohl der Tourismus sich definitiv durchgesetzt hat, hält es die Balance zwischen Komfort und Authentizität. Die alte Medina ist eine wahre Freude: marokkanische und andalusische Einflüsse, rote Ziegeldächer, hellblaue Gebäude und schmale Gassen, die an dem belebten Platz Uta el-Hammam und seiner restaurierten Kasbah zusammenlaufen. Backpacker kennen den Ort schon lange, weil man hier früher leicht an *kif* (Cannabis) kam. Chefchaouen wurde schnell luxussaniert, und es gibt eine Menge gute Unterkünfte, leckeres Essen, viele Aktivitäten und keine nennenswerten Probleme. Das macht es zu einer echten Alternative zu einer hektischen Tour durch mehrere Städte. Hier kann man toll entspannen, forschen und Tagesausflüge in die grünen, kühlen Hügel unternehmen.

Geschichte

Ursprünglich hieß der Ort Chaouen, was so viel wie „Gipfel" bedeutet. Unter der spanischen Besetzung änderte man die Schreibweise in Xaouen, und 1975 wurde die Stadt in Chefchaouen („Blick auf die Gipfel") umbenannt. Heute werden alle Namen synonym verwendet.

Moulay Ali ben Rachid gründete Chaouen 1471 als Basis für Berberstämme aus dem Rif, die die Portugiesen in Ceuta angreifen

DIE BESTEIGUNG DES EL-KELAÂ

1616 m hoch thront der Jbel el-Kelaâ über Chefchaouen. Auf den ersten Blick wirkt der Berg ausgesprochen respekteinflößend, aber wer früh loszieht und ordentlich Verpflegung dabeihat, dürfte ihn – eine gewisse körperliche Fitness vorausgesetzt – an einem Tag leicht erklimmen können.

Los geht's hinter dem Campingplatz Azilane; einfach der Holperstraße folgen, die zum Örtchen Aïn Tissimlane führt. Gelbe und weiße Streifen, die auf Felsen gemalt sind, zeigen einem den richtigen Weg. In der ersten Stunde geht's ziemlich steil nach oben. Über der Baumgrenze können Wanderer zum ersten Mal den Blick über Chefchaouen genießen. Danach wandert man auf einer befestigten Piste weiter hinauf auf den Berg. Aïn Tissimlane dürfte nach einigen Stunden erreicht sein. Hier windet sich der Weg im Zickzackkurs zwischen Felsbrocken hindurch. Nach knapp 60 Minuten taucht ein Pass auf; dort dem Weg nach Westen folgen, um den Bergsattel zu erreichen. Nun ist es nicht mehr weit bis zum Gipfel. Ein holpriger Pfad, auf dem man zwischendurch auch richtig kraxeln muss, führt zum Ziel. Oben wird die ganze Plackerei schließlich mit dem schönsten Blick über diesen Teil des Rifgebirges belohnt.

Der Abstieg auf der gleichen Route ist schnell und unkompliziert. Alternativ nimmt man nördlich vom Bergsattel einen Pfad, der zu einer Gruppe von Dörfern auf der anderen Seite des Berges führt. In einem von ihnen, El-Kelaâ, sieht man Getreidespeicher aus dem 16. Jh. und ein schiefes Minarett. Von dem Örtchen aus geht's in ein paar Stunden über einfache Wege zurück nach Chefchaouen.

NICHT VERSÄUMEN

SPANISCHE MOSCHEE

Wer Richtung Osten blickt, sieht die sogenannte **Spanische Moschee** auf einem Hügel nicht weit von der Medina. Man erreicht sie nach einer schönen Wanderung über gut markiert Wege. Los geht's am Wasserfall Ras el-Maa (S. 273), direkt hinter dem nordwestlichsten Tor der Medina. Dann läuft man über eine Brücke und einen Hügelpfad entlang. Die Moschee wurde von den Spaniern in den 1920er-Jahren gebaut, aber nie benutzt.

Sie wurde vor Kurzem renoviert, ebenfalls von den Spaniern. Derzeit wird überlegt, sie in ein Kulturzentrum zu verwandeln. Vom Minarett auf dem Gipfel des Hügels hat man eine großartige Aussicht auf die ganze Stadt, die sich unterhalb über grüne Hügel erstreckt.

wollten. Die Stadt wuchs mit Ankunft der muslimischen und jüdischen Flüchtlinge aus Granada 1494, die hier jede Menge weiß gekalkte Häuser mit winzigen Balkonen, Ziegeldächern und Innenhöfen (oft mit einem Zitrusbaum in der Mitte) errichteten. Diese Gebäude verleihen der Stadt ihr unverkennbar spanisches Flair. In den 1930er-Jahren wurde die heute allgegenwärtige blass-blaue Tünche eingeführt – davor waren die Fenster und Türen in traditionellem, muslimischem Grün gestrichen.

Der Ort blieb isoliert und fremdenfeindlich – Christen wurde unter Androhung der Todesstrafe der Zugang verwehrt –, bis er 1920 von spanischen Truppen besetzt wurde. Als diese ankamen, stellten sie überrascht fest, dass die jüdischen Einwohner immer noch eine Variante des mittelalterlichen Kastilisch sprachen. Während des Rifkrieges in den 1920er-Jahren wurden die Spanier kurzzeitig von Abd al-Krim vertrieben, kamen aber bald zurück und blieben bis zur Unabhängigkeit 1956.

Sehenswertes

Chefchaouen teilt sich in eine östliche Hälfte (die Medina) und in eine westliche Hälfte (die *ciudad nueva* oder Neustadt). Mit ihrer unverkennbaren Kasbah bildet die Plaza Uta el-Hammam das Herz der Medina. Erst vor Kurzem wurden die Mauern der Altstadt mit spanischen Geldern restauriert. Als Hauptstraße der Neustadt dient die Ave Hassan II. Sie führt von der Plaza Mohammed V, einem quirligen, von Joan Míro designten Platz, hinter das Westtor Bab el-Ain, um die Südmauer der Medina und in die Altstadt hinein. Hier endet sie an der lebhaften Place el-Majzen, einem Haupttreffpunkt. Den Busbahnhof erreicht man nach einem steilen 1,5 km Marsch in Richtung Südwesten des Stadtzentrums. Die Wasserfälle von Ras el-Maa befinden sich gleich hinter der Mauer der Altstadt im Nordosten.

Medina — GEBIET

Die Medina von Chefchaouen gilt als eine der hübschesten Altstädte in Marokko. Sie ist klein und menschenleer und dadurch leicht zu erkunden, mit genügend kurvigen Wegen, die einen ordentlich verwirren können, aber so kompakt, dass man nie allzu weit vom Weg abkommt. Viele Gebäude sind blendendem Blau-Weiß gestrichen, das ihnen ein sauberes, frisches Aussehen verleiht. Terrakottafliesen tragen zum andalusischen Flair bei.

➡ **Kasbah** — WAHRZEICHEN

(Karte S. 274; ☎ 0539 98 63 43; Plaza Uta el-Hammam; Museum & Galerie 10 Dh; ⏲ Mi, Do & Sa–Mo 9–13 & 15–16.30, Fr 9–12 & 15–18.30 Uhr) Die Kasbah ist eine umfangreich restaurierte, von Mauern umgebene Festung, in der heute ein hübscher Garten, ein kleines **Ethnografisches Museum** (Museum & Galerie 10 Dh; ⏲ Mi, Do & Sa–Mo 9–13 & 15–18.30, Fr 9–12 & 15–18.30 Uhr) und eine noch kleinere **Kunstgalerie** untergebracht sind. Im Ethnografischen Museum bekommen Besucher eine Vorstellung vom historischen Chefchaouen mit Plaza und Kasbah. Die Galerie fördert die Arbeit einheimischer Künstler. Die Blicke vom Turm der Kasbah über die Medina sind wunderbar.

➡ **Plaza Uta el-Hammam** — PLATZ

Das Herz der Medina ist die schattige kopfsteingepflasterte Plaza Uta el-Hammam, gesäumt von Cafés und Restaurants, die alle ähnliches Essen servieren. Besonders nach einem langen Tag voller Erkundungen eignet sich der ruhige Platz zum Entspannen und Beobachten des bunten Treibens.

➡ **Grande Mosquée** — MOSCHEE

(Plaza Uta el-Hammam) Die Grande Mosquée wurde im 15. Jh. vom Sohn des Gründers der Stadt, Ali ben Rachid, erbaut. Sie ist für ihren ungewöhnlichen achteckigen Turm bekannt. Hier haben allerdings nur Muslime Zutritt.

Außerhalb der Medina

Ras el-Maa FLUSS

Der Wasserfall von Ras el-Maa befindet sich gleich hinter dem nordöstlichsten Tor der Medina. Hierher, wo das Wasser aus dem Berg entspringt, kommen die einheimischen Frauen, um ihre Wäsche zu waschen. Der Klang des Wassers und die sattgrünen Berge gleich hinter der Mauer der Medina sorgen für ein echtes Naturerlebnis.

Talassemtane-Ökomuseum MUSEUM

(Nahe dem Campingplatz Azilane) Dieses Museum am Eingang des Talassemtane-Nationalparks lohnt einen Besuch. Hier gibt es Informationen zum Park sowie Wanderkarten und eine umfassende Ausstellung über die Flora und Fauna des Parks. Wer beim Wandern campen möchte, muss sich hier vorher registrieren lassen.

Aktivitäten

Hamams

Lina Ryad & Spa SPA

(☎ 0645 06 99 03; www.linariad.com; Ave Hassan I.; Peeling 300 Dh, 1 Std. Entspannungsmassage 300 Dh; ⏲ 10–20 Uhr) Das Spa in diesem Riad bietet einen Hamam und diverse Massagen sowie ein orientalisches Bad für zwei bei Kerzenschein. Abrunden lässt sich das Ganze mit einer Gesichtsbehandlung.

Douches Barakat HAMAM

(Onsar; Hamam 20 Dh; ⏲ Männer 8–12 Uhr, Frauen 12–20 Uhr) Wer sich auf traditionelle Art und Weise (und dazu preiswert) schrubben lassen möchte, geht in den örtlichen Hamam.

Wandern & Trekken

Der **Talassemtane-Nationalpark** direkt vor den Toren der Stadt wartet mit zahlreichen Wanderoptionen auf. Wer zelten möchte, muss sich am Parkeingang registrieren lassen. Am Eingang befindet sich auch ein informatives Ökomuseum (s. oben).

Das **Regionale Naturschutzgebiet Bouhachem** liegt zwischen Tétouan, Chefchaouen und Larache. Hier gibt es zahlreiche Wanderwege verschiedener Länge, die zu Dörfern und Wasserfällen sowie in die Berge und Wälder führen. Übernachten kann man in mehreren *gîtes* (Hostels für Wanderer). Der ausnehmend schöne Park erstreckt sich über ein riesiges Areal von 80 000 km² und ist als Schutzgebiet von biologischem und ökologischem Interesse. Neben dem nahe gelegenen Talassemtane-Nationalpark gehört es zu den Kerngebieten des interkontinentalen Biosphärenreservats Mittelmeer, das sich Andalusien und Marokko teilen. Im Wald stehen mehrere Eichen-, Strandkiefern- und Zedernarten. Daneben sind zahlreiche Vogel- (99), Säugetier- (32, darunter der Berberaffe) und Reptilienarten (17) im Park zu Hause.

Abdeslam Mouden WANDERN & TREKKEN

(☎ 0661 46 39 05; rifwalks@gmail.com; Gruppe mit max. 10 Pers. halber/ganzer Tag 250/400 Dh, Mittagessen im Gîte 85 Dh/Pers.) Abdeslam Mouden und sein Team von 13 ausgebildeten Guides führen halb- bis mehrtägige Wanderungen durch beide Parks mit optionalen Besuchen in Imkereien, Käsereien und auf Biohöfen.

Chaouen Rural WANDERN & TREKKEN

(☎ 0539 98 72 67; www.chaouenrural.org; Pl el-Majzen) Chaouen Rural bietet geführte Wanderungen im Talassemtane-Nationalpark an, einige speziell zum Thema Heilpflanzen.

Schlafen

Chefchaouen wartet mit einer großen Auswahl von Unterkünften auf. Da die meisten Besucher wegen der Medina kommen, übernachten sie meistens gleich dort, aber auch außerhalb der Altstadt gibt es ein paar gute Optionen. Manche Hotels sind mit einer Heizung ausgestattet; falls nicht, muss man sich während kalter Winternächte unter zahlreichen Decken verkriechen. Die meisten anderen Unterkünfte liegen an der Ave Hassan II, die südlich der Medina entlang der alten Stadtmauer verläuft.

Medina

★ **Dar Baraka** PENSION €

(☎ 0614 68 24 80; www.riad-baraka.com; 12 Derb Ben Yacoub; DZ mit/ohne Bad 275/220 Dh, B 100 Dh; 📶) Dies ist ein helles und fröhliches Haus mit englischen Besitzern und ein guter Ort, um seinen Rucksack eine Weile abzustellen. Die Zimmer sind komfortabel; deren Bewohner teilen sich makellose Gemeinschaftsbäder. Die gesellige Terrasse mit den schönen Ausblicken eignet sich hervorragend, um andere Traveller kennenzulernen. Hier gibt es eine Handvoll Einzelzimmer und Vierbettzimmer mit Stockbetten. In der Medina helfen Wandbilder bei der Orientierung.

Auf Anfrage wird ein Frühstück serviert und die Wäsche gewaschen.

Chefchaouen

Dar Terrae

PENSION €

(Karte S. 274; ☎ 0539 98 75 98; www.darterrae.com; Ave Hassan I.; EZ/DZ 480/600 Dh, DZ/3BZ ohne Bad 280/380 Dh, alle inkl. Frühstück; 📶) Dieses niedliche Gästehaus verfügt über individuelle, fröhlich gestrichene Zimmer, einige davon mit eigenem Bad und Kamin, die sich an mehreren Treppen verteilen und in seltsamen Winkeln verstecken. Auf der kleinen Terrasse wird jeden Tag ein gutes Frühstück serviert. Tee und Kaffee gibt es ganztägig, Abendessen auf Anfrage. Unter Einheimischen ist die Pension auch als „Hotel Italiano" bekannt.

Hostal Gernika

PENSION €

(Karte S. 274; ☎ 0539 98 74 34; hostalgernika@hotmail.com; 49 Onssar; DZ/3BZ 250/350 Dh) Diese warmherzige, bezaubernde Unterkunft mit ihrem fürsorglichen, aufmerksamen Besitzer liegt in der Nähe der Plaza el-Majzen. Die meisten Zimmer sind groß und hell und bieten Blick auf die Berge. Im Winter brennt ein Feuer im Kamin, und es gibt jede Menge Bücher zum Lesen. Von der Terrasse hat man eine spektakuläre Aussicht. Reservierungen sind im Sommer, an Ostern und im Dezember empfohlen. Das Frühstück ist nicht inbegriffen; im Winter kommt ein Heizungsaufschlag dazu.

Hotel Koutoubia

PENSION €

(Karte S. 274; ☎ 0539 98 84 33; hotelkoutoubia@hotmail.fr; Calle Andalouse; Zi. mit Blick auf die Medina/Berge 250/350 Dh; 📶) Dieses Gästehaus ist eine gute Budgetoption: freundliches und aufmerksames Management, zentrale Lage, traditionelle Einrichtung, makellose Zimmer und eine Dachterrasse mit schließbaren Wänden, die sich auch für ein Frühstück an einem kalten Morgen eignet.

Hotel Souika

HOSTEL €

(Karte S. 274; ☎ 0539 98 68 62; www.hotelsouika.com; Derb Hadi Alami; B 60 Dh) Das Hostel bietet eine Reihe von Schlafsälen mit Stockbetten und einige Doppelzimmer. Die Gemein-

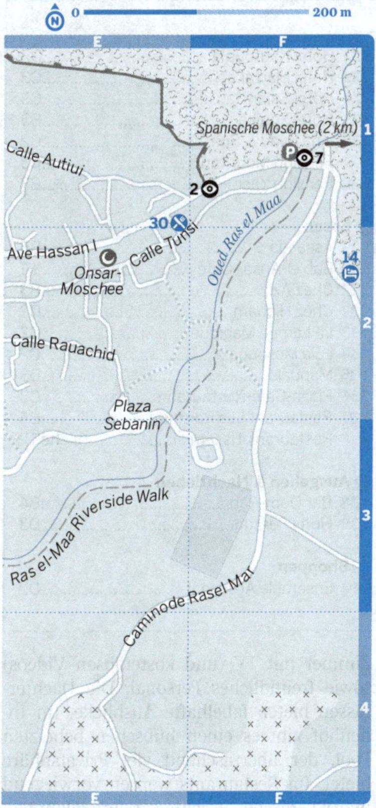

schaftsduschen und -toiletten sind in Ordnung – der Ausstatter war so begeistert von den Fliesen, dass er das halbe Hostel damit ausgestattet hat. Für den Preis unschlagbar!

Hotel Barcelona PENSION €
(Karte S. 274; ✆ 0539 98 85 06; hotelbarcelona2@gmail.com; 12 Rue Targhi; DZ mit/ohne Bad 300/156 Dh; 📶) Eine gute Budgetoption in hellblau, typisch für Chefchaouen. Einrichtung und Ausstattung sind recht einfach, aber das Hotel ist gut in Schuss und die Dachterrasse großartig. Die Zimmer mit eigenem Bad haben fast-private Terrassen.

Pension Yasmina PENSION €
(Karte S. 274; ✆ 0539 88 31 18; yasmina@hotmail.fr; 12 Zaida al-Horra; Zi. 100 Dh/Pers.; 📶) Für den Preis blitzt dieses Gästehaus geradezu. Die Zimmer sind hell und sauber, aber man sollte keines ohne Fenster nehmen. Es gibt nur Gemeinschaftsbäder. Die Unterkunft befindet sich einen Steinwurf entfernt von der Plaza Uta el-Hammam und hat eine sehr einladende Dachterrasse. Diese günstige Pension verfügt über nur wenige Zimmer und ist daher recht schnell voll.

Pension Mouritania HOSTEL €
(Karte S. 274; ✆ 0539 98 61 84; pension.mouritania@hotmail.com; Derb Hadi Alami; B 70 Dh) Einfaches Hostel mit extrem einfachen Schlafsälen und einer Dachterrasse, die seit Urzeiten ein fester Bestandteil der Traveller-Szene von Chefchaouen ist. Hier gibt es einen hübschen Innenhof und hilfsbereites Personal.

★ **Casa Perleta** PENSION €€
(Karte S. 274; ✆ 0539 98 89 79; www.casaperleta.com; Bab Souq; DZ inkl. Frühstück 500–900 Dh; 📶) Wunderbares Haus mit Zwei- und Dreibettzimmern und einer Suite für vier Personen. Alles ist mit wunderbaren von hier stammenden Stoffen und Möbeln eingerichtet. Die weißen Wände beruhigen das Auge nach all dem Blau der Medina. Der gemütliche Gemeinschaftsraum hat einen offenen Kamin für kalte Abende; alle Zimmer sind mit Zentralheizung ausgestattet. Das i-Tüpfelchen ist eine Terrasse mit großartigem Ausblick.

Dar Gabriel PENSION €€
(Karte S. 274; ✆ Spanien 00 34 952 11 74 86; www.dargabriel.com; Bab Souq; EZ/DZ inkl. Frühstück 350/500 Dh; 📶) Naturbacksteine schaffen hier zusammen mit vielen hier produzierten Teppichen und Stoffen eine warme und behagliche Atmosphäre. Die heimelige Lounge hat einen offenen Kamin und das Dach drei Terrassen. Die Zimmer sind schlicht, aber individuell eingerichtet. Auf Anfrage wird gekocht, und es werden Ausflüge in die Berge organisiert.

Dar Meziana PENSION €€
(Karte S. 274; ✆ 0539 98 78 06; www.darmezianahotel.com; Rue Zagdud; Zi. inkl. Frühstück / Abendessen 648–933 Dh; ❄📶) Dieses Boutiquehotel ist wunderschön eingerichtet: hochwertigste Möbeln, außergewöhnliche Zimmerdecken und viel Licht. Dazu gibt es einen einzigartigen eckigen Innenhof und üppige Bepflanzung. Das Hotel liegt am Rand der Medina und ist nicht gut ausgeschildert, aber wunderbar.

Dar Mounir PENSION €€
Karte S. 274; (✆ 0539 98 82 53; www.hotel-darmounier.com; Derb Hadi Alami; Zi. 520–620 Dh; 📶) Eine niedliche Pension mit hilfsbereitem Personal und einer Reihe von hübsch einge-

Chefchaouen

Sehenswertes

1 Kunstgalerie ... C3
2 Bab el-Ansar ... F1
3 Ethnografisches Museum ... C3
4 Grande Mosquée ... C3
5 Kasbah ... C3
6 Plaza Uta el-Hammam ... C3
7 Ras el-Maa ... F1
8 Sidi-Ali-ben-Rachid-Moschee ... A3

Aktivitäten, Kurse & Touren

9 Chaouen Rural ... D3
10 Douches Barakat ... D2
Lina Ryad & Spa ... (siehe 26)

Schlafen

11 Casa Hassan ... C2
12 Casa Perleta ... B2
13 Dar Baraka ... B3
14 Dar Ech-Chaouen ... F2
15 Dar Gabriel ... B2
16 Dar Meziana ... B1
17 Dar Mounir ... C3
18 Dar Terrae ... D2
19 Dar Zman ... C4
20 Hostal Gernika ... D2
21 Hotel Barcelona ... C2
22 Hotel Koutoubia ... D2
23 Hotel Marrakesh ... C3
24 Hotel Salam ... C3
25 Hotel Souika ... B3
26 Lina Ryad & Spa ... C2
27 Pension Mouritania ... C3
28 Pension Yasmina ... B3

Essen

29 Assaada ... B3
30 Bab el-Ansar Café ... E1
31 Chez Aziz ... B3
32 Chez Hicham ... C2
33 La Lampe Magique ... C2
34 Lala Mesouda ... C2
35 Mandala ... D3
36 Plaza-Café-Restaurants ... C3
37 Restaurant Les Raisins ... B4
Restaurant Tissemlal ... (siehe 11)

Ausgehen & Nachtleben

38 Bar Oum-Rabiá ... B4
39 Hotel Parador ... D3

Shoppen

40 Ensemble Artisanat ... D2

richteten Zimmern im traditionellen Stil, die sich über mehrere Stockwerke verteilen. Oben gibt es eine Terrasse mit schönem Ausblick. Einige Zimmer sind dunkel, da sie nur Fenster nach innen haben, andere sind hell und frisch. Alle Zimmer sind mit einer Vielzahl hufeisenförmiger Eingänge und Fenster versehen.

★ Casa Hassan PENSION €€€

(Karte S. 274; Dar Baibou; ☎ 0539 98 61 53; www.casahassan.com; 22 Rue Targhi; EZ/DZ inkl. HP ab 700/850 Dh; ❄) Man sollte sich von den Schildern nicht beirren lassen: Die Casa Hassan liegt jetzt gegenüber dem gleichnamigen, zugehörigen Restaurant. Der Umzug hat dem etablierten Gästehaus sehr gut getan: Nach dem Zusammenschluss mehrerer Gebäude sind luftige, gut geschnittene Zimmer, einige Innenhöfe und ein hübscher Garten mit Terrasse entstanden; die obligatorische Dachterrasse gibt's auch. Eine tolle Wahl!

Lina Ryad & Spa PENSION €€€

(Karte S. 274; ☎ 0645 06 99 03; www.linaryad.com; Ave Hassan I.; EZ/DZ inkl. Frühstück 1200/1400 Dh; 📶 🏊) Eine makellose, opulente Unterkunft der gehobenen Preisklasse. Das brandneue Gebäude wurde im traditionellem Stil errichtet. Hier gibt es große, komfortable Zimmer mit TV (und kostenlosen Videos) sowie freundliches Personal. Die Dachterrassen bieten fabelhafte Ausblicke. Im Innenhof gibt es einen hübschen beheizten Pool, der überraschend viel Privatsphäre bietet. Im Restaurants werden vorwiegend marokkanische Gerichte serviert (Hauptgerichte 100 Dh; kein Alkohol).

Außerhalb der Medina

Hotel Marrakesh HOTEL €

(Karte S. 274; ☎ 0539 98 77 74; Hotel.Marrakech1@hotmail.com; 41 Ave Hassan II; EZ/DZ inkl. Frühstück 150/220 Dh, DZ/3BZ mit Dusche 250/300 Dh; 📶) Etwas außerhalb der Medina, aber gut zugänglich. Die hellen, pastellfarbenen Zimmer sorgen für eine frische, fröhliche Atmosphäre. Die Bäder verfügen über gute Duschen, und im Gemeinschaftsraum gibt es einen offenen Kamin. Von der Dachterrasse hat man eine schöne Aussicht auf das Tal. Bewohner aller Zimmer teilen sich Gemeinschaftstoiletten, die teureren Zimmer haben eigene Duschen.

Hotel Salam HOTEL €

(Karte S. 274; ☎ 0539 98 62 39; 39 Ave Hassan II; EZ/DZ 80/150 Dh) Außerhalb der Medina an der Hauptstraße zur Plaza bietet das Salam helle Zimmer mit Blick auf einen Innenhof.

Die Gemeinschaftseinrichtungen sind gut; alle Zimmer sind zudem mit Waschbecken ausgestattet. Ein guter Preis für ein schlichtes Erlebnis.

Camping Azilane CAMPINGPLATZ €
(☎0539 98 69 79; www.campingchefchaouen.com; Hay Ouatman; Camping Erw. 30 Dh, Zelt/Auto/Wohnmobil 20/20/35 Dh, Strom 15 Dh;) Dank der schattigen Lage und der tollen Aussicht erfreut sich der Campingplatz großer Beliebtheit, auch wenn er anstrengende 20 Gehminuten von der Medina entfernt liegt und die Hygiene ziemlich zu wünschen übrig lässt. Zu den Einrichtungen gehören ein kleines Restaurant und ein Laden, wo das Nötigste verkauft wird. Wer warm duschen möchte, muss 10 Dh zahlen. Offenes Feuer und Alkohol sind verboten.

★ **Auberge Dardara** GÄSTEHAUS €
(☎0539 70 70 07, 0661 15 05 03; www.dardara.ma; Rte Nationale 2; DZ/3BZ inkl. Frühstück 600/750 Dh;) Eine echte französische *auberge* auf dem marokkanischen Land mit großen rustikalen Suiten mit TV und Kamin und ausgezeichnetem Restaurant. Der 10 ha große Komplex umfasst einen bewirtschafteten Bauernhof, Gärten, einen Pool, einen Kunsthandwerksladen, ein Hamam, einen Fitnessraum, außerdem werden Angeltrips, Fahrradtouren, Wanderungen und Schnitzeljagden organisiert. Gäste können bei der Gartenarbeit helfen oder Kunsthandwerk anfertigen. Mit dem Taxi sind es zehn Minuten nach Bab Taza (5 Dh).

Dar Zman GÄSTEHAUS €€
(Karte S. 274; ☎0539 98 93 46; www.darzman.net; Bab el Hammar, Av Hassan II; DZ inkl. Frühstück ab 350 Dh;) Das entzückende, restaurierte Gästehaus hat acht hell gestrichene Zimmer und eine schöne Dachterrasse, auf der das Frühstück serviert wird. Ein paar ehrgeizige junge Hoteliers haben es entworfen. Die nachgemachten Artefakte in den Wänden sind eine clevere Deko-Idee.

★ **Dar Ech-Chaouen** PENSION €€€
(Karte S. 274; ☎0539 98 78 24; www.darechchaouen.ma; 18 Ave Ras el-Maa; DZ inkl. Frühstück ab 610 Dh, Suite DZ 850 Dh;) Eine ausgezeichnete Unterkunft gleich außerhalb der Stadtmauern in der Nähe des Ras el-Maa. Sie ist gut konzipiert mit flachen Treppen, geräumigen, komfortablen Zimmern und einer schattigen Gartenterrasse. Darüber hinaus gibt es einen Pool mit großartigem Ausblick und ein Restaurant.

NICHT VERSÄUMEN

FLUSSWANDERUNG

Nachdem man die Medina am **Bab-el-Ansar** verlassen hat, geht's ein paar Meter bergab und über den Fluss. Nach der Brücke rechts abbiegen und dem Weg am östlichen Ufer des Oued Ras el-Maa folgen. Der landschaftlich hübsch gestaltete Pfad schlängelt sich am Fluss entlang. Die angenehme halbstündige Wanderung führt nur bergab und bietet einen spektakulären Blick auf die Medina. Schließlich trifft der Weg auf die Ave Allal ben Abdallah, wo man ein Taxi zurück zur Medina nehmen kann.

Essen

In den Cafés rund um die Plaza Uta el-Hammam kann man wunderbar einen frischen Saft oder gemütlich ein Tässchen Minztee genießen. In den Hinterzimmern spielen die einheimischen Männer Karten und rauchen *kif*. Manche Restaurants haben einen Aufkleber mit der Aufschrift *The Chefchaouen Network of Community-involved Restaurants* im Fenster. Er weist darauf hin, dass das Lokal durch die Verwendung von Bioerzeugnissen Bauern der Region unterstützt.

La Lampe Magique MAROKKANISCH €
(Karte S. 274; Rue Targhi; Hauptgerichte ab 45 Dh, Menü 100 Dh; ⌚11–22 Uhr) Das beliebte Restaurant mit wahrhaft magischer Atmosphäre und Blick auf die Plaza Uta el-Hammam serviert köstliche marokkanische Gerichte in herrlicher Umgebung. Auf drei hellblaue Etagen verteilen sich eine entspannte Lounge, ein formeller Essbereich und eine Dachterrasse. Auf der Karte stehen beliebte Gerichte, beispielsweise Lamm-Tajine mit Pflaumen und vorzügliche Salate. Das Essen ist überdurchschnittlich gut und die Atmosphäre entspannt.

Mandala ITALIENISCH €
(Karte S. 274; ☎0539 88 28 08; Hauptgerichte ab 40 Dh; ⌚11–22 Uhr) Das Mandala bietet eine willkommene Abwechslung zu Chefchaouens endloser Tajine-Parade. Hier gibt es Pizza und Pasta und ein annehmbares Steak. Die Umgebung ist gemütlich und der Service gut. Wer's lieber bequemer hat, kann sich das Essen in die Pension liefern lassen.

Lala Mesouda MAROKKANISCH €
(Karte S. 274; Ave Hassan I; Hauptgerichte ab 60 Dh; ⌚mittags & abends) Hier stehen Gerichte auf

INSIDERWISSEN

KÖSTLICHKEITEN VOM MARKT

Der Markt an der Ave Hassan II bietet hervorragende frische Fisch- und Fleischsorten sowie Obst und Gemüse. Montags und donnerstags ist hier die Hölle los, wenn die Menschen vom Land kommen, um ihre Waren zu verkaufen.

Es lohnt sich, die Augen nach lokalen Spezialitäten aufzuhalten, insbesondere der aromatische Berghonig und der frische Schafskäse, die beide zum Frühstück serviert werden, empfehlen sich. Zusammen mit frischem *dial makla* (einer Brotsorte) hat man ein köstliches Picknick.

der Karte, die es in der Stadt sonst nirgendwo gibt. Sowohl das Steak als auch das Huhn mit Sahne und Pilzen schmecken hervorragend, außerdem gibt's Fischgerichte. Drinnen ist es gemütlich und traulich, wenn auch etwas düster. Der Empfang ist herzlich. Die Öffnungszeiten werden willkürlich gehandhabt, daher sollte man sich im Voraus vergewissern, dass geöffnet ist.

Assaada MAROKKANISCH €
(Karte S. 274; ✆ 0666 31 73 16; Bab el-Ain; Menü 40 Dh; ⏲ 9–21 Uhr) Dieses solide Billigrestaurant versucht sehr zu gefallen. Es erstreckt sich beiderseits der Gasse vor dem Bab el-Ain und bietet das übliche Menü, aber auch tolle Frucht-Shakes und eine flippige Dachterrasse mit urbanem Charme. Die Treppe ist allerdings nichts für Zartbesaitete.

Plaza-Café-Restaurants MAROKKANISCH €
(Karte S. 274; Plaza Uta el-Hamman; Frühstück ab 2 Dh, Hauptgerichte ab 40 Dh; ⏲ 8–23 Uhr, im Winter kürzer) Am Hauptplatz liegen etwa ein Dutzend Cafés. Die Auswahl fällt nicht leicht, denn das Angebot ist praktisch identisch: Frühstück, Suppen, Salate, Tajines und Meeresfrüchte. Man fragt sich schon, ob nicht alle Cafés von derselben Großküche bekocht werden. Das Essen ist dennoch meist recht gut und die Atmosphäre lebendig – perfekt zum Leutegucken.

Bab el-Ansar Café €
(Karte S. 274; Bab el-Ansar; ⏲ 8–20 Uhr) Die Lage des Cafés an der äußeren Mauer der Medina ist einfach fantastisch. Es gibt hier drei in den Hang gehauene Terrassen, von denen man einen herrlichen Blick auf den Ras el-Maa hat. Am besten kommt man am späten Nachmittag, wenn die Sonne auf die gegenüberliegenden Berge scheint.

Chez Aziz PÂTISSERIE €
(Karte S. 274; Ave Hassan II; Gebäck ab 4 Dh; ⏲ 8–19 Uhr) Wer Lust auf Süßes hat, ist hier richtig. Pizzas und Panini, frisch gepresste Säfte und leckerer Kaffee gehören ebenfalls zum Angebot. Optimal für ein schnelles Frühstück!

★ Auberge Dardara Restaurant MAROKKANISCH €€
(✆ 0661 15 05 03, 0539 70 70 07; www.dardara.ma; Rte Nationale 2; Menü 120 Dh; ⏲ mittags & abends) Für das beste Restaurant in der Gegend lohnt sich die zehnminütige Taxifahrt von der Stadt nach Bab Taza (5 Dh) auf jeden Fall. Der Besitzer aus Tanger verwendet frische Zutaten aus dem Garten, backt das Brot selbst und stellt eigenen Ziegenkäse her. Zu empfehlen sind vor allem die ausgezeichneten Salate und das Wildgericht mit getrockneten Feigen sowie das saftige Kaninchen mit Quitten.

Restaurant Tissemlal MAROKKANISCH €€
(Karte S. 274; Casa Hassan; 22 Rue Targhi; Menü 90–120 Dh; ⏲ 12–21 Uhr) Das Restaurant, das besser unter dem Namen „Casa Hassan" bekannt ist, gehört zu der gleichnamigen Pension (S. 276) und serviert die üblichen traditionellen Gerichte. Es ist besonders einladend im Winter, wenn im Kamin das Feuer knistert.

Restaurant Les Raisins MAROKKANISCH €€
(Karte S. 274; ✆ 0667 98 28 78; 7 Rue Sidi Sifri; Tajine ab 25 Dh, Menü ab 50 Dh; ⏲ 7–21 Uhr) Dieses bei Einheimischen und Travellern gleichermaßen beliebte familiengeführte Restaurant liegt etwas abseits vom Schuss. Es ist berühmt für seinen Couscous Royal. Wer Lust auf ein spätes relaxtes Mittagessen hat, sollte am Nachmittag hierher kommen, wenn die Sonne auf die Terrasse an der Vorderseite scheint.

Chez Hicham MAROKKANISCH €€
(Karte S. 274; Rue Targhi; Hauptgerichte ca. 80 Dh; ⏲ 11–22 Uhr) Das Chez Hicham hat eine schöne, heimelige Inneneinrichtung, bequeme Sitzgelegenheiten und eine Terrasse mit Blick auf die Kasbah. Auf der Karte stehen die üblichen Verdächtigen, Tajine usw.

🍷 Ausgehen & Nachtleben

In Chefchaouen kommt man leicht an Haschisch, aber Bier ist schwer aufzutreiben.

Atlas Chaouen BAR, CLUB
(⌚9–23 Uhr) Die peppige Bar ist die schickste in Chefchaouen. Um hierher zu kommen, muss man aber einen ziemlich anstrengenden Fußmarsch auf sich nehmen. Die Hoteldisko (23–3 Uhr) ist der einzige Nachtclub in der Gegend; man sollte allerdings nicht allzu hohe Erwartungen haben. An Werktagen trifft man hier meist Hotelgäste, am Wochenende auch viele Einheimische.

Hotel Parador BAR
(Karte S. 274; ☎0539 98 61 36; Pl el-Majzen; ⌚14–23 Uhr) Die Bar eignet sich für ein Bier oder eine Flasche Wein oder anderen Alkohol, aber insgesamt ist sie ziemlich nichtssagend.

Bar Oum-Rabiá BAR
(Karte S. 274; Ave Hassan II; ⌚10–22 Uhr) Eine reine Männerbar.

Shoppen

Chefchaouen ist traditionell ein Zentrum des Kunsthandwerks und deshalb super zum Shoppen. Berühmt sind die gewebten Riffian-Teppiche und -Decken in leuchtendem Blau-Rot-Gelb. Fast alle für Traveller interessanten Shops liegen rund um die Plaza Uta el-Hammam und die Pl el-Majzen.

Ensemble Artisanat KUNST & KUNSTHANDWERK
(Karte S. 274; Place el-Majzen; ⌚10–14 & 16–18 Uhr) In Chefchaouen kann man super Teppiche und Decken kaufen. Heute werden die meisten Produkte aus Wolle gewebt, einem der wichtigsten Produkte der Region. Einen Besuch lohnt das Ensemble Artisinat, selbst wenn man nur Waren und Preise vergleichen möchte.

Praktische Informationen

Banque Populaire (Karte S. 274; Ave Hassan II, nahe dem Bab el-Ain; ⌚Mo–Do 8.45–18, Sa 8.45–12 Uhr) Bank mit Geldautomat und Wechselstube.

Banque Populaire (Karte S. 274; Plaza Uta el-Hammam, Medina; ⌚Mo–Do 8.45–18, Sa 8.45–12 Uhr) Bank mit Geldautomat.

BMCE (Karte S. 274; Ave Hassan II; ⌚Mo–Do 8.45–18, Sa 8.45–12 Uhr) Bank mit Geldautomat und Wechselstube.

Hospital Mohammed V (Karte S. 274; ☎0539 98 62 28; Ave al-Massira al-Khadra) Krankenhaus.

IRIC (Karte S. 274; Institut Raouachid pour l'Information et le Commerce; Ave Hassan II; 5 Dh/Std.; ⌚8–24 Uhr) Internetcafé neben der Librairie Al-Nahj.

Pharmacie Chefchaouen (Karte S. 274; ☎0539 98 61 58; Ave Moulay Driss; ⌚Mo–Sa 8–18 Uhr) Nützliche Apotheke.

Post (Karte S. 274; Ave Hassan II; ⌚Mo–Fr 8–16, Sa 8–11 Uhr)

Preference Voyages Agency (Karte S. 274; ☎0539 98 79 13; www.preferencevoyages.com; 39 Ave Hassan II; ⌚Mo–Fr 9–12.30 & 15–18.30, Sa 9–12.30 Uhr) In dem hilfreichen Reisebüro gibt's eine Touristeninformation. Die Mitarbeiter organisieren Bergwanderungen mit lizenzierten Führern; es wird Englisch gesprochen.

An- & Weiterreise

BUS

Busse legen in Chefchaouen nur einen Stopp ein und sind deshalb oft schon voll. Am besten kauft man sein Ticket gleich bei der Ankunft in Chefchaouen, um sich einen Sitzplatz zu sichern. Der **Busbahnhof** (☎0539 98 76 69), für CTM- und alle anderen Busse liegt 1,5 km südwestlich vom Zentrum am Ende der Ave Mohammed V (*petits taxis* fahren für 10 Dh von der Pl el-Majzen hierher).

CTM bedient folgende Städte.

ZIEL	PREIS (DH)	DAUER (STD.)
Casablanca	140	6
Fès	75	4
Nador	120	11½
Rabat	100	4½
Tanger	45	3

ABSTECHER

TAGHRAZOUT

Le Caiat (☎0666 28 87 15, 0671 85 49 97; www.caiat.com; RP 4105, Taghrazout; Gerichte ca. 100 Dh, DZ inkl. Frühstück/HP ab 200/350 Dh), etwa 20 km entfernt von Chefchaouen an der Straße nach Oued Laou in Taghrazout ist eine wunderbare Zuflucht in den Bergen. Der portugiesische Inhaber ist ein engagierter Umweltschützer und organisiert zusammen mit Einheimischen Trekkingtouren zwischen den Dörfern im Talassemtane-Nationalpark. Die Touren dauern zwischen zwei Stunden und zwei Tagen. Währenddessen sieht man Wasserfälle, Affen, Felstümpel und seltene Schwarzkiefern. Verschiedene Unterkünfte stehen zur Auswahl, außerdem gibt es ein Restaurant mit atemberaubenden Blick über die Täler.

Busse anderer Unternehmen fahren günstiger zu denselben Zielen sowie nach Oued Laou (32 Dh, 1½ Std.).

TAXI

Der Festpreis für ein *grand taxi* vom Flughafen Tanger nach Chefchaouen beträgt 650 Dh. Von Tanger Med zahlt man 500 Dh. Wenn man allein fahren muss und sich den Preis nicht teilen kann, ist es billiger, erst nach Tanger und dann über Tétouan nach Chefchaouen zu fahren. Sogar bei zwei Plätzen spart man noch über 550 Dh und braucht nur eine knappe Stunde länger.

Grands taxis in Richtung Norden verlassen Chefchaouen unterhalb der Plaza Mohammed V und verkehren meist nur bis Tétouan (35 Dh, 1 Std.). Wer nach Tanger oder Ceuta will, muss umsteigen; Direktverbindungen per Taxi gibt es selten.

Grands taxis nach Süden fahren unterhalb des Hauptmarkts ab. Wer Ouezzane (35 Dh, 1 Std.) als Ziel hat, kommt von dort weiter nach Fès und Meknès. In Richtung Osten und Küste gibt's allerdings kaum Transportmöglichkeiten. Am besten nimmt man erst ein *grand taxi* zur Abzweigung nach Dardara (8 Dh, 15 Min.) oder bis Bab Taza (15 Dh, 30 Min.) – und hofft dann das Beste ...

ℹ Unterwegs vor Ort

Einige von Chefchaouens blauen **petits taxis** warten auf der Place el-Majzen und in der Nähe des **Marktes**. Sie haben keine Taxameter, aber eine Fahrt kostet meist nicht mehr als 10 Dh. Das Hotel Parador verfügt über einen sicheren und günstig gelegenen **Parkplatz** (Place el-Majzen; 10 Dh/Nacht), auf dem auch Nichtgäste ihr Auto abstellen dürfen.

Chaouen Car (☎ 0539 98 62 04; Ave Hassan II) vermietet Autos und organisiert Jeepfahrten und Quads.

TREKKEN IM RIF: TALASSEMTANE-NATIONALPARK

Es gibt viele Wandermöglichkeiten in verschiedenen Längen in dem 580 km² großen Talassemtane-Nationalpark, der gleich außerhalb von Chefchaouen beginnt. Sein Name in der Sprache der Berber bedeutet „kalte Quelle". Zu den beliebten Ausflugszielen gehören die kleinen Dörfer El-Kelaâ und Akchour sowie die sogenannte Gottesbrücke, ein natürlicher Steinbogen. Die Dauer der einzelnen Ausflüge hängt logischerweise davon ab, wie weit man wandern bzw. fahren möchte.

Von Chefchaouen nach Bab Taza

Diese Wanderung ist am besten geeignet, um das Rifgebirge kennenzulernen. Sie führt durch den Talassemtane-Nationalpark und beginnt in Chefchaouen. Zu der spektakulären Landschaft gehört die sogenannte Gottesbrücke, ein natürlicher Steinbogen über den Oued Farda. Unterwegs begegnet man höchstwahrscheinlich ganzen Horden von Berberaffen.

Die Tour dauert fünf Tage, aber es gibt mehrere Möglichkeiten, sie abzukürzen. Beispielsweise kann man sich am Ende des zweiten Tages von Akchour ein Transportmittel zurück nach Chefchaouen organisieren. Das ist in Akchour nicht kompliziert, wer sich jedoch im Vorfeld absichern möchte, vereinbart mit dem Fahrer eines *grand taxi* aus Chefchaouen einen Abholzeitpunkt. Alternativ führt auch eine andere Wanderstrecke zurück.

Der Talassemtane-Nationalpark ist einer von zwei großen Parks im Rifgebirge (neben dem Bouhachem-Nationalpark) und zu großen Teilen noch unerschlossen. Die mit wundervollen Gebirgsketten, Schluchten und Tälern voller Zedern-, Korkeichen- und Tannenwälder gesegnete Landschaft gilt als wahres Wanderparadies. Dank der Nähe zum Mittelmeer ist das Rifgebirge eine der grünsten Bergketten Marokkos. Im Frühjahr, der schönsten Jahreszeit zum Wandern, blühen zahlreiche Wildblumen.

Abschreckend für Wanderer und Kehrseite der Abgeschiedenheit: Auf drei Vierteln der bestellbaren Ackerfläche östlich von Chefchaouen wird Cannabis angebaut. Dennoch haben Trekkingfans nichts zu befürchten, vor allem wenn sie mit einem Guide unterwegs sind. Die Dorfbewohner heißen Fremde mit echtem Interesse und Herzenswärme willkommen. Der hier beschriebene, gut frequentierte Wanderweg beginnt in Chefchaouen und ist in Sachen Drogen unproblematisch. Lokale Organsiationen bemühen sich mit Unterstützung der Regierung darum, die Abhängigkeit von der Cannabisindustrie zu verringern: Sie schaffen touristische Einrichtungen wie *gîtes* und Unterkünfte bei einheimischen Familien, sie verwalten die Wanderwege und bilden Wanderführer aus.

Das Rifgebirge ist nur an wenigen Stellen höher als 2500 m, und kaum eine Strecke führt in Höhen über 2000 m, sodass man sich keine Sorgen wegen der Höhenkrankheit machen muss.

Fauna und Flora

Dank des Klimas und seiner Nähe zu Europa hat das Rifgebirge etwas Mediterranes – es ähnelt den südspanischen Sierras. Unter den Baumarten ist die Zeder stark vertreten. Seltener stößt man auf die heimische *Abies maroccana,* eine Hochgebirgsunterart der Spanischen Zeder. Außerdem sprenkeln Korkeichen, Kiefern, wilde Olivenbäume, Wacholder sowie der seltene Johannisbrotbaum das Kalksteingebirge. Auf dem nährstoffarmen felsigen Boden lässt sich nur schwer etwas anbauen; Kahlschlag stellt wie auch in anderen Gegenden ein Problem dar. Kräuter wie Lavendel und Thymian gedeihen üppig und werden von Einheimischen als Heilpflanzen genutzt.

Manchmal erzählen die Bewohner, es gäbe Wölfe in den Bergen – ein Übersetzungsfehler, denn in Wirklichkeit sind es Füchse. Außerdem treiben sich in der Gegend Wildschweine herum, die man allerdings ausgesprochen selten zu Gesicht bekommt. Die berühmtesten Säugetiere des Rifgebirges sind jedoch die Berberaffen (*mgou* genannt), deren Verbreitungsgebiet sich bis in den Mittleren Atlas erstreckt.

Vogelliebhaber haben mehr Glück, da überall Gleitaare, Königsadler und Adlerbussarde in den Lüften kreisen. Darüber hinaus entdeckt man vor den Kalksteinklippen zahlreiche Raben.

Die Skorpione im Rifgebirge sind zwar nicht ganz ungefährlich, aber harmloser als weiter südlich. Vorsicht vor dem roten Skorpion, dessen Stiche höllisch schmerzen! Die giftige Hufeisennatter verdankt ihren Namen dem hufeisenförmigen Zeichen am Kopf und flieht wahrscheinlich eher vor Wanderern als umgekehrt.

DIE TOUR AUF EINEN BLICK

Dauer 4–5 Tage

Länge 56 km

Schwierigkeitsgrad mittelschwer

Start Chefchaouen

Ziel Bab Taza

Höchster Punkt Sfiha-Telj-Pass (ca. 1700 m)

Unterkunft *gîtes* und Camping

Öffentliche Verkehrsmittel ja

Kurzbeschreibung Die Wanderung ist nicht besonders anspruchsvoll, aber die Berglandschaft spektakulär. Die winzigen Bergdörfer lohnen Umwege, die Schluchten und die seltsame Geologie sind faszinierend.

Tag 1: Von Chefchaouen nach Afeska

DAUER 5½–6½ STD. / LÄNGE 14,5 KM / AUFSTIEG 1200 M / ABSTIEG 600 M

Weil dies die anstrengendste Etappe der Wanderung ist, sollte man morgens unbedingt früh aufbrechen. Die Tour beginnt auf der *piste* für Geländewagen hinter dem Campingplatz Azilane, die steil ansteigt und großartige Ausblicke auf die Medina von Chefchaouen bietet. Der Weg führt an den Hängen des **Jbel el-Kelaâ** (1616 m) entlang und wird ebener, sobald er dem Bach durch das Dorf **Âïn-Tissimlane** folgt. Zuvor geht's in einem kurzen Bogen bergan auf eine Anhöhe, die von den Kalksteinwänden des **Sfiha Telj** überragt wird. Der Blick ist in beide Richtungen fantastisch – an klaren Tagen sieht man sogar das Mittelmeer.

Kurz bevor der Abstieg beginnt, führt der Weg nach Osten. Zwischendurch kann man immer wieder Pausen einlegen, um die tolle Aussicht zu genießen. Über die rechte (südliche) Abzweigung der Gabelung erreicht man in etwa einer Stunde das Dorf **Azilane** mit einem Homestay und einem *gîte.* Alternativ folgt man dem anderen, meist ebenen Weg eine weitere Stunde bis **Afeska**, das ebenfalls über Privatunterkünfte und eine Berghütte verfügt.

Tag 2: Von Afeska nach Akchour

DAUER 3½–4½ STD. / LÄNGE 10 KM / ABSTIEG 860 M

Ab Afeska verwandelt sich die breite *piste* der bisherigen Strecke in einen kleinen Pfad. Nun geht's Richtung Norden durch weitere Eichen- und Kiefernwälder nach **Sidi Meftah**. Hier befinden sich ein *marabout* (das Mausoleum eines Heiligen) und eine Quelle. Danach kommt man aus dem Wald heraus und folgt den Serpentinen hinunter bis **Imizzar** am **Oued Farda**. Hinter dem Fluss biegt man links ab (weg vom Dorf nach Nordwesten), überquert den Fluss unter einigen beeindruckend überhängenden Felsen und wandert weiter Richtung Nordwesten. Über einen ausgetretenen Mulipfad marschiert man allmählich hinunter zur

Pont Farda, einer alten Brücke über den Oued Farda.

Auf der anderen Seite, am Westufer, geht's weiter nach Norden, aufgrund der landschaftlich reizvollen Umgebung nun etwas langsamer. Nach einer Stunde führt der Weg linker Hand vom Fluss weg Richtung **Ouslaf**, das von einer gigantischen Felssäule überragt wird. Man folgt dem Pfad aber weiter nach rechts hinunter bis zum Flussufer an den Ausläufern des Ortes **Akchour** (398 m).

Auf dem Weg in das Dorf, das am **Oued Kelaâ** liegt, kommt man zuerst zu einem kleinen Café mit sehr einladenden, im Fluss gekühlten Getränken und einem Wehr mit tiefem Wasser, das sich zum Baden eignet – wobei die Wassertemperatur nur ein kurzes Eintauchen erlaubt.

In Akchour gibt es einen komfortablen *gîte*, der mit ausgezeichnetem Essen aufwarten kann.

Hier besteht meist eine Möglichkeit, nach Chefchaouen zurückzufahren – wahrscheinlich mit einem der robusten Lieferwagen, die über die Piste rumpeln. Wer keine Mitfahrgelegenheit findet, kann es 2 km weiter nördlich in **Talembote** versuchen. Dienstags wird dort ein Markt abgehalten, und es fahren Fahrzeuge nach Chefchaouen (15 Dh). Viele nehmen zahlende Tramper mit, wenn sie genügend Platz haben. Aussteigen kann man in Dar Ackoubaa, einem Ort 10 km nördlich von Chefchaouen an der Schnellstraße N2.

ABSTECHER: GOTTESBRÜCKE

Wer früh in Afeska aufbricht, erreicht Akchour am Mittag und hat noch genügend Zeit für einen kurzen Abstecher (1½ Std., hin & zurück 3 km) zur **Gottesbrücke**, einem bizarren Gebilde, das man sich nicht entgehen lassen sollte.

Der Pfad im Süden vom Wehr in Akchour flussaufwärts am Oued Farda entlang ist an manchen Stellen unwegsam, aber die Kletterpartie lohnt sich. Zweimal geht's über den Fluss, was an den flachen Stellen kein Problem ist, wenn man keine Angst vor ein paar Spritzern hat. Wer die Tour im Frühjahr unternimmt, sollte sich allerdings in Afeska vergewissern, dass die Schneeschmelze den Fluss nicht unpassierbar gemacht hat. Von Akchour aus sind es 45 Minuten bis zur Gottesbrücke. Ein riesiger Bogen aus rotem Stein türmt sich 25 m hoch über den Fluss – kaum zu glauben, dass er nicht von Menschen, sondern von der Natur geschaffen

VOR DER WANDERUNG: CHECKLISTE FÜR DAS RIFGEBIRGE

Wetter Wanderungen sind das ganze Jahr über möglich, allerdings kann es zwischen November und März sehr kalt werden und sogar schneien. Zwischen Ende September und Juni regnet es häufig. Im Sommer ist es sehr heiß, sodass einige Wasserquellen austrocknen.

Führer Abdeslam Mouden (S. 273) in Chefchaouen vermittelt Guides für 400 Dh pro Tag.

Unterkunft In vielen Dörfern gibt es einfache Hütten (*gîtes*), wo man für 200 Dh pro Person inklusive Frühstück und Abendessen unterkommt. Man kann auch unterwegs eine Unterkunft suchen, allerdings besteht dann das Risiko, dass der Parkwächter nicht da oder der *gîte* geschlossen ist. Weil die Einheimischen nicht davon profitieren, wenn man stattdessen sein Zelt aufschlägt, sollte man davon absehen – es sei denn, man ist in Gegenden ohne Berghütten unterwegs. Im Dorf Talassemtane gibt's einen offiziellen Campingplatz. Die Genehmigung zum Zelten (kostenlos) muss man im Voraus beim Ökomuseum in Chefchaouen beantragen. In manchen Dörfern kann man bei Einheimischen wohnen, Tee trinken und Kooperativen besuchen, die Teppiche oder Käse herstellen.

Karten Die von der Regierung in der topopgrafischen Reihe herausgegebenen Übersichtsblätter *Chaouen* und *Bab Taza* (Maßstab 1:50 000) decken das Gebiet der Trekkingtour von Chefchaouen nach Bab Taza ab. Karten mit den Wanderwegen bekommt man auch im Ökomuseum am Parkeingang.

Ausrüstung Wenn es keine *gîtes* gibt, braucht man ein Zelt. Unerlässlich sind ein guter Schlafsack und eine leichte Regenjacke, da es häufig regnet. Lebensmittel und Getränke kann man in Chefchaouen kaufen. Ein Maultier für den Gepäcktransport kostet inklusive Treiber 250 Dh pro Tag. Von August bis Oktober ist es nicht leicht, Mulis zu finden, da sie bei der Cannabisernte eingesetzt werden. Dementsprechend steigen die Preise.

wurde. Jahrtausendelang verlief der Fluss unterirdisch, erodierte den Felsen und grub seinen Weg immer tiefer in das Gestein, bis nur die hohe Brücke übrig blieb.

Tag 3: Von Akchour zu den Weiden oberhalb von Abou Bnar

DAUER 4½–6 STD. / LÄNGE 12 KM / AUFSTIEG 977 M

Frühmorgens startet man in Akchour Richtung Norden (mit vollen Wasserflaschen, da es bis Izrafene keine Quelle gibt), überquert die Brücke über den Oued Kelaâ und biegt dann rechts (südöstlich) in den Weg zum Dorf Izrafene ein. Die Wanderung ist landschaftlich sehr schön, denn sie führt auf und um den **Jbel Azra** (1375 m). Von den steilen Schluchten, die man durchwandert hat, kann man den Blick hoch zu den Bergen schweifen lassen. Wer etwas klettern möchte, sollte bis zum Gipfel eine halbe Stunde mehr einkalkulieren. Oben bieten sich weitere herrliche Ausblicke.

Auf der anderen Bergseite wird die Landschaft sanfter und weiter gen Süden sogar hügelig. **Izrafene** liegt auf halber Strecke der Tagestour. Kurz vor dem Ort zweigt ein Pfad an einem Pass nach Osten ab – Abenteuerlustige verlassen nun den Pfad nach Bab Taza und wandern nach Taourarte (mit Privatunterkunft und einem *gîte*) sowie weiter nach **Bou-Ahmed** an der Küste. Dafür braucht man weitere zwei bis drei Tage.

Ab Izrafene wird der Weg zu einer *piste* für Geländewagen, der ersten seit Afeska. Diese verläuft durch ein enges Tal und Richtung Osten allmählich hinauf zu einem Kamm mit schönem Ausblick. An der Gabelung geht's nach links und 25 m danach nach rechts auf einen Weg, der in südöstlicher Richtung durch ein schönes Stück Eichenwald nach **Abou Bnar** führt. Weil es keinen Grund gibt, sich hier länger aufzuhalten, wandert man nun nicht mehr auf der *piste*, sondern stattdessen am Fluss entlang durch eine offene grasbewachsene Landschaft zum *marabout* von **Sidi Jil**. In der Umgebung kann man gut zelten, doch nach 30 Minuten folgt eine noch idyllischere Stelle zwischen Weiden in der Nähe der El-Ma-Souka-Quelle – ein tolles Plätzchen für die Nacht.

ALTERNATIVE ROUTE: ZURÜCK NACH CHEFCHAOUEN

Es ist möglich, über eine alternative Route an nur einem Tag von Akchour nach Chefchaouen zurückzuwandern. Die Strecke führt durch die Dörfer **Ouslaf**, **Arhermane** und **El-Kelaâ**. In El-Kelaâ befindet sich die faszinierende **Mosquée Srifi-yenne** mit ihrem seltsam schiefen Turm. Die Strecke dauert nur sechs Stunden und umgeht wesentliche Auf- und Abstiege.

Tag 4: Von den Weiden oberhalb von Abou Bnar ins Dorf Talassemtane

DAUER 2–2½ STD. / LÄNGE 6 KM / AUFSTIEG 352 M

Vom Zeltplatz südwestlich von Abou Bnar geht's zurück zur *piste* für Geländewagen. Hier biegt man links ab, überquert den Fluss und wandert Richtung Süden durch den Kiefernwald. An der T-Kreuzung hält man sich rechts (links führt der Weg bergab nach Beni M'Hamed), wo die Strecke wieder ansteigt.

Von Abzweigungen und Kreuzungen sollte man sich nicht irritieren lassen und immer auf dem Hauptweg bleiben. Dieser führt über mehrere Minipässe mit tollen Ausblicken. Im Westen beherrscht der **Jbel Lakraa** (2159 m) die Landschaft.

Am späten Vormittag erreicht man das Dorf **Talassemtane**. Ein kleines Schild weist runter von der *piste* nach links zum Haus des Parkwächters. Dort befindet sich auch der offizielle Campingplatz.

ABSTECHER

Nach der kurzen Wanderung bleibt Zeit zur Erkundung der Gegend und der Tierwelt.

Zunächst geht's Richtung Norden wieder zurück über die *piste* oberhalb des Parkwächterhauses bis zu einer Lichtung und Kreuzung und dann rechts ab nach Osten in das Land der *mgou* (Berberaffen). Hier treiben sich jede Menge Affen herum, die jedoch schnell auf die Bäume flüchten, wenn man ihnen zu nahe kommt. Nun führt der Weg nach Süden und bietet einen schönen Blick über das Tal zum langen Kamm des **Jbel Taloussisse** (2005 m), bevor er sich kurz wieder nach Osten wendet. Rechts geht's gen Süden über den Bergsporn des **Talassemtane** (1941 m) zu einem Fußballfeld – merkwürdig, aber wahr! – auf einem flachen Stückchen Land. Von dort kommt man über die Felsen nach Westen zurück zum Camp.

Wer jetzt noch immer zu viel Energie hat, besteigt den **Jbel Lakraa**. Am besten nähert man sich dem Gipfel von Norden und wandert über den Kamm, um durch die Rinnen des Bachs südöstlich wieder abzusteigen. Allerdings gibt's keinen richtigen Weg, streckenweise muss man richtig kraxeln. Hin und zurück braucht man etwa dreieinhalb Stunden.

Tag 5: Vom Dorf Talassemtane bis Bab Taza

DAUER 2½–3½ STD. / 13,5 KM / ABSTIEG 825 M

Am letzten Tag geht's recht schnell über die *piste* für Geländewagen in die Siedlung Bab Taza hinab, wo jede Menge Cannabis angebaut wird. Der Weg windet sich über eine große Wiese und weiter durch den Korkwald des **Jbel Setsou** (1363 m), bevor **Bab Taza** im Tal zu sehen ist, das nach ein paar Tagen in den Bergen wie eine Erscheinung wirkt.

An der Hauptstraße reihen sich Cafés und mehrere hässliche Hotels aneinander. Das Hauptgeschäft scheint der Ort mit riesigen Düngemittelsäcken für die Cannabisfelder zu machen. *Grands taxis* fahren tagsüber regelmäßig vom Westende des Ortes nach Chefchaouen (12 Dh, 30 Min.).

Oued Laou واد لاو

8500 EW.

Noch ist die staubige Hauptstraße von Oued Laou gesäumt von provisorisch errichteten Gebäuden. Aber davon sollte sich niemand täuschen lassen: Falls der Ausbau der Touristenburgen an diesem Küstenstreifen im selben Tempo weitergeht, wird hier in ein paar Jahren alles so aussehen wie in Martil. Momentan ist Oued Laou vor allem im Sommer ein Backpackerparadies. Die neue Küstenstraße an dem sehr langen und sehr verlassenen Strand bietet noch günstige Zimmer am Wasser sowie preiswertes Bier und Essen. Außer einigen Fischern, die am Morgen ihre Boote ins Wasser lassen, ist hier nichts und niemand zu sehen.

Die vor Kurzem erneuerte Straße von Chefchaouen nach Oued Laou hat die Fahrtdauer zwischen den beiden Orten auf eine gute Stunde reduziert.

Schlafen & Essen

Hier dreht sich alles um Seafood: Die Restaurants an der Küstenstraße servieren frischen Fisch direkt von den Fischerbooten zusammen mit der üblichen Auswahl Tajines.

Einige günstige Bars bieten kaltes Bier und billigen Wein an – keine davon ist wirklich frauenfreundlich. Viel schöner ist es bei einer Tasse Kaffee an der Küstenstraße.

Hotel Oued Laou PENSION €
(☎0650 18 43 38, 0655 21 37 89; Blvd Massira; EZ/DZ ohne Bad 200/250 Dh) Trotz einiger neuer Budgetoptionen ist dieses Hotel das beste. Eine neue Straße trennt die Unterkunft von dem zugehörigen Strandrestaurant. Die Zimmer mit Meerblick sind besonders toll.

Aramar SEAFOOD €
(Corniche; Hauptgerichte ab 60 Dh; ⏲12–23 Uhr, Nebensaison kürzere Öffnungszeiten) Das beste Fischrestaurant an der Uferstraße serviert für 80 Dh eine leckere Platte mit *poisson friture* (gebratener Fisch). Gäste können beim Essen ganz entspannt den Fischern am Strand zusehen.

Praktische Informationen

Cyber Costa (Internet 5 Dh/Std.; ⏲9–24 Uhr) Gegenüber vom Restaurant La Plage. Außerhalb der Saison ist das Internetcafé aber meist geschlossen.

An- & Weiterreise

Wer mit dem Auto aus Chefchaouen kommt, muss bei Dar Ackoubaa, 11 km nördlich von Chefchaouen, von der Hauptstraße nach Tétouan abbiegen. Die Strecke vorbei am großen Staudamm, durch sanft hügeliges Gelände und die beeindruckende Schlucht von Laou ist großartig. Traveller, die aus Tétouan kommen, nehmen die ausgebaute Rocade (N16): Bis El-Jebha schlängelt sie sich 140 km lang an der spektakulären Küste entlang.

Jeden Tag verbinden drei Busse Tétouan und Oued Laou (25 Dh, 2 Std.). Einer dieser Busse fährt nach Chefchaouen (20 Dh, 90 Min.) und weiter die Küste entlang nach El-Jebha (30 Dh, 5 Std.). Auf dem Rückweg startet dieser Bus am frühen Morgen in El-Jebha. Allerdings wirft er die Fahrgäste in Oued Laou beim Suk raus. Dann gibt's zwei Optionen: 45 Minuten Fußweg in die Stadt oder ein *grand taxi* für 7 Dh.

Die Taxis in Oued Laou warten gleich neben der Moschee. Von hier geht's via Dar Ackoubaa (15 Dh, 20 Min.) nach Tétouan (30 Dh, 1 Std.), von wo man mit einem Taxi nach Chefchaouen kommt.

Von Targa nach El-Jebha من تارجا الى الجبهة

Dieser spektakuläre Küstenabschnitt ist sehr abgelegen. Pinienbewachsene Hügel wechseln sich ab mit Tälern voller bewirtschafteter Felder, die bis zum Meer und zu den grauen Kiesstränden reichen. Allerdings kündigen sich mit der neuen Küstenstraße bereits massive Bauprojekte mit Golfplätzen, Luxushotels und Apartmenthäusern an.

17 km südöstlich von Oued Laou stößt man auf das spanisch geprägte Dörfchen Targa, einst ein richtiges Piratennest. Hoch oben über dem Dorf thront auf einem schwarzen Felsvorsprung eine Festung aus Stein. Sie wurde zur Zeit des Spanischen Protektorats gebaut. Die Moschee aus dem 13. Jh. ist einem lokalen Heiligen gewidmet.

Im breiten Tal des Oued Bouchia, 18 km südöstlich von Targa, erstrecken sich die Zwillingsdörfer Steha und, ein Stück hinter der Küste, Bou Ahmed. Letzteres ist übrigens das Ziel der langen Trekkingtour. Dienstags gibt's einen interessanten Suk, außerdem öffnet im Sommer ein schlicht ausgestatteter Campingplatz.

Von hier führt die Straße an der Küste entlang ins blau-weiße Städtchen El-Jebha 52 km weiter südöstlich – eine echte Achterbahnfahrt! Die zerklüftete Küste wartet mit vielen atemberaubenden, geschützten Buchten auf. Wer mit dem Auto unterwegs ist, wird ein paar tolle Ecken entdecken. Dienstags kommen die Bauern aus den Rifdörfern der Umgebung zum Suk. In El-Jebha kann man Richtung Süden durch das Rifgebirge bis Issaguen fahren, oder man folgt der Rocade geradeaus weiter nach Al-Hoceima.

An- & Weiterreise

Grands taxis fahren von Tétouan nach Targa. Von Targa verkehren *grands taxis* nach El-Jebha, von wo aus man weiter nach Al-Hoceima kommt.

Al-Hoceima الحسيمة

57 000 EW.

Dieses moderne Ferienresort am Meer ist ruhig, sicher und entspannt und voller stolzer, herzlicher Berber. In der Stadt herrschen überraschend unabhängige Ansichten, sie ähnelt damit mehr als jeder andere Ort im Norden einer westlichen Stadt. Hier kann man es gut ein paar Tage aushalten.

Al-Hoceima wurde von den Spaniern unter dem Namen Villa Sanjuro gegründet und nach dem Rifkrieg Anfang des 20. Jhs. als Garnison ausgebaut. Ganz in der Nähe war der Rebell Abd al-Krim aktiv. Die Umbenennung in Al-Hoceima ist der Unabhängigkeit geschuldet, aber Sprache, Architektur und Handel werden noch immer stark von Spanien beeinflusst.

In den letzten Jahren ist viel Geld in die Stadt geflossen, besonders in die boomende Tourismusindustrie. Auf der große Pl Mohammed VI befinden sich mehrere Brunnen; zusammen mit der langen Küstenstraße bildet sie das Herz der Stadt. Der nahe gelegene Al-Hoceima-Nationalpark wurde für Touristen zugänglich gemacht – einen Besuch sollte man sich keinesfalls entgehen lassen.

Sehenswertes

Die drei weißen Sandstrände 5 km südlich der Stadt sind im Sommer ein guter Anlaufpunkt, außerhalb der Saison sind sie hingegen mit Abfallen übersät. Zu den Stränden gelangt man am besten mit einem *grand taxi*. Das ganze Taxi kostet rund 50 Dh zur **Cala Bonita** und 75 Dh zur **Plage Asfiha**. Regionalbusse nach Ajdir und Imzouren, die an den Abzweigungen zu diesen Stränden vorbeifahren (5–7 Dh), starten neben der Mobil-Tankstelle am südlichen Ende des Blvd Mohammed V.

El Peñón de Alhucemas FESTUNG

Diese außergewöhnliche weiße Inselfestung gehört zu den *plazas de soberanía* (Plätzen der Souveränität) und ist über einige Hundert Meter von der Playa Asfiha aus zu sehen, genau wie die unbewohnten Inselchen Isla de Mar und Isla de Tierra, auf denen die spanische Flagge gehisst ist. Die spanische Herrschaft reicht zurück bis ins Jahr 1559, als die Saadi-Dynastie das Land im Tausch gegen militärische Unterstützung an die Spanier übergab.

1673 errichtete das spanische Militär eine Garnison und ging nie wieder fort. Heute beherbergt die Festung 60 Soldaten und kann nicht besichtigt werden. Seit der Unabhängigkeit im Jahr 1956 erhebt Marokko Einspruch gegen die spanische Herrschaft.

Plage Quemado STRAND

Eine hübsche, steile Bucht schützt den gelben Sand des Stadtstrandes, der hervorragende Ausblicke auf Marokko bietet. Im Sommer ist hier die Hölle los. In der Saison können Pedalos gemietet werden.

Plage Isly STRAND

Der graue Sandstrand liegt südlich der Stadt und hat einige Imbisse, die während der Sommermonate frischen Fisch verkaufen.

Hafen HAFEN

Der Hafen wird vorwiegend für den Fischhandel genutzt. Man kann zusehen, wenn

Al-Hoceima

der Fang abgeladen wird, und sich anschließend einen Fisch zum Essen aussuchen. Den bringt man dann zum Club Nautique (S. 287), wo er fachgerecht und gut zubereitet wird.

Schlafen

Im Sommer ist der Ort ziemlich gut besucht, und man sollte unbedingt im Voraus buchen. In den Straßen zwischen der Pl du Rif und dem Suk stößt man auf zahlreiche billige Hotels. Einige sind ziemlich schäbig, deshalb sollte man sich die Zimmer ansehen, ehe man eincheckt.

Hotel Villa Florido HOTEL €

(☎0539 84 08 47; http://florido.alhoceima.com; Pl du Rif; EZ/DZ 301/393 Dh; 📶) Dieses prächtige, im Jahr 1920 errichtete Art-déco-Hotel, eine Insel auf der Pl du Rif, bietet ein schönes zeitgenössisches Ambiente. Die Zimmer sind unterschiedlich groß (die Dreibettzimmer sind riesig) und mit Bädern und TV ausgestattet; die meisten haben eigene Balkone. Unten gibt's ein hübsches Café (Frühstück 40 Dh). Alle Zimmer haben Fenster zur Straße raus, wo es nachts ziemlich laut zugehen kann.

Hotel National HOTEL €

(☎0539 98 21 41; 23 Rue Tetouan; EZ/DZ 288/322 Dh) Eine nette Budgetunterkunft, obwohl einige Zimmer ein bisschen klein sind und Fenster zum Innenhof haben, wodurch sie etwas dunkel wirken.

Hotel al-Hana HOTEL €

(☎0666 90 32 00; 17 Calle Imzouren; EZ/DZ ohne Bad 100/160 Dh) Die einfache Bleibe am unteren Ende der Preisskala versteckt sich in den winzigen Straßen östlich der Pl du Rif. Das Hotel ist gepflegt. Alle Einrichtungen werden gemeinschaftlich genutzt, auch die sauberen Hocktoiletten. Warmwasser zum Duschen gibt es gratis. In dem Café im Erdgeschoss tummeln sich männliche Würfelspieler.

Al-Hoceima

Hotel Rif HOTEL €
(☎0539 98 22 68; 13 Calle Sultan Moulay Youssef; EZ/DZ ohne Bad 100/150 Dh) Wenn die Reisekasse bereits überstrapaziert ist, endet man wahrscheinlich in diesem langen Korridor, von dem einfache Zimmer abgehen. Die Quartiere sind schlicht gehalten, aber für den Preis in Ordnung. In jedem Zimmer gibt es ein Waschbecken, die Gemeinschaftsbäder mit (Hock-)Toiletten befinden sich auf dem Gang.

La Perla HOTEL €€
(☎0539 98 45 13; Ave Tariq ibn Zaid; EZ/DZ inkl. Frühstück 700/850 Dh;) Das moderne Geschäftshotel in einem Hochhaus mit Spiegelfassade wartet mit komfortablen Zimmern mit Satelliten-TV und großen Bädern auf. Die Lage an einer belebten Straßenecke sorgt für einigen Lärm in den Räumlichkeiten in den unteren Stockwerken. Im Erdgeschoss gibt's ein Café mit gutem Frühstück, oben ein Restaurant. Ein bisschen zu langweilig und zu bescheiden für den Preis.

Hotel al-Khouzama HOTEL €€
(fax 0539 98 56 69; Calle al-Andalous; EZ/DZ 288/376 Dh;) Abseits des Boulevard Mohammed V liegt dieses bei Geschäftsreisenden beliebte Zwei-Sterne-Hotel. Die Unterkunft ist komfortabel und bietet geräumige Zimmer (die, die nicht zur Straße hin ausgerichtet sind, sind etwas dunkel) mit eigenen Bädern und Satelliten-TV. Die Angestellten an der Rezeption sind freundlich und hilfsbereit.

Mercure Quemado Resort HOTEL €€€
(www.mercure.com; 1 Ave Ibn Tachfine; EZ/DZ 1515/1640 Dh;) Das Urlaubs- und Geschäftshotel liegt an der Plage Quemado wie ein Kreuzfahrtschiff, das an Land gespült wurde. Die Zimmer sind geräumig, komfortabel und gepflegt. Es gibt ein Restaurant mit Büfett und À-la-carte-Optionen und eine Bar, in der man ein Getränk mit Blick auf den Strand genießen kann.

Suites Hotel Mohammed V HOTEL €€€
(☎0539 98 22 33; www.hotelsuitesmohammedv.com; Pl Mohammed VI; EZ/DZ 800/950 Dh;) Modernes, aber charakterloses Hotel in bester Lage oberhalb der Plage Quemado. Die großen, geräumigen Zimmer haben Balkone mit wirklich sagenhaften Ausblicken auf die Bucht, aber das Personal wirkt etwas desinteressiert. Ein Restaurant, eine Bar und ein Fitnessraum runden das Angebot ab.

Essen

Günstige Restaurants rund um die Pl du Rif servieren den Menschenmassen vom Busbahnhof für etwa 25 Dh pro Kopf sättigende Tajines, Spieße und Meeresfrüchte. In der Stadt gibt es außerdem jede Menge Snack-Läden.

Im Ort finden sich zudem kleine Lebensmittelgeschäfte, z.B. die **Épicerie Hassouni** (Blvd Mohammed V) und der **Supermarché el-Bouayadi** (Calle Abdelkrim Khattabi). Alkohol bekommt man bei **Bougamar** (nahe Ecke Rue Micra).

★**Club Nautique** MEERESFRÜCHTE €
(☎0539 98 14 61; Gate 2, Port d'Al-Hoceima; Hauptgerichte ab 60 Dh; ⊙12–23 Uhr) Das größte Restaurant am Hafen ist gut. Nach 18 Uhr kann man seinen Fisch direkt vom Boot kaufen und hier zubereiten lassen. Alternativ bestellt man ein Gericht von der Karte. Vom 2. Stock aus überblickt man den ganzen Hafen: Ein guter Ort, um zu entspannen und ein Bier an der frischen Luft zu genießen.

Café La Belle Vue CAFÉ €
(Karte S. 286; 131 Blvd Mohammed V; Frühstück 20 Dh; ⊙8–22 Uhr) Dieses Café mit Restaurant hat seinen Namen wegen der Terrasse

TARIFIT

Hallo/Auf Wiedersehen *msalkhir/baslama*

Ja/Nein *wah/alla*

Bitte *aafak*

Danke *choukrane*

Wo ist ...? *mani thadja (fem) or mani yadja (masc)*

➡ **Hotel** *annoutir*

➡ **Camping** *arihla*

Haben Sie freie Zimmer? *maghak cha akhamane akhwane?*

➡ **ein Einzelzimmer** *akham injnab-nadam*

➡ **ein Doppelzimmer** *akham ntnaine nyawdane*

Wievel kostet das? *mchhar tag tha?*

Wann fährt der/die nächste ...? *marmi ghayoya wanni dyouggane?*

➡ **Fähre** *agharabo*

➡ **Bus** *toubis*

Ich hätte gerne ein/e/n ... *khsagh*

➡ **einfache Fahrkarte** *thawrikth ichtane waha*

➡ **Hin- und Rückfahrkarte** *thawrikth waakab*

➡ **Bier** *berra*

➡ **Sandwich** *bocadio*

hinten mit Blick auf die Bucht – von hier aus hat man wirklich einen fantastischen Ausblick. Es gibt mehrere ähnliche Cafés an diesem Abschnitt des Blvd Mohammed V.

Espace Miramar FAST FOOD €
(Karte S. 286; ☎0531 98 42 42; Rue Moulay Ismail; Hauptgerichte ab 35 Dh; ⏲9–23 Uhr) Mit der Wahl dieses 5000 m² großen Komplexes hoch oben auf den Klippen mit Meerblick, Pizzeria, zwei Cafés, einem Grill, einem Restaurant, einem Kinderspielplatz sowie gelegentlicher Livemusik macht man nichts falsch. Das Espace besteht aus seiner Reihe von Freiterrassen, man sollte also keinesfalls irgendwo drinnen hängenbleiben.

La Dolce Pizza FAST FOOD €
(Karte S. 286; ☎0531 98 47 52; Pl du Rif; Pizza 37 Dh; ⏲11–22 Uhr) Ein italienisches Bistro mitten im Chaos der Pl du Rif, das mit „DP" beschildert ist. Drinnen gibt's nur vier Tische, aber man kann auch draußen sitzen. Der Service ist fürchterlich langsam – macht nichts, denn bei Pizza, Hamburger und Salaten kann man prima Leute beobachten.

Boulangerie Patisserie Azir PÂTISSERIE €
(Karte S. 286; ☎0531 17 71 42; 14 Rue Yousef ben Tachfine; Backwaren ab 4 Dh; ⏲5–20.30 Uhr) Eindeutig der Lieblingsladen der Einheimischen: Hier gibt's großartiges selbst gebackenes Brot und tonnenweise Süßes.

Basilic INTERNATIONAL €€
(Karte S. 286; Hauptgericht 40–130 Dh; ⏲8–23 Uhr) Ein edles Restaurant über zwei Etagen mit Glasfront und schnellem Service. Auf den Tisch kommen die typischen marokkanischen Gerichte, dazu viele Meeresfrüchte und gute Pizza, Pasta und Steaks.

Ausgehen & Nachtleben

Vielleicht ist es die Meeresluft, aber Al-Hoceima hat mehr gute Lokale, in denen man ein Glas trinken kann, als man von einem Ort dieser Größe erwarten würde, u. a. einige, bei denen man draußen sitzen kann.

Mercure Quemado Resort BAR
(Karte S. 286; ⏲12–23 Uhr) Die Bar des Mercure-Hotels ist auch für Nichtgäste geöffnet. Es ist nicht gerade die billigste Bar in Al-Hoceima, aber vielleicht die hübscheste – vom Dach blickt man auf den Strand.

Club Nautique BAR
(Tor 2, Port d'Al-Hoceima; ⏲12–23 Uhr) Dieser stimmungsvolle Bar zieht normalerweise viele Gäste an. Eine Seltenheit in Marokko: Man kann hier im Freien sein Getränk genießen. Ein Bier kostet 20 Dh.

Suites Hotel Mohammed V BAR
(Karte S. 286; Pl Mohammed VI) Die Bar ist ein bisschen schäbig, aber die Terrasse bietet eine wunderschöne Aussicht auf die Plage Quemado.

Shoppen

Montags und dienstags findet im **Suk** (⏲Fr geschl.) ein Wochenmarkt statt.

Praktische Informationen

Auf dem Boulevard Mohammed V befinden sich mehrere Banken mit Geldautomaten, darunter auch Zweigestellen von BMCE, BMCI und der Banque Populaire.

Reisbüros verkaufen im Sommers Fährtickets von Al-Hoceima nach Motil in Spanien und das ganze Jahr über nach Nador.

Cyber Bades (Karte S. 286; Calle al-Amir Moulay Abdallah; 5 Dh/Std.; ⏲8–21.30 Uhr) Internetcafé.

Délégation Provinciale de Tourisme (Karte S. 286; ☎0539 98 11 85; Zanqat Al Hamra, Cala Bonita; ⏲Mo–Fr 9–13 & 15–18 Uhr) Touristeninformation. Das Personal ist fit und verfügt über jede Menge Infos zur Stadt und zum Nationalpark.

Ketama Voyages (Karte S. 286; ☎0539 98 51 20; www.ktmahu@menara.ma; 146 Blvd Mohammed V; ⏲Mo–Fr 9–13 & 15–18, Sa 9–13 Uhr) Reisebüro.

Pharmacie Nouvelle (Karte S. 286; Calle Moulay Idriss Alkbar; ⏲Mo–Do 8.30–12.30 & 15–19.30, Fr 8.30–12, Sa 8–12.30 Uhr) Apotheke.

Post (Calle Moulay Idriss Alkbar; ⏲Mo–Fr 8–16 Uhr)

An- & Weiterreise

BUS

Alle Busunternehmen haben Filialen rund um die Pl du Rif, auch **CTM**, aber alle fahren vom **Busbahnhof** am südlichen Stadtrand ab. CTM bedient im Sommer die folgenden Ziele:

Chefchaouen (90 Dh, 5½ Std., 3-mal tgl.)

Direktbus nach Nador (55 Dh, 3 Std., 2-mal tgl.)

Rifgebirge

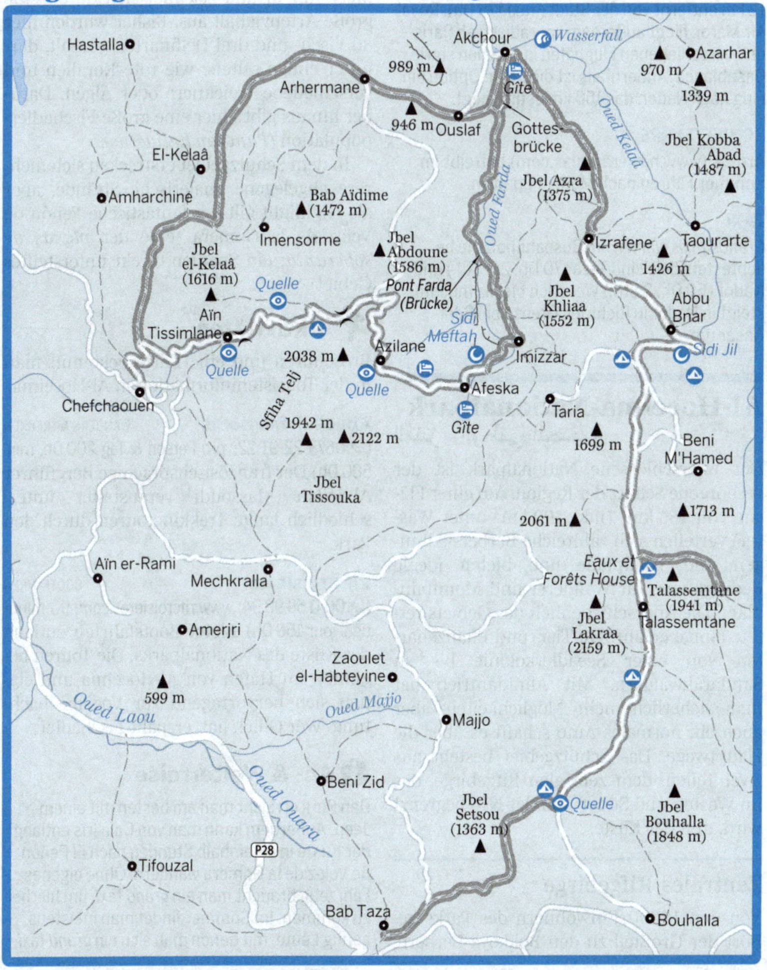

Ganzjährig fährt CTM die folgenden Ziele an:
Casablanca (230 Dh, 10 Std., 2-mal tgl.) über Taza (75 Dh, 4 Std.)
Fès (125 Dh, 6 Std.)
Meknès (145 Dh, 7 Std.)
Rabat (175 Dh, 8 Std.)
Tétouan (115 Dh, 7 Std., 3-mal tgl.) über Chefchaouen (90 Dh, 5½ Std.)

Mehrere kleine Busunternehmen steuern dieselben Ziele an. Mindestens dreimal täglich geht's nach Tétouan und Tanger (90 Dh, 7½ Std.) mit Stopp in Chefchaouen. Darüber hinaus gibt's tägliche Verbindungen Richtung Osten nach Nador (40 Dh, 2½ Std.) und Oujda (70 Dh, 5 Std.).

FLUGZEUG

Royal Air Maroc fliegt ab Amsterdam und im Sommer ab Brüssel zu dem kleinen Flughafen 12 km entfernt von der Stadt (Taxi 175 Dh). Royal Air Maroc fliegt außerdem sporadisch ab Paris und verschiedenen Flughäfen in Spanien sowie Casablanca. Andernfalls ist die beste Option ein Flug nach Nador, das 150 km östlich liegt.

SCHIFF/FÄHRE

Armas (www.navieraarmas.com) betreibt im Sommer Fähren nach Motil in Spanien.

TAXI

Grands taxis warten am Busbahnhof. Die beliebtesten Ziele sind Taza (70 Dh, 2½ Std.) und Nador (60 Dh, 2 Std.) Wer nach Melilla möchte, steigt in Nador in Richtung Grenze bei Beni Ansar um.

Al-Hoceima-Nationalpark
المنتزه الوطني للحسيمة

Der unerschlossene Nationalpark ist der verborgene Schatz der Region. Auf einer Fläche von 485 km² (inkl. 190 km² unter Wasser) verteilen sich zahlreiche Berbersiedlungen und Waldpfade und bieten ideale Bedingungen für Wanderer und Mountainbiker. Die Abgeschiedenheit des Gebiets rettete einige gefährdete Tier- und Pflanzenarten von einer Seeadlerkolonie bis zu Sandarakwäldern. Mit Allradantrieb hat man sicherlich mehr Möglichkeiten, aber auch ein normales Auto schafft es über die Hauptwege. Das Schutzgebiet besteht aus zwei Teilen, dem zentralen Rifgebirge, das im Westen und Süden von der N16 begrenzt wird, und der Küste.

Zentrales Rifgebirge

Von den 15 000 Einwohnern des Parks gehört der Großteil zu den Bokkoya-Berbern, die in ländlichen Gemeinden an Süßwasserquellen leben. Die Frauen kennen sich gut mit Heilkräutern wie dem überall wachsende Lavendel und Thymian aus.

Hier sieht man auch einige seltene Bäume, etwa den Johannisbrotbaum und den vom Aussterben bedrohten Sandarakbaum, dessen Holz hohe Preise erzielt. Zur weiteren Vegetation zählen wilde Olivenbäume, Ilex, Granatäpfel, Heidekräuter, Knollen und Orchideen. Auf der Liste der hier lebenden Tiere stehen u.a. Schakale, Wildschweine, Kaninchen und Hasen.

Küstenregion

Dieser Teil des Parks erstreckt sich bis ins Meer hinein und zeichnet sich durch eine große Artenvielfalt aus. Bisher wurden hier 86 Fisch- und drei Delfinarten gezählt, darunter einige seltene wie rote Korallen und verschiedene Weichtiere oder Algen. Darüber hinaus gibt's hier eine große Fischadlerpopulation *(Pandion haliaetus)*.

In dem Schutzgebiet erstrecken sich mehrere abgelegene, malerische Strände, aber als Highlight gilt der fantastische Peñón de Velez de la Gomera (eine der *plazas de soberanía*; ein Spanien direkt unterstelltes Gebiet).

Aktivitäten

Broschüren und eine Karte bekommt man in der Touristeninformation in Al-Hoceima.

Abdellah Massoudi WANDERN & TREKKEN
(☎0673 22 91 22; pro Person & Tag 200 Dh, min. 500 Dh) Der französischsprachige Bergführer Abdellah Massoudi veranstaltet unterschiedlich lange Trekkingtouren durch den Park.

Rif Croisiéres BOOTFAHREN
(☎0641 59 98 94; www.rifcroisieres.com; 90-minütige Tour 150 Dh) Bietet Bootsfahrten entlang der Küste des Nationalparks. Die Touren beginnen im Hafen von Al-Hoceima und eignen sich hervorragend zur Vogelbeobachtung. Wer Glück hat, erspäht Fischadler.

An- & Weiterreise

Den Park erreicht man am besten mit einem Jeep. Außerdem kann man von Cala Iris entlang der Küste in eineinhalb Stunden nach El Peñón de Velez de la Gomera wandern. Ohne eigenes Fahrzeug braucht man ein *grand taxi*, um hierher zu kommen. Im Sommer findet man meistens genug Leute, mit denen man sich ein *grand taxi* teilen kann, ansonsten muss man für die einfache Fahrt 150 Dh berappen.

Cala Iris & Torres de Alcala كلا ايريس وطوريس القلعة

Cala Iris gehört mittlerweile zum Al-Hoceima-Nationalpark. Der Ort hat einen kleinen Fischerhafen sowie einen wunderschönen Sandstrand, der außerhalb der Saison vollkommen leer ist. Noch 2017 soll hier mit dem Bau eines Resorts begonnen werden. Unterkünfte gibt es bislang keine, aber hinter der Cooperative des Marins Pecheurs befindet sich ein ungepflegt aussehendes, namenloses Restaurant, das typisches Berberessen serviert. Den Hafen flankieren zwei hübsche Strände: Yellich (im Osten) liegt gegenüber einer Insel, zu der man hinauslaufen kann. Oued Sahfa erstreckt sich Richtung Westen. Eine einstündige Wanderung über den Hügel führt nach Mestaza.

In Torres de Alcala, etwa 5 km östlich, gibt's ein paar sehr einfache Läden. Drei halb verfallene spanische Türme bewachen das heruntergekommene Dorf, das an einem Kiesstrand zwischen zwei felsigen Landzungen liegt.

Grands taxis von Al-Hoceima nach Cala Iris kosten 25 Dh.

ÖSTLICHE MITTELMEER-KÜSTE

الشاطئ الشرق للبحر المتوسط

Die östliche Mittelmeerküste umfasst Nador, Saïdia am Meer und die spanische Enklave Melilla sowie die im Inland liegende Stadt Oujda und das Beni-Snassen-Massiv.

Melilla مليلية

84 500 EW.

Wer hätte gedacht, dass in Nordafrika die zweitgrößte Sammlung modernistischer Bauten außerhalb Barcelonas zu finden ist? Und doch stehen sie hier, zusammen mit einer perfekt erhaltenen mittelalterlichen Festung, mehreren faszinierenden Museen und einer Menge Tapasbars. Das Ergebnis ist Melilla – der perfekte Ort, um ein Wochenende zu verbringen.

Neben Ceuta ist Melilla eine von zwei autonomen spanischen Städten an der marokkanischen Küste. Ihre Wirtschaft beruht auf dem grenzübergreifenden Handel. Die Bevölkerung besteht fast zu gleiche Teilen aus spanischen Christen und muslimischen Berbern, was Melilla eine unglaublich multikulturelle Atmosphäre verleiht. Die Enklave ist eingezäunt und steht an der vordersten Front der spanischen Bemühungen, Migranten aus Schwarzafrika und Flüchtlinge aus Syrien und Libyen daran zu hindern, in die EU zu gelangen.

Melilla ist sehr touristenfreundlich und verfügt über eine wunderbare Infrastruktur für Traveller. Im Sommer karren die Fähren Tausende Besucher an, aber in der Nebensaison kann man hier frei atmen.

Geschichte

Die Stadt steckt voller Geschichte, die allerdings weder so weitreichend noch so tiefgehend ist, wie man erwarten würde. Obwohl die Region schon seit über 2000 Jahren besiedelt ist, wurde mit dem Bau der Altstadt erst nach der spanischen Eroberung 1496 begonnen. Bis zum Ende des 19. Jhs. lag fast ganz Melilla innerhalb einer uneinnehmbaren Festung. Die heutigen Grenzen wurden zwischen 1859 und 1894 durch mehrere Verträge mit Marokko festgelegt, von denen der letzte nach einer erfolglosen Belagerung durch Berberrebellen aus dem Rif geschlossen wurde. Zur Grenzfestlegung feuerte man Kanonenkugeln ab und schaute, wie weit sie flogen. In den darauffolgenden Jahren gab es noch mehr Kämpfe mit Aufständischen, bis das Spanische Protektorat 1927 seine Position festigte. 1936 floh Franco von den Kanarischen Inseln hierher, um den Spanischen Bürgerkrieg zu entfachen. Nach wie vor ist die Lokalpolitik rechtslastig.

Sehenswertes

Melilla bildet einen 12 km² großen Halbkreis entlang der marokkanischen Küste. Die Altstadt, Melilla La Vieja, ist eine höchst komplexe Befestigungsanlage auf mehreren Ebenen, die ins Meer hineinragt. Sie beherbergt zahlreiche Museen und einige kleinere Wohngegenden. Der Hafen und die größeren Strände liegen im Süden, der Fährhafen befindet sich direkt im Osten.

Die „Neustadt" ist ein durchbrochenes Straßenraster mit einem hübschen Handelszentrum voller modernistischer Gebäude. Ihr Herzstück bildet der lange, dreieckige Parque Hernández, der an der runden Plaza de España endet. Fast alle Hotels, Banken und Restaurants befinden sich im Norden.

DIE LETZTEN ÜBERRESTE DES KAISERREICHS

Einige der faszinierendsten Plätze in Nordmarokko sind ganz und gar nicht marokkanisch, sondern spanisch. Als Spanien 1956 die marokkanische Unabhängigkeit anerkannte, erbte es eine Handvoll historischer Merkwürdigkeiten, die noch aus Zeiten des Spanischen Protektorats stammten. Sie tragen den euphemistischen Namen *plazas de soberanía* (Plätze der Souveränität), beherbergen mehr als 145 000 Einwohner und sind in zwei Gruppen aufgeteilt.

Fast alle Menschen leben in den *plazas mayores* (größeren Plätzen), zu denen auch die Küstenstädte Ceuta und Melilla gehören. Politisch gesehen sind das „autonome Städte", und die Regierungen ordnen sie irgendwo zwischen „spanische Stadt" und „spanische Region" ein.

In den *plazas menores* (kleineren Plätzen) leben, wenn überhaupt, nur ein paar wenige spanische Legionäre. Auch die Inseln in der Bucht von Al-Hoceima gehören dazu: Isla de Mar, Isla de Tierra (beide verlassen, abgesehen von spanischen Flaggen) und El Peñón de Alhucemas, eine eindrucksvolle weiße Festung, die 60 Soldaten einen Unterschlupf bietet. El Peñón de Velez de la Gomera am Ende einer langen Schlucht im Al-Hoceima-Nationalpark ist eine weitere alte Felsenbastion, die durch einen schmalen Sandstreifen und ein Grenzgebäude mit dem Festland verbunden ist – eine der seltsamsten Ländergrenzen, die man je gesehen hat. Die Islas Chafarinas, 3 km von Ras el-Mar entfernt, bestehen aus drei kleinen Inselchen: Isla del Congreso, Isla del Rey und Isla Isabel II. Letztere beherbergt eine Garnison von 190 Soldaten. Zu Spanien gehört auch die winzige Isla Perejil in der Nähe Ceutas, Auslöser für einen der kleinsten Konflikte der Welt, als die spanischen Truppen 2002 eine Handvoll marokkanischer Soldaten auswiesen. Die Isla de Alborán mit einer kleinen Marinebesatzung liegt etwa 75 km nördlich von Melilla.

Beide Festungs-*peñónes* (Felsblöcke) sollte man unbedingt besichtigen, allerdings darf keine der *plazas menores* betreten werden: Sie sind Militärgebiet, und da Marokko auf sie alle Anspruch erhebt, müssen sie verteidigt werden, obwohl ihre strategische Bedeutung eher gering ist.

Die jüngste Geschichte prägten wegen der Immigration und der politischen Souveränität Probleme mit Spanien. 2002 gab es einen bizarren Streit um die nahe gelegene winzige Insel Perejil: Ein halbes Dutzend Marokkaner hatte versucht, diese von Spanien zurückzugewinnen. 2006 steckten Jugendliche etliche Moscheen in Ceuta in Brand, nachdem mehrere einheimische Moslems auf dem spanischen Festland verhaftet und mit den Bombenattentaten von Madrid in Verbindung gebracht worden waren. 2007 stattete der spanische König der Stadt den ersten Besuch seit 80 Jahren ab, was Proteste der marokkanischen Regierung nach sich zog. Und Ende 2010 kam es in Ceuta und Melilla aufgrund der hohen Arbeitslosigkeit zu Unabhängigkeitskämpfen von Jugendlichen. Bis heute bleibt die Lage äußerst angespannt, denn immer wieder versuchen Flüchtlinge, die Zäune der spanischen Exklaven zu überwinden, um nach Europa zu gelangen.

Melilla la Vieja

★Melilla la Vieja FESTUNG

(Calle General Macías) Die Festung Melilla la Vieja sitzt hoch über dem Mittelmeer und ist ein Paradebeispiel für die Befestigungsanlagen, die die Spanier im 16. und 17. Jh. entlang der spanischen Küste erbaut haben. In den letzten Jahren wurden viele mühevoll restauriert. Der Haupteingang ist die Puerta de la Marina, von der aus man zum höchsten Punkt aufsteigt; unterwegs kommt man an mehreren kleinen Museen vorbei.

Die Beschilderung auf Spanisch, Französisch und Englisch ist sehr gut.

➡ Puerta de la Marina TOR

(Calle General Macías) Der Haupteingang zu Festung Melilla la Vieja ist die Puerta de la Marina, vor der eine Statue von Franco steht – einige der wenigen öffentlich verbleibenden in Spanien.

➡ Museo Etnográfico de la Culturas Amazigh & Sefardí MUSEUM

(Almacenes de la Peñuelas; ☎0952 97 62 16; Plaza Pedro de Estopiñán; ⊙Sommer Di–Sa 10–14 & 17–21, So 10–14 Uhr, Winter Di–Sa 10–14 & 16–20, So

10–14 Uhr) GRATIS Dieses charmante, neu eröffnete Museum beleuchtet die Kulturgeschichte der Amazigh (Berber) und der Sepharden (Juden) in Melilla, die zum multikulturellen Leben der Enklave beigetragen haben.

➡ Aljibes de las Peñuelas HISTORISCHES GEBÄUDE
(⏱ April–Sept. Di–Sa 10–14 & 17–21.30, So 10–14 Uhr) GRATIS Die kleine Tür auf der anderen Seite des Hofes führt in eine höhlenartige Zisterne, die wie aus einer anderen Welt wirkt und in der noch immer Wasser gespeichert wird.

➡ Iglesia de la Purísima Concepción KIRCHE
(Gemeinde der Unbefleckten Empfängnis; ☎ 0952 68 15 16; ⏱ Di–Sa 10–15 & 16–21, So 10–12.30 Uhr) Die Iglesia de la Purisima Concepción wurde im 17. Jh. gebaut und ist schon allein wegen des prächtigen Kirchenschiffs eine kleine Stippvisite wert.

➡ Las Cuevas del Conventico HISTORISCHES GEBÄUDE
(Höhlen des Klosters; ☎ 0952 68 09 29; 1,20 €; ⏱ Di–Sa 10.30–13.30 & 16.30–20, So 10.30–14 Uhr) Während der verschiedenen Belagerungen der Stadt wurden die weitläufigen, gut restaurierten Höhlen als Unterschlupf benutzt. Sie enden an einem kleinen Strand unterhalb der Klippen. Die Calle de la Concepción führt weiter zur barocken Iglesia de la Purísima Concepción; unmittelbar darunter liegt der Eingang zu den Las Cuevas del Conventico.

Ausgehoben wurden die Gänge ursprünglich von den Phöniziern. Spätere Besatzungsmächte erweiterten sie. Heute dehnen sie sich über drei Ebenen aus. Sie werden akribisch gepflegt und sind gut beleuchtet – was sie leider ihrer geheimnisvollen Atmosphäre beraubt. Ein Kurzfilm und eine Führung (beides auf Spanisch) beschreiben die Geschichte der Höhlen und Tunnel, die zur Felswand hinausführen.

➡ Museo Militar MUSEUM
(Karte S. 294; Melilla la Vieja; ⏱ Di–So 10–14 Uhr) GRATIS In der Nähe der Iglesia de la Concepción thront das Museo Militar hoch über dem Mittelmeer. Seine beiden kleinen Zimmer sind vollgestopft mit Memorabilien des spanischen Militärs in Melilla: Man kann sich Regimentsflaggen, Medaillen, einige großartige alte Fotos, eine bunte Waffensammlung und die obligatorische Franco-Büste ansehen.

Playa de la Ensanada de los Galápagos STRAND
(Karte S. 294) Den abgelegenen Strand Playa de la Ensanada de los Galápagos erreicht man über einen Tunnel unter der Festungsanlage von Melilla. Der Strand liegt in einer von Klippen und den Festungsmauern umgebenen Bucht; er ist von Mai bis September zugänglich. In dieser Zeit sind Rettungsschwimmer vor Ort.

Neustadt

Der neuere Teil der Stadt liegt westlich der Festung. Die ersten Bauten entstanden hier Ende des 19. Jhs. Den vom Gaudí-Schüler Don Enrique Nieto entworfenen Stadtteil betrachten manche als „Spaniens zweite Modernismus-Hochburg“ nach Barcelona. Highlight ist die Plaza de España, wo die schöne Fassade des Palacio de la Asamblea vor dem Parque Hernández aufragt.

Um die Wende des 20. Jhs. war Melilla das einzige Handelszentrum zwischen Tétouan und der algerischen Grenze. Während ihres Wachstums verpasste sich die Stadt mit dem Architekturstil des Modernismus (nicht zu verwechseln mit der kulturellen Bewegung des Modernismus), der damals ziemlich en vogue war, selbst ihren Charakter. Das Erscheinungsbild der Stadt überlebte auch dann, als der Baustil überall sonst längst aus der Mode war. Das Ergebnis ist ein lebendes Museum mit Hunderten modernistischer und Art-déco-Bauten. Anders als in Ceuta müssen zwar noch viele Gebäude aufpoliert werden, aber insgesamt ist ihr architektonischer Wert größer.

Am besten erkundet man dieses Kulturerbe bei einem Spaziergang durch die Gegend nördlich des Parque Hernández, die auch als „Goldenes Dreieck“ bekannt ist.

★ Palacio de Asamblea GEBÄUDE
(Karte S. 294) Nietos Palacio de Asamblea im Art-déco-Stil, dessen Grundriss wie eine Herzogskrone geformt ist, wird zwar als Rathaus genutzt, aber das Personal führt Besucher auf Anfrage gern herum. Sehenswert sind zwei Räume im Obergeschoss: der Salon Dorado, in dem ein riesiges Gemälde über die Ankunft der Spanier in Melilla 1497 hängt, und die Sala de Plenos, in der sich der örtliche Kongress trifft.

Plaza de España WAHRZEICHEN
(Karte S. 294) Rund um die Plaza de España stehen einige Prachtexemplare des architek-

Melilla

tonischen Erbes der Stadt, darunter etwa Nietos **Casino Militar** und die **Banco de España**.

Mit dem Brunnen in der Mitte eignet sich die Plaza perfekt für ein Päuschen. Hier steht auch ein Art-déco-Militärdenkmal für die Schlachten in Marokko.

In der Ferne in Richtung Meer ist das auffälligste zeitgenössische Gebäude der Stadt zu erkennen, das neue Gerichtsgebäude, welches wie eine versehentlich auf dem Dach gelandete fliegende Untertasse aussieht. Leider haben Besucher zu dem Gebäude keinen Zutritt.

Parque Hernández PARK

(Karte S. 294) GRATIS Von der Plaza aus führt ein schöner Spaziergang durch den langgezogenen, palmengesäumten Parque Hernández. Am Ende geht's links in die Calle Sotomayor hinunter. Geradeaus liegt die **Plaza de Toros**, Afrikas einzige noch aktiv genutzte Stierkampfarena.

Gaselec Museum MUSEUM

(Karte S. 294; ☎0952 69 55 75; www.fundaciongaselec.es; Plaza Rafael Fernández de Castro y Pedrera; ⏲Mo–Fr 18–21, Sa & So 11.30–13.30 & 16–21 Uhr) GRATIS Am Parque Hernandez liegt diese faszinierende Kuriosität, die Leidenschaft des ehemaligen Präsidenten von Melillas Gas- und Stromunternehmen. Der Bau beherbergt ein Museum mit Reproduktionen aus dem Alten Ägypten, darunter die Maske und der Sarkophag des Tutenchamun.

Grande-Libre-Statue MONUMENT

(Karte S. 294; Avenida de Juan Carlos I Rey, Neustadt) Melillas Rolle in der modernen spanischen Geschichte ist nicht vergessen. Mit der Statue Grande Libre wird des 7. Juli 1936 gedacht, des Tages, als Franco seinen Kreuzzug gegen die Regierung in Madrid begann. Der Soldat und der Löwe vor dem Hintergrund eines faschistischen Adlers wecken Erinnerungen an eine dunkle Zeit.

Schlafen

In Melilla gibt es nur einige wenige Hotels, die deshalb auch außerhalb der Saison schnell belegt sind. Unbedingt im Voraus buchen!

Hostal Cazaza HOTEL €
(Karte S. 294; ☎0956 68 46 48; 6 Calle Primo de Rivera; EZ/DZ 28/40 €) Dieses alte, modernistische Gebäude mit seinen hohen Decken und kleinen Balkonen hat einen baufälligen Charme. Es liegt zentral im goldenen Dreieck. Die Zimmer sind sauber, und das Management ist freundlich.

Hostal Residencia Rioja HOSTEL €
(Karte S. 294; ☎0956 68 27 09; 10 Calle Ejército Español; EZ/DZ 22/35 €) Man sollte sich von dem düsteren und wenig spektakulären Eingang nicht abschrecken lassen: Die Zimmer in dieser superbilligen Pension sind ein wenig in die Jahre gekommen, aber durchaus gepflegt. Es gibt nur Gemeinschaftsbäder, aber alle Zimmer sind mit Waschbecken ausgestattet.

Residencia de Estudiantes y Deportistas HOSTEL €
(Studenten- & Sportlerwohnheim; ☎0952 67 00 08; Calle Alfonso X; pro Person inkl. Frühstück 25 €, HP 30 €, VP 35 €; WLAN) Wem es nichts ausmacht, nicht im Zentrum zu wohnen und mit Studenten abzuhängen, für den ist dies genau die richtige Budgetunterkunft. Es gibt 87 Zimmer, eine Cafeteria, eine Bibliothek und ein Fernsehzimmer. Die Zimmer oberhalb des 2. Stocks haben Balkone.

Bus 3 hält alle zehn Minuten in der Nähe der Plaza España an der Calle Marina und braucht zehn bis 15 Minuten hierher; am Wochenende fährt der Bus allerdings weniger häufig.

Pensíon La Rosa Blanca HOTEL €
(Karte S. 294; ☎0952 68 27 38; 7 Calle Gran Capitán; EZ/DZ ohne Badezimmer 30/40 €) Die Zimmer in dieser sehr einfachen Unterkunft sind sauber, aber von unterschiedlicher Qualität, Größe und Ausstattung. Man sollte sich die Räume also ansehen, ehe man bucht und bezahlt. Es gibt nur Gemeinschaftsbäder, aber alle Zimmer sind mit einem Waschbecken ausgestattet.

Hotel Rusadir HOTEL €€
(Karte S. 294; ☎0956 68 12 40; www.hotelrusadir.com; 5 Calle Pablo Vallescá; EZ/DZ inkl. Frühstück 68/80 €; Klimaanlage WLAN) Seit seiner umfassenden Renovierung wartet dieses Vier-Sterne-Hotels mit einer beeindruckenden Lobby und überlegt designten Zimmern samt TV, Minibar und Balkon auf. Im Restaurant gibt es ein beeindruckendes Frühstücksbüfett.

Hotel Anfora HOTEL €€
(Karte S. 294; ☎0956 68 33 40; www.hotelanfora.net; 8 Calle Pablo Vallescá; EZ/DZ inkl. Frühstück 45/71 €; Klimaanlage WLAN) Dieses Drei-Sterne-Hotel hat eine hervorragende Lage und großzügig geschnittene Zimmer mit TV, Kühlschrank und Balkon. Zur Ausstattung gehört außerdem ein Fitnessraum. Im Restaurant auf der Dachterrasse mit Blick auf Melilla la Vieja und das Meer wird ein einfaches Frühstück serviert. Beliebt und solide, wenn auch wenig aufregend.

Hotel Nacional HOTEL €€
(Karte S. 294; ☎0956 68 45 40; 10 Calle Primo de Rivera; EZ/DZ 40/60 €; Klimaanlage WLAN) Kompakte Zimmer mit Minibar, altmodischen Eisenmöbeln und modernem Badezimmer. Die Zim-

Melilla

Highlights

1 Melilla la Vieja ... F2
2 Palacio de Asamblea ... D3

Sehenswertes

3 Aljibes de las Peñuelas ... E2
4 Banco de España ... D2
5 Casino Militar ... D2
6 Gaselec Museum ... B4
7 Iglesia de la Purísima Concepción ... E2
8 Las Cuevas del Conventico ... E2
9 Museo Etnográfico de la Culturas Amazigh & Sefardí ... E2
10 Museo Militar ... E1
11 Parque Hernández ... B3
12 Playa de la Ensanada de los Galápagos ... E2
13 Plaza de España ... D3
14 Puerta de la Marina ... E2
15 Grande-Libre-Statue ... C2

Schlafen

16 Hostal Cazaza ... B2
17 Hostal Residencia Rioja ... C2
18 Hotel Anfora ... D2
19 Hotel Nacional ... B2
20 Hotel Rusadir ... D2
21 Parador de Melilla ... D1
22 Pensíon La Rosa Blanca ... B1

Essen

23 Cafetéria Militar ... D2
24 Granier ... C2
25 La Pérgola ... E2
26 Nuevo California ... C2
27 Parnaso ... A4

Ausgehen & Nachtleben

28 Café La Dolce Vita ... D2
29 Café Latoga ... D2
30 Casa Marta ... C2
31 El Galeón ... D4
32 La Onubense de Moqui ... B3
La Pérgola ... (siehe 25)

Praktisches

33 Andalucía Travel ... B3
34 Fundación Melilla Ciudad Monumental ... F2
35 Oficina del Turismo (Hauptstelle) ... D2
36 Viajes Melilla ... B4
37 Viajes Melisur ... B3

Transport

38 Busse zur Grenze ... C3
39 Estación Marítima ... F2
40 Trasmediterránea ... F3

mer, die nach innen liegen, sind ein bisschen dunkel, besser sind die zur Straße. Das Management ist freundlich, und es gibt ein Restaurant.

Parador de Melilla HOTEL €€€
(Karte S. 294; ☎ 0956 68 49 40; www.parador.es; Av Cándido Lobera; Zi. 150 €; ❄ 📶 🏊) Man braucht ein Auto, um zu diesem eleganten Haus zu kommen. Es bietet große, prächtige Zimmer, überall warm wirkendes Holz, eine hochwertige Einrichtung und Balkone mit toller Aussicht aufs Meer. Der runde Speisesaal mit Blick auf die Stadt ist ein elegantes Extra. Kinder werden den angrenzenden Parque Lobera mögen.

Essen

Viele Restaurants in Melilla gehören zu einem Hotel (z. B. zum Rusadir oder zum Parador), aber rund um die Ave de Juan Carlos I Rey gibt es noch jede Menge andere Lokale.

In den Straßen um den Parque Hernández gibt es zahlreiche kleine Lebensmittelläden. Der Supermarkt **Supersol** (Calle General Polavieja; ⏲ Mo–Sa 10–22 Uhr) befindet sich an der Straße zur Grenze.

Granier CAFÉ €
(Karte S. 294; 7 Calle General Chacel; Sandwiches ab 2,50 €; ⏲ 7–21 Uhr; 📶) In diesem Café mit Bäckerei kann man drinnen und draußen sitzen. Es eignet sich hervorragend für ein schnelles Essen oder für eine Tasse Kaffee bei einem guten Buch. Die *bocadillos* (Sandwiches) sind ein prima Mittagssnack, außerdem bekommt man hier köstliche Früchte-Smoothies.

Cafetéria Militar SPANISCH €
(Karte S. 294; Calle de Almovodar; Hauptgerichte 8 €; ⏲ Mo–Sa 13–15.30 Uhr) Das riesige Lokal neben dem Palacio de Asamblea, das ein bisschen an eine Mensa erinnert, hat auch ein paar Tische draußen. Während der kurzen Öffnungszeiten mittags ist hier die Hölle los.

Parnaso BISTRO €
(Karte S. 294; ☎ 0952 68 41 84; 30 Avenida Duquesa de la Victoria; Sandwiches ab 2,50 €; ⏲ Mo–Sa 7–1 Uhr) Dieses Bistro mit Außentischen serviert leckere, leichte Gerichte, z. B. köstliche Sandwiches und Tapas sowie Getränke. Das Parnaso ist zur Mittagszeit und bei dem After-Work-Publikum beliebt.

Nuevo California INTERNATIONAL €
(Karte S. 294; ☎ 0952 68 22 64; Plaza Menéndez; ⏲ Mo–Fr 7.30–13.30 & 16–21.30 Uhr) Diese moderne Cafeteria auf der Terrasse einer Plaza hat eine umfassende Karte und freundliche Kellner, die die mangelnden Spanischkenntnisse ihrer Gäste gern ausgleichen. Die Sandwiches und die Pasta sind besonders gut und werden am besten mit kalter *cerveza* (Bier) heruntergespült.

★ **La Pérgola** SEAFOOD €€
(Karte S. 294; ☎ 0952 68 56 28; Calle General Marcías; Hauptgerichte ab 10 €; ⏲ 12–24 Uhr) Eine Terrasse am Wasser macht dieses elegante Restaurant unterhalb der Festungsmauern zu einem superschönen Ort zum Essen oder für einen Aperitif. Die Spezialität sind gegrillte Meeresfrüchte. Das Menü für 10 € ist unschlagbar – wie die Massen, die hierher pilgern, bezeugen können. Abends herrscht im La Pérgola stets eine lebendige Atmosphäre.

Ausgehen & Nachtleben

Tapasbars sind ein Highlight in Melilla, vor allem wenn man vor der Anreise einige Zeit in Marokko verbracht hat. Die meisten Bars liegen um den Puerto Deportivo Nora. Am Wasser reihen sich ein Dutzend Bars aneinander. Hierher gelangt man über den Parkplatz neben dem Gerichtsgebäude.

★ **Casa Marta** TAPAS
(Karte S. 294; Calle Justo Sancho Miñano; Tapas ab 2 €; ⏲ 13–15.30 & 20–1 Uhr) Eine großartige Tapasbar, in der sich drinnen und draußen Menschen aller Altersgruppen tummeln. Die Sitze im Freien befinden sich unter einem Zelt auf der Straße. Zu den Getränken werden kostenlose Tapas serviert; wer mehr Hunger hat, kann aber auch von der Karte bestellen.

La Onubense de Moqui TAPAS
(Karte S. 294; 5 Calle Pareja; Tapas ab 2 €; ⏲ Mo–Sa 12–15 & 19–24 Uhr) Mit seinen rustikalen Holzmöbeln und dem schnörkellosen Dekor sieht dieses Lokal aus wie der Prototyp einer Tapasbar. Die Spezialität des Hauses sind scharfe *bollito de Pringá* (Fleischbällchen) und andere köstliche Tapas-Klassiker.

La Pérgola CAFÉ
(Karte S. 294; Calle General Marcías; ⏲ 15–23 Uhr) Dieses Café bzw. diese Bar am Jachthafen eignet sich hervorragend für einen Aperitif, insbesondere auf der großen, sonnigen Terrasse am Wasser.

Café La Dolce Vita TAPAS
(Karte S. 294; Plaza de la Culturas; Tapas ab 1,50 €, Portionen ab 6 €; ⏲ 10–23 Uhr) Dieses große, belebte Café bzw. Tapasbar belegt mit seinen Tischen eine ganze Ecke des Platzes. Bei einem Kaffee, Eis, Drink oder bei Tapas kann man hier herrlich Leute beobachten.

El Galeón BAR
(Karte S. 294; ☎ 0952 69 55 25; Explanada de San Lorenzo, Hotel Melilla Puerto; ⏲ 17–24 Uhr) Mit seiner langen Bar aus Holz und Messing schließt sich diese klassische Bar in Melilla Puerto dem nautischen Dekor des zugehörigen Hotels an. Wer hierher kommt, sollte nicht allzu lässig angezogen sein, dennoch herrscht eine relaxte Atmosphäre, in der man sich gern Tapas und ein paar Drinks genehmigt.

Café Latoga CAFÉ
(Karte S. 294; Plaza de la Culturas; ⏲ 10–1 Uhr) Die kleine Bar im Windschatten einer prächtigen Kirche wird von Einheimischen frequentiert, die hier bei einem Bier oder Wein das Treiben auf dem Platz beobachten. Entspannte Atmosphäre.

Praktische Informationen

Um von außerhalb Spaniens in Melilla anzurufen, wählt man die Vorwahl 0034 und lässt dann die erste Null der Ortsvorwahl weg. In Melilla ist es eine Stunde früher als in Marokko; während des Ramadan zwei Stunden. Die meisten Geschäfte und Firmen haben sonntags geschlossen.

GELD

In Melilla bezahlt man mit Euro. Rund um die Ave de Juan Carlos I Rey reihen sich mehrere Banken mit Geldautomaten aneinander. Fast alle kaufen oder verkaufen Dirham zu einem schlechteren Kurs als die marokkanischen Händler am Fährhafen oder an der Grenze.

Auf der marokkanischen Seite der Grenze kann man bei der Crédit du Maroc Geld wechseln. 200 m weiter im Inland von Marokko gibt es außerdem eine Banque Populaire mit Geldautomaten: Wenn man geradeaus auf die Kreuzung zuläuft, liegt sie links an der Straße zum Hafen.

INTERNETZUGANG

Im Zentrum gibt es eine Handvoll Internetcafés, etwa **Locutoria Dosmil** (Karte S. 294; 14-25 Calle Ejercito Español; 2 €/Std.; ⏲ 9–14 & 16–21 Uhr).

MEDIZINISCHE VERSORGUNG

Hospital Comarcal (Karte S. 294; ☎ 0956 67 00 00; Ave de la Juventud) Das Krankenhaus befindet sich am Südufer des Río de Oro.

DER MODERNISMUS & MELILLA

Wie viele der Bewegungen, aus denen der Modernismus seine Inspiration bezog, war auch er selbst eine Reaktion auf die materiellen Werte eines Industriezeitalters, das der Kultur eine maschinenartige Seele verpasste. Er entstand in Barcelona und war die katalanische Version des Jugendstils. Modernistische Architektur zieht typischerweise Kurven geraden Linien vor und verwendet häufig Naturmotive (vor allem Pflanzen), lebendige Dekorationen sowie Unmengen Details und asymmetrische Formen, zudem sind eine verfeinerte Ästhetik und Dynamik charakteristisch. Sein berühmtester Vertreter war Antoni Gaudí, der Baumeister der berühmten Kathedrale Sagrada Família in Barcelona. In Melilla verbindet man den Modernismus allerdings eher mit Enrique Nieto.

Als Schüler Gaudís arbeitete Nieto an dessen Casa Milà in Barcelona. Er wollte aus dem Schatten seines Meisters treten und ging 1909 ins aufstrebende Melilla, wo er 1931 Stadtarchitekt wurde und den Rest seines Lebens verbrachte. Zu Nietos Werken gehören die Hauptsynagoge von Melilla, die Hauptmoschee und einige Gebäude für die Katholische Kirche, die die Vielfältigkeit der Stadtkultur zeigen. Außerhalb Melillas ist der großartige Künstler jedoch kaum bekannt, vielleicht wegen der Abgeschiedenheit seines Wirkungskreises.

Urgencias Sanitarias (Karte S. 294; ☎0956 67 44 00; 40 Alvaro de Bazan; ⏲Mo–Sa 17–9 Uhr, So & feiertags 24 Std.) Nachtapotheke.

POST

Hauptpost (Karte S. 294; Calle Pablo Vallescá; ⏲Mo–Fr 8.30–20.30, Sa 9.30–13 Uhr)

REISEBÜROS

Andalucía Travel (☎0956 67 07 30; Fax 0956 67 65 98; 11 Avenida de la Democracia) Verkauft Flug- und Fährtickets.

Viajes Melilla (☎0952 67 93 52; 1 Ave Duquesa de la Victoria; ⏲Mo–Sa 9.30–13, 15.30–19 Uhr) Hier kann man Fähren nach Spanien buchen.

Viajes Melisur (☎0956 67 35 95, 0956 67 36 78; www.melisur.es; 13 Avenida de la Democracia) Verkauft Flug- und Fährtickets.

TOURISTENINFORMATION

Fundación Melilla Ciudad Monumental (☎0952 97 62 01; www.melillamonumental.org; 13 Calle Miguel Acosta; ⏲Mo–Sa 10–14 & 16.30–20.30, So 10–14 Uhr) Umfassende Informationen zur hiesigen Architektur.

Oficina del Turismo (Hauptfiliale) (Karte S. 294; ☎0952 97 61 89; www.melillaturismo.com; Plaza de la Culturas; ⏲Mo–Sa 10–14 & 16.30–20.30, So 10–14 Uhr) Viele Karten und Broschüren und freundliche, englischsprachige Mitarbeiter. Organisiert spezielle Touren zu religiösen Stätten. Auf der Website gibt es umfassende Informationen zur Geschichte und Architektur.

ℹ An- & Weiterreise

FLUGZEUG

Air Nostrum (www.airnostrum.com; Melilla Airport, Iberia Regional) bietet täglich vier Verbindungen zwischen Melilla und Málaga, neun Flüge täglich nach Madrid (zwei über Barcelona) und vier Flüge wöchentlich nach Almería und Madrid. **Air Europa** (www.aireuropa.com; Melilla Flughafen) bietet zwei Flüge täglich nach Málaga. Ein Taxi vom Stadtzentrum zum Flughafen braucht zehn Minuten (6 €).

GRENZÜBERGANG

Zur Grenze fährt ein Taxi (7 €) oder Bus 2 (mit der Aufschrift „Aforos"). Letzterer fährt von der Plaza de España zum Grenzübergang Beni Enzar (0,85 €, 7.30–23 Uhr, alle 30 Min.). Von der Bushaltestelle sind es 50 m zum spanischen und nochmal 200 m zum marokkanischen Zoll.

Vor der Einreise nach Marokko muss man ein weißes Formular ausfüllen und an einem Schalter seinen Pass abstempeln lassen. Schlepper versuchen, die Formulare für 1 € an Touristen zu verkaufen, aber an den Schalter sind sie kostenlos (der Euro erspart einem allerdings das Anstehen). Wer mit dem Auto nach Marokko fährt, darf den grünen Zollabschnitt auf keinen Fall verlieren – dieser muss wieder vorgezeigt werden, wenn Besucher (und das Fahrzeug) das Land verlassen. Wer mit dem Auto kommt, muss mit langen Warteschlangen und -zeiten rechnen; die Abfertigung von Personen ohne Fahrzeug geht schnell und problemlos vonstatten.

Auf der marokkanischen Seite der Grenze fahren *grands taxis* (6 Dh, 15 Min.) nach Nador. Sie stehen versteckt auf einem Parkplatz auf der rechten Seite der Kreuzung – 100 m zu Fuß entfernt von der Grenze.

Wer Melilla von Marokko aus besucht, muss ein weißes Formular ausfüllen und seinen Pass abstempeln lassen. Staatsangehörige einiger Staaten benötigen ein Visum, um nach Spanien einreisen zu dürfen. Wer hier nicht gestoppt wird, wird spätestens auf dem Weg auf das

Festland angehalten. Bus 42 fährt zur Plaza de España (0,85 €).

SCHIFF/FÄHRE

Trasmediterránea (Karte S. 294; ☎ 0952 45 46 45; trasmediterranea.es; Estación Marítima) gehört zu Acciona und verkehrt täglich zwischen Melilla und Málaga sowie Almería. Beide Fahrten dauern sechs bis acht Stunden, je nach Fahrplan. Die Preise beginnen bei 35 € pro Person (ohne Fahrzeug).

Tickets für Fähren nach Spanien gibt es an der **Estación Marítima** (Fährhafen; ☎ 0956 68 16 33) oder bei **Melisur** (☎ 0956 68 66 13; www.melisur.es; 8 Calle de General Marina; ⏲ Mo–Fr 9–13 & 15–19, Sa 9–12 Uhr).

Unterwegs vor Ort

Da Melillas Zentrum kompakt ist, kann man es gut zu Fuß erkunden. Busse pendeln zwischen der Plaza de España und der Grenze. Der lokale **Taxiservice** (☎ 0956 68 36 21) ist auch hilfreich.

Nador الناظور

159 000 EW.

Die Rocade (Küstenstraße) von Al-Hoceima nach Nador (130 km) ist ein wahrer Genuss. Sie führt vorbei an roten Felsen, sattgrünen Schluchten und – auf halber Strecke – gewaltigen Formationen erodierter Hügel.

Im Umkreis von 60 km stößt man auf mehrere baufällige Küstencafés – hier kann man einen guten Minztee und herrlichen Meerblick genießen. Einige der Strände in den Buchten haben Restaurants, andere sind von Müll übersät.

Nador selbst hat nicht viel Sehenswertes zu bieten. Die Küstenstraße an der Lagune eignet sich gut für einen Spaziergang, aber alles scheint sich im Schwebezustand zu befinden, bis die neuen Bauvorhaben am Rand der Marchica fertiggestellt sind – im Moment reiht sich hier Beton an Beton. Es gibt also nicht viele Gründe, sich in Nador aufzuhalten, aber die Stadt hat mit ihrem Flughafen, Fährhafen und Hauptbahnhof, von dem aus Züge nach Fès fahren, immerhin gute Anbindungen.

Schlafen

In Nador mangelt es nicht an Hotels aller Preisklassen. Ein willkommener Neuzugang ist das neue Mercure Rif Hotel (s. rechte Spalte). Die billigeren Unterkünfte befinden sich in der Nähe der Bus- und *grand taxi*-Haltestellen.

Hotel Geranio HOTEL €

(☎ 0536 60 28 28; 16 Rue No 20; EZ/DZ 160/190 Dh) Da das Haus in der Nähe des turbulenten Busbahnhofs liegt, wird es in den Zimmern zur Straße mitunter sehr laut, trotzdem machen die guten Preise das Geranio zur besten Unterkunft vor Ort. Die sauberen Zimmer verfügen über winzige Bäder, und im Erdgeschoss gibt's eine Cafeteria.

Hotel Mediterranée HOTEL €€

(☎ 0536 60 64 95; hotel.mediterranee@gmail.com; 2-4 Ave Youssef ibn Tachfine; EZ/DZ inkl. Frühstück 515/700 Dh; ❄📶) Der Ausblick von diesem Hotel aus wurde durch den (mittlerweile aufgegebenen) Hotelbau davor verbaut, aber trotzdem ist die Lage nur einen Block entfernt von der Küstenstraße und der Lagune ein Pluspunkt. Die Eckzimmer sind schön hell, und jedes Zimmer verfügt üer einen Fernseher. Das schmucklose Restaurant im Erdgeschoss serviert Frühstück, Omelett und Fisch.

Mercure Rif Nador HOTEL €€€

(☎ 0536 32 85 00; www.mercure.com; 1 Ave Ibn Tacfine; EZ/DZ 1216/1343 Dh; ❄📶🏊) Das neue Juwel der Hotelszene liegt an der Küstenstraße. Das blau verglaste Hotel bietet guten Service und große Zimmer, die mit dem Komfort und den Annehmlichkeiten ausgestattet sind, die man von dieser internationalen Hotelkette erwartet. Einige Zimmer bieten Ausblick auf die Lagune. Der Pool auf der Dachterrasse ist eine schöne Überraschung.

Hotel l'Aeroport HOTEL €€€

(☎ 0536 381722; hotelnador@gmail.com; EZ/DZ 400/700 Dh) Wenn die umliegenden Bauvorhaben vollendet sind, wird dieses im Moment etwas abseits gelegene Hotel plötzlich im Mittelpunkt stehen. Bis dahin bietet es gute, saubere und komfortable, wenn auch ein bisschen kleine Zimmer. Wer mit dem Taxi kommt, kann sich an dem nahe gelegenen schicken Café Select orientieren (in dem man auch gut essen kann).

Hotel Ryad HOTEL €€€

(☎ 0536 60 77 17; hotel-ryad@menara.ma; Ave Mohammed V; EZ/DZ 750/980 Dh; ❄📶) An dem großen, ehemals vornehmen und leicht überteuerten Hotel Ryad nagt mittlerweile ordentlich der Zahn der Zeit. Die Zimmer bieten die übliche Ausstattung, die im obersten Stockwerk gewähren Ausblicke auf die Lagune. Zu den Extras gehört eine Bar, in der es laut zugeht.

Essen & Ausgehen

Rund um den CTM-Busbahnhof stößt man auf günstige Lokale, die Fleischspieße, Sandwiches und Tajines anbieten. Darüber hinaus liegen an der Ave Mohammed V mehrere gemütliche Straßencafés unter Schatten spendenden Organgenbäumen.

Café Antalya CAFÉ €
(Blvd Prince Héritier Sidi Mohammed; Pizzas ab 50 Dh; ⌚8–22 Uhr) Dieses Café aus Glas und Chrom mit Sitzen im Freien auf dem Bürgersteig ist Teil des neuen Gesichts von Nador. Im Obergeschoss befindet sich eine Pizzeria, die vor allem jede Menge hippe, junge Leute anlockt.

Romero SEAFOOD €€
(Hauptgerichte ab 55 Dh; ⌚12–22 Uhr) Ein seit Urzeiten beliebtes Restaurant mit einem in leuchtenden Pastelltönen gestrichenem Esszimmer und riesigen Platten mit Meeresfrüchten, die hier zackig auf den Tisch kommen.

Restaurant Marhaba MEERESFRÜCHTE €€
(☎0536 60 33 11; Calle ibn Rochd; Hauptgerichte ab 70 Dh; ⌚12–23 Uhr) Eines der elegantesten Restaurants der Stadt, das sich auf köstliche Fischgerichte spezialisiert hat. Der Speisesaal ist riesig, und hinten befindet sich eine gemütliche Terrasse mit Fischernetzen und Plastikhummern. Hier gibt es keinen Alkohol.

Café Club CAFÉ
(Ave Mohammed Zerktouni; ⌚8.30–22 Uhr) Das Inselcafé am Ende der Ave Mohammed V ragt in die Lagune hinein, wo es eine willkommene maritime Abwechslung im Betondschungel bietet. Essen wird hier nicht mehr serviert, aber der Meerblick entschädigt.

Praktische Informationen

Credit Maroc (64 Ave Mohammed V; ⌚Mo–Do 9–16, Fr 9–11, Sa 9–12 Uhr) Eine von mehreren Banken an der Ave Mohammed V. Hier kann man Geld wechseln; außerdem gibt's einen Geldautomaten.

Ketama Voyages (☎0536 60 61 91; ketamavoyage@hotmail.fr; 55 Ave Mohammed; ⌚Mo–Fr 9.30–12, 14.30–18.30, Sa 9.30–12 Uhr) Reisebüro.

Pharmacy al-Farabi (☎0536 60 60 11; Ave Mohammed V; ⌚Mo–Sa 8–18 Uhr) Apotheke.

Royal Air Maroc (Ave Mohammed V; ⌚Mo–Fr 8.30–12.15 & 14.30–19 Uhr, Sa 9–12 & 15–18 Uhr) Fluggesellschaft.

An- & Weiterreise

BUS

Vor dem **CTM-Büro** (☎0536 60 01 36; Rue Genéral Meziane) starten Busse nach Casablanca, Rabat, Meknès, Fès, Tanger, Larache, Sidi Kacem, Al-Hoceima und Chefchaouen. Abends gibt's zudem etwas günstigere Verbindungen anderer Unternehmen nach Casablanca. CTM hat auch ein kleines Büro im Hauptbusbahnhof, der südöstlich vom Zentrum liegt.

Von hier werden folgende Ziele angesteuert:

Al-Hoceima (40 Dh, 3 Std.)

Beni Enzar (Grenzübergang bei Melilla; 3 Dh, 25 Min.)

Fès (60 Dh, 5½ Std.)

Oujda (30 Dh, 2½ Std.) über Berkane (20 Dh, 1½ Std.)

Ras el-Maa (20 Dh, 1 Std.)

Tétouan (120 Dh, 9 Std.), einige über Dardara (Umstieg nach Chefchaouen; 100 Dh, 6 Std.)

FLUGZEUG

Der Flughafen liegt 23 km südlich von Nador. Ryanair bietet zahlreiche Flüge nach Brüssel, Paris, Marseilles, Frankfurt und Barcelona. Eurowings fliegt nach London, Köln, Berlin, Prag und Zürich. Royal Air Maroc fliegt nach Casablanca, Amsterdam und Brüssel.

SCHIFF/FÄHRE

Trasmediterranea fährt elfmal pro Woche nach Almería (6 Std.), Naviera Armas zweimal pro Woche nach Motril (5 Std.). Grandi Navi Veloci steuert einmal pro Woche Sete in Frankreich an (9 Std.). Der Hafen von Beni Enzar liegt 7 km entfernt von der Stadt, aber wegen des Verkehrs kommt es einem viel weiter vor. Am schnellsten ist ein *grand taxi* (6 Dh, 15 Min.).

TAXI

Vom riesigen *grand taxi*-Stand neben dem Busbahnhof kommt man zu vielen Zielen.

ZIEL	PREIS (DH)	DAUER
Al-Hoceima	60	2 Std.
Beni Enzar (Grenzübergang bei Melilla)	6	15 Min.
Berkane	35	1 Std.
Oujda	60	2 Std.
Taza	70	3 Std.

ZUG

Vom Bahnhof Nador Ville verkehren Züge nach/zum:

Grenzübergang Beni Enzar/Melilla (11 Dh, 18 Min.)

Fès (104 Dh, 6 Std. 4-mal tgl.) Zwei der Züge nach Fès fahren über Taourirt, von wo man Anschluss nach Casablanca hat.

Östlich von Nador

Östlich von Nador prägt eine Mischung aus Salzmarschen und Sanddünen die Küstenlandschaft, die eine Vielzahl Vögel, darunter Rosaflamingos, anzieht. Die Rocade (N16) führt Richtung Osten nach Saïdia und bietet ermöglicht Ausblicke auf die Islas Chafarinas, das letzte Stück Spaniens an der Nordküste. Sie führt durch zwei heruntergekommenen Dörfer, Kariat Arekmane und Ras el-Maa. In Arekmane wurde außer einer *corniche* (Küstenstraße) noch nichts weiter gebaut. Leider ist der Strand mit seinen Fischerbooten mit Müll übersät, und die Feuchtgebiete im Inland auf der anderen Seite der Küstenstraße drohen zu verschwinden.

In Ras el-Maa, auch bekannt als Cap de l'Eau, sieht es etwas besser aus. Ein paar kleine Restaurants und ein wunderschöner Strand säumen die Küstenpromenade. Die Feuchtgebiete rund um die Mündung des Moulouya westlich des Dorfes stehen dank der Ramsar-Konvention unter Naturschutz und eignen sich wunderbar zum Beobachten von Vögeln, insbesondere von Zug- und Watvögeln aus Europa.

Auf der Ostseite der Moulouya-Flussmündung erstreckt sich über 5 km die vielgepriesene Station Balnéaire (Küstenresort). Sie reicht bis Saïdia und liegt an einem herrlichen Strand, an dem sich Hunderte größtenteils fertiggestellter Apartmenthäuser aneinanderreihen. Größtenteils sind diese nur während der Hauptsaison (Juli & Aug.) belegt, was dem Ort zu anderen Zeiten etwas Gespenstisches verleiht. Zielgruppe der Bauprojekte sind vor allem marokkanische Urlauber sowie Auswanderer, die in ihrer Heimat Urlaub machen.

Der beste Strandabschnitt entlang dieser 5 km befindet sich in Mediterreanéa Saïdia, bekannt als Saïdia Med. Hier befinden sich mehrere Golfplätze und ein großes Einkaufszentrum sowie eine Marina mit 740 Liegeplätzen. Hier gibt es einen Verleih für Jetskis (800 Dh/Std.) und Motorboote (1000 Dh).

Schlafen & Essen

Resorthotels dominieren Saïdia Med. Hier befinden sich auch alle Restaurants, es sei denn, man entscheidet sich für einen Ausflug ins Zentrum von Saïdia, wo es einige gute und billigere Optionen gibt.

Iberostar Hotel HOTEL €€€
(☎0536 63 00 10; www.iberostar.com; Saïdia Med; EZ/DZ inkl. VP 1580/2680 Dh; P❄📶🏊) Die beste Option unter den Resorthotels in Mediterreanéa Saïdia (Saïdia Med) ist das Iberostar. Die weitläufige Anlage verfügt über große Zimmer, ein Spa, Sporteinrichtungen, mehrere Restaurants und Bars. Am Strand kann man Jetskis, Kajaks und Motorboote mieten.

An- & Weiterreise

Grands taxis verkehren zwischen Saïdia, Saïdia Med und Nador-Oujda.

Saïdia السعيدية

3870 EW.

Saïdia war schon immer ein verschlafenes, kleines Küstenörtchen, das im Sommer zum Leben erwacht, wenn Horden marokkanischer Urlauber anreisen, von denen viele in den Apartmentkomplexen übernachten, die für Regierungsmitarbeiter reserviert sind.

Die großen Bauprojekte, bekannt als Station Balnéaire und Saïdia Med, bestehen aus unfertigen Urlaubsapartments und -resorts und liegen im Westen. Saïdia selbst liegt abseits davon.

Saïdia hat einen wunderschönen Strand mit sauberem gelbem Sand. Wer will, kann Sonnenliegen und -schirme sowie Jetskis und Tretboote mieten – oder sich einfach im Bikini an den Strand legen, was hierzulande selten möglich ist. An der neuen Küstenpromenade gibt es Fast-Food-Restaurants und jede Menge Clubs, von denen jeder andere Musik auflegt. Die meisten haben allerdings in der Nebensaison geschlossen. Einen Häuserblock entfernt vom Strand liegt der Blvd Hassan II, an dem sich einige ältere Hotels, Banken, Cafés und Internetcafés aneinanderreihen.

Schlafen & Essen

An der Küstenstrasse (Ave Mohammed V) und dem Blvd Hassan II befinden sich einige Seafood-Restaurants.

Hotel Atlal HOTEL €€
(☎0536 62 50 21; atlalben@menara.ma; 44 Blvd Hassan II, DZ inkl. Frühstück 510 Dh; ❄📶) Dieses Hotel hat freundliche Mitarbeiter und große Zimmer. Bar und Restaurant sind ebenfalls

gut. Allerdings kann der Lärm von der Disko im Untergeschoss zu einem Problem werden, wenn man erholsam schlafen will.

Titanic Hotel HOTEL €€

(☎0536 62 40 71; Ave Mohammed V; EZ/DZ 370/520 Dh; ❄📶) Ein freundliches blau-weißes Hotel am Meer mit guten, luftigen Zimmern und Ausblick aufs Wasser.

Restaurant Boughaz FAST FOOD €

(Küstenstrasse, Saïdia; Pizzas ab 30 Dh; ⏲10–22 Uhr) Wie viele Restaurants an der Küstenstraße serviert dieses Restaurant die üblichen Pizzas, Burger und Fischgerichte. Der Essbereich ist riesig, aber es gibt auch eine Terrasse mit wunderbarem Meerblick.

La Corniche MAROKKANISCH €€

(Ave Mohammed V; Hauptgerichte 30–90 Dh; ⏲8–22 Uhr) Restaurant am Meer mit Blick auf das Wasser und einer Karte mit marokkanischen Gerichten, Sandwiches, Pizza und Pasta.

An- & Weiterreise

Der Grenzübergang zu Algerien ist aus politischen Gründen nach wie vor geschlossen. Eine Öffnung ist in nächster Zeit nicht zu erwarten.

BUS

CTM hat frühmorgens eine Busverbindung ab Nador (35 Dh, 2 Std.).

Andere Anbieter fahren täglich mehrmals ab Oujda (17 Dh, 1 Std.).

FLUGZEUG

Der **Oujda-Angad-Flughafen** (☎0536 68 32 61) bedient Saïdia. RAM hat zwei (manchmal drei) Verbindungen täglich nach Casablanca sowie Direktflüge nach Paris Orly. Ryanair fliegt nach Paris, Brüssel, Marseille und Düsseldorf. EasyJet, Transavia, Jetairfly und Air Arabia fliegen nach Paris.

TAXI

Eine Taxifahrt vom Flughafen Oujda nach Saïdia kostet 150 Dh (1 Std.). Ein Platz im Sammeltaxi ab dem Busbahnhof kostet 25 Dh.

Berkane

80 000 EW.

Die staubige, moderne Stadt Berkane, etwa 80 km südöstlich von Nador an der Straße nach Oujda, ist berühmt für ihre Orangen. In der Tat ist alles in der Stadt orange, von den Taxis und Gebäuden bis zu der wunderbaren Orangenstatue am Ortseingang. Berkane eignet sich als Durchgangsort oder als Ausgangspunkt für Erkundungstouren ins Beni-Snassen-Massiv.

In Berkane findet man sich leicht zurecht: Es erstreckt sich entlang des Blvd Mohammed V, der von der orangefarbenen Grande Mosquée im Westen zu dem großen Kreisverkehr im Osten führt, welchen ein großes orangefarbenes Verwaltungsgebäude überragt. An diesem Ende befinden sich die Post sowie einige Geldautomaten und Hotels. Auf halber Strecke liegt der Hauptplatz mit dem CTM-Busbahnhof auf der Südseite.

Schlafen & Essen

Die meisten Unterkünfte und Restaurants befinden sich an oder nahe dem Blvd Mohammed V.

Hotel Rosalina HOTEL €

(☎0536 61 89 92; rosalina_hotel@hotmail.fr; 82 Blvd Mohammed V, Berkane; EZ/DZ inkl. Frühstück 280/360 Dh) Dieses moderne, hübsche Hotel ist mit viel Holz eingerichtet und hat freundliches Personal. Im Erdgeschoss gibt es ein Café. Mit Abstand die beste Unterkunft in Berkane!

An- & Weiterreise

Berkanes Bushaltstellen und Taxistände sind im ganzen Ort verteilt.

CTM-Busse fahren von einem eigenen Busbahnhof nahe dem Hauptplatz ab. Die meisten anderen Fernbusse starten in den Straßen hinter der CMH-Tankstelle. Die Busse nach Nador (22 Dh, 1 Std.) halten unmittelbar hinter der Tankstelle und verkehren stündlich bis nachmittags.

Lokalbusse nach Taforalt (8 Dh, 30 Min.) fahren zweimal täglich vom Blvd Mohammed V ab. *Grands taxis* nach Taforalt (10 Dh, 25 Min.) und Nador (30 Dh, 1 Std.) starten am Parkplatz auf der anderen Straßenseite, zwischen der Shell-Tankstelle und der Brücke.

Grands taxis nach Oujda (25 Dh, 1 Std.) tuckern in der Nähe des Busbahnhofs los: nach Saïdia (10 Dh, 15 Min.) von dem Platz vor dem Verwaltungsgebäude am Ende des Blvd Mohammed V, nach Nador von dem Parkplatz gegenüber der Großen Moschee.

Oujda وجدة

518 000 EW.

Oujda ist die Größte Stadt im Osten Marokkos. Ihr modernes Aussehen täuscht – sie hat eine 1000 Jahre lange Geschichte. Trotz ihres Erbes kommen jedoch nur wenige Traveller hierher. Der Grund dafür liegt in ihrer

ABSEITS DER ÜBLICHEN PFADE

BENI-SNASSEN-MASSIV جبال بني يزناسن

Von der östlichen Mittelmeerküste landeinwärts erstreckt sich das raue, aber wunderschöne Beni-Snassen-Massiv – eigentlich ist es nichts anderes als ein Nationalpark. Kaum jemand denkt beim Stichwort „Marokko" an eine derart sattgrüne Natur, sodass kaum Touristen hierher kommen.

Die „orangefarbene" Stadt **Berkane** eignet sich am besten als Ausgangspunkt für Erkundungstouren ins Beni-Snassen-Massiv. Wer kein eigenes Fahrzeug hat, fährt am besten von Berkane aus mit einem Sammeltaxi (15 Dh). Alternativ nimmt man ein eigenes Taxi: Für zwei Stunden zahlt man mindestens 250 Dh. Allerdings sind nicht alle Fahrer bereit, ihren Taxis die schlechten Straßen in der Nähe des Weilers Zegzel zuzumuten. Günstiger ist ein Bus oder ein *grand taxi* nach Taforalt. Von hier aus geht's zu Fuß hinunter. Von Berkane fahren jeden Morgen zwei Busse (12 Dh, 30 Min.) hin und am Nachmittag zurück. Fahrten mit *grands taxis* kosten 15 Dh; Letztere verkehren häufiger an Markttagen (Mi & So).

Von Berkane geht's auf der Nationalstraße durch eine herrliche Berglandschaft nach **Taforalt** (Tafoughalt). Diese chaotische Siedlung entstand rund um eine ehemalige französische Militäreinrichtung. Man betritt den Ort von Norden her über eine bezaubernde Straße, die von Cafés und Restaurants gesäumt ist, darunter der **Club Taforalt** (April–Okt.). Übernachten kann man in der nahe gelegenen **Auberge Taforalt** (0662 04 51 19; www.taforaltclub.com; Taforalt; Zi. inkl. Frühstück 350 Dh, Zelt 250 Dh;).

Kurz nachdem man Taforalt von Berkane kommend betreten hat, geht's an der Post links ab und dann gleich wieder links. Nun folgt man den Schildern zum Infostand. Hier warten eine kleine, aber informative Ausstellung über die Geschichte des Parks sowie eine Aussichtsplattform mit traumhaften Blick auf einen Tafelberg. Wer Glück hat, bekommt im angrenzenden Reservat vielleicht ein Mähnenschaf mit großen Hörnern vor die Linse. Die Tiere wagen sich meist erst gegen 16 Uhr hinaus, wenn es kühler wird.

Rund 2 km die Nationalstraße hinunter befindet sich rechts eine beschilderte Abzweigung zu zwei *grottes* (Höhlen). Die **Grottes des Pigeons** (1 km) sind eine Ausgrabungsstätte der Universität Oxford. Hier wurden menschliche Überreste aus dem Pleistozän entdeckt, darunter frühe Schmuckstücke (80 000 Jahre alt).

Nach weiteren 5 km stößt man auf die **Grottes de Chameau**, einen mehrstöckigen Höhlenkomplex mit drei Eingängen, der wegen Überschwemmungsschäden mehrere Jahre geschlossen war. Noch einmal 3 km weiter stößt man auf die malerische **Zegzelschlucht** und eine wunderschöne Serpentinenstraße. Am besten nutzt man die Gelegenheit, Kumquats (eine hier wachsende Obstsorte) zu probieren, die schon von den Römern geschätzt wurden.

Darüber hinaus lohnt sich ein Abstecher zum Fluss **Charaâ**. Dazu folgt man den Schildern zum kleinen Weiler Zegzel, 2 km eine Seitenstraße hinauf. Am Ende der Straße erstreckt sich ein beliebter Picknickplatz unweit der Stelle, wo der Fluss aus den Felsen sprudelt. Ganz in der Nähe führt eine spektakuläre Straße über einen Grat gen Osten nach Oujda. Für die Strecke braucht man ein Auto mit Vierradantrieb und eine gute Karte – außerdem sollte man früh losfahren.

Lage: Die Stadt war einst der am meisten genutzte Grenzübergang nach Algerien und bei Händlern und Touristen gleichermaßen beliebt. Als die Grenze im Jahr 1995 geschlossen wurde, war dies für die Stadt ein harter Schlag. Doch die jüngste Entwicklung der touristischen Infrastruktur an der nahe gelegenen Mittelmeerküste und die daraus resultierende Bedeutung des Flughafens haben sich positiv auf Oujda ausgewirkt. Und nach wie vor bleibt die Universität ein wichtiges Wirtschaftsstandbein und natürlich das Zentrum des intellektuellen Lebens in der Stadt.

Zwar mangelt es Oujda an „echten" Sehenswürdigkeiten, aber dafür kann man hier durchatmen, wenn man gerade aus dem Rif-Gebirge kommt oder auf dem Weg nach Figuig (S. 153) oder in die Sahara ist.

Geschichte

Oujda liegt an der Hauptachse, die Marokko mit dem Rest Nordafrikas verbindet. Bereits die Römer bauten hier eine Straße. Wie Taza

Oujda

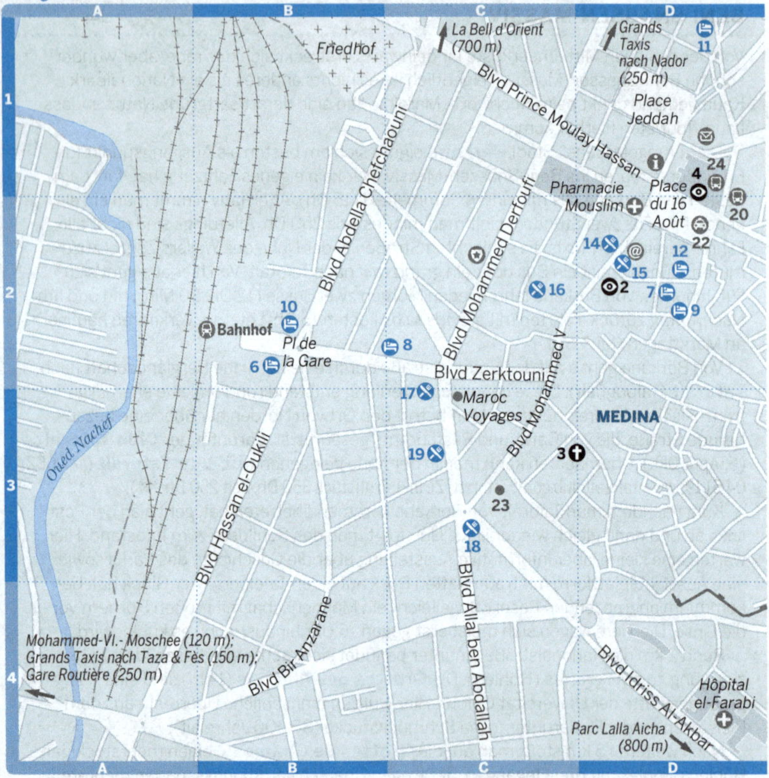

hatte die Stadt einst eine Schlüsselposition bei der Kontrolle über den Ostteil des Landes inne und wurde oft als strategisch wichtiger Punkt für Armeen gesehen, die das umliegende Kernland erobern sollten.

Der Berberstamm der Meghraoua gründete Oujda im 10. Jh. Der Ort bewahrte sich seine Unabhängigkeit, bis die Almohaden ihn 100 Jahre später stürmten. Unter den Meriniden wurde er mehrfach von algerischen Herrschern aus Tlemcen erobert. Im 17. Jh. fiel er an die Osmanen, die ihren Herrschaftsbereich inzwischen auf Algerien ausgedehnt hatten.

Dem setze Moulay Ismail 1687 ein Ende. Von dann an blieb Oujda in marokkanischer Hand, bis 1907 französische Streitkräfte über die algerische Grenze vorstießen und die Stadt besetzten. Solche „Zwischenfälle" kamen häufiger vor, auch wenn das Protektorat noch weitere fünf Jahre auf sich warten ließ, doch der Sultan war außerstande, sie zu verhindern.

Unter den Franzosen wuchs Oujda beträchtlich und ist noch heute eine florierende Provinzstadt.

Sehenswertes

Obwohl Oujda von neuen Gebäuden dominiert wird, haben einige Art-déco-Gebäude im Zentrum die zeit überdauert. Läuft man den Blvd Mohammed V entlang, siehgt man zunächst den **Uhrenturm** aus den 1930er-Jahren, gefolgt von der beeindruckenden französisch-neumaurischen **Banque al-Maghrib** und der **Église Saint Louis** (Pl 9 Juillet; Gottesdienst Sa 18.30, So 9 Uhr), auf deren Türmen Störche nisten. Im Presbyterium können Besucher um Einlass in die Kirche bitten.

Medina

Oujdas Medina ist nicht groß. Die Mauern und mehrere umliegende Plätze wurden sorgfältig restauriert. In die Medina gelangt man über das östliche Tor **Bab el-Ouahab**.

Oujda

Sehenswertes

1	Bab el-Ouahab	E2
2	Banque al-Maghrib	D2
3	Église Saint Louis	C3
4	Uhrenturm	D1
5	Grande Mosquée	E3

Schlafen

6	Atlas Terminus & Spa	B2
7	Hôtel Afrah	D2
8	Hotel Al Manar	C2
9	Hôtel Angad	D2
10	Hôtel Ibis Moussafir	B2
11	Hotel Jeda	D1
12	Hôtel Tlemcen	D2

Essen

13	Argana	F3
14	Café Pâtisserie Colombe	D2
15	L'Excellence	D2
16	Restaurant Le Comme Chez Soi	C2
17	Restaurant Nacional	C3
18	Rihab	C3
19	Trocadero	C3

Transport

20	CTM-Büro	D2
21	Petits Taxis	E2
22	Petits Taxis	D2
23	RAM	C3
24	Trans-Ghazala-Ticketbüro	D1

Hier reihen sich Imbissstände (Oujdas Oliven sind berühmt) und Straßencafés aneinander. Die Medina ist belebt, überwältigt Besucher aber nicht, und sie bietet einen tollen Einblick in Tradition und Moderne.

➡ **Grande Mosquée** MOSCHEE

Diese Moschee ist auch als Mosque of Omar ben Abdelaziz bekannt. Sie wurde in den frühen Jahres des französischen Protektorates im maurischen Stil erbaut.

Parc Lalla Aicha PARK

(Ave Yacoub Al-Mansour; ⏲7–19 Uhr) In diesem wunderschönen Park kann man wunderbar spazieren gehen. Hier gibt es ein Schwimmbad (nur im Sommer, 20 Dh), ein Café, und Möglichkeiten zum Tennisspielen und Reiten.

Feste & Events

Oujda ist berühmt für seine Musik, eine Multikultimischung aus algerischen, andalusischen und marokkanischen Klängen.

Beim **Internationalen Gharnati-Festival** (⏲Juli) dreht sich alles um Gharnati, eine algerische Musikrichtung aus Andalusien. Der Name leitet sich vom Wort Granada ab. Sie ist im nahe gelegenen Tlemcen besonders beliebt.

Die Rai-Musik, die beim **Internationalen Rai-Festival** von **Oujda** (⏲Aug.) zu hören ist, entstand in den 1930er-Jahren in Algerien als eine Art Protest-Volksmusik.

Im August und September wird in Ben Younes, 6 km südlich von Oujda, **Sidi Yahia Moussem** gefeiert. Sidi Yahia, der Schutzpatron der Stadt, wird von allen Marokkanern verehrt. Manche behaupten, dass er mit Johannes dem Täufer oder möglicherweise mit einem kastilianischen Rabbi gleichzusetzen sein könnte. Tausende Pilger strömen jedes Jahr zu den Festlichkeiten 6 km südlich von Oujda herbei. Alle Bäume rund um das (für Nichtmuslime nicht zugängliche) Grabmal werden mit Tüchern geschmückt, die Segen bringen sollen – ein Rückfall in vorislamische Fruchtbarkeitsriten. Vom Bab el-Ouahab in Oujda gelangt man mit Bus 1 (6 Dh) nach Sidi Yahia. Eine Fahrt mit dem *petit taxi* kostet rund 30 Dh.

Schlafen

Hôtel Angad HOTEL €
(Karte S. 304; ☎0536 69 14 51; hotelangad@hotmail.fr; Rue Tafna; EZ/DZ 182/224 Dh, mit Klimaanlage 223/274 Dh;) Dieses günstige Zwei-Sterne-Hotel ist die beste Budgetunterkunft der Stadt und verfügt über einfache Zimmer mit großen Bädern und TV. Am besten lässt man sich eines auf der Rückseite des Hauses geben, da die Zimmer zur Straße hin oft viel Lärm abbekommen. Das Café im Erdgeschoss serviert Frühstück und Pizza.

Hôtel Tlemcen HOTEL €
(Karte S. 304; ☎0536 70 03 84; 26 Rue Ramdane el-Gadhi; EZ/DZ 90/180 Dh;) Diese freundliche kleine Unterkunft mit ihrer beeindruckenden Lobby weist ein tolles Preis-Leistungs-Verhältnis auf. Die Zimmer sind klein, aber hell und mit Bad und TV ausgestattet.

Hôtel Afrah HOTEL €
(Karte S. 304; ☎0536 68 65 33; 15 Rue Tafna; EZ/DZ 90/140 Dh) Kacheln und Stuck verleihen der Lobby ein traditionelles marokkanisches Flair. Die voll ausgestatteten Zimmer mögen ein bisschen beengt sein, geben aber dennoch eine gute Budgetoption ab.

Hôtel Ibis Moussafir HOTEL €€
(Karte S. 304; ☎0536 68 82 02; www.ibishotel.com; Pl de la Gare; EZ/DZ 640/720 Dh;) Das Ibis direkt am Bahnhof ist topmodern ausgestattet und hält allen Komfort bereit, den man von einer internationalen Hotelkette erwartet. Allerdings kommt das Hotel im 08/15-Look daher – nichts deutet darauf hin, in welchem Teil der Welt man sich gerade befindet. Nichthotelgäste können für 100 Dh pro Tag den Swimmingpool mitbenutzen.

Hotel Al Manar HOTEL €€
(☎0536 68 88 55; hotelalmanara@menara.ma; 50 Blvd Zerktouni; EZ/DZ 360/420 Dh;) Das Al Manar ist zentral gelegen und macht seinem Namen (Leuchtturm) alle Ehre. Die Einrichtung ist funktional. Die Zimmer sind ihr Geld wert, die zur Innenseite mit den kleinen Fenstern bieten jedoch nur wenig Tageslicht – besser meidet man sie.

Hotel Jeda HOTEL €€
(☎0536 70 46 46; jeddahotel8@gmail.com; 13 Rue Ouartass; EZ/DZ 300/400 Dh;) Komfortable, solide Mittelklasseoption etwas abseits vom Trubel mit schöner Eisdiele und Pizzeria vorn.

Atlas Terminus & Spa HOTEL €€€
(☎0536 71 10 10; www.hotelsatlas.com; Pl de la Gare; EZ/DZ inkl. Frühstück 1380/1570 Dh;) Das fürstlich gelegene Atlas Terminus am Bahnhof ist sehr vornehm. Die Zimmer und der Service sind von herausragender Qualität; außerdem gibt es ein Restaurant, eine Bar, einen Nachtclub, einen Pool und ein Spa.

Essen

Die Stadt hat eine Vielzahl moderner Cafés; in vielen von ihnen wird gutes Essen serviert. In der Medina bieten die Imbissstände innerhalb des Bab el-Ouahab Traditionelles an, etwa *kefta*, Schüsseln mit *harira* und gekochte Schnecken.

★ **Restaurant Nacional** MAROKKANISCH €
(☎0536 70 32 57; 107 Blvd Allal ben Abdallah; Gerichte ab 25 Dh; ⌚12–15 & 19–22 Uhr) Eine Institution in Oujda: Mittags stehen die Leute hier Schlange (im oberen Stockwerk befindet sich ein großer, brechend voller Salon). Die Salate sind großartig, und die Kellner eilen mit Tellern voller Grillfleisch, Fisch und Tajines durch das Lokal. Freitags gibt's Couscous.

Trocadero CAFÉ, ITALIENISCH €
(71 Blvd Allal Ben Abdellah Al Mahatta; Hauptgericht 40–120 Dh; ⌚8–22 Uhr;) Das Trocadero ist eines der vielen neuen in Schwarz, Glas und Chrom gehaltenen Cafés. Es erstreckt sich über zwei Stockwerke und hat auch ein paar Tische im Freien. Das Essen ist hervorragend. Besonders lecker sind das Hähnchen Florentina und das Risotto.

L'Excellence CAFÉ, ITALIENISCH €
(☎0536 71 28 18; 30 Blvd Mohammed V; Pizza ab 40 Dh; ⌚8–22 Uhr) Dies ist ebenfalls ein großes, modernes Café auf zwei Stockwerken mit einer ausgezeichneten Konditorei um die Ecke und einem Pizzarestaurant im Obergeschoss.

Café Pâtisserie Colombe CAFÉ €
(Blvd Mohammed V; Croissant 2 Dh; ⌚8–22 Uhr) Eines von mehreren beliebten und belebten Cafés in dieser Gegend. Es eignet sich besonders gut, wenn man frühstücken und dabei Leute beobachten möchte.

Argana CAFÉ €
(Pl Sidi Abdel Ouahab; Tajines 25 Dh; ⌚9–21 Uhr) Zusammen mit unzähligen marokkanischen Familien geht es im Aufzug hinauf zu diesem großen Café voller Pflanzen. Es bietet

eine schöne Aussicht auf den Platz und abends (sehr laute) Livemusik.

La Belle d'Orient MEERESFRÜCHTE €€

(☎0536 70 59 61; 65 Blvd Ahfir; Hauptgerichte ab 75 Dh; ⏲mittags) Eine erstklassige Wahl wenn man Lust auf frischen Fisch direkt von der Küste hat. Auf dem Grill im Freien werden Sardinen gegrillt und als Fisch-Tajine (100 Dh) oder Fisch-Grillplatte (75 Dh) aufgetischt. Hier gibt es aber auch Pizza.

Restaurant Le Comme Chez Soi FRANZÖSISCH €€

(☎0536 68 60 79; 8 Rue Sijilmassa; Hauptgerichte ca. 110 Dh; ⏲12–15 & 19–24 Uhr) Das Restaurant mit Alkohollizenz bietet französisch inspirierte Küche, darunter köstliche Fleisch- und Fischgerichte sowie Pasta und Steaks.

Rihab CAFÉ, ITALIENISCH €€

(☎0536 70 51 51; Ecke Blvds Idriss Al-Akbar & Allal ben Abdallah; Hauptgerichte ab 95 Dh; ⏲8–23 Uhr; 📶) Im Erdgeschoss und im 1. Stock befinden sich ein schickes, modernes Café, eine Eisdiele und eine erstklassige Bäckerei. Im 8. Stock liegt ein gutes Restaurant mit einer großen Auswahl italienischer Gerichte und Fischgerichte.

ℹ Praktische Informationen

Am Blvd Mohammed V befinden sich zahlreiche Banken mit Geldautomaten sowie einige Wechselstuben.

Delegation Provinciale du Tourisme (Pl du 16 Aout; ⏲Mo–Do 9–16, Fr 9–12 Uhr) Dies ist zwar nur ein Verwaltungsbüro, man bekommt hier aber einen nützlichen Stadtplan.

Hôpital el-Farabi (☎0536 68 27 05; Ave Idriss el-Akbar) Krankenhaus.

Internet (Blvd Mohammed V; 5 Dh/Std.; ⏲9–22 Uhr) Über der *téléboutique*.

Hauptpost (Blvd Mohammed V; ⏲8–16 Uhr)

Maroc Voyages (☎0536 68 39 93; 110 Blvd Allal ben Abdallah; ⏲Mo–Do 9–18, Fr & Sa 9–12 Uhr) Reisebüro.

Pharmacie Mouslim (Blvd Mohammed V; ⏲8–18 Uhr) Apotheke.

Polizei (Blvd Mohammed Derfoufi)

ℹ An- & Weiterreise

BUS

Der **Hauptbusbahnhof** liegt im Schatten der riesigen Mohammed-VI.-Moschee. **CTM** (☎0536 68 20 47; Rue Sidi Brahim) unterhält eine Filiale an der Place du 16 Août, wo man Fahrkarten nach Casablanca (210 Dh, 9 Std. über Nacht), Taza (80 Dh, 3½ Std.), Fès (120 Dh, 5 Std.), Meknès (130 Dh, 6 Std.), Rabat (180 Dh, 7½ Std.) und Tanger (200 Dh, 11 Std.; auch via Taza, Fès und Meknès) kaufen kann. Alle zwei Tage verkehrt ein Bus nach Figuig (110 Dh, 6 Std.).

Trans Ghazala hat täglich mehrere Verbindungen nach Casablanca via Taza, Fès, Meknès und Rabat. Fahrkarten für diese Verbindungen erhält man auch im **Trans-Ghazala-Ticketbüro** (☎0536 68 53 87; Rue Sidi Brahim).

Viele andere Unternehmen mit Ticketbüros im Busbahnhof verkehren häufig nach Taza, Fès und Meknès sowie Berkane (18 Dh, 20 Min.) und Nador (35 Dh, 3 Std.). Zweimal täglich fahren Busse nach Figuig (95 Dh, 7 Std.). Jeden Tag tuckern außerdem mehrere Bussen nach Saïdia (15 Dh, 1 Std.) und Al-Hoceima (80 Dh, 6 Std.). Zweimal täglich fährt außerdem ein Bus via Tétouan nach Tanger.

FLUZEUG

Der **Flughafen Oujda-Angad** (S. 302) liegt 15 km nördlich von Oujda an der Straße nach Saïdia. Fahrer der *grands taxis* berechnen einen Festpreis von 150 Dh. Wer Geld sparen möchte, nimmt einen der Busse nach Nador, Berkane oder Saïdia und lässt sich vom Fahrer an der Hauptstraße absetzen; das kostet nur ein paar Dirham.

RAM (☎0536 68 39 09; 45 Blvd Mohammed V) hat täglich zwei (manchmal drei) Verbindungen nach Casablanca sowie direkte Flüge nach Paris Orly. Ryanair fliegt nach Paris, Brüssel, Marseille und Düsseldorf. EasyJet, Transavia, Jetairfly und Air fliegen nach Paris.

TAXI

Vom Hauptbusbahnhof starten regelmäßig **grands taxis** nach Taza (80 Dh, 3 Std.). Für Anschlussverbindungen hier umsteigen! *Grands taxis* Richtung Norden nach Nador (60 Dh, 3 Std.), Saïdia (25 Dh, 1 Std.) und Berkane (25 Dh, 1 Std.) warten in der Nähe der Kreuzung zwischen der Rue ibn Abdelmalek und dem Blvd Mohammed Derfoufi im Norden der Stadt.

ZUG

Oujda ist der Endbahnhof der nordmarokkanischen Bahnlinie.

Oujdas Bahnhof befindet sich am westlichen Ende des Blvd Zerktouni. Vier Züge fahren täglich nach Casablanca (216 Dh, 10 Std.) und vier nach Tanger (zwei via Sidi Kacem, 22 Dh, 10 Std.). Alle halten in Taza (78 Dh, 3½ Std.), Fès (116 Dh, 6 Std.) und Meknès (137 Dh, 6½ Std.).

ℹ Unterwegs vor Ort

In Oujda gibt es jede Menge rote *petits taxis*. Die allermeisten Fahrten kosten nicht mehr als 10 Dh.

Fès, Meknès & der Mittlere Atlas

Inhalt ➡

Gut essen

- Ruined Garden (S. 333)
- Café Clock (S. 332)
- Dar El Mandar (S. 330)
- Dar Hatim (S. 334)
- Hôtel des Cèdres (S. 373)

Schön übernachten

- Ryad Mabrouka (S. 329)
- Funky Fès (S. 324)
- Ryad Bahia (S. 349)
- Dar Kamal Chaoui (S. 342)
- Dar El Mandar (S. 330)

Auf nach Fès, Meknès & in den Mittleren Atlas!

Die schlichten Dörfer und ruhigen Bergpfade in diesem Teil Marokkos bieten einen charmanten Kontrast zu den Königsstädten und den alten Ruinen. Die fruchtbaren Ebenen im Norden dienen seit Jahrhunderten als Kornkammer des Landes. Die Römer hinterließen hier die Ruinen von Volubilis, und die nachfolgenden muslimischen Dynastien gründeten eine der prächtigsten Königsstädte Marokkos: Fès.

Der Magnet dieser Region sind die engen Straßen der Medina von Fès. Meknès, eine weitere alte Königsstadt, ist kompakter, wartet aber mit großartigen Relikten aus der Herrschaft Moulay Ismails auf. Die Pilgerstadt Moulay-Idriss, die jahrhundertelang für Nichtmuslime tabu war, verströmt eine mystische Kraft, wird aber kaum besucht.

Im Süden erhebt sich der Mittlere Atlas – Heimat von Berberaffen und zugleich ruhiges Wander- und Waldparadies. Jenseits der Berge beginnen die für den Süden typischen Kasbahs: Man merkt, dass die Wüste Südmarokkos nah ist.

Reisezeit

Fès

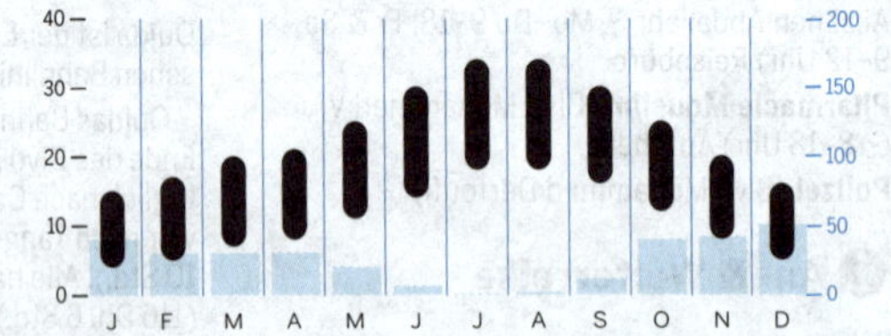

April Perfektes Frühlingswetter, auf den Märkten duftet es nach Orangenblüten; die beste Zeit, um Volubilis zu besuchen.

Juni In Fès findet jetzt das Fèstival der Sakralmusik statt.

Sept. Die Sommerhitze lässt nach – und damit sind die Bedingungen ideal fürs Sightseeing.

Highlights

1 Fès (S. 310) In das Labyrinth der uralten Medina eintauchen, nach Suks und Souvenirs suchen, und sich vom Fèstival der Sakralmusik verzaubern lassen

2 Volubilis (S. 361) In den schönsten Ruinen Marokkos mit seinen spektakulären Bodenmosaiken eine Reise durch die Vergangenheit unternehmen

3 Meknès (S. 342) Gigantische Bauwerke erkunden, die aus der Zeit der Herrschaft des mächtigen Moulay Ismail stammen

4 Moulay-Idriss (S. 363) Einen Tag als Pilger in dieser heiligen Stadt verbringen

5 Ifrane-Nationalpark (S. 366) In den sanften Bergen des Mittleren Atlas rund um Ifrane und Azrou wandern und unterwegs vielleicht den einen oder anderen Affen erspähen

6 Bhalil (S. 342) Bei einer Übernachtung in diesem für seine Höhlenbewohner berühmten Bergdorf selbst einmal wie ein echter Höhlenmensch leben

KÖNIGSSTÄDTE

Fès فاس

1150131 EW.

Fès, das in ferner Vergangenheit unzählige Gelehrte und Künstler, Imame und Gourmets hervorbrachte, ist eine überaus selbstbewusste Stadt, dessen historisches und kulturelles Erbe all ihre Besucher verzaubert. Doch zugleich hat die Stadt eine schwer fassbare Rauheit – noch immer leben in der dunklen, eng bebauten und baufälligen Medina, die bis heute das größte autofreie Stadtgebiet der Welt ist, 70 000 Menschen. Wie im Mittelalter ziehen Esel Lastenkarren durch das Labyrinth der Gassen und hinter jeder Ecke sichtet man weitere Ruinen. Doch eine Regierungsinitiative, Fès el-Bali zu sanieren und seine frühere Pracht wieder aufleben zu lassen, ist im Gang und befeuert den Wandel.

Oft scheint es, als herrsche in der Medina von Fès ständiges Chaos: Einige Besucher verlieben sich auf den ersten Blick, andere schrecken entsetzt zurück. Doch die Medina hat viele Reize. Scheinbare Sackgassen führen auf Plätze mit zauberhaften Brunnen und zu Straßen voller köstlicher Imbissstände; von Dächern bietet sich ein Blick auf ein Meer von Minaretten, und hinter altersschwachen Toren befinden sich die Werkstätten unermüdlicher Kunsthandwerker.

Geschichte

Idris I., Begründer der ersten marokkanischen Königsdynastie, beschloss 789, eine großartige neue Hauptstadt zu bauen, da ihm Oualili (Volubilis) zu klein geworden war. Allerdings starb er, bevor er seinen Plan verwirklichen konnte. Als Gründer von Fès gilt deshalb sein Sohn Idris II., der den Traum seines Vaters realisierte. Eine *zawiya* (Sitz einer religiösen Bruderschaft am Grab eines Heiligen) mitten in Fès el-Bali hält das Andenken an Idris II. lebendig.

Anfangs war Fès eine kleine Berberstadt. Doch schon bald ließen sich 8000 muslimische Flüchtlingsfamilien aus Spanien und Portugal am Ostufer des Oued Fès nieder. Später folgten arabische Familien aus Kairouan im heutigen Tunesien, die am Westufer siedelten und das Viertel Kairaouine schufen. Die Traditionen beider Bevölkerungsgruppen bildeten eine solide Basis für den späteren religiösen, kulturellen und architektonischen Reichtum der Stadt. Die Erben von Idris II. teilten das Königreich unter sich auf, bis ins 10. Jh. aber herrschten in Fès weiterhin Frieden und Wohlstand.

In den folgenden Jahrhunderten ging es unter wechselnden Dynastien mit Fès auf und ab. Berberinvasionen brachten Bürgerkriege und Hungersnöte. Mit dem Aufstieg der Almoravidendynastie trat eine gewisse Ruhe ein. Als diese 1154 ihre Macht wieder einbüßte, flüchteten ihre Anhänger aus Fès, jedoch nicht ohne zuvor die Stadtmauern zu zerstören. Erst als die nachfolgende Dynastie der Almohaden sich der Loyalität der Fassis sicher war, bauten sie die Stadtmauern wieder auf. Große Teilstücke aus dieser Zeit sind bis heute erhalten.

Fès blieb eine wichtige Metropole, wobei sein geistiger Einfluss größer war als der politische. Mit der etablierten Kairaouine-Moschee und -Universität war es *das* geistige und kulturelle Zentrum eines Reichs, das von Spanien bis in den Senegal reichte. Ihre politische Stellung erlangte die Stadt erst um 1250 unter den Meriniden wieder.

Als im 19. Jh. die Macht der Zentralregierung bröckelte und die Europäer immer mehr an Einfluss gewannen, wurden die Unterschiede zwischen Marrakesch und Fès mehr und mehr verwischt: Beide Orte fungierten praktisch als Hauptstädte eines gestückelten Landes. Fès konnte sich jedoch den Status als geistige Kapitale bewahren. Am 30. März 1912 wurde hier der Vertrag unterzeichnet, der Marokko zum spanischen und französischen Protektorat machte. Kaum drei Wochen später brachen Aufstände und Revolten gegen die neuen Herrscher los – ganz, als wollte die Stadt ein Zeichen für ihren Wankelmut setzen.

Die Franzosen erkoren Rabat zur politischen Hauptstadt, Fès aber blieb immer eine Größe, mit der man zu rechnen hatte. Wer auch immer Marokko regierte, dem war daran gelegen, die einflussreiche Stadt auf seine Seite zu bringen. In Fès wurde die marokkanische Unabhängigkeitsbewegung geboren und bei Streiks und Protesten geht's hier oft besonders hoch her.

Der Rest des Landes empfindet gegenüber Fès und dessen langer Tradition eine gewisse Ehrfurcht – und vielleicht auch ein wenig Neid. Ein beachtlicher Teil der geistigen und wirtschaftlichen Elite Marokkos stammt aus dieser Stadt. Immer wieder heißt es (vor allem bei den Fassis), wer in der Medina von Fès geboren wurde, sei automatisch religiöser, kultivierter, kunstsinniger

DIE BRUNNEN VON FÈS

Seit jeher haben die Fassis eine besondere Vorliebe für *seqqâyas* – und so entdeckt man in der Medina von Fès an nahezu jeder Ecke einen öffentlichen Brunnen. Die bedeutendsten hydrotechnischen Arbeiten wurden größtenteils unter der Herrschaft der Almoraviden (1061–1147) und Almohaden (1147–1248) ausgeführt. In ganz Marokko lenkte man Flüsse um, legte Seen an und baute umfassende Kanalsysteme, um die Städte mit Wasser zu versorgen. Seine Blüte erreichte der Brunnenbau aber in der Königsstadt Fès.

Angeblich gibt's weit über 60 öffentliche Brunnen in der Medina, die von Prinzen oder wohlhabenden Händlern in Auftrag gegeben wurden. Wie die Hamams befinden sie sich üblicherweise in der Nähe der Moscheen. Oft sind sie sehr schlicht und bestehen aus einem einfachen Becken an einer Mauer. Viele präsentieren sich jedoch auch als echte Schmuckstücke aus bunt dekorierten Kacheln, die häufig ein Dach aus kunstvoll geschnitztem Holz haben. Besonders schön ist der Nejjarine-Brunnen aus dem 18. Jh. mit *zellij*-Kacheln und filigranen Stuckmustern, die an komplizierte Stickereien erinnern.

Noch heute holen manche Einheimische Wasser am Brunnen um die Ecke; einige sind allerdings trockengelegt worden, sobald die Häuser an die allgemeine Wasserversorgung angeschlossen waren.

und gebildeter als Landsleute aus anderen Regionen. Die Stadtbewohner sind auch sehr stolz darauf, dass Prinzessin Lalla Salma, die Frau des Königs, aus Fès kommt und dass die Königsfamilie viel Zeit in der Stadt verbringt.

Sehenswertes

Wer Fès el-Bali im Anschluss an die *ville nouvelle* besichtigt, wird sich wie ein Zeitreisender fühlen: Der Grundriss der Medina ist seit fast einem Jahrtausend praktisch unverändert – aufgrund der umliegenden Hügel konnte sich die Altstadt nicht weiter ausdehnen. Zuletzt wurde die traditionelle Medina im 13. Jh. erweitert; damals entstand Fès el-Jdid. Heute leben ca. 156 000 Fassi in dem Labyrinth aus schmalen Straßen, Sackgassen und versteckten Suks, das für Besucher einer der verwirrendsten und zugleich umwerfendsten Orte in ganz Marokko ist.

Das Bab Bou Jeloud im Westen dient als Haupttor zur Altstadt. Zwei Hauptstraßen führen in die Medina hinab: die Talaa Kebira (Große Steige) linker Hand und die Talaa Seghira (Kleine Steige) rechter Hand. Nahe der Place an-Nejjarine treffen sie wieder aufeinander. Von dort ist es nur noch ein Katzensprung zur Kairaouine-Moschee und zur Zawiya Moulay-Idriss II., dem Herzen der Altstadt. Bergauf liegen die nördlichen Tore Bab Guissa und Bab Jamaï. Im Süden befindet sich das Bab R'cif, das aufwendig saniert wurde. Jetzt besitzt es ein schmuckes neues Tor sowie einen renovierten Hauptplatz und sogar das Flussbett wird einer Verschönerungsaktion unterzogen. R'cif wird wahrscheinlich bald eine attraktive Alternative zu den sonstigen Sehenswürdigkeiten der Medina sein.

Die großen Sehenswürdigkeiten machen im Grunde nur einen Bruchteil des eigentlichen Charmes der Medina aus. Deshalb lohnt es sich, einfach los zu laufen und Gerüchen oder Geräuschen zu folgen. Sie führen zu Frauen mit Bündeln frischer Gewürze, zu Kindern, die Tabletts voller Brotlaibe in das Backhaus um die Ecke bringen, oder zu Cafés, in denen aromatischer Kaffee angeboten wird. Vielleicht stößt man unterwegs auf einen bildschönen Mosaikbrunnen, eine Werkstatt, in der Hamam-Eimer hergestellt werden, einen Kamelkopf, der auf einen spezialisierten Metzger hinweist, oder eine Gruppe Jugendlicher, die in einer Gasse Fußball spielen. Allerorten weisen Mulitreiber mit einem lautstarken *balak* (Achtung) darauf hin, dass sich ein schwer beladenes Packtier nähert. Und regelmäßig wird man den Ruf des Muezzins vernehmen.

Es ist gar nicht so leicht, sich hier zurechtzufinden. Früher oder später wird man sich unter Garantie verlaufen, doch das gehört zur ultimativen Fès-Erfahrung einfach dazu. Am besten achtet man auf die „Hauptstraßen", die entweder zu einem Tor oder zu einem Wahrzeichen führen, oder man lässt sich von der Masse mittragen. Wer mag, kann auch einen der Ladenbesitzer nach dem Weg fragen oder sich von eifrigen Kindern helfen lassen, jedoch kann die Belohnung, die sie dafür erwarten, ziemlich happig ausfallen.

Fès

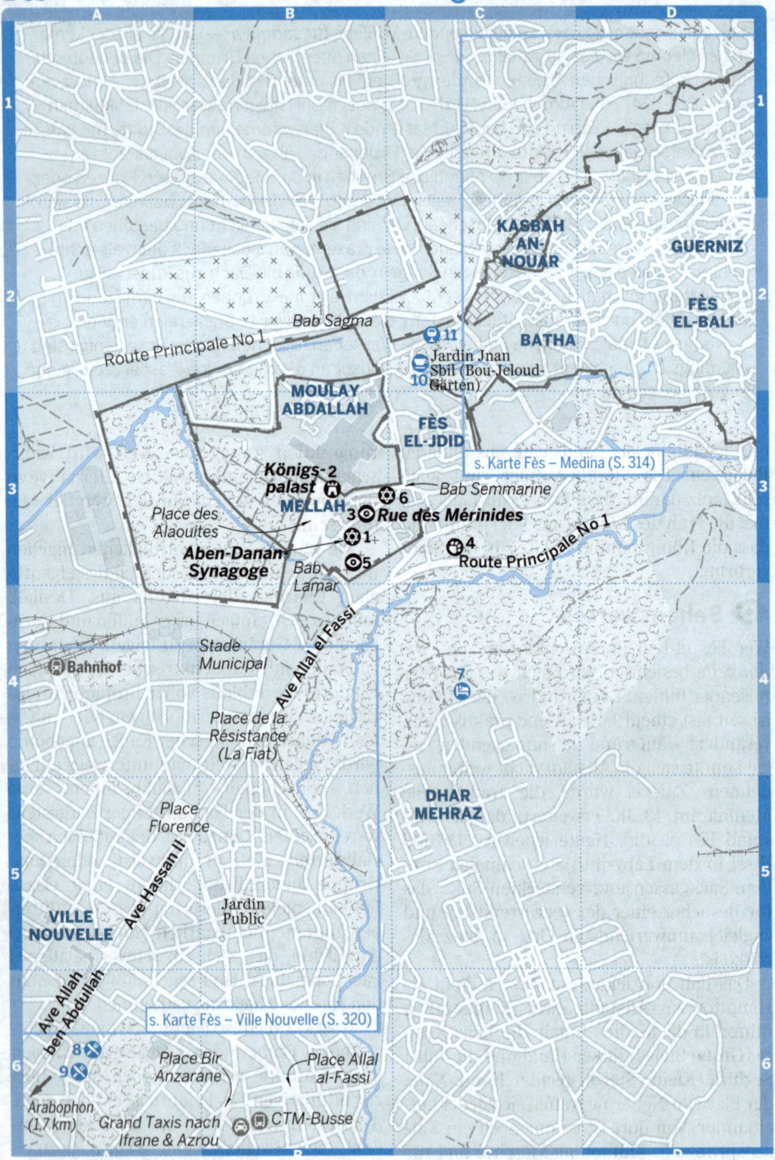

Medina (Fès el-Bali)

Place Bou Jeloud PLATZ

(Karte S. 314; P) Dieser Platz am Rand der Medina erwacht in der Abenddämmerung zum Leben, wenn sich die Einheimischen hier zum Spazierengehen und Schwatzen treffen. Manchmal finden Konzerte statt oder ein paar Geschichtenerzähler tauchen auf, doch ein Djemaa el-Fna wird er nie sein.

★ **Medersa Bou Inania** ISLAMISCHE STÄTTE

(Karte S. 314; Talaa Kebira; 20; ⌚9–17 Uhr, kein Einlass während der Gebete) Unweit des Bab Bou

Fès

Highlights

1 Aben-Danan-Synagoge B3
2 Königspalast B3
3 Rue des Mérinides B3

Sehenswertes

4 American Fondouk C3
5 Jüdischer Friedhof B3
6 Mellah B3

Schlafen

7 Hotel Sahrai C4

Essen

8 Kaï Taï A6
9 MB Restaurant Lounge A6

Ausgehen & Nachtleben

10 Café Restaurant La Noria C2
MB .... (siehe 9)
11 Mezzanine C2

Jeloud an der Talaa Kebira liegt die *medersa* Bou Inania, eine der schönsten Koranschulen von Fès. Sie wurde zwischen 1351 und 1357 vom Mereniden-Sultan Bou Inan erbaut. Inzwischen wurde sie sehr schön restauriert, sodass die kunstvollen *zellij* (Kacheln), die geschnitzten Gipsornamente und die herrlichen, aus Zedernholz gearbeiteten *mashrabiyyas* (Sichtschutzelemente vor den Fenstern) sowie die massiven Eingangstüren aus Messing wieder in altem Glanz erstrahlen. Wo andere *medersas* nur einen einfachen Gebetssaal haben, befindet sich in dieser eine komplette Moschee.

Den Mihrab (nach Mekka gewandte Nische) schmücken eine besonders exquisite Decke und Säulen aus Onyxmarmor. Man glaubt, dass die *medersa* eine größere Moschee benötigte, weil sich zur damaligen Zeit keine in der Nähe befand. Zur Moschee gehört ein schönes grünes Minarett.

★ Nejjarine-Museum für Holzkunst — MUSEUM

(Karte S. 314; ☎0535 74 05 80; Pl an-Nejjarine; 20 Dh; ⏲10–17 Uhr) Das Museum befindet sich in einem wunderbar restaurierten *fondouq* (Herberge), einer Karawanserei für reisende Kaufleute, die unten ihre Waren lagerten und verkauften und oben übernachteten. In mehreren Räumen rund um den Innenhof werden Werkzeuge der Kunsthandwerker, große Gebetsperlen, Berberwaren, Truhen und Musikinstrumente schön präsentiert. Die Hauptattraktion ist aber das beeindruckende Gebäude selbst. Vom Café auf der Dachterrasse öffnet sich ein herrlicher Blick auf die Medina. Fotografieren ist verboten.

Henna Souq — MARKT

(Karte S. 314; Rue Lfakharine) Dieser Suk abseits der Talaa Kebira ist einer der ältesten Märkte der Medina. Er wird von einem großen, schönen Baum beherrscht, in dessen Schatten Stände Keramik und traditionelle Kosmetik, darunter Henna, anbieten. Wer etwas über die faszinierende Palette marokkanischer Naturprodukte erfahren möchte, die die Marokkaner regelmäßig nutzen, sollte hierherkommen – die Standinhaber sind freundlich und nicht aufdringlich. Hier hatte früher der mittlerweile abgeschaffte *mohtassib* (Preiskontrolleur) sein Büro, man kann noch seine großen Waagen sehen.

Kairaouine-Moschee & -Universität — MOSCHEE

(Karte S. 314) Der Komplex, der eine der größten Moscheen Afrikas und die wahrscheinlich älteste Universität der Welt beherbergt, ist das spirituelle Herz von Fès, vielleicht sogar von ganz Marokko. Er ist so groß, dass man Schwierigkeiten haben wird, sich einen Gesamteindruck zu verschaffen: Im Lauf der Jahrhunderte sind die Straßen und Häuser des Kairaouine-Viertels so nah an das eigentliche Gebäude herangerückt, dass man seine eigentliche Form nicht mehr erkennen kann. Nichtmuslime dürfen den Komplex nicht betreten, doch die Universitätsbibliothek wurde unlängst wunderbar restauriert und ist seit 2016 öffentlich zugänglich.

Ansonsten müssen sich Touristen mit einem Blick auf den Innenhof der Moschee vom Haupteingang der Derb Boutouil begnügen oder sich einen Aussichtspunkt über der Medina suchen: Die Moschee mit ihrem grünen pyramidenförmigen Dach und dem Minarett erkennt man von überall sofort. Der Eingang zur Bibliothek befindet sich auf der anderen Seite des Komplexes an der Place Seffarine.

Der Komplex wurde 859 von Fatima el-Fihria, einer tunesischen Flüchtlingsfrau, errichtet und im 12. Jh. von den Almoraviden erweitert. Heute können hier bis zu 20 000 Menschen beten.

★ Medersa el-Attarine — ISLAMISCHE STÄTTE

(Karte S. 314; 20 Dh; ⏲9–17 Uhr) Die 1325 von Abu Said im Herzen der Medina gegründete *medersa* el-Attarine wurde als Anbau an die

Fès – Medina

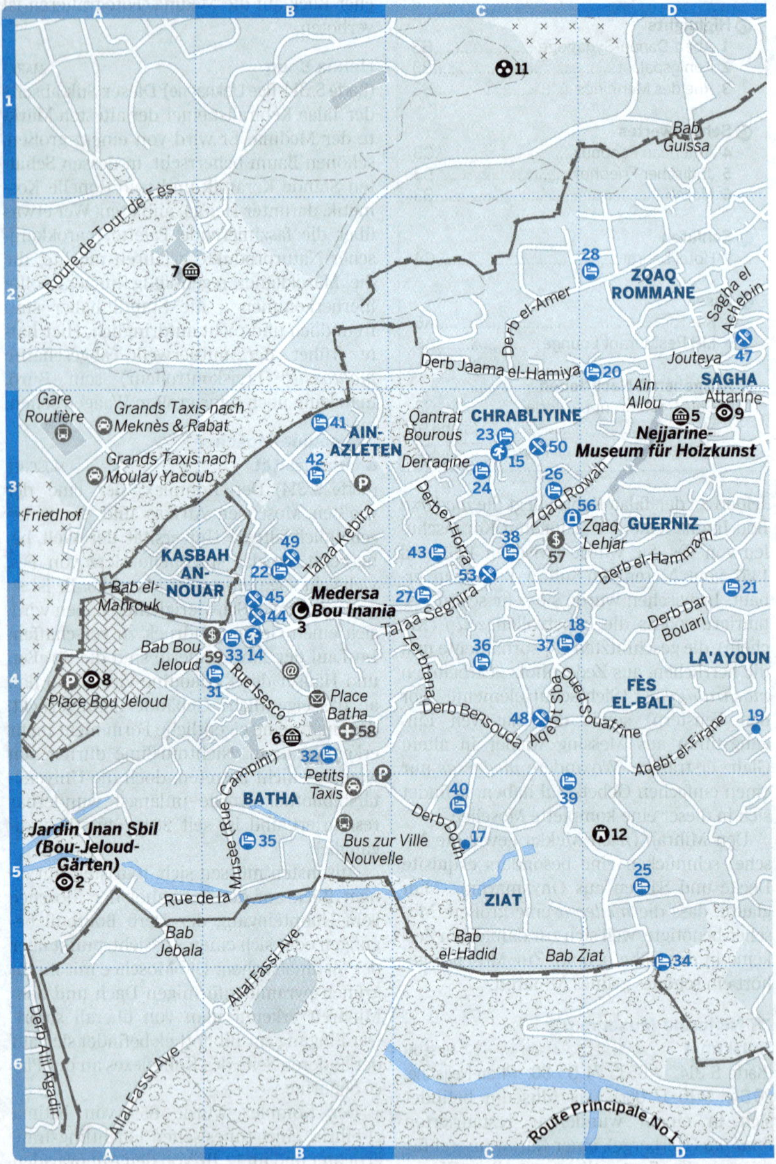

benachbarte Kairaouine-Moschee entworfen. Der zentrale Innenhof weist die Charaktersitika der Mereniden-Künstler auf: erlesene *zellij*, Gipsstuck und Holz. Onyxsäulen flankieren den Mihrab. Sie ist ein wenig kleiner als die *medersa* Bou Inania und wurde einfühlsam restauriert.

★ **Chaouwara-Gerbereien** HANDWERK

(Karte S. 314; Derb Chaouwara, Blida) Die Chaouwara-Gerbereien sind eine der bekanntesten Attraktionen der Stadt, sowohl optisch als auch was den Geruch angeht. Sie bieten einen einzigartigen Eindruck vom Prozess der Herstellung erstklassigen Leders mit Metho-

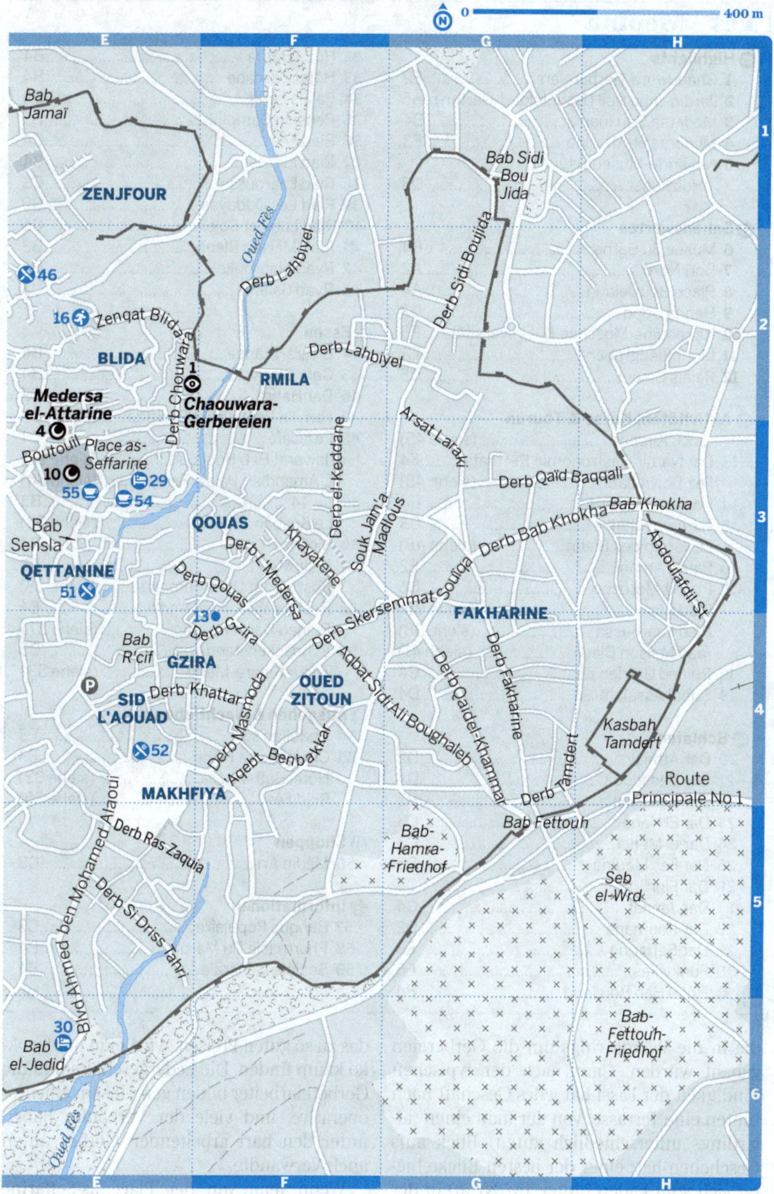

den, die sich seit dem Mittelalter kaum geändert haben – übrigens genau wie der Gestank. Von 2015 bis 2016 wurde die Gerberei ein Jahr lang restauriert, um die verfallene Umgebung auf Vordermann zu bringen, darunter auch die Aussichtsterrassen. Doch keine Sorge, an der einzigartigen Atmosphäre in der Gerberei hat sich nichts geändert! Am besten besucht man sie morgens, wenn die Bottiche mit den bunten Farbstoffen gefüllt sind.

Zum Ärger vieler Besucher kann man die Gerber nur bei der Arbeit sehen, wenn man sich in die kleinen Ledergeschäfte begibt,

Fès – Medina

Highlights
1 Chaouwara-Gerbereien ... E2
2 Jardin Jnan Sbil (Bou-Jeloud-Gärten). A5
3 Medersa Bou Inania ... B4
4 Medersa el-Attarine ... E3
5 Nejjarine-Museum für Holzkunst ... D3

Sehenswertes
6 Musée du Batha ... B4
7 Borj Nord ... A2
8 Place Bou Jeloud ... A4
9 Henna Souq ... D3
10 Kairaouine-Moschee & -Universität ... E3
11 Merinidengräber ... C1
12 Palais Glaoui ... D5

Aktivitäten, Kurse & Touren
Clock Kitchen ... (siehe 45)
13 Dar Namir Gastronomic Retreats ... F4
Fez Download ... (siehe 45)
14 Hamam Mernissi ... B4
15 Hamam Rihab ... C3
Le Jardin des Biehn ... (siehe 48)
16 Palais Amani ... E2
17 Plan-it Morocco ... C5
Riad Fès ... (siehe 36)
Riad Laaroussa ... (siehe 38)
Riad Maison Bleue ... (siehe 41)
18 Ruined Garden ... C4
19 Subul Assalam ... D4

Schlafen
20 Dar Attajali ... D2
21 Dar Bensouda ... D4
22 Dar Bouânania ... B3
23 Dar El Hana ... C3
24 Dar el Menia ... C3
25 Dar Fes Medina ... D5
26 Dar Finn ... C3
27 Dar Jannat ... C4
28 Dar Roumana ... D2
29 Dar Seffarine ... E3
30 Funky Fes ... E6
31 Hôtel Bab Boujloud ... B4
32 Hôtel Batha ... B4
33 Hôtel Cascade ... B4
34 Palais Faraj ... D5
35 Pension Campini ... B5
36 Riad Fès ... C4
37 Riad Idrissy ... C4
38 Riad Laaroussa ... C3
39 Riad Les Oudayas ... C5
40 Riad Lune et Soleil ... C5
41 Riad Maison Bleue ... B3
42 Ryad Mabrouka ... B3
43 Ryad Salama ... C3

Essen
44 B'sara-Stände ... B4
45 Café Clock ... B4
46 Dar Hatim ... E2
47 Famille Restaurant Berrada ... D2
48 Fez Café ... C4
Jawarat Bab Boujloud ... (siehe 33)
L'Amandier, Palais Faraj ... (siehe 34)
49 Le 44 ... B3
Le Kasbah ... (siehe 33)
50 Moi Anan ... C3
51 R'cif-Markt ... E3
Restaurant Dar Roumana ... (siehe 28)
52 Restaurant Riad al Andalib ... E4
Ruined Garden ... (siehe 37)
53 Schneckenstand ... C3
Talaa-Kebira-Markt ... (siehe 33)

Ausgehen & Nachtleben
54 Abdullah's ... E3
55 Cremerie La Place ... E3
Hôtel Batha ... (siehe 32)
Riad Fès ... (siehe 36)

Shoppen
56 Médin Art ... C3

Informationen
57 Banque Populaire ... C3
58 Pharmacie Du Maroc ... B4
59 Société Générale ... B4

die in die Wände rings um die Gerbereien gebaut wurden. Ganz nach der typischen Findigkeit der Fassi hat jedes Geschäft nach hinten eine Terrasse, von der man einen (allerdings unterschiedlich guten) Blick aufs Geschehen hat; einer der besten Blicke bietet sich vom Laden hinter Tür Nr. 10 in der Derb Chaouwara (die Nummern stehen über der Tür).

Gegen ein kleines Trinkgeld oder – noch besser – einen Handel erklären die Verkäufer Besuchern gern die Arbeitsschritte. Das mag zwar alles etwas kommerziell wirken, doch eine bessere Auswahl an Ledern, und das zu so guten Preisen, wird man in Marokko kaum finden. Die Ledergeschäfte und die Gerbereiarbeiter bilden gemeinsam eine Kooperative, und viele der Verkäufer haben unter den hart arbeitenden Gerber unten auch Verwandte.

Wenn man von der Place as-Seffarine nach Osten oder Nordosten spaziert, hat man schon bald den unverkennbaren Gestank von Häuten und Färbemitteln in der Nase, der geradewegs ins Herz des Lederviertels führt. Vor den Schleppern, die einen garantiert abpassen, sobald man sich den Straßen rund um das Viertel nähert, sollte man auf der Hut sein: Es ist komplett überflüssig, einen Führer anzuheuern, und wenn man sich in ein Geschäft bringen lässt, zahlt man für alle Waren mehr, da man eine Provision mitbezahlt.

Musée du Batha MUSEUM

(Karte S. 314; Musée du Batha; Rue de la Musée, Batha; 10 Dh; ⌚Mi–Mo 9–17 Uhr) Bereits seit 1915 dient der wunderschöne Sommerpalast aus dem 19. Jh. als Museum. Hier werden traditionelle marokkanische Kunst und Kunsthandwerk ausgestellt, darunter feine Holzschnitzereien, *zellij* und *tadelakt*. Viele Exponate stammen aus den zerstörten bzw. maroden *medersas* der Stadt. Darüber hinaus kann man typische Fassi-Stickarbeiten, bunte Berberteppiche und antike Instrumente bestaunen.

Das eigentliche Highlight ist aber die tolle Keramiksammlung mit Arbeiten vom 14. Jh. bis heute. Sie umfasst u.a. fantastische Beispiele für die berühmten blauen Tonwaren aus Fès. Die verwendete Kobaltglasur wird nach einem speziellen Verfahren hergestellt, das bereits im 10. Jh. entwickelt wurde.

Im andalusischen Museumsgarten findet man Zuflucht vor dem bunten Treiben und dem Lärm der Medina. Die ausladende Steineiche bildet eine malerische Kulisse für Open-Air-Konzerte, die hier während des Festivals der Sakralmusik und des Festivals der Sufi-Kultur stattfinden.

Palais Glaoui PALAST

(Karte S. 314; Douh Hamia, Batha; 30 Dh; ⌚9–17 Uhr) Dieser Palast aus dem 18. Jh. beeindruckt mit seiner Patina des Verfalls ebenso wie mit seiner architektonischen Pracht. Er wurde für einen Pascha aus Marrakesch gebaut, und die Familie, die hier lebte, hat sich 100 Jahre lang um den Palast gekümmert. Das Haupthaus ist beispielhaft für die Blütezeit des andalusischen Stils und hat ein gut erhaltenes Bad aus dem frühen 20. Jh., das noch heute benutzt wird. Ein Harem führt in eine große Küche mit riesigen Kochtöpfen. Die größte Überraschung ist der Salon im hinteren Teil, der als Galerie für moderne Kunst dient.

Fès el-Jdid (mittelalterliche Neustadt)

Dass ein Viertel, das schon 700 Jahre auf dem Buckel hat, als „neu" bezeichnet wird, kann es nur in einer so alten Stadt wie Fès geben. Abu Yusuf Yacub (1258–86), ein paranoider Meriniden-Sultan, ließ den Bezirk bauen und von syrischen Söldnern bewachen, um sich von seinen Untergebenen abzugrenzen. Bis heute wird die Hälfte des Areals vom Königspalast eingenommen, der bei Mohammed VI. nach wie vor hoch im Kurs steht. Ein weiteres Charakteristikum von Fès el-Jdid ist das architektonische Erbe der frühen jüdischen Bewohner.

★Jardin Jnan Sbil (Bou-Jeloud-Gärten) GÄRTEN

(Karte S. 314; Ave Moulay Hassan; ⌚8–19 Uhr) Nach den intensiven Sinneseindrücken in der Medina von Fès sind diese Gärten wie eine frische Brise. Sie sind zwar über 100 Jahre alt, wurden aber umfassend saniert und neu bepflanzt, sodass ihre Pracht erhalten blieb. Die Einheimischen kommen scharenweise, um auf grünen Wegen zu promenieren, sich an den herrlichen Brunnen abzukühlen und am vogelreichen See zu entspannen, am liebsten zur Abenddämmerung. Der Haupteingang liegt in der Avenue Moulay Hassan, ein anderer Zugang befindet sich am entgegengesetzten Ende des Parks.

Der Garten lädt auf halben Weg zwischen der *mellah* (Jüdisches Viertel) und dem Bab Bou Jeloud zu einer Pause ein.

★Königspalast PALAST

(Karte S. 312; Dar el-Makhzen; Pl des Alaouites) Der Eingang zum Palais Royale ist ein beeindruckendes Beispiel moderner Restaurierung, wenngleich die 80 ha des Palastgeländes nicht öffentlich zugänglich sind. Besucher müssen sich damit begnügen, die imposanten Messingtüren zu bestaunen, die von schönen *zellij* und geschnitztem Zedernholz geschmückt werden. An einer Seite stehen Zitronenbäume – die Touristenführer pflücken die Früchte gern, um ihre starke Reinigungskraft an den Palasttoren zu demonstrieren. Der Eingang befindet sich an der Place des Alaouites.

Mellah JÜDISCHE STÄTTE

(Karte S. 312) Die *mellah* entstand, als Fès el-Jdid im 14. Jh. zu einem Zufluchtsort für Juden wurde. Historische Zeugnisse lassen vermuten, dass sie planmäßig gebaut wurde, um Juden mehr Schutz zu bieten und dass diese im Gegenzug dafür dem Sultan bei Konflikten die Treue hielten. Um die 250 000 Juden lebten hier früher, heute sind es aber nur noch 70 bis 80, die alle in der Ville Nouvelle leben. Doch ihre alten Häuser blieben erhalten. Sie unterscheiden sich vom muslimischen Baustil durch ihre offenen Balkons zur Straßenseite.

★ Rue des Mérinides BEMERKENSWERTE GEBÄUDE
(Karte S. 312) Die architektonisch eindrucksvollste Straße der *mellah* ist die Rue des Mérinides. Die Häuser dieser Straße stechen mit ihren hölzernen und schmiedeeisernen Balkons und ihren Putzarbeiten hervor. Auf den oberen Balkons saßen einst jüdische Damen, um das Straßenleben zu beobachten und etwas frische Luft zu schnappen.

★ Aben-Danan-Synagoge SYNAGOGE
(Karte S. 312; abseits des Derb Taquriri; Spenden willkommen; ⏲9–20 Uhr) Diese hübsche Synagoge aus dem 7. Jh. wurde 1999 mithilfe der UNSECO restauriert. Die Türen stehen selten offen, möglicherweise muss man erst den Wärter suchen, der Besucher einlässt und ihnen die wichtigsten Bestandteile wie die Mikwe (rituelles Bad) im Keller zeigt. Die Original-Tora-Rollen aus dem 17. Jh. sind aus Gazellenleder und befinden sich einem Holzschrank an der hinteren Wand. Die Synagoge ist gut ausgeschildert.

Jüdischer Friedhof FRIEDHOF
(Karte S. 312; Spenden willkommen; ⏲7–19, Fr bis 17 Uhr) In der Südwestecke der *mellah* befindet sich dieses Meer von blendend weißen Gräbern, das sich einen Hügel hinunterzieht. Die Grabstätten in eigenen Einfassungen sind Gräber von Rabbis. Eines der ältesten, das an der Nordmauer hoch aufragt, ist das Grab von Rabbi Vidal Hasserfaty, der um 1600 herum starb. Der Friedhof wird noch genutzt, daher sind Wärter vor Ort. Eine Warnung: In dieser Gegend der *mellah* treiben sich einige zwielichtige Gestalten herum – wenn einem jemand anbietet, den Friedhof außerhalb der Öffnungszeiten zu besuchen, sollte man höflich ablehnen.

Auf dem Hang unterhalb des Grabes von Vidal Hasserfaty, unweit vom Haupteingang, befindet sich das Grab der Märtyrerin Solica. Das damals 14-jährige Mädchen weigerte sich 1834, zum Islam zu konvertieren oder die Avancen des Gouverneurs von Tanger zu akzeptieren – dafür wurde ihr die Kehle durchgeschnitten. Auf dem Friedhof steht auch eine kleine Synagoge, die aber meist verschlossen ist; wer sie sehen möchte, sollte daher die Wärter ansprechen.

Zum Friedhof gelangt man auf der südöstlichen Straße, die parallel zur Rue des Mérinides verläuft.

Stadtspaziergang **Magische Medina**

START BAB BOU JELOUD
ENDE R'CIF-PLATZ
LÄNGE/DAUER 3 KM; 2–3 STD.

Dieser Spaziergang führt vom Bab Bou Jeloud zur Kairaouine-Moschee und anschließend Richtung Süden zum R'cif. Je nachdem, wieviel Zeit man sich lässt, kann er auch einen ganzen Tag dauern.

Im Gegensatz zum größten Teil der Stadtmauern und Tore wurde der Haupteingang, das 1 **Bab Bou Jeloud**, erst im Jahr 1931 ergänzt. Jenseits des Torbogens herrscht lebhaftes Treiben. Die Cafés sind ideal, um das bunte Treiben zu beobachten.

Man nimmt die erste Straße links und geht sofort die erste Straße rechts, die Talaa Kebira, hinunter. Dort befindet sich ein Lebensmittelmarkt – hier präsentieren Kamelfleischer die Köpfe ihrer Waren. Dann wartet die 2 **Medersa Bou Inania** (S. 312), ein Musterbeispiel für den Baustil der Meriniden.

Gegenüber dem Eingang der *medersa* befindet sich die berühmte 3 **Magana-Wasseruhr**, die von einem Uhrmacher und Zauberer entworfen wurde. An Balken wurden Messingschalen befestigt, zwischen denen Wasser floss, um die Zeit anzugeben, doch das Geheimnis des Mechanismus nahm der Erfinder mit ins Grab.

Auf dem Weg weiter bergab kann man auf beiden Seiten der Talaa Kebira die alten *fondouqs* (Herbergen/Karawansereien) sehen. Hier übernachteten einst Händler mit ihren Karawanen. Die Zimmer liegen um einen Innenhof, in dem sowohl Waren als auch Packtiere untergebracht wurden. Besonders interessant ist der 4 **Fondouq Kaat Smen**, der sich auf Honig und Fässer mit *smen*, der ranzigen Butter, die zum Kochen benutzt wird, spezialisiert hat.

Etwa 400 m von der *medersa* Bou Inania entfernt taucht hinter einem Knick das grüne Minarett der 5 **Chrabliyine-Moschee** auf, die nach den Schuhmachern benannt ist, die Slipper herstellen.

Vorbei an den Schuhverkäufern und Lederarbeitern geht man weiter bergab und achtet auf einen Abzweig nach rechts in die Rue Lfkahrine. Ein Schild markiert

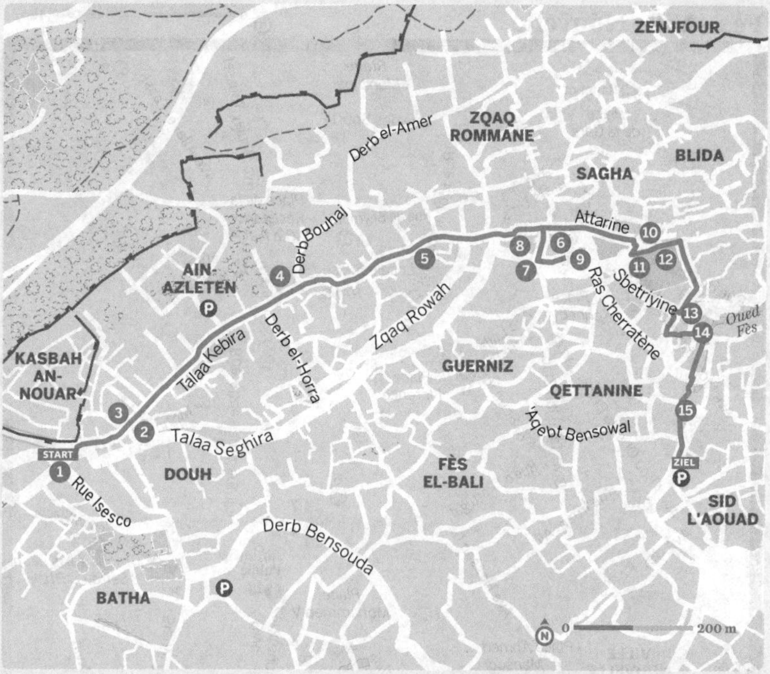

den Eingang zu einem baumbestandenen Platz auf der linken Seite, dem 6 **Henna Souq** (S. 313). Wenn es bergauf geht, ist man zu weit gelaufen! Stände verkaufen Öle und Henna, Keramik und Schnickschnack.

Den Henna Souq verlässt man auf demselben Weg, den man gekommen ist und wendet sich dann nach links (gen Süden). Nach 50 m biegt man rechts ab und gelangt zur 7 **Place an-Nejjarine**. Die Gassen nördlich vom Nejjarine-Museum für Holzkunst sind Teil des 8 **Souq an-Nejjarine** (Tischler-Suk), wo Handwerker Hochzeitsthrone bauen.

Von der Place an-Nejjarine geht's auf demselben Weg zurück und dann nach links. Man duckt sich unter dem Gitter durch, das Maultiere und Esel aufhalten soll. Die Gasse führt zwischen den mit Kerzen und Weihrauch beladenen Ständen bergauf zum Eingang der frisch renovierten 9 **Zawiya Moulay-Idriss II**. Nichtmuslime dürfen sie nicht betreten, können aber einen Blick hineinwerfen.

Am einfachsten ist es nun, von hier die Rue Lfkahrine zurück bis zur Talaa Kebira zu gehen. Man folgt der Gasse gen Osten über einen Hügel und an Kurzwarenständen vorbei bis zu einer 100 m entfernten T-Kreuzung, wo die 10 **Medersa el-Attarine** (S. 313) steht.

Beim Verlassen der Medrese wendet man sich nach links (gen Süden), bis die Geschäfte an den Mauern der 11 **Kairaouine-Moschee & -Universität** (S. 313) direkt am Dar al Mouaqqit enden. Die Universität ist eine der ältesten der Welt, und hier ist der Haupteingang. Nichtmuslime dürfen sie jedoch nicht betreten. Auf dem Weg im Uhrzeigersinn entlang der Mauern der Universität kommt man an der 12 **Pâtisserie Kortouba** vorbei. Unterwegs sollte man Ausschau nach den restaurierten Mauern eines *fondouq* aus dem 14. Jh. halten.

Nun geht es weiter, bis einen das Hämmern der Schmiede zur hübschen 13 **Place as-Seffarine** (Platz der Messingschmiede) lockt. Die Mauern der Universität (und der Eingang zur Bibliothek) liegen dahinter, an der Ostseite des Platzes steht die 1820 erbaute *medersa* as-Seffarine. Sie ist die älteste *medersa* der Stadt und die einzige, in der noch unterrichtet wird. Man folgt nun der Gasse an der *medersa* vorbei bis zu den Spiegelständen, wo man links abbiegt und den 14 **Färber-Suk** erreicht. Durch den Suk gelangt man zum 15 **R'cif-Markt** (S. 333). Hier kann sich umsehen oder links zum R'cif-Platz abbiegen und dort ein *petit taxi* nehmen.

Fès – Ville Nouvelle

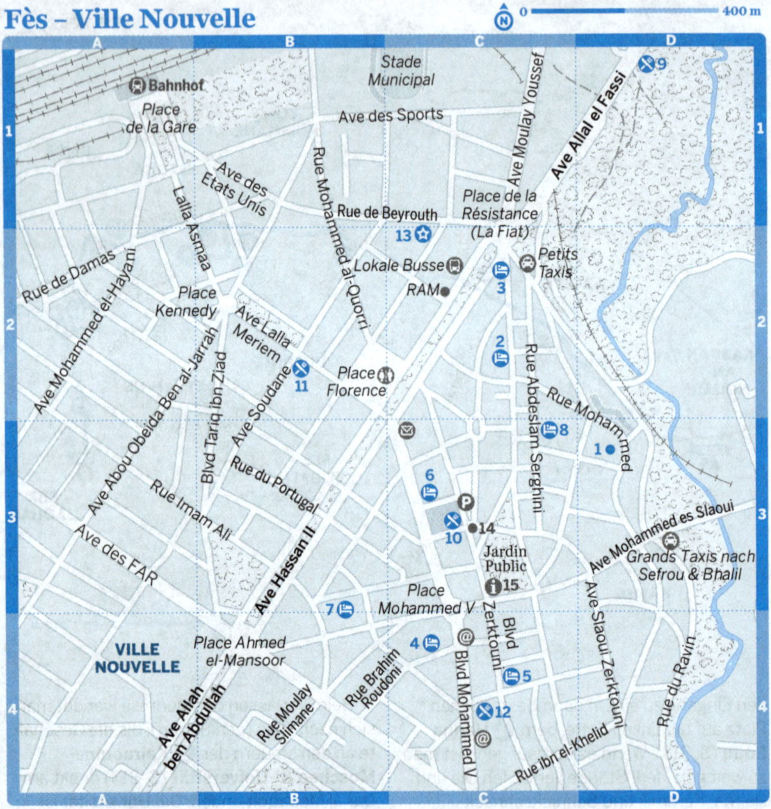

American Fondouk

TIERSCHUTZZENTRUM

(Karte S. 312; www.americanfondouk.org; Rte de Taza; Spenden willkommen; Mo–Fr 8–12 Uhr) GRATIS Ziel dieser gemeinnützigen Organisation ist es, den Arbeitstieren in der Medina von Fès das Leben zu erleichtern und die oft armen Familien, deren Lebensunterhalt von den Eseln, Maultieren und Pferden abhängt, besser über Gesundheitspflege und Bedürfnisse der Tiere aufzuklären. Die Einrichtung freut sich über Besucher, und die auf Freiwilligenbasis tätigen Tierärzte (viele von der University of Glasgow) sind gern bereit, ihr Wissen zu teilen und spontane Führungen zu veranstalten.

American Fondouk ist seit 1927 in Fès tätig. Unter dem sehr geschätzten englischen Direktor Dr. Gigi Kay, der unermüdlich dafür arbeitet, dass das veterinärmedizinische Niveau und die Lebensbedingungen der Tiere westlichem Standard entsprechen, hat es aber noch einmal neuen Auftrieb bekommen. Auf dem Areal befinden sich 25 Ställe, in denen etwa 35 Tiere leben. Viele davon leiden unter typischen Beschwerden wie Geschwüren und Eingeweidebrüchen. Besucher sind manchmal überrascht, dass offene Grausamkeit den Tieren gegenüber sehr selten vorkommt, aber das Einkommen der Familien hängt von den Packtieren ab, die elementarer Teil ihres Lebens sind. Leider mangelt es häufig an Kenntnissen über eine artgerechte, gesundheitsfördernde Haltung.

Einige Tierbesitzer sind meilenweit aus den umliegenden Dörfern hergekommen, um ihre kranken Pferde herzubringen, und viele Besitzer kommen häufig, manchmal sogar täglich her, um Zeit bei den kranken Tieren zu verbringen, während diese medizinisch behandelt werden. Wenn die veterinärmedizinischen Mitarbeiter ihre Geschichten erzählen, ist das herzerwärmend und erschütternd. Die Verletzungen können äußerlich deutlich sichtbar und sehr verstörend sein, daher sollte man dieses Tierzentrum nicht mit kleineren Kindern besuchen.

Fès – Ville Nouvelle

Nördlich der Medina

Von den umliegenden Hügeln aus verschmilzt das Häusergewirr von Fès zu einer weiß gesprenkelten Sandsteinpalette. Nur hier und da setzen die grünen Dächer der Moscheen und *medersas* kleine Farbtupfer.

Borj Nord MUSEUM
(Karte S. 314; ⏲ Di–Sa 9–12 & 14–17 Uhr) GRATIS Borj Nord wurde wie sein Pendant in den südlichen Hügeln (Borj Sud) im späten 16. Jh. von Sultan Ahmed al-Mansour erbaut, um die potentiell abtrünnige Bevölkerung von Fès im Auge zu behalten. Es liegt genauso hoch wie die Merinidengräber und ist einer der schönsten Aussichtspunkte der Stadt. Zudem wurde hier 2016 das nationale Waffenmuseum eröffnet. Zu den Highlights gehören aufwendig verzierte Säbel und Musketen, traditionelle Trommeln a und faszinierende alte Fotos. Die Exponate sind auf Französisch und Arabisch beschriftet, das Fotografieren ist nicht gestattet.

Merenidengräber RUINEN
(Karte S. 314) Die zerfallenen Gräber wirken sehr dramatisch, wenngleich von ihrer ursprünglichen Dekoration nicht mehr viel zu sehen ist. Doch die spektakuläre Aussicht auf Fès lohnt den Weg hinauf. Am schönsten sind die Gräber bei Abenddämmerung, wenn die Lichter angehen und die Gebetsrufe der Muezzins durchs Tal hallen, nach Einbruch der Dunkelheit sollte man sich allerdings nicht mehr hier aufhalten. Ein Taxi vom Bab Bou Jeloud kostet ca. 12 Dh, der Rückweg zu Fuß den Hügel hinunter dauert nur zehn Minuten, der Pfad ist aber schlecht.

Aktivitäten

In mehreren Pensionen mit opulenten Hamams kann man sich richtig verwöhnen lassen. Hervorragende private Spas gibt's im **Riad Laaroussa** (☎ 0674 18 76 39; www.riad-laaroussa.com; 3 Derb Bechara; Hamam 350 Dh; ⏲ 11–21 Uhr), im **Riad Maison Bleue** (☎ 0535 74 18 73; www.maisonbleue.com; 33 Derb el Mitter, Ain-Azleten; Hamam ab 300 Dh; ⏲ 12–20 Uhr), im Riad Fès (S. 330), im **Palais Amani** (☎ 0535 63 32 09; www.palaisamani.com; 12 Derb el Miter, Oued Zhoune; Hamam ab 395 Dh; ⏲ 8–20 Uhr) und im Le Jardin des Biehn (S. 335). Der Besuch des Hamams kostet ab 350 Dh, Behandlungen ab 500 Dh.

Hamam Mernissi HAMAM
(Karte S. 314; Derb Serrajine; öffentlicher Hamam 50 Dh; ⏲ Frauen 11–21 Uhr, Männer 6–9 & 21–24 Uhr) Der unlängst renovierte alte Hamam bietet Touristinnen ein traditionelles Hamam-Paket für 200 Dh. Es besteht aus *savon beldi* (Olivenölseife) und Körperpeeling mit einem *kis* (rauer Handschuh). Eine Massage kostet 100 Dh extra.

Hamam Rihab HAMAM
(Karte S. 314; 3 Chrabliyenne, Talaa Kebira; ⏲ Frauen 8–21 Uhr; Männer 21–8 Uhr) Ein prächtiges gekacheltes Tor lockt Besucher in diesen alten, aber renovierten Hamam. Er ist groß, sauber und man ist an Touristen gewöhnt. Der Eintritt kostet nur 20 Dh, Peeling und eine Massage kosten um die 100 Dh.

Nausikaa SPA
(☎ 0535 61 00 06; www.nausikaaspa.com; Ave Bahnini, Rte Ain Smen; traditioneller Hamam 100 Dh; ⏲ 10–22.30 Uhr) Das Nausikaa in der Ville Nouvelle bietet eines der umfassendsten Pakete der Stadt, das die Hamam-Tradition mit einem modernen Spa-Erlebnis verbindet. Besucher können zwischen opulenten Massagen und anderen Behandlungen wählen, außerdem gibt's einen Fitnessraum und einen Pool.

Kurse

Clock Kitchen KOCHEN
(☎ 0535 63 78 55; www.cafeclock.com; Derb el-Magana, Talaa Kebira; Halbtageskurs 600 Dh) Die-

WAS IST LOS IN DER VILLE NOUVELLE?

Verglichen mit dem Feuerwerk der Sinneseindrücke, das die Medina bietet, kann die Ville Nouvelle geradezu langweilig wirken – sehr modern und nicht viel los. Doch für die meisten Fassi ist es der Ort, an dem sich das Leben abspielt und der viel interessanter und fortschrittlicher ist als das verfallene Fès el-Bali. In den vergangenen Jahren sind gewaltige Summen in diese Gegend geflossen. Am deutlichsten sieht man das an der langen Avenue Hassan II, die mit ihren gepflegten Rasen, Palmen, Blumenbeeten und Brunnen wie ein Boulevard wirkt. Dies ist genauso das „wahre" Marokko wie die engen Gassen in der Altstadt, durch die die Esel ziehen. Allerdings hat die Ville Nouvelle in Fès nicht so viel Stil und Pomp wie jene in Marrakesch und Casablanca und hat Touristen kaum Interessantes zu bieten.

se Kurse im Café Clock sind genau das Richtige, um seine Fähigkeiten in Sachen Tajine und Couscous zu perfektionieren. Nach der Menüplanung geht's in den Suk, um die Zutaten einzukaufen, dann wird an den Techniken gefeilt und zum Abschluss gibt's ein Fèstmahl mit den selbst zubereiteten Speisen. Weitere Angebote sind ein zweistündiger Backkurs und ein Patisserie-Workshop.

Ruined Garden KOCHEN
(☎ 0649 19 14 10; www.ruinedgarden.com; 13 Derb Idrissi; Mittagskurs 550 Dh) Eines der besten Restaurants der Stadt bietet nun auch Kochkurse an, bei denen ehrgeizige Hobbyköche den Restaurantgarten vor der Öffnung führen dürfen. Unseres Wissens ist das Ruined Garden das einzige Restaurant in Fès, bei dem vegetarische Küche im Mittelpunkt steht. Unterstützt von der hier angestellten Köchin Najia und von Fatima, die übersetzt, bereiten die Teilnehmer die Gerichte für ein zweistündiges Fèstmahl zu, darunter *maâkouda* (Kartoffelpuffer), Dips und eine vegetarische Tajine.

Man kann sich auch als Brotbäcker versuchen. Dieser Kurs beinhaltet fünf marokkanische Brotsorten und einen Besuch bei einem *ferran* (kommunaler Brotbackofen).

Dar Namir Gastronomic Retreats KOCHEN
(tarastevens@gmail.com; 24 Derb Chikh el-Fouki; Tageskurs 2–4 Pers. 350 €; bei Übernachtung vor Ort inkl. Frühstück ab 450 € pro Tag) Die etablierte Kochbuchautorin Tara Stevens bietet in ihrer Kochschule maßgeschneiderte Luxuskochkurse. Ihre große Liebe ist die moderne marokkanische Küche (sie schrieb das Kochbuch des Café Clock). Die Kurse beinhalten auch die Verkostung von marokkanischen Weinen und gelegentlich von Käse. Tara hat zudem ein Haushaltswaren- und Einrichtungsgeschäft gegründet (www.anajamhome.com).

Fez Download SPRACHE
(☎ 0535 63 78 55; www.cafeclock.com; Derb el-Magana, Talaa Kebira; pro Pers. inkl. Erfrischungen 150 Dh, mind. 2 Pers.) Der liebenswerte Khalid vermittelt in 90 Minuten die wichtigsten Sätze in marokkanischem Arabisch sowie Etikette, Sitten und Bräuche.

Arabic Language Institute SPRACHE
(☎ 0535 62 48 50; www.alif-Fès.com; 2 Rue Ahmed Hiba; 3-/6-wöchige Kurse 6300/10 900 Dh) Bietet längerfristige Sprachkurse für Ausländer und hilft den Schülern bei der Unterkunftssuche (Apartments oder Privatunterkünfte). Der Unterricht findet im American Language Center statt, wo es auch einen hervorragenden englischen Buchladen mit Literatur über Marokko gibt.

Subul Assalam SPRACHE
(☎ 0535 63 79 36; www.sacal-fez.com; 19 Gzem Benameur; 3-wöchiger Gruppenkurs 6000 Dh, Unterrichtsstunde 250 Dh) Diese Sprachschule in R'cif wirbt mit ihrem interkulturellen Konzept. Subul Assalam („Wege zum Frieden") kann für die Teilnehmer längerer Kurse Gastfamilienaufenthalte arrangieren. Es bietet Kurse in Darija (marokkanisches Arabisch), moderndem Standard- und klassischem Arabisch sowie in der Berbersprache Tamazight.

Arabophon SPRACHE
(☎ 0535 60 34 75; www.arabophon.com; 80 Rue Jaâfer ben Atiah, Aït Skato; halb-/3-tägiger Kurs 500/1500 Dh, Online-Kurs mit 10 Sitzungen 1100 Dh) Hier gibt's Intensivkurse in marokkanischem und modernem Standard-Arabisch, Online-Kurse und kürzere Kurse speziell für Touristen: den halbtägigen Curious Explorer und den dreitägigen Serious Explorer. Kurse in der Berbersprache Tamazight stehen ebenfalls auf dem Programm. Die Kurse werden in englischer, französischer und spanischer Sprache durchgeführt; die Sprachschule befindet sich südlich der Ville Nouvelle.

Geführte Touren

In der Altstadt sind mehrere Stadtspaziergänge ausgeschildert, bei denen jeweils ein anderer Aspekt des traditionellen Fès den Schwerpunkt bildet.

Blau	Lernen und Lehren
Braun	Denkmäler und Suks
Grün	Paläste und andalusische Gärten
Orange	Mauern und Fèstungen
Lila	Fès el-Jdid
Rot	Kunsthandwerk

Die auf Augenhöhe angebrachten Schilder weisen immer die Richtung zum nächsten größeren Monument und sind leicht zu erkennen. In regelmäßigen Abständen stehen Infotafeln mit guten englischsprachigen Informationen. Einen Überblick über die verschiedenen Routen bietet die Hauptinformationstafel mit der Routenkarte gleich abseits der Talaa Kebira, am Ain-Azleten-Parkplatz.

Alternativ kann man auch einen Guide engagieren. Dieser macht auf architektonische Perlen und versteckte Winkel aufmerksam, kann Fragen zur Kultur beantworten, hilft bei der Überwindung der Sprachbarriere und – was vielleicht am Wichtigsten ist – schreckt andere Möchtegernführer ab. Die Standardrate für einen offiziellen Führer in Fès beträgt 250 Dh pro halbem Tag und 500 Dh pro ganzem Tag. Man sollte sich immer den Ausweis zeigen lassen.

Die Qualität der Guides variiert. Um eine Führung optimal zu nutzen, ist es wichtig, seine Vorstellungen klar zu äußern. Wer keine Lust auf Shopping hat, sollte das von Anfang an sagen. Ein Fremdenführer, der Besucher in keinen einzigen Laden schleppt, muss aber wahrscheinlich erst noch geboren werden. Eventuell werden 50 oder 100 Dh extra verlangt, wenn man nichts kaufen will. Am besten lässt man sich von den Hotel- oder Pensionsangestellten jemanden empfehlen.

★ Plan-it Morocco GEFÜHRTE TOUREN

(☎0535 63 87 08; www.plan-it-morocco.com; Blvd Ahmed Mekouar, Batha; ⊙9–18 Uhr) Plan-it Morocco hat eine gute Nische gefunden: Es organisiert einzigartige kulturelle Erlebnistouren in Fès und andernorts mit hervorragenden Führern und perfektem Service. Die Exkursionen widmen sich *tanjia*-Ständen am Straßenrand, marokkanischem Wein und der Architektur. Ein besonderes Highlight ist die unterhaltsame abendliche Probiertour rund ums Straßenessen. Die Touren sind privat, exklusiv und nicht gerade billig; bei zwei oder mehr Personen ist der Preis aber annehmbar.

Artisanal Affairs KUNSTHANDWERK

(☎0535 68 33 75; http://culturevulturesfez.org; 1–2 Pers. 1500 Dh, 3 Pers. 1800 Dh) Diese tiefgehende, interaktive Halbtagstour widmet sich dem Kunsthandwerk in der Medina von Fès. Sie bietet die Gelegenheit, mit Kupferschmieden, Gerbern, Fliesenmosaikmachern, Schustern, Teppichmachern und Webern ins Gespräch zu kommen. Dies ist keine gewöhnliche geführte Tour: Sie ist so angelegt, dass die Touristen selbst fragen sollen, was sie wissen möchten; es liegt daher auch an einem selbst, wie lohnend die Tour wird.

Eingekauft wird bei dieser Führung mit maximal vier Teilnehmern nicht. Die Anbieter veranstalten in Sefrou (S. 340) eine ähnliche Führung

Fotografischer Stadtspaziergang GEFÜHRTE TOUREN

(☎0659 66 15 02; www.omarchennafi.com; 3-stünd. Tour 700 Dh) Auf diesem entspannten dreistündigen Stadtspaziergang sieht man die Medina mit den Augen eines einheimischen Fotografen. Sie wird vom Profiknipser Imar Chennafi geführt. Unterwegs lernt man viel über das Leben der Fassi. Omar findet eine gute Balance zwischen technischen Tipps und künstlerischen Anregungen. Die Touren können auf individuelle Interessen zugeschnitten werden und sich auf ausgewählte Gebiete oder Themen wie Architektur oder Menschen konzentrieren.

Fès Rando WANDERN

(☎0674 79 79 83; www.Fèsrando.com; ab 300 Dh pro Pers.) Der Spezialist für geführte Wanderungen, der in Fès ansässig ist, bietet Tagestouren auf den Berg Zalagh oberhalb von Fès sowie zu entfernteren Zielen im Mittleren Atlas. Längere Trekkingtouren führen in die Zedernwälder von Azrou und zum Tazekka-Nationalpark (S. 378). Die Preise sind akzeptabel.

Feste & Events

Festival der Sakralmusik in Fès MUSIK

(☎0535 74 05 35; www.fesfestival.com; Fès; ⊙Mai/Juni) Das Festival der Sakralmusik in Fès bringt Gruppen und Musiker aus allen Ecken der Welt zusammen und hat sich zu

> **BUCHUNGSSERVICE FÜR RIADS**
>
> **Fez Riads** (☎0672 51 33 57; www.fez-riads.com) spendet einen Teil des Profits an die High Atlas Foundation, die kommunale Entwicklungsprojekte in ländlichen Gemeinden Marokkos fördert.

einem der erfolgreichsten Weltmusik-Festivals überhaupt entwickelt. Es beruht auf der Idee, dass Musik zwischen verschiedenen Kulturen Harmonie erzeugen kann und hat auch große internationale Stars wie Ravi Shankar, Bjork und Patti Smith auf die Bühne gebracht.

Festival der Amazigh-Kultur MUSIK
(Juli) Das in Zusammenarbeit mit dem Institut Royal de la Culture Amazighe veranstaltete Fest will die Kultur der Amazigh (Berber) bewahren und fördern. Auf dem Programm stehen Konzerte, Kunstworkshops und Kunsthandwerksausstellungen.

Moulay-Idris-II.-Moussem RELIGIÖS
(variiert) Das bedeutendste religiöse Fèstival in Fès ist zugleich eines der größten des Landes. Der *moussem* (Fèst zu Ehren eines Heiligen) für den Stadtgründer Moulay Idris II. zieht wahre Menschenmassen an. Einheimische Kunsthandwerker stellen zu diesem Anlass spezielle Artikel her und durch die Medina zieht eine lange Parade. Es wird traditionelle Musik gespielt und die Anhänger tanzen und bespritzen die Musiker (und Zuschauer) mit Orangenblütenwasser.

Gegenwärtig findet das Fest im September statt, das Datum ändert sich aber entsprechend dem islamischen Kalender.

Festival der Sufi-Kultur MUSIK
(Okt.) Eine jährliche Veranstaltungsreihe mit Vorträgen, Diskussionen und einigen spektakulären Konzerten im Garten des Musée du Batha mit Sufi-Musikern aus der ganzen Welt. Früher fand das Festival im April statt, seit 2016 im Oktober.

Schlafen

In Fès herrscht kein Mangel an Unterkünften, doch sie sind im Durchschnitt teurer als anderswo in Marokko. Die wichtigste Frage ist, ob man mitten im Farbenrausch der chaotischen Medina übernachten möchte oder eine kurze Taxifahrt entfernt in der Ville Nouvelle (was in der Regel günstiger ist). In der Hochsaison und besonders während des Festivals der Sakralmusik ist es ratsam, im Voraus zu buchen.

Medina

Die meisten günstigen Unterkünfte liegen in unmittelbarer Nähe des Bab Bou Jeloud, wo man gleich im Zentrum des Geschehens ist.

Die Riads sind in Fès verglichen mit anderen Orten der Region teuer. Wer mit kleinem Budget reist, aber ein privates Zimmer möchte, sollte auf die wachsende Zahl der Backpacker-Riads achten, die oft ein oder zwei Privatzimmer, teils mit eigenem Bad, zu sehr vernünftigen Preisen haben.

★ **Funky Fès** HOSTEL €
(Karte S. 314; ☎0535 63 31 96; www.funkyfes.com; 60 Arset Lamdelssi; B 85–120 Dh, DZ 300 Dh;) Das älteste Hostel der Stadt ist immer noch das beste. Es hat spanische Besitzer, ist jugendlich und gesellig und bietet gute, günstige Betten für Backpacker in der Nähe des Bab el-Jdid. Die Zahl der Betten ist riesig. Das Hostel organisiert Stadttouren, Aktivitäten, Kochkurse und mehr. Das Abendessen im Haus kostet nur 40 Dh und das Doppelzimmer zur Terrasse hin ist ein echtes Schnäppchen.

Dar Jannat PENSION €
(Karte S. 314; ☎0535 63 6000; www.riadjannat.com; 89 Derb Ahl Tadla, Talaa Seghira; B 12 €, Zi. ab 24 €;) Diese gut ausgeschilderte günstige Pension ist ein echtes Schnäppchen. Die Gastgeber sind herzlich, die Atmosphäre ist ruhig, und die Zimmer sind einfach, aber charmant mit traditionellen Textilien eingerichtet. Mehrere Zimmer teilen sich Gemeinschaftsbäder, zudem gibt's ein Mehrbettzimmer und ein Familienzimmer für bis zu vier Personen. Die Badezimmer sind sehr schön. Wer einen Transfer benötigt oder eine geführte Tour unternehmen möchte, kann sich an die Besitzer wenden.

Ziyarates Fès PRIVATUNERKUNFT €
(☎0620 30 37 92, 0535 63 46 67; www.ziyaratesfes.com; EZ/DZ ab 300/350 Dh) Wer das Leben in der Medina wirklich einmal kennenlernen will, sollte an diesem innovativen Privatunterkunftsprogramm teilnehmen. 25 Fassi-Familien vermieten in ihren Häusern Zimmer an ausländische Gäste. Dank der Unterstützung durch die regionalen Tourismusbehörden kann man sich auf das Niveau der teilnehmenden Unterkünfte verlassen. Das Programm ist hervorragend organisiert und überall werden die Gäste herz-

lich begrüßt. Die Sauberkeit der Unterkünfte variiert allerdings.

Die Gäste können im Rahmen dieses einzigartigen Kulturaustauschs ihre Arabischkenntnisse verbessern, kochen lernen oder den Kindern bei den Hausaufgaben helfen. Die Preis variieren, doch auf der Website der Organisation sind alle Familienunterkünfte (mit Fotos) aufgeführt. Einige Zimmer teilen sich das Bad, andere haben vielleicht zum gleichen Preis ein eigenes Bad – das hängt von der Gastgeberfamilie ab.

Dar El Hana PENSION €

(Karte S. 314; ☎0535 63 58 54, 0665 81 98 36; www.darelhana.com; 22 Rue Ferrance Couicha, Chrabliyine; Zi. inkl. Frühstück 400–550 Dh; 📶) Falls es eine noch gemütlichere, intimere Pension in Fès gibt als dieses *dar* (kleines Haus), kennen wir sie noch nicht. Im Haupthaus befinden sich drei Zimmer, ein weiteres (welches allerdings ein klein wenig höhlenartig wirkt) auf Höhe des Erdgeschosses, und alle sind charmant eingerichtet. Die Gäste können die Küche nach Belieben nutzen – ein echtes Zuhause in der Ferne.

Dar Bouânania PENSION €

(Karte S. 314; ☎0535 63 72 82; darbouanania@gmail.com; 21 Derb Bensalem, Talaa Kebira; EZ/DZ 300/400 Dh, ohne Bad 200/300 Dh, alle inkl. Frühstück; ❄📶) Ein bei Backpackern sehr beliebter Budget-Riad. Die kunstvoll bemalten Holzarbeiten lassen ihn teurer aussehen als er ist. Die Zimmer sind geräumig und die mit eigenem Bad haben sogar eine Klimaanlage. Die Zimmer im Erdgeschoss wurden während unseres Besuchs in ein Restaurant umgewandelt. Die Gemeinschaftszimmer sind sauber, zudem gibt's mehrere Dachterrassen.

Hôtel Bab Boujloud HOTEL €

(Karte S. 314; ☎0535 63 31 18; 49 Pl Isesco, Bab Bou Jeloud; EZ 170–200 Dh, DZ 300–350 Dh, alle inkl. Frühstück; ❄📶) Das fantastisch gelegene Hotel steht gleich abseits des Bab Bou Jeloud, sodass man die Medina praktisch vor der Tür hat. Die Zimmer sind so einfach wie

DIE MEDINA WIRD AUFGEMÖBELT

Besucher mögen das Leben in der Medina romantisch finden, doch viele Einwohner haben ihre Häuser gern an Ausländer verkauft und waren glücklich, ihre mittelalterlichen Lebensbedingungen gegen eine moderne Wohnung in der Ville Nouvelle einzutauschen. Die jahrzehntelange Vernachlässigung hat sicher ihren Tribut von Fès el-Bali (Altstadt von Fès) gefordert, und Restaurierungs- und Modernisierungsmaßnahmen haben lange auf sich warten lassen.

Die Riads der Medina waren die ersten Gebäude, derer man sich wirklich annahm, in erster Linie mit dem Geld eingewanderter Ausländer, und nun bekommen endlich auch die *fondouqs* (Herbergen) und Suks etwas von der verdienten Aufmerksamkeit ab, dank einer von der Regierung unterstützten Initiative für die Restaurierung der Medina nach ihrem Aussehen im Mittelalter.

Suk für Suk werden die Metalltüren aus den Geschäften gerissen und gegen die honigfarbenen Zedernholztüren ausgetauscht, die früher allgegenwärtig gewesen sein müssen. (In der Folge dieser Maßnahme ist der Preis für Marokkos gefragtestes Holz steil nach oben gegangen.) Einige Werkstätten, die kaum mehr als grob behauene Höhlen waren, werden komplett neu gebaut. Nach einer einjährigen Renovierung verfügen die Chaouwara-Gerbereien nun über erweiterte Aussichtsplattformen, die von zusätzlichen Werkstätten umgeben sind. Und der Fluss, der die Stadt in zwei Teile teilt und über Jahre praktisch ein offener Abwasserkanal war, der sich hinter einer hohen Mauer versteckte, wird gereinigt und Stück für Stück zum Vorschein gebracht. Rund um die Place R'Cif wurden Spazierwege am Fluss saniert, und eines Tages sollen dort auch Kunsthandwerksgeschäfte stehen.

In vielerlei Hinsicht ist dieser Plan sehr lobenswert. So werden Schadstoffe von den Suks (z. B. aus dem frisch restaurierten Färber-Suk) nun weg von den Gemeinden, die den Fluss nutzen, in Gebiete außerhalb der Stadt umgeleitet, wo das Wasser behandelt werden kann. Die Arbeiter in der Medina freuen sich, dass Fès el-Bali endlich die verdiente Aufmerksamkeit erhält und dass sich ihre Lebensbedingungen verbessern. Es gibt aber auch Befürchtungen, dass ein Teil des Charmes der Medina für einige (überwiegend) kosmetische Verbesserungen verlorengeht. Es bleibt nur zu hoffen, dass die Behörden das richtige Gleichgewicht zwischen Fortschritt und Tradition finden.

MASSIMO PIZZOTTI/GETTY IMAGES ©

1. Decke im Bahia-Palast, Marrakesch **2.** Medina von Tanger **3.** Medina von Chefchaouen **4.** Medina von Essaouira

MATTHEW SCHOLEY/GETTY IMAGES ©

Verwinkelte Gassen

In den schönsten Medinas von Marokko lassen sich Tage damit zubringen, sich zu verirren, Tee zu trinken und sich wieder zu verirren. Die zufälligen Entdeckungen, die man dabei macht, sind Teil ihres Charmes. Medinas voller Magie gibt es überall im Land, jede mit ihrem ganz eigenen Charakter – hier einige der reizvollsten:

Medina von Marrakesch

Der Djemaa el-Fna (S. 50) liegt innerhalb des 19 km langen Festungswalls und gilt als pulsierendes Herz der Medina. Chaotische Gassen und Durchfahrtsstraßen führen zu Sehenswürdigkeiten wie dem Bahia-Palast (S. 61).

Medina von Tanger

Europa liegt nur einen Katzensprung entfernt über die Straße von Gibraltar, wirkt aber rund um die Kasbah und in den Suks der Medina (S. 239) Welten entfernt. Plätze wie der Petit Socco wurden bei der Stadtverschönerung aufgehübscht.

Medina von Chefchaouen

Die Medina von Chefchaouen (S. 272) im Rif ist in herrlichem Blau gestrichen, gekrönt von Terrakotta und gerahmt von grünen Hügeln. Gänzlich verirren wird sich niemand in dem Minilabyrinth.

Medina von Essaouira

Die Mauern der entspannten Medina von Essaouira (S. 225), die direkt am Atlantik liegt, erstrecken sich entlang der Küste; darüber kreisen Möwen. Hier gibt's alles, was zu einer Medina gehört – verwinkelte Gassen, Suks und den Duft der Gewürze –, aber vermischt mit dem Geruch des Meeres und dem Klang der Brandung.

Fès el-Bali

Die 1200 Jahre alte Altstadt von Fès (S. 312) ist Marokkos größte intakte Medina. Selbst alte Hasen verlaufen sich in dem Wirrwarr aus Suks und Gerbereien – und manchmal stößt man dann auf ein Kunsthandwerksmuseum oder eine *medersa* (Koranschule) aus dem 14. Jh.

der Preis vermuten lässt, aber recht gemütlich, und das Preis-Leistungs-Verhältnis ist spitze. Außerdem gibt's eine Dachterrasse.

Pension Campini PENSION €
(Karte S. 314; ☎ 0535 63 73 42; pensioncampini@gmail.com; Rue Campini, Batha; EZ/DZ 200/300 Dh; 📶) Die schlichte Pension liegt unweit vom Batha-Museum in einer ruhigen Ecke außerhalb der eigentlichen Medina. Die luftigen Zimmer haben alle ein eigenes Bad und es gibt eine kleine Terrasse, von der man einen Blick über die Mauern des Jnan Sbil (Bou-Jeloud-Gärten) erhaschen kann.

Hôtel Cascade HOTEL €
(Karte S. 314; ☎ 0535 63 84 42; 26 Rue Serrajine, Bab Bou Jeloud; EZ/DZ 120/240 Dh) Die Lage des Cascade, das seinerzeit eines der ersten Budgethotels Marokkos war, am Bab Bou Jeloud ist schwer zu schlagen, und auch das nette rustikale Restaurant auf der Dachterrasse mit Blick auf das *bab* (Tor) ist ein großes Plus. Allerdings ist das Hotel auch extrem einfach, darauf sollte man sich schon vorher einstellen. Wer gegen Uringestank unempfindlich ist, kann die Vorzüge dieses Hotels sicher besser genießen.

Dar Roumana PENSION €€
(Karte S. 314; ☎ 0535 74 16 37; www.darroumana.com; 30 Derb el-Amer, Zqaq Roumane; Zi. inkl. Frühstück 85–145 €; ❄📶) In einer ruhigen Ecke, einen Katzensprung von der nördlichen Mauer der Medina entfernt, steht das schön restaurierte Dar Roumana. Die Aussicht von der Dachterrasse ist kaum zu schlagen. Drei der Zimmer haben wunderbare Bäder (teils mit sehr schönen Badewannen), was ungewöhnlich ist, und einige Zimmer haben Fenster nach außen. Für die Yasmina-Suite mit ihrem Himmelbett und dem grünen Balkon lohnt es sich, etwas mehr hinzublättern.

Die Pension erfreut sich ungebrochener Beliebtheit und hat auch eines der besten Restaurants der Medina (S. 334; unbedingt rechtzeitig im Voraus reservieren).

Dar Seffarine PENSION €€
(Karte S. 314; ☎ 0671 11 35 28; www.darseffarine.com; 14 Derb Sbaalouyat, R'cif; Zi. ab 75 €, Suite 110–130 €, alle inkl. Frühstück; ❄📶) Das elegante *dar* steht erhöht einen kurzen Fußweg von der Place Seffarine entfernt, daher bekommt es viel Licht ab. Zudem gehen viele Fenster nach draußen, und die hübsche Dachterrasse ragt hoch über der Medina auf. Der Besitzer ist ein irakischer Architekt und Grafikdesigner. Die subtile Inneneinrichtung der Zimmer zeugt von seinem Talent. Im Haus können Abendessen (200 Dh) und alkoholische Getränke serviert werden.

Eine der Suiten ist regelrecht prächtig und hat eine bemalte Kuppeldecke.

Ryad Salama PENSION €€
(Karte S. 314; ☎ 0535 63 57 30; www.ryadsalama.com; 4 Derb el Tadla, Talaa Seghira; Zi. inkl. Frühstück 70–110 €; ❄📶🏊) Ein echter Riad in bester Lage zwischen der Talaa Kebira und der Talaa Seghira mit einem hübschen Innenhof, einem einladenden kleinen Pool und einem Wintersalon mit Kamin. Die Räume oben haben wunderbare Balkons wie bei „Romeo und Julia" in der Fassi-Version. Die Zimmer sind sehr anspruchsvoll ausgestattet, die Dachterrasse ist aber klein und schlicht. Hier wird Alkohol serviert.

Dar Fès Medina PENSION €€
(Karte S. 314; ☎ 0673 31 41 07, 0535 63 83 92; www.darfesmedina.com; Derb Mokri, Ziat; EZ/DZ inkl. Frühstück 550/660 Dh; ❄📶) Die Architekten waren wirklich clever: Wer durch die Türen aus dem 17. Jh. geht, glaubt, in einem restaurierten Stadthaus in der Medina gelandet zu sein, doch dieses *dar* wurde erst vor Kurzem gebaut. Es bietet das Beste beider Welten: etwas größere, moderne Zimmer, aber einen angenehm traditionellen Anstrich. Die Besitzer, Fassi, haben das *dar* gekonnt mit Antiquitäten aus dem Geschäft ihres Vaters in Fès gestaltet.

Die Lage nahe des Bab Ziat wartet ebenfalls mit einem in der Medina seltenen Vorzug auf: Taxis können direkt vor der Tür halten. In der Nähe haben die Brüder, denen die Pension gehört, unlängst erfolgreich ein traditionelleres Haus (Riad Mazar, ab 770 Dh) restauriert, es aber mit modernem Komfort wie orthopädischen Matratzen und High-Tech-Temperaturreglern ausgestattet.

Dar Bensouda PENSION €€
(Karte S. 314; ☎ 0535 63 89 49; www.riaddarbensouda.com; 14 Zqaq Labghal, Qettanine; Zi. inkl. Frühstück ab 85 €; ❄📶) Dieser umgebaute Palast ist eines der eindrucksvollsten Restaurierungsprojekte in Fès. Der große traditionelle Innenhof wird von Säulen flankiert, in einem kleinem Anbau an der Seite befindet sich ein kleiner, aber feiner Pool mit Sonnenliegen. Hier ist alles grandios, ohne einen zu erschlagen, und der Service ist hervorragend. Der einzige Haken ist die Lage – mitten im Labyrinth der Medina.

Allerdings holen die Angestellten Gäste gerne ab oder weisen ihnen den gewünschten Weg und geben ihnen auf Wunsch sogar ein Telefon für Ortsgespräche mit.

Dar el Menia PENSION €€

(Karte S. 314; ☎ 0535 63 31 64; www.darelmenia fez.com; 7 Derb el Menia, Talaa Kebira; Standard-/ Superior-DZ inkl. Frühstück 60/75 €;) Das Dar el Menia ist ein kompaktes Stadthaus mit vier Zimmern abseits der Hauptstraße. Es ist sehr zurückhaltend dekoriert und verströmt eine Aura der Ruhe, sobald man die Tür hinter sich schließt. Zur Zeit der Recherche war der Riad unter neuer Leitung, die Verbesserungen wie neue Luxusbetten und Klimaanlagen durchführte. Auf Wunsch werden im Haus Mahlzeiten serviert und man kann auch an Kochkursen teilnehmen.

Dar Finn PENSION €€

(Karte S. 314; ☎ 0655 01 89 75, 0535 74 00 04; www.darfinn.com; 27 Zqaq Rowah; Zi. 850–1300 Dh;) Fassi-Häuser sind oft eine echte Überraschung, denn nachdem man einen dunklen Durchgang in der Medina durchquert hat, öffnen sie sich plötzlich. Dem Dar Finn gelingt dieser Trick gleich zweimal: Vom hohen Haupthaus im Fassi-Stil geht es in einen angrenzenden Bereich mit einem ummauerten Garten, einem kleinen Pool und mehreren Höfen. Vom Dach, das sich über mehrere Ebenen erstreckt, bietet sich ein toller Blick. Zwei Zimmer sind Suiten mit eigenen Terrassen.

Zwei der fünf Zimmer haben keine Klimaanlage – in der brütenden Sommerhitze der Stadt kein Vergnügen.

Riad Lune et Soleil PENSION €€

(Karte S. 314; ☎ 0535 63 45 23; www.luneetsoleil.com; 3 Derb Skalia, Batha; Zi. inkl. Frühstück 65–90 Dh;) Jeder Raum in diesem Riad mit französischen Besitzern ist ein Schatzkästchen, gefüllt mit den Zeugnissen lebenslanger Sammelleidenschaft, von alten Postkarten und Stickereien bis hin zu Schnitz- und Metallarbeiten. Dennoch ist es kein Museum, sondern bietet viel Komfort – einige Zimmer haben sogar einen eigenen Whirlpool. Den Gästen stehen auch eine gute Küche, ein Salon auf dem Dach für kühle Tage und Parkplätze um die Ecke (20 Dh pro Nacht) zur Verfügung.

Hôtel Batha HOTEL €€

(Karte S. 314; ☎ 0535 74 10 77; hotelbatha@menara.ma; Pl Batha; EZ/DZ inkl. Frühstück 350/ 500 Dh;) Der tollen Lage, den vielen Zimmern und dem Pool ist es zu verdanken, dass im Batha ständig Hochbetrieb herrscht und dass es bei Touristengruppen beliebt ist. Es ist relativ modern, hat nette Zimmer und einen ruhigen Innenhof, in dem man sich vom Trubel in der Medina erholen kann. Neben dem Hotel gibt's eine Bar und einen Nachtclub – praktisch, wenn man in der Medina Lust bekommt, etwas zu trinken.

Dar Attajali PENSION €€

(Karte S. 314; ☎ 0535 63 77 28, 0677 08 11 92; www.attajalli.com; Derb Qettana, Zqaq Rommane; Zi. inkl. Frühstück 950–1300 Dh;) Das Dar Attajali ist ein großartiges Zeugnis der Kunst der geduldigen, einfühlsamen Restaurierung. Es wurde einfach alles getan, um die Integrität des Gebäudes zu bewahren und moderne Technik wurde nur so wenig wie möglich benutzt. Herausgekommen ist eine herausragend komfortable Pension. Der Tag beginnt mit einem regionalen Biofrühstück. Die Pension ist auch für ihr vegetarisches und veganes Essen berühmt. Im Juli und August werden Preisnachlässe von 20 % gewährt.

★ **Ryad Mabrouka** PENSION €€€

(Karte S. 314; ☎ 0535 63 63 45; www.ryadmabrouka.com; 25 Derb el-Mitter, Ain-Azleten; DZ 1150–1450 Dh, Suite 1300–2000 Dh, alle inkl. Frühstück;) Das Mabrouka, ein bewährter Favorit, ist ein großes, sorgfältig restauriertes arabisch-andalusisches Stadthaus, dessen Besitzer sich sehr um ihre Gäste bemühen und sich anstrengen, ihr Haus nachhaltig zu führen. Die Gäste werden in den acht Zimmern mit kleinen Extras wie Bademänteln, traditioneller Olivenkernseife und Peeling-Handschuhen verwöhnt. Der Innenhof öffnet sich auf einen grünen Garten mit einem mittelgroßen Pool.

Auf der Veranda mit fantastischem Blick auf die Medina kann man ein einfaches Frühstück oder ein rundum marokkanisches Mahl (Menü 130–240 Dh) genießen; für schlechtes Wetter gibt es eine hübsche geflieste Terrasse mit verglaster Front. Auf Wunsch werden Massagen arrangiert und die Besitzer haben auch viele Informationen über die Stadt parat. Zudem ist die Lage günstig, um sich mit dem Taxi absetzen zu lassen.

Riad Idrissy PENSION €€€

(Karte S. 314; ☎ 0649 19 14 10; www.riadidrissy.com; 13 Derb Idrissi; DZ inkl. Frühstück 85–140 €;) Dieses fabelhaft restaurierte Stadthaus bekommt Extrapunkte für den angrenzenden Garten, eine skurrile Oase mit riesi-

IN DER MEDINA VON FÈS ÜBERLEBEN

Menschen, die eine weite Aussicht mögen, den hellen Sonnenschein lieben und sich an beengten Orten ohne einen Hauch frischer Luft unwohl fühlen, könnten leicht ins Schwitzen geraten, wenn sie zu lange in den Tiefen der Medina von Fès verweilen. Hier ein paar Tipps, wie man klaustrophobische Anfälle vermeiden kann:

➡ Die Medina von Fès gleicht einem Kessel, der in der Mitte etwas abfällt und an den Rändern wieder aufsteigt. Am besten wählt man einen Riad, der auf einer Anhöhe liegt. Dort ist es auch innen heller und luftiger, da der Riad wahrscheinlich mehr Fenster nach außen hat. Gute Optionen sind das Dar Seffarine (S. 328) und das Dar Roumana (S. 328).

➡ Man sollte sich für ein Hotel mit einer netten Dachterrasse entscheiden, denn wer den ganzen Tag in der Medina unterwegs war, will am Abend den strahlend blauen Himmel Marokkos in seiner ganzen Pracht sehen. Alternativ kann man auch in der Ville Nouvelle übernachten.

➡ In luftiger Höhe essen: Einige Restaurants in der Medina haben etwas von einer Höhle und bekommen kaum Tageslicht ab. In mehreren kann man aber auf der Dachterrasse speisen, darunter das Café Clock (S. 332), das Le 44 (S. 333), das L'Amandier (S. 334) und das Moi Anan (S. 334).

➡ Zur Abenddämmerung empfiehlt sich der Besuch des Jnan Sbil (Bou-Jeloud-Gärten) (S. 317) gleich außerhalb der Altstadtmauern. Mit seinem See, den Brunnen und grünen Wegen ist er nach einem Tag in der Medina eine erfrischende Oase und lädt zu einem erholsamen Spaziergang ein. Andere gute Refugien sind die Borj Nord (S. 321) und die Merenidengräber (S. 321) oben in den Hügeln nördlich der Stadt.

➡ Am besten plant man genug Zeit ein, um die Stadt auch einmal komplett zu verlassen. Man kann entspannte Bergdörfer wie Bhalil (S. 342) besuchen oder im Dar El Mandar (☎ 06 76 14 13 35; www.darelmandarFès.com; Douar Lahricha, Beni Mellala, Commune Rurale Kandar Sidi Khiar; DZ inkl. Frühstück 40 €, Mittagessen & Poolnutzung Tagesbesucher 35 €; 🅿) einen ganzen Tag lang auf dem Land essen, trinken und baden.

gen Papyrus- und Bananenbäumen, die im verfallenen Fundament des Nachbargrundstücks Wurzeln geschlagen haben. (Dieses wurde inzwischen clever in eines der besten Restaurants der Stadt, das Ruined Garden (S. 333), verwandelt.) Die Gästezimmer sind traumhaft gestaltet, die Bäder haben einen angenehm modernen Touch und von einem hübschen kleinen Balkon schaut man auf den Garten.

Zentralafrikanisches Kunsthandwerk und alte arabische Schallplatten verleihen dem Riad ein interessantes Flair. Er bietet einen formlosen Zimmerservice und wartet zudem mit einem ganz besonderen Extra auf: Die Mitarbeiter stellen bis 8 Uhr einen Korb mit Tee und Kaffee vor die Tür, sodass man im Bett etwas trinken kann, ehe man in die Welt hinausgeht.

Riad Fès PENSION €€€

(Karte S. 314; ☎ 0535 94 76 10; www.riadfes.com; 5 Derb ben Slimane, Zerbtana; DZ inkl. Frühstück ab 2100 Dh; ❄📶🏊) In diesem labyrinthischen Riad, in dem Alt und Neu rasant kombiniert wurden, verbinden sich mehrere Häuser zu einem geräumigen Hotel mit stilvollen Loungebereichen. Die neueren Bereiche würden sich auch in einem Pariser Boutiquehotel gut machen, sind aber unmissverständlich marokkanisch gestaltet. Auch die Lage ist gut: In der Nähe des Taxihaltepunktes an der Place Batha, aber auch unweit vom Trubel der Talaa Seghira.

Bei den jüngsten Renovierungsarbeiten wurde ein angrenzendes Haus zu einem einzigartigen **Hamam** (☎ 0535 94 76 10; www.riadfes.com; Derb Zerbtana; Hamam ab 350 Dh; ⏲ 12–29 Uhr) umgebaut, der spektakulär rings um einen Riad-Innenhof angelegt ist, und der Poolbereich wurde vergrößert. Wer sich die Übernachtung hier nicht leisten kann oder will, sollte ruhig einmal herkommen, um etwas zu trinken (S. 336).

Riad Laaroussa PENSION €€€

(Karte S. 314; ☎ 0674 18 76 39; www.riad-laaroussa.com; 3 Derb Bechara, Talaa Seghira; DZ inkl. Frühstück 1200–2200 Dh, Suite ab 2700 Dh; ❄📶🏊) Wenn man den dunklen Eingangsbereich passiert hat, wird man von einem großen Garten mit Orangenbäumen und einem leise plätschernden Brunnen überrascht. Der Riad ist einfach riesig. Weiter geht's in die schönen Zimmer, die mit moderner Kunst und ungewöhnlichen Möbeln eingerichtet sind und den außergewöhnlichen (großen) Anbau mit dem Pool. Einer der besten Riads der Stadt!

Es gibt auch einen Hamam und ein Restaurant (Abendessen 280 Dh), das Alkohol serviert. In der Nebensaison (Juli & August) sind die Zimmer günstiger.

Riad Maison Bleue PENSION €€€
(Karte S. 314; ☎0535 74 18 73; www.maisonbleue.com; 33 Derb el-Mitter, Ain-Azleten; DZ/Suite inkl. Frühstück ab 1900/2800 Dh; P) In diesem Riad, der aus vier miteinander verbunden Häusern besteht und sich sogar auf die andere Straßenseite erstreckt, kann man sich schon mal verlaufen, wenn man nicht aufpasst. Vom andalusisch gestaltet Innenhof mit Orangenbäumen geht es zu den 18 Zimmern, sofern man nicht unterwegs einen Abstecher ins Spa, in die trendige dunkle und elegante Blue Lounge oder ins schicke Terrassenrestaurant (Nichtgäste willkommen) mit Bar und Blick auf die Borj Nord unternimmt.

Die neueste Attraktion des Riads ist eine gut ausgestattete Kochschule, die Maison Cordon Bleue im Erdgeschoss, die verschiedene Kochkurse anbietet (halbtägiger Kurs 850 Dh).

Palais Faraj HISTORISCHES HOTEL €€€
(Karte S. 314; ☎0535 63 53 56; www.palaisfaraj.com; 16-18 Quartier Ziat, Derb Bensouda, Bab Ziat; DZ inkl. Frühstück ab 180 €; P) Es dauerte vier Jahre, bis aus diesem im 19. Jh. gebauten Palast das heutige Hotel inklusive aller Schikanen wurde. Einige Originalbestandteile des Faraj wurden bewahrt, aber mit ungewöhnlicher moderner Dekoration wie Spiegelwänden kombiniert. Dank der Lage an einer ruhigen Mauer der Medina wirkt das Palais offen und ruhig, und es ist auch ein Kinderspiel, ein Taxi zu bekommen.

Im Hotel befindet sich ein empfehlenswertes Restaurant, L'Amandier (S. 334).

Riad Les Oudayas PENSION €€€
(Karte S. 314; ☎0669 10 94 90; www.lesoudayas.com; 5/6 Derb el-Hamiya, Ziat; Zi. inkl. Frühstück ab 900 Dh;) Der marokkanische Besitzer dieses Riads ist ein in Paris ansässiger Designer, und das spiegelt sich in der sorgfältigen Kombination traditioneller Stile und moderner Designästhetik wieder, ob nun in den Salons im Erdgeschoss oder in den komfortablen Gästezimmern. Im Hofgarten, an den sich ein Hamam anschließt, befindet sich ein kleiner Pool. In der Selbstbedienungsbar im Erdgeschoss ist auch Alkohol erhältlich.

Oben lockt eine große Dachterrasse, und zwei der fünf Zimmer haben eigene Terrassen – ideal für alle, die sich mehr Privatsphäre wünschen.

Ville Nouvelle

Verglichen mit der beliebteren Medina sind die Zimmerpreise in der Ville Nouvelle wesentlich günstiger, sodass man hier meistens eine Mittelklasseunterkunft zum Budgetpreis bekommt. Von einigen Ausnahmen abgesehen, haben die Hotels in diesem Teil der Stadt aber oft wenig Charakter und in vielen ist Rauchen erlaubt.

Hôtel Splendid HOTEL €
(Karte S. 320; ☎0535 62 21 48; splendidf@menara.ma; 9 Rue Abdelkarim el-Khattabi; EZ/DZ inkl. Frühstück 353/432 Dh;) Dieses Hotel mit 69 Zimmern fällt zwar in die Budgetkategorie, ist aber ein heißer Anwärter auf drei Sterne und hat zudem viel mehr Charakter als die meisten Häuser der Konkurrenz. Die Fassade weist originale Jugendstilelemente auf, die Zimmer sind modern und sauber. Der große Pool im Innenhof ist ein echtes Plus, wenngleich er ab und an übersehen wird. Ein Restaurant gibt es ebenfalls (Abendessen 150 Dh).

Hôtel Central HOTEL €
(Karte S. 320; ☎0535 62 23 33; 50 Rue Brahim Roudani; EZ/DZ ohne Dusche 200/250 Dh, DZ mit Dusche 300 Dh;) Eine helle, luftige Budgetunterkunft, die günstig etwas abseits des geschäftigen Boulevard Mohammed V liegt. Die meisten Zimmer haben ein eigenes Bad und auch in den Zimmern ohne Dusche gibt's ein Waschbecken. Es ist sauber, das Preis-Leistungs-Verhältnis ist gut, und viele Zimmer haben winzige Balkons mit hölzernen Läden.

Hôtel Olympic HOTEL €
(Karte S. 320; ☎0535 93 26 82; www.hotelolympicfes.com; Rue Houman el Fatouaki, abseits des Blvd Mohammed V; EZ/DZ 310/420 Dh;) Eine praktische Unterkunft in der Nähe des zentralen Markts. Die etwas langweiligen, aber modernen und komfortablen Zimmer sind mit Bad und TV ausgestattet. Wegen

der zentralen Lage und weil es bei Touristengruppen beliebt ist, ist es oft gut besucht, daher reserviert man möglichst vorher telefonisch. Das Frühstück kostet 35 Dh.

Jugendherberge HOSTEL €

(Karte S. 320; ☎0535 62 40 85; www.hihostels.com; 18 Rue Abdeslam Serghini; B inkl. Frühstück 75 Dh, DZ ohne Bad 170 Dh; ⏰Check-in 8–21 Uhr, Tor 24 Std. geöffnet; 📶) Die Jugendherberge in Fès zählt zu den besseren Marokkos. Sie ist eine überraschend grüne Oase mit mehreren mit *zellij* geschmückten Höfen, denen Fassi-Keramiken einen speziellen Charme verleihen. Die ordentlichen Zimmer und Sanitäreinrichtungen (einschließlich westlicher Toiletten) sind picobello sauber, es gibt eine Gemeinschaftsküche, und die Angestellten besorgen den Gästen offizielle Guides und geführte Touren zu ermäßigten Preisen. Warmes Wasser gibt es morgens und abends.

Across Hotel HOTEL €€

(Karte S. 320; ☎0535 94 06 12; www.acrosshotels.com; 76 Bvld Chefchaouni; EZ/DZ inkl. Frühstück 1050/1350 Dh; P❄📶🏊) Das funkelnde moderne Hotel in günstiger Lage hat seine vier Sterne in jeder Hinsicht verdient. Die Zimmer sind erwartungsgemäß gut, es gibt einen Fitnessraum, einen Hamam, eine Bar, ein Restaurant und einen Pool auf dem Dach mit Panoramablick über die Stadt und (wow!) einer Bar. Die genannten Zimmerpreise sind die offiziellen Preise für Gäste ohne Reservierung, bei Onlinebuchung wird es bis zu 40 % günstiger.

Hôtel Mounia HOTEL €€

(Karte S. 320; ☎0535 62 48 38; www.hotelmouniafes.ma; 60 Blvd Zerktouni; EZ/DZ inkl. Frühstück 551/702 Dh; ❄📶) Durch die mit *zellij* geschmückte Lobby geht es in dieses moderne, bei Reisegruppen beliebte Hotel. Die Zimmer sind hell und gepflegt und haben Satellitenfernseher. Es gibt eine verrauchte Bar und einen Nachtclub (bis 3 Uhr). Die Zimmer an den Fluren in der Nähe der Bar können laut sein. Die Mitarbeiter sind hilfsbereit und oft gibt es beträchtliche Rabatte. Ein Fahrstuhl ist vorhanden.

★ **Hotel Sahrai** DESIGNHOTEL €€€

(Karte S. 312; ☎0535 94 03 32; www.hotelsahrai.com; Dhar el-Mehraz; Standard-/Deluxe-Suite inkl. Frühstück ab 2000/2500 Dh; P❄📶🏊) Das elegante Hotel, das von den Besitzern des Riad Fès geleitet wird, kombiniert die Annehmlichkeiten einer modernen Luxusunterkunft mit dem gesamten Charme des marokkanischen Erbes der Stadt. Übergroße Fassi-Keramiken und Messinglaternen prägen die öffentlichen Bereiche. Die dezenten Zimmer punkten mit prächtigen eingelassenen Badewannen und Kosmetikartikeln von Acqua di Parma. Die Deluxe-Zimmer und die Junior-Suiten haben wunderbare Infinity Pools mit toller Aussicht.

Das Sahari, das hoch in den Hügeln im Süden mit Blick auf die Medina thront, wirkt wie eine eigene Welt, doch ein praktischer Shuttlebus kutschiert die Gäste in die Medina und zurück – falls sie sich vom Givenchy-Spa, den beiden Restaurants und der herrlichen Cocktailbar auf dem Dach losreißen können.

Hotel Barceló Fès Medina HOTEL €€€

(Karte S. 320; ☎0535 94 88 00; www.barcelo.com; 53 Ave Hassan II; Zi. 1760 Dh, Suite ab 1900 Dh; ❄📶🏊) Das Barceló, eines der nobelsten Hotels der Stadt, hat 134 Zimmer. Es erstreckt sich elegant um eine Ecke gegenüber der Place de la Résistance und bietet eine großartige Aussicht auf die Medina. Seinem Namen zum Trotz steht es in der Ville Nouvelle. Die durchdacht gestalteten Zimmer sind groß und schick dekoriert. Das Hotel bietet ein Spa, eine Bar (mit Alkoholausschank, Nichtgäste willkommen) und ein Restaurant. Wer online bucht, bekommt meistens Rabatte.

Essen

In Fès zu speisen, ist schon etwas Besonderes, denn die Fassi-Küche ist in ganz Marokko berühmt und in der Medina stehen viele Restaurants zur Auswahl. Ein sehr intimes Erlebnis ist es, in einem Riad zu essen. Viele Riads sind für Nichtgäste geöffnet und haben eine ausgezeichnete Küche. Rund ums Bab Bou Jeloud versammeln sich zahlreiche günstigere Lokale. In der Ville Nouvelle gibt's mehr internationale Optionen.

Medina

★ **Café Clock** CAFÉ €

(Karte S. 314; ☎0535 63 78 55; www.cafeclock.com; Derb el-Mergana, Talaa Kebira; Hauptgerichte 55–95 Dh; ⏰9–22 Uhr; 📶🖉) Das trendige, quirlige Café erstreckt sich über mehrere komfortable Räume und Terrassen. Hier treffen sich viele Künstler, die beim kulturellen Programm des Cafés mitmachen. Die Karte bietet eine erfrischende Kombination marokkanischer und westlicher Aromen wie gegrillte Sandwichs mit Kräuterhühnchen und Zitronenmayonnaise, aber auch interessente vegetarische Speisen, die Spezialität des Hauses – Kamelburger – sowie *ras-el-hanout*-Spalten.

Das Programm „Clock Culture“ umfasst Kalligrafie- und Konversationskurse, traditionelles Geschichtenerzählen, Filme und jeden Sonntag Konzerte zum Sonnenuntergang (20 Dh). Das Publikum ist eine gute Mischung aus Einheimischen, zugezogenen Ausländern und Touristen. Abends ist das Café unglaublich beliebt, wenn möglich, sollte man reservieren.

Jawarat Bab Boujloud MAROKKANISCH €
(Karte S. 314; Bab Bou Jeloud; Hauptgerichte ab 38 Dh; ⏲8–0.30 Uhr; 📶) Das freundliche, günstige Restaurant in beneidenswerter Lage neben dem *bab* (Tor) ist unser Tipp unter den Straßencafés am Bou Jeloud. Die *zellij* und die großen Schnitzarbeiten an der Fassade machen was her, und das kann man auch von den preiswerten Mahlzeiten und der kleinen Dachterrasse sagen, auf der das berühmte blaue Tor zum Greifen nah scheint.

Le 44 CAFÉ €
(Karte S. 314; ☎0634 70 75 13; 44 Derb Bensalem, Talaa Kebira; ⏲12–22 Uhr; ❄📶) Eine angenehme Abwechslung zu den meisten anderen Cafés in der Medina bietet das freundliche, legere Le 44. Es befindet sich in einem *dar* in einer gewundenen Straße der Medina. In dem minimalistisch gestalteten Raum werden gesunde Salate und Säfte, warme und kalte Suppen und frisch zubereitete Pasta serviert. Man kann auch auf einer schattigen Terrasse oben auf dem Dach sitzen.

Ein großes Plus: Weil es von der Talaa Kebira gut ausgeschildert ist, findet man es leicht.

Famille Restaurant Berrada MAROKKANISCH €
(Karte S. 314; ☎0662 34 88 19; 57 Sagha el Achebine; Hauptgerichte ca. 50 Dh; ⏲Sa–Do 12–17 Uhr) Die Worte „Famille Restaurant“ verraten alles – dieses kleine Lokal in der Medina wird mit Herzblut und Freude geführt. Alles ist sehr traditionell, doch man ist an Touristen gewöhnt. Die Köche sind flink und die Gäste können vor dem Bestellen in der Küche das Tagesangebot probieren (es gibt keine Speisekarte). Alle Speisen werden mit Brot und Salat serviert.

B'sara-Stände MAROKKANISCH €
(Karte S. 314; Talaa Kebira; Suppe 6 Dh; ⏲7–14 Uhr) Die Fassi-Spezialität *b'sara* (Limabohnensuppe mit Knoblauch) sollte man unbedingt probieren. Sie wird in winzigen „Lokalen“, die über die ganze Medina verteilt sind, in schlichten Tonschüsseln mit einem Stück Brot, einem Schuss Olivenöl und ein paar darübergestreuten Chiliflocken gereicht – die perfekte Mahlzeit vor einer Sightseeingtour. Die *b'sara*-Stände am oberen Ende der Talaa Kebira und in der Achebine haben uns am besten gefallen.

INSIDERWISSEN

LEBENSMITTELMÄRKTE IN FÈS

R'cif-Markt (im Bab R'cif; ⏲Sa–Do 8–20 Uhr; ✎) Wer in der Medina regelmäßig frische Lebensmittel einkauft, weiß, dass man am besten zum R'cif-Markt geht, denn die Händler dort haben immer das allerfrischeste Obst, Gemüse und Fleisch.

Talaa-Kebira-Markt (⏲Sa–Do 8–20 Uhr) Drinnen im Bab Bou Jeloud versteckt sich dieser leicht zu erreichende Markt, der Touristen mit den Köpfen geschlachteter Tiere, lebenden Hühnern, Imbissständen und lokalen Schacherern begrüßt. Hier verkaufen auch zwei bekannte Kamelfleischhändler ihre Waren.

Zentraler Markt (Marché Municipal; Blvd Mohammed V; ⏲8.30–12 Uhr) Wenn man gerade in der Ville Nouvelle ist und Appetit auf frisches Obst und Gemüse, Gewürze, Nüsse, Oliven oder ein Päckchen leckerer Datteln bekommt, ist der Zentralmarkt der Neustadt nicht zu toppen. Ein paar gute Käsestände gibt's hier ebenfalls.

Schneckenstand MAROKKANISCH €
(Ecke Talaa Seghira & Derb el-Horra; kleine/große Portion Schnecken 6/10 Dh; ⏲12–22 Uhr) An diesem dauerhaft installierten Stand kann man sich einen Schnecken-Snack genehmigen – das ultimative abgepackte Fast Food. Mit einer bereitgestellten Nadel pult man die Tiere aus dem Gehäuse und schlürft sie dann in einer aromatischen Brühe. Der Geschmack ist gewöhnungsbedürftig, den Marokkanern aber lieb und vertraut.

★ **Ruined Garden** MAROKKANISCH €€
(Karte S. 314; ☎0649 19 14 10; www.ruinedgarden.com; 13 Derb Idrissi; Tapas -Auswahl 85 Dh, Hauptgerichte 80–120 Dh; ⏲Do–Di 13–21.30 Uhr; 📶) Hier werden in einem bezaubernden

SELBSTVERSORGEN IN FÈS

Im ersten Einkaufszentrum in Fès (mit der ersten Rolltreppe der Stadt überhaupt), dem großen, modernen **Borj Fès** (www.borjfez.com; Ave Allal el Fassi; ⏲9–21 Uhr), gibt's einen großen Supermarkt mit einer vielfältigeren Lebensmittelpalette als in der Medina und mit einer Alkoholabteilung. Es gibt auch einen Food Court mit zahlreichen internationalen Fast-Food-Filialen, falls man darauf mal Lust hat.

Garten oder im Winter am Kamin Speisen serviert, die marokkanisches Straßenessen ganz neu interpretieren. Der Koch und Gärtner Robert Johnstone baut Kräuter und Gemüse an und räuchert seinen eigenen Lachs. Bei vorheriger Buchung kann das Restaurant ein sephardisches Festessen oder ein traditionelles *mechoui* (langsam gegrilltes Lamm) arrangieren. Gäste werden auf Wunsch zum Restaurant und zurück gebracht.

Wenn das Essen geschmeckt hat, kann man auch an einem der vom Restaurant angebotenen Kochkurse teilnehmen.

Moi Anan THAI €€

(Karte S. 314; ☎0535 63 57 13; www.maisonmoianan.com; 30 Zkak Lma, Chrablyine; Hauptgerichte ab 90 Dh; ⏲Mo–Do & Sa 19–23 Uhr; 📶) Ein thailändisches Restaurant in Fès? Die Bedenken kann man getrost beiseite schieben, denn das Moi Anan lohnt einen Besuch. Die Gerichte sind auf Bildertafeln ausgestellt, und es wird zwar nicht ausschließlich traditionelle Thai-Küche serviert (leider gibt's auch keine Krabben-Cracker), doch alles ist unglaublich frisch. Das Restaurant befindet sich in einem *dar* und besteht aus mehreren in neutralem Grau gehaltenen Räumen und einer skurrilen Dachterrasse.

Hinein geht es durch eine schicke Designer-Boutique, das Projekt des in Thailand geborenen Kochs Anan, der zugleich Modedesigner ist.

Dar Hatim MAROKKANISCH €€

(Karte S. 314; ☎0666 52 53 23; 19 Derb Ezaouia Funduk Lihoudi; 3-Gänge-Menüs 130–250 Dh; ⏲11 Uhr–open end) Eine Familienwohnung wurde in dieses einladende Restaurant mit schön bemalten Decken verwandelt. Es gibt Menüs mit Kebab und Couscous sowie eine spezielle Lamm-Tajine, die nach einem Familienrezept zubereitet wird. Die Besitzer, Foud und seine Frau Karima, schicken gern jemanden, der die Gäste abholt, damit sie auf der Suche nach dem Dar Hatim nicht umherirren (was sie sonst garantiert tun würden).

Le Kasbah MAROKKANISCH €€

(Karte S. 314; Rue Serrajine; Hauptgerichte ab 70 Dh, Menü 100 Dh; ⏲8–24 Uhr) Dieses Restaurant mit mehreren Etagen gegenüber von den billigen Hotels am Bab Bou Jeloud liegt einfach traumhaft. Von der obersten Etage schaut man über die Medina. Die Karte ist nicht besonders aufregend – Tajines, Couscous und *pastillas* – und die Getränke sind überteuert, wenn man nichts essen möchte.

★ **Restaurant Dar Roumana** MEDITERRAN €€€

Karte S. 314; (☎0660 29 04 04, 0535 74 16 37; 30 Derb el-Amer, Zqaq Roumane; 2/3 Gänge 275/350 Dh; ⏲Di–So 19–21 Uhr; 📶✍) Im Dar Roumana speist man vornehm an Tischen mit weißen Tischdecken, mit tadellosem Service und gutem Essen. Der herrliche Innenhof ist ausgesprochen stimmungsvoll. Der französische Küchenchef Vincent Bonnin bereitet die marokkanischen Zutaten meisterhaft zu und setzt zugleich mediterrane Aromen ein. Es gibt innovative Salate und ausgezeichnete Fisch- und Fleischgerichte, aber auch Vegetarier kommen auf ihre Kosten (vorher Bescheid geben). Alkoholische Getränke sind erhältlich.

Es empfiehlt sich, deutlich im Voraus zu reservieren; bei der Buchung kann man um eine Begleitung zum Restaurant und wieder zurück bitten.

Restaurant Riad al Andalib MAROKKANISCH €€€

(Karte S. 314; ☎0535 76 45 65; www.riadandalib.ma; Ave Ahmed Ben Mohamed Alaoui, R'cif; Hauptgerichte 150 Dh; ⏲12–16 & 18.30–22 Uhr; 📶) Das große, helle und luftige Restaurant befindet sich in einem gehobenen historischen Hotel in R'cif und ist wie eine wunderbare Oase im Chaos. Auf der Speisekarte stehen traditionelle marokkanische Gerichte, darunter auch einige Gerichte, die es nur selten gibt. Das Essen ist delikat gewürzt, stilvoll angerichtet und schmeckt köstlich. Der Service ist aufmerksam und Alkohol wird ebenfalls serviert.

L'Amandier, Palais Faraj MAROKKANISCH €€€

(Karte S. 314; ☎0535 63 53 56; www.palaisfaraj.com; 16-18 Quartier Ziat, Derb Bensouda, Bab Ziat;

Hauptgerichte ab 150 Dh; ⌚12–23 Uhr; ❄📶) Im Restaurant oder auf der Terrasse dieses erlesenen historischen Hotels wird erstklassige marokkanische Küche serviert – mit spektakulärem Blick auf die Medina. Auf der Karte stehen alle Klassiker. Sie werden subtil und mit Liebe zum Detail serviert. Am besten kommt man zeitig, um sich ein wenig umzuschauen und vor dem Abendessen in der angrenzenden Bar mit toller Aussicht etwas zu trinken.

Fez Café FRANZÖSISCH, MAROKKANISCH €€€
(Karte S. 314; ☎0535 63 50 31; www.jardindesbiehn.com; 13 Akbat Sbaa, Douh; Hauptgerichte ab 135 Dh; ⌚12–15 & 19.30–22 Uhr; 📶✎) Ein charmantes Restaurant in einem herrlichen Garten, der einst einem Pascha gehörte. Das für Fès einzigartige, legere Ambiente erinnert an ein Bistro, es gibt eine Veranda für den Sommer und eine ungewöhnliche Inneneinrichtung mit Vintage-Charakter. Die vom Koch Hicham präsentierten Gerichte sind eine köstliche Kombination aus französischer und marokkanischer Küche. Jeden Tag wird eine neue Karte mit Kreide auf eine Tafel geschrieben. Alkoholische Getränke, darunter Cocktails, werden ebenfalls serviert.

Der Eingang des Restaurants ist sehr unauffällig, es befindet sich im **Jardin des Biehn** (☎0535 74 10 36; www.jardindesbiehn.com; Akbat Sbaa, Douh; Hamam 330 Dh; ⌚9–20 Uhr); Mitarbeiter holen Gäste, die den Weg nicht finden, gern ab und bringen sie zurück. Nicht verpassen: die benachbarte Galerie mit afrikanischen Antiquitäten.

Ville Nouvelle

Chicken Mac MAROKKANISCH €
(Karte S. 320; Ave Lalla Meriem; Hauptgerichte 25–40 Dh; ⌚9–1 Uhr) Mehrere gut besuchte Lokale mit Straßentischen gehen in diesem Teil der Straße fast nahtlos ineinander über. Das Chicken Mac liegt am weitesten von der Place Florence weg. Es serviert fix großzügige Portionen Brathähnchen (25 Dh), gebratenen Fisch, Couscous und andere preiswerte, nahrhafte Gerichte. Wer sich nicht setzen will, bekommt hier auch Sandwichs zum Mitnehmen.

Restaurant Marrakech MAROKKANISCH €€
(Karte S. 320; ☎0535 93 08 76; 11 Rue Omar el-Mokhtar; Hauptgerichte ab 79 Dh; ⌚12–15 & 18 Uhr–open end; ❄) Dieses Restaurant, das sich hinter dicken Holztüren versteckt, verströmt mehr Charme als die meisten in der Ville Nouvelle. Rote *tadelakt*-Wände, dunkle Möbel und ein Salon voller Kissen im hinteren Teil schaffen ein schönes Ambiente. Auf der Karte stehen einige interessante Variationen bekannter marokkanischer Gerichte. Zu den Spezialitäten gehören u. a. Couscous mit einer scharfen Merguez-Sauce und eine Hühner-*pastilla* (pikante Pastete) mit Mandeln.

Kaï Taï ASIATISCH €€
(Karte S. 312; ☎0535 65 17 00; 12 Rue Ahmed Chaouki; Sushi 25–45 Dh, Menüs ab 100 Dh; ⌚12–15 & 19–23 Uhr; Ⓟ❄📶) Hier wird man zwar nicht das beste asiatische Essen seines Lebens essen, doch das Kaï Taï ist eines der elegantesten minimalistischen Restaurants in der Ville Nouvelle. Die japanischen und thailändischen Gerichte bieten den von zu vielen Tajines abgestumpften Geschmacksknospen einen Chili-Kick. Es befindet sich gegenüber vom neuen Hotel Mariott.

MB Restaurant Lounge EUROPÄISCH €€€
(Karte S. 312; ☎0535 62 27 27; 12 rue Ahmed Chaouki; Hauptgerichte 130–220 Dh; ⌚12–15 & 19–24 Uhr; ❄📶) Das MB ist mit seinem kühlen, stylischen Minimalismus (moderne Möbel und roh behauene Steinwände) ein ernst zu nehmender Anwärter auf den Titel als klassischstes Restaurant von Fès. Die Gerichte sind eindeutig französisch beeinflusst. Abends kann man sich in der Bar im Obergeschoss entspannen, mittags lässt sich das Menü für 200 Dh genießen.

Ausgehen & Nachtleben

Zu den abendlichen Lieblingsbeschäftigungen zählt ein Spaziergang in der Ville Nouvelle. Unterwegs kann man sich ein Eis holen oder sich auf eine Bank setzen und das Treiben beobachten. Am Boulevard Mohammed V und an der Avenue Hassan II gibt's die meisten Cafés.

Viele Hotels in der Ville Nouvelle haben eigene Bars, die Alkohol ausschenken, und in der Medina findet man meist auch ein Lokal, das Alkohol serviert. Fast alle Lokale mit Ausschanklizenz servieren Alkohol aber nur in Kombination mit Speisen.

★ **Abdullah's** CAFÉ
(Karte S. 314; Rue Lmachatine; ⌚Sa–Do 8–20 Uhr) Abdullahs kleiner Teeladen in einer Mauer hat etwas Besonderes – und das ist nicht nur das strahlende Lächeln des Besitzers oder die mit *zellij* dekorierte Theke, auf der sich die frischen Kräuter für die Tees stapeln. Ab-

dulla schwört beim Wasser, mit dem er den Tee zubereitet (nicht nur mit Minze, sondern auch mit Kräutern wie Absinth): Es kommt direkt aus dem heiligen Kairaouine-Komplex. Ein wahrhaft gesegnetes Getränk!

Wer in das Café will, folgt von der Place Seffarine der Straße gegenüber von der Cremarie La Place bis ungefähr zur Hälfte, dort stehen einige Stühle des Cafés auf der Straße.

★ Riad Fès BAR

(Karte S. 314; www.riadFès.com; 5 Derb ben Slimane, Zerbtana; ⌚10–24 Uhr) Im Riad Fès, dem sicher elegantesten Ort der gesamten Stadt, um etwas zu trinken, hat man die Qual der Wahl. Die Bar Alcazar im Innenhof ist mit ihren Gipsstucksäulen, die das vom kunstvoll verzierten Pool reflektierte Licht einfangen, einfach hinreißend. Neuerdings gibt es aber auch eine Weinbar neben dem neuen Pool und die ultramoderne Sky Bar mit Blick über die Dächer der Medina.

Mezzanine BAR

(Karte S. 312; 17 Kasbah Chams; ⌚12–1 Uhr; 📶) Was den „Fashion-Faktor" und die langen Öffnungszeiten betrifft, würde diese Bar besser zu Ibiza passen als zu Moulay-Idriss. Doch sie zieht viele hippe junge Fassi an. Auf der überdachten Dachterrasse mit Blick auf den Jnan Sbil (Bou-Jeloud-Gärten) kann man bestens bei einem Bier oder Cocktail entspannen, außerdem gibt's Tapas und gehaltvollere mediterrane Gerichte, falls man Hunger bekommt.

Crèmerie La Place CAFÉ

(Karte S. 314; Pl as-Seffarine; ⌚8–18.30 Uhr) Befindet sich in einer der interessantesten Ecken der Medina. Bei Saft, Tee, Kaffee und Gebäck kann man den Blick über das bunte Treiben auf dem Platz schweifen lassen und dem Hämmern der Kupferschmiede auf dem Platz lauschen.

MB BAR

(12 Rue Ahmed Chaouki; ⌚12–15 & 19–24 Uhr) Dunkles Leder, stilvolle raue Steinwände und eine gut bestückte Bar machen diese Bar zum perfekten Refugium in der Ville Nouvelle, um stilvoll etwas zu trinken. Die Drinks werden mit Tapas serviert. Leider liegt es ein bisschen ungünstig.

Hôtel Batha BAR

(Karte S. 314; Pl Batha; ⌚8–22 Uhr) In diesem günstig in der Medina gelegenen Hotel gibt's mehrere Optionen für einen Drink. Die Churchill Bar befindet sich im Hotel und entfacht im Winter sogar ein wärmendes Holzfeuer. Auf der Rückseite des Hotels (Seiteneingang benutzen) bietet der alteingesessene Nightclub Batha (10.30–2 Uhr) Trinklustigen die Möglichkeit, noch ein Weilchen weiter zu feiern.

Café Restaurant La Noria CAFÉ

(Karte S. 312; abseits der Ave Moulay Hassan; ⌚7–23.30 Uhr) Das Café am Rand der Jardins Jnan Sbil, das von verfallenen Mauern umringt ist, hat schon bessere Tage erlebt. Bei einem Spaziergang durch den Park zur *mel-*

DAS LEBEN IM GERBERVIERTEL

Die Gerbereien illustrieren vielleicht am besten, wie hartnäckig man in manchen Teilen Marokkos an mittelalterlichen Techniken festhält. Marokkanische Lederwaren, und ganz besonders die überwiegend mit natürlichen Methoden produzierten Ledererzeugnisse der Fassi in Fès, zählen seit Jahrhunderten zu den besten der Welt und werden häufig nach Europa exportiert. Eine Ledersorte – ein weiches Ziegenleder, das besonders von Buchbindern verwendet wird – heißt schlicht und einfach Maroquin- oder Marokkoleder.

Angeblich wird in Marokko schon seit Jahrtausenden Leder gegerbt. Seit dem Mittelalter hat sich das Verfahren kaum verändert. Noch immer schleppen Esel die Tierhäute durch enge Gassen zu den nach alter Tradition gebauten Bottichen (ergänzt mit modernen Keramikfliesen). Die Gerber sind nach den alten Zunftregeln organisiert, fast alle werden in diesen Beruf hineingeboren. Leider sind die Gesundheits- und Sicherheitsbestimmungen ebenso von gestern: Gesundheitsschäden sind nichts Ungewöhnliches bei den Arbeitern, die den ganzen Tag knietief in Chemikalien waten.

Die Gerbereien stinken wie die Pest und empfindsame Touristen, die sie besichtigen wollen, bekommen oft ein Büschel Minze, das sie sich unter die Nase halten, um den Geruch erträglicher zu machen (Regen dämpft ihn ebenfalls etwas ab). Die Hauptkomponenten bei der Verarbeitung der Tierhäute sind Taubenkot, Salz und Kalk (der für die weißliche Farbe in den Gerbergruben verantwortlich ist). Später kommen edlere Zutaten wie Indigo, Safran und Mohn hinzu, um das Leder zu färben.

INSIDERWISSEN

KERAMIK DER FASSI

Keramik ist in Fès allgegenwärtig, von den markanten blauen Töpferwaren bis hin zu den filigranen Mosaiken, die die Brunnen und Riads zieren. **Art Naji** (☎ 0535 66 91 66; www.artnaji.com; 20 Ain Nokbi; ⊙ 8–18 Uhr) ist der beste Ort, um zu sehen, wie die Keramikwaren hergestellt werden. Das Zentrum ist ein professioneller Betrieb. Kostenlose Führer zeigen und erklären Besuchern den gesamten Produktionsprozess, vom Formen der Gefäße bis hin zur akribischen Gestaltung der von Hand bemalten *zellij*-Kacheln. Es ist ein Genuss, dabei zuzuschauen. Die Töpferei befindet sich ca. 500 m östlich vom Bab el-Ftouh und ist problemlos mit einem *petit taxi* zu erreichen.

Die Tonerde für die Töpferwaren kommt aus den Hügeln rund um Fès, und die faszinierenden traditionellen Herstellungsmethoden der Region sind noch immer schwer gefragt. Die hier hergestellten Stücke sind von höchster Qualität und bleifrei, was sich auch in den Preisen der Waren in dem großen Verkaufsraum widerspiegelt, die viel höher sind als in der Medina. Eine winzige Schüssel kostet ab 100 Dh, eine große ab ca. 500 Dh. Es wird aber niemand gedrängt, etwas zu kaufen. Man kann sogar ein Mosaik in Auftrag geben und es sich nach Fertigstellung nach Hause schicken lassen.

lah lädt es aber immer noch zu einer netten Pause ein. Es ist nach einem uralten *noria* (Wasserrad) benannt, das noch existiert, aber nicht mehr funktioniert. Von den Gärten aus gibt es keinen Zugang zum Café, man muss hintenherum gehen.

☆ Unterhaltung

Livemusikfans wissen, dass man Fès am besten während des renommierten Fèstivals der Sakralmusik (S. 323) besucht. Im Café Clock (S. 332) finden regelmäßig Sonntagskonzerte statt, deren Besuch sich lohnt.

Das **Institut Français** (Karte S. 320; ☎ 0535 62 39 21; www.institutfrancaisFès.com; 33 Rue Loukili; ⊙ Mo–Fr 8.30–12.15 & 14.30–18.30 Uhr) organisiert ein vollgepacktes Programm mit Filmen, Konzerten, Ausstellungen und Theateraufführungen.

Shoppen

Fès ist Marokkos Kunsthandwerkshauptstadt. Die Auswahl von Arbeiten ist riesig, die Qualität hoch und die Konkurrenz groß – deshalb sollte man sich Zeit nehmen und Preise vergleichen. Zu den besten Adressen zählen die kleinen Geschäfte abseits der Touristenmeilen, darunter vor allem die Talaa Kebira und die Talaa Seghira in der Medina.

Die besten Lederwaren in puncto Qualität und Auswahl gibt es natürlich in der Gegend rund um die Gerbereien. Anderswo in der Medina versuchen einige skrupellose Läden, billige Lederimitate als Qualitätsprodukte an den Mann zu bringen.

Viele restaurierte Riads und *fondouqs* in der Medina wurden zu Verkaufsräumen für Teppiche umfunktioniert. Hier bietet sich eine tolle Gelegenheit, mit einem Minztee in der Hand in einer spektakulären Umgebung zu sitzen und sich fantastische Teppiche anzuschauen. Doch Vorsicht: Die Verkaufsstrategien sind hier so gnadenlos wie nirgendwo sonst in Marokko. Man kann hier herrliche Stücke erwerben, aber am Ende auch mit überteuertem Schrott aus der Fabrik dastehen.

Sehr wertvoll ist die blau-weiße Keramik der Fassi, die überall in der Medina angeboten wird. Bei Art Naji (S. 337) kann man den faszinierenden Prozess der Herstellung von Angang bis Ende beobachten und Stücke von höchster Qualität erwerben.

Médin Art KUNST & KUNSTHANDWERK
(Karte S. 314; Talaa Seghira; ⊙ 10–14 & 16–19 Uhr) Die Seidentücher, schönen Ledertaschen, handgemachten Bücher, unkonventionellen Klamotten und der übergroße Schmuck von französischen und marokkanischen Designern lassen diesen Laden im Stil einer Galerie etwas eleganter wirken, während die meisten Läden ins Fès eher einem Basar ähneln.

ℹ Praktische Informationen

GEFAHREN & ÄRGERNISSE

- Man sollte nicht spätabends allein durch die Medina laufen, das gilt ganz besonders für Frauen.
- Es ist schon vorgekommen, dass Touristen mit Messern bedroht und beraubt wurden.
- Auf Anfrage werden viele Hotels und Restaurants Taxis oder andere Transportmittel für ihre Gäste organisieren.

→ Die *faux guides* (inoffiziellen Führer) und Schlepper der Teppichhändler von Fès sind berüchtigt. Sie haben es auf die Dirhams ahnungsloser Touristen abgesehen.

→ *Faux guides* lungern vor allem am Bab Bou Jeloud, dem westlichen Haupttor der Medina, herum. Ihre Zahl ist aber stark zurückgegangen, nachdem die Regierung diverse Razzien hat durchführen lassen.

→ Doch auch viele offizielle Fremdenführer werden Besucher dazu drängen, ihren Rundgang in eine Shoppingtour zu verwandeln. Dabei kann der Druck, etwas zu kaufen, richtig heftig werden. Die Teppichhändler von Fès sind nämlich echte Meister ihres Faches. Wer nichts kaufen will, sollte erst gar keinen Fuß in ihre Läden setzen: Die Fülle schöner Teppiche kann selbst den willensstärksten Traveller dazu verführen, etwas mitzunehmen, was er eigentlich gar nicht möchte (honigsüße Behauptungen, der Teppich ließe sich später mit großem Gewinn bei eBay weiterverkaufen, sind mit äußerster Vorsicht zu genießen). Wer in Begleitung eines Fremdenführers einen Laden betritt, sollte sich darüber im Klaren sein, dass dessen Provision immer auf den Preis draufgeschlagen wird. Shoppen in Fès muss aber nicht in einen Kampf ausarten: Am besten betrachtet man es als Spiel und stellt sich entsprechend darauf ein.

→ Vorsicht vor den Schleppern in den Zügen nach Fès, die oft in Meknès zusteigen. Meistens sind sie supersympathisch und geben sich als Studenten oder Lehrer auf der Heimreise aus. Aber dann kommt's: Nicht selten haben sie „Brüder", die ein Hotel, einen Teppichhandel oder Ähnliches betreiben ...

GELD

Am Boulevard Mohammed V in der Ville Nouvelle befinden sich viele Banken mit Geldautomaten. In der Medina gibt's Geldautomaten beim Postamt Batha und bei Banken rund um die Place R'cif sowie an folgenden günstig gelegenen Orten:

Banque Populaire (Talaa Seghira; ⌚Mo–Fr 8.15–15.45 Uhr)

Société Générale (Karte S. 314; Bab Bou Jeloud; ⌚Mo–Do 9.15–17.15, Fr 8.15–11.45, Sa 9.15–12.45 Uhr)

INFOS IM INTERNET

Culture Vultures (www.culturevulturesfez.org) Kulturelle Events in Fès, darunter Kunsthandwerksprojekte, Führungen, Workshops, Residenzkünstlerprogramme, Kunst und Kultur.

View From Fez (www.theviewfromfez.com) Mit diesem Blog mit Neuigkeiten und Meinungen über Fès bleibt man auf dem Laufenden.

INTERNETZUGANG

In den meisten Mittel- und Spitzenklassehotels sowie in fast allen Cafés und Restaurants gibt's WLAN.

Cyber Batha (Rue Al Bard; 10 Dh pro Std.; ⌚10–24 Uhr) Hat sowohl englische als auch französische Tastaturen.

Cyber Net (42 Blvd Mohammed V; 6 Dh pro Std.; ⌚9–22 Uhr)

Teleboutique Cyber Club (Karte S. 320; Blvd Mohammed V; 5 Dh pro Std.; ⌚9–23 Uhr) Über dem *téléboutique* (Telefonbüro) in der Ville Nouvelle.

MEDIZINISCHE VERSORGUNG

Clinique al-Kawtar (☎0535 61 19 00; Ave Mohamed el-Fassi, Route d'Immouzzer) Großes modernes Krankenhaus in der Ville Nouvelle, gleich abseits der Hauptstraße zum Flughafen.

Pharmacie Du Maroc (Karte S. 314; Pl Batha; ⌚Nov.–April 8.30–12.30 & 15–19.30 Uhr, Mai–Okt. 9–13 & 15.30–20 Uhr) Günstig gelegene Apotheke in der Medina.

POST

Hauptpostamt (Karte S. 320; Ecke Ave Hassan II & Blvd Mohammed V; ⌚Mo–Fr 8.30–16.30, Sa 8.30–12 Uhr)

Postamt (Pl Batha; ⌚Mo–Fr 8–16.15 Uhr) In der Medina, hat auch einen Geldautomaten.

REISEBÜROS

Carlson Wagonlit (Karte S. 320; ☎0535 62 29 58; ⌚Mo–Fr 8.30–12.30 & 15–19 Uhr) Hinter dem Zentralmarkt, nützlich, um Flüge und Fähren zu buchen.

RAM (☎0535 94 85 51; 54 Ave Hassan II) Im Büro der Royal Air Maroc in der Ville Nouvelle kann man Tickets kaufen und sich über Flüge informieren.

TOURISTENINFORMATION

In der Medina gibt's keine Touristeninformation.

Délégation Régionale de Tourisme (Karte S. 320; Touristeninformation; ☎0535 94 24 92; Ave Mohammed es Slaoui; ⌚Mo–Do 9–13 & 14–16, Sa & So 9–13 Uhr) Hier kann man einen guten kostenlosen Stadtplan von Fès mitnehmen und offizielle Führer buchen. Die Mitarbeiter sprechen Englisch.

ℹ An- & Weiterreise

AUTO

Rund um die Medina gibt es mehrere bewachte Parkplätze: an der Place Bou Jeloud in der Nähe des Bab Bou Jeloud, in Batha, nördlich der Talaa Kebira in Ain Azleten und südlich bei R'cif. In der Ville Nouvelle befindet sich vor dem Zentralmarkt ein bewachter Parkplatz. **Chriftrans** (☎0615 45 01 28; www.chriftrans.com) ist ein zuverlässiges Transportunternehmen mit Fahrzeugverleih. Zu seinen Dienstleistungen zählen auch Flughafentransfers, Tagesausflüge ab Fès und längerfristige Vermietungen.

BUS

Der Hauptbusbahnhof für **CTM-Busse** (☎ 0800 09 00 30; www.ctm.ma) befindet sich im Süden der Ville Nouvelle. Tickets nach Chefchaouen sollte man im Voraus kaufen – da dorthin keine anderen Verkehrsmittel fahren, sind die Busse immer schnell ausgebucht. Außerhalb der Hochsaison kann es sein, dass weniger Busse fahren.

Täglich zwischen 1.30 und 19.15 Uhr fahren 16 CTM-Busse über Rabat (75 Dh, 3 Std.) nach Casablanca (90 Dh, 4½ Std.), ein zusätzlicher Premiumbus fährt um 21.30 Uhr nur nach Rabat (100 Dh). Busse nach Meknès (25 Dh) fahren täglich rund um die Uhr, aber zu unregelmäßigen Zeiten. Nach Marrakesch (165–175 Dh, 9½ Std.) verkehren täglich sieben Busse zwischen 6.30 und 20 Uhr sowie ein schnellerer Premiumbus um 21.30 Uhr (225 Dh).

Richtung Norden und Osten gibt es sechs Busse nach Tanger (110 Dh, 6–7 Std.), drei nach Chefchaouen (75 Dh, 4 Std.), vier nach Tetouan (100 Dh, 5 Std.) sowie zwei nach Al-Hoceima (110 Dh, 5 Std.), einer davon ein Nachtbus. Nach Nador (110–115 Dh, 5 Std.) fahren vier Busse, nach Oujda (115 Dh, 4½–5 Std.) sechs.

Internationale Fernbusse von Eurolines (www.eurolines.com) nach Spanien fahren ebenfalls vom CTM-Busbahnhof ab.

Busse anderer Unternehmen starten an der **Gare Routière** (☎ 0535 63 60 32) draußen vor dem Bab el-Mahrouk am Rand der Medina oder in den Straßen im direkten Umkreise des Busbahnhofs. Die Fahrpreise sind etwas günstiger als bei CTM und für stark nachgefragte Verbindungen kann man Plätze reservieren. An der Gare Routière gibt's eine Gepäckaufbewahrung.

Fernbusse verkehren über Rabat nach Casablanca (stündl.), nach Midelt und Er-Rachidia, nach Rissani und Ouarzazate (5-mal tgl.), nach Marrakesch (5-mal tgl.), Taza (stündl.), Oujda (10-mal tgl.) und Tanger (13-mal tgl.) sowie nach Tetouan und Ouezzane (12-mal tgl.).

Regelmäßige regionale Busse steuern Azrou (25 Dh, 1½ Std.), Ifrane (25 Dh, 1½ Std.), Moulay Yacoub (10 Dh, 30 Min.), Sefrou (10 Dh, 45 Min.) und Meknès (häufig) an.

FLUGZEUG

Der **Flughafen Fès-Saïss** (☎ 0535 67 47 12) liegt 15 km südlich der Stadt und wurde unlängst um eine schicke neue Halle erweitert, die aber zur Zeit der Recherche noch nicht eröffnet war. **RAM** (S. 338) fliegt täglich von und nach Casablanca und hat auch Flüge nach Europa.

TAXI

In der Stadt gibt's mehrere *grands-taxis*-Stände. **Taxis nach Moulay Yacoub** (10 Dh, 20 Min.) und **Taxis nach Meknès** (25 Dh, 1 Std. und Rabat (80 Dh, 2½ Std.) fahren vor dem Hauptbusbahnhof (draußen vor dem Bab el-Mahrouk) ab. Der **Taxistand nach Sefrou und Bhalil** (12 Dh, 45 Min.) befindet sich in Slaiki, südöstlich der Place de la Résistance in der Ville Nouvelle. Taxis nach **Azrou** (35 Dh, 1 Std.) und Ifrane (30 Dh, 45 Min.) warten auf einem Parkplatz westlich vom CTM-Busbahnhof im Süden der Ville Nouvelle.

Die *grands taxis* vor dem Bahnhof haben keine speziellen Ziele, man kann sie sich daher nicht einfach mit anderen Fahrgästen teilen.

ZUG

Der blitzende neue **Bahnhof** der Stadt liegt in der Ville Nouvelle, von der Place Florence zehn Gehminuten in nordwestlicher Richtung. Eine Gepäckaufbewahrung gibt es am Bahnhof nicht mehr, dafür aber einen Geldautomaten, einige Imbisse und ein akzeptable Café mit WLAN.

Zwischen 1.30 und 20.40 Uhr verkehren fast stündlich Züge über Rabat (127 Dh, 3 Std.) nach Casablanca (116 Dh, 4 Std.) und nach Meknès (30 Dh, 30 Min.). Acht Züge fahren nach Marrakesch (206 Dh, 8 Std.), vier Direktzüge steuern Tanger (164 Dh, 5 Std.) an. Zwei weitere Züge nach Tanger fahren über Sidi Kacem. Einige der Züge nach Taza (59 Dh, 2 Std., 6-mal tgl.) fahren weiter nach Oujda (169 Dh, 5½ Std., 3-mal tgl.).

ℹ Unterwegs vor Ort

BUS

Die Busse in Fès können unzuverlässig sein, zu bestimmten Tageszeiten sind sie so vollgepackt wie eine Sardinendose, und zudem sind sie berüchtigt für Taschendiebe. Der Standardfahrpreis beträgt 3,50 Dh. Einige nützliche Buslinien:

Bus 9 Von Bouramana und der Place Atlas über den Boulevard Chefchaouni (beide in der Ville Nouvelle) zur Place Batha (Fès el-Bali); zurück fährt der Bus über die **Avenue Hassan II** und die Avenue des FAR.

Bus 10 Vom Bahnhof über das Bab Guissa (nördliches Fès el-Bali) zum Bab Sidi Bou Jida (nordöstliches Fès el-Bali).

Bus 19 Vom Bahnhof über die Avenue Hassan II (in der Ville Nouvelle) und das Bab el-Jdid (südliches Fès el-Bali) zur Place R'cif (zentrales Fès el-Bali).

TAXI

Die Fahrer der *petits taxis* schalten normalerweise ohne Murren ihre Taxameter ein. Allerdings werden Touristen am Bahnhof oft von Schleppern bedrängt. Man sollte darauf bestehen, dass das Taxameter eingeschaltet wird, oder ein Stück weiter gehen, um ein Taxi zu suchen. Die Fahrt vom Bahnhof oder CTM-Busbahnhof kostet um die 12 Dh. Nach 20 Uhr wird ein Zuschlag von 50 % fällig. Taxistände findet man draußen vor allen Toren der Medina sowie an der **Place Batha**. Zum Flughafen fahren nur *grands taxis*.

Ein günstig gelegener **petit-taxi-Stand** befindet sich neben dem riesigen Einkaufszentrum

Borj Fès an der Place de la Résistance am nördlichen Rand der Ville Nouvelle.

VOM/ZUM FLUGHAFEN, BAHNHOF & BUSBAHNHOF

Flughafen Fès-Saïss Bus 6 verkehrt stündlich zwischen dem Flughafen und dem Bahnhof in der Ville Nouvelle. Der Festpreis für ein *grand taxi* vom Flughafen zur Medina beträgt 120 Dh (bis zu 4 Pers.). Die von den Hotels organisierten Flughafentransfers sind unterschiedlich teuer, 100 Dh pro Person sollte man aber mindestens einplanen. Wer aus der Stadt zum Flughafen möchte, wird in der Medina kein *grand taxi* bekommen, sondern muss zum Bahnhof gehen oder mit einem teureren vom Hotel organisierten Taxi fahren. *Petits taxis* fahren nicht zum Flughafen.

Bahnhof Der Fußweg zur Place Florence dauert zehn Minuten, die Fahrt mit einem *petit taxi* zum Bab Bou Jeloud in der Medina kostet 12 Dh.

CTM-Busbahnhof Ein Taxi zum Bab Bou Jeloud kostet etwa 12 Dh.

Sefrou

79 887 EW.

Nur 30 km südöstlich von Fès liegt das malerische Berberstädtchen Sefrou am Rand des Mittleren Atlas. Seine kleine, aber interessante Medina wurde 2013 von der UNESCO zur Welterbestätte erklärt. Daraufhin wurden die Wände der Medina restauriert und einige *fondouqs* (Hotels) saniert. In Sefrou war einst eine der größten jüdischen Gemeinden Marokkos zu Hause (in manchen Berichten ist von 8000 Menschen die Rede), und hier lebte Moulay Idris II., während er den Bau von Fès beaufsichtigte.

Von Fès aus kann man mühelos einen Tagesausflug nach Sefrou unternehmen. Am besten kommt man donnerstags, wenn gleich südlich vom Zentrum der Suk vom Marttreiben erfüllt ist – dies ist noch ein wirklich authentischer und völlig untouristischer Markt.

Sehenswertes

Medina — MEDINA

(Karte S. 341) Durch das Zentrum der Medina fließt der Oued Aggaï. Dadurch wirkt sie weiter, offener und luftiger als die meisten alten Medinas. Ein Labyrinth ist sie zwar auch, aber so schwierig ist es nicht, sich zu orientieren. Am besten betritt man die Medina am nördlichen Bab el-Maqam. Von hier folgt man einfach der Menschenmenge abwärts, vorbei an den pastellfarbenen Geschäften des Suks und einem belebten Lebensmittelmarkt.

Mellah — STADTVIERTEL

(Karte S. 341) Die Juden haben Sefrou zwar längst verlassen, doch in diesem Viertel stehen noch einige der Häuser mit den typischen Holzgalerien. Manche Gassen sind so eng, dass zwei Menschen kaum aneinander vorbeikommen. In ihrer Blütezeit war die *mellah* so dunkel und überfüllt, dass selbst mitten am Tag die Straßenlaternen angezündet werden mussten. Heute wirkt sie recht zwielichtig. Der Verfall des Viertels hat dazu geführt, dass sich hier Drogen und Prostitution ausgebreitet haben, sodass der Besuch leider nicht sicher ist.

Jardin Al Kanatir Al Khairia — PARK

Sefrous Stadtpark an der westlichen Mauer der Medina ist in ein kleines Tal gezwängt und wirkt ein wenig wie eine andere Welt. Miteinander verflochtene Zweige hängen über dem Fluss und bilden eine kühle Oase, die die Einheimischen lieben. Im Park gibt's friedliche Spazierwege und einige Cafés. Eingänge befinden sich an der Avenue Moulay Hassan und am Boulevard Mohammed V.

Jüdische Schule — JÜDISCHE STÄTTE

Diese frühere jüdische Schule mit einer eigenen Synagoge gleich südlich vom Bab Merba ist inzwischen geschlossen, man kann aber noch einen Blick durch die Türen werfen – sie ist ziemlich heruntergekommen. Wer gern mehr sehen möchte, sollte versuchen, die Wärter zu finden, die Besucher meistens gegen eine kleine Spende von 10 oder 20 Dh hereinlassen.

Cascades de Sefrou — WASSERFALL

Ein 1,5 km langer Spaziergang führt zu den Cascades, einem kleinen Wasserfall. Von der Avenue Moulay Hassan folgt man den Schildern und geht um Al-Qala' (ein teilweise befestigtes Dorf) herum und durch das üppig grüne Flusstal.

Geführte Touren

Sefrou Artisanal Tour — KUNSTHANDWERK

(☎ 0535 68 33 75; www.culturevulturesfez.org; 1 bis 2 Pers. inkl. Mittagessen 1200 Dh, 3 Pers. 1400 Dh) Die informativen Halbtagstouren in der Medina von Sefrou folgen dem gleichen Konzept wie die Touren des Schwesterunternehmens Artisanal Affairs in Fès (S. 323) und geben einen Einblick in das Leben der in der Stadt ansässigen Kunsthandwerker. Teilnehmer haben die Chance, die Kunsthandwer-

Sefrou

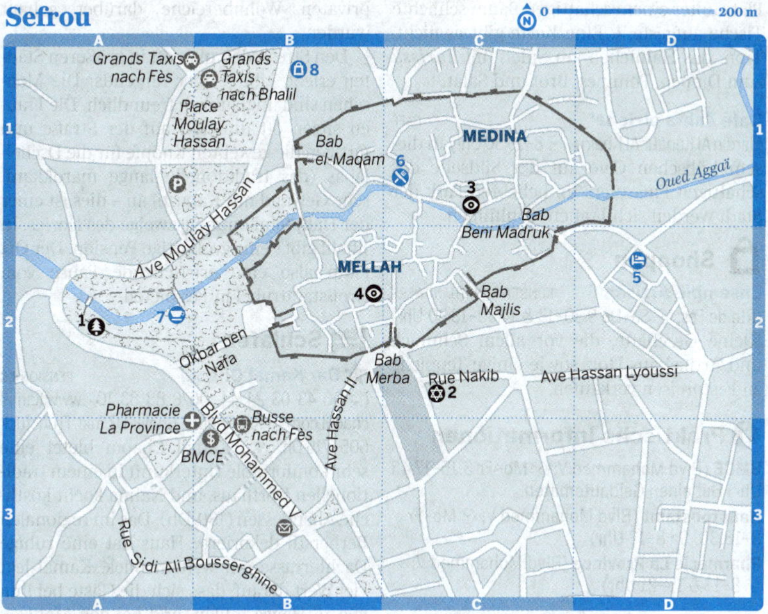

ker kennenzulernen und die Werkstätten von Deckenwebern, Eisenhändlern, Knopfmachern und Holzschnitzern besuchen. Einen besonderen Schwerpunkt bildet das schwindende jüdische Erbe der Stadt.

Feste & Events

Kirschfestival ESSEN & TRINKEN
(Fèstival des Cerises; Mitte Juni) Bei diesem viertägigen Festival wird jedes Jahr die Kirschernte feiert. Es erklingt viel traditionelle Musik, außerdem gibt es Ausstellungen örtlicher Künstler, Paraden, *fantasias* (Kavallerieangriffe mit Musketenfeuer) und die Krönung der Kirschkönigin. Sefrou ist stolz darauf, dass dies das älteste Festival Marokkos ist – 2020 wird es zum 100. Mal gefeiert und 2012 wurde es von der UNESCO zum immateriellen Kulturerbe erklärt.

Schlafen

La Maison des Lallas PENSION €
(0535 66 11 16; www.lamaisondeslallas.com; 304 Derb El Miter; DZ/Suite inkl. Frühstück ab 396/400 Dh;) In diesem gemütlichen Haus in einer ruhigen Straße gibt es fünf Gästezimmer mit eigenem Bad, die rund um einen hübschen, traditionell gestalteten Innenhof liegen. Die freundliche Jamila serviert auf Wunsch Abendessen (132 Dh) und macht einen Picknickkorb (44 Dh) für Ausflüge in die Berge fertig.

> **Sefrou**
>
> **Sehenswertes**
> 1 Jardin Al Kanatir Al Khairia A2
> 2 Jüdische Schule C2
> 3 Medina C1
> 4 Mellah B2
>
> **Schlafen**
> 5 La Maison des Lallas D2
>
> **Essen**
> 6 Restaurant Al Farah C1
>
> **Ausgehen & Nachtleben**
> 7 Café Zahra el-Jebal A2
>
> **Shoppen**
> 8 Ensemble Artisanal B1

Essen & Ausgehen

Restaurant Al Farah MAROKKANISCH €
(Pl Haddadine; Mahlzeiten ca. 25 Dh; 10–21 Uhr) Das beste Restaurant in der Medina der Stadt ist das Al Farah. Es ist leicht zu finden, denn es liegt gegenüber von den Messerschärfern und dem Schmied mit seinem glühenden Amboss (Haddadine bedeutet Eisenhändler) und hat auf dem schmalen

Platz unter einem schattigen Baum schlichte Tische aufgestellt. Eine Karte gibt es nicht. Tipp: das Hähnchen am Spieß mit *harissa* zum Dippen, Pommes, Brot und Salat.

Café Zahra el-Jebal CAFÉ
(Jardin Al Kanatir Al Khairia; ⌚8–19.30 Uhr) In diesem hübschen Café auf der Südseite des schattigen Flussufers im beliebten Park der Stadt werden sich Frauen wohlfühlen.

Shoppen

Ensemble Artisanal KUNST & KUNSTHANDWERK
(Rte de Fès; ⌚Sa–Do 9.30–13 & 14.30–18.30 Uhr) Kleine Geschäfte, die vor allem Schmuck und Artikel aus Holz sowie einige Teppiche zu Festpreisen verkaufen.

Praktische Informationen

BMCE (Blvd Mohammed V; ⌚Mo–Fr 8.15–17.45 Uhr) Hat einen Geldautomaten.

Hauptpostamt (Blvd Mohammed V; ⌚Mo–Fr 8–16.30, Sa 8–12 Uhr)

Pharmacie La Province (Blvd Mohammed V; ⌚8–13 & 15–21 Uhr)

An- & Weiterreise

Zwischen Sefrou und Slaiki in Fès verkehren reguläre **Busse** (8 Dh, 40 Min.) und **grands taxis** (11 Dh, 30 Min.), die direkt nördlich vom CTM-Busbahnhof in der Ville Nouvelle starten. Die Fahrt mit einem privaten *grand taxi* vom Hotel in Fès kostet um die 250 bis 300 Dh.

Grands taxis nach Azrou (28 Dh) fahren über Immouzzer (14 Dh) und starten in dem ummauerten Taxiplatz gleich nördlich der Place Moulay Hassan. **Grands taxis nach Bhalil** (Pl Moulay Hassan; 3,50 Dh) fahren auf der anderen Straßenseite am oberen Ende der Place Moulay Hassan.

Bhalil البهاليل

12 997 EW.

Dieses recht ungewöhnliche Dorf, das 5 km von Sefrou entfernt ist, lohnt einen Besuch wegen der Höhlenwohnungen, die in einen malerischen Berg gebaut wurden und in rosa, gelben und blauen Pastelltönen gestrichen sind. Die Höhlenwohnungen gehen bis ins 4. Jh. zurück und wurden jahrhundertelang von Schäfern bewohnt, die sich dort vor den Unbilden der Elemente schützten. Einige Dorfbewohner nutzen die Höhlen sogar als Hauptraum des Hauses. Die Höhlenräume sind kühl und geräumig und werden in der Regel als Salon genutzt, während die Schlafzimmer und privaten Wohnbereiche darüber gebaut wurden.

Den Stress, den man oft in größeren Städten erlebt, gibt es hier nirgends: Die Menschen sind unglaublich freundlich. Die Frauen sitzen oft draußen auf der Straße und fertigen die gewebten Knöpfe für die Dschellabas (das traditionelle lange marokkanische Gewand mit Kapuze) an – dies ist einer der Haupteinkommenszweige des Dorfes. In Bhalil gibt's eine großartige Pension. Der Ort kann also eine erfrischende Pause vom Großstadttrubel in Fès bieten.

Schlafen

★ **Dar Kamal Chaoui** PENSION €€
(☎06 43 03 24 44, 0678 83 83 10; www.kamalchaoui.com; 6 Kaf Rhouni, Bhalil; DZ inkl. Frühstück 605–715 Dh; 📶) Kamal Chaoui bietet eine sehr komfortable Unterkunft in einem traditionellen Dorfhaus, und Naima kocht köstliche Abendessen (180 Dh). Das im regionalen Berberstil dekorierte Haus hat eine ruhige Dachterrasse mit weitem Blick. Kamal legt viel Wert darauf, dass sich die Gäste bei ihm wie zu Hause fühlen, und bei den Mahlzeiten gesellen er und Naima sich zu den Gästen. Im Winter wird das Haus mit einem ausgeklügelten Holzfeuersystem beheizt, damit es kuschlig warm bleibt.

Kamal, der hervorragend Englisch, Französisch und Deutsch spricht, ist im Ort eine wichtige Persönlichkeit und weiß unglaublich viel über die Region. Exkursionen in die Berge – teils inklusive Mittagessen bei Naimas Berber-Familie – kann er ebenso arrangieren wie eine Dörfertour mit einem Besuch in den Höhlen, wo man mit den Bewohnern Tee trinkt (275 Dh/Pers.). Naima veranstaltet auch Kochkurse (330 Dh/Pers.). Das Geld von den Führungen fließt zurück in die Stadt, z.B. in die Straßenreinigung und in die Verbesserung der Lebensbedingungen der Bewohner.

An- & Weiterreise

Von Fès muss man zunächst nach Sefrou fahren, von dort kostet ein geteiltes *grand taxi* nach Bhalil 3,50 Dh.

Meknès مكناس

835 695 EW.

Meknès steht im Schatten seines berühmten Nachbarn Fès und wirkt ruhiger und kleiner. Darum kommen weniger Besucher her als die Stadt es verdient hätte. Sie ist ent-

Meknès

0
1 km
VILLE NOUVELLE
Bahnhof
CTM-Busse
Ave de la Gare
Rue de Tunis
Rue de Rabat
Ave Hassan I
Bahnhof Al-Amir Abdelkader
Rue Amir Abdelkader
Blvd Allal ben Abdallah
Ave Moulay Mohammed
Rue ben Doungh
Hôpital Moulay Ismail
Route 21
Oued Bou Fekrane
Zentraler Markt
Rue Ghana
Place de l'Istiqlal (Place Batha)
s. Karte Meknès – Ville Nouvelle (S. 356)
Ave des FAR
Ave Moulay Hafid
Sharia Benghazi
Sharia al-Ouma al Moutahida
Rue Ferhat Hachad
Institut Français
Ave Moulay Ismail
Blvd Abderrahmane ben Zidane
Königspalast
Blvd Circulaire
Lahboul-Gärten
Friedhof
Rue Rouamzine
Bab er-Rih
DAR EL-KBIR
Place Lalla Aouda
Königlicher Golfplatz
Rue al-Andalous
MEDINA
Heri es-Souani
Place Berdaine
Bab Berdaine
Bab el-Jedid
Bab Berrima
Place el-Hedim
ALTE MELLAH
Bab el-Khemis
Ave Mohammed VI
Agdal Basin (600 m)
NEUE MELLAH
s. Karte Meknès – Medina (S. 346)

spannter und weniger stressig als Fès, doch auch hier gibt es die verwinkelten Gassen in der Medina und die prächtigen Bauwerke, die von der stolzen Geschichte als Königsstadt und einstigem Sitz des marokkanischen Sultanats erzählen.

Sultan Moulay Ismail, ihr Herrscher und Architekt zur Blütezeit der Stadt, wäre vielleicht etwas verdrossen angesichts der gegenwärtigen Bescheidenheit der Stadt, doch Besucher werden immer wieder verzaubert sein. Die Ruinen von insgesamt drei Befestigungsanlagen, die geschickt in das Straßennetz der Stadt integriert waren, zeugen davon, wie bedeutend Meknès einst war. Das Grab des Königs befindet sich im Herzen der ursprünglichen Königsstadt, flankiert vom mächtigen königlichen Kornspeicher, dem prächtigen Bab el-Mansour – mit dem nicht einmal das große Tor von Fès mithalten kann –, und von der Place el-Hedim, einer Miniaturausgabe der beliebten Djemaa el-Fna in Marrakesch.

Geschichte

Der Berberstamm der Meknessa (daher der Stadtname) ließ sich hier erstmals im 10. Jh. nieder. Die Almohaden und Meriniden vergrößerten die Altstadt von Meknès und errichteten einige der ältesten Bauwerke der Stadt, die bis heute erhalten sind.

Aber erst im 17. Jh. gewann Meknès an Einfluss. Der Begründer der Alawidendynastie, Moulay ar-Rashid, starb 1672. Sein Bruder und Nachfolger, Moulay Ismail, machte Meknès zur Hauptstadt, von wo aus er 55 Jahre lang sein Reich regierte.

Ismail ließ eine imposante, 25 km lange Stadtmauer mit prachtvollen Stadttoren bauen; ein riesiger Palastkomplex wurde nie fertiggestellt. Dass er für die Bauprojekte Zeit und Geld aufbringen konnte, verdankte er auch seiner Politik: Ausgesprochen erfolgreich unterdrückte er jede Opposition in Marokko, selten akzeptierte er Einmischung von außen. Behilflich war ihm dabei seine berüchtigte Schwarze Garde.

Mit Ismails Tod 1727 war auch Meknès' Blütezeit zu Ende. Die Stadt versank wieder in provinzieller Bedeutungslosigkeit, als Ismails Enkel Sidi Mohammed (1757–1790) seine Residenz nach Marrakesch verlegte. Das Erdbeben, das am 1. November 1755 Lissabon verwüstete, zog auch Meknès ziemlich in Mitleidenschaft. Wie so oft in Marokko dienten die Bauwerke danach als Steinbrüche für Bauprojekte an anderen Orten. Erst als man in den letzten Jahrzehnten ihr touristisches Potenzial erkannte, begannen ernsthafte Restaurierungsarbeiten.

Mit Beginn des französischen Protektorats 1912 lebte Meknès wieder auf: Die Franzosen errichteten hier ihr militärisches Hauptquartier, und mit der Armee kamen französische Bauern, die sich im fruchtbaren Umland ansiedelten. Nach der Unabhängigkeit verstaatlichte die marokkanische Regierung die meisten Ländereien und verpachtete sie an einheimische Bauern.

Sehenswertes

Die Place el-Hedim und das monumentale Tor Bab el-Mansour bilden das Zentrum der Medina. Hinter dem Tor liegt Moulay Ismails Königsstadt. Im Westen der Medina erstrecken sich die engen Straßen der alten *mellah* – das jüdische Viertel erkennt man an den Häusern mit den markanten Balkons.

Zu den Suks der Medina gelangt man am einfachsten, indem man durch den Bogen links vom Dar-Jamaï-Museum auf der Nordseite der Place el-Hedim geht und sich Richtung Norden hält – dann findet man sich schnell inmitten von Souvenirständen und Teppichgeschäften wieder.

Medina

★ Place el-Hedim PLATZ

(Karte S. 346) Das Herz der Medina von Meknès ist die Place el-Hedim, der große Platz am Bab el-Mansour. Bevor Moulay Ismail die Stadt auf den Kopf stellte, befand sich an dieser Stelle eine Kasbah, doch der König ließ sie zerstören, nachdem das *bab* errichtet worden war, um einen großen Platz zu schaffen, von dem aus das Tor richtig zur Geltung kam. Ursprünglich wurden hier Verkündigungen des Hofes verlesen und öffentliche Hinrichtungen ausgeführt – heute kann man hier nett sitzen und das örtliche Leben vorüberziehen sehen.

Zwischen diesem Platz und seinem großen Bruder, der Djemaa el-Fna in Marrakesch, gibt es eindeutige Parallelen. Die Variante von Meknès hat aber viel mehr Lokalkolorit. Hier ist immer etwas los: Kinder spielen Fußball, Menschen versammeln sich bei Musikern und Familien, die spazierengehen, lassen ihre Kinder mit elektrischen Spielzeugautos herumfahren. Manchmal sieht man leider aber auch angekettete Affen aus dem nahen Mittleren Atlas, die die Einheimischen unterhalten sollen.

Eine Seite des Platzes säumen Cafés und Lokale, dahinter liegt eine Art Markthalle.

★ **Dar-Jamaï-Museum** MUSEUM

(☎ 0555 53 08 63; 10 Dh; ⏲ Mi–Mo 9–12 & 15–18.30 Uhr) Der Palast Dar Jamaï an der Place el-Hedim wurde 1882 von der mächtigen Jamaï-Familie, der zwei Wesire des Sultans Moulay al-Hassan I. angehörten, erbaut. Seit 1920 befindet sich in dem Palast ein schönes Museum, das traditionelle Keramik, Schmuck, Textilien und Kunsthandwerk aus Zedernholz zeigt. Die ältesten Exponate stammen aus dem 14. Jh. Im schattigen, friedlichen andalusischen Garten und Innenhof des Museum wachsen Orangenbäume und es zwitschern zahlreiche Vögel – allein das verfallene Palastgebäude und die Gärten sind das Eintrittsgeld wert.

Besonders schöne Stücke sind die mit Brokat bestickten Sättel und einige großartige Stickarbeiten aus Meknès, darunter extravagante Gold- und Silberkaftane. Die *koubba* (Kuppelsaal) im Obergeschoss ist wie ein traditioneller Salon mit luxuriösen Teppichen und Kissen eingerichtet. Das Museum zeigt auch einige antike Teppiche unterschiedlicher Stilrichtungen aus verschiedenen Regionen Marokkos. Es ist gut gestaltet, wenn auch etwas verstaubt. Beschriftungen gibt es nur auf Französisch und Arabisch.

Der Palast blickt auf eine turbulente Geschichte zurück: Als Sultan Moulay al-Hassan I. 1894 starb, fiel die Jamaï-Familie am königlichen Hof in Ungnade und verlor alles, auch den Palast, der an die mächtige Al-Glaoui-Familie ging. 1912 übernahmen die Franzosen den Palast und machten ihn zu einem Militärkrankenhaus, und seit 1920 verwaltet ihn die Administration des Beaux Arts.

Musée de Meknès MUSEUM

(Meknès-Museum; Rte Dar Smen; 10 Dh; ⏲ Di–So 10–18 Uhr) Das im bröckelnden alten Gerichtsgebäude untergebrachte kleine Museum zeigt Metallarbeiten, landwirtschaftliche Geräte, Kleidung, Schmuck, Teppiche und Keramik. Besonders interessant ist die Rüstung aus Leder, die mit Korallen, Türkisen und Münzen verziert ist. Der Krieger, der darin steckte, war mit Helm, Brustpanzer und gepanzerten Handschuhen geschützt.

Medersa Bou Inania ISLAMISCHE STÄTTE

(Rue Najjarine; 10 Dh; ⏲ 10–18 Uhr) Die *medersa* Bou Inania gegenüber der Grande Mosquée ist ein Musterbeispiel für die prachtvolle Innenausstattung, die für Bauwerke aus der Merenidenzeit typisch ist. Sie wurde 1358 unter Bou Inan fertiggestellt, nach dem auch eine noch üppigere *medersa* in Fès benannt ist. Bei dieser Medrese kann man alle klassischen marokkanischen Stilelemente bewundern: die *zellij*-Verzierung im unteren Teil, die filigranen Stuckdekorationen auf mittlerer Höhe und die geschnitzten Zedernholzdecken.

Früher bewohnten hier die acht- bis zehnjährigen Schüler zu zweit eine Zelle im Erdgeschoss, während die älteren Studenten in der ersten Etage den Luxus eines Privatzimmers genossen. Rechts vom Eingang befindet sich der Unterrichtsraum mit einer tiefen Mihrab, die wie ein natürlicher Verstärker wirkte.

Lahboul-Gärten GÄRTEN

(Ave Moulay Al-Hassan ben Driss) GRATIS Diese Gärten mit Blick auf die Medina haben zwar schon bessere Tage gesehen, sind aber nach wie vor ein friedliches Fleckchen für einen Spaziergang, wenn man sich von den Suks der Altstadt erholen möchte. Sie bestehen aus zwei Teilen. Das Verbindungstor zwischen ihnen ist nicht immer geöffnet, dann muss man zurück zum Haupteingang am Südostrand gehen und den zweiten Bereich weiter nördlich betreten. Im nördlichen Teil der Gärten befinden sich viele Säulen aus Volubilis und ein Amphitheater.

Mausoleum des Sidi ben Aïssa MAUSOLEUM

Sidi ben Aïssa war der Gründer einer der ungewöhnlicheren religiösen Bruderschaften Marokkos, deren Mitglieder für ihre Selbstverstümmelung und ihre Unempfindlichkeit gegenüber Schlangenbissen bekannt wurden. Seine Anhänger aus ganz Marokko und selbst aus dem Ausland versammeln sich im Frühling (das flexible Datum richtet sich nach dem Mondkalender) an seinem Mausoleum. Nichtmuslimen ist der Zutritt nicht gestattet.

Königsstadt

★ **Bab el-Mansour** TOR

(Karte S.346) Das riesige, gut erhaltene Bab el-Mansour, das vielleicht herrlichste aller marokkanischen Königstore, dominiert die Place el Hedim. Es ist mit üppigen (inzwischen etwas verblassten) *zellij* und Inschriften am oberen Rand verziert. Der Sohn Moulay Ismails, Moulay Abdallah, ließ es

Meknès – Medina

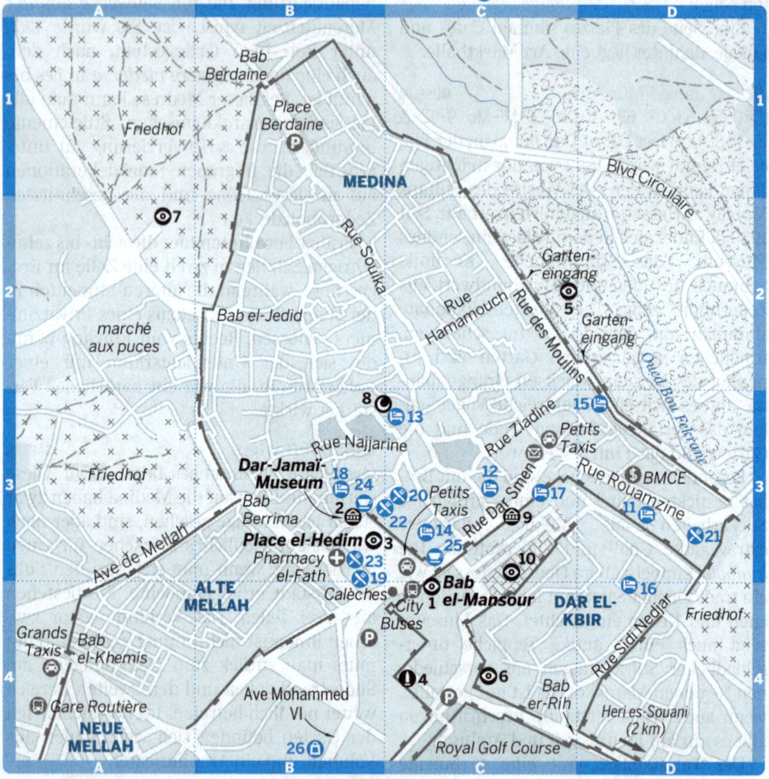

1732 bauen. Man kann das *bab* selbst nicht durchqueren – es wird nur gelegentlich für Ausstellungen geöffnet. Normalerweise nimmt man stattdessen einen Durchgang an der linken Seite.

Die zwei weißen korinthischen Marmorsäulen zu beiden Seiten des *bab* wurden aus einem Palast in Marrakesch geplündert. Moulay Ismail erwarb sie später, sie wurden aber erst nach seinem Tod von Monlay Abdallah zum *bab* hinzugefügt. Eine arabische Inschrift am oberen Rand des Tors lobt das Bauwerk mit einem Selbstvertrauen, das eines Königs würdig ist. Sie lautet: „Ich bin das schönste Tor Marokkos. Ich bin wie der Mond am Himmel. Auf meiner Vorderseite stehen Reichtum und Wohlstand geschrieben."

Place Lalla Aouda — PLATZ

(Karte S. 346; Mechouar) Südlich vom Bab el-Mansour befindet sich der *mechouar* (Paradeplatz), heute die Place Lalla Aouda, wo Moulay Ismail seine berüchtigte Schwarze Garde zu inspizieren pflegte. Für diese Eliteeinheit brachte er 16 000 Sklaven aus Schwarzafrika nach Meknés und sicherte den Fortbestand der Truppe, indem er die Soldaten heiraten und ihre Kinder für den Dienst in der Truppe ausbilden ließ. Zur Zeit der Recherche wurde die Fläche in einen Garten mit Brunnen und öffentlichen Plätzen umgestaltet.

Zum Zeitpunkt des Todes von Moulay Ismail hatte sich die Truppenstärke der Schwarzen Garde verzehnfacht. Sie erzielte viele Erfolge, von der Erstickung von Aufständen in Marokko über die Vertreibung europäischer Mächte aus dem Norden Marokkos bis hin zur Beseitigung der osmanischen Bedrohung aus Algerien.

Mausoleum des Moulay Ismail — MAUSOLEUM

(Karte S. 346; Spenden willkommen; ⏲ Sa–Do 8.30–12 Uhr) Ein Besuch der letzten Ruhestätte des Sultans, der Meknés im 17. Jh. zu seiner Hauptstadt machte, sollte für alle Tou-

Meknès – Medina

Highlights
1 Bab el-Mansour C4
2 Dar-Jamaï-Museum B3
3 Place el-Hedim B3

Sehenswertes
4 Koubbat as-Sufara' C4
5 Lahboul-Gärten C2
6 Mausoleum des Moulay Ismail C4
7 Mausoleum des Sidi ben Aïssa A2
8 Medersa Bou Inania B3
9 Musée de Meknès C3
10 Place Lalla Aouda C3

Schlafen
11 Hôtel Maroc D3
12 Riad d'Or C3
13 Riad El Ma C3
14 Riad Felloussia C3
15 Riad Lahboul D3
16 Riad Meknès D4
17 Riad Yacout C3
18 Ryad Bahia B3

Essen
19 Markthalle B3
20 Restaurant Mille et Une Nuits C3
21 Restaurant Oumnia D3
Restaurant Riad Meknès .... (siehe 16)
22 Restaurant Yahala C3
Ryad Bahia .... (siehe 18)
23 Sandwichstände B3

Ausgehen & Nachtleben
24 Cafe Restaurant Place Lehdime B3
25 Pavillon des Idrissides C3

Shoppen
26 Ensemble Artisanale B4
Tonwarenstand .... (siehe 19)

risten in der Stadt ein unverzichtbares Ritual sein. Wegen der Statue von Moulay Ismail, einem der größten marokkanischen Herrscher aller Zeiten, sind meistens auch Nichtmuslime im Heiligtum willkommen. 2016 wurde das Mausoleum allerdings auf Druck der UNESCO wegen dringend erforderlicher Restaurierungsarbeiten geschlossen. Es sollte demnächst wieder eröffnet werden. Die Grabhalle ist ein prächtiges Zeugnis des Besten, was die marokkanische Handwerkskunst zu bieten hat.

Der Weg zum Mausoleum führt durch mehrere nüchterne, friedliche Höfe, die in den Besuchern eine demütige, stille Haltung wecken sollen – was angesichts der Busladungen von Touristen nicht immer gelingt. Das Fotografieren ist erlaubt, Nichtmuslime dürfen sich aber dem Grab selbst nicht nähern. Das Mausoleum liegt in der Königsstadt, schräg gegenüber der Koubbat as-Sufara'.

Koubbat as-Sufara' — DENKMAL

(Karte S. 346; 10 Dh; April–Sept. 10–18 Uhr, Okt.–März bis 17 Uhr) Die Koubbat as-Sufara' war einst der Empfangssaal für ausländische Botschafter, und hier ließ die UNESCO die Weltkulturerbe-Plakette anbringen, als die Stadt 1996 diesen Titel erhielt. Vor dem Eingang befindet sich eine breite Freifläche mit kleinen unterirdischen Fenstern, die für Licht in einer riesigen, 40 ha großen Krypta sorgten, die dem Kornspeicher Heri es-Souani ähnelt. Rechts vom Eingang zur Koubbat as-Sufara' führt eine Treppe hinunter; der Eintrittspreis gilt für beides.

Bei seiner Entdeckung war der dunkle, etwas gespenstische Raumkomplex ein Rätsel. Heute glauben Historiker, dass er als Lebensmittellager diente. Fremdenführer erzählen allerdings gern die (falsche) Geschichte, er sei ein Gefängnis für christliche Sklaven gewesen, die Moulay Ismail in seiner Bauwut als Arbeitskräfte genutzt habe. Taschenlampe mitbringen!

★ Heri es-Souani — RUINEN

(Karte S. 346; 10 Dh; 9–12 & 15–18.30 Uhr) Etwa 2 km südöstlich vom Mausoleum des Moulay Ismail befinden sich die genial entworfenen riesigen Kornkammern und Ställe des Königs: Heri es-Souani. Winzige Deckenfenster, massive Wände und ein System unterirdischer Kanäle sorgten für gleichmäßig kühle Temperaturen und gute Luftzirkulation. In dem Gebäude waren Ställe und Futter für unglaubliche 12 000 Pferde untergebracht – Moulay Ismail selbst hielt dies für eines seiner großartigsten Architekturprojekte. Die riesigen Gewölbe sind mit ihren Original-Zedernholztüren, die an den Wänden lehnen, imposant und stimmungsvoll, besonders in den dunklen Ecken.

Im *noria*-Raum zogen die Pferde früher Eimer voller Wasser aus der Tiefe. Hinter der Kornkammer liegen die Ställe, die Reihe für Reihe in geschickt gewählten Winkeln angeordnet sind, um den Stallmeistern in dem riesigen Bereich die maximale Sicht auf ihre Pferde zu gewähren. Das Flachdach stürzte nach einem Erdbeben im 18. Jh. ein. Man nimmt an, dass die Ställe vor diesem Ereignis sieben Mal so lang waren wie der heute sichtbare Teil – kaum vorzustellen!

Im Sommer ist der Fußmarsch vom Mausoleum des Moulay Ismail hierher lang und

DER ALLMÄCHTIGE MOULAY

Nur wenige Männer haben die Geschichte ihres Landes so stark beeinflusst wie die übermächtige Gestalt des Sultans Moulay Ismail (1672–1727). Er stammte aus den Ebenen der Tafilalet-Region, über die die Sandstürme nur so dahinfegen. Seine Familie waren Scherifen, Nachfahren des Propheten Mohammed – bis heute ein Stützpfeiler der Monarchie.

Skrupellosigkeit und eine gute Abstammung waren die wesentlichen Eigenschaften, die ein zukünftiger Sultan mitbringen musste. Als Moulay Ismail den Thron von seinem Bruder Moulay ar-Rashid erbte, machte er mit seinen 83 Brüdern und Halbbrüdern, die sich um die Macht balgten, kurzen Prozess: Noch am Tag seines Amtsantritts ließ er alle ermorden, die sich weigerten, sich ihm zu unterwerfen. Auch in der Folge blieb seine Politik ausgesprochen blutig. Mit Feldzügen im Süden, im Rifgebirge und im algerischen Hinterland eroberte er den größten Teil des heutigen Marokkos. Er brachte sogar die Korsaren von Salé unter seine Fuchtel, erhob Steuern auf ihre Beute und besserte so die Staatskasse erheblich auf.

Nachdem Moulay Ismail den Frieden im Land hergestellt hatte, zog er sich in seine Hauptstadt Meknès zurück. Hier baute er seinen grandiosen Königspalast, für den er die besten Materialien aus dem ganzen Land zusammenplünderte. Außerdem ließ er Stadtmauern, Kasbahs und viele neue Städte errichten. Diese kulturelle Blütezeit war Marokkos letztes goldenes Zeitalter.

Neben Gewalt und Architektur galt Moulay Ismails Leidenschaft den Frauen. Zwar hielt er vergeblich um die Hand der Tochter Ludwigs XIV. von Frankreich an, doch das hinderte ihn natürlich nicht daran, Hunderte von Kindern zu zeugen. Dummerweise versäumte er es trotz solch bewundernswerter Manneskraft, seine Nachfolge zu regeln. Nach seinem Tod erschütterten das Sultanat daher verheerende Machtkämpfe, von denen sich die Alawiden nie wieder erholten.

Trotzdem bildete sein Vermächtnis die Basis für das moderne Marokko. Er befreite Tanger von den Briten, unterwarf die Berberstämme und entriss den Spaniern große Teile ihrer marokkanischen Territorien. Moulay Ismail legte den Grundstein für die heutige Monarchie. Mit fester Hand band er das Land zu einer Einheit zusammen, die erstmals das moderne Staatsgebilde Marokko erahnen ließ.

eine schweißtreibende Angelegenheit, deshalb nimmt man am besten ein Taxi oder eine *calèche* (Pferdekutsche). Wer trotz allem lieber läuft, folgt vom Mausoleum der Straße nach Süden, zwischen hohen Mauern hindurch und vorbei am Haupteingang des Königspalasts (kein Zugang) zum eigentlichen Eingang.

Agdal Basin SEE

(Karte S. 343) Direkt nördlich der Kornkammern und Ställe des Heri es-Souani erstreckt sich ein riesiger, von Steinen gesäumter See, das Agdal-Becken. Es wurde ursprünglich von einem komplexen, ca. 25 km langen Aquädukt-System gespeist und diente einst als Reservoir sowohl für die Gärten des Sultans als auch für einen Vergnügungssee. Heute fließt das Wasser hier nicht mehr, doch der See lädt immer noch zu einem netten Spaziergang ein. Die riesige Statue eines traditionellen Wasserverkäufers erinnert irgendwie an Giacometti.

Außerhalb des Zentrums

Palais Al-Mansour PALAST

GRATIS Der weniger stark besuchte, aber auch in seinem recht verfallenen Zustand sehr eindrucksvolle Palais Al-Mansour in einem ruhigen Vorort von Meknès ist ein fast in Vergessenheit geratenes Relikt der Herrschaft von Moulay Ismail. Der Palast aus dem 17. Jh. diente einst als Sommerresidenz des Königs und wurde von jenem genialen Architekten geschaffen, der auch für das Bab el-Mansour verantwortlich war. Gegenwärtig versucht man, den Palast vor dem endgültigen Verfall zu bewahren, allerdings geht es nur sehr langsam voran. Der runde, von einer Kuppel gekrönte Empfangssaal, der mit seinen sieben Bögen ein architektonisches Glanzlicht, in jeder anderen Hinsicht aber sehr zurückhaltend ist, gilt als typisches Beispiel für Moulay Ismails besonderen Stil und ist eines der Highlights des Palastes.

Ehe man wieder geht, sollte man darum bitten, dass man zum Dach gebracht wird, wo die Ruinen des Wohnpalastes ungeschützt den Elementen ausgesetzt sind. Von den Balkons an der Vorderseite des Palastes kann man die Königsstadt gerade noch erkennen. Im Gegensatz zum imposanten Erdgeschoss waren die Wohnräume im Dachgeschoss einst aufwendig dekoriert – an einigen Stellen kann man auf dem Fußboden noch Reste der ursprünglichen Mosaikfliesen sehen.

Geführte Touren

Verglichen mit der von Fès und Marrakesch kann man sich in der Medina von Meknès recht gut orientieren (was natürlich nicht heißt, dass man sich hier nicht verlaufen kann). Wer wenig Zeit hat oder einen tieferen Einblick ins Leben der Stadt bekommen möchte, kann für 300/500 Dh pro halben/ganzen Tag einen offiziellen Führer buchen.

Fahrten mit der *calèche* durch die Königsstadt mit Führer werden rund um die Place el-Hedim und hinter dem Bab el-Mansour angeboten – eine schnelle, 30-minütige *grand tour* zu den wichtigsten Sehenswürdigkeiten der Stadt kostet zwischen 100 und 120 Dh.

Feste & Events

Moussem von Sidi ben Aïssa RELIGION

Eine der größten *moussems* in ganz Marokko findet am Abend des Moulid im Mausoleum des Sidi ben Aïssa außerhalb der Medina von Meknès statt, um die Aïssawa-Sufi-Bruderschaft zu feiern. Es ist ein gut besuchtes, beliebtes Festival mit *fantasias*, Jahrmarkt, Musik und Tanz. Das Datum richtet sich nach dem Mondkalender und ändert sich jedes Jahr.

Schlafen

Die Zahl der Riads in Meknès ist geradezu explodiert, und inzwischen gibt's auch in der Medina Dutzende guter Optionen. In der Ville Nouvelle sind die Unterkünfte zwar billiger, die Hotels haben aber wenig Atmosphäre, in vielen von ihnen darf geraucht werden und die meisten müssten dringend mal renoviert werden.

Medina

Die meisten günstigen Herbergen von Meknès konzentrieren sich in der Rue Dar Smen und der Rue Rouamzine am Rand der Altstadt. Zu Festivals sind sie schnell ausgebucht. Riads finden sich vor allem direkt nördlich und östlich der Place el-Hedim.

Hôtel Maroc HOTEL €

(Karte S. 346; ☎ 0535 53 00 75; 7 Rue Rouamzine; 100 Dh pro Pers., B auf der Dachterrasse 50 Dh) Die nach wie vor sehr beliebte Budgetoption punktet mit der tollen Lage nur fünf Gehminuten von der Medina, dem Bab el-Mansour und der Place el-Hedim. Die freundlichen, ruhigen Zimmer (mit Waschbecken) sind schlicht, die Gemeinschaftsbäder sauber. Wer auf einer Matratze auf der Dachterrasse übernachtet, umgeben von Blumentöpfen und Wäsche, zahlt nur die Hälfte.

★ **Ryad Bahia** PENSION €€

(Karte S. 346; ☎ 0661 81 52 37, 0535 55 45 41; www.ryad-bahia.com; Tiberbarine; EZ/DZ inkl. Frühstück ab 400/650 Dh; ❄📶) Der charmante Riad, ein umgewandeltes Familienwohnhaus, liegt nur einen Katzensprung von der Place el-Hedim. Vom Haupteingang geht es in einen großen Hof mit einem tollen Restaurant (S. 356). Die hübschen Zimmer wurden liebevoll restauriert und die Besitzer (selbst begeisterte Traveller) tauschen gern Reisegeschichten aus und führen ihre Gäste durch die Medina – schließlich ist Bouchra (eine Frau!) ein offizieller Guide.

Auch Nichtgäste bekommen im Riad nachmittags Getränke und Gebäck – also einfach mal vorbeischauen!

Riad d'Or PENSION €€

(Karte S. 346; ☎ 0641 07 86 25; www.riaddor.com; 17 Derb el-Anboub; Zi./Suite 50/80 €; ❄📶🏊) Ein labyrinthischer Riad, der sich über zwei Stadthäuser erstreckt. Die Zimmer liegen um unerwartete Innenhöfe und Treppen. Es gibt Zimmer im traditionellen Stil, aber auch modern eingerichtete, sodass für jeden Geschmack etwas dabei ist. Viele bieten Platz für vier oder mehr Personen und haben Sitzbereiche. Das Preis-Leistungs-Verhältnis ist überragend. Die größte Überraschung versteckt sich auf einer der Dachterrassen – ein extra großer Pool.

Riad Lahboul PENSION €€

(Karte S. 346; ☎ 0675 71 69 17, 0535 55 98 78; www.riadlahboul.com; 6 Derb Ain Sefli, Rouamzine; EZ 40 €, DZ 60–70 €, FZ ab 85 €, alle inkl. Frühstück; ❄📶) Dieser gemütliche Riad wird von einem musikalisch gesinnten marokkanisch-englischen Paar geführt. Er hat sechs Zimmer, darunter ein Familienzimmer. Mehrere andere Zimmer lassen sich zu einem kleinen Apartment verbinden. Der *table d'hôte*

1

2

SIMON MONTGOMERY/ROBERTHARDING/GETTY IMAGES ©

Chefchaouen (S. 271), Rifgebirge **2.** Tizi'n'Tichka (S. 116), chatlas **3.** Die Straße von Imilchil (S. 148), Mittlerer Atlas

Gebirge

Die marokkanischen Gebirge sind sowohl vom Mittelmeer als auch von der Sahara aus zu sehen. Sie sind genauso landestypisch wie Medinas und Tajines, dabei aber um einiges älter. Und sie zählen zu den besten Wanderrevieren der Welt, ob für Tagesmärsche oder lange Expeditionen.

Rifgebirge

Das Rif an der Mittelmeerküste ist Marokkos grünster Gebirgszug und im Frühjahr mit Wildblumen bedeckt.

Hoher Atlas

Der Hohe Atlas umfasst schneebedeckte Gipfel wie den Jbel Toubkal und faszinierende Schluchten. Wer gut in Form ist, kann den Toubkal erklimmen, ansonsten genießt man einfach nur seinen Anblick – denn schon der ist ein echtes Highlight. Straßen führen durch verfallene Kasbahs und Berberdörfer sowie hinauf zu den Bergpässen Tizi'n'Test und Tizi'n'Tichka.

Mittlerer Atlas

Beim Anblick der Blumenbeete von Ifrane oder in den wohlriechenden Atlaszeder-Wäldern von Azrou wähnt man sich beinahe in den Alpen.

Antiatlas

Näher an der Sahara liegt der Antiatlas mit zackigen Gipfeln wie dem Jbel L'Kest, Oasen und Tälern. Der raue, trockene Jbel Saghro ist die Heimat der halbnomadisch lebenden Aït Atta.

Top-Wanderrouten

Rifgebirge Von Chefchaouen durch den Talassemtane-Nationalpark

M'Goun-Massiv Prähistorische Gesteinsformationen, Gebirgskämme, Klippen und Schluchten

Jbel Toubkal Zweitägiger Aufstieg auf den höchsten Berg Nordafrikas

Jbel Saghro Palmen- und Mandelbaumhaine unterhalb krummer Felsnadeln vulkanischen Ursprungs

Antiatlas Unberührte Pfade zwischen ockerfarbenen Felsen und Safranfeldern

Wüsten & Oasen

Marokko liegt am Rande der Sahara, deren Dünen und Oasen eine Attraktion für Reisende sind. Sie folgen den alten Wegen der Kamelkarawanen, die einst mit Salz und Gold beladen von Timbuktu durch die Wüste zogen.

Erg Chebbi & Erg Chigaga

Die Dünen des Erg Chebbi (S. 159) und des Erg Chigaga (S. 133), 160 m bzw. 300 m hoch, sind Marokkos größte Wüstenattraktion. Hier geht's mit Kamel und blau gekleidetem Kameltreiber tief in die Wüste, um das Sandmeer bei Mondlicht zu erleben und in einem Nomadenlager zu übernachten.

Wüstentäler

Auch in der Nähe von Marrakesch gibt es ein Stück Wüste, nämlich im Drâatal, wo einst ein Schild den Karawanen verkündete, dass es bis Timbuktu nur noch 52 Tage seien, und wo Oasen noch immer das Lebenselixier sind. In Ouarzazate erstreckt sich die Wüste bis zum Fuß des Atlas und durch die Fensterschlitze der Taourirt-Kasbah erblickt man Palmen.

Der tiefe Süden

Die von Reisenden meist ignorierte *hammada* (steinige Wüste) ganz im Süden verläuft durch die westliche Sahara. Die öde Landschaft wird meist nur auf dem Weg nach Mauretanien durchfahren.

Top-Oasen

Figuig Sieben traditionelle Wüstendörfer, umgeben von 200 000 Dattelpalmen

N'Kob Lehmziegelfestungen wachen über die *palmeraie* (den Palmenhain)

Skoura Die „Oase der 1000 Palmen" steht unter dem Schutz der UNESCO

Afella-Ighir Felsige rote Schluchten und unzählige Palmen

Tal der Ammeln Dorf-*palmeraies* erstrecken sich unterhalb des Jbel L'Kest

Tata In dem Außenposten in der Sahara sind Baumkronen ein willkommener Anblick

Vallée du Paradis *Palmeraies*, Oleander und Bienenkörbe säumen die Schlucht

1. Dünen von Erg Chebbi (S. 159) **2.** *Palmerie* bei N'Kob (S. 163) **3.** Antiatlas (S. 405)

2

MIKADUN/SHUTTERSTOCK ©

(Menü 200 Dh) ist eine gute Option – er wird begeistert empfohlen und es wird auch marokkanischer Wein serviert. Nichtgäste sind willkommen, sollten aber einen Tag vorher reservieren.

Mit etwas Glück wird das Abendessen von einem Liveauftritt der Besitzer begleitet. Die grüne Dachterrasse ist zauberhaft und wirkt fast wie ein Teil der friedlichen Lahboul-Gärten auf der anderen Straßenseite.

Riad El Ma PENSION €€

(Karte S. 346; ☎ 0661 51 48 24; www.riad-el-ma.com; 4 Derb Sidi Besri; Standard-/rotes Zi. 600/700 Dh, Suite 900 Dh, alle inkl. Frühstück;) Dieser hübsche, traditionelle Riad hat neben einem schön restaurierten Innenhof auch eine Dachterrasse mit mehreren Ebenen, einem kleinen Pool und Blick auf die *medersa* Bou Inania aus der Vogelperspektive. Die geräumigen Zimmer sind nach Farben benannt. Die Standardzimmer bietet ein besseres Preis-Leistungs-Verhältnis als die größeren, denn der Größenunterschied ist minimal. Das El Ma hat französische Besitzer, wird aber von zwei freundlichen Damen aus Meknès gemanagt.

Das Haus bietet ein Abendmenü für 150 Dh an.

Riad Yacout BOUTIQUEHOTEL €€

(Karte S. 346; ☎ 0535 53 31 10; www.riad-yacout-meknes.com; 22 Pl Lalla Aoud; DZ inkl. Frühstück 500–650 Dh, Suite 750–850 Dh;) Wer die Kombination aus traditionellem Flair und modernen Akzenten mag, wird das Riad Yacout lieben. Die Zimmer sind mit Flachbild-TV, Föhn und Zimmersafe ausgestattet, die Bäder etwas funkelnder als die der meisten Riads und die Mitarbeiter bemühen sich sehr um perfekten Service. Auf dem Dach werden Mittagessen und Abendessen serviert und es gibt auch einen kleinen Pool.

Am Hotel kann man gut parken bzw. sich vom Taxi absetzen lassen, denn es ist direkt an der Place Lalla Aoud in die Mauern der Königsstadt gebaut.

Riad Meknès BOUTIQUEHOTEL €€

(Karte S. 346; ☎ 0535 53 05 42; www.riadmeknes.com; 79 Ksar Chaacha, Dar el-Kabir; EZ 35–40 €, DZ 45–50 €, alle inkl. Frühstück;) Inmitten der Ruinen des Palais Ksar Chaacha in einer ruhigen Gegend nahe der Place Lalla Aouda, in die sich nur wenige Touristen verirren, befindet sich dieser große, luftige Riad. Die Zimmer sind geschmackvoll in einem Mix aus traditionellem und modernem Stil gestaltet. Der Riad ist für sein öffentliches Restaurant bekannt und hat einen schicken kleinen Pool direkt inmitten der Säulen und Ruinen. Er ist schlecht ausgeschildert, am besten ruft man an und lässt sich abholen.

Riad Felloussia PENSION €€

(Karte S. 346; ☎ 0676 98 77 17, 0535 53 08 40; www.riadfelloussia.com; 23 Derb Hammam Jdid; DZ 70–100 €;) Der günstig gelegene Riad, der problemlos von der Rue Dar Smen aus zugänglich ist, punktet mit seiner Dachterrasse mit Blick auf die Place el-Hedim, wo man stundenlang das abendliche Spektakel beobachten könnte. In dem kleinen, üppig begrünten Innenhof leben Schildkröten. Der gesamte Riad ist traditionell eingerichtet. Online kosten die Zimmer nur die Hälfte – ein toller Deal!

In den größten Zimmern im Erdgeschoss schläft man auf einem Zwischengeschoss, in dem es kuschelig warm und eng ist – manche Gäste sind begeistert, andere finden es furchtbar.

Ville Nouvelle

Angesichts der Nähe zum CTM-Busbahnhof und zum Bahnhof kann es praktisch sein, in der Ville Nouvelle zu übernachten, wenn man spät ankommt oder früh weiterreist. Allerdings verbringt man dann auch viel Zeit damit, jeden Tag zur Medina und zurück zu fahren, denn dort befinden sich alle Attraktionen der Stadt.

Hôtel Majestic HOTEL €

(Karte S. 356; ☎ 0535 52 20 35; 19 Ave Mohammed V; EZ/DZ inkl. Frühstück 288/376 Dh;) Das 1937 eröffnete Majestic ist einer der schönsten Jugendstilbauten der Stadt. Die Zimmer sind zwar recht klein, aber komfortabel, und das Hotel hat ein ganz besonderes Flair. Die gute Lage neben dem Bahnhof, der ruhige Innenhof, die Dachterrasse und das freundliche Management machen es zu einer guten Option.

Hôtel Palace HOTEL €

(Karte S. 356; ☎ 0535 40 04 68; 11 Rue Ghana; EZ/DZ 180/230 Dh; P) Der trübsinnige Anblick dieses Hotels von außen passt zu den mürrischen Mitarbeitern drinnen. Doch das Palace bietet eben ein erstaunlich gutes Preis-Leistungs-Verhältnis: Die großen Zimmer haben eigene Bäder, viele auch einen winzigen Balkon. Allerdings sind die Möbel uralt und es gibt weder ein Restaurant noch eine Bar – und es wird auch kein Frühstück serviert.

Hôtel de Nice HOTEL €€

(Karte S. 356; ☎0535 52 03 18; nice_hotel@menara.ma; Ecke Rue Accra & Rue Antsirabé; EZ/DZ ab 427/534 Dh; ❄) Das freundliche Management trägt dazu bei, dass man sich hier wohlfühlt, allerdings leidet das Hotel unter dem gleichen Missstand wie viele andere in der Ville Nouvelle: abgestandenem Zigarettenrauch. Alle Zimmer sind mit TV, einem Safe und einem Föhn versehen, einige haben einen Balkon. Die Einrichtung ist ein wenig veraltet. Das Hotel hat eine nette Bar, in der Nichtgäste willkommen sind.

Hôtel Akouas HOTEL €€

(Karte S. 356; ☎0535 51 59 67; www.hotelakouas.com; 27 Rue Amir Abdelkader; EZ/DZ 360/446 Dh; ❄🏊) Das freundliche, familiengeführte Hotel bietet etwas mehr Lokalkolorit als die meisten Konkurrenten. Die Zimmer sind nicht sehr groß, aber modern und zweckmäßig, und der Preis ist fair. Zum Hotel gehören ein Restaurant und ein Nachtclub (0–3 Uhr), die alkoholische Getränke ausschenken. Das Frühstück kostet 40 Dh.

Hôtel Bab Mansour HOTEL €€

(Karte S. 356; ☎0535 52 52 39; hotel_bab_mansour@menara.ma; 38 Rue Emir Abdelkader; EZ/DZ inkl. Frühstück 399/525 Dh; ❄📶) Zwischen geschmackvoll und langweilig verläuft nur ein schmaler Grat: Das Bab Mansour ist zwar sehr komfortabel, hat aber wenig Charakter. Die Zimmer sind ein wenig altmodisch und der Geruch von Zigarettenrauch durchdringt das Hotel. Davon abgesehen ist es aber gut geführt und bietet alle Einrichtungen, die man in einem Hotel der Touristenklasse erwartet: eine Bar, ein Restaurant und einen Nachtclub (0–3 Uhr), die Alkohol anbieten. WLAN gibt's nur an der Rezeption.

Hôtel Rif HOTEL €€

(Karte S. 356; ☎0535 52 25 91; hotel_rif@menara.ma; Rue Accra; EZ/DZ 618/736 Dh; ❄📶🏊) Von außen hat das Viersternehotel etwas von einem schokoladenbraunen Betonmonster, doch innen besitzt es einen gewissen Charme, besonders der traditionelle marokkanische Salon mit seinen hübschen *zellij*-Fliesen. In den Pool im Hof kann man mal seine Zehen eintauchen. Da er von der Bar (Nichtgäste willkommen) aus zu sehen ist, werden sich Frauen aber beim Baden beobachtet fühlen. Das Frühstück kostet 50 Dh extra.

Le Jardin de Ryad Bahia PENSION €€€

(☎0535 55 45 41; www.lesjardinsderyadbahia.com; Rte Agourai; Zi. inkl. Frühstück 700–1200 Dh; ❄📶🏊) Die Besitzer des Ryad Bahia (S. 349) führen auch dieses luftige Vorstadthaus am Rand von Meknès. Im hübschen Garten befindet sich ein großer Pool, es gibt einen Hamam (350 Dh) und eine Sauna, in denen natürliche marokkanische Schönheitsprodukte verwendet werden. Das moderne Haus hat neun Schlafzimmer mit Balkons und einen entspannten Aufenthaltsbereich im traditionellen Stil. Ein besonderes Angebot der Pension sind Kochkurse (400 Dh pro Pers.).

Hôtel Malta HOTEL €€€

(Karte S. 356; ☎0535 51 50 20; www.hotel-malta.ma; 3 Rue Charif Idrissi; EZ/DZ ab 620/840 Dh; ❄📶) Das Malta ist etwas anspruchsvoller als die meisten anderen Hotels in der Ville Nouvelle, und das spiegelt sich auch im Preis wider. Die geräumigen Zimmer sind komfortabel und haben Satelliten-TV, werden aber wohl nie einen Designpreis gewinnen. Ein Highlight ist die turbulente Bar mit Diskolichtern, die wie ein marokkanischer Palast mit Palmensäulen verziert ist. Das Frühstück kostet 50 Dh zusätzlich.

Essen

Die Restaurantszene in Meknès besticht nicht gerade durch ihre Vielfalt. Es gibt Tajines, *pastillas* und Couscous – und noch mehr Tajines, *pastillas* und Couscous. Die meisten sehr guten Restaurants in der Medina befinden sich in Riads, und in vielen sind nach vorheriger Reservierung auch Nichtgäste willkommen.

Medina

Restaurant Oumnia MAROKKANISCH €

(☎0694 22 64 37; 8 Ain Fouki Rouamzine; Menü 95 Dh; ⏱12–23 Uhr) Toll, dass es dieses unauffällige Restaurant gibt! Es ist eines von nur wenigen, die auf die üblichen marokkanischen Standardgerichte verzichten und stattdessen etwas ungewöhnlichere Speisen servieren – und dazu gibt's heimisches Bier oder wirklich köstlichen Wein aus Meknès. Besonders gut sind die Rindfleischgerichte wie *kamama* (Rindfleisch mit Tomaten und Honig) und *kababe mardoure* (Rinder-Kebab mit Ei).

Sandwichstände FAST FOOD €

(Pl el-Hedim; Sandwiches ca. 30 Dh; ⏱7–23 Uhr) Einfach einen der Stände an der Place el-Hedim auswählen (auf die Stände achten, die auf Bestellung grillen), an einem der

Meknès – Ville Nouvelle

Meknès – Ville Nouvelle

Schlafen

Essen

Ausgehen & Nachtleben

überdachten Tische Platz nehmen und beim Essen das bunte Treiben beobachten. Es gibt auch größere Gerichte wie Tajines, die Spezialität der Stände sind aber Sandwichs. Das freundliche Geplänkel der Angestellten, die um Kunden werben, ist sehr unterhaltsam.

Restaurant Riad Meknès MAROKKANISCH €€

(☎0535 53 05 42; 79 Ksar Chaacha; 3-Gänge-Menü 100–110 Dh; ⏰12–15 & 19–22 Uhr; 📶) Zwar haben praktisch alle Riads in der Medina von Meknès nette Restaurants, doch dieses ist eine tolle Option für Nichtgäste, denn die Atmosphäre in dem üppig grünen Innenhof mit Kakteengarten und einer hohen Mauerruine ist einfach klasse. Auf der schlichten Karte stehen Salate, Tajines und Couscous. Alle Gerichte schmecken großartig und werden aufmerksam und liebevoll serviert. Alkohol gibt es hier nicht.

Ryad Bahia MAROKKANISCH €€

(☎0535 55 45 41; www.ryad-bahia.com; Tiberbarine; Hauptgerichte ab 90 Dh, Menüs 160–190 Dh; ⏰12–15 & 19–22 Uhr; 📶) Auch Nichtgäste sind in diesem Riad-Restaurant willkommen, in dem man sehr nett bei Kerzenlicht im Innenhof speist (lange im Voraus buchen). Die Karte ist typisch marokkanisch, aber alles ist sehr lecker und wird nett und ansprechend angerichtet und serviert.

Restaurant Yahala MAROKKANISCH €€

(☎0649 98 88 16; restaurant.yahala@gmail.com; 10 Rue Sidi Amar Bouaouda; Hauptgerichte 60–95 Dh; 📶) In diesem kleine Restaurant herrscht eine ausgesprochen nette Atmosphäre. Aus der Familienküche, in der die Mutter kocht wie ein Weltmeister, während ihr Sohn umherschwirrt und sich eifrig um die Gäste unten kümmert, klingt fröhliches Geschnatter. Der mit weißem Gipsstuck verzierte Gastraum ist hell, frisch und modern, bekommt allerdings wenig Tageslicht ab, aber die marokkanischen Gerichte werden frisch und auf Wunsch zubereitet.

Restaurant Mille et Une Nuits MAROKKANISCH €€
(☎ 0535 55 90 02; abseits der Pl el-Hedim; Hauptgerichte 75–95 Dh; ⌚12–22 Uhr) Das freundliche Familienrestaurant ganz in der Nähe der Place el-Hedim wirkt wie ein Privathaus, das glamourös im Stil eines marokkanischen Palastes umgestaltet wurde – und genau das ist es auch. Drinnen ist es recht dunkel und ein klein wenig schäbig, doch der traditionell gestaltete Salon, in dem die Gäste essen, ist sehr gemütlich, und das marokkanische Essen ausgesprochen lecker.

Ville Nouvelle

Marhaba Restaurant MAROKKANISCH €
(Karte S. 346; 23 Ave Mohammed V; Hauptgerichte ab 25 Dh; ⌚12–22 Uhr; 📶) Das kantinenartige Restaurant im Retrostil ist der Inbegriff von fröhlich und günstig und daher sehr beliebt. Mittags empfehlen wir die frisch gegrillten Fleischspeisen. Später tut man es am besten den Einheimischen gleich und bestellt eine Schüssel *harira* und einen Teller *maâkouda* (Kartoffelpuffer) mit Brot und hart gekochten Eiern (ab 16 Uhr im Angebot) – und das schon ab 15 Dh.

Restaurant Gambrinus MAROKKANISCH €
(Karte S. 356; ☎ 0535 52 02 58; Zankat Omar ibn Ass; Hauptgerichte 50–70 Dh, Menü 77 Dh; ⌚12–18 & 19–22 Uhr) Dieses Restaurant, in dem es gute marokkanische Küche gibt, wirkt, als ob sich hier kaum etwas verändert hat, seit der erste Herr Gambrinus 1914 aus der Tschechoslowakei nach Meknès kaum. Angesichts der Speisekarte ist die Herkunft des Besitzers schon eine kleine Überraschung. Bei den Einheimischen erfreut sich das Gambrinus anhaltender Beliebtheit – sie mögen die Tajines, z. B. mit Kaninchen, die *kefta* (gegrillte Fleischbällchen aus Rinder- oder Lammhack mit Kräutern und Knoblauch), das gegrillte Lamm und die Steaks.

Palais Hassani du Poulet FAST FOOD €
(Karte S. 356; 4 Rue Tetouan; Hauptgerichte ab 28 Dh; ⌚12–1 Uhr) Auf der Karte stehen zwar auch Tajines und Couscous, doch in diesem beliebten Fast-Food-Restaurant ist vor allem ein Gericht gefragt: dampfend heiße Grillhähnchen mit Pommes, Brot und Salat. Man kann draußen an der Straße auf der überdachten Terrasse oder im klimatisierten Salon im hinteren Teil essen. Bestellt wird am Tisch, bezahlt am Schalter an der Tür.

Ausgehen & Nachtleben

Es heißt ja oft, dass es in Meknès mehr Bars gibt als in jeder anderen marokkanischen Stadt. Dennoch ist es schwierig, in der Medina, in der es keine Bars gibt, ein Lokal zu finden, das Alkohol ausschenkt. Das Restaurant Oumnia (S. 355) serviert zum Essen Bier und marokkanischen Wein.

Viele Hotels in der Ville Nouvelle haben Bars, einige sogar Nachtclubs, die in der Regel von 0 bis 3 Uhr geöffnet sind.

Cafe Restaurant Place Lehdime CAFÉ
(Ecke Pl el-Hedim & Sidi Amar Bouaouda; ⌚10–22.30 Uhr) Zur Abenddämmerung treffen sich die jungen, trendigen Einwohner der Stadt auf diesen hintereinanderliegenden Dachterrassen mit tollem Blick auf die Place el-Hedim auf einen Kaffee zum Sonnenuntergang. Frisch verliebte Pärchen konkurrieren mit Cliquen um die besten Tische (ganz oben), um zu beobachten, wie die Abendsonne die Mauern der Königsstadt und das Bab el-Mansour in Gold taucht. Der Service ist zu den Stoßzeiten recht langsam.

Café Tulipe CAFÉ
(Karte S. 346; Rue de Tarfaya; ⌚17.30–23 Uhr; 📶) Das Tulipe ist viel moderner als die meisten marokkanischen Cafés. Es hat eine große, schattige Terrasse und serviert sehr guten Kaffee. Es ist einer der nettesten Orte der Stadt, um ein, zwei Stunden zu entspannen, und das Gebäck (süß oder pikant) ist einfach köstlich. Erst sucht man sich an der Theke Gebäck aus, dann bestellt man die Getränke und danach bezahlt man an der Kasse.

Café Opera CAFÉ
(Karte S. 356; 7 Ave Mohammed V; ⌚18.30–23 Uhr) Das altmodische, prächtige und luftige Café ist eine Institution der Stadt und eines der beliebtesten Cafés der einheimischen Männer, die hier ihren Minztee trinken. Morgens ist es ein toller Zeitvertreib, draußen zu sitzen und Leute zu beobachten. Drinnen befindet sich auch eine Konditorei.

Pavillon des Idrissides CAFÉ
(Karte S. 346; 147 Dar Smen Lahdim; Hauptgerichte ab 55 Dh; ⌚9–23 Uhr; 📶) Das Dachcafé mit Restaurant hat einen begehrten Blick auf das Bab el-Mansour, ist aber zum Essen nicht so empfehlenswert. Am besten kommt man wie die Einheimischen zum Sonnenun-

tergang auf einen schnellen Kaffee oder einen frischen Saft.

☆ Unterhaltung

Institut Français DARSTELLENDE KÜNSTE
(Karte S. 320; ☎ 05 35 51 65 00; inst.fr.mek@aim.net.ma; Rue Ferhat Hachad; ⏲ Mo–Sa 9–12 & 14–18 Uhr) Das Zentrum des kulturellen Lebens der Stadt. Veranstaltet Film- und Theateraufführungen, Konzerte und Ausstellungen. Hat auch ein Gartencafé.

Shoppen

Die Suks von Meknès sind zwar nicht so groß wie die von Fès oder Marrakesch, dafür aber auch viel weniger nervig, sodass man sich ganz entspannt nach Souvenirs umschauen kann. Eine besondere Spezialität der Stadt sind silberne Damaszenerstücke: Dabei wird das Metall kunstvoll mit Einlegearbeiten aus Silberdraht verziert.

Ensemble Artisanale KUNST & KUNSTHANDWERK
(Karte S. 346; Ave Mohamed VI; ⏲ Mo–Sa 10–13 & 15–19 Uhr) Wer sich noch unsicher ist, kann sich hier einen guten Überblick über das Angebot und die Preise verschaffen. Die Qualität ist hoch und die Preise sind Festpreise.

Tonwarenstände KUNST & KUNSTHANDWERK
(Karte S. 346; Pl el-Hedim; ⏲ 9–22 Uhr) Auf der Westseite der Place el-Hedim vor der Markthalle.

INSIDERWISSEN

IN DEN SUKS & QISSARIATS IN MEKNÈS EINKAUFEN

In Meknès gibt's viele *qissariats* (überdachte Märkte). Einige davon konzentrieren sich auf Textilien und Teppiche, die sonntagsmorgens lautstark bei Auktionen verkauft werden. Der Okchen-Markt (Auktionen gegen 14 Uhr) hat sich auf edle Stickarbeiten und Kurzwaren spezialisiert. In der Rue Najjarine, die von der *medersa* Bou Inania wegführt, kommt man an Ständen mit vielen Reihen kunterbunter *babouches* (Lederslipper) vorbei. Draußen an der westlichen Stadtmauer, vom Bab Berrima aus Richtung Norden, gibt's einen farbenfrohen Suk, auf dem Gewürze, Kräuter und Nüsse verkauft werden, sowie einen lebhaften *marché aux puces* (Flohmarkt).

ℹ Praktische Informationen

Sowohl in der Ville Nouvelle (hauptsächlich in der Avenue Hassan II und der Avenue Mohammed V) als auch in der Medina (Rue Rouamzine) gibt's viele Banken mit Geldautomaten.

BMCE (98 Ave des FAR; ⏲ Mo–Fr 8.15–17.45 Uhr) In der Ville Nouvelle; hat eine Wechselstube, die auch am Samstag geöffnet ist.

BMCE (Rue Rouamzine; ⏲ Mo–Fr 9–17 Uhr) Eine von mehreren Banken in dieser Straße in der Nähe des Bab el-Mansour.

Délégation Régionale du Tourisme (☎ 0535 52 44 26, 0535 51 60 22; Pl de l'Istiqlal; ⏲ Mo–Fr 8.30–16.30, Sa 8–11.30 Uhr) Die Haupttouristeninformation der Stadt befindet sich in der Ville Nouvelle, sie hält sich aber nicht an die angegebenen Öffnungszeiten.

Hôpital Moulay Ismail (☎ 0535 52 28 05/06; abseits der Ave des FAR)

Hauptpostamt (Pl de l'Istiqlal; ⏲ Mo–Fr 8.30–16.30, Sa 8–12 Uhr)

Pharmacy el-Fath (Karte S. 346; Pl el-Hedim; ⏲ Mo–Fr 9.30–13 & 15.30–20, Sa 9.30–13 Uhr) Auf der Rückseite der Place el-Hedim.

Postfiliale (Karte S. 346; Rue Dar Smen; ⏲ 8.30–18 Uhr)

Quick Net (28 Rue Amir Abdelkader; 6 Dh/Std.; ⏲ 9–21 Uhr)

RAM (☎ 0535 52 09 63; 7 Ave Mohammed V; ⏲ Mo–Fr 8.30–12.15 & 14.30-19, Sa 9–16 Uhr) Stellt Tickets für Flüge von Royal Air Maroc aus.

ℹ An- & Weiterreise

BUS

Der **CTM-Busbahnhof** (☎ 0522 43 82 82; Ave des FAR) befindet sich westlich der Ville Nouvelle, ein paar Querstraßen vom Hauptbahnhof entfernt.

CTM-Busse fahren u. a. nach Casablanca (85 Dh, 3–4 Std., 7-mal tgl.), einige davon über Rabat (55 Dh, 2 Std., 8-mal tgl.) sowie nach Fès (25 Dh, 1 Std., 17-mal tgl.) und Marrakesch (165 Dh, 7–8 Std., 2-mal tgl.), Tanger (90–100 Dh, 5 Std., 4-mal tgl.), Oujda (130 Dh, 5½–7 Std., 3-mal tgl.), Taza (70–80 Dh, 3 Std., 9-mal tgl.), Er-Rachidia (110–120 Dh, 6–7 Std., 3-mal tgl.) und Nador (130 Dh, 6 Std., 3-mal tgl.).

Alle anderen Busse sind etwas billiger als CTM und fahren am **Gare Routière** ab, der gleich außerhalb des Bab el-Khemis, des westlichen Tores der Medina, liegt. Dort gibt es eine Gepäckaufbewahrung und Snackstände. Diese Busse sind allerdings nicht sehr zuverlässig. Busse nach Fès fahren zwischen 5 und 22 Uhr stündlich und kosten 15 Dh.

Tickets kauft man an nummerierten Schaltern:

Bus 1 Marrakesch (6-mal tgl., 5.30–18.30 Uhr)

Bus 2 Midelt, Er-Rachidia, Ouarzazate und Rissani (1-mal tgl.)

Bus 4 Rabat und Casablanca (5.30–16 Uhr stündl.)
Bus 6 Tanger (7-mal tgl.), Tetouan über Chefchaouen (4-mal tgl.)
Bus 7 Fès (stündl.), Taza (1-mal tgl.), Oujda (4-mal tgl.) und Nador (6-mal tgl., nicht direkt)

Der Bus nach Moulay-Idriss ist ein roter Stadtbus (Nr. 15) und fährt nicht am Busbahnhof ab, sondern am Bab el-Mansour (7 Dh).

TAXI

Der zentrale **grands-taxis-Stand** befindet sich auf einem unbefestigten Platz neben dem Gare Routière am Bab el-Khemisgleich außerhalb der Medina. Von hier geht es regelmäßig nach Fès (25 Dh, 1 Std., Ifrane (30 Dh, 1 Std., Azrou (30 Dh, 1 Std. und Midelt (45 Dh, 3 Std.).

Grands taxis nach Moulay-Idriss (10 Dh, 20 Min.) fahren gegenüber vom Institut Français ab. Hier kann man auch Touren nach Volubilis organisieren, für die es einen offiziellen Preis gibt (halbtägige Tour 400 Dh, 1–5 Pers.). Man bekommt aber am Taxistand in Moulay-Idriss sehr günstig ein Taxi nach Volubilis.

Von Meknés fahren Taxis zum Flughafen Fès-Saïss für einen Fèstpreis von 400/500 Dh (tagsüber/nachts) und zum Flughafen Casablanca für 1400 Dh.

ZUG

In Meknès gibt es zwei Bahnhöfe. Der günstiger gelegene Al-Amir Abdelkader befindet sich östlich der Ville Nouvelle. Züge fahren nach Fès (32 Dh, 45 Min., stündl.), Taza (59 Dh, 3–4 Std., 8-mal tgl.), davon einige mit Umsteigen in Fès, und Oujda (201 Dh, 6½–7 Std., 3-mal tgl.). Außerdem fahren Züge nach Casablanca (143 Dh, 3–3½ Std., 19-mal tgl.) über Rabat (95 Dh, 2–3 Std.) und nach Marrakesch (280 Dh, 7 Std., 8-mal tgl.). Nach Tanger verkehren täglich vier Direktzüge (90 Dh, 4–5 Std.) und zwei Nachtzüge mit Umsteigen in Sidi Kacem.

Unterwegs vor Ort

BUS

Stadtbusse pendeln zwischen der Medina und der Ville Nouvelle. Am nützlichsten sind Bus 2 (vom Bab el-Mansour zum Boulevard Allal ben Abdallah, zurück in die Medina auf der Avenue Mohammed V) und Bus 7 (vom Bab el-Mansour zum CTM-Busbahnhof). Fahrkarten kosten 2,50 Dh.

TAXI

Städtische **grands taxis** (silberne Mercedes-Benz-Taxis mit schwarzem Dach) verkehren zwischen der Ville Nouvelle und der Medina; pro Sitz kostet die Fahrt 2,50 Dh. Dieselbe Fahrt kostet in den **petits taxis** 7 bis 10 Dh. Beide findet man an der Place el-Hedim. In der Medina versammeln sich *petits taxis* auch an der Kreuzung der Rue Dar Smen/**Rue Rouamzine**. In der Ville Nouvelle findet man sie auf einem Parkplatz in der Nähe der Kreuzung Avenue des Far/**Avenue Mohammed V**.

Ein Taxi vom Bahnhof Al-Amir Abdelkader zum Bab el-Mansour kostet bei eingeschaltetem Taxameter 10 bis 15 Dh, allerdings tummeln sich an diesem Bahnhof viele Taxifahrer, die einen besseren Schnitt machen möchten. Es kann passieren, dass man vom Bahnhof erst ein Stück laufen muss, um ein Taxi zu finden, das bereit ist, das Taxamater einzuschalten.

Etwas touristischer kann man auch in einer der **calèches** (Place el-Hedim) durch die Medina fahren, die vor dem Bab el-Masour und direkt dahinter innerhalb der Mauern der Königsstadt auf Kundschaft warten.

MÄRKTE IN MEKNÈS

Markthalle (Pl el-Hedim; ⏲8.30–22 Uhr) Dies ist der beste Ort der Stadt, um frische Lebensmittel zu kaufen. Zu dem ist er mit den wunderschön arrangierten Pyramiden süßer Köstlichkeiten, Datteln und Nüssen, den Oliven und den kunstvoll präsentierten, leuchtend gelben eingelegten Zitronen praktisch eine eigene Touristenattraktion. Hier gibt es Obst und Gemüse von hoher Qualität sowie Fleisch – empfindliche Gemüter sollten den Anblick der Hühnerrupfmaschinen am hinteren Ende der Halle besser meiden.

Zentraler Markt (Ave Hassan II; ⏲7.30–14.30 Uhr) Ein guter Markt in der Ville Nouvelle mit verschiedenen Ständen für frische Lebensmittel und einigen importierten Lebensmitteln.

Volubilis (Oualili) وليلي

Die römischen Ruinen von Volubilis stehen in der Mitte einer fruchtbaren Ebene, etwa 33 km nördlich von Meknès und lassen sich leicht mit dem nahe gelegenen Moulay-Idriss zu einem großartigen Tagesausflug ab Meknès verbinden. Die Stadt ist die besterhaltene archäologische Stätte Marokkos und wurde 1997 zur UNESCO-Welterbestätte erklärt. Ihr Highlight sind die schönen, an ihrem Standort erhaltenen Mosaiken.

Im Sommer brennt die Sonne hier extrem, daher sollte man Sonnenhut und -creme sowie ausreichend Wasser mitbringen. Die ideale Zeit für einen Besuch ist das Frühjahr. Dann blühen Wildblumen zwi-

Volubilis

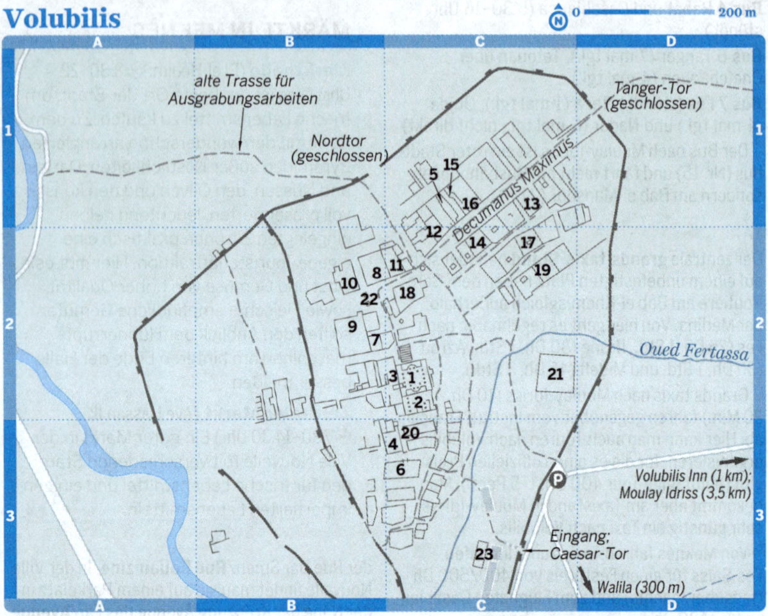

Volubilis

Sehenswertes

1 Basilika ... C2
2 Kapitol ... C2
3 Forum ... C2
4 Galenius-Thermen ... C3
5 Haus des Dionysus & der Vier Jahreszeiten ... C1
6 Haus des Orpheus ... C3
7 Haus des Akrobaten ... B2
8 Haus der Säulen ... B2
9 Haus des Hundes ... B2
10 Haus des Ephebos ... B2
11 Haus des Ritters ... C2
12 Haus der Aufgaben des Herkules ... C2
13 Haus des Marmornen Bacchus ... C1
14 Haus der Nereiden ... C2
15 Haus der Badenden Nymphen ... C1
16 Haus der Wilden Tiere ... C1
17 Haus der Venus ... C2
18 Nördliche Bäder ... C2
19 Olivenpresse ... C2
20 Restaurierte Olivenpresse ... C3
21 Tempel des Saturn ... C2
22 Triumphbogen ... B2
23 Besucherzentrum & Museum ... C3

schen den Steinen und die umliegenden Felder sind saftig grün. Am besten kommt man am frühen Morgen oder am späten Nachmittag. Seine ganze Magie entfaltet Volubilis in der Dämmerung, wenn die letzten Sonnenstrahlen auf die antiken Säulen fallen.

Geschichte

Wie Ausgrabungen gezeigt haben, siedelten hier erstmals karthagische Händler im 3. Jh. v. Chr. Im Jahr 42 n. Chr. erhielt Volubilis als einer der entlegensten Vorposten des Römischen Reiches das Stadtrecht. Einigen Historikern zufolge machte Rom seinen nordafrikanischen Provinzen strenge Vorschriften, was sie produzieren durften bzw. mussten. Das führte u. a. zur umfangreichen Rodung von Wäldern und dem großflächigen Anbau von Weizen in der Umgebung. In ihrer Blütezeit lebten bis zu 20 000 Menschen in der Stadt. Die imposantesten Bauwerke entstanden im 2. und im 3. Jh. n. Chr.: Triumphbogen, Kapitol, Thermen und Basilika.

Angriffe von Berberstämmen aus der Umgebung veranlassten die Römer, Volubilis 280 n. Chr. aufzugeben. Die Einwohner der Stadt – Berber, Griechen, Juden und Syrer – sprachen bis zur Islamisierung jedoch weiterhin Latein. Moulay Idris fand hier im 8. Jh. Zuflucht, bevor er Fès zu seiner Hauptstadt machte. Volubilis war bis ins 18. Jh. hinein bewohnt. Doch Moulay Ismail nutzte es bereits als Marmorsteinbruch für den Bau seiner Paläste in Meknès. Das große Erdbeben von Lissabon zerstörte auch diese Stadt dann am 1. November 1755 endgültig.

Sehenswertes

An der Stätte warten offizielle Führer, die gute einstündige Führungen für 200 Dh anbieten. Es ist so ziemlich jede Sprache vertreten, die es gibt. Um wirklich etwas von der Führung zu haben, sollte man sich also einen Führer suchen, der die eigene Sprache fließend spricht.

Besucherzentrum & Museum MUSEUM
(8.30 Uhr–Sonnenuntergang; P) Gleich hinter dem Haupteingang in die Stätte steht das schicke neue Besucherzentrum und Museum von Volubilis, allerdings war es während unserer Recherchen noch nicht für Besucher geöffnet. Später wird es wertvolle archäologische Funde aus Volubilis, mit französischen und arabischen Informationen versehen, ausstellen. Einige der wichtigsten Ausgrabungsstücke der Stätte befinden sich gegenwärtig im archäologischen Museum von Rabat. Um ihre Rückgabe ist ein Streit entflammt, der noch nicht beigelegt ist.

★ Römische Ruinen RUINEN
(Eintritt Erw./Kind 10/3 Dh; 8.30 Uhr–Sonnenuntergang) Bisher ist nur etwa die Hälfte der 40 ha großen Stätte von Volubilis ausgegraben. Die bekannteren Monumente befinden sich im Nordteil der Stätte und damit am weitesten vom Eingang im Süden entfernt. Unregelmäßig sind Informationstafeln verteilt, abgesehen davon gibt es kaum Hinweise darauf, was man eigentlich gerade sieht. Daher lohnt es sich, einen Führer zu engagieren, vor allem wenn man wenig Zeit hat. Wer die Ruinen lieber auf eigene Faust erkunden will, sollte sich für die wichtigsten Bauwerke mindestens zwei Stunden Zeit lassen. Teile einiger Bauten sind zwar eingezäunt, abgesehen davon kann man aber nach Belieben über die Stätte spazieren.

➡ Das antike Volubilis

Die **Olivenölpressen** sind an und für sich am unbedeutendsten, sind aber ein Beleg dafür, dass der Olivenanbau die wirtschaftliche Basis des antiken Volubilis bildete, wobei noch heute Olivenhaine in der Umgebung existieren. Auf der Stätte verstreut sieht man flache Ölpressen und Ölbehälter. Wohlhabende besaßen damals ihre eigene Olivenpresse.

➡ Bauwerke

Neben dem Haus des Orpheus liegen die Reste der **Galienus-Thermen**. Obwohl sie ziemlich verfallen sind, erkennt man noch gut die ausgeklügelte Fußbodenheizung dieser römischen Bäderanlage (man sollte nach den flachen Bögen schauen). Gegenüber dem Dampfbad befanden sich einst die Gemeinschaftslatrinen. Hier konnten die Bürger ihr Geschäft verrichten und nebenbei einen Handel abschließen oder auch einfach nur ein wenig schwatzen.

Kapitol, Basilika und das 1300 m² große Forum lagen wie üblich etwas erhöht. Das **Kapitol**, Jupiter, Juno und Minerva geweiht, stammt aus dem Jahr 218 n. Chr.; nördlich schließen sich **Basilika** und **Forum** an. Auf den rekonstruierten Säulen der Basilika nisten oft Störche: Sie gelten als Wahrzeichen von Volubilis. Im Forum stößt man auf Sockel mit lateinischen Inschriften, die früher Statuen bedeutender Männer getragen haben dürften. Leicht zu übersehen ist die steinerne Abdeckung eines Kanalschachts, ein bescheidenes Beispiel für die Ingenieurskunst der Römer.

Der marmorne **Triumphbogen** wurde 217 n. Chr. zu Ehren von Kaiser Caracalla und seiner Mutter Julia Domina erbaut. Ursprünglich stand ein Bronzewagen darauf. Fehler bei der Rekonstruktion des Bogens in den 1930er-Jahren wurden in den 1960ern korrigiert. Der kleine Hügel östlich des Bogens bietet einen guten Überblick über die Ausgrabungsstätte.

➡ Häuser mit Mosaiken

Das vornehmste und größte der Wohnhäuser ist das **Haus des Orpheus**. Hier befindet sich ein Mosaik, das Orpheus zeigt, wie er mit dem Spiel seiner Laute Tiere zähmt. Das Esszimmer ziert ein Delfinmosaik. Besondere Beachtung verdient der private Hamam: Er ist mit einem Caldarium (Dampfsauna) mit freigelegten Dampfrohren, einem Tepidarium (Trockensauna) und einem Frigidarium (Abkühlungsraum) ausgestattet und hat auch ein Solarium.

Nördlich des Forums sind links vor dem Triumphbogen zwei Mosaiken mit Seilen abgesperrt. Eines im **Haus des Akrobaten** zeigt einen Schausportler mit Siegestrophäe. Bei Wettbewerben mussten diese Kunstreiter in vollem Galopp vom Pferd springen und sich wieder hinaufschwingen. Westlich von hier steht das **Haus des Hundes**, das nicht für seine Mosaiken berühmt ist, sondern für einen einzelnen Steinsockel, in den ein riesiger Phallus gehauen ist – das Haus war damals ein Bordell für müde Krieger, die ihm einen Besuch abstatteten, nachdem sie nach der Schlacht zum Triumphbogen zurückgekehrt waren.

Vom Triumphbogen führt die Zeremonienstraße Decumanus Maximus nordöstlich den Hang hinauf. In den Häusern zu beiden Seiten der Straße befinden sich die schönsten Mosaiken der Ausgrabungsstätte. Das erste Haus, noch vor dem Triumphbogen, wird das **Haus des Ephebos** genannt und enthält ein inzwischen unvollständiges Mosaik von Bacchus in einem vom Panthern gezogenen Wagen.

Das benachbarte **Haus der Säulen** ist nach den kreisförmig angeordneten Pfeilern im Innenhof benannt. Sie sind in unterschiedlichen Stilen und teilweise mit Spiralen gestaltet. Daran grenzt das **Haus des Ritters**, auch Haus des Kavaliers/Haus des Reiters genannt, mit einem unvollständigen Mosaik von Bacchus und Ariadne. Die nackte Ariadne hat etwas unter dem Eifer ihrer Anhänger gelitten.

Die nächsten vier Häuser sind jeweils nach ihren großartigen Mosaiken benannt: das **Haus der Aufgaben des Herkules**, das **Haus des Dionysus & der Vier Jahreszeiten**, das **Haus der badenden Nereiden**, dessen Mosaik leider schwer beschädigt ist, und das **Haus der Wilden Tiere**. Das Mosaik, das die zwölf Aufgaben des Herkules darstellt, ähnelt fast einem Comic. Mehrere seiner Heldentaten soll er in Marokko begangen haben, darum war er damals eine populäre Gestalt.

Einige Mosaike sieht man erst am Schluss des Rundgangs. Über den Decumanus Maximus geht's zu der einsamen Zypresse vor dem **Haus der Venus**, der Residenz von König Juba II. Passenderweise haben die beiden Mosaiken dort romantische Themen: Die **Entführung des Hylas durch die Nymphen** ist eine erotische Komposition mit zwei schönen Nymphen, die Hylas, den Liebhaber des Herkules, von seiner Arbeit fortlocken. Das zweite trägt den nebulösen Namen Überraschung beim Bade. Nachdem der Jäger Actaeon Diana, die jungfräuliche Göttin der Jagd, im Bad beobachtet hatte, verwandelte sie ihn zur Strafe in einen Hirsch. Die Szene zeigt, wie Actaeon Hörner wachsen und seine Jagdhundmeute sich anschickt, über ihn herzufallen – ein Schicksal, das mythischen Spannern überall drohte.

Schlafen

Walila PENSION €€
(☎ 06 52 09 63 73, 06 62 52 81 05; www.walila.com; Oualili; DZ inkl. Frühstück 550 Dh; P) Dieser Bauernhof aus den 1920er-Jahren, in dem einst ein französischer Minister seine Kindheit verbrachte, befindet sich fünf Gehminuten von Volubilis in ruhiger Umgebung. Im Originalhaus gibt es drei gemütliche (wenn auch einfache) Zimmer, die mit Berber-Textilien, französischen Antiquitäten und Kaminen ausgestattet sind. Der freundliche Besitzer Azzeddine arbeitete früher als Koch in Holland, und die Gäste schwärmen von seinen modernen marokkanischen Abendessen mit Biozutaten (150–200 Dh).

Azzeddine scheut keine Mühen, damit sich seine Gäste hier wie zu Hause fühlen. Sie können sich die Hände schmutzig machen und auf dem Hof helfen, mit Maultieren Ausritte in die Hügel unternehmen oder einfach in einer Hängematte im Garten faulenzen und aufs Essen warten. Zur Zeit der Recherche wurde eine alte Steinscheune gerade zu weiteren Gästezimmern umgebaut. Man kann hier übrigens auch Mittagessen bestellen, wenn man Volubilis besucht und in der Nähe ist, hier aber nicht übernachten möchte. Das Motto des Walila ist „Zurück zur Natur", darum gibt's auch kein WLAN.

Volubilis Inn HOTEL €€€
(☎ 0535 54 44 05; hotelvolubilisinn@gmail.com; Rte de Meknès; EZ/DZ inkl. Frühstück ab 540/640 Dh; P ❄ ≋) Das Beste an diesem großen Vier-Sterne-Hotel auf einer Anhöhe oberhalb von Volubilis ist der weite Blick über die römischen Ruinen und die Landschaft ringsum. Diese tolle Aussicht genießt man von sämtlichen der mit TV und Kühlschrank ausgestatteten Zimmer, aber auch von den Terrassen, dem Pool und dem internationalen Restaurant (Hauptgerichte ab 90 Dh). Es gibt eine Bar mit Kamin. Insgesamt fehlt es dem Hotel aber ein wenig an Atmosphäre.

An- & Weiterreise

Am einfachsten und schnellsten geht es nach Volubilis, indem man ein *grand taxi* für die Hin- und Rückfahrt mietet. Eine Halbtagestour von Meknès mit einigen Stunden in der Stätte und einer Pause in Moulay-Idriss (das eigentlich einen eigenen Besuch wert ist) dürfte 350 Dh kosten. Vom etwa doppelt so weit entfernten Fès kostet diese Fahrt irgendetwas zwischen 250 und 500 Dh – allerdings ist dies keine besonders oft gebuchte Tour, sodass nicht garantiert ist, dass man einen Fahrer dafür findet, außerdem schwanken die Preis stark.

Ein billige Alternative ist es, mit einem Sammeltaxi von Meknès nach Moulay-Idriss (10 Dh) zu fahren und von dort ein *grand taxi* nach Volubilis (gesamtes Taxi einfache Fahrt 30 Dh) zu nehmen. Sammeltaxis nach Moulay-Idriss fahren nur am Institut Français in Meknès ab, an allen anderen *grands-taxis*-Ständen bekommt man zu hören, die einzige Option wäre, für 90 Dh das gesamte Taxi zu chartern (was nicht stimmt).

In Volubilis gibt es weder Taxis noch Busse, darum arrangiert man die Rückfahrt am besten mit dem Taxifahrer, der einen hinbringt.

Wenn es nicht zu heiß ist, ist auch der Fußweg zwischen Moulay-Idriss und Volubilis sehr schön; er dauert in jede Richtung eine Stunde.

Moulay-Idriss مولاي ادريس

11 615 EW.

Moulay-Idriss erstreckt sich mit seinen weiß getünchten Häusern weniger als 5 km von Volubilis entfernt inmitten von Bergen auf zwei grünen Hügeln. Angesichts der malerischen Lage, des hübschen historischen Zentrums und der Bedeutung für die marokkanische Geschichte ist es ein Rätsel, wieso nicht mehr Touristen die Stadt besuchen. Das Gute an den wenigen Besuchern ist, dass man Moulay-Idriss oft für sich allein hat.

Wegen ihres heiligen Status' blieb die Stadt bis 1912 Nichtmuslimen verschlossen, und erst 2005 durften Nichtmuslime erstmals hier übernachten. Diese Abgeschlossenheit trug dazu bei, die friedliche Lebensweise in der Stadt zu bewahren, die jeden Besucher verzaubert. Heute stehen ansprechende lokale Pensionen für Touristen bereit, und wenngleich die Stadt nicht mehr völlig frei von den gefürchteten marokkanischen Schleppern ist, so ist sie immer noch sehr entspannt und es gibt nicht ein Teppichgeschäft im Zentrum.

Die Stadt ist nach Moulay Idris benannt, einem Urenkel des Propheten Mohammed. Er war der Gründer der ersten echten Dynastie des Landes, Marokkos erster islamischer Führer und sein am höchsten verehrter Heiliger. Sein Grab befindet sich im Zentrum der Stadt und bildet jeden August den Mittelpunkt des größten *moussem* Marokkos.

Ende des 8. Jhs. musste Moulay Idris aus Mekka fliehen, um der Verfolgung durch das in Bagdad residierende Abbasiden-Kalifat zu entgehen. Er ließ sich in Volubilis nieder, sorgte dafür, dass die Einheimischen zum Islam konvertierten, und wurde ihr Anführer – die Idrissidendynastie war geboren.

Sehenswertes

Mausoleum des Moulay Idris MAUSOLEUM

(Pl Mohammed VI) Das Mausoleum des Moulay Idris ist Marokkos wichtigste Pilgerstätte. Während des jährlichen *moussem* zu seinen Ehren wird die Stadt von Pilgern regelrecht überschwemmt. Es heißt, dass fünf Pilgerfahrten nach Moulay-Idriss während des *moussem* einer Hadsch nach Mekka entsprechen. Das Mausoleum befindet sich am oberen Ende des Hauptplatzes der Stadt. Hinein geht es durch ein Tor mit drei Bögen, das von Geschäften umringt ist, die religiöse Utensilien verkaufen. Nichtmuslime dürfen die innere Absperrung nicht passieren, es lohnt sich aber, einen Blick in den prächtigen Eingang zu werfen.

Moulay Ismail schuf diese Pilgerstätte, indem er im späten 17. und frühen 18. Jh. das Mausoleum bauen und den Leichnam des Moulay Idris hierher verlegen ließ, um sich die Unterstützung der Gläubigen zu sichern.

Grande Terrasse & Petite Terrasse AUSSICHTSPUNKT

Von diesen luftigen Aussichtspunkten in der Medina bietet sich ein großartiger Blick über Moulay-Idriss und das Mausoleum mit seinem grünen Dach. Die Grande Terrasse ist breiter, hier kann man schönere Panoramafotos von der Bergstadt und ihrer Umgebung machen. Beide Terrassen sind ohne Hilfe schwer zu finden. Wenn man immer bergauf geht, kommt man schon in ihre Nähe, doch um die exakte Stelle zu finden, muss man vielleicht Einheimische fragen. Das Dar Zerhoune (S. 365) hat eine nützliche Karte.

Zylindrisches Minarett MOSCHEE

(Abseits der Rue Ain Fakra) Das 1939 erbaute, grün gekachelte, zylinderförmige Minarett der Stadt ist einzigartig und lohnt einen Blick. Es befindet sich zwar in der Medina, man findet es aber leicht. Dazu läuft man um den westlichen Rand herum bergauf (vorbei an einer kommunalen Olivenpresse auf der rechten Seite), bis man die Boulangerie-Patisserie Moulay-Idriss erreicht. Hier geht man nach rechts in die Medina hinein und hält sich auf dem Weg nach oben links.

Feste & Events

Moussem von Moulay-Idriss RELIGION

(Ende Aug.) Jeden August findet in der Pilgerstadt Moulay-Idriss, in der sich das Grab des ersten islamischen Herrschers des Landes befindet, Marokkos größter jährlicher *moussem* statt. Begleitet wird er von *fantasias*, Märkten und Musik. Das Ereignis ist so bedeutsam, dass es manchmal sogar von Mitgliedern des Königshauses besucht wird. Während des *moussem* sind die Pensionen der Stadt bis aufs letzte Bett ausgebucht, daher sollte man im Voraus buchen, wenn man während des Fests in der Stadt sein möchte.

Schlafen & Essen

Während des *moussem* schießen die Zimmerpreise in die Höhe, außerdem sollte man für diese Zeit so früh wie möglich buchen.

Lust auf einen schnellen Imbiss? Rund um den Hauptplatz gibt's einige gute und günstige Stände. Gegrilltes *kefta* mit Salat ist so etwas wie die Spezialität der Stadt.

La Colombe Blanche PENSION €
(☎0535 54 45 96; www.maisondhote-zerhoune.ma; 21 Derb Zouak Tazgha; EZ/DZ inkl. Frühstück 250/400 Dh; ❄📶) Ein traditionelles Wohnhaus, das in eine Pension verwandelt wurde. Da die Familie einen Teil des großen Hauses bewohnt, ist sie immer in der Nähe, wenn man Hilfe braucht. Die Zimmer sind ordentlich, es gibt mehrere Terrassen mit hübschem Bergblick und das Colombe Blanche hat zudem ein Restaurant, das hausgekochte Mahlzeiten serviert (Menüs 60–120 Dh – vorher reservieren). Am Mausoleum geht man rechts den Hügel hinauf und folgt den Schildern.

Hotel Diyar Timnay HOTEL €
(☎0535 54 44 00; amzday@menara.ma; 7 Aïn Rjal; EZ/DZ inkl. Frühstück 160/240 Dh; ❄) In der Nähe des *grands-taxis*-Stands steht das einzige Hotel der Stadt. Es wirkt aber recht vernachlässigt und leidet unter Zigarettenmief. Die einfachen Zimmer haben alle ihr eigenes Bad, bei einigen liegt es aber außerhalb des Zimmers. Das angeschlossene „Terrassen"-Restaurant (Hauptgerichte

Moulay-Idriss – Medina

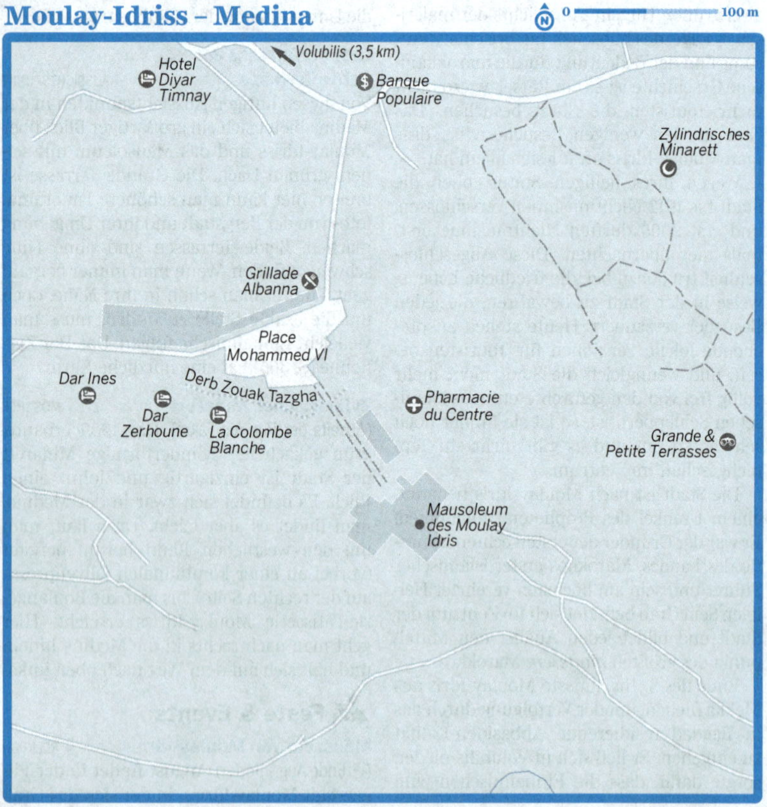

70 Dh) hat einen tollen Blick auf die Hügel, wirkt jedoch recht steril. Das Timnay punktet schlicht und einfach mit dem günstigen Preis.

★ **Dar Ines** PENSION €€
(☎ 0535 54 49 07; www.dar-ines.com; 57 Hay Tazga, Derb Amjout; EZ/DZ inkl. Frühstück ab 350/440 Dh; 📶) 🍃 Diese prächtige Pension mit Blick auf den Hauptplatz von der Terrasse aus besteht eigentlich aus zwei miteinander verbundenen *dars*. Sie hat sieben traditionell eingerichtete Zimmer, die sich um zwei Treppenhäuser verteilen. Der Manager der Pension, Sahid, ist extrem hilfsbereit – und durch seine Aufmerksamkeit hebt sich dieses *dar* von der Konkurrenz ab. Die im Haus servierten Mahlzeiten (Gäste/Nichtgäste 120/140 Dh – vorher buchen) sind hervorragend, und die Besitzer bieten auch Kunsthandwerkskurse und Trekkingtouren an.

Der einzige Nachteil (falls man sich an so etwas stört) ist, dass es WLAN nur in einem kleinen Salon im Erdgeschoss gibt.

Dar Zerhoune PENSION €€
(☎ 06 42 24 77 93; www.darzerhoune.com; 42 Derb Zouak Tazgha; EZ/DZ inkl. Frühstück 410/620 Dh; 📶) Dieses Juwel, zu dem man rechts vom Mausoleum bergauf geht, hat einen ungewöhnlichen Ansatz für die *dar*-Dekoration gewählt: statt dunklem Holz erfrischende Weißtöne mit einigen knalligen Farbakzenten. Der neuseeländische Besitzer bietet geführte Touren, Leihräder und Kochkurse an. Man kann auch ein Essen auf der Panoramaterrasse buchen, wenn man nicht hier übernachtet.

Grillade Albanna KEBAB €
(abseits der Pl Mohammed VI; kefta 30 Dh; ⏲ 11–21 Uhr) Moulay-Idriss ist für seine *kefta* bekannt, und dieses schlichte Grillrestaurant ganz in der Nähe des Hauptplatzes der Stadt ist bei den Einheimischen besonders beliebt. Während man auf das nach Wunsch gegrillte Fleisch wartet, kann man das Leben und Treiben beobachten. Die *kefta* sind frisch, sehr aromatisch und werden ganz schlicht mit gegrillten Tomaten, frischem Brot und gemahlenem Chili serviert.

ℹ Praktische Informationen

Eine **Banque Populaire** (Rue Ain Fakra; ⏲ Mo–Fr 8.15–15.45 Uhr) befindet sich bergauf vom *grands-taxis*-Stand, dort, wo sich die Straße kurz vor dem Hauptplatz gabelt.

Die **Pharmacie du Centre** (Pl Mohammed VI; ⏲ Mo–Sa 9–14 & 16–20.30 Uhr) liegt günstig am Hauptplatz der Stadt, der Place Mohammed VI.

ℹ An- & Weiterreise

Grands taxis (10 Dh, 20 Min.) nach Moulay-Idriss fahren in Meknès draußen vor dem Institut Français ab. Der rote Stadtbus (15) pendelt den ganzen Tag lang zwischen dem Bab el-Mansour in Meknès und Moulay-Idriss (7 Dh). Vom Busbahnhof fahren keine Busse nach Moulay-Idriss.

In Moulay-Idriss starten die Taxis von einem Stand an der Hauptstraße am unteren Ende der Stadt. Wer nach Fès möchte, muss über Meknès fahren.

MITTLERER ATLAS

Südlich von Fès und Meknès erheben sich die niedrigen Berge des Mittleren Atlas. Er ist ein leichtes Wandergebiet mit Wegen zwischen den Bergstädten und Dörfern und erfrischenden kleinen Waldgebieten, in denen Eichen und Zedern wachsen. Weiter südlich in Richtung Midelt weicht der Wald dramatischen, kargen Hängen – die Wüste ist nah.

Ifrane افران

14 659 EW.

Während sich ausländische Touristen auf die Medinas stürzen, um das „echte" Marokko zu erleben, zieht es marokkanische Touristen eher in Orte wie Ifrane. Die ordentliche, aufgeräumte und moderne Stadt erinnert mehr an die Schweiz als an Nordafrika. Die saubere Luft, die blitzblanken Straßen und das viele Grün machen sie bei Touristengruppen beliebt.

Die Franzosen, die Ifrane in den 1930er-Jahren bauten, legten es darauf an, den Stil eines alpinen Ferienorts nachzuahmen. Die Stadt besteht aus ordentlichen Häusern mit roten Dächern, blühenden Blumenbeeten und Parks voller Seen. Im Sommer kommen viele Tagesgäste, um ein Picknick zu veranstalten, im Winter fallen Scharen wohlhabender Gäste ein, um Ski zu fahren, und das „einfache Volk" kommt, um sich bei Schneeballschlachten zu amüsieren.

Die von Meknès kommende Hauptstraße, die in West-Ost-Richtung durch Ifrane führt, heißt Boulevard Mohammed V. Die meisten Cafés und Hotels liegen im Zentrum entlang der Rue de la Cascade und der Avenue de la Poste in der Nähe der steinernen Löwenstatue.

IFRANE-NATIONALPARK

Dieser 500 km² große Park umfasst Ifrane und Azrou sowie zahlreiche Berberdörfer. Bekannt ist er ist für seine Atlas-Zedern und die vom Aussterben bedrohten Berberaffen sowie 30 weitere Säugetierarten, darunter Wildschweine und Wölfe, die oben auf Hochplateaus leben.

Zur außergewöhnlich reichen Vogelwelt des Parks gehören auch Rote Milane, Marmelenten und Turmfalken. In zwei Feuchtgebieten, die unter die Ramsar-Konvention fallen, und an den Seen Dayet Ifrah und Dayet Aoua leben Rostgänse und verschiedene Wasserhühner. Die Seen selbst, besonders jene nördlich von Ifrane, sind landschaftlich sehr reizvoll und bei einheimischen Tagesausflüglern aus Meknès und Fès beliebt. Die Lieblingsbeschäftigung hier sind leichte Wanderungen.

Rund um Ifrane

Dayet Aoua Der Dayet Aoua liegt inmitten von Wäldern in einer bemerkenswert vogelreichen Gegend nördlich von Ifrane. An den Wochenenden kommen gern Familien her, um hier ein Picknick zu veranstalten, unter der Woche ist es aber fast menschenleer. Im Sommer trocknet der See fast vollständig aus und die Einheimischen reiten auf Pferden über den Grund des Sees. Zu anderen Zeiten wiederum kann man hier Tretboote ausleihen und zu jeder Jahreszeit lässt sich der See gut mit dem Fahrrad umrunden. Die einfache Fahrt mit dem Taxi von Ifrane zum See kostet um die 250 Dh.

Am See leben viele Enten und Stelzvögel, darunter Kammblässhühner, Spechte, Baumläufer und Kleiber, die zwischen den Bäumen am südöstlichen Ende des Sees umherflitzen. Auch auf die verschiedenen Raubvögel sollte man achten, darunter Zwergadler, Schwarze und Rote Milane und Weihen.

Seenrundfahrt Die Seenrundfahrt rund um den Dayet Aoua (s. oben) bietet sich als netter Abstecher nördlich vom Ifrane an. Sie ist 17 km nördlich von Ifrane an der Hauptstraße nach Fès ausgeschildert und schlängelt sich zwischen der P24 und der P20 für 60 km durch das Seengebiet. Wer kein eigenes Fahrzeug zur Verfügung hat, kann in Ifrane ein *grand taxi* für eine Tagestour mieten; das sollte für diese Route ca. 600 Dh kosten.

Hinter dem Dayet Aoua führt die Straße zuerst nach Osten und dann nach Süden, vorbei am kleinen Dayet Hechlaf Ifrah und am Dayet Ifrah. Zwar wird die Fahrt selbst als landschaftlich reizvolle Tour angepriesen, doch der eigentliche Reiz besteht vielmehr darin, zwischendurch auszusteigen, am Seeufer entlangzuspazieren und einfach in Ruhe die friedliche Landschaft zu genießen. Die Gegend ist wie geschaffen für Wanderer und Mountainbiker. Die Straße ist asphaltiert, aber an einigen Stellen beschädigt und im Winter oft eingeschneit.

Für alle, die länger hier verweilen wollen, ist der herrlich rustikale Le Gîte Dayet Aoua (s. oben) eine gute Übernachtungsoption am Dayet Aoua.

Erkundung der Umgebung von Azrou

Agdal-Plateau & Kherzouza-Felsen Diese leichte Tageswanderung beginnt am Wald von Moudmame gleich außerhalb Azrous. Stetig geht es bergauf, zunächst durch Korkeichenwälder, ab einer Höhe von 1800 m dann durch duftende Zedernwälder. Später führt der Weg über das weite Agdal-Plateau, das von Berber-Schäfern bewohnt wird und auf dem sich Imkereien befinden. Danach taucht man wieder in die Wälder ein und kommt schließlich an den zerklüftenen Kherzouza-Felsen heraus, wo sich eine spektakuläre Aussicht auf Azrou bietet.

Diese Wanderung ist schlecht ausgeschildert. Wer keine gute Karte oder ein zuverlässig funktionierendes GPS-System dabei hat, sollte lieber einen Bergführer engagieren. Von Moudmane aus ist die Wanderung etwa 10 km lang, man kann aber auch direkt in Azrou starten, wenn man den 8 km langen Fußweg von Azrou nach Moudmane nicht scheut.

'Ain Leuh Dieses hübsche Dorf liegt 25 km südwestlich von Azrou im Ifrane-Nationalpark. Es wird von einer kleinen Kasbah aus dem 17. Jh. gekrönt, die zu Zeiten von Moulay Imail genutzt wurde, um die lokalen Berber zu kontrollieren. Der Aufstieg durch die unebenen Straßen, die von Häusern mit flachen Dächern gesäumt werden, bis zu einem von Storchennestern umringten Wasserfall am nordöstlichen Stadtrand (am beeindruckendsten wirkt er im Frühling), an dem es auch ein Café gibt, ist sehr schön. Sammeltaxis von Azrou kosten 15 Dh, sie können Fahrgäste am Boulevard Hassan II in 'Ain Leuh absetzen.

Vom Boulevard Hassan II, wo es auch öffentliche Parkplätze gibt, folgt man der Straße immer bergauf und nimmt dann die pastellfarbene Treppe, die auch an einem kleinen terrassierten öffentlichen Park vorbeiführt. Der Wasserfall befindet sich ganz oben, gleich hinter einem Steintor, das die Dorfgrenze markiert. Am Fuß der Treppe befindet sich eine **Frauenkooperative** (Sa–Di & Do 8–19 Uhr geöffnet), wo einheimische Frauen Berberteppiche für den Verkauf weben und den Besuchern zudem den Webprozess vorführen.

Im Dorf findet jeden Mittwoch ein kleiner **Suk** statt, zu dem Marktbesucher aus der ganzen Region herbeiströmen. Der Mittwoch ist deshalb außerdem auch der beste Tag, um mit öffentlichen Verkehrsmitteln herzukommen, an den anderen Tagen muss man dann eventuell eine private Fahrt zum Preis von ca. 500 Dh organisieren. Im August ist der Ort der Schauplatz eines beliebten **Berbermusikfestivals**.

Sources de l'Oum-er-Rbia (Parken 5 Dh, Höhle 5 Dh) Bei Oum-er-Rabia sprudeln mehrere Dutzend Quellen aus den Felsen und bilden eine Reihe von Wasserfällen. Doch die erstaunlichste Attraktion hier sind nicht die eigentlichen Wasserfälle, die im Sommer und danach praktisch austrocknen, sondern vielmehr die provisorischen Cafés und Restaurants, die oberhalb der Stelle, wo das Wasser in den Fluss strömt, beinahe wagemutig an den Felsen zu kleben scheinen. Die Straße, die von 'Ain Leuh nach Süden führt, ist stellenweise sehr schlecht, doch die Landschaft ist einfach großartig. Für die Fahrt sollte man rund eine Stunde einplanen.

Von Azrou kostet die Fahrt in einem privaten *grand taxi* hierher (inklusive eines Halts in 'Ain Leuh) gepfefferte 1000 Dh. In einigen Touren in den Mittleren Atlas sind die Quellen aber ebenfalls enthalten, darum sollte man etwas herumfragen. Von 'Ain Leuh führt die Straße durch dichten Kriechwacholder-, Eichen- und Zedernwald, in dem manchmal Gruppen von Berberaffen gesichtet werden, es geht bergauf und vorbei an winzigen Berberdörfern. Unterwegs sieht man vielleicht Schäfer mit ihren Herden und einem Arbeitsesel, die ihre Tagwerk verrichten.

Es ist auch möglich, von einem der Seen der Region zu den Sources de l'Oum-er-Rabia zu wandern: Am Lac Ouiouane, ca. 20 km südlich von 'Ain Leuh, verlässt man die Straße und folgt dem Pfad an einigen Bauernhäusern vorbei zu einem kleinen Tal mit einer Brücke über den Rbia-Fluss. Von hier sind es noch ungefähr 15 Minuten bis zur Schlucht und den Wasserfällen. Insgesamt dürfte dieser Weg etwa drei Stunden dauern (ca. 10 km).

Geführte Touren

Offizielle Bergführer für den Mittleren Atlas arbeiten zu festen Preisen. Pro halbem/ganzem Tag nehmen sie 300/600 Dh; Mittagessen oder Transport sind in diesem Tarif dann allerdings noch nicht enthalten. Je nach gewünschter Wanderung sollte man inklusive Mittagessen und Transport bei ein bis zwei Personen mit etwa 1000 Dh pro Tag rechnen.

Mehrtägige Wanderungen kosten inklusive Maultier, Unterkunft, Essen und Führer 800 bis 1200 Dh, je nach Zahl der Teilnehmer.

Boujmaa & Saleh Boudaoud (✆ 0632 36 19 90; salehboudaoud@gmail.com) Offizielle Führer für das Gebiet Azrou/Ifrane und manchmal auch darüber hinaus.

Abdellah Lahrizi (S. 372) Ist ebenfalls ein offizieller Führer und obendrein auch Besitzer der ländlichen Pension Jardins d'Azrou; er betreibt eine recht nützliche Webseite (auf Französisch) über Trekking im Mittleren Atlas: www.moyen-atlas-trekking.com.

Die Natur rings um Ifrane ist faszinierender als die Stadt selbst. Die Wälder des Nationalparks ziehen sich direkt bis an den Stadtrand und in der Region im Norden gibt es viele friedliche Seen.

Sehenswertes & Aktivitäten

In der seen- und waldreichen Landschaft rund um Ifrane, besonders im Norden, kann man gut reiten, wandern und Vögel beobachten. Le Gîte Dayet Aoua ist ein großartiger Aussichtspunkt, von dem aus sich recht preiswerte Exkursionen organisieren lassen.

Steinlöwe MONUMENT
(Av Hassan II) Der steinerne Löwe auf einem Rasenstück in der Nähe des Hôtel Chamonix Ifrane ist das berühmte Wahrzeichen der Stadt. Während des Zweiten Weltkriegs, als Ifrane kurzzeitig ein Kriegsgefangenenlager war, schuf ihn ein deutscher Soldat im Tausch gegen seine Freiheit, so erzählt man. Die Statue erinnert an den letzten wilden Löwen im Atlasgebirge, der hier in den frühen 1920er-Jahren erschossen wurden. Ein Schnappschuss mit dem Löwen ist bei den marokkanischen Tagestouristen eine Art Ritual.

Schlafen

Die Hotelpreise der Stadt spiegeln ihren Wohlstand wider, und weil sie rund ums Jahr sehr gefragt ist, ist auch die Nachfrage nach Zimmern hoch, besonders bei Reisegruppen. Wer mit kleinem Budget reist, übernachtet besser in Azrou.

Hotel les Tilleuls HOTEL €€
(0535 56 66 58, 06 61 16 11 86; hoteltilleuls@gmail.com; Ecke Ave des Tilluels & Rue de la Cascade; EZ/DZ 300/400 Dh) Das billigste Hotel der Stadt hat 1935 die ersten Gäste begrüßt. Heute ist es etwas abgewetzt, und das hat auch der Besitzer bemerkt: Verschiedene Renovierungsarbeiten sind im Gange, es kann aber Jahre dauern, bis alles fertig ist. Bis dahin sind die Pluspunkte des Hotels die großen Zimmer mit Bad und die günstige Lage um die Ecke vom Hauptplatz Ifranes.

Von Donnerstag bis Samstag nimmt ein Nachtclub hier Quartier, und eine Bar gehört auch zum Hotel.

Hôtel Chamonix HOTEL €€
(0535 56 60 28; lechamonix@yahoo.fr; Ave de la Mare Verte; EZ/DZ inkl. Frühstück 489/557 Dh;) Direkt auf der anderen Straßenseite, gegenüber vom Steinlöwen und damit sehr zentral liegt dieses gepflegte Drei-Sterne-Hotel. Die Zimmer sind hell und großzügig, wenn auch etwas schlicht, und haben eigene Bäder und Zentralheizung. Ein gutes Restaurant und eine Bar sind ebenfalls vorhanden. Während der Schneesaison steigen die Preise um 15 bis 20 %.

Michlifen Ifrane LUXUSHOTEL €€€
(0535 86 40 00; www.michlifenifrane.com; abseits Ave Hassan II; Zi. Neben-/Hochsaison ab 2500/4600 Dh; P) Diese übergroße Skilodge, die im Norden über Ifrane thront, ist eines der vornehmsten Luxushotels Marokkos. Die recht dunkle Inneneinrichtung besteht u. a. aus Zedernholz. Die Zimmer ähneln Luxuschalets. Die Aussicht vom Pool ist fantastisch, und in dem Fluss, der durchs Hotelgelände fließt, kann man sogar angeln. Es gibt eine Bar und ein Restaurant.

Hôtel Perce-Neige HOTEL €€€
(0535 56 64 04; hperceneige@gmail.com; Rue des Asphodelles; EZ/DZ inkl. Frühstück 650/810 Dh, Suite 1000–1350 Dh;) Diese hübsche Unterkunft befindet sich etwa 200 m südöstlich des Zentrums in einer grünen Straße. Die Zimmer könnten etwas größer sein und sind für diesen Preis teilweise etwas abgewohnt, doch sie sind sehr komfortabel und mit Satelliten-TV und Bad ausgestattet. In den Balkonzimmern zur Vorderseite kann es etwas lauter sein. Im Restaurant mit Schanklizenz kann man gut essen (Hauptgerichte 80–150 Dh).

Außerhalb der Stadt

★ **Le Gîte Dayet Aoua** LODGE €
(0535 61 05 75; www.gite-dayetaoua.com; Dayet Aoua; B/DZ/Suite inkl. Frühstück 100/300/400 Dh; P) Komfortable Zimmer mit Bad im lokalen Berber-Stil bietet diese herrlich rustikale Lodge. Sie hat einen Pool, einen Apfelgarten, ein Berberzelt und einen einzeln stehenden marokkanischen Salon mit Holzfeuer. Hier kann man mal einen kleinen Internetentzug machen (es gibt kein WLAN) und Fahrrad fahren, reiten oder wandern. Zum Essen wird ausgezeichnete Amazigh-Küche serviert, am besten erkundigt man sich nach den Preisen für Halbpension und nach Picknickpaketen fürs Mittagessen (120 Dh).

Falls man nur ein kleines Budget hat, kann der Besitzer Bergführer für 300 Dh pro Tag organisieren – das ist etwa die Hälfte des Preises für einen offiziellen Bergführer im Mittleren Atlas.

Essen & Ausgehen

Praktisch alle Hotels der Stadt haben eine Bar, die alkoholische Getränke serviert, und im Hotel les Tilleuls (S. 368) gibt's einen Nachtclub (Donnerstag bis Samstag).

La Paix CAFÉ €

(Ave de la Mare Verte; ⌚9–22 Uhr; 📶) Wer über die Schwelle dieser gehobenen Konditorei mit Café tritt, wird seinen Augen kaum trauen: Das soll Marokko sein? Zunächst einmal wäre da die mit Kunstrasen ausgelegte und mit Gartenmöbeln ausgestattete Terrasse, dazu die breite Glasfront und schließlich das minimalistische weiße Interieur. Das Café liegt gleich oberhalb des Hôtel Chamonix. Zum Frühstück gibt's Croissants und Kaffee.

Forest Restaurant INTERNATIONAL €€

(Ecke Ave del Porte & Rue de la Cascade; Hauptgerichte 55–150 Dh; ⌚Mo–Fr 7.30–23, Sa & So bis 24 Uhr; 📶) Dieses coole Café wird gern von den reichen Unistudenten der Stadt besucht und ist relativ teuer, doch wer Appetit auf gutes westliches Essen hat, wird es lieben. Hier können die Gäste den Tag mit Eiern oder Croissants beginnen, später Burger, tolle Pasta und Pizza essen und zum Abschluss ein warmes Dessert wie Apfelstreusel genießen.

Praktische Informationen

BMCE (Ave de la Mare Verte; ⌚8.30–16 Uhr) Eine von mehreren Banken mit Geldautomaten in dieser Straße.

Délégation Provinciale du Tourism (Touristeninformation; ☎0535 56 68 21; Ave Prince Moulay Abdallah; ⌚Mo–Fr 8–16 Uhr) Wenn man Glück hat, bekommt man in der Touristeninformation von Ifrane eine Karte – man sollte aber nicht zu hohe Erwartungen haben.

Pharmacie Michliffen (Rue de la Cascade; ⌚Mo–Fr 9–13 & 15–22, Sa 9–13 Uhr) Um die Ecke vom Forest Restaurant.

Post (Ave de la Poste; ⌚Mo–Fr 8–16.15 Uhr) Gleich oberhalb vom Café La Paix und vom Hôtel Chamonix. Hat einen Geldautomaten.

An- & Weiterreise

Der neue Busbahnhof Gare Routière liegt südlich der Stadt. Von hier fahren sowohl CTM- als auch andere regionale Busse. Im Busbahnhof gibt's ein Café und eine Gepäckaufbewahrung.

Jeden Morgen fahren CTM-Busse nach Marrakesch (155 Dh, 8 Std.) via Beni Mellal. Täglich um 9 Uhr starten ein Bus nach Casablanca (120 Dh, 5 Std.) über Meknès (25 Dh, 1 Std.) und ein Bus nach Rabat (90 Dh, 3½ Std.).

Busse anderer Unternehmen fahren täglich mehrmals nach Fès, Azrou und Khenifra sowie viermal täglich nach Marrakesch, fünfmal täglich nach Rabat und einmal täglich um 13 Uhr nach Casablanca.

Grands taxis warten ebenfalls am Busbahnhof, sie steuern Fès oder Meknès (30 Dh) und Azrou (9 Dh) an. *Grands taxis* nach **Dayet Aoua** (S. 366) kann man für 250 Dh chartern; die **Seenrundfahrt** (S. 366), eine lange Tagestour, kostet 600 Dh.

Azrou أزرو

54 350 EW.

Die großen Besuchermagneten Azrous sind die Affen und die nach Zedern duftenden Waldwege. Doch auch die Stadt selbst ist durch und durch gemächlich und entspannt – ein wunderbarer Ort, um durchzuatmen, wenn man in zu vielen Großstädten war. Azrou ist ein bedeutendes Handelszentrum der Berber tief im Mittleren Atlas. Ringsum erstrecken sich Wälder und hoch gelegene Wiesen, die im Frühling in voller Blüte stehen.

Azrou (Großer Fels) wurde nach der isolierten Felsnase benannt, die am westlichen Stadtrand steht. Die große Ennour-Moschee, die wunderschön mit lokalem Zedernholz dekoriert ist, ist ebenfalls ein praktischer Orientierungspunkt. Die winzige Medina ist am leichtesten von der Place Mohammed V an ihrer Südseite zugänglich. Hier kann man stressfrei herumspazieren.

Sehenswertes

★ **Suk von Azrou** SUK

(⌚Di von Sonnenauf- bis Sonnenuntergang) Azrous wöchentlicher Suk ist einer der größten im Mittleren Atlas und bietet einen unvergesslichen Anblick. Er ist aber kein Souvenirmarkt: Die Angehörigen der Bergvölker kommen aus den Dörfern ringsum, um zu handeln und einzukaufen. Der eigentliche Reiz liegt darin, einen ganz alltäglichen marokkanischen Markt zu sehen, auf dem mit Lebensmitteln, Vieh und Kleidung gehandelt wird. Am besten kommt man vor 10 Uhr, um zu sehen, wie um Ziegen, Schafe und Kühe geschachert wird.

Der Suk erstreckt sich auf einer offenen Ebene 1,5 km nördlich der Stadt und ist in drei Teile unterteilt. Der Viehmarkt liegt am weitesten von der Stadt entfernt, am besten beginnt man dort und arbeitet sich dann zurück in Richtung Stadt vor. Unterwegs kann man an den Lebensmittelzelten (unterhalb

Azrou

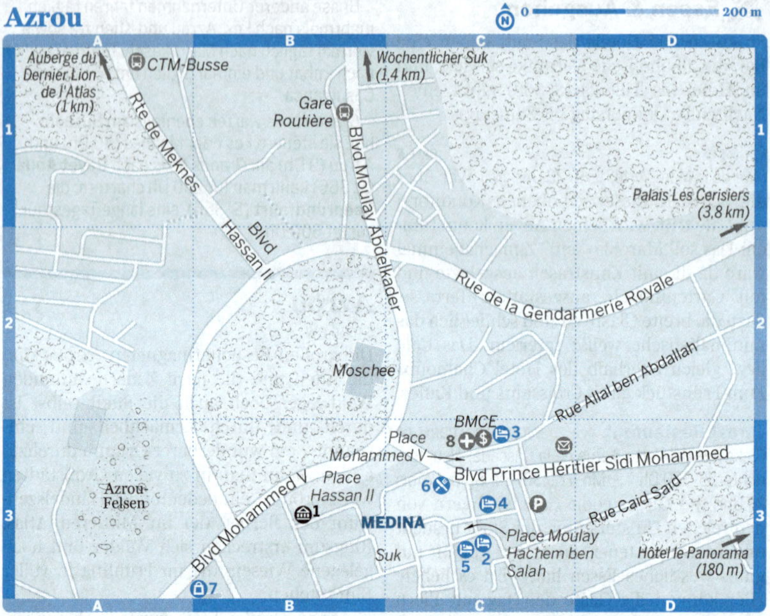

Azrou

Sehenswertes
1 Centre Culturel d'Azrou B3

Schlafen
2 Hôtel Beau-Séjour C3
3 Hôtel des Cèdres C3
4 Hôtel Salame C3
5 Riad Azrou C3

Essen
6 Café Restaurant Bilal C3
Hôtel des Cèdres .... (siehe 3)

Shoppen
7 Ensemble Artisanal B3

Praktisches
8 Pharmacie Sakhra C3

des Viehareals) anhalten, um die Tiere zu sehen, die bereits für die Grills aufgehängt sind, und um einen Minztee mit den Einheimischen zu trinken. Vorsicht bei Regen, dann verwandelt sich der Suk schnell in einen Morast.

Centre Culturel d'Azrou MUSEUM
(Pl Hassan II; Mo–Fr 8.30–16.30 Uhr) GRATIS Das neue Kulturzentrum der Stadt beherbergt ein funkelndes Museum mit drei Räumen, die sich der Ökologie des Mittleren Atlas, dem kulturellen Erbe der lokalen Amazigh und der Geschichte der Region widmen.

Moudmame WALD
Falls man es gar nicht erwarten kann, die berühmten pelzigen Bewohner Azrous zu sehen – gar kein Problem! Moudmame gleich außerhalb der Stadt ist ein beliebter Picknickwald, in dem sich garantiert eine der Berberaffentruppen der Region (S. 372) tummelt. Man sollte aber auch auf den unerfreulichen Anblick von im Müll wühlenden Affen gefasst sein. Das mangelhafte System der Abfallentsorgung hat dazu geführt, dass sich die Gegend in eine Müllhalde verwandelt hat, und so wurden die Affen konditioniert, den Müll nach Essbarem zu durchsuchen. Von Azrou fährt man auf der Route 13 nach Südwesten; die Hin- und Rückfahrt im *grand taxi* kostet 100 Dh.

Gegenüber vom Picknickbereich wurde ein breiter Streifen gerodet und ein Museum zu den Zedernwälder und zur Holzindustrie gebaut. Die Eröffnung wurde allerdings wegen langwieriger baulicher Probleme verschoben.

Aktivitäten

Beliebte Aktivitäten in dieser Region sind Affenbeobachtung, Reiten (200 Dh/Std.),

Mountainbiken (700 Dh/Std.) und Wandern, diese Exkursionen sind aber manchmal nur mit einem Bergführer möglich.

Die Wanderwege in den Hügeln südöstlich der Stadt erreicht man zu Fuß. Vom Zentrum der Stadt fragt man nach der Richtung zum Hamam Sbab, der südlich der Medina liegt. Von dort nimmt man die Straße links vom Hamam (neben dem Männereingang) und folgt ihr bergauf bis zum Friedhof, der auf der linken Seite liegt. Schließlich versandet die Straße in einem Pfad, der am Fluss entlang hinauf in die Berge führt.

Schlafen

Für seine Größe hat Azrou erstaunlich viele Unterkünfte. Besonders groß ist die Auswahl im Budgetbereich, eine gute Mittelklasseoption zu finden ist hingegen schwieriger. Die besten Unterkünfte liegen am Rand der Stadt.

Riad Azrou PENSION €

(☎06 61 06 42 42; www.riadazrou.com; Pl Moulay Hachem ben Saleh; EZ/DZ 30/35 €,ohne Bad 25/30 €; ❄📶) In Azrou wimmelt es nicht gerade vor Mittelklasseunterkünften, doch dieser Budget-Riad bietet mehr Komfort und mehr Annehmlichkeiten als seine Nachbarn (was sich auch im Preis widerspiegelt). Die großen Zimmer mit einem eigenen, guten Bad sind mit traditionellen Berbermöbeln eingerichtet. Die Zimmer mit Gemeinschaftsbad sind für den Preis ziemlich schlicht. Der familiengeführte Riad hat freundliche Angestellte.

Hôtel des Cèdres HOTEL €

(☎0535 56 23 26; Pl Mohammed V; EZ/DZ 150/250 Dh; 📶) Das 1925 erbaute Hotel wartet mit einigen Jugendstilelementen auf. In den vergangenen Jahren wurden in alle Zimmer eigene Bäder eingebaut, wenngleich diese etwas provisorisch wirken. Die Terrasse im Erdgeschoss liegt direkt am Platz und ist daher ein Treffpunkt der Einheimischen. Das Hotel hat ein gutes Restaurant, Frühstück kostet 25 Dh extra.

Hôtel le Panorama HOTEL €

(☎0535 56 20 10; www.hotelpanorama.ma; Hay Ajelabe; EZ/DZ 283/348 Dh; 📶) Azrous komfortabelstes Budgethotel ist im Stile eines prächtigen Alpenchalets erbaut. Es liegt in einer ruhigen, bewaldeten Gegend nordöstlich der Stadt (Der Weg am Abend zurück aus der Stadt ist sehr dunkel!). Die kleinen Zimmer haben Balkons, könnten aber eine Renovierung vertragen. Auf dem Hotelgelände gibt es zwei Bars, von denen eine abends sehr belebt ist. Das Frühstück kostet 36 Dh extra.

Hôtel Salame HOTEL €

(☎0535 56 25 62; salame_hotel@yahoo.fr; Pl Moulay Hachem ben Salah; EZ 80–120 Dh, DZ 160 Dh) Das Salame bekommt von Travellern gemischte Bewertungen, doch es hat Charme und die Mitarbeiter sind ausgesprochen hilfsbereit. Die kleinen, niedlichen Zimmer mit ein paar dekorativen Berberelementen und Gemeinschaftsbädern sind immer sauber und es gibt rund um die Uhr warme Duschen. Auf der zweckmäßigen Dachterrasse kann man Wäsche waschen.

Hôtel Beau-Séjour HOTEL €

(☎0535 56 06 92, 06 70 84 70 13; sadiki.tarik.40@gmail.com; 45 Pl Moulay Hachem ben Salah; EZ/DZ 70/120 Dh, warme Dusche 10 Dh) An den Wänden begrüßen Berberteppiche (die alle zum Verkauf stehen) die Gäste in der Rezeption in der ersten Etage. Das gute Budgethotel hat saubere, einfache Zimmer, einige davon mit Balkons, die auf den kleinen Platz unten gehen.

Auberge du Dernier Lion de l'Atlas PENSION €

(☎0535 56 18 68; www.dernierlionatlas.ma; 16 Rte de Meknès; EZ/DZ 225/300 Dh; 📶) Etwas außerhalb vom Zentrum an der Straße nach Meknès offeriert diese große orangefarbene Villa nette Zimmer und einen verrauchten, mit *zellij* geschmückten marokkanischen Loungebereich. Sie ist eine gute Basis für den Mittleren Atlas, denn an der Rezeption liegt ein großer Stapel mit hilfreichem Infomaterial.

Außerhalb der Stadt

Camping Amazigh CAMPINGPLATZ €

(☎0535 56 07 25, 0665 36 16 40; www.campingamazigh.com; Km 5, Rte d'Ifrane; Camping 17 Dh pro Pers. plus Zelt/Wohnmobil 12/25 Dh, Zi. in Pension 170 Dh) Ein herrlich ländlicher Campingplatz mit sehr ordentlichen Waschräumen und warmen Duschen. Er hat einen kleinen Büchertausch und einen Gemeinschaftsbereich für kühle Abende. In der etwas heruntergekommenen Küche sind die wichtigsten Küchenutensilien vorhanden. Außerdem gibt's eine schlichte Lodge, die mit Berbertextilien geschmückt ist. Im Winter sorgt ein Holzfeuer für gemütliche Wärme, doch im Sommer kann es sich hier wie ein Backofen

DIE AFFEN VON AZROU: MYTHEN UND WIRKLICHKEIT

Der Legende nach sollen Azrous Berberaffen von einer schelmischen Familie abstammen, die ihren Gastgebern keinen Respekt zollte. Eines Tag ging die Familie in den Zedernwald, verirrte sich und hatte bald nichts mehr zu essen. Eine gastfreundliche Familie lud sie zum Essen ein, und da es ein Freitag, der Tag des Gebets, war, stand Couscous auf dem Tisch. Als die Gäste sich satt gegessen hatten, begannen sie mit dem Essen zu spielen: Sie rollten den Couscous zu Bällchen und bewarfen einander damit. Gott war verärgert und bestrafte die Familie, in dem er sie in Affen verwandelte, die für immer in der Wildnis des Waldes leben sollten.

Diese Legende ist als abschreckendes Beispiel gedacht, doch die heutige Realität ist viel ernüchternder. In Marokko leben 6000 Affen, und die größte Konzentration von ihnen findet sich in diesem Gebiet im Mittleren Atlas, wo es Futter und Wasser im Überfluss gibt. In der Gegend tummeln sich Dutzende Affengruppen, doch es gibt praktisch keine organisierten Angebote für Touristen, die Affen auf verantwortungsvolle Weise zu beobachten.

Die meisten Touristen gehen zu zwei häufig besuchten Orten gleich außerhalb von Azrou, wo man garantiert Affen sieht: Moudmame (S. 370) und Cedar Gouraud. Die beiden Gruppen, die dort leben, tun dies aber, weil sie sich daran gewöhnt haben, von den Besuchern gefüttert zu werden, die es angeblich nicht besser wissen (obwohl inzwischen Informationstafeln über dieses Problem aufklären).

Das Füttern der Affen führt zu gesundheitlichen Problemen wie Fettsucht, weil dieses Futter nicht für die Mägen der Affen geeignet ist. Die Anwesenheit von Menschen verursacht den Affen Stress, und jedes Jahr sterben mehrere Tiere durch Autos auf der Straße (obwohl die Behörden Geschwindigkeitsbegrenzungen eingeführt haben, um dies zu verhindern). Auch Krankheiten können zum und vom Menschen übertragen werden, besonders, wenn man die Affen direkt aus der Hand füttert oder man versucht, sie zu berühren. Durch das Füttern werden junge Affen auch leichtere Beute von Wilderern, eine der größten Gefahren für diese Art.

Mehr Informationen zu den Makaken stehen auf der Website der Moroccan Primate Conservation Foundation (www.mpcfoundation.com).

anfühlen. Strom am Stellplatz kostet 23 Dh zusätzlich.

Les Jardins d'Azrou PENSION €€
(☎0663 77 26 87; www.lesjardinsdazrou.com; Km 4 Afoud Douar Ait Ali, Rte d'Ifrane; EZ/DZ inkl. Frühstück 450/550 Dh; P) Die schweizerisch-marokkanischen Besitzer haben diesen ruhigen Bauernhof mit Pension von Grund auf aufgebaut, Solarzellen eingebaut und Spezialausrüstung zur Erdwärmegewinnung installiert. Herausgekommen ist eine ausgesprochen angenehme Unterkunft mit einer Terrasse zum Hof hin und herrlichem Blick auf die Zedernwälder Azrous von den Schlafzimmern aus. Wenn Essen im Angebot ist, dann stammt es von der Farm des Besitzers oder von den benachbarten Gärten.

Der Hof liegt gleich außerhalb Azrous am Ende eines 1 km langen unbefestigten Weges, doch der Besitzer bringt Gäste bei Bedarf gern in die Stadt und holt sie wieder ab. Abdellah ist auch ein offizieller Bergführer für den Mittleren Atlas, daher ist das Jardins d'Azrou ein ideales Quartier für Wanderer.

Palais des Cerisiers HOTEL €€€
(Rte du Cèdre Gorou btwn Azrou & Ifrane; EZ 765–965 Dh, DZ 930–1530 Dh, alle inkl. Frühstück; P) Das elegante, gehobene Hotel steht im Frühling inmitten von Kirschblüten. Die geräumigen Zimmer sind mit Kühlschrank und Heizung ausgestattet, außerdem gibt's kostenlose Fahrräder, ein Spa, ein elegantes Restaurant und eine Bar (Nichtgäste willkommen). Der einzige Nachteil ist, dass es 4 km außerhalb von Azrou liegt und *petit taxis* nicht hierher fahren, darum eignet sich das Hotel besser für Gäste mit eigenem Fahrzeug.

Essen & Ausgehen

Die besten preiswerten Lokale befinden sich in drei Gegenden: entlang des Boulevard Moulay Abdelkader, südlich vom Busbahnhof sowie rund um die Place Hassan II und die Place Moulay Hachem ben Salah. Hier gibt's alle beliebten Klassiker wie Brathähnchen, Fleischspieße und dampfende Schüsseln *harira*.

Wer in Azrou etwas Alkoholisches trinken möchte, kann in eine von zwei Bars im Hotel le Panorama (S. 371) gehen. Der Palais des Cerisiers (S. 372) bietet ein eleganteres Ambiente für einen Drink, ist aber ohne eigenen fahrbaren Untersatz schwer zu erreichen.

Hôtel des Cèdres MAROKKANISCH €
(☎0535 56 23 26; Pl Mohammed V; Hauptgerichte 50 Dh, Tagesmenüs 100 Dh; ⏲11.30–15 & 19.30–22 Uhr) Das Restaurant des Hôtel des Cèdres ist die mit Abstand beste Adresse in Azrou, um essen zu gehen. Drinnen kann man in einem Gastraum aus den 1920er-Jahren am Feuer essen, draußen auf einer Terrasse – Seite an Seite mit den unerschütterlichen Kaffeetrinkern der Stadt. Die nachhaltig gezüchtete regionale Forelle ist immer gut, und es sind auch ungewöhnlichere Gerichte wie Kaninchen-Tajine im Angebot. Der Service ist hervorragend.

Café Restaurant Bilal CAFÉ €
(www.restaurant-bilal.com; Pl Mohammed V; Sandwiches 15–25 Dh, Hauptgerichte 40–60 Dh; ⏲8–22 Uhr; 📶) Auf der Straßenterrasse dieses Cafés mit Restaurant drängen sich Einheimische, die Kaffee und Kuchen genießen (das Café ist zugleich eine Konditorei). Oben befindet sich aber ein ruhiger Speiseraum, in dem man bei einem Sandwich, einer Tajine oder einer Pizza gut die Mails checken kann. Der Service ist langsam, aber freundlich.

Shoppen

Ensemble Artisanal KUNST & KUNSTHANDWERK
(Blvd Mohammed V; ⏲Mo–Sa 10–17 Uhr) In diesem kleinen Kunsthandwerksareal gibt's mehrere Geschäfte mit Festpreisen und einige Werkstätten von Kunsthandwerkern, vor allem von Holzschnitzern, die mit dem berühmten regionalen Zedernholz arbeiten. Sie befinden sich direkt hinter der prächtigen Zedernholztür auf der linken Seite.

Praktische Informationen

An Banken herrscht in Azrou kein Mangel. An der Place Mohammed V gibt's drei Geldautomaten.

BMCE (Pl Mohammed V; ⏲Mo–Fr 8.15–16 Uhr) Hat auch einen Wechselschalter.

Pharmacie Sakhra (Pl Mohammed V ⏲Mo–Fr 9.30–13.30 & 16–21, Sa 9.30–13.30 Uhr)

Post (Blvd Prince Héritier Sidi Mohammed; ⏲Mo–Fr 8–16.15 Uhr)

An- & Weiterreise

Azrou liegt an der Kreuzung zweier Fernstraßen. Eine Straße führt vom Meknès im Südosten nach Er-Rachidia im Nordwesten, die andere verläuft zwischen Fès im Nordosten und Marrakesch im Südwesten. Wegen ihrer Lage ist die Stadt ein regionaler Verkehrsknotenpunkt, hier kommen Busse in alle Ecken Marokkos durch. Es gibt aber keinen Zugbahnhof.

BUS

CTM (Blvd Hassan II) bietet täglich Verbindungen ab dem Busbahnhof am Boulevard Hassan II nach Casablanca (130 Dh, 6 Std.), Fès (35 Dh, 1 Std.), Marrakesch (150 Dh, 8 Std.) und Meknès (30 Dh, 2 Std.).

Preiswerte Busse anderer Busunternehmen fahren vom **Gare Routière** am Boulevard Moulay Abdelkader. Sie verkehren täglich regelmäßig nach Fès (20 Dh), Meknès (20 Dh), Ifrane (10 Dh), Marrakesch (120 Dh), Midelt (40–50 Dh) und Er-Rachidia (80 Dh). Drei Busse am Tag steuern Casablanca (70–80 Dh) an.

TAXI

Die *grands-taxis*-Station liegt unterhalb der Gare Routière, zu erreichen über eine kleine Treppe. Taxis fahren nach Fès (35 Dh, 1 Std.), Meknès (30 Dh, 1 Std.), Khenifra (35 Dh, 1 Std.) und Ifrane (9 Dh, 10 Min.) sowie weniger häufig nach Midelt (55 Dh, 2 Std.). Wer nach 'Ain Leuh (14 Dh, 30 Min.) möchte, wartet neben der Shell-Tankstelle an der Hauptstraße stadtauswärts Richtung Südwesten (bei der Polizeiwache).

Wer ein Taxi für Fahrten außerhalb der Stadt möchte, geht zum *grands-taxis*-Stand hinter der Moschee auf dem Boulevard Moulay Abdelkader.

Midelt ميدلت

55 340 EW.

Midelt liegt mitten in einem Apfelanbaugebiet zwischen dem Mittleren und dem Hohen Atlas und eignet sich hervorragend für einen Boxenstopp zwischen Fès und der Wüste. Die Landschaft nördlich der Stadt bietet spektakuläre Blicke, vor allem auf den Hohen Atlas, der abrupt und wie aus dem Nichts aufzutauchen scheint.

Die Stadt besteht aus nicht viel mehr als einer Hauptstraße, die im Norden Avenue Mohammed V und im Süden Avenue Hassan II heißt, einem passablen Suk und ein paar riesigen Hotelrestaurants, in denen Reisebusgruppen auf dem Weg gen Süden einkehren. Die Stadt ist für Touristen nicht besonders interessant, aber sie ist ein prima Ausgangspunkt für Offroad-Erkundungsfahrten durch die Gebirgsregion Jbel Ayachi.

Sehenswertes

Kasbah Myriem KUNSTHANDWERKSZENTRUM
(Atelier de Tissages et Broderie; ☎06 64 44 73 75; ⏲Mo–Do & Sa 8–12 & 14–18, Fr 9–11 & 15–17 Uhr)

Midelt

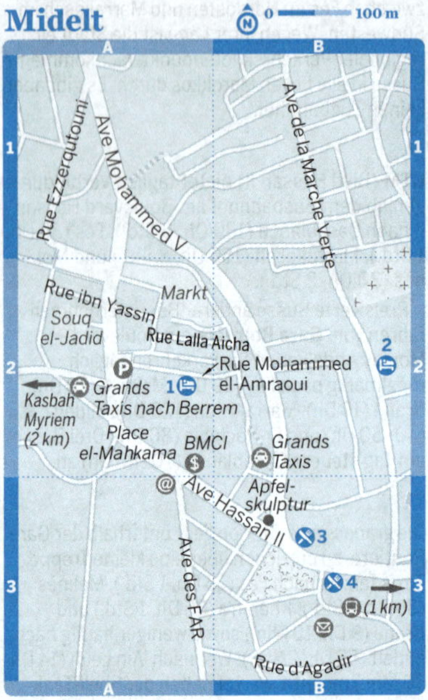

Midelt

Schlafen

1 Hôtel Atlas A2
2 Riad Villa Midelt B2

Essen

3 Complexe Touristique Le Pin B3
4 Restaurant Adnane B3

Der Abstecher in diese Werkstatt im Kasbah-Stil 1,5 km westlich der Stadt lohnt sich für alle Teppichjäger. Berberfrauen üben sich hier in Stick- und Webkunst. Es werden Webstühle, Material und ein einfacher Arbeitsraum zur Verfügung gestellt, in dem sachkundige Frauen jungen einheimischen Mädchen ab etwa 15 Jahren neben dem Weben auch Lesen und Schreiben beibringen. Der Weg ist von der Hauptstraße ausgeschildert (Eingang hinter der Klinik).

Kasbah-Myriem-Kloster KLOSTER
(Messe tgl. 7.15 & So 11 Uhr) In diesem Kloster leben Franziskanermönche. Die Anlage lädt zu einem Spaziergang ein. Wer sie besuchen möchte, klingelt an der hölzernen Tür neben dem Teppichzentrum Kasbah Myriem.

Apfelskulptur WAHRZEICHEN
Rund um Midelt werden Äpfel angebaut, daher diese übergroße Skulptur eines Apfels hoch oben im größten Kreisverkehr Midelts im Stadtzentrum. Sie ist ein guter Orientierungspunkt.

Schlafen & Essen

Im Zentrum Midelts mangelt es an guten Hotels. Die meisten etwas komfortableren Hotels liegen weiter außerhalb. Für die meisten Besucher ist das aber kein Problem, denn sie nutzen Midelt ohnehin nur für eine Zwischenübernachtung auf der langen Reise nach Süden in die Wüste.

Die meisten größeren Hotels in und um Midelt haben Restaurant mit Schanklizenz.

Hôtel Atlas HOTEL €
(☎0535 58 29 38; 3 Rue Mohammed el-Amraoui; EZ/DZ 60/120 Dh) Diese Pension ist ein bisschen beengt und rau, doch die freundliche Familie, der sie gehört, macht solche kleinen Mängel wieder wett. *Zellij*-Fliesen schaffen eine schöne Atmosphäre. Zum Hotel gehört auch ein kleines, von der Familie betriebenes Restaurant (Hauptgerichte ab 35 Dh). Die Zimmer sind erwartungsgemäß schlicht, einige haben nicht einmal Fenster, doch sie sind sauber, ebenso die Bäder mit Hocktoiletten. Warme Duschen kosten 10 Dh.

Hôtel Kasbah Asmaa HOTEL €€
(☎0535 58 04 08; Rte Er-Rachidia; EZ/DZ/Apt. inkl. Frühstück 400/550/950 Dh; P ❄ 📶 🏊) Das große Hotel im Kasbah-Stil, das etwa 3 km vom Zentrum entfernt liegt, wirbt damit, dass es auf der Straße nach Süden ist. Es hat komfortable Zimmer und Apartments, einen einladenden Pool im Zentrum der Anlage und tolle Gemeinschaftsbereiche. Das Mittagsbuffet ist bei Reisegruppen bliebt. Es gibt auch ein Restaurant mit Schanklizenz (nach Pauschalen für Halbpension fragen).

Riad Villa Midelt PENSION €€
(☎0535 36 08 51; www.hotel-riad-villa-midelt.com; 1 Pl Verte; EZ/DZ inkl. Frühstück 450/600 Dh; P ❄ 📶 🏊) Das große Vorstadthaus in einem Garten hat zehn geräumige Zimmer, einige davon mit Balkon. Die größte Überraschung ist der hübsche Pool in einem ummauerten Areal neben dem Haus. Die freundlichen Mitarbeiter können ein Abendessen für 150 Dh zubereiten. Die Villa ist vom Stadtzentrum aus gut ausgeschildert. Ein *petit taxi* vom/zum Busbahnhof kostet 10 Dh.

Restaurant Adnane FAST FOOD €
(Ave Hassan II; Hauptgerichte ab 20 Dh; 8–0.30 Uhr; 📶) Die grüne Eckterrasse des Adnane ist der ideale Ort, um das bunte Treiben zu

beobachten, während man auf seinen Brathähnchenteller wartet. Hier wird das Hähnchen mit Brot und Oliven, aromatischem Reis, kräuterreichem Tomatensalat und geschmackvoller Sauce serviert – eine bessere Kombination findet man wahrscheinlich in kaum einem Lokal in Marokko. Auch die Mitarbeiter sind freundlich.

Complexe Touristique Le Pin MAROKKANISCH €€

(☎0535 58 35 50; Ave Hassan II; Menü 70 Dh; ⏲8–21 Uhr;) Das große Café-Restaurant wirkt einigermaßen vernachlässigt. Doch wegen des guten Essens, des freundlichen Services und des netten Gartens kommen immer noch viele Reisebusgesellschaften her. Das Restaurant liegt links vom Eingang im hinteren Teil des Komplexes. Es serviert ein Tagesmenü (*menu du jour*; 70 Dh) mit mehreren Tajines und ist zum Frühstück, Mittagessen und Abendessen geöffnet.

Praktische Informationen

BMCI (Ave Hassan II; ⏲Mo–Fr 8.15–16 Uhr) Eine von mehreren Banken mit Geldautomaten in dieser Straße.

Cyber Cafe (Ave Hassan II; 5 Dh pro Std.; ⏲10–23 Uhr)

Post (abseits der Ave Hassan II; ⏲Mo–Fr 8–16.15, Sa 8.30–12.30 Uhr)

An- & Weiterreise

Die Gare Routière liegt 2 km östlich vom Stadtzentrum. Von hier fahren auch CTM-Busse (hauptsächlich nachts). Abends fahren Busse nach Casablanca (175 Dh, 7 Std.) über Rabat (145 Dh, 5 Std.) sowie nach Rissani (95 Dh, 4 Std.) über Er-Rachidia (50 Dh, 2 Std.) und nach Erfoud (80 Dh, 3½ Std.). Weitere Busse steuern abends Azrou (55 Dh, 2 Std.), Meknès (80 Dh, 3 Std.) und Fès (90 Dh, 5 Std.) an.

Andere Busse bedienen dieselben Fahrziele zu angenehmeren Zeiten, nach Fès (60 Dh, 5 Std.) fahren über den Tag verteilt vier Busse.

Grands taxis nach Azrou (70 Dh, 2 Std.), Er-Rachidia (50 Dh, 2 Std.), Meknès (80 Dh, 3 Std.) und Fès (110 Dh, 3 Std.) starten an einem Platz in der Nähe der zentralen Apfelskulptur abseits der Avenue Hassan II; **grands taxis nach Berrem** (6 Dh) fahren von einem anderen Platz an der Avenue Hassan II ab.

Rund um Midelt

Midelts Lage an den Ausläufern des östlichen Hohen Atlas sorgt dafür, dass die ländliche Umgebung der Stadt einen sehr markanten Anblick bietet: trocken, staubig und von steilen Bergen umrahmt. Abseits der Hauptrouten sind die Straßen holprige Pisten, die oft nur zwischen Mai und Oktober befahrbar sind – und auch dann nur mit dem Geländewagen.

Die Gegend ist ein Paradies für Mountainbiker und ein wunderbares Wandergebiet, wenngleich es auf den kahlen Hügeln wenig Schatten gibt.

Sehenswertes

Gorges d'Aouli RUINEN

Eine interessante Exkursion mit dem Auto führt in die gespenstische Geisterbergbaustadt Aouli und die dramatische Schlucht, in der sie liegt. Die Stadt wurde in den 1930er-Jahren von den Franzosen erbaut. Zu ihrer Hochzeit lebten hier, auf einem Plateau 660 Stufen über dem Flussbett der Schlucht, 6000 Arbeiter. Heute sind bis auf einige Wachmänner und ihre Familien alle Bewohner fortgezogen, doch große Teile der verlassenen Mine sind noch vorhanden. Die 25 km lange Fahrt von Midelt Richtung Nordosten ist landschaftlich sehr reizvoll. Eine Hin- und Rückfahrt mit dem *grand taxi* kostet 400 Dh.

Ehe man das Dorf Aouli erreicht, lohnt ein Stopp bei *le galleries*. Dies ist einer der Orte, wo die Arbeiter in den Hügeln umfangreich nach Blei, Kupfer und Silber gegraben haben. Die überdachten Höhlen, die in die Hügel geschlagen wurden, sind jene Art von Ort, wo man nicht überrascht wäre, aus der Tiefe die Trommeln von Kobolden zu hören. Die Höhlen sind schwer zu finden: Von Midelt kommend achtet man gleich hinter dem Ortsanfang des einzigen Dorfes an der S317 auf der linken Seite auf eine Sandpiste, die aus dem Nichts zu kommen scheint.

Hinter *le galleries* verschlechtert sich der Zustand der Straße, die tiefer in die Hügel führt, zunehmend. Immer dieser Piste folgen: Man merkt, wenn man Aouli dann erreicht hat. Unterwegs sieht man offene Schächte, teilweise auf halber Höhe der Felsen, die Bahnstrecke, die für 20 km im Berg verschwindet, und die Schmelzöfen. Die Straße führt durch das Dorf hindurch und beginnt schließlich anzusteigen, dann erreicht sie nach einer Haarnadelkurve eine verlassene Moschee und die Reihen verfallener Bergarbeiterhäuser über der Schlucht.

Insgesamt dauert die Fahrt ab Midelt und zurück mindestens zwei Stunden.

Aktivitäten

Cirque Jaffar PANORAMAFAHRT

Der Cirque Jaffar windet sich etwa 25 km südwestlich von Midelt durch die Ausläufer des Jbel Ayachi. Normalen Autos dürfte die raue Piste zu jeder Jahreszeit zu schaffen machen, doch die dramatischen Gipfel des Atlas bilden eine überirdisch schöne Kulisse. Der Höhepunkt dieser Autotour ist der dramatische Fußweg durch die Schlucht. Ksar Timnay Inter-Cultures (S. 376) bietet die Rundfahrt als Tagestour an.

Gorges des Berrem WANDERN

(Kasbah des Noyers) Das Dorf Berrem, das 6 km westlich von Midelt liegt (Fahrt mit privatem *grand taxi*/Sammeltaxi 50/6 Dh), wird wegen seiner uralten Walnussbäume auch die Kasbah des Noyers genannt und ist ein schöner Ausgangspunkt für eine Tageswanderung zu einem malerischen Aussichtspunkt auf die Gorges des Berrem. Man geht zur farbenfrohen Moschee des Ortes und über die Brücke – dort beginnt der Weg. Er ist schattenlos.

Schlafen

Auberge Jaafar HOTEL €

(☎0535 36 02 02; http://aubergejaafar.free.fr; Rte du Cirque de Jaafar & d'Imilchil, Berrem; EZ/DZ inkl. Frühstück 300/350 Dh; P) Der winzige Komplex im Kasbah-Stil befindet sich 6 km westlich von Midelt kurz hinter dem Dorf Berrem. Der Weg führt durch friedliche Apfelhaine. Einfache Zimmer aller Art liegen um Terrassen und einen blühenden Innenhof, außerdem gibt's einen erhöhten Pool (der schon bessere Tage gesehen hat). Wer hier übernachtet, benötigt ein eigenes Auto.

Ksar Timnay Inter-Cultures RESORT €€

(☎0535 58 34 34; www.ksar-timnay.com; zwischen Zaida & Midelt; EZ/DZ inkl. Frühstück 320/450 Dh, Riad Mimouna 450/550 Dh; P) Das Hotel-Motel im Kasbah-Stil liegt an einer staubigen Straße 20 km nördlich von Midelt auf einem grünen Grundstück. Es bietet eine breite Palette von Unterkünften, die von Zimmern und Familienapartments bis hin zu Wohnwagenstellplätzen reichen. Die Zimmer sind groß und recht komfortabel. Die im schickeren Riad Mimouna sind auch nicht viel netter als die Standardzimmer. Das Restaurant ist bescheiden.

Die Besitzer lieben die Region und bieten Exkursionen für 300 Dh pro Person und Tag sowie Trekkingtouren zum Jbel Masker (3265 m) und zum Jbel Ayachi (3737 m) an. Der Haken ist, dass alle Touren nur bei mindestens vier Teilnehmern durchgeführt werden – und das Hotel hat selten so viele Gäste, dass so eine Gruppe zusammenkommt.

An- & Weiterreise

Öffentliche Verkehrsmittel fahren nur zwischen bewohnten Gebieten, man kann z. B. mit einem Sammeltaxi von Midelt nach Berrem fahren, aber nicht Richtung Gorges d'Aouli.

Sobald man die Hauptstraßen verlassen hat, sind die Straßen rund um Midelt durchweg in schlechtem Zustand. Daher können scheinbar kurze Fahrten länger dauern als gedacht, und das kann auch die Kosten für ein privates *grand taxi* in die Höhe treiben. Wer ein Taxi mietet, sollte für einen halben Tag mit 500 Dh rechnen. **Ksar Timnay Inter-Cultures** (S. 376) befindet sich nördlich von Midelt und vermietet Geländewagen mit Fahrer für um die 1200 Dh, was für eine Gruppe von mehreren Personen günstig ist.

Taza

148456 EW.

Taza ist in fast jeder Hinsicht einfach eine schläfrige Provinzstadt, und wären da nicht die tiefen Höhlen und die menschenleeren Wanderwege direkt vor der Tür, würde es sich wohl kaum lohnen, der Stadt einen Besuch abzustatten. In Taza selbst kann man die imposanten restaurierten Befestigungsanlagen zur ummauerten Medina, Taza Haute, hinaufsteigen, wo sich ein Panoramablick auf das Rif-Gebirge im Norden und den Mittleren Atlas im Süden bietet. Danach lockt die Erkundung des östlichen Mittleren Atlas mit dem Gouffre du Friouato (eine der unglaublichsten offenen Höhlen der Welt) und dem Tazekka—Nationalpark.

Taza ist sauber in zwei Hälften geteilt: in die Ville Nouvelle (auch Taza Bas bzw. Unteres Taza) genannt, die rund um die Place de l'Indépendance liegt, und in die ummauerte Medina (Taza Haute) auf einem Hügel 2 km weiter südlich. Die nicht sehr bemerkenswerte Ville Nouvelle hat Touristen wenig Interessantes zu bieten, hier befinden sich aber die meisten Unterkünfte sowie der Busbahnhof und der Bahnhof.

Geschichte

Tazas Festung schmiegt sich an eine Steilklippe über dem einzigen natürlichen Pass zwischen dem Rifgebirge und dem Mittleren Atlas. Die ganze marokkanische Geschichte hindurch spielte die Garnisonsstadt eine be-

Taza Haute

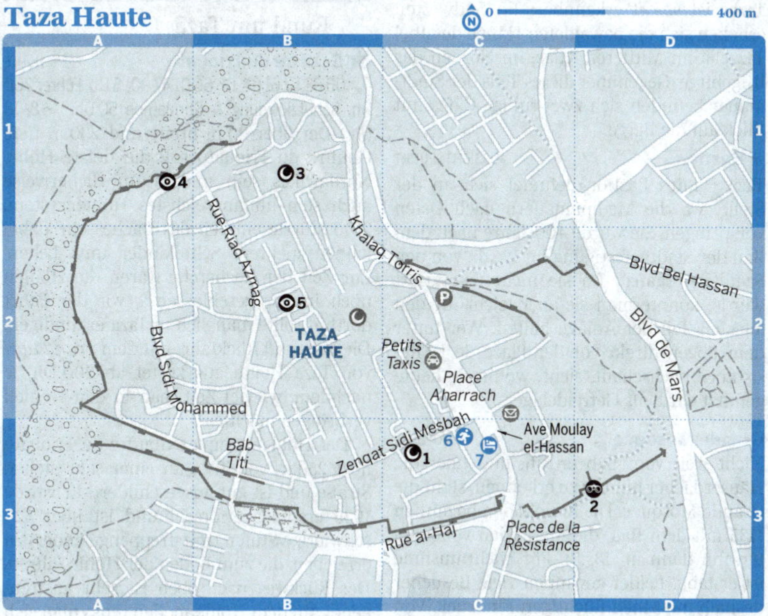

Taza Haute

Sehenswertes

1 Andalusische Moschee C3
Bab er-Rih .... (siehe 4)
2 Bastion D3
3 Grande Mosquée B1
4 Stadtmauern der Medina A1
5 Suks B2

Aktivitäten, Kurse & Touren

6 Hamam C3

Schlafen

7 Hôtel de l'Étoile C3

deutende Rolle bei der Kontrolle der östlichen Landesteile.

Von alters her war der Tizi'n'Touahar, wie der Pass heißt, die Einfallsroute für die Armeen, die von Tunesien und Algerien nach Westen vorrückten. Über ihn kamen auch die Römer und Araber nach Marokko. Almohaden, Meriniden und Alawiden nutzten die Stadt als Stützpunkt, um von hier aus das marokkanische Unterland zu erobern und ihre Dynastien zu etablieren.

Alle marokkanischen Sultane sorgten für die Befestigung von Taza. Ihre Kontrolle über die Region blieb trotzdem immer heikel, denn die stolzen, unabhängigen und rebellischen Berberstämme der Umgebung nutzten jede Schwäche der Zentralmacht aus, um die Stadt zu stürmen. Anfang des 20. Jhs. ließ sich „El Rogui" Bou Hamra, der große Teile Nordostmarokkos beherrschte, in Taza zum Gegensultan ausrufen.

Die Franzosen besetzten den Ort 1914 und bekämpften von hier aus den ungebremsten Widerstand der Berberstämme im Rifgebirge und im Mittleren Atlas.

Sehenswertes

Stadtmauern der Medina
HISTORISCHE STÄTTE

Die imposanten, restaurierten Mauern der Medina sind insgesamt ca. 3 km lang und stammen aus dem 12. Jh., als Taza für kurze Zeit die Hauptstadt der Almohaden war. Die beiden spannendsten Teile sind die verfallene Befestigungsanlage und das Bab er-Rih. Die äußere Straße, die zum Bab er-Rih führt, ist auch wegen ihrer prächtig geschmückten Tore und der hoch oben in den Mauern befindlichen Fenster, die von alten, geschnitzten Zedernholzgittern geschützt werden, interessant.

Bab er-Rih
AUSSICHTSPUNKT

(Tor des Windes) Der interessanteste Abschnitt der Stadtbefestigung von Taza Haute ist jener rund um das Bab er-Rih, von wo sich ein herrlicher Blick auf die Landschaft ringsum bietet. Die strategische Bedeutung der Lage

Tazas ist sofort erkennbar: Im Südwesten erheben sich die bewaldeten Hänge des Jbel Tazzeka im Mittleren Atlas, im Norden das Rifgebirge. Gegenüber dieses Teils der Stadtmauer befinden sich zwei ruhige Cafés mit Blick auf die Berge.

➡ Bastion AUSSICHTSPUNKT

Taza Hautes Bastion befindet sich an der Stelle, wo die Medinamauern nach Osten vorspringen. Sie wurde 400 Jahre nach dem Bau der Stadtbefestigung im 12. Jh. von den Saaditen ergänzt. Da sie nicht restauriert wurde, könnte man sie aber leicht für den ältesten Teil der Anlage halten. Wer unter dem Bogen direkt vor der Place de la Resistance nachschaut, sieht, wofür sie heute genutzt wird: als Getreidelager.

Grande Mosquée MOSCHEE

Nicht weit vom Bab er-Rih, und über die Häuserdächer hinweg zu erkennen, steht die Grande Mosquée. Die Almohaden begannen 1135 mit dem Bau, die Meriniden vollendeten ihn dann im 13. Jh. Für Nichtmuslime ist er tabu. Leider gewinnen viele Besucher deshalb nur einen flüchtigen Eindruck. Von der Moschee schlängelt sich die Hauptstraße Richtung Südwesten bis ans andere Ende der Medina.

Andalusische Moschee MOSCHEE

Die Hauptstraße in die Medina, die nahe der Place Aharrach beginnt, führt erst an mehreren winzigen Bäckereien vorbei und dann zu dieser im 12. Jh. erbauten Moschee. Es gibt kein Schild, und von der Medina aus ist das Gebäude schwer als Moschee zu erkennen. Auf die beiden grünen Mosaiktüren achten, durch die Männer und Frauen getrennt in die Moschee gehen. Nichtmuslime dürfen die Moschee nicht betreten.

Suks MARKT

Die Suks und die *qissaria* (überdachter Markt) befinden sich im Herzen der Medina von Taza. Hier werden Lebensmittel und marokkanische Waren verkauft. In der *qissaria* gibt's auch viel glitzernden Schmuck sowie Kleidung.

Aktivitäten

Hammam HAMAM

(abseits Zenqat Sidi Mesbah; 12,50 Dh; ⏲ Männer 5–12 & 19–24, Frauen 12–19 Uhr) In diesem Hamam ganz nah an der Place Aharrach, auf der Rückseite des Hotel de l'Etoile, kann man gut den Staub und Schmutz des Reisens abwaschen.

Rund um Taza

★ Gouffre du Friouato HÖHLE

(☎ 06 68 57 61 94, 06 66 01 47 90; 5 Dh, Führer 200 Dh, Schutzkleidung & Stirnlampe 50 Dh; ⏲ 8–18 Uhr) Der über 20 m breite und 230 m tiefe Gouffre du Friouato soll die tiefste Höhle Nordafrikas sein und ist möglicherweise auch sein umfangreichstes Höhlensystem. 2016 stürzte ein Teil des Daches ein, dabei kamen mehrere Schulkinder ums Leben. Zur Zeit der Recherche waren die Höhlen noch immer geschlossen – vor der Fahrt dorthin sollte man sich in Taza erkundigen. Die Hin- und Rückfahrt mit dem *grand taxi* von Taza Haute aus kostet ab 200 Dh, je nachdem, wieviel Zeit man in den Höhlen verbringen möchte.

Der Höhlenkomplex Gouffre du Friouato liegt 25 km von Taza an einer sehr steilen Straße und ist gut ausgeschildert. Er wurde 1935 erstmals erforscht und ist über 520 schwierige Stufen (mit Treppengeländer) zu erreichen, die zum Boden der Höhle führen. Der Rückweg nach oben ist sehr anstrengend. Auf dem Höhlenboden muss man sich zunächst durch ein Loch zwängen, dann beginnt die Erkundung der faszinierenden Höhlenkammern, die weitere 200 Stufen tiefer liegen. Es ist dunkel und auf gespenstische Weise schön. Sachen tragen, die ruhig schmutzig werden können!

Am meisten beeindrucken die Tropfsteingebilde in der Salle de Lixus und der Salle de Draperies; der Name Draperie – Faltenwurf – wurde passend gewählt angesichts der Formationen, die tatsächlich an dünne, versteinerte Vorhänge erinnern. Für den Hin- und Rückweg sollten insgesamt mindestens drei Stunden eingeplant werden. Speläologen haben das Höhlensystem bis auf eine Tiefe von 300 m erforscht, sie vermuten aber, dass 500 m tiefer noch mehr Kammern liegen.

Wer das Eintrittsgeld bezahlt hat, kann den Höhleneingang in 160 m Tiefe passieren, allerdings dürfen die größten unterirdischen Kammern dahinter nur mit einem Führer erkundet werden. Achtung: Gelegentlich ist bei engen Abschnitten Bauch-einziehen angesagt – nichts für Leute mit Platzangst. Schutzanzug, rutschfeste Überschuhe und ein Schutzhelm mit Höhlenlampe müssen gegen Gebühr geliehen werden.

Tazekka-Nationalpark HIKING

Mit seinen Korkeichenhainen und sanft ansteigenden Hügeln ist der Tazekka-Nationalpark ein wunderbares Wandergebiet, dennoch wird er von den meisten Marokkobesuchern übersehen. Der kleine Nationalpark wurde 1950 gegründet und erstreckt sich südwestlich von Taza und am Rand des Gouffre du Friouato auf 137 km². Die kompetente Touristeninformation des Parks (S. 380) in Bab Bou-Idir stellt auf Infotafeln und Karten zahlreiche Wanderungen vor, von 1,4 km langen Spaziergängen bis hin zu einer anspruchsvollen 17 km langen Tagestour.

Vor 20 Jahren wurden im Park mit großem Erfolg nordafrikanische Berberhirsche angesiedelt. Außerdem leben hier zahlreiche andere Tiere wie Wildschweine, Atlashörnchen und Fledermäuse sowie Dutzende von Vogelarten.

Im Juli und August, wenn die Sommerferienhäuser und Campingplätze geöffnet sind, fahren häufig Sammeltaxis nach Bab Bou-Idir (13 Dh). Zu allen anderen Jahreszeiten muss man aber wahrscheinlich ein privates *grand taxi* chartern, um herzukommen (78 Dh).

Jbel-Tazekka-Rundfahrt PANORAMAFAHRT

Diese reizvolle Rundfahrt führt entlang kurvenreicher Bergstraßen durch den Tazekka-Nationalpark. Wenn man kein eigenes Auto hat, ist die Fahrt aber eine recht lange Tagestour, die im *grand taxi* 600 Dh kosten kann. Die Fahrt führt vorbei an den Cascades de Ras el-Oued (die im Sommer aber praktisch austrocknen), am Gouffre du Friouato, an Bab Bou-Idir und der Schlucht von Oued Zireg.

Schlafen

In Taza gibt's nur eine Handvoll Hotels, meistens in der Ville Nouvelle, und wie wenig dort los ist, lässt sich an der allgemeinen Bereitschaft erkennen, Rabatte zu gewähren, wenn man länger als eine Nacht bleibt.

Grand Hôtel du Dauphiné HOTEL €

(☎0535 67 35 67; Pl de l'Indépendance; EZ/DZ 185/290 Dh) Das Dauphiné liegt ideal am Hauptplatz der Ville Nouvelle und bietet im Budgetbereich ein gutes Preis-Leistungs-Verhältnis, allerdings sind sowohl die Wasserleitungen als auch die Bar im Erdgeschoss sehr laut. Die Zimmer sind nicht aufregend, aber ordentlich und haben kleine Balkone. Im Erdgeschoss gibt's zudem ein Restaurant (S. 380). Eine gute Option in der Ville Nouvelle.

Hôtel de l'Étoile HOTEL €

(☎0535 27 01 79; 39 Ave Moulay el-Hassan; EZ/DZ ohne Bad 60/100 Dh) Das Budgethotel am oberen Ende der Place Aharrach kann man leicht übersehen (das Schild versteckt sich unter den Arkaden vor dem Haus), dafür ist es innen in einem umso unübersehbareren Pink angestrichen. Es ist sehr freundlich, aber – wie bei diesem Preis nicht anders zu erwarten – auch sehr schlicht. Die Zimmer gehen auf einen netten Innenhof und teilen sich Gemeinschaftsduschen (10 Dh) und

Taza – Ville Nouvelle

Taza – Ville Nouvelle

Schlafen
1 Grand Hôtel du Dauphiné ... A2

Essen
2 Café Amsterdam ... A2
Grand Hôtel du Dauphiné ... (siehe 1)
3 La Casa ... A1
4 Mou Mou ... A2

Ausgehen & Nachtleben
5 Café la Joconda ... A1

Praktisches
6 Attijariwafa Bank ... B2
7 BMCI ... A2
Cyber Friwato ... (siehe 5)
8 Pharmacy Centrale ... A2

Transport
9 CTM-Büro ... A2
10 Petits Taxis ... A2

Toiletten (teils westliche, teils Hocktoiletten), haben aber alle Waschbecken.

Hôtel La Tour Eiffel HOTEL €€
(☎ 0535 67 15 62; tourazhar@hotmail.com; Blvd Bir Anzarane; EZ/DZ 330/417 Dh; ❄ 📶) An der Straße, die aus Taza hinaus in Richtung Oujda führt. Der Name des Hotels kündet von seinem hohen Anspruch. An der beengten Lobby vorbei geht's zum Aufzug, der die Gäste zu angenehm großen und recht komfortablen Zimmern mit TV und Kühlschrank bringt. Viele Zimmer haben einen schönen Bergblick. Das Frühstück kostet 42 Dh zusätzlich, ein Restaurant ist ebenfalls vorhanden.

Essen & Ausgehen

Am Hauptplatz von Taza Haute, der Place Aharrach, gibt's die üblichen Snackstände, die Kebabs anpreisen, und Cafés, die mit ihrem Kaffee locken. In der Ville Nouvelle sind die von der Place de l'Indépendance abgehenden Straßen (besonders die Avenue Mohammed V und die Avenue Moulay Youssef) von Restaurants und Konditoreien gesäumt.

Zum Grand Hôtel du Dauphiné (S. 379) in der Ville Nouvelle gehört eine gut besuchte Bar (nach dem Terrassencafé mit Spiegelfenstern schauen).

La Casa MAROKKANISCH €
(Ave Mohammed V; Sandwichs ab 10 Dh; ⏲ 5–22 Uhr; 📶) Eines von mehreren modernen Lokalen, die im verschlafenen Taza ziemlich deplatziert wirken. Dieses hat vorne ein Café mit Tischen auf dem Bürgersteig und hinten ein schummrig beleuchtetes Restaurant. Es serviert die üblichen belegten *panini*, *shwarma* sowie – Überraschung! – köstliche Pizza. Außerdem gibt's hier Frühstück und Eis (allerdings nicht gleichzeitig).

Mou Mou FAST FOOD €
(Ave Moulay Youssef; Hauptgerichte ab 30 Dh; ⏲ 11.30–24 Uhr) Am Abend füllt sich dieses Ecklokal, aus dem lautstark fröhliche marokkanische Musik erschallt, mit glücklichen Kunden, darunter viele Familien und Frauen, die Schlangen bis auf die Straße hinaus bilden. Hier ist köstliches Fast Food angesagt, darunter Kebab, *panini* und Pizza (eine davon mit der würzigen nordafrikanischen Lammwurst *merguez*). Die Säfte schmecken auch gut.

Café Amsterdam BÄCKEREI €
(Ave Moulay Youssef; Gebäck ab 2 Dh; ⏲ 6–22 Uhr; 📶) Zu diesem Café mit seinen vielen frisch gebackenen Köstlichkeiten wie süßem Gebäck, Croissants und Brot geht's einfach immer der Nase nach! Den ganzen Tag über kommen und gehen einheimische Kunden, die hier ihren Einkauf machen. Man kann im Amsterdam auch wunderbar frühstücken. Der Innenraum ist sehr einladend, außerdem gibt's ein paar Tische auf dem Bürgersteig.

Grand Hôtel du Dauphiné MAROKKANISCH €€
(☎ 0535 67 35 67; Pl de l'Indépendance; Mahlzeiten 80 Dh; ⏲ 19–22 Uhr) Das Restaurant im Erdgeschoss des gleichnamigen Hotels serviert neben den typischen marokkanischen Klassikern auch eine Handvoll europäischer Gerichte und alkoholische Getränke. Allerdings ist die Atmosphäre ziemlich öde.

Café la Joconda CAFÉ
(Ave Mohammed VI; ⏲ 6.30–22 Uhr) Modernes Café mit vielen Plätzen auf dem Gehweg. Auch weibliche Gäste sind gern gesehen – wenngleich man wohl keine sehen wird.

Praktische Informationen

Attijariwafa Bank (Ave Moulay Youseff; ⏲ Mo–Fr 8.15–15.45 Uhr) Hat einen Geldautomaten.

BMCI (Pl de l'Indépendance; ⏲ Mo–Fr 8.15–16 Uhr) Hat einen Geldautomaten.

Cyber Friwato (Ave Mohammed VI; 4 Dh pro Std.; ⏲ 8–24 Uhr)

Hauptpost (Pl de l'Indépendance; ⏲ Mo–Fr 8–16.15, Sa 8.30–12 Uhr)

Pharmacy Centrale (Pl de l'Indépendance; ⏲ Mo–Fr 9–13 & 15–19.30, Sa 9–13 Uhr) Auf dem Hauptplatz in der Ville Nouvelle.

Post Office (Ave Moulay el-Hassan; ⏲ Mo–Fr 8–16.15 Uhr) In der Medina.

Informationsbüro des Tazekka-Nationalparks (☎ 0535 28 00 96, 06 61 04 72 92; www.tazekka.com; Bab Bou-Idir; ⏲ Sa & So 8–18 Uhr) Befindet sich in Bab Bou-Idir, einem Sommerferienort 30 km südwestlich von Taza. Unter der Woche ist es geschlossen, wer aber dringend mit einem Mitarbeiter sprechen möchte, kann im Büro anrufen – eventuell ist dann jemand zu einem Gespräch bereit. Die nützlichsten Infotafeln mit Karten stehen draußen vor dem Haus und sind auch zugänglich, wenn das Büro geschlossen ist.

An- & Weiterreise

BUS

Nur wenige Busse fahren in Taza los, viele kommen jedoch auf ihrem Weg aus Oujda und aus Städten westlich von Taza, etwa Fès, Tanger und Casablanca, sowie von der Küste aus durch die Stadt.

Das **CTM-Büro** (☎ 0535 28 20 07; Pl de l'Indépendance; ⏲ 24 Std.) befindet sich in der Ville Nouvelle und dient zugleich als Bushaltestelle. Busse fahren nach Casablanca (155 Dh, 7 Std.), Fès (45–50 Dh, 2–2½ Std.), Meknès (70–80 Dh, 2½–3½ Std.), Rabat (125 Dh, 5 Std.), Oujda (75 Dh, 3 Std.) und Nador (70 Dh, 2½–3 Std.).

Die Gare Routière liegt am Boulevard Bir Anzarane, in dessen Nähe auch der Bahnhof liegt; wegen der häufigen CTM-Busse und Züge ab und nach Taza wird man ihn wahrscheinlich aber nicht benötigen.

TAXI

Grands taxis zu den Attraktionen rund um Taza starten an einem staubigen Platz nördlich der Medina in einer Gegend namens Kocha. Die Hin- und Rückfahrt zum Höhlenkomplex Gouffre du Friouato kostet mit Wartezeit ungefähr 200 Dh; wenn man den ganzen Tag dort verbringen will, wird es teurer.

ZUG

Die Bahn ist das beste Verkehrsmittel, weil Taza so gute Verbindungen hat. Täglich fahren sechs Züge nach Fès (59 Dh, 2 Std.), Rabat (117 Dh, 5½ Std.) und Casablanca (215 Dh, 6½ Std.) sowie sieben nach Meknès (87 Dh, 3 Std.). Ein Direktzug verkehrt täglich nach Tanger (148 Dh, 7 Std.), bei drei weiteren Verbindungen nach Tanger muss man in Sidi Kacem oder Fès umsteigen. Auch bei andren Verbindungen muss man in Fès umsteigen; Details gibt's auf www.oncf-voyages.ma). In der anderen Richtung fahren drei Züge nach Oujda (117 Dh, 3½ Std.).

Am Bahnhof gibt es weder eine Snackbar noch ein Geschäft, wo man Wasser kaufen kann.

ℹ Unterwegs vor Ort

Blaue *petits taxis* (5–7 Dh) verkehren regelmäßig zwischen der **Ville Nouvelle** (Place de l'Indépendance) und **Taza Haute** (Place Aharrach).

Südmarokko & Westsahara

جنوب المغرب والصحراء الغربية

Inhalt ➡

Gut essen

- Nomad (S. 426)
- Pure Passion (S. 390)
- Café Mouja (S. 396)
- À l'Ombre du Figuier (S. 418)
- Casa Lola (S. 439)

Schön übernachten

- Amouage (S. 395)
- Logis La Marine (S. 426)
- Ryad Tafilag (S. 400)
- El Malara (S. 408)
- Lunar Surf House (S. 394)

Auf in den Süden!

Die Sousebene, in der Ziegen vor der Kulisse des ausgedörrten Antiatlas Arganbäume erklimmen, zieht sich linienförmig durch Marokko. Südlich dieses fruchtbaren Tals verläuft das Leben in den Bergdörfern und Grenzorten der Sahara in ruhigen Bahnen.

Durch die Region weht neben Frühlingswinden eine Brise frischer Ursprünglichkeit und die Küste lädt mit ihrem maroden Charme zu einem Minztee mit Blick auf die wilde Atlantikkulisse ein. Bei Trekking-, Mountainbike- oder Autotouren durch die faltigen Ausläufer des Antiatlas sollte man unbedingt vor dem nächsten oasengleichen Dorf einmal anhalten und die Stille auf sich wirken lassen. Die Einheimischen scheinen der Landschaft perfekt angepasst. Ihre leichten Gewänder flattern unter dem Wüstenhimmel und ihre dunklen Herden sprenkeln dic fclsigen Berghänge.

Geht man weiter Richtung Süden nachDakhla findet man einen der weltweit besten Plätze zum Kitesurfen, sowie eine aufstrebende Szene für Outdoor-Aktivitäten.

Reisezeit

Agadir

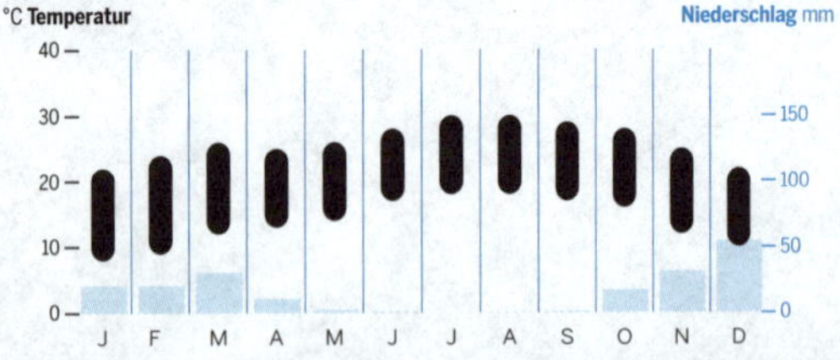

Feb. Ideal zum Wandern im Antiatlas und zum Relaxen an der Atlantikküste.

März Beim großen Erntedankfest in Tafraoute wird die Mandelblüte gefeiert.

Nov. In Taliouine findet das Safranfest statt, in Immouzzer des Ida Outanane die Olivenernte.

Highlights

1 Die Art-déco-Kulisse des Küstenorts **Sidi Ifni** bewundern (S. 423)

2 Zu Fuß, mit dem Auto oder dem Fahrrad den **Antiatlas** erkunden (S. 405)

3 Die grünen Palmenhaine von **Afella-Ighir** (S. 409) entdecken

4 Rund um **Tafraoute** radeln und traditionelle Berberhäuser besuchen (S. 405)

5 Auf dem Suk in der Altstadt der geschäftigen Handelsstadt **Taroudannt** feilschen (S. 397)

6 Durch das **Vallée du paradis** im Westen des Hohen Atlas wandern (S. 396)

7 In Marokkos bestem Surfort **Taghazout** abhängen (S. 395)

8 In **Taliouine** Safran und Arganöl probieren (S. 403)

9 Am Rand der Sahara bei **Goulimime** übernachten (S. 428)

10 In der weiten Lagune von **Dakhla** segeln, surfen oder kiteboarden (S. 436)

Klima

Geografisch ist der Süden Marokkos in drei verschiedene Zonen mit jeweils eigenem Mikroklima eingeteilt. Die halbtropische grüne Sousebene ist heiß und feucht: Temperaturen liegen zwischen 22 °C und dunstigen 38 °C, wenn Wasserdampf wie Nebel aus den riesigen Zitrushainen der Talebene aufsteigt. Im Frühling ist die Ebene starken Winden ausgesetzt. Das Klima des kargen Antiatlas schwankt zwischen eisigen Wintern und heißen, trockenen Sommern. Die Küste im tiefen Süden bietet hingegen ganzjährig ein stabiles, sonniges Klima.

Sprache

Arabisch ist immer noch die Verkehrssprache in größeren Städten des Südens. In der Sousebene sprechen die Stämme der Chleuh Tachelait – einen Berberdialekt, der sonst vor allem im Antiatlas vorkommt. Vielerorts wird Französisch gesprochen und in einigen einstmals spanischen Gebieten hört man noch Spanisch.

SOUSEBENE

Agadir اكادير

679 000 EW.

Nach einem verheerenden Erdbeben 1960 wurde Agadir komplett neu erbaut und nun erstrecken sich hinter der Kasbah ein geschäftiger Hafen sowie ein Badeort. Agadir wird mit Sonne, Sand, Kneipen und Pizza assoziiert. Ein groß angelegtes Straßennetz im Zentrum ist von weitläufigen Wohngegenden umgeben, die betonierten Viertel abseits der Küste wirken hässlich und steril. Dies macht die Stadt mit der Strandpromenade aber wieder wett, wo marokkanischer Lebensstil auf angenehme Weitläufigkeit trifft. Südlich des strahlend weißen Jachthafens befindet sich der Sandstrand mit sauberem Wasser und grandiosen 300 Sonnentagen im Jahr!

Agadir richtet sich an Pauschaltouristen und ist deshalb wenig anziehend für Individualreisende. Familien haben sicher Spaß beim Relaxen am Strand und der Besichtigung einiger Sehenswürdigkeiten. Wer ohne Kids unterwegs ist und aus der Marokkoreise das Bestmögliche herausholen möchte, setzt aber besser andere Ziele auf den Reiseplan.

Die Stadt erstreckt sich über ein großes Gebiet entlang der Küste bis ins Landesinnere. Ab dem nördlichen Ende des Strandes in der Nähe von Hafen und Marina verlaufen drei Straßen parallel zueinander durch das Touristenzentrum, 20 Août, dem Meer am nächsten, Mohammed V und Hassan II.

Geschichte

Die Stadt, die nach dem *agadir* (befestigter Kornspeicher) des Irir-Stammes benannt wurde, hat viele Höhen und Tiefen erlebt. Sie wurde im 15. Jh. von portugiesischen Kaufleuten gegründet, die Handelsverbindungen mit den Karawanen der Sahara aufbauen wollten. Seit Mitte des 16. Jhs., als sich das Reich der Saadier ausdehnte, wurde der Hafen reich durch den Export von Zucker, Baumwolle und Salpeter. Hinzu kamen Waren des Saharahandels, den die Marokkaner kontrollierten. Mit diesem Wohlstand war es dann aber in den 1760er-Jahren vorbei, als der alawidische Sultan Sidi Mohammed ben Abdallah den Handel nach Essaouira verlegte.

Französische Siedler unternahmen einiges, um Agadir im 20. Jh. zu sanieren, aber das Erdbeben vom 29. Februar 1960 zerstörte die gesamte Stadt. Dabei starben 18 000 Menschen, etwa die Hälfte der damaligen Bevölkerung. Die Behörden waren unfähig, die apokalyptischen Folgen – Tod und Seuchen – zu bewältigen und ließen die Stadt unter Kalk und DDT verschwinden: Große Teile Agadirs und seine toten Bewohner wurden unter einem Hügel begraben, der als Ancien Talborjt bekannt ist.

Seit dem Wiederaufbau ist Agadir zu einer wichtigen Hafenstadt mit einer großen Fischfangflotte geworden, die Marokko zum weltgrößten Exporteur von Ölsardinen machte. Außerdem wurde die Stadt zu Marokkos angesagtestem Badeort und der Luxusjachthafen deutet auf Bestrebungen hin, die Entwicklung der Gegend noch weiter zu fördern.

Sehenswertes

Mémoire d'Agadir MUSEUM

(Ecke av. du Président Kennedy & Ave des FAR; Erw./Kind 20/10 Dh; Mo–Sa 9–12.30 & 15–18 Uhr) Der Eingang des kleinen Gebäudes in der südwestlichen Ecke des Jardin de Olhão befindet sich außerhalb des Parks. Das Museum ist dem Erdbeben von 1960 gewidmet und präsentiert interessante Fotos von Agadir seit den 1920er-Jahren sowie Bilder, die einen Eindruck von den Folgen des Bebens vermitteln.

Agadir

Agadir

Sehenswertes

1 Jardin de Olhão C1
2 Mémoire d'Agadir C1
3 Musée du Patrimoine Amazigh C3
4 Vallée des Oiseaux B2

Aktivitäten, Kurse & Touren

5 Palm Beach A4
6 Petit Train d'Agadir A3
7 Sunset Beach A3

Schlafen

8 Hotel Atlantic C2
9 Hotel Clichy C1
10 Hôtel Kamal B2
11 Hôtel Petite Suède A1
12 Hotel Sindibad D1
13 Hôtel Tiznine C1
14 Kenzi Europa A3
15 Royal Atlas A3
16 Studiotel Afoud C3

Essen

17 Côte Court C3
18 Daffy B1
Dolce & Caffe .... (siehe 10)
19 K Moon B1
20 La Scala B4
21 La Siciliana B2
22 Le P'tit Dôme B4
Marché Central .... (siehe 33)
23 Mezzo Mezzo C3
24 Snack Stands D1
25 Tafarnout C3

Ausgehen & Nachtleben

26 Cafe III C3
27 English Pub B3
28 La Verandah C2
29 Orange Café B1
30 Papa Gayo B4

Shoppen

31 Al Mouggar Bookshop C2
32 Ensemble Artisanal D1
33 Marché Central B1
34 Tafoukt Souq A3

Jardin de Olhão PARK
(Ave du Président Kennedy; Di–So 14–18 Uhr) GRATIS 1992 wurde dieser kühle, erholsame Park anlässlich der Städtepartnerschaft mit Olhão in Portugal angelegt.

Musée du Patrimoine Amazigh MUSEUM
(0528 82 16 32; Passage Aït Souss; Erw./Kind 10/5 Dh; Mo–Sa 9.30–12.30 & 14–17.30 Uhr) Das Museum mit einer außergewöhnlichen Sammlung von Kunsthandwerksobjekten der Berber, vor allem Schmuck, ist eine hervorragende Informationsquelle zur traditionellen Lebensweise und Kultur des hiesigen Berbervolkes.

Vallée des Oiseaux PARK
(Tal der Vögel; 11–18 Uhr) GRATIS Der grüne Park im ausgetrockneten Flussbett mitten in der Stadt erstreckt sich vom Blvd Hassan II bis zum Blvd du 20 Août und verfügt über einen schattigen Spielplatz, eine Voliere und einen kleinen Zoo. Er eignet sich auch gut als angenehme Abkürzung für den Weg zum Strand.

Kasbah HISTORISCHE STÄTTE
(Abseits Ave al-Moun) Die Bergfestung 7 km nordwestlich des Zentrums ist eines der wenigen Gebäude, das beim Erdbeben von 1960 nicht zerstört wurde. In der Zitadelle, die 1541 erbaut und in den 1740er-Jahren umfassend restauriert wurde, lebten einst 300 Menschen. Heute sind nur noch die äußere Fstungsmauer und Reste der Brunnenanlagen zu sehen. Die niederländisch-arabische Inschrift über dem Eingangstor (Glaube an Gott und Achtung für den König) erinnert an die Anfänge des Handels mit den Niederlanden.

Der Anstieg zur Kasbah ist lang, schweißtreibend und mühsam. Weniger anstrengend ist es, wenn man mit einem Taxi (30 Dh) nach oben fährt und hinunter geht.

Ancienne Talborjt HISTORISCHE STÄTTE
(Nähe Ave al-Moun) Die Überreste der früheren Altstadt von Agadir unterhalb der Kasbah, die 1960 beim Erdbeben zerstört wurde, sind mittlerweile von Gras bewachsen.

Jachthafen HAFEN
(0661 21 57 46; www.portmarinaagadir.com; Nähe Ave Mohammed V) Der teure Jachthafen zwischen dem Strand und dem Industriehafen ist die neueste Attraktion der Stadt. Neben den Anlegestellen für Boote aller Art und Größe gibt es hier auch eine strahlend weiße, nachgebaute Kasbah mit Ferienwohnungen, Geschäften (meist Filialen internationaler Marken), Cafés, Restaurants und Veranstaltern von Bootsfahrten.

Strände

Das Highlight Agadirs ist der sichelförmige Strand, der meistens verschont bleibt, wenn anderswo der Wind vom Atlantik pustet. Er ist sauber und gepflegt, nachts beleuchtet und in der Hauptsaison (Mitte Juni–Mitte Sept.) von Rettungsschwimmern (starke Unterströmung!) und der Polizei bewacht.

Am Strand hat man meist seine Ruhe, aber alleinreisende Frauen und Familien relaxen besser an einem der privaten Strände in der Nähe des Jachthafens oder am **Sunset Beach** bzw. **Palm Beach** (Liegestuhl & Sonnenschirm 30 Dh) bei den großen Hotels. Diese verfügen über Duschen, Toiletten, Spielplätze sowie einen Verleih von Liegestühlen und Sonnenschirmen.

Die Läden an der Promenade südlich der Marina haben Bodyboards für 130 Dh im Angebot. Größere Hotels und Surfclubs am Strand vermieten Equipment zum Windsurfen, Jetskis, Bodyboards und Surfboards.

Die weitaus beliebteste Betätigung bei Sonnenuntergang und in die Nacht hinein besteht in Agadir darin, auf der Promenade entlangzuschlendern, die sich vom Jachthafen nach Süden erstreckt.

Aktivitäten

Club Royal de Jet-Ski WASSERSPORT
(0665 95 24 35; www.agadiradventure.com) Hier kann man am Strand beim Jachthafen Jetski fahren und Flyboarden. Außerdem werden Touren mit dem Quad oder Jeep zu den Stränden in der Nähe angeboten.

Musée de l'Argan HAMAM
(0528 84 87 82; www.lemuseedelargan.com; Ave Moulay Youssef; Hamam mit Bürstenmassage 150 Dh; 10–21 Uhr) Das rein auf Touristen ausgerichtete Unisex-Bad bietet neben der üblichen Bürstenmassage auch Behandlungen mit Arganöl.

Geführte Touren

Die örtlichen Veranstalter bieten Tagestouren zu Zielen wie Taroudannt, Vallée du Paradis und Essaouira.

Petit Train d'Agadir STADTFÜHRUNG
(Blvd du 20 Août; Erw/Kind 18/12 Dh; ab 9.15 Uhr alle 40 Min.) Der kleine Zug fährt 35 Minuten lang durch das Stadtzentrum und bis zum Strand.

Feste & Events

Festival Timitar
MUSIK

(www.festivaltimitar.ma; Juli) Jedes Jahr im Juli lockt das Timitar-Festival Musiker und DJs aus Marokko und der ganzen Welt nach Agadir. Besucher können sich auf ein bunt gemischtes Weltmusikprogramm und interessante Gruppen aus ganz Afrika freuen.

Concert for Tolerance
MUSIK

(Okt.) Jedes Jahr im Oktober wird das nördliche Ende des Strands zur großen Konzertbühne. Das abwechslungsreiche Programm aus DJs, Tanzmusik und marokkanischem Rap begeistert vor allem die jüngeren Einwohner von Agadir.

Schlafen

Am Strand befinden sich vor allem Mittelklasse- und Luxushotels, während es in der Stadt eher günstige Unterkünfte gibt. Besonders an Ostern, im Sommer und rund um Weihnachten und Neujahr sollte man unbedingt im Voraus buchen.

Luxushotels und Ferienanlagen am Strand befinden sich meist südlich der Innenstadt an der Rue Oued Souss und dem Chemin des Dunes, während Pensionen in alten Wohnhäusern und der Kasbah in Richtung Landesinnere und im Süden an der Straße nach Inezgane zu finden sind.

Zentrum & Küste

Riad Les Chtis D'Agadir
PENSION €

(0528 82 19 96; www.maisondhotesleschtisagadir.com; 27 Rue Houmane El Fetouaki; EZ/DZ inkl. Frühstück ab 330/429 Dh;) Die Pension im Familienbesitz befindet sich in einer ruhigen Wohngegend. Sie hat kleine, farbenfrohe Zimmer, die auf einen schönen Innenhof hinausgehen. Die aus Frankreich stammenden Besitzer sprechen kaum Englisch, sind aber sehr freundlich und hilfsbereit. Beim Frühstück sitzen alle Gäste an einem großen Tisch. Das sehr gemütliche, familiäre Haus ist eine tolle Alternative zu den immer gleichen Hotels der Stadt.

Hôtel Petite Suède
HOTEL €

(0528 84 07 79; www.petitesuede.com; Ecke Blvd Hassan II & Ave du Général Kettani; EZ/DZ inkl. Frühstück 190/325 Dh;) Das einfache Hotel nur 5 Gehminuten vom Strand entfernt wird wegen der perfekten Lage, dem guten Service und dem Frühstück auf der Dachterrasse mit Blick aufs Meer sehr gelobt. Zudem ist es eines der wenigen Hotels der Stadt, die im marokkanischen Stil mit vielen Teppichen ausgestattet sind.

Kenzi Europa
HOTEL €€

(0528 82 12 12; www.kenzi-hotels.com; Blvd du 20 Août; Zi. ab 600 Dh;) Dieses Hotel ist so ziemlich das stil- und geschmackvollste im ansonsten eher heruntergekommenen Agadir. Die ruhigen, minimalistischen Zimmer sind mit geschwungenen Lampenschirmen und glatten Oberflächen ausgestattet. Zu den Annehmlichkeiten gehören ein Wellnessbereich und ein Restaurant mit Bar. In der Eingangshalle sorgt eine Band für musikalische Unterhaltung. Nur die Tintenfische und Delfine aus Plastik im Kinderschwimmbecken passen so gar nicht ins elegante Bild. Im Internet gibt's oft Sonderangebote.

Hotel Atlantic
HOTEL €€

(0528 84 36 61; www.atlantichotelagadir.com; off Blvd Hassan II; EZ/DZ inkl. Frühstück 550/700 Dh;) Das drei-Sterne-Hotel ist eines der besten in Agadir. Die Zimmer sind gemütlich, von der kühlen, luftigen Rezeption bis ins ganze Haus ist der Service sehr professionell. Außerdem hat es einen Wellnessbereich, einen kleinen Pool und organisiert Touren.

Studiotel Afoud
APARTMENTS €€

(0528 84 39 99; www.studiotel-afoud.com; Rue de la Foire; Apt. ab 800 Dh;) Die schönen, einfachen Apartments mit Küche, Herd und Kühlschrank sind ideal für Selbstversorger. Sie haben sogar einen Balkon mit Blick auf die abblätternde Hauswand des Nachbargebäudes. Im Erdgeschoss gibt's ein Restaurant, einen Lebensmittelstand und ein Regal mit Taschenbüchern.

Hôtel Kamal
HOTEL €€

(0528 84 28 17; www.hotel-kamal.com; Blvd Hassan II; EZ/DZ 404/465 Dh;) Das beliebte und gut geführte Hotel in einem weißen Gebäude mit Blick auf den Place de L'Esperance ist schon etwas heruntergekommen, zieht aber immer noch jede Menge Gäste von Rucksacktouristen bis zu einheimischen Touristen an. Die Zimmer sind schäbig, aber das Personal ist sehr hilfsbereit. Der Pool hat die Ausmaße eines Sportschwimmbeckens, und es gibt auch eine Bar.

Royal Atlas
HOTEL €€€

(0528 29 40 40; www.hotelsatlas.com; bd du 20 Août; EZ/DZ inkl. Frühstück 1428/1657 Dh;) Die Zimmer des Fünf-Sterne-Riesen in Strandlage strahlen marokkanisches Flair aus. Geflieste Gänge mit Teppichen und Antiquitäten führen zu dem von Palmen gesäumten Bar- und Poolbereich sowie den 350 Zimmern und Suiten. Darüber hinaus bietet das Royal Atlas einen Nachtclub, ein Fitnessstudio, ein Daniel-Jouvance-Spa, einen Privatstrand sowie italienische und marokkanische Restaurants und alle zu erwartenden Extras.

Nouveau Talborjt

Fast alle Budgetunterkünfte liegen abseits des Strandes in Nouveau Talborjt, drei sind an der Pl Lahcen Tamri zu finden. Der nächtliche Busverkehr sorgt dafür, dass die meisten Rezeptionen rund um die Uhr besetzt sind; die Gegend ist etwas zwielichtig.

Hotel Clichy HOTEL €
(☎0528 84 42 00; contact@hotelclichy.ma; 48 Ave du President Kennedy; EZ/DZ 230/270 Dh) Nach der luxuriös gefliesten Rezeption sind die Zimmer eine Enttäuschung, entsprechen nach der kürzlichen Rundumerneuerung aber immerhin dem Standard eines Mittelklassehotels. Besonders die Badezimmer sind blitzblank, und das saubere, moderne Straßencafé im Erdgeschoss ist ein beliebter Treffpunkt der Einheimischen. Die Zimmer hinten sind besser, denn dort ist der teilweise recht laute Straßenlärm nicht zu hören.

Hotel Sindibad HOTEL €
(☎0528 82 34 77; sinhot@menara.ma; Pl Lahcen Tamri; EZ/DZ 300/350 Dh;) Das blau-weiße Hotel hat kleine Zimmer mit eigenem Bad und einen winzigen Pool auf dem Dach. Die neuen Zimmer im Erdgeschoss gehen auf einen großen Platz hinaus und bieten ein gutes Preis-Leistungs-Verhältnis.

Hôtel Tiznine HOTEL €
(☎0528 84 39 25; 3 Rue Drarga; EZ/DZ ohne Bad 100/150 Dh, mit Dusche 120/150 Dh;) Ein Dutzend recht großer Zimmer sind rund um einen weiß gefliesten Innenhof mit vielen Blumen und Pflanzen angeordnet. Ein paar Zimmer haben ein eigenes Bad, die meisten sind mit Gemeinschaftsbad.

SELBSTVERSORGER

Hier findet man alles für ein Mittagessen am Strand oder ein Picknick unterwegs:

Carrefour (Rue Yacoub El Mansour; 9–22 Uhr) Der größte und beste Supermarkt im Zentrum von Agadir liegt günstig an der Straße zu den Stränden im Norden und auch an der Straße ins Vallée du Paradis im Landesinneren.

Marché Central (am Blvd Hassan II; Mo–Sa 8–16 Uhr) Im Erdgeschoss ist ein Markt für frische Lebensmittel.

Außerhalb der Stadt

★ **Atlas Kasbah** BOUTIQUEHOTEL €€
(☎0661 48 85 04; www.atlaskasbah.com; Rte d'Azarag, Tighanimine El Baz; Zi./Suite inkl. Frühstück ab 880/1650 Dh;) Das Hotel im Stil einer alten Berberfestung thront auf einem Hügel 15 km landeinwärts von Agadir. Neben den 11 Zimmern und Suiten bietet das Haus auch viele umweltorientierte und kulturelle Aktivitäten an. So können sich die Gäste mit einer Massage im Hamam verwöhnen lassen, alles über die marokkanische Küche und marokkanisches Kunsthandwerk erfahren und auf Pferden oder Eseln zu den Berberdörfern der Umgebung reiten.

Der gesamte Hotelbetrieb ist der Nachhaltigkeit verpflichtet und wurde schon mehrmals für seinen verantwortungsvollen Tourismus ausgezeichnet.

★ **Paradis Nomade** BOUTIQUEHOTEL €€
(☎0671 12 15 35; www.paradis-nomade.com; Douar Azarag; EZ/DZ inkl. Frühstück ab 405/590 Dh, Zelt 155 Dh/Pers.;) In dem Hotel auf dem Land, 15 km von Agadir entfernt, hat man die Wahl zwischen einer der großartigen Suiten, einem kleineren, aber sehr gemütlichen Zimmer und einem Berberzelt. Auch viele Zimmer sind im Stil der Berber ausgestattet. Das Hotel ist von einem schönen Garten umgeben, in dem sich ein kleiner Pool, ein großes Restaurant und eine Bar befinden.

Essen

In der Stadt gibt es eine Vielzahl toller Cafés und Bäckereien, in denen man mit einem guten Frühstück den Tag beginnen oder sich vom Faulenzen am Strand erholen kann. In einigen Restaurants wird auch Alkohol ausgeschenkt, an der Strandpromenade reiht sich ein touristisches Restaurant an das andere, die alle die üblichen Burger sowie indische und spanische Küche bieten.

Zentrum & Nouveau Talborjt

K Moon MAROKKANISCH €
(☎0528 82 47 61; 58 Rue des Oranges; Hauptgerichte 25–42 Dh; 12–23 Uhr) Preiswerte Grillgerichte wie die üppige Merguez-Platte und herzhafte Eintöpfe mit viel Gemüse werden

unter Sonnenschirmen auf der sonnigen Terrasse serviert. Wer viel Hunger hat oder in einer kleinen Gruppe unterwegs ist, kann sich an die Grillplatte mit 1 kg Fleisch wagen.

Pistachios CAFÉ, EISDIELE €
(Rue La Plage; Eis ab 8 Dh; ⏲10–22 Uhr) Das vielleicht beste Eis der Stadt wird an bunten Tischen an der Straße serviert. Zudem spricht das dynamische Personal des modernen Cafés auch recht gut Englisch. Neben Zitronen-, Melonen- oder Orangeneis gibt es auch leckeren Kaffee und Käsekuchen sowie einen tollen Blick auf die Strandpromenade.

Tafarnout GEBÄCK €
(Blvd Hassan II; Snacks 30 Dh; ⏲7–23 Uhr) In der besten und schicksten Bäckerei Agadirs kann man drinnen und draußen sitzen und etwas aus der riesigen Auswahl an köstlichen Torten, Kuchen, Croissants, Crêpes und Keksen genießen. Da fällt die Wahl schwer!

Daffy MAROKKANISCH €
(Rue des Oranges; Hauptgerichte 70 Dh; ⏲11–23 Uhr) Das populäre Touristenrestaurant ohne Alkoholausschank bietet original marokkanische Küche mit Couscous (Fr) und Tajine, aber auch Meeresfrüchte und Salate.

Dolce & Caffe CAFÉ, EISDIELE €
(Blvd Hassan II; Snacks 30 Dh; ⏲8–22 Uhr; 📶) Eines der coolsten Cafés in Agadir bietet leckere Torten, Kuchen, Eiscreme, Crêpes und kleine Gerichte sowie Frühstück, alles mit R&B als Hintergrundmusik.

La Siciliana ITALIENISCH €
(Blvd Hassan II; Hauptgerichte 70–110 Dh, Pizza 40–80 Dh; ⏲12–23:45 Uhr) Von allen italienischen Restaurants der Stadt hat dieses ohne Alkoholausschank die meiste Atmosphäre. An Wochentagen ist von 12 bis 17 Uhr Happy Hour für Pizza und Pasta.

Côte Court SEAFOOD €€
(☎0528 82 65 33; Nähe Blvd Hassan II; Hauptgerichte 70–160 Dh; ⏲12–15 & 19–23 Uhr) Das Restaurant des Royal Tennis Club hat einen schönen Außenbereich, der mit beleuchteten Bäumen, Korblampen und Pizzaofen halb extravaganter Garten und halb Nomadenlager ist. Das Personal ist aufmerksam, auf der Speisekarte stehen asiatische, mediterrane und spanische Gerichte. Mittags gibt's recht preiswerte Zwei- bis Drei-Gänge-Menüs ab 70 Dh.

Mezzo Mezzo ITALIENISCH €€
(☎0528 84 88 19; www.facebook.com/MezzoMezzoAgadir; Blvd Hassan II; Hauptgerichte 90–130 Dh; ⏲19–1 Uhr; 📶) Mit einer guten Auswahl an Pizzas, täglichen Spezialitäten und offenen Weinen hebt sich dieses Lokal von den vielen anderen, langweiligen italienischen Restaurants der Stadt ab. Auf der Karte stehen auch Nudel- und Fischgerichte, die Einrichtung und das Personal entsprechen gehobenem europäischen Standard. An einem der Tische draußen kann man bei einem kalten Casablanca-Bier die Straße beobachten.

Le P'tit Dôme MAROKKANISCH, INTERNATIONAL €€
(☎0528 84 08 05; www.facebook.com/Ptitdome; Blvd du 20 Août; Hauptgerichte 80–125 Dh; ⏲10 Uhr–open end) Das typische Touristenrestaurant hat guten Service, eine coole Einrichtung in Schwarz und Weiß und etwas mehr Stil als seine Nachbarn. Auf der Karte stehen die üblichen Pizzas, Fleischgerichte, Meeresfrüchte und marokkanischen Gerichte, aber das Drei-Gänge-Menü für 120 Dh lohnt sich wirklich. Eine schöne Terrasse gibt's auch.

La Scala SEAFOOD €€€
(☎0528 84 67 73; Rue Oued Souss; Hauptgerichte 150–250 Dh) Dies ist eines der besten Fischrestaurants in Agadir. Auf zwei ganzen Seiten der Speisekarte sind nur Meeresfrüchte zu finden. Es gibt aber auch Nudel- und

INSIDERWISSEN

GUT ESSEN IN AGADIR

Passage Aït Souss Das Café in der Fußgängerzone gegenüber dem Museum bietet marokkanische Gerichte, Pizzas und vieles mehr.

Souq al-Had (S. 390) In den vielen preiswerten Cafés im Suk kommen mittags leckere Tajine auf den Tisch.

Nouveau Talborjt An den populären **Imbissständen** (Ave du 29 Février; Snack ab 20 Dh) gibt's morgens marokkanische Pfannkuchen mit Pfefferminztee. Zum Mittag- und Abendessen geht man dann in eines der preiswerten Cafés und Restaurants am Place Lahcen Tamri.

Hafen Am Hafeneingang, nahe der Ave Mohammed V, werden einfache, aber superfrische Fischgerichte für ca. 70 Dh angeboten. Vor der Bestellung sollte man sich unbedingt über die aktuellen Preise informieren (so können Meeresfrüchte wie Krabben schon mal 300 Dh/kg kosten). Im Winter schließen die **Essensstände** (Hauptgerichte etwa 50 Dh; ⏲11.30–22 Uhr) bereits am frühen Abend.

ABSTECHER

SOUQ AL-HAD

Im **Souq al-Had** (Blvd. Abderrahim Bouabid; Di–Sa 7–23 Uhr), abseits der Küste, der dem zubetonierten Agadir ein Stück chaotisches, typisch marokkanisches Flair verleiht, erledigen Einheimische ihre Einkäufe. An den zahlreichen Verkaufsständen reicht das Angebot von Dschellabas (traditionelle wallende Gewänder) über Fisch bis hin zu hochwertigem Kunsthandwerk wie Lederarbeiten und Laternen. Zwischen Obst- und Gemüseständen mit frischen Produkten aus dem Soustal verkaufen Berberapotheker Weihrauch, Lippenstift und pflanzliche Getränke gegen Magenbeschwerden.

Fleischgerichte, die ebenso elegant, frisch zubereitet und wunderbar angerichtet sind.

Jachthafen

Im Jachthafen am Nordende der Strandpromenade gibt es unzählige Mittelklasse- und Nobelrestaurants und Cafés, in denen man internationale Küche stilvoll genießen kann.

Les Blancs SEAFOOD €€
(0528 82 83 68; www.facebook.com/lesblanc; Hauptgerichte 130–190 Dh; 11–24 Uhr) Das elegante Restaurant direkt am Strand am Eingang zum Jachthafen besteht aus mehreren weißen Gebäuden, in denen Meeresfrüchte und Fleischgerichte sowie Paella als Spezialität des Hauses (ab 2 Pers.) serviert werden. In der Saison muss man einen Tisch draußen unbedingt im Voraus reservieren. Als Snack zum Sonnenuntergang bietet sich eine Pizza (90 Dh) an der Bar auf der Terrasse an.

★ **Pure Passion** INTERNATIONAL €€€
(0528 84 01 20; www.purepassion.ma; Agadir Marina; Hauptgerichte 150–240 Dh; 12–23 Uhr) Alte Uhren und elegante Beleuchtung sorgen für eine stilvolle Atmosphäre in diesem Restaurant, das als eines der besten der Stadt gilt. Von den vorderen Tischen hat man einen tollen Blick auf den Jachthafen, während man Jakobsmuscheln mit Arganöl, frische Austern aus Dakhla oder eines der guten vegetarischen Gerichte genießt. Die Wein-, Bier- und Cocktailkarte erstreckt sich jeweils über mehrere Seiten, und das dreigängige Mittagsmenü für 160 Dh ist eine ausgezeichnete Wahl.

33 Yacht Adress SEAFOOD, MAROKKANISCH €€€
(0529 90 09 00; Hauptgerichte 150–170 Dh; 12–15 & 18–23 Uhr) Das noble Restaurant ist ideal, um den Sonnenuntergang am Strand zu beobachten. In der Küche zaubern drei französische Köche eine köstliche Mischung aus Fisch- (Seezunge, Languste, Bouillabaisse) und Fleischgerichten (Hühnchenpastete, Lammschulter).

La Madrague MEDITERRAN, SEAFOOD €€€
(0528 84 24 24; Hauptgerichte 130–240 Dh; 11–23 Uhr) Von dem schicken Restaurant in einer ruhigen Ecke des Jachthafens blickt man über die Boote direkt auf die Kasbah. Zu essen gibt's Pasta, Risotto, Krabben und Garnelen sowie an Wochentagen ein günstiges dreigängiges Mittagsmenü (180 Dh).

Ausgehen & Nachtleben

Bars und Nachtclubs befinden sich vor allem am Blvd du 20 Août und in der Rue Oued Souss. Im Jachthafen und an der Promenade gibt's ebenfalls viele Cafés und Bars. Abends und nachts ist Bier meist 5 bis 10 Dh teurer als tagsüber, doch viele Bars verlängern den Tag einfach um ein paar Stunden Happy Hour am frühen Abend. Viele bieten auch eher zweifelhaftes Vergnügen mit Karaoke oder sentimentalen Alleinunterhaltern.

Havana BAR
(0528 84 65 41; www.facebook.com/havanarestaurant; Agadir Marina; 12–23 Uhr) Nicht zu übersehen ist der knallgelbe amerikanische Oldtimer, der vor dem Eingang steht. Ebenso witzig und originell ist die ganze Bar mit Livemusik an fast jedem Abend. Das Essen – internationale Snacks, marokkanisch angehaucht – ist nichts Besonderes, aber die Cocktails und Biere sind sensationell.

Orange Café CAFÉ
(Rue des Oranges; 10–20 Uhr;) Das kleine Café in einem Hof mit Springbrunnen ist echt cool. Im Hintergrund läuft ruhige arabische Elektromusik, es gibt guten Kaffee und kleine Gerichte (25–35 Dh).

English Pub KNEIPE
(Blvd du 20 Août; Hauptgerichte ab 75 Dh; 12 Uhr–open end) In der mit dem Union Jack geschmückten Kneipe gibt's belgisches Stella Artois, den ganzen Tag Frühstück und abends Karaoke. Eine ganze Batterie von Fernsehern und das technisch versierte Personal sorgen dafür, dass praktisch jedes live übertragene Fußballspiel in Europa verfolgt werden kann.

Le So CLUB
(Sofitel Royal Bay, Chemin des Dunes; ⌚18 Uhr–open end) Der angesagteste Club in Agadir ist auch einer der teuersten, bietet dafür aber mehrere Stockwerke mit Sekt- und Wodkabars, Livemusik und ein Restaurant. Die Einheimischen besuchen den Club immer zum krönenden Abschluss des Abends.

Cafe III SCHISCHABAR
(Abseits Rue de la Foire; ⌚12–1 Uhr) Die Schischabar voller Flachbild-TVs ist *der* Treffpunkt der hippen einheimischen Jugendlichen beiderlei Geschlechts.

La Verandah CAFÉ
(Immeuble Oumlil, Blvd Hassan II; ⌚9–20 Uhr) Auf der mit Glas überdachten Terrasse wird starker Kaffee zu kleinen Gerichten serviert. Die Snacks kosten zwischen 20 und 45 Dh.

Jour et Nuit CAFÉ
(Rue de la Plage; ⌚24 Std.) Sehr beliebt für einen Sundowner am Strand. Das neuere der beiden Lokale direkt nebeneinander hat eine schöne Aussichtsterrasse mit Blick auf den Strand.

Papa Gayo CLUB
(Chemin des Dunes; ⌚18 Uhr–open end) In einem der populärsten Nachtclubs in Agadir legen DJs aus der ganzen Welt auf. Hier kann man die ganze Nacht abfeiern und sich in den Tanzpausen am Strand abkühlen.

Shoppen

Viele Souvenirs werden aus anderen Teilen Marokkos nach Agadir gekarrt und sind oft von minderwertiger Qualität, auch wenn hier mittlerweile zahlreiche Händler aus Marrakesch produzieren. Im Zentrum ist das Einkaufserlebnis zwar wenig atmosphärisch, dafür aber recht ruhig und entspannt.

Ensemble Artisanal KUNSTHANDWERK
(☎0528 82 38 72; Ave du 29 Février; ⌚Mo–Sa 10–12:30 & 14:30–17 Uhr) Einer der besten Kunsthandwerkerläden in Agadir.

Tafoukt Souq SOUVENIRS
(Blvd du 20 Août; ⌚9:30–12.30 & 14–18 Uhr) Auf dem touristischen Basar wird von Berberschmuck über Fußballtrikots alles verkauft, was als Souvenir taugt. Im winzigen Supermarkt kann man sich mit Snacks, Bier und Spirituosen eindecken.

Marché Central KUNSTHANDWERK
(Nähe Blvd Hassan II; ⌚Mo–Sa 8–16 Uhr) In der weitläufigen Markthalle aus modernem Beton werden Schachspiele, Lederarbeiten und weitere Mitbringsel verkauft.

Al Mouggar Bookshop BÜCHER
(Ecke Ave du Prince Moulay Abdallah & Ave du 29 Février; ⌚9–15 Uhr) Große Auswahl an französischen Büchern und auch ein paar englische Taschenbücher, vor allem Romane, sind zu finden.

Praktische Informationen

Im Zentrum gibt's jede Menge Banken, die zumeist einen Geldautomaten haben und auch Geld wechseln. Wechselstuben und Geldautomaten gibt's auch im Flughafen. Die großen Hotels wechseln in der Regel auch Geld, allerdings zu einem schlechteren Kurs.

Internetcafés gibt's vor allem in Nouveau Talborjt:

Adrar Net (Ave du Prince Moulay Abdallah; 5 Dh/Std.; ⌚9–22 Uhr)

Teleboutique le Musée (Passage Aït Souss; 5 Dh/Std.; ⌚10.30–23 Uhr)

Die meisten größeren Hotels können einen zuverlässigen, Englisch sprechenden Arzt empfehlen. In ihren Schaufenstern präsentieren die Apotheken jede Woche eine Liste der *pharmacies de garde* (Notdienst), die dann rund um die Uhr geöffnet haben.

Clinique al-Massira (☎0528 38 08 42; Ave du 29 Février; ⌚24 Std.) Krankenhaus.

Pharmacie du Talborjt (Nähe Pl Lahcen Tamri; ⌚Mo–Sa 9–12.30 & 14.30–17 Uhr)

Hauptpost (Ave Sidi Mohammed; ⌚Mo–Fr 8.30–16.15, Sa 9–15 Uhr)

Polizei (☎19; Rue du 18 Novembre)

Einen weiteren Polizeiposten gibt's am **Pl Lahcen Tamri** in Nouveau Talborjt. Die **Touristenpolizei** befindet sich an der Promenade.

Post (Ave du 29 Février; ⌚Mo–Fr 8.30–16.15, Sa 9–15 Uhr)

REISEBÜROS

Rund um die Kreuzung des Blvd Hassan II mit der Ave des FAR befinden sich zahlreiche Reisebüros, die meist die großen Fluggesellschaften vertreten und alle möglichen Touren und Tagesausflüge anbieten.

TOURISTENINFORMATION

Infoschalter (☎0528 83 91 02; www.visitagadir.com; Flughafen Al-Massira) Der Schalter im Flughafen ist rund um die Uhr geöffnet und bietet sehr nützliche Karten und Broschüren.

ONMT (Délégation Régionale du Tourisme; ☎0528 84 63 77; www.visitagadir.com; Immeuble Ignouan, Ave Mohammed V; ⌚Mo–Fr 8.30–16.30 Uhr) In dem Büro im blauen Gebäude neben DHL gibt's nur wenig brauchbare Infos.

An- & Weiterreise

AUTO & MOTORRAD

Angesichts der Entfernungen in Südmarokko lohnt es sich eventuell auch, ein Auto zu mieten. Am günstigen ist die Online-Buchung im Voraus. So finden sich sehr gute Angebote.auf www.economycarrentals.com in Agadir und am Flughafen Al-Massira.

Bei den Autovermietungen vor Ort kostet ein Kleinwagen ab 300 Dh/Tag, allerdings kann man hier gut handeln. Zusätzlich zum Mietpreis wird ein Aufschlag für eine geringere Selbstbeteiligung bei der Versicherung fällig.

Die örtlichen Autovermietungen befinden sich vor allem in der **Arcade** (Ave du Prince Moulay Abdallah) gegenüber der Ave du Prince Moulay Abdallah am unteren Ende der Ave du 29 Février; rund um die **Kreuzung** zwischen Ave des FAR und Blvd Hassan II sowie an der **Ecke** Ave Mohammed V/Ave du Général Kettani. Avis, Budget, Europcar und Hertz haben ihre Büros ebenfalls dort und im Flughafen, wo auch Thrifty und Sixt vertreten sind. Die meisten Unterkünfte können auch einen Mietwagen organisieren. Ebenfalls vermietet werden Roller und Motorräder, deren Zustand man aber genau prüfen sollte.

Eine günstig gelegene **Tankstelle** befindet sich am südlichen Ende der Rue Palais Municipal.

BUS

Auch wenn viele Busse nach Agadir fahren, passiert es leicht, dass man im 13 km weiter südlich gelegenen Verkehrsknotenpunkt Inezgane landet. Deshalb vor dem Ticketkauf unbedingt nachfragen! Allerdings verkehren zwischen Inezgane und Agadir regelmäßig viele *grands taxis* (7 Dh) und öffentliche Shuttle-Busse (10 Dh).

Alle großen und viele kleinere Busunternehmen fahren bis zum großen, kreisrunden **gare routière** (Busbahnhof; Blvd Abderrahim Bouabid) hinter dem Souq al-Had. Wer mit einem bestimmten Bus reisen möchte, sollte im Voraus reservieren.

CTM (☎ 0528 82 53 41; www.ctm.ma), dessen Verkaufsbüro beim Pl Lahcen Tamri in Nouveau Talborjt ist, fährt mehrmals täglich nach Casablanca (270 Dh, 8 Std.), Dakhla (395 Dh, 20 Std.), Essaouira (75 Dh, 3½ Std.), Laâyoune (240 Dh, 11½ Std.), Marrakesch (110 Dh, 3½ Std.), Rabat (230 Dh, 9 Std.), Tanger (340 Dh, 13½ Std.), Taroudannt (35 Dh, 2 Std.) und Tiznit (40 Dh, 1¾ Std.).

Supratours (☎ 0528 84 12 07; www.supratours.ma) hat ein Verkaufsbüro in der Rue des Oranges im Zentrum und bietet ähnliche Verbindungen wie CTM.

FLUGZEUG

Der **Flughafen Al-Massira** (☎ 0528 83 91 02; www.onda.ma; N10) liegt 28 km südöstlich von Agadir an der Straße nach Taroudannt und wird hauptsächlich von Royal Air Maroc sowie europäischen Charter- und Billigairlines angeflogen. Er verfügt über ein Postamt, einen Verpackungsservice fürs Reisegepäck, Cafés, Souvenirläden und WLAN.

TAXIS

Der größte *grand-taxi*-Stand ist am südlichen Ende der Rue de Fès. Die Wagen fahren u. a. nach Essaouira (100 Dh), Inezgane (10 Dh) und Taroudannt (40 Dh).

TAXIS AM FLUGHAFEN

Auf Wunsch fahren die Taxis vom Flughafen Al-Massira direkt in viele Orte. Die folgenden Preise für eine solche Taxifahrt sind am Infoschalter im Flughafen angegeben: Agadir und Inezgane (200 Dh), Essaouira und Goulimime (1000 Dh), Mirleft (700 Dh), Tafraoute (900 Dh), Taghazout (300 Dh), Taroudannt und Tiznit (450 Dh).

Unterwegs vor Ort

BUS

Eine Busfahrt im Stadtgebiet von Agadir kostet 5 Dh. Fahrscheine kann man im Bus kaufen. Die Busse fahren vor allem in der Avenue Mohammed V zwischen dem Hafen und Inezgane. Bus 32 fährt nach Tamraght und Taghazout.

VOM/ZUM FLUGHAFEN & BUSBAHNHOF

Flughafen Al-Massira Eine Taxifahrt vom Flughafen nach Agadir oder Inezgane kostet 200 Dh. Bus 37 fährt 500 m vom Flughafen entfernt an der Straße nach Inezgane ab (10 Dh, 6.45–22.15 Uhr). Von dort fahren Busse weiter nach Agadir und in viele Orte in ganz Südmarokko.

Busbahnhof Agadir Eine Taxifahrt vom *gare routière* in Agadir zu den Hotels und Ferienanlagen im Zentrum kostet etwa 15 Dh. Überlandbusse nach Agadir halten oft im Vorort Inezgane. Von dort fahren Sammeltaxis und Busse weiter ins Zentrum von Agadir.

TAXIS

Die orangefarbenen *petits taxis* sind nur innerhalb Agadir unterwegs. Abgerechnet wird nach Taxameter, allerdings muss man oft darum bitten, dass er auch eingeschaltet wird. Eine Fahrt innerhalb der Stadt kostet etwa 15 Dh.

Sous-Massa-Nationalpark

Der Sous-Massa (www.visitnationalparksoussmassa.jimdo.com) ist eines der wichtigsten Natur- und Vogelschutzgebiete Marokkos, das sich von Inezgane aus an der Küste entlang erstreckt. Auf über 330 km² beherbergt es eine tolle wilde Landschaft aus Felsen, Sanddünen, Ackerland, Küstensteppe und Wäldern.

1991 wurde der Nationalpark gegründet, vor allem wegen seiner Bedeutung als Brutplatz für Vögel. Die Sous-Mündung am nördlichen Parkende, insbesondere die Massa-Küstenlagune in der Nähe des Südrands, ist bei Vogelbeobachtern sehr beliebt. Ideal für einen Besuch ist die Zeit von März bis April oder von Oktober bis November.

Man bekommt hier u. a. Fischadler, große Schwärme von Tafel- und anderen Enten sowie Flamingos, Flughühnern und Waldsängern zu Gesicht. Als größte Attraktion gilt die Waldrapp-Kolonie (eine Ibisart). Diese Vögel wurden im alten Ägypten verehrt und waren einst in Mitteleuropa, Nordafrika und dem Nahen Osten weit verbreitet, gehören nun aber zu den bedrohten Arten. Die weltweit einzige nennenswerte Waldrapp-Population findet sich genau an diesem Küstenabschnitt. Inzwischen geht die größte Gefahr für die vier Brutplätze vor Ort vom Tourismus aus. Sie sind für Besucher absolut tabu, doch rund um den Oued Massa oder an der Mündung des Flusses Tamri kann man nach den Ibissen Ausschau halten.

Das Schutzgebiet ist ein tolles Wandergelände. Hier tummeln sich Schakale, Rotfüchse, Wildkatzen, Ginsterkatzen und eurasische Wildschweine. In einem großen umzäunten Gebiet im Norden entdeckt man Arten, die aus dem Süden verschwunden sind, darunter Dorkasgazellen und Damagazellen, Mendesantilopen, Rothalsstrauße und Säbelantilopen.

Guides kann man im Dorf Massa, 60 km südlich von Agadir (an der N1 ausgeschildert) engagieren. Von Massa führt ein Weg am Fluss entlang zur Meeresmündung (5 km) und eine geteerte Straße nach Sidi R'bat (8 km). Das winzige Dorf erhebt Anspruch auf doppelten Ruhm: Hier soll der Wal den biblischen Jonas ausgespuckt haben und Uqba bin Nafi, der arabische Eroberer Marokkos im 7. Jh., triumphierend mit seinem Pferd ins Meer geritten sein – als Beweis dafür, dass es kein Land mehr zu erobern gab.

Schlafen & Essen

Beide Unterkünfte im Park haben auch Restaurants, wobei nur das einfache Café im La Dune auch Nicht-Gästen zur Verfügung steht. Hier sollte man unbedingt das Berber-Omelette probieren.

La Dune PENSION €€

(☎0666 80 78 24; www.ladune.de; Sidi R'bat; EZ/DZ inkl. Frühstück 400–650 Dh, Zelt inkl. Frühstück ab 100 Dh/Pers.; ❄) Die Pension bietet einfache Berberzelte für zwei oder vier Personen, ein überdachtes, kühles Restaurant (Abendessen 70 Dh) und teilweise knallbunte Zimmer im afrikanischen Stil mit Balkon. Der Weg zum Strand führt bergab durch die Dünen.

Ksar Massa HOTEL €€€

(☎0661 28 03 19; www.ksarmassa.com; Sidi R'bat; EZ/DZ inkl. Frühstück 1500/2000 Dh, EZ/DZ im Zelt 750/1200 Dh; ❄ 📶 🏊) Das Hotel direkt am Strand von Sidi R'bat lohnt allein wegen der spektakulären Lage. In der modernen Kasbah in Terrakotta und Blau kann man wunderbar entspannen und den Blick auf Strand und Meer genießen. Die sehr großzügigen Zimmer und Suiten sind in leuchtenden Farben gehalten, die üppigen Mahlzeiten bestehen aus mehreren Gängen (Mittag-/Abendessen 170/300 Dh). Zudem werden Touren in den Nationalpark angeboten.

Das Hotel 3 km südlich von Belfaa ist ab Massa ausgeschildert.

An- & Weiterreise

Busse und *grands taxis*, die von Agadir und Inezgane nach Tiznit fahren, halten auf Wunsch in Belfaa und Massa (ca. 30 Dh). Ein *grand taxi* von Agadir oder Inezgane nach Sidi R'bat kostet etwa 220 Dh. Allerdings bieten die Unterkünfte in Sidi R'bat auch Transfers vom und zum Flughafen von Agadir an (ca. 450 Dh). Von Massa bis zur Mündung des Oued Massa ist es etwa eine Stunde zu Fuß. Es werden auch Jeeptouren in den Nationalpark angeboten, doch für den Oued Massa und Oued Souss genügt auch ein normaler PKW (oder ein *grand taxi*).

Auch die Reisebüros in Agadir bieten schöne Tagesausflüge in den Nationalpark an.

Nördlich von Agadir

Trotz der vielen Ferienhäuser, Vergnügungsparks, Golfplätze und weiteren Projekten zur Erschließung der Küste rund um Agadir findet man nördlich der Stadt durchaus noch ruhige Strände mit guten Surfbedingungen. Alle paar Kilometer gibt's feinsandige Buchten, und in den Unterkünften und Restaurants kann man herrlich entspannen und das Leben auch ohne Surfen genießen.

An- & Weiterreise

Von Agadir and Taghazout fahren regelmäßig *grands taxis* nach Aourir und Tamraght (10 Dh).

Eine gute Alternative ist Bus 32 (5 Dh) ab der Ave Mohammed V in Agadir.

Tamraght & Aourir

Aourir und Tamraght, 12 bzw. 14 km nördlich von Agadir, sind gemeinsam als „Bananendorf" bekannt, da sich an beiden Ufern des Oued Tamraght, der die beiden Orte trennt, große Bananenplantagen erstrecken. Der Banana Beach, an dem beide liegen, ist vor allem am Südende auch gut für Surfanfänger geeignet. In Aourir gibt's eine Tankstelle, ein Postamt und mehrere Banken.

Beim Rocher du Diable, um die Landspitze nördlich des Banana Beach herum, verleiht Surf Maroc Surfbretter und erteilt Unterricht. Wie in Taghazout bieten auch hier viele Unternehmen Komplettpakete mit Unterkunft und Surfkurs an.

Um die Gegend auch für Nicht-Surfer interessant zu machen, organisieren die Hotelbesitzer in Tamraght mittlerweile auch Marktbesuche, Kochkurse, Besuche im Hamam, Yogakurse und Workshops zum traditionellen Kunsthandwerk der Berber und Marokkaner.

Aktivitäten

Lunar Surf House KUNST, KOCHEN
(☎0679 53 50 49; www.thelunarsurfhouse.com; Tamraght; ab 270 Dh/Pers.) Im Rahmen seines Kreativ-Programms veranstaltet das Hostel auch Workshops zu Themen wie Töpferei, Teppichweben, *tadelakt* (Stuckarbeiten), traditionelle Färbetechniken, Berberstickereien und Holzschnitzen. Außerdem werden marokkanische Kochkurse (220 Dh) angeboten, für die zuvor auf dem Mittwochsmarkt am Banana Beach eingekauft wird.

Surf Maroc SURFEN
(www.surfmaroc.com; Surfbrett/Bodyboard/Paddleboard ab 70/35/100 Dh, Surfkurs ab 150 Dh) Die Surfschule am Strand von Imourane bietet Surfkurse und verleiht Surfbretter, Body- und Paddleboards sowie Nassanzüge.

Schlafen

★ **Lunar Surf House** HOSTEL €
(☎0679 53 50 49; www.thelunarsurfhouse.com; B/DZ inkl. Frühstück ab 140/325 Dh; 📶) In dem von einem jungen, aufgeschlossenen marokkanisch-australischen Paar geführten Hostel fühlen sich – trotz des Namens – auch Nicht-Surfer sehr wohl. So sind die farbenfroh eingerichteten, blitzsauberen Zimmer und Schlafsäle auch das perfekte Basislager für Ausflüge ins Vallée du Paradis. Natürlich organisieren die beiden den Verleih von Surfbrettern und Surfkurse, aber auch Yogakurse und kreative Workshops.

Das Frühstück und die anderen Mahlzeiten, die alle auf der coolen Dachterrasse serviert werden, sind ausgezeichnet.

Hotel Littoral HOTEL €
(☎0528 31 47 26; www.hotellittoral.com; Rte d'Essaouira, Aourir; EZ/DZ/Apt 251/310/650 Dh; 📶🏊) Das kitschige Hotel ist einfach, aber gemütlich und hat ein Restaurant mit Bar. Die gut ausgestatteten Zimmer sind mit eigenem Bad. Es liegt sehr praktisch, mit gutem Anschluss an öffentliche Nahverkehrsmittel Richtung Norden nach Essaouira und Richtung Süden nach Agadir. Frühstück kostet 30 Dh extra.

Riad Dar Haven B&B €€
(☎0528 31 54 34; www.riad-dar-haven; Hay Ait Soual, Tamraght; Zi./Suite ink. Frühstück ab 880/960 Dh; 📶🏊) Hinter der schlichten Tür in einer unauffälligen Straße in Tamraght verbirgt sich die hübsche Pension eines marokkanisch-australischen Paars mit neun Zimmern und Suiten, die rund um einen schattigen Innenhof mit Pool angeordnet sind. Hamam und Wellnessbereich sind ebenfalls vorhanden. Aufgrund der nachhaltigen Führung wurde die Pension mit dem Gütesiegel Green Key ausgezeichnet. Es wird auch ausgezeichnetes Mittag- und Abendessen angeboten.

Diese dürfen auch Nicht-Gäste genießen (190 Dh/Pers.), die jedoch vorher anrufen sollten, ob noch Tische frei sind.

Villa Mandala PENSION €€
(☎0528 31 47 73; www.surfmaroc.com; Aourir; Zi. mit VP 9000 Dh/Woche; 📶🏊) Die Pension direkt am Südende des Banana Beach steht unter Leitung von Surf Maroc und bietet vor allem Yogakurse an. Die Zimmer, die für eine oder zwei Wochen vermietet werden, sind in einer Mischung aus traditionell und modern mit vielen Teppichen ausgestattet. Zudem gibt es einen schön geschwungenen Pool. Im Preis enthalten sind alle Mahlzeiten, die an einem großen Tisch gemeinsam eingenommen werden. Natürlich kann man hier auch surfen lernen und die Ausrüstung leihen.

Essen

Babakoul CAFÉ €
(☎0611 14 76 25; Tamraght; Hauptgerichte 20–50 Dh; ⏲8–23 Uhr) Das kleine Café mit dem extravaganten Mosaikfußboden und luftiger

Terrasse ist ideal, um nach einem Tag am Strand zu entspannen. Das abwechslungsreiche Speisenangebot reicht von Crêpes über Pizza bis zu Grillgerichten. Dazu gibt's Smoothies und frisch gepresste Fruchtsäfte.

Chez Brahim SEAFOOD €€
(Rocher du Diable; Hauptgerichte 70 Dh; ⏲12–22 Uhr) Das beste Restaurant beim Banana Beach und Rocher du Diable serviert herzhafte Fisch- und Fleischgerichte (ab 150 Dh) auf der Terrasse direkt am Wasser.

Banana Beach SEAFOOD €€
(Hauptgerichte 70 Dh; ⏲8–16 Uhr) In dem Restaurant am nördlichen Ende des Banana Beach kann man sich gut ein paar Stunden aufhalten und Meeresfrüchte, Omelettes, Sandwiches und kaltes Bier auf den Liegen am Strand genießen.

Taghazout تغازوت

5400 EW.

Das entspannte Fischerdorf, 6 km von Tamraght, war einst berühmt für seine Tintenfische und Hippies, gilt heute aber als Marokkos bester Surfstrand für alle Leistungsstufen.

Das heruntergekommene Dorf an der Küstenstraße ist ein zumeist staubtrockener Touristenort, der ganz im Zeichen des Surfens steht. Am Hauptstrand kann man auch sehr gut schwimmen, und so wird das Dorf in und nach den Sommerferien in Marokko von einheimischen Touristen überrannt.

Daher werden zwischen Taghazout und Tamraght weitere Ferienanlagen gebaut und Wohngebiete erschlossen. Einige der Bauten ruhen jedoch mittlerweile, und so ist die Landschaft von Kränen und Baustellen geprägt – die entspannte Atmosphäre in Taghazout ist davon noch unberührt.

Aktivitäten

An den Surfstränden Hash Point, Panorama, Anchor Point, La Source, Killer Point und Mysteries rund um das Dorf sind die Wellen zwischen Oktober und April besonders gut und zuverlässig.

Der führende Veranstalter von Surfkursen, Bretterverleih und Pauschalangeboten ist Surf Maroc (S. 395) unter britischer Leitung, doch bieten auch viele Einheimische im ganzen Ort Unterkunft-und-Surf-Pakete und verleihen Bretter und Nassanzüge.

★ Surf Maroc SURFEN
(☎0528 20 02 30; www.surfmaroc.com) Das von einer Gruppe britischer Surfer geleitete Unternehmen bietet Surf- und Yogakurse, verleiht Bretter und betreibt auch drei ausgezeichnete Cafés und einige interessante Unterkünfte rund um Taghazout und in der Nähe von Tamraght. In den All-inclusive-Surfpaketen, die ab 600 Dh pro Nacht kosten, sind Kurse, Brettverleih, Mahlzeiten und Unterkunft enthalten. Man kann aber auch nur übernachten.

Weitere Infos zu den verschiedenen Unterkünften und Aktivitäten gibt's auf der Homepage von Surf Maroc.

Schlafen

Das Angebot an Unterkünften in Taghazout reicht von einfachen Auberges bis zu sehr komfortablen und luxuriösen Designerpensionen. Viele Einheimische vermieten auch Zimmer und Apartments, die vor allem im Sommer oft die letzte Rettung für alle sind, die nicht im Voraus gebucht haben.

Taghazout Surf Hostel HOSTEL €
(☎0676 06 94 95; www.taghazoutsurfhostel.com; hinter dem Restaurant West Coast; Zi. inkl. Frühstück ab 330 Dh; 📶) Das vom freundlichen Yassine geführte Hostel hat einfache Doppel-, Zwei-, Vier- und Sechsbettzimmer mit Gemeinschaftsbad. Er bietet auch Surfkurse und verleiht die Ausrüstung.

Taghazout Villa PENSION €
(☎0528 20 02 30; www.surfmaroc.com; Zi. inkl. Frühstück 210–460 Dh/Pers.; 📶) Nach gründlicher Renovierung ist die zu Surf Maroc gehörende Pension nun eine gute, preiswerte Unterkunft für alle, die länger bleiben und richtig surfen lernen wollen. Die neun Zimmer sind im Strandflair eingerichtet, die Lage mitten im Dorf ist ausgezeichnet. Ganz in der Nähe werden auch Apartments für Selbstversorger vermietet. Diese sind ideal für Surfer, die rund um Taghazout unterwegs sein wollen.

L'Auberge PENSION €
(☎0528 20 02 72; www.surfmaroc.com; Zi. ab 210 Dh/Pers.; 📶) Das weiße Haus direkt am Strand war die erste Pension im Ort und ist mit einfachen, aber schicken Zimmern im- mer noch eine hervorragende Adresse. dem liegt es direkt am kleinen Stadt und ganz in der Nähe einiger guter

★ Amouage B
(☎0528 20 02 30; www.surfmar Frühstück ab 400/450 Dh pro perstylische Designerpe Kind von Surf Maroc

dards in Taghazout. Die luftigen Gemeinschaftsbereiche schmücken Kunstwerke und Fotografien aus der Region, der Infinity Pool scheint direkt in den Atlantik überzugehen, auf den Liegen am Pool, im Hamam und Massageraum kann man sich nach dem Surfen oder Besichtigen herrlich entspannen und erholen. Das Restaurant mit Bar steht mittags und abends auch Nicht-Gästen offen.

Gegen eine Gebühr (120/720 Dh pro Tag/Woche) dürfen auch Nicht-Gäste den Swimmingpool und die anderen Einrichtungen des Hotels nutzen, allerdings nur, wenn die Belegung des Hotels es zulässt.

Essen & Ausgehen

In den Cafés in der Nähe des Hauptstrandes gibt's guten Kaffee und frische Säfte, das Café Mouja bietet gelegentlich auch Livemusik und Filmabende. Die Bar im Amouage schenkt Alkohol aus und ist für Nicht-Gäste während des Abendessens geöffnet.

Dar Jospehine MAROKKANISCH, INTERNATIONAL **€**
(Hauptgerichte 50–70 Dh; ⌚9–22 Uhr) Im besten Café an Taghazouts Hauptstraße sitzt man unter einer schattigen Pergola, die von Weinreben überwuchert ist. Sie ist auch der Lieblingsplatz der Katzen des Orts. Das Drei-Gänge-Menü ist gut und preiswert (97 Dh). Als Hauptgericht stehen gebratenes Hühnchen mit Knoblauch- und Thymiankartoffeln oder ein rustikales *kefta-tajine* (gut gewürzte Lamm- oder Rinderhackbällchen) zur Wahl. Das internationale Angebot besteht aus Tsatsiki mit viel Knoblauch und herzhafter Lasagne.

Cafe Aftas CAFÉ **€**
(Strand von Taghazout; Frühstück 15–25 Dh; ⌚8–22 Uhr) Säfte, Smoothies, toller Espresso und Blick auf den Strand machen das winzige Café schnell zum Lieblingsort in Taghazout.

Cafe Mouja CAFÉ **€€**
(www.surfmaroc.com; Snacks oder Hauptgerichte … ⌚7–23 Uhr) Riesige Fenster mit … und klobige … en des coo… Büro von … stehen ma… westliche … mit Hühn… Linsen-Salat … ibt's leckere … näßig treten … mabende ver…

L'Auberge Resto INTERNATIONAL **€€**
(Hauptgerichte 60–80 Dh; ⌚8–23 Uhr) Im lässig flippigen Café der Pension L'Auberge kommt marokkanisches und internationales Essen wie Nachos, Antipasti-Platten, Salate und Currys auf die Tische. Der nach einem der Surfspots benannte Killers-Burger ist mit Käse, Avocado und karamellisierten Zwiebeln belegt. Zu den marokkanischen Gerichten gehören Tajine und ein toller Hühncheneintopf. Das alles lässt sich besonders schön im romantischen Innenhof genießen.

Praktische Informationen

In Taghazout gibt's Internetcafés und eine Apotheke, alle anderen Einrichtungen, darunter auch ein Geldautomat, findet man in Aourir.

Immouzzer des Ida Outanane
ايموزار ادا وتنان

Das Dorf, 60 km (oder 2 Autostunden) nordöstlich von Agadir, befindet sich in den Ausläufern des Hohen Atlas. Ganz in der Nähe liegt das wirklich paradiesische **Vallée du Paradis**, eine von Oleandern und Palmen gesäumte Schlucht mit beliebtem Picknickplatz und schöner Badestelle. An der von den Erzeugern der Region eingerichteten **route du miel** (Honigstraße) wird an kleinen Ständen neben Honig auch Arganöl verkauft. Entlang der Straße sind immer wieder Wanderwege ausgeschildert.

Im Februar und März ist die Gegend von den weißen Blüten der Mandelbäume übersät. Im Juli und August wird die Honigproduktion mit einem großen Festival gefeiert, im November werden die Oliven geerntet. Dann klettern die Einheimischen auf die Bäume und schütteln die Oliven ab, die danach im Dorf zu Öl gepresst werden. Jeden Donnerstag findet ein großer Markt statt.

Sehenswertes

Die berühmten Kaskaden von Immouzzer zählen zu den spektakulärsten Wasserfällen Nordafrikas. Am reichlichsten fließt das kalziumreiche Wasser zwischen Februar und August, in letzter Zeit verwandelten Trockenperioden sie jedoch in regelrechte Rinnsale. In Anbetracht der vielen Touristenstände und *faux guides* (inoffiziellen Guides), die Führungen zu den Fällen anbieten, ist das Vallée du Paradis vorzuziehen.

Führen die Kaskaden genug Wasser, fällt dieses in mehreren Stufen vom Rand des Plateaus eine Klippenwand namens Voile de la Mariée hinab. Der Weg zum Fuß der Fälle endet an einem blau schimmernden Becken mit vorspringenden Felsen und Blattwerk. Ist der Fluss passierbar, kann man auf ein Plateau steigen, das den Blick auf das Tosbecken ganz oben und Höhlen, die einst von Hippies bewohnt wurden, freigibt. Zu den vielen Wanderrouten in der Region gehört die steile 4 km lange Straße vom Dorf Immouzzer hinunter zum Wasserfall.

Schlafen & Essen

Am unteren Ende des Weges zu den Wasserfällen sowie entlang des gesamten Weges gibt es einige Cafés. Außerdem haben alle Unterkünfte rund um das Vallée du Paradis gute Cafés mit tollem Ausblick. Dort kann man auch den in der Region erzeugten Honig probieren.

Auberge le Panoramic HOTEL €€
(☎0528 21 67 09; www.auberge-le-panoramic.com; Vallée du Paradis; EZ/DZ inkl. HP 280/500 Dh; ❄☒) Der neuere Block in diesem freundliche Stopp an der *route du miel* (Honig-Route) ist das Highlight unter den Herbergen im Vallée du Paradis. Die Aussicht von den Balkons der Zimmer mit Bad kann einen fast schwindlig machen. Im Restaurant werden Tajines, Omelettes und Fleischspieße serviert, außerdem ein Frühstück mit drei Sorten Honig aus den Imkereien an den Hängen unterhalb der Auberge.

Auberge Bab Immouzer HOTEL €
(☎0670 13 10 06; www.aubergebabimouzer.com; Vallée du Paradis; Zi. 250–300 Dh; ❄☒) Das gut geführte Hotel ohne jede Atmosphäre hat sechs Zimmer mit Bad und mehrere Terrassen mit Blick auf die Palmenhaine und das Tal. Die Zimmer am Pool haben auch einen Balkon mit Aussicht.

Hotel Tifrit HOTEL €
(☎0528 21 67 08; www.hotel-tifrit.net; Vallée du Paradis; EZ/DZ mit HP 300/450 Dh; ❄☒) Das Hotel in der Nähe des gleichnamigen Wasserfalls liegt an einem Fluss im Palmenhain und hat sechs Zimmer mit Bad und großen Fenstern mit Blick auf die Palmen.

Hôtel des Cascades HOTEL €€
(☎0528 82 60 23; www.cascades-hotel.net; EZ/DZ 460/572 Dh; ❄☒) Das Hotel, das am Ortsrand von Immouzzer hoch über dem Tal thront, ist von einem verwilderten Garten und Tennisplätzen umgeben. Körbe voller Blumen und Kunstwerke schmücken die Terrasse und die Flure. Die 27 Zimmer haben jeweils einen kleinen Balkon, und es gibt ein Restaurant, das auch Alkohol ausschenkt (Hauptgerichte 80–120 Dh). Vom Garten führen 4 km lange Wege zum Wasserfall hinunter.

Gegen 12.30 Uhr kommen oft Reisegruppen zum Mittagessen ins Restaurant. Deshalb sollte man davor oder danach zum Essen gehen. Zum Hotel gehört auch ein Ferienhaus für Selbstversorger, das sich 20 km entfernt an der Straße nach Essaouira befindet.

An- & Weiterreise

Busse und *grands taxis* verkehren zwischen Aourir und Immouzzer (30 Dh) bis etwa 16 Uhr. Mit öffentlichen Verkehrsmitteln lassen sich die Wasserfälle von Agadir aus kaum innerhalb eines Tages besuchen; man sollte sich entweder einer organisierten Tour anschließen oder ein *grand taxi* nehmen. Der Donnerstag, wenn der Wochenmarkt von Immouzzer stattfindet, eignet sich gut, um eine Mitfahrgelegenheit aufzutreiben, aber schlecht, um selbst zu fahren, denn auf der schmalen Straße herrscht dann unheimlich viel Verkehr. Zwischen Oktober und Mai macht der Fluss die Straße manchmal unpassierbar.

Taroudannt تارودانت

80149 EW.

Taroudannt (oder Taroudant) wird auch gern als „Klein-Marrakesch" bezeichnet, wobei dies kein guter Vergleich ist. Vor dem Hintergrund der schneebedeckten Gipfel des Hohen Atlas versteckt sich der Ort hinter prächtigen roten Lehmmauern. Seine Suks und Plätze umgibt ein Hauch von Maghreb-Mystik, außerdem wird eifrig Handel getrieben, da hier viele Berber Lebensmittel aus der fruchtbaren Oued-Sousebene verkaufen.

Es gibt zwar nichts, was man unbedingt gesehen haben muss, aber Taroudannt ist eine Stadt zum Bummeln und Verweilen. Es lohnt sich, über die Märkte zu schlendern: Auf ihnen geht's entspannter zu als in Marrakesch, aber zugleich viel lebendiger als in Agadir. Ganz in der Nähe befinden sich der unberührte Westen des Hohen Atlas, der Antiatlas und die Küste. Daher ist die Stadt eine gute Ausgangsbasis für Trekkingtouren und Aktivitäten. Außerdem liegt Taroudannt nur 65 km Richtung Binnenland vom Flughafen Al-Massira entfernt und ist als Zwischenstopp auf dem Weg vom/zum Flughafen erheblich reizvoller als Agadir.

Taroudannt

Geschichte

Taroudannt war einer der frühen Stützpunkte der Almoraviden, die sich hier 1056 zu Beginn ihrer Eroberung Marokkos niederließen. Im 16. Jh. ernannten es die aufstrebenden Saadier zu ihrer Hauptstadt. 20 Jahre später zogen sie weiter nach Marrakesch, hatten die Sousebene, in der Taroudannt liegt, bis dahin aber bereits zum landesweit wichtigsten Anbaugebiet von Zuckerrohr, Baumwolle, Reis und Indigo gemacht – wertvolle Waren für den Trans-Sahara-Handel, den die Dynastie unbedingt unter Kontrolle bringen wollte. Die Saadier errichteten den alten Teil der Stadt und die Kasbah, von der 1687 leider große Teile zerstört wurden, als die Bewohner Widerstand gegen Moulay Ismail leisteten und dafür massakriert wurden. Nur die Festungsmauern blieben erhalten, fast alles andere stammt aus dem 18. Jh.

Bis weit ins 20. Jh. hinein blieb Taroudannt stur und rebellisch gegenüber der Zentralregierung. Auch El-Hiba fand hier Zuflucht: Der Clanführer aus dem Süden widersetzte sich dem Vertrag von Fes (1912), der die Grundlage für das französische Protektorat darstellte.

Sehenswertes

Festungsmauern HISTORISCHE STÄTTE

Die etwa 7,5 km lange Festungsmauer gehört zu den besterhaltenen *pisé*-Mauern (Stampflehm) in Marokko. Je nach Tageszeit wechselt ihre Farbe von Goldbraun zu Tiefrot. Sie ist leicht zu Fuß zu erkunden (2 Std.), am besten am späten Nachmittag oder bei Mondschein mit dem Fahrrad oder einer *calèche*.

Bab el-Kasbah GEBÄUDE

Die Stadttore befinden sich in einer Reihe mächtiger im 16. und 17. Jh. gebauter Wehrtürme. Das Bab el-Kasbah mit den drei Bogen wird auch Bab Essalsla genannt und ist das Haupttor. Hierher gelangt man durch

Taroudannt

Sehenswertes

1 Bab el-Kasbah D2
2 Bab Sedra D2
3 Kasbah D2
4 Place al-Alaouyine A3
5 Festungsmauern A4

Aktivitäten, Kurse & Touren

6 Calèches D2
7 Calèches A3
La Maison Anglaise .... (siehe 12)

Schlafen

8 Hôtel el-Warda B3
9 Hôtel Palais Salam D2
10 Hotel Saadiens B2
11 Hôtel Taroudannt A3
12 La Maison Anglaise A1
13 Palais Oumensour B2
14 Riad Maia D3
15 Riad Taroudant B4
16 Ryad Tafilag C1

Essen

17 Big Restaurant C2
18 Chez Nada C2
19 Obst- & Gemüsemarkt B1
20 Jnane Soussia B4

Ausgehen & Nachtleben

21 Cafe Andalous B2
22 Hotel Palais Salam D2
23 Orangensaftstände B3

Shoppen

24 Souq Arabe B3
25 Souq Berbère B3

eine Allee von Orangenbäumen. Stufen führen hinauf auf den Turm, von dem aus man die Festungsmauern entlangspazieren kann.

Kasbah GEBIET
Das alte Kasbah-Viertel, ursprünglich eine Festung, wurde von Moulay Ismail erbaut. Heute ist es ein armer, aber sicherer Wohnbezirk mit verschlungenen Gassen, niedrigen Bogengängen, winzigen Plätzen und vielen Sackgassen. Der Gouverneurspalast im Osten der Kasbah gehört inzwischen zum Hôtel Palais Salam.

Place al-Alaouyine PLATZ
(Pl Assarag) An marokkanischen Feiertagen präsentiert sich die Pl al-Alaouyine wie eine Miniaturausgabe der Jemaa el Fna von Marrakesch: Geschichtenerzähler, Schlangenbeschwörer, Entfesselungs- und Straßenkünstler unterhalten die staunende Menge.

Aktivitäten

Taroudannt ist eine tolle Basis für Trekkingausflüge in den westlichen Hohen Atlas und zum abgelegenen **Tichka-Plateau**, einem schönen Gebiet mit Bergwiesen und versteckten Schluchten (Mindestdauer 2 Tage). Ideal für Tageswanderungen sind die Gebiete **Afensou** und **Tizi n'Test**. Veranstalter vor Ort bieten entsprechende Touren an, wobei man auf einen ausgebildeten Guide bestehen sollte. Dafür zahlt man etwa 350 Dh pro Person und Tag; Transport und Picknick sind inklusive.

★ **La Maison Anglaise** KULTUR
(☎ 0661 23 66 27; www.cecu.co.uk/contact; 422 Derb Afferdou) Hat hervorragende Guides und ein vielseitiges Sport- und Kulturprogramm, darunter Trekking, Besuche in Berberdörfern, Ausflüge zum Tierebeobachten, Kochkurse und die Besichtigung der Seifensieder- und Imkerkooperativen, die die Maison Anglaise unterstützt. Die Tagestouren in das Tal bei Afensou im Hohen Atlas beinhalten einen Spaziergang durch Olivenhaine zu einem Badeteich.

Calèche TOUREN
Die Festungsmauern können per *calèche* besichtigt werden. Man findet die Pferdekutschen im **Bab el-Kasbah**, auf der **Place al-Alaouyine** sowie an anderen bekannten Plätzen. Eine einfache Fahrt durch die Stadt kostet ungefähr genauso viel wie die Tour mit einem *petit taxi*. Auch wenn der Fahrer vielleicht nicht einverstanden ist, sollte man nicht mehr als 25 Dh bezahlten. Eine einstündige Tour inklusive Medina-Besichtigung, Rundgang um die Befestigungsanlagen und Besuch einer kleinen Gerberei sollte nicht mehr als 120 Dh kosten.

Abdellatif Abassi WANDERN
(☎ 0670 59 13 88; abdelroudana@gmail.com) Neben den von den Unterkünften vermittelten Wanderführeren ist auch der nicht offiziell zugelassene Abdellatif Abassi zu empfehlen. Er organisiert auch Muli-Touren und Übernachtungen bei Familien in den Dörfern.

Schlafen

Hôtel Saadiens HOTEL €
(☎ 0528 85 25 89; hotelsaad@menara.ma; av. du 20 Août; EZ/DZ 220/280 Dh;) Das überall in der Stadt ausgeschilderte Saadiens verfügt über alte, aber geräumige Zimmer, gestreifte Tagesdecken und Berberschnitzereien an den Türen. Ungeachtet der etwas gruseligen,

ABSTECHER

DIE KASBAH VON TIOUTE

Diese Kasbah südwestlich von Taroudannt ist so malerisch schön, dass dort 1954 eine französische Verfilmung von *Ali Baba und die vierzig Räuber* gedreht wurde. Von der Kasbah blickt man auf einen Palmenhain und ein paar Restaurants sowie den Hohen und Antiatlas in der Ferne. Am besten kommt man möglichst früh, damit man mit einem *grand taxi* (15 Dh, 30 Min.) auch wieder zurückfahren kann – und auch um den großen Reisegruppen zu entgehen.

hallenden Korridore ist es eine zentral gelegene Rückzugsmöglichkeit vom Treiben der Medina. Im 1. Stock befindet sich eine Lounge und von der Dachterrasse eröffnet sich eine Aussicht in die Berge. Da die Ave du 20 Août eine Durchgangsstraße ist, sollte man sich ein Zimmer nach hinten hinaus geben lassen. Auf Wunsch mit Halbpension.

Chambres d'Hôtes des Amis PENSION €

(☎0667 60 16 86; www.chambresdesamis.com; Sidi Belkas; EZ/DZ inkl. Frühstück 80/160 Dh;) Die recht großen Zimmer in diesem günstigen Gästehaus haben schon einige Jährchen auf dem Buckel, sind aber groß; die Badezimmer sind einfach und bieten nur ab und zu Warmwasser. Zum Haus gehören zwei Aufenthaltsräume und eine Dachterrasse, auf der das Frühstück serviert wird. Das Haus liegt 800 m westlich vom Bab Taghount (an der Westseite der Befestigungsmauern), wo offenes Land beginnt. Der Straßenlärm und die Moschee in der Nachbarschaft lassen aber keine Vorortstille aufkommen. Besitzer Said Dayfollah bietet Fahrradverleih, Wandertouren und andere Aktivitäten sowie Abholung vom Flughafen Al-Massira (350 Dh) und bereitet auf Anfrage Mahlzeiten zu (70 Dh).

Hôtel Taroudannt HOTEL €

(☎0528 85 24 16; Pl al-Alaouyine; EZ/DZ ab 70/120 Dh;) In dem zentral gelegenen Hotel führen geflieste Korridore am Restaurant und dem dschungelähnlichen Innenhof vorbei zu den Zimmer mit einfachem Bad. Leider ist der Lärm vom Place al-Alaouyine sehr gut zu hören. Und die Hotelbar, in der es früher günstiges Bier gab, ist geschlossen.

Hôtel el-Warda HOTEL €

(☎0528 85 27 63; Pl an-Nasr; EZ/DZ 80/100 Dh) Das superbillige Hotel hat eine traditionelle *zellij*-Terrasse (gefliest) mit Blick auf den Place an-Nasr und einfache Zimmer im zweiten Stock mit Gemeinschaftstoiletten und -duschen. Alleinreisenden Frauen dürfte der Eingang in einer schmalen Gasse und das von Männern beherrschte Café im ersten Stock nicht ganz geheuer sein.

★ **Ryad Tafilag** BOUTIQUEHOTEL €€

(☎0528 85 06 07; www.riad-tafilag.com; Derb Tafellagt; EZ/DZ inkl. Frühstück ab 550/605 Dh;) Das originelle, aus mehreren Häusern der Altstadt bestehende Hotel ist ein einziges Labyrinth aus Treppenhäusern, Terrassen und Hallen – und mittendrin ist ein Hamam. Die neun Zimmer und Suiten, von denen drei eine eigene Terrasse haben, sind streng nach den Bedürfnissen der Gäste eingerichtet und verzichten auf jedes nutzlose Design, sind aber dennoch geschmackvoll. Den Gästen werden Fahrräder kostenlos zur Verfügung gestellt, das Abendessen wird in einem eleganten Speiseraum serviert.

Es gibt auch einen winzigen Pool, der inmitten der verwirrenden marokkanischen Architektur aber kaum zu finden ist.

La Maison Anglaise PENSION €€

(☎0661 23 66 27; www.cecu.co.uk/contact; 422 Derb Afferdou; EZ/DZ inkl. Frühstück 400/600 Dh;) Die von Green Key zertifizierte Pension in einem alten Haus in einer ruhigen Straße nördlich des Stadtzentrums wird von sehr gastfreundlichen Einheimischen geführt. Neben den neun Zimmern mit Bad gibt es auch eine Küche, eine Dachterrasse mit Blick auf den Hohen und den Antiatlas sowie eine kleine Bibliothek. Das Essen wird in den höchsten Tönen gelobt.

Fast noch besser ist aber das Personal, das den Gästen bei geführten Touren die Kultur des Landes nahebringt und ihnen unermüdlich hilft, sich in Stadt und Land zurecht zu finden. Zudem sprechen die Mitarbeiter recht gut Englisch. Da die Pension gern von Reisegruppen gebucht wird, sollte man unbedingt vorher reservieren. Zum Abendessen (110–130 Dh) steht das Restaurant auch Nicht-Gästen offen. Allerdings sollte man mindestens einen Tag im Voraus per E-Mail (cecuecotours@gmail.com) reservieren.

Riad Ain Khadra PENSION €€

(☎0528 85 41 42; www.riad-ain-khadra.com; Zi./Suite inkl. Frühstück ab 550/770 Dh;) Die sehr empfehlenswerte Pension befindet sich auf dem Land, 10 km südlich von Taroudannt. Zur ruhigen Lage kommen ein schöner Garten mit Swimmingpool, ein Hamam, Whirlpool und Massagen. Obwohl sie zu den luxuriösesten Unterkünften der Gegend gehört, ist die Pension immer noch recht bescheiden und ein wohltuend ruhiger Kontrast zum Trubel in der Altstadt.

Riad Taroudant PENSION €€

(☎0528 85 25 72; www.riadtaroudant.com; 243 Ave Al Quds, Derb J'Did; EZ/DZ inkl. Frühstück 300/400 Dh;) Glanzstück der Pension in einer Wohngegend am südlichen Eingang der Altstadt ist die Dachterrasse. Dort wird, mit Blick auf die Altstadt, das Frühstück serviert. Im kleinen Pool im Erdgeschoss kann man der marokkanischen Hitze entgehen. Die Zimmer sind einfach eingerichtet, aber gemütlich. Zusätzlich werden Abendessen und Jeeptouren in die Wüste angeboten.

Für Klimaanlage im Zimmer wird ein Aufschlag berechnet.

Riad Maia B&B €€

(☎0641 03 79 89; 12 Tassoikt Ighezifen; EZ/DZ inkl. Frühstück ab 380/490 Dh) Dies ist wohl eine der verstecktesten Unterkünfte der Stadt – doch dank der vielen Hinweisschilder ist sie trotzdem gut zu finden. Und sie ist ein Paradebeispiel optimaler Ausnutzung von wenig Platz. Über steile Treppen gelangt man zu den vier eleganten Zimmern mit Bad und den Dachterrassen, von denen man in den gepflegten Garten im Innenhof blickt. Aufgrund dieser Treppen ist die Pension für Kinder unter sechs Jahren nicht geeignet.

Palais Oumensour BOUTIQUEHOTEL €€

(☎0528 55 02 15; www.palaisoumensour.com; Al Mansour Borj Oumensour Tadjount; Zi./Suite inkl. Frühstück 600/800 Dh;) Das ruhige, geschmackvolle Hotel steht in einer Altstadtgasse und grenzt an den Garten der katholischen Kirche. Die vier Doppelzimmer und sechs Suiten hoch über dem Innenhof mit dem Pool verbinden traditionelle Bauweise mit modernem Komfort. So hängen Drucke von Georges Braque an den *tadelakt* (Stuck)-Wänden. Zu den weiteren Annehmlichkeiten gehören ein elegantes Hamam, ein Massageraum, eine Dachterrasse mit Blick auf den Hohen Atlas und eine Bar.

Hôtel Palais Salam HISTORISCHES HOTEL €€

(☎0528 85 25 01; Kasbah; EZ/DZ/Suite inkl. Frühstück ab 582/674/1424 Dh;) Die ehemalige Pascha-Residenz, deren Eingang an der Ostmauer der Kasbah zu finden ist, macht ihrem glanzvollen Namen mit auf mehreren Ebenen verteilten Parks, Pools, Innenhöfen und Springbrunnen (einer wird von Schildkröten bewohnt) alle Ehre. Die im traditionellen Stil gehaltenen älteren Zimmer im Erdgeschoss bestechen wegen ihres authentischen Flairs, aber die neueren Räumlichkeiten mit ihren rosafarbenen Wänden und blauen Jalousien sind geräumiger.

Verglichen mit neueren Optionen fallen die Zimmer und Bäder enttäuschend aus, ebenso der Service. Dennoch ist und bleibt es eine märchenhafte Location mit einer Bar sowie marokkanischen und internationalen Restaurants.

Essen

Hotelcafés und Touristenlokale an der Place al-Alaouyine laden zum Frühstücken ein und servieren später am Tag Tajines sowie einfache Grillgerichte. Günstige Lokale befinden sich rund um die Pl an-Nasr und entlang der Ave Bir Zaran in nördlicher Richtung; sie haben die üblichen Tajines, *harira* (Linsensuppe) und Salate auf der Speisekarte.

Chez Nada MAROKKANISCH €

(☎0528 85 17 26; Ave Moulay Rachid; Hauptgerichte 55–95 Dh, Menü 80 Dh; ⏲12–15 & 18–22 Uhr) Das 60 Jahre alte Restaurant ist berühmt für seine Tajines-Variationen, darunter eine mit Taubenfleisch (oder Hühnchen), Backpflaumen und gerösteten Mandeln. Über dem Café im Erdgeschoss, das überwiegend von männlichen Gästen aufgesucht wird, und dem eleganten weißen Speisesaal im ersten Stock lockt die Dachterrasse mit einer tollen Aussicht über die öffentlichen Grünanlagen. Das hausgemachte Essen ist ausgezeichnet. Wer *pastilla* und Couscous Royal (75–95 Dh) essen möchte, sollte zwei Stunden vorher bestellen.

Big Restaurant MAROKKANISCH, FAST FOOD €

(Hauptgerichte 20–35 Dh; ⏲11–23 Uhr) Die Einrichtung im Stil eines amerikanischen Diners passt nicht in die Altstadt von Taroudannt, doch neben Burgern in allen Varianten gibt es auch Pizzas und preiswerte marokkanische Grillgerichte mit Merguez-Würsten, Hühnchen- und Lammfleisch. Die Salate sind frisch und kreativ, und in einer Stadt, in der nur wenige Restaurants abends geöffnet haben, ist dies eine gute Option.

Jnane Soussia MAROKKANISCH €€

(☎0528 85 49 80; Ave Mohammed V; Hauptgerichte 70–100 Dh; ⏲10–23 Uhr;) Die Tische des sehr empfehlenswerten Gartenrestaurants stehen unter Zeltdächern rund um einen

ABSTECHER

IM LAND DES ARGAN

Die N10 östlich von Taroudannt ist gesäumt von krausen Arganbäumen, deren Früchte von einheimischen Ziegen und Köchen weltweit gleichermaßen geschätzt werden.

Weiter in Richtung der Berge führt die Straße zum Tizi n'Test-durch ein üppig grünes Arganschutzgebiet, einem Paradies für Bergziegen, die ansonsten an die karge Kost des Hohen Atlas gewöhnt sind. Im Schatten der Bäume bietet sich ein Picknick inmitten fröhlich tobender Kinder oder die Aufnahme des ultimativen Fotos im Antiatlas an: Ziegen auf den Ästen hoch oben in einem Arganbaum, die sich die Nüsse schmecken lassen.

Schlafen

Die beste Unterkunft ist das historische Hôtel Palais Riad Hida in Ouled Berhil.

Hôtel Palais Riad Hida (☎ 0528 53 10 44; www.riadhida.com; EZ/DZ mit HP ab 616/1023 Dh; ❄📶🏊) Das wunderbar restaurierte Gebäude aus dem 19. Jh. steht am Rand des Berberdorfs Ouled Berhil, gut 45 km nordöstlich von Taroudannt. Die Gästebungalows sind nichts Besonderes, aber die gesamte Anlage jenseits der gefliesten Schwelle beeindruckt mit einem schönen Innenhof, meterhohen Palmen und langen Pools.

An- & Weiterreise

Für die Erkundung dieser Gegend, und vor allem für die Fahrt zu den Ziegen in den Arganbäumen, benötigt man ein eigenes Fahrzeug. 10 km hinter Ouled Berhil weist ein Schild zur Straße zum Tizi n'Test, einem der spektakulärsten und gefährlichsten Gebirgspässe des Landes. Die Straße führt in Richtung Nordosten über den Hohen Atlas bis nach Marrakesch.

großen Pool direkt an der Festungsmauer. Zu den Spezialitäten des Hauses gehören *mechoui* (ganzes gebratenes Lamm) und Tauben-*pastilla,* die aber vorab bestellt werden muss. Ein gutes, leichtes Mittagessen ist Hühnchen-Tajine mit Zitrone und Oliven, aber auch alles andere schmeckt sehr gut.

Riad Maryam MAROKKANISCH €€
(☎ 0666 12 72 85; www.riadmaryam.com; Ave Mohhamed V; Menü 200 Dh; ⌚ 19–22 Uhr) Die allererste Unterkunft in Taroudannt ist längst von nobleren Häusern eingeholt worden, hat aber immer noch ein wunderbares Restaurant. Die mehrgängigen Menüs mit Suppe, Salat und Dessert werden im grünen Innenhof serviert. Es muss unbedingt im Voraus reserviert werden. Am besten kommt man morgens kurz vorbei und reserviert den Tisch für abends. Die Inhaberfamilie spricht Französisch und etwas Englisch.

Ausgehen & Nachtleben

Hotel Palais Salam BAR
(⌚ 14–23 Uhr) Die Bar am Swimmingpool im üppig grünen Garten des Hotels Palais Salam ist ideal, um sich bei einem kalten Bier vom Trubel der Altstadt zu erholen.

Cafe Andalous SAFTBAR
(Pl Andalous; Smoothies und Säfte 10–15 Dh; ⌚ 10–22 Uhr) Das freundliche Lokal liegt an einem kleinen Platz an der Ave Bir Zaran, direkt unterhalb dem Schild eines Zahnarztes.

Orangensaftstände SÄFTE
Frisch gepresster Orangensaft kostet an diesen einfachen Ständen gerade einmal 5 Dh.

Shoppen

Taroudannt ist das Chleuh Zentrum in der Sousebene und damit ein guter Ort, um sich nach Silberschmuck umzusehen, für den der Stamm berühmt ist. Die Stücke sind sowohl von den Sahara-Stämmen als auch von jüdischen Silberschmieden beeinflusst. Juden machten bis in die 1960er-Jahre hinein einen bedeutenden Teil der Stadtbevölkerung aus.

Souq Arabe KUNSTHANDWERK
(⌚ 10–23 Uhr) Auf dem Hauptmarkt, dem sogenannten *grand souk*, verstecken sich in ruhigen Gassen Antiquitäten- und Souvenirläden. Wer Geschenke für die Daheimgebliebenen sucht, ist auf dem kleinen Platz mit Schmuckgeschäften unweit der Ave Bir Zaran südwestlich der Moschee richtig.

Souq Berbère KUNSTHANDWERK
(⌚ 10–23 Uhr) Der Suk südlich der Pl an-Nasr, vorbei an den vielen Turnschuh- und Handyständen in der Hauptdurchgangsstraße, wird auch *marché municipal* genannt und verkauft Teppiche, Schmuck, Arganöl, Mu-

sikinstrumente, Lampen, Lederarbeiten sowie Keramik.

Suk am Sonntagmorgen LEBENSMITTEL & GETRÄNKE
(7–13 Uhr) Der große Markt findet direkt vor dem Bab al-Khemis nördlich der Kasbah statt und zieht Besucher aus der gesamten Region an.

Praktische Informationen

In Taroudannt gibt es weder ein europäisches Viertel noch eine *ville nouvelle* (Neustadt). Alles Nötige findet man rund um die beiden zentralen Plätze Pl al-Alaouyine (früher Pl Assarag) und Pl an-Nasr (früher Pl Talmoqlate).

Internetcafés befinden sich in der Ave Bir Zaran und Ave Mohammed V.

Die Banken am Pl al-Alaouyine haben Geldautomaten, wechseln Geld und stellen Visa aus.

Banque Populaire (Pl al-Alaouyine; Mo–Fr 8.30–18.30 Uhr)

Geldautomat der BMCE (Pl al-Alaouyine)

Crédit du Maroc (Pl al-Alaouyine; Mo–Fr 8.30–18.30 Uhr)

Krankenhaus (Ave Moulay Rachid)

Inezgane Voyages (0528 55 06 46; Pl an-Nasr; Mo–Sa 9–12.30 & 14.30–17 Uhr) Das Reisebüro ist die Vertretung von Royal Air Maroc und anderen Fluglinien.

Post (Ave du 20 Août; Mo–Fr 8.15–16, Sa 9–15 Uhr)

An- & Weiterreise

Die Betreiber der Unterkünfte holen ihre Gäste auf Wunsch am Flughafen Al-Massira in Agadir ab.

AUTO

Ein Auto mietet man am besten bei einem der großen Unternehmen, die ihre Büros im Flughafen Al-Massira in Agadir haben. Es gibt auch ein paar örtliche Anbieter in Taroudannt, darunter **Alge Cars** (0615 09 04 13; alge-cars@yahoo.fr; Ave Prince Héretier Sidi Mohammed, gegenüber der Moschee; ca. 500 Dh/Tag) and **Tinghir Cars** (0661 19 02 89; Ave Moulay Rachid; ca. 500 Dh/Tag).

BUS

Die Busse fahren am **Busbahnhof** vor dem Bab Zorgane ab. Die Busse von **CTM** (0528 85 38 58; www.ctm.ma; Bab Zorgane) sind am zuverlässigsten und fahren mindestens einmal täglich die folgenden Ziele an: Agadir (35 Dh, 3 Std.), Casablanca (190 Dh, 8 Std.), Marrakesch (105 Dh, 4 Std.) und Ouarzazate (115 Dh, 5 Std.).

Andere Busunternehmen fahren nach Agadir und Inezgane (30 Dh, 1½ Std., stündl.), Taliouine (80 Dh, 1½ Std., tgl.) und Tata (90 Dh, 5 Std., tgl.).

TAXIS

Die ***grands taxis*** warten vor dem Bab Zorgane und fahren in folgende Orte: Agadir (40 Dh), Inezgane (34 Dh), von wo es häufigere Verbindungen nach Agadir und Marrakesch (150 Dh) gibt. Für die Fahrt über den spektakulären Gebirgspass Tizi n'Test muss man das ganze Taxi mieten (ca. 1100 Dh).

Unterwegs vor Ort

In Taroudannt kann man sehr gut Radfahren. Räder werden von **Brahim Bikes** (0662 74 10 91; Pl al-Alaouyine; 10/60 Dh pro Std./Tag) am Hauptplatz des Ortes verliehen. Eine Fahrt mit dem *petit taxi* kostet 8 Dh (bzw. 12 Dh nach 20 Uhr).

Taliouine تالوين

6000 EW.

Auf halbem Weg zwischen Taroudannt und Ouarzazate liegt das weit auseinandergezogene Dorf Taliouine, das von Hügeln und der beeindruckenden Kasbah Glaoui beherrscht wird.

Das Dorf ist das afrikanische Zentrum des *l'or rouge* (Rotes Gold, d.h. Safran), des teuersten Gewürzes der Welt. In unzähligen Geschäften und Läden des Ortes wird es für 35–40 Dh pro Gramm verkauft. Der lilafarbene *crocus sativus*, aus dessen Blütennarben Safran gewonnen wird, wächst nur in einer Höhe von mindestens 1200 m. In der Blütezeit von Mitte Oktober bis Mitte November werden die Blumen in den Dörfern in einem Umkreis von 12 km östlich von Taliouine gepflückt. Am ersten Wochenende im November findet das große Safranfestival statt, bei dem jeden Abend die Stars der Berbermusik aufspielen und die Massen den *ahouach* (Feiertanz) im Rhythmus der *bendirs* (traditionelle Handtrommeln) tanzen.

Vorsicht vor „falschem" Safran: der echte Safran färbt die Finger gelb (nicht rot), schmeckt recht bitter und ist sehr teuer.

Sehenswertes

★ Calligraphie Tifinaghe KULTURZENTRUM
(0601 35 31 51; www.molidaz.blogspot.com; 8.30–12.30 & 14–18.30 Uhr) Der Amazigh-Dichter und Kalligraf Moulid Nidouissadan schreibt Sprichworte der Berber in der traditionellen Schönschrift und malt auch farbenfrohe Kompositionen. Für die kostenlose, künstlerische Darstellung der Namen der Besucher in der Berbersprache werden „Safrantinte" und eine Lötlampe mit viel Tamtam verwendet. Außerdem gibt's

hier die üblichen Souvenirs wie T-Shirts und Einkaufstaschen, die zwar schön, aber auch sehr teuer sind. Moulid spricht sehr gut Französisch und auch etwas Englisch.

Dar Azaafaran MUSEUM
(☎0528 53 44 13; ⌚8–19 Uhr) GRATIS Das moderne Informationszentrum ist ganz dem *roten Gold* gewidmet. Es verfügt über ein kleines Museum, verkauft den Safran der örtlichen Kooperativen und zeigt auf einer großen Tafel den aktuellen Tagespreis an. Die meisten Hinweistafeln sind auf Französisch, es gibt aber auch Infomaterial auf Englisch. Die Öffnungszeiten werden nicht allzu strikt beachtet.

Coopérative Souktana du Safran MUSEUM
(☎0528 53 44 52; ⌚8.30–18.30 Uhr) GRATIS Die größte und älteste der Safrankooperativen von Taliouine wurde 1979 gegründet und hat 160 Mitglieder (darunter vier Frauen). Ein Besuch des Zentrums mit Museum und Kalligrafie-Atelier lohnt sich. Sachkundige Angestellte erläutern die Safrangewinnung, lassen Besucher das Gewürz probieren und verkaufen es pur, aber auch mit Safran angereicherte Produkte wie Schokolade, Kosmetik und Tinte.

Kasbah HISTORISCHE STÄTTE
Die Kasbah mit Blick auf die braunen Hügel liegt größtenteils in Trümmern, bildet jedoch eine wunderbare Kulisse für einen Spaziergang bei Sonnenuntergang.

Suk MARKT
(⌚7–13 Uhr) Jeden Montag findet bei der Auberge le Safran ein lebhafter Markt statt.

Aktivitäten

Taliouine ist ein beliebter Ausgangspunkt für Trekking-Touren am nahegelegenen Jbel Siroua, der eines der schönsten Wandergebiete des Antiatlas darstellt. Trekking-Führer werden von den Unterkünften des Ortes oder Veranstaltern der Region vermittelt.

Maroc Inedit WANDERN
(☎0673 56 90 82; www.maroc-inedit.com) Der Veranstalter organisiert Trekking-Touren rund um den Jbel Siroua sowie Touren in andere Regionen Marokkos. Die in Taliouine ansässigen Führer sprechen Englisch, Französisch und Spanisch. Eigentümerin Annie Lauvaux engagiert sich auch stark in der Erschließung der Gegend rund um Taliouine (weitere Infos unter www.ecotourisme-solidaire-taliouine.com).

Zafrani WANDERN, KULTUREXKURSION
(☎0613 88 05 26; www.zafrani.ch; Taliouine) Das marokkanisch-schweizerische Unternehmen hat sich auf Trekking-Touren spezialisiert, organisiert aber auch Kulturexkursionen und Touren zum Sternebeobachten, Skifahren und Meditieren für Alleinreisende und Familien aller Altersklassen. Neu im Angebot sind Trekking-Touren zu den Safran- und Arganzentren der Region sowie Kochkurse. Unterkünfte werden ebenso vermittelt wie Trekking-Touren in andere Regionen Marokkos.

Siroua Discovery WANDERN
(☎0617 03 07 03; www.siroua-discovery.com) Der in Taliouine ansässige Trekkingführer Nourdine Alhyane ist allgemein hoch angesehen.

Schlafen & Essen

Die besten Unterkünfte der Stadt liegen etwas außerhalb in idyllischer, ländlicher Umgebung. Von vielen Zimmern blickt man direkt auf die stimmungsvolle Kasbah.

Wer abends etwas essen möchte, sollte Halbpension buchen oder es in den Restaurants der Hotels Auberge le Safran und Auberge Souktana versuchen. Am westlichen Ende der Hauptstraße gibt es ein paar Grillrestaurants beim *gare routière*. Ansonsten bietet die Auberge Siroua (für ca. 50 Dh) ein leckeres Tajine mit Safran. In der Hauptstraße befinden sich auch einige preiswerte Hotels.

Auberge le Safran HOTEL €
(☎0668 39 42 23; www.auberge-safran.com; DZ/Suite ab 170/300 Dh; ❄📶🏊) Das Hotel hat einfache, sehr farbenfrohe Zimmer mit Bad sowie zwei preiswerte Doppelzimmer auf der Dachterrasse und eine geräumige Suite für vier Personen. Vom Salon blickt man über die Felder auf die Kasbah, im Innenhof im Erdgeschoss steht ein Berberzelt. Das Hotel baut selbst Safran an, der in den leckeren Gerichten verwendet und im hauseigenen Museumsshop auch verkauft wird.

Außerdem organisiert der freundliche Besitzer Mahfoud Trekkingtouren, Hamam-Besuche, Kochkurse mit viel Safran und Touren zu Safran- und Arganerzeugern. Man sollte versuchen, ein Zimmer nach hinten hinaus zu bekommen, um dem Straßenlärm zu entgehen.

Auberge Souktana HOTEL €
(☎0528 53 40 75; souktana@menara.ma; EZ/DZ 180/220 Dh, EZ/DZ im Bungalow 100/160 Dh, Zelt

für 1/2 Pers. 50/80 Dh; 📶) In dem ganz auf Trekkingtouristen eingerichteten Hotel liegen überall Wanderkarten in den Gemeinschaftsbereichen. Besitzer Ahmed berät seine Gäste gern und vermittelt Wanderführer. Die farbenfrohen Zimmer sind sehr schön im traditionellen Stil eingerichtet und können mit Halbpension (220 Dh/Pers.) gebucht werden. Das Hotel ist östlich der Stadt an der N10, gegenüber der Kasbah, die man immer toll im Blick hat.

Chez Souad PENSION €
(☎0671 05 68 46; moradchoukri@yahoo.fr; Zi. ab 60 Dh/Pers.) Das verwinkelte Wohnhaus neben einem staubigen Fußballplatz hat eine schöne Dachterrasse mit Blick auf die Kasbah und die Stadt. Es gibt acht Zimmer für jeweils bis zu vier Personen. Davon haben drei ein eigenes Bad. Sie können mit Halbpension (160 Dh/Pers.) gebucht werden, und Souads Bruder ist Wanderführer.

Escale Rando PENSION €€
(☎0662 54 78 28; www.escalerando.fr; EZ/DZ 330/440 Dh, ohne Bad 242/330 Dh; 📶) Die kleine, romantische Pension mit Garten, Brunnen und Schildkröten im beleuchteten Innenhof grenzt direkt an die Kasbah. Es gibt vier Zimmer mit hohen Decken, eine komplett ausgestattete Küche und eine Terrasse an der Festungsmauer, auf der die Gäste in heißen Nächten schlafen können. Halbpension kostet 55 Dh pro Person, und es werden verschiedene Aktivitäten organisiert. Zudem sprechen die Mitarbeiter ausgezeichnet Englisch.

Auberge Tobkal CAMPINGPLATZ, APARTMENTS €€
(☎0528 53 43 43; aubergetoubkal@yahoo.fr; Camping 60 Dh, Bungalow mit Halbpension 220 Dh/Pers., Apt. 800–1200 Dh; 📶❄) Auf dem sauberen Campingplatz an der Hauptstraße 500 m östlich der Abfahrt zur Kasbah werden auch Bungalows mit eigenem Bad und vier nagelneue Apartments vermietet.

Praktische Informationen

In der Hauptstraße gibt es in der Nähe des Dar Azaafaran ein paar Banken und ein Internetcafé.

An- & Weiterreise

BUS

Taliouine hat einen kleinen *gare routière* (Busbahnhof). Da man in den Bussen, die durch die Stadt fahren, nur selten einen Sitzplatz bekommt, sind *grands taxis*, die ebenfalls am Busbahnhof stehen, die bessere Alternative.

TAXIS

Grands taxis fahren von Taliouine nach Ouarzazate, jedoch nur selten auf direktem Weg, sondern über Tazenakht (35 Dh), wo man auch umsteigen muss. Dagegen fahren regelmäßig Taxis direkt nach Taroudannt, doch ist man oft schneller, wenn man in Ouled Berhil (32 Dh) umsteigt.

ANTIATLAS الأطلس الصغير

Nach wie vor gehört der Antiatlas zu den selten besuchten Bergregionen Marokkos – erstaunlich, denn die Gegend ist wunderschön und liegt außerdem in der Nähe von Agadir. Das Gebirge dient als Hochburg der Chleuh-Stämme, die hier in einem losen Zusammenschluss von Dörfern über die kargen Berge verteilt leben, einige noch immer jenseits der staatlichen Kontrolle. Umgeben von einer anspruchsvollen Landschaft aus Granitfelsen und roten Lavaströmen, haben sich die Chleuh seit jeher der Landwirtschaft in üppigen Oasentälern gewidmet, die heute zu den malerischsten *palmeraies* des Landes gehören.

Tafraoute تافراوت

5000 EW.

Inmitten von roten Granitbergen und dem großartigen Tal der Ammeln erstreckt sich das Dorf Tafraoute. Trotz ihres bescheidenen Erscheinungsbildes ist die Region ziemlich wohlhabend – dank der Zuwendungen von Verwandten, die in den großen Städten oder im Ausland arbeiten. Tafraoute ist eine nette und entspannte Ausgangsstation, um die Region zu erkunden.

Aktivitäten

Am besten lässt sich das schöne Umland zu Fuß oder per Fahrrad erkunden. Einige Veranstalter, deren Infostände westlich des Hôtel Salama zu finden sind, und Guides bieten Mountainbike- und Trekkingtouren an.

Radfahren

Die palmenbewachsenen Aït-Mansour-Schluchten, die zu den kargen Weiten des südlichen Antiatlas führen, und die Pierres Bleues sind lohnende Ziele. Mehrere Anbieter verleihen Fahrräder unterschiedlicher Qualität. Für ein normales Rad/Mountainbike samt Helm, Pumpe und Schlauchreparaturset ist mit etwa 60/120 Dh pro Tag zu rechnen.

Tafraoute

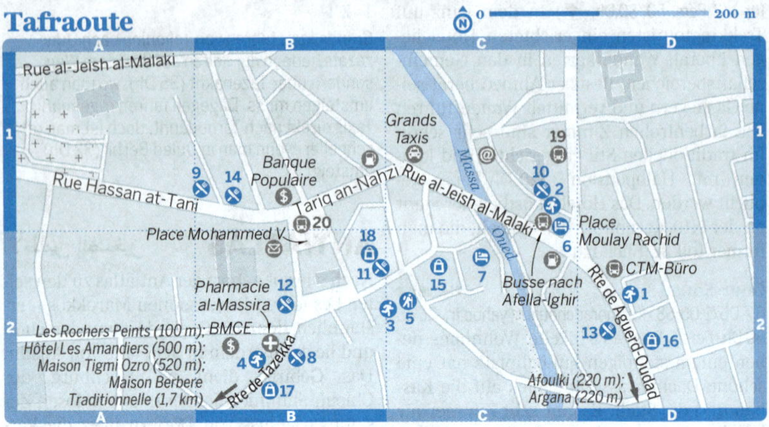

Tafraoute

Aktivitäten, Kurse & Touren

- Au Coin des Nomades ....(siehe 15)
- 1 Maison de Vacances D2
- 2 Neuer Hamam C1
- 3 Alter Hamam C2
- 4 Tafraoute VTT B2
- 5 Tawada C2

Schlafen

- 6 Auberge Les Amis C1
- 7 Hôtel Salama C2

Essen

- 8 Café-Restaurant Atlas B2
- 9 Cafe-Restaurant Panorama B1
- 10 Obst- & Gemüsemarkt C1
- 11 Obst- & Gemüsemarkt B2
- 12 L'Étoile d'Agadir B2
- 13 Restaurant La Kasbah D2
- 14 Restaurant L'Étoile du Sud B1

Shoppen

- 15 Au Coin des Nomades C2
- 16 Maison du Troc D2
- 17 Maison Tuareg B2
- 18 Suk B2

Transport

- 19 Busse ins Tal der Ammeln C1
- 20 Buses nach Tiznit B1

Maison de Vacances FAHRRADVERLEIH
(☎ 0528 80 01 97; www.tafraout.info; Fahrrad 60–120 Dh/Tag; ⏲ 8.30–22 Uhr) Es werden auch gute Mountainbikes verliehen.

Tafraoute VTT FAHRRADVERLEIH
(☎ 0670 40 93 84; www.tafraout-vtt.cla.fr; Fahrradträger 70–100 Dh/Tag) Hier werden auch Fahrradträger fürs Auto verliehen, was sehr praktisch für eine Auto-Radtour nach Aït Mansour ist.

Hamams

In Tafraoute kann man noch ein traditionelles Hamam erleben, denn viele Häuser hier sind noch nicht an die öffentliche Wasserversorgung angeschlossen. Insgesamt gibt es drei Badehäuser in der Stadt. Massagen sind nur im **neuen Hamam** (12 Dh; ⏲ Männer 7–22 Uhr, Frauen 7–19 Uhr) hinter der Auberge Les Amis möglich. Das authentischere **alte Hamam** (12 Dh; ⏲ Männer 7–22 Uhr) hinter dem Markt steht leider nur Männern offen.

Trekking & Klettern

Rund um Tafraoute und im gesamten Antiatlas befinden sich unzählige Klettersteige und Wanderwege, die jedoch meist sehr anstrengend sind.

Au Coin des Nomades KLETTERN, WANDERN
(☎ 0661 62 79 21; tafraoutdesert@gmail.com) Der Laden des angesehenen Kletterers Houssine Laroussi ist eine unerschöpfliche Quelle von Trekking- und Kletterinfos, Reise- und Wanderführern, Büchern und Karten über die Region. Außerdem vermittelt er Übernachtungen bei Familien in den Dörfern und ist auch bei der Suche nach Bussen in weniger gut erschlossene Gegenden wie Afella-Ighir und Aït Mansour behilflich.

Tawada WANDERN, KLETTERN
(☎ 0661 82 26 77; www.guide-tafraout.com) Der zertifizierte und Englisch sprechende Wanderführer Brahim Bahou organisiert Trekkingtouren, die einen Tag oder länger dauern und teilweise mit Maultieren durchgeführt werden.

Feste & Events

Mandelblütenfest KULTUR
(März) Mit diesem Fest feiert Tafraoute die Mandelernte.

Schlafen

Es gibt gute preiswerte Unterkünfte in der Stadt und im nahen Tal der Ammeln. Zwei Campingplätze befinden sich 1 km westlich der Stadt an der Straße nach Tiznit (R104).

Maison Tigmi Ozro PENSION €
(0699 91 69 79; bouchra2.hani@gmail.com; Blvd Mokhtar Soussi; EZ/DZ inkl. Frühstück 187/220 Dh;) Da sie eine Zeitlang in London lebte und arbeitete, spricht Bouchra Hani perfekt Englisch. In ihrer hübschen, gemütlichen Pension, die nur einen kurzen Fußmarsch vom Zentrum entfernt ist, kann man sich herrlich entspannen. Alle drei Zimmer haben ein eigenes Bad, und im ruhigen Innenhof stehen Mandel- und Granatapfelbäume. Das Frühstück wird auf der Dachterrasse mit tollem Blick auf die Berge serviert.

Hôtel Salama HOTEL €
(0528 80 00 26; R104, am Fluss im Zentrum von Tafraoute; EZ/DZ 200/300 Dh;) Das Hotel mit seiner Mischung aus örtlichen Materialien und modernen Annehmlichkeiten wird allgemein sehr gelobt. Berber-Kunstwerke zieren die Flure, das hilfsbereite Personal spricht auch etwas Englisch. Die Dachterrasse bietet einen tollen Blick auf die Berge, einige Zimmer haben einen Balkon, der auf den Marktplatz hinausgeht. Direkt am Marktplatz ist auch das Restaurant-Café (Frühstück/Menü 23/65 Dh). Nach der vor kurzem erfolgten Renovierung ist es jetzt das beste Hotel im Zentrum von Tafraoute.

Les Rochers Peints HOTEL €
(0528 80 00 32; hotelrocherpeints@gmail.com; EZ/DZ 200/300 Dh;) Das frühere Riad Tafraout ist mit farbenfrohen Kunstwerken, Möbeln, Teppichen und Textilien im Berberstil sowie mit alten französischen Postern ausgestattet. Das Haus am Stadtrand hat eine umlaufende Terrasse mit herrlichem Bergblick und ein kühles Café in der Empfangshalle. Leider sind die 10 Zimmer mit Bad eine Enttäuschung: klein und muffig. Frühstück kostet 25 Dh extra.

Argana HOSTEL €
(0528 80 14 96; www.argana-tafraout.com; EZ/DZ inkl. Frühstück ab 120/200 Dh;) Das empfehlenswerte Hostel hat gemütliche Backpacker-Zimmer in unterschiedlichen Größen und mit Gemeinschaftsbad. Es gibt einen Wäscheservice, gutes Frühstück, eine Lounge, mehrere Terrassen und jede Menge gute Tipps und Infos vom hilfsbereiten Besitzer und Trekkingfan Mustapha, der zudem Englisch spricht.

Auberge Les Amis HOTEL €
(0528 80 19 21; auberge.lesamis@yahoo.fr; Pl Moulay Rachid; EZ/DZ 130/200 Dh, Zi. ohne Bad 170 Dh, jeweils inkl. Frühstück;) Das Haus am Pl Moulay Rachid hat neun einfache Zimmer auf drei Etagen und sehr freundliches Personal an der Rezeption. Das neue Berberzelt auf der Dachterrasse (60 Dh/Pers.) ist eine angenehm luftige und authentische Alternative zu den einfachen Zimmern mit leichtem Berber-Touch.

Afoulki PENSION €
(0528 80 14 92; www.maisondhotes-afoulki.com; EZ/DZ 100/200 Dh;) Die weißen Zimmer über dem Café-Restaurant (Frühstück/Menü 25/80 Dh) sind zwar langweilig, doch groß und sauber, aber ohne eigenes Bad. Eine Dachterrasse steht auch zur Verfügung.

Hôtel Les Amandiers HOTEL €€
(0528 80 00 88; www.hotel-lesamandiers.com; EZ/DZ 385/496 Dh;) Das Kasbah-ähnliche Gebäude auf dem Hügel hat 60 recht hübsche Zimmer mit kleinem Balkon und sagenhaftem Blick auf die Felsformationen rund um Tafraoute. Vom Swimmingpool und Restaurant hat man die gleiche Aussicht, nur die Bar ist leider innerhalb des Gebäudes, sodass sie keinen nennenswerten Ausblick bietet. Das Hotel wirkt ziemlich heruntergekommen und müsste dringend einmal renoviert werden, ist dafür aber immer recht leer.

KLETTERN IN TAFRAOUTE

Oxford Alpine Club (www.oxfordalpineclub.co.uk) In den Bergen und Tälern rund um Tafraoute kann man hervorragend klettern. Der in Großbritannien ansässige **Oxford Alpine Club** hat in den vergangenen Jahren die ganze Gegend des Antiatlas kartografiert und ausgezeichnete Taschenbücher mit mehr als 2000 Klettertouren unterschiedlicher Schwierigkeitsgrade herausgegeben. Die Bücher können auf der Homepage des Vereins bestellt oder als digitale Versionen heruntergeladen werden.

Essen & Ausgehen

L'Étoile d'Agadir CAFÉ €
(Frühstück 30 Dh; ⌚8–18 Uhr) Im Lieblingscafé vieler Touristen wird europäisches Frühstück in der Morgensonne serviert. Den restlichen Tag gibt's nur noch etwas zu Trinken.

Café-Restaurant Panorama CAFÉ €
(Hauptgerichte 70 Dh; ⌚11–22 Uhr; 📶) Das bei den Einheimischen sehr beliebte Straßencafé mit Blick auf die Berge serviert Tajine, Omelette und Fruchtsaft in riesigen Gläsern.

Café-Restaurant Atlas CAFÉ €
(Hauptgerichte 40 Dh; ⌚8–22 Uhr) Die überdachte Terrasse ist ein beliebter Treffpunkt der Einheimischen, die hier Käse-Omelettes, Spieße, Tajine, Sandwiches und viele andere Köstlichkeiten genießen.

★ **Restaurant La Kasbah** MAROKKANISCH €€
(☎0672 30 39 09; Menü 100 Dh; ⌚12–21 Uhr) Das Restaurant mit Alkoholausschank ist voller Teppiche, Laternen und Schmuckstücke. Auf der Speisekarte stehen u. a. Tajine und *harira*. Spezialität des Hauses ist die Nomadentortilla *kalia* (Lammhackfleisch mit Tomaten, Paprika, Eiern, Zwiebeln und 44 Gewürzen, das im Tajine-Topf geschmort und serviert wird). Alle Gerichte enthalten viel Arganöl und Unmengen von Gewürzen.

Restaurant L'Étoile du Sud MAROKKANISCH €€
(☎0528 80 00 38; Menü 90 Dh; ⌚12–15 & 18 Uhr–open end) In einem ziemlich kitschigen Beduinenzelt werden sehr gute Menüs serviert. Besonders zur Mittagszeit fallen hier regelmäßig Reisegruppen ein, doch das Personal ist sehr professionell. Und an einem warmen Abend ist es eines der besten Restaurants für ein schönes Essen.

Hôtel Les Amandiers BAR
(Bier 20–30 Dh; ⌚16–23 Uhr) Ein gut gekühltes Flag Spéciale oder Heineken auf der Terrasse ist genau das richtige nach dem Mountainbiken oder Wandern in der spektakulären Landschaft rund um Tafraoute. Allerdings ist auch die Bar am Hügel gut 1 km vom Zentrum entfernt.

Shoppen

Wer sich für die traditionellen Lederpantoffeln (gelb für Männer, rot für Frauen) interessiert, wird rund um den Markt in mehreren Läden fündig. Es lohnt sich auch, nach Händlern Ausschau zu halten, die Argan- und Olivenöl aus der Region anbieten. In vielen Geschäften rund um den Postplatz werden Berberschmuck, Arganprodukte und Souvenirs verkauft. Die Verkäufer hier sind weniger aufdringlich als in den großen Städten.

Maison du Troc KUNSTHANDWERK
(⌚9–21 Uhr) Hier findet man eine gute Auswahl an Berber- und Tuareg-Produkten wie Keramik, Schmuck, Decken aus Agavenseide und Kelims (gewebte Teppiche) aus Kamelwolle, die alle aus der Gegend des Antiatlas stammen.

ABSTECHER

ZUFLUCHT AUF DEM LAND

Tizourgane Kasbah (☎0661 94 13 50; www.tizourgane-kasbah.com; Rte d'Agadir, Idaougnidif; Zi. mit HP 330 Dh/Pers.; 📶) Die wunderbar restaurierte Kasbah aus dem 13. Jh. hoch über der Hauptstraße ist ca. 65 km von Tafraoute und 100 km von Agadir entfernt. Die Zimmer mit Gemeinschaftsbad sind recht einfach mit Teppichen, gestreiften Tagesdecken und Ventilatoren eingerichtet, doch der große Vorteil dieser Unterkunft ist die romantische Lage und Umgebung. Es gibt auch ein Hamam, und das Restaurant hat eine Terrasse mit Blick auf die Berglandschaft, ein paar kleine Dörfer und den Jbel L'Kest.

Ursprünglich war die Kasbah eine ganze befestigte Stadt mit 25 Häusern, Moschee, Getreidespeicher und Gefängnis, die von einer meterdicken, hohen Steinmauer umgeben war. Die Kasbah kann auch nur besichtigt werden (10 Dh). Busse auf dem Weg von Aït Baha nach Agadir halten auf Wunsch bei der Kasbah an.

El Malara (☎0658 18 18 36; www.elmalara.com; Zi. mit HP 410 Dh/Pers.; ❄📶🏊) Die schöne Pension eines französischen Paares thront hoch über einem Gebirgstal. Sie hat sechs schicke Zimmer und einen großen Gemeinschaftsbereich mit Salon, Lounge und Bar. Die traditionelle Einrichtung des Hauses lässt viel Liebe zum Detail erkennen. Die Pension befindet sich am Ende einer unbefestigten Straße, die 15 km von Tafraoute entfernt zu den Painted Rocks führt, und ist am besten mit einem eigenen Fahrzeug zu erreichen.

Au Coin des Nomades GESCHENKE & SOUVENIRS
Hier gibt's Handarbeiten der Berber und Souvenirs aus der Umgebung zu vernünftigen Preisen. Es ist nur selten geöffnet, aber die Ladenbesitzer nebenan rufen Houssine Laroussi einfach an, wenn Kundschaft da ist.

Maison Tuareg KUNSTHANDWERK
(Mo–Sa 9–12.30 & 14.30–18 Uhr & nach Vereinbarung) Hier gibt's vor allem Teppiche der Berber und der Tuareg sowie Schmuck und Souvenirs aus dem Atlas- und dem Rifgebirge sowie der Sahara. Das Geschäft hat auch einen Stand gegenüber dem Hôtel Salama.

Suk KUNSTHANDWERK
(Di & Mi) Der sehr lebhafte Wochenmarkt findet beim Hôtel Salama statt. Manchmal sind auch Händler da, die Berberteppiche verkaufen.

Praktische Informationen

Für Touristen interessante Infos und Termine örtlicher Feste findet man auf www.tafraout.info.

Banken mit Geldautomaten und Wechselstuben gibt es vor allem im Zentrum.

Banque Populaire (Pl Mohammed V; Mo–Fr 8.15–15.45 Uhr)

BMCE (hinter dem L'Étoile d'Agadir; Mo–Fr 8.30–18.30 Uhr)

Internet Amelen (Nähe Rue al-Jeish al-Malaki; 5 Dh/Std.; 8.30–22 Uhr)

Pharmacie al-Massira (0528 80 01 60; Pl al-Massira; 8–20.30 Uhr)

Post (Pl Mohammed V; Mo–Fr 8–16.15 Uhr) wechselt auch Geld.

An- & Weiterreise

BUS

Busse in die Region fahren vor den Büros der jeweiligen Unternehmen ab, die sich zumeist in der Rue al-Jeish al-Malaki befinden. Die Busse von **CTM** (0528 80 17 89; www.ctm.ma; Rte Aguerd-Oudad) fahren nach Tiznit (35 Dh), Agadir (70 Dh) und Sidi Ifni (30 Dh).

Die städtischen **Busse** ins Tal der Ammeln (5 Dh) starten alle 30 Minuten vor dem Café Paris und halten auf Wunsch auch in den einzelnen Dörfern unterwegs. Lux-Bus 20 nach Tiznit (40 Dh) fährt an einer **Haltestelle** beim Place Mohammed V ab.

Montags bis samstags starten um 11 Uhr vier Busse nach **Afella-Ighir** und Aït Mansour (26 Dh) vor der Auberge Les Amis. Da diese Verbindung oft ausfällt, sollte man sich vorher bei Houssine Laroussi in seinem Geschäft Au Coin des Nomades erkundigen.

TAXIS

Vor allem an Markttagen verkehren unzählige Kombis und Land Rover zwischen den einzelnen Dörfern. Sie warten rund um den Platz bei der Post und bei der Afriquia-Tankstelle am unteren Ende des Tariq an-Nahzi in der Rue al-Jeish al-Malaki. Von der Tankstelle fahren vormittags auch ***grands taxis*** nach Tiznit (50 Dh) ab.

Rund um Tafraoute

Die Stadt ist ein guter Ausgangspunkt für die Erkundung der interessanten Sehenswürdigkeiten und geologischen Formationen der Gegend.

Tazekka & Tirnmatmat

Die nächstgelegene der vielen, leicht zugänglichen prähistorischen Felsmalereien in der Umgebung von Tafraoute ist die **geschnitzte Gazelle**, 2 km vom Dorf Tazekka entfernt. Zu der schönen Ritzzeichnung auf einem umgestürzten Felsblock gelangt man über die Rte de Tazekka und fragt sich dann im Dorf durch. Oder man fährt zum Campingplatz Tazka an der Straße nach Tiznit (R104) und von dort weiter zu dem Felsblock ganz in der Nähe.

Der gut 2 km lange Weg vom Zentrum Tafraoutes aus ist auch eine schöne Mountainbike-Strecke.

Sehenswertes

Maison Berbere Traditionnelle GEBÄUDE
(0673 82 90 54; Maisonberbere30@yahoo.fr; Erw. 15 Dh; 8–18 Uhr) Das uralte Berberhaus steht in dem heute weitgehend verlassenen Dorf auf dem Hügel und wurde direkt an die Felsen gebaut. Das vierstöckige Lehmgebäude, das sich seit Generationen im Besitz der Familie des heutigen Eigentümers Mahfoud befindet, kann im Rahmen einer geführten Tour zusammen mit der geschnitzten Gazelle besichtigt werden. Wer will, kann hier sogar übernachten (150/230 Dh pro Pers. inkl. Frühstück/HP).

Für seine Gäste organisiert Trekkingführer Mahfoud auch Berbermusik und Teezeremonien.

Tirnmatmat ARCHÄOLOGISCHE STÄTTE
Zu den Felsgravuren in Tirnmatmat führt die Straße Richtung Tiznit (R104). Nach 14 km geht's bei Tahala Richtung Norden ab nach Aït Omar. Kurz vor dem Dorf verläuft eine nicht ausgeschilderte *piste* nach Tirnmatmat, wo sich die *gravures* an einem

Flussbett befinden. Entweder bringen einen Kinder aus dem Ort hin oder man kann einen Führer aus Tafraoute engagieren. Das Dorf liegt zauberhaft und überall erstrecken sich ausgezeichnete Wanderwege in alle Himmelsrichtungen.

Le Chapeau de Napoléon & die Pierres Bleues

Das Dorf Aguerd-Oudad 3 km südlich von Tafraoute ist perfekt für einen netten Spaziergang oder eine Fahrradtour. Ab dem Kreisverkehr bei der Afriquia-Tankstelle in Tafraoute nimmt man die Straße über Izerbi nach Tiznit. Auf dem Weg kommt man an der unverwechselbaren Felsformation vorbei, die als Le Chapeau de Napoléon (Napoleons Hut) bekannt ist.

7 km südlich von Tafraoute, 500 m hinter dem Fuß der Straße zur Oase Afella-Ighir, führt eine *piste touristique* bergaufwärts nach rechts zu den Pierres Bleues (Blauen Steinen), einem Werk des belgischen Künstlers Jean Verame.

Verame besprühte die glatten, abgerundeten Felsen 1984 in blauen, roten, lila und schwarzen Farbtönen. Und obwohl sie inzwischen verblasst sind, wirkt sein Werk vor der Kulisse der Landschaft immer noch seltsam und beeindruckend. Übrigens erzählt man sich, dass die Dorfbewohner der ungewöhnlichen Touristenattraktion jedes Jahr einen neuen Anstrich verpassen.

Die Stampflehmstraße ist mit einem normalen Auto passierbar, allerdings eignet sie sich noch viel besser für eine Mountainbike-Tour. Ein paar Kilometer von Tafraoute entfernt tauchen die Felsen auf, dann folgt man dem Weg weitere 5 km bergauf, genau auf sie zu. Nach 9 km erreicht die Piste das Dorf Afella Ouaday, das 5 km von Tafraoute entfernt an der Straße nach Tiznit (R104) liegt.

Tal der Ammeln & Jbel L'Kest وادي املن وجبل لكست

Tafraoute liegt in einem Talkessel und ist fast gänzlich von zerklüfteten braunen Felsen umgeben. Im Nordwesten gibt's einen Felsgrat, auf dessen Rückseite sich das Tal der Ammeln erstreckt. An der Nordseite des Tals ragt der **Jbel L'Kest** (2359 m) auf. Wer von Tafraoute aus schaut, kann hier einen Felsen erkennen, der an das Gesicht eines Löwen erinnert. Die Leute aus den Dörfern machen sich einen Spaß daraus zu behaupten, dass er auf die Frauen aufpasst, während die Männer bei der Arbeit sind.

Ab Tafraoute gelangt man über die Straße nach Agadir (R104) in das Tal mit seinen malerischen Berberdörfern. 4 km hinter Tafraoute gabelt sich die Straße; die rechte Abzweigung führt ostwärts das Tal hinauf Richtung Agadir.

Sehenswertes

Maison Traditionnelle MUSEUM
(☎0666 91 81 45; www.maisontraditionnelle.ma; Oumesnate; 10 Dh; ⏲8 Uhr–Sonnenuntergang) Wenn man in Oumesnate, 6 km von Tafraoute entfernt, den Hinweisschildern im Dorf folgt und den Fußweg hinauf geht, gelangt man zu dem gut 400 Jahre alten dreistöckigen Granithaus unter Palmen und Arganbäumen, in dem bis 1982 noch 20 Familienmitglieder aus drei Generationen lebten. Heute ist das Haus ein faszinierendes Museum, durch das die Besitzer selbst die Besucher führen und dabei wunderbare Geschichten über das traditionelle Leben in dieser Gegend erzählen.

Schlafen

In den Dörfern gibt's viele einfache *gîtes* (Backpacker-Hostels), *maisons d'hôtes* (kleine Hotels) und Unterkünfte bei Familien, die alle über Au Coin des Nomades (S. 406) gebucht werden können.

L'Arganier d'Ammelne HOTEL, CAMPINGPLATZ €
(☎0528 80 00 69; www.arganierammelne.com; Rte d'Agadir, Tandilt; EZ/DZ mit HP 250/360 Dh; ❄📶🏊) Die in Pink, Gelb und Beige verputzten Zimmer gehen alle auf den schönen Blumengarten hinaus. Auf der Terrasse des Restaurants (Hauptgericht/Menü 40/80 Dh) werden auch Spezialitäten aus der Region wie das sehr empfehlenswerte Rindfleisch-Tajine mit Aprikosen, Mandeln und Pflaumen serviert. Mit fünf neuen Zimmern und dem ebenfalls nagelneuen Swimmingpool sorgen die freundlichen Besitzer dafür, dass ihr Hotel auch weiterhin eines der besten in der Region ist.

Oumesnate Maison d'Hôte PENSION €
(☎0661 51 37 93; www.maisontraditionnelle.ma; Oumesnate; EZ/DZ mit HP 250/400 Dh; ❄📶) Die Pension neben dem Maison Traditionnelle gehört der gleichen Familie und bietet den Gästen noch mehr Einblick in die traditionelle Lebensweise der Berber. Wer mit dem Auto unterwegs ist, sollte lieber hier als in Tafraoute übernachten. Die Zimmer haben

ein eigenes Bad, und auf Anfrage werden die Gäste auch bekocht (Hauptgerichte 70 Dh). Außerdem werden Trekking-, Jeep- und Fahrradtouren organisiert.

Yamina PENSION €
(☎ 0528 21 66 21, 0670 52 38 83; www.yamina-tafraout.com; Tandilt; Zi. mit HP 220 Dh/Pers.; ❄ 📶) Die von einer Berberfrau und ihrem französischen Ehemann geführte, gemütliche Pension hoch über dem Dorf ist ganz im Stil eines *maison traditionnelle* (traditionelles Berberhaus) eingerichtet. Der Lehmweg zum Eingang führt an Terrassen und Höfen vorbei, die einfachen Zimmer mit niedrigen Decken sind sehr schön eingerichtet und mit bunten Bildern an Wänden und Deckenbalken geschmückt.

Chez Amaliya HOTEL €€
(☎ 0528 80 00 65; www.chezamaliya.com; Tazoulte; EZ/DZ inkl. Frühstück ab 330/500 Dh; ⌚ Juni geschl.; ❄ 📶 🏊) Das von einem Niederländer geführte Hotel ein paar hundert Meter hinter der Abzweigung nach Tandilt, Oumesnate und Agadir ist eine der besten Unterkünfte im Tal. Über dem Pool erheben sich ein Berberzelt und das Gesicht eines Jbel-L'Kest-Löwen, die Eingangshalle ist mit Gemälden und Karten der Umgebung geschmückt. Die Zimmer sind sehr gemütlich, und auf der Dachterrasse gibt es auch geräumige Apartments, die ideal für Gruppen und Familien sind.

Die Hotelbar ist eine der besten im Tal und hervorragend ausgestattet, im schicken Restaurant, das von 12 bis 21 Uhr geöffnet ist, sind auch Nicht-Gäste willkommen (Menü 100 Dh) Die Hühnchen-Pastilla ist sehr zu empfehlen, sollte aber 2 Stunden im Voraus bestellt werden.

An- & Weiterreise

Auf der Hauptstraße zwischen den einzelnen Dörfern verkehren *grands taxis* (8 Dh), in und nach Tafraoute gibt es regelmäßige Busverbindungen (5 Dh). Da diese Busse auch als Schulbusse dienen, fahren sie nur tagsüber.

Tata طاطا

42 000 EW.

Tata liegt in der Sahara-Ebene am Fuß des Jbel Bani. Früher war die kleine Stadt eine Oasensiedlung an der westafrikanischen Handelsroute. An jene Zeiten, als Karawanen durch die Sahara zogen, erinnern ihr Name, der auf Tashelhit so viel wie „Mach mal Pause" bedeutet, und die turbangekrönten Männer, die im Schatten Tee schlürfen. Unweit der algerischen Grenze gelegen, hat sie mit ihren vielen Polizei- und Militärposten etwas von einer Garnisonsstadt; Traveller sollten sich auf Kontrollen einstellen. Mit seiner guten Infrastruktur und der im Vergleich zu anderen Orten in der Sahara recht entspannten Atmosphäre wird Tata sicherlich bald mehr Besucher anziehen.

Es lohnt sich, die *palmeraie* der Stadt zu besichtigen. Dafür folgt man entweder dem 7 km langen Rundweg oder nimmt einen der Busse (5 Dh). Über dem Dorf ganz am Ende des Palmenhains thront auf einem Hügel ein weißes *marabout* (Heiligengrab), das von Tata aus zu sehen ist.

Aktivitäten

In erster Linie ist die Stadt die beste Ausgangsbasis für Touren jenseits der ausgetretenen Pfade: Wie wär's mit Zelten in der Wüste, einer Tour zur Akka-Oase, einer Kasbah- oder *agadir*-Besichtigung oder einem Ausflug zu den Felsgravuren bei Tiggane, Oum el-Alek und Tircht, die zu den schönsten in Marokko zählen?

Maison du Patrimoine FREILICHTMUSEUM
(☎ 0613 24 13 12; issam3599@hotmail.com; Ave Mohammed V; ⌚ 10–16 Uhr) Isam, der im Souvenirshop des Maison du Patrimoine zu finden ist, ist Berber und Tourführer und spricht mehrere Sprachen. Für 350 Dh (900 Dh mit Jeep) pro Tag führt er eine oder zwei Personen in die Umgebung. Es gibt keine festen Öffnungszeiten, und so kontaktiert man ihn am Besten per E-Mail oder Telefon, bevor man nach Tata reist.

Schlafen

Oasis Dar Ouanou PENSION, CAMPINGPLATZ €
(☎ 0660 23 25 38; www.dar-wanou.e-monsite.com/; Akka Izankad; Zelt mit Dusche ab 75 Dh, EZ/DZ inkl. Frühstück 350/450 Dh; ❄ 📶) Das heruntergekommene, aber blitzsaubere Gebäude an der N12, 3 km südwestlich von Tata, hat kühle Zimmer, einen Innenhof mit Brunnen und Palmen und eine Dachterrasse mit Blick auf die Oase und die Berge. Eine hervorragende Unterkunft für Reisende mit eigenem Fahrzeug.

Hotel Les Relais des Sables HOTEL €
(☎ 0528 80 23 01; Ave des FAR; EZ/DZ ab 220/280 Dh; ❄ 📶 🏊) Das bei Reisegruppen und Reisenden mit fahrbarem Untersatz sehr beliebte Hotel hat einen Pool, Bar, Res-

taurant und schöne Gärten. Leider sind die winzigen Zimmer mit Bad in stickigen Bungalows überhaupt nicht schön. Deshalb lohnt es sich auch, nur für ein eiskaltes Flag Spéciale vorbei zu kommen. Es dürfte das letzte Bier für eine ganze Weile sein.

Camping municipal CAMPINGPLATZ €
(Ave Mohammed V; Zelt mit Dusche ab 30 Dh) Der Platz am ausgetrockneten Fluss verfügt auch über einen ordentlichen Waschraum mit Wasserklosetts.

Hôtel La Renaissance HOTEL €
(☎ 0528 80 22 25; larenaissance1982@gmail.com; Ave des FAR; EZ/DZ 150/200 Dh; 📶) Das alteingesessene, zentral gelegene Hotel mit Blick auf die *palmeraie* hat kleine, gemütliche Zimmer und einen schönen Aufenthalts- und Frühstücksraum. Nicht so schön sind die winzigen Bäder und die recht düstere Bar im Erdgeschoss.

Dar Infiane PENSION €€€
(☎ 0528 80 21 04, 0661 61 01 70; www.darinfiane.com; Indfiane; Zi. inkl. Frühstück 884–1860 Dh, Hauptgerichte 200 Dh; ❄) Die Green-Key-zertifizierte Pension befindet sich in der alten Kasbah von Tata hoch über der *palmeraie*. Die 10 Zimmer mit teilweise original erhaltenen Deckenbalken gehen alle auf den mit Teppichen belegten Innenhof hinaus. Die Meinungen über das Haus in französischem Besitz gehen weit auseinander: die einen schwärmen von zauberhaften Abenden auf der Dachterrasse in der stillen Wüstennacht, die anderen bemängeln den Service.

Essen & Ausgehen

In Tatas Hauptstraße, der Ave Mohammed V, gibt es ein paar einfache Cafés, doch die meisten Unterkünfte können mit Halbpension gebucht werden.

Oasis de Rêve MAROKKANISCH €
(Ave Mohammed V; Hauptgerichte 30–40 Dh; ⏲ 8–23 Uhr) Der freundliche Besitzer des Restaurants beim Suk am südlichen Ende der Hauptstraße spricht etwas Englisch und bringt die meiste Zeit des Tages auch etwas Leckeres auf den Tisch. So z. B. Hühnchenspieße mit Pommes und Salat für gerade einmal 40 Dh. Dazu gibt's ein Glas herrlich erfrischender, selbstgemachter Limonade, das aber extra bestellt werden muss.

Hotel Les Relais des Sables BAR
(Ave des FAR; ⏲ 16–23 Uhr) Die Hotelbar ist ziemlich verraucht und fest in männlicher Hand, aber immer noch besser, als das Bier in der heißen, staubigen Luft am Pool zu trinken. Es lohnt sich das etwas teurere Flag Spéciale zu nehmen, denn das ebenfalls heimische Stork-Bier ist wässerig, schmeckt nach Seife und dürfte wohl das schlechteste Bier der Welt sein.

Praktische Informationen

In der Ave Mohammed V gibt's eine Post, ein Internetcafé, Banken mit Geldautomaten und Wechselstuben sowie die Touristeninformation **Délégation de Tourisme** (☎ 0528 80 20 76; www.crt-guelmim.com/province-tata-en.html; ⏲ Mo–Fr 10–12.30 & 14–17 Uhr), die aber nur selten geöffnet ist.

An- & Weiterreise

BUS

Der nagelneue ***gare routière*** (Busbahnhof) von Tata liegt im Süden des Zentrums. Busse von CTM und Supratours fahren nicht nach Tata, doch die Busse von **Satas** (☎ 0672 31 18 43; *gare routière*; ⏲ Mo–Sa 8.30–12.30 & 14–18 Uhr) fahren täglich in folgende Orte: Agadir (100 Dh, 8 Std.), Goulimime (102 Dh, 5 Std.), Marrakesch (170 Dh, 10 Std.), Taroudannt (60 Dh, 5 Std.), Tiznit (80 Dh, 6½ Std.) und Zagora (92 Dh, 8 Std.).

TAXIS

Grands taxis fahren vom Place de la Marche Verte in folgende Orte: Akka-Irhen (Richtung Taliouine; 30 Dh), Agadir (100 Dh), Bouizakarne (Richtung Tiznit; 100 Dh), Goulimime (80 Dh), Igherm (Richtung Tafraoute; 50 Dh), Ouarzazate (140 Dh) und Taroudannt (80 Dh).

TREKKING IM ANTIATLAS

Der karge, rosa- und ockerfarbene Antiatlas ist das letzte große Gebirge vor der Sahara. Nur wenige Trekkingfans verirren sich hierher, und das, obwohl sich ihnen tolle Bedingungen bieten. Taliouine ist bestens für Wandertouristen gerüstet und Tafraoute gilt als Herz der Region. Das Quarzitmassiv Jbel L'Kest (2359 m), der sogenannte Amethystberg, erhebt sich etwa 10 km nördlich von Tafraoute. Weitere 10 km südöstlich liegt der Zwillingsberg Adrar Mqorn (2344 m). Unter den zerklüfteten Gipfeln erstrecken sich grüne wasserreiche Täler und mehrere Oasen.

Am östlichen Ende des Antiatlas ragt ganz in der Nähe von Taliouine südlich des Jbel Toubkal der Jbel Siroua (3305 m) über der Landschaft auf. Der dramatische Vulkan ist *das* Highlight für mehrtägige Trekkingtouren.

Nähere Auskünfte sowie Einzelheiten dazu, wie sich Guides, Maultiere und Ausrüstung organisieren lassen, sind bei den in Tafraoute, Taliouine und Taroudannt gelisteten Veranstaltern erhältlich.

Rund um Tafraoute

Bei der Unmenge an Trekkingmöglichkeiten in Marokko verwundert es nicht, dass eine Gegend wie Tafraoute noch nicht komplett erschlossen ist. Wie überall im Süden locken auch hier herausfordernde und lohnenswerte Routen für Abenteurer. Aufgrund der Entvölkerung durch Landflucht in die Städte und den Rückgang der Verwendung von Maultieren in der Landwirtschaft werden viele Wegabschnitte nicht mehr benutzt und die Natur holt sie sich wieder zurück. Wanderer begegnen wahrscheinlich Cuviergazellen, Wildschweinen und Berberschafen sowie üppiger endemischer Vegetation.

Das Terrain ist anspruchsvoller als das M'Goun-Massiv oder das Tichka-Plateau und Wanderer sehen sich mit fehlender Infrastruktur und dem rauen Klima konfrontiert. Wegen der Nähe zur Sahara sind die Sommer (Juni–Mitte Sept.) glühend heiß, während im Winter auf den hohen Gebirgspässen und Gipfeln gelegentlich Schnee fällt. Als beste Zeit für eine Tour gilt der ausklingende Winter, idealerweise Ende Februar. Tagsüber betragen die Temperaturen dann etwa 20 °C, nachts kann es Minusgrade geben.

Bis auf ein paar kleine Läden hat man in der Region nur wenige Verpflegungsmöglichkeiten, deshalb stellt die Mitnahme von genügend Essen und Wasser die größte Herausforderung dar. Wie in anderen abgelegenen Gegenden Marokkos besteht auch hier oft die Möglichkeit, in Häusern von Dorfbewohnern zu übernachten. Dennoch gehören Campingausrüstung und Verpflegung zwingend ins Gepäck.

Am besten organisiert man zunächst einen Trekkingführer und Maultiere. In Tafraoute gibt es Trekkingführer (und *faux guides!*). Einen Guide immer zuerst nach seinem Ausweis fragen! Zudem gilt als Faustregel: Ausgebildete Bergführer werben nicht auf der Straße um Kunden. Rund um Tafraoute kommen Maultiere selten zum Einsatz, der jeweilige Guide kann jedoch oft welche organisieren.

Der Jbel L'Kest sowie Tafraoute und das Umland sind auf den Karten *Had Tahala* und *Tanalt* (Maßstab 1:50 000) aufgeführt, die gesamte Region wiederum decken die Karten *Annzi, Tafrawt, Foum al-Hisn* und *Taghjijt* (Maßstab 1:100 000) ab. Diese Karten sollten im Au Coin des Nomades (S. 406), in Spezialbuchhandlungen oder in gut sortierten Großstadtbuchläden in Marokko auf Lager sein.

Dieser Teil des Atlas ist touristisch wenig erschlossen und es gibt nur begrenzte Transportmöglichkeiten. *Camionettes* (Pick-ups) und Kleinbusse sind eine recht verlässliche Option; sie fahren in unregelmäßigen Abständen manche Dörfer an. *Grands taxis* verkehren an Markttagen, ansonsten kann man sich per Miettaxi zum Ausgangspunkt der jeweiligen Trekkingroute bringen lassen.

Jbel L'Kest

Das Bergmassiv erstreckt sich nordwestlich von Tafraoute und ist die Hauptattraktion der Region. Trotz der rauen Landschaft bauen die Berber, die hier in verschiedenen Dörfern wie Tagoudiche leben, Weizen, Gerste, Oliven, Feigen und Mandeln an. Der Ort Tagdichte dient als Ausgangpunkt für Tagesausflüge auf den Jbel L'Kest (2359 m). Tagoudiche lässt sich per Kleinbus oder Taxi erreichen. Eine Unterbringung in Privathäusern kann vor Ort arrangiert werden.

Tal der Ammeln

Rund 26 Dörfer liegen im Tal der Ammeln, das an der Südseite des Jbel L'Kest verläuft. Sie eignen sich bestens für eine Wandertour, für die komplette Route bräuchte man allerdings Wochen. Alternativ bietet sich eine traumhafte Fünftageswanderung an, die in Oumesnate beginnt, mehrere Dörfer und eine Tour zum Jbel L'Kest ab Tagdichte umfasst. Der Aufstieg kann auch in eine einfachere Wanderroute eingebaut werden, die beispielsweise von Tirnmatmat nach Oumesnate, beide in Straßennähe, östlich durch das Tal führt. Man kann auch in der Oumesnate Maison d'Hôte (S. 410) absteigen und von dort aus losziehen.

Adrar Mqorn & Umgebung

Auch südöstlich von Tafraoute kann man sich über herrliche Bedingungen freuen. Eine Klettertour auf den Adrar Mqorn (2344 m) ist zwar schweißtreibend, aber loh-

ABSEITS DER ÜBLICHEN PFADE

AFELLA-IGHIR

Südöstlich von Tafraoute liegt die Afella-Ighir-Oase. Sie ist ab Tafraoute über die Straße nach Aguerd Oudad zu erreichen, auf der man einige Kilometer südlich des Dorfs links abbiegt. Dann geht's 25 km über einen Gebirgspass durch Tlata Tasrirte bis zu den spektakulären Âït-Mansour-Schluchten. Von der oft nebelverhangenen Straße aus, die zu dem im Winter manchmal schneebedeckten Pass führt, sind die Pierres Bleues zu sehen.

Wenn es nicht geregnet hat, kann man mit einem normalen Auto durch die Schluchten fahren. Sehr viel intensiver lässt sich die atmosphärische Landschaft mit hohen roten Klippenwänden über Palmen jedoch zu Fuß oder auf dem Mountainbike erleben.

Ab hier folgt man dem Weg 8 km durch mehrere Ortschaften, die sich oberhalb der Oase aneinanderreihen, bis zu der T-Kreuzung in Gdourt. Wer rechts abbiegt, gelangt nach Tiznit. Man kann aber auch kehrt machen und wieder Tafraoute ansteuern. Die Abzweigung nach links führt nach Souq el-Had Issi; dieser recht triste Ort beherbergt in erster Linie Arbeiter der nahe gelegenen Goldmine. Von Souq el-Had Issi verläuft die Straße in Richtung Süden nach Âït Herbil. Rund 12 km weiter in Ukas kann man sich von Guides zu eindrucksvollen Felsgravuren führen lassen.

Die Straße, die 1 km hinter Souq el-Had Issi abzweigt, führt 5 km weit nach Nordosten in das Dorf Tiwadou. Von dort kann man mit einem Geländewagen durch die Schlucht von Timguilcht bis nach Tlata Tasrite fahren (etwa 20 km). Zum Zeitpunkt der Recherche war die Strecke nur mit Vierradantrieb zu befahren, doch die Straße sollte weiter asphaltiert werden.

Houssine Laroussi von Au Coin des Nomades (S. 406) in Tafraoute kann Unterkünfte in dieser Gegend vermitteln und Auskunft über die Busverbindungen von Tafraoute geben.

Schlafen

Auberge Aït Mansour (☎ 0676 73 51 98; Zi. 80 Dh/Pers., mit HP 170 Dh) Die Unterkunft im Dorf Âït Mansour am Eingang zur Schlucht und zur Oase bietet ein Matratzenlager auf dem Boden und nagelneue Waserklosetts. Inhaber Abdou führt seine Gäste durch das alte Dorf mit Blick auf die Oase und bekocht sie mit einfachen Berberomelettes.

Auberge Sahnoun (☎ 0528 21 83 65, 0667 09 53 76; maisonsahnoun@gmail.com; Zi. mit HP 150 Dh/Pers.) Die von einer Familie geführte Pension befindet sich am Rand eines *palmeraie* (Palmenhain) im Dorf Tiwadou, das über eine Straße zu erreichen ist, die 1 km hinter Souq el-Had Issi abzweigt und 5 km nach Nordosten führt. Es gibt drei einfache Zimmer mit Matratzen auf dem Boden, Gemeinschaftsbad mit Warmwasser und eine Dachterrasse. Der inzwischen verstorbene Eigentümer Mohamed Sahnoun war an vielen Entwicklungsprojekten des Dorfes beteiligt.

nenswert. Direkt südlich der Zwillingsberge erstrecken sich die palmenbewachsenen Schluchten von **Aït Mansour** und **Timguilcht** und bilden gemeinsam die Afella-Ighir-Oase.

Jbel Aklim

Der Jbel Aklim (2531 m) ist noch abgeschiedener als der Jbel L'Kest. In den Tälern ringsum liegen von alten Kasbahs bewachte Berberdörfer. Vom Gipfel bietet sich ein toller Ausblick auf den Hohen Atlas und den Jbel Siroua. Der Berg eignet sich als Ziel für eine vier- bis fünftägige Tour ab Igherm, das von Tafraoute (in südwestlicher Richtung), Taroudannt, Taliouine und Tata jeweils etwa gleich weit entfernt liegt.

Jbel Siroua

Südlich des Hohen Atlas am östlichen Rand des Antiatlas lockt der abgeschiedene Vulkangipfel Jbel Siroua mit einzigartigen Möglichkeiten für Trekkingfans. Abgelegene Dörfer, eindrucksvolle Schluchten, ein anspruchsvoller Schlussaufstieg und eine dramatische Kulisse sorgen dafür, dass dieser Berg als ideales Terrain für Leute gilt, die Einsamkeit, beeindruckende Schönheit und eine sportliche Herausforderung suchen.

Der Aufstieg auf den Jbel Siroua ist sicher der Höhepunkt jeder Tour, wobei die Schönheit der grünen Täler, die Gastfreundlichkeit der Berber, das Lichtspiel vor der Bergkulisse und die Nähe zur Sahara wahrscheinlich sogar noch länger in Erinnerung bleiben. Wem der Aufstieg zum Gipfel also zu viel ist, der wird auch von einer Rundwanderung begeistert sein. Dabei kann man viele unterschiedliche Landschaften, traditionelles Dorfleben und wie mit der Schnur gezogene Terrassenfelder sehen.

Mit kurzer Vorlaufzeit von etwa einem Tag können auch Maultiere in den Dörfern rund um den Berg gemietet werden.

Die Karten *Taliwine* (Maßstab 1:100 000) und *Sirwa* (Maßstab 1:50 000) decken die Route ab. Im Winter kann es sehr kalt werden, sodass man Ausflüge eher im Herbst, zur Zeit der Safranernte oder im Frühling unternehmen sollte. Die Landkarten sind normalerweise im Au Coin des Nomades (S. 406), in spezialisierten Buchhandlungen oder in gut sortierten Großstadtbuchläden in Marokko auf Lager.

Wer seine Vorräte auffrischen möchte, wird in Krämerläden in Taliouine und Tazenart sowie auf den Wochenmärkten in Aoulouz, Askaoun, Tazenakht oder Igli fündig.

Routen

Entlang eines sanft ansteigenden Wegs führt eine herausfordernde einwöchige Trekkingtour hinaus aus Taliouine und ostwärts über das **Zagmouzental** nach **Tagmout**. Danach geht's weiter in nordöstlicher Richtung durch **Atougha** und von dort aus am besten in zwei Tagen mit Übernachtung in **Tegragra** auf den Gipfel des Jbel Siroua. Bei normaler Geschwindigkeit steht der Anstieg am Morgen des vierten Tages an.

Nach dem Abstieg in die Schluchten erreicht man am fünften Tag das eindrucksvolle Felsendorf **Tizgui**, in dem man die Nacht verbringen kann. Dann geht es weiter nach **Tagouyamt**, wo es nur wenige Verpflegungsmöglichkeiten gibt. Falls kein Zimmer frei ist, kann man in der großartigen **Tislitschlucht** zelten. Ab Tislit erstreckt sich das Tal bis nach Ihoukarn; von dort geht's entweder südwärts zur Straße bei Tizi n'Taghatine, die von Taliouine nach Ouarzazate verläuft (die Abholung vorher in Taliouine arrangieren), oder in westliche Richtung zurück nach Taliouine (zwei Tagesmärsche von Tislit entfernt, zu erreichen via Tagmout und durch das Zagmouzental).

Alternativ nimmt man eine noch weniger frequentierte Route. Sie beginnt im Dorf Tamlakout mit einem lizenzierten *gîte* und führt nach Âït Tigga, Assif Mdist sowie an den Fuß des Jbel Siroua. Hier angekommen, kraxelt man den Berg hoch und wandert weiter nach Aziouane sowie über Amassine zurück zum Ausgangspunkt. Teile der Route sind anspruchsvoll, pro Tag ist man jedoch nicht mehr als sechs Stunden unterwegs.

Taliouine und Anezale (nach Tamlakout) liegen an der Hauptverbindungsstraße zwischen Taroudannt und Ouarzazate. Beide werden regelmäßig von *grands taxis* und Bussen angesteuert.

SÜDLICHE ATLANTIKKÜSTE

Tiznit تزنيت

53 600 EW.

Rund um Tiznits Medina erstrecken sich die alten Stadtmauern sowie moderne Bauten. Der Ort liegt südlich der Sousebene am westlichen Ende des Antiatlas. Hier gab es zunächst eine Ansammlung von Festungen, die im 19. Jh. von einer soliden, 5 km langen Mauer eingefasst wurden. Tiznit avancierte schnell zu einem Handelszentrum und ist bis heute Provinzhauptstadt sowie wichtiger Umschlagplatz für Berberschmuck. Wahrscheinlich kommt man an dem Ort auf dem Weg vom Antiatlas zur Atlantikküste vorbei: Für einen Abstecher inklusive Besichtigung der Medina und Besuch der Silberschmuckgeschäfte reichen ein paar Stunden. Die unaufgeregte, unverfälschte Stadt mit ihren staubigen Medinagassen und konservativen, aber freundlichen Einwohnern stellt einen praktischen Zwischenstopp zwischen Antiatlas und Atlantikküste dar.

Geschichte

1881 erkor Sultan Moulay al-Hassan (1873–1894) Tiznit zu seiner Basis, um von hier aus seinen Machtanspruch über die rebellischen Berberstämme des Südens geltend zu machen. Er ließ die Mauern um die Stadt errichten. Jüdische Silberschmiede wurden in die Stadt geholt, die dadurch zu einem Zentrum für Silberschmuck wurde.

Doch Tiznit blieb in Aufstände verwickelt und war Zentrum des Widerstands gegen den Vertrag von 1912, der Marokko zu einem französischen und spanischen Protektorat machte. Der Anführer dieser Widerstandsbewegung war El-Hiba aus der Westsahara, „Blauer Sultan" genannt. Zu seinem Spitznamen kam er, weil er sein Sahraui-Gewand niemals ablegte.

Tiznit

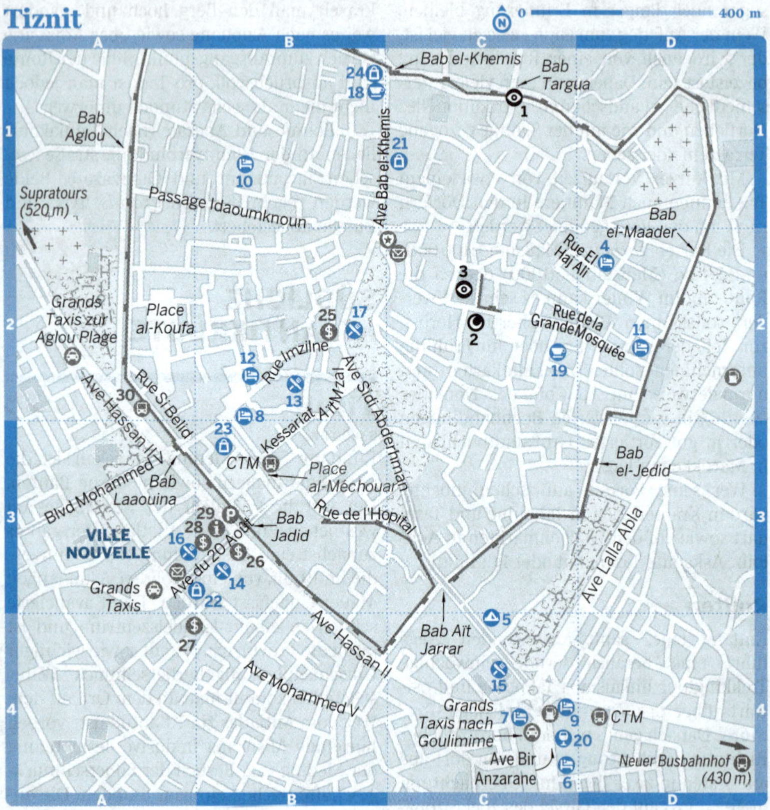

Tiznit

Sehenswertes
- 1 Stadtmauer ... C1
- 2 Grande Mosquée ... C2
- 3 Source Bleue ... C2

Schlafen
- 4 Bab el Maader ... D2
- 5 Camping Municipal ... C4
- 6 Hôtel Al Amal ... C4
- 7 Hôtel de Paris ... C4
- 8 Hôtel des Touristes ... B2
- 9 Hotel Tiznit ... C4
- 10 Maison Du Soleil ... B1
- 11 Riad Janoub ... D2
- 12 Riad Le Lieu ... B2

Essen
- 13 À l'ombre du figuier ... B2
- 14 Lebensmittelmarkt ... B3
- 15 Idou-Tiznit-Supermarkt ... C4
- 16 La Ville Nouvelle ... A3
- Restaurant Al Amal ... (siehe 6)
- Riad Le Lieu ... (siehe 12)
- 17 Imbissstände ... B2

Ausgehen & Nachtleben
- 18 Cafe Panoramique ... B1
- 19 Espace Asrir ... C2
- 20 Hotel Mauritania ... C4

Shoppen
- 21 Bijouterie Ban Alkhmis ... C1
- 22 Ensemble Artisanal ... B3
- 23 Schmuck-Suk ... B3
- 24 Trésor du Sud ... B1

Praktisches
- 25 Bank ... B2
- 26 Banque Populaire ... B3
- 27 BMCE ... A4
- 28 BMCI ... B3
- 29 Tiznit Voyages ... B3

Transport
- 30 Haltestelle für Busse nach Sidi Ifni, Mirleft und Tiznit ... A2

Nachdem sich Sultan Moulay Hafi den Franzosen im Vertrag von Fès unterworfen hatte, rief sich El-Hiba hier 1912 selbst zum Sultan aus. Die Südstämme erhoben sich, um ihn zu unterstützen, und El-Hiba marschierte nach Norden an der Spitze einer Armee aus Männern der Tuareg und Stämmen des Antiatlas. In Marrakesch wurden sie als Befreier bejubelt, aber als die Armee nach Fès weiterzog, wurden die meisten Kämpfer von den Franzosen niedergemetzelt. El-Hiba zog sich zurück: erst nach Taroudannt, dann nach Tiznit und schließlich hinauf in den Antiatlas. Von dort führte er seinen Kampf gegen die Franzosen weiter, bis er 1919 starb.

Sehenswertes

Die Medina von Tiznit ist ein verschlafenes Plätzchen, das mit dem Schmuck-Suk und der Rue Imzilne, einer Straße voller Geschäfte für Ledersandalen, zum Schlendern einlädt. Obwohl die Berber gerissene Händler sind, kann sich das Feilschen durchaus lohnen. Deutlich mehr los ist am Donnerstag, dem Markttag.

Stadtmauer HISTORISCHE STÄTTE

Wer will, kann Teile der 5 km langen Stadtmauer besteigen, die etwa 30 Türme und neun Tore hat. Vom **Bab Targua** im Norden der Medina blickt man auf eine *palmeraie* und eine natürliche Quelle, in der die Frauen aus dem Ort früher ihre Wäsche wuschen.

Grande Mosquée MOSCHEE

Aus dem (für Nichtmuslime gesperrten) Minarett der Großen Moschee stehen überall kleine Holzstäbe heraus. Angeblich sollen sich darauf die Seelen der Toten niederlassen. Viel wahrscheinlicher ist aber, dass die Maurer, die das Minarett errichteten, sie absichtlich stehen ließen, um besser hochklettern und den Putz erneuern zu können. Dafür spricht auch, dass sich solche Stäbe auch an Minaretten in Mali und Niger finden.

Die erst vor kurzem angebrachten Infotafeln erläutern – auf Französisch, Arabisch und Tamazight – die Geschichte der Moschee.

Source Bleue HISTORISCHE STÄTTE

Die frühere Wasserquelle zur Versorgung der Stadt ist heute nur noch ein seichter, schaler Tümpel, dessen Wasser eher grün als blau schimmert. Nach der Überlieferung soll eine Frau von zweifelhaftem Ruf namens Lalla Zninia hier – mitten in der Wüste – gerastet haben. Nachdem sie drei Tage lang über ihre Sünden und Verfehlungen nachgedacht hatte, war Gott so beeindruckt von ihrer Reue, dass er ihr vergab und zu ihren Füßen eine Quelle sprudeln ließ.

Und das Dorf, das sich vor der im 19. Jh. von Sultan Moulay al-Hassan errichteten Festungsstadt hier befand, wurde nach ihr benannt. Die Zitadelle neben der Quelle wird derzeit umfassend renoviert, kann aber dennoch besichtigt werden. Ganz in der Nähe gibt es auch zahlreiche Schmuck- und Kunsthandwerksläden der Berber.

Schlafen

Die meisten Hotels befinden sich rund um den großen Kreisverkehr südöstlich des Bab Oulad Jarrar, ein paar Unterkünfte gibt es auch in der Altstadt.

Maison Du Soleil PENSION €

(☎ 0672 311 353; www.facebook.com/maisonduso leiltiznit; 470 Rue Tafoukt; Zi. inkl. Frühstück 350 Dh; 📶) Das „Haus der Sonne" in einer Wohngegend im Nordwesten der Altstadt macht seinem Namen alle Ehre, denn es hat eine sonnige Dachterrasse, auf die zwei große lichtdurchflutete Zimmer mit Bad hinausgehen. Die nicht so schönen Zimmer im Erdgeschoss haben nur Gemeinschaftsbäder, doch die Freundlichkeit und gute Organisation des Besitzers machen diesen Nachteil mehr als wett. Die helle, freundliche Einrichtung steht in wohltuendem Kontrast zu den nur wenige Meter entfernten, düsteren Mauern der Altstadt.

Bab el Maader PENSION €

(☎ 0673 90 73 14; www.bab-el-maader.com; 132 Rue El Haj Ali; Zi. 330 Dh; ⏲ Sept.–Juni) Das traditionelle Haus in der Altstadt gehört zu den besten Adressen in Tiznit. Es hat fünf Zimmer rund um einen Innenhof, die sehr geschmackvoll mit marokkanischen Stoffen und Materialien ausgestattet sind. Die marokkanisch-französischen Besitzer geben gern Tipps für Unternehmungen und organisieren auch Touren in die Region.

Riad Le Lieu PENSION €

(☎ 0528 600 019; riadlelieu@hotmail.fr; 273 Impasse Issaoui; Zi./Suite/Apt. 220/290/320 Dh; 📶) In dem ehemaligen Gerichtsgebäude sind fünf Doppelzimmer und Suiten sowie ein Apartment für vier Personen und ein Restaurant gleichen Namens untergebracht. Eine der Suiten hat eine eigene Dusche, die anderen

Suiten und Zimmer sind mit Gemeinschaftsbad. Die Zimmer sind zwar sehr klein, doch dank des freundlichen Personals und üppigen Frühstücks (30 Dh) kann man es gut hier aushalten, zumal die Pension mitten in der Altstadt ist.

Hotel Tiznit HOTEL €
(☎ 0528 86 24 11; tiznit-hotel@menara.ma; Ave Bir Anzarane; EZ/DZ 260/350 Dh; 📶🏊) Das Hotel mit großem Pool auf einem schattigen Gelände ist nichts Besonderes und etwas heruntergekommen, aber sehr gemütlich und freundlich. Die recht großen, pinkfarbenen Zimmer haben kleine Bäder und TVs.

Hôtel de Paris HOTEL €
(☎ 0528 86 28 65; www.hoteldeparis.ma; Ave Hassan II; EZ/DZ 120/160 Dh; ❄📶) Die Zimmer mit Bad sind einfach, aber sauber, und mit dem freundlichen Café-Restaurant im Erdgeschoss ist es eine gute, praktische Unterkunft für einen Zwischenstopp vor der Weiterreise mit dem Bus.

Hôtel des Touristes HOTEL €
(☎ 0528 86 20 18; Pl al-Méchouar; EZ/DZ ab 50/90 Dh; 📶) Das freundliche Hotel im 1. Stock ist eine gute, zentral gelegene Budgetunterkunft. In die Zimmer gelangt man durch einen ruhigen, freundlichen Gemeinschaftsbereich mit Bücherbörse. Die Zimmer zum Pl al-Méchouar hinaus haben einen kleinen Balkon, aber keines der Zimmer hat einen Ventilator. Das Zimmer neben der Gemeinschaftstoilette ist besonders heiß und laut.

Camping Municipal CAMPINGPLATZ €
(☎ 0528 60 13 54; Bab Oulad Jarrar; 36 Dh/Pers.) Der Campingplatz liegt direkt an der alten Stadtmauer.

★ **Riad Janoub** PENSION €€
(☎ 0679 00 55 10; www.riadjanoub.com; 193 Rue de la Grande Mosquée; Zi. inkl. Frühstück ab 750 Dh; ❄📶🏊) Die französischen Besitzer der modernen Pension mit marokkanisch und europäisch eingerichteten Salons, einem Massageraum, Hamam und Dachterrasse mit Blick auf den Pool und den Garten voller Palmen und Kakteen sind sehr freundlich und aufmerksam. Eines der sechs gemütlichen Zimmer ist auch rollstuhlgerecht. Alle Zimmer sind in sanften Farben gehalten und mit Teppichen und traditionellen Accessoires ausgestattet.

Hôtel Al Amal HOTEL €€
(☎ 0528 862 462; 465 Ave Bir Anzarane; EZ/DZ inkl. Frühstück 400/450 Dh; 📶) Das neueste Hotel in Tiznit hat recht kleine, aber blitzsaubere Zimmer, ein gutes Café im Erdgeschoss und eine Pizzeria auf der Dachterrasse. Für die Einrichtung wurden neutrale Töne mit den kräftigen Farben marokkanischer Kunst kombiniert. Obwohl das Hotel erst vor kurzem eröffnet wurde, macht sich bereits der üble Geruch nach kaltem Zigarettenrauch bemerkbar.

Essen

Restaurant Al Amal MAROKKANISCH, PIZZA €
(☎ 0528 862 462; 465 Ave Bir Anzarane; Hauptgerichte 30–50 Dh; ⏲ 8–23 Uhr; 📶) Im neuesten Hotel von Tiznit gibt's auch einige gute Restaurants, die die anderen Restaurants und Cafés der Stadt bei weitem übertreffen. Besonders gut sind Meeresfrüchte, Tajine und Nudelgerichte, das Café im Erdgeschoss ist für sein ausgezeichnetes Frühstück bekannt, und die Pizza auf der Dachterrasse genießt man mit Blick auf die lebhafte Hauptkreuzung von Tiznit.

La Ville Nouvelle CAFÉ €
(17 Ave du 20 Août; Hauptgerichte 30–66 Dh; ⏲ 7–21 Uhr; 📶) In dem beliebten Café, das sich über mehrere Etagen erstreckt, werden klassische Salate, Spieße, Tajine und *kefta* (gut gewürzte Lamm- oder Rindfleichhackbällchen) von flotten Bedienungen serviert. Außerdem gibt's hier hervorragenden Kaffee, einige der besten französischen Backwaren der Stadt und ein ganzes Stockwerk für Nichtraucher.

Imbissstände FAST FOOD €
(Snacks ab 5 Dh; ⏲ 11–22 Uhr) In der Ave Sidi Abderhman, der Hauptstraße in der Altstadt, reiht sich ein Imbissstand an den anderen

★ **À l'Ombre du Figuier** MAROKKANISCH, INTERNATIONAL €€
(☎ 0528 861 204; www.facebook.com/ombredufiguier; 22 Passage Akchouch, Quartier Idzakri; Hauptgerichte 60–75 Dh; ⏲ 11.30–15 & 18–22 Uhr) Durch schmale Gassen und niedere Torbögen gelangt man zu einem der besten Restaurants des südlichen Marokkos. Im fleckigen Schatten eines ausladenden Feigenbaumes stehen bunte Tische, und auf der kompakten Speisekarte gerade einmal fünf Fleisch- und Meeresfrüchtegerichte mit Hühnchen, Rindfleisch, Krabben und Tintenfisch. Dazu werden eine köstliche Gurken-Melonen-Suppe oder marokkanischer Salat als Beilagen gereicht.

Das leckere Dessert besteht aus Mousse au chcocolat oder eisgekühlter Ananas-Gazpacho.

Riad Le Lieu MAROKKANISCH €€
(☎0528 60 00 19; riadlelieu@hotmail.fr; 273 Impasse Issaoui; Hauptgerichte 35–95 Dh; ⊙8–22 Uhr; 📶) Die bezaubernde Aischa lockt gleichermaßen Einheimische und Reisende mit ihrem täglich wechselnden Menü, zu dem immer ein Tomaten-Ziegenkäse-Salat, *pastilla* und Tajine mit Kamel-, Rindfleisch oder Sardinen gehört. Gegessen wird im gemütlichen, gelben Innenhof unter Bäumen und Laternen. Es gibt nur vier Tische. Deshalb sollte man entweder früh da sein oder im Voraus reservieren.

Ausgehen & Nachtleben

Espace Asrir CAFÉ
(☎0662 767 904; 133 Rue Id Ali Oubihi; ⊙10–23 Uhr; 📶) Das Café befindet sich in einem ehemaligen Gerichtsgebäude in einer kleinen Gasse mitten in der Altstadt. Umgeben von Vogelgezwitscher und alten Radios kann man in schattigen Ecken und Winkeln erfrischende Säfte und ausgezeichneten Kaffee genießen. Die hippe Jugend der Stadt trifft sich hier, um Schischa zu rauchen, Pfefferminztee zu trinken und kleine Snacks zu naschen.

Hotel Mauritania BAR
(Ave Bir Anzarane; ⊙10–22 Uhr) Die Hotelbar ist so ziemlich der einzige Ort in Tiznit, um ein eiskaltes Heineken oder Flag Spéciale zu trinken. Kein Wunder, dass sie meistens voller Motorradfahrer und Wüstentourer ist.

Cafe Panoramique CAFÉ
(Ave Sidi Abderhman; ⊙8.30–18 Uhr) Von der Dachterrasse blickt man über die Stadtmauer auf die ländliche Umgebung von Tiznit.

Shoppen

Bijouterie Ban Alkhmis SCHMUCK
(☎0644 977 387; bablhkmiss@gmail.com; Ave Sidi Abderhman; ⊙9–18 Uhr) Ideal, um traditionellen Silberschmuck und Handarbeiten der Berber zu kaufen. Davor sollte man bei einigen Gläsern Tee hart feilschen.

Schmuck-Suk SCHMUCK
(⊙Mo–Sa 8.30–20 Uhr) Mit seiner langen Tradition und den vielen Silberschmieden bekommt man hier den besten Silberschmuck des südlichen Marokkos. Außerdem macht es großen Spaß, an den Geschäften mit den blauen Türen vorbei zu bummeln und den Silberschmuck in den Schaufenstern zu bewundern. Der Schmuck wird teilweise in Tiznit hergestellt, teilweise aber auch von den Stämmen der südlichen Sahara geliefert. Man sollte sich viel Zeit lassen, die verschiedenen Angebote vergleichen und dann hart verhandeln.

SELBSTVERSORGER IN TIZNIT

Vor der langen Reise in den Süden sollte man sich hier mit Proviant eindecken:

Idou-Tiznit-Supermarkt (Bab Oulad Jarrar; ⊙Mo–Sa 9–12.30 & 14.30–20 Uhr) Der Supermarkt hinter dem gleichnamigen Hotel bietet eine gute Auswahl an regionalen und importierten Lebensmitteln.

Lebensmittelmarkt (Ave du 20 Août; ⊙Mo–Sa 9–16 Uhr) Hier findet man alles, was man für ein Picknick braucht.

Trésor du Sud SCHMUCK
(www.tresordusud.com; Bab el-Khemis, Ave Sidi Abderhman; ⊙Mo–Sa 9–17 Uhr & nach Vereinbarung) Nur eines der vielen Schmuckgeschäfte in der Avenue Sidi Abderhman, der Hauptstraße der Altstadt. Es ist zwar eines der teuersten, verkauft aber solide Arbeit und der Schmuck ist auch wirklich aus echtem Silber mit Stempel.

Ensemble Artisanal SCHMUCK
(Ave du 20 Août; ⊙Mo–Sa 9–12.30 & 14.30–20 Uhr) Hier bieten Kunsthandwerker ihre Arbeiten in aller Ruhe und ohne die übliche Marktschreierei an.

Praktische Informationen

GELD

Die meisten Banken mit Geldautomaten und Wechselstuben befinden sich in der ***ville nouvelle*** (Neustadt, Ave Sidi Abderhman; ⊙Mo–Fr 8.30–18.30 Uhr), aber es gibt auch einige Banken in der Altstadt.

Mit Filialen vertreten sind **BMCE** (Ave Mohammed V; ⊙Mo–Fr 8.30–18.30 Uhr), **BMCI** (Ave du 20 Août; ⊙Mo–Fr 8.30–18.30 Uhr) und **Banque Populaire** (Ave du 20 Août; ⊙Mo–Fr 8.30–18.30 Uhr).

INTERNETZUGANG

Internetcafés gibt's vor allem rund um den Pl al-Méchouar.

NOTFALL

Polizeiposten (Ave Sidi Abderhman)

HINTER DEM FUNKELN UND GLITZERN

Berberschmuck ist traditionell weit mehr als ein dekoratives Accessoire. Die Schmuckstücke einer Frau kennzeichnen sie als Mitglied einer bestimmten Familie oder eines Stammes. Sie sind ein Zeichen von Wohlstand und stehen für kulturelle Traditionen. Zudem soll der Schmuck magische Kräfte besitzen und seine Trägerin vor dem bösen Blick schützen.

Bis zur Hochzeit bekommt eine Frau Schmuck von ihrer Mutter. Von ihrem zukünftigen Mann erhält sie als Aussteuer Stücke, die seine Mutter oder seine Schwester beigesteuert haben. Im Laufe der Ehe kommen neue Kostbarkeiten hinzu; sie werden immer aus Silber gefertigt, nie aus Gold, da dieses Unglück bringen soll.

Halsketten sind besonders wichtig. In den südlichen Oasentälern werden neben Silber traditionell auch rote Korallen, Amazonit, Bernstein, Glas und Perlen aus westafrikanischem Elfenbein verarbeitet. Zu den Schätzen einer Frau gehören auch Armbänder, *fibulas* (kunstvolle, meist dreieckige Spangen, mit denen Kleider zusammengehalten werden), Fußkettchen, Ohrringe und Kopfschmuck. Manche Stücke werden täglich getragen, aber die wertvollsten sind besonderen Gelegenheiten wie Festen, Wallfahrten oder Beerdigungen vorbehalten.

Dass der Schmuck beschützt, heilt und magische Kräfte hat, ist besonders wichtig. In die Halsketten ist ein Zauber eingewirkt, der bei heiligen Männern oder Zauberern gekauft wird. Er schützt gegen den bösen Blick, Krankheiten, Unfälle und Komplikationen bei der Geburt. Silber soll gegen Rheuma helfen, Korallen symbolisieren Fruchtbarkeit und haben Heilkräfte; Bernstein wird als Zeichen des Wohlstands und zum Schutz vor Hexerei getragen. Er gilt auch als Aphrodisiakum und Mittel gegen Erkältung. Amazonit und Karneol sind nützlich für Weissagungen und Muscheln aus Ostafrika stehen ebenfalls für Fruchtbarkeit.

Als Motive werden bei den Talismanen stilisierte Tiere, Sonne, Mond und Sterne eingesetzt. Ihnen allen werden übernatürliche Kräfte nachgesagt. Ein verbreitetes Symbol zur Abwehr des bösen Blicks ist die Hand Fatimas, die Tochter des Propheten Mohammed. Jede Darstellung ihrer Hand (die für die kreative Kraft und menschliche Herrschaft steht) oder auch der Zahl Fünf hat den gleichen Effekt – mit den Fingern und den Worten *khamsa fi ainek* (fünf in dein Auge) wird nämlich quasi der böse Blick gebrochen.

POST

Hauptpost (Ave du 20 Août; ⌚ Mo–Fr 8.30–16.30 Uhr) In der Neustadt.

Post (Ave Sidi Abderhman; ⌚ Mo–Fr 8.30–16.30 Uhr) In der Altstadt.

TOURISTENINFORMATION

Tiznit Voyages (☎ 0528 86 21 17; Ave Hassan II; ⌚ Mo–Sa 9–12.30 & 14–17 Uhr) Das Büro der Royal Air Maroc organisiert auch Ausflüge und verteilt Karten der Umgebung.

ℹ An- & Weiterreise

BUS

Mittlerweile müsste der **neue Busbahnhof** an der Straße nach Tafraoute fertig sein, sodass die Fernbusse dort abfahren. Ein Büro von **CTM** befindet sich in der gleichen Straße etwas weiter stadteinwärts, ein zweites am **Pl al-Méchouar** in der Altstadt. Die Busse von CTM fahren in folgende Orte: Agadir (40 Dh, 2 Std.), Dakhla (370 Dh, 20 Std.), Goulimime (45 Dh, 2½ Std.), Laâyoune (210 Dh, 9 Std.), Tafraoute (40 Dh, 2½ Std.) und Tan Tan (95 Dh, 4½ Std.). **Supratours** (www.supratours.ma) bietet ähnliche Verbindungen, die beim Büro im Nordwesten der Altstadt starten.

Günstigere Busunternehmen findet man vor allem in der Avenue Lalla Abla, nordöstlich des Kreisverkehrs beim Bab Oulad Jarrar.

Die grünen Lux-Busse fahren bei einem Stand neben dem Bab Laaouina am Westrand der Altstadt ab. Bus 18 fährt über Mirleft (10 Dh) nach Sidi Ifni (20 Dh), Bus 20 nach Tiznit (40 Dh).

TAXIS

Fast alle Taxis fahren vom Hauptstand der *grands taxis* gegenüber der Hauptpost im Westen der Stadt zu folgenden Orten: Agadir (35 Dh), Inezgane (30 Dh), Mirleft (20 Dh), Sidi Ifni (30 Dh) und Tafraoute (40 Dh).

Taxis nach Aglou Plage (5 Dh) fahren bei einem Stand in der Ave Hassan II ab, Taxis nach Goulimime (42 Dh) bei einem Stand südlich des Kreisverkehrs beim Bab Oulad Jarrar (gegenüber der Total-Tankstelle in der Rte de Goulimime).

ℹ Unterwegs vor Ort

Die Fahrt mit einem roten *petit taxi* kostet 7 Dh (nach 19.30 Uhr 10 Dh).

Aglou Plage شاطئ اكلو

Etwa 14 km nordwestlich von Tiznit erstreckt sich die Aglou Plage, ein langer Strand mit einer geradezu wahnsinnigen Brandung. Wegen der starken Unterströmung ist Schwimmen aber meist gefährlich. Wenn es vom Atlantik her stürmt, wirkt der Ort wild und fast unheimlich, die Zeichen stehen aber auch hier auf Fortschritt. Trotzdem bewahrt sich der Strand mit seiner erhöhten, von Strandcafés gesäumten Promenade einen gewissen ursprünglichen Charme.

Wer von Tiznit nach Mirleft fährt und die Strecke über Aglou Plage nimmt, kommt an einem wildromantischen Küstenabschnitt vorbei.

Schlafen & Essen

An Unterkünften gibt es hier neben Le Chant du Chameau nur einige Campingplätze und billige Hotels.

Dafür gibt's viele Cafés mit Blick aufs Meer, die gute Meeresfrüchte servieren.

Le Chant du Chameau PENSION €

(☎0667 90 49 91; www.chantduchameau.com; inkl. Frühstückt/HP 275/385 Dh pro Pers.) Die bezaubernde marokkanisch-französische Pension befindet sich am Südende der Aglou Plage. Sie besteht aus dem rostroten Haupthaus und ein paar fantasievollen Zelten, alles mit sagenhaftem Blick auf den Strand und das Meer. Die Besitzer organisieren auch Ausflüge in die Umgebung und einen einwöchigen *tadelakt*-Kurs, um die traditionelle Stuckaturkunst zu erlernen.

An- & Weiterreise

Lux-Bus 1 verbindet Tiznit und die Aglou Plage (5 Dh). Bus 18, der von Tiznit über Mirleft nach Sidi Ifni fährt, legt unterwegs einige Stopps ein, darunter auch an der Aglou Plage. Von Tiznit zur Aglou Plage fahren auch *grands taxis* (5 Dh).

Mirleft ميرلفت

6500 EW.

Eine der schönsten Straßen in der Region verläuft von der Aglou Plage nach Süden und bietet wunderbare Aussichten auf das Meer, zerklüftete Hügel sowie gelegentlich eine einsame Bucht. Und dann: Mirleft mit seiner lebendigen Surferszene und einladenden Cafés unter Arkaden auf der Hauptstraße. Traditionell zieht das kosmopolitische Fleckchen Erde Künstler, Musiker und Durchreisende an, die sich von der Durchquerung der Sahara erholen. Heute entdecken die Gegend zunehmend Anhänger von Wasser- und Windsportarten für sich. Außerdem wartet Mirleft mit einigen der besten Unterkünfte an der Küste südlich von Essaouira auf. Das Klima ist angenehm, die Luft rein, die Aussicht traumhaft und der frisch erwachte Tourismus liegt größtenteils in den Händen von Einzelpersonen, nicht von großen Unternehmen oder Ketten.

Sehenswertes & Aktivitäten

Bei einem Bummel durch die arkadengesäumte Hauptstraße fühlt man sich wie zwischen den Kulissen eines Cowboyfilms. Unter den pinkfarbenen und blauen Bogen warten Kunst und Kunsthandwerk, Arganprodukte, Souvenirs, Teppiche, Surfbretter, Beach-Tennissets sowie zwei überschaubare Gemüsemärkte auf Abnehmer.

Am Anfang mag die etwas verwahrloste Stadt langweilig wirken, aber keine Sorge: Ihre sanfte Geschäftigkeit steckt fast jeden an. Nach einem geselligen Morgenkaffee geht's zum Strand – entweder zum größten Dorfstrand, dem Imin Tourga (auch *la grande plage* genannt), Fish Beach, Camping Beach, Coquillage Beach, Aftas Beach, zur Plage Sauvage oder zum Marabout's Beach. Letzterer ist wegen des Grabs eines *marabout* und der wilden Felsformationen am romantischsten.

Es stehen jede Menge Freizeitaktivitäten zur Auswahl, darunter mehrere Surfschulen, die meisten davon mit Sitz an der Straße nach Imin Tourga. Am Strand kann man in der Brandung wunderbar angeln, und die Hotels und Guides helfen gern bei der Organisation von Touren – aufs Meer zum Fischen, in die Wüste oder wohin auch immer.

Le Jardin d'Orient HAMAM, MASSAGEN

(☎0652 241 020; 1 Std. Behandlung 100 Dh; ⊙nach Vereinbarung) Durch eine blaue Tür hinter dem Fischmarkt gelangt man in die schicke Kombination aus Massagesalon und Hamam. Kosmetikbehandlungen werden ebenfalls angeboten.

Spot-M SURFEN

(☎0661 44 19 33; www.surfingholidaysmorocco.com) Neben dem komplett ausgestatteten Surfladen mitten in der Stadt betreibt der britische Besitzer und Surfprofi auch eine Strandpension im 1 Minute entfernten Tourga. Anfänger und fortgeschrittene Surfer sind gleichermaßen willkommen. Außerdem werden Surftouren in die Sahara mit ein bis fünf Übernachtungen angeboten.

Surf en Marruecos SURFEN
(☎0615 99 04 70; www.surfenmarruecos.com) Die von einem Spanier betriebene Surfschule begründete die Entwicklung von Mirleft zum anerkannten Surfspot und richtet jedes Jahr im August einen internationalen Longboard-Wettbewerb aus.

Le Nid d'Aigle PARAGLIDING
(☎0658 45 82 23; www.nidaigle.com) Tandemflüge kosten ab 50 €, eine Übernachtung mit Halbpension 45 €.

Paraglide Morocco PARAGLIDING
(☎0676 31 86 55; www.paraglidemorocco.com) Der britische Veranstalter ist vor allem auf erfahrene Gleitschirmflieger eingerichtet, bietet aber auch Tandemflüge (550 Dh) an.

Schlafen

Neben einfachen Hotels und Pensionen gibt es in Mirleft auch jede Menge Apartments, die in der Regel ab 220 Dh pro Nacht vermietet werden. Nähere Infos gibt's am Ortseingang.

Hôtel Abertih HOTEL €
(☎0528 71 93 04; www.abertih.com; EZ/DZ inkl. Frühstück 200/300 Dh, ohne Bad 180/240 Dh; WLAN) Das blau-gelbe Haus im Stil des Kubismus ist im Inneren ebenso farbenfroh. Durch die offenen Höfe gelangt man zu den 11 Zimmern über dem Restaurant mit Alkoholausschank im Erdgeschoss. Der französische Besitzer bietet die Zimmer auch mit Halbpension und Mietwagen an. So ist das Hotel besonders beliebt bei Gruppen von Gleitschirmfliegern.

Hotel du Sud HOTEL €
(☎0528 71 94 07; www.hotel-mirleft.fr; EZ/DZ 120/170 Dh; WLAN) Die Zimmer im 1. Stock sind schlicht, aber geschmackvoll eingerichtet. Auf den Betten liegen farbenfrohe Tagesdecken, an den Wänden hängen alte Postkarten. Die recht primitiven Gemeinschaftsbäder haben immerhin Duschkabinen, doch der türkisfarbene Innenhof und die kühle Dachterrasse entschädigen für vieles.

Hotel Atlas HOTEL €
(☎0528 71 93 09; atlasmirleft@gmail.com; EZ/DZ 200/300 Dh, EZ/DZ ohne Dusche 120/240 Dh, jeweils inkl. Frühstück; Hauptgerichte ab 20 Dh; WLAN) Die grandiose Dachterrasse ist ein beliebter Treffpunkt der Surferszene im Süden. Die über offene Außenflure zugänglichen Zimmer mit blauen Fensterläden sind herrlich rustikal. Im 1. Stock befindet sich ein großer Balkon, im Erdgeschoss ein Restaurant (Hauptgerichte ab 20 Dh).

Aftas Beach House HOSTEL €
(☎0675 164 271; www.aftasmirleft.com; Aftas Beach; EZ/DZ ab 170/220 Dh; WLAN) Das strahlend weiße Haus in der von Felsen umgebenen Sandbucht von Aftas hat einfache, saubere Zimmer mit Gemeinschaftsbad. Ganz in der Nähe sind drei Strandcafés, und in den endlosen Wellen des Atlantiks kann man surfen lernen. In der Regel gilt eine Mindestaufenthaltsdauer von zwei Nächten.

Sally's Bed & Breakfast B&B €€
(☎0528 71 94 02; www.sallymirleft.com; Les Amicales; Zi. inkl. Frühstück 600–1300 Dh; WLAN) Das prachtvolle Haus der englischen Pferdenärrin Sally steht auf den Klippen über Imin Tourga, einem der breitesten und saubersten Strände von Mirleft, und bietet einen atemberaubenden Blick auf die Küste. Die stilvolle, gemütliche Pension hat sechs Zimmer mit Bad und eine mit Antiquitäten geschmückte Eingangshalle.

Aftas Trip PENSION €€
(☎0666 02 65 37; www.aftas-trip.com; Zelt 330 Dh, Zi. 550 Dh; WLAN) Das Haus auf dem Berg, rund 5 km nördlich von Mirleft, bietet nicht nur einen spektakulären Blick auf den Atlantik, sondern auch eine Reihe ganz verschiedener Unterkünfte, wie kleine, familienfreundliche Apartments und etwas nüchterne Berberzelte. Auf Wunsch organisiert das englischsprachige Personal Aktivitäten wie Surfen, Paddleboarden, Angeln und Trekking- oder Jeeptouren in die Wüste. Der Speiseraum ist ein großes Berberzelt, das mitten im schönen Garten steht.

★ **Les 3 Chameaux** PENSION €€€
(☎0528 71 91 87; www.3chameaux.com; EZ/DZ/Suite mit HP 1200/1490/1790 Dh; ❄WLAN≈) In einer umgebauten Festung aus den 1930er-Jahren hoch oben auf dem Berg befindet sich die beste Unterkunft von Mirleft. Von der hübschen Pension hat man einen fantastischen Blick auf das Dorf und das Meer. Es lohnt sich, etwas mehr Geld für eine Suite auszugeben, denn diese haben einen Balkon und ein Bad, dessen Fenster aufs Meer oder das Tal hinter dem Haus hinausgeht. Die Zimmer sind weniger schön und haben weder TV noch Klimaanlage.

Auf dem Gelände befinden sich auch ein Pool (der im Winter beheizt ist), ein Hamam, ein Restaurant mit Alkoholausschank und eine Boutique. Schon bei der Ankunft lässt alle Anspannung nach, denn alles, was man hier oben hört, ist das Rauschen der Wellen am Strand.

Dar Najmat BOUTIQUEHOTEL €€€
(☎0528 71 90 56; www.darnajmat.com; EZ/DZ mit HP 1290/1640 Dh, Apt. 1900 Dh;) Mit dem Infinity Pool, der scheinbar direkt in den Marabout-Strand übergeht, bietet dieses Hotel 2 km südlich von Mirleft einen der besten Ausblicke auf die Südküste Marokkos. Es liegt 2 km südlich von Mirleft. Für die Ausstattung der sieben Zimmer und des 2-Zimmer-Apartments wurden traditionelle marokkanische Materialien so perfekt zusammengestellt, dass sie eine sehr moderne und harmonische Atmosphäre ausstrahlen.

Essen & Ausgehen

Die hervorragende Bar im Hôtel Abertih hat eine ordentliche Weinkarte und außergewöhnlich kaltes San Miguel Bier.

La Bonne Franquette MAROKKANISCH €
(Hotel du Sud; Hauptgerichte 40–70 Dh; 12–15 & 18–22 Uhr) Im Restaurant im Erdgeschoss des Hotel du Sud bekommt man tagsüber das beste Essen in Mirleft. Besonders gut sind Meeresfrüchte, die zu Shrimps-Tajine oder Calamares verarbeitet werden, aber auch die ungewöhnlichen Gerichte wie Kaninchen in Senfsauce oder Kamelfleischspieße sind hervorragend.

Café Aftas CAFÉ €
(☎0670 72 95 83; www.cafeaftas.com; Aftas Beach; Snacks 20–30 Dh; 8–22 Uhr;) In der originellen Strandhütte genießt man Pfefferminztee, Kaffee und Omelettes mit sagenhaftem Blick auf den Aftas-Strand. Farbenfrohe Wandmalereien und die immer gute Laune von Inhaber Najib machen es zu einem der entspanntesten Cafés in Marokko. Über seine Surfschule Chasseurs de Vagues bietet er auch Surfkurse an.

Tifawin Cafe CAFÉ €
(☎0611 908 323; www.facebook.com/TifawinCafe; Snack od. Hauptgerichte 20–30 Dh; 7.30–22 Uhr;) In entspannter, kosmopolitisch angehauchter Atmosphäre genießt man ausgezeichnete Säfte und Smoothies, die mit cremiger Avocado besonders lecker sind, zu marokkanischen Pfannkuchen mit Honig oder *amlou* (eine köstliche Kombination aus Honig und Mandeln). Ausgehungerte Surfer können sich mit Müsli, Omelettes und getoasteten Sandwiches stärken. Das ganz in Hellblau und Gelb gehaltene Café ist ein herrlich bunter Farbtupfer in den Arkaden der Hauptstraße von Mirfelt.

Restaurant Ayour BERBER €
(☎0528 71 91 71; Hauptgerichte 70 Dh; 12–22 Uhr) Eines der wenigen eigenständigen Restaurants der Stadt ist auch eines der besten. Das gemütliche, leicht überteuerte Restaurant bietet die üblichen Tajine, Spaghetti- und Fischgerichte.

★ **Hôtel Abertih** MAROKKANISCH €€
(☎0528 71 93 04; Hôtel Abertih; Hauptgerichte 60–120 Dh; 19 Uhr–open end) Das Restaurant mit Bar im gleichnamigen Hotel sorgt wenigstens für einen Hauch kosmopolitischen Nachtlebens in Mirleft. Die Meeresfrüchte- und Fleischgerichte der Speisekarte wechseln ständig, aber zum Dessert gibt's immer die mit Abstand beste Crème caramel der gesamten marokkanischen Küste. Die Weinkarte ist recht übersichtlich, dafür gibt's jede Menge gut gekühltes Bier.

Man sollte möglichst im Voraus reservieren, auch wenn der freundliche, französische Besitzer meist noch ein Plätzchen im 1. Stock findet.

An- & Weiterreise

Lux-Bus 18 fährt von Mirleft nach Tiznit (10 Dh) und Sidi Ifni (10 Dh). Nach Sidi Ifni (13 Dh) und Tiznit (15 Dh) fahren auch *grands taxis*.

Sidi Ifni سيدي إفني

21 618 EW.

Die erst 1969 von Spanien an Marokko zurückgegebene Stadt wirkt immer noch sehr iberisch, und die Gebäude mit ihren verblassten Art-Déco-Fassaden erinnern immer noch an die Kolonialherren. Im Herzen des damaligen Spanisch-Sahara war Sidi Ifni zunächst ein Zentrum des Sklavenhandels und dann der größte Exporteur von Fisch nach Spanien. Wenn die Sonne über der Strandpromenade und den heruntergekommenen *calles* (Straßen) untergeht, erscheint die Stadt immer noch als düsterer Außenposten am weiten Atlantik.

Die Einheimischen haben ihre Häuser blau und weiß gestrichen und tragen auch ihre Turbane und Gewänder in diesen Farben. Noch immer sind sie Fans von spanischen Fußballmannschaften, halten Siesta und begrüßen Fremde eher mit *hola* als mit *bonjour*. Aus den Cafés tönt spanische Mu-

Sidi Ifni

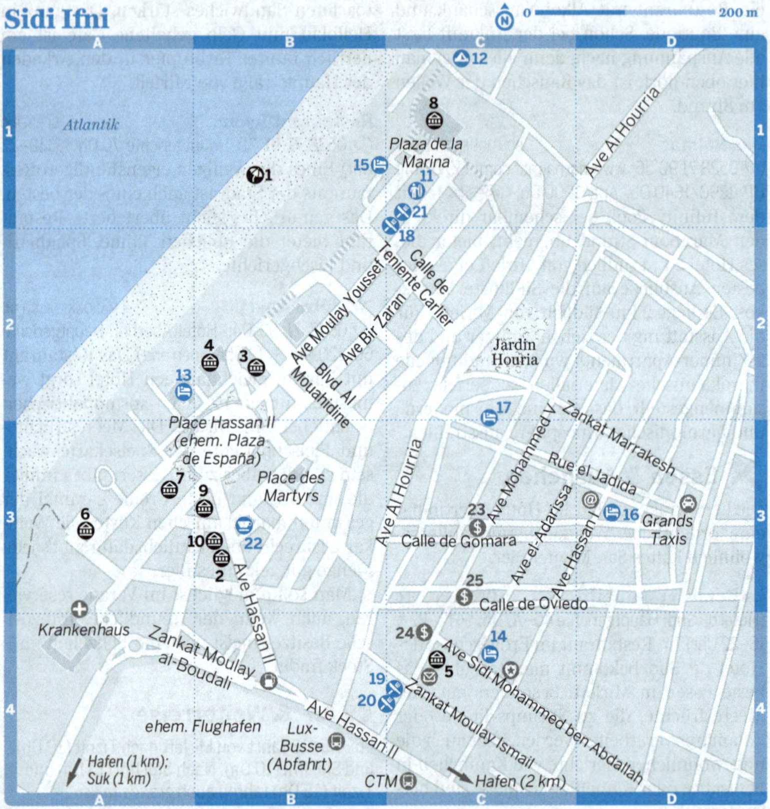

sik, und die ortsansässigen Ausländer und auch Einheimischen sind selbst für marokkanische Verhältnisse extrem entspannt. Diese Stimmung überträgt sich auch auf die vielen Surftouristen, die sich in den grandiosen Wellen des Atlantiks tummeln.

Geschichte

Nachdem die Spanier die marokkanische Armee im Krieg von 1859 besiegt hatten, fiel Sidi Ifni in ihre Hand. Sie nannten ihre Eroberung Santa Cruz del Mar Pequeña, wussten aber offenbar nicht recht, was sie damit tun sollten: So richtig nahmen sie die Stadt erst 1934 in Besitz. Daher stammt auch der größte Teil Ifnis aus den 1930er-Jahren. Die Architektur ist ein wilder Mix aus Art déco und traditionellen marokkanischen Baustilen.

Als Marokko Ende der 1950er-Jahre unabhängig wurde, verweigerte Spanien den Rückzug mit dem Argument, dass etwa 60% der Bevölkerung spanisch waren. Der Ifni-Krieg, während dessen die Stadt belagert wurde, war Folge des zähen Streits über Territorialrechte. Dieser endete schließlich 1969 mit einem Abkommen unter UN-Schirmherrschaft, in dem sich Spanien verpflichtete, die Enklave an Marokko zurückzugeben. Santa Cruz wurde wieder in Sidi Ifni zurückbenannt, Namenspatron ist ein Heiliger, der hier Anfang des 20. Jhs. bestattet wurde. Der Unabhängigkeitstag am 30. Juni wird immer noch jedes Jahr mit einer großen Party auf dem stillgelegten Flughafen gefeiert.

In Ifni geht es meistens friedlich zu, doch hin und wieder kommt es zu Zusammenstößen zwischen Polizei und Bewohnern. Gründe dafür sind eine hohe Arbeitslosenquote und die Marginalisierung der nach Unabhängigkeit strebenden Stadt.

Sehenswertes

Sidi Ifni hat eine einzigartige Atmosphäre: Der Ort hat schon so manchen Ausländer

Sidi Ifni

Sehenswertes

1 Strand ... B1
2 Cine Avenida ... B3
3 Ehemaliges spanisches Konsulat ... B2
4 Gerichtshof (ehemalige Kirche) ... B2
5 Briefkasten ... C4
6 Leuchtturm ... A3
7 Königspalast ... A3
8 Haus in Schiffsform ... C1
9 Rathaus ... B3
10 Twist Club ... B3

Aktivitäten, Kurse & Touren

11 Ifni Surf ... C1

Schlafen

12 Camping Sidi Ifni ... C1
13 Hôtel Bellevue ... A2
14 Hôtel Ère Nouvelle ... C4
15 Logis La Marine ... B1
16 Maison d'hôtes Tiwaline ... D3
17 Xanadu ... C2

Essen

Cafe Ere Nouvelle ... (siehe 14)
18 Chez Sofia ... C1
19 Gran Canaria ... C4
20 Marché municipal ... C4
21 Nomad ... C1

Ausgehen & Nachtleben

22 Eddib ... B3
Hôtel Bellevue ... (siehe 13)

Praktisches

23 Attijariwafa Bank ... C3
24 Banque Populaire ... C4
25 BMCE ... C3

auf der Durchreise verlockt, sich hier niederzulassen. Als eine der Hauptattraktionen gilt die kleine spanische Altstadt. Ihr Herz ist die Place Hassan II (wird oft noch Plaza de España genannt), eine koloniale Anlage aus einem großen quadratischen Platz mit einem kleinen Park in der Mitte. Ringsum liegen die wichtigsten Verwaltungsgebäude: **Gerichtshof** (früher eine Kirche), **Königspalast**, **ehemaliges spanisches Konsulat** und **Rathaus**, überwiegend im Art-déco-Stil.

Andere interessante Zeugen der Kolonialzeit sind das Hôtel Bellevue (S. 425), ebenfalls an der Place Hassan II, ein **Leuchtturm** in der Nähe und das auf einem Felsen thronende **Haus in Schiffsform**, in dem die spanische Marineverwaltung untergebracht war. Auch in den Straßen östlich der Place Hassan II kann man Jugendstilbauten bestaunen, darunter den verwaisten Nachtclub **Twist Club** (abseits der Ave Hassan II) und das Kino **Cine Avenida** (Ave Hassan II). Vor der Post steht immer noch ein altmodischer **Briefkasten** (Ave Mohammed V) mit der Aufschrift „Correos – Avion/Ordinario“ (Post – Flugpost/Herkömmliche Post).

Strand STRAND

Der Strand ist groß und wenig belebt, aber trotzdem nicht immer sauber. Am südlichen Ende liegt der Hafen. Ifni lebt von Fischerei im kleinen Stil; der größte Teil des Fangs wird in Agadir verkauft. Die seltsame Konstruktion ein kleines Stück vor der Küste ist die Ruine einer Transportanlage, mit der früher Schiffsladungen in den alten spanischen Hafen geschafft wurden.

Aktivitäten

Die Surfbedingungen rund um Sidi Ifni sind optimal, und auch Stehpaddeln wird immer beliebter.

Ifni Surf SURFEN

(☎0662 53 37 17; www.ifnisurf.com; Ave Moulay Youssef; Surfbrett & Nassanzug 150 Dh/Tag, 2-stündiger Kurs inkl. Ausrüstung 200 Dh, Kajak & Nassanzug 60 Dh/Std.) Die bestens eingeführte Surfschule bietet auch Kajaktouren am Legzira Plage, Quad- und Jeeptouren in die Wüste sowie Marktbesuche und Kochkurse. Spezielle Angebote für Unterkunft und Surfkurs in Sidi Ifni oder Legzira finden sich auf der Homepage.

Schlafen

Hôtel Bellevue HOTEL €

(☎0528 87 52 72; Pl Hassan II; EZ/DZ 170/200 Dh, ohne Bad 105/130 Dh) Das schöne Äußere im Art-déco-Stil setzt sich im Inneren leider nur in Form einiger Lampenschirme und Buntglasfenster fort. Dennoch ist es eine ordentliche Budgetunterkunft direkt am Hauptplatz der Stadt, die zudem über ein Restaurant mit Bar und Blick auf die Küste verfügt. Und die Zimmer sind mit Balkon. Die Zimmer im 1. Stock haben eigene Bäder, die Zimmer im Erdgeschoss sind dunkler und mit einfacher Gemeinschaftsdusche.

Hôtel Ère Nouvelle HOTEL €

(☎0528 87 52 98; Ave Sidi Mohammed ben Abdallah; EZ/DZ 35/70 Dh) Ein zentral gelegenes Schnäppchen über einem Restaurant mit einfachen Zimmern und kleinen Betten. Die Gemeinschaftsbäder verfügen über Duschen und Hocktoiletten. Das Haus ist einladend und verlässlich, zudem kommt man hier in den Genuss eines köstlichen Frühstücks mit Brot, Honig und Butter.

Camping Sidi Ifni CAMPING €
(☎0658 019 813; an der Ave Al Hourria; Zelt/Wohnwagen/Zi. 35/75/120 Dh) Der Campingplatz neben dem Freibad am nördlichen Ende des Strands ist besonders beliebt bei Europäern, die mit dem Wohnmobil unterwegs sind.

★ **Logis La Marine** B&B €€
(☎0641 76 60 96; www.logislamarine.com; 1 Ave My Abdellah; EZ/DZ/FZ inkl. Frühstück ab 600/660/880 Dh; 📶) Das ehemalige Hauptquartier der spanischen Marine in einer Art-déco-Villa auf den Klippen bietet einen tollen Atlantikblick. Die bezaubernden belgischen Besitzer haben viele Zimmer mit alten Art-déco-Möbeln und Kunst aus der Region eingerichtet. Frühstück und Abendessen (165 Dh) werden im schattigen Garten serviert, in dem auch eine Schar scheuer Schildkröten lebt. Die Badezimmer sind recht klein.

Auf Wunsch zeigt Dominique ihren Gästen das Fotoalbum mit erschütternden Bildern aus der noch nicht so lange vergangenen spanischen Kolonialzeit.

Maison d'hôtes Tiwaline PENSION €€
(☎0528 875 660; www.maison-tiwaline-ifni.com; 21 Rue Casablanca; EZ/DZ 330/450 Dh; 📶) Michel aus Frankreich hat aus dem Haus am Berg oberhalb der Hauptstraße von Sidi Ifni eine erfrischende und zugleich beruhigende Pension gemacht. Die frische blau/weiße Einrichtung wurde hier und da mit stylischen Designerakzenten versehen, wie z. B. alten Reiseplakaten, die über das ganze Haus verteilt sind. Das gemütliche Frühstück mit frischem Baguette und selbstgemachter Marmelade nehmen die Gäste an einem großen Tisch im Erdgeschoss ein.

Xanadu PENSION €€
(☎0528 876 718; www.maisonxanadu.com; 5 Rue el Jadida; EZ/DZ inkl. Frühstück 360/550 Dh; @📶) Das schön restaurierte Haus in einer kleinen Seitenstraße der Ave Mohammed V ist eine moderne Variante der Architektur von Sidi Ifni. Alle fünf Zimmer sind in sanften Farben gehalten. Frühstück wird auf der schönen Dachterrasse serviert, abends kann man es sich mit einem Buch aus den gut gefüllten Regalen der Lounge gemütlich machen. Der bezaubernde französische Besitzer spricht auch etwas Englisch und organisiert Wanderungen und Jeeptouren.

Essen

Frische Lebensmittel gibt's auf dem **Obst- und Gemüsemarkt** (⏲7–15 Uhr), an der Zankat Marrakesh und auch auf dem Wochenmarkt (s. S. 409), der jeden Sonntag in der Straße zum Hafen, etwa 1 km außerhalb der Stadt, abgehalten wird.

Café Ère Nouvelle MAROKKANISCH €
(☎0528 87 52 98; Ave Sidi Mohammed ben Abdallah; Hauptgerichte 20–40 Dh; ⏲8–20 Uhr) Das einfache Restaurant im Erdgeschoss eines Budgethotels empfehlen die Einheimischen gern als eines der besten Lokale der Stadt, um original marokkanisch zu erschwinglichen Preisen essen zu können. So sind die Tajine hier vom Feinsten, aber es gibt auch gute Tortillas und andere Gerichte aus Spanien und anderswo. Auch das Frühstück ist sehr zu empfehlen.

Chez Sofia MAROKKANISCH, SEAFOOD €
(Mar Pequeña; Calle de Teniente Carlier; Hauptgerichte 60–80 Dh; ⏲12–15 & 18–22 Uhr) Das kleine, alteingesessene Familienunternehmen hat nur wenige Tische und ist ganz erfüllt vom Duft der täglich wechselnden Spezialitäten wie Meeresfrüchte-Couscous, Hühnchenpastilla oder dem Drei-Gänge-Menü des Tages (100–120 Dh). In der Regel gibt's auch Vegetarisches wie Pilz-Frittata oder mit Käse überbackene Zucchini.

Marché municipal MARKT, SEAFOOD €
(Ecke Ave Mohammed V & Ave Hassan II; Hauptgerichte 15–40 Dh; ⏲10–22 Uhr) Zwischen dem Fischmarkt, den Obst-und Gemüseständen und den zahlreichen Cafés rauchen in einem stimmungsvollen Innenhof die Grills. Die frisch gegrillten Sardinen, Fische, Garnelen und sonstigen Meeresfrüchte werden mit Salat und Brot serviert.

★ **Nomad** MAROKKANISCH, SEAFOOD €€
(☎0662 173 308; abdellahnomad@gmail.com; 5 Ave Moulay Youssef; Hauptgerichte 70–100 Dh; ⏲Di–Do, Sa & So 12–15, sonst 18–23 Uhr) Das beste Restaurant der Stadt serviert ausgezeichnete Grillgerichte und Meeresfrüchte. Besonders gut ist die Grillplatte Pariada of the Sea (180 Dh) mit Fisch, Tintenfisch und Oktopus. Alles ist mit reichlich Knoblauch gewürzt. Die Einrichtung ist im eleganten maurischen Stil, aber es gibt auch Bier und Wein. Im Hintergrund läuft meist westliche Musik, denn der englischsprachige Besitzer ist ein großer Blues-Fan, der auch gern mal zur Luftgitarre greift.

Gran Canaria INTERNATIONAL, SEAFOOD €€
(Ave Mohammed V; Hauptgerichte 35–100 Dh; ⏲12–23 Uhr) In dem beliebten Lokal mit Terrasse zur Ave Mohammed V gibt's die beste Pizza der Stadt und tolle Meeresfrüchte. Doch das Restaurant über einem Café serviert auch sensationelle Fleischspieße und Tomaten-Mozarella-Salat mit viel Basilikum.

Ausgehen & Nachtleben

Eddib CAFÉ
(Ave Hassan II; Kaffee 8 Dh; ⏲8 Uhr–open end) Eindeutig das beste der vielen lässigen Cafés in der Ave Hassan II. Zum superstarken *cafe noir* tönt spanische Popmusik der 1960er-Jahre aus den Lautsprechern und man blickt direkt auf die schicke Art-déco-Fassade des Cine Avenida gegenüber. Der freundliche Inhaber spricht gut Englisch.

Hôtel Bellevue BAR
(Pl Hassan II; ⏲11–23 Uhr) Auf der Terrasse hoch über dem Strand schmeckt das Bier nochmal so gut. Allerdings sollte man die Finger vom billigen Stork lassen und lieber ein helles Casablanca nehmen, das dann mit Oliven und Blick auf den Atlantik serviert wird.

Praktische Informationen

Auf www.ifniville.com gibt's jede Menge Fotos, Musik und Infos zu Sidi Ifni.

Folgende Banken haben Gedautomaten und Wechselstuben: **Attijariwafa Bank** (Ave Mohammed V; ⏲Mo–Fr 8.30–18.30 Uhr), **BMCE** (Ave Mohammed V; ⏲Mo–Fr 8.30–18.30 Uhr) und **Banque Populaire** (Ave Mohammed V; ⏲Mo–Fr 8.30–18.30 Uhr).

Hassan Cyber (Ave Hassan I; 4 Dh/Std.; ⏲Sa–Do 10–14 & 17–24 Uhr, Fr 17–24 Uhr)

Krankenhaus Medizinisches Zentrum der Stadt.

Apotheken befinden sich vor allem in der Ave Mohammed V.

Polizei In der Nähe der Ave Mohammed V.

Post (Ave Mohammed V; ⏲Mo–Fr 8.15–16 Uhr)

An- & Weiterreise

BUS

Die Busse von **CTM** (☎0528 78 00 50; www.ctm.ma; Ave Hassan II) fahren täglich nach Casablanca (270 Dh, 12 Std.), Marrakesch (170 Dh, 7½ Std.), Agadir (70 Dh, 4 Std.), Laâyoune (180 Dh, 8 Std.) und in viele andere Städte. **Lux-Bus** 18 fährt über Mirleft (10 Dh) nach Tiznit (20 Dh).

TAXIS

Der **Stand der *grands-taxis*** ist im Osten der Stadt. Die Taxis fahren nach Goulimime (25 Dh), Legzira Plage (13 Dh), Mirleft (13 Dh), Tiznit (27 Dh) und Agadir (60 Dh).

Rund um Sidi Ifni

Die beliebtesten Orte in der Umgebung von Sidi Ifni sind der Strand und der spektakuläre Felsenbogen am Legzira Plage.

Legzira Plage

Legzira Plage heißt eigentlich El Gzira und ist eine herrliche Bucht mit feinem Sandstrand und einem spektakulären Felsenbogen im Wasser, 10 km nördlich von Sidi Ifni. Bis September 2016 waren es sogar zwei Bögen, aber der kleinere, weiter südlich in Richtung Sidi Ifni gelegene, stürzte plötzlich ein. Der jetzige Felsenbogen war schon immer der schönere der beiden, und so lohnt sich ein Besuch des Strands auf jeden Fall.

Auf der Rte 104 kann man zwar bis fast zum Strand fahren, doch besser ist er zu Fuß über die anderen Strände und Klippen zu erreichen. Da dies nur bei Ebbe möglich ist, sollte man sich vorher unbedingt nach den Gezeiten erkundigen. Entlang der Rte 104 entstehen immer mehr Einrichtungen für Touristen, doch der Strand selbst ist noch fast unberührt und bar jeder Infrastruktur.

Schlafen & Essen

In den Cafés in Richtung Strand gibt's Hauptgerichte für etwa 50 Dh und sehr gute Meeresfrüchte.

Beach Club PENSION €
(☎0670 52 28 00; www.legzirabeachclub.com; EZ/DZ ab 175/275 Dh) Hier werden die besten Zimmer des Legzira Plage vermietet, von denen sich einige einen Balkon mit Meerblick teilen. Das Haus befindet sich am ruhigen, nördlichen Ende des Strands.

Sables d'Or PENSION €
(☎0661 30 24 95; eddibmohamed2@yahoo.se; Zi. 150–300 Dh) Die kleinen, sehr gemütlichen Zimmer haben eine Terrasse mit Meerblick. Die Gemeinschaftsräume wurden erst vor kurzem renoviert, und das Restaurant ist mit farbenfrohen Berberteppichen und Wandbehängen geschmückt.

An- & Weiterreise

Die *grands taxis* halten an der Rte 104 zwischen Sidi Ifni (10 Dh) und Mirleft (15 Dh). Von Sidi Ifni (10 Dh) und Mirleft (15 Dh) fahren auch Busse zum Strand.

Mesti

Das Berberdorf liegt 25 km südöstlich von Sidi Ifni an der Straße, die durch die mit Feigenkakteen bedeckten Berge nach Goulimime führt. An der Abzweigung nach Mesti und der Straße zurück nach Tiznit sollte man den Honig im Geschäft der Kooperative Miel Afoulki probieren. In Mesti gibt es keine Unterkünfte, und so besucht man das Dorf am besten von Sidi Ifni aus.

Shoppen

Miel Afoulki ESSEN

(☎0661 47 24 33; www.cooperativeafoulki.net) Im Geschäft der Honig-Kooperative Miel Afoulki wird der Honig aus der Region in so außergewöhnlichen Geschmacksrichtungen wie Orange und Wolfsmilch verkauft. Es gibt keine festen Öffnungszeiten, aber in der Regel ist über kurz oder lang immer jemand im Geschäft zu finden.

Coopérative Tafyoucht ESSEN, KOSMETIK

(☎0528 21 84 16) In der Tafyoucht-Kooperative im Berberdorf Mesti, 25 km südlich von Ifni an der Straße nach Goulimime, haben sich Frauen zusammengeschlossen, die reines Öl und Kosmetika aus den vielseitigen Arganfrüchten herstellen und verkaufen. Es gibt keine festen Öffnungszeiten, aber Besucher werden immer gerne empfangen.

An- & Weiterreise

Mesti ist mit öffentlichen Verkehrsmitteln praktisch nicht zu erreichen, und so fährt man am besten mit dem eigenen Fahrzeug oder einem Taxi von Sidi Ifni in das Dorf.

Goulimime كلميم

118 300 EW.

Das einstige „Tor zur Sahara" ist eine staubige Grenzstadt zwischen dem fruchtbaren Sous-tal und der von Nomaden besiedelten Wüste im Süden. Diese Grenzstadtlage von Goulimime (oft auch Guelmim) ist gut zu erkennen, wenn man von Norden in die Stadt kommt und die vielen Sahrauis sieht, die hier die Mehrheit der Bevölkerung ausmachen.

Der Hauptgrund für einen Aufenthalt hier ist der Markt am Samstagmorgen, der ein paar Kilometer außerhalb der Stadt an der Straße nach Tan Tan stattfindet und auf dem auch Kamele angeboten werden. Ende Juli findet zudem das einwöchige *moussem*-Festival mit großem Kamelmarkt statt.

Der geplante Bau eines internationalen Flughafens lässt die Einwohner von Goulimime hoffen, dass künftig mehr Besucher den Weg in diese recht abgelegene Gegend Südmarokkos finden.

Schlafen & Essen

Die meisten Hotels in Goulimime sind sehr einfach und besonders für Frauen nicht sonderlich ansprechend. Wer mit einem eigenen Fahrzeug unterwegs ist, sollte auf eine der besseren Unterkünfte außerhalb der Stadt ausweichen. Einzige Ausnahme ist das erst vor kurzem eröffnete Oasis Palm Hotel.

Cafés und Restaurants sind vor allem rund um den Busbahnhof und nördlich des Postamtes zu finden.

Hôtel Ijdiguen HOTEL €

(☎0528 77 14 53; Blvd Ibnou Battouta; EZ/DZ 80/160 Dh) Das Hotel gegenüber dem Stand der *grands taxis* ist sauber und freundlich. Zu den ordentlichen Zimmern führen geflieste Korridore, und es gibt Gemeinschaftsduschen.

Oasis Palm Hotel HOTEL €€

(☎0528 77 93 00; www.oasispalmhotel.com; Rte d'Agadir RN1; EZ/DZ inkl. Frühstück ab 660/825 Dh; ❄📶🏊) Das nagelneue und sehr gemütliche Hotel beim Flughafen 10 km nordöstlich der Stadt hat mehr als 100 Zimmer rund um hübsche Innenhöfe voller Palmen und einen riesigen Pool. Zudem bietet es drei Restaurants und zwei Bars sowie zwei Hamams und Fitnessräume. So ist das Hotel wirklich eine grüne Oase der Ruhe abseits der lauten und staubigen Straßen von Goulimime.

Hôtel Hamza HOTEL €€

(☎0528 87 39 75; abseits der Rte d'Agadir; EZ/DZ 360/460 Dh; ❄@📶) In der ruhigen, freundlichen Karawanserei bei der Touristeninformation führen breite Korridore zu kühlen, geräumigen Zimmern mit eigenem Bad in unterschiedlicher Qualität.

Hôtel Adil Moussafir HOTEL €€

(☎0528 77 29 30; Ave Mohammed V, abseits der Rte d'Agadir; EZ/DZ 480/550 Dh; 📶) Das recht luxuriöse Hotel hat ein Restaurant (Hauptgerichte 70 Dh) und große gemütliche Zimmer mit etwas heruntergekommenem Bad.

La Plage Blanche MAROKKANISCH €

(Ziz garage, Rte d'Agadir; Hauptgerichte 50–80 Dh; ⏲8–22 Uhr) Die sehr westliche Snackbar in der Nähe des Place Bir Anzarane serviert die üblichen Gerichte wie Pizza, Burger und

ABSEITS DER ÜBLICHEN PFADE

RUND UM GOULIMIME

Eine landschaftlich reizvolle Fahrt mit Sicht auf den Antiatlas in der Ferne führt von Goulimime zur Oase Tighmert. Ein bis zwei Stunden dauert die Rundfahrt zur *palmeraie* (Palmenhain): hin auf der Route d'Asrir und zurück über die Straße Goulimime–Assa.

In der Oase gibt es ein paar einfache Gästehäuser. Ein Großteil liegt 20 km südöstlich von Goulimime abseits der Rte d'Asrir. **Maison d'Hôtes Nomades** (☎ 0667 90 96 42; DZ/3BZ ab 200/250 Dh, Frühstück/Abendessen/Picknick 30/80/50 Dh) ist ein familiengeführtes Gästehaus mitten in der Oase und erst nach ein paar Haarnadelkurven zu erreichen. Seine *pisé*-Mauern und die schlichten Zimmer mit eigenem oder Gemeinschaftsbad zieren Teppiche und Bauernwerkzeuge. Auch ein Berberzelt (60 Dh/Pers.) steht als Übernachtungsgelegenheit zur Verfügung und zum Abendessen gibt's Gerichte wie Dromedar-Tajine. Kamelritte und andere Aktivitäten werden angeboten, aber wer möchte, kann auch einfach nur auf der Dachterrasse sitzen und die Aussicht genießen.

Die Oasenstadt **Id-Âïssa** oder auch Amtoudi (nach der gleichnamigen Schlucht) ist über die N12 von Goulimime nach Tata und über die kleinen Straßen im Antiatlas zu erreichen. Von hier führen Wanderwege zu zwei Speicherburgen, einem Wasserfall und Höhlenmalereien. Eine der beiden *agadirs* (Speicherburgen) ist besonders beeindruckend, denn sie thront hoch über dem Dorf auf einem Felsvorsprung. In den letzten beiden Septemberwochen findet im Nachbardorf das *fantasia*-Festvial (mit Musketen bewaffnete Reiterattacke).von **Âït Herbil** statt. Das Dorf ist auch für seine Felsenmalereien bekannt.

Id-Âïssa ist 30 km von der N12 entfernt und ab dem Dorf Taghjicht ausgeschildert. Wer mit einem *grand taxi* von Goulimime kommt, muss wahrscheinlich in Bouizakarne und Souk Tnine-Nouadai umsteigen. Die Fahrt mit einem (Gemeinschafts-)Taxi von Bouizakarne kostet etwa (35)/210 Dh. Wer von Tata kommt, fährt zuerst in Richtung Goulimime oder Bouizakarne und steigt in Taghjicht aus. Von dort geht es mit dem Taxi für 120 Dh weiter.

Auf der anderen Seite von Goulimime bietet die (gut ausgeschilderte) französische Ferienanlage **Fort Bou-Jerif** (☎ 0528 87 30 39; www.fortboujerif.com; Camping ab 70 Dh, EZ mit HP 490–600 Dh, DZ mit HP 800–1000 Dh, Khaïma-Zelt mit HP 320 Dh/Pers.;) 40 km nordwestlich der Stadt an der Straße nach Sidi Ifni und dem Plage Blanche, einen kleinen Vorgeschmack auf die Wüste.

An- & Weiterreise

Nach Tighmert fahren zwar *grands-taxis* von Goulimime, doch das Fort Bou-Jerif ist nur mit eigenem Fahrzeug, am besten mit Allradantrieb, zu erreichen.

Spaghetti, aber auch Tajine und *gambas pil pil*. Freitags strömen die Einheimischen zum großen Couscous-Essen, während ihre Nachbarn in der Moschee gegenüber beten.

Praktische Informationen

Der Pl Bir Anazarane ist das Zentrum der Stadt, wo sich auch viele Banken, Internetcafés und die Post befinden.

Touristeninformation (☎ 0528 87 29 11; www.crt-guelmim.com; 3 Résidence Sahara, Rte d'Agadir; ⏲ Mo–Fr 8.30–16.30 Uhr) Das Büro ist in der Hauptstraße in Richtung Agadir, 400 m nordöstlich des Place Bir Anzarane.

An- & Weiterreise

BUS

Der **Busbahnhof** (*gare routiére*) liegt 10 Gehminuten nördlich des Pl Bir Anazarane.

Die regelmäßig verkehrenden Busse von **CTM** (www.ctm.ma; Blvd Ibnou Battouta) und **Supratours** (www.supratours.ma) fahren u. a. nach Agadir (85 Dh, 5 Std,), Casablanca (295 Dh, 12 Std.), Dakhla (330 Dh, 16 Std.), Laâyoune (170 Dh, 7½ Std.), Marrakesch (195 Dh, 7½ Std.), Rabat (325 Dh, 13½ Std.), Tan Tan (50 Dh, 2 Std.) und Tiznit (40 Dh, 2¾ Std.).

Die Busse von **Satas** (☎ 0528 87 22 13; Gare Routière) fahren ebenfalls täglich in diese Städte, sind aber etwas preiswerter.

FLUGZEUG

RAM (www.royalairmaroc.com) fliegt von Goulimime nach Casablanca.

TAXIS

Grands taxis fahren von ihrem Stand hinter dem Busbahnhof nach Inezgane (80 Dh), Laâyoune (220 Dh), Sidi Ifni (25 Dh), Tan Tan (50 Dh) und Tiznit (40 Dh).

Tan Tan & Tan Tan Plage
طانطان وشاطئ طانطان

50 000 EW.

Wer südlich von Goulmime das trockene Tal Oued Drâa durchquert, gelangt in die echte Sahara. Die 130 km lange Strecke über die Wüstenstraße nach Tan Tan ist beeindruckend: nichts als Einöde und raue *hammada* (flache Steinwüste).

Wenn man nicht unterwegs von Sicherheitskräften angehalten würde, könnte man wahrscheinlich die N1, die in Tan Tan zur Ave Hassan II wird, entlangfahren, ohne zu bemerken, dass man sich bereits in der Stadt befindet – die liegt nämlich überwiegend südlich der Schnellstraße. Fast alle Einwohner sind Nomaden, ihre blauen Gewänder springen überall ins Auge. Auffällig ist auch die starke Militär- und Polizeipräsenz wegen des umstrittenen Status der Westsahara.

Tan Tan Plage, das auch als Al-Ouatia bekannt ist, liegt 25 km westlich von Tan Tan und ist ein etwas heruntergekommener Badeort an einem langen, windigen Strand. Der Ort erwacht zwar nur in den marokkanischen Sommerferien kurz zum Leben, doch ist es hier immer noch angenehmer als in Tan Tan.

Tan Tan wurde in den 1940er-Jahren in der Zeit des spanischen Protektorats gegründet und ging 1975 in die Geschichtsbücher ein, als hier der Grüne Marsch nach Westsahara begann. Heute ist es eine armselige Stadt mit harten, aber nicht unfreundlichen Bewohnern. Der Sonntags-Suk wird 1,5 km südlich der Stadt abgehalten.

Feste & Events

Moussem de Tan Tan KARNEVAL
(www.moussemdetantan.org/en) Der als Weltkulturerbe geschützte *moussem* wird im September mit Kamelrennen und viel Musik gefeiert.

Schlafen & Essen

In der Ave Hassan II, der Ave Mohammed V und rund um den *gare routière* befinden sich viele preiswerte Restaurants, die mittags jedoch meistens schließen oder hoffnungslos überfordert sind. Sehr beliebt ist das Hôtel Sable d'Or. Markenzeichen der Cafés in Tan Tan Plage sind frische Meeresfrüchte. Den schönen Hauptplatz der Stadt säumen Bäckereien und Grillrestaurants, die das saftige Kamel- und Lammfleisch der umliegenden Metzgereien verarbeiten.

Hôtel Belle Vue HOTEL €
(☎0528 87 91 33; Ave Mohammed V, Tan Tan Plage; EZ/DZ ab 150/300 Dh; 📶) Das Familienunternehmen direkt am Strand macht seinem Namen alle Ehre. Zu den einfachen Zimmern mit Bad führen weiß gestrichene Korridore mit farbenfrohen Gemälden an den Wänden. Das Café-Restaurant (Frühstück und Hauptgerichte 25–90 Dh) ist eines der besten in Tan Tan Plage und serviert leckere Tajine, Omelettes, Sardinen und Calamares.

Hôtel Sable d'Or HOTEL €
(☎0528 87 80 69; Ave Hassan II, Tan Tan; EZ/DZ 150/200 Dh; 📶) Das freundliche Familienunternehmen nahe der Banken hat gemütliche Zimmer mit Bad und Flachbild-TVs. Da es direkt in der Hauptstraße ist, können die vorderen Zimmer etwas laut sein. Im Café-Restaurant steht auch ein Billardtisch.

Hôtel Bir Anzarane HOTEL €
(☎0528 87 78 34; hotelbiranzarane@hotmail.fr; Ave Hassan II, Tan Tan; EZ/DZ 80/100 Dh; 📶) Das Hotel neben dem Königspalast (deshalb sind auch immer so viele Soldaten im Café) am Westufer des Flusses ist ziemlich heruntergekommen, aber sauber. Die kleinen, ordentlichen Zimmer über dem luftigen Café haben Gemeinschaftsbad mit Stehtoiletten und Wasserklosetts.

Riad Essadia PENSION €€
(☎0528 87 92 14; riad.essadia@gmail.com; Ave Mohammed V, Tan Tan Plage; EZ/DZ ab 400/500 Dh; 📶) Das beste Hotel in Tan Tan und Tan Tan Plage hat acht Zimmer, die auf einen großen, zentralen Innenhof hinausgehen, der sich bis zum Strand erstreckt. Den bezaubernden Zimmern, die kein Fenster nach draußen haben, fehlt es deshalb an Tageslicht, doch die wunderbaren Gemeinschaftsbereiche machen das leicht wett. Das Frühstück und die anderen Mahlzeiten werden mit Blick auf den Atlantik eingenommen.

Kasba Hotel HOTEL €€
(☎0528 87 98 98; www.hotelkasbatantan.com; 9 Ave Mohammed V, Tan Tan Plage; Zi. inkl. Frühstück 600–810 Dh; 📶) Vielleicht etwas überteuert, aber dennoch das beste Hotel in Tan Tan Plage. Die Zimmer an der Vorderseite bieten einen herrlichen Blick auf den Atlantik. Die Mitarbeiter an der Rezeption sprechen in der Regel gut Englisch und lassen mit sich handeln. So kann man ein schönes Zimmer mit Meerblick doch noch für einen guten Preis bekommen. Das Restaurant im Erdgeschoss ist auch sehr gut.

La Scala MAROKKANISCH, SEAFOOD €
(Chez Abdellah; ☎0528 87 93 24; Hauptgerichte 45–70 Dh; ⏲12–15 & 18–22 Uhr) Eines der besten Meeresfrüchterestaurants in Tan Tan Plage ist nur einen kurzen Fußmarsch vom Hauptplatz entfernt. Der freundliche Besitzer ist sehr um seine Gäste bemüht, die den weiten Weg in den Süden gefunden haben, und verwöhnt sie mit riesigen Portionen von Tintenfischsalat, Calamares und gegrillter Seezunge. Auch die italienische und spanische Küche (Pizza und Paella) ist vertreten.

ℹ Praktische Informationen

Banken mit Geldautomaten und Wechselstuben gibt's in Tan Tan vor allem rund um die Kreuzung der Ave Hassan II mit der Ave Mohammed V.

Club Internet (Nähe Ave Hassan II; 3 Dh/Std.; ⏲9–24 Uhr) Neben der Samir-Oil-Tankstelle in Tan Tan.

Post (Pl de la Mare Verte, Tan Tan; ⏲Mo–Fr 8.15–16 Uhr) Mitten in Tan Tan.

In Tan Tan Plage gibt es ein weiteres Postamt und zwei Banken mit Geldautomat und Wechselstube.

ℹ An- & Weiterreise

BUS

Die Busse von **CTM** (☎0528 76 58 86; www.ctm.ma; Ave Hassan II, Tan Tan) fahren von Tan Tan täglich nach Agadir (130 Dh, 6 Std.), Dakhla (300 Dh, 14 Std.), Goulimime (50 Dh, 1½ Std.), Laâyoune (130 Dh, 5 Std.) und Tiznit (95 Dh, 3½ Std.). Auch die Busse von **Supratours** (☎Tan Tan Plage 0528 87 96 65, 0528 87 77 95; www.supratours.ma; Ave Hassan II, Tan Tan) fahren von Tan Tan und dem Büro in Tan Tan Plage gegenüber dem Dubai Hotel in diese Städte, sind jedoch etwas teurer. Es gibt aber auch günstigere Unternehmen, die die gleichen oder ähnliche Verbindungen anbieten und jeweils am ***gare routière*** (Pl de la Marche Verte, Tan Tan) von Tan Tan, in der Nähe der Ave Mohammed V, etwa 1 km südlich der Ave Hassan II, abfahren.

FLUGZEUG

RAM (www.royalairmaroc.com) fliegt vom Flughafen in Tan Tan nach Casablanca.

TAXIS

Vom *gare routière* in Tan Tan fahren *grands taxis* nach Agadir (110 Dh), Goulimime (50 Dh), Inezgane (110 Dh), Laâyoune (160 Dh), Tan Tan Plage (15 Dh), Tarfaya (160 Dh) und Tiznit (80 Dh).

Grands taxis nach Tan Tan Plage fahren auch am oberen Ende des Blvd el-Amir Moulay Abdallah, ein paar Hundert Meter südlich der Ave Hassan II, ab.

Tarfaya طرفاية

6000 EW.

Dieser Fischerhafen war das Zentrum des unter dem spanischen Protektorat stehenden Cap Juby, auch Tarfaya-Streifen genannt. Wahrscheinlich wurde die erste Kolonie im späten 19. Jh. von Donald Mackenzie, einem schottischen Kaufmann, gegründet, der auf einem Felsen vor der Küste einen kleinen Handelsposten errichtete. Er nannte ihn Port Victoria. Als die Spanier die Macht übernahmen, eigneten sie sich auch Mackenzies Gebäude an und nannten den Komplex Casa Mar. 1958 wurde das Gebiet von Spanien unabhängig.

Seit die marokkanische Regierung die Stadt 2009 zum Provinzzentrum erhob, wurden viele große Projekte in Angriff genommen. Nach Fertigstellung des neuen Hafens soll die Fährverbindung zu den Kanarischen Inseln wieder aufgenommen und mehr Touristen in die Stadt gelockt werden. Die ebenfalls neue Strandpromenade lädt zum entspannten Bummeln ein. Dennoch konnte sich die Stadt ihren Charme bis jetzt bewahren und ist immer noch ein freundlicher Außenposten mit dem Flair abgelegener Einsamkeit und schönen Kolonialbauten, an denen der sandige Zahn der Zeit nagt.

👁 Sehenswertes & Aktivitäten

Rund um Tarfaya kann man gut angeln, surfen und kitesurfen. Nähere Infos zu Angeboten und Touren gibt's in den Unterkünften und bei Les Amis de Tarfaya.

Musée Saint-Exupéry MUSEUM
(☎0661 07 94 88; 10 Dh; ⏲Mo–Fr 8.30–16.30 Uhr, Sa & So nach Vereinbarung) Tarfaya wird für immer mit dem französischen Schriftsteller und Piloten Antoine de Saint-Exupéry verbunden bleiben. Als er 1926 begann, die Luftpostroute zwischen Frankreich und dem Senegal zu fliegen, war das Cap Juby einer seiner Zwischenstopps. Das Museum erzählt (auf Französisch) die Geschichte von Saint-Exupéry und dem Begründer der Luftpostlinie Pierre-Georges Latécoère sowie diesem unglaublichen Unternehmen selbst, das später von Air France übernommen wurde.

1927 wurde Saint-Exupéry Chef des Zwischenlandeflugplatzes am Cap Juby und schrieb in den Jahren, die er hier verbrachte, seinen ersten Roman *Südkurier*, in dem ein Luftpostpilot in der Wüste von Rio de Oro südlich von Boujdour ums Leben kommt.

Später inspirierte ihn diese Zeit auch zu seinem berühmtesten Buch *Der kleine Prinz*, in dem es ebenfalls um einen in der Wüste notgelandeten Piloten geht.

★ **Historische Stätten** HISTORISCHE STÄTTEN
In Tarfaya gibt's zahlreiche verfallene Gebäude, die an die Zeiten Saint-Exupérys erinnern. Die **Casa Mar** ist verwaist, steht aber noch und lässt sich bei Ebbe leicht erreichen. Am nördlichen Ende des Strandes wurde Saint-Exupéry zu Ehren ein **Denkmal** errichtet: eine winzige grüne Bréguet 14. Mit diesem Typ Doppeldecker flog er normalerweise. In der nahe gelegenen **spanischen Festung** sind jetzt Militärkasernen untergebracht und hinter dem Museum befindet sich ein **Kino** aus den 1930er-Jahren. Ganz in der Nähe erzählten sich einst verwegene Abenteurer zwischen zwei Flügen ihre Geschichten in der **Bar des Pilotes**.

2 km weiter südlich liegt das **Wrack der Armas-Fähre Assalama**. Als diese 2008 sank, wurde die erst kurz zuvor eingerichtete Fährverbindung zwischen Tarfaya und Fuerteventura wieder eingestellt.

Feste & Events

Rallye Toulouse Saint-Louis FESTIVAL
(www.rallyetoulousesaintlouis.com; Ende Sept./Anf. Okt.) An die große Zeit der Luftpostlinie erinnert auch dieses Festival, bei dem Leichtflugzeuge von Frankreich in den Senegal und zurück fliegen und dabei in Tarfaya zwischenlanden.

Schlafen & Essen

Für ein Provinzzentrum hat Tarfaya überraschend gemütliche Unterkünfte. Auch stehen zahlreiche Apartments für Selbstversorger zur Verfügung, die von Les Amis de Tarfaya vermittelt werden.

Residence Armas APARTMENTS €
(0673 54 66 47; Suite ab 350 Dh;) Die Suiten und Apartments für Selbstversorger können über Les Amis de Tarfaya gebucht werden.

Residence Hôtelière Canalina APARTMENTS €€
(0641 78 55 21; www.tarfayahotelcanalina.com; Ave Mohamed V; EZ/DZ 330/440 Dh) Die kleinen, aber geräumigen Apartments mit kleiner Küche sind ideal für Gruppen und Familien. Im Erdgeschoss gibt's ein gutes spanisches Restaurant, das leider keine festen Öffnungszeiten hat, den Versuch aber unbedingt lohnt. Das Haus ist rund 400 m vom Musée Saint-Exupéry entfernt in der Straße, die vom Strand weg führt.

Hotel Tarfaya HOTEL €€
(Aoudate; 0528 89 58 68; Zi. inkl. Frühstück ab 300 Dh/Pers.;) Es gibt Zimmer mit und ohne Bad, mit und ohne Balkon, aber alle 35 Zimmer haben hübsch karierte Bettdecken und Satellitenfernsehen, die Zimmer in den oberen Stockwerken auch Meerblick. In dem Café im Erdgeschoss verfolgen die Einheimischen gern spanische Fußballspiele. Zum Zeitpunkt der Recherche planten die dynamischen, Englisch sprechenden Mitarbeiter des Hotels gerade, zukünftig Wüstentouren ins Hinterland von Tarfaya zu organisieren.

Casa Mar CAFÉ, SEAFOOD €
(0528 89 53 26; casamarhotel@gmail.com; Frühstück/Hauptgerichte 30/70 Dh;) Das Café-Restaurant am Hafeneingang bietet eine gute Auswahl an Meeresfrüchten sowie gegrillten Fisch und Calamares-Tajine. Der beliebte Treffpunkt ist auch ideal, um E-Mails zu checken und Leute zu beobachten. Es werden auch Zimmer vermietet, wobei die Zimmer im alten Teil des Hotels nur mittelmäßig sind (EZ/DZ ohne Bad ab 100/120 Dh), die im neueren Teil aber ein eigenes Bad und Blick auf den Hafen bieten (EZ/DZ 180/250 Dh).

Praktische Informationen

In Tarfaya gibt es eine Klinik, Apotheken, Internetcafé, Waschsalon und Banken mit Geldautomaten und Wechselstuben.

Les Amis de Tarfaya (0661 07 94 88; sadat@yours.com) Der Inhaber der Reiseagentur mit Sitz im Musée Saint-Exupéry spricht Englisch und ist sehr hilfsbereit.

Verkehrsmittel & -wege

Die Busse von CTM und anderen Unternehmen halten zwar in Tarfaya, doch nur **Supratours** (0528 89 52 84; www.supratours.ma; Rte du Port) hat auch ein Büro in der Stadt. Seine Busse sind auch die besten und damit die einzig empfehlenswerten für die mörderisch langen Fahrten durch die Sahara. Die Busse fahren täglich nach Agadir (190 Dh, 8 Std.), Dakhla (210 Dh, 10 Std.), Goulimime (130 Dh, 6 Std.), Laâyoune (50 Dh, 2 Std.), Marrakesch (265 Dh, 13 Std.), Tan Tan (80 Dh, 3 Std.) und Tiznit (150 Dh, 7 Std.).

Außerdem fahren *grands taxis* nach Laâyoune (45 Dh) und Tan Tan (90 Dh). Selbstfahrer finden in Tarfaya Tankstellen, Waschanlagen und Werkstätten.

WESTSAHARA

Nach Durchquerung der unendlich weiten, einsamen Felsenwüste der *hammada* südlich von Tarfaya erreicht man das herrlich entspannende Dakhla in der Westsahara. Was den Besucher hier sofort in den Bann schlägt, ist das Blau des Atlantiks, die vielen Palmen, die schöne Strandpromenade und die seichte Lagune mit kleinen Inselchen.

Die Trägheit der spanischen Vergangenheit ist noch in Cafés und Restaurants zu spüren, wird jedoch immer mehr von einer lebendigen, internationalen Kiteboarderszene abgelöst, die die Westsahara zum Ziel dynamischer Abenteuerreisenden macht.

Die gelegentlichen Straßensperren am Rand der Wüste zeigen, dass diese Region trotz der vielen marokkanischen Flaggen immer noch heiß umstritten ist.

Vor diesem Hintergrund internationaler Spannungen organisiert eine kleine Gruppe von Ausländern unbeirrt umwelt- und naturfreundliche Touren zur Erkundung der Lagune und der Wüste.

Geschichte

In der Westsahara gibt's nichts als windgepeitschte Trostlosigkeit. Trotzdem hat die Region eine lange und blutige Geschichte hinter sich. Islamische Missionare fingen im 7. Jh. hier an, die Stämme der Zenata- und der Sanhadscha-Berber zu bekehren. Im 13. Jh. zog eine zweite Welle von arabischen Siedlern, die Maqil aus dem Jemen, in die Wüste und das Gebiet wurde zu großen Teilen arabisch.

Im 19. Jh. rissen sich die Spanier die Westsahara unter den Nagel und nannten das Gebiet Río de Oro. In Wirklichkeit kontrollierten Sheikh Ma El-Ainin und sein Sohn El-Hiba die Wüste und ihre Nomadenstämme bis weit ins 20. Jh. hinein. Ab den 1930er-Jahren herrschte ein wackeliger kolonialer Frieden, bis Marokko 1956 unabhängig wurde und eine neue Nationalbewegung entflammte, aus der die Polisario-Front und der Guerillakrieg gegen die Spanier entstanden.

Als Spanien die Wüstenregion 1975 aufgab, erhoben sowohl Marokko als auch Mauretanien Anspruch darauf. Allerdings stieg Mauretanien schon bald wieder aus dem Machtpoker aus. Im November 1975 stellte König Hassan II. den Grünen Marsch auf die Beine: 350 000 Marokkaner zogen nach Süden, um Marokkos historische Ansprüche auf die Westsahara klarzumachen.

In den nächsten Jahren schickte Rabat 100 000 marokkanische Soldaten zur Bekämpfung der Aufständischen und gewann schnell die Oberhand. 1991 handelten die UN einen Waffenstillstand aus, außerdem wurde ein Referendum versprochen, bei dem die indigenen Sahrauis die Wahl haben sollten zwischen Unabhängigkeit und Anschluss an Marokko. Dieses Referendum lässt bis heute auf sich warten.

Seitdem hat Marokko seine Macht in der Region gefestigt. Es ist ordentlich Geld geflossen: in Infrastrukturprojekte und vor allem in die Offshore-Ölförderung. Außerdem werden Marokkaner aus dem Norden ins steuerfreie Paradies gelockt. Bis Ende 2010 schien die Lage in der umkämpften Region beruhigt und große Teile der Welt vergaßen den Konflikt in dem so fernen Gebiet. Doch am 8. November 2010 stürmten marokkanische Sicherheitskräfte das Lager Gadaym Izik in der Nähe von Laâyoune mit dem Ziel, das von 15 000 Menschen bewohnte Camp aufzulösen. Die darauf folgenden Zusammenstöße kosteten auf beiden Seiten Leben, was wiederum Krawalle in der Stadt auslöste, bei denen über 700 Sahrauis verletzt wurden. Szenen von Gewalt und Zerstörung gingen um die Welt. Seit den jüngsten Unru-

UMSTRITTENES TERRITORIUM

Die meisten Marokkaner sind davon überzeugt, dass die Westsahara zu Marokko gehört, was die UNO aber ganz anders sieht. Für sie ist der Status längst nicht geklärt. So ist das Gebiet auf marokkanischen Landkarten als Teil und Fortsetzung der *hammada*-Wüste rund um Tarfaya eingezeichnet, doch wird dies von vielen Staaten nicht anerkannt.

Die Region ist eines der am dünnsten besiedelten Gebiete der Welt, und trotz dem seit 1991 bestehenden Waffenstillstand zwischen Marokko und der separatistischen Befreiungsfront Polisario scheinen immer noch mehr marokkanische Militärangehörige als Zivilisten hier zu leben.

Das offensichtlich unfruchtbare Gebiet, das die frühere Kolonie Spanisch Sahara und einen Teil des Tarfaya-Streifens umfasst, hat reiche Phosphat- und Ölvorkommen sowie große Fischbestände vor der Küste, was eine bedeutende Rolle in dem Konflikt spielt.

SICHER REISEN IN DER WESTSAHARA

Trotz der anhaltenden Spannungen in der Westsahara liegt für den Großteil des westlichen Gebiets kaum eine Reisewarnung vor. Es gibt sogar Direktflüge von Casablanca und Agadir nach Dakhla.

Wenn überhaupt, werden vor allem spanische Reisende von den marokkanischen Beamten ständig angehalten und befragt, denn Spanien widerspricht vehement der marokkanischen Präsenz in der Westsahara. Auch bei bestimmten Berufsgruppen wie Journalisten oder Mitarbeitern von Hilfsorganisationen läuten alle Alarmglocken der Polizei- und Grenzposten. Es kann durchaus sein, dass betroffene Personen verfolgt, inhaftiert, zurück nach Marokko geschickt oder sogar deportiert werden. Außerdem sind die Behörden sehr misstrauisch gegenüber Reisenden, die Laâyoune statt Dakhla oder Tarfaya besuchen.

Alles in allem sollten aber weder spanische noch sonstige Staatsangehörige, die wirklich nur als Touristen unterwegs sind, irgendwelche Probleme haben.

Bei Reisen über Land und Einreise in die Westsahara über Tarfaya, Tan Tan, Goulimime und Tata sollte man aber auf regelmäßige Polizeikontrollen gefasst sein. Ausländer werden grundsätzlich nach ihrem Beruf, dem Grund ihres Besuchs und das nächste Reiseziel gefragt. Außerdem werden die Angaben im Pass überprüft und registriert.

Bei den meisten Kontrollen von ausländischen Touristen geht es aber schnell um die Verdienste von Fußballmannschaften wie Barcelona oder Real Madrid. Nichtsdestotrotz sollte man die Kontrollen sehr ernst nehmen, auch wenn sie lästig sind, denn es besteht immer die Gefahr, dass ein harmloser Tourist eben doch für einen Journalisten oder Sympathisanten der Polisario gehalten wird.

Überall in der Westsahara werden die Angaben in Pass und Visum registriert, ebenso die Fahrzeugdaten, sofern man mit einem eigenen Wagen unterwegs ist. Busreisende dürfen in der Regel sitzen bleiben, bis die Polizei alle Daten aufgenommen hat. Um die Kontrollen zu beschleunigen, sollte man immer mehrere Kopien der Ausweisseiten dabei haben und diese anstelle des Passes vorzeigen.

Sowohl in Laâyoune als auch in Dakhla achten die allgegenwärtigen Soldaten und Polizisten darauf, dass rund um miltiärische Einrichtungen nicht fotografiert wird. Ebenso tabu für Touristen sind die Flüchtlingslager rund um die beiden Städte, in denen immer noch viele Saharauis leben.

hen 2014 in Laâyoune kam es immer wieder zu Auseinandersetzungen und Ausschreitungen in diesem am längsten andauernden Territorialkonflikt in Afrika.

Die marokkanische Regierung tut alles, um das von ihr kontrollierte Gebiet zu sichern und zu vergrößern. So unterstützt sie die andauernde Zuwanderung von Marokkanern in die Städte der Westsahara sowie die Neugründung von kleineren Orten entlang der Küste. Bei seinem Besuch im November 2015 kündigte der marokkanische König Mohammed VI. Investitionen von mehreren Millionen Dollar in die wirtschaftliche Entwicklung der Region an. Bereits im Dezember 2013 war ein Vierjahresvertrag zwischen Marokko und der EU unterzeichnet worden, der es europäischen Schiffen erlaubte, ihre Netze auch vor der umstrittenen Küste der Westsahara auszubringen.

Laut Berichten aus Dakhla nähern sich die Gemeinschaften der Marokkaner und Sahrauis mittlerweile an und heiraten sogar untereinander, für das bereits 1991 angekündigte Referendum gibt es jedoch immer noch keinen Termin. Wenn es dann doch endlich einmal stattfinden sollte, wird der wirtschaftliche und soziale Einfluss Marokkos in der Region so groß sein, dass sich die Sahrauis nur noch für eine begrenzte Autonomie statt vollständiger Unabhängigkeit entscheiden können.

Die aktuellsten Infos zur Lage in der Westsahara bzw. der Demokratischen Arabischen Republik Sahara (wie sie von den Widerstandskämpfern der Polisario genannt wird) findet man auf den Internetseiten folgender Organisationen:

- ARSO (www.arso.org)
- BBC (www.bbc.co.uk/news/world-africa-14115273)
- CIA (www.cia.gov/library/publications/the-world-factbook/geos/wi.html)
- Global Voices (globalvoicesonline.org)
- UNO (www.un.org)

Laâyoune (El Aaíun) العيون

248 000 EW.

Die Stadt wurde von den Spaniern als Außenposten zur Verwaltung der nahegelegenen Phosphatminen von Bou Craa gegründet. Die Marokkaner hatten ehrgeizigere Pläne und investierten mehr als 1 Mrd. US$, um sie zur Hauptstadt der Westsahara zu machen. Auch die Bevölkerung besteht heute meist aus Marokkanern, die mit hohen Löhnen und zollfreien Waren aus dem Norden gelockt wurden.

Als Regierungssitz und Militärstützpunkt, durch dessen öde Straßen Jeeps der UNO fahren, ist Laâyoune wirklich keinen Besuch wert. Und angesichts der seit 2014 immer wieder auftretenden Auseinandersetzungen zwischen Marokkanern und Sahrauis sollte man die Stadt, wenn überhaupt, auch nur als Zwischenstopp auf dem Weg ins benachbarte Mauretanien nutzen. Am besten plant man aber als angenehmeren Zwischenstopp eher Tarfaya (aus Richtung Norden) oder Dakhla (aus Richtung Süden) ein.

Schlafen & Essen

Die UNO, die mit einer starken militärischen und zivilen Mission in der Stadt vertreten ist, belegt den Großteil der besseren Hotels, sodass man unbedingt im Voraus buchen sollte. Erwartungsgemäß sind gute Unterkünfte in diesem Außenposten der Wüste selbst für marokkanische Verhältnisse sehr teuer.

Rund um den Pl Dchira findet man ein paar einfache Restaurants, in denen man für etwa 35 Dh satt wird. Zudem gibt es gut besuchte Essensstände im Souq Djemal. Ansonsten kann man es auf dem Blvd de Mekka oder in einem Hotelrestaurant versuchen.

Hôtel Jodesa HOTEL €

(☎0528 992064; 223 Blvd de Mekka; EZ/DZ 120/190 Dh, mit Dusche 170/220 Dh;) Hinter der schäbigen, zweifarbigen Fassade des zentral gelegenen Billighotels verbergen sich einfache, aber recht große Zimmer.

Hôtel Nagjir HOTEL €€

(☎0528 89 41 68; Pl de la Résistance; EZ/DZ inkl. Frühstück ab 545/670 Dh;) Das Vier-Sterne-Hotel hat eine prachtvolle Rezeption, ein Restaurant und kleine, aber gemütliche Zimmer mit Fliesenboden. Die Filiale Nagjir Plage stammt ebenfalls aus den 1970er-Jahren und steht direkt am Sandstrand von Foum el-Oued, 22 km außerhalb der Stadt.

Sahara Line Hotel HOTEL €€

(☎0528 99 54 54; Blvd el-Kairaouane; EZ/DZ 450/560 Dh;) Eines der Lieblingshotels der UNO hat drei Sterne, schicke Zimmer mit Teppichboden, Bad, Kühlschrank und TV. Im Obergeschoss befindet sich ein Restaurant, aber eine Bar gibt's nicht.

Hôtel Parador HOTEL €€€

(☎0528 892814; Ave de l'Islam; EZ/DZ 1100/1400 Dh;) Das Hotel im Stil einer Hazienda mit schönen Gärten und einem guten Restaurant stammt noch aus der spanischen Kolonialzeit, was auch an der Bar gut zu erkennen ist. Die Zimmer sind mit allen erdenklichen Annehmlichkeiten ausgestattet und haben jeweils eine eigene, kleine Terrasse.

Le Poissonier SEAFOOD €

(183 Blvd de Mekka; Hauptgerichte ab 50 Dh; ⏲11–24 Uhr) Eines der besten Restaurants der Stadt serviert fangfrischen Fisch und ist auch ein sehr angenehmer Aufenthaltsort.

Pizzeria la Madone ITALIENISCH €

(☎0528 99 32 52; 141 Ave Chahid Bouchraya; Pizza 50 Dh; ⏲11–24 Uhr) Das sehr gemütliche Restaurant bietet seine leckeren Nudelgerichte und knusprigen Pizzas auch zum Mitnehmen an.

Praktische Informationen

Es gibt kein richtiges Stadtzentrum, aber Glanzstück und Mittelpunkt der Stadt ist der riesige Pl du Méchouar. Post, Banken und die meisten Hotels befinden sich in der Ave Hassan II und auf dem Blvd de Mekka, wo es auch Internetcafés gibt. Abends hängen die gelangweilten Jugendlichen auf dem Pl du Méchouar herum.

Délégation Régionale du Tourisme (☎0528 89 16 94; Ave de l'Islam; ⏲Mo–Fr 9–12 & 14.30–16.30 Uhr) gegenüber dem Hôtel Parador.

El Sahariano (☎0528 98 12 12; www.facebook.com/elsaharianotravel; Blvd de Mekka) In dem alteingesessenen Reisebüro kann man Flugtickets buchen und Fahrkarten aller Art kaufen.

An- & Weiterreise

BUS

Sofern der neue Busbahnhof westlich des Zentrums noch nicht fertig ist, fahren die Busse meist vor ihren Büros am südlichen Ende des Blvd de Mekka ab. So fahren die Busse von **CTM** (www.ctm.ma; Blvd de Mekka) täglich nach Agadir (240 Dh, 11 Std.), Dakhla (175 Dh, 8 Std.), Goulimime (170 Dh, 7 Std.), Marrakesch (350 Dh, 14 Std.), Tan Tan (130 Dh, 5 Std.) und

Tiznit (210 Dh, 9 Std.). Der Platz muss im Voraus gebucht werden. **Supratours** (www.supratours.ma; Pl Oum Saad) ist etwas teurer als CTM; die Tickets von **SATAS** (Blvd de Mekka) kosten genauso viel oder etwas weniger.

FLUGZEUG

Aéroport Hassan I (☎ 0528 89 37 91; www.onda.ma) Der Flughafen ist 1,5 km südwestlich von Laâyoune. Auf dem Weg von Agadir nach Dakhla landen einige Flugzeuge hier.

Binter Canarias (www.bintercanarias.com) bietet Flüge von und zu verschiedenen Orten auf den Kanarischen Inseln.

Royal Air Maroc (RAM; ☎ 0528 89 40 77; www.royalairmaroc.com; Immeuble Nagjir, Pl de la Résistance) fliegt von und nach Casablanca, Agadir und Dakhla.

SCHIFF/FÄHRE

Zum Zeitpunkt der Recherche fuhren keine Fähren zwischen Laâyoune und den Kanaren, doch inzwischen könnte die Fährverbindung von Tarfaya nach Fuerteventura wieder aufgenommen worden sein.

TAXIS

Eine Fahrt innerhalb der Stadt mit einem rot-weißen Taxi kostet rund 5 Dh. Der Stand der *grands taxis* ist 2 km östlich des Zentrums an den Boulevards Prince Moulay Abdallah und Abou Bakr Seddik. Die *grands-taxis* fahren nach Tarfaya (45 Dh), Tan Tan (150 Dh), Goulimime (200 Dh), Inezgane (für Fernziel Agadir; 220 Dh), Dakhla (200 Dh) und in viele andere Orte.

Dakhla (Ad-Dakhla) الداخلة

106 277 EW.

Die 1844 von den Spaniern gegründete Stadt hieß früher Villa Cisneros und liegt nur wenig nördlich des nördlichen Wendekreises auf einer 40 km langen, sandigen Halbinsel vor der Küste. Damit liegt Dakhla näher an Nouâdhibou (in Mauretanien) als an einer marokkanischen Stadt. Die 500 km lange Fahrt von Laâyoune (von Agadir sind es mehr als 1000 km) durch die endlose *hammada* ist denn auch sehr einsam.

Dennoch ist Dakhla weit weniger abgelegen als so manche andere Stadt im Süden und auch wesentlich wohlhabender, denn im Zuge des aufstrebenden Kitesurf-Tourismus gibt es hier mittlerweile gute Hotels und Restaurants.

Trotz der Spannungen des Westsahara-Konflikts, die unter der sorglos lässigen Strandatmosphäre lauern, erscheinen die Einwohner von Dakhla sehr modern und fortschrittlich. Die marokkanische Regierung investiert weiterhin in die Entwicklung der Region und so strömen immer mehr Menschen aus dem Norden in die Stadt. Neue Wohngebiete erstrecken sich weit über die Stadtgrenzen hinaus, überall sind marokkanische Soldaten und Seeleute zu sehen, und Dakhla ist zudem der größte Fischereihafen Marokkos.

Aktivitäten

Viel Wind und das ruhige Wasser der Lagune bieten beste Bedingungen zum Kitesurfen, das das ganze Jahr über die Hauptaktivität und -attraktion der Stadt ist. Nachdem auch die marokkanische Königsfamilie 2016 hier ihren Urlaub mit Kitesurfen verbrachte, stieg das Prestige der Stadt bei marokkanischen Besuchern aus dem Norden ins Unermessliche.

Wenn der Wind nicht ganz so optimal ist, weichen die Touristen auch gern auf Surfen und Stehpaddeln aus. Außerdem bieten die großen Hotels Touren in die Wüste und zum Surfen an.

Segeltörns in der Lagune und Wüstentouren ins Hinterland werden ebenso angeboten wie Angelausflüge, die von den besseren Hotels vermittelt werden.

So vermittelt das Hotel Al Baraka Jeeptouren zu abgelegenen Stränden, Thermalquellen und einer Austernfarm. Wer will, kann auch ein Mittagessen auf der Austernfarm buchen. Die Touren für bis zu sechs Personen kosten zwischen 88 000 und 154 000 Dh pro Fahrzeug.

★ **Sahara Sailing** BOOTSFAHRTEN
(☎ 0619 250 454; www.saharasailing.com; 1 Std. 350 Dh, halber/ganzer Tag 650/1200 Dh) Zusammen mit einheimischen Matrosen befahren Neil und Jackie Hutchinson mit ihrem Katamaran die Lagune. Dabei können die Kunden ganz nach Wunsch aktiv an Bord mithelfen oder sich einfach nur entspannen. In den Touren ist jeweils ein Mittagessen – mit sagenhaftem Möhrenkuchen – enthalten, wobei mithelfende Gäste immer ein Stück extra bekommen.

★ **Dakhla Rovers** OUTDOOR-AKTIVITÄTEN
(☎ 0636 808 514, 0636 808 515; www.dakhla-rovers.com) Die Italiener Nico und Martina bringen ihre ganze Erfahrung als Weltenbummler, Meeresbiologen und Tauchlehrer in die verschiedenen Touren zur Erkundung der vielseitigen Natur rund um Dakhla und in der Westsahara ein. Im Angebot sind u. a. Touren zur Vogelbeobachtung in der

Ramsar-Zone von Dakhla, zwei- bis viertägige Jeeptouren in die Wüste und maßgeschneiderte Ausflüge zur Beobachtung von Tieren der Region, wie z.B. den Wüstenfuchs Fennek mit seinen langen Ohren.

Das Unternehmen engagiert sich sehr dafür, dass sich der noch in den Anfängen steckende Tourismus in Dakhla nachhaltig und umweltverträglich entwickelt.

Schlafen

Hôtel Erraha HOTEL €

(☎ 0528 89 88 11; Ave Banchekroune; EZ/DZ 250/350 Dh; ☏) Die recht großen Zimmer haben Warmwasser und Balkon mit Blick auf die neue Edderhem-Moschee und den grünen Platz davor. Das Personal ist einfach genial, und es gibt auch ein Café. Mit 1 km südwestlich des Zentrums liegt das Hotel etwas außerhalb, ist aber gut mit *grands taxis* zu erreichen. Außerdem befinden sich die Büros einiger Busunternehmen hier.

Dakhla

Schlafen

1 Dar Rio Oro ... D2
2 Hôtel Aigue ... C4
3 Hotel Al Baraka ... D2
4 Hôtel Erraha ... B4
5 Hôtel Sahara ... C4

Essen

6 Café Restaurant Samarkand ... C3
7 Café-Restaurant Bahia ... D4
8 Casa Lola ... D2
9 Casa Luis ... D4
10 Gladys ... C4
11 La Maison du Thé ... B3

Ausgehen & Nachtleben

12 Hassan Fruits ... C2

Shoppen

13 Complexe d'artisanat de Dakhla ... D3
14 Ensemble Artisinal ... D4

Hôtel Sahara HOTEL €

(☎0528 89 77 73; Ave Sidi Ahmed Laaroussi; EZ/DZ ab 60/80 Dh) Alle Zimmer haben einen kleinen Balkon. Die einfachen Zimmer sind mit Gemeinschaftsdusche und Stehtoiletten, die besseren haben ein eigenes Bad mit Sitztoilette und auch TV im Zimmer. Für alle, die auf dem Weg nach Mauretanien sind und dafür noch einen Platz in einem Fahrzeug oder *grand taxi* benötigen, ist das Hotel der ideale Zwischenstopp, denn die Mitarbeiter des Cafés im Erdgeschoss und an der Rezeption im Obergeschoss sind sehr hilfsbereit.

Hôtel Aigue HOTEL €

(☎0528 89 73 95; Ave Sidi Ahmed Laaroussi; EZ/DZ 80/120 Dh) Das Budgethotel in einem schmalen Hochhaus liegt sehr zentral in der Fußgängerzone südwestlich der Strandpromenade. Die einfachen, zellenartigen Zimmer haben nur Gemeinschaftsduschen und Stehtoiletten, aber sie sind sauber und sicher. Außerdem liegt das Hotel sehr zentral und ganz in der Nähe von Haltestellen und Restaurants.

Dakhla Attitude RESORT €€

(☎0661 835 010; www.dakhla-attitude.ma; Dakhla-Lagune, Km 30; EZ/DZ mit VP ab 1045/1540 Dh; 📶) Das erste Camp für Kitesurfer in Dakhla hat sich in zu einem weitläufigen und sehr komfortablen Resort mit luftigen Bungalows am Hügel, einem hervorragenden Restaurant und einer lässigen Bar direkt am Strand entwickelt. Mit Yoga, Massagen und Aktivitäten für Kinder bietet das Resort direkt an der Lagune alles, was das Herz begehrt.

Und wenn der Wind mal nicht so gut zum Kitesurfen ist, steht eine nagelneue Anlage zum Wakeboarden bereit.

Hotel Al Baraka HOTEL €€

(☎0528 934 744; hotelalbarakadakhla@gmail.com; Ave Allal Ben Abdellah; EZ/DZ inkl. Frühstück 550/759 Dh, Suite 850–1000 Dh; 📶) Die geräumigen Zimmer des erst kürzlich eröffneten Hotels riechen noch nach frischer Farbe. Es ist auch nur einen kurzen Fußmarsch von einigen guten Restaurants entfernt. Auf riesigen Bildschirmen kann man Satelliten-TV aus aller Welt genießen. Zum Zeitpunkt der Recherche wurde gerade ein Restaurant mit Alkoholausschank auf der Dachterrasse eingerichtet. Und Hoteldirektor Charlie ist auch bestens darüber informiert, was in der Stadt los ist. Leider sind die Badezimmer sehr eng und ungünstig geschnitten, doch das Hotel ist dennoch eine gute Option und sehr beliebt bei Geschäftsreisenden.

Dar Rio Oro PENSION €€

(☎0655 821 260; dar.rio.oro@gmail.com; Ave Mohammed V; EZ/DZ inkl. Frühstück ab 400/450 Dh; 📶) Das mehrstöckige Stadthaus liegt nur einen kurzen Fußmarsch nördlich des Strands von Dakhla und hat unterschiedliche, aber immer gemütliche und schicke Zimmer sowie kleine Apartments mit Küchenzeile. Einige der Zimmer teilen sich das Bad mit einem anderen Zimmer. Für die Einrichtung und Gestaltung wurden traditionelle Berbermotive verwendet, die Dachterrasse bietet einen sagenhaften Ausblick, besonders bei Sonnenuntergang. Die Inhaber organisieren auch Ausflüge und vermitteln Mietwagen.

Ocean Vagabond RESORT €€€

(☎0613 037 861; www.oceanvagabond.com; Dakhla-Lagune, Km 28; EZ/DZ mit VP ab 1125/1700 Dh; 📶) Das vor allem bei französischen Touristen sehr beliebte Hotel hat eine Strandbar mit genialem Blick aufs Meer, Yoga- und Massagepavillons, massive Strandliegen und Feuerstellen an der Lagune. Die Häuser und Bungalows sind sehr stylisch. Für Kitesurfer steht ein ganzer Laden voller Ausrüstung bereit; die Kurse werden von Weltklasse-Kitesurfern geleitet.

Das Hotel wurde auch mit dem Green Key für nachhaltigen Tourismus ausgezeichnet, denn es erzeugt seinen Strom mit Solarenergie und betreibt ein umfangreiches Aufforstungsprogramm.

Zenith Dakhla RESORT €€€

(www.zenith-dakhla.com; Dakhla-Lagune, Km 27; EZ/DZ mit VP ab 950/1350 Dh; 📶🏊) Das neue Kitesurfer-Resort in deutschem Besitz ist durch eine Straße von der Lagune getrennt. Diesen Nachteil gleicht es mit einer grandiosen Designer-Einrichtung und einem traumhaften Swimmingpool aus. Das Restaurant hat atemberaubend hohe Decken und Mobiliar, das aus Altholz angefertigt wurde. Die schicken Zimmer und Häuschen sind in kühlen, frischen Tönen gehalten, haben Regenwaldduschen im Freien und erstklassige, romantische Badezimmer.

Essen & Ausgehen

Im Zentrum von Dakhla gibt es einige überraschend schicke Restaurants und ein gutes Café, aber auch die Restaurants der Kitesurfer-Resorts sind sehr gut. Allerdings dürfen dorthin nur *grands taxis* aus der Stadt fahren, sodass der Restaurantbesuch eine recht teure Angelegenheit wird.

Zum Ausgehen empfehlen sich vor allem La Maison du Thé und Casa Lola. Im Casa Lola sollte man sich nicht wundern, wenn die Bedienung eine leere Flasche alkoholfreies Bier neben das gefüllte Bierglas stellt. Im Glas ist dann schon das richtige, garantiert nicht alkoholfreie Casablanca. Wesentlich offener geht es dagegen in den abgefahrenen Strandbars der Resorts zu.

Gladys MAROKKANISCH €
(Hauptgerichte 20–30 Dh; ⏲18–22 Uhr) Das Restaurant befindet sich zwischen Schneidereien und Handyläden in einer geschäftigen Einkaufsstraße. Hier genießen vor allem einheimische Stammkunden, in Dakhla ansässige Ausländer und sparsame Geschäftsleute die preiswerten Tajine. In der Küche des Familienbetriebs haben allein die Frauen das Sagen, von denen aber keine Gladys heißt.

Café Restaurant Samarkand MAROKKANISCH, SEAFOOD €
(☎0528 89 83 16; Ave Mohammed V; Hauptgerichte 50–70 Dh; ⏲8–23 Uhr) Von dem Lokal am Strand blickt man auf die weißen Klippen Afrikas, während die schattigen Pergolen im Stil der Seidenstraße sind. Auf der Speisekarte stehen Fisch- und andere Gerichte, wobei Couscous und Fisch-*pastilla* im Voraus bestellt werden müssen. Die hübschen Pavillons im Obergeschoss bieten Zuflucht vor dem Staub der Straßen in Dakhla. Das Café ist eines der wenigen der Stadt, das regelmäßig auch von Frauen besucht wird.

★ **Casa Lola** SPANISCH, SEAFOOD €€
(☎0528 930 692; casalola.dakhla@gmail.com; Ave Al Wallae; Tapas 45–85 Dh, Hauptgerichte 85–120 Dh; ⏲Mo–Fr 13–15.30 & tgl. 20.30–24 Uhr) Das schicke Restaurant pflegt das spanische Erbe der Region mit warmen und kalten Tapas wie Shrimpskroketten und Calamares. Als Hauptgerichte stehen einheimischer Tintenfisch und gegrillter *merlan* (Wittling) auf der Speisekarte. Hier fühlen sich vor allem Geschäftsleute von den Kanarischen Inseln wohl, die mit guter spanischer Stimmung und kostenlosem *aperitivo* verwöhnt werden. Außerdem gibt's Bier und Wein.

Casa Luis SPANISCH, SEAFOOD €€
(☎0528 898 193; Ave Mohammed V; Hauptgerichte 70–120 Dh; ⏲8.30–23 Uhr) In dem alteingesessenen Lieblingslokal der Einheimischen werden Meeresfrüchte aus dem Atlantik zu leckeren spanischen Gerichten verarbeitet. Der Speiseraum im Inneren ist etwas formell, aber auf der schönen Terrasse lassen sich Hummer, Paella und gegrillter Fisch (darunter auch saftiger *corvina* (Seebarsch) herrlich genießen. Es gibt aber auch Hühnchen und gegrilltes Rindfleisch sowie Bier und Wein.

Café-Restaurant Bahia SEAFOOD €€
(☎0528 93 00 62; 16 Ave Mohammed V; Hauptgerichte 50–70 Dh; ⏲12–22 Uhr) Das gute Restaurant ohne Alkoholausschank serviert fangfrischen Fisch und Tintenfisch. Es ist zwar ziemlich verraucht und fest in Männerhand, doch das findige Personal serviert ein kaltes Bier schon mal in einer Tasse, wenn man es auf Französisch darum bittet.

La Maison du Thé MAROKKANISCH €€€
(☎0673 224 110; 100 Ave Mohammed V; Hauptgerichte 130–180 Dh; ⏲19–23 Uhr) Die elegante Lounge-Bar mit asiatischem Touch würde eigentlich viel besser ins kosmopolitische Casablanca passen. Die aromatischen Tajine und ausgezeichneten Meeresfrüchte-*pastilla* sind auf einer Schiefertafel aufgelistet, auf der Weinkarte stehen die besten französischen, spanischen und marokkanischen Weine der Stadt. Der Speiseraum geht in mehrere Terrassen über, auf denen man mit Blick aufs Meer auch Schischa rauchen kann. Zum Zeitpunkt der Recherche stellten die Besitzer gerade das Boutiquehotel nebenan fertig.

Hassan Fruits SAFTBAR
(Ave al-Walae; Säfte & Smoothies ab 15 Dh; ⏲18 Uhr–open end) In der beliebten Bar gegenüber dem Fußgängerüberweg beim Denkmal der Halbinsel Dakhla wird zu den Fruchtcocktails leckerer Kuchen serviert. Die leuchtend bunten Plastikstühle vor dem Eingang sind nicht zu übersehen.

Shoppen

Die Fußgängerzone mit vielen Läden und Geschäften verläuft von der Ave Sidi Ahmed Laaroussi am Hôtel Sahara und Hôtel Aigue vorbei in Richtung Norden. Hier gibt es von Arganöl bis zu schönen *melhaf* (dünnen, farbenfrohen Stoffen aus der Sahara) alles, was man sich nur vorstellen kann. Der tolle, neue Complexe d'artisanat de Dakhla lohnt ebenfalls einen Besuch.

Complexe d'artisanat de Dakhla KUNST & KUNSTHANDWERK
(Ecke Ave Mohammed V & Blvd 4 Mars; ⏲18–22 Uhr) Das nagelneue Gebäude gehört zu den auffälligsten der Stadt. Unter seinem Dach arbeiten verschiedene Kunsthandwerker

der Region mit Silber, Stoffen und anderen traditionellen Materialien. Insgesamt befinden sich rund 20 Stände auf den drei Etagen. Zum Zeitpunkt der Recherche waren sie nur abends geöffnet, doch dürfte sich dies mit zunehmender Bekanntheit und Geschäftstätigkeit ändern.

Ensemble Artisinal SCHMUCK, SOUVENIRS
(Ave el-Moukouama; ⏲12–22 Uhr) Es ist nicht gerade die Altstadt von Marrakesch, doch findet man auch hier schöne Mitbringsel, vor allem Schmuck aus der Sahara.

Praktische Informationen

Die besten Infos über die Region und die Weiterreise nach Mauretanien hat Charlie, ein freundlicher Franzose, der das Hotel Al Baraka leitet und immer einen stylischen Hut trägt.

Banken mit Geldautomaten und Wechselstuben befinden sich vor allem an der Ave Mohammed V direkt am Strand.

Post (Ave el-Moukouama; ⏲Mo–Fr 8–16, Sa 9–12 Uhr)

An- & Weiterreise

Aufgrund der enormen Entfernungen in der Westsahara empfiehlt es sich, direkt von Agadir oder Casablanca hierher zu fliegen.

AUTO

Es gibt jede Menge Kfz-Mechaniker, die ihre Werkstätten zumeist in der Neustadt im Südwesten der Stadt haben und die Fahrzeuge vor der Weiterfahrt nach Süden warten können.

Laargoub Car (☎0528 93 04 47; www.laargoubcar.com; Ave Ahmed Bahnini) vermietet One-Way-Autos in ganz Marokko.

BUS

CTM (☎0528 89 81 66; Blvd 4 Mars) und **Supratours** (Ave Mohammed V) haben jeweils ein Büro im Zentrum.

Andere Busunternehmen haben ihre Büros zumeist in oder in der Nähe der Ave Banchekroune, zwischen dem Stand der *grands taxis* und der Edderhem-Moschee. Außerdem gibt es einen neuen Busbahnhof (*gare routière*) in der Neustadt westlich des Strands. Hier kommen viele Busse aus dem Norden an.

In den Bussen, die täglich zu folgenden und weiteren beliebten Zielen fahren, sollte man unbedingt einen Platz im Voraus reservieren: Agadir (395 Dh, 20 Std.), Laâyoune (175 Dh, 8½ Std.), Marrakesch (490 Dh, 23 Std.) und Tan Tan (300 Dh, 13½ Std.). Die angegebenen Preise und Fahrtzeiten gelten für die Busse von CTM.

Busse von Supratours verlassen Dakhla täglich um 8.30 und 19.30 Uhr (160 Dh) in Richtung Süden nach Gargarate, rund 5 km nördlich der Grenze zu Mauretanien. An der Grenze warten schon mauretanische Taxifahrer, die die Reisenden für etwa 200 Dh pro Person über die Grenze und weiter ins 25 km entfernte Mauretanien bringen. Von dort können sie dann mit öffentlichen Verkehrsmitteln weiterfahren. Zum Zeitpunkt der Recherche wurden mauretanische Visa (für satte 120 €) nicht an der Grenze ausgestellt, sondern mussten zuvor bei der mauretanischen Botschaft in Rabat besorgt werden. Der Grenzübergang ist von 9–18 Uhr geöffnet. Der Bus von Supratours, der um 8.30 Uhr in Dakhla startet, und um 14 Uhr in Gargarate ankommen soll, ist oft verspätet, sodass die Grenze schon geschlossen ist. Wem das passiert, kann auf marokkanischer Seite in einer sehr einfachen Pension in der Nähe der Grenze oder im komfortableren Motel Barbas 80 km nördlich der Grenze übernachten.

FLUGZEUG

Aéroport Dakhla (☎0528 93 06 30; www.onda.ma) Der Flughafen liegt 2,5 km nördlich der Stadt direkt am Wasser. Ein Gemeinschaftstaxi vom Flughafen zu den Hotels im Zentrum kostet 15 Dh.

Royal Air Maroc (RAM; ☎0528 89 70 49; www.royalairmaroc.com) fliegt regelmäßig von und nach Casablanca und Agadir sowie nach Las Palmas auf Gran Canaria (nur Di).

TAXIS

Der Stand der *grands taxis* ist in al-Messira, südwestlich des Stadtzentrums. Sie fahren nach Inezgane (für Fernziel Agadir; 440 Dh), Laâyoune (200 Dh) und in andere Orte.

Grands taxis fahren auch als Gemeinschaftstaxis von Dakhla direkt nach Nouadibhou (ca. 450 Dh/Pers.) und Nouakchott (ca. 700 Dh/Pers.) in Mauretanien. Infos über die Abfahrtszeiten erhält man rund ums Hôtel Sahara oder bei Charlie im Hotel Al Baraka. Ein Vorteil der Taxis gegenüber den Bussen ist die geringere Gefahr, erst nach Schließung des Grenzübergangs um 18 Uhr an der Grenze anzukommen.

Unterwegs vor Ort

Die weiß-türkisfarbenen *petits taxis* fahren immer kreuz und quer durch die Stadt und kosten im Schnitt tagsüber/nachts 5/6 Dh pro Fahrt.

Marokko verstehen

Marokko aktuell

Das Marokko des frühen 21. Jhs. ist ein zuversichtliches Land, eines das zunehmend seine Rolle als verlässliche Verbindung zwischen Europa, Afrika und der arabischen Welt annimmt, eines das Touristen und Investoren gleichermaßen einlädt. Marokko überstand den arabischen Frühling unversehrt, und obwohl die ewige Frage der Westsahara nach wie vor einer Antwort harrt, unternimmt die Nation große Schritte, ihre Position als wichtige regionale Macht, aber auch als Vorreiter in Sachen erneuerbarer Energien als Antwort auf den Klimawandel zu festigen.

Top-Filme

Casanegra (2008) Nour-Eddine Lakhmaris Film übers Erwachsenwerden zweier Gauner und die dunkle Seite Casablancas.

La Grande Villa (2009) Latif Lahlous Geschichte eines franco-marokkanischen Paares, das von Paris nach Casablanca umzieht.

A Thousand Months (2003) Prämiertes Familienepos von Faouzi Bensaïdi.

Marock (2005) In Laïla Marrakchis Film verlieben sich ein muslimisches Mädchen und ein jüdischer Junge.

Behind Closed Doors (2013) Mohammed Ahed Bensoudas Aufruf gegen die sexuelle Belästigung von Frauen.

Top-Bücher

Die Nacht der Unschuld (1987) Tahar Ben Jellouns Geschichte eines Mädchens, das als Junge großgezogen wurde, gewann den Prix Goncourt.

Der Harem in uns: Die Furcht vor dem anderen und die Sehnsucht der Frauen (1994) Fatima Mernissis Memoiren aus dem Fès der 1940er-Jahre mit Geschichten anderer Frauen.

The Polymath (2004) Bensalem Himmichs Roman über den verbannten Gelehrten des 14. Jhs. Ibn Khuldun.

Das nackte Brot (1973) Mohamed Choukris autobiografischer Roman erzählt unverblümt von seiner Kindheit in extremer Armut.

Tourismus

Der Tourismus bleibt einer der wichtigen Pfeiler, auf denen Marokko seine Zukunft baut. Er stellt 16% der Arbeitsplätze und generiert fast 18% des BIP der Nation. Rund 8 Mio. Besucher kommen jedes Jahr hierher, womit sich die Zahl im letzten Jahrzehnt verdoppelt hat – ohne die globale Wirtschaftskrise wären es noch mehr.

Während die modernisierten Flughäfen weiterhin Billigairlines aus Europa und vom Golf anziehen, hat der „Plan Azur" dafür gesorgt, dass die Anzahl der Küstenresorts deutlich zugenommen hat, um der wachsenden Popularität Marokkos gerecht zu werden – ein typisches Beispiel für die marokkanische Flexibilität, sich den Entwicklungen des Reiseverhaltens anzupassen.

Regionale Ambitionen

An der geopolitischen Front sorgt der ungelöste Konflikt in der Westsahara weiterhin für Schlagzeilen. Kurzzeitig drohte Marokko damit, die UN-Friedenssicherungsmission von dort zu verweisen, nachdem der UN-Generalsekretär im Bezug auf die Anwesenheit Marokkos das Wort „Besetzung" verwendet hatte. Zu weiteren Spannungen – und zu Protesten der Sahrauis – kam es 2016, nachdem Marokko Truppen an die mauretanische Grenze entsandt hatte, um angeblich den Schmuggel zu beenden.

Trotzdem ist die Westsahara nicht mehr länger der Stolperstein für Marokkos regionale Ambitionen. Im Juli 2016 bat Marokko um Wiederaufnahme in die Afrikanische Union – jener Organisation, die das Königreich 1984 unter Protest verlassen hatte, nachdem die Exilregierung der Westsahara aufgenommen wurde. Dieser Schritt spiegelt nicht nur den Wunsch Marokkos nach ökonomischer Bedeutung in der Region wider, sondern auch nach wachsendem Einfluss in Westafrika.

Ein Teil des Wirtschaftsplans Marokkos ist es, zu Afrikas führendem Produzenten von erneuerbaren Energien zu werden, was die Regierung mit großen Investitionsanstrengungen untermauert. So verfügt Marokko über den größten Windpark und das größte Solarkraftwerk des Kontinents, die ihre Kraft aus der Atlantikbrise bzw. der Sahara-Sonne ziehen. Diese Leistungen standen im Vordergrund, als Marrakesch im November 2016 die UN-Klimakonferenz ausrichtete.

Volle Kraft voraus?

Der Bau der Hochgeschwindigkeits-TGV-Strecke zwischen Tanger und Casablanca, die 2018 den Betrieb aufnehmen soll, ist das Vorzeigeprojekt der Infrastrukturanstrengungen Marokkos und Teil des Baubooms der vergangenen zehn Jahre, in denen große Städte und Gemeinden eine dringend benötigte Auffrischung erhalten haben. Auch wenn das TGV-Projekt für Marokkos Vision der Zukunft steht, halten es nicht wenige Marokkaner für Luxus angesichts des hohen Anteils der Bevölkerung, der am Rande der Armutsgrenze lebt und schlechten Zugang zu Bildung und Gesundheitsversorgung hat.

Die Jugendarbeitslosigkeit liegt bei rund 45%, und die regelmäßige Sperrung von Kommunikations-Apps wie Skype und WhatsApp zeigt die Kluft zwischen den Behörden und der Bevölkerung (die allerdings geschickt diese Regelungen umgeht). Obwohl es geringe Verbesserungen bei Fragen der freien Meinungsäußerung gibt, sehen sich soziale, islamistische und Menschenrechtsorganisationen fortwährend mit Hürden konfrontiert, die ihre Arbeit einschränken, auch ist direkte politische Kritik am Palast nach wie vor tabu.

Das Wachstum der Wirtschaft hat sich verlangsamt (was bei den jüngsten Parlamentswahlen ein wichtiges Thema war), und rund 40% der jungen Marokkaner würden gerne auswandern. Während sich Marokko für das 21. Jh. neu definiert, steht es vor unzähligen Herausforderungen – aber auch vielen Chancen.

Etikette

Wasser sparen Wasser ist in einem wüstennahen Land ein kostbares Gut.

Knie und Schultern bedecken Gilt sowohl für Männer als auch für Frauen und zeugt von Respekt gegenüber den marokkanischen Gastgebern.

Grußformeln lernen Ein paar Darija- oder Berberworte werden den Gastgeber erfreuen, der sich ebenso viel Mühe gibt, die Sprache des Gastes zu sprechen.

Kindern weder Geld, Süßigkeiten oder Stifte geben Fördert das Betteln und beschämt Familien.

Im Ramadan nicht öffentlich essen Oder Alkohol in Sichtweite einer Moschee trinken.

Grüßen Hallo sagen, bevor man etwas fragt.

BEVÖLKERUNG: **33655800**

FLÄCHE: **446550 KM²**

BIP PRO KOPF: **8200 US$**

LEBENSERWARTUNG: **76,9 JAHRE**

LESE- UND SCHREIBKUNDIGE ERWACHSENE: **68,5%**

Gäbe es nur 100 Marokkaner, wären...

67 zwischen 16–64 Jahre alt
26 zwischen 0–15 Jahre alt
7 65 Jahre alt oder älter

Religionen

(% der Bevölkerung)

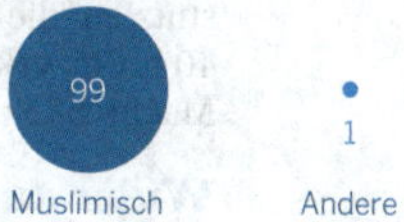

Einwohner pro km²

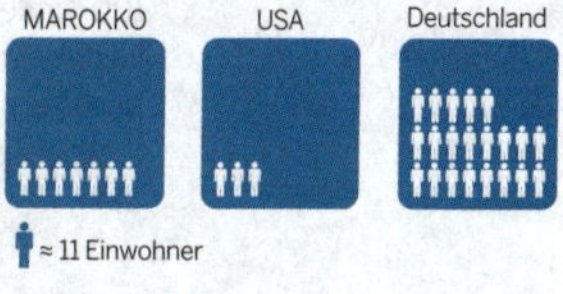

Geschichte

Marokko ist eine alte Nation. Der jetzige König, Mohammed VI., entstammt der Dynastie der Alawiden, die das Land seit dem 17. Jh. beherrscht. Davor haben diverse Reiche und Eindringlinge ihre Spuren hinterlassen, von den Römern bis zu den Arabern, die den Islam brachten und Marokko zu dem machten, was es heute ist. Dank seiner Anbindung über das Mittelmeer nach Europa und durch die Sahara zum Rest Afrikas hat sich Marokko zu einer einzigartigen Nation mit einer einzigartigen Geschichte entwickelt.

Das Symbol auf der Berberflagge ist der Tifinagh-Buchstabe „yaz“. Er steht für eine freie Person (*amazigh*), wie die Berber sich selbst bezeichnen.

Die Berber lernen die Römer kennen

Die frühsten Einwohner Marokkos waren die Vorfahren der marokkanischen Imazighen (Singular „Amazigh“), deren Name grob mit „freies Volk“ übersetzt werden kann, und die vielleicht entfernte Verwandte der alten Ägypter waren. Später gesellten sich Fischer aus dem Mittelmeerraum und Pferdezüchter aus der Sahara hinzu (um 2500 v. Chr.), gefolgt von Phöniziern (Karthager; um 800 v. Chr.) und Ostafrikanern (um 500 v. Chr.). Als Nordafrika dann Ende des 4. Jhs. v. Chr. allmählich das Interesse der Römer galt, konnten diese den Multikultimix nicht richtig einordnen. Die Region – bestehend aus Marokko und dem heutigen Westalgerien – bekam den Namen „Mauretanien“, die indigene Bevölkerung nannten sie „Berber“. Ob sich der Begriff tatsächlich vom griechisch-lateinischen Wort für Barbar ableitet, ist umstritten; vor Kurzem jedenfalls adaptierte die Berber-Pride-Bewegung diesen Begriff wieder offiziell, nachdem er lange Zeit als Schimpfwort gegolten hatte.

In den folgenden Jahrhunderten wurde den Römern eine ausführliche Lektion erteilt. Während der Punischen Kriege (264–202 v. Chr.) unterstützten die Berber Hannibal und die Karthager gegen Rom, doch 40 n. Chr. erklärte der neue römische Kaiser Caligula ihre Autonomie im Maghreb (Nordwestafrika) schließlich als beendet.

Widerstand gegen Roms Befehle

Seinem brutalen Ruf getreu unterteilte Caligula relativ gleichberechtigte Berberclans in untergeordnete Klassen von Sklaven, Bauern, Soldaten und romanisierten Aristokraten. Diese Strategie ging bei den Vandalen

ZEITLEISTE

Wie alles begann …

Nach einer Imazighen-Legende setzt das allererste Paar 100 Kinder in die Welt, die diese anschließend bevölkern sollten. Wer wohl all die Windeln wechselte?

248 000–73 000 v. Chr.

Clevere Steinzeitler benutzen erstmals Steinwerkzeuge – und sind den Europäern damit weit voraus.

5000–2500 v. Chr.

Nach der großen Eisschmelze treffen Menschen aus der Sahara und dem Mittelmeerraum auf die indigenen Einwohner des heutigen Maghreb. Aus dem Multikulti-Mix entsteht das facettenreiche Imazighen-Volk.

und den Byzantinern auf, doch die Berber im Rif- und Atlasgebirge lancierten immer wieder Angriffe gegen die Römer und ignorierten unverhohlen deren Gesetze. Viele Berber weigerten sich, römische Götter anzubeten. Manche praktizierten sogar das neue Christentum als „Rebellen-Religion" direkt vor den Augen der Besatzer; schließlich etablierte sich der christliche Glaube in Nordafrika. Augustinus von Hippo war selbst ein konvertierter Berber.

Letztendlich konnten die Römer nur durch die Ernennung des beliebten berberstämmigen Fürsten Juba II. zum König von Mauretanien wieder Fuß in der Region fassen. Der unternehmungslustige junge Herrscher heiratete die Tochter von Marcus Antonius und Kleopatra, förderte die Wissenschaften und Künste und half beim Aufbau jener marokkanischen Industrien, die noch heute wichtig für das Land sind: die Olivenölproduktion aus der Gegend rund um Volubilis (nahe Meknès), die Fischerei entlang der Küste und der Weinbau in den atlantischen Ebenen.

In den Jahrhunderten nach dem Tod Jubas II. entglitt den Römern Mauretanien nach und nach. Schuld daran waren die immer besser organisierten Berberaufstände sowie Angriffe der Vandalen, Byzantiner und Westgoten an der Atlantik- und der Mittelmeerküste. Doch die marodierenden Europäer konnten Mauretanien ebenso wenig bezwingen wie der byzantinische Kaiser Justinian. Dessen Versuch, sein Herrschaftsgebiet über Verträge mit verschiedenen Berber-Königreichen zu erweitern, scheiterte kläglich. Letztere spielten ihre Verbindungen zum byzantinischen Hof wie Trümpfe in einer Partie Poker mit hohem Einsatz aus. Marokkos gesamte Geschichte sollte von solch strategischen Schachzügen der Berber geprägt sein. Deren kluge und konkurrierende Allianzen machten eine feste Fremdherrschaft über das Land mehr als 1000 Jahre lang nahezu unmöglich.

Der Islam erreicht Marokko

Im frühen 7. Jh. verehrten die meisten marokkanischen Berber lokale Gottheiten. Daneben gab es noch jüdische Berber und ein paar vereinzelte Christen. Und so hätte es bleiben können, wenn es da nicht Tausende von Kilometern entfernt einen Mann mittleren Alters mit großen Visionen gegeben hätte. Dieser arabische Kaufmann, glücklich verheiratet mit einer reichen Witwe, kriegte sich mit einem Mal heftig in die Haare mit den Mächtigen seiner Heimatstadt Mekka. Abu al-Kasim, später besser bekannt als Prophet Mohammed, war nämlich zu der Überzeugung gekommen, dass es nur einen einzigen Gott gebe und es die Pflicht aller Gläubigen sei, sich dem Willen dieses Gottes zu unterwerfen. Die vermögenden Mekkaner aber hielten an ihrem Glauben an viele verschiedene Götter fest und stellten sich gegen die neue Religion, da diese den Handel behinderte, der sie reich machte, und so ihre Machtposition in Ge-

Präislamische Stätten

Eingeritzte Gazelle, Tafraoute

Römische Diana-Mosaiken in Volubilis

Phönizische/ Römische Ruinen von Lixus

Prähistorische Felszeichnungen, Oukaïmeden

Römische Sala Colonia, Chellah

1600 v. Chr.

Bronzezeitliche Felsbilder im Hohen Atlas zeigen Fischer, Jäger und Reiter. Diese vielfältige Kombination von Fähigkeiten und Kulturen wird die Geschichte der anpassungsfähigen, zähen Imazighen bestimmen.

950 v. Chr.

Die Imazighen zeichnen in einem Kalender ihre Geschichte auf. Selbst nach Einführung des islamischen Kalenders ein paar Jahrhunderte später wird er weiterhin benutzt.

800–500 v. Chr.

Der Völkermix im Maghreb wird bunter, als sich Phönizier und Ostafrikaner zu den Berbern gesellen. Damit ist die Bevölkerungsstruktur so komplex wie eine *ras-al-hanout*-Gewürzmischung.

3.–2. Jh. v. Chr.

Die Römer balgen sich mit den Karthagern um die Vorherrschaft in Nordafrika. Die Bevölkerung Mauretaniens wechselt in dem Konflikt die Seiten und wird schließlich ein Vasallenkönigreich der siegreichen Römer.

fahr brachte. Schließlich verließ der Prophet samt seinen Anhängern am 16. Juli 622 die Stadt.

Die Hidschra (Auswanderung) führte allerdings dazu, dass sich die Botschaft des Propheten Mohammed weiter verbreitete. Nachdem er 632 gestorben war, brachten seine Nachfolger, die Kalifen, den Islam bis nach Zentralasien im Osten und bis Nordafrika im Westen, wo jedoch Uqba bin Nafi aus der Dynastie der Omaijaden bis 682 brauchte, um das Atlantikufer Marokkos zu erreichen. Der Legende nach behauptete Uqba, er stürze sich ins Meer, wenn Gott ihm ein entsprechendes Zeichen gäbe. Aber die legendäre algerische Berberkönigin al-Kahina ließ sich von diesen großen Worten nicht beeindrucken und zwang ihn mit seinen Kriegern zum Rückzug nach Tunesien.

Auch wenn es mit Waffengewalt nicht gelang, den Berbern den Islam aufzuzwingen, hatte dessen Überzeugungskraft doch nach und nach Erfolg. Das Gebot der Gleichheit im Islam und seine Betonung von Pflichtbewusstsein, Mut und Gemeinschaftssinn waren mit vielen Überzeugungen der Berber kompatibel. Viele traten daher freiwillig zum Islam über und profitierten nebenbei von den Handelsstraßen der Omaijaden, auf denen Händler in die Region kamen. Uqba wurde zwar von berberischen Feinden getötet, bevor er in Marokko eine solide Basis schaffen konnte, aber seinen Nachfolgern gelang es, bis zum 8. Jh. sein Werk mit Diplomatie zu vollenden.

Der Islam bleibt, aber die Omaijaden müssen gehen

Es herrschte jedoch nicht immer eitel Sonnenschein zwischen den Berbern und den arabischen Omaijaden. Während Letztere die Juden und Christen relativ unbehelligt ließen, da diese ebenfalls an einen einzigen Gott glaubten, forderten sie von den polytheistischen Berbern spezielle Steuern ein. Überdies setzten sie die Berber bei ihren Eroberungszügen als Infanteristen ein, also quasi als Kanonenfutter. Zudem verehrten die Omaijaden die Berberfrauen wegen ihrer Schönheit, was diesen jedoch nicht unbedingt zum Vorteil gereichte, da viele der Damen in Harems landeten.

Selbst Berber, die zum Islam konvertierten, mussten an die arabischen Herren Steuern zahlen. Die Kharijiten, Anhänger einer Gruppe andersdenkender Muslime, kritisierten den Machtmissbrauch der Omaijaden als Verfälschung des Glaubens und verlangten nach einer neuen moralischen Führung. Mitte des 8. Jhs. brachen überall in Nordafrika Aufstände aus. Nur mit Schleudern bewaffnet schlug eine Spezialeinheit der Berber die Elitetruppe der Omaijaden, die von den Abbasiden verdrängt wurden. Die neuen Herrscher rissen auch den immer lukrativer werdenden Handel mit Silber aus der Westsahara, Gold aus Ghana und Sklaven aus Westafrika an sich.

49 v. Chr.

Der nordafrikanische König Juba I. unterstützt den später unterlegenen Feldherrn Pompejus bei seinem Kräftemessen mit Julius Cäsar. Drei Jahre später nimmt er sich in aussichtloser Lage das Leben.

25 v. Chr.–23 n. Chr.

Unter Juba II. etablieren sich in Mauretanien Landwirtschaft, Städtebau und Kunst nach römischem Vorbild. Der nordafrikanische König erweitert Volubilis zu einer Metropole mit 20 000 Einwohnern.

200–429

Vandalen und Westgoten vertreiben sich abwechselnd gegenseitig aus Spanien und nach Marokko, bis einheimische Krieger aus dem Rifgebirge sie überzeugen, stattdessen lieber die Algerier zu nerven.

533

Justinian verjagt die letzten Vandalen. Seine ehrgeizigen Pläne zur Erweiterung des Reichs beschränken sich jedoch schon bald auf eine mickrige Präsenz in Essaouira, Tanger und Salé.

Eine dem Tod trotzende Dynastie: Die Idrissiden

Als der Historiker Ibn Chaldun sich rückblickend mit den frühen Berberkönigreichen beschäftigte, entdeckte er ein Muster, das sich in der Geschichte der marokkanischen Dynastien stets wiederholte. Kam ein neuer Führer an die Macht, war er entschlossen, keine Fehler zu machen, sich um die Gesellschaft zu kümmern und derweil die königlichen Schatzkammern zu füllen. Wenn das Machtstreben dann nachließ und die königliche Bequemlichkeit die erhabenen Pläne in den Hintergrund drängte, ließ auch der Anspruch auf Moral nach. Dann kam wieder ein neuer Herrscher an die Macht, entschlossen, das Richtige zu tun – und der Kreislauf fing von vorne an.

Marokkos erste große lokale arabische Dynastie waren die Idrissiden. Idris I. war ein Nachkomme von Fatima, der Tochter des Propheten Mohammed. Er floh 786 n.Chr. von Arabien nach Marokko, nachdem er erfahren hatte, dass der ehrgeizige Kalif Harun ar-Raschid seine gesamte Familie umbringen lassen wollte. Doch statt unterzutauchen ließ sich Idris von den marokkanischen Berbern zum Imam (religiösen Führer) erheben und vereinte große Teile Nordmarokkos im Namen des Islam. Aber nur wenige Tage nachdem er 792 in Fès ein Heereslager errichtet hatte, erreichten Harun ar-Raschids Gefolgsleute ihr Ziel: Sie vergifteten Idris, was den Einfluss der Idrissiden jedoch nur mehrte. Noch fünf Jahrhunderte später war der Leichnam wunderbarerweise unversehrt. Idris' Grab in der Hügelstadt Moulay-Idriss ist heute eine der wichtigsten Pilgerstätten Marokkos.

Sein Sohn Idris II. entkam dagegen den Mördern. Er dehnte die Herrschaft der Idrissiden über Nordmarokko hinaus bis nach Europa aus. Nach seinem Tod erlebte Marokko die vielleicht erste (aber natürlich nicht letzte) „Annäherung" an die Demokratie: Die 13 Söhne Idris' II. teilten die Macht unter sich auf. Gemeinsam vergrößerten sie die Fürstentümer der Idrissiden in Spanien und errichteten die prächtigen Moscheen in Fès: Kairouine und El Andalous.

Wichtige, für Nichtmuslime geöffnete islamische Stätten

Tin-Mal-Moschee, Hoher Atlas

Medersa Bou Inania, Fès

Zawiya Nassiriyya, Tamegroute

Hassan-II.-Moschee, Casablanca

Ali-ben-Youssef-Medersa, Marrakesch

Verschleierte Krieger: Die Almoraviden

Religiöse Führer und Gelehrte halfen bei der Regulierung des Handels, sodass Nordmarokko unter den Idrissiden allmählich zu einer wirtschaftlichen Einheit zusammenwuchs. Im Süden sah es dagegen ganz anders aus. Ein selbst ernannter Prophet tauchte in der Nähe von Salé auf und predigte seine eigene Version des Korans. Er etablierte einen apokryphen Islam, Barghawata genannt, der in dieser Region noch Jahrhunderte später praktiziert wurde. Ärger gab es auch mit Militäreinheiten, die im Atlas und in der Sahara stationiert waren, um die Handelsau-

662–682

Unter dem Omaijaden Uqba bin Nafi fallen die Araber im Maghreb ein. Im Gepäck haben sie einen neuen Glauben: den Islam. Die Berber verscheuchen die Omaijaden, behalten aber den Koran.

711

Nordmarokko und ein Großteil Spaniens sind unter der Kontrolle der Omaijaden und die Berber werden strategisch klug überall in Andalusien angesiedelt.

788–829

Idris I. und Idris II. gründen eine neue Herrscherdynastie, etablieren den Islam in Marokko und machen Fès zu ihrer Reichshauptstadt. Dort fördern sie muslimische Kunst, Architektur und Wissenschaft.

8. Jh.

Dank gemeinsamer Weltanschauung und kluger Allianzen kontrollieren arabische Kalifate ein Gebiet, das sich vom Mittelmeerraum bis ins Herz Europas erstreckt – es endet gerade mal 320 km vor Paris.

ßenposten zu kontrollieren. Sie verlangten dafür „Almosen" – eine religiös verbrämte Bezeichnung, die jeder durchschaute.

Der allgemeine Unmut darüber ermöglichte den Aufstieg der Sanhadscha, eines frommen Stammes von Sahara-Berbern. Sie begründeten die Dynastie der Almoraviden. Während die Idrissiden-Prinzen um Spanien und die marokkanische Mittelmeerküste rangen, rückten die Sanhadscha aus dem heutigen Senegal und Mauretanien nach Südmarokko vor. Sie als zähe Jungs zu bezeichnen, wäre noch untertrieben. Statt Brot kamen nur Kamelfleisch und -milch auf den Tisch, in der brütenden Wüstenhitze trugen sie Wolle, tranken keinen Wein, begnügten sich mit einer einzigen Frau und Musik gab's gar nicht. Die Sitte, dass die Männer dunkle Schleier trugen, ist noch heute bei den wenigen verbliebenen Tuareg üblich, den legendären „Blauen Männern" der Wüste. Diese einschüchternden, verschleierten Kerle unternahmen nun unter Führung von Yahya ibn Umar und seinem Bruder Abu Bakr immer wieder Ausritte zu den Außenposten der Schiiten und Barghawata, zerstörten deren Bordelle und Musikinstrumente und metzelten die Bewohner nieder.

Von Marrakesch nach Barcelona: Das ultimative Machtduo

Nachdem Yahya getötet und Abu Bakr 1061 in die Sahara zurückgerufen worden war, um die Konflikte zwischen den Sanhadscha zu schlichten, blieb ihr Cousin Yusuf Ibn Taschfin zurück. Er sollte die Militäroperationen von einem Feldlager aus weiterführen, das sich später zur „Perle des Südens" (Marrakesch) mauserte. Um seiner Frau ein hartes Leben in der Wüste zu ersparen, ließ sich Abu Bakr von der hochintelligenten Berberschönheit Zeinab en Nafzawyyat scheiden und verheiratete sie mit seinem Cousin. Obwohl nach heutigen Maßstäben vielleicht eine seltsame romantische Geste, entpuppte sich dies als wahrer Volltreffer. Es war Zeinabs dritte Ehe, denn vor der Heirat mit Abu Bakr war sie bereits mit einem der führenden Bewohner von Aghmat verheiratet und besaß nach dessen Tod ein beachtliches Vermögen sowie politische Erfahrung. Dank Ibn Taschfins Tatendrang und Zeinabs strategischem Beratungstalent waren die Almoraviden nicht mehr aufzuhalten.

Die Almoraviden brauchten eine Weile, um sich an ihre neue Hauptstadt Marrakesch zu gewöhnen. Es gab zu viele Berge und rivalisierende Berber und zu wenige Palmen. Deshalb errichteten sie eine riesige Lehmmauer rund um Marrakesch, 8 m hoch, 19 km lang, und mit einem genialen System zur unterirdischen Bewässerung ausgestattet (*khettara*). Noch heute versorgt es einen großen Palmenhain außerhalb von Marrakesch, wo zahlreiche Luxusvillen stehen. Die jüdischen und andalusischen Gemeinden in Fès blühten unter Ibn Taschfin auf. Er war ein genialer Diplomat und ein brillanter Militärstratege. Die mit ihm verbünde-

1062

Die kluge Zeinab steht Yusuf ibn Taschfin als Ehefrau und oberste Beraterin zur Seite. Der Berberfürst gründet Marrakesch als Basis für den almoravidischen Eroberungsfeldzug durch Nordafrika und Europa.

1069

Die Almoraviden nehmen Fès gewaltsam ein und beginnen sogleich mit dem Umbau der Stadt. Mühlen und Gärten entstehen, während fließendes Wasser und Hamams für öffentliche Sauberkeit sorgen.

1082

Die Almoraviden kontrollieren Gebiete südlich von Ghana und Timbuktu, östlich von Algier und nördlich von Lissabon bis zum Fluss Ebro in Spanien (nahe Barcelona).

1121–1130

Mohammed Ibn Tumart, der geistige Führer der Almohaden, verurteilt den Lebenswandel der Almoraviden und tritt für die Wissenschaft sowie eine politische Organisation auf Grundlage einer schriftlichen Verfassung ein.

ten spanischen Muslime drängten ihn, gegen die christlichen und muslimischen Herrscher in Spanien vorzugehen, und beklagten sich bitter über Repressalien, Übergriffe und Ausschweifungen. Im Alter von beinahe 80 Jahren sicherte Ibn Taschfin tatsächlich noch erfolgreich die almoravidische Herrschaft über Andalusien und weiter Richtung Norden bis zum Stadtrand von Barcelona.

Stöcke & Steine: Die Almohaden

In Yusef ibn Taschfins Fußstapfen zu treten war nicht leicht. Ali, Sohn Taschfins und einer Christin, war ebenso fromm wie sein Vater und ein begeisterter Städteplaner. Doch während er an der Errichtung architektonischer Meisterwerke und dem Aufbau des Bewässerungssystems von Marrakesch arbeitete, erstarkte außerhalb der Stadtmauern eine neue Macht mit der Gewalt eines Atlas-Sturms: die Almohaden.

Almohadischen Historikern waren später zwei ihrer Meinung höchst riskante Taten Alis ein Dorn im Auge: Er hatte Frauen Verantwortung übertragen und Christen das Trinken erlaubt. Ersteres kann aus aufgeklärter Sicht wohl kaum als Fehler bezeichnet werden – außerdem hatten sich die Ratschläge von Alis Stiefmutter für die Almoraviden als vorteilhaft herausgestellt –, während sich Letzteres fatal auswirkte. Als Ali sich zum Beten und Fasten zurückzog, waren Hof und Militärbeamte sich selbst überlassen. Und anscheinend waren die christlichen Truppen der Almoraviden zu nahe bei den Weinhändlern von Marrakesch stationiert.

Königin Al-Kahina hatte gegenüber den Omaijaden einen klaren Vorteil: Sie konnte hellsehen. Die Kehrseite der Medaille? Sie sah auch ihren eigenen Tod durch Feindeshand voraus.

Die harten Schläge des Ibn Tumart

Dies gefiel dem almohadischen Führer Mohammed ibn Tumart überhaupt nicht. Als selbsternannter Welterneuerer aus dem Atlas sah er sich dazu berufen, die wahre islamische Lehre wieder aufzurichten. In Meknès und Salé hatte er einen Ruf als hasardierender religiöser Ordnungshüter, der seinen Gehstock dazu benutzte, Weinkrüge zu zerschmettern, Musikinstrumente zu zerstören und auf Paare einzuschlagen, die es wagten, nebeneinander die Straße entlangzulaufen. Ibn Turmart wurde schließlich in den 1120er-Jahren aus Marrakesch vertrieben, nachdem er Alis königliche Schwester einfach vom Pferd gestoßen hatte.

Ibn Turmart starb kurze Zeit später, aber die Almohaden waren nun nicht mehr zu stoppen. Nach einer neunmonatigen Belagerung eroberten sie 1145 Fès und fielen zwei Jahre später auch über Marrakesch her. Sie machten die Stadt dem Erdboden gleich und töteten alle, die von Alis Hofstaat noch übrig geblieben waren (Ali war 1144 genau so gestorben, wie er gelebt hatte: friedlich.) Zu ihren ersten Projekten gehörte der Neubau der Koutoubia-Moschee. Die almoravidischen Architekten, die offensichtlich keine wirklichen Mathegenies waren, hatten sie nicht korrekt in Richtung Mekka ausgerichtet. Außerdem fügten die Almohaden das

1147

Die Almohaden besiegen die Almoraviden und zerstören Marrakesch. Yacub al-Mansurs Architekten bauen die Stadt komplett neu auf und schlagen die Almoraviden auch hierbei um Längen.

1199

Unter der Kontrolle der Almohaden entsteht im Mittelmeerraum von Tripolis bis nach Spanien eine bedeutende Handelsroute.

1276

Die Zanata-Berber aus dem Atlasgebirge kommen an die Macht. Mit strategischen Militäroperationen und klug gewählten Ehen entthronen sie die Almohaden und läuten den Aufstieg der Meriniden ein.

1324–1352

Der in Tanger geborene Abenteurer Ibn Battuta reist von Mali nach Sumatra und in die Mongolei und veröffentlicht den wunderbaren, aber nicht ganz zuverlässigen Reiseführer *Rihla*.

schöne, hohe Steinminarett hinzu, das Vorbild für die andalusische, islamische Architektur. Zu Ehren Ibn Tumarts wurde 1156 im Hohen Atlas die Tin-Mal-Moschee errichtet, die bis heute mit ihrer schlichten Grazie und scheinbar unerschütterlichen Fundamenten besticht.

Wichtige marokkanische Dynastien

Idrissiden (8.–10. Jh.)

Almoraviden (11.–12. Jh.)

Almohaden (12.–13. Jh.)

Meriniden (13.–15. Jh.)

Saadier (16.–17. Jh.)

Alawiden (17. Jh.–heute)

Almohaden: Abriss & Bauarbeiter

Wenig später flammte zwischen den Söhnen Ibn Tumarts und den Söhnen seiner Generäle ein blutiger Machtkampf auf, der letztlich bis 1185 anhalten sollte. Abu Yusuf Yacub, dem jungen Sohn des muslimischen Statthalters von Sevilla und Valencia, gelang es, seine Feinde in die Wüste zurückzudrängen. Zudem hielt er sich auch in Spanien an der Macht und weitete sie sogar noch aus. Er bezwang die christlichen Herrscher dabei so oft, dass man ihn Al-Mansur (den Siegreichen) nannte. Nach dem Vorbild von Marrakeschs Koutoubia-Minarett ließ er Sevillas berühmte La Giralda errichten. Außerdem machte er Marrakesch in Konkurrenz zu Fès wieder zur almohadischen Hauptstadt und zum Zentrum der Wissenschaft.

Yacoub el-Mansour war es zu verdanken, dass Fès zur wohl saubersten Stadt des Mittelalters wurde – mit 93 Hamams, 47 Seifensiedereien und 785 Moscheen samt den üblichen Waschgelegenheiten. Al-Mansur betätigte sich auch als Mäzen großer Denker, z. B. des Sufi-Meisters Sidi Bel-Abbes und des Aristoteles-Schülers Ibn Rushd, im Abendland besser bekannt als Averroes, dessen Kommentar Italiens Denker zur Renaissance inspirierte. Doch Al-Mansurs aufgeklärtes Weltbild und seine Bewunderung für die Architektur waren offensichtlich nicht allumfassend, denn während seiner Regierungszeit wurden mehrere Synagogen zerstört.

Geschlagen durch Stiere & Verrat

In Marokkos Parlament sind von 395 Sitzen im Unterhaus 60 für Frauen reserviert (sowie 30 für Männer unter 40 Jahren).

Ein ähnliches Gedankengut herrschte im 12. Jh. auch in Europa. Unter Papst Innozenz IV. wurde die Folter bei der Verfolgung von Ketzern gang und gäbe. Vom religiösen Eifer der Kreuzzüge vorangetrieben, drängten Spaniens Christen die Muslime in Spanien zurück. Die Almohaden waren dagegen chancenlos. Als Al-Mansurs sechzehnjähriger Sohn zum Kalifen ernannt wurde, war er seinem Amt und vor allem den religiösen Pflichten nicht gewachsen und interessierte sich mehr für Stierkämpfe, was ihn bald darauf das Leben kostete.

Um 1230 muss sich Al-Mansur im Grab umgedreht haben, als sich sein nächster Sohn, Kalif Idris al-Mamun, mit den christlichen Feinden verbündete und seine eigenen Leute verprellte – alles in dem verzweifelten Versuch, das Reich zu retten. Er ging sogar so weit, auf die Koutoubia-Moschee zu klettern und zu verkünden, Ibn Tumart sei kein echter Mahdi (Führer) gewesen, denn dieser Titel gebühre einzig und allein Jesus.

1348

Die Beulenpest wütet im mediterranen Nordafrika, während merinidische Allianzen und Königreiche zerfallen. Überlebende und Opportunisten pflegen das Faustrecht – mit katastrophalen Folgen.

1377

Ibn Chaldun untersucht die Geschichte des Nahen Ostens. Er erklärt den Aufstieg und Fall von Staaten durch religiöse Propaganda, Steuerpolitik und Geschichtsklitterung.

1415

Heinrich der Seefahrer sucht nach Gold und dem legendären Reich des Priesterkönigs Johannes. Er beginnt mit der Eroberung marokkanischer Häfen.

1480–1492

Ferdinand und Isabella regieren Spanien. Die Verfolgung der Muslime und Juden nimmt dramatisch zu.

Durch Hochzeit oder Mord: Die Meriniden

1269 fielen die Zanata-Berber aus dem Antiatlas in die almohadische Hauptstadt Marrakesch ein und rangen die Almohaden endgültig nieder. Zuvor waren diese von den Zanata bereits aus Meknès, Salé, Fès und dem Großteil der atlantischen Küstenregion vertrieben worden. Um die Religiösen ruhigzustellen, versprach die neue Meriniden-Dynastie eine sittenstrenge Herrschaft. Zur Unterstützung ihrer Sache errichtete sie in

BERBERSTOLZ & VORURTEILE

Dichtung, Felsmalereien, Kunst und Musik der facettenreichen Imazighen-Tradition reichen bis 5000 v. Chr. zurück. Dennoch wurde dieses Volk von Außenstehenden häufig für ungebildet gehalten, u. a. da kein einheitliches Schriftsystem für seine vielen charakteristischen Sprachen existierte. 250 Jahre lang versuchten die Römer, das Territorium der Imazighen einzunehmen und dort ihren Lebensstil zu etablieren. Nicht zuletzt da dies scheiterte, beschimpften sie die indigene Bevölkerung als „Berber" (Barbaren). Diese Bezeichnung hält sich übrigens genauso hartnäckig wie die Vorurteile.

Während der Protektoratszeit wurde Französisch zu Marokkos offizieller Landessprache, um Handels- und Staatsgeschäfte leichter abwickeln bzw. kontrollieren zu können. Die komplexe Symbolkunst und traditionelle Medizin der Imazighen war seit Urzeiten nur mündlich überliefert worden. Immer mehr Uneingeweihte belächelten das Ganze daher lediglich als charmanten, aber bedeutungslosen Aberglauben. Parallel ermutigte man die gebildete Bevölkerungsschicht, sich von ihren Berberwurzeln zu distanzieren.

Nach der Unabhängigkeit (1955–1956) wurde Arabisch zur offiziellen Amtssprache erklärt. Dennoch sprechen große Teile der marokkanischen Oberschicht bis heute vor allem Französisch. Darija, der marokkanisch-arabische Dialekt, wird überall verstanden. Noch bis in die 1980er-Jahre hinein war der Gebrauch der Berberschrift in Marokko verboten, doch mit der Unterstützung Mohammeds VI., der selbst Berberwurzeln hat, wurde 2003 die standartisierte Form des Tifinagh-Alphabets (es stammt aus der Zeit der ägyptischen Hieroglyphen) wiederbelebt. Eine modernisierte Version wird inzwischen in vielen staatlichen Schulen als standardisierte Schriftsprache unterrichtet. Im Jahr 2011 wurde Tamazight, eine der Sprachen der Berber, zu einer weiteren offiziellen Amtssprache erklärt.

Über 60 % der Bevölkerung bezeichnen sich heute als Imazighen oder Berber, und Berbersprachen werden gegenwärtig von 8,5 bis 10 Millionen Marokkanern gesprochen. Mittlerweile ist die Berber-Pride-Bewegung in ganz Marokko auf dem Vormarsch. Dazu beigetragen hat auch der offizielle Sender Moroccan Chaîne Amazigh, der TV- und Radioprogramme in drei Amazigh-Sprachen bringt. Allerdings berichtete Human Rights Watch 2010 Folgendes: Wenn Eltern ihren Kindern Amazigh-Namen gaben, lehnten Staatsbeamte das mit der Begründung ab, die Namen seien „nicht erkennbar marokkanisch". Nach einem öffentlichen Aufschrei ist damit nun Schluss, und so können heute auch schon die ganz kleinen Marokkaner den Stolz auf ihre Herkunft zeigen.

1497–1505

Die marokkanischen Häfen vom mediterranen Melilla bis nach Agadir an der Atlantikküste werden von englischen, portugiesischen und spanischen Streitkräften sowie Piraten besetzt.

1498

Die Inquisition stellt europäische Juden und Muslime vor die Wahl: a) Konvertierung zum Christentum oder b) Folter und Tod. Viele wählten Alternative c) und fliehen stattdessen nach Marokko.

1525

Die Beni-Saad-Berber drängen Europäer und Osmanen wie ein glühend heißer Wüstensturm zurück. Anschließend gründen sie in Marrakesch die neue mächtige Dynastie der Saadier.

1578

In der Dreikönigsschlacht kämpfen die Saadier zuerst für und dann gegen die Portugiesen. Ergebnis: 8000 Gefallene, mickrige 100 Überlebende und eine Dezimierung des portugiesischen Adels.

jeder eroberten Großstadt eine *medersa* (Religionsschule). Zu diesem Zweck wurden christliche und jüdische Gemeinden mit speziellen Steuern belegt, erhielten im Gegenzug aber wichtige Handelsrechte. Zusätzlich heuerten die Meriniden christliche Söldner und jüdische Ratgeber an, um ihre Staatsangelegenheiten zu regeln.

Allerdings hatten es die neuen Machthaber mit zähen Untertanen zu tun, die sich nicht so leicht durch fromme Versprechungen überzeugen ließen. Während ganz Fès auf die Barrikaden ging, hielten kastilische Christen die Stellung in Salé. Um ihre Interessen in Spanien zu untermauern, verbündeten sich die Meriniden mit kastilischen Fürsten gegen die muslimischen Herrscher von Granada. Doch abermals führte diese Strategie in die Sackgasse. Im 14. Jh. schließlich war die christliche Reconquista fast am Ziel: Mit Ausnahme des Sultanats von Granada war die iberische Halbinsel komplett in christlicher Hand, auch die Straße von Gibraltar. Und im Zuge der Inquisition wurden mehr als eine Million Muslime und Juden gewaltsam aus Spanien vertrieben.

Um ihre imperialen Ansprüche auch ohne militärische Macht und religiöse Legitimation zu sichern, wählten die Meriniden mit der Heiratspolitik eine andere bewährte Methode. Im 14. Jh. legten sie ihre Feinde geschickt durch Hochzeiten mit Prinzessinnen aus Granada und Tunis lahm. Auf diese Weise beanspruchten sie Algier, Tripolis und den strategisch wichtigen Mittelmeerhafen Ceuta für sich.

Berbersprachen in Marokko

Taschelhit, Zentralmarokko

Tamazight, Mittlerer Atlas

Tarifit, Rif

Tuareg (Tamaschek), Sahara

Tod durch Pest & Verrat

Doch auch die Bande der königlichen Ehen konnten gegen Ratten bzw. ihre blinden Passagiere – Flöhe – nichts ausrichten: Bald darauf wütete die Pest im Merinidenreich. Abu Inan, Sohn des Merinidenfürsten Abu Hassan, sah im Schwarzen Tod seine Chance und ernannte sich selbst zum neuen Herrscher. Die Sache hatte jedoch einen kleinen Schönheitsfehler, denn sein Vater war noch am Leben. Und so stürmte Abu Hassan von Tripolis zurück nach Fès, um seinem verräterischen Spross die Macht zu entreißen. Ohne Erfolg: Abu Inan begrub seinen Vater 1351 in der merinidischen Totenstadt außerhalb von Rabat. Sieben Jahre später wurde er jedoch von einem seiner eigenen Berater erdrosselt und fand ganz in der Nähe seine letzte Ruhe.

Die Meriniden hatten offenbar ein unglückliches Talent dafür, gefährliche Gefolgsmänner zu berufen. Um seine Spuren zu verwischen, lief Abu Inans Mörder geradezu Amok. Damit war erst Schluss, als der Merinide Abu Salim Ibrahim aus Spanien zurückkehrte und dem randalierenden Bürokraten den Garaus machte. Daraufhin schmeichelte sich Abu Salims Ratgeber bei seinem Herrn ein, indem er ihm seine Schwester als Ehefrau anbot – jedoch nur, um ihn nach der Hochzeit zu enthaupten. Er ersetzte Abu Salim durch einen merinidischen Einfaltspin-

1591
Mit 4000 europäischen Söldnern durchquert Ahmed al-Mansur ed-Dahbi die Sahara und besiegt eine 40 000 Mann starke Armee, die den sagenhaften Wüstenkarawanenort Timbuktu kontrollieren soll.

1610–1614
Oxford-Absolvent und Ex-Anwalt Henry Mainwaring gründet die Piratenrepublik Masmouda nahe Rabat und geht auf Beutezug. Später wird er in das britische Parlament gewählt.

1659–1666
Die Alawiden besiegen die verschwendungssüchtigen Saadier und schließen einen Kompromissfrieden mit den Berberpiraten, die Rabats Häfen kontrollieren.

1662
Als Hochzeitsgeschenk für Karl II. überlässt Portugal Tanger den Briten. Nach langer Besatzung gelangt es schließlich 1684 wieder unter marokkanische Kontrolle.

sel, besann sich dann aber eines Besseren und erdrosselte auch den neuen Sultan. Der gerissene Ratgeber wiederum wurde selbst von einem anderen Meriniden um die Ecke gebracht, welcher ein paar Jahre später von einem anderen Angehörigen der Dynastie entmachtet wurde. Während der nächsten vier Jahrzehnte sollten neue Herrscher und Ratgeber weiterhin für ständige Thronwechsel sorgen. Doch während die Meriniden in Meknès und Fès mit ihrer mörderischen Nachfolgepolitik beschäftigt waren, eroberte Portugal die marokkanischen Küsten.

Der Sieg schmeckt süß: Die Saadier

Noch im 12. Jh. hatten große Teile Portugals und auch Lissabon unter muslimischer Herrschaft gestanden. Nun machten sich die Portugiesen daran, die offene Rechnung zu begleichen: Das kleine Königreich benötigte ständig Nachschub an Lebensmitteln und Gold, um seine wachsenden Einflusssphäre zu festigen. Marokko stand dabei im Weg. Doch kein Land der Welt konnte sich der Handelsrouten durch die Sahara bemächtigen – alle wichtigen Oasen und Gebirgspässe wurden seit Jahrhunderten von den gewieften Berberkriegern kontrolliert. Stattdessen wählten die Portugiesen eine alternative Taktik: Mit Marineeinheiten und hoch entwickelten Feuerwaffen spielten sie ihre deutliche technische Überlegenheit erfolgreich auf anderem Gebiet aus. Durch die systematische Eroberung marokkanischer Mittelmeer- und Atlantikhäfen konnte auf Berber-Mittelsmänner im Landesinneren verzichtet werden. Infolgedessen segelten portugiesische Kriegsschiffe direkt nach Westafrika, um dort Gold und Sklaven in ihren Besitz zu bringen.

Zuckerkarawanen

Als der Handel in der Sahara einzuschlafen begann, musste etwas geschehen. Im Landesinneren waren ganze Gemeinden dezimiert, während das einst blühende Marrakesch schwer unter einer Hungersnot litt. So nahmen die Beni-Saad-Berber aus dem Drâatal – heute als Saadier bekannt – den Kampf gegen Portugal auf. Mit ihrem Siegeszug gegen Europäer, Berber und Osmanen schafften sie es, den Handel auf dem Landweg wieder in Gang zu bringen. Schon bald kontrollierten sie den Umschlag von gefragten Waren wie Gold, Sklaven, Elfenbein und Straußenfedern. Zudem lieferten sie mit Zucker einen Luxusartikel, auf den Blaublüter in Europa besonders scharf waren.

Die Saadier befriedigten die Gier nach Zucker zu Preisen, die heutige Ölmagnaten und Kokaindealer wie Waisenknaben wirken lassen. Bei Bedarf wurden Kunden und Lieferanten mit Invasionsdrohungen eingeschüchtert. Gefährlichster Zuckerhändler aller Zeiten war der saaditische Sultan Ahmed al-Mansur ed-Dahbi. Den Beinamen „Al-Mansur" (der Siegreiche) erhielt er für seine Siege über Feinde von Portugal bis zum

In *Religiöse Entwicklungen im Islam: Beobachtet in Marokko und Indonesien* (2001) beleuchtet der Anthropologe Clifford Geertz intensiv das religiöse Leben an entgegengesetzten Enden der muslimischen Welt. Sein bahnbrechendes Buch enthüllt den gigantischen Facettenreichtum des Islam.

1672

Der Alawide Moulay Ismail besteigt den Thron. Er wird einer der größten Sultane Marokkos und regiert 55 Jahre lang. Die Alawiden-Dynastie herrscht bis heute.

1684

Während Berberpiraten englische Gefangene nehmen, erobern die Engländer Tanger. Nach zähen Verhandlungen werden die Gefangenen freigelassen, als England auf Tanger verzichtet.

18. Jh.

Die Alawiden bauen den alten Wüstenhandels-Außenposten Sijilmassa wieder auf, verlieren aber die Kontrolle an Aït-Atta-Berberkrieger, welche die Stadt zerstören. Nur zwei Triumphbogen bleiben erhalten.

1757–1790

Sidi Mohammed III. unternimmt einen Feldzug an die Küste, um Essaouira wiederaufzubauen und die Kontrolle über die Häfen am Atlantik zurückzugewinnen. Die Königsstädte Fès und Meknès verfallen.

2000 JAHRE MAROKKANISCH-JÜDISCHE GESCHICHTE

Im 1. Jh. n. Chr. hatten sich Marokkos jüdische Berbergemeinden bereits fest etabliert. Ihre Angehörigen arbeiteten u. a. als Bauern, Metallschmiede, Färber, Glasbläser und Buchbinder. Die Meriniden gründeten ihr erstes offizielles Judenviertel in Fès. Hier konnten die Einwohner, denen im mittelalterlichen Europa der Zugang zu wichtigen Handels- und Handwerkszweigen verwehrt blieb, Handel treiben. Wenn die Staatsgeschäfte gut liefen, mussten jüdische Marokkaner Steuern an die jeweils herrschende Dynastie entrichten, während sie zu schlechteren Zeiten oft als Sündenböcke abgestempelt wurden. Dennoch blühten die Gemeinden der Meriniden und Saadier selbst dann, als ihre europäischen Glaubensbrüder schon gewaltsam verfolgt wurden.

Vom 17. bis 19. Jh. praktizierten die Alawiden gegenüber jüdischen Marokkanern eine Politik des gegenseitigen Gebens und Nehmens: Im 19. Jh. bestanden für Juden Karrierechancen als Händler, Geschäftsführer und Diplomaten in England, Dänemark oder den Niederlanden. Andererseits wurden sie überwacht, mussten Steuern entrichten und gelegentlich als Sündenböcke herhalten. Doch in guten wie in schlechten Zeiten waren jüdische Marokkaner stets präsent.

1948 zählte die jüdische Gemeinde Marokkos rund 300 000 Mitglieder, von denen viele nach der Gründung Israels und der marokkanischen Unabhängigkeit emigrierten. Heute sind noch schätzungsweise 3000 bis 8000 Juden vor allem in Casablanca zu Hause. Dort wurde ein jüdisches Gemeindezentrum 2003 zum Ziel eines Bombenanschlags, bei dem glücklicherweise niemand zu Schaden kam. Eine zweite Explosion in einem Einkaufszentrum forderte allerdings 33 Tote und 100 Verletzte. Trotzdem ist die Gemeinde in Casablanca nach wie vor intakt. Erst kürzlich wurde in der Stadt das Jüdische Museum erweitert.

Unter dem amtierenden König erlebt die jüdische Gemeinde eine kleine Renaissance: Ihre Schulen werden mittlerweile staatlich gefördert, während ein paar jüdische Auswanderer einer königlichen Einladung zur Rückkehr in die Heimat gefolgt sind. Die Alltagshelden des jüdischen Erbes sind allerdings ganz gewöhnliche Marokkaner – die in der ganzen Welt verteilten eine Million Nachkommen marokkanisch-jüdischer Herkunft – sowie kulturinteressierte Reisende, die ebenfalls dazu beitragen, dass die jüdischen Bräuche, Festivals und Sehenswürdigkeiten des Landes die gebührende Aufmerksamkeit erhalten.

Sudan, „Ed-Dahbi" (der Goldene) zeugt von seinem betrügerischen Verhandlungsgeschick. Dank gewaltiger Einnahmen konnte dieser Midas aus Marrakesch den dortigen Badi-Palast vom Boden bis zur Decke mit Gold und Edelsteinen auskleiden lassen. Nach dem Tod des Sultans riss sein Nachfolger das Gebäude jedoch bis auf die heutigen Lehmfundamente nieder. Das großartigste Vermächtnis der Saadier sind ihre Grabmale in Marrakesch. Darin sorgen Carrara-Marmor und Blattgold für ein komfortables Leben nach dem Tod. Die Saadier starben, wie sie lebten: unglaublich prunkvoll und nach vorherrschender Ansicht zu reich.

1767–1836

Marokko macht seinen Handelspartnern außergewöhnliche Zugeständnisse. Dänemark wird das Handelsmonopol für Agadir und Safi garantiert, Frankreich und die USA dürfen gegen eine Schutzgebühr handeln.

1777

Etwa ein Jahrhundert nach der Zerstörung Tangers durch das Empire rächt sich Marokko, indem es als allererste Nation eine abtrünnige britische Kolonie offiziell anerkennt: die USA.

1830

Frankreich erobert die algerische Küste und erpresst Marokkos Sultan mit mafiösen Methoden: Nur wenn dieser seine Macht abgibt, werden die Küsten vor den anrückenden Osmanen beschützt.

1860

Wenn's beim ersten Mal nicht gleich klappt, einfach hartnäckig bleiben und es zur Not 700 Jahre lang versuchen: Spanien reißt sich ein Stück von Nordmarokko unter den Nagel.

Der Aufstieg der Mellahs

Unter den Saadiern bekleideten jüdische Gemeinden Schlüsselrollen beim Handel mit den begehrtesten marokkanischen Luxusgütern jener Zeit: Zucker und Salz. Als sich die europäischen jüdischen Gemeinden mit der Inquisition, Zwangsbekehrungen und Hinrichtungen konfrontiert sahen, gewährte ihnen die vergleichsweise tolerante Saadier-Dynastie einen gewissen Schutz. So wurde z. B. neben der königlichen Kasbah in Marrakesch eine *mellah*, ein jüdisches Viertel, eingerichtet. Der Begriff leitet sich vom arabischen Wort für Salz ab. Jüdische und christliche Geschäftsleute mussten diesen Schutz vielfach in Form von Steuern zurückzahlen. Der Löwenanteil ihrer Profite ging zweifellos an die herrschenden Saadier. Dennoch stiegen diverse jüdische Marokkaner zu königlichen Ratgebern auf. In der Saadier-Nekropole von Marrakesch liegen treue jüdische Gefolgsleute näher bei ihren Herren begraben als deren jeweilige Ehefrauen.

Tagsüber gingen jüdische Händler zusammen mit Christen und Muslimen ihren Geschäften nach. Ihnen vertraute man kostbare Salz-, Zucker- und Goldlieferungen aus der Sahara an. Nachts standen ihre Viertel unter offizieller Bewachung. Als die *mellahs* von Fès und Marrakesch durch europäische Neuankömmlinge zunehmend aus allen Nähten platzten, entstanden weitere bedeutende jüdische Viertel in Essaouira, Safi, Rabat und Meknès. Seit damals floriert dort eine meisterhafte Kunsthandwerkstradition. Der Einfluss der *mellahs* dehnte sich auf ganz Marokko aus, bis heute ist er besonders an den pikanten Gerichten mit eingelegten und gepökelten Zutaten zu erkennen, die typisch für die marokkanisch-jüdische Küche sind.

A Travellers History of North Africa (2008) von Barnaby Rogerson ist ein praktischer und übersichtlicher Führer, der Marokko in den größeren Kontext der Regionalgeschichte einbettet.

Piraten & Politik: Die frühen Alawiden

Während des 17. Jhs. zerfiel das Reich der Saadier wie ein Zuckerwürfel in marokkanischem Minztee. Bis zur Machtübernahme durch die Alawiden wütete ein Bürgerkrieg. Die neue Dynastie reicht von illustren Vorfahren aus der Familie des Propheten bis zum amtierenden König Mohammed VI. Ihre Machtübernahme signalisierte eine Abkehr vom anarchischen Erbe der dekadenten Saadier. Doch wahrscheinlich hätten die meisten Marokkaner damals lieber in Anarchie gelebt als unter dem zweiten Alawidenherrscher Moulay Ismail (1672–1727) .

Zu den beliebtesten Zeitvertreiben des gefürchteten Despoten gehörten öffentliche Verstümmelungen und amateurhafte Zahnoperationen an Höflingen, die in Ungnade gefallen waren. Gleichzeitig war Moulay Ismail aber auch Gelehrter, Vater einer riesigen Kinderschar und gern gesehener Gast an Europas Königshöfen. Europäische Adlige schwärmten von verschwenderischen Festessen in seinem Palast in Meknès, der von christlichen Zwangsarbeitern errichtet worden war. Gerüchten zu-

Global Voices Morocco fasst marokkanische Nachrichten und Meinungen unter www.globalvoicesonline.org/-/world/middle-east-north-africa/morocco auf Englisch zusammen, ebenso das Blogger-Echo auf marokkanische Pressemeldungen.

1880

Frankreich, Großbritannien, Spanien und die USA gestehen Marokko eine nominelle Kontrolle über sein Territorium zu – jedoch nicht, ohne sich zuvor selbst steuer- und zollfreien Handel zu genehmigen.

1906

Der Vertrag von Algeciras teilt Nordafrika wie eine *bastilla* (Taubenpastete) unter den europäischen Großmächten auf. Deutschland bleibt außen vor – ein Mosaiksteinchen auf dem Weg zum Ersten Weltkrieg.

1912

Der Vertrag von Fès macht Marokko zum französischen Protektorat. Geschützt werden aber vor allem französische Geschäftsinteressen – und zwar auf Kosten marokkanischer Steuerzahler.

1921–1926

Unter dem Kommando Abd el-Krims rebellieren Berberführer gegen die spanische Herrschaft im Rifgebirge. Infolgedessen verliert Spanien seinen Stützpunkt in den Bergen.

folge wurden einige davon nach Vollendung des Baus lebendig eingemauert. Die Feiern mit europäischen Adligen waren sicher kein Schnäppchen, doch Moulay Ismail musste sich deswegen keine Sorgen machen: Schließlich gab es ja die Piraterie.

Im nicht ganz geheimen Auftrag Ihrer Majestät: Berberpiraten

Was wurde aus den Berberpiraten? Wie vermischte sich der Islam mit der Berberreligion? Und warum gehörte Marokko nie zum Osmanenreich? In *A History of the Maghrib in the Islamic Period* (1987) lüftet Jamil Abun-Nasr diese und andere Geschichtsgeheimnisse.

Elisabeth I. von England legte den Grundstein für das Freibeutertum im Atlantik, als sie sich mit den Saadiern gegen ihren Erzfeind Philipp II. von Spanien verbündete. Zu diesem Zweck engagierte sie sogenannte *privateers* (lizenzierte Kaperkapitäne). Als besonders effektiv erwiesen sich angeheuerte Berberpiraten, die als Morisken (spanische Muslime) in Spanien verfolgt und zwangsbekehrt worden waren. Dementsprechend groß war ihre Motivation, es den Spaniern kräftig heimzuzahlen. Jakob I. von England schaffte die staatliche Freibeuterei 1603 offiziell ab. Dennoch störte er sich scheinbar nicht daran, dass sein hilfsbereiter Kumpel Moulay Ismail viele britische und berberische Piraten in den königlichen Häfen von Rabat und Salé ankern ließ – selbstverständlich gegen Bares.

Doch da die Loyalität solcher Herren bekanntlich sehr unbeständig ist, griffen Berberpiraten im 17. Jh. u.a. Irland, Wales, Island und sogar Neufundland an. Zudem nahmen sie Gefangene, die sie für sich arbeiten ließen und nach einiger Zeit gegen eine Lösegeldzahlung wieder freiließen, unter ihnen auch frühere englische Verbündete. Ihre Gefangenen behandelten die Berber übrigens besser als französische Geschäftemacher. Letztere zwangen die armen Teufel nämlich in der Regel dazu, bis an ihr Lebensende auf Sklavengaleeren zu rudern. Als die Geiseln schließlich 1684 auf britischen Druck hin freikamen, waren einige Engländer so aufgebracht über die Zeit in der Gefangenschaft, dass sie den Hafen von Tanger in Brand steckten. Andere wiederum wurden selbst zu Piraten und Kidnappern: Nachdem die Portugiesen im 17. Jh. aus Essaouira vertrieben worden waren, schloss sich ein britischer, zum Islam konvertierter Freigelassener einem französischen *privateer* an, um die Stadt des Sultans mit der Hilfe von europäischen Gefangenen wiederaufzubauen.

Unruhige Zeiten für die Alawiden

Nach Moulay Ismails Tod drehte seine 50 000 bis 70 000 Mann starke *abid* („Schwarze Garde“) durch – keines seiner vielen Kinder konnte seine Nachfolge antreten. So sehr sich die Alawiden auch mühten: Bis ins 20. Jh. hinein stürzte das Land immer wieder ins Chaos, wenn die Machthaber über die Stränge schlugen. Piraterie und Politik waren im 18. und 19. Jh. die gängigsten Mittel, um Karriere zu machen – und sie schlossen sich keineswegs gegenseitig aus. Indem sie die wichtigsten

1942	1943–1945	1944–1953	1955–1956
Dem Vichy-Regime zum Trotz beherbergt Casablanca amerikanische Truppen vor der alliierten Gegenoffensive in Nordafrika. Im Gegenzug befürworteten die USA Marokkos Unabhängigkeit.	Als die Alliierten in Italien gegen die Achsenmächte kämpfen, ruft US-General Patton die Goum zu Hilfe. Die marokkanischen Elite-Gebirgsjäger attackieren die Faschisten nachts mit Dolchen.	Marokkos Nationalisten fordern immer ungeduldiger die Unabhängigkeit von Frankreich. Sultan Mohammed V. schließt sich dem an – und wird von der Schutzmacht nach Madagaskar ins Exil geschickt.	Das Land erringt die Unabhängigkeit von Frankreich, während Spanien den Großteil seiner örtlichen Kolonialgebiete aufgibt. Mohammed V. kehrt als König aus dem Exil zurück.

marokkanischen Seehäfen kontrollierten und die europäischen Mächte gegeneinander ausspielten, hatten Regierungsbeamte ebenso wie Gesetzlose Möglichkeiten, sich ihren Anteil der Waren zu sichern, die durch die Straße von Gibraltar und entlang der Atlantikküste befördert wurden.

Als im späten 18. Jh. Sidi Mohammed ben Abdullah der offiziell geduldeten Piraterie seiner Vorgänger ein Ende setzte und undurchsichtige Geschäfte mit ausländischen Mächten ablehnte, war das finanzielle Resultat niederschmetternd. Dazu kamen Seuchen und Trockenheit – Marokkos Lage war katastrophal.

Freunde wie diese: Das Eingreifen der Europäer

Bei all ihren erfolgreichen politischen Aktivitäten in Europa hatten die frühen Alawiden anscheinend eine wichtige Regel marokkanischer Diplomatie vergessen – niemals die Berber zu vernachlässigen. Sultan Moulay Hassan versuchte noch, sich die Unterstützung zu sichern, doch es war bereits zu spät. Frankreich fand ab 1830 Marokko immer interessanter und verbündete sich mit den Berbern in ganz Nordafrika, um die Osmanen zu vertreiben. Spanien, das jahrhundertelange Erfahrungen im Kampf gegen die Marokkaner hatte, schaffte es 1860, einige Regionen Nordmarokkos zu besetzen. Dabei legten sie den Grundstein für eine lang anhaltende Feindschaft, indem sie Friedhöfe, Moscheen und andere heilige Stätten in Melilla und Tétouan schändeten. Und während die clevere englische Königin Viktoria marokkanische Würdenträger einlud und auf Einführung von Gesetzesreformen in Marokko drängte, waren ihre Gesandten damit beschäftigt, Abkommen mit Frankreich und Spanien auszuhandeln.

Frei & steuerfrei in Tanger

In den marokkanischen Städten und den Berberhochburgen in den Bergen wurde es immer schwieriger, die Ordnung zu erhalten. Moulay Hassan engagierte mächtige Berberführer, um die Kontrolle wiederzuerlangen. Aber einige der Berber, die den Untergang des Sultans voraussahen, machten lieber selbst Geschäfte mit den Europäern. Moulay Hassans Nachfolger, der Teenager Moulay Abdelaziz, drückte Antidiskriminierungsgesetze von historischer Bedeutung durch, um Marokkos ehemalige Alliierte zu beeindrucken. Zur selben Zeit fassten die Europäer einen Entschluss. Die Reformen waren schön, aber was sie wirklich wollten, waren preiswerte Handelsgüter. So hatten die Europäer und Amerikaner in Tanger 1880 ihren eigenen Duty-free-Shop aufgemacht; eine „internationale Zone", in der sie keinem Gesetz unterstanden und sich außerhalb der Reichweite der Steuereintreiber befanden.

Historische marokkanische Mellahs

Tamnougalt

Demnate

Fès

Zagora und Amezrou

Essaouira

Marrakesch

Moulay Ismail unterhielt Brieffreundschaften mit Jakob II. von England und Ludwig XIV. von Frankreich. Er versuchte sogar, den Sonnenkönig per Post zum Muslim zu machen.

1961

Nach dem plötzlichen Tod Mohammeds V. besteigt sein Sohn Hassan II. den Thron.

1962

Hassan II. verwandelt Marokko 1962 offiziell in eine konstitutionelle Monarchie, die aber in Wahrheit ein autoritäres Regime ist.

1975

Die UN erklärt Westsahara für unabhängig. Hassan II. ist anderer Meinung und organisiert den Grünen Marsch, um Marokkos Ansprüche auf die Region und deren Phosphatvorkommen zu unterstreichen.

1981

Nach Unruhen in Casablanca verhaftet das Militär Oppositionelle und Gewerkschafter. Dennoch nehmen die Forderungen nach Reformen zu. Viele politische Gefangene werden später freigesprochen.

Aber die Verlockung, eigenen Grundbesitz in Nordafrika zu haben, erwies sich als unwiderstehlich. 1906 kauften die Briten in Ägypten und am Suezkanal strategisch günstige Grundstücke an der Küste auf, Frankreich erwarb Ackerland von Algerien bis Westafrika, die Italiener landeten in Libyen, und Spanien zog den Kürzeren mit dem wilden Rif und jeder Menge Wüste. Die Deutschen waren sauer, dass sie nichts vom Kuchen abgekriegt hatten, und kündigten Unterstützung für Marokkos Unabhängigkeit an. Als ob es Anfang des 20. Jhs. nicht schon genug Disharmonien im europäischen Mächtekonzert gegeben hätte.

Dank der Website www.moroccoworldnews.com (auf Englisch) kann man seine Gastgeber mit Wissen über die aktuellsten Entwicklungen in der marokkanischen Gesellschaft, Imazighen-Kultur und nordafrikanischen Politik beeindrucken.

Frankreichs neue Außenfiliale: Das Protektorat

Welchen Illusionen sich die marokkanischen Sultane auch immer hingegeben haben mochten, was die Kontrolle über ihr Land anging – mit der Konferenz von Algeciras 1906 zerplatzten sie jäh: Die Kontrolle über Marokkos Banken, Zoll und Polizei ging aus „Schutzgründen" an Frankreich über. 1912 machte der Vertrag von Fès Marokko schließlich zum französischen Protektorat und die Kolonisierung offiziell. Die Franzosen bestimmten einen Marionettensultan und mehr als 100 000 französische Verwalter; Verbannte und Opportunisten kamen in Marokkos Städten an, um sich in den Villes Nouvelles (den neuen Städten) niederzulassen.

General Louis Lyautey sorgte dafür, dass die französischen Vororte mit modernen Bahnstrecken, Straßen, Stromversorgung und fließendem Wasser so komfortabel wie möglich ausgestattet wurden. Durch Schulen, Kirchen, Villen und Prachtstraßen mit den Namen französischer Generäle unterschieden sich die Villes Nouvelles grundlegend von den marokkanischen Medinas, den historischen Stadtzentren in der Nachbarschaft. Keine Kosten und Mühen wurden gescheut, damit sich die Neuankömmlinge gleich zu Hause fühlten. Das steigerte jedoch den Zorn der Marokkaner – sie hatten die Rechnung in Form von Steuern zu zahlen und mussten zudem den Großteil der Arbeit leisten. Parallel litten sie in den Medinas weiterhin unter Platzmangel und einer schlechten Infrastruktur. Lyautey hatte bereits französische Handelskolonien in Vietnam, Madagaskar und Algerien aufgebaut. So kam er mit dem Selbstvertrauen eines großen Machers und einem klaren Aktionsplan nach Marokko: Den Widerstand der Berber brechen, falls nötig Allianzen mit Spanien eingehen und die Geschäfte mit allen erforderlichen Mitteln in Gang halten.

Anhand von Augenzeugenberichten erzählt Alison Barkers Buch *Voice of Resistance: Oral Histories of Moroccan Women* (1998) von Frauen der marokkanischen Unabhängigkeitsbewegung, die Seite an Seite mit Männern gegen die Kolonialherrschaft rebellierten, protestierten und kämpften.

Nationalistischer Widerstand

Als der von den Franzosen eingesetzte Sultan Yusuf starb und sein französisch erzogener 18-jähriger Sohn Mohammed V. Sultan wurde, erwartete Lyautey, dass die Geschäfte für Frankreich wie gewohnt weiterlaufen

1984
Marokko verlässt aus Protest gegen die Aufnahme der Westsahara die Organisation für Afrikanische Einheit (heute Afrikanische Union).

1991
Ein Waffenstillstand zwischen Marokko und der Frente Polisario im Westsaharakonflikt wird vereinbart. Die Durchführung des Referendums wird jedoch immer wieder verschoben.

1994
Das insbesondere wegen der Westsahara-Frage seit Jahren getrübte Verhältnis zwischen Marokko und Algerien führt zur permanenten Schließung der Grenze zwischen den beiden Ländern.

1999
Nach dem Tod Hassans II. wird sein Sohn Mohammed VI. gekrönt. Der neue Monarch verspricht in seiner Antrittsrede einen Wandel und haucht der konstitutionellen Monarchie neues Leben ein.

würden. Er hatte nicht damit gerechnet, dass der junge Sultan Nationalist sein könnte und sich die Bevölkerung vehement für die Unabhängigkeit engagieren würde. Streiks im Bergbau und die Bildung von Gewerkschaften schadeten Frankreichs profitabelster kolonialer Einnahmequelle. Also wurde Militär eingesetzt, um die Marokkaner zurück in die Minen zu zwingen. Die Berber hatten Fremdherrschaft nie kampflos hingenommen und waren nicht gewillt, dies zu ändern. 1921 griff die Bevölkerung im Rifgebirge unter Führung von Ibn Abd al-Krim al-Khattabi wieder einmal zu den Waffen und richtete sie gegen Spanier und Franzosen. Fünf Jahre, 300 000 spanische und französische Soldaten sowie zwei aufstrebende Faschisten (Francisco Franco und Marschall Pétain) waren nötig, um Ibn Abd al-Krim zu fassen und ins Exil zu zwingen.

Die Franzosen gewannen einen mächtigen Verbündeten, als sie den berberischen Kriegsherrn Thami el-Glaoui zum Pascha von Marrakesch ernannten, machten sich damit allerdings auch eine Menge Feinde. Mit dem Titel bekam der Pascha auch das Recht, sich zu benehmen, wie er wollte. Das umfasste mafiaartige Hinrichtungen und Erpressungen, die Entführung von Frauen und Kindern, aber auch freundschaftliche Golfspiele in seinem Royal Golf Club mit Ike Eisenhower und Winston Churchill. Unter Androhung der Todesstrafe war es verboten, von der Unabhängigkeit zu sprechen. 1953 konspirierte der Pascha gegen Mohammed V. von Marokko, der abgesetzt und ins Exil geschickt wurde. Doch sollte Pascha el-Glaoui seine Tage machtlos und krank beenden – er bat König Mohammed V. um Verzeihung.

Obwohl das französische Protektorat Marokko im Zweiten Weltkrieg nominell mit dem französischen Vichy-Regime und Deutschland verbündet war, bot sich das unabhängige Casablanca als Basis an, von der aus der Zwei-Fronten-Krieg in Nordafrika eingeleitet wurde. Als Marokkos nationalistische Partei Istiqlal (Unabhängigkeit) 1944 die Unabhängigkeit Marokkos forderte, waren Amerikaner und Briten gewillt zuzustimmen. Unter dem zunehmenden Druck der Marokkaner und Alliierten erlaubten die Franzosen Mohammed V. 1955 die Rückkehr aus dem Exil. Zwischen 1956 und 1958 handelte Marokko dann erfolgreich seine Unabhängigkeit von Frankreich und Spanien aus.

Ein schwieriger Start: Nach der Unabhängigkeit

Als Mohammed V. 1961 an Herzversagen starb, wurde König Hassan II. Führer der neuen Nation. Konfrontiert mit einer unsicheren Machtbasis, einer labilen Wirtschaft und Wahlen, die selbst die Nationalisten spalteten, festigte Hassan seine Macht durch Razzien bei der Opposition und die Auflösung des Parlaments, die erst nach zehn Jahren wieder aufgeho-

2001
Zur Erforschung der Berberkultur und Standardisierung der Berbersprache wird das Königliche Institut für Imazighen-Kultur in Marokko gegründet.

2002–2007
Mohammed VI. verabschiedet einen historischen Reformkatalog, der regelmäßige Parlaments- und Kommunalwahlen vorsieht und Frauen noch nie dagewesene Schutzrechte zugesteht.

2003
Bei einem verheerenden Terroranschlag in Casablanca gibt es zahlreiche Verletzte und Tote.

2003
In Essaouira wird Asmaa Chaâbi als erste Frau in der Geschichte Marokkos ins Bürgermeisteramt gewählt.

WESTSAHARA

Das politische Konzept von „Großmarokko“ kam erstmals in den 1950er-Jahren auf. In den 1970er-Jahren diente es schließlich als offizielle Erklärung für Marokkos Annexion des phosphatreichen, ehemaligen Protektorats Spanisch-Sahara. Der Haken: Die Frente Polisario (Abkürzung der spanischen Bezeichnung für „Volksfront zur Befreiung von Sagui al Hamra und Rio di Oro“) erklärte die Region für unabhängig. Hassan II. besann sich auf sein französisches Jurastudium und brachte die Angelegenheit 1975 vor den Internationalen Gerichtshof (IGH) in Den Haag. Er ging davon aus, dass das Gericht als unabhängige Instanz die Forderungen Marokkos deutlich und klar bestätigen würde. Stattdessen erwog der IGH eine Gegenklage der Polisario, die die Unabhängigkeit der Region einforderte, und entsandte eine Ermittlungsmission nach Spanisch-Sahara.

Der IGH kam zu dem Schluss, dass die Bindungen zwischen Spanisch-Sahara und Marokko nicht ausgeprägt genug waren, um den marokkanischen Anspruch auf die Region zu unterstützen, womit die Westsahara Anspruch auf Selbstbestimmung habe. In einer sehr kreativen Auslegung dieses Gerichtsurteils erklärte Hassan II., Marokko habe vor Gericht gewonnen. Zur Feier dieses „Sieges“ ordnete er 1975 einen „Friedensmarsch“ an, bei dem mehr als 350 000 Marokkaner von Marrakesch aus in die Westsahara zogen. Dieser zunächst rein zivile „Grüne Marsch“ wurde jedoch schon bald mit Militärpersonal und mit Landminen abgesichert. Die bewaffneten Polisario-Kämpfer leisteten daraufhin vehement Widerstand. Heute ist jener „Grüne Marsch“ nicht mehr das Symbol des Nationalstolzes, der er einmal war: Wandmalereien, die ihn einst feierten und viele Wüstencafés schmückten, wurden mittlerweile mit unpolitischen Dünenbildern übermalt, auch wurden Darstellungen des Marsches von der neuen 100 Dh-Note entfernt.

1991 gelang die Vermittlung eines Waffenstillstandes zwischen Marokko und der Polisario, dessen Einhaltung nach wie vor von UN-Friedenstruppen überwacht wird. Teil des 1991er-Abkommens war die Zusicherung der Durchführung eines Referendums über die Unabhängigkeit, doch bislang hat sich Marokko geweigert, ein derartiges Referendum abzuhalten. Im besten Fall, so heißt es aus Rabat, werde der Westsahara Autonomie gewährt. Völkerrechtlich ist der Status der Westsahara noch immer ungeklärt, viele Sahrauis bestehen weiterhin auf die Unabhängigkeit, während das Thema innerhalb Marokkos mehr oder weniger tabu ist und vor allem bei vielen der diesbezüglich sehr ambivalenten marokkanischen Steuerzahler meist Schweigen auslöst, kaum bringt man es zur Sprache.

ben wurde. Durch hohe Kreditaufnahmen zur Finanzierung des Dammbaus, der Stadtentwicklung und des immer weiter wachsenden Beamtenapparats war Marokko in den 1970er-Jahren hoch verschuldet. Attentatsversuche auf den König signalisierten die Notwendigkeit eines Umbruchs, bis dann 1973 die Phosphatindustrie in der spanischen Kolonie Westsahara zu boomen begann. Marokko meldete 1975 mit dem friedlichen „Grünen Marsch“ von 350 000 Marokkanern in die Westsahara sei-

2003–2004

Im Schuljahr 2003/2004 führen über 300 Grundschulen Tamazight als Pflichtfach für alle Schüler ein.

2004–2005

Die Opferaussagen zu Menschenrechtsverletzungen während der „bleiernen Jahre“ werden öffentlich übertragen. Ergebnis sind die höchsten Einschaltquoten der marokkanischen TV-Geschichte.

2004

Marokko unterzeichnet ein Freihandelsabkommen mit der EU und den USA.

2006

Marokko schlägt eine „Spezialautonomie“ für die Westsahara vor. Nach sieben Jahren finden erstmals wieder Gespräche mit der Polisario statt. Es bleibt jedoch beim Status quo: einem ungelösten Konflikt.

nen Anspruch auf das Gebiet und seine lukrativen Phosphatvorkommen an. Nach dem Abzug der Spanier besetzte es schließlich das Land. Seither kämpfen die einheimischen Sahrauis für Selbstbestimmung.

Bleierne Jahre

Die wachsende Kluft zwischen Arm und Reich und hohe Steuern, mit denen Marokkos Militäreinsatz in der Westsahara gezahlt werden sollte, brachten Hassan II. in die Kritik. Durch die Maßnahmen des Königs gegen Oppositionelle nahmen die Anfeindungen noch zu. In den 1980er-Jahren zählten schließlich Journalisten, Gewerkschaftler, Frauenrechtlerinnen, Marxisten, Berber, die für Anerkennung ihrer Kultur und Sprache kämpften, und arme Arbeiter – also ein breiter Querschnitt durch die marokkanische Gesellschaft – zu Hassans Kritikern.

Der Tropfen, der für viele das Fass endgültig zum Überlaufen brachte, war 1981 eine beiläufige Meldung der staatlichen marokkanischen Zeitungen über die Anhebung der Preise für Grundnahrungsmittel. Für die vielen Marokkaner, die mit dem Mindestlohn auskommen mussten, bedeutete das, dass zwei Drittel ihres Einkommens für eine knappe Versorgung mit Sardinen, Brot und Tee draufging. Als die Gewerkschaften Proteste gegen diese Maßnahme organisierten, antwortete die Regierung prompt auf brutale Weise. Panzer rollten durch Casablancas Straßen, Hunderte von Menschen wurden getötet, mindestens 1000 verletzt und landesweit etwa 5000 Demonstranten inhaftiert.

Doch weit davon entfernt, sich einschüchtern zu lassen, forderten die Marokkaner während der Unruhen in Casablanca weiter Regierungsreformen. Tatsächlich führte der permanente Druck von Menschenrechtsaktivisten Mitte der 1990er-Jahre zu einer gewissen Lockerung der bis dahin repressiven Politik Hassans II. Als er 1999 starb, deutete sein Nachfolger Mohammed VI. schon bei der ersten öffentlichen Erklärung als König einen Kurswechsel an und gelobte Fehler jener „bleiernen Jahre" wieder gutzumachen. 2004 rief er die Wahrheitskommission ins Leben. Diese sollte Verletzungen der Menschenrechte untersuchen, die während Hassans Regierungszeit vorgekommen waren. Indem sie 2006 insgesamt 9280 Opfern zu Entschädigungen verhalf, verhalf die Kommission der Menschenrechtssituation in Marokko zu einer weiteren Stabilisierung.

Neues Regime, neue Hoffnung

Wer sich in der Bevölkerung umhört, wird erfahren, dass noch eine Menge zu tun bleibt. 2002 reservierte das frisch gewählte Parlament 30 Sitze im Abgeordnetenhaus für Frauen und brachte zudem ein paar vielversprechende Reformen auf den Weg: mehr Transparenz bei Wahlen und Vergabe von Regierungsposten, das Anti-Diskriminierungsgesetz am Ar-

Laut dem Human Development Index 2014 beträgt das jährliche Bruttonationaleinkommen (BNE) in Marokko 6850 US$ pro Kopf – 13,3 % der Bevölkerung haben jedoch nur 2 US$ pro Tag zur Verfügung.

The Berbers (1997) von Michael Brett und Elizabeth Fentress ist das umfangreichste englischsprachige Werk zur Geschichte der Berber. Die Autoren haben jeden einzelnen Stein mehrmals umgedreht und stützen ihre historischen Erkenntnisse auf archäologische Beweise.

2011
Prodemokratische Revolutionen in Tunesien und Ägypten inspirieren Marokkos Bewegung 20. Februar. Der König reagiert mit einer begrenzten Verfassungsreform, die durch ein Referendum bestätigt wird.

2016
Bei Wahlen im Oktober kann die herrschende moderate islamistische Partei für Gerechtigkeit und Entwicklung (PJD) die Zahl ihrer Sitze im Parlament ausbauen und stellt den marokkanischen Premierminister.

2016–2017
Nachdem Marokko 2016 schließlich um eine Wiederaufnahme in die Afrikanische Union bat, wird dies Anfang 2017 gewährt.

2017
Der König entlässt Abdelilah Benkirane von der Partei für Gerechtigkeit und Entwicklung (PJD), der seit 2011 Premierminister Marokkos war.

beitsplatz, die Einführung von Berbersprachen an einigen staatlichen Schulen, und nicht zuletzt die neue Moudawana, das reformierte Familiengesetz, das Marokkanerinnen das Recht auf Scheidung und Sorgerecht zusichert. Gleichzeitig wurden aber auch wieder Praktiken aus den „bleiernen Jahren" angewendet: Nach den Bombardierungen eines Handelszentrums in Casablanca 2003 und der militärischen Razzia eines Protestcamps in der Westsahara 2010 inhaftierte man Verdächtige, die laut Human Rights Watch teilweise misshandelt und ohne rechtlichen Beistand eingesperrt wurden. Die Zivilgesellschaft ist dagegen schon viel weiter. Heute nehmen Marokkaner ihr Leben selbst in die Hand und bekämpfen Armut sowie mangelnde Bildung mit geschäftstüchtigen Dorfgemeinschaften und nichtstaatlichen Organisationen.

Marokkos Arabischer Frühling

Anfang 2011 wurde auch Marokko vom Arabischen Frühling erfasst, der durch Nordafrika und den Nahen Osten zog. Die Demonstranten forderten eine deutlichere Dezentralisierung der Macht sowie politische Rechenschaftspflicht. Mohammed VI. reagierte mit einer Geschicklichkeit, die vielen anderen Staatschefs abging, und kündigte eine Reihe von Verfassungsreformen an, unter anderem, dem Parlament mehr Macht zu verleihen und Tamazight (eine Sprache der Berber) zu einer offiziellen Amtssprache zu machen. Die Reformen wurden zügig in einem nationalen Referendum verabschiedet. Obwohl einige Demonstranten nach wie vor tiefergreifende Reformen fordern, liegt den meisten Bürgerinnen und Bürgern die weitere Stabilität Marokkos sehr am Herzen.

Ein ganz normaler Tag in Marokko

Wer nach Marokko reist, hegt womöglich romantische Träume von Sonnenuntergängen über der Sahara, plant, den Schlangenbeschwörern in Marrakesch aus dem Weg zu gehen oder um Teppiche zu feilschen – oder will herausfinden, ob die Legenden über die Dekandenz Tangers der Wahrheit entsprechen. Alles aufregend, ohne Wenn und Aber. Doch was bedeutet Marokko für Marokkaner? Traveller, die sich Zeit nehmen, die marokkanische Gesellschaft und den Alltag der Menschen zu erkunden, werden von diesem kulturell so vielfältigen Land reich beschenkt werden.

Sprache & Identität

Die ursprünglichen Bewohner Marokkos waren die Berber, doch seit der Ankunft der Araber und der Einführung des Islams haben sich die beiden Bevölkerungsgruppen im Laufe der Jahrhunderte derart miteinander vermischt, dass Unterschiede in den äußeren Merkmalen bei Arabern und Berbern meist kaum mehr auffallen. Kulturell gibt es allerdings noch immer häufig eine deutliche Abgrenzung zwischen arabisch sprechenden Marokkanern (in der marokkanischen Variante als Darija bekannt) und denen, die eine der Berbersprachen sprechen (bekannt als Amazigh).

Arabisch sprechende Marokkaner – vertreten durch die Alawitische Dynastie, die seit dem 17. Jh. Marokko beherrscht – haben traditionell die Führung im Lande inne, trotz der Tatsache, dass jene Marokkaner, die eine der Berbersprachen sprechen, häufig die demografische Mehrheit stellten. Diese Position wurde von den Franzosen in den 1930er-Jahren mit der Verabschiedung von Gesetzen, mit denen die Berber diskriminiert werden sollten, institutionalisiert. Während des 20. Jhs. waren bei der amtlichen Registrierung der Geburt eines Kindes viele der traditionellen Berbernamen verboten, gleiches galt für ein berberspezifisches Bildungsangebot.

Im Marokko des 21. Jhs. erlebt die Berberkultur eine Art Renaissance. Im Jahr 2011 wurde die Verfassung überarbeitet und Tamazight zu einer der beiden offiziellen Amtssprachen, was am unmittelbarsten zum Ausdruck kam durch die neue Beschilderung an Regierungsgebäuden (sowie zunehmend auch die Anpassung der Straßenschilder), wobei neben Arabisch und Französisch nun auch die Berbersprache steht. Obwohl Bildung für Berber inzwischen staatlich gefördert wird, liegt sie qualitativ aufgrund unzureichender Ausbildung des Lehrpersonals und ärmlicher Ausstattung der Schulen immer noch zurück, wobei allerdings zu berücksichtigen ist, dass diese Renaissance einer nationalen Identität, deren Wurzeln tief in der marokkanischen Kultur verankert sind, erst an ihrem Anfang steht.

Der Aufstieg der Berber spiegelt sich auch im Schwinden der Bedeutung der französischen Sprache wider – der Sprache des kolonialen Marokkos. Französisch gehört inzwischen nicht mehr zu den offiziellen Amtsprachen des Landes, obwohl es im Geschäftsleben nach wie vor

Berbersprachen

Es gibt in Marokko drei wesentliche Berbersprachen: Tarifit (Rif-Berber), Tamazight (Atlas-Berber) und Taschelhit (Westberber).

Dank des Bandes *Humour and Moroccan Culture* des in Marokko lebenden Amerikaners Mathew Hanke sind marokkanisch-arabische Witze auch denen zugänglich, denen fehlende Sprachkenntnisse sonst diese Unterhaltung verwehrt hätten.

eine große Rolle spielt und das Beherrschen der Sprache noch immer als Beleg für einen gehobenen sozialen Status gilt. In der Hochschulbildung werden heutzutage viele Unterrichtsstunden auf Englisch abgehalten. Manche gehen davon aus, dass Französisch letztlich gar keine Rolle mehr spielen wird, und glauben, dass Englisch im Unterricht noch viel weiter verbreitet sein sollte, um so die Wettbewerbsfähigkeit Marokkos in einer globalisierten Welt zu stärken.

Soziale Normen

Familie

Nach wie vor schlägt das Herz Marokkos in den Familien. Auch wenn der Einzelne persönliche Ambitionen hegen und eigene Ideen verfolgen mag, sind solche Bestrebungen oft auf irgendeine Weise mit der Familie verknüpft – eine charmante Besonderheit Marokkos. Der Erfolg des Einzelnen wird als Erfolg für die Familie als Ganzes gesehen. Auch größere Statussymbole wie Autos oder Satelliten-TVs gelten oft weniger als persönliche Besitztümer, sondern als etwas, das der ganzen Familie zugute kommen soll. Zwar unterliegt auch der Status geteiltem Eigentums kleineren Veränderungen – viele Mitglieder der aufstrebenden Mittelschicht ziehen aus großen Familienhäusern in kleinere Wohnungen in den Vorstädten –, doch die Familie steht für die Marokkaner immer noch an erster Stelle. Diese Bedindung wird durch Marokkos Wirtschaftswachstum sogar verstärkt: die Gelder, die Marokkaner, die in Spanien oder Frankreich leben, nach Hause überweisen, machen bis zu 7% des Bruttoinlandsprodukts aus.

Da die Familie für Marokkaner von so großer Bedeutung ist, sollten Besucher davon ausgehen, von ihren Gastgeber bei Unterhaltungen mit entsprechenden Fragen konfrontiert zu werden: „Wo sind die anderen Mitglieder Ihrer Familie?" (der Gedanke, ohne die Familie in den Urlaub zu fahren, gilt als absurd). Man wird gefragt werden, ob man verheiratet ist, ob man Kinder hat, und falls nicht, wieso nicht? Auch wenn derartiges Ausfragen aufdringlich erscheinen mag, steht dahinter nur der Wunsch zu erfahren, wer oder wie man so ist. Fragen nach Arbeit und Beruf, bzw. Freizeitbeschäftigungen werden übrigens kaum gestellt wer-

DIE FREMDEN VON NEBENAN

Das angenehme Klima und der günstige Wechselkurs haben bisher bereits 100 000 Ausländer – Tendenz steigend – dazu bewogen, nach Marokko zu ziehen. Und viele marokkanische Emigranten aus Europa und den USA kehren in ihr Heimatland zurück, um dort zu leben, ihren Ruhestand zu genießen oder ein Geschäft zu gründen. So entsteht eine neue gehobene Mittelschicht. Die „Heimkehrer" geben jede Menge Geld aus und sind eine wichtige Einnahmequelle, sorgen aber gleichzeitig für Verdruss bei den „Dagebliebenen", weil sie die Preise in die Höhe treiben und einen oberflächlichen Prestigekonsum kultivieren.

Riads liegen im Trend. Das veranlasste viele Europäer, historische Häuser zu kaufen und zu restaurieren. Mancherorts führt das dazu, dass die Marokkaner aus dem Immobilienmarkt verdrängt werden und die Medinas außerhalb der Saison leer und unbelebt wirken. Es ist ein zweischneidiges Schwert: Die Instandhaltung und Restaurierung von jahrhundertealten Medina-Häusern sind für die Familien, die darin wohnen, oft nicht finanzierbar. Stattdessen ziehen sie lieber in die Villes Nouvelles, um in Häusern mit modernen Annehmlichkeiten zu wohnen. Gleichzeitig murren andere, dass der europäische Zustrom an die Enklaven der Kolonialzeit erinnert.

Reisende können für mehr Gerechtigkeit sorgen, indem sie die marokkanische Kultur jenseits der Riadmauern erkunden, Marokkaner im eigenen Umfeld treffen und dafür sorgen, dass diese vom Tourismus profitieren.

den, sind dies doch Bereiche, die nach marokkanischem Verständnis weniger über einen Menschen aussagen, als das, was man für die Familie tut und wie es um diese bestellt ist.

Bildung & Wirtschaft

Als einer der wichtigsten Belege für den eigenen sozialen Status gilt in Marokko der Bildungsgrad. Rund 67% aller Erwachsenen können lesen und schreiben, wobei der Anteil bei Männern etwas höher ist als bei Frauen – ein Ungleichgewicht, das in ärmeren ländlichen Gebieten noch ausgeprägter ist: Hier können drei Viertel der Frauen weder lesen noch schreiben und weniger als 50% der Erstklässler beenden eine Grundschulausbildung. Inzwischen ist der Schulbesuch bis 14 Jahre offiziell vorgeschrieben, darüber hinaus verbessern lokale Einrichtungen die Ausbildungsmöglichkeiten auf dem Land zunehmend.

Für eine jahrtausendealte Zivilisation sieht Marokko ganz schön jung aus. Die Hälfte der Bevölkerung ist unter 25, fast ein Drittel ist unter 15, und nur 4% ist über 65.

Aber für arme Familien in den ländlichen Gebieten Marokkos ist es schon schwierig, die Kinder satt zu bekommen, ganz zu schweigen davon, sie zur Schule zu schicken. Etwa ein Viertel aller Marokkaner lebt nahe oder unterhalb der Armutsgrenze und leidet an „Ernährungsunsicherheit" (Leben in Furcht vor Hunger). Unterbeschäftigung führt häufig dazu, dass ein stetes Einkommen eine Seltenheit ist, zudem gehen 35% des durchschnittlichen marokkanischen Einkommens in den Kauf von Grundnahrungsmitteln. Nur 10% der Marokkaner können sich importierte Lebensmittel leisten, geschweige denn in Restaurants essen. Obwohl die marokkanische Wirtschaft im 21. Jh. stetig gewachsen ist und es inzwischen eine marokkanische Mittelschicht gibt, kommen die wirtschaftlichen Erfolge nicht allen zugute: Verbesserungen im Bildungsbereich sind erforderlich, um dem Wachstum und den damit verbundenen Anforderungen des Arbeitsmarkts, insbesondere der Dienstleistungsbranche, zu entsprechen, die in den vergangenen Jahren sogar die Landwirtschaft hinsichtlich ihres Beitrags zum Bruttoinlandsprodukt übertroffen hat.

Für viele Marokkaner ist es frustrierend, dass wirtschaftlicher Erfolg nicht vor allem davon abhängt, was man kann, sondern wen man kennt. Marokkos Position auf dem Corruption Perception Index (CPI – Korruptionswahrnehmungsindex) von Transparency International ist nach wie vor schlecht und die meisten marokkanischen Familien haben irgendwann mit *wasta* zu tun – brauchen also die Hilfe eines Menschen mit guten Verbindungen, um einen Job oder eine staatliche Leistung zu bekommen. Dies ist besonders für die immer besser ausgebildeten jungen Menschen entmutigend, die unter der hohen Jugendarbeitslosigkeit leiden und die eine leistungsorientiertere Gesellschaft fordern.

Geschlechterrollen im Wandel

Marokko ist eine von Männern dominierte Gesellschaft, vor allem in der Öffentlichkeit, beispielsweise in Cafés – denn Frauen sind hier nur wenige zu sehen. Allerdings wurden in Bezug auf die Rechte der Frauen erhebliche Fortschritte gemacht, wobei der Wandel von unten gestaltet wird – von Frauengruppen, die eine einzigartige Ausprägung des islamischen Feminismus schaffen.

Im Madschlis, dem Unterhaus des marokkanischen Parlaments, sind 60 Sitze (von 395) für Frauen reserviert; in den Regionalräten (die direkt gewählt werden) sind es ein Drittel der Sitze.

Vor 20 Jahren waren die meisten „aktiven" Menschen in Marokko, wie Schüler und Geschäftsleute, Männer. Frauen übernahmen weniger angesehene Aufgaben wie Viehhaltung, Landwirtschaft, Kindererziehung und das Besorgen von Wasser und Feuerholz. Initiativen zur Beseitigung des Analphabetentums unter der weiblichen Bevölkerung helfen, den Mädchen einen besseren Start ins Leben zu ermöglichen. Auf gesellschaftlichen Druck hin werden inzwischen weniger Mädchen unter 14 Jahren als Haushaltshilfen verpflichtet, was früher Usus war. Mittlerweile sind fast ein Drittel aller berufstätigen Marokkaner Frauen. Nun

DIE RICHTIGE KLEIDUNG IN MAROKKO

Eine Frage, die sich viele Traveller stellen, lautet: „Wie kleidet man sich am besten als Besucher in Marokko?"

Frauen müssen ihr Haar in Marokko nicht verdecken. Manche Marokkanerinnen tragen den Hidschab (Kopftuch), andere nicht. Einige tragen ihn aus religiösen, kulturellen, praktischen oder persönlichen Gründen, andere tragen ihn nur auf der Straße und legen ihn zuhause oder auf der Arbeit ab. Eine Gesichtsverschleierung ist in den Städten eher ungewöhnlich und noch seltener bei den Frauen auf dem Land, die auf den Feldern arbeiten. Es kommt auf den Kontext an: Eine Frau, die mit knielangem Rock in einem Restaurant in Marrakesch sitzt, wird sich für einen Besuch in der Medina wahrscheinlich eher für eine konservativere Dschellaba entscheiden.

Davon abgesehen mag die Kleidung, für die man sich als Besucher des Landes entschieden hat, als Zeichen des Respekts gegenüber sich selbst und den Marokkanern betrachtet werden. Für Männer und Frauen gilt: keine kurzen Hosen, ärmellose Oberteile oder eng anliegende Kleidung tragen. Ansonsten schämen manche Leute sich für die Person und deren Familie und vermeiden den Blickkontakt. Wer also mit Einheimischen ins Gespräch kommen möchte, insbesondere mit der älteren Generation, sollte sich respektvoll kleiden.

Das Buch *Scheherazade Goes West: Different Cultures, Different Harems* der erfolgreichsten feministischen marokkanischen Schriftstellerin Fatima Mernissi zeigt sowohl die Unterschiede als auch die frappierenden Ähnlichkeiten der Frauenideale Europas und des Nahen Ostens auf.

bilden sie eigene Gewerkschaften, landwirtschaftliche Kooperativen und Künstlergenossenschaften. Über 40% der Hochschulabsolventen sind heutzutage Frauen.

Seit 2004 garantiert der Moudawana-Kodex Frauen wichtige Rechte u.a. bei Sorgerechts- und Eigentumsfragen, Scheidungen und Unterhaltszahlungen. Gleichwohl verläuft die Entwicklung nicht immer ohne Rückschläge. Im Jahr 2012 schockierte das Schicksal eines 16-jährigen Mädchens die marokkanische Gesellschaft, das Selbstmord begangen hatte, nachdem sie gezwungen worden war, ihren Vergewaltiger zu heiraten. Der Fall lenkte die öffentliche Diskussion auf eine Klausel im Gesetz, die es einem Mann ermöglichte, sein Verbrechen „verziehen" zu bekommen, wenn er sein Opfer heiratete. Infolge des öffentlichen Aufschreis nach dem Tod des Mädchens wurde das Gesetz geändert. Obwohl Eheschließungen nur ab 18 legal sind, können Kinderheiraten zugelassen werden, wenn ein islamischer Richter eine Ausnahmegenehmigung erteilt.

Die Perspektiven der modernen marokkanischen Frau reichen weit über die Wohnungstür hinaus und so unterhalten sie sich mit Touristinnen gern über das Leben und das Weltgeschehen. Das Miteinander von Männern und Frauen ist durch soziale Konvention noch ziemlich förmlich. Das heißt allerdings nicht, dass sich in Parks, Cafés und über Webcam keine Pärchen treffen würden. Der Hidschab mag zwar in einigen Teilen der Welt in den Medien ein großes Thema sein, hier scheint man sich aber kaum dafür zu interessieren: Hier geht eine junge Muslima, die ihr Haar bedeckt, gemeinsam mit einer Freundin spazieren, die das ihre offen trägt. Wieder andere Frauen tragen das Kopftuch einfach als Fashion-Statement. Junge Marokkanerinnen befinden sich im Aufwind, fahren auf Motorrollern zur Arbeit, schlendern untergehakt über Bürgersteige und kandidieren für Führungsposten in der Regierung.

Sozialverhalten

Manchmal kann es den Anschein haben, als ob es verschiedene Regeln für das Verhalten in der Öffentlichkeit und im Privatleben gibt. Das Schlüsselwort ist Diskretion. Vor rund zehn Jahren etwa begann Marokkos schwule Community, auch um öffentliche Akzeptanz zu werben, aber eine zunehmend konservative Haltung hat zu einer Reihe von hochbeachteten Strafverfolgungen (einschließlich solcher gegen Ausländer) und zum Abbruch der Coming-Out-Bewegung geführt. Marokkos Verhältnis zu Alkohol kann sich ähnlich kompliziert anfühlen: Trotz der Beliebtheit von Bars und einer boomenden Brauereiszene, die fast ausschließlich auf den heimischen Markt ausgerichtet ist, wird ein Traveller, dessen Flaschen auffallen, während er in ein Taxi steigt, um zu einer Medina zu fahren, unverzüglich gebeten, auszusteigen, da Medinas als gesellschaftlich und religiös konservativer gelten. Geht man allerdings mit der nötigen Diskretion vor, ist der Begriff „sozial vertretbares Verhalten" ziemlich dehnbar.

Um Konflikten vorzubeugen, verbot der französische Generalresident Lyautey Nicht-Muslimen das Betreten von Moscheen. Die Marokkaner schätzten dieses Stück Privatsphäre und drängten die Franzosen obendrein aus dem Land. Das Verbot behielten sie bei.

Religion

Marokko ist zu 99 % muslimisch. Christen und Juden leben hier schon seit Jahrhunderten, auch wenn ihre Zahl in den vergangenen Jahren geschrumpft ist.

Die fünf Säulen des Islam

Hohe Minarette, schimmernde Mosaiken, filigrane Kalligrafie, der Ruf des Muezzins zum Gebet: Viele Dinge, die Marokko-Reisende bezaubern, wurzeln in einem tiefen, unerschütterlichen Glauben. Der Islam wird von fünf Säulen getragen: die *shahada*, das Glaubensbekenntnis an Gott und Gottes Wort an den Propheten Mohammed; das *salat* oder Gebet, idealerweise fünfmal täglich; die *zakat* (Mildtätigkeit), die moralische Verpflichtung, den Bedürftigen zu helfen; das *sawm*, das Fasten, das tagsüber während des Monats Ramadan praktiziert wird; und der Hadsch, die Pilgerfahrt nach Mekka und das krönende Glaubenserlebnis im Leben eines jeden Muslims.

Marokkanischer Islam

Alle Muslime halten an den grundlegenden Lehren fest, die Mohammed verkündete. Nach dem Tod des Propheten ergaben sich jedoch ein paar Streitpunkte. Die Omaijaden fochten den Anspruch von Mohammeds Schwiegersohn Ali auf den Titel des Kalifen oder Führers der Gläubigen an. Doch einige Muslime erkannten auch weiterhin nur die Nachfahren Alis an. Sie werden heute als Schiiten bezeichnet. Was die Zahl der Gläubigen betrifft, bildet der Sunnismus des Omaijaden-Kalifats die größte Glaubensrichtung im Islam.

Obwohl die marokkanische Verfassung Religionsfreiheit garantiert, ist es illegal, für das Christentum zu missionieren oder eine ins Arabische übersetzte Bibel zu besitzen.

Es waren die Omaijaden, die Ende des 7. Jhs. den Islam nach Marokko brachten, weswegen Marokko heute nahezu vollständig sunnitisch ist. Marokkos herrschende Alawiten-Dynastie erhebt den Anspruch vom Propheten Mohammed abzustammen, und König Mohammed VI. hat den ungewöhnlichen Rang eines Amir al-Mumineen (Anführer der Gläu-

GESELLSCHAFTLICHE UMGANGSFORMEN

Viele Besucher sind überrascht, wie schnell man in Marokko neue Freunde findet – und auch ein wenig skeptisch. Na ja, wenn man Tee von einem Teppichverkäufer angeboten bekommt, geht's dabei wahrscheinlich eher nicht um Freundschaft. Beobachtet man aber Marokkaner im Umgang miteinander, wird man feststellen, dass die Freundlichkeit nicht aufgesetzt ist. Hier merken sich die Menschen neue Gesichter meist schon im Vorbeigehen und sie grüßen bereits am nächsten Tag freundlich. Es gilt als höflich, stehen zu bleiben und nach dem Befinden zu fragen. Das Begrüßungsritual unter Freunden kann in Marokko schon mal zehn Minuten dauern, da man sich gegenseitig nach Gemütslage, Gesundheit und Familie erkundigt.

Marokkaner gehen großzügig mit ihrer Zeit um und ihre Höflichkeit kann mitunter etwas anstrengend sein, wenn sie einen beispielsweise unbedingt ein Stück begleiten oder zum Mittagessen nach Hause einladen wollen. Um seine Wertschätzung zu zeigen, sollte man am nächsten Tag vorbeischauen und unbedingt den Koch loben.

bigen), was ihn neben seiner Position als Staatsoberhaupt auch zum geistlichen Führer des Landes macht.

Der Film *A Door to the Sky* von Farida ben Lyzaid erzählt von der Rückkehr einer Emigrantin nach Marokko und ihrem Balanceakt zwischen Aktivismus und Tradition.

Marokko folgt der Lehre der Maliki-Schule. Historisch betrachtet war diese Schule weniger strikt. Maliki-*qaids* (Richter) wenden die Scharia, das religiöse Gesetz, gemäß lokalen Traditionen statt als absolutistischen Rechtsgrundsatz an. Dies gilt vor allem im Falle des Familienrechts (*mudawanna*) bei Ehe und Erbschaft.

Marabouts & Zawiyas

Eine wichtige Tradition in Marokko ist die Verehrung von *marabouts* (Heiligen). *Marabouts* sind strenggläubige Muslime, deren Hingabe und Glaubensbekenntnis so tiefgreifend waren, dass ihre reine Gegenwart *baraka*, Segen, verleihen soll – selbst nach ihrem Tode. Marokkaner tun alles, um *marabout*-Mausoleen und *zawiyas* (Schreine) besuchen zu können.

Die *marabout*-Verehrung ist eher mit alten Berbertraditionen und Sufi-Mystizismus zu vereinen als mit dem orthodoxen Islam, der jegliche Form von Götzenverehrung generell ablehnt. *Zawiya*-Besuche sind nur ein kleiner Vorgeschmack für die vielen gläubigen Marokkaner, die sich ein Leben lang auf den Hadsch vorbereiten.

Sufismus in Marokko

Marokko von 1980 bis 2010

Anstieg der Lebenserwartung um 14 Jahre.

Anstieg der Dauer des Schulbesuchs um fünf Jahre.

Anstieg des BNE pro Kopf um 86 % (UNDP).

Es heißt oft, Marokko folge einer der gemäßigsten Formen des Islam. Ein Grund dafür sind die starken Wurzeln, die der Sufismus im Land hat. Der Sufismus ist die mystische Strömung des Islams. Seine Anhänger suchen die Vollendung ihrer Spiritualität, um dem Göttlichen zu begegnen. Das Erlangen jener spirituellen Erleuchtung beinhaltet oft Musik und Gebetswiederholungen (*dhikr*).

Der Sufismus kreist um Orden oder Bruderschaften, sogenannte *tariqas*, die von einem spirituellen Führer gegründet wurden. Die bekanntesten sind die Mevlevis, die Anhänger des Sufi-Dichters Rumi, auch bekannt als die „wirbelnden Derwische" der Türkei. Zwei der wichtigsten *tariqas* Marokkos sind die Tijaniyya und die Boutchichiyya. Die Tijanniyya wurden im späten 18. Jh. von al-Tijani gegründet, der in Fès starb und dort auch begraben liegt. Die Boutchichiyya wurden etwa zur gleichen Zeit gegründet, viele Mitglieder des Ordens bekleiden heute hochrangige Positionen in der marokkanischen Regierung.

Viele Beobachter sehen den Einfluss des Sufismus in Marokko als ein wichtiges Bollwerk gegen den Aufstieg religiös-konservativer und politisch radikaler Formen des Islam wie beispielsweise dem Salafismus.

Marokkanische Küche

Marokkos Küche besteht aus mehr als Couscous und Tajines. Von gekochten Gemüsesalaten über schonend gegartem Fleisch bis hin zu frischen Früchten und Süßspeisen wie Blätterteig mit Orangenblütenwasser gibt's jede Menge köstlicher Versuchungen. *B'saha* – wohl bekomms!

Essen

Marokkanisches Essen ist meistens frisch, aus heimischen Zutaten und hausgemacht. Normalerweise werden Landwirtschaftsprodukte noch ganz traditionell und in kleinen Mengen angebaut. Von Genmanipulation, Chemiekeulen und Mechanisierung kann keine Rede sein, denn fast alle Bauern haben kleine Betriebe und können sich solche Technologien gar nicht leisten, ebenso kein Ökosiegel. Doch auch ohne ein solches Label sind die meisten Erzeugnisse auf den Lebensmittelmärkten mit Sicherheit frei von Chemie und Genmanipulation.

Obst & Gemüse

Knackig, herrlich duftend, intensiv im Geschmack – wer das Obst und Gemüse auf einem marokkanischen Markt gesehen hat, wird auf das fade Grünzeug im Supermarkt daheim lieber erst mal verzichten. Diese Frische ist den Bauern zu verdanken, die warten, bis das Obst und Gemüse ideal reif ist, es von Hand ernten und direkt auf den Suks verkaufen. Reisende heften sich am besten an die Fersen der Scharen von marokkanischen Omis und Restaurantköchen, die die Stände und Obstkarren mit der frischesten Ware kennen. Die Lebensmittel sollten vor dem Essen dennoch immer geschält, gegart oder sorgfältig gewaschen werden, denn europäische Mägen sind den hiesigen Bakterien nicht unbedingt gewachsen.

Fleisch

Fleischliebhaber und umweltbewusste Esser werden in Marokko ihre Streitigkeiten beilegen und gemeinsam ein Essen genießen können. Wenn man die Schafe und Ziegen beobachtet, die über Berg und Tal hoppeln, wird klar, dass die Tiere hier wie im Paradies leben – zumindest bis sie auf dem Teller landen. Und das meiste Fleisch, das in Marokko serviert wird, ist frei von Antibiotika und stammt von Tieren aus Freilandhaltung, die nur Gras und wilde Kräuter fressen. Warum das Lamm- und Hammelfleisch in Marokko so viel besser schmeckt als das Zeug zu Hause, wird einem in den Ausläufern des Hohen Atlas vor Augen geführt.

Saisonales Angebot

Wer bestimmte Sachen besonders gern oder gar nicht mag, kann seine Reise entsprechend zeitlich planen. Das Angebot an Obst, Gemüse, Fleisch und Fisch ist riesig, aber je nach Jahreszeit unterschiedlich. Eine nahezu fehlende Infrastruktur und eine ebenso fehlende harte Währung haben für Besucher zwar einige Vorteile – z. B. die verschlafenen, malerischen Bergdörfer oder die Eimer von Dirhams, die man für ein paar

Saisonale Produkte

Herbst: Feigen, Granatäpfel, Weintrauben

Frühling: Aprikosen, Kirschen, Erdbeeren, Pfirsiche

Sommer: Wassermelonen, Artischocken, Tomaten

Winter: Orangen, Mandarinen, Zwiebeln, Rüben, Möhren, Kartoffeln und anderes Wurzelgemüse

Wer mehr über marokkanisches Essen (und die Kochkunst) erfahren will, kommt eigentlich nicht an Madame Guinaudeaus gefühlvolles *Traditional Moroccan Cooking – Recipes from Fez* vorbei. Es enthält sogar ein Rezept für Kamel-Tajine für 20 Personen!

PREISE FÜR EINE MAHLZEIT

Die Preiskategorien orientieren sich an den Kosten für einen Hauptgang (Abendessen), Getränke und Trinkgeld ausgenommen.

€ bis 70 Dh

€€ 70–150 Dh

€€€ über 150 Dh

Eine Mahlzeit für zwei Personen, einschließlich Wein, kostet in einem Mittelklasserestaurant normalerweise zwischen 250 Dh und 400 Dh; in einem Spitzenklasserestaurant mehr als 400 Dh.

Mittel- und Spitzenklasserestaurants findet man meist in den *villes nouvelles* der Großstädte, wobei es in Fès, Marrakesch und Tanger ein paar lohnenswerte Ausnahmen gibt.

Manchmal wird in den besseren Restaurants ein Bedienungsgeld auf die Rechnung aufgeschlagen. Dasselbe gilt für die marokkanische Mehrwertsteuer, die etwa 10 % beträgt; im Allgemeinen ist diese jedoch im Menüpreis enthalten.

Euros bekommt –, doch der Warenimport leidet darunter: Wer etwa im Herbst Kiwis möchte, bekommt „bloß" frische Feigen.

Bei der Speisenauswahl sollte man auch ein paar geografische Gegebenheiten im Auge haben: Austern aus Qualidia sind in Ouarzazate nicht mehr ganz so frisch, nachdem sie die Bergpässe überschritten haben, und Kirschen aus Sefrou sind in Tiznit schwer zu finden. Wenn man im Urlaub in Meeresfrüchten schwelgen möchte, ist man an der Küste gut aufgehoben, und Vegetarier, die es im Herbst in die Wüste zieht, sollten auf Datteln stehen.

Marokkanische Saucen

Mhammar: Paprika, Kreuzkümmel und Butter

Mqalli: Safran, Öl und Ingwer

Msharmal: Safran, Ingwer und etwas Pfeffer

Qadra: smen (gewürzte Butter) mit Gemüsefond, Kichererbsen und/oder Mandeln

Rechtzeitig aufhören

Hier noch ein wichtiger Tipp: Immer mit der Ruhe! Essen ist in Marokko eine langwierigere und für einen Hosenbund ohne Gummizug vielleicht sogar etwas zu üppige Angelegenheit. Deshalb sollte man sich Zeit lassen und viel Wasser zum Essen trinken, besonders in Kombination mit Wein und im Wüstenklima. Und ein Essen lässt sich in jedem Fall schöner beenden als mit Dehydrierung und Völlegefühl, z. B. mit einer *ktefa* (Milch-*pastilla*: Blätterteig mit gerösteten Mandeln, Zimt und Sahne). Marokkaner feuern ihre Gäste beim Essen zwar an, als ginge es um einen offiziellen Wettbewerb, trotzdem sollte man seinem Instinkt folgen und mit einem *alhamdulallah*! (Gott sei's gepriesen!) aus tiefstem Herzen aufhören, sobald man satt ist.

Kurzinfos – Marokkos Bauern

40 % der Marokkaner leben in ländlichen Gebieten

39 % der Einwohner sind im Landwirtschaftssektor tätig, ein Großteil davon arbeitet in kleinen Betrieben

18 % des marokkanischen Bodens ist landwirtschaftlich nutzbar

Al-Ftour (Frühstück)

Selbst wenn daheim der Tag nur mit einem Kaffee beginnt, wäre es ein kulinarisches Verbrechen, in Marokko aufs Frühstück zu verzichten. Ob auf die Schnelle im Suk oder irgendwo in Ruhe in einem Café – ein Frühstück ist hier immer etwas Wunderbares. Vor 9 Uhr morgens gibt's in Pensionen und Hotels aber selten etwas zu beißen. Frühaufsteher, die als Erstes einen Koffeeinschub brauchen, bekommen ihn im Café oder im Suk.

Ein Frühstück für Champions

Gästen pflegen die Marokkaner von allem das Beste aufzutischen. Die besseren Unterkünfte halten sich an diese Tradition, und zwar jeden Morgen. Wer sich eine Kombination der folgenden Köstlichkeiten mit Kohlehydraten gönnt, ist zumindest kalorienmäßig reif für einen Marathon:

➡ **Ahwa** (Kaffee) ist eine Möglichkeit, nicht zu verachten sind aber auch Café au Lait, *thé b'na na* (Minztee) und *thé wa hleb* (Tee mit Milch), *wa* (mit) oder *bla* (ohne) *sukur* (Zucker).

➡ **Asiir limuun** (Orangensaft)

➡ **Bayd** (Eier) Omelett mit einem Hauch *kamun* (frisch zerstoßener Kreuzkümmel) oder *zataar* (Kreuzkümmel mit geröstetem Sesam).

➡ **Beghrir** Lockere, biskuitähnliche marokkanische Pfannkuchen mit Honig oder Marmelade.

➡ **Französisches Gebäck** Croissants, *pain au chocolat* usw.

➡ **Khuubz** Marokkanisches Brot mit Butter und Marmelade oder Olivenöl und *zataar*.

➡ **Rghaif** Flaches, buttriges marokkanisches Gebäck.

➡ **Sfenj** Marokkanische Donuts (manchmal mit einem frittierten Ei im Loch).

Straßenimbiss

In Straßencafés und an Essensständen bekommt das kontinentale Frühstück dank der marokkanischen Varianten von Pfannkuchen, Donuts, französischem Gebäck, Kaffee und Minztee einen lokalen Touch. Geleitet von der Nase und dem knurrendem Magen findet man in den Suks z. B. Oliven und *jiben* (Ziegen- oder Kuhmilchfrischkäse). Beides schmeckt köstlich zu frischem *khuubz:* Diese marokkanische Variante von Pitabrot wird im Holzofen gebacken, bis sie außen knusprig und innen noch luftig-locker ist; in Papier eingewickelt bekommt man sie in jedem der vielen *hanout* (winzige Läden).

Die Karren der allgegenwärtigen Straßenverkäufer in den Suks sind schwindelerregend hoch mit frischem Obst beladen. Wer noch keinen Saftstand aufgesucht hat, glaubt nicht, wie hoch Orangen gestapelt werden können oder wie herrlich der frisch gepresste *asiir limuun* (Orangensaft) schmeckt.

Im Süden ist *bessara* ein pikantes Frühstück, genau das Richtige für kühle Morgen: eine dampfend heiße dicke Bohnen- und Knoblauchsuppe, gewürzt mit Kreuzkümmel, Olivenöl und einer Prise Paprika. Am leckersten schmeckt er mit *khuubz*, das gerade aus dem Gemeinschaftsofen ein paar Häuser weiter geholt wurde. Die *rghaif* aus luftig-dichtem Blätterteig ähneln plattgedrückten Croissants und werden mit warmem Honig, Aprikosenmarmelade oder köstlichem *tahalout* (Dattelsirup) serviert. Mutige beginnen den Tag mit einem deftigen Eintopf aus Lammkopf oder Kalbsfuß, der in üppigen Portionen aus einem riesigen Kessel, der auf einem improvisierten Gasbrenner bedenklich wackelt, in eine Emailleschüssel gefüllt wird.

Das vitaminreiche marokkanische Arganöl ist sowohl ein beliebtes Kosmetikprodukt als auch ein Vergnügen für Genießer: Dank des Geschmacks nach gerösteten Haselnüssen wird daraus ein hervorragender Dip und ein exotisches Salatdressing.

Marokkanische Snacks

Maiskolben vom Grill

Sandwiches mit brochettes/merguez, Kreuzkümmel, Salz und harissa

Escargots (Schnecken) in Brühe

Eiscreme

Gebäck (marokkanisches oder französisches)

El-Ghda (Mittagessen)

Die üppigste Mahlzeit des Tages ist traditionell das Mittagessen, dem ein ausgedehntes Nickerchen während der heißesten Stunden folgt. Eine solche Pause dauert drei bis vier Stunden, von 12 bis 15 oder 16 Uhr. Bis auf ein paar Touristenläden machen nun fast alle Geschäfte, Ämter etc. dicht.

Für schnelle Esser ist das vielleicht etwas unpraktisch, doch besonders im Sommer sollte man es wie die Einheimischen halten und die Mittagszeit als kleine Erholungspause nutzen. Dann kann man auch bei der Tajine richtig zugreifen, entweder schlicht mit knusprigem Brot oder aufgestockt zu einem 3-Gänge-Menü in einem Restaurant – erst danach weiß man nämlich eine Tasse Minztee und ein Nachmittagsschläfchen richtig zu schätzen.

Vor dem Essen erscheint der Gastgeber meist mit einem Krug und einer Schüssel. Einfach die Hände ausstrecken, dann gießt er Rosenwasser darüber.

Snaks

Wer mittags noch immer satt ist vom üppigen Frühstück in der Unterkunft, kann eine der zahlreichen *snaks* (Imbissbuden) oder eines der Lokale ansteuern, die kleinere Gerichte anbieten. Am besten hält man nach einem Essensstand Ausschau, um den sich die Einheimischen scha-

ESSEN IM RAMADAN

Im Fastenmonat Ramadan essen die meisten Marokkaner nur vor Sonnenaufgang und nach Sonnenuntergang. Das Abendessen gibt's in dieser Zeit noch später als sonst, und für das üppige Frühstück kriechen die Marokkaner superfrüh aus den Federn. Eine beliebte Taktik ist es, die Nacht so lange wie möglich durchzumachen, dann so lange wie möglich zu schlafen und das Nachmittagsnickerchen bis in den frühen Abend auszudehnen. Wer sich diesem Tagesablauf anpasst, kann die Gemächlichkeit, das nächtliche Feiern und das große Ramadan-Fressen richtig genießen.

Von Reisenden wird zwar nicht erwartet, dass sie auch fasten, aber in der Öffentlichkeit zu essen wird missbilligt. Deshalb sind die meisten Restaurants tagsüber bis zum *iftar* (das Abendessen, das das Fasten bricht) geschlossen, auch wenn man in touristischen Gegenden bei telefonischer Vorreservierung Glück haben kann. Wer ein bisschen plant, kommt jedoch auch anders an sein Essen: Man kann sich z. B. Snacks vom Markt holen und diese dann in der Unterkunft verspeisen, Frühstück oder Mittagessen werden auf Wunsch auch auf dem Zimmer serviert.

Fürs *iftar* haben die Einheimischen gute Tipps parat. Dazu gehören alle traditionellen Ramadan-Spezialitäten: *harira* (eine gehaltvolle Suppe), Datteln, Milch, *shebbakia* (süßes Gebäck in Schneckenform, das den Blutzuckerspiegel in die Höhe treibt) und *harsha* (buttriges Hartweizengrießbrot, das frittiert wird, damit es noch fester ist). *Harira* gibt's meistens gratis, selbst bei McDonald's gehört es zum „Ramadan Happy Meal".

ren, oder sucht nach einer Markise mit der Aufschrift *snak*. Viele hart arbeitende Einheimische machen keine lange Siesta und kaufen nur schnell ein Sandwich. Die Marokkaner lieben ihre *snaks*, und wer clever ist, besucht die gleichen Läden wie sie, denn die sind am saubersten und verwenden die frischesten Zutaten.

Das typische *snak*-Angebot sieht so aus:

- **Brochettes** Kebab mit Salz und Gewürzen und am Spieß gegrillt. Dazu gibt's *khuubz* und *harissa* (Chilipaste), Kreuzkümmel und Salz. Die Renner sind Lamm, Huhn, *kefta* (pikante Fleischbällchen aus Lamm- und/oder Rinderhack) und „gemischtes Fleisch" (meistens Lamm oder Rind mit Herz, Nieren und Leber) mit sehr ausgeprägtem Geschmack.
- **Merguez** Hausgemachte, scharfe, würzige Lammfleischwurst, nicht zu verwechseln mit *teyhan* (gefüllte Milz; leberähnlich, nur weniger bitter und zarter): *Merguez* ist rötlich, *teyhan* eher blass.
- **Pizza** Gibt's mittlerweile in den schickeren *snaks* für die kosmopolitische Mittelklasse, zu erkennen an der Werbung für ihre Holzöfen. Lecker ist die lokale Variante mit Oliven, Zwiebeln, Tomaten, Sardellen aus dem Atlantik und wildem Thymian.
- **Shwarma** Gewürztes Lamm oder Huhn, am Spieß gegrillt. Als Beilage gibt's *tahina* (Sesamsauce) oder Joghurt, wahlweise Zwiebeln, Salat, *harissa* und etwas *sumac* (säuerliches, violettes Gewürz – sehr zu empfehlen).
- **Tajines** Berühmte marokkanische Eintöpfe, zubereitet in konischen Tontöpfen, was das Fleisch supersaftig und weich macht. Die *snaks* auf der Straße bieten eine einfache Version mit wenigen Zutaten an. Der Eintopf brodelt über einem Campingkocher oder *kanun* (befeuerter Tontopf) und wird auf einem wackeligen Klapptisch serviert. Oft kann man seine Tajine selbst auswählen; Qualitätsmerkmale sind eine Garzeit von ein bis zwei Stunden, karamellisierte Zwiebeln und eine gut eingekochte Sauce. Das Ganze wirkt etwas primitiv, doch davon sollte man sich nicht abschrecken lassen. Also einen Stuhl schnappen und reinhauen – das *khuubz* benutzt man an Stelle von Besteck.

Marokkanischer Energieschub

Einige marokkanische Nobelrestaurants, die abends ein *diffa* (Festmahl) für Touristenhorden auftischen, servieren mittags ein einfacheres Menü.

Dann ist die Bedienung relaxter und das Essen um einiges günstiger. Gespart wird an der Livemusik und am (sonst obligatorischen) Bauchtanz – das gibt's dann ja abends wieder. Ein Mittagessen mit drei Gängen klingt üppig, aber meist verbirgt sich dahinter lediglich eine übersichtliche Auswahl an köstlichen Gemüsegerichten, gefolgt von lockerem Couscous und/oder einer kleinen Tajine mit Huhn oder anderem Fleisch, alles gekrönt von Minztee, Gebäck und Obst.

➡ **Mezze** (Vorspeise) Fast schon ein Gericht für sich. Frisches Brot und drei bis fünf Teller mit gekochten Gemüsesorten, z. B. Rote-Bete-Salat plus Zitrone und Schnittlauch, Kräuterkartoffeln, Kichererbsen mit Kreuzkümmel, eine Sauce aus getrockneten Tomaten und karamellisierten Zwiebeln, Kürbismus mit Zimt und Honig oder Püree aus gebratenen, gewürzten Auberginen (auch „Auberginenkaviar" genannt).

➡ **Hauptgang** Meistens besteht der Hauptgang aus einer Tajine und/oder Couscous und ist eine Erfahrung, die man sich nicht entgehen lassen sollte, besonders freitags. Die üblichen Tajines sind *dujaj mqalli bil hamd markd wa ziitoun* (Hühnchen mit eingelegten Zitronen und Oliven – pikanter Geschmack, samtige Konsistenz), *kefta bil matisha wa bayd* (Fleischbällchen in gehaltvoller Tomatensauce mit einer Prise scharfer Gewürze und einem Spiegelei obendrauf) und *lehem bil berquq wa luz* (zartes, vom Knochen fallendes Lammfleisch mit Pflaumen, Mandeln und Zwiebeln in Safransauce). Wer länger in Marokko bleibt, ist der Standard-Tajine mit Huhn und Oliven sicher irgendwann überdrüssig. Hier bietet eine besondere regionale Variante Abhilfe und macht aus einem Tajine-Fan einen echten Kenner, der die leidenschaftlichen Debatten der Marokkaner über so wichtige Dinge wie die Dicke der Zitronenschale oder den Salzgehalt der Oliven nachvollziehen kann. Varianten

Für das Essen in Pensionen sorgen meist *dadas*, die Meisterinnen der traditionellen Küche Marokkos sind. Sie kochen Festmähler aus frischesten Zutaten – und das oft ohne Rezept oder Messbecher. Wenn es geschmeckt hat, sollte man der Köchin persönlich danken, denn das gehört zum guten Ton und bringt gute *baraka* (Segenswünsche) mit sich.

MAROKKANISCHE KÜCHE FÜR VEGETARIER

➡ **Frühstück** Marokkanisches Gebäck, Pfannkuchen, frisches Obst und frisch gepresster Orangensaft bilden die Grundlage. Wer es lieber herzhaft mag: Ziegenkäse und Oliven frisch vom Suk sind wie geschaffen für das frisch gebackene *khuubz* (Brot). *Bessara* wiederum ist eine leckere, meist fleischlose Bohnensuppe. Um die Kessel an der Straße sollten Zartbesaitete allerdings besser einen Bogen machen, denn darin brodelt meist Schnecken- oder Schafskopfsuppe.

➡ **Mittagessen** Empfehlenswert ist *mezze*, eine Salat- und Gemüseauswahl, zu der frisch gebackenes Brot gereicht wird. Von Gurken in Orangenblütenwasser bis zu Roter Bete mit Kräutern und Kaffir-Limette ist hier alles dabei. Manchmal können Vegetarier eine Berber-Tajine aus Gemüse bestellen oder Couscous mit sieben Gemüsesorten nach Casablanca-Art. Die Zutaten werden täglich frisch in kleinen Mengen besorgt, wobei der Küchenchef Vegetarier eventuell nicht in seine Planung mit einbezieht; wer die Gelegenheit hat, ruft am besten vorher an. Günstige Pizza gibt's auch fast überall; wir empfehlen die Variante mit regionalen Kräutern und Oliven.

➡ **Snacks** An den Marktständen warten Berge von getrockneten Feigen, Datteln und Aprikosen neben gewaltigen Pyramiden aus gerösteten Nüssen mit Salz, Honig, Zimt, Rohrzucker oder Peperoni auf Käufer; Kichererbsen und andere Hülsenfrüchte werden geröstet und in einem Papiertütchen mit Kreuzkümmel und Salz serviert. Das sollte man sich nicht entgehen lassen! Zur Teezeit bieten schicke Restaurants *briouats* (zigarrenförmiges Gebäck gefüllt mit Ziegenkäse oder mit Eiern und Kräutern), Häppchen, Backwerk und Kuchen an. Wenn das alles nicht reicht, gibt's immer noch Eiscreme, außerdem bekommt man spätestens im nächsten Teppichladen Minztee mit Keksen oder Nüssen.

➡ **Abendessen** Eine herzhafte Abwechslung von Salaten und Couscous sind vegetarische Pastagerichte (alles mit Aubergine schmeckt besonders gut) oder Omeletts (meist in Begleitung von Pommes frites). In vielen marokkanischen Pensionen kann man morgens vor Verlassen des Hauses eine vegetarische Tajine aus marktfrischen Zutaten bestellen. Nur schade, dass das zu Hause nicht auch so funktioniert ...

der Klassiker sind also üblich, aber kein Restaurant, das etwas auf sich hält, wird jemals eine geschmacklose, zähe, wässrige oder verkochte Pampe auftischen.

➡ **Dessert** Mittags ist der übliche Nachtisch süßer Minztee mit Mandelkeksen. Auch wer jetzt eigentlich schon fast platzt, findet nach einem Bissen *kaab al-ghazal* (sichelförmige „Gazellenfüßchen", gefüllt mit Mandelmus und aromatisiert mit Orangenblütenwasser) plötzlich doch noch etwas Platz im Magen. Mit Leichtigkeit und Frische besticht die säuerlich-süße *orange à la cannelle* (Orangenschnitze mit Zimt und Orangenblütenwasser).

Auf scharfe Sauce sollte man verzichten. Tajine mit *harissa* (Chilipaste) wird meist in Tunesien serviert – Marokkos Hauptrivale in der Küche und auf dem Fussballfeld.

L'Asha (Abendessen)

Abends wird in Marokko selten vor 20 oder 21 Uhr gegessen, also immer erst nach der Arbeit und eventuell nach einem abendlichen Spaziergang. Die meisten Marokkaner essen daheim, aber junge Berufstätige, Studenten und Junggesellen steuern auch gern einen *snak* oder die Pizzeria um die Ecke an. Im Winter bieten Straßenverkäufer aus dampfenden Kesseln *harira* feil, eine Tomatensuppe mit Zwiebeln, Safran, Koriander und oft Linsen, Kichererbsen oder Lamm. Sie wird, zusammen mit den Resten vom Mittagessen, oft auch zu Hause gegessen, außer im Ramadan und zu anderen Feierlichkeiten.

Diffa

Ein dickerer Geldbeutel und großer Hunger führen abends vielleicht eher in ein Restaurant als in einen *snak*. Fast alle gehobenen Restaurants tischen Reisenden in Palastambiente ein opulentes *diffa* (Festessen) zum Festpreis auf. Eine solche abendfüllende Veranstaltung umfasst meist auch Bauchtanz, Livemusik, Wein und Bier.

In den Palastrestaurants gibt's allerdings eine Portion Kitsch als Beilage, denn bei der Deko scheint Ali Babas Wunderlampe mit im Spiel gewesen zu sein: Überall sieht man blinkende Messingleuchten, glänzende Spiegel, drapierte Zeltbahnen und Kissen mit Quasten. In der Regel zahlt man auch eher fürs Ambiente als fürs Essen. Letzteres variiert von leckeren lokalen Spezialitäten bis zu Massenfutter. Als Faustregel gilt: Wenn der Laden so riesig ist, dass die Unterhaltung ein Echo erzeugt, und auf der Bühne eine Lasershow zuckt, sollte man weder

GÖTTLICHES COUSCOUS

Die Berber nennen es *seksu*, für Craig Claiborne, den berühmten Gastronomiepapst der *New York Times*, ist es eines der zwölf besten Gerichte der Welt, und in Marokko bedeutet Couscous quasi Mittagessen. Die Rede ist aber nicht von dem gelblichen Zeug in Kartons, das mit kochendem Wasser übergossen wird und drei Minuten ziehen muss. Marokkaner meinen vielmehr eine feine, helle, von Hand gerollte, körnige Pasta, die vorsichtig über einer aromatischen Brühe gedämpft wird, bis sie weich und locker ist. Dazu gibt's Gemüse und/oder Fleisch oder Fisch in einer vorzüglich abgeschmeckten Reduktion aus Fond und Gewürzen.

Da Zubereitung und Verzehr eines richtigen Couscous dauern, widmen sich Marokkaner dem Ritual meist nach dem Freitagsgebet, wenn viele den restlichen Tag oder Nachmittag frei haben. Couscous ist keine Beilage, sondern ein Hauptgericht eines typischen Mittagessens am Freitag. In Casablanca werden dazu sieben Gemüsesorten serviert, in Fès Berge von Lammfleisch und Gemüse und in Essaouira Tomaten, Fisch und frische Kräuter. Viele superleckere Varianten sind fleischlos, z. B. Kürbis-Couscous aus Marrakesch oder das einfache, aber köstliche Eintopfgericht mit geschmorten Zwiebeln aus dem Hohen Atlas. Strenge Vegetarier sollten sich aber vorher erkundigen, ob der herzhafte Fond ebenfalls rein pflanzlich ist. Hin und wieder bekommt man Couscous auch als Einzelgericht à la carte, aber meistens bildet es einen der Höhepunkte eines mehrgängigen Mittagsmenüs oder einer *diffa*. Wer's probiert hat, weiß warum.

MECHOUI – MAROKKANISCHER FESTTAGSBRATEN

Besondere Gelegenheiten verlangen nach *mechoui*, Marokkos Festtagsbraten. Dafür wird ein ganzes Lamm mit Butter, Knoblauch, Kreuzkümmel und Paprika bestrichen und langsam über einem speziellen Grill gegart. Irgendwann ist das Fleisch so butterweich, dass es fast vom Knochen ins Feuer fällt – oder in den Mund, je nachdem, was sich gerade darunter befindet. In manchen Regionen ersetzt ein Kalb das Lamm oder die Füllung besteht aus einer Mischung aus Mandeln (oder anderen Nüssen) und Backpflaumen (oder anderen Trockenfrüchten) oder Couscous. Manchmal gibt's dazu Kebab oder *kwa* (gegrillter Leberkebab mit Kreuzkümmel, Salz und Paprika). In den Genuss von *mechoui* kommt man auf marokkanischen Hochzeiten oder in der Mechoui-Gasse am Jemaa el Fna in Marrakesch, wo es um die Mittagszeit mit Oliven und Brot serviert wird. Nach diesem Mahl sollte man keine schweren Maschinen mehr bedienen und keine langen Museumstouren unternehmen: Nun kann nämlich auch noch so viel Minztee das Nickerchen nicht mehr ersetzen.

eine persönliche Bedienung noch authentische marokkanische Speisen erwarten.

Ob man nun bei privaten Gastgebern (Glückspilz) oder im Restaurant isst – das üppige *diffa* enthält immer eine Kombination aus den folgenden Leckereien:

- **Mezze** Normalerweise gibt's bis zu fünf kleine Vorspeisen; in den nobelsten Palastrestaurants von Marrakesch und Fès bekommt man sogar sieben bis neun.
- **Briouat** Buttriges, gebackenes oder frittiertes Gebäck in Dreiecks- oder Zigarrenform, gefüllt mit Kräutern und Ziegenkäse, pikantem Fleisch oder Eiern.
- **Pastilla** Die pikant-süße Tarte ist zu Recht berühmt. Sie besteht aus geschichtetem *warqa*-Teig (noch dünner als Blätterteig), gefüllt mit Taube oder Huhn, karamellisierten Zwiebeln, Zitronen, Eiern und gerösteten Zuckermandeln. Obendrauf kommt ein Hauch Zimt und Puderzucker.
- **Couscous** Nach lokaler Tradition unterschiedlich zubereitet; Couscous-Varianten können aus Gerste, Weizen oder Mais gemacht sein.
- **Tajine** Oft hat man die Wahl zwischen mehreren Varianten.
- **Mechoui** Oder ein paar regionale Spezialitäten.
- **Dessert** *Orange à la cannelle*, *ktefa* (mit Sahne und gerösteten Nüssen), *briouat bil luz* (*briouat* mit Mandelpaste), *sfaa* (süßer Zimt-Couscous mit Trockenobst, Nüssen und Sahne) oder *kaab al-ghazal*.

Ras el hanout (wörtlich Kopf des Ladens) ist Marokkos allgegenwärtige Gewürzmischung. Jeder Gewürzladen bietet seine eigene Mischung an, wobei Kreuzkümmel, Koriander, Zimt, Nelken und Ingwer immer dabei sind.

Getränke

Um das *diffa* runterzuspülen und nicht auszutrocknen, ist reichlich Flüssigkeit nötig. Tags wie nachts sollte man reichlich gereinigtes oder in Flaschen abgefülltes Wasser trinken. Abhilfe schaffen z.B. Orangensaftverkäufer, die sich selbst lautstark über den grünen Klee loben, oder Wasserverkäufer, die Tajine-förmige Fransenhüte tragen und Kupferschalen aneinanderschlagen.

Weil das marokkanische Leitungswasser nicht immer genießbar ist, sollte man sich lieber an behandeltes Wasser oder einheimisches Mineralwasser halten. Die bekanntesten Marken sind Sidi Ali und Aïn Saiss zusammen mit dem sprudelnden Oulmes.

Angebotenen Minztee darf man nicht einfach runterstürzen und wieder gehen. Dieses Getränk ist der Inbegriff marokkanischer Gastfreundschaft und üblicherweise dauert das Trinken mit allem Drumherum eine gute halbe Stunde. Wer die Ehre hat, ausschenken zu dürfen, gießt das erste Glas wieder zurück in die Kanne, damit der Tee etwas abkühlt und sich der Zucker auflöst. Dann wird von rechts mit dem Einschenken angefangen;

dabei die Kanne so hoch wie möglich über dem Glas halten, ohne etwas daneben zu schütten – die Gastgeber werden mächtig beeindruckt sein.

Marokkanischer Minztee (auch „Berber-Whiskey" genannt) ist üblich nach jeder Mahlzeit, aber es gibt auch Kaffee. Meist kommt er aus der französischen Pressstempelkanne und ist so kräftig, dass er einen direkt durch die Suks und in die Stratosphäre katapultiert. Marokkaner bevorzugen ihren Kaffee stark und schwarz; wem das nicht liegt, der sollte um *nus-nus* („halb und halb") bitten, der Kaffee wird dann mit aufgeschäumter Milch gemischt.

Feinschmecker, für die Speisen aus dem Nahen Osten gleichbedeutend mit denen der libanesischen Küche sind, werden dank Claudia Rodens Arabesque: *A Taste of Morocco, Turkey and Lebanon* eines Besseren belehrt. Der Streifzug durch die marokkanische Küche wurde 2007 mit dem James Beard Award (dem Oscar der Kochkunst) ausgezeichnet.

Bier, Wein & Spirituosen

Ja, man kann in Marokko Alkohol trinken, ohne die örtlichen Empfindlichkeiten zu verletzen, solange es diskret geschieht. In den Medinas und im Umkreis einer Moschee wird Alkoholkonsum nicht gerade gern gesehen, auch ist eine Lizenz für den Ausschank nur auf umständliche, bürokratische Art zu erhalten, und dennoch umschiffen viele Pensionen und Restaurants diese Klippe, indem sie Alkohol im Flüsterton und drinnen oder auf einer Terrasse anbieten. Wer also Lust auf ein Bier hat und auf der Karte keines findet, fragt einfach den Kellner – aber bitte leise.

In einem muslimischen Land, in dem es verständlicherweise kaum Barkeeper, Mikrobrauer und lizenzierte Sommeliers gibt, darf man keine Qualitätsgarantie erwarten, außerdem kennt sich der Kellner mit den angebotenen Weinen oftmals nicht aus. Da die guten Tropfen beim Transport und während der Lagerung häufig hohen Temperaturen ausgesetzt sind, sollte man in der Anwesenheit des Kellners einen Schluck probieren, das gilt besonders für Rotwein. Wenn das Getränk nicht ganz lupenrein scheint, sollte man es zurückgehen lassen; der Kellner wird es einem glauben.

Bier

- **Casa** Leckeres, einheimisches Pils.
- **Flag Special** Mit 25 Mio. verkauften Einheiten pro Jahr ist das günstige Getränk Marokkos beliebtestes Bier.

EIN BLICK IN REGIONALE KOCHTÖPFE

Diese tollen regionalen Spezialitäten weisen den Weg quer durch Marokko:

Casablanca *Seksu bedawi* (Couscous mit sieben Gemüsesorten)

Chefchaouen *Djaj bil berquq* (Hühnchen mit Backpflaumen)

Demnate *Seksu Demnati* (Couscous aus Mais oder Gerste statt Weizengrieß)

Essaouira *Hut mqalli (*Fisch-Tajine mit Safran, Ingwer und eingelegten Zitronen), *djej kadra toumiya* (Hühnchen mit Mandeln, Zwiebeln und Kichererbsen in buttriger Safransauce)

Fès *Kennaria* (Eintopf mit Wilddisteln oder Artischocken, mit oder ohne Fleisch), *hut bu'etob* (gebackener Maifisch gefüllt mit Mandeln und Datteln)

Hoher Atlas *Mechoui* (gefüllter Lamm- oder Rinderbraten)

Marrakesch *Bessara* (dicke Bohnen mit Kreuzkümmel, Paprika, Olivenöl und Salz), *tanjia* (im Tontopf zubereiteter Eintopf mit gewürztem Lammfleisch, im Feuer eines Hamam acht bis zwölf Stunden gegart)

Meknès *Kamama* (Lammeintopf mit Ingwer, *smen* (marokkanische gewürzte Butter), Safran, Zimt und süßen Zwiebeln)

Südküste *Amlou* (Argannusspaste mit Honig und Arganöl)

Tanger Einheimische Tapas-Variationen und Paella

Wein

➡ **Weiß** Marokkanischer Weißwein gilt als verlässliche Wahl. Zum Angebot gehören der frische Essensbegleiter Larroque, der ausgewogene fruchtige Terre Blanche (eine Chardonnay-Viognier-Sauvignon-Blanc-Mischung), die zitronige halbtrockene Cuveé de Président Sémillant sowie Siroua S, ein erfrischender Chardonnay von der Küste.

➡ **Grauburgunder & Rosé** Beides erfrischende Alternativen, besonders der nicht zu fruchtige Medaillon Rosé de Syrah, die nach Pfirsich schmeckende Cuvée aus Eclipse Grenache und Cinsault, die frische Domaine Rimal Vin Gris, der fruchtige Rosé d'un Nuit d'Été (Sommernachtsrose) aus den Rebsorten Grenache und Syrah sowie der spritzige Spitzenwein Volubilia.

➡ **Rot** Zu den verlässlichen Rotweinen gehören der ausgezeichnete, Burgunderähnliche Terre Rouge aus den Weinbergen der Küste Rabats, der ausgewogene Volubilia aus Marokkos altem römischen Weinanbaugebiet sowie die würzigere Merlot-Syrah-Cabernet-Mischung Sauvignon Coteaux de L'Atlas Premier Cru. Der Guerrouane Rouge ist ein schwerer Rotwein der unteren Preisklasse. Die jüdische Gemeinde Marokkos vermachte dem Land eine interessante Auswahl koscherer Weine.

Auf der Website der Food-Bloggerin Maroc Mama (www.marocmama.com) gibt's jede Menge leckere Rezepte sowie Artikel zu marokkanischem Essen.

Spirituosen

Mahia ist ein aus Feigen hergestellter Branntwein mit einem Alkoholgehalt von etwa 80 %. Geschmacklich kann man ihn zwischen einem italienischen Grappa und einem hochprozentigen Korn ansiedeln. Auf Getränkekarten findet man Mahia eher nicht, denn er wird meist in Eigenregie für den privaten Gebrauch gebrannt. In kleineren Unterkünften wissen manche Gastgeber, wo es welchen gibt, warnen aber gleichzeitig vor dessen Konsum – der anschließende Kater ist nämlich legendär.

Musik

Jede Reise in Marokko wird von einem ureigenen Soundtrack begleitet: dem frühabendlichen *adhan* (Gebetsruf) und dem allgegenwärtige Singsang *Balek* der Eselskarrenfahrer (eine angemessene Warnung, die unbedingt und schnell befolgt werden sollte, da Esel keine Vorfahrt einhalten). Zu diesem musikalischen Chaos kommen noch das laute Wummern aus Taxis, Kofferradios und Straßenständen sowie Livemusik in Restaurants, auf Hochzeiten, an der nächsten Straßenecke und auf den vielen Festivals. Es lohnt sich, in die folgenden Varianten der Maghreb-Musik hineinzuhören.

Klassische arabisch-andalusische Musik

Woher genau stammt diese Musik eigentlich? Von einer Antwort auf diese heikle Frage sieht man besser ab, wenn man nicht den nächsten jahrhundertelangen Konflikt zwischen Spanien und Marokko heraufbeschwören möchte. Aber dieser Stil kombiniert Flamenco-Gitarren und große Emotionen der spanischen Folklore mit fein gestimmten Saiteninstrumenten, Trommelorgien und eindringlichen Halbtonfolgen der arabischen Klassik. Gepaart mit poetischen Texten und dem richtigen Sänger lässt die Musik einen Kloß im Hals entstehen, der das Herunterschlucken der *pastilla* (Taubenpastete) beim Abendessen erschwert.

Beim *haidous* handelt es sich keineswegs um ein musikalisches Rugby-Gedränge. Dieser komplizierte Kreistanz mit einer Band in der Mitte wird oft im Rahmen von Erntefesten aufgeführt.

In Marokko gibt's zwei Hauptrichtungen des Stils: Al-Aala, vor allem in Fès, Tétouan und Salé, sowie Gharnati in Oujda. In Rabat kann man beides hören. Wer die Gelegenheit hat, sollte ein Konzert, einen Musikabend in einem gehobenen Restaurant oder ein Klassikfestival in Casablanca bzw. Fès besuchen. Besonders sehenswert sind die Gharnati-Sängerin Amina Alaoui, Fatiha El Hadri Bardaï und ihr traditionelles, rein weibliches Orchester aus Tétouan sowie Mohamed Amin el-Akrami und sein Orchester, der Star des Festivals der Sakralmusik in Fès.

Gnaoua

Mit beschwingten, bluesartigen und unwiderstehlichen Rhythmen könnte diese Musik Zuhörer in Trance versetzen – was auch der Sinn ist. Die Bruderschaft der Gnaoua entstand unter befreiten Sklaven in Marrakesch und Essaouira als Ritual der Erlösung aus der Sklaverei und der Aufnahme in die Gnade Gottes. Eine echte Gnaoua-*lila* (spirituelle Jamsession) kann die ganze Nacht dauern. Dabei brechen die Musiker in Freudensprünge aus und verfallen in eine tranceartige Ekstase, bei der die Quasten der Fese wirbeln und die Lebensgeister entfesselt werden.

Sehen und hören kann man das Ganze u.a. beim Jemaa-el-Fna-Festival in Marrakesch oder beim alljährlichem Gnaoua- & Weltmusikfestival in Essaouira. Peter Gabriels Musiklabel Real World hat ebenfalls Gnaoua-Künstler unter Vertrag. Zu den Gnaoua-*mâalems* (Meistern) dieses Stils gehören die beständigen Festivalfavoriten Abdeslam Alikkane und seine Tyour Gnaoua, die Fusion-Ikone Hassan Hakmoun, Saïd Boulhimas und seine sehr funkige Band of Gnawas, Nass Marrakech mit indischen Anleihen sowie der vom Reggae inspirierte Omar Hayat. Da Gnaoua historisch eine Bruderschaft ist, sind die meisten bekannten Gnaoua-Musiker männlich. Aber die rein weibliche Sufi-Gruppe Haddarates spielt

Gnaoua-Trancen, die traditionell nur für Frauen gedacht sind, und zu den Familienbands gehören Brahim Elbelkani und La Famille Backbou.

Folkloremusik der Berber

Neben Gnaoua gibt es in Marokko noch jede Menge andere Folkloremusik. Diese basiert auf der uralten Berbertradition, Lieder und Gedichte von einer Generation zur nächsten weiterzugeben. Dörfliche *moussems* (Feste zu Ehren eines örtlichen Heiligen) stehen stets im Zeichen der Musik, etwa das Timitar-Festival der Amazigh-Musik in Agadir, das Festival der Volkskultur in Marrakesch, der Heiratsmarkt in Imilchil und natürlich Hochzeiten sowie andere Familienfeste.

Als bekannteste Berberfolkloregruppe gelten die Master Musicians of Joujouka. Sie inspirierten Größen wie die Rolling Stones, Led Zeppelin und William S. Burroughs und arbeiteten zusammen mit Brian Jones von den Rolling Stones an experimenteller Musik, bei der viel Klirren und Scheppern involviert war. In jüngster Zeit gehören Frauen zu den Stars, darunter die rein weibliche Gruppe B'net Marrakech und die mutige Najat Aatabou, die in der Berbersprache Protestlieder gegen die strengen traditionellen Rollenverhältnisse singt.

Von Ma'Rock bis zu Hibhub

Ebenso wie die restliche arabische Welt hören Marokkaner jede Menge ägyptische Musik, aber der „Marokko-Pop" gewinnt an Boden. Eine ganze Generation von DJs mit frechen Namen wie Ramadan Special oder DJ Al Intifada hat die Kunst des ungewöhnlichen Remixens meisterhaft erlernt. Dasselbe gilt für einige der interessanteren Talente der jüngeren Zeit, darunter die Band Hoba Hoba Spirit, deren kontrovers diskutierter Pop-Punk-Song *Blad Skizo* (Schizophrenes Land) die Widersprüche des modernen Marokko aufzeigt; die einheimische Liedermacherin Hindi Zahra, Marokkos Antwort auf Tori Amos, mit ihren bluesartigen Songs auf der Akustikgitarre; Darga, die Ska und Darija-Rap mit ein paar Bläsern zu marokkanischen Surferhymnen kombinieren; sowie die Bands mit den unverblümten Namen Ganga Fusion und Kif Samba, die eine tanzbare Mischung aus Funk, Berber-Musik, Reggae und Jazz produzieren. Algerische Einflüsse kann man in Marokkos *raï*-Szene hören, besonders stechen Cheb Khader, Cheb Mimoun und Cheb Jellal hervor.

Fragt man auf der Straße irgendeinen Typen in schlabbrigen Cargoshorts und T-Shirt mit dem Slogan MJM (*Maroc Jusqu'al Mort,* Marokko bis zum Tod) nach marokkanischem Pop, erhält man einen Crashkurs in *hibhub* (Darija für Hip-Hop). H-Kayne aus Meknès rappt gangstermäßig

MAROKKANISCHE MUSIKFESTIVALS

März Rencontres Musicales de Marrakech (Klassik), Tremplin (Urban Music)

April Festival der Sufi-Kultur (www.par-chemins.org), Jazzablanca (http://jazzablanca.com)

Mai Jazz aux Oudayas in Rabat, L'Boulevard (www.boulevard.ma) in Casablanca, Mawazine-Weltmusikfestival (www.festivalmawazine.ma)

Juni Festival der Sakralmusik (www.fesfestival.com), Gnaoua- & Weltmusikfestival (www.festival-gnaoua.net)

Juli Festival der Volkskultur in Marrakesch (www.marrakechfestival.com), Voix des Femmes (Frauenstimmen) in Tétouan, Festival Timitar (Imazighen-Musik) in Agadir, Festival du Désert (www.festivaldudesert.ma)

September TANJAzz (www.tanjazz.org)

Oktober Nuits Sonores Tangier (www.nuits-sonores.com/tanger)

und MC Muslim aus Tanger mit Death-Metal-Sound, und Fez City Clan besteht aus einem talentierten Nachwuchsrapper und einem arabischen Streicherensemble. Zu den beliebtesten Festival-Acts gehören DJ Key aus Agadir, der mit seinen remixten Hip-Hop-Standards, abgedrehtem Scratching und Beatboxen begeistert, und Fnaire aus Marrakesch, der marokkanische Traditionsklänge mit abgehacktem Sprechgesang unterlegt. Im Konkurrenzkampf mit *Blad Skizo* um den Titel als Jugendhymne des Jahrzehnts ist Fnaires *Ma Tkich Bladi* (Fass mein Land nicht an) ein echter Ohrwurm gegen den Neokolonialismus mit einem viralen Videoclip auf YouTube.

Internationale Musiker zieht es immer häufiger nach Marokko. Beim Festival der Sakralmusik in Fès treten mehr und mehr Künstler unterschiedlichster Stilrichtungen auf, von Björk bis Patti Smith, und das Mawazine-Weltmusikfestival in Rabat präsentiert Mainstream-Pop von Beyoncé bis Elton John. Letzterer zeigte die manchmal schwierige Lage der Musik in Marokko auf: Die Regierung verteidigte zwar Elton Johns Homosexualität gegen islamistische Kritik, aber marokkanische Musiker müssen sich vorsichtiger verhalten, besonders wenn sie sich zu sozialen Problemen äußern. 2012, nach dem Arabischen Frühling, wurde der Rapper El Haked für ein Jahr ins Gefängnis gesteckt, weil er „die Ehre der Beamten unterminiert" habe: Das Video für seinen Song *Klab ed-Dawla* (Hunde des Staats) zeigte korrupte Polizisten mit Eselsköpfen. El Haked saß zuvor bereits für Kritik an der Monarchie im Gefängnis.

Ma'Rock im Film

This Is Maroc *(2010) Der Road Trip der Hat Trick Brothers.*

I Love HipHop in Morocco *(2007) H-Kayne, DJ Key, Bigg und andere Hip-Hop-Gruppen kämpfen um Auftritte.*

Literatur & Film

Dank Marokkos vielfältiger Erzähltradition blieben Geschichten und Geschichte lebendig. Beim Beobachten der Geschichtenerzähler und Sänger auf dem Djemaa el-Fna in Marrakesch wird deutlich, wie die literarische Tradition trotz Pressezensur so dynamisch und unverwüstlich bleiben konnte. Romanautoren der jüngeren Zeit, etwa Tahar ben Jellou, reflektieren in ihrem Schreiben die Gegenwart der Nation. Das marokkanische Kino ist noch jünger, aber das Land tut viel dafür, sich nicht mehr nur als schillernde Filmlocation hervorzutun, sondern auch mit eigenständigen Produktionen.

Literatur

Eine neue Art von „Beat"

In den 1950er- und 1960er-Jahren erregte Marokkos Literaturszene erstmals internationale Aufmerksamkeit, als sich Paul und Jane Bowles, Autoren der Beat Generation, in Tanger niederließen und dort Geschichten ihrer marokkanischen Bekannten aufschrieben. *Himmel über der Wüste* ist Paul Bowles' berühmtester Marokko-Roman, das Sachbuch *Der Weg nach Tassemit – und andere Reiseerzählungen aus der nichtchristlichen Welt* ist ein wunderbarer Reisebericht. Nach der Begegnung mit den Autoren der Beat Generation betraten marokkanische Schriftsteller die Literaturszene. Wichtige Werke sind u. a. *Ein Leben voller Fallgruben* von Larb Layachi, das unter dem Pseudonym Driss ben Hamed Charhadi veröffentlicht wurde, *Haarige Liebe* von Mohammed Mrabet und *Das nackte Brot* von Mohamed Choukri. Wie viele Werke der Beat-Literatur strotzen diese Bücher nur so vor Sex, Drogen und unerwarteter Poesie, wirken jedoch pfiffiger, humorvoller und herzzerreißender.

Mit *Tangier: A Literary Guide for Travellers* hat Josh Shoemake eine wunderbare Tour durch die vielen Geschichten dieser marokkanischen Stadt geschrieben, in denen von William Burroughs bis Mohamed Choukri viele Autoren ihren Auftritt haben.

Gegen die Atemnot

Ermutigt durch seine freimütigen Kollegen aus Tanger gründete der marokkanische Dichter Abdellatif Laâbi 1966 sein Freigeist-Literaturmagazin *Anfas/Souffles* (Atem) – allerdings nicht in der Internationalen Zone von Tanger (wo alles möglich war), sondern in der königlichen Hauptstadt Rabat. Was als Zeitschrift begonnen hatte, wurde bald zu einer Bewegung von Schriftstellern, Malern und Filmemachern, die Laâbis Protest gegen die Zensur unterstützten. *Anfas/Souffles* erschien in 21 weiteren gewagten Ausgaben, bis die Zensoren das Magazin 1972 einstampften und Laâbi wegen „Meinungsverbrechen" zu acht Jahren Haft verurteilten.

Doch die literarische Bewegung, die Laâbi mit freiem Atmen gleichsetzte, existierte unvermindert weiter. Der *Anfas/Souffles*-Mitbegründer und selbst ernannte „linguistische Guerillero" Mohammed Khaïr-Eddine veröffentlichte 1975 mit seinem streitlustigen *Ce Maroc!* eine Anthologie revolutionärer Schriften. Als Souss-Berber forderte Khaïr-Eddine mit dem Roman *Sein letzter Kampf* (1984) zudem die Anerkennung der Berberkultur und -identität – ein wichtiges Werk der Berber-Pride-Bewegung.

In *Moroccan Folk Tales* (2003) präsentiert Jilali El Koudia 31 klassische Volksmärchen. Das Spektrum reicht vom Berberschneewittchen bis hin zu einer Frau, die sich als Koranschüler verkleidet.

Leben, um zu erzählen

Während der letzten zwei Jahrzehnte wurden weitere mutige, herausragende Stimmen gedruckt, sowohl in Marokko als auch im Ausland. Zu

In *Die Gefangene: Ein Leben in Marokko* beschreibt Malika Oufkir ihre Degradierung von einem Günstling am Hofe zu einer Gefangenen, nachdem ihr Vater ein Attentat auf Hassan II. versuchte. Wie nicht anders zu erwarten, wurde das Buch anfänglich in Marokko verboten.

den berühmtesten Werken einheimischer Autoren zählen *Der Harem in uns. Die Furcht vor dem Anderen und die Sehnsucht der Frauen* und *Geschlecht, Ideologie, Islam* von Fatima Mernissi, einer Feministin und Professorin an der Universität von Rabat. In *Eine Verstoßene geht ihren Weg* und *The Director and Other Stories from Morocco* von Leila Abouzeid aus Rabat werden Geschichten von Marokkanerinnen, die versuchen, ihr Leben selbstbestimmt in die Hand zu nehmen, zu Parabeln für Marokkos Suche nach Unabhängigkeit in postkolonialer Zeit.

In den letzten Jahren gab es immer mehr Zuspruch für marokkanische Schriftsteller, die sich trotz der anhaltenden Pressezensur weiterhin konfliktträchtigen Themen widmen. Tahar ben Jelloun aus Fès lebt mittlerweile im Ausland. Inspiriert durch *Anfas/Souffles* kombinierte er in *Sohn ihres Vaters* poetische Elemente mit seiner Ausbildung als Psychotherapeut; der berühmte Roman handelt von einem Mädchen in Marrakesch, das von seinem Vater als Junge erzogen wird. Die Fortsetzung *Die Nacht der Unschuld* brachte dem Schriftsteller den französischen Prix Goncourt ein. In *Le Savant* liest Bensalem Himmich, Nagib-Mahfuz-Preisträger 2009, zwischen den Zeilen des Gelehrten und politischen Exilanten Ibn Khaldun (1332–1406), der Kriege und seine eigene Isolation zu verhindern sucht. Ein paar neuere marokkanische Romane widmen sich Hoffnung und Trauma der Emigration, darunter das erschütternde *Kannibalen* von Mahi Binebine, Tahar ben Jellouns *Verlassen* und Laila Lalamis gefeiertes *De l'espoir et autres quêtes dangereuses*. Im Jahr 2016 gewann Leila Slimani den Prix Goncourt, Frankreichs Top-Literaturpreis, für ihren Roman *Chanson Douce*.

Im Café Clock in Marrakesch werden wöchentlich Erzählstunden abgehalten, bei denen die letzten traditionellen Geschichtenerzähler vom Djemaa el Fna ihre Magie entfalten und so eine neue Generation an dieser aussterbenden Kunstform teilhaben lassen.

Film

Drehort Marokko

Bis vor Kurzem war Marokko im Kino hauptsächlich als atemberaubende Kulisse vertreten, die den Darstellern in solch zweifelhaften Streifen wie *Sex and the City 2, Prince of Persia: Der Sand der Zeit, Alexander* und *Sahara* problemlos die Show stahl. Doch trotz vieler Peinlichkeiten in Marokkos IMDb-Filmografie hatte das Land auch seine goldenen Momente auf der Leinwand, etwa in Hitchcocks *Der Mann, der zu viel wusste,* Orson Welles' *Othello* und David Leans *Lawrence von Arabien*.

Zudem stellte Marokko seine Vielseitigkeit unter Beweis und diente z. B. als somalische Stuntkulisse für Ridley Scotts *Black Hawk Down*, als Tibet in *Kundun* von Martin Scorsese, als Libanon in Stephen Gaghans *Syriana* und als Irak in *American Sniper* von Clint Eastwood. In *Himmel über der Wüste* (Bernardo Bertolucci) ließ das Land John Malkovich durch seine grandiose Selbstdarstellung alt aussehen und in dem für den Oscar nominierten Streifen *Babel* (2006) hielten die einheimischen Laiendarsteller Mohamed Akhzam und Boubker Ait El Caid locker mit Cate Blanchett und Brad Pitt mit.

Keine einzige Szene des Kinoklassikers *Casablanca* (1942) wurde tatsächlich dort gedreht: Stattdessen entstand der Film auf einem Studiogelände in Hollywood. Vorbild für Rick's Café Américain war das historische Hotel El-Minzah in Tanger.

Durchbruch marokkanischer Regisseure

In der Vergangenheit stammten die Blockbuster in Marokko meist aus Bollywood, Hollywood und Ägypten, doch inzwischen haben die Einwohner mehr Gelegenheiten, Produktionen von Marokkanern über Marokko zu sehen. 2015 stammte die Hälfte der Top-10-Kassenschlager aus heimischer Produktion.

Die Regisseure verbinden das Handwerk der Ouallywood-Filmemacher mit der jahrhundertealten Erzähltradition des Landes und oft auch mit *Cinéma-vérité*-Anleihen, um epische moderne Märchen zu erzählen. 2010 war Nour-Eddine Lakhmaris *Casanegra* Anwärter auf den Oscar für den besten ausländischen Film. In seinem Werk geht's um Jugendliche, die in Casablanca, der „Weißen Stadt", aufwachsen und hier mit den

MAROKKOS KINOREVIVAL

Trotz des kreativen Booms in Marokko fürchten Filmfans um die Zukunft der marokkanischen Kinos, da die Tickets weitaus teurer sind als DVD-Raubkopien. Während 2007 nur 5 % der Bevölkerung ein Kino besuchten, wurden in den Suks von Rabat und Casablanca während einer symbolischen Aktion über 400 000 kopierte Filme beschlagnahmt. 30 Jahre zuvor gab es im Land noch 250 Kinos, 2010 waren es nur noch 30.

Inzwischen setzen sich Kinoliebhaber in Marocco für die Erhaltung und Förderung der alten Filmpaläste als architektonische Wunder und wichtige Denkmäler der alten Erzähltradition ein. Tangers historisches Cinéma Rif aus den 1930er-Jahren wurde 2006 als Cinémathèque de Tanger neu eröffnet, ein gemeinnütziges Kino, das internationale Indie-Filme und Dokumentationen zeigt. Das Cinéma Camera in Meknès – das wohl prächtigste Art-déco-Kino Marokkos – hat nach wie vor Erfolg mit Produktionen aus Ägypten, Hollywood und Bollywood. Hinreißend ist das Wandgemälde „Golden Era Hollywood" am Treppenaufgang zum Kinosaal.

dunklen Aspekten des Lebens konfrontiert werden. Zu weiteren aktuellen Highlights zählt Latif Lahlous 2010 erschienener Film *La Grande Villa,* in dem die kulturelle und persönliche Anpassung eines Pärchens beleuchtet wird, das von Paris nach Casablanca zieht.

Mittlerweile gelten europäisch-marokkanische Produktionen als wichtiger Bestandteil internationaler Filmfestivals. Besonders sehenswert sind Faouzi Bensaïdis epische Familiengeschichte *Mille mois* (Tausend Monate), Gewinner des Premier Regard auf dem Filmfestival in Cannes 2003, und Laïla Marrakchis 2005 in Cannes aufgeführter Film *Marock* über ein muslimisches Mädchen und einen jüdischen Jungen, die sich ineinander verlieben. Nach *Heaven's Doors* (2006), einem Film über verschiedene Menschen in persönlichen Krisensituationen, machten sich die beiden spanisch-marokkanischen Regisseure Swel und Imad Noury mit *The Man Who Sold the World* (2009), einer existenzialistischen Fabel à la Dostojewski mit Schauplatz Casablanca, auf Festivals einen Namen.

Der Zuspruch der Kritiker und die Unterstützung der Regierung förderten neue Einflüsse und Formate. Junge Regisseure können eine neue Filmschule in Marrakesch besuchen und ihre Werke auf Kurzfilmfestivals zeigen, etwa im Oktober in Rabat oder in Tanger. Auch immer mehr Frauen treten ins Rampenlicht, darunter Farida Benlyazid mit ihrem 2005 erschienenen *The Dog's Life of Juanita Narboni*, der Geschichte einer spanischen Einwanderin in Tanger in den 1930er- bis 1960er-Jahren, oder die talentierte Mahassine El Hachadi, die 2010 bereits den Kurzfilmpreis des Internationalen Filmfestivals in Marrakesch gewann, als sie noch auf der Filmhochschule studierte.

Leila Kilanis *Les Yeux Secs* (2003) war ein weiterer Durchbruch: Sie filmte nicht nur in der Berbersprache statt in Arabisch, sondern beschäftigte sich auch mit schwierigen Themen wie Frauenhandel und Prostitution. Diese sozialkritische Haltung trifft zwar nicht überall auf Gegenliebe, aber die Filmemacher scheuen sich nicht, sich dieser Kritik im Namen künstlerischer Freiheit entgegenzustellen. Der Film *Much Love* (2014) von Regisseur Nabil Ayouch wurde wegen der Thematisierung der Prostitution verboten, Mohammed Ahed Bensoudas *Behind Closed Doors* hingegen, der aus demselben Jahr stammt, und der von sexueller Belästigung von Frauen am Arbeitsplatz handelt, führte zu einer nationalen Debatte und zu einer Änderung entsprechender marokkanischer Gesetze.

Marokko ist nicht nur Drehort für Kinofilme – auch große TV-Produktionen sind hier zu Gast: So dienen in *Games of Thrones* die Mauern von Essaouira und Aït Benhaddou als Kulissen für die umherziehende Drachenkönigin Daenerys Targaryen.

Wie groß ist Bollywood in Marokko? Rund ein Drittel aller in Marokko gezeigten Filme stammen aus Bollywood, und Stars von Shah Rukh Khan bis Amitabh Bachchan stehen regelmäßig auf dem roten Teppich des Internationalen Filmfestivals von Marrakesch.

Kunst & Kunsthandwerk

In Marokko steht die übliche Hierarchie von Kunst und Handwerk auf dem Kopf: Das traditionelle Kunsthandwerk wird als alt und ehrwürdig angesehen, während die bildenden Künste als neuere Strömung gelten. Verzierungen sollen spirituell erbaulich sein, Gegenstände ohne Gebrauchswert und rein repräsentative Bilder hingegen werden für sinnlos gehalten oder sogar als Ausdruck reiner Eitelkeit an der Grenze zur Abgötterei erachtet. So ist die marokkanische Szene für zeitgenössische Kunst nach wie vor klein. Das wunderschöne Kunsthandwerk hingegen hält in Form von Teppichen, Leder-, Keramik- und Metallarbeiten typische marokkanische Souvenirs bereit.

Mahi Binebine schafft ätherische Figuren aus Bienenwachs, die aufeinanderprallen, auseinanderdriften und sich gegenseitig nicht sehen. Hassan Echair entwirft hängende Objekte in prekärer Balance: weiße Zaunpfähle, Kohle, in Fäden eingewickelte Zweige. Larbi Cherkaoui gestaltet bewegte, eindringliche Kalligrafie auf Ziegenhaut.

Bildende Kunst

Vielleicht ist die zeitgenössische marokkanische Kunst so ergreifend und eindrücklich, weil sie ins Abseits gedrängt wurde. Sie drückt Hoffnung und Frustration aus, die man instinktiv versteht, während sie sich der Medienzensur entzieht.

Neue Kunstwerke aus Marokko sind keine kitschigen Gemälde mit augenklimpernden verschleierten Damen und finsteren, turbantragenden Kriegern, obwohl man solche Arbeiten immer noch in den Touristenläden findet. Solche Bilder basieren auf der französischen Orientalismustradition des 19. Jhs. und sind größtenteils für den Export bestimmt, was sich zeitgenössische marokkanische Künstler wie Hassan Hajjaj clever zunutze machen. Hajjajs provokative Fotos verschleierter Frauen entsprechen nicht den Erwartungen: Eine toughe Lady mit einem Schleier mit Nike-Logo im Rapperstil hält ein Friedenszeichen hoch, über ihrem Mund prangt der Schriftzug „Just Do It", während seine „Kesh Angels"-Serie weibliche Biker auf den Straßen von Marrakesch zeigt.

Die Wurzeln der marokkanischen Kunstszene liegen in den 1950er- und 1960er-Jahren, als Folklorekünstler in Essaouira und Tanger charakteristische Gemälde und Skulpturen schufen, indem sie auf Berbersymbole und heimische Materialien zurückgriffen. Landschaftsmalerei entwickelte sich zu einer beliebten Methode, um den Heimatstolz auf Essaouira und Asilah auszudrücken. In Rabat und Casablanca wurde abstrakte Malerei zu einem wichtigen Werkzeug des poetischen Ausdrucks.

Marrakeschs Kunstszene kombiniert elementare Formen mit traditionellen Naturmaterialien und manifestiert damit abstrakte Kunst in Marokko als indigene Kunstform. Die Kunstszene ist in den letzten zehn Jahren richtig durchgestartet: 2005 wurde die **Marrakech Biennale** (S. 69) ins Leben gerufen und 2009 fand Marokkos erste internationale Kunstmesse statt.

Im Café Clock (in Fès und Marrakesch) kann man sich in traditioneller arabischer Kalligraphie ausprobieren und etwas über deren Geschichte lernen.

Kalligrafie

Die Kalligrafie ist Marokkos am meisten geschätzte Form der bildenden Künste, die in den letzten 1000 Jahre in den *medersas* (Religionsschulen) gepflegt und perfektioniert wurde. Doch die Kalligrafie beschränkt sich nicht nur auf Koranverse, sondern ist auch auf gefliesten Wänden, den

NACHHALTIGE SOUVENIRS

Gebrauchte Reifen sind nicht biologisch abbaubar und ihre Verbrennung erzeugt giftige Gase. Aber wenn sie von marokkanischen Handwerkern geschickt bearbeitet werden, entstehen daraus fabelhafte Einrichtungsgegenstände. Spiegelrahmen aus Reifenprofilen lassen jeden Eingang peppig und kosmopolitisch aussehen und Teetabletts aus Reifenschläuchen sind ideal zur Bewirtung von Motorradgangs. Die beste Auswahl haben die Reifenkunst-*mâalems* (Kunsthandwerksmeister) am Südende der Rue Riad Zitoun el-Kedim in Marrakesch.

Innenseiten von Stuckbogen und in Holzschnitzereien zu sehen. Aufmerksame Betrachter werden feststellen, dass verschiedene kalligrafische Stile ein und denselben Text manchmal ganz anders wirken lassen. Mal bedeckt ein Wort eine ganze Seite, dann wieder wird es in Blumen verwandelt oder die Buchstaben werden zu grafischen Mustern verschlungen, die an Origami erinnern.

Gedruckte Korane sind meist im Naskhi-Stil verfasst, einer geneigten Kursivschrift, die einst von den Omaijaden eingeführt wurde. Als Markenzeichen des Thuluth-Stils gelten meisterhaft verschlungene Kursivbuchstaben, die bestimmte Muster oder dichte Geflechte bilden. Besonders eindrucksvolle Schriftzeichen prägen den irakischen Kufi-Stil, der in Marokko in drei Hauptvarianten vertreten ist: Eckige, geometrische Buchstaben kennzeichnen das quadratische Kufi, die Buchstaben des blühenden Kufi enden in floralen Elementen und die Variante des Flechtkufi ähnelt komplizierten Seemannsknoten.

Mehr über die Entstehung dieser fantastischen traditionellen Kunstform und wo man sie findet erfährt man im Buch *Die Kunst der islamischen Kalligrafie* von Abdelkebir Khatibi und Mohammed Sijelmassi.

In jüngster Zeit haben zeitgenössische Künstler die Kalligrafie als Ausdrucksform wiederentdeckt, wobei sie die eleganten Schwünge alter Schriften mit urbanen Graffiti kombinieren. Farid Belkahias rätselhafte Henna-Symbole und Larbi Cherkaouis eindrucksvolle Werke zeigen, dass Kalligrafie auch ohne eine literarische Bedeutung poetisch sein kann.

Handwerkskunst

Wer genug von steriler Moderne hat, sollte sich in den Suks die genialen Arbeiten ortsansässiger *mâalems* (Handwerksmeister) ansehen. Die meisten marokkanischen Designwunder entstehen ohne Computermodelle oder sogar Stromanschluss. Als Hilfsmittel dienen lediglich Einfallsreichtum, ein Auge für Farben und Formen sowie ruhige Hände, denen man sein Leben anvertrauen würde.

All das erfordert Erfahrung. In Fès dauert die Ausbildung zum Keramik-*mâalem* mindestens zehn Jahre. Ein *zellij*-Hersteller benötigt für eine einzige Form drei bis vier Monate – und bei 360 Formen, die erlernt werden müssen, ist dies eine Lebensaufgabe. Wer einem *maâlem* bei der Arbeit zuschaut, dem signalisiert die Sicherheit der Handbewegungen (und nicht etwa die Geschwindigkeit), dass hier etwas Großes entsteht. Techniken und Werkzeuge werden traditionell von einer Generation an die nächste weitergegeben und der freundschaftliche Wettstreit zwischen Nachbarn fördert die Kreativität.

Mâalems brauchen keine riesigen Verkaufsräume. Stattdessen erschaffen sie wahre Wunder in winzigen Kämmerchen in den Suks, jeder auf ein traditionelles Handwerk spezialisiert. Kunsthandwerker in ländlichen Gebieten stehen da in nichts zurück: Viele marokkanische Dörfer sind bekannt für einen bestimmten Stickereistil oder besondere Teppichmuster. Die meisten Kunsthandwerker in den Suks sind zwar Männer, aber manchmal entdeckt man auch weibliche *maâlems* in den Dörfern des Antiatlas und des Mittleren Atlas beim Teppichknüpfen, entlang der Südküste beim Weben oder in Fès, Salé und Safi beim Bemalen von Keramik.

Zu Khadija Kabbajs Arbeiten gehören Korbtische, mumifizierte Barbies und andere subversiv angewendete Traditionen. Hicham Benohoud gestaltet Selbstporträts mit Gesichtern, die von Papierfetzen, Notizzetteln und Korken verdeckt sind. Hassan Hajjaj macht Pseudo-Modefotos von Frauen mit Louis-Vuitton-Schleiern und Dschellabas mit der marokkanischen Flagge.

Teppiche

Mithilfe der Fotos in Brooke Pickerings, W. Russell Pickerings und Ralph S. Yohes informativem Buch *Moroccan Carpets* kann man Herkunft und Art jedes Teppichs bestimmen, der einem auf mysteriöse Weise nach Hause gefolgt ist.

Wer es schafft, ohne Teppich aus Marokko zurückzukehren, der kann stolz auf sich sein, denn er gehört zu den Wenigen, die die gerissensten Händler der Welt ausgetrickst haben.

Marokkanische Teppiche sind die Lieblinge fast aller Reisenden, da es für jeden den perfekten Teppich gibt – und auch wenn es wie altkluges Gewäsch über Seelenverwandtschaft klingt: Das ist kein Zufall. Im ländlichen Marokko fertigten Frauen traditionell Teppiche als Teil ihrer Aussteuer an. Dabei stellten sie die eigene Persönlichkeit in überschwänglichen Farben und Mustern dar und webten Symbole der Hoffnung auf Gesundheit und Ehe ein. Heute werden Teppiche hauptsächlich deshalb geknüpft, um durch den Verkauf das Haushaltseinkommen zu ergänzen, wobei das Werk eines echten *mâalem* jede Menge Persönlichkeit verströmt und *baraka* (Segen) bringt.

Teilweise sind die Teppiche in den Suks schon drei- oder viermal gekauft und wieder verkauft worden, zudem kosten sie um ein Vielfaches mehr, als der Weber dafür bekommen hat. Deshalb sollte man sich lieber an eine Kooperative wenden, wo die Knüpferin einen fairen Teil vom Erlös erhält. Zudem ist der Preis ohne langwieriges Handeln niedriger und man lernt vielleicht sogar die Person kennen, die das Stück hergestellt hat.

Textilien

Alles, was in Marokko nicht niet- und nagelfest ist, wurde wahrscheinlich gewebt, genäht oder gestickt. Frauen sind die unterschätzten *mâalems* der marokkanischen Textilien. Die Tradition, die sie aufgebaut haben, hat in jüngster Zeit aufstrebende Modeunternehmen und weltweite Marken angezogen; heute arbeitet ein Drittel aller Frauen in der hiesigen Bekleidungsindustrie. Aber nur die traditionellen Textilhandwerkstechniken bringen sorgfältige Handarbeit mit individuellem Flair hervor.

ALS PURPUR SO WERTVOLL WIE GOLD WAR

Der heutige Hafen Essaouira war im Altertum ein wichtiges Pflaster, denn mit dem Purpurfarbstoff gab es dort etwas, was jedermann haben wollte. Die „Kaiserfarbe" konnte nicht künstlich hergestellt werden und war ausschließlich der römischen Aristokratie vorbehalten. So erklärt sich der extrem hohe Verkaufspreis: Laut Aristoteles wurde Purpur zehn- bis zwanzigmal in Gold aufgewogen. Es stammte von den stacheligen Purpurschnecken, die sich u. a. bei den abgelegenen „Purpurinseln" (gemeint sind die Kanaren bzw. Madeira) im Meer versteckten – als könnten sie so vor den Klauen römischer Modefans sicher sein.

Streng genommen entdeckten die Phönizier den Farbstoff, der sich im Folgenden einer ungemeinen Popularität erfreute. Im 1. Jh. v. Chr. errichtete der weitsichtige König Juba II. eine Färberei an der Küste. Dort wurden die Weichtiere nach streng geheimer Methode zur Ader gelassen. Beim damaligen Hochadel war Purpur heiß begehrt. Kleopatra soll so sehr davon begeistert gewesen sein, dass sie die Segel ihrer Barke zum Empfang von Marcus Antonius damit einfärben ließ.

Doch schon bald vermischte sich Blutrot mit dem edlen Violett. Jubas Sohn Ptolemäus soll von Kaiser Caligula ermordet worden sein, weil er sich erdreistete, ein purpurfarbenes Gewand zu tragen. So wurde der fesche Ptolemäus wohl zum ersten „Fashion Victim" der Welt. Die leuchtende und niemals ausbleichende Farbe konnte nie erfolgreich im großen Stil hergestellt werden. Vermutlich gingen die geheimen Methoden zur Gewinnung des Farbstoffs 1453 während der Belagerung von Konstantinopel verloren. Für ein entsprechendes Sümmchen ist Purpur in Essaouira seltsamerweise immer noch zu haben. Die damit verbundenen Geheimnisse werden bis heute von einer Schneckensammlergeneration zur nächsten vererbt und strengstens bewahrt.

Stickerei

Die marokkanische Stickkunst reicht vom einfachen Berberdesign bis hin zu feinsten *terz Fezzi*, komplizierten, von der Natur inspirierten Mustern in Blau auf weißem Leinen, deren Herstellung für die Aussteuer die Frauen in Fès viele Jahre widmen. Die Stickerei aus Rabat ist ein wahres Farbenfeuerwerk mit auffälligen ein- oder zweifarbigen grafischen Blumen, die den einfarbigen Stoff fast komplett bedecken. Auch den Frauen in Salé gebührt Achtung für ihre eindrucksvollen Randstickereien in einer oder zwei kräftigen Farben auf festem, weißem Leinen.

Posamenten

Was macht der Typ da mit einem Föhn und einem Seidenfaden in einer Medina-Gasse? Vermutlich handelt es sich um einen Posamenten-(Bordüren-)*mâalem* bei der Arbeit. Mit seinem umfunktionierten Föhn spinnt er mithilfe eines Nagels in der Wand Garn, bis dieses die perfekte Breite und Länge hat, um es zu geknoteten Knöpfen, Seidenquasten und eleganten Bordüren für Dschellabas zu verarbeiten. In einem winzigen marokkanischen Posamentengeschäft findet man genug Goldborte, um eine ganze Armee von Generälen auszustaffieren, und mehr Quasten als ein Burlesque-Ensemble verwirbeln könnte. Darüber hinaus gibt's hier unzählige kleine Mitbringsel. Marokkanische *mâalems* haben eine einzigartige Bordürenkunst entwickelt: Sie umwickeln Draht und Dichtungsringe mit Seidenfäden und schaffen so modische Halsketten, Serviettenringe, geknotete Schlüsselanhänger und Gardinenzüge.

Filz

Für handgemachte Hüte, Hausschuhe, Mäntel, Kissen, Taschen und Vorleger aus Filz wird Wolle gefärbt, gekocht und geschlagen. Dann modelliert man den Filz mithilfe von *savon noir* (natürliche Palmseife) in der gewünschten Weise und lässt ihn langsam trocknen, um die Form zu erhalten. Filz-*maâlems* sind meist im Woll-Suk in größeren Städten zu finden.

Webkunst

Jenseits der Massen von importierten Pluderhosen und auffallenden synthetischen Dschellabas in den Suks sind handgewebte Stoffe mit außergewöhnlichem Glanz und ebensolcher Struktur die Stars: noppige Biobaumwolle aus dem Rif, glänzende „Kaktusseide" (*soie végétale*; Kaktusfasern, verwebt mit Baumwolle und Viskose) aus dem Süden, glatte Tischwäsche aus Marrakesch und weiche Wolldecken aus dem Hohen Atlas. Einige minderwertige Billigprodukte sind industriell hergestellt, aber Experten erkennen echt Handgewebtes am üppigeren Strich, dem dichteren Gewebe und dem eleganten Fall.

In Suks, Dorfkooperativen oder Ensembles Artisanal sieht man oft zwei bis vier Frauen zugleich am Webstuhl, die gemeinsam an einem Stück werkeln. Männer arbeiten für Dschellaba-Stoffe an größeren Stühlen. Sie bedienen das Weberschiffchen mit den Armen und gleichzeitig mit den Füßen die Pedale – auf diese Weise knapp einen Meter Stoff zu produzieren ist so ähnlich, als ob man einen Basketball dribbelt und dabei mehrere Kilometer läuft. Man kann fertige Wäsche und Kleidung erwerben oder handgewebte Stoffe ballen- oder meterweise kaufen und sich daraus marokkanische Mode und Wohnungsdekor nach eigenen Wünschen anfertigen lassen. Schneider findet man in jeder größeren Stadt. Für die Beratung sowie eine bis zwei Anproben sollte man etwas Zeit einplanen.

Lederwaren

Heute werden mit Werkzeugen, die mittelalterlichen Zahnarztinstrumenten ähneln, statt Kamelsätteln geprägte Buchumschläge und hoch-

Die besten modernen Textilwaren Marokkos

Cooperative Tigmi, Aït Oudinar

Al Nour, Marrakesch

Cooperative Artisanale des Femmes de Marrakesh

Sidi Ghanem, Marrakesch

In den staatlichen Ensembles Artisanales kann man *mâalems* bei der Arbeit zuschauen und Kunsthandwerk zu (hohen) Fixpreisen kaufen.

Da soll doch niemand sagen, dass marokkanische Lederwaren nicht mit modernen Trends Schritt halten können: So gibt es die traditionellen *babouche* (Pantoffeln) auch mit den Logos englischer und spanischer Fußballclubs (und für den heimischen Tourismusmarkt mit denen von Raja Casablanca und MAS Fes).

modische Handtaschen hergestellt. Beim Bummeln durch die mittelalterlichen *derbs* (Gassen) begegnen einem rechteckige Polsterhocker (Ottomanen) aus frisch gegerbtem und gefärbtem lindgrünem Leder, schicke Ziegenlederhandschuhe in Pink mit gelben Bommeln und peppige Pantoffeln aus silbernem Leder. Daneben malen Kunsthandwerker sorgfältig Hennamuster auf Ziegenhaut, um daraus „tätowierte" Kerzenhalter, Lampenschirme oder andere Kunstwerke zu schaffen. Wer ein paar Tage in der Stadt ist, kann auch eine nach Wunsch gefertigte Tasche, Jacke aus Lammleder oder Reithosen in Auftrag geben.

In ihrem Buch *The Art of the Islamic Tile* stellen Gerard Degeorge und Yves Porter prächtige Tonwaren des Nahen Ostens von Istanbul bis Fès vor.

Männer, die Wert auf Authentizität legen, können ein Paar der traditionellen gelben *babouches* (Hausschuhe) oder sogenannte „Berber-Adidas", Pantoffeln mit Sohlen aus recycelten Gummireifen, erstehen. Frauen haben eine größere Auswahl und dürfen sich über eine breite Palette an Farben und Designs freuen. In den Gerbereien von Fès sieht man Bottiche mit unterschiedlichen Farben. Von der Ferne mag das zwar schön bunt aussehen, allerdings stinkt es hier ganz schön – viele Medina-Bewohner würden die Farbtöpfe lieber außerhalb der Stadt sehen.

Keramik

Einfache Tajines aus Terrakotta sind ofenfest, können auch zum Kochen auf Herdplatten verwendet werden und kosten weniger als 80 Dh. Für den Heimweg sollten sie gegen Bruch gut verpackt werden.

Marokkanische Töpferwaren sind hinreißend und preisgünstig – eine dekorative Tajine kostet um die 150 bis 400 Dh, je nach Größe und Dekor. Die Regionen verwenden jeweils unterschiedliche Farben: Keramik aus Meknès ist meist grün und schwarz, Fassi ist blau, Safi wartet mit schwarz-weißen Berbermustern auf und Tamegroute stellt eine unverwechselbare grüne Glasur aus oxidiertem Kupfer her. In Salé gibt's vor allem gelbe und türkisfarbene Stücke, geometrische Muster und gepunktetes Geschirr. Marrakesch hat sich auf monochrome Arbeiten in Rot, Grafitgrau oder Orange statt auf komplizierte Muster spezialisiert. In vielen ländlichen Gebieten liegt der Schwerpunkt auf Terrakotta-Geschirr mit einfachen, markanten Formen und mit Henna gemalten, glückverheißenden Berbersymbolen.

KLEINE TEPPICHKUNDE

Teppiche aus Rabat Plüschige Florteppiche in leuchtenden Farben mit einem kunstvollen Motiv in der Mitte und feinen Details entlang der Ränder. Viele Muster erinnern an einen geometrischen Garten, aber es gibt auch neuere Tiermotive und moderne, abstrakte Designs. Teppiche aus Rabat sind teuer: Sie können bis zu 2000 Dh pro Quadratmeter kosten.

Chichaoua-Teppiche Einfach und auffallend zugleich, mit Zickzacklinien, Sternen und rätselhaften Symbolen auf einem roten oder lilafarbenem Hintergrund (etwa 700–1000 Dh pro Quadratmeter).

Hanbels oder Kelims Dünne Teppiche ohne Flor, die mangelnde Weichheit mit Stil ausgleichen. In manche *hanbels* sind Berber-Schriftzeichen und glückverheißende Symbole eingewebt, z. B. das Auge gegen den bösen Blick, das Kreuz des Südens oder Berber-*fibules* (Broschen). Man sollte den Verkäufer bitten, einem mehr darüber zu erzählen – seine Interpretation wird stets faszinierend sein. Meist kosten die Teppiche 400 bis 900 Dh pro Quadratmeter.

Zanafi oder glaoua Eine Kombination aus Kelims und Plüsch. Hier sind die Gegensätze anziehend: Bereichen mit flauschigem Flor kontrastieren mit dünn gewebten Streifen oder Rändern. In der Regel kosten diese Teppiche 1000 bis 1800 Dh pro Quadratmeter.

Shedwi Dünn gewebte Teppiche oder Decken mit schwarzen Mustern auf cremefarbener Wolle; man kann noch immer das Lanolin zwischen den Fingern spüren, wenn man daran reibt. Ein kleineres Exemplar kostet nur 400 Dh – das ideale Mitbringsel, eindrucksvoll, aber preiswert.

TOP-TIPPS BEIM TEPPICHKAUF

➡ Die eigenen Grenzen im Auge behalten: Wer einkauft, sollte wissen, wie viel Platz die eigenen Wände und Böden bieten, welche Gewichtsbeschränkung die Fluggesellschaften haben und ob Transport- und Zollgebühren zusätzlich zum Kaufpreis anfallen.

➡ Vorsicht bei alten Teppichen. In Marokko gibt es nur noch wenige echte alte Teppiche. Ansonsten werden neue Teppiche durch Drauftrampeln, Bleichen in der Sonne oder andere Methoden „auf alt gemacht".

➡ Knoten unter die Lupe nehmen. Je mehr Knoten pro Quadratzentimeter, desto höher der verlangte Preis. Ein Blick auf die Rückseite des Teppichs zeigt, ob zwischen den Knoten Lücken klaffen. Manche Teppiche wurden heiß gewaschen, damit die Wolle dichter wirkt. Diese Schrumpfteppiche erkennt man jedoch an ihren unförmigen, unregelmäßigen Rändern.

➡ Teppiche, die nicht mit synthetischen, sondern mit pflanzlichen Farben gefärbt wurden (verblassen schneller), sind häufig teurer; man erkennt sie meist an den gedeckteren Farbtönen. Eventuell weiß der Verkäufer, aus welchen Pflanzen das Färbemittel hergestellt wurde.

➡ Der Preis ist nicht fest gesetzt, also bei der Kaufabwicklung den Spaß nicht vergessen. Vor dem Handeln wird oft gescherzt. Dabei darf man sich nicht die Laune verderben lassen und sollte am Folgetag noch einmal vorbeischauen, um wieder viel zu viel zuckersüßen Pfefferminztee zu trinken. Am Schluss sollte man neben schönen Erinnerungen auch einen Teppich haben, der zu einem passt.

Zellij

Man nehme einen Hammer und einen Meißel und fertige eine *zellij*-Fliese in exakter geometrischer Form. Sehr gut – jetzt nochmal 6000 davon, und fertig ist der Brunnen! Oder man überlässt das vielleicht doch lieber den marokkanischen Mosaikmeistern, um anschleißend das Foyer daheim mit glitzernden *zellij*-Tischchen, -Spiegeln und -Brunnen aller Größen aufzupeppen. Fès hat den Ruf, die kunstvollsten und schimmerndsten *zellij* zu produzieren – die mittelalterlichen Brunnen in der ganzen Stadt sind überzeugende Belege für die Meisterwerke aus Fès.

Messing, Kupfer & Silber

In Marokko Tee zu servieren, erfordert die richtigen Requisiten. Als ob es noch nicht dramatisch genug wäre, den Tee aus Überkopfhöhe einzuschenken, werden von Hand hergestellte Teekannen aus Messing und Kupfertabletts verwendet. Diese fangen das Licht ein und sind mit Kalligrafien versehen, die *baraka* (Segen) bringen sollen. Für noch mehr Atmosphäre sorgen Messinglampen und recycelte Zinnlaternen – und wer ganz dick auftragen will, schneidet vor den Augen seiner Gäste mit einem verzierten Messer aus Marokkos Dolchhauptstadt Kelaâ M'Gouna den Kuchen an.

Fast alle „Silber"-Teeservices sind aus Neusilber und sollten dementsprechend günstig sein. Eine Kanne kostet etwa 50 bis 250 Dh, ein Tablett ist teurer (abhängig von Größe und Design).

Schmuck

Auch in Marokko ist nicht alles Gold, was glänzt. Viele Berber betrachten es sogar traditionell als Übel. Manchmal kann man Juweliere an einem komplizierten, filigranen Etwas aus Gold arbeiten sehen. Das meiste Gold in den Suks stammt aber aus Indien oder Bali. Sterlingsilber hat den Stempel 925 und wird eher nach Gewicht als nach dem Design bezahlt. Im Bergbau liegt der Fokus vor allem auf Phosphaten und Fossilien, nicht auf Edelsteinen, aber es gibt durchaus folkloristischen Aussteu-

Oft ist der „Bernstein", der in den Suks angeboten wird, aus Plastik. Echter Bernstein wird leicht nach Weihrauch riechen, sobald man ein brennendes Streichholz daneben hält; außerdem fühlt er sich ein bisschen wachsig an.

erschmuck und -kopfputz mit Halbedelsteinen, Korallen, Achat, Karneol und Bernstein.

Marokkanische *mâalems* brauchen keine wertvollen Materialien, um etwas Schönes zu erschaffen. Bei Rissani werden Fossilien zu faszinierenden, prähistorischen Amuletten verarbeitet, während in Tiznit auffallende Berber-*fibulas* (Broschen) aus Silber hergestellt werden. Aus Sperrholz, Neusilber und bunter Emaille entstehen in Marrakesch tolle Cocktail-Ringe. Tuareg-Talismane aus Leder und Silber sind gute Geschenke für einen Mann von Welt.

Fair-Trade-Teppiche

Teppichkooperative Jemaite Tifawin, Anzal

Coopérative Feminine de Tissage Aït Bououli, Aït Bououli

Kasbah Myriem, Midelt

Coopérative de Tissage, Ouarzazate

Ensembles Artisanales, in allen Städten

Holzarbeiten

Der Teil des Suks, der am angenehmsten riecht, ist der Bereich der Holzschnitzer, wo die Späne auf den Böden der Werkstätten ihren Duft verströmen. Diese *maâlems* stellen die messingbeschlagenen Türen aus Zedernholz her, und ebenso die erstaunlichen geschnitzten *muqarnas*-Kuppeln aus Zedernholz in den marokkanischen Palästen. Tétouan, Meknès und Fès gelten als Hochburgen der geschnitzten Holzornamente, aber in den meisten marokkanischen Medinas sind ebenfalls eindrucksvolle Holzarbeiten zu sehen.

Für die Gourmets zu Hause eignen sich die handgeschnitzten *harira*-(Linsensuppe) Löffel aus Orangenholz, langstielige Suppenlöffel, die ideal als Probierlöffel sind. Die geschnitzten Schmuckkästchen und die massiven geschnitzten Truhen aus Zedernholz halten Motten fern. Am teuersten ist Thujaholz, astiges Wurzelholz von Bäumen, die aus der Gegend von Essaouira stammen. Das Holz sollte nur in Kollektiven gekauft werden, die für nachhaltiges Schlagen und Wiederaufforstung sorgen.

Architektur

In Marokko stolpert man schon mal über die eigenen Füße: Abgelenkt von den Unmengen großartiger Architektur, kann man nämlich nicht immer so genau darauf achten, wohin man läuft. Manche Gebäude sind beeindruckender als andere, doch gerade die unglaubliche Vielfalt der Architektur weckt eine permanente Neugier darauf, was sich wohl hinter der nächsten Straßenecke oder Bergkette versteckt. Hier folgt ein Überblick über landestypische Bauwerke, die einem den Mund offenstehen lassen – und weitere Stolpergefahr bergen.

Art-déco-Villen

Als Marokko in die Fänge der Kolonialmächte geriet, entstanden überall außerhalb der Medinas *villes nouvelles* (Neustädte), deren moderne Architektur und Straßenraster präzise angeordnet waren. Als die Spanier bzw. Franzosen klassizistische Fassaden, Mansardendächer und Hochhäuser einführten, muss dies geradezu ein Schock gewesen sein für das Land.

Doch der Art-déco-Stil schlug scheinbar eine Brücke zwischen der islamischen Geometrie Marokkos und dem eleganten Modernismus Europas. 1924 kombinierte der Maler Jacques Majorelle marokkanische Farbkonzepte mit Art déco und versah seine Villa und den Jardin Majorelle mit blauen, grünen und zitronengelben Farbtupfern.

Während Casablancas Blütezeit in den 1930er-Jahren wurden die weißen Fassaden der europäischen Gebäude mit marokkanischen Geometriemustern aufgepeppt. Das verlieh Villen, Kinos und Hotels den typischen maurischen Art-déco-Stil Casablancas, besonders schön zu sehen am Cinéma Rialto (1930) von Marius Boyer und am Hôtel Transatlantique (1922). Tanger stand Casablanca in Sachen opulenter maurischer Art-déco-Architektur in nichts nach, wie bei der Cinémathèque aus den 1940er-Jahren und dem El-Minzah-Hotel aus den 1930er-Jahren – dem Vorbild für Rick's Café Americain im Filmklassiker *Casablanca* von 1942. Maurische Elemente sind in Städten in ganz Marokko zu entdecken.

Top Art-déco

- *Villa des Arts, Casablanca*
- *Jardin Majorelle, Marrakesch*
- *Cinéma Rif, Tanger*
- *Plaza de España, Melilla*
- *El-Minzah Hotel, Tanger*

Fondouqs

Seit dem Mittelalter gibt es diese kreativen Hofkomplexe mit Stallungen und Werkstätten im Erdgeschoss und Gästezimmern darüber – die vielen Kunsthandwerker und Händler brachten kosmopolitische Ideen und neue Erfindungen hervor. Ursprünglich säumten *fondouqs* die Karawanenrouten. Als die Händler jedoch immer etablierter und wohlhabender wurden, traten nach und nach Wohn- und Lagerhäuser an ihre Stelle. Allein in Marrakesch blieben rund 140 *fondouqs* erhalten, darunter an der Place Bab Ftueh, einige in der Rue Dar al-Bacha und einer an der Rue Mouassine, der im Film *Marrakesch* (1998) zu sehen ist. In Fès befindet sich ein typischer *fondouq* von 1711, der sechs Jahre lang renoviert und dann als das schicke Nejjarine-Museum des Holzkunsthandwerks eröffnet wurde.

Acht der weltweit führenden Experten für islamische Architektur erläutern diese in *Architecture of the Islamic World: Its History and Social Meaning* von Oleg Grabar u.a.

Hamams

Die Kuppelbauten sind seit den Almohaden ein fester Bestandteil der marokkanischen Stadtlandschaft und auch die einzelnen Dörfer streben nach einem eigenen – es ist oft die einzige lokale Heißwasserquelle. Hamams werden aus Lehmziegeln gebaut und innen mit *tadelakt* (handpolierter Kalksteingips) verputzt, der Feuchtigkeit einschließt. Überdacht sind sie mit einer Kuppel mit sternförmigen Öffnungen, durch die Dampf ins Freie gelangt. Am kühlsten ist der Hauptraum unter der Kuppel. Die Seitenräume sind unterschiedlich stark beheizt, sodass alles, von einer Arthritis bis zu einem ordentlichen Kater, angemessen kuriert werden kann.

Historische Hamams

Hammam Dar el-Bacha, Marrakesch

Douches Barakat, Chefchaouen

Hammam Bab Doukkala, Marrakesch

Archäologische Ausgrabungen, Aghmat

Die kühn-elementaren Formen traditioneller Hamams wirken sehr modern, doch tatsächlich ist das Gegenteil der Fall: Badehäuser tauchen schon in Landschaftsgemälden modernistischer Meister wie Henri Matisse oder Paul Klee auf, und auch Le Corbusiers Internationaler Stil adaptierte teilweise die Innenarchitektur sowie die gedämpften Lichtverhältnisse der Kuppelbauten. *Tadelakt* ist mittlerweile heiß begehrt, um Wände und Pools in teuren Wohnhäusern zu verkleiden. Zudem zeugen unzählige Bildbände von der Integration durchlöcherter Kuppeln in die marokkanische Moderne. Wer die Urform dieser Architektur bewundern möchte, begebe sich einfach zu einem Hamam in der Nachbarschaft. Meist befindet sich das Badehaus nahe einer Moschee, deren Waschungsbrunnen von derselben Wasserquelle gespeist werden.

Kasbahs

Wo auch immer in Marokko einst der Handel mit Salz, Zucker, Gold und Sklaven geschützt werden musste, findet man eine Kasbah. Diese befestigten Anlagen beherbergten früher die Herrscherfamilie, deren königliche Wache sowie alles Nötige, um potenzielle Belagerungen zu überstehen. *Mellahs* (jüdische Viertel) lagen in Reichweite der Kasbah-Wachposten und im Blick des aufmerksamen Herrscherauges. Eine der größten erhaltenen Kasbahs in Marokko steht in Marrakesch und stammt aus dem 11. Jh. Zu den malerischsten Bauwerken zählen die rote Festung über dem ansonsten komplett in Blau gehaltenen Chefchaouen sowie Rabats weiße Kasbah am Meer mit ihrem eleganten Tor, dem Bab Oudaïas.

2009 wurden 230 Mio. Dirham für die Restaurierung von *ksour* und Kasbahs zu Verfügung gestellt, insbesondere für Er-Rachidia, Erfoud und Rissani.

Die Ausweisung als UNESCO-Welterbestätten rettete die Taourirt-Kasbah in Ouarzazate und die roséfarbene Lehmziegel-Kasbah Aït-Benhaddou vor dem Verfall. Beide wurden restauriert und dienen heute regelmäßig als Filmkulissen. Bewohnte Kasbahs sind die in Anmiter und Amridil in der Skoura-Oase.

Ksour

Ksour (Festungen; Plural von *ksar*) im Süden von Marokko erheben sich stets in spektakulärer Lage: auf Felsspitzen, an Steilwänden oder über Oasen. Eingearbeitetes Stroh verstärkt die meterdicken Lehmziegelmauern ihrer Türme, die zur Verbesserung der Statik in eleganten Kegeln enden. Das Ganze wird von zickzackförmigen Zinnen *(merlon)* gekrönt.

GEFÄHRDETE BAUDENKMÄLER: DIE GLAOUI-KASBAHS

Die einst so spektakulären Glaoui-Kasbahs von Taliouine, Tamdaght, Agdz und Telouet wurden den Elementen fast schutzlos überlassen, deshalb sollte man sie möglichst schnell besichtigen, ehe sie komplett verfallen. Sie symbolisieren einen tiefen Zwiespalt: Einerseits repräsentieren sie Marokkos edelstes Kunsthandwerk, andererseits den Verrat an den Alawiden durch Pascha Glaoui, der mit den französischen Kolonisten kollaborierte, um seine marokkanischen Landsleute zu unterdrücken. Dennoch sprechen sich verschiedene Einheimische für einen Erhalt der Kasbahs aus, weil sie daran erinnern, dass selbst mächtige Bollwerke nichts gegen den marokkanischen Unabhängigkeitswillen ausrichten konnten.

Wie eine Fata Morgana verwirren *ksour* mit ihrer seltsamen Kombination aus Erhabenheit und Vertrautheit den Sinn für Größe und Entfernung. Von der Spitze dieser Wachtürme aus erscheint Timbuktu wesentlich näher als 52 Tage im Kamelsattel entfernt – und tatsächlich ist die elegante Lehmziegelarchitektur von Mali und dem Senegal eng mit Marokkos *ksour* verwandt.

Um die Wirkung dieser Bauten in herrlichem Oasenumfeld zu erleben, besucht man am besten das Drâa- und das Dadèstal mit ihren zahllosen *ksour*. Besonders faszinierend sind der alte jüdische *ksar* von Tamnougalt und der *ksar* von Aït Arbi, der in Rosa, Gold und Weiß am Rand der Dadèsschlucht erstrahlt. Zwischen den beiden Tälern kann man in einem alten *ksar* in den Oasen von Skoura und N'Kob übernachten, im Ksar el-Khorbat zu Mittag essen und sich den 1000 Jahre alte Ksar Asir in Tinejdad ansehen.

In den Karawanenrastplätzen stehen unzählige gut befestigte *ksour*. Hier brachten die Kaufleute ihre reichen Ladungen an Gold, Zucker und Gewürzen in Gewahrsam, mit denen sie 52 Tage lang durch die Sahara gereist waren. In Rissani führt ein halbstündiger Rundweg an sechs schönen *ksour* vorbei, von denen einige restauriert werden sollen. An der Karawanenroute durch den Mittleren Atlas nach Norden bis Fès ragen zwischen schneebedeckten Gipfeln weitere *ksour* empor, darunter auch ein schöner Turm auf einem Hügel, der einst die 300-köpfige Gemeinde von Zaouiat Ahansal beherbergte.

In seinem reichlich unterhaltsamen Buch *Im Haus des Kalifen* erzählt Tahir Shah die Geschichte seines Renovierungsprojekts eines alten Herrenhauses in Casablanca – das überhaupt erst anfangen konnte, nachdem der hiesige Dschinn ordnungsgemäß vertrieben war.

Medersas

Marokkos *medersas* sind weitaus mehr als Koranschulen, sie sind vielmehr seit der Mereniden-Dynastie lebendige Studienzentren für Jura, Philosophie und Astronomie. Die Medersa el Attarine in Fès aus dem 14. Jh. wartet mit einer geradezu berauschenden *zellij*-Mosaikenpracht auf. Ihre Konkurrentin um die besten Studenten war stets die Ali-ben-Youssef-Medersa in Marrakesch, die mit aufwendigen Reliefs und Stuckarbeiten begeistert. Beide Gebäude sind heute Museen und vermitteln einen Eindruck vom kargen Studentenleben in erhabener Umgebung: langer Unterricht, mehrere Zimmergenossen, Essen von der Kochplatte, Schlafmatten als Bett und ein gemeinsames Badezimmer für bis zu 900 Studenten. Fast alle *medersas* sind zwar für Nichtmuslime tabu, muslimische Besucher dürfen hier jedoch übernachten – nach rechtzeitiger Voranmeldung und gegen eine kleine Spende.

Moscheen

Selbst kleine Dörfer haben oft mehr als eine Moschee, die in bester Lage im Zentrum und mit einer Wand gen Mekka stehen. Sie bilden einen ruhigen Gegenpol zu chaotischen Städten und geschäftigen Dorfmärkten. Selbst Nichtmuslime spüren ihren beruhigenden Einfluss. Ihre hohen Minarette sorgen nicht nur dafür, dass der Gebetsruf weithin deutlich zu vernehmen ist, sondern erinnern auch unübersehbar an Gott und Gemeinschaft, was alles andere – kleine Streitereien, dreckiges Geschirr, Büroärger – relativiert.

Mit Ausnahme der großen Hassan-II.-Moschee in Casablanca und der strengen Tin-Mal-Moschee im Mittleren Atlas sind marokkanische Moscheen für Nichtmuslime geschlossen. Erstere wurde 1993 von dem französischen Architekten Michel Pinseau entworfen: Sie hat Platz für 25000 Gläubige, verfügt über ein einfahrbares Dach und besitzt ein 210 m hohes, mit Lasern ausgestattetes Minarett. Die Baukosten wurden auf 585 Mio. Euro geschätzt – nicht eingerechnet die Instandhaltungskosten und Entschädigungen der früheren Bewohner des Viertels, die für den Bau der Moschee umgesiedelt wurden. Am anderen Ende des ästhetischen Spektrums befindet sich die elegante Schlichtheit der Tin-Mal-

Die Moschee Hassan II. in Casablanca ist die einzige aktive Moschee Marokkos, die Nichtmuslime besichtigen dürfen. In der Moschee finden bis zu 25000 Gläubige Platz (mit Raum für weitere 80000 draußen); man fällt also wahrscheinlich nicht sonderlich auf.

IM LABYRINTH DER MEDINA: DIE LOGIK DER SUKS

Die verworrenen Suks der labyrinthischen Medinas scheinen keiner linearen Ordnung zu folgen, besitzen aber dennoch eine bestimmte Logik. Einst wurden die Märkte nach Gewerbe aufgeteilt, sodass mittelalterliche Einkäufer immer genau wussten, wo sie was suchen mussten. Diese ursprüngliche Organisation findet man vor allem in der Altstadt von Fès: Die Läden mit silberbesetzten Borten liegen vor dem Kaftanmarkt, gleich die Straße hinunter hinter den Ständen, die handgewebte weiße Baumwolle für Männer-Dschellabas feilbieten. Wolle gibt's wieder in einem anderen Suk unweit der Stände mit handgeschnitztten Hornkämmen zum Kardieren von Wolle. Die stinkendsten und schmutzigsten Gewerbe wurden in die Außenbereiche verbannt: Wenn man auf Gerbereien und Viehmärkte stößt, ist das ein Zeichen, dass die Grenze der Medina nicht fern ist. In Marrakesch liegt der Sattelmarkt am Nordostende des Suks, in der Nähe der Gerbereien.

Moschee, die 1156 zu Ehren des strengen geistlichen Oberhaupts der Almohaden, Mohammed ibn Tumart, erbaut wurde. Sie verfügt über Decken aus Zedernholz und hohe Bögen, die das Auge und den Geist in luftige Höhen heben.

Muslime behaupten, dass keine marokkanische Architektur die Bauten zu Ehren Gottes überträfe, insbesondere die Moscheen im alten islamisch-spirituellen Zentrum von Fès. Mit ihren Wänden und Waschungsbrunnen, die mit glänzenden grün-weißen *zellij* (Fliesenmosaiken) verkleidet sind, und Mihrabs (Nischen in Richtung Mekka) aus Stuck und Marmor wurden die Moscheen von Fès zur spirituellen Erbauung errichtet. Stehen die Tore zwischen den Gebeten offen, erhaschen Besucher einen Blick auf den größten Prachtbau von Fès (Fotografieren ist verboten): die Kairaouine-Moschee und *-medersa*, die im 8. Jh. von einer Fassi-Erbin gegründet wurden. Im Badi-Palast in Marrakesch können Nichtmuslime die Koutoubia-*minbar* besichtigen: Die älteste Kanzel des Landes stammt aus dem 12. Jh. und wurde von Cordobas besten Kunsthandwerkern mit Silber, Gold und Intarsien geschmückt.

Neben alten Festungsmauern umgeben auch 2 bis 6 m hohe Grenzabsperrungen die Mittelmeerstädte Ceuta und Melilla, um deren Oberhoheit sich Spanien und Marokko streiten. Die örtliche Architektur trägt nichts dazu bei, diesen Konflikt zu lösen: Die Spanier weisen auf die andalusischen Elemente an den Bauwerken hin, Marokkaner beharren darauf, dass diese unter den Almohaden entstanden sind.

Festungsmauern

Viele marokkanische Handelsposten und Häfen verfügen über beeindruckende Festungsanlagen. Die Almoraviden gingen bei ihrer Handelshauptstadt keinerlei Risiken ein und umgaben Marrakesch mit 16 km langen sowie 2 m dicken Mauern aus rosa *pisé* (mit Ton- und Kalkstein gehärtete Lehmziegel). Das alte Fès ist ähnlich umschlossen. Weil sich Küstenstädte wie Essaouira und Asilah mit Piratenangriffen und marokkanisch-portugiesischen Handelskriegen herumschlagen mussten, wurden ihre dicken Steinmauern mit zahlreichen Kanonen und Zinnen ausgestattet.

Riads

In Marokkos größeren Städten liegen in Palastnähe prächtige Riads, in denen königliche Familienangehörige, Ratgeber und reiche Kaufleute in *bhous* (Sitznischen) in Säulenhöfen voller Obstbäume mit zwitschernden Singvögeln die Zeit mit Klatsch vertrödelten. Dank zahlreicher restaurierter Riad-Pensionen in Fès und Marrakesch kommt heute jeder in den Genuss solch angenehmer Arrangements.

Im letzten Jahrzehnt wurden so viele Riads in Unterkünfte verwandelt, dass der Begriff mittlerweile ein Synonym für „Pension" ist. Echte Riads besitzen jedoch vierteilige Hofgärten mit einem zentralen Springbrunnen. Sie sollten auch nicht mit einem *dar* verwechselt werden, einem einfachen, kleinen Haus mit einem zentralen Lichtschacht, das ein praktischeres Bauwerk für die heißen Wüsten- und kühlen Küstenregionen ist. Über einige hundert authentische Riads, darunter gut erhaltene

Exemplare aus dem 15. Jh., machen Marrakesch zur nordafrikanischen Riad-Hauptstadt.

Ihre schlichten, meterdicken Mauern aus Lehmziegeln lassen kaum erahnen, welche Pracht sich hinter den messingbesetzten Türen verbirgt – bemalte Zedernholzdecken, schmiedeeiserne Balkone und stuckbesetzte Bogengänge. Die Instandhaltung ist nicht einfach, da, ohne die Fundamente zu gefährden, die Modernisierung von Lehmziegelbauten mit Strom- und Wasserleitungen besonders kompliziert ist. Doch trotz all seiner Tücken könnte dieses alte Baumaterial zukunftsweisend sein: Die Lehmziegel schützen vor Straßenlärm, Sommerhitze und Winterkälte und lassen im Gegensatz zu schimmelndem Beton die Raumfeuchte entweichen.

Suks

In Marokko sind die Suks – die Marktstraßen einer Medina – oft von Holzgittern als Schattenspender überdacht und durchzogen von kleineren Straßen mit Imbissständen, Lagerräumen und winzigen Werkstattnischen der Kunsthandwerker in den dicken Lehmziegelmauern. Im Gegensatz zu den Suks selbst haben diese kleineren Straßen oft keine eigenen Namen und werden darum kollektiv als *qissaria* bezeichnet. Zumeist handelt es sich um Verbindungsstraßen; wer sich verirrt, folgt ihnen also einfach bis zum nächsten Markt.

Zawiyas

Unscheinbarkeit und entlegene Ecken können leicht täuschen: Selbst winzige Nester am Rand schroffer Steilkanten ziehen Pilgerscharen aus dem ganzen Land an, wenn sie *zawiyas* (Schreine) für *marabouts* (Heilige) besitzen. Angeblich wird *baraka* (Segen) bereits durch die Nähe zu einem *marabout* erteilt: Von der Zawiya Nassiriyya in Tamegroute heißt es, sie könne Kranke heilen und Stress abbauen, während die *zawiya* von Sidi Moussas im Aït-Bou-Goumez-Tal die Fruchtbarkeit weiblicher Besucher erhöhen soll.

Reisende besuchen am besten die *zawiyas* in Tamegroute und Aït Bou-Goumez sowie die *zawiya* von Moulay Ali ash-Sharif in Rissani, die inzwischen auch für Nichtmuslime zugänglich ist. Die meisten *zawiyas* sind jedoch tabu, darunter die berühmte Zawiya Moulay Idris II. in Fès und alle sieben *zawiyas* in Marrakesch. Eine *zawiya* ist jedoch oft am grünen Kacheldach und der friedlichen Atmosphäre selbst außerhalb ihrer Mauern zu erkennen. *Marabout*-Schreine in den ländlichen Regionen (oft verwirrenderweise als *marabout* statt als *zawiya* bezeichnet) sind häufig schlichte Lehmziegelbauten mit weißen Kuppeln. Im Dorf Tafza gibt's aber auch ein Exemplar aus rotem Stein.

Top-Suks

Okchen-Markt, Meknès

Souq Sebbaghine (Färber-Suk), Marrakesch

Souq an-Nejjarine (Tischler-Suk), Fès

Souq el-Ghezel (Woll-Suk), Salé

Marché Central, Casablanca

Das Buch *Medinas: Morocco's Hidden Cities* erforscht die alten marokkanischen Festungsstädte mit malerischen Bildern des französischen Fotografen Jean-Marc Tingaud und aufschlussreichen Kommentaren von Tahar Ben Jelloun.

Naturwunder

Eine Tagesetappe in Marokko kann von Atlantikstränden durch fruchtbares Ackerland und über hohe Bergpässe bis zur Sahara führen. Die Menschen dieser Landschaften sind nicht weniger faszinierend – die Hälfte aller Marokkaner lebt noch in ländlichen Gebieten, wo sie dieses außerordentliche Land bearbeiten, Gerste auf kleinen, ummauerten Terrassen ernten, die in Felswände gehauen wurden, Oliven- und Arganhaine hegen oder ihre Schafe auf Bergweiden treiben.

Wer im Meer baden will, sollte bedenken, dass unter den atlantischen Wellen gefährliche Brandungsströmungen verlaufen können – und wenn man erst mal im offenen Wasser ist, kommt bis Amerika nichts mehr (höchstens die Kanarischen Inseln).

Küste

Als die Umayyaden Marokko erreichten, ritten sie mit ihren Pferden bis zum Atlantik und nannten das Land *Al-Maghreb* (wo die Sonne untergeht), weil das Meer das eroberte Gebiet nach Westen begrenzte. Die Küste spielte in der marokkanischen Geschichte eine wichtige Rolle, für die Barbaresken-Piraten ebenso wie bei der Landung der Alliierten im Zweiten Weltkrieg. Doch inzwischen verläuft das Leben am Meer friedlicher: Gegenwärtig werden Teile der Küste zu beeindruckenden neuen Touristenzentren samt Ferienvillen, Strandhotels und Golfplätzen ausgebaut. Zum Glück für Naturfreunde gibt's dazwischen aber noch unberührte Küstenabschnitte mit seltenen Vogelarten und wunderbaren Aussichten von den Klippen.

Seit die Phönizier und Römer in Lixus den ersten Hafen gründeten, wurde die Wirtschaft an der Atlantikküste vom Fischfang und vom internationalen Handel bestimmt. Doch die Küste hat auch eine andere, wilde Seite, die sich an den rauen, steinigen Stränden hinter den weißen Häusern von Asilah offenbart oder sich an Feuchtbiotopen wie der Lagune des Nationalparks Merja Zerga zeigt, die Flamingos und seltene afrikanische Wasservögel anzieht. Südlich von Casablanca liegen die Häfen Oualidia und Essaouira, ehemalige Piratenbuchten, wo bis heute seltene Tierarten leben und die besten Meeresfrüchte des ganzen Landes auf den Tisch kommen. Südlich der Promenaden und Resorts von Agadir leeren sich die Strände und werden Teil jener sandigen Gebiete, die sich durch die Westsahara bis nach Mauretanien erstrecken.

Im Gegensatz dazu blieb die zerklüftete Mittelmeerküste bis vor Kurzem relativ unerschlossen – und das trotz ihrer spektakulären Uferlinie mit geschützten Buchten und steilen Klippen. Tanger und die Hafenstädte Ceuta und Melilla machen mit ihren herrlichen Aussichtspunkten und prächtigen Villen am Meer das Beste aus ihrer günstigen Lage. Eine große Barriere nach Osten bildet das Rifgebirge. Das raue Terrain wird von Rifberbern bewohnt, denen ihre Unabhängigkeit alles bedeutet. Die neuen Straßen, die entlang des Rifgebirges nach Saïdia and Ouda verlaufen, machen die Erkundung der Küste in dieser Gegend inzwischen einfacher als je zuvor.

Bis 2019 werden 600 Moscheen in Marokko mit LED-Beleuchtung, solarthermischen Warmwasserbereitern sowie Photovoltaikanlagen zu Paradebeispielen für einen grünen Lebensstil umgebaut.

Berge

Drei Gebirgszüge ziehen sich diagonal über die topografische Karte von Marokko: das Rifgebirge im Norden, der Mittlere Atlas südlich von Fès sowie der Hohe Atlas südlich und nordöstlich von Marrakesch. Daran schließt sich die südliche Kette des Antiatlas an, die in der Wüste ausläuft. Diese Gebirge wurden von den gewaltigen Kräften der Plattentektonik erschaffen. Vor etwa 60 Mio. Jahren hob eine dramatische Kollision der Afrikanischen und Eurasischen Platte den Hohen Atlas empor, schloss gleichzeitig die Straße von Gibraltar und schuf die Alpen sowie die Pyrenäen. In der jüngeren Vergangenheit boten die Berge den unabhängigen Berbern Schutz, dienten als Zuflucht vor Eindringlingen oder als strategischer Rückzugsort für den organisierten Widerstand gegen mögliche Kolonisten.

Im Norden bildet das flache Rifgebirge einen grünen, fruchtbaren Bogen, der als natürliche Küstenbarriere dient. Weder Vandalen noch Westgoten kamen gegen die Rifberber an, die ihre abgelegene Lage jahrtausendelang erfolgreich nutzten, um feindliche Invasionen aus Europa und auch aus Afrika abzuwehren. Zwar wird das Rif nach wie vor von der Politik kaum beachtet, gleichzeitig bietet diese Nachlässigkeit einen (wenn auch höchst umstrittenen) Vorteil: in der Region östlich von Tétouan ist der Anbau von *kif* (Cannabis) weit verbreitet. Mittlerweile hat die Regierung einiges an Investitionen locker gemacht, um den Zugang zur Region durch eine gut ausgebaute Infrastruktur zu verbessern.

Beim Wandern im Rif sollte man *kif*-Felder möglichst nicht betreten. Marokko ist einer der weltgrößten Produzenten von Cannabis, das zum größten Teil für den westeuropäischen Markt bestimmt ist.

Der Mittlere Atlas ist das Kernland Marokkos. Als Flickenteppich aus Feldern erstreckt er sich von Volubilis bis Fès und geht allmählich in Berggipfel über, die mit würzigen Wacholder-, Thuja- und Zedernwäldern bedeckt sind. Das herrliche Wandergebiet ist auch Lebensraum der Berberaffen, der einzigen (nichtmenschlichen) Primaten Marokkos. Der Gebirgszug verläuft vom Nordosten bis Südwesten des Rifs und erreicht eine Höhe von 3340 m.

Doch die wahre Dramatik beginnt östlich von Agadir, wo sich die gedrungenen Gebirgsausläufer plötzlich zum herrlichen Hohen Atlas erheben, der südlich von Marrakesch mit dem höchsten Berg Nordafrikas, dem Jbel Toubkal (4167 m), schwindelerregende Höhen erreicht. In den niedrigeren Lagen sind die Hänge auf eine geradezu geniale Art terrassiert. Hier erstrecken sich Walnuss-, Kirsch-, Mandel- und Apfelhaine, die im Frühling ein Blütenmeer bilden. Im Südosten fällt der Hohe Atlas zum Antiatlas ab, der die Soussebene vor den heißen Winden der Sahara schützt.

Wüste

Keine Landschaft Marokkos ist so berühmt wie die Wüste mit ihren hügeligen Dünen und Lehmziegel-*ksour* (Burgen), die sich majestätisch aus versteckten Palmenoasen erheben. Doch der größte Teil der Wüste besteht weder aus Oasen noch aus Dünen und ist praktisch unbewohnbar. Riesige Gebiete der unwirtlichen *hammada* (Steinwüste), die von felsigen Schluchten durchzogen sind, schmorten Millionen Jahre in der backofenartigen Wüstenhitze, bis ihre geschwärzten Oberflächen geradezu

DER STAUB DER WÜSTE

Wer die Wüste so sehen will, wie sie die Natur erschaffen hat, der macht sich mit einem Dromedar statt mit einem Jeep auf den Weg. Geländewagen brechen mit ihren großen Rädern die Oberfläche auf, die anschließend durch starken Wind verwirbelt wird. Einer Schätzung zufolge ist die jährliche Staubbildung in Nordafrika in den letzten 50 Jahren um ganze 1000 % gestiegen. Der Staub trägt wesentlich zur Dürre bei, da er die Erdoberfläche vom Sonnenlicht abschirmt und dadurch die Wolkenbildung verhindert. Dies hat weitreichende Konsequenzen: So wurde der Staub von der Sahara bereits bis nach Grönland getragen. Wer stattdessen mit dem Dromedar unterwegs ist, verscheucht keine Tiere durch Vibrationen und hat bessere Chancen, so scheue Geschöpfe wie den Wüstenfuchs, die Wüstenspringmaus und den Wüstenigel zu sehen.

glasiert waren. Im Osten und Süden dient die Wüste nach wie vor als umstrittene Grenze zu Algerien und Mauretanien und südlich des Antiatlas gehen die kargen Hänge in die steinige, fast weglose Westsahara über.

Selbst heute noch ruft der Anblick einer Oase an diesem kargen Horizont ein Gefühl der Euphorie und des Erstaunens hervor. In früheren Zeiten jedoch, wenn die Karawanen auf der Reise durch die Sahara nach 52 zermürbenden Tagen die letzten Dünen der Erg Chigaga und bei Tinfou erreicht hatten, bedeutete der grüne Schimmer am Horizont bei Zagora, dass die Kaufleute gerettet waren. Von Zagora zogen die mit Gold beladenen Karawanen auf dem Weg zum Mittleren Atlas durch das Drâatal von einem befestigten *ksar* zum nächsten, bis sie schließlich in der Skoura-Oase ihre Kamele entlasten und die Maultiere bepacken konnten.

Sahara: A Natural History von Marq de Villiers und Sheila Hirtle ist eine sehr gut lesbare Darstellung der Wildnis der Sahara, ihrer Menschen und ihrer geografischen Geschichte.

Einige Karawanen passierten die alten Wüstentore von Sijilmassa (bei Rissani), aber einen einfachen Weg gab es nicht: Eine Route führte über die rosa-goldenen Dünen der Erg Chebbi bei Merzouga, die andere vorbei am beeindruckenden Jebel Saghro, wo die ebenso beeindruckenden halbnomadischen Krieger der Aït Atta lebten. Heute ist die Atmosphäre in den Oasen wesentlich entspannter: Tagsüber geht's hier eher gemächlich zu und abends versammeln sich Besucher und Einwohner um ein wärmendes Feuer.

Tiere & Pflanzen

Obwohl das Land seit Jahrtausenden bewohnt und bewirtschaftet wird, wimmelt es hier noch immer von wilden Pflanzen und Tieren – ein Zeugnis für die Nachhaltigkeit der traditionellen Methoden und den sorgsamen Umgang mit den Ressourcen, die über Generationen weitergegeben wurden. Heute gibt's in den 40 verschiedenen Ökosystemen Marokkos viele einheimische Arten, darunter Pflanzen und Tiere, die anderswo selten sind. Allerdings hat die Industrialisierung Marokkos die empfindliche Balance der Umwelt gehörig unter Druck gesetzt. Während das Land Maßnahmen ergreift, um Schutzgebiete für gefährdete Arten einzurichten, können Besucher ihren eigenen Teil zum Schutz der natürlichen Lebensräume beitragen, indem sie auf den markierten Pisten bleiben und sämtlichen Abfall wieder mitnehmen.

Gelegentlich werden in marokkanischen Suks lebendige Igel zum Verkauf angeboten. Manche davon wandern in den Kochtopf, andere dienen als Heilmittel gegen Hexerei und den bösen Blick.

Küstentiere

Abseits der zersiedelten Hafenstädte und Ferienkomplexe erstrecken sich noch lange, wilde Küstenabschnitte, in denen weit mehr Vögel und Meeressäuger, etwa Delfine und Tümmler, als Menschen leben. An den Stränden kann man Weißaugenmöwen, marokkanische Kormorane und Brandseeschwalben beobachten. Seevögel und Süßwasservögel gedeihen in Reservaten wie dem Sous-Massa-Nationalpark, wo man vielleicht

SOLAR-SAHARA

Etwas, an dem in der Wüste wahrlich kein Mangel herrscht (abgesehen von Sand), ist Sonnenschein, weswegen es nicht überrascht, dass Marokko im November 2009 ankündigte, mit Investitionen in Höhe von 9 Mrd. US$ sicherzustellen, bis zum Jahr 2020 20 % seines Energiebedarfs mit Sonnenenergie zu decken. Der Großteil davon soll in der Region entlang der algerischen Grenze vom Mittelmeer bis Figuig produziert werden. Die Modernisierung der Infrastruktur, etwa des Highway N 17 südlich von Oujda (von Dutzenden Plakaten entlang der Straße verkündet), ist Zeugnis für die Summen, die in die Region fließen. Darüber hinaus sind erhebliche Investitionen in der Region Ouarzazate vorgesehen.

Finanziert werden die Programme von Privatanlegern, der Weltbank, der Europäischen Investitionsbank sowie von Spanien, Frankreich, Deutschland und Saudi-Arabien.

DER BERBERLÖWE – WIEDER AUFERSTANDEN?

Wenn die marokkanische Fußballnationalmannschaft – die „Löwen vom Atlas" – aufs Spielfeld traben, ehren sie mit ihrem Namen eines der legendärsten Tiere des Landes, wenn auch eines, das schon lange ausgestorben ist.

Der Berberlöwe war das dominierende Raubtier in Nordafrika. Er war die größte und schwerste aller Löwenarten, deren Männchen für ihre dichte, schwarze Mähne berühmt waren. Die Römer hatten sie für die Gladiatorenkämpfe im Kolosseum gejagt, später überreichten die marokkanischen Sultane sie als diplomatisches Geschenk. Die Löwen wurden in der gesamten Region durch Jagd und Verlust des Lebensraums allmählich ausgerottet. Nur in dicht bewaldeten Gegenden im Atlas und im Rifgebirge hielten sie sich bis weit ins 20. Jh. Der letzte wilde Löwe wurde mutmaßlich 1942 geschossen. Jüngste Forschungen kamen jedoch zu dem Schluss, dass Berberlöwen bis in die 1960er-Jahre überlebt hatten – zweifellos auch weil sie Einzelgänger waren und nicht wie die Löwen im restlichen Afrika im Rudel lebten.

Verbliebene, wenngleich nicht reinrassige Löwenpopulationen überlebten in Zoos in der ganzen Welt, auch im Privatzoo des derzeitigen Königs von Marokko. In jüngerer Zeit wurde versucht, durch Zucht in Gefangenschaft und mit den neuesten Techniken der DNA-Profilierung eine genetisch reinrassige und lebensfähige Population der Großkatzen zu reproduzieren. Zielsetzung des International Barbary Lion Project ist die Einrichtung eines Schutzreservats im Atlas, das groß genug für eine begrenzte Auswilderung ist. Das ist zwar noch Zukunftsmusik – und es ist unklar, wie groß die Bereitschaft der einheimischen Bevölkerung ist, ihr Land mit einem Großraubtier zu teilen –, aber vielleicht hat dieses prachtvolle Tieres noch nicht zum letzten Mal gebrüllt.

neben Enten und Watvögeln, die aus Europa zum Überwintern hierherziehen, einen der gefährdeten Waldrappen entdeckt.

Lebensraum Wüste

Die Sahara mag wie ein unwirtlicher Lebensraum wirken, dennoch leben hier zahlreiche Tiere, darunter auch einige possierliche pelzige Wesen: mehrere Rennmausarten, langohrige, staksige Wüstenspringmäuse und kleine Afrikanische Wüstenigel, die gerade mal 300 bis 500 g schwer werden. Der putzige Wüstenfuchs hat fellbesohlte Pfoten und riesige, fledermausähnliche Ohren, über die er die Hitze ableitet; seine Jungen sehen aus wie Chihuahuas, nur flauschiger. Er ist scheu und nachtaktiv, doch wer mit einem Dromedar unterwegs ist und in der Wüste übernachtet, erhascht vielleicht einen kurzen Blick auf ihn.

Während die Hitze die meisten Menschen träge macht, sind viele Wüstentiere elegant und flink. Dorkasgazellen sind weit verbreitet und möglicherweise entdeckt man auch die seltene rötliche Cuviergazelle. Zu den Echsen, die durch die Gegend huschen, zählen Skinke und Dornschwanzagamen. Manchmal begegnet man zudem der tödlich aussehenden, aber nicht besonders giftigen Hornviper. Goldschakale sind die häufigsten Raubtiere und in entlegenen Teilen der Westsahara leben vielleicht auch noch einige an die Wüste angepasste Geparden.

Manchmal werden die Mäuler von Schlangen zugenäht, damit sie die Schlangenbeschwörer nicht beißen können. Das führt oft zu schlimmen Infektionen, zudem können die Schlangen nicht fressen. Verantwortungsbewusste Traveller sollten nicht mit solchen Schlangen posieren und deren Haltern kein Trinkgeld geben.

Bergtiere

Die bewaldeten Berghänge sind Marokkos artenreichste Biotope. Im Rifgebirge und im Mittleren Atlas, besonders rund um Azrou, sind oft die geselligen Berbermakaken (auch bekannt als Berberaffen) zu sehen. Schwieriger ist es, Berggazellen, Luchse und die gefährdeten Mufflons (Berberschafe) zu entdecken. Für Letztere wurde inzwischen ein Schutzgebiet im Hohen Atlas in der Nähe des Tizi'n'Test eingerichtet. Dort lebt nur ein Raubtier, das diese Spezies jagt, der ebenfalls vom Aussterben bedrohte Berberleopard – er bildet den letzten Leopardenbestand in Nordafrika.

Im Hohen Atlas steigen Steinadler mit Aufwinden in die Höhe und bei Wanderungen erblickt man vielleicht Fichtenkreuzschnäbel, Ohrenlerchen, Zwergadler, Schmutzgeier sowie Schwarze und Rote Milane. Im Frühling flattern Schmetterlinge in den Bergen herum, darunter der scharlachrote Kardinal und der leuchtend gelbe Kleopatrafalter.

Nationalparks

Mit der Auswilderung von 5000 in Gefangenschaft ausgebrüteten Vögeln in einer 40 000 km2 großen Schutzzone in der östlichen Wüste Marokkos erlebt die vom Aussterben bedrohte Kragentrappe ein Comeback. Das Progamm zählt zu den größten Auswilderungen einer gefährdeten Art weltweit. Aufgrund ihres komplizierten Paarungsverhaltens gilt es als schwierig, die scheuen Trappen in Gefangenschaft zu züchten.

Angesichts der Städte, die in natürliche Lebensräume vordringen, hat die Regierung inzwischen zahlreiche Schutzgebiete eingerichtet, um das Verschwinden seltener Pflanzen- und Tierarten zu stoppen. Als erster wurde 1942 der Toubkal-Nationalpark im Hohen Atlas gegründet. Nach der Eröffnung des riesigen Souss-Massa-Nationalparks bei Agadir 1991 wurden 2004 vier weitere Nationalparks geschaffen: Talassemtane (589 km^2) im Rifgebirge, Al-Hoceima (485 km^2) am Mittelmeer mit herausragenden Küsten- und Meeresbiotopen sowie einem der letzten Lebensräume der Fischadler, der Ifrane-Nationalpark (518 km^2) im Mittleren Atlas mit dichten Zedernwäldern und Berberaffen sowie der Nationalpark Haut Atlas Oriental (553 km^2).

Heute unterstehen die 14 Nationalparks sowie die 35 Naturschutz-, Waldschutz- und anderen Schutzgebiete der Direction des Eaux et Forêts (Forstaufsicht), die sich auch um die Arterhaltung kümmert und naturwissenschaftliche Forschung betreibt. Die Mitarbeiter der Parks erfassen die Artenvielfalt der Regionen und führen Vogelzählungen, Primatenstudien und Sedimentanalysen durch. Diese Studien sind entscheidend bei der Ursachenforschung für den Verlust von Biotopen, und zwar nicht nur in Marokko, sondern auch darüber hinaus. Spanische und amerikanische Nationalparkbehörden haben die marokkanischen Schutzgebiete erforscht, um Fragen der Artenvielfalt besser zu verstehen.

Für die einheimische Tier- und Pflanzenwelt erwiesen sich die Nationalparks als Segen, doch nicht unbedingt für die menschlichen Bewohner. Zwar schützen die Nationalparks lokale Ökosysteme und bringen mit dem zunehmenden Tourismus neue Einnahmen, doch der Zugang der Bevölkerung zu Wasser, Weideland und Wildpflanzen, die als Nahrung und Arzneimittel dienen, wurde eingeschränkt oder komplett unterbunden. Durch den Schutz der Parklandschaften wollen die Ministerien für Tourismus und Landwirtschaft zum Gedeihen der lokalen Ökosysteme beitragen und landschaftlich nutzbares Land nach und nach wiederherstellen – davon profitieren letztlich auch die örtlichen Gemeinden, denn der Ökotourismus ist eine profitable Alternative zum Cannabisanbau. In naher Zukunft könnten Parkgebühren eingeführt werden, die für die Erhaltung der Parks sowie für wissenschaftliche und kommunale Zwecke verwendet werden. Die schönsten Sehenswürdigkeiten Marokkos sind derweil weiterhin kostenlos. Besucher können das würdigen, indem sie unterwegs die unabhängigen Organisationen unterstützen.

Der Sahara Conservation Fund (www.saharaconservation.org) widmet sich dem Schutz wilder Tiere in der Sahara und informiert über die Arten, die man in diesem vielfältigen Ökosystem entdecken kann.

Kreativer Umweltschutz

Noch natürlicher als die marokkanischen Naturwunder selbst ist der Wunsch, diese zu bewahren. Marokkos Ausgangsbasis ist nicht schlecht, denn Visionen für eine nachhaltigere Zukunft kann das Land aus seiner jüngeren Vergangenheit schöpfen. Die uralten *khettara* (Bewässerungssysteme), die noch heute genutzt werden, transportieren Wasser von natürlichen Quellen durch unterirdische Kanäle zu den Feldern und Gärten, ohne dass dabei kostbares Wasser verdunstet. Das Konzept des Ökosiegels ist zwar noch eine Neuheit, doch viele kleine Bauernhöfe wirtschaften ohnehin biologisch, weil chemischer Dünger teuer und Eselsdung üblich und vorhanden ist. In kommunalen Hamams werden Strom und Wasser viel effektiver genutzt als beim individuellen Duschen oder Baden. Die lokal hergestellte, tensidfreie *savon noir* (schwarze Seife, die

SEHENSWERTE NATIONALPARKS

NATIONALPARK	ORT	BESONDERHEITEN	AKTIVITÄTEN	BESTE REISEZEIT
Al-Hoceima-Nationalpark	Al-Hoceima	Thujawald, Kalksteinklippen, Fischadler	Wandern, Vogelbeobachtung	Mai–Okt.
Bouarfa Wildreservat	Bouarfa	Steppe mit roten Felsen	Wandern, Klettern	April–Okt.
Lac de Sidi Bourhaba	Mehdiya	See und Feuchtbiotope; 200 Zugvogelarten, darunter Marmelenten, Kap-Ohreulen und Flamingos	Schwimmen, Vogelbeobachtung, Wandern	Okt.–März
Merja-Zerga-Nationalpark	Moulay-Bousselham	Lagunenbiotope; 190 Wasservogelarten, darunter Kap-Ohreulen, Korallenmöven, Flamingos & Kammblesshühner	Tierbeobachtung	Dez.–Jan.
Souss-Massa-Nationalpark	südlich von Agadir	Küstendeltas und Wälder; 275 Vogelarten, darunter der gefährdete Waldrapp, Säugetiere und im Gehege gehaltene bedrohte Arten	Wandern, Tier-und Vogelbeobachtung	März–Okt.
Talassemtane-Nationalpark	Chefchaouen	Zedern- und Tannenwälder; Berbermakaken, Füchse, Schakale und Fledermäuse im Zedernwald	Tierbeobachtung, Wandern	Mai–Sept.
Tazzeka-Nationalpark	bei Taza	Eichenwälder & Wasserfälle	Wandern	Juni–Sept.
Toubkal-Nationalpark	bei Marrakesch	Höchster Berg Nordafrikas	Wandern, Klettern	Mai–Juni

aus natürlichem Palmen- und Olivenöl besteht) ist sanft genug zum Rasieren und so effektiv wie Waschpulver, ohne die Umwelt zu verschmutzen. Das übrig bleibende „Grauwasser“ kann für Gärten und Brunnen in den Innenhöfen genutzt werden. In den traditionellen Lehmziegelhäusern bilden die meterdicken Wände eine natürliche Dämmung gegen Sommerhitze und Winterkälte, außerdem bleibt der größte Teil des Straßenlärms draußen – Klimaanlage und Zentralheizung sind also unnötig.

Marokko reagierte schnell und wandte sich rasch neuen ressourcensparenden Technologien zu. Das Vorreiterland hat mit dem Windpark Tarfaya die größte derartige Anlage auf dem afrikanischen Kontinent in Betrieb und das Sonnenwärmekraftwerk Ouarzazate wird bei seiner Fertigstellung das größte der Welt sein. Bis 2020 soll nahezu die Hälfte des Energiebedarfs des Landes aus erneuerbaren Energien stammen.

Um die zukünftigen Herausforderungen zu bewältigen, wird Marokko allen Einfallsreichtum brauchen. Wegen des hohen Bedarfs der Stadtbewohner und Touristenanlagen haben 37% der Dörfer rund um Marrakesch mittlerweile keine zuverlässige Trinkwasserquelle mehr. In Stauseen wird dem Fließwasser wertvoller Schlamm entzogen, der für den Betrieb der Bauernhöfe und den Erhalt der Küstenfeuchtgebiete nötig ist. Auch die Wälder sind bedroht: Jedes Jahr gehen 250 km² verloren, darunter marokkanische Kiefern, Thujabäume und Atlaszedern. Ein buchstäblich gewichtiges Problem ist die Umweltverschmutzung: allein die marokkanischen Städte produzieren jährlich 2,4 Mio. Tonnen Müll.

Viele der Berberaffen um Azrou sind an Menschen gewöhnt, die sie vom Auto aus mit Keksen und anderen Süßigkeiten füttern – auch wenn das überhaupt nicht gerne gesehen wird. Wen es auf einer Wandertour tiefer in den Mittleren Atlas verschlägt, der kann allerdings noch immer Gruppen begegnen, die wild (und artgerecht) leben.

Wohin man auch reist, überall fallen kleine Änderungen auf, die alle zusammen einen wichtigen Beitrag zum sparsamen Umgang mit den knappen Ressourcen leisten. Daran kann sich jeder beteiligen. Plastiktüten sind seit 2016 verboten. Solarbeheizte Duschen liefern nachmittags und abends stets warmes Wasser; also duscht man besser dann, anstatt zu anderen Tageszeiten Wasser zu vergeuden, das während des Erwärmens der Gasheizung verschwendet wird. Wiederaufforstungen beugen der Bodenerosion vor; Reisende können ihren Beitrag leisten, indem sie auf gekennzeichneten Wegen bleiben und Aufforstungsinitiativen lokaler nichtstaatlicher Organisationen unterstützen. Biogärten liefern frische Zutaten und verringern die Abhängigkeit von Lebensmitteln, die über weite Strecken transportiert werden – wer lokale und saisonale Spezialitäten bestellt, verstärkt die Nachfrage. Marokkos wegweisendes Programm des „Grünen Schlüssels" zertifiziert Hotels und Pensionen, die ressourcensparende Maßnahmen praktizieren, von wassersparenden Toiletten bis hin zu umweltfreundlichen Reinigungsmitteln – allerdings gab es aus einigen Ecken Kritik, dass die Zertifikate auch an Hotels mit verbrauchsintensiven Anlagen wie Swimmingpools vergeben wurden.

Betrachtet man die traditionellen, nationalen und lokalen Verfahren in ihrer Gesamtheit, so ist Marokko nicht nur bereit, den Wandel zum nachhaltigen Tourismus zu vollziehen, sondern ganz Europa zu zeigen, wie das geht.

Praktische Informationen

Allgemeine Informationen

Arbeiten in Marokko

- Ganz Marokko leidet unter sehr hoher (Jugend-)Arbeitslosigkeit, deshalb gibt's hier fast keine bezahlten Jobs für Ausländer.
- Absolute Grundvoraussetzung für die Suche sind gute Französischkenntnisse in Wort und Schrift (möglichst ergänzt durch etwas Arabisch).
- Wer eine freie Stelle gefunden hat, muss zusammen mit dem Arbeitgeber eine Arbeitserlaubnis beantragen und einen festen Wohnsitz nennen können – was beides nicht so einfach ist und entsprechend dauert.
- Das Angebot an Freiwilligenjobs ist viel höher.

Fremdsprachenunterricht

In Marokko kann man prinzipiell Deutsch und Englisch als Fremdsprachen unterrichten. Stellenangebote und Bezahlung sind dabei aber jeweils nicht gerade üppig.

Die besten Erfolgschancen bestehen im September und Oktober (Anfang des Schul- bzw. Studienjahres) sowie eingeschränkt Anfang Januar. Ein internationales Lehrzertifikat für Englisch (Teaching English as a Foreign Language; TEFL) oder Deutsch als Fremdsprache (DaF) hilft bei der Bewerbung.

American Language Centers (www.aca.org.ma) Mit zehn Sprachschulen in Marokko vertreten.

TEFL.com Führt ein Verzeichnis mit freien Lehrerstellen.

Botschaften & Konsulate

Das marokkanische Außenministerium (www.diplomatie.ma/en) informiert über alle diplomatischen Auslandsvertretungen im Land. Diese befinden sich größtenteils in Rabat und haben jeweils etwa gleich geöffnet (Mo–Fr 9–12 Uhr). Botschaften in der Hauptstadt:

Algerien (Karte S. 188; ☎0537 66 15 74; algerabat@iam.net.ma; 46–48 Ave Tariq ibn Zayid, Quartier Hassan; Tour Hassan) Plus Generalkonsulat in Casablanca und Konsulat in Oujda.

Deutschland (☎0537 21 86 00; www.rabat.diplo.de; 7 Rue Madnine, Ville Nouvelle; Mo–Fr 9–12 Uhr; Place al-Joulane) Unterhält ein Konsulat in Rabat sowie Honorarkonsulate in Agadir und Casablanca.

Mauretanien (außerhalb der Karte S. 188; ☎0537 65 66 78; 6 Rue Thami Lamdaouar, Soussi)

Österreich (☎0537 76 40 03; www.bmeia.gv.at/oeb-rabat/; 2 Zankat Tiddas, BP 135 Rabat; Mo–Fr 9–12 Uhr)

Schweiz (☎0537 26 80 30; www.eda.admin.ch/rabat; 12 Rue Ouezzane, 10020 Rabat; Mo–Fr 8–11 Uhr)

Spanien (☎0537 63 39 00; www.exteriores.gob.es/embajadas/rabat; Rue Ain Khalouiya, Souissi; Mo–Fr 8.30–16.30 Uhr) Zudem Generalkonsulate in Agadir, Casablanca, Larache, Nador, Rabat, Tanger und Tétouan.

Feiertage & Ferien

Alle Banken und Postfilialen sowie die meisten Läden haben an den wichtigsten gesetzlichen Feiertagen ge-

STAATLICHE REISEINFORMATIONEN

Folgende Regierungs-Websites liefern aktuelle Reiseinformationen:

- **Deutschland** (www.auswaertiges-amt.de/DE/Laenderinformationen/LaenderReiseinformationen_node.html)
- **Österreich** (www.bmeia.gv.at/reise-aufenthalt/reiseinformation/laender/)
- **Schweiz** (www.eda.admin.ch/eda/de/home.html)

RAMADAN IN MAROKKO

Ramadan Mubarak! (Fröhlicher Ramadan!) Der Mondkalender-Monat Ramadan steht im Zeichen von *sawm* (Fasten) und *zakat* (Wohltätigkeit). Von Sonnenaufgang bis Sonnenuntergang verzichten gläubige Muslime dann auf Essen, Trinken, Tabak und Sex, um sich auf ihre spirituelle Erneuerung zu konzentrieren.

Während des Ramadan sind viele marokkanische Geschäfte und Dienstleister nur eingeschränkt geöffnet bzw. besetzt. Unterkünfte, Verkehrsmittel und geführte Touren sollten daher möglichst rechtzeitig reserviert werden – auch bei Behörden immer vorher anrufen, um festzustellen, ob jemand da ist! Da die meisten Restaurants tagsüber geschlossen haben, empfehlen sich Lunch-Pakete oder Reservierungen in Touristenlokalen. Viele Läden schließen schon nachmittags; zudem feilscht es sich besser, solange die Inhaber noch nicht so durstig von der Mittagshitze sind. Ab 2017 fällt der Ramadan ein paar Mal hintereinander auf die langen und heißen Tage des Sommers.

Zum Sonnenuntergang füllen sich die Straßen mit festlich gekleideten Menschen, bunten Lichtern, Musik, verführerischen Düften und Ständen voller Süßigkeiten. Nach dem *iftar* (tägliches Fastenbrechen) mit Datteln, Suppe oder pikanten Snacks laben sich die Einheimischen bis zu später Stunde an Süßem und treffen sich mit Familienangehörigen. Nach dem Schlafen und Aufstehen gibt's dann in aller Frühe das *sahur* (Morgenmahl vor Sonnenaufgang).

Fasten ist schon zu Hause unter kontrollierten Bedingungen schwer genug und wird von den Reisenden nicht erwartet. Dennoch sollte man Respekt für den Ramadan zeigen und daher in der Öffentlichkeit nicht essen, trinken oder rauchen – und schon gar nicht Einheimische beim Gebet stören! Kurz vor dem abendlichen Gebetsruf mit Ankündigung des *iftar* lassen sich marokkanische Taxifahrer dann auch nur sehr ungern auf der Straße heranwinken.

Wer Süßigkeiten angeboten bekommt oder sogar zu einem Ramadan-Fest eingeladen wird, ehrt sein Gegenüber durch Annehmen; Ablehnen gilt dagegen als schwere Beleidigung. Man muss aber weder die Süßigkeiten essen noch selbst eine Einladung aussprechen. Selbst *zakat* zeigen können Touristen z. B. über Spenden an lokale Wohlfahrtseinrichtungen.

schlossen. Der Nahverkehr läuft jedoch wie üblich weiter.

Neujahr 1. Januar

Tag des Manifestes der Unabhängigkeit 11. Januar – erinnert an die Proklamation des nationalistischen Manifestes der marokkanischen Unabhängigkeit in Fès

Tag der Arbeit 1. Mai

Thronfest 30. Juli – erinnert an die Thronbesteigung König Mohammeds VI. im Jahr 1999

Treue von Oued Eddahab 14. August – feiert die „Rückkehr zum Vaterland" der Region Oued Eddahab im Süden (früher von Mauretanien beansprucht)

Jahrestag der Revolution des Königs und des Volks 20. August – erinnert an die Verbannung Mohammeds V. durch die Franzosen im Jahr 1953

Tag der Jugend 21. August – feiert den Geburtstag von König Mohammed VI.

Jahrestag des Grünen Marschs 6. November – erinnert an den Grünen Marsch, der die Westsahara im November 1975 „zurückholte"

Unabhängigkeitstag 18. November – erinnert an die Unabhängigkeit von Frankreich

Fotos & Videos

- Marokko ist ein Traum für Fotografen. Aber Achtung: Niemals etwas in den Sucher nehmen, das auch nur ansatzweise einen militärischen oder sicherheitsrelevanten Charakter haben könnte (z. B. Flughäfen, Brücken, Regierungsgebäude, Soldaten und Polizisten)!
- Beim Passieren von Kontrollpunkten in und nahe der Westsahara sollte man seine Kamera am besten verstecken.
- Die Höflichkeit gebietet es auch in Marokko, vor Personenaufnahmen stets um Erlaubnis zu bitten. Marokkanische Städter sehen das Foto-Thema zumeist nicht so eng, während sich insbesondere Frauen, Ältere und Landbewohner oft nicht ablichten lassen wollen. Ihr Recht auf Privatsphäre ist grundsätzlich zu respektieren!
- In Großstädten (vor allem Marrakesch und Casablanca) lassen sich Speicherkarten und Batterien für Digitalkameras leicht auftreiben.
- USB-Speichersticks sind praktisch, um Fotos zu sichern. Alternativ kann man die Aufnahmen in den meisten Internetcafés auf CD brennen.
- Negativfilme werden weltweit immer rarer. Auch

MUSLIMISCHE FEIERTAGE

Marokkos muslimische Feiertage folgen dem Hidschra-Mondkalender, der etwa elf Tage kürzer ist als sein gregorianisches Pendant.

Die folgenden religiösen Hauptfeiertage werden landesweit begangen. Dann steigt jeweils generell der Druck auf den Nahverkehr, was sich z. B. bei lokalen Buslinien oft in Verzögerungen und Fahrplanänderungen äußert. An den Feiertagen (ausgenommen ist der erste Tag des Ramadan) haben alle Behörden und Geschäfte geschlossen.

Moulid (oder Mouloud) an-Nabi Feiert den Geburtstag des Propheten Mohammed; Kinder erhalten oft Geschenke.

Eid al-Fitr (Fest des Fastenbrechens) Wird auch Eid as-Sagheer (Kleines Fest) genannt und markiert das Ende des Ramadan. Die viertägigen Feierlichkeiten beginnen mit *harira* (Linsensuppe), Datteln und Honigkuchen. Viele Marokkaner besuchen Familienangehörige; das öffentliche Leben kommt fast ganz zum Erliegen.

Eid al-Adha (Opferfest) Wird auch Eid al-Kabeer (Großes Fest) genannt und erinnert an Abrahams Opfer. Anlässlich des dreitägigen Festes werden Schafe in der ganzen muslimischen Welt gekauft und rituell geschlachtet – oft in aller Öffentlichkeit. So muss man auf der Straße mit Blut in den Rinnsteinen und dem Anblick von Schafsköpfen über brennenden Feuern rechnen.

Da die genauen Termine islamischer Feiertage immer erst wenige Tage vor Beginn des jeweiligen Monats festgelegt werden, sind die folgenden Angaben lediglich Orientierungshilfen.

FEIERTAG	2017	2018	2019	2020
Moulid an-Nabi	1. Dez.	20. Nov.	9. Nov.	29. Okt.
Beginn des Ramadan	27. Mai	16. Mai	6. Mai	24. April
Eid al-Fitr	25. Juni	16. Juni	4. Juni	24. Mai
Eid al-Adha	1. Sept.	21. Aug.	11. Aug.	31. Juli
Neujahr (Jahreszahl A.H.)	21. Sept. (1439)	11. Sept. (1440)	31. Aug. (1441)	20. Aug. (1442)

in Marokko heißt's vor dem Kauf das Mindesthaltbarkeitsdatum checken.

➡ Professionelle Fotolabore entwickeln Filme am besten.

➡ Der Lonely Planet Band *Travel Photography* gibt umfassende Tipps für tolle Reisefotos.

Frauen unterwegs

➡ Vor der Ehe haben marokkanische Männer oft kaum die Gelegenheit, Frauen außerhalb der Familie zu treffen und kennenzulernen – das ist ein Hauptgrund, warum sie westlichen Touristinnen so viel Beachtung schenken.

➡ Das ständige Anstarren und die unerwünschten Kommentare können vor allem bei der ersten Reise nach Marokko recht schockierend sowie sehr ermüdend sein.

➡ Viele Frauen entwickeln dagegen jedoch ziemlich schnell ein dickes Fell und ignorieren das Ganze einfach. Zudem bleiben die Belästigungen in den allermeisten Fällen harmlos.

➡ Im Gegensatz zu ihren männlichen Reisegefährten können Besucherinnen problemlos persönliche Kontakte zu Marokkanerinnen knüpfen (was durchaus von Vorteil sein kann).

➡ Tampons lassen sich in Marokko teilweise nur schwer auftreiben. Einzige verlässliche Bezugsquelle ist die Supermarktkette Carrefour, die aber nur eine begrenzte Auswahl führt.

Kleidung

➡ Moderat anziehen: Schultern und Knie sollten stets bedeckt sein; vor allem ein tiefer Ausschnitt geht nicht.

➡ Bikinis: An Privatstränden o.k.; an Hotelpools teils Aufmerksamkeit erregend (einfach individuell beurteilen!).

➡ Sonnenbaden mit freiem Oberkörper ist überall in Marokko absolut tabu.

Zufluchtsorte & Fettnäpfchen

➡ Wird der Trubel zu viel, sollten sich Frauen nach Orten umsehen, an denen sich alleinstehende Marokkanerinnen aufhalten.

➡ Das Obergeschoss eines *salon de thé* (Teehaus), ein Restaurant oder Hotelterrassen sind auch eine gute Wahl.

- Hamams gelten als gute Adressen für ein paar entspannte, männerfreie Stunden.
- Hotelpools und öffentliche Schwimmbäder erfreuen sich bei Männern großer Beliebtheit, ob sie nun schwimmen oder sich an der Bar einen Drink genehmigen.
- Billige Unterkünfte wie Budgethotels über Bars, die bei Einheimischen beliebt sind, dienen auch als Bordelle.
- Wer Lust auf ein alkoholisches Getränk hat, hält sich am besten an die großen Hotels und meidet die Kneipen mit ihrer größtenteils männlichen Klientel. Marokkanerinnen, die sich dort aufhalten, sind meist Prostituierte (auch die eleganteren).

Männliche Reisebegleitung

- Frauen in männlicher Begleitung werden höchstwahrscheinlich seltener belästigt.
- Auch wenn man nur miteinander befreundet ist, kann die Behauptung, verheiratet zu sein, helfen (alles andere ist hier ohnehin schwer vermittelbar).
- Marokkanische oder marokkanisch aussehende Frauen, die einen nichtmarokkanischen Ehemann haben, sollten eine Kopie der Heiratsurkunde dabeihaben. Sex vor der Ehe ist für Muslime verboten – und in Marokko gilt Prostitution als heikles Thema.
- Wenn umgekehrt der Mann für einen Muslim gehalten wird, muss man aus demselben Grund an der Hotelrezeption mit unangenehmen Situationen rechnen. In größeren Städten sollte das jedoch meist kein Problem darstellen.

Öffentliche Verkehrsmittel

- In öffentlichen Verkehrsmitteln möglichst neben einer Frau sitzen – vor allem in vollgestopften *grands taxis* und Zugabteilen, die potenziell zur Falle werden könnten.
- Unabhängig vom jeweiligen Sitzplatz sind viele Frauen schon völlig unbehelligt in *grands taxis* mitgefahren. Dennoch fühlen sich Frauen eventuell deutlich wohler, wenn sie zwei Sitzplätze bezahlen, um unterwegs allein vorn zu sitzen.
- Niemals trampen: Marokkaner erwarten von Frauen eventuell sexuelle Gegenleistungen fürs Mitnehmen.

Sicherheitsvorkehrungen

Vor Ort sollten Frauen immer ein paar einfache Vorsichtsmaßnahmen treffen:

- Nachts nicht allein durch die Straßen laufen, sondern ein Taxi nehmen: Nach marokkanischer Ansicht bleiben alle „anständigen Frauen" bei Dunkelheit stets zu Hause.
- Abgelegene Ecken (z.B. einsame Strände, Wälder, Sanddünen) nie allein erkunden!
- Eine dunkle Sonnenbrille schützt vor Blickkontakt. Dennoch sollten sich Frauen nicht während der ganzen Reise dahinter verstecken.
- Nicht aggressiv reagieren: Dies könnte erwidert werden! Ein schlichtes *non merci* bzw. *la shukran* („Nein, danke") ist meist deutlich wirkungsvoller.
- „Respekt" ist in Marokkos Gesellschaft ein zentraler Begriff. Höfliche Aufforderungen zu respektvoller Behandlung können daher Wunder wirken. Ausufernde Belästigungen lassen sich mitunter mit dem Ausruf *hashouma!* („Schäm dich!") beenden.
- Zusammen mit einem (gegebenenfalls gefakten) Foto von Ehemann und Kind kann ein Ehering ebenfalls gegen unerwünschte Aufmerksamkeit helfen: Alleinreisende Frauen ohne diese „Ausrüstung" ziehen in Marokko argwöhnische Blicke auf sich. Im Notfall einfach behaupten, dass die Familie am nächsten Reiseziel wartet!
- Besondere Vorsicht ist bei Musikfestivals und anderen Großveranstaltungen geboten: Dort kam es schon mehrfach zu Handgreiflichkeiten gegenüber Frauen!

Freiwilligenarbeit

Viele internationale und marokkanische Organisationen

NEIN, DANKE!

In Touristenhochburgen bieten zahllose *faux guides* ihre „Hilfe" an – mit der Absicht, Provisionen von Souvenirläden zu kassieren. Folgende Tipps können gegen aufdringliche Leute helfen:

- Höflich alle unerwünschten Angebote ablehnen und ein paar gut gelaunte Antworten parat haben (möglichst auf Arabisch). Aber niemals die Hand geben oder sich in längere Gespräche verwickeln lassen!
- Immer den Eindruck vermitteln, man wisse genau, wo man hingeht; alternativ erklären, dass man am ersten Tag einen Führer engagiert habe und nun auf eigene Faust losziehen will.
- Wenn man die Nerven verliert: Dunkle Sonnenbrille aufsetzen und sich in ein Café, Restaurant oder Taxi zurückziehen.
- Im Notfall *shurta* oder *ibulees* (Polizei) rufen und dabei so gucken, als meine man es ernst!

vermitteln Freiwilligenjobs bei regionalen Entwicklungsprojekten.

Teilnehmer erhalten zumeist keine Bezahlung und mitunter nicht einmal eine Unterkunft. Die Angebote richten sich vor allem an junge Leute, die ihre mehrwöchigen Sommerferien einmal anders verbringen möchten. Teilweise handelt es sich dabei aber nur um Ferienlager oder internationale Austauschprogramme.

Somit sollte zuvor jeweils sorgsam recherchiert werden, wer genau auf welche Weise von der geleisteten Freiwilligenarbeit profitiert: Unterstützenswerte Freiwilligenprojekte kommen immer den Bedürftigen zugute und nicht den Ehrenamtlichen!

Eine gute Ausgangsbasis für Interessenten ist *The Big Trip* von Lonely Planet. Dieser Führer mit Schwerpunkt auf einjährigen Auslandsabenteuern vor Studienbeginn enthält neben Kapiteln über bezahlte und ehrenamtliche Jobs auf Reisen auch Verzeichnisse mit entsprechenden Infoquellen.

Freiwilligenorganisationen

Folgende internationale und marokkanische Organisationen veranstalten gelegentlich Ferienlager oder Freiwilligenprogramme vor Ort:

Chantiers Sociaux Marocains (CSM; ☎0537 26 24 00; www.csmorocco.org) Marokkanische NRO in Rabat, die 18- bis 35-jährige Freiwillige aus aller Welt landesweit in den Bereichen Gesundheit, Bildung und Entwicklung einsetzt.

Morocco Exchange (www.moroccoexchange.org) Bei den kurzzeitigen Austausch- und Reiseprogrammen für Studenten steht interkulturelle Bildung im Mittelpunkt. Hierbei werden Großstädte und Dörfer im Rahmen von individuellen Trips besucht. Unter den bisherigen Themen waren z. B. Frauenrechte, das Gesundheitssystem oder der Gebrauch der französischen Sprache in Marokko.

Peace Corps (www.peacecorps.gov) Die renommierte US-Freiwilligenorganisation mit zweijährigen Programmen ist in Marokko tief verwurzelt.

Idealist.org Verzeichnisse mit ehrenamtlichen und bezahlten Jobs in Marokko.

Go Abroad (www.goabroad.com) Gute Ausgangsbasis für Recherchen zu Freiwilligenjobs (u. a. dank Links zu Organisationen mit Möglichkeiten in Marokko).

International Cultural Youth Exchange (www.icye.org) Erleichtert die Suche nach neuen Freiwilligenprogrammen in Marokko.

Gefahren & Ärgernisse

Marokko ist ein ziemlich sicheres Reiseland – hier reicht fast immer der gesunde Menschenverstand. Probleme können sein:

- Verirren im Gassengewirr der Medinas.
- Inoffizielle Führern (bekannt als *faux guides*).
- Marihuana (*kif*), das in Marokko wächst und hier überall konsumiert wird.

Diebstahl & Raub

In Marokko ist man vor Dieben generell relativ sicher. Das Restrisiko lässt sich verringern, indem man in den Großstädten angemessen wachsam ist und ein paar Grundregeln beherzigt – gemäß dem Motto „Vertraue auf Gott, aber binde dein Kamel gut an":

- Beim Sightseeing immer nur die nötigsten Wertsachen mitnehmen und diese gut verbergen.
- Beim Abheben an Geldautomaten besonders wachsam sein.
- Offen getragene Geldbörsen fallen auf. Bargeld, Reisepass und andere wichtige Dokumente gehören daher in Geldgürtel oder Brustbeutel unter der Kleidung. Aber dennoch immer einen kleineren Barbetrag für Alltagsbesorgungen separat und leicht zugänglich mitführen (z. B. in der Hosentasche), um nicht jedes Mal das ganze Geldbündel zücken zu müssen!
- Wer Wertsachen lieber im Hotel lässt (idealerweise im abgeschlossenen Koffer), hat höchstwahrscheinlich nichts zu befürchten.
- Zimmer in Spitzenklassehotels verfügen über Tresore.
- Andere Hotels bewahren Wertsachen wie Kameras mitunter in einem Tresor an der Rezeption auf.
- Grundsätzlich nichts im Auto zurücklassen (auch nicht versteckt).
- In den Großstädten (vor allem in Casablanca) führen Armut und Not gelegentlich zu gewaltsamen Raubüberfällen auf Touristen.
- Vorsicht in Medinas – vor allem bei Dunkelheit.
- Insbesondere die Medinas von Marrakesch, Casablanca und Tanger sind für Taschendiebe berüchtigt. Diese arbeiten oft im Team: Eine Person lenkt das Opfer ab, während ihm eine zweite die Taschen leert. Zu später Stunde sind auch Raubüberfälle mit vorgehaltenem Messer keine Seltenheit.

Drogen

- Marokkos Zeit als Hippie-Paradies mit Marrakesch-Express usw. ist längst vorbei.
- Marihuana bzw. Haschisch (hier *kif* genannt) wird im ganzen Rifgebirge produziert. Besitz, Anbieten, Verkauf, Erwerb, Verteilung, Transport und Konsum jeglicher illegaler Drogen sind in Marokko jedoch streng verboten und ziehen heftige Strafen nach sich. Dies gilt unterschiedslos auch für *kif* (s. Abschnitt „Rechtsfragen").
- Wer in Marokko unbedingt Marihuana bzw. Haschisch konsumieren will, sollte dies daher niemals öffentlich tun und beim Kauf extrem misstrauisch sein.

➡ Einige Marokkaner rauchen *kif* zwecks Entspannung und Zeitvertreib. Marokkos Justiz nimmt Traveller in puncto Drogen aber vergleichsweise schärfer ins Visier.

ABZOCKE & ERPRESSUNG

Die meisten Marokko-Storys rund um Abzocke und Erpressung haben etwas mit Drogen zu tun. Die jüngste Gesetzgebung und hartes Durchgreifen haben Dealer zur Aufgabe ihrer aggressiven Verkaufstaktiken gezwungen. Die Probleme sind aber trotzdem noch längst nicht vom Tisch.

Eine klassische Masche besteht darin, jemanden mit Drogen abzufüllen, ihn zum Kauf einer großen Haschischmenge zu „bewegen" und dann die Polizei zu rufen (oder dies zumindest anzudrohen). Denn wer Marihuana geraucht oder gekauft hat, wird wohl kaum selbst zur Polizei gehen – was die Gauner ganz genau wissen.

DEALER & RISIKOGEBIETE

➡ Neuankömmlinge sollten *kif*-Angebote zu später Stunde stets ablehnen: Die Dealer haben einen sechsten Sinn für Neulinge und nutzen jede Gelegenheit, diese einzuschüchtern und ihnen möglichst viel Geld abzupressen.

➡ Issaguen (Ketama) und das Rifgebirge sind die Zentren des marokkanischen Marihuana-Anbaus. Vor allem in Issaguen kann es sehr schnell heftigen Ärger geben. Ohne verlässlichen Führer macht man daher um den Ort am besten einen ganz großen Bogen.

MAJOUN

➡ Mitunter bieten Dealer auch *majoun* an. Diese klebrige, zähe Masse besteht traditionell aus Butter, Trockenfrüchten, Getreide, Gewürzen und Cannabis-Harz.

➡ Schon ein kleines Kügelchen davon haut einen um – realistische Erfahrungen schildert z. B. Paul Bowles in *Der Weg nach Tassemsit ... und andere Reiseerzählungen aus der nicht-christlichen Welt* oder in *So mag er fallen*.

➡ Wer bei Marihuana-Konsum zu Paranoia neigt, sollte bedenken: Beim Erstverzehr von *majoun* fällt die Reaktion fast immer besonders heftig aus!

SPANIEN

Die spanische Polizei sieht den Besitz von geringen Mengen Cannabis für den Eigenbedarf relativ locker, allerdings ist der spanische Zoll ziemlich rigoros gegenüber Leuten, die von Marokko aus einreisen und Drogen im Gepäck haben. Das wird als Dealen angesehen.

➡ Autos werden an der Grenze mit großer Wahrscheinlichkeit durchsucht.

➡ Absolut niemals sollte man für andere Leute ein Päckchen mitnehmen oder ein Auto über die Grenze bringen.

Schlepper, Führer & Abzocker

Begegnungen mit Marokkos berüchtigten Gaunern und *faux guides* (inoffizielle Führer) sind unvermeidbar.

➡ In den bekanntesten Touristenhochburgen geht heute eine Touristenpolizei *(brigades touristiques)* gegen *faux guides* vor – diese müssen mit hohen Geldstrafen und/oder Gefängnis rechnen. Das Problem hat sich dadurch stark reduziert, ist aber nicht komplett verschwunden.

➡ *Faux guides* lauern meist an den Eingängen großstädtischer Medinas sowie vor Busbahnhöfen, Bahnhöfen und Fährterminals.

➡ Alles oder jeden abzuwehren wäre jedoch übertrieben. Und Neuankömmlinge können von einem Führer (ob nun offiziell oder nicht) auch durchaus profitieren.

➡ Die hohe Arbeitslosigkeit treibt die Zahl der *faux guides* in die Höhe. Doch nicht alle davon sind Hochstapler: Viele haben jede Menge Erfahrung und sprechen ein halbes Dutzend Sprachen.

➡ Ihr Hauptinteresse besteht teils darin, Provisionen von bestimmten Hotels oder Suk-Händlern zu kassieren.

UMGANG MIT FÜHRERN

➡ Vor der Tour einen Preis aushandeln.

➡ Klarmachen, was man ungefähr erwartet und wie viele Geschäfte man besuchen möchte. Wer seinen Rundgang nicht zur Shoppingtour ausarten lassen will, sollte dies vorher klären.

➡ Nicht lizenzierte Führer kosten etwa 50 bis 100 Dh pro Tag. Es sollte immer pro Guide und nicht pro Person abgerechnet werden.

➡ Wer zu einem bestimmten Ort geführt werden möchte, z. B. zum Ausgang einer Medina, sollte nicht mehr als ein paar Dirhams zahlen.

➡ Was auch immer man anbietet – es wird oft der „Das kann doch nicht dein Ernst sein"-Blick aufgesetzt. Die beste Antwort ist der „Das ist schon mehr als das Übliche"-Blick.

➡ Nicht den Humor verlieren und sich damit trösten, dass man nach einigen Tagen an einem Ort deutlich weniger belästigt wird.

➡ Offizielle Führer können in Touristeninformationen oder Hotels engagiert werden. Sie kosten einen Fixbetrag von 250 bis 300 Dh pro Tag (plus Trinkgeld).

➡ Für einen Besuch der Medinas von Fès und Marrakesch lohnt es sich, einen Führer zu engagieren. Er hilft in all dem Trubel bei der Suche nach interessanten Sehenswürdigkeiten und Geschäften. Außerdem bewahrt er seine Kunden vor Belästigungen durch Möchtegernführer.

VERKEHR & TRANSPORT

➡ Autofahrer sollten auf den Zufahrtsstraßen nach Fès

und Marrakesch mit motorisierten Gaunern rechnen. Diese Plagegeister auf Mofas wollen eine Unterkunft oder irgendetwas anderes vermitteln und können genauso hartnäckig sein wie ihre Kollegen zu Fuß.

➡ Bei Ankunft und Abfahrt mit der Fähre in Tanger muss man mit aufdringlichen Schleppern und Betrügern rechnen.

➡ Wer mit dem Zug in Städten wie Fès und Marrakesch ankommt, läuft dort auch manchmal „Studenten" oder dergleichen in die Arme, die verblüffenderweise wissen, dass das Hotel, in dem man absteigen wollte, geschlossen oder ausgebucht ist. Doch wie es der Zufall will, kennen sie zum Glück ein anderes nettes Plätzchen …

Verirren

➡ Eines der kleineren Probleme sind die sich ständig ändernden Straßennamen in marokkanischen Städten.

➡ Seit Jahren werden die alten französischen, spanischen und berberischen Namen durch arabische ersetzt.

➡ Das führt dazu, dass man mit bis zu drei verschiedenen Straßennamen konfrontiert wird – je nachdem, wer Auskunft gibt, welche Karte benutzt wird oder in welchem Teil einer Straße man sich befindet.

➡ Das übliche arabische Wort für Straße ist *sharia*, in Medinas heißen sie *derb* (kleinere Straßen werden *zankat* genannt).

➡ Auch die französischen Begriffe *avenue, boulevard* und *rue* sind noch üblich. Im Norden und äußersten Süden werden Straßen wie im Spanischen *calle* und *avenida* genannt.

➡ Teilweise hat sich das Arabische durchgesetzt. In diesem Reiseführer werden Straßen *sharia* oder *zankat* genannt, wenn sie im Alltag auch so bezeichnet werden.

MEDINAS

➡ Im Labyrinth der Medinas helfen Straßennamen nicht sonderlich viel (theoretisch aber vielleicht ein Kompass).

➡ Wer meint, sich verlaufen zu haben, sollte den recht belebten Hauptgassen folgen: Dabei findet sich zumeist eine Orientierungshilfe oder ein Ausgang.

➡ Mitunter bieten sich Kinder für ein paar Dirham als Führer an. Den Weg zum Hotel erfragt man aber besser bei Eckläden; hierbei hilft eine Visitenkarte mit der Adresse der jeweiligen Bleibe.

Geld

Marokkos Landeswährung ist der Dirham (Dh). 1 Dh entspricht 100 Centimes. Ältere Einheimische geben Preise teils noch in der inoffiziellen Altwährung Rial an (20 Rial entsprechen 1 Dh).

Marokkanische Banknoten haben einen Wert von 20, 50, 100 oder 200 Dh. Münzen gibt's zu 1, 2, 5 und 10 Dh sowie (seltener) zu 10, 20 und 50 Centimes. Große Geldscheine lieber immer möglichst klein machen: Marokkaner (vor allem Taxifahrer) rücken Klein- bzw. Wechselgeld nur höchst ungern heraus. Am besten tut man es ihnen gleich, was den 20-Dh-Schein allgemein zum praktischsten Zahlungsmittel macht.

Als Währung mit beschränkter Konvertibilität darf der Dirham nicht außer Landes gebracht werden und ist im Ausland nicht verfügbar. Dank seiner Stabilität gibt es jedoch keine stark schwankenden Wechselkurse. Euro, US-Dollar und britische Pfund lassen sich vor Ort am leichtesten umtauschen.

Bargeld

Das Mitführen eines gewissen Barbetrags ist in Marokko unabdingbar. Viele Riads akzeptieren Euro; der Wechselkurs ist aber oft schlechter als beim Umtausch in Dirham bei einer Bank.

➡ Für alltägliche Erledigungen empfehlen sich ein paar kleine Scheine in der Hosentasche oder Geldbörse (die aber niemals in der Gesäßtasche stecken sollte!).

➡ Das übrige Geld sollte stets separat und sicher verwahrt werden (z. B. in einem Geldgürtel).

➡ Bei Trips in entlegene Ecken sollte der Barvorrat so groß sein, dass er bis zum Erreichen der nächsten größeren Ortschaft ausreicht.

➡ Für Notfälle sind ein paar Euro-Scheine in einem Geheimversteck sinnvoll.

➡ Die riesigen Kleingeldmengen in Münzen mögen zwar eventuell lästig sein, sind aber andererseits sehr praktisch für Taxis, Trinkgelder, Führer und Bettler.

Geldautomaten

➡ An Bares kommt man in Marokko am einfachsten an Automaten.

➡ Selbst in den kleinsten Ortschaften gibt's überall Geldautomaten *(guichets automatiques)*, die fast immer Karten von Visa, MasterCard, Electron, Cirrus, Maestro und InterBank akzeptieren. Die meisten Banken verlangen Gebühren für Abhebungen an ausländischen Automaten – entsprechende Infos daher rechtzeitig bei der eigenen Bank in der Heimat einholen!

➡ Die Geräte der BMCE (Banque Marocaine du Commerce Extérieur), Banque Populaire, BMCI (Banque Marocaine pour le Commer-

FEILSCHEN

Feilschen gehört in Marokko einfach mit dazu (vor allem bei Waren und Dienstleistungen für Traveller). Verhandlungsmuffel können jedoch in vielen Touristenshops mit Festpreisen einkaufen.

ce et l'Industrie), Société Générale und Attijariwafa Bank funktionieren zuverlässig.

➡ Der Höchstbetrag bei Abhebungen hängt normalerweise von den Konditionen der jeweiligen Karte ab. Die meisten marokkanischen Automaten spucken maximal 2000 Dh auf einmal aus.

Geldwechsel

➡ Nach Marokko dürfen beliebige Beträge von Auslandswährungen eingeführt werden.

➡ Ein- und Ausfuhr von Dirham sind dagegen verboten.

➡ Marokkanische Banken und Wechselstuben tauschen die meisten Auslandswährungen um. Euro, US-Dollar und britische Pfund lassen sich jedoch am leichtesten in Dirham verwandeln. Beim Umtausch ist mitunter ein gültiger Reisepass bzw. Personalausweis vorzulegen.

➡ Örtliche Banken arbeiten generell schnell und effizient.

➡ Bei den Wechselkursen der verschiedenen Banken bestehen kaum Unterschiede, dennoch kann sich ein Vergleich lohnen.

➡ Umtauschquittungen immer sorgsam aufbewahren: Diese bescheinigen die Legalität getätigter Transaktionen und sind zumeist erforderlich, um übriggebliebene Dirham bei Banken oder Wechselstuben wieder in die Auslandswährung umzutauschen.

CEUTA & MELILLA

➡ Die beiden spanischen Enklaven haben den Euro als Währung.

➡ Die marokkanischen Banken an den Grenzen tauschen nur Bargeld um.

➡ Bei den Banken innerhalb von Ceuta und Melilla sind die Wechselkurse für Dirham schlechter als in Marokko selbst.

Kreditkarten

➡ In den Touristenhochburgen werden Kreditkarten überall akzeptiert.

TRINKGELD

DIENSTLEISTUNG	BETRAG
Gepäckträger	5 Dh
Café	2 Dh
Parkplatzwächter	3–5 Dh; 10 Dh bei Parken über Nacht
Portiers	10–20 Dh
Toilettenpersonal	1–2 Dh
Restaurantpersonal	10 %

➡ Bei Kartenzahlung müssen marokkanische Händler aber oft eine Gebühr von bis zu 5% berappen.

➡ MasterCard und Visa werden am häufigsten akzeptiert. Wer sich auf Plastikgeld verlassen will, hat am besten eine Karte von beiden dabei.

➡ Viele große Bankfilialen zahlen Bargeld gegen Vorlage einer Visa- oder MasterCard aus (gültiger Reisepass bzw. Personalausweis erforderlich).

Reiseschecks

➡ Reiseschecks sind in Marokko nicht zu empfehlen, da sie selbst von großen städtischen Bankfilialen oft nicht eingelöst werden.

➡ Wer dennoch ein paar Reiseschecks für Notfälle (z. B. Verlust oder Diebstahl des gesamten Bargelds) mitnehmen möchte, fährt mit den Varianten von American Express (Amex), Visa und Thomas Cook am besten. Diese drei Unternehmen ersetzen verlorene oder gestohlene Schecks zudem sehr schnell.

➡ Um verlorene Schecks ersetzt zu bekommen, braucht man aber unbedingt eine Liste mit den Nummern aller eingelösten und nicht eingelösten Schecks.

➡ Wichtig: Diese Liste getrennt von den eigentlichen Schecks aufbewahren!

➡ Fast alle Banken verlangen für das Einlösen von Reiseschecks eine Gebühr (ca. 10–20 Dh/Scheck; vorher nachfragen).

Schwarzmarkt

Da sich ausländisches Geld an offiziellen Stellen leicht in Dirham umtauschen lässt, bleibt wenig Spielraum für einen Schwarzmarkt. Dennoch sind auf den Straßen Schwarzhändler unterwegs, die Geldumtausch anbieten – vor allem in Tanger, Casablanca, Ceuta und Melilla (sowie an den Grenzen der beiden Enklaven). Diesen Gestalten geht man besser aus dem Weg: Einen finanziellen Vorteil gibt es nicht, während Betrügereien keine Seltenheit sind.

Trinkgeld

➡ Trinkgeld gehört in Marokko zum Alltag: Für fast jede Dienstleistung werden hier ein paar Münzen erwartet. *Bakschisch* wird oft mit Bestechungsgeld gleichgesetzt. Allgemein meint der Begriff jedoch den Lohn für eine Dienstleistung (ggf. inklusive Trinkgeld).

➡ Niemand sollte sich in puncto Trinkgeld unter Druck setzen lassen. Cleveres Spendieren von ein paar Dirham für bereitwillig geleistete Dienste kann einem das Leben in Marokko aber spürbar erleichtern.

➡ Beim Bemessen bitte nicht vergessen: Unqualifizierte Arbeitskräfte verdienen hier weniger als 100 Dh pro Tag!

Internetzugang

➡ In Marokko gibt's viele gute und günstige Internetcafés (5–10 Dh/Std.) mit zumeist anständigen Verbindungsgeschwindigkeiten.

➡ Französische und arabische Tastaturen ohne Qwerty-Belegung sind in Marokko weit verbreitet. Ebenso gewöhnungsbedürftig für viele Traveller: In Internetcafés surfen marokkanische Männer u. a. oft auf Porno-Plattformen und anderen Sexseiten.

➡ WLAN gibt's in vielen Mittel- und Spitzenklassehotels sowie oft in besseren Budget-Bleiben. In Touristenhochburgen nimmt die Drahtlos-Dichte langsam zu.

➡ Laptop-Besitzer sollten rechtzeitig checken, ob ihr Netzteil kompatibel mit Marokkos Stromspannung ist. Für Steckdosen empfiehlt sich ein Universaladapter. Handyläden – z. B. von Maroc Telecom, Meditel oder Inwi – verkaufen überall USB-Modems (ca. 100 Dh mit einmonatigem Internetzugang). Beim Erwerb ist ein gültiger Reisepass bzw. Personalausweis vorzulegen.

Karten & Stadtpläne

Direkt vor Ort gibt es kaum gute Marokkokarten, deshalb sollte man selbst eine mitbringen. Empfehlenswert ist die *Kontinentalkarte Marokko* von Marco Polo. Mit einem Maßstab von 1:800 000 umfasst sie eine Übersichtskarte, Pläne Marokkos inklusive der Westsahara, eine Entfernungstabelle, ein Ortsregister und fünf Citypläne. Zudem werden darin landschaftlich reizvolle Strecken und Sehenswürdigkeiten gezeigt.

Die Michelin-Karte Nr. 742 (früher Nr. 959) ist zweifellos die beste Karte. Sie hat folgende Merkmale:

➡ Mit einem Maßstab von 1:4 000 000 umfasst sie das gesamte Land inklusive der umstrittenen Westsahara.

➡ Enthält eine Vergrößerung im Maßstab von 1:1 000 000 von Marokko.

➡ Enthält zusätzlich Karten im Maßstab von 1:600 000 von Marrakesch, dem Hohen und Mittleren Atlas sowie von Fès und Umgebung.

➡ Zeigt die Standorte von Wochenmärkten, Kasbahs sowie *marabouts* (Grabmale örtlicher Heiliger) und hebt malerische Straßen hervor.

➡ Ist erhältlich in größeren marokkanischen Städten.

Die *World Map Morocco* von GeoCenter gilt als gute Alternative und hat ähnliche, oft deutlichere Details. Merkmale der Karte:

➡ Zeigt Marokko im praktischen Maßstab von 1:800 000 (die Westsahara im Maßstab von 1:2 500 000).

➡ Ist manchmal auch in Marokko erhältlich.

Darüber hinaus gibt's mehrere Nordwestafrikakarten, die Marokko mit abdecken. Die Michelin-Karte Nr. 741 (Maßstab 1:4 000 000; früher Nr. 953 und 153), ein Klassiker für große Touren, umfasst ganz Westafrika sowie einen Großteil der Sahara.

Übersichtskarten Marokkos aus der ehemaligen Sowjetunion (Maßstab 1:100 000 bis 1:1 000 000) kann man online und in gut sortierten Fachgeschäften weltweit kaufen. Oft müssen sie bestellt werden, wobei die Lieferzeit manchmal bis zu sechs Wochen beträgt.

Öffnungzeiten

Obwohl Marokko ein muslimisches Land ist, gilt bei den Ladenöffnungszeiten die Arbeitswoche von Montag bis Freitag. Nichtsdestotrotz ist der Freitag der Hauptgebetstag, weshalb viele Geschäfte eine ausgedehnte Mittagspause einlegen. Während des Ramadan ticken im ganzen Land die Uhren anders – Geschäfte haben dann nur von 10 bis 15 oder 16 Uhr geöffnet.

Oft variieren die Öffnungszeiten zwischen Medinas und *villes nouvelles*; in den Neustädten sind die meisten Geschäfte sonntags geschlossen, wohingegen die in den Medinas häufig die ganze Woche über von 9 bis 19 Uhr offen sind (Freitag ausgenommen).

Die Suks in den Medinas und die Lebensmittelmärkte in den *villes nouvelles* der größeren Städte leeren sich am Donnerstagnachmittag und sind freitags meist ganz leer. Die Öffnungszeiten von Cafés und Imbissbuden variieren gewaltig und hängen oft von der Jahreszeit oder der Laune des Besitzers ab.

Suks in kleinen Ortschaften öffnen früh am Tag und schließen vor der Nachmittagshitze.

In Städten haben Apotheken abwechselnd Nachtdienst. Infos zur diensthabenden hängen wochenweise in den Apotheken aus.

In den wichtigsten Urlaubsorten haben *bureaux de change* (Wechselstuben) oft bis 20 Uhr und übers Wochenende geöffnet.

Téléboutiques (private Telefonläden) und Internetcafés bieten ihre Dienste häufig bis tief in die Nacht hinein an, vor allem in Städten.

Banken Mo–Fr 8.30–18.30 Uhr

Bars 16 Uhr–open end

Behörden Mo–Fr 8.30–18.30 Uhr

Läden & Geschäfte Mo–Sa 9–12.30 & 14.30–20 Uhr; oft verlängerte Mittagspause wegen des Mittagsgebets.

Postfilialen Mo–Fr 8.30–16.30 Uhr

Restaurants 12–15 & 19–22 Uhr; Cafés öffnen meist früher und schließen später.

Post

➡ Filialen der Poste Maroc (www.poste.ma) sind an gelben „PTT"-Schildern oder am Logo „La Poste" zu erkennen.

➡ Die vielen kleinen *tabacs* (Tabakwaren- und Zeitungskioske) in den Stadtzentren

PRAKTISCH & KONKRET

➡ **Maße & Gewichte** In Marokko gilt das metrische System.

Ein Online-Verzeichnis marokkanischer Zeitungen gibt's unter www.onlinenewspapers.com/morocco.htm.

➡ Nachrichten auf Englisch liefert die gute Website von Morocco World News (www.moroccoworldnews.com).

➡ Zu den französischsprachigen Tageszeitungen zählen neben dem halboffiziellen *Le Matin* (www.lematin.ma) auch die oppositionsnahen Blätter *Libération* (www.libe.ma), *L'Opinion* (www.lopinion.ma) und *Al-Bayane*. Das Wochenmagazin *Telquel* (www.telquel.ma) ist eine super Nachrichtenquelle.

➡ In den meisten Großstädten sind auch führende Tageszeitungen und Magazine aus Europa erhältlich (teils als Auslandsausgaben).

Die meisten marokkanischen Radiostationen senden auf Arabisch oder Französisch und auf AM oder FM.

➡ Médi 1 sendet u.a. Nachrichten und Musik von Tanger aus in den ganzen Maghreb und bis nach Europa, empfangbar via Radio (105,3 MHz in Marrakesch, 95,3 oder 101 MHz in Tanger) und Internet (www.medi1.com).

➡ Unter den regionalen und nationalen Stationen des Staatssenders SNRT (www.snrt.ma) ist z.B. Radio Chaine Inter, das in Städten über den Äther (98,8 MHz in Marrakesch, 90 MHz in Casablanca) und ansonsten übers Internet (www.chaineinter.ma) empfangen werden kann.

➡ Marokkos zahllose Satellitenschüsseln empfangen auch ausländische Fernsehprogramme.

➡ Der teilstaatliche Fernsehsender 2M ist der größte des Landes und sendet u.a. auf Arabisch oder Französisch, empfangbar über Satellit, Analogantenne und Internet (www.2m.ma).

➡ Die Fernsehnachrichten von Médi 1 gibt's per Satellit und Internet (www.medi1tv.com).

➡ Marokkanische DVDs (Regionen-Code 5 wie im Großteil Afrikas und Asiens) sind mit europäischen DVD-Playern (zumeist Regionen-Code 2) nicht kompatibel.

verkaufen oft auch Briefmarken. Zudem muss man dort nicht so lange warten wie in Postfilialen.

➡ Die Poste Maroc arbeitet zwar nicht sehr schnell, aber recht verlässlich.

➡ Briefe nach Europa brauchen mindestens eine Woche.

➡ In Großstädten aufgegebene Post geht meist schneller auf die Reise.

➡ Postkarten lassen sich für ca. 25 Dh in alle Welt verschicken.

Paketversand

➡ Die Paketabteilung eines Postamts ist an einem Schild mit Aufschrift *colis postaux* zu erkennen und befindet sich normalerweise in einem separaten Gebäudebereich.

➡ Pakete mit 1 kg Gewicht gehen für ca. 150 Dh per Luftfracht nach Europa.

➡ Keine Paketseite darf länger als 2 m sein. Das zulässige Höchstgewicht hängt vom jeweiligen Ziel ab, liegt aber meist bei 30 kg.

➡ Wer Einkäufe nach Hause schicken will, holt sich am besten auf der Post einen Versandkarton nebst Formular und geht damit zu dem jeweiligen Laden: Die Verkäufer kennen ihre Waren und können sie daher optimal geschützt verpacken (z.B. mit Zeitungspapier und Pappe).

➡ Teppiche sollten vom Händler aufgerollt und in Plastiksäcke verpackt werden (ggf. extra darauf bestehen!).

➡ Es empfiehlt sich, die Adresse mit einem wasserfesten Stift mehrfach und gut lesbar auf das Paket bzw. den Teppich zu schreiben.

➡ Das Zielland sollte dabei besonders deutlich vermerkt werden (idealerweise auf Französisch und Englisch).

➡ Angaben zum Warenwert sind freiwillig, können jedoch Zollgebühren bei Paketempfang verursachen.

➡ Wichtig: Pakete sind so zu verschließen, dass der Inhalt von den Zollbeamten im Postamt überprüft werden kann.

➡ Pakete werden automatisch zum gewichtsabhängigen Luftfrachttarif (Par Avion) verschickt, sofern man nicht ausdrücklich den

Versand auf dem kombinierten See- und Landweg wählt.

➡ Der See- und Landweg ist zwar deutlich günstiger, kann aber bis zu drei Monate dauern.

➡ Besonders wertvolle und/oder sperrige Waren (z. B. große Möbel) erfordern eventuell eine separate Zollfreigabe.

➡ Der jeweilige Händler sollte alle notwendigen Formalitäten und den Versand abwickeln; die Kosten hierfür trägt der Käufer. Unbedingt alle Dokumente fotokopieren, um im Verlustfall etwas in der Hand zu haben!

Express- & Kuriersendungen

➡ Der Express Mail Service (EMS bzw. Poste Rapide) und die Paketpost befinden sich zumeist im selben Gebäude.

➡ Expresssendungen mit 500 g Gewicht lassen sich ab 350 Dh nach Europa verschicken.

➡ Private internationale Kurierdienste mit Großstadtfilialen sind schneller, aber auch teurer. In ganz Marokko sind z. B. DHL (www.dhl-ma.com) und TNT (www.tnt.com) vertreten.

Post empfangen

➡ Postlagernde Sendungen lassen sich normalerweise problemlos an die Hauptpostämter von Großstädten schicken. Hierzu muss die Adresse den Namen des Empfängers und den Vermerk „Poste Restante, La Poste Principale" enthalten.

➡ Achtung: Postlagernde Pakete gehen mitunter schon nach ein paar Wochen an den Absender zurück!

➡ Beim Abholen muss man seinen Reisepass bzw. Personalausweis vorzeigen und eine kleine Gebühr (ca. 5 Dh) bezahlen.

Rauchen

➡ Rauchen ist in Marokko offenbar Volkssport. Qualmfreie Restaurants und Hotels sind hier entsprechend rar.

➡ Beliebte Cafés und Restaurants haben zumeist Freiluftterrassen, die das Problem erträglich machen.

➡ Offizielles Rauchverbot herrscht nur in den teuersten Luxushotels und in manchen Riads.

Frauen & Rauchen

➡ In muslimischen Ländern wird es zumeist nicht gern gesehen, wenn Frauen rauchen – was jedoch eher kulturell als religiös bedingt ist.

➡ Vor allem außerhalb der Großstädte sieht man nur selten Marokkanerinnen mit Zigarette in der Hand.

➡ Die meisten islamischen Geistlichen betrachten Rauchen und Trinken als *haram* (verboten). Wirklich befolgt wird diese Regel aber nur tagsüber im heiligen Fastenmonat Ramadan.

➡ All das betrifft Ausländer nicht sonderlich. Dennoch sollten Frauen in den Häusern von Einheimischen gar nicht und andernorts möglichst diskret rauchen.

Rechtsfragen

Drogen Besitz, Anbieten, Verkauf, Erwerb, Verteilung, Transport und Konsum jeglicher illegaler Drogen sind in Marokko streng verboten. Dies gilt auch für Marihuana bzw. Haschisch (hier *kif* genannt). Auch wer nur mit einer geringen Drogenmenge erwischt wird, muss mit bis zu zehn Jahren Haft, hoher Geldstrafe und der Beschlagnahmung seines Fahrzeugs bzw. Boots rechnen. Straferlass bei guter Führung wird nicht gewährt; Freisprüche bei Drogenverfahren sind extrem selten.

Rechtsbeistand & Hilfe Bei rechtlichen Problemen jeder Art sollte man schnellstmöglich eine diplomatische Vertretung seines Heimatlandes kontaktieren: Es ist kein Geheimnis, dass die marokkanische Polizei nicht immer eine weiße Weste hat und teils in Betrügereien verwickelt ist. Die in London und Brüssel ansässige Organisation Fair Trials International (www.fairtrials.net) bietet Unterstützung und Rechtsbeistand bei Inhaftierung im Ausland.

Polizei Wer von der marokkanischen Polizei verhaftet wird, ist rechtlich zunächst ziemlich wehrlos. Zudem ist es unwahrscheinlich, dass ein qualifizierter Dolmetscher zur Verfügung

ETIKETTE

Marokko ist für seine Toleranz berühmt. Dennoch erleichtern ein paar Verhaltensregeln das Reisen und verhindern Blamagen:

➡ In Marokko wird förmlich gegrüßt: Nach dem Händeschütteln legt man die rechte Hand leicht auf seine Herzgegend. Männer sollten stets warten, bis ihnen Marokkanerinnen die Hand entgegenstrecken.

➡ Frauen wie Männer sollten überall ihre Schultern bedecken. Konservativere Landbewohner sehen es teils nicht gern, wenn kurze Hosen oberhalb der Knie enden.

➡ Die linke Hand gilt als unrein, da sie beim Toilettengang benutzt wird. Daher niemals Essen mit der linken Hand berühren – schon gar nicht bei Gemeinschaftsgerichten wie einer Tajine!

steht, der Aussagen exakt und korrekt wiedergeben kann – und die gemachten Aussagen werden im kommenden Gerichtsverfahren dann eine zentrale Rolle spielen. Menschenrechtsorganisationen zufolge sind Misshandlungen in marokkanischen Gefängnissen keine Seltenheit.

Reisen mit Behinderung

Behindertengerechte Einrichtungen sind in Marokko rar. Abenteuerlustige Reisende mit Handicap müssen dennoch nicht auf einen Besuch verzichten, sofern sie sich folgender Aspekte bewusst sind:

➡ Die schmalen und sehr holperigen Straßen der Medinas sind mitunter auch für Traveller ohne Handicap eine Herausforderung.

➡ Aufzüge sind nicht in allen Hotels vorhanden (in Budgetbleiben so gut wie nie). Rechtzeitige Reservierung von Erdgeschosszimmern ist daher sehr wichtig. Alle Riads haben steile, schmale und verwinkelte Treppen.

➡ Nur ein paar der teuersten Spitzenklassehotels verfügen über barrierefrei gestaltete Zimmer.

➡ Die beste Option ist wohl Reisen mit dem Auto. An Busbahnhöfen und Bahnhöfen kann mit Hilfe gerechnet werden (gegen Trinkgeld).

➡ Viele Touranbieter stellen spezielle Individualtrips für Reisende mit Behinderung zusammen.

➡ Auch Menschen mit eingeschränktem Seh- oder Hörvermögen haben es in Marokko schwer: Beschriftungen in Blindenschrift, Hörhilfen und akustische Signale an Fußgängerüberwegen sucht man hier vergebens.

Der Lonely Planet Führer Accessible Travel steht unter http://lptravel.to/AccessibleTravel gratis zum Download bereit.

Infos im Internet

Folgende Organisationen liefern neben allgemeinen und nützlichen Informationen auch Tipps, weiterführende Links und Hilfen zum weltweiten Reisen mit Behinderung:

Mobility International Schweiz (www.mis-ch.ch)

MyHandicap Deutschland (www.myhandicap.de)

MyHandicap Schweiz (www.myhandicap.ch)

Nationale Koordinierungsstelle Tourismus für Alle e. V. (www.natko.de)

Schwule & Lesben

➡ Homosexuelle Handlungen und Zuneigungsbekundungen (auch Küsse) sind in Marokko illegal und können mit bis zu drei Jahren Gefängnis und/oder einem Bußgeld bestraft werden. In jüngerer Zeit haben Marokkos Behörden das Verbot verstärkt durchgesetzt.

➡ Tatsächlich sind sexuelle Kontakte zwischen Männern in Marokko aber recht weit verbreitet, obwohl sich hier fast niemand (und schon gar nicht öffentlich) outet.

➡ Platonische Zuneigung wird dagegen offen gezeigt (zwischen Männern sogar häufiger als zwischen Frauen).

➡ Reisende sollten sich überall möglichst diskret verhalten und generell auf öffentliche Liebesbezeugungen verzichten.

➡ Kontakt zu einheimischen Schwulen sollte man möglichst niemals über Social-Media-Apps suchen: Bei so vereinbarten Treffen wurden in den letzten Jahren schon einige Ausländer ausgeraubt und/oder körperlich angegriffen.

➡ Einige marokkanische Städte sind schwulenfreundlicher als andere. Am tolerantesten ist Marrakesch, an zweiter Stelle folgt Tanger. Dennoch gibt es in ganz Marokko keine touristischen Szene-Hochburgen. Auch das Nachtleben in den größeren Städten versteckt sich seit ein paar Jahren zunehmend.

➡ Aus Armutsgründen sind viele junge Männer auch dazu bereit, Sex gegen Geld oder andere Gefälligkeiten anzubieten. So ist Ausbeutung ein unerfreulicher, aber fester Bestandteil der marokkanischen Schwulenszene.

➡ Lesben sollten eigentlich kaum Probleme bekommen: Marokkaner glauben generell, dass es Liebe zwischen Frauen in ihrem Land nicht gibt.

Sprachkurse

In den meisten Großstädten wird Unterricht in modernem Standard-Arabisch und in der marokkanischen Variante (Darija) angeboten. Fès, Rabat und Casablanca haben besonders viele Sprachschulen mit unterschiedlich langen Kursen.

Arabophon (☎0535 60 34 75; www.arabophon.com; 80 Rue Jaâfer ben Atiah, Aït Skato; halb-/3-tägiger Kurs 500/1500 Dh, Online-Kurs mit 10 Sitzungen 1100 Dh) Unter den Intensivkursen in Darija und modernem Standard-Arabisch sind z. B. die Optionen Curious Explorer (halbtägig) und Serious Explorer (dreitägig) speziell für Traveller. Zudem gibt's Kurse in der Berbersprache Tamazight. Der Unterricht findet auf Englisch, Französisch und Spanisch statt.

Jeunesse des Chantiers Marocains (http://perso.menara.ma/youthcamps) Sprachkurse plus kulturelles Eintauchen in Marrakesch.

Strom

Marokkos Stromnetz funktioniert verlässlich. Für abgeschiedene Bergregionen empfiehlt sich jedoch eine Taschenlampe.

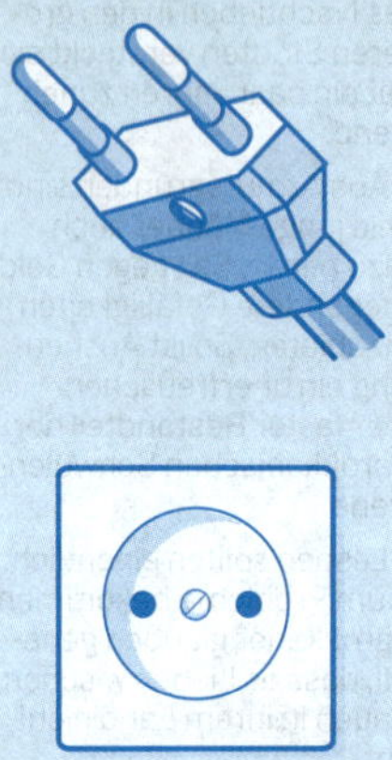

Type C
220 V/50 Hz

Telefon

➡ Selbst bei Gesprächen innerhalb desselben Vorwahlbereichs ist die vierstellige Ortsvorwahl immer zu wählen.

➡ Wer kein Handy hat, kann auf *téléboutiques* (private Telefonstuben) und öffentliche Telefonzellen zurückgreifen.

➡ Die *téléboutiques* tauschen normalerweise kleine Scheine in Münzgeld um.

➡ Die meisten Telefonzellen erfordern *télécartes* (Guthabenkarten), die bei *tabacs* und *téléboutiques* erhältlich sind.

➡ Dank guter Anleitung lassen sich die Geräte leicht bedienen.

➡ Telefonate von Hotelapparaten kosten in der Regel das Doppelte.

➡ Marokkanische Festnetznummern beginnen mit ☎05, Handynummern mit ☎06.

Handys

In Marokko funktioniert Roaming mit GSM-Handys. Eine hiesige Prepaid-SIM-Karte ist aber viel günstiger, wenn das Handy nicht dafür gesperrt ist (SIM-Lock). Die örtlichen Angebote wechseln ständig. Zum Recherchezeitpunkt bekam man für 100 Dh rund 200 Gesprächsminuten und bis zu 10 GB Datenvolumen. Auslands-SMS waren aber nicht immer inklusive.

➡ Mit Méditel (www.meditelecom.ma), Maroc Telecom (www.iam.ma) und Inwi (www.inwi.ma) gibt's drei GSM-Mobilfunknetze.

➡ Die Netzabdeckung ist generell hervorragend; nur in Wüsten- und Bergregionen gibt's oft keinen Empfang. In den meisten größeren und großen Städten steht 4G zur Verfügung.

➡ Handytelefonate (ins Inland/Ausland ab 1/2,50 Dh/Min.) sind zwischen 8 und 20 Uhr günstiger.

➡ Beim Kauf einer SIM-Karte muss ein gültiges Ausweisdokument (z. B. Reisepass) vorgelegt werden.

➡ Neue Guthabenkarten (zum Aktivieren freirubbeln!) gibt's bei *téléboutiques*, Zeitungsständen und Lebensmittelläden – mitunter auch als Sonderangebote mit doppeltem Guthaben.

Internet-Telefondienste

➡ Aus Angst vor Umsatzrückgängen blockieren Marokkos Telekommunikationsanbieter die allermeisten VOIP-Anwendungen (z. B. Skype oder Whatsapp).

➡ Messenger-Dienste sind dagegen nicht gesperrt. Wer darüber telefonieren will, sollte dennoch schon in der Heimat eine VPN-Software (Virtual Private Network) auf seinem Laptop oder Smartphone installieren.

Toiletten

➡ Toiletten mit Wasserspülung sind Luxus in einem Land, das ständig unter Wasserknappheit leidet – und daher auch fast nur in Hotels und Restaurants der Mittelklasse und der Spitzenklasse zu finden.

➡ Ansonsten muss man sich mit Hocktoiletten begnügen. Bei diesen gibt's in der Regel einen Wasserhahn,- schlauch oder -behälter zum Reinigen seiner vier Buchstaben mit der linken Hand.

➡ Toilettenpapier *(papier hygiénique)* ist aber oft nicht vorhanden, daher immer einen kleinen Vorrat griffbereit halten!

➡ Abflussrohre in Marokko verstopfen generell schnell. Darum wird das gebrauchte Papier nicht in die Toilette, sondern in den dafür bereitstehenden Eimer geworfen.

➡ Frauen sollten eine Plastiktüte für gebrauchte Tampons und Binden dabeihaben.

➡ Außerhalb der Großstädte sind öffentliche Toiletten rar. Wer dennoch eine findet, braucht neben Toilettenpapier auch etwas Kleingeld für das Reinigungspersonal, geschlossene, rutschfeste Schuhe sowie sehr oft auch eine Nasenklammer.

Touristeninformation

Einige größere und große Städte haben eigene Touris-

NÜTZLICHE TELEFONNUMMERN

Landesvorwahl Marokko	☎212
Internationaler Zugangscode für Auslandsgespräche	☎00
Auskunft	☎160
Landesvorwahl Spanien (inkl. Melilla und Ceuta)	☎34

NOTRUFNUMMERN

Wichtig: Selbst bei Notrufen innerhalb desselben Vorwahlbereichs ist immer zuerst die vierstellige Ortsvorwahl zu wählen!

Rettungsdienst	☎15
Feuerwehr	☎15
Stadtpolizei	☎19
Landpolizei (Gendarmerie)	☎177

teninformationen. Hierbei handelt es sich zumeist um kaum empfehlenswerte „Broschürenlager" mit unqualifiziertem Personal. Im Vergleich sind z. B. Hotelrezeptionen häufig wesentlich hilfreicher. Die besten Infobüros gibt's normalerweise in weniger bekannten Touristenorten, die auf sich aufmerksam machen wollen.

Marokkos Tourismusbehörde (www.visitmorocco.com) betreibt die meisten Büros.

Unterkunft

In Marokko gibt's vielerlei Unterkünfte. Dieses Buch nennt jeweils die offiziellen staatlichen Zimmerpreise (inkl. Steuern), welche aber nur als Orientierungshilfen zu verstehen sind.

Camping Zumeist nur etwas für Wanderer, denen mancherorts auch Berghütten zur Verfügung stehen.

Hotels Von spartanisch bis hin zu extrem luxuriös.

Riads Marokko ist heute berühmt für Boutiquepensionen in umgebauten alten Medina-Häusern.

Camping

- Mit Genehmigung des jeweiligen Grundstücksbesitzers ist Camping überall in Marokko möglich.
- Landesweit findet man viele offiziellen Campingplätze.
- Dort gibt's in der Regel Wasser und Strom, teils auch kleine Restaurants, Lebensmittelläden und Pools.
- Die meisten größeren Städte haben Campingplätze, die aber oft weit weg vom Zentrum liegen.
- Manche dieser Plätze sind die teils umständliche Anreise wert, andere dagegen sind nur kahle, steinige und schattenarme Areale mit einfachen Einrichtungen.
- Vor allem im Süden Marokkos sieht man auf Campingplätzen oft jene riesigen Wohnmobile, die bei Franzosen mittleren Alters sehr beliebt sind.

PREISE

- Offizielle Plätze kosten ungefähr 10–20 Dh pro Person; dazu kommen noch 10–20 Dh fürs Zelt und etwa 10–15 Dh für ein kleines Auto.
- Wohnmobile oder Caravans schlagen meist mit ca. 20–30 Dh und im Extremfall mit bis zu 45 Dh zu Buche.
- Strom ist normalerweise für 10–15 Dh zu haben.
- Eine warme Dusche gibt's für 5–10 Dh.
- Viele Campingplätze verfügen über einfache Zimmer oder über Appartements für Selbstversorger.

Ferienwohnungen

- Appartements für Selbstversorger sind prima für kleine Gruppen oder Familien – vor allem in der oft deutlich günstigeren Nebensaison.
- In Agadir, Taghazout, Essaouira, Asilah und den größeren Touristenzentren an beiden Küsten findet man recht viele Ferienwohnungen bzw. -häuser für Selbstversorger (gehören manchmal zu Resorts).

Gîtes d'Étape, Privatunterkünfte & Hütten

- *Gîtes d'étape* sind Gästehäuser oder Hostels, die oft Bergführern gehören. In diesen einfachen Quartieren an beliebten Routen im Atlas- oder Rifgebirge gibt's oft nur schlichte Bäder (teils mit Warmwasserduschen) und Matratzen auf dem Boden.
- Die etwas größeren *refuges* erinnern ein bisschen an Schweizer Berghütten. Sie haben meist Schlafsäle mit Gemeinschaftsduschen sowie oft auch einen geselligen Aufenthalts- und Essbereich.
- Der **Club Alpin Français** (CAF; Karte S. 170; ☎0522 27 00 90; www.ffcam.fr; 50 Blvd Moulay Abderrahman, Quartier Beauséjour, Casablanca) unterhält *refuges* im Hohen Atlas.
- Dort und in anderen abgeschiedenen Gegenden können Wanderer manchmal auch in privaten Dorfhäusern übernachten.
- Viele Privatunterkünfte haben weder Strom noch fließendes Wasser. Dafür gibt's aber viel Herzlichkeit und Gastfreundschaft. Die Preise entsprechen denen von *gîtes d'étape* und *refuges*.

Hostels

Die zu Hostelling International (HI) gehörende **Fédération Royale Marocaine des Auberges de Jeunes** (☎0522 47 09 52; www.auberges-de-jeunesse.com/en/maroc) betreibt vertrauenswürdige Hostels in Casablanca, Fès, Marrakesch, Meknès, Ouarzazate und Rabat.

- Hostels zählen zu den günstigsten Optionen für Alleinreisende (ab 60 Dh/Übernachtung), liegen aber oft ungünstig.
- Teilweise warten sie mit Gästeküchen, Familienzimmern und Frühstück auf.
- Vorsicht vor illegalen Billighostels in heimlich umgebauten Privathäusern!

UNTERKÜNFTE ONLINE BUCHEN

Unter http://hotels.lonelyplanet.com/morocco gibt's weitere Unterkunftsbewertungen und unabhängig recherchierte Infos von Lonely Planet Autoren – inklusive Empfehlungen zu den besten Adressen. Außerdem kann online gebucht werden.

Hotels

- Beim Check-in muss man seinen Reisepass und seine Einreisenummer parat haben.
- Manche Hotels in abgelegenen Gegenden bieten Halbpension *(demi-pension)*, also Zimmer mit Frühstück und Abendessen, oder Vollpension *(pension)*, zusätzlich mit Mittagessen, an. Oft lohnt sich der Aufpreis.

BUDGETHOTELS

- In den Medinas (Altstadt) größerer Städte findet man Billighotels mit einem oder gar keinem Stern. Manche davon sind hell und blitzsauber, andere wurden schon ewig nicht mehr geputzt.
- „Preiswert" heißt normalerweise Hocktoiletten und Gemeinschaftsbäder. Seife muss man oft selbst mitbringen.
- Manchmal sind gasbeheizte Warmwasserduschen (zzgl. 5–10 Dh) vorhanden.
- Wenn es gar kein Warmwasser gibt, empfiehlt sich der örtliche Hamam.
- Viele Billighotels im tiefen Süden haben Dachterrassen mit Matratzen (25–30 Dh/Pers.). Ansonsten kann man auch in traditionellen marokkanischen Salons zu ähnlichen Preisen auf Sesseln oder Kissen schlafen.

MITTELKLASSEHOTELS

- Marokkanische Mittelklassehotels haben generell einen hohen Standard.
- Die Palette reicht von quasi westlichen Optionen (modern, aber etwas seelenlos) bis hin zu Riads und *maisons d'hôtes* (Kleinhotels), die in puncto Komfort und Charme typisch marokkanisch sind.
- Im Mittelklassebereich beinhaltet der Zimmerpreis zumeist Frühstück und ein eigenes Bad.
- In günstigeren Regionen wie dem Süden gibt's mitunter Mittelklassequartiere zu Budgettarifen.

SPITZENKLASSEHOTELS

- Marokkanische Spitzenklassehotels sind quasi luxuriösere, komfortablere und elegantere Mittelklasse bleiben.
- In Urlaubsorten wie Agadir gibt's viele Spitzenklasse-Resorts mit Golfplätzen, Nachtclubs und mehreren Restaurants auf einem eigenen Gelände.

Riads, Dars & Kasbahs

Viele Besucher reizt auch die Möglichkeit, in umgebauten traditionellen Häusern zu übernachten. Der Begriff „Boutiquehotel" ist für diese Mittel- und Spitzenklasseunterkünfte wie geschaffen – kein Haus gleicht dem anderen. Fast alle Unterkünfte punkten mit persönlichem Service und werden gleichermaßen für ihr Ambiente und die dort angebotene Verpflegung geschätzt.

Standorte Dank mehrerer hundert Optionen steht Marrakesch bei Riad-Fans am höchsten im Kurs; Fès, Meknès, Essaouira und Rabat sind ebenfalls gute Adressen. Aufgrund ihrer ungebrochenen Popularität findet man Riads inzwischen auch verstärkt in unvermuteten Ecken des Landes.

Riads und Dars Der oft allgemein gebrauchte Begriff „Riad" steht konkret für ein Haus rund um einen Garten mit Bäumen. Viele Besitzer von *dars* (traditionelle Stadthäuser mit Innenhöfen) bezeichnen ihre Anwesen als Riads.

Kasbahs Zu Hotels umgebaute Kasbahs (alte Zitadellen) gibt's in allen zentral- und südmarokkanischen Touristenhochburgen. Aufgrund der Architektur sind die Zimmer klein und dunkel, im Sommer aber sehr reizvoll und kühl.

Preise Riads kosten generell so viel wie Vier- oder Fünf-

SANITÄRE ANLAGEN

- Sanitäre Anlagen in Marokko funktionieren oft nicht richtig.
- In Billighotels ohne Sterne-Kategorisierung gibt's oft nur tröpfelndes Kaltwasser und Hocktoiletten.
- Warmwasser wird mitunter großspurig versprochen, ist dann aber eventuell höchstens lauwarm und nur zu bestimmten Tageszeiten verfügbar.
- Draußen auf dem Land wird Wasser manchmal per Holzfeuer erhitzt. Dies ist jedoch ökologisch bedenklich: Wasser ist in Marokko oft knapp, Holz kostet hier viel. Zudem ist Abholzung landesweit ein großes Problem.
- In Kleinstädten und ländlichen Ecken können Hammams die bessere Wahl sein.
- Bei Busreisen werden oft die Toiletten von Restaurants am Straßenrand benutzt. Hierzu sollte man eigenes Toilettenpapier und 1 bis 2 Dh für das Reinigungspersonal bereithalten.

Sterne-Hotels und geben ihre Online-Zimmerpreise oft in Euro an – allerdings zu Wechselkursen, von denen sie selbst kräftig profitieren. Daher vor dem Buchen stets alle Tarifangaben sorgfältig überprüfen!

Reservierungen Die meisten Riads bestehen auf Reservierung. Rechtzeitiges Planen lohnt sich: Vorhanden sind zumeist nur ein paar wenige Zimmer, die zudem oft schnell ausgebucht sind. Wer reserviert hat, wird zudem bei Ankunft häufig von Riad-Angestellten draußen vor der Medina abgeholt. Und das ist auch gut so: Im Gassengewirr ist die richtige Eingangstür nur schwer zu finden.

PREISKATEGORIEN: SCHLAFEN

Die folgenden Angaben gelten jeweils für ein Doppelzimmer in der Hauptsaison (Nov.–April) und beinhalten kein Frühstück (sofern nicht anderweitig vermerkt).

€ unter 400 Dh

€€ 400–800 Dh

€€€ über 800 Dh

Ausnahmen sind Casablanca, Essaouira, Fès, Marrakesch, Rabat und Tanger. Dort gelten folgende Durchschnittspreise:

€ unter 600 Dh

€€ 600–1200 Dh

€€€ über 1200 Dh

Versicherung

Auch für Trips nach Marokko empfiehlt sich grundsätzlich eine gute Reiseversicherung, die Diebstahl, Verlust und medizinische Behandlungen (inkl. Rettungsflüge in die Heimat) abdeckt.

Aktivitäten Manche Policen schließen „gefährliche Aktivitäten" aus (z.B. Tauchen, Motorradfahren, Skilaufen oder sogar Wandern). Wer solche Unternehmungen plant, sollte daher genau wissen, ob diese abgedeckt sind.

Auto- & Motorradreisen Selbstfahrer brauchen unbedingt eine Reisekrankenversicherung und eine geeignete Kfz-Versicherung.

Flüge Wer Flugtickets per Kreditkarte bezahlt, bekommt oft eine Reise-Unfallversicherung mit dazu (Achtung: Deckung genau ermitteln!). Zudem sind dann Rückforderungen bei gestrichenen Flügen möglich.

Online-Versicherung Die weltweit gültige Reiseversicherung unter www.lonelyplanet.com/insurance kann jederzeit online abgeschlossen, erweitert und in Anspruch genommen werden – auch wenn man schon unterwegs ist.

Reiseversicherung abschließen Sollte so früh wie möglich und nicht erst direkt vor dem Start erledigt werden. Ansonsten besteht eventuell keine Deckung für Flugausfälle bzw. -verzögerungen durch Streiks, die schon vor Versicherungsbeginn begonnen haben oder angekündigt worden sind.

Verlängerungen Sollte jeweils schon vor Ablauf in der Heimat erledigt werden; andernfalls steigt potenziell die Prämie.

Visa

- EU-Bürger und Schweizer können sich 90 Tage lang visumfrei in Marokko aufhalten.
- Hierzu wird ein Reisepass bzw. Personalausweis benötigt, der ab Einreisedatum noch mindestens sechs Monate lang gültig sein muss. Zudem darf der Aufenthalt nur rein touristischen Zwecken dienen.
- Wer sich länger als 90 Tage am Stück in Marokko aufhalten oder hier arbeiten bzw. studieren will, braucht jeweils ein separates Visum (vorab bei einer diplomatischen Vertretung Marokkos zu beantragen).
- Die Einreisebestimmungen können sich jederzeit ändern – daher unbedingt rechtzeitig den aktuellen Stand ermitteln! Hierbei helfen diplomatische Vertretungen Marokkos, das marokkanische Außenministerium (www.diplomatie.ma/en), die Website des eigenen Außenministeriums und/oder renommierte Reisebüros.
- Marokkos Außenministerium informiert online auch über seine gesamten Auslandsvertretungen – z.B. in den Nachbarländern Spanien (Marokkanische Botschaft in Madrid plus mehrere Generalkonsulate, u.a. in Algeciras), Mauretanien (Botschaft in Nouakchott, Generalkonsulat in Nouadhibou) und Algerien (u.a. Botschaft in Algier).

Aufenthalt verlängern

- Die einfachste Methode zum Verlängern der Aufenthaltsdauer besteht darin, auf spanisches Gebiet (z.B. Ceuta oder Melilla) auszureisen und nach ein paar Tagen wieder nach Marokko einzureisen.
- Außer zusätzlichen Reisekosten sind damit kaum Probleme verbunden. Im ungünstigsten Fall kommen einem jedoch die persönlichen Launen der marokkanischen Einwanderungsbeamten in die Quere: Daran beißt man sich gelegentlich die Zähne aus!
- Theoretisch kann auch bei Marokkos nationaler Sicherheitsbehörde (La Direction Générale de la Sûreté Nationale; DGSN) eine offizielle Aufenthaltsverlängerung

beantragt werden; in der Praxis ist dies jedoch fast nie von Erfolg gekrönt.

➡ Noch schwieriger zu erlangen ist die Genehmigung für einen ständigen Wohnsitz *(Carte de Sejour)*, die einen offiziellen Beschäftigungsnachweis erfordert.

➡ Wer es dennoch versuchen will, fragt am besten bei der nächstgelegenen Polizeizentrale *(Préfecture de Police)* nach allen erforderlichen Dokumenten bzw. Formalitäten – möglichst im Beisein eines vertrauenswürdigen Einheimischen, der beim Kampf mit der Bürokratie hilft.

Internationaler Impfpass

Marokko besteht momentan nicht mehr auf einem internationalen Impfpass; der Nachweis einer Gelbfieberimpfung entfällt gerade sogar bei Einreise aus bekannten Gelbfiebergebieten.

Wer sich in den letzten vier Wochen vor seiner Einreise nach Marokko in einer Gelbfieberregion aufgehalten hat, sollte dennoch freiwillig einen entsprechenden Impfnachweis erbringen, um potenzielle Probleme mit den Behörden in Marokko zu vermeiden und sich Ärger zu ersparen.

Denn andernfalls kann man am jeweiligen Einreisepunkt jederzeit in Quarantäne gesteckt (bis zu zehn Tage) und/oder gegen Gelbfieber zwangsgeimpft und/oder nach Hause zurückgeschickt werden.

Zeit

In Marokko gilt die Westeuropäische Zeit (WEZ; Winter/Sommer MEZ –1/–2 Std.).

Sommerzeit Die Sommerzeit geht von Ende März bis Ende Oktober. Während des Ramadan kehrt Marokko vorübergehend zur WEZ zurück.

VISA FÜR NACHBARLÄNDER MAROKKOS

Die Botschaften folgender Länder befinden sich in Rabat:

Algerien

➡ Aufgrund außenpolitischer Konflikte ist die marokkanisch-algerische Grenze seit 1994 geschlossen (einstiger Hauptübergang: Oujda–Tlemcen). Eine Änderung der Lage ist momentan nicht zu erwarten.

➡ Nur Staatsangehörige von Ländern der Arabischen Liga brauchen kein Visum für Algerien.

➡ Visa für Algerien sind vorzugsweise schon im eigenen Heimatland zu beantragen.

Mauretanien

➡ Nur Staatsangehörige von Ländern der Arabischen Liga brauchen kein Visum für Mauretanien.

➡ Zum Recherchezeitpunkt waren Visa für Mauretanien auch an der Grenze bzw. an den Flughäfen Nouakchott-Oumtounsy und Nouadhibou in Mauretanien erhältlich (zwischen 55 und 95 €; gültig bis zu 3 Monaten) . Dies kann sich aber jederzeit wieder ändern – daher den aktuellen Stand unbedingt vor dem Start ermitteln!

➡ Mauretaniens Botschaft in Rabat erteilt neben normalen Visa potenziell auch Varianten mit mehrfachem Grenzübertritt. Letzteres hängt jedoch einzig und allein von der Tageslaune des jeweiligen Konsularbeamten ab.

➡ Wer ein Visum bei der Botschaft beantragen will (Mo–Do 9–11 Uhr möglich), sollte lange vor dem Öffnen erscheinen und muss mit Warteschlangen rechnen. Unter den vielen Antragstellern ist oft jemand, der eine Art Warteliste führt. Falls ja, unbedingt den eigenen Namen eintragen lassen, um seinen Platz in der Schlange zu sichern!

➡ Visumanträge erfordern zwei Passfotos und eine Fotokopie des Reisepasses. Gegen geringe Gebühr helfen lokale Mittelsmänner mit Formularen, Ausfülltipps und einer Wegbeschreibung zum nächsten Copy-Shop.

➡ Die Visumpreise und -bestimmungen für Mauretanien können sich jederzeit ändern.

Spanien

➡ Als EU- und Schengen-Land kann Spanien von EU-Bürgern und Schweizern visumfrei besucht werden – ein gültiger Personalausweis bzw. Reisepass reicht aus. Dies gilt auch für die spanischen Enklaven Ceuta und Melilla in Marokko.

Die Sommerzeit stiftet landesweit immer kräftig Verwirrung: Dann ist z. B. auf einmal von „Großstadt-Zeit" oder „Medina-Zeit" die Rede. Viele Einwohner der Medinas stellen ihre Uhren gar nie um.

Spanien Gehört inklusive Ceuta und Melilla zur Mitteleuropäischen Zeitzone. Spanien ist Marokko daher um eine (im Winter) bzw. zwei Stunden (im Sommer) voraus. Bei An- oder Abreise über spanisches Gebiet ist dies besonders zu beachten, um Verkehrsmittel wie Fähren rechtzeitig zu erreichen.

Marokkanische Mentalität Die meisten Einheimischen verfügen anscheinend über endlos viel Zeit und haben es nicht einmal ansatzweise so eilig wie die westliche Welt. Reisende sollten sich darüber nicht allzu sehr ärgern und vielmehr den lokalen Lebensrhythmus ein klein wenig übernehmen.

Zoll

Ein- und Ausfuhr von Dirham sind offiziell verboten. Entsprechende Kontrollen finden jedoch kaum statt; so dürfte es wohl kaum Probleme wegen etwas übriggebliebenen Kleingelds geben. Illegal sind u. a. „alle unmoralischen und friedensgefährdenden Güter" – darunter „Bücher, andere Druckerzeugnisse, Audio- und Videokassetten".

Zollfreimengen:

- Bis zu 200 Zigaretten, 25 Zigarren oder 250 g Tabak
- 1 l Spirituosen
- 150 ml Parfum
- Geschenke oder Souvenirs im maximalen Gesamtwert von 2000 Dh.

STEUERN & RÜCKERSTATTUNGEN

Bei den meisten Waren und Dienstleistungen fallen 20 % Mehrwertsteuer an. Deren Rückerstattung ist bei bestimmten Käufen möglich. Hierzu hat man den jeweiligen Artikel zusammen mit dem Kaufbeleg beim Zoll vorzulegen (ausschließlich an den Flughäfen von Casablanca und Marrakesch möglich).

Verkehrsmittel & -wege

AN- & WEITERREISE

Einreise

Die Reform des marokkanischen Verkehrswesens hat die Touristenzahlen steigen lassen: Dank der Staatspolitik des „offenen Himmels" fliegen nun europäische Billigfluglinien nach Marokko.

Eine Alternative sind die zahlreichen Fährverbindungen ab Europa – im Vergleich zum Flieger romantischer und auch umweltfreundlicher. Es besteht Direktanschluss zu Europas Bahnnetz.

Flüge, geführte Touren und Zugtickets können online unter www.lonelyplanet.com/bookings gebucht werden.

Flugzeug

Direktflüge verbinden diverse Großstädte in ganz Europa, Nahost, Westafrika und Nordamerika mit Marokko.

Flughäfen & Fluglinien

Die **Royal Air Maroc** (RAM; ☎0890 00 08 00; www.royalairmaroc.com) ist Marokkos Landesfluglinie. Die Website des Office National des Aéroports (www.onda.ma) informiert über örtliche Flughäfen. Der Mohammed V. International Airport (Casablanca) ist die größte Luftdrehscheibe des Landes, gefolgt vom Menara Airport (Marrakesch). Weitere bedeutende Flughäfen gibt's in Fès (Fes-Saïss), Tanger (Ibn Batouta International), Ouazazarte, Agadir, Essaouira, Oujda und Nador.

Die Ausreisesteuer ist stets bereits im Ticketpreis enthalten.

REISEN & KLIMAWANDEL

Der Klimawandel stellt eine ernste Bedrohung für unsere Ökosysteme dar. Zu diesem Problem tragen Flugreisen immer stärker bei. Lonely Planet sieht im Reisen grundsätzlich einen Gewinn, ist sich aber der Tatsache bewusst, dass jeder seinen Teil dazu beitragen muss, die globale Erwärmung zu verringern.

Fast jede Art der motorisierten Fortbewegung erzeugt CO_2 (die Hauptursache für die globale Erwärmung), doch Flugzeuge sind mit Abstand die schlimmsten Klimakiller – nicht nur wegen der großen Entfernungen und der entsprechend großen CO_2-Mengen, sondern auch, weil sie diese Treibhausgase direkt in hohen Schichten der Atmosphäre freisetzen. Die Zahlen sind erschreckend: Zwei Personen, die von Europa in die USA und wieder zurück fliegen, erhöhen den Treibhauseffekt in demselben Maße wie ein durchschnittlicher Haushalt in einem ganzen Jahr.

Die englische Website www.climatecare.org und die deutsche Internetseite www.atmosfair.de bieten sogenannte CO_2-Rechner. Damit kann jeder ermitteln, wie viele Treibhausgase seine Reise produziert. Das Programm errechnet den zum Ausgleich erforderlichen Betrag, mit dem der Reisende nachhaltige Projekte zur Reduzierung der globalen Erwärmung unterstützen kann, beispielsweise Projekte in Indien, Honduras, Kasachstan und Uganda.

Lonely Planet unterstützt gemeinsam mit Rough Guides und anderen Partnern aus der Reisebranche das CO_2-Ausgleichs-Programm von climatecare.org. Alle Reisen von Mitarbeitern und Autoren von Lonely Planet werden ausgeglichen. Weitere Informationen gibt's auf www.lonelyplanet.com.

Auf dem Landweg

Grenzübergänge

Algerien Verweigert weiterhin die Öffnung der geschlossenen Grenze, solange der Status der Westsahara nicht revidiert wird. Momentan ist keine Änderung der Lage in Sicht.

Mauretanien Der einzige Übergang liegt in der Westsahara zwischen Dakhla (Marokko) und Nouâdhibou (Mauretanien).

Spanien Die Enklaven Ceuta und Melilla im Norden Marokkos bieten Verkehrsanschluss zum spanischen Festland.

Ab Europa

AUTO & MOTORRAD

Fahrzeuge europäischer Autovermieter dürfen normalerweise nicht nach Marokko mitgenommen werden.

Wer die spanischen Enklaven Ceuta und Melilla mit einem marokkanischen Mietwagen besuchen will, braucht hierfür eine schriftliche Genehmigung der jeweiligen Verleihfirma. Je nach Vermieter darf marokkanischer Boden aber eventuell gar nicht verlassen werden.

BUS

Fernbusse aus ganz Europa setzen zumeist per Fähre von Spanien nach Marokko über. Während längerer Urlaubsperioden in Spanien oder Frankreich sind die Routen am betriebsamsten, da dann viele marokkanische Gastarbeiter ihre Familien in der Heimat besuchen.

Compagnie de Transports au Maroc (CTM; ☎in Casablanca 0800 0900 30; www.ctm.ma) Marokkos nationale Busgesellschaft verbindet Großstädte wie Casablanca mit Zielen in Spanien, Frankreich, Belgien, Duetschland und Italien.

Eurolines (www.eurolines.com) Verband europäischer Busgesellschaften, der ganz Europa und auch Marokko bedient (dort Kooperation mit CTM).

Supratours (www.oncf.ma) Gehört zur Bahngesellschaft ONCF; verbindet die nordmarokkanischen Großstädte wöchentlich mit Zielen in ganz Spanien, Frankreich und Italien.

ZUG

Je nach Verbindung ist Marokko ab Europa teils in weniger als 48 Stunden per Zug erreichbar (z. B. Tanger via Paris und Madrid mit einer Übernachtung im spanischen Algeciras).

InterRail- bzw. Eurail-Bahnpässe gelten inzwischen nicht mehr für Marokko. Wer das Land im Rahmen eines längeren Europatrips besuchen will, muss daher separate Fahrkarten direkt vor Ort kaufen.

Der Bahnhof von Algeciras liegt rund zehn Gehminuten vom Fähranleger gen Marokko entfernt. Bei Ankunft am Tage geht das Umsteigen zum Schiff zumeist schnell vonstatten.

Die nützliche Website Man in Seat 61 (www.seat61.com) liefert u. a. umfassende und regelmäßig aktualisierte Infos zu Zugreisen nach Marokko.

Mauretanien

Die Trans-Sahara-Route über Mauretanien ist die beliebteste Strecke zwischen Nordafrika und Gebieten südlich der Sahara.

Von Dakhla aus folgt sie zunächst der N1 südwärts entlang der Küste bis zur Grenze (328 km). Von dort aus geht's über Nouâdhibou weiter gen Süden zur mauretanischen Hauptstadt Nouakchott.

Wichtig: Obwohl die Route generell als recht ungefährlich gilt, immer vorab die aktuelle Sicherheitslage in der Westsahara und in Mauretanien sorgsam ermitteln! Zudem braucht man unbedingt genügend Trinkwasser plus Proviant und sollte frühmorgens losfahren.

Bis auf einen 5 km langen Abschnitt im Niemandsland zwischen den beiden Grenzstationen ist die Strecke komplett asphaltiert. Die Formalitäten mit den marokkanischen Grenzbeamten werden in Guergarat erledigt. Achtung: Die Grenzzone ist überall beidseitig und stark vermint – daher immer auf der Straße bleiben!

Ab der Grenze führt die Fahrt dann entlang der Halbinsel nach Nouâdhibou (41 km).

An der Grenze kann Bargeld in die mauretanische Währung Ouguiya (UM) eingetauscht werden. Alternativ ist dies auf dem Schwarzmarkt im Niemandsland möglich.

Achtung: Alkohol ist in Mauretanien verboten! Auch aus diesem Grund kommt es hier häufig zu Fahrzeugdurchsuchungen, wobei mitunter um ein *petit cadeau* („kleines Geschenk"; Schmiergeld) gebeten wird.

An mauretanischen Kontrollposten ist jeweils eine detaillierte *ordre de mission* (Reiseroute) in Schriftform vorzulegen. Idealerweise gestaltet man diese als tabellarisches *fiche* (Formular) – unterteilt in persönliche Angaben (inkl. aller Details zu Reisepass, Visum, Beruf, aktuellem Wohnsitz), Fahrzeugdaten (inkl. Hersteller, Modell, Farbe, Fahrgestellnummer, amtliches Kennzeichen) und genaue Reiseroute (inkl. aller Zwischenstationen plus Endziel). Unbedingt genügend Fotokopien anfertigen!

Nützliche Infos hierzu sowie weitere Tipps liefern Horizons Unlimited (www.horizonsunlimited.com), Sahara Overland (https://sahara-overland.com) und weitere Internetforen, die auf Auto- bzw. Motorradtrips durch Marokko und Nordafrika spezialisiert sind.

AUTO & MOTORRAD

Den Benzinvorrat unbedingt bei jeder Gelegenheit auffüllen: Tankstellen südlich von Dakhla haben mitunter keinen Sprit mehr. Dies gilt vor allem auf den letzten 50 km vor der Grenze.

Selbstfahrer müssen sich bei der mauretanischen Polizei anmelden und brauchen

Fährrouten

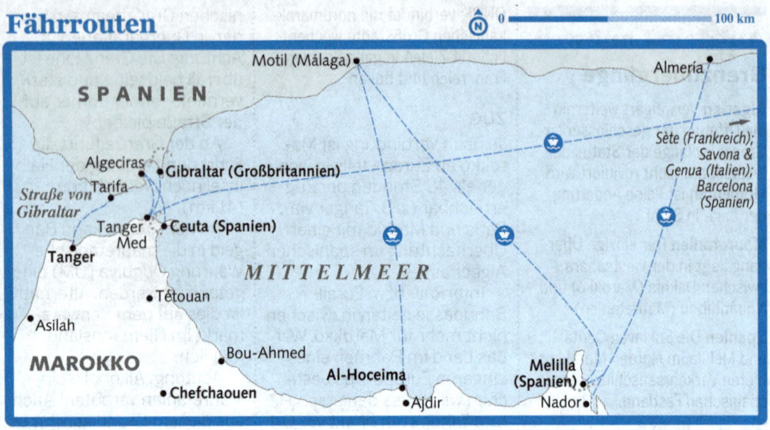

zudem eine befristete Einfuhrgenehmigung für Fahrzeuge (10 €, 30 Tage gültig).

MINIBUS & JEEP

In Dakhla besteht jederzeit Anschluss zur mauretanischen Grenze und zu Zielen jenseits davon. Minibusse und Jeeps starten vor dem militärischen Kontrollposten an der Straße aus Dakhla heraus. Gelegentlich rollen auch *grands taxis* von Dakhlas Hauptbahnhof zur Grenze (220 Dh). In diesem Fall muss man das letzte Stück bis zum mauretanischen Kontrollposten per Anhalter zurücklegen, da die Grenze nicht zu Fuß überquert werden darf. Direktverbindungen nach Nouâdhibou sind zu bevorzugen, da eine separate Weiterfahrt ab der Grenze fast immer sehr teuer wird.

Die Hotels Erraha, Sahara und Sahara Regency in Dakhla eignen sich gut, um aktuelle Infos einzuholen und Mitfahr-Möglichkeiten bei Einheimischen oder anderen Travellern zu arrangieren.

Von Nouâdhibou aus fahren Buschtaxis morgens zur Grenze (ca. 2000 UM) und weiter nach Dakhla (ca. 11 500 UM).

Übers Meer

Zahlreiche Fähren verbinden Südeuropa mit Nordmarokko. Am beliebtesten ist dabei die Route zwischen Algeciras (Spanien) und Tanger. Dort machen die meisten Fähren am Hafen Tanger Med fest; ein paar Betreiber steuern aber auch das 40 km entfernte Tarifa an.

➡ Sowohl in Südspanien als auch in Nordmarokko können Fährtickets jeweils spontan sowie direkt am Hafen gekauft werden. Während der Spitzenzeiten (Mitte Juni–Mitte Sept., Weihnachten, Neujahr, Ostern) empfiehlt es sich allerdings, die Tickets rechtzeitig zu reservieren.

➡ Achtung: In Tanger und Algeciras muss man sich vor Schleppern in Acht nehmen, die einen zwecks Provision zu Reisebüros bringen wollen!

➡ Junge Leute und Studenten mit entsprechendem Nachweis (z. B. Internationaler Studentenausweis) bekommen oft Rabatt auf Fährtickets. Dasselbe gilt für Senioren ab 60 Jahren und für Inhaber eines InterRail- oder Eurail-Bahnpasses. Kinder zwischen zwei und zwölf Jahren gehen häufig zum halben Preis an Bord (unter zwei Jahren zumeist gratis).

➡ Die meisten Fähren nehmen Kraftfahrzeuge gegen Aufpreis und Fahrräder kostenlos mit.

➡ Bei längeren Passagen stehen Passagierkabinen zur Verfügung.

Frankreich

➡ Ab Sète (2 Std. Zufahrt von Marseilles entfernt) schippern Fähren nach Tanger (36 Std., 3-mal wöchentl.) und Nador (28 Std., 1-mal wöchentl.).

Gibraltar

➡ Einmal pro Woche besteht Fährverbindung zwischen Gibraltar und Tanger Med.

➡ Preis und Fahrtdauer entsprechen dabei der Passage nach bzw. ab Algeciras (90 Min.).

➡ Der Hafen von Algeciras ist jedoch betriebsamer und bietet eine größere Verbindungsauswahl.

Spanien

➡ Tickets für die zahlreichen Fähren zwischen Spanien und Marokko bekommt man je nach Saison schon ab ca. 30 €.

➡ Viele Routen werden dabei von Tragflügelbooten und Katamaranen (alias Schnellfähren) bedient.

➡ EU-Bürger und Schweizer kommen zumeist problemlos durch den spanischen Zoll und dann an Bord. Schweizer sollten sich jedoch sicherheitshalber immer einen Ausreisestempel in den Pass geben lassen.

➡ An Bord sind Einschiffungspapiere auszufüllen. Vor dem Landgang am Ziel nicht vergessen, den Pass erneut abstempeln zu lassen!

VON ALGECIRAS NACH TANGER MED

➡ Die beliebteste Passage zwischen Europa und Marokko dauert zumeist eine Stunde (Sommer/übriges Jahr mind. alle 60/90 Min.).

➡ Die Fähren verkehren in der Regel zwischen 7 und 22 Uhr (Sommer ab 6 Uhr), während der Spitzenzeit im August aber mitunter auch rund um die Uhr.

VON ALGECIRAS NACH CEUTA

➡ Schnellfähren in beiden Richtungen (jeweils 30–60 Min., mehrmals tgl.).

VON ALMERÍA NACH MELILLA

➡ Zwei Verbindungen (Fahrtdauer bis zu 8 Std.) an den meisten Wochentagen.

VON ALMERÍA NACH NADOR

➡ Tägliche Passagen in beiden Richtungen (nach Almería/Nador 6/8 Std.).

VON BARCELONA NACH TANGER

➡ Diese Route wird von zwei Fährgesellschaften bedient (ca. 36 Std., 3-mal wöchentl.). Eine davon macht zwischen Genua (Italien) und Tanger in Barcelona fest.

VON MÁLAGA NACH MELILLA

➡ Normalerweise Nachmittags- bzw. Nachtfähren zwischen Motil (Málaga) und Melilla (1-mal tgl. außer So, bis zu 8 Std.).

VON TARIFA NACH TANGER

➡ Dank Katamaranen geht's über diese Route am schnellsten (40 Min.) und praktischsten (ca. alle 60 Min.) nach Marokko.

➡ Der Ticketpreis beinhaltet jeweils einen Bus-Shuttle nach Algeciras (50 Min.; Fährticket beim Busfahrer vorzeigen).

➡ Insgesamt gelangt man über Tarifa schneller nach Algeciras als mit einer langsameren Direktfähre.

VON MOTIL NACH AL-HOCEIMA

➡ Wird im Sommer jeden Samstag von Naviera Armas bedient.

Italien

➡ Zwei Fährgesellschaften schippern ab Genua (über Barcelona; 48 Std., 2-mal wöchentl.) und Savona (48 Std., 1-mal wöchentl.) nach Tanger.

UNTERWEGS VOR ORT

Dank guter Verkehrsverbindungen zwischen Marokkos Städten gestaltet sich der Transport vor Ort recht problemlos. Außerdem kann man sich selbst in entlegenen Ecken häufiger von jemandem mitnehmen lassen. Royal Air Maroc bietet Inlandsflüge an. Das hervorragende Bahnnetz zwischen den Großstädten wird zukünftig um eine noch im Bau befindliche TGV-Hochgeschwindigkeitsstrecke (Tanger–Casablanca) ergänzt. Hinzu kommen große, gut organisierte Busunternehmen (z. B. CTM) mit komfortablen Fahrzeugen. Mit kleineren Regionalbusunternehmen reist es sich jedoch günstiger, interessanter und gleichermaßen zweckmäßig.

Mietwagen sind in Marokko relativ teuer, bieten aber maximale Freiheit. Nur in den Großstädten ist das Fahren oft stressig. Die meisten Straßen sind gut ausgebaut – umfangreiche Investitionen haben den Zugang zu Gegenden wie dem Rifgebirge inzwischen deutlich erleichtert. In entlegenen Berg- und Wüstenregionen gibt's aber oft nur unbefestigte *pistes*.

Auto & Motorrad

Marokko ist wie gemacht für Auto- und Motorradtouren. Ein eigenes Vehikel bietet maximale Freiheit (z. B. beim Erkunden weniger bekannter Routen).

Fahren bei Tageslicht geht generell recht problemarm und ist nicht allzu anstrengend. Dennoch sind Vorsicht und angemessener Sicherheitsabstand im marokkanischen Straßenverkehr stets angebracht.

FÄHRGESELLSCHAFTEN & -ROUTEN

Direct Ferries (www.directferries.com) verkauft Tickets für die meisten der folgenden Fährbetreiber und -passagen. Die Website des europaweiten Buchungsservices steht u. a. auf Deutsch zur Verfügung.

Trasmediterranea (www.trasmediterranea.es) Almería–Melilla, Almería–Nador, Algeciras–Ceuta, Algeciras–Tanger Med, Málaga–Melilla.

Baleària (www.balearia.com) Algeciras–Ceuta, Algeciras–Tanger Med, Algeciras–Melilla, Motril–Melilla.

FRS (www.frs.es) Algeciras–Ceuta, Algeciras–Tanger Med, Gibraltar–Tanger Med, Tarifa–Tanger.

Grandi Navi Veloci (GNV; www.gnv.it) Barcelona–Tanger Med, Genua–Tanger Med, Sète–Tanger Med, Sète–Nador.

Grimaldi Lines (www.grimaldi-lines.com) Savona–Tanger Med, Barcelona–Tanger Med.

Die Verbindungsstraßen zwischen den Großstädten sind zumeist gut in Schuss. Zudem baut Marokko immer mehr Autobahnen mit geringen Mautgebühren. Hauptstrecken:

- Von Tanger die Atlantikküste hinunter nach Safi (über Casablanca und Rabat)
- Von Rabat landeinwärts nach Oujda (über Meknès und Fès)
- Von Casablanca südwärts nach Agadir (über Marrakesch)
- Von Tanger nach Oujda (über Tétouan und Nador)

Benzin & Ersatzteile

Benzinpreise Verbleites und bleifreies Benzin *(sans plomb;* seltener zu bekommen) kosten jeweils rund 10 Dh pro Liter. Für einen Liter Diesel *(gasoil)* bezahlt man etwa 11 Dh. Dank Steuerbefreiung ist Kraftstoff in der Westsahara ca. 30 % günstiger. Die Spritpreise in den spanischen Enklaven Ceuta und Melilla entsprechen denen in Marokko.

Ersatzteile Marokkanische Kfz-Mechaniker sind generell kompetent. In den meisten halbwegs großen Städten gibt's zumindest eine Kfz-Werkstatt. Wer Ersatzteile selbst einbauen kann, sollte diese möglichst von einem vertrauenswürdigen Einheimischen kaufen lassen: Dadurch steigt die Chance, um höhere Touristenpreise herumzukommen.

Tankstellen Allgemein sind Tankstellen zahlreich vorhanden, in entlegenen Wüsten- oder Berggebieten aber rar und weit auseinander liegend. Vor allem in der südlichen Westsahara heißt's daher bei jeder Gelegenheit volltanken und die Benzinanzeige immer genau im Auge behalten: Dort ist die Wahrscheinlichkeit besonders hoch, dass die wenigen Tankstellen gerade keinen Sprit mehr haben!

Einreise mit eigenem Fahrzeug

- Alle Fahrzeuge sollten das Nationalitätskennzeichen des Landes tragen, in dem sie zugelassen sind. Der Fahrzeugschein muss immer mitgeführt werden. Das marokkanische Gesetz verlangt eine grüne Versicherungskarte *(carte verte)* zum Nachweis der Autoversicherung. Ein Warndreieck für eventuelle Autopannen ist Pflicht.
- Die grüne Versicherungskarte besorgt man sich am besten schon zu Hause. Ansonsten muss am Fährhafen oder bei einem Versicherungsagenten *(bureau d'assurance)* in der Nähe eine Versicherung *(assurance frontiere)* für etwa 650 Dh für zehn Tage abgeschlossen werden.
- Beim Abschluss sollte man nach dem optionalen Formular *constat amiable* fragen, das beide Parteien bei einem kleineren Unfall ausfüllen. Man erhält es auch in den *tabacs* in Großstädten.
- Am Hafen oder bei längeren Überfahrten auf dem Schiff muss man das Formular zur zeitweisen Einführung eines Fahrzeugs *(déclaration d'admission temporaire de moyens de transport)* ausfüllen, das auf sechs Monate befristet ist. Das Formular muss bei Verlassen des Landes mit dem Fahrzeug vorgelegt werden. Man kann es auch auf der Website der marokkanischen Zollbehörde (www.douane.gov.ma) runterladen; dort wird es als D16TER bezeichnet.
- Ein *carnet de passage en douane* für die vorübergehende Einfuhr eines Fahrzeugs nach Marokko ist nicht nötig, wenn man mit dem eigenen Wagen nach Marokko fährt.

Führerschein

- Die meisten Automobilclubs (z. B. ADAC) empfehlen für Marokko eine zusätzliche Internationale Fahrerlaubnis (International Driving Permit, IDP). Allerdings gelten nationale Führerscheine aus EU-Ländern und der Schweiz auch hier, sofern sie ein Lichtbild aufweisen.
- Nationaler und internationaler Führerschein (Letzterer falls vorhanden) und Reisepass bzw. Personalausweis sind ständig mitzuführen.

Mieten

Autovermieter Internationale Unternehmen wie Hertz, Budget, Europcar, National und Avis ermöglichen Online-Reservierung. Alternativ kann man auf viele marokkanische Firmen zurückgreifen.

KNIGGE FÜR UNTERWEGS

In öffentlichen Verkehrsmitteln gilt es als höchst egoistisch und unhöflich, vor anderen Fahrgästen zu essen und diesen nichts anzubieten. Darum immer etwas Extra-Proviant für die Platznachbarn mitnehmen!

Beim Verteilen gibt's bestimmte Rituale zu befolgen: Ein Mitreisender wird angebotenes Essen traditionell erst mal ablehnen. Die Etikette gebietet nun einen zweiten und etwas überzeugenderen Versuch, der erneut abgelehnt wird. Erst beim dritten und noch nachdrücklicheren Angebot dürfen die Platznachbarn dann endlich annehmen, wenn sie wirklich wollen.

Wer selbst Essen angeboten bekommt und dieses nicht möchte, sollte trotzdem ein kleines Stück annehmen. Gleichzeitig zufrieden den Bauch reiben, um zu signalisieren, dass man bereits satt ist. Der marokkanische Dank für das Beachten dieser Bräuche äußert sich in großem Respekt, Schutz und freundschaftlicher Fürsorge.

Offroad-Fahrten Fahrten abseits der befestigten Straßen sind fast immer nur mit echten Geländewagen bzw. Allrad-Jeeps erlaubt. Wer mit einem normalen Mietauto über unbefestigte *pistes* fährt, muss entstandene Schäden daher höchstwahrscheinlich aus eigener Tasche bezahlen.

Potenzielle Problemquellen Unbedingt den gesamten Mietvertrag (inkl. aller Vertragsleistungen, Rechte, Pflichten, Haftungskonditionen) und vor allem das Kleingedruckte stets ganz genau durchlesen. Zudem *immer* den Fahrzeugzustand vor dem Unterschreiben sorgsam und vollumfänglich prüfen. Vorhanden sein sollten grundsätzlich ein Ersatzrad, ein Werkzeug-Set und alle erforderlichen Dokumente (inkl. Zulassungspapiere und Versicherungsnachweis). Fahrzeugpapiere und Führerschein niemals im Auto lassen, sondern direkt mitführen: Beides wird für die Abwicklung bei Diebstahl oder Verlust durch Unfall benötigt. Auch alle Rechnungen für eventuell erforderliche Ölwechsel und/oder Reparaturen sollte man zwecks Rückerstattung durch den Autovermieter immer sorgfältig aufbewahren.

Preise Bei einer einwöchiger Ausleihe kosten Mietwagen inklusive unbegrenzter Fahrtkilometer etwa 300 Dh pro Tag (bei längerer Mietdauer teils weniger). Bei rechtzeitiger Reservierung lassen sich die besten Preise rausschlagen. Die meisten Autovermieter verlangen eine Kaution (3000–5000 Dh; bar oder per Kreditkarte zu hinterlegen), die nach rechtzeitiger und schadensfreier Fahrzeugrückgabe zurückerstattet wird.

Versicherung & Steuer Per Gesetz müssen alle marokkanischen Kfz-Mietverträge eine Haftpflichtversicherung und 20 % Steuer beinhalten (dennoch den Vertrag auch diesbezüglich genau durchlesen!). Zudem empfiehlt sich zumindest eine Teilkaskoversicherung (zzgl. 35–60 Dh/Tag) mit Selbstbeteiligung (oft bis zu 5000 Dh). Letztere entfällt bei einer Vollkasko-Versicherung, die pro Tag noch einmal ca. 60 Dh mehr kostet.

Motorrad

- Motorradtouren durch Marokko sind sehr beliebt. Allerdings sind diverse Feuerstuhlmodelle (vor allem mit viel Hubraum bzw. starkem Motor) hier weitgehend unbekannt, was Reparaturen gelegentlich problematisch macht.
- Pflicht sind daher alle erforderlichen Werkzeuge (inkl. Pannenset, Reifenheber, Luftpumpe) und Ersatzteile (inkl. Züge, Leitungen, Hebel, Kabelbinder, Innenschläuche, Sicherungen, Kette, auswaschbarer Luftfilter).
- Hinweis: Aus Versicherungsgründen dürfen marokkanische Mietbikes manchmal nicht mit einem ausländischen Motorradführerschein gefahren werden.
- Horizons Unlimited (www.horizonsunlimited.com) liefert detaillierte Tipps zu Motorradtouren durch Marokko.

Parken

- Auf vielen Parkplätzen schauen *gardiens de voitures* (Parkwächter) für ein paar Dirham nach abgestellten Fahrzeugen (meist zuverlässig).
- In Großstadtzentren gibt's Parkscheine (2–3 Dh/Std., max. 2 Std.; So gratis) bei Automaten am Straßenrand.
- An rot-weiß gestreiften Straßenrändern ist das Parken verboten. Grün-weiße Streifen signalisieren Halteverbot.
- Das Bußgeld für illegales Parken kann bis zu 1500 Dh betragen.

Polizeikontrollen & Straßensperren

- Auf vielen Hauptstraßen inner- und außerhalb größerer Städte sind Polizeikontrollen keine Seltenheit.
- Ausländer am Steuer werden nur selten angehalten. Dennoch ist es ratsam, beim Passieren vom Gas zu gehen und möglichst freundlich zu lächeln.
- In der Westsahara, der *kif*-Anbauregion Ketama (Rifgebirge) und anderen sensiblen Regionen kommen Straßensperren öfter vor – ebenso auf der Straße nach Figuig nahe der algerischen Grenze.
- Dort ist die Polizei jeweils stärker auf der Hut. Ausländer müssen aber meist nur Reisepass, Führerschein und Fahrzeugpapiere vorzeigen sowie Zweck und Ziel der Fahrt nennen.

Straßenzustand & Gefahren

Die Unfallquote auf Marokkos Straßen ist extrem hoch. Hier muss man jederzeit damit rechnen, dass andere Verkehrsteilnehmer unvermittelt ausscheren und einen selbst in sehr ungünstigen Situationen überholen und/oder schneiden.

Einheimische Passanten und Radfahrer achten oft kaum auf den Verkehr. Häufig sieht man auf der Fahrbahn nicht nur viele Fußgänger (u. a. Gruppen von Schulkindern), sondern z. B. auch Radfahrer, Pferdekarren oder Esel.

Berge Pässe im Hohen und Mittleren Atlas sind im Winter oft wegen Schnees gesperrt. Zu dieser Zeit daher immer entsprechend vorab bei Einheimischen nachfragen und alle Hinweisschilder genau beachten!

Medinas Immer zuerst davor parken oder am besten schon vor der Anreise ermitteln, ob man stressfrei zur gewählten Bleibe fahren kann: Die schmalen Medina-Straßen wurden einst nicht für Autos angelegt.

Nachtfahrten Nachfahrten sind besonders gefährlich. Einer der Gründe: Unter 20 km/h müssen Fahrzeuge in Marokko bei Dunkelheit nicht beleuchtet sein. Von dieser legalen Möglichkeit wird hier reger Gebrauch gemacht.

Wüste In der *hammada* (Stein- und Felswüste) geht der Asphalt manchmal unvermittelt in einen holperigen Mix aus Sand, Schotter und Schlaglöchern über. Wenn ein starker *chergui* (trockener Wüstenwind aus Osten) eine Menge Staub vor sich her bläst, heißt es warten, bis sich das Gestöber gelegt hat. Andernfalls kann das Auto ganz schön ramponiert werden.

Verkehrsregeln

- In Marokko herrscht Rechtsverkehr.
- Fahrzeuge, die von rechts in einen Kreisverkehr einbiegen, haben Vorfahrt.
- Das Missachten eines roten Stoppschilds kostet 700 Dh.
- Die Höchstgeschwindigkeit in geschlossenen Ortschaften beträgt 40 km/h, auf Landstraßen 120 km/h und auf Autobahnen 120 km/h. Radarkontrollen sind üblich.
- Es herrscht Anschnallpflicht.
- Für die Autobahn wird eine Maut verlangt, z. B. zwischen Rabat und Tanger 60 Dh sowie zwischen Rabat und Casablanca 20 Dh. Man zieht ein Ticket, wenn man auffährt, und bezahlt, sobald man abfährt.
- Bei Verkehrsunfällen müssen die Fahrer, vor allem wenn es Verletzte gibt, an der Unfallstelle bleiben und dürfen ihre Fahrzeuge nicht bewegen, bis die Polizei kommt – was Stunden dauern kann.
- Für den Fall eines Zusammenstoßes sollte man das Formular *constat amiable* dabeihaben. Sie sind in den Städten in *tabacs* erhältlich.

Bus

Per Bus lässt sich Marokko am günstigsten und effektivsten bereisen. Die Fahrzeuge selbst sind generell sicher – was aber nicht heißt, dass sie auch sicher gelenkt werden.

Busbahnhöfe Marokkanische Busbahnhöfe sind teils sehr chaotisch: Schlepper wuseln herum und verkünden lauthals die (Zwischen-)Ziele aller Busse, die kurz vor der Abfahrt stehen. Die meisten größeren und großen Städte haben einen einzigen zentralen Busbahnhof *(gare routière)*. Supratours und CTM betreiben jedoch vielerorts auch eigene Terminals mit Buchungsbüros davor. Manchmal ist zusätzlich noch ein reiner und vergleichsweise kleinerer Regionalbusbahnhof vorhanden.

Schlepper Bringen Touristen gern zu den Schaltern der verschiedenen Busfirmen und kassieren dort eine kleine Provision. Aber immer sorgsam überprüfen, ob die jeweilige Empfehlung auch wirklich die komfortabelste, schnellste und praktischste Option ist!

Gepäck Die Gepäckaufbewahrungen *(consignes)* großstädtischer Busbahnhöfe haben teils rund um die Uhr geöffnet und verlangen fürs Deponieren zumeist eine kleine Gebühr (ca. 5 Dh). Achtung: Alle Gepäckstücke sorgfältig abschließen bzw. jeweils zusätzlich mit einem Vorhängeschloss sichern!

Nachtfahrten Die vielen Nachtbusse zwischen Marokkos Großstädten sind oft schneller und besser klimatisiert. Allerdings steigt das Unfallrisiko durch andere Verkehrsteilnehmer bei Dunkelheit stark an.

Preise Angesichts der zurückgelegten Distanzen sind Busreisen in Marokko sehr günstig (z. B. mit CTM von Casablanca nach Marrakesch/Fès/Tanger 90/100/145 Dh).

Reservierungen Reservierungen sind für CTM und Supratours grundsätzlich ratsam – vor allem bei geringer Verbindungshäufigkeit und/oder wenn der Start anderswo erfolgen muss. Besonders viel los ist auf den Routen Marrakesch–Essaouira und Casablanca–Marrakesch, für die man in der Hauptsaison mitunter spätestens zwei Tage vor Abfahrt reservieren muss.

Tagfahrten Die Vorhänge vieler Busse sind recht dünn. Clevere Platzwahl verhindert jedoch unangenehmes Braten in der Sonne: Bei Fahrten von Norden nach Süden morgens rechts und nachmittags links sitzen. In Ost-West-Richtung platziert man sich am besten rechts, in Gegenrichtung entsprechend links. Beim Ticketkauf wird der Platz oft fest zugewiesen, kann auf Anfrage aber eventuell auch selbst gewählt werden.

Zwischenstopps Bei Busfahrten über drei Stunden wird planmäßig ein Zwischenstopp zwecks Beinevertreten und Essen eingelegt. An Kontrollposten der Polizei dürfen Busse manchmal erst nach etwa zehn Minuten weiterfahren. Bei *grands taxis* geht dies zumeist schneller, da die einheimischen Chauffeure die jeweiligen Polizisten kennen.

Busunternehmen

CTM

Die 1919 gegründete **CTM** (☎ in Casablanca 0800 0900 30; www.ctm.ma) ist Marokkos ältestes Busunternehmen. Mit dem größten Streckennetz des Landes deckt die Firma auch die meisten beliebten Touristenziele ab.

- In CTM-Bussen bezahlen Kinder ab vier Jahren den vollen Fahrpreis – meist ist der teurer (15–30 %) als bei den meisten anderen Busfirmen und mit normalen 2.-Klasse-Zugtarifen vergleichbar.
- CTM-Tickets lassen sich normalerweise im Voraus kaufen. Die Website liefert aktuelle Fahrplaninfos.
- Die modernen, komfortablen Busse verfügen über Klimaanlage und Heizung (oft stark aufgedreht).
- Auf einigen Routen zwischen Großstädten gibt's eine Premium-Klasse mit bequemeren Sitzen, mehr Beinfreiheit und Gratis-WLAN. Im Vergleich zum Standard-Service bezahlt man dafür rund 40 % mehr.
- CTM verlangt offiziell eine Beförderungsgebühr für Gepäck (5 Dh/Stück):
- Zusammen mit dem Ticket gibt's jeweils eine Gepäckmarke, die am Ziel wieder abzugeben ist.

SUPRATOURS

Die Bahngesellschaft ONCF ergänzt ihr Streckennetz mittels des firmeneigenen Busunternehmens **Supratours** (www.oncf.ma). Beispiel: Wer per Zug nach Marrakesch fährt und von dort aus gen Süden weiterreisen will (z. B. nach Agadir oder Ouarzazate), kann am Bahnhof zu Bussen von Supratours umsteigen. Die Firma bedient auch die betriebsame Route Marrakesch–Essaouira.

➡ Die Fahrkartenschalter bzw. -büros von Bahnhöfen verkaufen Kombitickets für Kompletttouren per Bus und Bahn.

➡ In Zügen haben Passagiere mit Tickets für Anschlussbusse stets Priorität.

➡ In puncto Preis und Komfort ist Supratours mit CTM vergleichbar. Die Website liefert aktuelle Fahrplaninfos.

ANDERE BUSUNTERNEHMEN

Zu den empfehlenswerten Regionalgesellschaften zählen Satas und SAT im Süden sowie Trans Ghazala im Norden Marokkos.

Am allerbilligsten sind die vielen kleinen Lokalfirmen, die ein bis zwei Klapperkisten über kürzere Distanzen schicken. Solche Busse halten unterwegs an jeder Ecke und starten erst bei ausreichender Passagierzahl.

Fahrrad

Zahllose Offroad-Möglichkeiten machen Marokko zum super Pflaster für Mountainbiker: Hier warten Tausende Kilometer abgeschiedener *pistes* auf Abenteuerlustige.

Fahrradtransport Fernbusse und Züge nehmen Fahrräder generell gegen Aufpreis als Gepäck mit. Der Bahntransport ist zumeist nur separat im Gepäckwaggon möglich.

Gefahren & Ärgernisse Marokkos befestigte Straßen sind generell gut in Schuss, aber oft ziemlich schmal. In vielen entlegeneren Ecken sind ihre Ränder zudem nicht gleichmäßig bzw. glatt – was bei Begegnungen mit Kamikaze-Autofahrern zur Herausforderung werden kann. Achtung: In abgeschiedenen Gegenden werfen Kinder eventuell Steine auf vorbeifahrende Radler!

Mieten Drahtesel lassen sich z. B. in Essaouira und Taroudannt mieten. Mit den neuesten MTB-Modellen ist aber nicht unbedingt zu rechnen!

Flugzeug

➡ Die Landesfluglinie **Royal Air Maroc** (RAM; ☎0890 00 08 00; www.royalairmaroc.com) ist auch Marokkos größte Inlandsfluglinie. Alle RAM-Inlandsflüge werden über den Mohammed V. International Airport (Casablanca) abgewickelt.

➡ Von dort aus geht's nach Tanger, Nador, Oujda, Fès, Er-Rachidia, Marrakesch, Essaouira, Agadir, Laâyoune und Dakhla.

➡ Inlandsflüge sind relativ teuer, können aber bei Zeitmangel praktisch sein (z. B. Casablanca–Dakhla: 2¼ Std., ab 980 Dh verglichen mit 32 Std. und 600 Dh in 1.-Klasse-Bus von CTM).

➡ Flugtickets sind bei RAM- und Reisebüros sowie online erhältlich.

➡ Das Personal der RAM-Telefonzentrale spricht Englisch.

Geführte Touren

Atlas Sahara Trek (www.atlas-sahara-trek.com) Kameltreks zur Erg Chigaga (Winter) und Wanderungen durch das M'Goun-Tal (Sommer).

Authentic Morocco (www.authentic-morocco.com) Verlässliche Firma, die einheimische Gemeinden unterstützt und sich dem sanften Tourismus verschieben hat. Im Angebot sind z. B. Kameltreks und Trips zu römischen Ruinen.

Desert Majesty (www.desertmajesty.com) Sehr empfehlenswerte Firma in marokkanischem Besitz, die Touren durch den Hohen Atlas und die Wüste zu erschwinglichen Preisen anbietet. Fürs Geld gibt's u. a. Abholung am Flughafen und beruhigend sichere Fahrer. Die einheimischen Guides aus Erfoud, Merzouga, M'Hamid und Taouz sprechen jeweils mehrere Sprachen. Die Buchungen erledigt Felicity, die fließend Englisch, Deutsch, Französisch und Darija spricht.

Equatorial Travel (www.equatorialtravel.co.uk) Kleine Firma mit Fair-Trade-Ethos, individuell planbaren Trips und bereits ausgearbeiteten Touren. Die Schwerpunkte liegen u. a. auf Musik, Fotografie und Wandern.

Journeys Elite (www.journeyselite.com) Individualtouren, die z. B. den Antiatlas per Geländewagen erkunden oder den Schluchten des Hohen Atlas bis zur Erg Chebbi folgen.

Nature Trekking Maroc (www.maroctrekking.com) Wandern, Reiten, Mountainbiken, Skifahren und Geländewagentouren in Marokkos Wildnis.

Wildcat Adventures (www.wildcat-bike-tours.co.uk) Veranstaltet u. a. Radtouren (Straßenrad oder MTB) durch den Hohen Atlas und Antiatlas. Ein Mix aus Radeln, Wandern und Kamel-Trekking steht ebenfalls zur Auswahl.

Wilderness Travel (www.wildernesstravel.com) Renommierte Firma mit Schwerpunkt auf Kultur, Natur und Wandern. Das Angebot reicht von Treks durch den Hohen Atlas bis zu Erkundungstouren entlang der Küste.

Yallah (www.yallahmorocco.com) Mittlerweile zehn Jahre alte Firma, die neben Individualtouren auch zwei feste Reisepläne anbietet. Bei diesen erkundet man die Königsstädte bzw. den Süden Marokkos, Ziel ist jeweils Marrakesch.

Nahverkehr

Bus

➡ Alle größeren Städte haben öffentliche Busnetze (Einzelfahrt meist 5 Dh).

➡ Allerdings sind die Busse oft überfüllt und folgen verwirrenden Routen.

➡ Häufig geht's mit *petits taxis* komfortabler und schneller ans Ziel.

Grand Taxi

Sammeltaxis (frz. *grands taxis*, arab. *taxiat kebira*) warten u. a. in der Nähe von Busbahnhöfen. Auf den festen Routen sind neben den typischen älteren Mercedes-Limousinen nun auch immer mehr neuere Minivans unterwegs.

Das Ziz- und das Drâatal, der Tizi n'Test und das Rifgebirge sind jeweils sehr malerisch, aber schlecht per Bus erreichbar; dies macht Taxi-Trips zur guten Alternative.

Bordplätze *Grands taxis* starten erst, wenn sich die sechs möglichen Passagiere (zwei vorn, vier hinten) alle hineingequetscht haben. Oft lohnt es sich, für zwei Plätze zu bezahlen: So fährt das Taxi früher los, und man selbst hat mehr Platz. Dies empfiehlt sich vor allem für alleinreisende Frauen, die dann allein vorn sitzen können.

Fahrpreise Sie sind festgelegt und etwas höher als die Buspreise, aber immer noch sehr günstig. Beim Fragen nach dem Preis gilt es klarzustellen, dass man für *une place* (einen Platz) in einem *taxi collectif* (Sammeltaxi) bezahlen will. Auch der Ausdruck *ma'a an-nas* (mit anderen Leuten) erklärt, dass das Taxi nicht allein benutzt werden soll. Bei besonders schwerem und/oder sperrigem Gepäck wird eventuell ein Zuschlag fällig.

Gefahren & Ärgernisse Fahrer von *grands taxis* sind oft ziemliche Verkehrsrowdys: Sie betrachten Überholen in unübersichtlichen Kurven mitunter fast schon als Ehrensache; Tempolimits werden nur eingehalten, wenn eine Polizeikontrolle in Sicht kommt. Sicherheitsgurte sind eine Rarität – und den Chauffeur auf fehlende Gurte hinzuweisen, könnte als Zweifel an seinen Fahrkünsten ausgelegt werden. Bei Dunkelheit sollten *grands taxis* daher möglichst gemieden werden!

Privatmiete Manchmal ist es von Vorteil, ein ganzes Sammeltaxi zu mieten – vor allem, wenn man mit einer Kleingruppe unterwegs ist oder an verkehrsarmen Routen nicht stundenlang auf andere Passagiere warten will. Der Miettarif sollte möglichst dem Sechsfachen eines Einzelplatzes entsprechen. Vor Trips durch besonders schöne Gegenden unbedingt alle Zwischenstopps zweifelsfrei vereinbaren!

Routen *Grands taxis* pendeln meist auf Kurzstrecken zwischen benachbarten Ortschaften. Bei längeren Trips muss daher mehrmals umgestiegen werden. Manchmal legen *grands taxis* auch längere Strecken zurück – normalerweise aber jeweils nur bei ihrer ersten Fahrt am frühen Morgen.

Petit Taxi

➡ In größeren Städten gibt's sogenannte *petits taxis*, die überall eine andere Farbe haben.

➡ *Petits taxis* dürfen maximal drei Passagiere transportieren und die Stadtgrenzen nicht überschreiten.

➡ In Großstädten verfügen sie zumeist über ein Taxameter. Die französische Bitte um dessen Benutzung lautet: *Tourne le conteur, si'l vous plaît.* Bei Taxis ohne Gebührenzähler muss der Fahrpreis vorher ausgehandelt werden (außerhalb von Großstädten ist das öfter der Fall).

➡ Falls der Fahrer die Benutzung des Taxameters verweigert oder keine Preisangabe macht, heißt's auf Anhalten bestehen und aussteigen. Chauffeure von *petits taxis* sind meist absolut ehrlich. In Marrakesch und Casablanca haben sie jedoch den Ruf, Touristen gern abzuzocken.

➡ Oft teilen sich mehrere Passagiere ein Taxi. Der Preis pro Nase sollte aber immer derselbe sein – und zwar egal, ob man allein in einem leeren Taxi mitfährt, der Fahrer unterwegs noch andere Leute mitnimmt oder man andersrum selbst zusteigt.

➡ Ab 20 Uhr (Sommer oft ab 21 Uhr) wird zumeist ein Aufpreis von 50 % verlangt.

Pick-ups & Geländewagen

➡ In abgelegenen Gebieten (vor allem im Atlasgebirge) fahren die Einheimischen mit Berber-*camionettes* (Pick-ups), alten Transportern oder auf Lkw-Ladeflächen von Dorf zu Dorf.

➡ Wer zwischen entlegenen Städtchen und Dörfern umherreisen will, schaut am besten an Markttagen (meist 1- bis 2-mal wöchentl.) frühmorgens nach einer Mitfahrgelegenheit. Die Wartezeit ist aber teils beträchtlich.

➡ Allradtaxis meistern abgelegene *pistes*, die normale Autos ruinieren würden.

Straßenbahn

Mittels neuer, moderner Straßenbahnnetze lassen sich Casablanca und Rabat sehr gut und günstig erkunden. Ein drittes Netz ist angeblich für Marrakesch geplant.

Zug

Marokkos hervorragendes Bahnnetz zählt zu den besten Afrikas. Es verbindet die meisten Großstädte miteinander und wird vom ONCF (Office National des Chemins de Fer; www.oncf.ma) betrieben. Die generell recht günstigen, komfortablen, schnellen und pünktlichen Züge sind die bessere Alternative zum Bus (wenn möglich).

➡ Es gibt zwei Hauptstrecken: von Tanger hinunter nach Marrakesch (über Rabat und Casablanca) sowie ab Oujda oder Nador im Nordosten hinunter nach Marrakesch (über Fès und Meknès). Bei Sidi Kacem treffen die beiden Linien aufeinander.

➡ Die momentan noch im Bau befindliche TGV-Hochgeschwindigkeitstrasse zwischen Tanger, Rabat und Casablanca soll im Juli 2018 eröffnet werden (Details unter www.tgvmaroc.ma). Die 320 km/h schnellen Züge

Supratours- & Zugroutennetz

werden die Reisezeit zwischen Tanger und Casablanca von fünf auf knapp über zwei Stunden verkürzen.

- Die Busse der ONCF-Tochter Supratours verbinden viele Städte mit dem Bahnnetz.
- Für Fahrten zwischen Casablanca und Rabat ist die Bahn besonders praktisch: Alle 30 Minuten startet ein Zug in beide Richtungen.
- Die Nachtzüge auf den Routen Tanger–Marrakesch und Oujda–Casablanca verfügen über Schlafwagen.

Bahnhöfe & Fahrpläne

- Marokkanische Bahnhöfe sind meist schlecht beschildert. Die Lautsprecherdurchsagen auf Französisch und Arabisch versteht man oft kaum. Daher immer gut aufpassen, um richtig auszusteigen!
- Der Bahnhof befindet sich zumeist im modernen Teil einer Stadt. Tanger, Marrakesch, Fès, Rabat und andere Großstädte haben schicke Hauptbahnhöfe mit Gratis-WLAN und anständigen Restaurants.
- Die Gepäckaufbewahrungen marokkanischer Bahnhöfe akzeptieren meist nur abschließbares Gepäck.
- Die Website des ONCF (www.oncf.ma) informiert über Abfahrtszeiten und Fahrkartenpreise.

Klassen & Preise

Die beiden Zugtypen unterscheiden sich eher beim Komfort als in Sachen Geschwindigkeit:

➡ *Rapide* (Train Rapide Climatisé, TCR) – Standard auf Fernrouten.

➡ *Ordinaire* (Train Navette Rapide, TNR) – Weniger komfortabel und nicht klimatisiert (bis auf den doppelstöckigen TNR-Pendlerzug auf der Route Rabat–Casablanca). Meist nur nachts und/oder auf Regionalstrecken unterwegs.

Zusatzinfos:

➡ Die Zugpreise in diesem Buch gelten jeweils für *rapides* (*ordinaires* sind rund 30 % günstiger).

➡ Zur Auswahl stehen eine 1. Klasse (6 Plätze/Abteil) und eine 2. Klasse (8 Plätze/Abteil).

➡ In der 1. Klasse ist Platzreservierung im Preis enthalten; in der 2. Klasse sucht man sich einfach einen freien Platz.

➡ Für Kurzstrecken reicht die 2. Klasse völlig aus. Bei längeren Trips lohnt sich jedoch der Aufpreis für die 1. Klasse.

➡ Die *rapide*-Verbindungen zwischen Kenitra, Rabat, Casablanca und dem Mohammed V. International Airport werden regelmäßig durch Shuttle-Züge ergänzt. Beispiele für Routen (jeweils in 2. Klasse):

➡ Casablanca–Marrakesch (95 Dh, 3 Std.)

➡ Rabat–Fès (85 Dh, 2½ Std.)

➡ Tanger–Marrakesch (216 Dh, 9½ Std.)

Zusatzinfos:

➡ Schlafwagen von Nachtzügen haben Abteile mit vier Liegeplätzen (je 370 Dh) sowie Einzel- und Doppelabteile (480/90 Dh).

➡ Unter vier Jahren fahren Kinder gratis mit; zwischen vier und zwölf Jahren gibt's Ermäßigung (meist 50 %, u. a. in Schlafwagen teils weniger).

➡ Am Wochenende gilt auf Hauptstrecken ein Touristenrabatt (insgesamt 25 % Ersparnis bei gleichzeitigem Kauf einer Rückfahrkarte).

Tickets

➡ Fahrkarten kauft man idealerweise am Bahnhof, da sie im Zug mehr kosten. In den Bahnhöfen gibt's immer mehr Ticketautomaten.

➡ Vor allem Fahrkarten für die 1. Klasse sollten spätestens am Vortag erworben werden. In der 2. Klasse sind Reservierungen nicht möglich. 1.-Klasse-Tickets kann man sich bis zu vier Wochen vor Reisebeginn holen – vor allem ratsam für Schlafwagenplätze und für Fahrten während langer Ferien.

➡ An Bord werden die Fahrkarten von Schaffnern kontrolliert.

Zugpässe

Rail Pass Erhältlich mit sieben, 15 oder 30 Tagen Gültigkeit (600/1170/2100 Dh in 1. Klasse, 900/1600/3150 Dh in 1. Klasse). Touristen unter 26 Jahren und Kinder unter zwölf Jahren erhalten Rabatt.

Carte Chahab (6 Monate gültig, 265 Dh) Bringt 25 bis 50 % Rabatt für Passagiere unter 26 Jahren.

Carte Hikma (6 Monate gültig, 105 Dh) Bringt 25 bis 50 % Rabatt für Passagiere über 60 Jahren.

Carte Ousraty (1 Jahr gültig, 50 Dh/Pers.) Bringt 10 bis 25 % Rabatt auf Familien- bzw. Gruppentickets.

Gesundheit

Vorbeugen ist das A und O, um in Marokko gesund zu bleiben. Ein bisschen rechtzeitige Planung kann einem so manchen Ärger ersparen. Wer Glück hat, muss sich unterwegs vielleicht nur mit ein paar Magenbeschwerden rumschlagen, schlimmere Infektionskrankheiten hängen eher mit schlechten Lebensbedingungen zusammen. Durch richtige Vorsorge lassen Letztere sich vermeiden. Ärztliche Hilfe brauchen Reisende meist nur nach Autounfällen. Die medizinische Versorgung reicht von erstklassig in den großen Städten bis dürftig in abgelegeneren Ecken.

VOR DER REISE

Infos im Internet

Nützlich für Informationen vor der Reise:

Fit for travel – Reisemedizinischer Gesundheitsservice (www.fit-for-travel.de) Gute allgemeine Informationen zum Thema Reisemedizin.

International Association for Medical Advice to Travellers (www.iamat.org) Bietet Zugang zu einer Online-Datenbank, auf der Ärzte mit anerkannter Ausbildung verzeichnet sind.

MD Travel Health (www.md travelhealth.com) Bietet umfassende Reise-Gesundheitstipps zu sämtlichen Ländern; die Seite wird täglich aktualisiert.

World Health Organization (WHO; www.who.int/ith) Das hilfreiche Buch *International Travel & Health* wird alljährlich neu aufgelegt. Man kann es online bestellen oder downloaden, einige Kapitel sind auch kostenlos abrufbar.

Reiseapotheke

Diese Dinge gehören unbedingt in eine vollständige Reiseapotheke:

- Antibakterielle Salbe (z. B. Betaisodona) für Wunden und Abschürfungen
- Antibakterielles Handgel
- Antibiotika (für Reisen in abgelegene Regionen)
- Antihistaminika (bei Heuschnupfen und allergischen Reaktionen)
- Bandagen, Mullverbandsmaterial
- Durchfallmedikamente (z. B. Loperamid)
- Entzündungshemmende Mittel (z. B. Ibuprofen)
- Heftpflaster oder Klebestreifen
- Insektenspray mit DEET

EMPFOHLENE IMPFUNGEN

Für Marokko sind keine speziellen Impfungen vorgeschrieben. Dennoch empfiehlt sich die Immunisierung bei folgenden Krankheiten:

- Diphtherie
- Hepatitis A und B
- Masern
- Mumps
- Polio
- Röteln
- Tetanus
- Tollwut
- Typhus

Gesundheitsfragen dulden keinen Aufschub: Weil manche Impfstoffe erst nach zwei Wochen wirken, sollte man vier bis acht Wochen vor der Reise den Arzt aufsuchen.

Bei der Reisevorbereitung sollte man überprüfen, ob der Impfschutz komplett ist. Der Arzt stellt einen internationalen Impfpass aus, in dem alle Impfungen verzeichnet sind.

BÜCHER

Praktische Tropen- und Reisemedizin von Hans Jochen Diesfeld und Gerhard Krause

Kursbuch Reisemedizin: Beratung, Prophylaxe, Reisen mit Erkrankungen von Tomas Jelinek

- Insektenspray für Kleidung, Zelte und Moskitonetze
- Jod- oder andere Tabletten zur Wasserreinigung
- Paracetamol oder Aspirin
- Rehydrationssalze zum Einnehmen (z. B. Elotrans oder Oralpädon)
- Schere, Sicherheitsnadeln und Pinzette
- Sonnenschutzcreme bzw. Sunblocker
- Spritzen und sterile Kanülen (bei Reisen in entlegene Gegenden)
- Steroidhaltige Creme oder Kortison (bei allergischem Ausschlag)
- Taschenmesser
- Thermometer

Medikamente sollten in der deutlich gekennzeichneten Originalverpackung aufbewahrt werden. Ein Brief vom Arzt mit Datum, Unterschrift und genauen Angaben über Krankheiten und Medikamente inklusive generischer Bezeichnung ist sehr nützlich. Wer Spritzen oder Kanülen dabei hat, muss sich vorher bescheinigen lassen, dass sie medizinisch notwendig sind. Dann nur noch zum Zahnarzt, Ersatzkontaktlinsen und Ersatzbrille (plus Brillenpass) ins Gepäck und los geht's.

Versicherung

- Eine ausreichende Krankenversicherung ist unverzichtbar, da man nicht überall eine gute Versorgung erwarten darf und die wenigen guten Privatkrankenhäuser teuer sind.
- Manchmal werden die Behandlungskosten direkt an die medizinische Einrichtung gezahlt, ansonsten muss man selbst vor Ort die Gebühren entrichten und das Geld später zurückfordern. Allerdings bestehen die meisten Ärzte und Krankenhäuser in Marokko darauf, dass der Patient seine Rechnung vor Ort begleicht.
- Wer sein Geld später von der Versicherung zurückfordert, muss alle relevanten Unterlagen einreichen.
- Man sollte einen Beleg der Versicherung bei sich tragen; damit vermeidet man in Notfallsituationen eine Verzögerung der Behandlung.
- Einige Versicherungen bitten ihre Kunden, per R-Gespräch eine Zentrale im Heimatland anzurufen, um das jeweilige Problem einschätzen zu lassen. Die Notfalltelefonnummer sollte man immer bei sich tragen.
- Reisende sollten sich nach den privaten Rettungsdiensten erkundigen, die ihr Versicherer in Marokko nutzt. Diese kann man im Notfall direkt anrufen.
- Ein Flug nach Hause im Notfall oder ein Transport per Flugzeug oder Ambulanz in ein Krankenhaus in einer großen Stadt muss ebenfalls in der Versicherung enthalten sein – in schweren Fällen kann das lebensrettend sein.

Weitere Vorbereitungen

Wer in abgelegene Gebiete reisen will, tut gut daran, vorher einen Erste-Hilfe-Kurs zu belegen (z. B. beim Roten Kreuz). Reisende, die eine Trekkingtour planen, sollten einen medizinischen Trainingskurs für entlegene Regionen absolvieren, wie er z. B. von den Johannitern angeboten wird („Erste Hilfe extrem – Wilderness First Aid").

IN MAROKKO

Medizinische Versorgung & Kosten

Außerhalb der großen Städte ist die Grundversorgung nicht überall gewährleistet. Viele Hotels kennen den schnellsten Weg zum Arzt, außerdem listen einige Botschaften auf ihren Websites Mediziner und Kliniken auf. Im Notfall sollte man mit seiner Botschaft Kontakt aufnehmen.

Apotheken Viele Apotheken sind gut ausgestattet, und die Mitarbeiter wissen bei den üblichen Reisewehwehchen Rat; meist auf Französisch. Sie verkaufen rezeptfrei Medikamente, oft sogar welche, die zu Hause nur auf Rezept erhältlich sind. Darüber hinaus sagen sie einem, wann ein Arzt nötig ist. Unbekannte Medikamente müssen vor der Einnahme genau überprüft werden, denn einigen Lesern wurden falsche oder potenziell gefährliche Mittel verkauft.

Ärzte und Kliniken Wer sich von einem Arzt oder in einer Klinik behandeln lässt – vor allem außerhalb der Großstädte – muss häufig an Ort und Stelle für medizinisches Material bezahlen – manchmal sogar für sterile Verbände oder Infusionen.

Zahnärztliche Versorgung Der Standard ist unterschiedlich – die Straßenzahnärzte auf der Jemaa el Fna in Marrakesch sind nicht zu empfehlen! Reiseversicherungen zahlen normalerweise nur für Notbehandlungen.

Infektionskrankheiten

Gelbfieber

Für die Einreise nach Marokko ist kein Nachweis für eine Gelbfieberimpfung erforderlich.

Hepatitis A

Infektion Durch kontaminierte Lebensmittel (besonders Meeresfrüchte) und Wasser.

Symptome & Folgen Gelbsucht, dunkler Urin, Fieber und Bauchschmerzen. Außerdem färbt sich das Weiße in den Augen gelb. Obwohl Hepatitis A selten tödlich endet, kann die Krankheit zu langanhaltenden lethargischen Zuständen führen und braucht lange, um auszuheilen.

Vorbeugung Der Impfstoff (Avaxim, VAQTA, Havrix) wird gespritzt; nach zwölf Monaten erfolgt eine Nachimpfung. Die Impfung gegen Hepatitis A gibt's auch kombiniert mit der Impfung gegen Typhus (Hepatyrix oder Viatim).

Hepatitis B

Infektion Durch infiziertes Blut, verunreinigte Kanülen und beim Sex.

Symptome & Folgen Gelbsucht und Leberprobleme (gelegentlich auch Leberversagen).

Vorbeugung Alle Reisenden sollten die Hepatitis-B-Impfung eingeplant haben (in Marokko gehört sie zum Routine-Impfprogramm für Kinder). Der Impfstoff wird einzeln oder zusammen mit dem gegen Hepatitis A gespritzt.

HIV & AIDS

In Marokko liegt die HIV-Infektionsrate bei 0,15 %. Die Krankheit tritt hauptsächlich bei Männern auf, die mit Männern Sex haben, bei Prostituierten und bei Drogenkonsumenten, die Spritzen verwenden.

Infektion Durch infiziertes Blut und Blutprodukte, Sex mit einem infizierten Partner oder Kontakt mit Fremdblut, z. B. durch verunreinigte Instrumente bei medizinischen, zahnärztlichen und Akupunkturbehandlungen oder anderen Prozeduren, bei denen die Haut durchstochen wird. Ansteckungsgefahr besteht auch beim gemeinsamen Gebrauch intravenöser Nadeln.

Leishmaniose

Infektion Durch Bisse infizierter Sandfliegen oder Hunde. Die Krankheit kommt vor allem in ländlichen Regionen wie dem Atlasgebirge vor, wo Sandfliegen zwischen Juni und Oktober besonders verbreitet sind.

Symptome & Folgen Langsam wachsende Hautgeschwülste oder -entzündungen. Die Krankheit kann zu schwerem, lebensbedrohlichem Fieber führen, das üblicherweise mit Anämie und Gewichtsverlust einhergeht.

Vorbeugung & Behandlung Bisse von Sandfliegen vermeiden. Es gibt keinen Impfstoff, aber die Behandlung mit einem antimonhaltigen Medikament wie Glucantime oder Pentostam ist einfach und erfordert normalerweise nur eine Injektion.

Tollwut

Infektion Infizierte Tiere übertragen Tollwut durch Beißen oder Lecken an verletzten Hautstellen. Tollwut ist in Marokko endemisch, tritt also häufig auf.

Symptome & Folgen Die ersten Symptome äußern sich durch Schmerzen oder ein Jucken an der Bissstelle. Dem folgen Fieber, Appetitverlust und Kopfschmerzen. Wenn die Krankheit unbehandelt bleibt, endet sie tödlich.

Vorbeugung & Behandlung Impfen lassen sollten sich Leute, die in abgelegene Gebiete reisen, wo sich innerhalb von 24 Stunden nach dem Biss kein Impfstoff auftreiben lässt. Jeder Biss, Kratzer oder auch nur der Speichel von behaarten Warmblütern muss sofort gründlich gereinigt bzw. beseitigt werden. Wer nicht geimpft ist und gebissen wird, braucht so schnell wie möglich mehrere Injektionen. Die Impfung garantiert keine Immunität, schafft aber Zeit, in der man einen Arzt aufsuchen kann.

Tuberkulose

Infektion Durch engen Atemkontakt, seltener durch infizierte Milch oder Milchprodukte.

Symptome & Folgen Tuberkulose kann ohne Symptome verlaufen, aber auch Husten, Gewichtsabnahme oder Fieber mit sich bringen – manchmal erst Monate oder sogar Jahre nach der Ansteckung. Durch Röntgen lässt sich am besten feststellen, ob jemand die Krankheit hat.

Vorbeugung Der Impfstoff BCG empfiehlt sich für Reisende, die in engen Kontakt mit der lokalen Bevölkerung kommen: bei Familienbesuchen, längeren Aufenthalten oder beruflichen Reisen als Lehrer bzw. im Gesundheitswesen. Der Lebendimpfstoff ist nicht für schwangere Frauen oder Personen mit Immunschwäche geeignet.

Typhus

Infektion Durch Lebensmittel oder durch Wasser, die mit infizierten menschlichen Fäkalien verunreinigt wurden.

Symptome & Folgen Anfänglich leidet man an Fieber oder an einem roten Ausschlag am Unterleib. Darüber hinaus kann es zu Septikämie (Blutvergiftung) kommen.

Vorbeugung Die Impfstoffe Typhim Vi oder Typherix. In einigen Ländern erhält man auch den Schluckimpfstoff Vivotif.

Reisedurchfall

Ursachen Auf ungewohntes Essen, Hitze, lange Tage und einen unregelmäßigen Schlafrhythmus reagiert der Körper oft mit Magen-Darm-Problemen.

Vorbeugung Normalerweise ist das Leitungswasser in Großstädten trinkbar. Anderswo sollte man besser aufbereitetes Wasser trinken. Frisches Obst und Gemüse sollte nie roh gegessen und immer selbst gewaschen oder geschält werden. Vorsicht mit Essen vom Büfett, das längere Zeit warm gehalten wird! Es sollte immer kochend heiß sein. Essen, das sichtbar frisch zubereitet (wie an vielen Straßenständen) oder in gut besuchten Restaurants serviert wird, ist sicherer. Reisende sollten vernünftig, aber nicht paranoid sein: Essen ist eines der Vergnügen einer Marokkoreise, das nicht zu kurz kommen sollte.

Hygiene Wichtig ist auch die persönliche Hygiene. Viele marokkanische Speisen werden mit der Hand gegessen, also vor dem Essen und nach dem Toilettengang immer die Hände waschen (sogar das kleinste Restaurant hat ein Waschbecken; Seife ist weniger üblich, besonders in billigen Hotels)! Antibakterielles Handgel, das ohne Wasser reinigt, tut ebenfalls gute Dienste.

Behandlung Viel trinken, möglichst eine preisgünstige, orale Rehydrationslösung *(sels de réhydration orale)*, die alle Apotheken auf Lager haben. Fettes Essen und Milchprodukte meiden. Wer ein paar Mal zur Toilette flitzen muss, braucht sich noch nicht zu sorgen. Wenn man aber öfter als vier, fünf Mal zu weichen Stuhlgang hat, sind Antibiotika (z. B. ein Chinolon-Präparat) und ein Durchfallmittel (etwa Loperamid) angebracht. Ist der Durchfall blutig, dauert über 72 Stunden und ist von Fieber, Schüttelfrost oder starken Bauchschmerzen begleitet, sollte man einen Arzt aufsuchen.

Gesundheitsrisiken

Frauen & Gesundheit

Tampons sind in Marokko teilweise nur schwer erhältlich. Carrefour ist der einzige Supermarkt, der sie zuverlässig im Angebot hat –und selbst dann ist die Auswahl begrenzt.

Hitzeschäden

Ursachen Wer sich in heißen Gebieten sehr anstrengt, ohne sich vorher zu akklimatisieren, kann an Hitzeerschöpfung leiden. Leute, die stark schwitzen und den Verlust von Salz und Flüssigkeit nicht wieder ausgleichen, sind besonders gefährdet.

Symptome & Folgen Kopfschmerzen, Schwindel und Müdigkeit.

Vorbeugung Erstes Anzeichen für eine Dehydrierung ist Durst – also immer genug Wasser trinken! Der Urin sollte hell und stark verdünnt sein. Weil die marokkanische Sonne erbarmungslos sein kann, sollte man einen Hut aufsetzen.

Behandlung Viel trinken, am besten Wasser, Fruchtsaft oder beides, mit kaltem Wasser abkühlen und Luft zufächeln. Der Salzverlust lässt sich mit salzigen Flüssigkeiten wie Suppe oder Brühe und einer Prise mehr Salz im Essen als sonst wieder ausgleichen.

Hitzschlag

Ursachen Extreme Hitze, hohe Luftfeuchtigkeit, körperliche Anstrengung oder die Einnahme von Drogen und Alkohol in der Sonne sowie Dehydrierung. Ein Hitzschlag tritt auf, wenn die Wärmeregulierung des Körpers zusammenbricht.

Symptome & Folgen Die Körpertemperatur steigt so stark an, dass der Körper nicht mehr schwitzt. Irrationales und hyperaktives Verhalten, schließlich Bewusstlosigkeit und Tod können die Folgen sein.

Behandlung Schnelle Abkühlung ist angesagt! Am besten den Körper mit Wasser bespritzen und Luft zufächeln. In Notfällen werden Flüssigkeiten und Elektrolyte intravenös über einen Tropf verabreicht.

Höhenkrankheit

Ursachen Sauerstoffmangel in Höhen über 2500 m beeinträchtigt fast alle Menschen mal mehr oder weniger, weil in großer Höhe Muskeln und Gehirn weniger Sauerstoff abbekommen. Das müssen Herz und Lungen dann wieder ausgleichen. Leider gibt es keine Faustregel, was für wen zu hoch ist: Die Höhenkrankheit hat schon auf 3000 m Todesfälle gefordert, üblich sind aber eher 3500 bis 4500 m.

Symptome & Folgen Symptome machen sich meist (aber nicht immer) innerhalb der ersten 24 Stunden in der Höhe bemerkbar. Leichte Symptome sind Kopfschmerzen, Trägheit, Schwindel, unruhiger Schlaf und Appetitlosigkeit. Allerdings kann sich der Zustand unerwartet verschlimmern und tödlich enden. Zu den ernsteren Symptomen gehören Atemlosigkeit, trockener Reizhusten (evtl. mit rosa-schaumigem Auswurf), starke Kopfschmerzen, Koordinationsschwierigkeiten, Verwirrung, irrationales Verhalten, Erbrechen, Schläfrigkeit und Bewusstlosigkeit.

Vorbeugung Wichtig ist, beim Wandern genug Zeit zur Akklimatisierung einzuplanen – und ein Bergführer, der die Krankheit erkennen und damit umgehen kann. Marokkos beliebteste Wanderroute zum Jbel Toubkal führt relativ schnell hoch zum Gipfel auf 4167 m, wodurch viele Leute zumindest milde Symptome erleiden können. Die längeren Touren im M'Goun-Massiv führen bis in Höhen um 4000 m. Im Rifgebirge und am Jbel Saghro kraxeln die Wanderer in deutlich tiefer gelegenen Regionen herum. Hier ist das Risiko entsprechend geringer.

Behandlung Wer auf der gleichen Höhe bleibt und sich etwas erholt, kann leichtere Symptome wieder loswerden. Besser ist es natürlich, abzusteigen – schon 500 m können sich positiv auswirken. Paracetamol oder Aspirin helfen gegen Kopfschmerzen. Bleiben die Beschwerden oder verschlimmern sie sich, ist sofortiger Abstieg angesagt. Niemand sollte mithilfe von Medikamenten den Abstieg verschieben oder sich gar für den weiteren Aufstieg aufputschen. Diamox (Acetazolamid) lindert

WASSER

Das Leitungswasser in Marokkos Großstädten ist gechlort und normalerweise trinkbar, auf jeden Fall ist es zum Zähneputzen geeignet. Woanders sollte es besser aufbereitet werden – mit speziellen Tabletten oder einem Filter.

Wasser in Flaschen gibt's überall, doch die Unmengen weggeworfener (nicht recycelter) Plastikflaschen belasten die Umwelt.

In abgelegenen Gegenden ist das Wasser aus Brunnen oder Bohrlöchern meist in Ordnung. Um das Wasser aus Flüssen und Seen macht man allerdings besser einen großen Bogen, da hier Bakterien und Viren lauern, die Durchfall oder Erbrechen verursachen.

das Kopfweh bei Höhenkrankheit und hilft dem Körper, sich an den Sauerstoffmangel zu gewöhnen. Das Medikament gibt es nur auf Rezept. Wer auf Sulfonamid-Antibiotika allergisch reagiert, dem kann mit Diamox dasselbe passieren.

Insektenbisse & -stiche

Ursachen Moskitos, Sandfliegen (besonders an Stränden am Mittelmeer), Skorpione (in Südmarokko), Bienen und Wespen, Bettwanzen und Krätze durch Milben (vor allem in Budgetunterkünften).

Symptome & Folgen Insektenstiche sind eher ein Ärgernis als eine Gesundheitsgefahr. Sandfliegen hinterlassen fürchterlich juckende Stiche, können aber auch die seltene Hauterkrankung Leishmaniose übertragen. Bisse von Skorpionen schmerzen, sind jedoch selten lebensbedrohlich. Bettwanzen hinterlassen heftig juckende, geschwollene Stiche. Winzige Krätzmilben leben in der Haut, insbesondere zwischen den Fingern, wo sie extrem juckenden Ausschlag hervorrufen.

Vorbeugung & Behandlung Insektensprays auf DEET-Basis. Mit einem wirksamen Mittel, das auf die Matratzen gesprüht wird, kann man Bettwanzen loswerden. Krätze ist mit einer Lotion aus der Apotheke leicht zu behandeln; auch Kontaktpersonen brauchen Behandlung, um die Verbreitung der Krätze auch nach Abklingen der Symptome zu vermeiden.

Schlangenbisse

Die Chance, in Marokko eine Schlange zu Gesicht zu bekommen oder gar gebissen zu werden, tendiert gen null. Allerdings treiben sich in den Wüstenregionen im Süden ein paar giftige Arten wie die Hornviper rum. Schlangen sonnen sich gern auf Felsen und im Sand. Zur heißesten Tageszeit verkriechen sie sich.

Vorbeugung Nicht barfuß gehen oder die Hände in irgendwelche Löcher oder Spalten stecken.

Behandlung Wer gebissen wird, sollte nicht in Panik verfallen. Die Hälfte aller Gebissenen bekommt das Schlangengift nicht einmal ab. Der betroffene Körperteil muss mit einer Schiene (z. B. einem Stock) ruhig gestellt und bandagiert werden. Dabei ordentlich fest wickeln, so wie bei einer Verstauchung! Ein Druckverband ist nicht geeignet, auch sollte der Biss nicht ausgeschnitten oder gesaugt werden. Der Gebissene braucht so schnell wie möglich einen Arzt, der ihm im Notfall ein Schlangenserum geben kann.

Sprache

Mit der Amtssprache Arabisch kann man sich im ganzen Land verständigen. Berber ist im Rif- und im Atlasgebirge zu hören. Viele Berber sprechen zumindest rudimentär Arabisch. In den Städten kommt man auch mit Französisch weiter, allerdings beherrschen auf dem Land nur wenige Berber diese Sprache.

MAROKKANISCH-ARABISCH

Morokkanisch-Arabisch (Darija), die Alltagssprache in Marokko, ist ein Dialekt des Modernen Standardarabisch (MSA), unterscheidet sich davon aber so sehr, als wäre es eine ganz andere Sprache.

Publikationen und Schilder sind in modernem Standardarabisch geschrieben, der gemeinsamen schriftlichen Form in allen arabischsprachigen Ländern. Im Unterschied zu den übrigen arabischen Staaten werden in Marokko jedoch die westlichen numerischen Symbole verwendet.

In diesem Sprachführer verwenden wir für die Darstellung der arabischen Ausdrücke/Sätze das lateinische Alphabet und benutzen ein vereinfachtes Aussprachesystem. Vokale:

a	wie in „Nähe“
aa	wie in „Vater“
ai	wie in „Kaiser“
ay	wie im englischen Wort „day“
e	wie in „Bett“
i	wie in „Mitte“
ii	wie in „Bier“
o	wie in „Boot“
ow	wie in „Bau“
u	wie in „Butter“
uu	wie in „Mut“

NOCH MEHR ARABISCH?

Zusätzliche Informationen zur Sprache und nützliche Wendungen für diejenigen, die fit in Englisch sind, gibt es im *Morrocan Arabic Phrasebook* von Lonely Planet. Es kann online auf **shop.lonelyplanet.com** oder als Lonely Planet iPhone Phrasebook im Apple App Store erworben werden.

Bei Doppelkonsonanten werden beide Laute ausgesprochen: Hammam (Badehaus) spricht man also „ham-mam“. Ein Apostroph (') steht für einen Glottisverschluss (wie am Anfang von „Oh-oh!“). Wichtige Konsonanten:

dh	wie das englische „th“ in „this“
gh	Kehllaut wie beim deutschen „r“
h	ein stark geflüstertes „h“
kh	wie das „ch“ in „Loch“
q	ein starker, kehliger „k“-Laut
s	stimmloses „s“ wie in „Sandwich“
sh	„sch“ wie in „Schule“
w	wie im englischen „wine“
y	wie in „ja“
z	stimmhaftes „s“ wie in „Seife“

Konversation & Nützliches

Ein Mann wird höflich mit dem Äquivalent von „Herr“ – asiidii (vor einem Namen zu sii abgekürzt) – angesprochen. Bei Frauen ist die Anrede lalla, gefolgt vom Vornamen. Eine Person auf der Straße oder einen Kellner macht man mit shriif auf sich aufmerksam.

Die Abkürzungen „m“, „f“ und „Pl.“ stehen für „maskulin“, „feminin“ und „Plural“.

Hi.	la bes (lässige Begrüßung) bekhiir (Antwort)
Hallo.	es salaam alaykum (höflich) wa alaykum salaam (Antwort)
Auf Wiedersehen.	bessalama/m'a ssalama
Bitte.	'afak/'afik/'afakum (m/f/Pl.)

Danke.	shukran
Gern geschehen.	la shukran 'la wejb
Entschuldigung.	smeh liiya
Ja./Nein.	iiyeh/la
Wie geht's?	kiif halek?
Gut, danke.	bekhiir, lhamduu llaah
Wie heißt du?	asmiitek?
Ich heiße ...	esmii ...
Sprichst du Deutsch/Englisch?	wash kat'ref almaniya/negliiziiya?
Ich verstehe nicht.	mafhemtsh

Essen & Trinken

Einen Tisch für ..., bitte.
tabla dyal ... 'afak

Bringen Sie mir bitte die Speisekarte?
nazar na'raf lmaakla lli 'andkum?

Was empfehlen Sie?
shnuu tansaani nakul?

Ich hätte gern das, was sie/er isst.
gha nzharrab shnuu kaatakul hiyya/huwwa

Ich bin Vegetarier.
makanakuulsh llehem

Ich hätte gern etwas zu trinken.
bghiit shi haazha nashrubha

Bitte bringen Sie mir ...	llaa ykhalliik zhiib li ...
ein Bier	birra
ein/e Glas/Flasche Rot/Weiß-/Roséwein	kaas/qar'a dyal hmar/byad/ruuzi shshrab
eine Serviette	mandiil
etwas Brot	shwiyya dyaal lkhuubz
etwas Pfeffer	shwiyya dyaal lebzaar
etwas Salz	shwiyya dyaal lmelha
etwas Wasser	shwiyya dyaal lmaa

Das habe ich nicht bestellt.	tlabtsh had shshi
Ohne ..., bitte.	bla ... 'afak
Das ist hervorragend!	had shshi ldiid bezzef!
Prost!	bsaha!
Die Rechnung, bitte.	lahsaab, 'afak

Fisch & Fleisch

Anchovis	shton
Fisch	hut
Fleisch	lehem
Garnele	qaimruun
Hühnchen	faruuj/dujaj
Hummer	laangos
Kabeljau	lamuuri
Kamel	lehem jemil
Lamm	lehem ghenmii
Leber	kebda
Nieren	kelawwi
Rindfleisch	baqrii
Sardinen	serdiin
Seezunge	sol
Thunfisch	ton
Weißfisch	merla

Fragewörter – Arabisch

Wie?	kiifash?
Was?	ash?
Wann?	iimta?
Wo?	fiin?
Welche/r/s?	ashmen?
Wer?	shkuun?
Warum?	'lash?

Obst & Gemüse

Apfel	teffah
Aprikose	meshmash
Artischocke	quuq
Aubergine	lbdanzhaal
Banane	banan/moz
Datteln	tmer
Erbsen	zelbana bisila
Feigen	kermuus
Gemüse	khuudar
Granatapfel	reman
grüne Bohnen	luubiiya
Kartoffeln	batatas
Knoblauch	tuuma
Linsen	'aads
Obst	fakiya
Oliven	ziitoun
Orange	limuun
Pilz	fegg'a
Salat	khess
Salatgurke	khiyaar
Tomate	mataisha tamatim
Wassermelone	dellah
Weintrauben	'eineb
weiße Bohnen	fasuuliya
Zwiebel	besla

Zahlen – Arabisch

1	wahed
2	juuj
3	tlata
4	reb'a
5	khamsa
6	setta
7	seb'a
8	tmenya
9	tes'uud
10	'ashra
20	'ashriin
30	tlatiin
40	reb'iin
50	khamsiin
60	settiin
70	seb'iin
80	tmaniin
90	tes'iin
100	mya
200	myatayn
1000	alf
2000	alfayn

Andere Nahrungsmittel

Brot	khuubz
Butter	zebda
Eier	bayd
Joghurt	zabadii/laban/danuun
Käse	fromaj/jiben
Öl	zit
Pommes frites	ships
Pfeffer	filfil/lebzaar
Salz	melha
Suppe	shorba
Zucker	sukur

Notfälle

Hilfe!	'teqnii!
Bitte helfen Sie mir!	'awennii 'afak!
Gehen Sie weg!	siir fhalek!
Ich habe mich verlaufen.	tweddert
Dieb!	sheffar!
Ich wurde ausgeraubt.	tsreqt
Rufen Sie die Polizei!	'ayyet 'la lbùliis!
Rufen Sie einen Arzt!	'ayyet 'la shii tbiib!
Es gab einen Unfall!	uq'at ksiida!
Wo ist die Toilette?	fiin kayn lbiit lma?
Ich bin krank.	ana mriid
Hier tut es weh.	kaydernii henna
Ich bin allergisch gegen (Penicillin).	'andii lhsasiiya m'a (lbiinseliin)

Shoppen & Service

Wo ist der/die/das ...?	fiin kayn ...?
Andenkenladen	baazaar
Apotheke	farmasyan
Bank	shii baanka
... Botschaft	ssifaara dyal ...
Friseur	shii hellaq
Markt	souk
Polizeiwache	lkuumiisariiya
Postfiliale	lbuustaa
Reisebüro	wekaalet el aasfaar
Restaurant	ristura/mat'am
Ich möchte ... wechseln	bghiit nserref ...
etwas Geld	shii fluus
Reiseschecks	shek siiyahii
Ich würde gern ... kaufen.	bghiit nshrii
Ich sehe mich nur um.	ghiir kanshuuf
Kann ich mir das ansehen?	wakhkha wakhkha nshuufha?
Das gefällt mir nicht.	ma'jebatniish
Wie viel kostet das?	bshhal?
Das ist sehr teuer.	ghalii bezzaf
Kann ich mit Kreditkarte zahlen?	wash nkder nkhelles bel kart kredii?
groß	kabiir
klein	saghiir
offen	mehluul
geschlossen	masduud

Uhrzeit & Datum

Wie spät ist es?	shal fessa'a?
gestern	lbareh

heute | lyuum
morgen | ghedda

Morgen | fessbah
Nachmittag | fel'shiiya
Abend | 'shiiya

Tag | nhar
Woche | l'usbu'
Monat | shshhar
Jahr | l'am

früh/spät | bekrii/m'ettel
schnell/langsam | dghiiya/beshwiiya

Montag | nhar letniin
Dienstag | nhar ttlat
Mittwoch | nhar larb'
Donnerstag | nhar lekhmiis
Freitag | nhar jjem'a
Samstag | nhar ssebt
Sonntag | nhar lhedd

Januar | yanaayir
Februar | fibraayir
März | maaris
April | abriil
Mai | maayu
Juni | yunyu
Juli | yulyu
August | aghustus/ghusht
September | sibtimbir/shebtenber
Oktober | uktuubir
November | nufimbir/nu'enbir
Dezember | disimbir/dijenbir

Unterkunft

Wo ist ein/e ...? fiin kayn ...?
- **Campingplatz** shii mukheyyem
- **Hotel** shii uutayl
- **Jugendherberge** daar shshabab

Haben Sie ein freies Zimmer?
wash kayn shii biit khawiiya?

Kann ich das Zimmer sehen?
wash yemkenlii nshuuf lbiit?

Wie viel kostet das Zimmer pro Tag?
bash hal kayn gbayt l wahed nhar?

Ich möchte ein Zimmer ... bghiit shii biit ...
- **für eine Person** dyal wahed
- **für zwei Personen** dyal juuj
- **mit Bad** belhammam

Bett namuusiiya
Bettzeug iizar
Decke bttaaniiya
Dusche duush
Klimaanlage kliimatiizasiiyun
Schlüssel saruut
Toilette biit lma
Warmwasser lma skhuun
Zimmer biit

Verkehrsmittel & -wege

Öffentliche Verkehrsmittel

Wann fährt ... ab/ kommt ... an? wufuqash kaykhrej/ kaywsul ...?
- **Fähre** lbabuur
- **Flugzeug** ttayyyaara
- **Stadt-/ Intercitybus** ttubiis/lkar
- **Zug** tran

Ich hätte gern ein Ticket ... 'afak bghiit wahed lwarka l ddar lbayda
- **hin und zurück** bash nemshii uu njii
- **1./2. Klasse** ddaraja lluula/ ttaniiya

Wo ist der/die ...? fiin kayn ...?
- **Bahnhof** lagaar
- **Busbahnhof** mhetta dyal ttobiisat
- **Bushaltestelle** blasa dyal ttobiisat
- **Flughafen** mataar
- **Ticketschalter** maktab lwerqa

Wie viel kostet die Fahrt?
shhal taman lwarka?

Bitte sagen Sie mir, wann wir in ... ankommen.
'afak iila wselna l ... guulhaliiya

Ich möchte nur für einen Platz zahlen.
bghiit nkhelles blaasaawaheda

Halten Sie hier bitte an.
wqef henna 'afak

Bitte warten Sie auf mich.
tsennanii 'afak

Autofahren & Radfahren

Wo kann ich ein/en mieten ...?	fiin yimkin li nkri ...?
Auto	tumubiil
Esel	hmar
Fahrrad	bshklit
Kamel	jmel
Pferd	'awd

Kann ich hier parken?
wash nqder nwakef hna?

Wie lange darf ich hier parken?
sh-hal men waket neqder nstatiun hna?

Wie komme ich nach ...?
kiifesh ghaadii nuwsul l ...?

Wo ist die nächste Tankstelle?
fin kayna shi bumba dyal lisans griba?

Ich hätte gern ... Liter.
bghiit ... itru 'afak

Bitte überprüfen Sie das Öl/Wasser.
'afak shuf zzit/lma

Wir brauchen einen Mechaniker.
khesna wahed lmikanisyan

Das Auto ist bei ... liegen geblieben.
tumubiil khasra f ...

Ich habe einen Platten.
'ndi pyasa fruida

Wegweiser

Wo ist der/die/das ...?
fiin kayn ...?

Wie lautet die Adresse?
ashnuu huuwa l'unwan?

Bitte schreiben Sie die Adresse auf.
kteb l'unwan 'afek

Bitte zeigen Sie es mir auf der Karte.
werri liya men l kharita 'afak

Wie weit?
bshhal b'ayd?

Gehen Sie geradeaus.
siir niishan

Biegen Sie ... ab	dor ...
an der Ecke	felqent
an der Ampel	fedo elhmer
links	'al liiser
rechts	al liimen

hinter	men luy
hier	hna
neben	hedda
gegenüber	'eks
dort	hunak

Norden	shamel
Süden	januub
Osten	sherq
Westen	gherb

BERBERSPRACHEN

Bei den Berbern gibt es drei Hauptdialekte, die in gewisser Weise auch für die enthnische Zugehörigkeit stehen.

Im Norden, rund um das Rif, sprechen die Einheimischen einen Dialekt namens Irifien. Dieser ist bis in Figuig an der algerischen Grenze zu hören. Im Mittleren und Hohen Atlas und in den Tälern Richtung Sahara gibt's einen Dialekt mit verschiedenen Namen, z. B. Braber oder Amazigh.

Fast alle sesshaften Stämme des Hohen Atlas, des Antiatlas, der Sousebene und der Oasen im Südwesten sprechen Taschelhit oder Chleuh. Die folgenden Begriffe entstammen dem Taschelhit-Dialekt, der für Traveller am nützlichsten sein dürfte.

Konversation & Nützliches

Hallo.	la bes darik/darim (m/f)
Hallo. (Antwort)	la bes
Auf Wiedersehen.	akayauun arbii
Bis später.	akranwes daghr
Bitte.	barakalaufik
Danke.	barakalaufik
Ja.	yah
Nein.	oho
Entschuldigung.	samhiy
Wie geht's?	meniik antgiit?
Gut, danke.	la bes, lhamdulah
Gut.	iifulkii/iishwa
Schlecht.	(khaib) iighshne

Praktisch & Konkret

Essen	tiiremt
Maultier	aserdon
Schlafplatz	kra lblast mahengane
Wasser	arman

Gibt's ...?	iis iila ...?
Haben Sie ...?	iis daruun ...?

Wie viel kostet das?	minshk aysker?
Geben Sie mir ...	fky ...
Ich möchte ...	riigh ...
ein bisschen/viel	iimiik/bzef
nicht gut	uur iifulkii
zu teuer	iighla
Ich möchte nach ...	addowghs ...
Wo ist ...?	mani ghiila ...?
Ist es nah/weit?	iis iiqareb/yaguug?
geradeaus	niishan
nach links	fozelmad
nach rechts	fofasii
Berg	adrar
Dorf	duurwar
Fluss	asiif
der Pass	tizii
gestern	iidgam
heute	(zig sbah) rass
morgen	(ghasad) aska

GLOSSAR

Nachfolgend werden arabische (A), berberische (B), französische (F) und spanische (S) Begriffe aufgelistet, die in diesem Reiseführer immer wieder vorkommen. Nützliche Begriffe zum Trekking siehe S. 38.

agadir (B) – befestigter, gemeinschaftlich genutzter Kornspeicher

'ain (A) – Wasserquelle

aït (B) – Familie (von), steht oft vor Stammes- & Ortsnamen

Alawiden – Herrscherdynastie, die in Marokko seit Ende des 17. Jhs. an der Macht ist

Allah – Gott

Almohaden – sittenstrenge islamische Bewegung und Dynastie (1147–1269), ursprünglich berberisch, die sich als Reaktion auf die korrupte Dynastie der Almorawiden formierte

Almoraviden – islamische Bewegung und Dynastie (1054–1147), die über Spanien und den *Maghreb* herrschte

bab (A) – Tor

babouches (F) – traditionelle Lederslipper

banu (A) – siehe *beni*

baraka (A) – Segen oder Gefallen

ben (A) – (oder *ibn)* Sohn von

beni (A) – „Söhne des", oft dem Stammesnamen vorangestellt (auch *banu)*

Berber – indigene Bevölkerung Nordafrikas

borj (A) – Festung; wörtlich „Wachtturm"

brigade touristique (F) – Touristenpolizei

bureau des guides (F) – Büro der Reiseführer

calèche (F) – Pferdekutsche

calle (S) – Straße

camionette (F) – Minivan oder Kleintransporter

chergui (A) – trockener Wüstenwind aus dem Osten

Compagnie de Transports Marocains – CTM; staatliches Busunternehmen

Corniche – Küstenstraße

dar (A) – traditionelles Stadthaus mit Innenhof

Délégation Régionale du Tourisme – Touristeninformation, siehe auch ONMT

derb (A) – Gasse oder enge Straße

douar (A) – im Hohen Atlas Bezeichnung für „Dorf"

Dschellaba – beliebtes, wallendes Kleidungsstück, für Männer aus Baumwolle oder Wolle, für Frauen aus leichten Synthetikstoffen

Eaux et Forêts – Ministerium, dem die Nationalparks unterstehen

eid (A) – religiöses Festival

Ensemble Artisanal – staatlicher Kunsthandwerksladen

erg (A) – Sanddünen

fantasia (S) – militärische Übung mit Kavallerieangriff

faux guides (F) – inoffizielle Führer

fondouq (A) – *Karawanserei* (oft für „Hotel") auch *funduq*

foum (A) – meist die Mündung eines Flusses oder die Öffnung eines Tals (von arabisch „Mund")

gardien de voitures (F) – Parkplatzwächter

gare routière (F) – Busbahnhof

gîte, gîte d'étape (F) – Hostel für Trekker, manchmal auch Privatunterkunft

Gnaoua – auch Gnawa; marokkanische, bluesähnliche Musikform; stammt von befreiten Sklaven in Marrakesch und Essaouira

grands taxis (F) – Sammeltaxis (für weite Entfernungen)

Hadsch – Pilgerfahrt nach Mekka; ein Hadschi/eine Hadschia ist ein Mann/eine Frau, der/die gepilgert ist

halqa (A) – Straßentheater

Hamam – türkisches Badehaus mit einer Sauna und Massagebehandlungen

hammada (A) – Steinwüste

hanbel (A) – siehe *Kelim*

haram (A) – wörtlich „verboten"; bezeichnet einen Bereich, der heilig oder nicht zugänglich ist, beispielsweise den Gebetsraum einer Moschee

Hidschra – Flucht des *Propheten Mohammed* von Mekka nach Medina im Jahr 622; Beginn der islamischen Zeitrechnung

ibn (A) – Sohn von (siehe auch *ben*)

Idrissiden – marokkanische Dynastie, die im 9. Jh. einen stabilen Staat im Norden errichtete

iftar (A) – Fastenbrechen zu Sonnenuntergang im Monat Ramadan; Frühstück (auch *ftur*)

Imam – islamischer Geistlicher

Interzone – der Begriff stammt vom Schriftsteller William Burroughs und bezeichnet die Zeit zwischen 1923 und 1956, als Tanger unter der Herrschaft von neun Ländern stand

jbel (A) – Berg (in Regionen, die früher französisch waren, auch *jebel*, manchmal *djebel)*

jedid (A) – neu (manchmal *jdid*)

jemaa (A) – Freitagsmoschee (auch *jami'*, *djemaa* und *jamaa*)

Kalif – „Stellvertreter" des *Propheten Mohammed*; Herrscher über die islamische Welt

Kapitol – Haupttempel einer römischen Stadt, meist im Forum gelegen

Karawanserei – großer Gasthof für Kaufleute, in einem Innenhof gelegen; Unterbringung und Marktplatz (siehe auch *fondouq)*

Kasbah – Festung, Zitadelle, oft auch Verwaltungszentrum (auch *qasba)*

Kelim – gewebte Decken oder Teppiche (auch *hanbel*)

kif (A) – Marihuana

Koran – heiliges Buch der Muslime (auch *quran)*

Korsaren – Piraten des 18. Jhs. mit Basis bei Salé

koubba (A) – Heiligtum oder Schrein (siehe auch *marabout)*

ksar (A) – Festung oder Befestigung (Plural: *ksour*)

ktefa (A) – auch Milch-*pastilla* genannt, Dessert aus Teiglagen mit Zimt und Mandeln

mâalem (A)– Kunsthandwerksmeister

Maghreb – wörtlich „Westen"; Gebiet, das Marokko, Algerien, Tunesien und Libyen umfasst

maison d'hôte (F) – Pension, oftmals in traditionellen, restaurierten marokkanischen Wohnhäusern

majoun (A) – klebrige Paste aus den zerdrückten Samen der Cannabispflanze

marabout – Heiliger; oft auch das Mausoleum eines Heiligen

mechouar (A) – königlicher Versammlungsort

medersa – Schule, in der Theologie, Recht, arabische Literatur und Grammatik unterrichtet werden (auch Medrese oder Madrassa)

Medina – Altstadt; der alte arabische Teil moderner Orte und Städte

mellah (A) – jüdisches Viertel der *Medina*

Meriniden – marokkanische Dynastie (1269–1465), die viele *medersas* errichten ließ

Mihrab – Gebetsnische in der Moscheewand, die zeigt, wo Mekka liegt (das *qibla)*

Minbar – Kanzel in der Moschee; Imame predigen von einer unteren Stufe, da der *Prophet* von der obersten Stufe predigte

moulay (A) – Herrscher

Mouloud – islamisches Fest, das die Geburt des *Propheten Mohammed* feiert

moussem (A) – Pilgerreise zum Grab eines *marabout;* Fest zu Ehren eines *marabout*

Muezzin – Moscheeangehöriger, der vom Minarett aus die Gläubigen zum Gebet ruft

Muqarna – Dekorstuck

musée (F) – Museum

ONMT – Office National Marocain du Tourisme (Nationaler Tourismusverband), manchmal auch Délégation Régionale du Tourisme

ordinaire (F) – weniger komfortabler Zug und etwas langsamer als ein *rapide*

oued (A) – Fluss oder Bach mit ausgetrockneten Flussbetten (manchmal *wad* oder *wadi*)

oulad (A) – Söhne (von), oft vor einem Stammes- oder Ortsnamen stehend

palmeraie (F) – Palmenhain

pastilla (S)– reichhaltige Pastete, ein Mix aus Pikant und Süß mit Huhn oder Taube und Blätterteig

Pascha – wichtiger Regierungsvertreter im osmanischen Reich

pensión (S) – Pension

petit taxi (F) – Taxi für Kurzfahrten

pisé (F) – Baustoff aus sonnengetrocknetem Ton/Lehm

piste (F) – unbefestigte Straße, oft nur mit Allradfahrzeug passierbar

place (F) – Platz

plage (F) – Strand

plazas de soberanía (S) – „Plätze der Souveränität"; so wurden die zu Spanien gehörenden Gebiete in Nordafrika bezeichnet

Prophet (Mohammed) – Begründer des Islam (570–632)

qissaria (A) – überdachter Markt, manchmal auch kommerzielles Zentrum einer *Medina*

Ramadan – neunter Monat im islamischen Jahr; Fastenmonat

rapide (F) – etwas schnellerer und komfortablerer Zug als der *ordinaire*

refuge (F) – alpine Hütte, Schutzhütte für Wanderer

Riad – traditionelles Stadthaus mit einem Innengarten

ribat (A) – Kombination aus Kloster und Festung

Saadier – marokkanische Dynastie; herrschte im 16. Jh.

sharia (A) – Straße

Scherif – Abkömmling des *Propheten Mohammed*

Schiiten – die kleinere der beiden islamischen Hauptströmungen; die Gründer akzeptierten nur Nachkommen von Ali, dem Schwiegersohn des *Propheten*, als dessen Nachfolger (siehe auch *Sunniten)*

sidi (A) – höfliche Anrede (vergleichbar mit „Herr"; auch *si)*

Sufismus – islamische Mystik; bei der Beziehung zu Allah spielt die innere Einstellung eine besondere Rolle

Suk – Markt (auch *souq)*

Sunniten – die größere der beiden islamischen Hauptströmungen, abgeleitet von Anhängern des Omaijaden-Kalifats (siehe auch *Schiiten)*

Syndicat d'Initiative – Touristeninformation der Regierung

tabac (F) – Laden für Zigaretten und Zeitungen

tadelakt (A) – wasserabweisender Kalkputz mit Pigmenten; wird mit einem Stein zu einer glatten Oberfläche poliert und mit Olivenölseife hydrophobiert; ursprünglich nur für Wände von *Hamams* genutzt, jetzt sehr beliebt bei Innenarchitekten

tariq (A) – Straße

téléboutique (F) – privat betriebener Telefondienst

tizi (B) – Bergpass

Tuareg – nomadische Berber der Sahara; wegen der mit Indigo gefärbten Kleidung werden sie auch „Blaue Männer" genannt

ville nouvelle (F) – neue Stadt; Städte, die die Franzosen neben bereits bestehenden Orten und Städten errichteten

Wesir – Bezeichnung für einen Provinzgouverneur im Osmanischen Reich oder für einen Berater des Sultans

zawiya (A) – religiöse Bruderschaft rund um einen *marabout;* Ort der Bruderschaft (auch *zaouia)*

zellij (A) – Dekofliesen aus Keramik

Hinter den Kulissen

WIR FREUEN UNS ÜBER EIN FEEDBACK

Post von Travellern zu bekommen, ist für uns ungemein hilfreich – Kritik und Anregungen halten uns auf dem Laufenden und helfen, unsere Bücher zu verbessern. Unser reiseerfahrenes Team liest alle Zuschriften ganz genau, um zu erfahren, was an unseren Reiseführern gut und was schlecht ist. Wir können solche Post zwar nicht individuell beantworten, aber jedes Feedback wird garantiert schnurstracks an die jeweiligen Autoren weitergeleitet, rechtzeitig vor der nächsten Nachauflage.

Wer Ideen, Erfahrungen und Korrekturhinweise zum Reiseführer mitteilen möchte, hat die Möglichkeit dazu auf **www.lonelyplanet.com/contact/guidebook_feedback/new**. Anmerkungen speziell zur deutschen Ausgabe erreichen uns über **www.lonelyplanet.de/kontakt**.

Hinweis: Da wir Beiträge möglicherweise in Lonely Planet Produkten (Reiseführer, Websites, digitale Medien) veröffentlichen, ggf. auch in gekürzter Form, bitten wir um Mitteilung, falls ein Kommentar nicht veröffentlicht oder ein Name nicht genannt werden soll. Wer Näheres über unsere Datenschutzpolitik wissen will, erfährt das unter www.lonelyplanet.com/privacy.

DANK VON LONELY PLANET

Vielen Dank den Reisenden, die uns nach der letzten Auflage des Reiseführers zahlreiche hilfreiche Hinweise, nützliche Ratschläge und interessante Anekdoten schickten:

Akis Vasileiadis, Alejandro Leano, Angela Parlane, Anne Hlinka, Asmus Dall Gregersen, Barbara Freeman, Beth Fertig, Carlos de Bustos, Claire Knight, Claire Patrick, Cornelis Faling, Daniel Schechter, Daniel Klement, Denise Chiarioni, Florian Rieger, Floris van Halm, Gail Doherty, Geeske Saad-Beukema, Harald Luckerbauer, Ilene Aveling, Jean-Claude Latombe, Julie Bartlett-Hejira, Katleen Matthieu, Keith Johnson, Krzysztof Świątly, Leonard Naymark, Leonie Hutch, Martin Briggs, Michelle Leicester, Mirjam Brusius, Mirka Costanzi, Nick Cross, Nick McWilliam, Peter & Emma Greenhalgh, Ray Stokes, Rebecca Lebow, Rebekka van Roemburg, Rein Boumans, Renata Haffaf, Rob Buzacott, Rob Keereweer, Rose Button, Ruben Lelivelt, Sally Kondziolka, Sally Norris, Sam Firth, Sam Pulfer, Sander Steel, Sara Rei, Simon Carlile, Sophie Bull, Steven & Roberta Haas, Tessa Hatlelid, Tina Woodhouse, Zenon Lewycky

DANK DER AUTOREN

Jessica Lee

Ein riesiges *shukran* den Menschen von Marrakesch, die den Besuch ihrer Stadt jedesmal zu einer Freude machen. Vielen Dank Youssef, Fatima, Hasan und Amine; bedanken möchte ich mich auch bei Mark, der mich bei einem Glas Bier mit allem Wissenswerten über die Stadt versorgt hat; Danke Cyril für Tipps und Ratschläge; und vor allem bedanke ich mich bei Mohammed Nour, der sich die Zeit genommen hat, mir zu helfen. Danke Virginia und Peter für den großen Spaß beim Restauranttesten.

Brett Atkinson

Ein großes *shukran*: Ben und Ollie in Taghazout, Irene in Tamraght, Jane in Taroudannt, Sissi und Mafhoud in Taliouine, Sadat in Tarfaya, Houssine und Liesbeth in Tafraoute und Sally in Mirleft. Mein ganz besonderer Dank gilt Neil, Jackie und den Kindern in Dakhla. Bei Lonely Planet möchte ich mich bei Helen Elfer für die Gelegenheit bedanken, Nordafrika, meine Mitautoren und die fleißigen Redakteure kennenzulernen. Und schließlich möchte ich mich bei Carol bedanken, weil sie zu Hause in Neuseeland die Stellung gehalten hat.

Paul Clammer

Dies war das erste Mal, dass ich den Marokko-Band von unserem Haus in der Medina von Fès aktualisieren konnte. Deshalb will ich mich vor allem bei Robyn für die großartige Arbeit bei der Restauration bedanken – und bei unserer Katze Monkey, die über das Dach einer Moschee zu uns kam, dafür, dass sie nicht ALLE Gläser zertrümmert hat, während ich in Tanger war. *Salaam* auch den Taxifahrern überall, die von sich aus den Taxameter angeworfen haben, ohne dass ich sie darum bitten musste.

Virginia Maxwell

Ein ganz herzliches Dankeschön geht an meinen Reisegefährten Peter Handsaker. Außerdem möchte ich mich bei Tine Riera, Marie-Christine Martinet, Mustapha Bouamara, Helen Ranger und Jess Lee bedanken.

Lorna Parkes

Mein Dank gilt Helen Elfer, die mir einen wunderbaren Anlass gegeben hat, in eine meiner Lieblingsstädte zurückzukehren. Bedanken möchte ich mich auch bei Said in Dar Bensouda, ohne den ich mich in der Medina von Fès noch häufiger verlaufen hätte, als es eh schon der Fall war. Danke auch Jess Stephens und Liz Campbell für all das Wissen, das sie mit mir geteilt haben; bei Robert Johnstone will ich mich für das leckere Essen bedanken. Mein größter Dank aber gilt Rob, weil er sich um unseren Sohn Austin gekümmert hat – und Austin selbst, weil er einen Teil dieses Abenteuers mit mir teilen konnte.

Regis St. Louis

Unzählige Menschen in Marokko haben mir ihre großzügige Gastfreundschaft gewährt. Besonders bedanken möchte ich mich bei Abdel Haydar, Lahcen Igdem, Almodhik Aissa, Mohamed El Qasemy und Carolyn, Tahrbilte Rachid, Abdel Jalil, Omar und Ibrahim in Dar Sofian, Rashid und Doreen (und Jack, dem Esel), Ziad und Amqrane Tair (und Familie), Vanessa und Xavier, Toufiq Mousaoui und Abdel Benalila und seiner Familie. Ein Dankeschön auch an Cassandra und unsere Töchter, Magdalena und Genevieve, für ihre nie nachlassende Unterstützung.

QUELLENNACHWEIS

Die Klimakartendaten stammen von Peel MC, Finlayson BL & McMahon TA (2007) *Updated World Map of the Köppen-Geiger Climate Classification*, erschienen in der Zeitschrift *Hydrology and Earth System Sciences*, Ausgabe 11, 163344.

Titelfoto: Chefchaouen, Jan Wlodarczyk/4Corners ©

ÜBER DIESES BUCH

Dies ist die 5. deutschsprachige Auflage von Marokko, basierend auf der 12. englischsprachigen Auflage von *Morocco*, die von Jessica Lee, Brett Atkinson, Paul Clammer, Virginia Maxwell, Lorna Parkes und Regis St. Louis recherchiert und geschrieben. Dieser Reiseführer wurde von folgenden Personen produziert:

Projektredakteurin
Helen Elfer

Produktredakteure
Genna Patterson, Anne Mason

Leitender Kartograf
David Kemp

Layoutdesign Gwen Cotter

Redaktionsassistenz
Imogen Bannister, Andrea Dobbin, Victoria Harrison, Gabby Innes, Ilana Myers, Susan Paterson, Christopher Pitts

Kartografieassistenz
Rachel Imeson

Umschlagrecherche
Naomi Parker

Dank an Ronan Abayawickrema, Heather Champion, Kate Chapman, Grace Dobell, Sandie Kestell, Ilana Myers Claire Naylor, Karyn Noble, Lauren O'Connell, Kirsten Rawlings, Kat Rowan, Jessica Ryan, Ellie Simpson, Angela Tinson, Maureen Wheeler

Register

Verweise auf Karten **000**
Verweise auf Fotos 000

J

K

Verweise auf Karten **000**
Verweise auf Fotos **000**

L

M

N

O

P

R

Verweise auf Karten **000**
Verweise auf Fotos **000**

Kartenlegende

Sehenswertes

- Strand
- Vogelschutzgebiet
- buddhistisch
- Schloss/Palast
- christlich
- konfuzianisch
- hinduistisch
- islamisch
- jainistisch
- jüdisch
- Denkmal
- Museum/Galerie/historisches Gebäude
- Ruine
- Sento-Bad/Onsen
- schintoistisch
- sikhistisch
- taoistisch
- Weingut/Weinberg
- Zoo/Tierschutzgebiet
- andere Sehenswürdigkeit

Aktivitäten, Kurse & Touren

- bodysurfen
- tauchen
- Kanu/Kajak fahren
- Kurs/Tour
- Ski fahren
- schnorcheln
- surfen
- Schwimmbecken
- wandern
- windsurfen
- andere Aktivität

Schlafen

- Unterkunft
- Camping

Essen

- Lokal

Ausgehen & Nachtleben

- Bar/Kneipe
- Café

Unterhaltung

- Unterhaltung

Shoppen

- Shoppen

Praktisches

- Bank
- Botschaft/Konsulat
- Krankenhaus/Arzt
- Internetzugang
- Polizei
- Post
- Telefon
- Toilette
- Touristeninformation
- andere Einrichtung

Geografisches

- Strand
- Hütte/Unterstand
- Leuchtturm
- Aussichtspunkt
- Berg/Vulkan
- Oase
- Park
- Pass
- Picknickplatz
- Wasserfall

Städte

- Hauptstadt (Staat)
- Hauptstadt (Bundesland/Provinz)
- Großstadt
- Kleinstadt/Ort

Verkehrsmittel

- Flughafen
- BART-Station
- Grenzübergang
- T-Station (Boston)
- Bus
- Seilbahn/Gondelbahn
- Fahrrad
- Fähre
- Metro/Muni-Station
- Einschienenbahn
- Parkplatz
- Tankstelle
- U-Bahn/SkyTrain-Station
- Taxi
- Bahnhof/Zug
- Straßenbahn
- U-Bahnhof
- anderes Verkehrsmittel

Achtung: Nicht alle der abgebildeten Symbole werden auf den Karten im Buch verwendet

Verkehrswege

- Mautstraße
- Autobahn
- Hauptstraße
- Landstraße
- Verbindungsstraße
- sonstige Straße
- unbefestigte Straße
- Straße im Bau
- Platz/Promenade
- Treppe
- Tunnel
- Fußgänger-Überführung
- Stadtspaziergang
- Abstecher (Stadtspaziergang)
- Pfad/Wanderweg

Grenzen

- Internationale Grenze
- Bundesstaat/Provinz
- umstrittene Grenze
- Region/Vorort
- Meerespark
- Klippen
- Mauer

Gewässer

- Fluss/Bach
- periodischer Fluss
- Kanal
- Wasser
- Trocken-/Salz-/periodischer See
- Riff

Gebietsformen

- Flughafen/Startbahn
- Strand/Wüste
- Friedhof (christlich)
- Friedhof
- Gletscher
- Watt
- Park/Wald
- Sehenswürdigkeit (Gebäude)
- Sportgelände
- Sumpf/Mangrove

DIE AUTOREN

Jessica Leer
Marrakesch Mit 18 Jahren hat Jess die Reiselust gepackt – und seitdem nicht mehr losgelassen. 2011 tauschte sie eine Karriere als Reiseleiterin für Abenteuertouren gegen eine als Reiseschriftstellerin ein und hat seitdem für Lonely Planet Afrika, den Nahen Osten und Asien bereist. Seit 2007 lebt sie im Nahen Osten. Unter @jessofarabia kann man ihr auf Twitter folgen.
Jess hat zu den Lonely Planet Bänden *Ägypten*, *Türkei*, *Zypern*, *Marrakesh*, *Middle East*, *Europe*, *Africa*, *Kambodscha* und *Vietnam* beigetragen, und sie hat außerdem für das *Wanderlust Magazine*, den *Daily Telegraph*, den *Independent*, *BBC Travel* und *Lonelyplanet.com* geschrieben.

Brett Atkinson
Südmarokko & Westsahara Für diese Neuauflage von *Marokko* brach Brett von seiner Heimat Neuseeland nach Nordafrika auf, um die faszinierenden Medinas von Taroudannt und Tiznit, die spektakuläre Atlantikküste und die rauen Wüstenlandschaften der Sahara zu erkunden. Ein absolutes Highlight für ihn war die ergreifende und elegante spanische Art-déco-Architektur von Sidi Ifni. Brett hat an Lonely Planet Führern über Europa, Afrika, Asien und den Pazifikraum mitgearbeitet und als Food- und Reiseschriftsteller über 60 Länder bereist. Auf seiner Website www.brett-atkinson.net kann man Berichte über seine aktuellsten Abenteuer in den verschiedenen Ländern nachlesen.

Paul Clammer
Mittelmeerküste & Rifgebirge Paul Clammer hat als Molekularbiologe, Reiseleiter und Reiseschriftsteller gearbeitet. Seit 2003 schreibt er für Lonely Planet und hat zu über 25 Titeln beigetragen, darunter zu Bänden über Süd- und Zentralasien, West- und Nordafrika sowie die Karibik. In den vergangenen Jahren lebte er in Marokko, Jordanien, auf Haiti und Fidschi sowie in seiner Heimat England. Im Internet ist er unter www.paulclammer.com zu finden oder auf Twitter unter @paulclammer.

Virginia Maxwell
Atlantikküste Obwohl in Australien zu Hause, ist Virginia mindestens die Hälfte des Jahres unterwegs, um Lonely Planet Bände über Europa und den Nahen Osten zu aktualisieren. Ihr Herz gehört dem Mittelmeerraum. Spanien, Italien, die Türkei, Syrien, den Libanon, Israel, Ägypten und Marokko hat sie bereits erkundet – fehlen nur noch acht Mittelmeerländer! Virginia schreibt auch über Armenien, den Iran und Australien. Auf Instagram und Twitter findet man sie unter @maxwellvirginia.

Lorna Parkes
Fès, Meknès & der Mittlere Atlas Gebürtig aus London, aus Melbourne was den Gaumen betrifft und Ex-Lonely Planet Mitarbeiterin in beiden Städten: Lorna hat mehr als zehn Jahre die Welt bereist, zu ihrer eigenen Freunde und zu der anderer Menschen, immer auf der Suche nach dem leckersten Essen, dem nettesten B&B und den spektakulärsten Aussichtspunkten (ohne dabei das Preis-Leistungs-Verhältnis aus den Augen zu verlieren). Sie hat herausgefunden, dass sie am besten in Flugzeugen schreiben kann, und sie hat zu zahlreichen Lonely Planet Bänden und Zeitschriften beigetragen. Weingüter und die Tropen (nicht gleichzeitig!) sind ihre Lieblingsplätze. @Lorna_Explorer ist ihr Twitter-Account.

Regis St. Louis
Zentralmarokko Regis wuchs in einer Kleinstadt im Mittleren Westen der USA auf – genau die Art von Ort, wo große Träume von der fernen, weiten Welt geboren werden. Schon früh begeisterte er sich für fremde Dialekte und fremde Kulturen. Er verbrachte seine prägenden Jahre damit, Russisch und eine Handvoll romanischer Sprachen zu lernen – was sich für ihn auf seinen Reisen an vielen Orten auf dem Globus als sehr hilfreich erwies. Regis hat an mehr als 50 Lonely Planet Titeln mitgearbeitet, die Ziele auf sechs Kontinenten beschreiben. Seine Reisen haben ihn von den Bergen von Kamtschatka zu entlegenen Inseldörfern in Melanesien und in viele große Städte geführt. Wenn er nicht unterwegs ist, lebt er in New Orleans.

DIE LONELY PLANET STORY

Ein ziemlich mitgenommenes, altes Auto, ein paar Dollar in der Tasche und eine Vorliebe für Abenteuer – 1972 war das alles, was Tony und Maureen Wheeler für die Reise ihres Lebens brauchten, die sie durch Europa und Asien bis nach Australien führte. Die Tour dauerte einige Monate, und am Ende saßen die beiden – pleite, aber voller Inspiration – an ihrem Küchentisch und schrieben ihren ersten Reiseführer *Across Asia on the Cheap*. Innerhalb einer Woche hatten sie 1500 Exemplare verkauft. Lonely Planet war geboren.

Heute hat der Verlag Büros in Melbourne, London und Oakland und mehr als 600 Mitarbeiter und Autoren. Und alle teilen Tonys Überzeugung: „Ein guter Reiseführer sollte drei Dinge tun: informieren, bilden und unterhalten."

Lonely Planet Global Limited

Unit E, Digital Court,
The Digital Hub,
Rainsford Street,
Dublin 8,
Ireland

Verlag der deutschen Ausgabe:
MAIRDUMONT, Marco-Polo-Str. 1, 73760 Ostfildern,
www.lonelyplanet.de, www.mairdumont.com
lonelyplanet-online@mairdumont.com

Chefredakteurin deutsche Ausgabe: Birgit Borowski

Übersetzung: Berna Ercan, Tobias Ewert, Derek Frey, Marion Gref-Timm, Stefanie Gross, Britt Maaß, Marion Matthäus, Dr. Christian Rochow

An früheren Auflagen haben außerdem mitgewirkt: Julie Bacher, Ulrike Bischoff, Tobias Büscher, Anne Cappel, Petra Dubilski, Kirsten Gleinig, Monika Grabow, Katharina Grimm, Meike Grow, Gabriele Gugetzer, Birgit Herbst, Birgit Irgang, Christina Kagerer, Ute Mareik, Silvia Mayer, Gunther Mühl, Claudia Riefert, Kathrin Schnellbächer, Laurin Singer, Petra Sparrer, Inga-Brita Thiele, Katja Weber

Redaktion: Annegret Gellweiler, Frank J. Müller, Olaf Rappold, Julia Wilhelm, Stephanie Ziegler (red.sign, Stuttgart)

Redaktionsassistenz: Annika Häfner, Sylvia Scheider-Schopf (red.sign, Stuttgart)

Satz: Sylvia Scheider-Schopf (red.sign, Stuttgart)

Marokko

5. deutsche Auflage November 2017, übersetzt von *Morocco, 12th edition*, August 2017, Lonely Planet Global Limited

Printed in Poland

FSC® www.fsc.org
MIX
Papier aus verantwortungsvollen Quellen
FSC® C018236